Thomas R. Kraus

Auf dem Weg in die Moderne
Aachen in französischer Zeit 1792/93, 1794–1814

Zu den Abbildungen auf dem Umschlagdeckel und dem Buchrücken siehe die Beschreibungen zu den Exponaten C 8 und D 15.

**Beihefte der Zeitschrift
des Aachener Geschichtsvereins**

**Im Auftrage des Wissenschaftlichen Ausschusses
herausgegeben von
Herbert Lepper**

Band 4

Thomas R. Kraus

**Auf dem Weg in die Moderne
Aachen in französischer Zeit 1792/93, 1794–1814**

Thomas R. Kraus

AUF DEM WEG IN DIE MODERNE
Aachen in französischer Zeit
1792/93, 1794–1814

Handbuch-Katalog
zur Ausstellung im „Krönungssaal"
des Aachener Rathauses
vom 14. Januar bis zum 5. März 1995

AACHEN 1994
Verlag des Aachener Geschichtsvereins

© 1994: Aachener Geschichtsverein

ISBN: 3-9802705-1-3

Alle Rechte vorbehalten. Ohne schriftliche Genehmigung des Aachener Geschichtsvereins und des Autors ist es nicht gestattet, das Werk unter Verwendung mechanischer, elektronischer und anderer Systeme in irgendeiner Weise zu verarbeiten und zu verbreiten. Insbesondere vorbehalten sind die Rechte der Vervielfältigung – auch von Teilen des Werkes – auf photomechanischem oder ähnlichem Wege, der tontechnischen Wiedergabe, des Vortrags, der Funk- und Fernsehsendung, der Speicherung in Datenverarbeitungsanlagen, der Übersetzung und der literarischen oder anderweitigen Bearbeitung.

Druck: Druckerei und Verlagsanstalt Wilhelm Metz, 52068 Aachen

Geleitwort

Mit der Ausstellung „Auf dem Weg in die Moderne. Aachen in französischer Zeit 1792/93, 1794–1814" wird an eine Epoche in der bald zweitausendjährigen Geschichte unserer Stadt erinnert, die weitestgehend unbekannt ist, die aber gleichwohl für die Entwicklung Aachens von zentraler Bedeutung gewesen ist. Mit der Besetzung der Stadt durch die Truppen der französischen Revolution – 1792 und endgültig 1794 – findet die reichsstädtische Zeit, deren letzte Phase durch soziale und verfassungspolitische Krisen und Konflikte gekennzeichnet war, ihr Ende. Seit 1801 französische Stadt, nimmt Aachen einen wirtschaftlichen und infrastrukturellen Aufschwung, der das Gesicht der Stadt grundlegend veränderte; der Modernisierungsschub war schließlich in fast allen Bereichen des täglichen Lebens unübersehbar.

Diese Entwicklung aufzuzeigen und in bildlichen Darstellungen wie Gemälden, Stichen, Karten und Plänen, in der zeitgenössischen Literatur, in Archivmaterialien und Gegenständen zu veranschaulichen, ist das Ziel dieser Ausstellung, die von einem fast 700seitigen Handbuch-Katalog begleitet wird.

Den Veranstaltern, dem Stadtarchiv und dem traditionsreichen „Aachener Geschichtsverein e.V.", ist für ihren Einsatz zu danken, insonderheit dem Vorsitzenden des Vereins, Archivdirektor Dr. Herbert Lepper, der die Idee des Projektes hatte und diese zielstrebig verfolgte, und Oberarchivrat Dr. Thomas R. Kraus, der für die inhaltliche Konzeption der Ausstellung und für den Handbuch-Katalog die wissenschaftliche Verantwortung trägt.

Möge diese Ausstellung von zahlreichen Bürgern, Gruppen und Schulklassen besucht werden. Die hier dokumentierte Geschichte ist die unserer Heimatstadt und damit unser aller Vergangenheit.

Dr. Jürgen Linden
Oberbürgermeister

Dr. Heiner Berger
Oberstadtdirektor

Vorwort

Wenn der „Aachener Geschichtsverein e.V." und das Stadtarchiv Aachen mit der Ausrichtung der Ausstellung „Auf dem Weg in die Moderne. Aachen in französischer Zeit 1792/93, 1794–1814" und mit der Herausgabe des hier vorliegenden „Handbuch-Kataloges" zur Ausstellung einer zentralen Epoche der Geschichte Aachens gedenken, so entspricht dies einer gemeinsamen Verpflichtung. Es dokumentiert sich hier erneut die seit der Gründung des Vereins im Jahre 1879 bestehende enge Verbindung zwischen diesem und dem Archiv der Stadt in der Aufgabe, der Erforschung und Vermittlung der großen Vergangenheit Aachens zu dienen. Es bedurfte daher in den Gremien des Vereins, in Vorstand, Wissenschaftlichem Ausschuß und Beirat, keiner ernsthaften Diskussion, als es darum ging, den Beschluß herbeizuführen, das Vorhaben mitzutragen und die Drucklegung des „Handbuch-Kataloges" im Rahmen der Schriftenreihe der „Beihefte" der „Zeitschrift des Aachener Geschichtsvereins" zu übernehmen.

Das große Projekt hätte freilich nicht realisiert werden können ohne vielfältige Unterstützung. Zu danken ist zunächst den Leihgebern für ihre Bereitschaft, ihre Kostbarkeiten für die Ausstellung zur Verfügung zu stellen. Zu danken ist sodann den Sponsoren, die in einer Zeit leerer kommunaler Kassen erst die finanziellen Voraussetzungen für die Verwirklichung der Idee und für die Drucklegung des „Handbuch-Kataloges" durch die Bereitstellung beachtlicher Mittel geschaffen haben. Im einzelnen ist zu danken der „Stiftung Kunst und Kultur des Landes Nordrhein-Westfalen" in Düsseldorf und ihrem Sekretär, Herrn Fritz Theo Mennicken, dem Bistum Aachen, vertreten durch den Ständigen Vertreter des Diözesanadministrators, Herrn Prälat Karlheinz Collas, der Archivberatungsstelle Rheinland in Pulheim-Brauweiler und ihrem Leiter, Herrn Ltd. Archivdirektor Dr. Kurt Schmitz, dem Rheinischen Verein für Denkmalpflege und Landschaftsschutz in Köln, seinem Vorsitzenden, Herrn Dr. Norbert Heinen, und seinem Geschäftsführer, Herrn Dr. Norbert Kühn, dem Vorstand der Sparkasse Aachen, hier insonderheit Herrn Sparkassendirektor Dr. Jochen Bräutigam, sowie dem Landschaftsverband Rheinland, Fachstelle für Regional- und Heimatgeschichte zu Köln und ihrem Referenten, Herrn Georg Mölich, und der VEGLA, Vereinigte Glaswerke GmbH zu Aachen, ihrem Geschäftsführer Herrn Direktor Konrad Vorpeil und Herrn Diplom-Volkswirt Rudolf Rosenstein.

Herbert Lepper

Danksagung des Autors

Mein Dank gilt an erster Stelle dem Aachener Geschichtsverein und seinem Vorsitzenden, Herrn Dr. Herbert Lepper, die es sich nicht nehmen ließen, dem Gedenken an die fast zwanzigjährige französische Herrschaft in Aachen mit diesem Beiheft der ZAGV in Wort und Bild einen so würdigen Rahmen zu geben.

Dank gebührt allen Leihgebern für die bereitwillige Überlassung der Exponate wie auch den Mitarbeiterinnen und Mitarbeitern in den Archiven, Bibliotheken und Museen, insbesondere denen im Stadtarchiv Aachen, die mir die Arbeit erleichtert haben. Namentlich dem Deutschen Historischen Institut in Paris möchte ich hier für seinen Rat und seine Hilfestellung bei der Benutzung des französischen Nationalarchivs und der Nationalbibliothek meinen Dank aussprechen. Besondere Erwähnung verdienen Frau Ulrike Weidgang vom Stadtarchiv Aachen, ohne deren bewährte Zuverlässigkeit beim Umsetzen der Textvorlage in ein computergeschriebenes Manuskript sich das Projekt nur mühsam hätte verwirklichen lassen, sowie Herr Algirdas Milleris, dessen fotografische Arbeiten dem Katalog und der Ausstellung besondere Qualität verleihen. Nicht zuletzt aber bin ich Margret Dietzel, Elisabeth Janssen, Angelika Pauels und Dr. Claudia Rotthoff-Kraus verbunden, welche die ebenso mühevolle wie zeitraubende Arbeit des Korrekturlesens mitgetragen haben.

Aachen, im November 1994　　　　　　　　　　　　　　　　　　　　　　　Thomas R. Kraus

Für Claudia

Inhaltsverzeichnis

HANDBUCH

  I. Einleitung 4

  II. Der Gang der Ereignisse

    A. Die Reichsstadt Aachen am Ende des 18. Jahrhunderts 5

    B. Die erste Besetzung der Reichsstadt Aachen durch die französischen
       Revolutionstruppen – 15./16. Dezember 1792 bis 2. März 1793 35

    C. Die Wiederherstellung der reichsstädtischen Ordnung 1793/94
       und ihr neuerlicher Verlust: Aachen unter französischer Herrschaft 1794-1801 64

    D. Aachen – eine französische Stadt 1801-1814 135

  III. Veränderungen in den einzelnen Lebensbereichen

    E. Staatliche und kommunale Verwaltung 167

    F. Recht und Gerichtswesen 188

    G. Verkehr, Handel und Gewerbe 202

    H. Demographische und soziale Aspekte 228

    I. Gesundheitswesen 250

    J. Bauwesen 265

    K. Erziehungs- und Schulwesen 278

    L. Kirchliches Leben 286
       – Die Errichtung des Bistums Aachen
       – Gründung der Evangelischen Gemeinde
       – Juden in Aachen

    M. Kunst, Kultur und Wissenschaft – Gesellschaftliches Leben 310

    N. Presse 329

    O. Militärwesen 334
       – Schicksale Aachener Bürger als Soldaten in den napoleonischen Kriegen
       – Das topographische Büro in Aachen und die „Kartenaufnahme der Rheinlande"

  IV. Zusammenfassung 345

Verzeichnis der Abkürzungen und Siglen sowie der kurzzitierten Quellen 353
Anmerkungen und Literatur zu den einzelnen Kapiteln 355

KATALOG

- A. Die Reichsstadt Aachen am Ende des 18. Jahrhunderts 397
- B. Die erste Besetzung der Reichsstadt Aachen durch die französischen Revolutionstruppen – 15./16. Dezember 1792 bis 2. März 1793 410
- C. Die Wiederherstellung der reichsstädtischen Ordnung 1793/94 und ihr neuerlicher Verlust: Aachen unter französischer Herrschaft 1794-1801 430
- D. Aachen – eine französische Stadt 1801-1814 463
- E. Staatliche und kommunale Verwaltung 489
- F. Recht und Gerichtswesen 515
- G. Verkehr, Handel und Gewerbe 533
- H. Demographische und soziale Aspekte 570
- I. Gesundheitswesen 578
- J. Bauwesen 586
- K. Erziehungs- und Schulwesen 614
- L. Kirchliches Leben 620
  - Die Errichtung des Bistums Aachen
  - Gründung der Evangelischen Gemeinde
  - Juden in Aachen
- M. Kunst, Kultur und Wissenschaft – Gesellschaftliches Leben 650
- N. Presse 668
- O. Militärwesen 672
  - Schicksale Aachener Bürger als Soldaten in den napoleonischen Kriegen
  - Das topographische Büro in Aachen und die „Kartenaufnahme der Rheinlande"
- P. Aachen 1814/15 681

Literatur zum Katalog 685
Fotonachweis 689

*Ansicht des Aachener Rathauses.
Zeichnung des Schweizer Malers Caspar Wolff
aus dem Jahre 1780
(Stadtarchiv Aachen, H 151 e).*

I. EINLEITUNG

Die Französische Revolution, ihre Ursachen, ihr Ablauf, ihre Ergebnisse, ihr Nachwirken sowie die Frage, warum eine Revolution in Deutschland ausblieb, waren immer wieder Gegenstand der Forschung und des Interesses eines breiten Publikums[1]. Die Antworten fielen zeitbedingt und je nach weltanschaulich-politischer Einstellung recht unterschiedlich aus. Dies spiegelt sich auch in der Beurteilung der französischen Herrschaft über die linksrheinischen Gebiete des alten Reiches wider. So betonte die national geprägte deutsche Geschichtsschreibung im 19. Jahrhundert und in den ersten Jahrzehnten des 20. Jahrhunderts vor allem den Repressionscharakter des französischen Herrschaftssystems. Nach dem Zweiten Weltkrieg erweiterte sich der Blickwinkel und gab die Sicht frei auf die reformpolitischen Errungenschaften, welche die Angliederung des Rheinlandes an Frankreich mit sich gebracht hatte.

Das enorme historiographische Interesse an der Französischen Revolution mag eine Bibliographie aus dem Jahre 1985 belegen, die allein für Frankreich nahezu 35 000 Titel, ergänzt durch mehr als 7 800 weitere Schriften aus anderen europäischen Ländern aufführt[2]. Der 200. Gedenktag des Ereignisses im Jahre 1989 löste eine neue Welle von Publikationen aus und gab im deutschen Sprachraum die Anregung zu den großen Ausstellungen des Germanischen Nationalmuseums in Nürnberg und des Historischen Museums Frankfurt[3].

Aus den Feiern des Bicentenaire erwuchs in Aachen der Wunsch, der ersten und zweiten Besetzung der Stadt durch französische Revolutionstruppen am 15./16. Dezember 1792 bzw. am 23. September 1794 zu gedenken, und nach den Auswirkungen der fast zwanzigjährigen französischen Herrschaft über Aachen zu fragen. Diesem Wunsch verdankt die vorliegende Publikation, die auf mehrjährigen Quellen- und Literaturstudien beruht, ihre Entstehung.

Veränderungen zu begreifen, setzt Kenntnisse über die Zeit „vorher" voraus. Daher wurde den Zuständen in der Reichsstadt Aachen, vor allem gegen Ende des 18. Jahrhunderts, ein eigenes umfangreiches Kapitel gewidmet.

II. DER GANG DER EREIGNISSE

A. Die Reichsstadt Aachen am Ende des 18. Jahrhunderts

Die Reichsstadt Aachen war Bestandteil des Heiligen Römischen Reiches deutscher Nation, an dessen Spitze der römisch-deutsche König bzw. Kaiser stand. Im Alltag der Stadt trat das Reichsoberhaupt nicht in Erscheinung, denn die Bürger besaßen das Recht zur Selbstverwaltung, welches seit der Mitte des 13. Jahrhunderts in der Existenz von Bürgermeistern und Rat und den von ihnen erlassenen Statuten zum Ausdruck kommt[1]). Allerdings waren die Interessen von Kaiser und Reich sowie die Belange und Rechte der Nachbarn, vor allem die des Herzogs von Jülich, zu berücksichtigen. In der Not suchte man vielfach Rückhalt bei Kaiser und Reich und deren Gerichtsinstanzen, dem königlichen Hofgericht und später auch beim Reichskammergericht.

Verhältnis zu Kaiser und Reich

Eine der für Aachen folgenschwersten Krisen resultierte aus den zu Beginn des 16. Jahrhunderts entfachten Glaubenskämpfen zwischen Katholiken und Protestanten[2]). Der Protestantismus hielt in Aachen seit den zwanziger Jahren des 16. Jahrhunderts Einzug. Seit 1558 gab es nachweislich zwei protestantische Gemeinden, eine deutsch-reformierte aus Niederländern und Einheimischen sowie eine französisch-reformierte, die sich aus eingewanderten Wallonen rekrutierte. Daneben entstand im weiteren Verlauf des 16. Jahrhunderts noch eine lutherische Gemeinde, die sich wahrscheinlich aus Einwanderern aus Antwerpen gebildet hatte. Der starke Zuzug Andersgläubiger bewirkte alsbald politische Auseinandersetzungen mit den Katholiken der Stadt, die in der Installierung eines protestantischen Rats seit 1581, der Verhängung der Reichsacht über die regierenden protestantischen Bürgermeister und Ratsherren durch Kaiser Rudolph II. im Jahre 1598 und in der Wiedereinführung eines katholischen Rats gipfelten. Ein Aufstand der Protestanten im Jahre 1611 unter Führung des Lutheraners Johann Kalckberner und des Kalvinisten Adam Schanternell brach nach der Verkündung des von Kaiser Matthias erlassenen Mandats zur Wiederherstellung der katholischen Ordnung in Aachen im Jahre 1614 unter den Piken des spanischen Generals Marquis de Spinola zusammen. Zahlreiche Protestanten flohen damals nach Hamburg, Lübeck oder Frankfurt sowie nach Holland und Schweden. Im Jahre 1616 ließ der Aachener katholische Rat in Erinnerung an den gescheiterten Umsturzversuch der Protestanten vom Jahre 1611 auf dem Rathausplatz eine Schandsäule errichten, welche die Hinrichtung des Johann Kalckberner zeigte, der aber in Wirklichkeit hatte fliehen können und mittlerweile eines natürlichen Todes gestorben war. Die Kalckberner-Schandsäule diente künftig als Triumphmal des katholischen Rates und als Mahnmal für die – wie man meinte – vom Protestantismus ausgehenden Gefahren. Nach der Niederschlagung des Aufstandes war es das Ziel des katholischen Rats, eine Rückkehr der Protestanten an die Macht zu verhindern. Herbert v. Asten meint dazu:

Glaubenskämpfe und Intoleranz

> *„Wie bereits gesagt, mußte es dem wiederhergestellten katholischen Stadtregiment darauf ankommen, ein bedrohliches Wiedererstarken des reichsstädtischen Protestantismus zu verhindern. Dieses Ziel, welches das Stadtregiment bis zum Ende der reichsstädtischen Zeit unverrückbar im Auge behielt, suchte man auf zweierlei Weise zu erreichen: Durch allmähliche Zurückdrängung des protestantischen Glaubens und durch Entziehung der wirtschaftlichen Existenzgrundlagen der Neugläubigen. Klar hatte der Rat erkannt, daß die eigentliche Kraft und Zähigkeit des reichsstädtischen Protestantismus in der festen Organisation der evangelischen, insbeson-*

re der reformierten Gemeinde lag. Durch Aufenthaltsverbot für ihre Prediger, Verbot von unkatholischen Schulen und Büchern sowie durch scharfe Maßnahmen des mit der Wahrung des katholischen Glaubens beauftragten geistlichen Sendgerichtes sollte der Protestantismus, soweit er noch in der Stadt vorhanden war, seines organisatorischen Rückhaltes beraubt werden; zugleich aber sollte er durch religiöse Gegenwirkungen, wie sie namentlich von der Tätigkeit des in starkem Maße herangezogenen Jesuitenordens ausgingen, auch innerlich überwunden werden" [3]).

Eine Möglichkeit, die Protestanten auch wirtschaftlich zu treffen und sie zum Verlassen der Stadt zu bewegen, ergab sich aus einem Mandat Kaiser Ferdinands II. vom 21. Mai 1624, welches bestimmte, daß die Protestanten „der Handwerker, bürgerlicher Gerechtigkeit und Nahrung entsetzt sein sollen" [4]). Dieses Mandat, das die Entfernung der Nichtkatholiken aus den Zünften als den Stätten politischer Willensbildung ermöglicht hätte, wurde vom Rat allerdings mit Rücksicht auf die schlechte wirtschaftliche Lage der Stadt in den 30er und 40er Jahren nicht strikt umgesetzt. Dennoch gewannen aufgrund der unsicheren religiösen und wirtschaftlichen Verhältnisse in Aachen die Territorien in der Nachbarschaft immer mehr an Attraktivität für die Aachener Gewerbetreibenden protestantischen Glaubens. Vor allem Stolberg, Burtscheid, Kornelimünster und Vaals profitierten von dieser Entwicklung. Erst nach Unterzeichnung des Westfälischen Friedens im Jahre 1648, in welchem sich die europäischen Mächte darauf verständigten, daß die protestantische Lehre in den Reichsstädten Köln und Aachen nicht anerkannt würde, ging der katholische Rat, nunmehr ohne Rücksicht auf negative wirtschaftliche Folgen, schärfer gegen die Protestanten vor. Aus Furcht vor ihrem Wiedererstarken war man noch nicht einmal bereit, ihr Angebot zur Mithilfe beim Wiederaufbau der am 2. Mai 1656 von einer Feuersbrunst zu drei Vierteln zerstörten Stadt anzunehmen. Nach dem Westfälischen Frieden konnten nur Katholiken die Vollbürgerschaft in Aachen erwerben. Sie allein hatten künftig Zugang zum Handwerk, zum Kleinhandel, den politischen Gremien, zur Beamtenschaft, zur Advokatur und zum Notariat. Protestantische Großkaufleute wurden allerdings geduldet und konnten das sog. Beiwohnrecht erwerben, das ihnen erhöhten Schutz garantierte, aber keinen Zugang zu den Zünften und zur Politik eröffnete [5]). In Anbetracht der vergeblichen Versuche, in den Zünften der Stadt bleiben zu können bzw. Aufnahme zu finden, sahen sich die meisten Protestanten gezwungen, die Stadt Aachen zu verlassen und sich in ihrem Umkreis anzusiedeln. Die in Aachen Verbliebenen durften keine eigenen Schulen unterhalten und mußten den Gottesdienst zusammen mit ihren Glaubensbrüdern aus Burtscheid auswärts im niederländischen Vaals besuchen. Auf dem beschwerlichen Weg dorthin waren sie bis weit ins 18. Jahrhundert hinein manch schlimmer Belästigung seitens der katholischen Bevölkerung ausgesetzt. In der zweiten Hälfte des 18. Jahrhunderts nahmen die Übergriffe zwar ab, doch die Ungleichheit im politischen und wirtschaftlichen Leben blieb für die etwa 50 in Aachen lebenden protestantischen Familien, von denen etwa 30 dem deutsch-reformierten, 2 dem französisch-reformierten und 18 dem lutherischen Glauben angehörten [6]), bestehen.

Zunftwirtschaft

Die Wirtschaft der Reichsstadt Aachen ruhte im 18. Jahrhundert auf der Tuch- und Nadelfabrikation sowie dem Kur- und Badewesen. Tuch- und Nadelherstellung waren damals noch von zünftischem Denken bestimmt: Aufgabe der Zunft war es schon im Mittelalter, jedem ihrer Mitglieder einen auskömmlichen Lebensunterhalt zu sichern. Dazu mußte die anfallende Arbeit gleichmäßig verteilt werden, was nur durch eine Vielzahl von Vorschriften möglich wurde. Dies geschah z.B. im Tuchgewerbe durch die Beschränkung der von einem Meister zu betreibenden Anzahl der Webstühle und der an ihnen tätigen Gesellen. Es war streng untersagt, an mehreren Stellen der Stadt Werkstätten zu unterhalten oder gar außerhalb der Stadt arbeiten zu lassen. Fremde Arbeiter wurden in der Stadt als Spinner, Weber oder Färber nicht geduldet. Die Arbeitszeit war streng reglementiert. Über die Zunftbestimmungen im Tuchgewerbe wachte das Werkmeistergericht, das – ein positiver

Effekt – durch seine Qualitätsüberprüfungen dem „Aachener Tuch" einen ausgezeichneten Ruf sicherte. Die Zahl der Meister war beschränkt, die Aufnahme in diesen Kreis durch die bevorzugte Vergabe freigewordener Stellen an Familien- und Sippenangehörige und durch überhöhte Aufnahmegebühren erschwert. Die Einführung neuer Maschinen, wie sie in England erfunden worden waren, blieb unerwünscht. Ähnliche Verhältnisse boten sich am Ende des 18. Jahrhunderts in der Nadlerzunft. Das Zunftsystem, das jegliche Konkurrenz unterband, indem es Verstöße ahndete bzw. Umgehungen seiner Vorschriften durch immer neue Vorschriften zu verhindern suchte, stellte den fleißigen und den faulen, den fähigen und den unfähigen Meister auf eine Ebene und lähmte auf diese Weise jeglichen Fortschritt, sowohl bezüglich der Produktpalette wie auch der Produktion und Innovation, zumal in Aachen Weber-, Scherer- und Färberzunft auch noch getrennt waren.

Verlagssystem

Die streng handwerkliche Regelung der Produktion hatte allerdings im Bereich des Tuchgewerbes bereits im Verlauf des Mittelalters eine Wandlung erfahren. Für die Herstellung der feinen Aachener Tuche, die sich in Europa allgemeiner Beliebtheit erfreuten, war die grobe Wolle der einheimischen Schafe ungeeignet. Für die Einfuhr ausländischer Rohstoffe aber bedurfte es großer Kapitalien, die dem einzelnen Handwerker nicht zur Verfügung standen. Auch die Ausfuhr konnte angesichts der langen Zahlungsfristen nur das Geschäft kapitalkräftiger Personen sein. So entwickelte sich über den handwerklichen, zunftmäßig organisierten Betrieben der Handwerksmeister bis zum Beginn des 17. Jahrhunderts der Stand des Tuchkaufmannes, der unabhängig außerhalb der Zunft stand und der den Vertrieb der Waren übernahm. Er wurde ihr Verleger. Matthias Schollen schreibt dazu:

> *„Wer wirtschaftlich über den Zünften stand und ihr Monopol sich dienstbar zu machen wußte, das war der Kaufmann. Er bedient sich des Handwerks in den Zünften, schafft Rohstoffe an und läßt sie verarbeiten; er erspäht die Bedürfnisse des Marktes, erkundet die vorteilhaften Absatzorte, beschafft zum billigsten Preise im Großkauf den Rohstoff, läßt ihn nach seinen Angaben verarbeiten, führt jedes Halbfabrikat aus der Wohnung des Teilarbeiters wieder in sein Komptoir zurück, prüft selbst die Güte und vertreibt die fertige Ware in weiter Ferne. Diese Art der Produktion ist wirtschaftsgeschichtlich unter dem Namen 'Verlagssystem' bekannt: ein kaufmännischer Verleger organisiert den Absatz eines Gewerbeproduktes an die Konsumenten und läßt es von einer größeren Zahl von technisch ganz, wirtschaftlich mehr oder weniger selbständigen Arbeitern, oft auch 'Meistern' mit Hilfsarbeitern, in ihren eigenen Häusern oder Werkstätten für sich auf seine Bestellung herstellen, indem er den Rohstoff oder die Werkzeuge oder beides dazu liefert oder ausschließlich das fertige Produkt abnimmt"* [7].

Die für den Verleger tätigen Meister und Gesellen sanken dabei mehr und mehr zu bloßen Lohnarbeitern herab.

Obgleich im Hauptgeschäft Verleger, konnte der Tuchkaufmann selbst auch einen Meisterbetrieb mit den von der Zunft vorgeschriebenen maximal vier Webstühlen und vier Gesellen betreiben. Ja, in der Praxis war es wohl der Normalfall, daß er und vielleicht auch seine Söhne als Meister einer oder mehreren Zünften angehörten. So versprach etwa die Mitgliedschaft des Vaters in der Wollenambacht und des Sohnes in der Färberzunft Mitspracherecht bei der Ausarbeitung von Vorschriften und zugleich über die von der Zunft in den Rat geschickten Vertreter politische Einflußmöglichkeit.

Reformbestrebungen

Der Verleger war zwar Leiter der Produktion, und insofern stand es ihm auch jederzeit frei, eine gewisse Kontrolle über sein Eigentum auszuüben, doch „war sein Einfluß auf die Art der Herstellung und damit die Güte der Ware infolge der örtlich auseinanderliegenden Teilprozesse und der Einschränkung auf einheimische Meister nicht sehr bedeutend" [8]. Dies erschwerte – wie schon erwähnt – die Anpassung des Produktes und des Absatzverfahrens an die Bedürfnisse des Marktes. Um dies zu gewährleisten, bedurfte es der Aufgabe des Verlagssystems zugunsten eines alle Arbeitsgänge der Herstellung unter einem Dach konzentrierenden Betriebs, nämlich dem des Kaufmanns selbst. Solche Manufakturen [9], in denen die handwerkliche Arbeit in mehr oder weniger großem Umfang durch Maschinen unterstützt wurde, konnten allerdings wegen der Aachener Zunftverfassung nur außerhalb der Stadt, im „zunftfreien Raum", verwirklicht werden, wo zudem genügend Arbeiter vorhanden waren. Diese Gegebenheiten trafen im 18. Jahrhundert in Aachens näherer und weiterer Umgebung vor allem auf Burtscheid, Vaals, Monschau und Eupen zu. So siedelte beispielsweise der Kaufmann Alexander v. Loevenich zu Anfang des Jahres 1700 nach Burtscheid über, wo er 1704 ein Fabrikgebäude errichtete, in dem mehrere Arbeitsvorgänge vereinigt werden konnten. Esaias v. Clermont schuf im Jahre 1764 aufwendige Fabrikationsräume in Vaals und beschäftigte hier, sowie in Aachen und Burtscheid 160 Weber. Welchen Aufschwung mutiges Unternehmertum damals nehmen konnte, zeigt das Beispiel des Johann Heinrich Scheibler in Monschau. In Aachen selbst konnten sich während der reichsstädtischen Zeit keine Manufakturen entwickeln. Hier hielt man am Zunftsystem, das die Entwicklung solcher Großbetriebe verhinderte, fest. Die wünschenswerte Kontrolle über die Qualität der Produkte sicherten sich die Verleger hier allerdings durch die allmähliche Verlagerung der für die Güte entscheidenden Arbeitsschritte in ihre „Fabrik". Bei der Tuchherstellung war dies der Fall bei der sog. Appretur, d.h. dem Scheren, Pressen und Rauhen der Tuche, bei der Nadelproduktion vor allem beim Polieren der Nadeln. Vorschläge zur Reform der Zunft- und damit der Betriebsverfassung wurden am Ende der reichsstädtischen Zeit im Zusammenhang mit der Diskussion über die Verbesserung der Aachener Verfassung eingebracht. Schriften, wie die von einem unbekannten Katholiken vorgelegten „Freymüthigen Betrachtungen eines Weltbürgers zum Wohl von Aachen, bey Gelegenheit der bevorstehenden Constitutions-Verbesserung dieser Reichsstadt, Frankfurt und Leipzig 1788[10]" blieben jedoch ohne größerer Wirkung. Für uns heute stellen sie allerdings eine wichtige Quellengruppe dar, aus der wir wertvolle Erkenntnisse ziehen können. So vermitteln gerade die „Freymüthigen Betrachtungen" einen guten Einblick in die Mißstände der Zeit [11]:

> *„Zu den verschiedenen Theilen der Aachener Constitution, welche einer Verbesserung bedürfen, gehört unstreitig zuerst die ganz eigenthümlich fehlerhafte Zunftverfassung, worunter mehr oder weniger alle dortige Industrie leidet. .. Rings umher in Burtscheid, Monjoie, Verviers, Vaals und in dem ganzen fabrikreichen Limburger Lande herrscht Freyheit; der Tuch-Kaufmann ist dort zu gleicher Zeit auch Fabrikant, das heißt: er kann so viele Webstühle in seinen eigenen Gebäuden im Gange halten, als er will, so viele Scheerer auf seinem eigenen Winkel anstellen, als seine Geschäfte erfordern; kurz, er läßt seiner Industrie freyen Lauf und wählt sich seine Arbeiter und die Zahl derselben nach Gutbefinden. In jener Kaiserlichen Freyen Reichsstadt hingegen herrscht ein höchst nachtheiliger Zunftzwang, der aller Industrie die Flügel lähmt und selbst dem besten Genie den Muth, sich empor zu bringen, benimmt, weil es sich nie einer verhältnismäßigen größeren Erndte seines Fleißes erfreuen kann, sondern mit dem Trägen und Unwissenden gleichen Schritt zu halten gezwungen ist".* Denn es *„ist bey den Zünften selbst das widersinnige Gesetz im Gebrauch, daß bey allen Handwerkern ohne Unterschied auch der geschickteste und redlichste Meister nur vier Knechte oder Gesellen und der Weber nur vier Webstühle halten darf".*

Weiter heißt es an anderer Stelle:
> *„Es giebt also wirklich in ganz Aachen keine einzige eigentliche Tuchfabrike: wenn man nehmlich darunter eine Anstalt versteht, in welcher, unter Aufsicht und Di-*

rektion ihres Besitzers, durch die von ihm angenommenen Arbeiter, deren Zahl er nach dem Bedürfniß bestimmt, Tücher verfertigt werden, und unter einem Fabrikanten einen Mann, der eine solche Anstalt besitzt. Weder eins noch das andre ist dort zu finden."

Unter „Fabrik" wird hier also die Manufaktur verstanden. Das Wort – von lateinisch „fabricare", d.h. „verfertigen" – konnte aber im Aachen des 18. Jahrhunderts auch den einfachen Handwerksbetrieb oder das arbeitsteilige Verlagswesen bezeichnen, hatte aber noch nicht den heutigen Bedeutungsinhalt [12]).

Ähnlich wie im Tuchgewerbe verlief die Entwicklung im Nadelgewerbe. Hier vollzog sich im dritten Viertel des 17. Jahrhunderts eine Trennung der Zunftmeister in Rauhwirker und Schönmeister. Die ersteren verrichteten nur noch die gröberen Arbeiten in Lohnarbeit, während die letzteren das Polieren und Verpacken der Nadeln sowie als Nadelkaufleute deren Absatz besorgten. Mehrere Gründe hatten zu dieser Arbeitsteilung geführt. Auch hier war es dem einzelnen Meister nicht möglich, den kostengünstigsten Kauf zu tätigen und den Transport des für die Herstellung notwendigen Halbprodukts Draht zu organisieren und für den bestmöglichen Absatz den Markt zu beobachten. Zum anderen fehlten ihm die Mittel, mit dem technischen Fortschritt mitzuhalten und etwa die durch Wasserkraft getriebenen Schauermühlen zum Scheuern und Polieren der Nadeln anzuschaffen, welche den Arbeitsprozeß erheblich verkürzten, die Massenproduktion unterstützten und auf diese Weise eine Verbilligung des Produkts erlaubten und letztlich über den vermehrten Absatz den Gewinn steigerten. Die Folge war, daß die Rauhwirker – obgleich zünftisch gelernte Nadelmeister – ihre Selbständigkeit verloren, von den kapitalkräftigen Schönmeistern abhängig wurden und den Status von Arbeitern und Knechten annahmen.

Das Herabsinken ehemaliger unabhängiger Handwerksmeister zu abhängigen Facharbeitern hatte natürlich auch Folgen für deren wirtschaftliche Situation, denn mit zunehmender Abhängigkeit verringerten sich ihre Einkünfte. Leider sind wir heute aus Quellenmangel nicht in der Lage, den Durchschnittsverdienst und die Kaufkraft bzw. den Lebensstandard einer Arbeiterfamilie hinreichend abzuschätzen. Nur so viel ist klar: Je schlechter die Beschäftigungsmöglichkeiten und -bedingungen für ehemals selbständige Meister wurden, umso mehr waren die Gesellen betroffen. Ihre Situation hing in noch stärkerem Maße als die der Meister von der konjunkturellen Lage der Wirtschaft ab. Aber auch unter „normalen" Umständen war die Zahl der Arbeitslosen und damit – bei Fehlen eines „staatlichen" und der Existenz eines „bloß" karitativen Sozialsystems – der Mittellosen so groß, daß ihnen nur noch der Bettelstab blieb. Die Konkurrenz auf dem Arbeitsmarkt verschärfte sich zudem durch den zwar immer schon üblichen, jetzt aber verstärkten Einsatz von Kindern bei der Nähnadel- und – produktionsbedingt – in geringerem Maße bei der Tuchherstellung. Hinzu kam, daß z.B. nach entsprechenden Vereinbarungen zwischen Rauh- und Schönwirkern in den 60er Jahren des 18. Jahrhunderts die Herstellung grober Nadelsorten ins Umland Aachens verlagert werden konnte, wodurch vor allem in den Wintermonaten Bauern sowie deren Frauen und Kinder ein Zubrot fanden, das den Arbeitslosen in der Stadt aber, wo gegenüber dem Land ein höheres Lohnniveau galt, verloren ging. Die Folgen der Arbeitslosigkeit stellten den Rat der Stadt Aachen vor schwer lösbare Probleme, denn Mittellosigkeit und Müßiggang waren nicht selten der Anlaß für kriminelle Handlungen. Beklagt wurde z.B. in Kreisen der Wirtschaft die Veruntreuung und der Diebstahl von Wolle. Umgekehrt wurde es zum Problem, daß sich Arbeitslose so sehr an den Müßiggang gewöhnten, den sie durch Betteln, Glücksspiel oder kriminelle Taten zu finanzieren gelernt hatten, daß sie, auch wenn sich die Möglichkeit dazu bot, nicht mehr zur Arbeit zurückkehren wollten.

Soziale Folgen der Rationalisierung in der Wirtschaft

Wenn die Zünfte auch bis zuletzt hartnäckig am Zunftsystem und seinen Geboten und Verboten festhielten und dabei – je nach Zusammensetzung des Rates – mit wechselndem Engagement von der Stadtobrigkeit unterstützt wurden, waren Umgehungen und Übertretungen vor allem durch Großverleger im Tuch- und Nadelgewerbe üblich [13]). So war etwa das Verbot der Beschäftigung auswärtiger Arbeitskräfte schon aus politischen Rücksichten gegenüber dem Herzogtum Jülich und dessen arbeitsuchenden Untertanen nicht voll durchsetzbar. Im Nadelgewerbe bot die Trennung von Rauh- und Schönmeistern die Möglichkeit zur Umgehung der zahlenmäßigen Beschränkung des in einem Betrieb tätigen Personals, denn nur die Rauhwirker bedurften einer zünftischen Ausbildung als Lehrling, Geselle und Meister, während für die beim gleichfalls gelernten Schönwirker mit der „Verschönerung" der Nadeln betrauten Arbeiter – die Schauerknechte und die mit dem Härten, Richten und Verpacken der Nadeln beschäftigten Leute – keine zünftische Lehre vorgeschrieben war. Letztere galten als Hilfskräfte außerhalb der Zunft, weshalb ihre Zahl keiner Begrenzung unterlag. Sie durften zudem – gemäß einem Ratsbeschluß aus dem Jahre 1760 – auch außerhalb der Stadt angeworben werden. Im Tuchgewerbe waren es z.B. die Tuchpresser, die als unzünftige Arbeiter angesehen wurden. Aber auch das Verbot, mehr als vier Handwerksgesellen zu beschäftigen, ließ sich im 18. Jahrhundert nicht mehr generell durchsetzen. Dem kam die Reichshandwerkordnung von 1731 entgegen, welche die Beschränkung der Gesellenzahl eines Meisters als „Mißbrauch" bezeichnete. Da diese Verordnung in den meisten Reichsstädten nicht als geltendes Recht rezipiert wurde, mußten diejenigen, die aus ihr einen Nutzen ziehen wollten, den Rechtsweg einschlagen, bis sie letztlich vor dem Reichskammergericht obsiegten.

Aachen als Wirtschaftsstandort/ Fortbestehen religiöser Intoleranz

Ergebnis der Entwicklung war de facto, daß in der zweiten Hälfte des 18. Jahrhunderts die Zunftvorschriften nur noch für die kleinen Meister galten, während sich die großen über sie hinwegsetzen konnten und sich so die Möglichkeit schufen, auch in Aachen Großbetriebe einzurichten. Von dieser Möglichkeit wurde denn auch reger Gebrauch gemacht, und es erweist sich entgegen der älteren Forschung, welche kritische Äußerungen einzelner Zeitgenossen allzu bereitwillig für eine objektive Beschreibung der Wirklichkeit nahm und infolgedessen Aachen als einen Ort der Stagnation und des Niedergangs sah, daß die Stadt am Ende des 18. Jahrhunderts durchaus wirtschaftliche Attraktivität besaß [14]). Diese spiegelt sich im Verlauf des Jahrhunderts – trotz zeitweiliger Auswanderungen – in einer Zunahme der Bevölkerung um 62 Prozent wider, wobei der Anteil der Zugewanderten aus den benachbarten Territorien beachtlich war. So betrug der Anteil der zwischen 1750 und 1794 eingewanderten Familien, bezogen auf die städtische Bevölkerung des Jahres 1803, mehr als 26 Prozent. Dabei fällt vor allem die Immigration von mehr als 30 protestantischen Textilfabrikanten auf, darunter 1773 Christian Friedrich Claus aus Landau, 1778 der aus Göppingen gebürtige Jakob Friedrich Kolb, 1784 der aus Basel gebürtige Johann Jakob Stehelin und 1785 der aus Lahr stammende Christian Friedrich Deusner [15]). Acht Angehörige der eingewanderten Protestanten-Familien wurden so erfolgreich, daß sie 1803 zu den 23 Spitzenverdienern der Stadt gerechnet wurden. Christian Friedrich Claus rangierte dabei an erster Stelle. Der Rat begünstigte die Niederlassung dieser Großkaufleute ganz offensichtlich aus wirtschaftlichen Erwägungen heraus und verlieh ihnen, die als Nichtkatholiken keiner Zunft angehören konnten und deshalb auch von politischer Mitsprache ausgeschlossen waren, die sog. Beiwohnung, welche vor der sonst immer möglichen willkürlichen Ausweisung seitens des Rates der Stadt schützte, und mit der zugleich steuerliche Vorteile verbunden waren, weil Fremde bei der Einfuhr bestimmter Waren schlechter gestellt wurden als Bürger und Beiwohner. Ihre Zuwanderung nach Aachen unter Inkaufnahme politischer Machtlosigkeit erweist die wirtschaftliche Attraktivität Aachens in jener Zeit zur Genüge. Die Protestanten in Aachen galten im Jahre 1788 dem katholischen Verfasser der schon erwähnten „Freymüthigen Betrachtungen" als „Hauptbeförderer des Wohlstandes und der Nahrung dieser Stadt" [16]). Daß ihre Zuwanderung möglich wurde, läßt zugleich auf eine Abmilderung des Hasses gegen Andersgläubige schließen, der noch bis in die 60er Jahre des Jahrhunderts zu Gewalttätigkeiten gegen protestantische Kirchgänger nach Vaals geführt hatte. Diese Veränderungen im Verhalten der Katholiken gingen aber nicht so weit, daß der Rat bereit gewesen wäre, den 1788 von den Reformierten und Lutheranern eingereichten Bittschriften um Genehmigung von Gottesdienst und Schulunterricht innerhalb der Stadt zu entsprechen [17]). Einzelne einsichtige Persönlichkeiten wie der Verfasser der „Freymüthigen Betrachtungen" machten geltend, die Protestanten hätten „eine zwar irrige, aber doch von Gott bisher geduldete und nur durch Langmuth und christliche Liebe zur Wahrheit zurückzuleitende Gottesverehrung"[18]) und forderten für sie – auch unter Hinweis auf ihre wirtschaftliche Bedeutung für die Stadt – politische und religiöse Toleranz. Die herrschenden Kreise verwiesen demgegenüber auf das Empfinden der breiten Masse der Bevölkerung, denn in Aachen wie in den anderen katholischen Städten und Territorien standen die Mehrheit der Bevölkerung, die niedere Geistlichkeit, Teile des höheren Klerus und des Besitzbürgertums einer Gleichberechtigung der Protestanten äußerst ablehnend gegenüber: „Die zahlreichen Reisebeschreibungen, die in der Zeit von 1780 bis 1790 erschienen, sind, bei aller Anerkennung der Ansätze zu einer Besserung, voll der Anklagen gegen die im Rheinland herrschende konfessionelle Engherzigkeit, die sich sowohl in der Haltung des Einzelnen wie der Staaten zeige"[19]). So mußte der Vaalser Tuchfabrikant Johann Arnold v. Clermont im Jahre 1789 immer noch feststellen, die Protestanten würden in Aachen nicht geliebt, sondern sogar gehaßt[20]), und ein namentlich nicht bekannter Protestant meinte noch im Jahre 1793: „Ich glaube, wenn ein Engel vom Himmel käme, seine Schriften würden nicht angenommen, blos aus der Ursache, weil er Protestant sei ... Sie steckten auch lieber die Stadt in Brand, als daß sie uns einen Platz zu einer Kirche einräumten"[21]).

Trotz der Behinderungen durch die prinzipiell fortbestehende Zunftverfassung, der politischen Rechtlosigkeit und der religiösen Vorbehalte vor allem der unteren Bevölkerungsschichten gegenüber den Protestanten, bot Aachen doch bemerkenswerte Standortvorteile. Die Stadt war als Handelsplatz Vermittlerin zwischen der Jülicher Gewerbelandschaft und den westeuropäischen Märkten, war Zentrum eines beachtlichen Wollhandels und verfügte über ausreichend Wasser als Produktionsmittel und Energiequelle sowie über ein hinreichendes Arbeitskräftepotential. Von diesen Standortvorteilen profitierte am Ende des 18. Jahrhunderts vor allem das Tuchgewerbe, während die Nadelherstellung in den beiden letzten Jahrzehnten Einbußen hinnehmen mußte, die ihre Ursachen aber nicht so sehr in der Zunftverfassung hatten, sondern durch die stärker werdende Konkurrenz Englands, der Grafschaft Mark und der Reichsstadt Nürnberg bedingt waren.

Neben dem Tuchgewerbe und der Nadelherstellung hatte die Aachener Wirtschaft im Kur- und Badeleben ein drittes Standbein. Nach dem großen Stadtbrand vom 2. Mai 1656 hatte sich Aachen bis zum Beginn des 18. Jahrhunderts neben Spa zu d e m Modebad Europas entwickelt, wo neben gekrönten Häuptern und Standespersonen wohlhabende Bürger in den Heilwassern und bei Trinkkuren Genesung suchten und fanden. Der Ruf Aachens schlug sich in steigenden Besucherzahlen nieder, die sich positiv auf das Hotel- und Gaststättengewerbe wie überhaupt auf den zunftfreien Dienstleistungssektor, aber auch auf das Handwerk auswirkten. Der Rat förderte diese Entwicklung durch den weiteren Ausbau des Komphausbadviertels, dem Zentrum des Bade- und Kurbetriebs. So entstand hier noch gegen Ende der reichsstädtischen Zeit in den Jahren 1782 bis 1785 nach den Plänen von Jakob Couven die Neue Redoute mit Festsaal, Spielcasino und angrenzendem Lustgarten, dem sog. Spaziergang.

Bei dieser günstigen wirtschaftlichen Entwicklung kann privater Reichtum einzelner Bürger der Stadt nicht verwundern. Er bewirkte eine rege Bautätigkeit und spiegelt sich in der Größe der Kapitalien wider, die in Stiftungen oder Kauf- und Kreditgeschäfte einflossen. Beispiel dafür ist die Tatsache, daß die Stadt Aachen ihren immensen Kreditbedarf zu mehr als 50 Prozent bei ihren eigenen Einwohnern decken konnte, und zahlreiche Bürger – trotz der in den 90er Jahren erduldeten Einquartierungen, Requisitionen und Kontributionen sowie der durch die Assignatenwirtschaft erlittenen Verluste – noch 1803 genügend Kapital besaßen, um bei der Versteigerung der säkularisierten Kirchengüter maßgeblich mitzusteigern (siehe S. 292f.). Dabei darf man nicht übersehen, daß die Einkommensschere zwischen Reich und Arm weit auseinanderklaffte und die Kluft zwischen Arbeitgeber und Arbeitnehmer sich zusehends vergrößerte. Zwischen ihnen standen kleine selbständige Existenzen: Handwerker, Krämer und Händler. Die soziale Schichtung Aachens am Ende des 18. Jahrhunderts kann man daher mit den Worten eines Zeitgenossen wiedergeben: In Aachen gab es „wenig Reiche, nicht viel Wohlhabende und um so viel mehr Arme"[22]).

Soziale Schichtung

Städtische Finanzen

Privater Wohlstand schloß öffentliche Armut nicht aus. Wie die anderen Reichsstädte war auch Aachen am Ende des 18. Jahrhunderts hoch verschuldet[23]. Dies hatte zum einen seinen Grund in der starken Inanspruchnahme für das Reich durch Reichs- und Kreisumlagen, zum anderen aber in der immensen Kapitalaufnahme, welche der Wiederaufbau der am 2. Mai 1656 vom Feuer verwüsteten Stadt erforderlich gemacht hatte. Hinzu kamen Unkosten, welche durch Missionen zu den Königskrönungen und an den kaiserlichen Hof verursacht oder durch verschiedene Rechtsstreitigkeiten, besonders zur Wahrung der städtischen Rechte gegenüber den Ansprüchen des Kurfürsten von der Pfalz als Herzog von Jülich und während der Zeit der sog. Mäkelei (siehe S. 16ff.) entstanden waren. Eine erhebliche Belastung bedeuteten die zahlreichen militärischen Kontributionen und Einquartierungen im Gefolge der Kriege des 18. Jahrhunderts. Vor allem während des Siebenjährigen Krieges war Aachen finanziell stark beansprucht worden. So hatten die mit dem Kaiser verbündeten Franzosen seit dem Jahr 1758 Kosten in Höhe von mehreren Hunderttausend Aachener Mark verursacht, deren Rückerstattung zwar zugesagt, aber nicht erfolgt war. Im Jahre 1790 unternahm man in Anbetracht der mittlerweile in Frankreich eingetretenen Veränderungen einen neuerlichen Vorstoß in Paris, doch konnten auch dieses Mal die Rückstände aus dem Siebenjährigen Krieg nicht eingetrieben werden[24]. Sehr teuer kam auch die kaiserliche Untersuchungskommission der Jahre 1770 bis 1772 im Streit mit dem Herzog von Jülich über dessen Rechte in der Stadt zu stehen[25]. Die trostlose finanzielle Situation Aachens hatte sich im Verlauf des 18. Jahrhunderts obendrein durch die zögerliche und kurzsichtige Finanzpolitik des Rates noch weiter verschlimmert: Seit dem Rechnungsjahr 1682/83 hatten sich die städtischen Schulden durch fortwährende Kapitalaufnahmen vervierfacht. Im Rechnungsjahr 1784/85 erreichte die Verschuldung mit fast 40 Millionen Aachener Mark und 1 598 082 Aachener Mark fälliger Zinsen einen vorläufigen Höhepunkt[26]. Hinzu kamen die Kosten für die im Mai 1787 im Auftrage des Reichskammergerichts vom Niederrheinisch-Westfälischen Kreis zur Untersuchung der „Mäkelei" nach Aachen entsandte Untersuchungskommission, die sich im April 1789 bereits auf über 145 000 Reichstaler beliefen, eine Summe, die nur durch neue Kredite finanziert werden konnte.

Nach Berechnungen von Nikolaus Cromm, der Zugang zu den Rentbüchern der Stadt hatte, beliefen sich die städtischen Schulden im Jahre 1790 sogar auf 1,22 Millionen Reichstaler, wobei 1 Reichstaler zu 52 Aachener Mark gerechnet wurde[27]. Aachen hatte damit eine höhere Pro-Kopf-Verschuldung als Köln, lag aber weit hinter Nürnberg zurück.

(Glücksspiel)

Zum Zwecke der Haushaltssanierung schenkte der Rat immer wieder dem Glücksspiel und den daraus anfallenden Konzessionsgebühren seine besondere Aufmerksamkeit. Das Glücksspiel, auch Hasard genannt, hatte sich in Aachen als Begleiterscheinung des Bade- und Kurbetriebs entwickelt. Zunächst schien es als Mittel der Unterhaltung und Zerstreuung noch keine größeren Probleme bereitet zu haben. Als aber die Einwohner Aachens vom Spielfieber erfaßt wurden, zog der Rat, um einer Verarmung und Verelendung der Bürgerschaft vorzubeugen, die Konsequenz und verbot am 19. Juni 1750 kurzerhand das Glücksspiel für jedermann. Erst am 15. Juni 1764 wurde es für Badegäste wieder freigegeben. Im Unterschied zu früher, als sich die Spielstätten in den Händen von Privatleuten befanden, richtete man nun eine öffentliche Spielbank ein und verpachtete diese. Um 1780 wurden auch die Aachener wieder als Spieler toleriert. Die sozialen Bedenken, die gegen diesen Ratsbeschluß geltend gemacht wurden, spiegeln sich z.B. in einer im Jahre 1781 umlaufenden anonymen, in Reimen verfaßten Persiflage wider, deren erste vier Zeilen lauten:

„Jetzt kann zum Flor der Bürgerei
Ihr Geld mit vollen Händen
Die Jugend an der Banke frei
Gemäß Edikt verschwenden"[28].

Eine anonyme Schilderung der Stadt Aachen aus dem Jahre 1787 berichtet: „In Aachen wird Tag und Nacht gespielt. Die Redoute ist das Haupttheater, auf welchem man sich im Namen der vier Könige schlägt. Diese Redoute liegt am Comphausbade"[29]). Sie wurde im Auftrag von Richard Reumont – offenbar mit finanzieller Unterstützung des damals regierenden (Alten) Rates – von Jakob Couven 1785 fertiggestellt. Reumont sollte das Gebäude gegen Zahlung einer Pachtsumme 25 Jahre lang für das Hasard nutzen dürfen, und zwar – wie schon in der Ketschenburg vor dem Adalbertstor und an drei weiteren Stellen, wo gleichfalls gespielt wurde – als alleiniger, vom Rat konzessionierter Glücksspielpächter. Beim politischen Gegner und bei Teilen der Bevölkerung war dieser Schritt durchaus umstritten. In einem anonymen Gedicht aus dem Jahre 1783 heißt es dazu:

„Für 10 000 Taler Bäumen
Läßt man aus dem Walde räumen,
Mauern läßt man niederreißen,
Türme übern Haufen schmeißen,
Dies alles zum Redoutensaal,
Betrachtet solches doch einmal.
Was hat die Stadt dabei für Nutzen?
Nichts, als einen Platz zu putzen
Den der hohe Magistrat
Für zwei Louis verkauf[e]t hat
Itzt kommt der Redoutenmann
Und steht beim hohen Rate an:
Zeigt eine Obligation
Von einer sicheren Standsperson,
Wofür die Stadt soll Bürge sein.

Und dieser willigt man auch schon ein,
Ohne einmal anzusehen,
Wie es uns hernach wird gehen.
Was liegt dem Bürgermeister dran,
Wenn er für sich nur wuchern kann,
Ob er verkauft die ganze Stadt,
Weil er kein Saustall drinnen hat?
Aber spricht man von Laternen,
Um Dieb und Mörder zu entfernen,
Spricht man von Sicherheit der Straßen
und von ein Spinhauss bauen zu lassen,
Ja, dies kann die Kass nicht dulden,
Die arme Stadt hat zu viel Schulden
Und gibt zu dem Redoutensaal
10 000 Taler Kapital"[30]).

Der Rat, welcher die negativen Folgen des Glücksspiels natürlich kannte, war wegen seiner drückenden Schulden auf die Konzessionsgelder dringend angewiesen. Die Unterstützung des Baus der Neuen Redoute durch ein Darlehen erklärt sich denn auch aus dem Interesse des Rates an möglichst hohen Umsätzen des Konzessionärs, die dann wiederum eine Erhöhung der Pacht erlaubten. Um welche Summen es dabei ging, zeigt der Vertrag, den der Rat am 9. August 1793 mit Richard Reumont abschloß. Ihm zufolge betrug die Pacht stolze 25 000 Reichstaler jährlich und wurde für drei Jahre im voraus bezahlt.
Im Juni 1786 sah sich der Rat im Zuge der Unruhen der sog. Mäkelei, also aus politischen Gründen, gezwungen, ein erneutes Spielverbot für die Einheimischen zu erlassen, was wegen der damit verbundenen Gewinneinbußen für den Pächter zu längeren Streitigkeiten Reumonts mit dem Rat führte. Der neue, den Streit beendende Pachtvertrag vom 9. August 1793 war kaum unterschrieben, da rückten die Franzosen in Aachen ein und untersagten am 24. Oktober das Glücksspiel. Reumont ging daraufhin in die Emigration. Das Spielverbot mußte indessen mehrfach wiederholt werden[31]).

(Zustand des Wegenetzes)

Die hohen Schulden zwangen die Stadt, abgesehen von den Investitionen im Kur- und Badebetrieb, zu äußerster Sparsamkeit. Betroffen waren davon u.a. der Bau und der Unterhalt des Wegenetzes. Ihre Vernachlässigung ging sogar soweit, daß die dafür vorgesehenen Wegegelder, welche an den Toren der Stadt bzw. an bestimmten Punkten im Aachener Reich erhoben wurden, zum Stopfen von Haushaltslöchern verwandt wurden. Die Klagen von Reisenden, Händlern und Fuhrunternehmern über den schlechten Erhaltungszustand der Straßen und Wege riß denn auch nicht ab. Der englische Reisende C. Este, der im Jahre 1793 eine Reise durch Flandern, Brabant und Deutschland in die Schweiz unternahm, notierte in seinem Reisebericht über die Fahrt von Spa nach Aachen mit einer gehörigen Portion Humor, bis vor einem Jahr habe es der Reisende nicht nötig gehabt, seine Kutsche in Aachen zu verlassen, denn dieser sei auf der Fahrt so zugesetzt worden, daß sie ihn verlassen habe[32]).

*(Straßen-
beleuchtung)*

Eine weitere negative Folge der leeren Stadtkasse war die mangelhafte nächtliche Beleuchtung in den Straßen, die dem Fußgänger in mehrfacher Hinsicht gefährlich war. In einer Schilderung Aachens aus dem Jahre 1787 heißt es dazu:

> „*Qui sequitur me non ambulat in tenebris. Wer mir folgt, wandelt nicht im Finstern, sagt der Heiland der Welt. Derjenige, der bey Nachtzeit in den Strassen zu Aachen wandelt, kann das nemliche nicht sagen. Wer kein gutes Gesicht hat [d.h.: nicht gut sieht], der bleibe zu Hause, sobald es anfängt, Nacht zu werden. Denn die mindeste Unbequemlichkeit, die ihm begegnen kann, ist, daß er sich das Hirn an einem Wagen einstößt, oder in einen Misthaufen fällt*"[33]).

*Der Gaffelbrief,
Aachens
Verfassung*

Neben der öffentlichen Armut und der Armut weiter Teile der Bevölkerung gab es im Aachen des ausgehenden 18. Jahrhunderts noch ein weiteres Problemfeld, nämlich das der Verfassung. Die Verfassung der Reichsstadt Aachen war am 24. November 1450 im sog. Gaffelbrief grundgelegt worden. Damals hatte sich nach vorangegangenen Auseinandersetzungen und Unruhen der regierende Erbrat, dessen Mitglieder sich durch Kooptation (Selbstergänzung) aus einer begrenzten Anzahl angesehener und wohlhabender Familien (Patrizier) rekrutierten und ihr Amt auf Lebenszeit behielten, mit den Zünften bzw. mit den in den Zünften zu Wohlstand gelangten und nach politischer Mitsprache drängenden Bürgern über die Machtverteilung geeinigt. Die Zünfte wurden im Aachen jener Zeit auch „Gaffeln" genannt; ein Begriff, dessen sprachliche Herkunft nicht eindeutig geklärt ist. Der Gaffelbrief bestimmte, daß sowohl die Mitglieder des Erbrates wie auch jeder andere Bürger und Einwohner der Stadt, wie auch alle nach Aachen zuziehenden Personen künftig einer der elf Gaffeln beitreten sollte. Im Prinzip hatte jeder die Wahl seiner Gaffel frei. Jede Gaffel sollte sechs Gutmänner (gute Männer) wählen, die alljährlich am 23. Juni zur Hälfte ersetzt wurden. Die so gewählten 66 Gutmänner waren als Kontrollinstanz für den jeweiligen Rat gedacht. Mit ihm zusammen wählten die Gutmänner die Bürgermeister, während sie die städtischen Beamten, d.h. den Magistrat, selbst bestimmten. Vierteljährlich war vor dem Rat und den 66 Gutmännern Rechenschaft über die städtischen Einnahmen und Ausgaben abzulegen. Zugang zu den verbrieften Privilegien der Stadt und zum Leibzuchtsiegel, das für den Abschluß von Rentverträgen benötigt wurde, war dem Rat künftig nur mit den Schlüsseln der einzelnen Gaffeln möglich. Auch durfte der Rat niemanden mehr in seinen Kreis wählen, der nicht zuvor die Zustimmung der 66 Gaffelmänner erhalten hatte. In der Praxis bestand der Rat in den Jahren 1450 bis 1461 aus den beiden Bürgermeistern, zwei Mitgliedern des Aachener Schöffenstuhls, einem Schreiber, zwei Schöffen des Kurgerichts, zwei Werkmeistern und den Vorstehern der neun Stadtbezirke, den sog. Grafschaften, sowie je zwei Angehörigen der von den elf Gaffeln benannten sechs Gutmänner. Der Rat zählte demnach 40 Personen, wobei die 22 Gutmänner der Zünfte die Mehrheit stellten. Durch die Entsendung eines Drittels der Gutmänner in den Rat verlor das Gremium der Gaffelvertreter die ihm im Gaffelbrief zugedachte Kontrollfunktion. Die Folge war, daß die 44 übrigen Gutmänner nurmehr als Erweiterung des Rates aufgefaßt wurden. Eine Änderung in der Zusammensetzung des Rates erfolgte im Jahre 1461. Von 1477 bis 1513 regierte dann wieder ein Erbrat, wenn auch unter Mitwirkung der Vertreter der neun Grafschaften. Nach dem Aufstand des Jahres 1513 kehrte man indessen zum Gaffelbrief zurück, der nun – abgesehen von Modifikationen, welche in den Jahren 1552, 1681 und 1683 durchgeführt wurden – bis zum Ende des 18. Jahrhunderts das „Grundgesetz" der Reichsstadt Aachen bleiben sollte. Die Zahl der zur politischen Mitsprache berechtigten Zünfte wurde 1518/19 mit 14 festgeschrieben. Es waren dies die nach ihren Versammlungshäusern so benannten (1) Sternzunft, die Vertretung der Schöffen und Adligen, der Akademiker, vor allem der Juristen und der höheren Geistlichen, und (2) die Bockzunft, in der vornehmlich Akademiker, aber auch Fern- und Großhändler Aufnahme fanden, (3) die Werkmeisterlaube oder Wollenambacht, (4) die Bäcker, (5) die Fleischhauer, (6) die Löder (Rotgerber), (7) die Zunft der Schmiede mit den Splissen Wagner,

Sattler, Hammacher, Drahtzieher, Schwertfeger, Uhrmacher und Schächter, ferner (8) die Kupferschläger, (9) die Krämer inklusive Apotheker, Buchbinder, Bleigießer, Knopfmacher und Klempner, (10) die Zimmerzunft mit ihren vier Splissen wie Zimmerleute, Maurer und Steinmetze, Leiendecker und Schreiner, (11) die Schneider und Tuchscherer, (12) die Kürschnerzunft mit ihren vier Splissen: Kürschner, Sticker, Hutmacher und Nadler, (13) die Schuster sowie (14) die Brauer [34]). Diese Zünfte bzw. Gaffeln wählten auch weiterhin Gutmänner, die im Verlauf des 16. Jahrhunderts den Namen (Gaffel-) Geschickte annahmen. Allerdings wurden nunmehr acht Gutmänner je Zunft benannt, von denen auch weiterhin zwei für den Rat abgeordnet wurden. Seit der zweiten Hälfte des 16. Jahrhunderts unterschied man zudem zwischen dem Kleinen und dem Großen Rat. Ersterer setzte sich am Ende des 18. Jahrhunderts aus dem 17köpfigen Magistrat (siehe unten) und den jeweils zwei Geschickten von 13 Zünften – die Wollenambacht war ja schon durch die Werkmeister im Magistrat vertreten – also aus 43 Personen zusammen. Im Großen Rat saßen zusätzlich jeweils sechs Geschickte der 14 Zünfte, insgesamt also 127 Personen.

Der Kleine Rat verwaltete „als die eigentliche ordentliche Obrigkeit die vorfallenden Regierungs-, Justiz-, Kameral- und Polizeygeschäfte, mit einem Wort, die ganze Stadtregierung" [35]). Er besaß das freie Verfügungsrecht über Münz- und Steuerausschreibungen, Verpachtung der indirekten Steuern (Akzisen) und die Entscheidungsfreiheit bei der Kreditaufnahme für die Stadt [36]). Mitglieder des Kleinen Rates waren die beiden Bürgermeister, von denen der eine Angehöriger des Schöffenstuhls (zu diesem vgl. S. 189), der andere aber – seit 1477 durchweg – Aachener Bürger war. Wenn auch der Schöffenbürgermeister dem Bürgerbürgermeister rangmäßig vorging, so blieb ersterem jedoch nur das Repräsentieren, während der letztere die eigentlichen Amtsgeschäfte führte und die Macht im Kleinen Rat in Händen hielt. Ihm allein stand das Recht zu, den Kleinen Rat zu seinen ein- bis zweimaligen wöchentlichen Sitzungen einzuberufen. Er besaß ein besonderes Einspruchsrecht und eine uneingeschränkte Verfügungsgewalt über die städtischen Gelder. Ihm zur Seite standen die Beamten. Sie bildeten den sog. Magistrat, dessen Aufgaben in der Vorbereitung der Ratssitzungen und der Erledigung der laufenden Verwaltungsgeschäfte lagen. Zu den Beamten zählten 17 Personen, nämlich die beiden regierenden Bürgermeister, die beiden gewesenen (abgestandenen) Bürgermeister, je zwei Werk-, Bau- und Weinmeister, ein Rentmeister sowie sechs sog. Neumänner, die vom Großen Rat auf drei Jahre zu Einnehmern der städtischen Verbrauchssteuern (Akzisen) gewählt wurden. Ihnen beigeordnet waren als Rechtsbeistand drei Syndici und ein Sekretär. Die amtierenden Bürgermeister hatten ferner eine starke Position im städtischen Gerichtswesen, denn sie führten den Vorsitz sowohl im Bürgermeister- wie auch im Ratsgericht (siehe Kap. Gerichtswesen). In der Wahrnehmung dieser Aufgaben als Repräsentanten der Stadt und als Vorsitzende des Großen und Kleinen Rates sowie des Magistrats spielten sie in vielfältiger Vermischung von Politik, Verwaltung und Justiz eine in allen Bereichen des Gemeinwesens dominierende Rolle.

Die Kompetenzen des Großen Rates waren gegenüber denen des Kleinen gering. Er trat bei den Rats- und Beamtenwahlen zusammen, befand über die Versteigerung von Gemeindegut und sollte vom Kleinen Rat einberufen werden, wenn dieser Beratung benötigte oder sich eines breiteren Konsenses versichern wollte. Ferner befand er über Todesurteile. Das ihm im Gaffelbrief zugesprochene Recht auf Rechnungsprüfung hatte er im Laufe der Jahre verloren. Entsprechend seinen wenigen Kompetenzen trat der Große Rat nur selten zusammen.

Bürgermeister und Rat erkannten über sich den König bzw. Kaiser des Heiligen Römischen Reiches als ihren Stadtherrn an, dem sie von Reichs wegen verpflichtet waren. Er trat zwar im städtischen Alltag kaum in Erscheinung, konnte aber in der Not als oberster Schutzherr angerufen werden. Die Befugnisse von Bürgermeistern und Rat waren jedoch durch die sog. Vogtmeierei eingeschränkt. Es handelt sich dabei um ein Amt, welches der Kurfürst von der Pfalz als Herzog von Jülich innehatte, und das dieser von einem Beamten, dem Vogtmajor verwalten ließ. Die Vogtmeierei war aus der Verschmelzung zweier im Mittelalter selbständiger Ämter, eben der Vogtei und der Meierei, hervorgegangen, welche die Grafen bzw. Markgrafen und Herzöge seit dem ausgehenden 13. bzw.

beginnenden 14. Jahrhundert als Lehen des Königs verwalteten und über deren Inhalte und Handhabung es besonders während des 17. und 18. Jahrhunderts bis zur Einigung im Jahre 1777 verschiedentlich zu schweren Zerwürfnissen zwischen der Reichsstadt und dem Kurfürsten gekommen war, und bei denen letzterer nicht selten die sog. Fruchtsperre verhängte, d.h. die Getreidezufuhr aus dem fruchtbaren Jülicher Land in die Stadt sperrte, um den Rat dadurch gefügig zu machen. Der Vogtmajor war der Vorsitzende des königlichen Gerichts in Aachen, des Schöffenstuhls. Ihm oblagen das Geleit und die Friedenswahrung innerhalb der Stadt. Ohne ihn waren z.B. Verhaftungen und Pfändungen unzulässig.

Verfassungskrise (Mäkelei und Reformbestrebungen)

Nach dieser Skizze der Machtverhältnisse in der Stadt Aachen stellt sich nun die Frage, warum es am Ende des 18. Jahrhunderts Streit um die Verfassung gab. Da ist zum einen darauf hinzuweisen, daß der Gaffelbrief mit seiner Bestimmung, daß jeder Bürger für sich diejenige Zunft wählen dürfe, die ihm genehm sei, in der Praxis so nicht gehandhabt wurde. Der „Stern" und der „Bock" waren, obgleich sie in Aachen auch „Zunft" genannt wurden, entgegen dem üblichen Begriffsinhalt von Zunft keine Handwerkerverbände und der Zugang zu ihnen auf die schon genannten Personenkreise, die Oberschicht, beschränkt. Verfassungswirklichkeit war es auch, daß nicht alle Bürger Zugang zu den Zünften (Gaffeln) fanden, da die Zünfte die Mitgliederzahl begrenzten, indem sie sich nach eigener Wahl ergänzten und mehr oder weniger hohe Eintrittsgebühren, Unterhaltskosten und Umlagen erhoben. Auch waren die Zunftbürger in unterschiedlichem Maße im Rat repräsentiert. Es gab nämlich Gaffeln mit nur wenigen Mitgliedern, wie die Stern-, Bock-, Fleischhauer-, Kupfermeister-, Rotgerber- und Pelzerzunft, und solche, deren Mitgliederzahlen in die Hunderte gingen. So zählte z.B. die Kupferschlägerzunft zwölf, die Krämerzunft aber 1 200 Mitglieder. In den Kleinen und Großen Rat durften sie allerdings nur die für alle Gaffeln vorgesehenen zwei bzw. sechs Geschickten entsenden. Die Geschickten, d.h. die innerhalb der Zünfte für den Rat nominierten Personen, gehörten durchweg dem Kreis der Reichen und Wohlhabenden an, an denen die kleinen Zunftmeister nicht vorbei konnten. Dies verstärkte natürlich die Oligarchisierung des Kleinen und Großen Rates. Hinzu kam, daß seit 1518/19 die Anzahl der zur politischen Mitsprache berufenen Zünfte auf 14 festgeschrieben blieb, obgleich sich seit 1450 dreizehn weitere Zünfte gebildet hatten. Es waren dies die Faßbinder, Tuchfärber, Goldschmiede, Wundärzte, Kessler, Zinngießer, Posamentierer, Bombasinenweber, Spengler, Glaser, Müller, Leineweber und Altreuscher (Trödler)[37]. Da sie nicht zu den 14 Zünften des Gaffelbriefes zählten, erhielten sie auch keinen Zugang zu den politischen Gremien der Stadt. Auch die Einwohner des Aachener Reichs blieben ohne politische Vertretung im Rat. Ein großer Teil der Bürgerschaft war somit an der politischen Entscheidungsfindung und am Stadtregiment nicht beteiligt. Wenngleich der Gaffelbrief also nicht zu einer demokratischen Ordnung der Gesellschaft im heutigen Sinne führte, so ist doch nicht zu verkennen, daß die 14 Gaffeln etwa 50 Prozent der damals ohnehin nur für die politische Willensbekundung in Frage kommenden erwachsenen katholischen Männer repräsentierten[38]. Ähnlich verhielt es sich damals in Köln. So erklärt sich trotz der aufgelisteten Mängel die hohe Akzeptanz, der sich der Gaffelbrief von 1450 als Verfassung der Reichsstadt Aachen auch noch am Ende des 18. Jahrhunderts erfreute. Der Grund für die Verfassungskrise der 80er Jahre lag nicht so sehr in seinen Unzulänglichkeiten, sondern in seinem Mißbrauch begründet. Bereits seit dem Ende des 17. Jahrhunderts ist nämlich bei der Besetzung der so wichtigen Bürgermeisterämter zu beobachten, daß – obgleich die Verfassung nach einjähriger Amtszeit die unmittelbare Wiederwahl untersagte – die Schöffen- und Bürgerbürgermeister aus einem erstaunlich kleinen Personenkreis gewählt wurden. Das lag daran, daß „die dominierende politische Praxis ... darauf hinaus" lief, „das Amt nach einem Jahr abzugeben, einen willfährigen Nachfolger wählen zu lassen und mit diesem im Wechsel die Macht zu behaupten. Der Weg zu dieser langfristigen Sicherung der Macht von Einzelpersönlichkeiten und der hinter diesen stehenden Gruppen führte über die massive Beeinflussung der jährlichen Zunft-, Bürgermeister- und Beamtenwahlen, eine Praxis, die in Aachen als ‚Mäkelei' bezeichnet wurde"[39]. „Ziel eines jeden Bürgermeisterkandidaten mußte sein, so viele Zunftgenossen als möglich für sich zu gewinnen, so daß bei den Zunftwahlen zum Großen und Kleinen Rat seine Anhänger gewählt wurden, um dann bei den Bürgermeisterwahlen als seine Wahlmänner zu fungieren"[40]). Auf diese Weise verstanden es – um nur die herausragendsten Fälle zu erwähnen – Martin Lambert de Loneux von 1725 bis 1755 und Johann Lambert Kahr von 1763 bis 1776, an der Macht zu bleiben. Seit 1776 wechselten sich Stephan Dominikus Dauven und Heinrich Joseph von Thimus als Bürgerbürgermeister ab. Kahr soll seine Stellung in Aachen sogar mit den Worten beschrieben haben, er herrsche in Aachen so souverän wie der Kaiser in seinen [Erb-] Landen.

Die Mäkelei als Wahlwerbung der um die Macht konkurrierenden Parteien war in Aachen durchaus akzeptiert; nur ihre Exzesse wie kostenlose Bewirtung der Wähler mit Speisen und vor allem Getränken, Bestechung mit Geld und Ämtern, Ausübung wirtschaftlichen Drucks, z.B. durch Gewährung von Lohnvorschuß und dem Vorstrecken von Zunftaufnahmegebühren waren verpönt, wurden aber dennoch angewandt. Viele Zunftbürger waren offenbar nur zu gerne bereit, sich ihre Stimme abwerben zu lassen, und begrüßten diesen Nebenerwerb. Unter den um die Macht konkurrierenden „Parteien" darf man nun keine politischen Parteien im heutigen Sinne mit schriftlich fixierten Programmen verstehen. Vielmehr pflegte man den Teil der Bürgerschaft, der sich jeweils am Ruder der Macht befand, als Alte Partei zu bezeichnen, während der an die Macht strebende Teil der Bevölkerung als Neue Partei verstanden wurde. So gesehen konnte die Parteizugehörigkeit des einzelnen von Wahl zu Wahl wechseln. Die jeweilige Neue Partei ist daher eher als Sammlungsbewegung derjenigen aufzufassen, die aus unterschiedlichsten Gründen mit dem Regiment der jeweils regierenden Alten Partei unzufrieden waren. Schon insofern können die Konfrontationen zwischen den Neuen und Alten Parteien des 18. Jahrhunderts nicht auf einen sozialen Gegensatz zwischen Verlegern des Tuch- und Nadelgewerbes und den mittleren und kleinen Zunftmeistern reduziert werden. Die Akteure in beiden Parteien stammten – wie neuere Forschungen ergeben haben – vornehmlich aus dem Kreis der reichen und wohlhabenden Verleger. Nur sie besaßen ja das nötige Geld, um die jeweiligen Mäkeleien finanziell durchzustehen. Um ihr Gewerbe in der Stadt Aachen ausüben zu können, waren sie Mitglieder der Zünfte geworden. Bei den Zunftwahlen konnten sie aufgrund ihres Vermögens und ihrer Stellung als Arbeitgeber und Brotherren, sowie als Vermieter und Kreditgeber für viele kleine und mittlere Zunftmeister nicht umgangen werden. So wurden sie sowohl in die Ämter der Zunft gewählt, wie auch für den Kleinen oder Großen Rat nominiert. Das Interesse der Kaufleute und Verleger an diesen Ämtern ist leicht ersichtlich. Wenn schon die Zunftverfassung wegen des Widerstandes der kleineren Zunftmeister nicht abgeschafft, sondern nur gelockert werden konnte, war es umso wichtiger, Einfluß auf die Beratungen und Entschlüsse innerhalb der Zünfte zu nehmen bzw. im Rat an der Gestaltung des politischen und wirtschaftlichen Umfeldes mitzuwirken. Dies konnte um so besser gelingen, je länger die eigene Interessenpartei den städtischen Machtapparat kontrollierte. An der Spitze führte dies zu dem schon beschriebenen Abwechseln im Amt zwischen einem bestimmten Bürgerbürgermeister mit einem derselben Partei zugehörigen Vertrauens- oder Strohmann. Verwandtschaft und Schwägerschaft konnte den Zusammenhalt noch fördern. Der Sieg einer Partei bei den Wahlen schlug sich entsprechend im Großen und Kleinen Rat wie auch in der Zusammensetzung des Magistrats nieder, wenngleich letzterer eher geringen Veränderungen unterworfen war, da der Kreis seiner Mitglieder wegen der erforderlichen Verwaltungs- und Sachkenntnis naturgemäß begrenzt war. So bewirkten die alljährlich sich wiederholenden Wahlen, daß die Bürgerschaft Jahr für Jahr in die Wahlmachenschaften der Bürgermeisterkandidaten und ihrer Parteigänger hineingezogen wurde. Dies war auch im Jahre 1786 der Fall, als die damalige Neue Partei pünktlich vor den anstehenden Zunftpräsentations- und Bürgermeisterwahlen in einem 80 Punkte umfassenden Mängel- und Forderungskatalog, der sich gegen die regierende Alte Partei und insbesonders gegen den Bürgerbürgermeister Stephan Dominikus Dauven richtete, Reformen in Politik, Finanzen und Wirtschaft begehrte. Die Mitglieder der damaligen Opposition unterschieden sich sozial kaum von den Regierenden: „Auf beiden Seiten gab es wohlhabende Wirtschaftsbürger, Patrizier und akademisch Gebildete. Was die Parteien trennte, war die größere Offenheit der Neuen gegenüber der Aufklärung – einige ihrer Angehörigen waren Freimaurer – sowie ihre stärker ausgeprägte Bereitschaft zu Reformen der städtischen Verfassung"[41]). Der 80-Punkte-Katalog war von 20 angesehenen, meist der jüngeren Generation angehörenden Bürgern, darunter mehreren Kaufleuten, vorgelegt worden. Sie gehörten durchweg der Oberschicht bzw. der oberen Mittelschicht an. An ihrer Spitze standen die beiden Schöffen Philipp de Witte und Martin Franz de Loneux, der Sohn des langjährigen Bürgermeisters Martin Lambert de Loneux. Horst Carl vermerkt in diesem Zusammenhang: „Aus der Affinität einiger Unterzeichner zur Freimaurerei läßt sich eine Tendenz zu geistigen Strömungen der Aufklärung, aber auch zu einem von altständischen Voraussetzungen wie Geburt und Konfession emanzipierten Elitenverständnis feststellen. Diese Tendenz, sich von altständischen Sozialmustern zu entfernen, korrespondiert mit dem Verzicht der Opposition auf die traditionelle Legitimation durch die verfassungsmäßigen Gremien der Bürgerschaft, die Zünfte; offen reklamierten die Opponenten ihre wirtschaftliche Potenz als Legitimation ihres Eingreifens, da letztlich sie für die städtischen Schulden haften mußten"[42]). Sie verstanden sich gegenüber den Regierenden als Bürgerausschuß, der, da die Geschickten des Gaffelbriefs ihre Kontrollfunktion nicht mehr ausüben konnten, zum Wohl der Bürgerschaft tätig wurde. Sie kritisierten unter anderem die mangelnde Einheitlichkeit der städtischen Kassenführung, forderten „Publizität" des Finanzgebarens, Auskünfte über die Ursachen der städtischen Verschuldung, ein Ausschreibungsverfahren beim Verkauf und der Verpachtung städtischen Eigentums und reklamierten „die zur Aufhebung und Beförderung des städtischen Kommerzii- und Fabrikwesens nöthigen Verbesserungen"[43]). Mit dieser Forderung hatte man – das gilt vor allem für die Gruppe der Kaufleute – eine Lockerung der Zunftbestimmungen im Sinne. Man strebte Freiheiten und Begünstigungen nach dem bewährten Beispiel der benachbarten Territorien an. Von der gänzlichen Abschaffung des Zunftsystems war jedoch nicht die Rede, sicherlich mit Rücksicht auf die ärmeren Zunftbürger, die man ja bei den Wahlen benötigte, um selbst an die Macht zu gelangen. Reformen waren gefragt, keine Revolution. Die Verlegerkaufleute setzten bei ihren politischen Ambitionen eben nicht nur auf den Zwang, den sie aufgrund ihrer wirtschaftlichen Überlegenheit auf die kleineren Zunftmeister ausüben konnten, sondern auch auf freiwillige Unterstützung ihrer politischen Ziele. Klaus Müller bemerkt dazu:

> *„Die Parteinahme von Handwerkern für die Neue Partei mußte aber nicht notwendig immer auf Zwang zurückgehen. Die wirtschaftspolitischen Vorstellungen der Opposition waren ja durchaus gemäßigt, liefen keineswegs auf eine Abschaffung des Zunftsystems hinaus; ihre Verwirklichung konnte auch bei Handwerkern Hoffnungen auf einen wirtschaftlichen Aufschwung und eine effizientere Verwaltung der Stadt wecken. Schließlich forderte die Neue Partei ja auch eine bessere Überwachung des Brotpreises"*[44]).

Wenn die Opposition bei ihrer Legitimation durchaus neue Wege beschritt, so blieb doch für den Konfliktausbruch und -verlauf der traditionelle Rahmen bestimmt, d.h. auch die Neue Partei des Jahres 1786 scheute vor den unsauberen Mitteln der Mäkelei nicht zurück. Zudem mobilisierte die Opposition die ärmeren Schichten der nichtzünftigen Bürgerschaft, den in den Quellen sog. „Pöbel", aus dem man gegen Geld mit Knüppeln bewaffnete „Wahlhelfer", die Klüppelmänner, rekrutierte, mit deren Hilfe Druck auf die Machthabenden und deren Anhang ausgeübt werden konnte. Bei den Zunftpräsentationswahlen von Mitte Mai bis Mitte Juni vermochte die Neue Partei zunächst an Boden zu gewinnen. Versuche des Bürgermeisters Dauven, angesichts der Erfolge der Opposition die Ratswahlen mit Kniffen und Rechtsbeugungen zu verhindern, scheiterten. Da die Ratswahl am 23. Juni für die Neue Partei ungünstiger ausfiel als erhofft, setzte diese ihre Klüppelmänner ein. Bürgermeister Dauven wurde gehindert, sein Haus zu verlassen, und die Ratsherren mußten die

Beamtenwahlen unter dem Eindruck des vor dem Rathaus versammelten Pöbels durchführen. Als dann zur allgemeinen Überraschung – wahrscheinlich infolge von Wahlmanipulationen – die Beamtenwahlen zugunsten der Alten Partei ausgingen, stürmten die Klüppelmänner auf ein Zeichen de Loneux' das Rathaus. Die Situation entglitt den Initiatoren jedoch, so daß die Klüppelmänner den angestauten Ärger über ihre politische und wirtschaftliche Lage mit Ausschreitungen und Mißhandlungen sowohl an den Vertretern der Alten wie auch der Neuen Partei abreagierten. Weitergehende politische Forderungen oder gar eine Revolution von unten strebten sie nicht an. Letztlich nutzten sie allerdings doch den Interessen der Neuen Partei, denn unter dem Druck der Straße trat Dauven am 26. Juni vom Bürgermeisteramt zurück. Zahlreiche Magistratsangehörige der Alten Partei flohen aus Furcht vor weiteren Ausschreitungen nach Burtscheid und Kornelimünster. De Loneux übernahm in Aachen die Regierung. Schlichtungsversuche des für die Friedenswahrung in der Stadt besonders verantwortlichen Vogtmajors, des Freiherrn Rudolf Konstanz v. Geyr zu Schweppenburg, scheiterten, weil dieser selbst Partei war. Er unterstützte nämlich seinen Schwager Martin de Loneux und verfolgte zudem die politischen Interessen seines Herrn, des Kurfürsten von der Pfalz als Herzog von Jülich, welche auf eine Ausweitung der im Vertrag von 1777 niedergelegten Befugnisse Jülichs in der Stadt, ja letztlich auf die Degradierung Aachens zu einer Jülicher Landstadt abzielten. Auf Einzelheiten der weiteren Entwicklung der Auseinandersetzungen zwischen der Alten und der Neuen Partei kann hier verzichtet werden. Beide Seiten wandten sich wegen der Entscheidung, wer die rechtmäßige Stadtobrigkeit stelle, an die Reichsgerichte, das Hofgericht in Wien bzw. das Reichskammergericht in Wetzlar. Der Reichshofrat, an den sich Dauven wandte, annullierte am 3. August 1786 die Wahl vom 26. Juni 1786 und setzte den am 24. Juni gewählten Rat, d.h. „die Anhänger der Alten Partei" wieder ein. Das Reichskammergericht beauftragte am 21. März 1787 das Direktorium des Niederrheinisch-Westfälischen Reichskreises mit der Einsetzung einer Kommission zur Untersuchung der Streitigkeiten und zur Erarbeitung von Vorschlägen zur Beseitigung der in die Aachener Verfassung „eingeschlichenen Mißbräuche". Das Reichskammergericht hatte ferner bestimmt, die einzusetzende Kommission solle die Ratsmitglieder der Alten Partei zur schuldigen Rechnungslegung anhalten und die von der Neuen Partei im März 1786 vorgelegten Beschwerden auf ihre Berechtigung hin untersuchen. Diese Bestimmung wie auch die Anordnung zur Rückkehr der altparteiischen Ratsherren nach Aachen wertete die Neue Partei als einen Sieg, den sie anläßlich der Rückkehr ihres Prozeßvertreters aus Wetzlar, des Schöffen de Loneux, propagandistisch mit dem Ziel der Sympathiewerbung in der Aachener Bevölkerung feierte. De Loneux wurde am 26. März 1787 im Triumph unter Vivatrufen und wohl auch unter Schwenken von Vivattüchern in die Stadt eingeholt. Am Nachmittag fand ein Theaterstück statt, das den Eindruck vom Erfolg der Neuen Partei noch unterstreichen sollte, das aber zugleich auch die Aufforderung zur Eintracht der Bürger beinhaltete. Die Alte Partei faßte allerdings die Ereignisse des 26. März als eine Verschärfung der Fronten auf und lehnte jede Verständigung ab. Das Direktorium des Niederrheinisch-Westfälischen Kreises sah sich am 6. Mai genötigt, zur Aufrechterhaltung von Ordnung und Sicherheit 300 Mann kurpfälzische Truppen in die Stadt zu legen und die geforderte Kommission früher als geplant, nämlich am 16. Mai, nach Aachen zu entsenden. Sie setzte sich aus den Vertretern des Kölner Kurfürsten als Fürstbischof von Münster, des preußischen Königs als Herzog von Kleve und des Kurfürsten von der Pfalz als Herzog von Jülich zusammen. Ihre Aufgabe war es,

> *„1. die verfassungsmäßige Ordnung durch Rückkehr der geflohenen Ratsglieder und Garantierung von Rats- und Bürgermeisterwahlen wiederherzustellen,*
> *2. eine Untersuchung der Ursachen und Urheber des Tumultes vom 24.6.86 und*
> *3. eine Untersuchung der gegen den Rat erhobenen bürgerlichen Beschwerden vom 31.3.86 vorzunehmen.* Schließlich sollte sie
> *4. die Aachener Verfassung prüfen und gegebenenfalls Verbesserungen der Polizei- und Finanzverwaltung verfügen"*[45].

Unter dem Schutz der kurpfälzischen Truppen und unter den Augen der Kommission konnten die Wahlen des Jahres 1787 verfassungsgemäß abgewickelt werden. Aufgrund der Untersuchungstätigkeit der Kommissare wurden seit dem 3. Oktober 1787 de Loneux und zahlreiche Anhänger der Neuen Partei in Haft genommen und erst im folgenden Jahr wieder freigelassen. De Loneux kam sogar erst im November 1789 wieder auf freien Fuß. Er nahm, finanziell und gesundheitlich angeschlagen, Abschied von der Politik und verstarb bereits im Januar 1795, noch nicht 42 Jahre alt. In der ersten Hälfte des Jahres 1788 wurde der Druck auf die Neue Partei noch verschärft. Offensichtlich sollte die Alte Partei für die Dauer der Untersuchungen an der Macht gehalten werden. Die weitere Arbeit der Untersuchungskommission zog sich allerdings wegen der Unversöhnlichkeit der Parteien, aber auch wegen der immer deutlicher zutage tretenden politischen Spannungen unter den Kommissären und deren Regierungen hin. So konnte die Untersuchung des Aufruhrs erst im Mai 1789 abgeschlossen werden. Die erst im Jahre 1788 begonnene Untersuchung bezüglich der bürgerlichen Beschwerden der Neuen Partei vom 31. März 1786 wurde aus verschiedenen Gründen vom Reichskammergericht weitgehend zugunsten der Alten Partei hintertrieben.

Um erneuten Unruhen im Zuge der bevorstehenden Wahlen des Jahres 1789 vorzubeugen, verfügte das Reichskammergericht im Einvernehmen mit der Kommission, daß bis zur erfolgten Überarbeitung der Aachener Verfassung die Ergänzung des Rates nicht durch Wahl, sondern durch paritätische Ergänzung der abgehenden Ratsmitglieder mit Angehörigen beider Parteien geschehen solle; die beiden Bürgermeister seien durch Los zu bestimmen. Dieses fiel zugunsten der Alten Partei und für ihren Parteigänger Johann Michael Kreitz aus, der das wichtigere Bürgerbürgermeisteramt erhielt, während sich die Neue Partei und deren Kandidat, der Schöffe Kaspar Joseph v. Clotz, mit dem Schöffenbürgermeisteramt zufriedengeben mußte. Beide blieben aufgrund der obigen Bestimmung bis zum Einmarsch der Franzosen im Amt. Durch die paritätische Besetzung des Rates erhofften sich das Reichskammergericht und die Kommission die nötige Ruhe, die notwendig war, um den schwierigsten Untersuchungspunkt, die Verbesserung der Aachener Verfassung, erörtern zu können. Die Kommission wollte die Diskussion möglichst breit anlegen, weshalb sie am 10. Oktober 1788 die gesamte Bevölkerung zur Abgabe von Verbesserungsvorschlägen aufforderte. Sieben Entwürfe gingen ein, denen die Orientierung am Gaffelbrief gemeinsam war. Besonders hervorzuheben ist der Verbesserungsvorschlag des 19jährigen Peter Johann F r a n z Dautzenberg, dessen Vater der Neuen Partei anhing. Obgleich er in seinen Entwurf Ideen und Terminologie der französischen Aufklärung, vor allem Rousseaus, einfließen ließ, mahnte er für Aachen doch nur Reformen am Gaffelbrief an und war bereit, die privilegierte Stellung der Zünfte beizubehalten. Er argumentierte, die Aachener Verfassung funktioniere deshalb nicht, weil einige Bürger regierungssüchtig seien. An ihre Stelle gehörten tugendhafte Charaktere, die sich dem Bürgerwohl verpflichtet fühlten [46]. Ein weiterer Verfassungsentwurf stammte von dem preußisch-klevischen Vertreter in der Kreiskommission, Christian Wilhelm v. Dohm. Auch er hielt an der althergebrachten Regierungsform einer Zunftdemokratie fest, doch wollte er „die 14 bevorrechtigten Zünfte in ohne Maßgabe einer Handwerkszugehörigkeit jedermann zugängliche politische Korporationen", also bloße Wahlkörperschaften, umgewandelt sehen, „deren Größe und Verfassung einander angeglichen werden sollten" [47] und schlug darüber hinaus die bisher nicht dagewesene Trennung von Rat und Beamtenschaft vor. Dohms Verfassungsvorschlag wurde zusammen mit den Anregungen aus der Aachener Bürgerschaft dem Reichskammergericht unterbreitet, das dann am 17. Februar 1792 die „Verbesserte Konstitution der Reichsstadt Aachen" erließ, die in wichtigen Teilen den Vorschlägen v. Dohms folgte. Zu den bisherigen 14 Zünften sollte eine weitere, nämlich die der Beerbten, d.h. die der in der Aachener Gemarkung mit Grundbesitz im Wert über 1000 Reichstalern begüterten Bürger, treten. Wie bisher durften nur Aachener Bürger zu den Zünften gehören. Um deren Zahl gering zu halten, wurde das Bürgergeld drastisch erhöht, wenngleich Minderungsgründe vorgesehen wurden. Die einzelne Zunft war nunmehr eine „Bürgerzunft" und „hat mit dem Handwerk, woher sie den Namen führt, nichts gemein" [48]. Jeder Bürger sollte beeiden, daß er bei erheblichen Strafen seine Stimme nicht verkaufen oder verleihen werde. Festmahle und -gelage während der Wahlen waren untersagt. Der Wahlmodus bei Zunft-, Rats-, Beamten- und Bürgermeisterwahlen wurde genau vorgeschrieben. Dabei war die geheime Zettelwahl bzw. das Los vorgesehen. Der Bürgerbürgermeister hatte sich bezüglich seiner Tätigkeit mit dem Schöffenbürgermeister abzustimmen. Die Beamten sollten nicht mehr dem Rat angehören, hatten dort aber beratende Stimme. Bei schlechter Amtsführung sollten sie abgesetzt werden können. Diese vom Reichskammergericht erlassene Verfassung stieß auf erheblichen Widerstand in den Zünften und auch bei Kurpfalz. Der Aachener Rat bestritt dem Kammergericht das Recht, in einer freien Reichsstadt Verfassungsänderungen vornehmen zu dürfen [49]. Im Zuge der nun folgenden Diskussionen bestätigte der regierende Rat am 11. Mai 1792 ausdrücklich die bisherigen Zunftsatzungen. Die Neue Partei hielt mit Unterstützung des Vogtmajors die Verfassungsfrage im Gespräch, indem sie – dies Ausdruck des auch bei ihr ausgeprägten Traditionsbewußtseins – den „Gaffelbrief von 1792" vorlegte [50], den Horst Carl wie folgt charakterisiert:

> *„Er trug deutlich die Handschrift seiner Urheber: so bestimmte § 1, daß die 14 bevorrechtigten Zünfte auch weiterhin alleine die Quelle aller politischen Macht in Aachen sein sollten, während § 2 die ausdrückliche Bestätigung der Jülicher Gerechtsame als Einschränkung der Landeshoheit enthielt. Die einzige gravierende Innovation war in Anlehnung an den Entwurf Dohms die Bildung eines 14köpfigen Verfassungskontrollausschusses, der den Kleinen Rat beaufsichtigen sollte – dies war nichts anderes als die Bürgerdeputatschaft von 1786. Auf den meist nur von einem Drittel der Zunftmitglieder besuchten Versammlungen stimmten schließlich insgesamt 12 Zünfte für die Annahme dieser Konstitution. Auch namhafte Vertreter der Alten Partei in den Zünften wechselten das Lager, weil dieser neue Verfassungsentwurf weit mehr dem traditionellen Verfassungshorizont und den Interessen der Zunftbürgerschaft entsprach als der des Kammergerichts"* [51].

Das Reichskammergericht wies am 14. Juni 1792 alle Einsprüche zurück, bestand auf der von ihm erlassenen Verfassung und wies Münster und Kleve als Stände des Niederrheinisch-Westfälischen Kreises an, notfalls Truppen zur Verfügung zu stellen, um dem Kammergerichtsprokurator Dr. Rasor bei der Einführung der Wetzlarer Verfassung in Aachen beizustehen. Die kurpfälzische Regierung reagierte vorschnell und entsandte ihrerseits am 24. Juli 150 Grenadiere nach Aachen, um den Gaffelbrief von 1792 durchzudrücken, der dann von den Zünften in fragwürdiger Wahl auch angenommen wurde. Auf den Druck des Reichskammergerichts und der übrigen Kreisstände mußte Kurpfalz am 23. August seine Truppen wieder abziehen, beließ aber den in der Stadt verbliebenen Rest des seinerzeit von der Kreiskommission angeforderten Kontingents – es waren noch 90 Mann – vor Ort. Letztlich konnten weder die Wetzlarer Verfassung noch der Gaffelbrief von 1792 verbindlich eingeführt werden. Das Problem löste sich nämlich am 15. Dezember 1792 durch den Einmarsch der französischen Revolutionstruppen. Zu diesem Zeitpunkt war der Gaffelbrief von 1450 nach wie vor Aachens gültige Verfassung.

Bürgerunruhen, wie sie im Jahre 1786 in Aachen stattfanden, waren

> *„in den deutschen Städten des 18. Jahrhunderts nichts Ungewöhnliches; 31 von 51 Reichsstädten, so stellte der Staatsrechtler Johann Jacob Moser schon 1772 fest, betrieben kostspielige Prozesse zwischen Magistrat und Bürgerschaft vor den Reichsgerichten. Diese Situation im Reich aber fügt sich ein in eine Europa und Amerika im letzten Drittel des Aufklärungsjahrhunderts erfassende Welle von Aufstandsbewegungen und Konflikten, in denen die altüberlieferten politischen und sozialen Verhältnisse in Frage gestellt wurden"* [52].

Aufklärung in Aachen

Am bekanntesten sind die Amerikanische Revolution, die Holländische Patriotenbewegung, die Brabanter und die Lütticher Revolution, welche allerdings die unterschiedlichsten Ziele verfolgten[53]). Eine vernunftbestimmte Kritik der bestehenden Zustände in der Welt zur Besserung des Menschen und seiner Lebenssituationen war die Kernforderung der Philosophie der Aufklärung[54]). Ihre wichtigsten Anliegen waren

> *„die Regelung des Lebens nach 'vernünftigen' Grundsätzen, Skepsis gegenüber dem Überkommenen, die Postulate von Nützlichkeit und Fortschritt sowie in der Theologie die Zurückhaltung gegenüber konfessioneller Dogmatik und die Forderung nach religiöser Toleranz. Bezogen auf Gesellschaft, Staat und Rechtswesen bedeutete dies – in Anlehnung an älteres naturrechtliches Gedankengut und die Lehren vom Gesellschaftsvertrag – die Forderung nach Rechtsgleichheit und Vermenschlichung des Strafrechts wie des Strafvollzugs, Abbau der Standesschranken und Abkehr vom monarchischen Gottesgnadentum, indem der Obrigkeit eine Vereinigung von Menschen gegenübertrat, die als eigenständige Potenz mit ihr in einem – notfalls kündbaren – vertraglichen Verhältnis stand. Da viele Anhänger dieser Ideen auf dem Sektor des Erziehungswesens arbeiteten, machten sie sich auch Gedanken über die Bildung des neuen, den Tendenzen der Zeit entsprechenden Menschen und forderten vor allem Ausdehnung des Schulwesens auf breitere Schichten, Entfaltungsmöglichkeiten für die Frauen sowie ein stärkeres Gewicht der Realbildung, d.h. die Förderung praktischer Fähigkeiten. Der von Vernunft geleitete, seine Erfahrungen rational verwertende und demzufolge sittlich gefestigte Mensch sollte imstande sein, eine bessere Zukunft zu schaffen und die Welt aus der Statik und Obskuranz noch 'mittelalterlicher' Verhältnisse herauszuführen"* [55])

Die Philosophie der Aufklärung bereitete den Nährboden für die Ideen der Französischen Revolution. Auch in Aachen hat ihr Gedankengut im Laufe des 18. Jahrhunderts Anhänger gefunden. Es war vor allem das Wirtschaftsbürgertum, das im Rahmen seiner weitgespannten Geschäfte Kontakte nach Frankreich unterhielt und auf diesem Wege Kenntnis von den Ideen eines Montesquieu oder Rousseau erhielt. Um 1770 muß es in Aachen bereits eine, wenn auch wahrscheinlich nur kleine Gruppe von Aufklärern gegeben haben. Dies hatte den Abenteurer Friedrich Freiherr v.d. Trenck (1726-1794), der von 1765 bis 1780 seinen Wohnsitz in Aachen nahm, bewogen, neben seiner Tätigkeit als Händler in ungarischen Weinen im Jahre 1771 seine Schrift „Der macedonische Held in seiner wahrhaften Gestalt" neu aufzulegen und 1772 und 1775 die moralische Wochenschrift „Der Menschenfreund" herauszugeben[56]). In beiden Schriften nahm er in teils satirischer, teils unflätiger Weise den Kampf gegen den Absolutismus und die seiner Ansicht nach mit ihm verbündete Kirche, insbesondere die Klostergeistlichkeit, auf. Er forderte von den Geistlichen, sie sollten sich auf die Pflichten des echten Christen zurückbesinnen und sich an der Erziehung von tugendhaften Staatsbürgern beteiligen. Er unterschied damit zwischen dem inneren Wert der Religion und ihren irdischen Dienern und „zwischen Fanaticis und wahren Freunden der Menschheit"[57]).

(Freimaurer) Der Aufklärung waren in Aachen auch die Freimaurer verpflichtet, die hier im Jahre 1768 die Loge „De l'Union et de l'Amitié" gründeten, welche im Jahre 1774 unterging und durch eine neue namens „La Constance" ersetzt wurde, die 1778 die Bezeichnung „Zur Beständigkeit" annahm[58]). Bereits ein Jahr später wurde sie auf Druck der Aachener Geistlichkeit vom Rat verboten, aber nach Intervention mehrerer Reichsfürsten und König Gustavs III. von Schweden, die selbst Freimaurer waren, im Jahre 1780 wieder zugelassen. Klaus Müller schreibt dazu:

> *„Daß sie von der Geistlichkeit und den breiteren Schichten der Bevölkerung angefeindet und 1779 für einige Zeit vom Rat verboten wurde, darf auch als Hinweis auf*

die Tatsache verstanden werden, daß diese Aufklärungsgesellschaft Prinzipien verkörperte, die in diametralem Gegensatz zu den Grundsätzen standen, auf denen die traditionale städtische Gesellschaft beruhte. Der von den Freimaurern vertretenen Idee der Toleranz entsprach die überkonfessionelle Zusammensetzung ihrer Mitglieder. Zu den fünfzehn Stiftern der 'Beständigkeit' gehörten neben neun Katholiken drei Lutheraner und drei Reformierte. Daß ein Drittel der Gründungsmitglieder in Burtscheid ansässig war, beweist den Willen der Brüder, überkommene territoriale Schranken zwischen zwei Gemeinwesen zu überwinden, zwischen denen es noch im späteren 18. Jahrhundert zu gewaltsamen Auseinandersetzungen kam. Schließlich widerstritt die von den Freimaurern praktizierte Gleichheit der Mitglieder der korporativen und geburtsständischen Ordnung der sie umgebenden Gesellschaft. In der Loge fanden sich Angehörige der patrizischen Sternzunft, innerhalb und außerhalb des Zunftsystems stehende Wirtschaftsbürger mit Juristen und Ärzten zusammen. Dagegen hielt sie Distanz zu den kleinbürgerlichen Schichten. Kein Handwerksmeister ist unter ihren Vollmitgliedern nachweisbar" [59])

Wie die Aachener Loge ihre Aufgabe definierte, erfährt man aus einem Schreiben eines Mitglieds, des Aachener Schöffen Vinzenz Philipp Freiherr de Witte, vom 16. April 1782. Dort heißt es: „Der Hauptzweck der Maurerey ist also, die Macht des Irrtums zu zerstören und den Menschen besser und thätiger zum Guten zu machen"[60]). Neben de Witte, der 1797/98 zeitweise das Bürgermeisteramt der Stadt Aachen übernehmen sollte, gehörten mehrere Mitglieder der Neuen Partei der Aachener Loge an. So waren z.B. unter den 20 führenden Ratsgegnern, die im Jahre 1786 eine Reform von Verfassung und Verwaltung in Aachen forderten, immerhin sechs Angehörige der Loge „Zur Beständigkeit"[61]). Überhaupt fällt bei der Argumentation dieser „eingesessenen und begüterten freyen Bürger" auf, daß sie sich bewußt oder unbewußt eines aufklärerischen Wortschatzes bedienten und sowohl die Werke von Montesquieu und Rousseau wie auch von Kant und Herder gelesen hatten[62]). Sie waren entschlossen, die bürgerliche Wohlfahrt zu fördern und verstanden sich als echte Patrioten[63]). In Aachen war „Patriotismus" bereits seit den 60er Jahren ein Schlagwort in der innerstädtischen politischen Auseinandersetzung. Es bezeichnete den für das Gemeinwohl handelnden Bürger. Unter dem Einfluß der Aufklärung wurde das Wort „Patriot" zum Synonym für „Bürger", „denn der aufgeklärte, mündige und verantwortungsbewußte Mann, der es als seine Pflicht ansieht, das Wohl des Gemeinwesens zu fördern, dient damit geradezu zwangsläufig auch dem Vaterland; der aufgeklärte Bürger ist gleichzeitig Patriot"[64]). So gesehen empfanden sich gerade die Angehörigen der Neuen Partei von 1786 als Patrioten. Die Aachener Loge war ebensowenig wie andere Freimaurervereinigungen ein Konspirationszirkel. Sie verfolgte keine politischen Ziele, geschweige denn den Umsturz der bestehenden Ordnung[65]).
Von ihr unterschied sich der in Bayern ins Leben gerufene Geheimbund der Illuminaten, der eine politische Zielrichtung besaß. Seine Mitglieder sollten in die obersten öffentlichen Ämter drängen, um auf evolutionärem – nicht revolutionärem – Wege Politik und Schulwesen zu beeinflussen[66]). Der Illuminatenbund fand auch im Rheinland Anhänger. In Aachen traten ihm im Jahre 1782 unter Führung de Wittes 15 Persönlichkeiten bei. Der Illuminatenorden löste sich aber bereits drei Jahre später unter obrigkeitlichem Druck in ganz Deutschland wieder auf.
Von den Ideen der Aufklärung und letztendlich von der Französischen Revolution erfuhr man in Aachen nicht nur über die grenzüberschreitenden Kontakte der Händler und Kaufleute oder über die Verbindungen der Logen untereinander, auch das in Aachen zur Kur weilende internationale Publikum sorgte für die Verbreitung der neuen Ideen und einen regen Austausch von Informationen und Gerüchten. Aus dem Kreis dieser Personen seien besonders der Pädagoge, Sprachforscher und Schriftsteller Joachim Heinrich Campe sowie der frühere Entdeckungsreisende und Professor für Naturgeschichte in Kassel und für anthropologisch-philosophische Studien in Wilna, der spätere

Bibliothekar in Mainz und Schriftsteller Georg Forster sowie der Literat und Philosoph Johann Gottfried Herder hervorgehoben, die in den Jahren 1789 bis 1792 die Stadt besuchten [67]).

Eine gewisse Vertrautheit in Aachen mit den Vorgängen der Französischen Revolution verrät eine Schrift, die im Jahre 1792 in allen Buchhandlungen der Stadt vertrieben wurde. Es handelt sich um das „Tableau de l'esprit des François, ou recueil de bons-mots, de saillies, d'épigrammes, de traits d'esprit, de lettres piquantes, et d'autres pièces amusantes ou instructives de differens auteurs sur la Révolution de France", auf dessen Titelblatt vermerkt ist: „A Aix-la-Chapelle chez tous les libraires, à Maestricht chez Cavelier, à Vienne chez Mangot, libraires". Wenn sich diese Schrift auch im wesentlichen auf Anekdoten, geistreiche und witzige Bemerkungen über die Französische Revolution beschränkt, so setzt sie doch entsprechende Vorkenntnisse voraus, die vor Ort gegeben sein mußten und die in Aachen angesichts des Verkaufs in allen Buchhandlungen wohl erfüllt waren.

(Presse) Der Aachener Presse waren Informationen über die Vorgänge in Frankreich zunächst nur spärlich zu entnehmen. Die „Stadt Aachner-Zeitung" übte sich bei Ausbruch der Revolution – wie die meisten anderen Blätter in den Rheinlanden – in Schweigen und berichtete nicht einmal über den Sturm auf die Bastille [68]). Erst nach der gescheiterten Flucht König Ludwigs XVI. im Jahre 1791 nahmen die Berichte zu, wohl nicht zuletzt wegen der nun vermehrt nach und durch Aachen strömenden französischen Emigranten, die ihrerseits zur Verbesserung des Nachrichtenflusses beitrugen. Auch die Konkurrenz zu dem im April 1790 vom Aachener Rat konzessionierten „Politischen Merkur für die Niedern Reichslande" bewog die „Stadt Aachner-Zeitung" zu breiterer Berichterstattung. Der „Politische Merkur" erschien dreimal wöchentlich und lebte, nachdem er vom Rat bereits am 26. März 1791 wegen mißliebiger Äußerungen wieder unterdrückt worden war, am 2. Juni 1791 als „Aachner Zuschauer" auf. Er wurde von dem schon erwähnten Franz Dautzenberg herausgegeben, der den Ideen der Aufklärung eng verbunden war, und der die Revolution und die Verfassung der Republik als das Ergebnis der „Philosophie zum Triumph der Vernunft und Menschenrechte" feierte [69]). Mit dieser Gesinnung empfahl er sich auch den Aachener Freimaurern, die ihn am 10. Dezember 1791 in ihre Loge aufnahmen und ihn in den Jahren 1792 bis 1794 als ihren Redner betrachteten. Franz Dautzenbergs anfängliche Begeisterung für die freiheitlichen Ideen der Französischen Revolution kommen auch darin zum Ausdruck, daß er das Wappen, welches Kaiser Leopold I. im Jahre 1690 seinem geadelten Vorfahren Leonhard aus einer Nebenlinie der Dautzenberg verliehen hatte, dahingehend abwandelte, daß er den weißen Berg im 1. Feld desselben durch einen grünen Baum ersetzte [70]), den man wohl als Freiheitsbaum interpretieren darf, und es als Exlibris für einen Teil seiner Bücher verwandte.

Im „Aachner Zuschauer" berichtete Franz Dautzenberg regelmäßig über die Sitzungen der französischen Nationalversammlung. Wenn er auch ein glühender Anhänger der Aufklärung und der in der Revolution errungenen französischen Verfassung war, so sah er doch für Deutschland nicht die Notwendigkeit zu einem revolutionären Umsturz. Hier „vertraute er auch weiterhin auf die friedliche Durchsetzung aufklärerischer Reformpolitik... und auf die 'Weisheit, Redlichkeit, Friedensliebe und Güte der deutschen Fürsten und des Kaisers'" [71]). Wenn auch die Auflage seiner Zeitung nur in die Hunderte ging, so wurde durch das Weiterreichen der einzelnen Ausgabe und durch die Auslage im Lesekabinett ein weit größerer Leserkreis erreicht [72]).

(Lesekabinett) Das Aachener Lesekabinett war 1783 von zwei Privatleuten namens St. Aubin, Vater und Sohn, eröffnet worden und trug mit der Auslage aller wichtigen europäischen Periodika, darunter zahlreiche aufklärerische Schriften, den Bedürfnissen der Badegäste, oder wie ein überzeugter Aufklärer 1787 formulierte, der „guten Gesellschaft", d.h. den Anhängern der fortschrittlichen Ideen, Rechnung [73]). Das Aachener Lesekabinett ermöglichte zwar die Lektüre aufklärerischer Zeitungen und Journale, zur Gründung einer Lesegesellschaft wie z.B. in Elberfeld, Bonn, Mainz, Koblenz und Trier mit dem ausdrücklichen Ziel, der Aufklärung Vorschub zu leisten, ist es in Aachen allerdings nicht gekommen.

Mangelnde Lesefähigkeit stand in Aachen der Verbreitung der Aufklärung und der politischen Ereignisse rund um die Französische Revolution nicht im Wege, denn immerhin scheinen etwa 58 Prozent der Männer und etwa 41 Prozent der Frauen lese- und schreibkundig gewesen zu sein [74]. Aber längst nicht alle nutzten diese Kenntnisse zur Erweiterung ihrer politischen Bildung.

Die Aufklärung fand in Aachen nur eine geringe Anzahl von Anhängern, vor allem in der Oberschicht. Dort, wo sie rezipiert wurde, zeigen sich auch Folgen für die nachfolgende Generation. So fällt auf, daß die Söhne der Oberschicht, die früher konservative Universitäten wie Köln und Löwen bevorzugt hatten, nunmehr vermehrt an Universitäten studierten, die der Aufklärung verpflichtet waren, namentlich in Göttingen, Bonn und Duisburg. Auffallend ist auch, daß in den 80er Jahren die Bereitschaft der reichsstädtischen Jugend zum Klostereintritt zurückging. Die Mehrheit der Aachener Bevölkerung aber – dazu rechnen Teile der Oberschicht, vor allem aber die Mittel- und Unterschicht – nahm eine ablehnende Haltung gegenüber den neuen Ideen ein, wobei sie vor allem von religiösen Vorbehalten gegenüber einer Philosophie geleitet war, die den barocken Volksglauben kritisierte, dem die Aachener – wie übrigens auch die Kölner – nach dem Zeugnis zahlreicher Besucher der Stadt verhaftet waren [75]. Ein Aachenreisender des Jahres 1787 schrieb, das Wort „Philosoph" – gemeint ist natürlich der aufgeklärte Philosoph – sei in Aachen ein Schimpfwort, das schlimmer wiege als „Schelm, Aufrührer" oder „Vatermörder". In Aachen „Philosoph" zu sein, komme einem „redhibitorischen [strafwürdigen] Verbrechen" gleich [76]. In diesem Zusammenhang ist auch seine Äußerung zu sehen, die Aachener würden ihre Kinder lehren, „gegen die Französische Nation [zu] heulen", und der „französische Name" würde in diesen Gegenden verabscheut.

Weite Teile der Bevölkerung fanden allerdings gar keine Zeit für die Beschäftigung mit philosophischen oder weltanschaulichen Fragen. Sie waren mit der Beschaffung und Sicherstellung des eigenen Lebensunterhalts und dem ihrer Familien vollauf beschäftigt. Aber auch sie hatten, wie die Verwendung von Revolutionssymbolen, insbesonders von Kokarden, zeigt, zumindest eine vage Vorstellung von der Neuartigkeit der Vorgänge in Frankreich [77]. Bereits am 12. August 1789 sahen sich die drei in Aachen weilenden Kommissare des Niederrheinisch-Westfälischen Kreises veranlaßt, das Tragen von Kokarden in der Öffentlichkeit zu verbieten, doch tauchten diese Symbole bis 1791 immer wieder auf, ohne daß allerdings das Ausmaß ihrer Verbreitung abzuschätzen wäre [78]. Jedenfalls wurden sie häufig genug getragen, um die Obrigkeiten in Angst und Sorge zu versetzen. Und doch: Die befürchtete Revolution blieb in Aachen aus. Die breite Masse der Aachener Bevölkerung, vor allem die Zunftbürger, wünschten keinen Umsturz der bestehenden Verhältnisse, sondern Reformen. Die Revolutionszeichen wurden dabei als Druckmittel eingesetzt, um so die bei der Führung der Alten und Neuen Partei bestehende Furcht, die Lenkung der Massen könnte ihnen – wie im Sommer 1786 zeitweise geschehen – auf Dauer entgleiten, für größere Kompromißbereitschaft auszunutzen; ein Kalkül, das sich zu jener Zeit auch in anderen Städten mit innerstädtischem Konfliktpotential nachweisen läßt [79]. Doch für Reformen war es zu spät. Die Französische Revolution und ihre Folgen wurden auch im Westen des Reiches immer deutlicher spürbar und lenkten in zunehmendem Maße von den traditionellen Sorgen, von denen die Reichsstadt Aachen bislang erfüllt war, ab.

Aachen und die Emigranten

Zu den zuerst von der Aachener Bevölkerung erlebten Auswirkungen der Französischen Revolution zählte der Kontakt mit den Emigranten.

Bereits kurz nach der Erstürmung der Bastille am 14. Juli 1789 begann eine Welle der Auswanderung, die große Teile des Adels erfaßte und an deren Spitze der älteste Bruder König Ludwigs XVI., der Graf von Artois, stand. Er traf in Aachen am 2. August unter dem Pseudonym eines „Monsieur le Marquis de Maisons" ein [80] und stieg bei Josef Brammertz im Londoner Hof in der Kölnstraße ab. Später reiste er durchs deutsche Reich nach Turin zu seinem Schwiegervater, dem König von Sardinien. Im September 1789 folgten weitere hochgestellte Persönlichkeiten, und im darauffolgenden Jahre ergoß sich eine wahre Flut von Flüchtlingen über und durch Aachen. Zum Teil mußten sie sich mit – im Vergleich zu ihren verlassenen, prunkvollen Schlössern – bescheidenen Quartieren in den Aachener Gasthäusern begnügen. Die Fremdenlisten nennen unter anderem als Herbergen den „Goldenen Drachen" bei Witwe Fincken, den schon erwähnten „Londoner Hof", das „Grand Hotel" bei Dubigk, den „Kaiserhof" bei Josef Heucken, das „Karlsbad" bei Witwe Brammertz und das „Rosenbad" bei Herck. Die Quartiere waren knapp, denn auch die Badegäste, unter ihnen gleichfalls ranghohe Personen wie der Landgraf von Hessen, wollten untergebracht sein.

In Aachen zunächst einmal zur Ruhe gekommen, schmiedeten nicht wenige Emigranten Pläne, welche die alten Zustände in Frankreich wiederbringen sollten. In diesem Zusammenhang bemerkte Madame de Staël in ihren „Betrachtungen über die vornehmsten Begebenheiten der Französischen Revolution":

> *„Man muß die freiwillige Auswanderung unterscheiden von der gezwungenen Auswanderung. Nach dem Umsturz des Throns im Jahr 1792, als die Schreckensregierung begann, sind wir alle ausgewandert, um uns den Gefahren, von denen jeder bedroht war, zu entziehen. Es ist keines der kleinsten Verbrechen der damaligen Regierung, daß sie diejenigen als schuldig betrachtete, die sich von ihrem Heerd nur entfernten, um dem Volks- oder Justiz-Morde zu entrinnen, und daß sie in diese Aechtung nicht nur waffenfähige Männer, sondern Greise, Weiber, sogar Kinder mitbegriff. Die Auswanderung vom Jahr 1791 hingegen, die durch keine Gefahr irgend einer Art veranlaßt war, muß als der Entschluß einer Parthei betrachtet werden; nur in dieser Hinsicht kann man ihn nach den Grundsätzen der Politik beurtheilen"* [81]).

Nicht von ungefähr ließ sich der Nationalkonvent in Paris von Spitzeln über das Treiben der Flüchtlinge in Aachen unterrichten [82]).

(Die Pläne des Königs von Schweden) Über die Aktivitäten der Emigranten in Aachen berichtet der vornehmste Aachener Badegast der Saison 1791, König Gustav III. von Schweden, der die positive Auswirkung der warmen Wasser schon im Jahre 1780 schätzen gelernt hatte. Am 13. Juni war er unter dem Namen eines Grafen de Haga eingetroffen und in dem zwischen Felsgasse und Adalbertstraße gelegenen Haus des Aachener Vogtmajors Rudolf Konstanz Freiherrn v. Geyr zu Schweppenburg abgestiegen. Der König hatte Aachen aber nicht nur wegen seiner Gesundheit, sondern auch aus politischen Gründen gewählt. Er wollte die geographische Lage der Stadt nutzen, um für das französische Königshaus tätig zu werden [83]). Bereits bei seiner Ankunft hatte er mit den Emigranten Kontakt aufgenommen. Über sie schrieb er am 16. Juni an seinen Vertrauten Gustav Moritz Freiherrn v. Armfelt, den Gouverneur von Stockholm:

> *„Ich habe viele meiner Bekannten angetroffen, die Herzogin von Croy und die Prinzessinnen von Solre (Croy), junge liebenswürdige Damen, alle erlauchten Exilirten des französischen Hofes, welche, Männer wie Frauen, die angenehmste Gesellschaft bilden. Ein Glück, um die Langeweile Aachens zu bannen, wo alle Vergnügungen vergangener Zeiten aufgehört haben, und das entsetzliche Wetter die Traurigkeit noch steigert. Regen und Kälte erinnern an Ende März. Französische Comödie gibt es nicht mehr, sondern nur deutsche, wovon ich gestern ein ziemlich schlechtes Pröbchen gesehen habe. Die komische Oper soll besser sein"* [84]).

Am selben Tage schrieb er an den Grafen Johann Gabriel Oxenstierna:

> *„Heute habe ich den Gebrauch der Bäder begonnen – ich befinde mich wohl, abgesehen von meinen gewohnten Quälereien. Sie wissen, was mich besonders interessirt,*

und wie heiß meine Wünsche für die Rettung des erhabenen Opfers [gemeint ist König Ludwig XVI. von Frankreich] sind, das man verfolgt. Ich habe hier fast alle Großen gefunden, welche Frankreich besitzt. Alle diese illustren Heimatlosen bilden die angenehmste Gesellschaft. Sie sind von gleich großem Haß gegen die Nationalversammlung wie von unbegreiflicher Übertreibung in Bezug auf alles erfüllt. Es ist ein merkwürdiges aber ebenso trauriges Schauspiel, sie zu sehen und zu hören. Wir stehen, so scheint es wenigstens, am Vorabende wichtiger Ereignisse" [85]).

Mit den „wichtigen Ereignissen" war die bevorstehende Flucht des französischen Königs gemeint, die unter Beteiligung des schwedischen Adligen Hans Axel Graf v. Fersen, eines Vertrauten des französischen Königspaares, und des französischen Generals Marquis de Bouillé am 20. Juni begann, aber entdeckt und vereitelt wurde. Graf Fersen traf am 30. Juni in Aachen ein und berichtete dem schwedischen König von der mißlungenen Flucht der königlichen Familie. Auch General Bouillé fand sich wenige Tage später in Aachen ein.

Die Gefangennahme der königlichen Familie am 21. Juni 1791 löste eine neue Fluchtwelle aus, so daß sich die Aachener Fremdenlisten wie Auszüge aus dem französischen Adelskalender lesen. Unterdessen entwickelte der schwedische König in Erinnerung an seine früheren unbeschwerten Aufenthalte am französischen Hof und in herzlicher Verbundenheit mit der Königsfamilie den Plan einer gewaltsamen Zerschlagung der Revolution und der Wiederherstellung der Königsmacht in Frankreich, allerdings unter aufgeklärten Vorzeichen. Seine Ideen äußerte er am 14. Juli in einem vertraulichen Schreiben an den Freiherrn v. Armfelt, dessen Inhalt Alfred v. Reumont aus verschiedenen Passagen des Briefes zusammenfaßte:

„So lange die Jacobiner existiren, können Sie versichert sein, daß man auf nichts rechnen darf, ausgenommen auf deren nach allen Richtungen hin destructive Bestrebungen. Ich muß zuerst die Restauration in Frankreich wünschen, um einen sichern Stützpunkt zu haben. Ist Frankreich gerettet, gestattet der Himmel die Vernichtung dieser greulichen National-Versammlung, welche, nicht zufrieden mit der Umwälzung des eignen Landes, in allen übrigen Staaten die Ruhe zu stören bestrebt ist, so wird der Ekel vor dem Druck der Anarchie verbunden mit dem Siege der gesunden Principien, dem monarchischen System neue Kraft verschaffen und den Gesinnungen der Völker durch Aufklärung über das eigene Glück die rechte Richtung geben. Die französische Sache muß somit vor allen anderen zur Entscheidung gelangen. Dann fühle ich mich stark genug Alles zu wagen. Ja, ich empfinde, daß, wenn der Himmel mir diese Glorie verliehe, ich mich mit der ehrenvollen und rechtmäßigen Rolle zufrieden geben, eigene Verluste unschwer ertragen würde" [86]).

Von Aachen aus schrieb er am 9. Juli an die Zarin Katharina II. von Rußland, mit der er sich wegen der früher bestehenden Gegensätze am 14. August 1790 im Frieden von Värälä ausgesöhnt hatte, und suchte sie zu gemeinsamem Handeln zu bewegen, noch bevor – wie er befürchtete – Österreich und Preußen aus der prekären Situation des französischen Königs für ihre eigene Machtposition Kapital schlagen würden [87]). Er gedachte mit einer 22 bis 24 000 Mann starken schwedisch-russischen Armee und etwaigen anderen Hilfstruppen in Frankreich einzufallen. Zur Vorbereitung seines Planes beauftragte er am 21. Juli – gleichfalls in Aachen – den Grafen Fersen, in Wien mit Kaiser Leopold II. wegen des Durchzugs durch die österreichischen Niederlande zu verhandeln [88]). Der König wollte in Ostende mit seiner Flotte landen, wünschte Verproviantierung, die Erlaubnis für den Durchmarsch seiner Armee durch Belgien, die Überlassung eines Teils des Artillerieparks von Luxemburg und manches mehr.

Im Rahmen seiner Bemühungen zur Wiederherstellung der Königsherrschaft in Frankreich stand Gustav III. mit den Emigranten unter Führung des Grafen v. Artois und des früheren Chefs der Finanzen Ludwigs XVI., Calonne, in enger Verbindung, ohne mit ihnen vollends übereinzustimmen. Die Emigranten versuchten, die europäischen Mächte zum Krieg gegen das neue Frankreich zu treiben, um selbst wieder in den Besitz der Macht und der alten Vorrechte zu gelangen. Als Graf Artois Anfang Juli nach Aachen kam, um seinen Bruder, den Grafen von Peronne, und dessen Gemahlin zu empfangen, die erst bei der Flucht Ludwigs XVI. Paris verlassen hatten, trafen sie mit König Gustav III. von Schweden mehrmals zusammen. Am 5. Juli berieten sie gemeinsam, ob Graf Artois angesichts der Gefangennahme des Königs nicht den Titel eines Regenten von Frankreich annehmen solle; eine Idee, die der König von Schweden voll befürwortete [89]), auch wenn es dann doch nicht dazu kam. Von Aachen aus begaben sich die Grafen nach Koblenz, wo sie unter dem Schutz des Kurfürsten von Trier einen Großteil der Emigranten sammelten und sich durch verdeckte und offene Rüstung auf die Verwirklichung ihrer Pläne vorbereiteten. Ihren Zielen schienen die Emigranten ein großes Stück näher gekommen zu sein, als es Graf Artois bei seinem unangemeldeten Besuch in Pillnitz gelang, Österreich und Preußen am 27. August 1791 zu einer Deklaration zu veranlassen. Die beiden Mächte bekundeten darin ihren Willen zur Verteidigung des französischen Königs, sofern alle europäischen Souveräne mitwirken würden. Preußen und Österreich waren sich allerdings darüber im klaren, daß England dazu nicht bereit sein würde. Ernst Rudolf Huber schreibt daher: „Hinter dem Vorbehalt der solidarischen europäischen Aktion verbarg sich daher, trotz der starken Worte der Erklärung, der Verzicht auf die Intervention" [90]). In Frankreich verstand man diese Erklärung allerdings als Einmischung in die inneren Angelegenheiten des Landes. Der Volkszorn geriet in Wallung. Der Kaiser hatte in Pillnitz dem Drängen der Emigranten auf einen Winterfeldzug widerstanden und setzte noch immer auf Verhandlungen mit dem revolutionären Frankreich. Im September 1791 befürworteten er und seine Umgebung einen Kongreß über die französischen Angelegenheiten, der wegen der Nähe zu Frankreich und zu den Emigranten in Aachen stattfinden sollte. [91]) Auch die Königin von Frankreich, Marie Antoinette, begrüßte die Kongreßidee, weil sie dadurch unüberlegte Schritte der Emigranten zu verhindern hoffte, welche ihre ohnehin schon schwierige Lage und die ihres Gemahls nur verschlechtern würden [92]). Ludwig XVI. selbst schrieb dazu am 10. Dezember an König Gustav III. von Schweden:

> „Ich glaube, ein Congreß der europäischen Hauptmächte, in einer Stadt wie Aachen, in der Nähe der Grenzen Frankreichs und im Mittelpunkt Europa's abgehalten und durch eine imposante Kriegsmacht unterstützt, würde der gegenwärtigen Lage des Königreichs am meisten entsprechen.... Ich bin der Meinung, daß das Verhalten der Nationalversammlung, den fremden Mächten gegenüber, einen triftigen Grund zur Abhaltung eines solchen Congresses bietet" [93]).

König Gustav III., der am 25. Juli Aachen verlassen hatte, verfolgte unterdessen seine eigenen Pläne weiter. Ein wichtiges Resultat seiner Bemühungen war das Bündnis mit Rußland, das am 19. Oktober 1791 zustande kam. Kaiser Leopold II. verhielt sich allerdings immer noch zurückhaltend gegenüber den ihm von Graf Fersen vorgetragenen Plänen. Wenige Monate später zerschlug sich das schwedische Projekt, weil Kaiser Leopold II. am 1. März 1792 verstarb und König Gustav III. am 29. März Mordopfer einer einheimischen Adelsverschwörung wurde. Die Aachener Freimaurerloge „Zur Beständigkeit", für deren Wiederzulassung im Jahre 1780 er, der selbst Freimaurer war, erfolgreich eingetreten war, hielt am 10. Mai 1792 eine Gedächtnisfeier ab, bei der das Logenmitglied Johann August Burgmüller, ein „Tonkünstler" aus Aachen, eine nicht erhaltene Trauerrede hielt. Anschließend wurde eine Trauerode unter Musikbegleitung für den der Aufklärung verpflichteten „Beschützer" und „Bruder" Gustav III., König von Schweden, vorgetragen, welche aus der Feder von Franz Dautzenberg stammte. Ihre ersten Strophen lauteten:

„So flogst Du hin, hin zu Elisiens Hainen.　　Als Schweden-König nur geboren,
Gustav, gekrönter Menschenfreund!　　　　Hätt' doch die ganze Menschen-Welt
So lang' wir eine Thräne weinen.　　　　　　Zum Oberhaupte Dich erkohren,
Sey sie auf Deine Gruft geweint!　　　　　　Dich zum Regenten ausgewählt.

Mit Dir welkt unsrer Lebensfreuden　　　　　Du glänzest nur in Deinem Lichte,
Der schönsten eine matt dahin.　　　　　　In Deiner Are gleich der Sonne,
Du flogst zum Sitz der Seligkeiten.　　　　　Dein Leben bleibt in der Geschichte,
Und – trostlos sah'n wir – Dich entfliehn.　　Der edlen Seelen ew'ge Wonne" [94].

Du gabst in stillen Mitternächten
Dem Maurer Schutz, und Glanz dem Orden.
Du warst der Menschheit Stolz, den Rechten
Der Tugend fester Schirm geworden.

Nach dem Tode Gustavs III. blieb den Emigranten nichts anderes übrig, als den Aufenthalt bei ihren Gastgebern, den Kurfürsten von Trier und Mainz, zu verlängern.

Die Zwangsläufigkeit, mit der es zwischen dem sich in Gesellschaft und Wirtschaft im Umbruch befindlichen Frankreich und dem in alten Macht- und Wirtschaftsstrukturen verharrenden Ausland, insbesondere mit Österreich, Preußen und dem Reich, zum Krieg kommen mußte, war nach dem Ausbruch der Französischen Revolution zunächst nicht gesehen worden. Die europäische Politik blieb bestimmt durch den Krieg Österreichs und Rußlands gegen die Türkei, das Mißtrauen zwischen Österreich und Preußen, die Spannungen in Ungarn, die Rebellion in Belgien, den zeitweisen schwedisch-russischen Gegensatz und die preußischen Ambitionen im Osten. Frankreich selbst schien durch die Revolution und ihre unterschiedliche Rezeption im eigenen Lande geschwächt, und die Pariser Nationalversammlung hatte selbst erklärt, sie wolle auf Eroberungskriege verzichten, um die Freiheit anderer Völker nicht zu verletzen. Zu ernsten Verstimmungen kam es aber, als die Nationalversammlung am 4. August 1789 und 12. Juli 1790 alle aus der Leibeigenschaft entsprungenen Privilegien abschaffte, die Verfügungsgewalt über die Kirchengüter der Nation zuschrieb und die Aufhebung aller ausländischen geistlichen Gerichtsbarkeit beschloß. Die dadurch im Elsaß, in Lothringen, der Franche Comté und in Luxemburg in ihren landesherrlichen und anderen Rechten betroffenen deutschen Reichsstände wandten sich daraufhin klagend an den Kaiser. In Paris wiederum nahm man Anstoß an den Aktionen der Emigranten, die unter Führung der seit dem Sommer 1791 in Koblenz residierenden Brüder König Ludwigs XVI. gegen das revolutionäre Frankreich agitierten und in den Gebieten von Trier, Mainz, Worms und Speyer Truppen für eine Gegenrevolution sammelten. Kaiser Leopold II. war sichtlich bemüht, eine militärische Konfrontation – auch nach der mißlungenen Flucht des französischen Königs und seiner Inhaftierung – zu vermeiden. In Frankreich aber schlug die aufgrund der Verfassung gewählte, an die Stelle der Nationalversammlung getretene Legislative unter der Führung einer Gruppe, deren Köpfe zum Teil aus der Gironde stammten, und daher Girondisten genannt wurden, schärfere Töne an. Sie glaubten an den Sieg der revolutionären Ideen in ganz Europa und waren zugleich beseelt von der Größe französischer Vergangenheit. Mit deutlichen Worten forderten sie vom Kurfürsten von Trier die sofortige Auflösung der sich in seinen Landen zum Gegenschlag formierenden Emigrantenheere. Obgleich Kaiser Leopold II. als Reichsoberhaupt den Kurfürsten zu dieser Maßnahme verpflichtete, war man in Frankreich nicht zufrieden, denn die am 21. Dezember 1791 für die Machthaber in Paris bestimmte kaiserliche Note enthielt die Erklärung, daß jede Aktion gegen Reichsgebiet auf den entschlossenen Widerstand des Reiches und anderer europäischer Mächte stoßen werde. Diese Wor-

Der Ausbruch der Revolutionskriege

te wurden von den Girondisten als massive Drohung aufgefaßt und hatten entsprechend scharfe Antworten zur Folge.

Unter dem Eindruck der sich zuspitzenden Lage rückten die alten Rivalen Österreich und Preußen, zwischen denen es seit Anfang 1791 mehrere Schritte der Annäherung gegeben hatte, noch enger zusammen. Nachdem sie sich am 25. Juli 1791 zu gemeinsamem Handeln gegenüber dem revolutionären Frankreich verständigt hatten, erklärten sie – wie schon erwähnt – am 27. August in Pillnitz ihre Bereitschaft, die Königsherrschaft in Frankreich mit dazu geeigneten militärischen Kräften wieder herzustellen. Die Pillnitzer Deklaration war allerdings nur ein Lippenbekenntnis, denn ein Vorgehen gegen das revolutionäre Frankreich war nur für den Fall vorgesehen, daß sich alle europäischen Mächte zu gemeinsamem Handeln bereit finden würden. Die ablehnende Haltung Englands war aber Österreichern und Preußen bekannt. In Frankreich allerdings schlug die Deklaration hohe Wellen. Spätestens jetzt hielt man es für erwiesen, daß der Fluchtversuch des Königs mit einer Auslandsverschwörung zusammenhing. Die heftige Reaktion in Frankreich beschleunigte den Abschluß eines Freundschafts- und Schutzvertrages zwischen Österreich und Preußen am 7. Februar 1792. Er sah für den Fall eines französischen Angriffs je 15 000 Mann Infanterie und 5 000 Mann Kavallerie zur gegenseitigen Hilfeleistung vor [95]. In den folgenden Wochen rückte die Gefahr eines Krieges immer näher, denn in Frankreich hatten die Befürworter des Krieges, zumeist Girondisten, Oberhand gewonnen. Aus innenpolitischen und ideologischen Gründen sahen sie im Krieg mit dem Ausland das beste Mittel, die zerrissene Republik innerlich zu einen. Auch der König befürwortete den Krieg, weil er sich von ihm den baldigen Zusammenbruch der Revolution erhoffte. Am 27. März 1792 richtete der Außenminister Charles François Dumouriez ein Ultimatum an Wien, in dem er bis zum 15. April den Verzicht auf alle gegen Frankreich gerichteten Verträge und die Zurückziehung der aufgestellten Truppen forderte. In Wien ging man darauf nicht ein und erhob Gegenforderungen. Am 20. April antwortete Frankreich mit der Kriegserklärung an Österreich, das man irrtümlich isoliert glaubte. Aber auch auf der Seite Österreichs und Preußens gab es gravierende Fehleinschätzungen des Gegners. So sah man die Gründe der Französischen Revolution in der schlechten Verwaltung und dem Fehlen eines aufgeklärt-absolutistischen Systems in Frankreich. Man glaubte zudem, der französische Staat sei innerlich so zerrüttet, daß im Falle eines Krieges nicht ganz Frankreich zu bekämpfen sei, sondern nur die herrschende Partei. Man rechnete mit dem Übertritt großer Teile der gegnerischen Armee, besonders der Offiziere, und der freiwilligen Öffnung der meisten festen Plätze durch die heimlichen Anhänger der Monarchie. So machte sich der preußische Diplomat v. Bischoffswerder die Auffassung des Generals Bouillé, die französische Armee sei schlecht organisiert und könne gut geführten Armeen nicht widerstehen [96], zu eigen und riet: „Kaufen Sie nicht zu viel Pferde! Die Komödie dauert nicht lange, wir sind im Herbst wieder zu Hause" [97]. In Wien hieß es: „Was bedarf es großer Vorbereitungen, man schicke zwei Regimenter ungarischer Husaren mit Peitschen in der Hand nach Frankreich, so hat der Spaß ein Ende" [98]. Kurzum, man war – wenn auch in Berlin mehr als in Wien – voller Zuversicht, daß der Krieg in Wirklichkeit nur eine Polizeiaktion sein werde, bei der es gelingen würde, Frankreich als Großmacht auszuschalten und aus der veränderten politischen Situation in Europa Nutzen zu ziehen. Preußen hatte die Absicht, sich für die Kriegskosten – ohne Einsprüche Frankreichs fürchten zu müssen – in Polen schadlos zu halten, Österreich träumte, nachdem Preußen einen Tausch der österreichischen Niederlande gegen Bayern und Ansbach-Bayreuth ablehnte und man sich auf eine Entschädigung im noch zu erobernden Elsaß, mit der Preußen einverstanden gewesen wäre, nicht einlassen wollte, von einer Erweiterung der österreichischen Niederlande nach Westen.

An einer militärischen Beteiligung der Emigranten und des Reiches waren Österreich und Preußen zunächst nicht interessiert, da sie bei der Aufteilung der zu erwartenden Beute keine Rücksichten auf Mitstreiter nehmen wollten. Als man dann nach der überraschend frühen Kriegserklärung Frankreichs im Reich um Hilfe warb, gab es wenig Resonanz, denn die Reichsstände, allen voran Hannover, hatten erkannt, daß es sich bei den geplanten Unternehmungen Österreichs und

Preußens gegen Frankreich nicht um einen Feldzug zur Wahrung der Rechte des Reiches, etwa im Elsaß, handelte, sondern um einen Eroberungskrieg, den sie weder durch Zuführung von Truppen, noch – wie Österreich und Preußen gefordert hatten – mit Geld unterstützen mochten.

Am 29. April fielen die Franzosen in die österreichischen Niederlande ein und bedrängten Mons und Tournai vergeblich. Die Hoffnung auf eine Erhebung der Bevölkerung bewahrheitete sich nicht. Bereits einen Tag später mußten sie sich hinter die Grenze zurückziehen. Ein weiterer Vorstoß zwischen dem 7. und 11. Juni in Richtung Mons wurde von den österreichischen Grenztruppen abgewehrt. Die Angriffe auf die österreichischen Niederlande unterstrichen den französischen Kriegswillen und lösten in Preußen und Österreich erst jetzt umfassende Rüstungsmaßnahmen aus. Bei Gelegenheit von Wahl und Krönung Franz' II. am 5. bzw. 14. Juli 1792 verständigten sich Österreicher und Preußen auf gemeinsame Operationen. Gut 100 000 Österreicher sollten die Niederlande und den Oberrhein decken, etwa 45 000 Preußen und 8 000 französische Emigranten von der Mosel als Offensivarmee auf Paris, den Herd der Revolution, vorstoßen. Den Oberbefehl über die Truppen erhielt der in Diensten König Friedrichs II. von Preußen im Siebenjährigen Krieg bewährte General Herzog Karl Wilhelm Ferdinand von Braunschweig. Er begann seine Tätigkeit jedoch mit einer Ungeschicklichkeit. Von Koblenz aus verkündete er am 25. Juli sein auf Entwürfe der Emigranten zurückgehendes Manifest, in dem er der französischen Revolutionsregierung in maßloser Sprache für den Fall der Beleidigung der königlichen Familie die Zerstörung von Paris androhte[99]) Die Revolutionäre ließen sich nicht einschüchtern. Georg Forster urteilte am 4. August von Mainz aus:

> *„Wahrhaftig, wenn man es darauf angelegt hätte, die Franzosen zur Gegenwehr anzuhetzen, so hätte man es nicht klüger anfangen können. Jetzt müssen sie Schande halber den Kampf der Verzweiflung fechten, und das werden sie auch. So schnell als man sich's denkt, wird man nicht nach Paris kommen, und Frankreich wird man auf keinen Fall ganz bezwingen. Spinnt sich aber der Krieg in die Länge, dann ist es um die Ruhe von Europa geschehen. Und das sind die Menschen, deren Maßregeln man billigen soll? Wohl dem, der einen Winkel gefunden hat, wo er ruhig dem wahnsinnigen Treiben zusehen kann"* [100]).

Er behielt Recht. Unter dem Eindruck des Manifests erlangten die radikalen republikanischen Elemente des Jakobinerklubs die vollkommene Oberhand. Infolgedessen war man zum Widerstand um so entschlossener bereit. Die Entrüstung über die Drohung des Herzogs half nicht nur, die Sorgen über die tatsächlichen Schwächen der eigenen Truppen zu verdrängen und durch Entschlossenheit zu überspielen, sondern schwächte auch die ohnehin prekäre Lage des französischen Königs im Verfassungsgefüge und im Lande selbst, ja führte am 10. August unter Dantons Regie sogar zur Gefangennahme des Königs. General Lafayette, der Oberkommandierende der französischen Ardennen-Armee, hatte sich noch für den König eingesetzt, wurde aber wegen seiner royalistischen Gesinnung so sehr angefeindet, daß er in Sorge um seine eigene Sicherheit am 19. August mit einigen seiner Offiziere zu den Österreichern übertrat. Sein Nachfolger wurde am 28. August der als Kriegsminister zurückgetretene General Dumouriez. Am selben 19. August überschritten die Preußen die französische Grenze, kamen aber in der Champagne nach anfänglichen Erfolgen wie der Eroberung von Longwy und Verdun wegen der zögerlichen Führung des Herzogs von Braunschweig zum Stehen. Er hatte eine Entscheidungsschlacht vermeiden wollen, um der Diplomatie Spielraum zu erhalten. Schließlich kam es bei Valmy am 20. September zu einer heftigen Kanonade mit den Truppen des Dumouriez unterstellten Generals Kellermann. Als die Preußen, die man seit den Tagen des Großen Friedrich fürchtete, die feindliche Artillerie nicht aus dem Feld zu schlagen vermochten, sondern sich sogar wegen der im Lager grassierenden Ruhr und des Mangels an Munition und Verpflegung aufs Reichsgebiet zurückziehen mußten, bedeutete dies die psychologische Wende in diesem Krieg[101]). Johann Wolfgang von Goethe, der den Herzog von Weimar im ersten Revolutionskrieg begleitete und die Kanonade miterlebte, sagte am Abend des Ereignisses, so schrieb er jedenfalls in seiner 1822 veröffentlichten „Campagne in Frankreich 1792":

> *„Die größte Bestürzung verbreitete sich über die Armee. Noch am Morgen hatte man nicht anders gedacht, als die sämtlichen Franzosen anzuspießen und aufzuspeisen, ja mich selbst hatte das unbedingte Vertrauen auf ein solches Heer, auf den Herzog von Braunschweig zur Teilnahme an dieser gefährlichen Expedition gelockt; nun aber ging jeder vor sich hin, man sah sich nicht an, oder wenn es geschah, so war es, um zu fluchen oder zu verwünschen. Wir hatten, eben als es Nacht werden wollte, zufällig einen Kreis geschlossen, in dessen Mitte nicht einmal wie gewöhnlich ein Feuer konnte angezündet werden, die meisten schwiegen, einige sprachen, und es fehlte doch eigentlich einem jeden Besinnung und Urteil. Endlich rief man mich auf, was ich dazu denke, denn ich hatte die Schar gewöhnlich mit kurzen Sprüchen erheitert und erquickt; diesmal sagte ich: Von hier und heute geht eine neue Epoche der Weltgeschichte aus, und ihr könnt sagen, ihr seid dabeigewesen"* [102]).

Am 21. September war in Paris der neu gewählte Nationalkonvent unter Führung der jakobinischen Bergpartei mit Robespierre an der Spitze zusammengetreten, hatte das Königtum abgeschafft und nutzte den Terror zur Sicherung seiner Macht. Der erste Angriff auf die französische Revolution war gescheitert, und die Bestürzung über dieses fatale Ergebnis wuchs, als General Custine der Vormarsch durch die Pfalz und im Oktober die Besetzung von Speyer, Worms, Mainz und Frankfurt gelang. Die niederrheinischen Gebiete indessen genossen noch den Schutz der mittlerweile wieder in Koblenz angelangten preußischen Armee und der Österreicher, welche Trier behauptet hatten. Letztere wurden allerdings zunehmend von Westen her bedroht, denn Dumouriez unternahm mit der französischen Nordarmee eine erneute Offensive gegen die österreichischen Niederlande und schlug am 6. November 1792 die zahlenmäßig weit unterlegenen, unter dem Befehl des Herzogs von Sachsen-Teschen stehenden Österreicher bei Jemappes nahe Mons. Nach und nach mußte sich der Herzog nach Brüssel und Löwen zurückziehen. Hier übernahm am 15. November an Stelle des erkrankten Herzogs der Feldzeugmeister Graf Clerfayt das Oberkommando über die österreichische Armee. Aber auch ihm blieb nur der Rückzug.

Stimmung in Aachen

Die Niederlagen der Österreicher blieben nicht ohne Folgen für die Stimmung in Aachen. Am 13. November berichtete der Advokat P.J.B. Denys an einen Berufskollegen in Wetzlar:

> *„ ... Die Unglücke in Brabant und das beinahe unwiderstehliche Durchdringen der Franzosen haben bei uns allgemeine Bestürzung gemacht, und täglich haben wir einen französischen Besuch über Lüttich zu gewärtigen. Bei diesen Umständen und dem Pöbelgeist in Aachen fliehen wirklich viele; fast alle suchen ihr bestes Hab zu retten, und da ich in Aachen mich auch sichern muß, so ist mir für jetzt nicht möglich zu arbeiten ... Es sieht sehr mißlich in Aachen aus ... Ich mag es nicht schreiben, wie sich der Pöbel in Aachen unter gewissen Anführungen schon herausnimmt. Schon ist ein Freiheitsbaum, schon rote Kappen und Kokarden in der Arbeit, und laut trägt man sich in Aachen damit herum, daß man den Franzosen entgegengehen und sie empfangen werde"* [103]).

Die Erzherzogin Maria Christina, Gemahlin des Herzogs von Sachsen-Teschen und letzte Statthalterin der österreichischen Niederlande, schrieb am 18. November 1792 in Bonn:

> *„Die Sturmflut der Franzosen hat unser Land überschwemmt; unsere Armee wurde gezwungen, sich zurückzuziehen, und wir mußten Brüssel verlassen. Mein*

Mann ist krank; ich konnte nicht in Maastricht bleiben, wie ich anfangs wollte; auch nicht in Aachen, das ganz von den schrecklichen Ideen erfüllt ist, und wo die Revolution jeden Tag droht" [104]).

Am 19. November schrieb Alexander Graf Fersen aus Aachen an den Herzog von Södermanland, Regenten von Schweden: „Das Lütticher Land ist noch ruhig und doch ist alles bereit, sich bei der Ankunft der Franzosen zu unterwerfen. In Aachen hat man dieselbe Absicht" [105]).
Die von der Erzherzogin befürchtete Revolution blieb in Aachen allerdings aus oben schon genannten Gründen aus. Es scheint vielmehr so gewesen zu sein, als habe die Neue Partei ihre Anhänger mobilisiert und das Zeigen von Revolutionszeichen begünstigt, um sich bei den heranrückenden Franzosen beliebt zu machen und mit deren Hilfe die Alte Partei im Stadtregiment endlich abzulösen.
Der Kurfürst von der Pfalz hatte gleichfalls Maßnahmen ergriffen, die ihm seine bisherige Machtposition in Aachen erhalten sollten. Er verwies gegenüber den Franzosen mehrmals auf die erklärte Neutralität seiner Lande und betonte, daß diese auch für die Reichsstadt Aachen gelte, deren Schutz ihm als Herzog von Jülich und Vogt von Aachen seit alters zustehe. Er bat daher um Schonung der Stadt [106]).
Am 27./28. November wechselten die Österreicher aufs rechte Maasufer und gaben Lüttich auf. Clerfayts Hauptquartier befand sich nunmehr in Herve. Der weitere Rückzug war wegen der Überlegenheit des Feindes an Mannschaft und Artillerie nicht aufzuhalten. Bereits seit dem 26. November erlebte Aachen immer wieder den Durchzug österreichischer Truppenteile in Richtung Rhein [107]). Anfang Dezember begannen die Österreicher mit Unterstützung vieler Hundert Bauern Verschanzungen im Aachener Reich aufzuwerfen und Artilleriestellungen einzurichten, um insbesondere vom Lousberg aus mit Geschützen die Straße von Maastricht über Vaals nach Aachen beschießen zu können und dem Feind den Weg nach Westen zu verlegen. Seit dem 5. Dezember rückten größere Teile der bisher im Limburgischen stationierten österreichischen Truppen in Quartiere in Stadt und Reich Aachen ein. Selbst die Klöster wurden zur Gestellung von Unterkünften herangezogen. Insgesamt waren mehrere tausend Soldaten – der Aachener Schöffe v. Thimus spricht in seinem Tagebuch sogar von gut 10 000 – zu beherbergen [108]). Am 6. Dezember wurden die seit Jahren in der Stadt zur Aufrechterhaltung der Ordnung liegenden kurpfälzischen Exekutionstruppen von den Österreichern aus der Hauptwache verdrängt [109]). Am selben Tage traf die österreichische Generalität von Herve her in Aachen ein. Zum besonderen Schutz der Stadt wurden nun auch Kanonen auf den Wällen stationiert [110]). Am 7. Dezember faßten Dumouriez und seine Generäle in Lüttich den Entschluß, mit der Armee unverzüglich durch Limburg auf Aachen und den Rhein vorzustoßen [111]).
In den folgenden Tagen blieb es in Aachen, abgesehen von wilden Gerüchten und gelegentlichem Kanonendonner, der am 8. und 9. Dezember aus der Ferne herüberschallte, ruhig [112]).
Ungeachtet der Befestigungsarbeiten, welche die Österreicher in und bei Aachen betrieben, versuchte der Kurfürst von der Pfalz als Herzog von Jülich, Stadt und Reich Aachen vor dem Schlimmsten zu bewahren. Friedrich Jacobi berichtet in seinem Brief vom 2. Dezember: „Pfähle sollen an den Grenzen des Aachener Reichs errichtet werden, worauf steht 'churpfälzisches Schutzterritorium'" [113]). Aber auch der Aachener Magistrat traf Vorsorge [114]). Vor dem 10. Dezember – der genaue Tag ist nicht überliefert – begab sich eine Ratsdelegation, bestehend aus dem früheren Stadtsyndicus Dr. Jakob Leopold Joseph Denys und einem Herrn Schleiden, in das Lager des Generals Dumouriez nach Lüttich, wo sie gut aufgenommen und sogar zum Mittagstisch geladen wurden. Dumouriez versprach bei dieser Gelegenheit, die Stadt mit allen ihm zur Verfügung stehenden Mitteln zu schützen. Um Mißhelligkeiten von vornherein auszuschließen, gab er dem Magistrat zu verstehen, daß alle Emigranten die Stadt beim Einrücken seiner Truppen verlassen haben müßten, weil er sonst die Emigrantengesetze zur Anwendung bringen müsse. Mit ihren Gesprächen

(Aachen verhandelt mit Dumouriez)

in Lüttich waren die Vertreter des Magistrats wesentlich erfolgreicher als die der Neuen Partei, die zwischen dem 2. und 8. Dezember ebenfalls mit Dumouriez verhandelten, in der Absicht, mit Hilfe der Franzosen die regierende Alte Partei zu stürzen [115]. Die Unterhändler der Neuen Partei, bei denen es sich wahrscheinlich um Nikolaus Cromm und Dr. Johann Joseph Vossen handelte, wurden von Dumouriez offenbar recht unwirsch abgewiesen.

Der freundliche Empfang der Magistratsdelegation stand in vollem Einklang mit dem Dekret des Nationalkonvents vom 29. Dezember 1791, demgemäß die Revolutionäre als Befreier und nicht als Eroberer kommen wollten. Dementsprechend war – soviel wir wissen – eine Übergabe der Aachener Stadtschlüssel nicht gefordert worden. Dies war auch nicht zu erwarten, denn bei der Einnahme von Brüssel am 14. November hatte Dumouriez den Vertretern der Stadt erklärt, „daß die französische Armee nicht gekommen wäre, um Eroberungen zu machen, sondern um einer großmüthigen Nation ihre Freyheit wieder zu verschaffen. Behaltet eure Schlüssel (setzte er hinzu) und bewahret sie selbst. Der knechtische Gebrauch, den Siegern die Schlüssel zu überreichen, gilt nicht bey freyen Völkern. Laßt uns mit vereinter Kraft uns rüsten, um die Tyrannen zu vernichten und nur dann die Waffen niederlegen, wenn es keinen mehr geben wird" [116].

Die Verhandlungen mit Dumouriez gaben also berechtigte Hoffnung, daß Aachen vor Beschuß und Plünderung bewahrt bleiben würde. Es war auch höchste Zeit für diese Gespräche gewesen, denn der Sturm nach den Tagen der Ruhe stand bevor. Am 11. Dezember unterlag die österreichische Armee zwischen Verviers und Herve erneut den Franzosen und zog sich eilends auf Aachen zurück. Noch am selben Tag hielt Clerfayt mit der dort versammelten Generalität Kriegsrat ab. Die erneute Niederlage, die schlechte Versorgungslage und die Nachricht von der Einnahme Roermonds und dem Heranrücken der Ardennen-Armee über Malmedy drohte die Verbindung zum Hinterland abreißen zu lassen. Den Österreichern blieb keine andere Wahl als der sofortige Abzug aus Aachen und der Rückzug in Richtung Köln. Dies war ein schmerzlicher Entschluß, immerhin galt Aachen als „der wichtigste Durchmarschpunkt vom Reich zu den österreichischen Niederlanden ..." [117]. So kam es, daß die gesamte österreichische Armee, nachdem sie am 12. Dezember vollständig in Aachen eingetroffen war, in der Nacht zum folgenden Tage wieder aufbrach und die Stadt bis zum Abend des 13. Dezember – abgesehen von einigen Husaren und einer leichten Batteriestellung im Aachener Busch, die beim vorzeitigen Herannahen des Feindes Signalschüsse abgeben sollte – räumte. Auch die kurpfälzischen Exekutionstruppen, die seit dem 16. Mai 1787 in der Stadt lagen und im Verfassungsstreit für Ruhe und Ordnung sorgen sollten, zogen ab. Die meisten Emigranten und einige Vertreter der Alten Partei, unter ihnen der Stadtsyndikus Pelzer, reisten gleichfalls ab [118]. Bürgermeister Kreitz blieb aber im Amt, weil er die Stadt nicht führerlos und schon gar nicht der Neuen Partei überlassen wollte. In seinem Auftrag verhandelte am 15. Dezember eine Delegation in Herve mit Dumouriez' Generälen Stengel und Desforest über die Modalitäten des Einzugs und der Unterbringung der französischen Truppen [119]. Bereits am Vormittag hatte ein Voraustrupp der Revolutionsarmee mit 24 Husaren die Stadt erreicht und wurde eingelassen, ohne daß es zu Zwischenfällen gekommen wäre [120]. Die Bürger waren offenbar schon soweit vorbereitet, daß das Einrücken des französischen Piquets kein Aufsehen mehr erregte. Nur wenige Bürger begrüßten die Ankömmlinge und trugen dabei aus Überzeugung oder aus Opportunismus National-Kokarden an den Hüten. Der den Voraustrupp kommandierende Offizier erschien auf dem Rathaus und erkundigte sich, ob noch Österreicher in der Stadt lägen. Daraufhin verließ er unter Zurücklassung seines Trupps die Stadt, um bei seinen Vorgesetzten Meldung zu erstatten. Unterdessen ließ der Magistrat die Zunftlauben, das Jesuitenkolleg und andere Räumlichkeiten zum Empfang herrichten.

Die Inbesitznahme der Stadt durch die Franzosen stand also unmittelbar bevor. Während für die einen die Zeit bangen Wartens begann, bereiteten sich andere – wenn sicher auch mit gemischten Gefühlen – auf den Einzug vor. So nahm die Zahl der Träger von Kokarden ständig zu, vor allem unter der einfachen Bevölkerung sowie unter den kleinen Händlern, die ihre Verkaufsbuden damit zierten. Für die Kinder waren die bunten Anstecker von besonderem Reiz.

B. Die erste Besetzung der Reichsstadt Aachen durch die französischen Revolutionstruppen – 15./16. Dezember 1792 bis 2. März 1793

Am 15. Dezember 1792 hatte sich bereits ein Voraustrupp der französischen Armee in Aachen aufgehalten. Der Großteil der von den Generälen Stengel und Desforest kommandierten Avantgarde lag aber noch nach wie vor bei Herve und Battice. Ihre Ankunft in Aachen verzögerte sich noch bis zum späten Abend des 16. Dezembers. Als sie um 19 Uhr immer noch nicht eingetroffen war, befahl der Magistrat seinen Bürgern, Lichter in den Fenstern aufzustellen, um so den Franzosen den Weg zu weisen. Endlich, gegen 22 Uhr, rückten sie ein, ohne daß es zu den befürchteten Gewalttätigkeiten gekommen wäre. Es handelte sich um mehrere tausend Soldaten, die zum Teil in Aachen in den Zunftlauben, den Klöstern, Badehäusern und in Privatquartieren sowie im Aachener Reich, in Burtscheid und Haaren Unterkunft fanden.

Die Inbesitznahme Aachens am 15. und 16. Dezember 1792 verlief noch ohne besondere Zwischenfälle, doch wuchsen die Spannungen zwischen der Bevölkerung und den Eroberern mit den Einquartierungen und Übergriffen des Militärs zusehends. Gilles-Leonhard von Thimus-Goudenrath, ein Anhänger der Alten Partei in Aachen, notierte zur Einquartierungsfrage in seinem Tagebuch:

Einquartierungen

> „Ich bekam für mein Teil sechs Gemeine. Seitdem habe ich nur noch Offiziere gehabt, denen man, damit sie sich gut aufführten, das Essen gab. Das Verdrießlichste unter diesen Verhältnissen war, daß, sobald die Leute, die man im Quartier hatte, abgezogen waren, man ohne Verzug an deren Stelle neue bekam, selbst wenn die Vorhergehenden noch da waren. Es verging kaum ein Tag, an dem nicht jemand fragen kam, ob noch Einquartierung da sei. Was war da zu machen! Man mußte sich eben fügen"[1].

Da die Soldaten meist schlecht ernährt und höchst mangelhaft bekleidet waren, machte manch einer in Aachen und im Aachener Reich schlimmere Erfahrungen. Vergleichsweise harmlos war noch, was der Pfarrer von Haaren, J. H. Beys, erlebte. In seinem Kirchenbuch notierte er:

> „Den 15ten X^{ber} mitten in der Nacht kamen zum allgemeinen Schrecken haufenweiss die Franzmänner, sub specie amicitiae, qui erant in cute lupi rapaces. Bei mir wurden einquartirt 6 zerlumpte Jäger, wie sie sich nannten, homines nequissimi. sodan ein Obrist mit einem Knecht, item ein Ritmeister mit einem Knecht, und noch 3 Officier mit zwei Jungen, sive Spitzbub. Diese blieben zwei Täge. Bey den ersten und letzteren herrschte die französische liberté et égalité im höchsten Grad. Alles im Haus ging über und drüber. Was sie wolten haben, muste gar zur Verschwendung in Überfluss gegeben werden. Sie waren Herr und Meister im Hause: Tohr und Thür musten angelweit offen stehen. Viele hier nicht Einquartirte kamen sturmweiss hineingefallen, frassen, soffen, spotteten meiner, zückten auf mich die Palässe, wolten geschaft haben, was ich nicht hatte. Sie brachten es dahin, dass ich kein Bier, kein Wein und kein Brod im Hause hatte. Was bei diesem greulich Verfahren bei mir und den meinigen für Forcht, Angst, Hunger und Kummer gewesen, mach einjeder, der in seiner Seele ein teutsches Gefühle hat, erachten. Nebst dies, was diese Ungeheure raubten, zog diese Lasterhorde ohne einige Bezahlung ins Gülicher Land. Nach diesen kamen zu mir 3 Serganten mit mehreren, blieben eine

Nacht und zwei Täge. Sie waren auch nicht gut, doch nicht so böss wie die vorige; gleichwohlen muste ihnen ohnentgeldlich alles geschaffet werden, was sie verlangten. Vor dem H(eiligen) Christfest bliebe ich ein paar Täge von Einquartirung frei. Indessen entrüstete mich das Tag und Nacht an der Thür anhaltende Klopfen. Tumultuiren, Pulsieren, Bedröhen, Schelt etc. nach und nach dermassen, dass in Festo S(ancti) Stephani mir eine schwere Krankheit gählings über den Halss kame. Ich bliebe sodan ohne Einquartirung deren Soldaten, aber Doctor, Chyrurgus, Apotecker, Pastoral und Kirchen-Diensten waren mir nicht weniger kostspielig" [2]).

Der miserable Zustand des Revolutionsheeres hatte eine seiner Ursachen auch in der Struktur des Heereswesens [3]). Es gab die reguläre Armee, die sog. Linientruppen, und die Nationalgarde, welche General Lafayette in der zweiten Hälfte des Jahres 1789 aus den in den Städten entstandenen Bürgerwehren aufgebaut hatte, und die bald die Rolle einer Provinzmiliz übernehmen sollte, ferner eine größere Zahl von Freiwilligen-Bataillonen. Die Freiwilligen waren vom revolutionären Geist der Freiheit und Gleichheit derart erfüllt, daß sie die militärische Disziplin und den Drill der Linientruppen ablehnten, was ihnen auch zugestanden wurde. Sie durften sogar ihre Offiziere selbst wählen, erhielten eine höhere Löhnung als die regulären Soldaten und waren berechtigt, nach Ablauf eines jeden Feldzugs zum 1. Dezember die Fahnen zu verlassen, wenn sie zwei Monate zuvor gekündigt hatten. Solche Einheiten waren nur schwer unter Kontrolle zu halten.

Am 16. Dezember gegen 16.30 Uhr hatte der Aachener Magistrat einen am Vortag in Lüttich abgefaßten Brief des Oberkommandierenden der Belgischen Armee, des Generals Dumouriez, erhalten, in dem dieser seine Ankunft und die eines Teils seiner Truppen für den 17. oder 18. Dezember ankündigte und bat, man möge dafür Sorge tragen, daß die in schlechtem Zustand stehenden Wege durch den Aachener Wald für den Durchzug hergerichtet würden [4]). Er gab der Hoffnung Ausdruck, er werde in der Stadt den Geist von Freiheit und Gleichheit als unvergängliche Rechte der Natur vorfinden, und versprach, die Aachener würden in seiner Armee ebensoviele Freunde und Brüder wie Soldaten finden. In Erwartung von Dumouriez begannen der Musikliebhaber und Arzt Dr. Matthias Solders und Musikdirektor Burgmüller mit der Vorbereitung eines „patriotischen Liedes" [5]). Ob es fertig wurde, bleibt ungewiß. Dumouriez reiste mit Rücksicht auf seine Aufgaben aber dann doch nicht wie geplant nach Aachen.

Beseitigung alter Hoheitszeichen/ Aufrichtung eines Freiheitsbaumes

Um den Franzosen die friedliche Gesinnung der Aachener besser kenntlich zu machen, ließ der Magistrat am 17. Dezember einen pfälzischen Schutz- und Schirmbrief an allen Ecken der Stadt anschlagen [6]), in dem auf die Neutralität der Pfalz und damit auch der Stadt Aachen, welche der Pfälzer – sprich Jülicher – Vogtei unterstehe, hingewiesen wurde. Der Erfolg dieser Aktion war aber mehr als fraglich, seitdem Kurpfalz am 23. November in Regensburg für die Aufstellung einer Reichsarmee gegen die Franzosen gestimmt hatte. Tatsächlich sollte der Nationalkonvent in Paris seit dem 22. Dezember die Neutralität der Pfalz nicht mehr anerkennen [7]).

Bei den Anhängern der Aufklärung und der französischen Revolution galten die alten Hoheitszeichen nur noch wenig [8]). So beabsichtigten die sonst unbekannten "citoyens" Esterlint, St. Pré und Lanord zusammen mit anderen Eiferern, auf dem Podest der Freitreppe des Rathauses einen Freiheitsbaum zu errichten und den kaiserlichen Adler vom Rathaus abzunehmen. Wie aus einer Untersuchungsakte über die gegen General Desforest vorgebrachten Anschuldigungen hervorgeht, hatten die genannten Citoyens für die Errichtung des Freiheitsbaumes die Zustimmung des Generals erhalten und dies im Literarischen Kabinett den dort Anwesenden verkündet. Als sie und ähnlich Gesinnte dann am 17. Dezember gegen Mittag zur Tat schreiten wollten, wurden sie jedoch wider Erwarten vom General mit groben Worten und Drohungen abgewiesen. Daraufhin legten Esterlint, St. Pré und Lanord Beschwerde gegen den General ein. Desforest verteidigte sich damit, er habe die Aufrichtung des Baumes als Zeichen der Republik verhindert, weil er die Nachricht einer geplanten Erhebung der Landleute der Umgebung erhalten habe. Später habe sich dann aber herausgestellt, daß diese Information wie auch die Nachricht, die Tore der Stadt seien erbrochen und es brenne, auf ein bösartiges Gerücht des städtischen Fiskals Dr. Quirini zurückgingen. Die Abnahme des Reichsadlers habe er verhindert, weil ihm zu Ohren gekommen sei, daß man bei dieser Gelegenheit die Rathaustüren einzureißen gedachte und alles zerstören wollte. Dessen ungeachtet, habe er noch am selben 17. Dezember den Freiheitsbaum aufrichten lassen und die Abnahme des Adlers angeordnet.

Während Dumouriez noch auf sich warten ließ, trafen, empfangen von den Stadtmusikanten, starke Artillerie- und Kavallerieverbände ein. Für den 17. Dezember, 21 Uhr, waren 6000 Mann zur Einquartierung angesagt, die bis zwei Uhr nachts tatsächlich untergebracht wurden [9]. Weitere Truppen waren außerhalb der Stadt einquartiert, andere zogen durch Aachen, teils zur Belagerung von Maastricht, teils in Richtung Düren und Köln [10]. Friedrich Jacobi vermittelt in seinem am selben Tag an Christian v. Dohm geschriebenen Brief eine Vorstellung von dem Bild, das sich den Aachenern damals vom Einzug der Franzosen, meist Freiwilligen, bot:

> *„Der Zug sieht höchst sonderbar aus. Lustig, singend und scherzend, ziehen sie, ohne Bagage nachzuführen, in hundertartigen Trachten und allerlei Gattungen von Waffen einher, sogar Juden sind unter den Volontärs, die sich gar närrisch ausnehmen. Nationalgarden und Linientruppen haben wir noch nicht gesehen. Aber über die Aufführung dieses wahren Freikorps hört man niemand klagen. Leichtfertige Burschen, sonder Arg, das ist ihr Hauptkriterion"* [11].

Mit den Ankömmlingen machte die Aachener Bevölkerung positive wie negative Erfahrungen. Dies zeigt der einen Tag später aufgesetzte Brief Friedrich Jacobis an v. Dohm:

> *„Ich habe einen Kapitän und einen Leutnant im Quartier gehabt, Kaufleute von Profession, konstitutionell gesinnt, Anti-Jakobiner und Anhänger von Lafayette. Sie sehnen sich nach Hause, können aber nicht fort, weil ihre Sektion sie übel aufnehmen würde. Diese Sektions von Paris dominieren, ja tyrannisieren die Kompagnie der Freiwilligen auf eine abscheuliche Art... Vor und nach hört man doch von mancherlei Exzessen, und auch in mein Haus drängten sich drei Husaren ein, von denen wir einen die Nacht aus Mitleiden beherbergt hatten, und unter dem Vorwande, sich dafür zu bedanken, zwangen sie Burgmüller, zwei Stunden lang Branntwein mit ihnen zu saufen, den sie jedoch durchaus selbst bezahlten. Burgmüller hoffte, der Leutnant würde uns von ihnen befreien können. Dieser ward aber ganz bange, sagte, das wären Crapule [Lumpen], er könne nichts tun, wir sollten trachten, sie im guten wegzubringen, oder wir müßten Wache holen lassen. Endlich gelang es Burgmüller, sie mit Hilfe dessen, den wir beherbergt hatten, hinauszuschaffen. Einen silbernen Löffel sind wir indessen quitt, den sie vermutlich eingesteckt haben"* [12].

Am 18. und 19. Dezember hielten die Zu- und Durchzüge französischer Truppen an [13]. Wie hoch die Belastungen durch Einquartierungen waren, mag man – abgesehen von den schon genannten Zeugnissen – auch daran ermessen, daß an diesem Tage allein dem Franziskanerkloster 346 Soldaten aufgebürdet wurden [14]. Ein Korrespondent des kaiserlichen Residenten Franz Josef v. Bossart in Köln schrieb von etwa 140 000 Franzosen, die in dieser Zeit Aachen passierten oder an der Stadt vorbeigeführt wurden [15].

Der 19. Dezember war für Aachen von besonderer Bedeutung, da an diesem Tage offiziell mit der Beseitigung aller Zeichen, die an Königtum, Obrigkeit, Unterdrückung und Religion erinnerten, begonnen wurde. Bereits am 15. Dezember hatten die Stadtsoldaten die Kupferplatten mit dem kaiserlichen Adler von ihren Pelzkappen, die seit 1759 zu ihrer Ausstattung gehörten, entfernt [16]). Jetzt aber ging man in Aachen weiter. Am Mittwoch, dem 19. Dezember, wurde um 11 Uhr unter maßgeblicher Beteiligung von Johann Dautzenberg, einem Sohn des im Haus „Zum Wolf" am Markt wohnenden Goldschmieds Gerhard Dautzenberg, ältestem Bruder des Herausgebers des „Aachner Zuschauers" Franz Dautzenberg, die auf dem Rathausplatz stehende Kalckberner-Schandsäule abgerissen [17]). Johann Dautzenberg hatte schon Anfang Dezember seine Sympathie für die Französische Revolution öffentlich bekannt, indem er im Kaffeehaus Jakobinermütze und Kokarde zeigte. Der Abriß der Kalckberner-Schandsäule signalisierte aus der Sicht der Revolutionäre das Ende der religiösen Bevormundung. In die Trümmer der Säule pflanzte Dautzenberg einen in der Promenade bei der Neuen Redoute in der Komphausbadstraße (Kurhausgarten, auch „Spaziergang") geschlagenen Baum, dem er eine rote Mütze aufsetzte und ihn damit als „Freiheitsbaum" kenntlich machte.

Das Aufstellen grüner Bäume als Symbol des Lebens war in Europa ein lange geübter Brauch, vor allem zu Beginn des Frühlings und bei Volks- und Kirchenfesten [18]). Einen politischen Inhalt erhielt diese Sitte zuerst im amerikanischen Unabhängigkeitskrieg. Der grüne Baum wurde zum Symbol der wachsenden Freiheit. In Frankreich wurde der erste Freiheitsbaum im Jahre 1792 aufgepflanzt. Von dort verbreiteten sich die Freiheitsbäume rasch übers ganze Land und auch in den besetzten Gebieten, wo sie als Sammelplätze der Patrioten dienten. Die rote Mütze auf dem Freiheitsbaum war die Jakobinermütze, die sich von den roten Mützen der französischen Galeerensklaven herleitete. Als nämlich die Schweizersoldaten, die wegen eines Aufruhrs in Nancy auf die in Brest liegenden Galeeren gebracht worden waren, von den Revolutionären befreit und in die Nationalversammlung geführt wurden, trugen sie diese Mützen, welche die Jakobiner ihnen zu Ehren als Freiheitssymbol der Revolution und als Zeichen republikanischer Gesinnung annahmen.

Als die Schandsäule niederfiel und der Freiheitsbaum aufgerichtet wurde, waren nur wenige Aachener Bürger anwesend. Sie verharrten in Schweigen; Vivat-Rufe und sonstige Äußerungen der Zustimmung blieben aus. Die Zeitung „Aachner Zuschauer" kommentiert dies so: "... und alles zeigt bisher deutlich genug, daß die hiesigen Einwohner keinen Sinn haben für französische Freyheit" [19]). Warum die Leute schwiegen, scheint die Chronik der Aachener Franziskaner zu verraten. Dort heißt es: "Durch diese That ist die gantze Stadt gegen die Franzosen auffgebracht worden. Das gemeine Volck finge an zu murren und sagten 'jetz müssen wir calvinisch werden'" [20]). Ähnlich schrieb Friedrich Jacobi an v. Dohm: „Auf die Protestanten ist das Volk auch wütend. Es behauptet, die bewußte Schandsäule sei durch Bestechung der Protestanten niedergerissen, diese hätten auch die Franzosen hergebannt, um Kirchen und andere Freiheiten zu erhalten, und man müsse sie lieber alle ermorden als dieses zugeben" [21]). Diese Sorge um den Bestand des althergebrachten Glaubens bestimmte die ablehnende Haltung, die ein guter Teil der Bevölkerung bereits in den ersten Tagen gegenüber den französischen Besatzern einnahm.

Nicht nur die Kalckberner-Schandsäule wurde ein Opfer der revolutionären Gesinnung. Am 19. und 20. Dezember begann man auch, die kaiserlichen Adler am Rathaus, die Adler und Lilien an und im Marienstift und den anderen geistlichen und öffentlichen Gebäuden zu entfernen [22]). Mit der Beseitigung der alten Herrschaftszeichen wurden die Embleme der Revolution offiziell eingeführt. Dazu gehörte auch die Nationalkokarde in den Farben Blau und Rot der Stadt Paris, der das Weiß des Königs zwischengefügt wurde [23]). Am 17. Dezember wurde die Nationalkokarde von angesehenen Aachener Bürgern allerdings noch nicht getragen; wohl aber hatte die Aachener Miliz entsprechenden Befehl [24]). Seit dem 19. Dezember waren alle weltlichen und geistlichen Personen gemäß den am 8. Juli 1792 in Paris erlassenen Bestimmungen zum Tragen der dreifarbigen französischen Nationalkokarde verpflichtet [25]).

Anstrengungen zur Verhütung von Übergriffen

Mittlerweile war es mehr und mehr zu Spannungen zwischen den Aachener Bürgern und den bei ihnen einquartierten Soldaten gekommen, die sich in Ausschreitungen mannigfacher Art entluden. Zumeist werden die in den Quellen erwähnten „Exzesse" darin bestanden haben, daß die aufgezwungenen Hausgenossen schlecht ernährt und gekleidet waren [26]) und daher über das ihnen zustehende Quantum hinaus reichlich Verpflegung forderten. Aber es gab auch schlimmere Übergriffe. Die Offiziere hatten ihre Mannschaften kaum noch in der Gewalt, und Dumouriez selbst klagte später in seinen Memoiren über die Disziplinlosigkeit seiner Truppen [27]). Es ist wieder Friedrich Jacobi, von dem wir unterm 20. Dezember Näheres erfahren [28]):

> *„Heute ist es ruhig. Gestern und vorgestern waren unruhige Tage. Die Soldaten erlaubten sich tausend Exzesse... Die Kerls rauben und plündern, und die Generals wollen rasend werden, daß die Nationalversammlung sie zu hängen verbietet, und das Arkebusieren hat seine Haken, und das Haarabschneiden hilft nichts. Die Generals bitten, man möchte die Kerls nur selbst totschießen. Wir haben beständig Einquartierung. Die Bürger werden sehr malträtiert von den gemeinen Soldaten... Zweimal hat es schon in der Stadt gebrannt. Der Keller unter dem Jesuitenkollegium, worin ein Partikulier zehn Fuder Wein liegen hatte, ist devastiert, und der Wein verschüttet worden. Der General der Infanterie Desforest, der ein sehr braver Mann sein soll, gibt sich aber alle Mühe, dem Unwesen zu steuern, und heute habe ich weder Unruhen noch Klagen gehört als vom Lande her, wo die Bauern total ruiniert werden. Die Marodeure sind meist Brabanter und Lütticher, die der Frankenarmee nachziehen".*

Nicht nur der Platzkommandant General Desforest war um Besserung bemüht, auch Dumouriez sah ganz klar, daß die Ausschreitungen die Glaubwürdigkeit seiner in Brüssel gesprochenen Worte und die Ankündigungen der Nationalversammlung vom 29. Dezember 1791, man wolle den Einwohnern der besetzten Gebiete die Segnungen der Französischen Revolution bringen [29]), in Frage stellten. Aus dieser Überlegung heraus hatte er schon am 15. Dezember im Hauptquartier zu Lüttich eine Proklamation erlassen, die jetzt am 20. Dezember in Aachen durch Anschlag bekanntgemacht wurde. Sie lautet:

> *„Im Namen der französischen Republik. Kundmachung des Generals en Chef der belgischen Armee. Nachdem der General der Armee in Betrachtung gezogen, dass die Hintansetzung der Pflichten gegen das Eigentum, die Sicherheit und die individuelle Freiheit der Bürger von Aachen und ihres Bezirks, welche wir als unsere Brüder behandeln müssen, ein Laster ist, welches zur Verdunkelung der von der französischen Armee errungenen Lorbeeren geeignet ist; und da wir verhindern wollen, dass die geheiligsten Rechte von niemanden unserer Waffenbrüder mißkannt werden sollen; als gebietet er im Namen des Vaterlandes den Soldaten, den Angesetzten und allen andern Bürgern, die die belgische Armee ausmachen, das Eigentum von jeder Art sowohl als die individuelle Freiheit der Bürger der Stadt Aachen und ihres Bezirks zu ehren, auf ihre Erhaltung zuwachen und sie gegen jeden Anfall zu beschützen; und zwar unter Todesstrafe sowohl gegen diejenigen, welche diese geheiligten Rechte kränken, als auch gegen diejenigen, welche dergleichen Laster sehen und nicht zu verhindern suchen, fort die Schuldigen nicht arrestieren oder arrestieren lassen würden" [30]).*

Der Platzkommandant General Desforest ergänzte diesen Befehl zwei Tage später durch ein an seine Soldaten gerichtetes Verbot, von ihren Wirten mehr zu fordern als das Gesetz über die militärischen Einquartierungen vorschreibe [31]).
Die von Dumouriez für Übergriffe auf das Eigentum der Aachener Bürger angedrohte Todesstrafe schreckte zwar ab, konnte aber letztlich den Schaden nicht abwenden, zumal die „Marodeure", wie

Friedrich Jacobi ja schon anmerkte, "meist Brabanter und Lütticher" waren, „die der Frankenarmee nachziehen" [32]). Auch die vier bei der Belgischen Armee installierten Kommissare des Nationalkonvents stellten in ihrem Bericht vom 23. Dezember fest, daß die Täter meist keine Franzosen seien, sondern Fremde, die sich der Armee anschlössen, um in deren Schutz besser Beute machen zu können, und daß gerade die Aachener besonders betroffen seien, weshalb sich deren anfängliche Leutseligkeit und Freundschaft in Furcht und Mißtrauen verkehrt habe [33]). Der Nationalkonvent in Paris trug am 27. Dezember dem Antrag der Kommissare, den diese am Vortag nochmals wiederholt hatten, Rechnung und stellte, damit der Ruf der Revolution keinen Schaden erleide, 60 000 Livres in Assignaten für die Wiedergutmachung von Plünderungen im Lütticher Land und in Aachen zur Verfügung [34]). Um die Versorgungslage der Truppen in Aachen und damit die Sicherheit der Bürger zu verbessern, scheuten sich die französischen Kriegskommissare nicht, ausgerechnet beim Kapitel des Aachener Marienstifts eine Anleihe aufzunehmen. Am 20. Dezember erklärte sich das Kapitel bereit, binnen 14 Tagen 25 000 Livres vorzuschießen [35]). Auch die Stadt Aachen verstand sich zu dieser Summe. Der Stadtsekretär Jakob Couven beauftragte den Nadelfabrikanten Stephan Beissel mit der Bereitstellung der städtischen Gelder [36]). Dennoch spitzte sich Anfang Januar 1793 die Versorgungslage der französischen Armee weiter zu [37]).

Die Zeit nach dem 22. Dezember verlief ohne besondere Vorkommnisse, wenn man von Truppendurchzügen in Richtung Jülich und der Tatsache, daß das Jesuitenkloster als Heumagazin und Backhaus zweckentfremdet wurde, einmal absieht [38]).

Bemühungen um die Einführung der französischen Verfassung und Verwaltung

Bislang hatte es Eingriffe in das Gemeinwesen der Stadt nur im Hinblick auf militärische Belange gegeben. Dies sollte sich wenige Tage später grundlegend ändern. Der Nationalkonvent in Paris hatte am 15. und 17. Dezember 1792 ein Dekret erlassen, das sich von dem des 29. Dezember 1791, wonach Frankreich auf die Bevormundung anderer Völker verzichten wolle, grundlegend unterschied. Nun wurde die Rheingrenze unter Berufung auf Vernunft und Geschichte als natürliche Ostgrenze Frankreichs propagiert, und in den eroberten Gebieten die Einführung einer neuen Verfassung nach französisch-republikanischem Vorbild zwingend vorgeschrieben. Das neue Dekret war bereits am 22. Dezember im "Aachner Zuschauer" der Bevölkerung – soweit sie Zeitung las – bekannt gemacht, aber erst vier oder fünf Tage später durch Maueranschlag verkündet worden [39]). Es lautet in älterer deutscher Übersetzung [40]):

> *„Nachdem die National-Convention den Bericht ihrer vereinigten Finanz-, Kriegs- und diplomatischen Ausschüsse angehört hat, so beschließt sie, getreu ihren Grundsätzen von der Volks-Souveränetät, die ihr nicht erlauben, irgend eine mit denselben streitende Einrichtung anzuerkennen, in der Absicht, für die Generale der republikanischen Armeen die Regeln ihres Verhaltens in den von ihnen besetzten Ländern zu bestimmen, Folgendes:*
>
> *Art. 1. Die Generale sollen in den Ländern, welche von den Armeen der Republik besetzt sind oder es seyn werden, im Namen der fränkischen Nation die Souveränetät des Volkes, die Aufhebung aller eingesetzten Gewalten, Steuern, und Abgaben, die Abschaffung des Zehnten, der Lehns-Verfassung, der herrschaftlichen Rechte sowohl auf Lehn- als Erbzins-Gütern, der fixen und zufälligen herrschaftlichen Gebühren, der Zwangsrechte, der Leibeigenschaft so wie der auf Gütern haftenden Dienstbarkeiten, der ausschließlichen Jagd- und Fischfangs-Rechte, der Frohnen, des Adels und überhaupt aller Privilegien augenblicklich bekannt machen.*
>
> *Art. 2. Sie sollen dem Volke verkündigen, daß sie ihm Frieden, Hülfe, Bruderliebe, Freiheit und Gleichheit bringen. Gleich hernach sollen sie dasselbe in Ur- oder Gemeinde-Versammlungen zusammen berufen, damit es sich eine provisorische Verwaltung und Justiz wähle und einrichte. Sie sollen über die Sicherheit der Personen und des Eigenthums wachen. Sie sollen gegenwärtiges Dekret, und die ihm an-*

gehängte Proklamation⁴¹) in der Landessprache drucken, in allen Gemeinden anschlagen und ohne Aufschub vollziehen lassen.

Art. 3. Alle bürgerliche und Militärbeamten der alten Regierung, so wie auch die ehemaligen Adeligen, oder die Mitglieder irgend einer ehemals privilegirten Körperschaft sollen, jedoch nur für dießmal, keinen Sitz und Stimme in den Ur- und Gemeinde-Versammlungen haben, auch nicht zu den provisorischen Verwaltungs- und Justizstellen ernannt werden.

Art. 4. Unverzüglich sollen auch die Generale alle beweglichen und unbeweglichen Güter, welche dem öffentlichen Schatze, dem Fürsten, seinen Günstlingen, Anhängern, und freiwilligen Trabanten, den öffentlichen Anstalten, wie auch weltlichen, und geistlichen Corps und Gemeinheiten gehören, in den Schutz der Frankenrepublik nehmen, und ohne Aufschub ein genaues Verzeichniß darüber verfertigen lassen, welches sie an den Vollziehungsrath einzuschicken haben. Auch sollen sie alle nur immer in ihrer Gewalt stehenden Maßregeln ergreifen, um das Eigenthum dieser Güter zu sichern.

Art. 5. Die vom Volke ernannte provisorische Administration hat die Aufsicht und Verwaltung über die in den Schutz der fränkischen Republik genommenen Gegenstände. Sie hat für die Sicherheit der Personen und des Eigenthums zu wachen, die eingeführten bürgerlichen, peinlichen und Polizeigesetze vollziehen zu lassen, die besondern und die zur gemeinschaftlichen Vertheidigung nöthigen Ausgaben zu bestimmen und einzutreiben. Sie darf Steuern erheben, jedoch allezeit mit der Vorsicht, daß nicht die dürftige und arbeitende Volksklasse dieselben trage.

Art. 6. Sobald die provisorische Verwaltung eingesetzt ist, wird die National-Convention aus ihrer Mitte Commissarien ernennen, um sich brüderlich mit ihr zu vereinigen.

Art. 7. Auch der Vollziehungs-Rath hat National-Commissarien zu ernennen, welche sich unverzüglich an Ort und Stelle begeben sollen, um sich mit den Generalen und der vom Volke provisorisch ernannten Verwaltung über die Maßregeln zur gemeinen Sicherheit und über die Mittel zu berathschlagen, welche anzuwenden sind, um den Armeen die nöthigen Kleidungsstücke und Lebensmittel zu verschaffen, und die Kosten des bisherigen und künftigen Aufenthaltes derselben in diesem Lande zu bestreiten.

Art. 8. Die von dem vollziehenden Rathe ernannten National-Commissarien sollen ihm alle 14 Tage Rechenschaft von ihren Verrichtungen geben. Der Vollziehungs-Rath kann sie billigen, abändern, oder verwerfen, und hat sodann der Convention darüber Bericht zu erstatten.

Art. 9. Die vom Volke provisorisch ernannte Administration und die Verrichtungen der National-Commissarien sollen in dem Augenblicke aufhören, wo die Einwohner, nachdem sie sich für die Souveränetät und Unabhängigkeit des Volkes, für Freiheit, und Gleichheit erkläret haben, eine freie Volks-Regierung einführen werden.

Art. 10. Es soll Rechnung über die Ausgaben geführt werden, welche die Frankenrepublik auf gemeinschaftliche Vertheidigungs-Anstalten verwendet, so wie über die Summen, welche sie bereits könnte empfangen haben. Die fränkische Nation wird mit der zu ernennenden Regierung alle nöthige Anstalten in Ansehung der etwa noch zu zahlenden Rückstände treffen; und im Falle das gemeine Wohl es erforderte, daß die Truppen der Republik noch nach dieser Epoche auf fremdem Boden bleiben, wird sie die zur Unterhaltung derselben nöthigen Maßregeln treffen.

Art. 11. Die fränkische Nation erklärt, daß sie dasjenige Volk als ihren Feind behandeln wird, welches die ihm angebotene Freiheit und Gleichheit nicht annehmen, oder beiden entsagen, und seinen Fürsten, und die privilegirten Familien behalten, zurückrufen, oder mit ihnen in Unterhandlungen treten würde. Sie verspricht, nicht eher einen Friedensschluß zu unterzeichnen, oder die Waffen niederzulegen, als bis die Souveränetät und Unabhängigkeit des Volkes gesichert ist, auf dessen Gebiete sich die Truppen der Republik befinden, als bis es die Grundsätze der Gleichheit angenommen, und eine freie Volksregierung errichtet hat.
Art. 12. Der Vollziehungs-Rath soll gegenwärtiges Dekret durch außerordentliche Couriere an alle Generale schicken, und die zur Vollziehung derselben nöthigen Maßregeln treffen".

Am 29. Dezember ersuchte General Desforest Bürgermeister und Rat der Stadt Aachen um Durchführung des Dekrets [42]. Einen Tag später bestätigte Bürgermeister Kreitz den Empfang desselben [43]. Er betonte zunächst mündlich, dann auch schriftlich seine grundsätzliche Bereitschaft, dem nachzukommen, verwies aber ausdrücklich darauf, daß die Aachener Verfassung, wie sie im Gaffelbrief niedergelegt war, bereits seit 1450 demokratisch organisiert und strukturiert sei: Es gäbe in Aachen keinen Tyrannen, der gestürzt werden könne. Die Souveränität habe stets beim Volk gelegen, das in 15 Gaffeln seine Vertreter für den Rat wähle. Aachen besitze also bereits eine freie, demokratische Verfassung, in der alle Bürger gleich seien, womit das Dekret bereits in wichtigen Punkten erfüllt sei. Die Aufrichtung einer neuen provisorischen Verwaltung sei daher überflüssig. Desforest erklärte sich daraufhin bereit, vor weiteren Schritten die Entscheidung der bei der Belgischen Armee des Generals Dumouriez weilenden Kommissare des Nationalkonvents, Camus, Gossuin, Delacroix und Danton abzuwarten [44]. Am 30. Dezember wurde er aber aufgrund von Denunziationen von seinem Amt als Stadtkommandant entbunden [45]. Sein Nachfolger General Dampierre sorgte nun für die Ausführung des Dekrets. Am 31. Dezember, um die Mittagszeit, begannen seine Leute in Verwirklichung des Artikels 4 des Dekrets, alle Kirchen und Klöster, die Pfarrkirchen ausgenommen, zu schließen, zu versiegeln und mit Schildwachen zu besetzen [46]. Der Zweck war die Inventarisierung, vor allem der Archive, Bibliotheken und Kirchenschätze; eine Aktion, die bis zum 18. Januar 1793 abgeschlossen war [47]. Die Aachener Geistlichkeit soll es allerdings verstanden haben, die wertvollsten Kirchenschätze schon vor dem Beginn der Inventarisierung zu flüchten [48]. Die Inventarlisten wurden dem Nationalkonvent zugesandt, dessen Entscheidung über das weitere Schicksal der Pretiosen abzuwarten war. Sicher ist, daß die Jesuiten damals eine unbekannte Anzahl von Büchern einbüßten [49]. Die Kommissare Camus und Gossuin berichteten dem Nationalkonvent am 19. Januar 1793 über erhebliche Schwierigkeiten bei der Durchführung der Maßnahmen [50]. Es kam nämlich bei der Bevölkerung, die um ihre freie Religionsausübung fürchtete, zu großer Unruhe. Die Aachener Franziskanerchronik vermerkt dazu:

Schließung von Kirchen und Klöstern

„Den 31. (Decem)ber machten die Franzosen ihre Sach bey der Bürgerschafft noch viel ärger, indeme sie um 12 Uhren alle Kirchen und Klöster liessen verschliessen und mit 12 Mann Wacht besetzten. Niemand dorffte in- noch ausgehen. Da dieses die Bürgerschafft wahrgenommen, das alles auff eine Stund geschehen, da finge das Lermen an. Es wäre sicher ein Auffruhr entstanden, wenn nicht der Bürgermeister mit noch viele vornehme Bürger zum General Dampier gangen wären und ihm die Gefahr vorgestellt hätten. Gegen 9 Uhren abens wurde angesagt, am Morgentag, den 1. Jannuarii, den Gottesdienst wie gewöhnlich zu halten. Man dorffte ausgehen, doch muste man zugeben, visitirt zu werden. Die Wacht blieb also am Kloster stehen bis den 21. Jannuarii" [51].

Die Aachener Annalen notieren zum 1. Januar 1793: „Am Neujahrstag und folgende Tag hat man aus Mangel der Levitenkleider im Münster das Hohe Amt mit einem Priester gehalten, wodurch sich die Franzosen ein unversöhnlicher Bürgerhass zugezogen"[52]. Es verwundert daher nicht, daß der Stadtrentmeister de Bey schrieb: „Am 1. Januar 1793 wurde von den Franzosen ein Ball gehalten, wo aber sich wenige Bürger und nur ein paar Frauenzimmer einfanden"[53]. Friedrich Jacobi vermerkte in diesem Zusammenhang:

> *„Die Generals sind äußerst aufgebracht, weil fast kein Frauenzimmer auf die Bälle und Konzerts kommt, welches indessen natürlich ist, da auf dem ersten Konzert eine Menge Volontärs und Husaren, von welchen mehrere besoffen waren, und der Beschluß mit dem Marseiller Hymnus, den die ganze Versammlung brüllte, gemacht wurde.*
> *Gestern ist dergleichen nicht passiert, und die Generals haben den anwesenden Frauenzimmern Ruhe und Ordnung versprochen und sie zur Rückkehr animiert. Es waren fast bloß Protestantinnen da, welches wieder nicht gut ist, da die Katholiken ohnehin jenen anjetzt so gehässig sind"*[54].

Auf das religiöse Empfinden der Aachener Bürger nahmen die Franzosen weiterhin wenig Rücksicht. Am 2. Januar funktionierten sie den Kreuzgang des Franziskanerklosters zu einem Pferdestall um[55]. Trotz aller Einreden ging die Veränderung des politischen und des täglichen Lebens in Aachen weiter. Dampierre bestand gegenüber Bürgermeister Kreitz auf der Durchführung des Dekrets der Nationalversammlung, wiederholte Desforests Aufforderung zur Einberufung von Rat und Zunftrepräsentanten und zur Wahl einer provisorischen Verwaltung und berief die Aachener zur Wahl für den 3. Januar ein[56]. Auch befahl er die Aufrichtung eines Freiheitsbaumes vor dem Rathaus. Was zwischenzeitlich mit den am 17. und 19. Dezember gesetzten Freiheitsbäumen geschehen ist, wissen wir nicht. Der neue Freiheitsbaum wurde am Vortag zum Neuen Jahr, um etwa 17 Uhr aufgerichtet. Es handelte sich um ein besonders stattliches Exemplar mit einer übergroßen roten Mütze und war somit ein weithin sichtbares Zeichen der neuen Ordnung, die Dampierre der Stadt Aachen im Auftrage des Nationalkonvents gebracht hatte bzw. noch bringen wollte. Der Magistrat, einige Schöffen und die französische Generalität nahmen, auf dem Balkon des Rathauses stehend, an dem von den Stadtmusikern begleiteten Festakt teil. Dampierre hielt die folgende Rede [in Übersetzung]:

Aufrichtung eines Freiheitsbaumes

> *„Vertreter des Volkes von Aachen. Ich habe Sie im Namen der französischen Republik zusammenberufen, um Ihnen ihre Befehle anzuzeigen; sie verkündet allen Völkern die Freiheit, sie will die Szepter der Despoten und die Ketten der Sklaven brechen. Die Grundsätze der Freiheit sind der Stadt Aachen nicht fremd, da die Form ihrer Regierung republikanisch ist. Ich komme im Namen einer großen Nation, um die Souveränitätsrechte des Volkes wieder herzustellen. Ich habe freundschaftlich den Willen der französischen Nation dem alten Magistrat der Stadt Aachen mitgeteilt, damit durch ihn das Volk weiter darüber unterrichtet werde. Ich wollte Ihnen dadurch die Achtung beweisen, die ich vor den Gewählten des Volkes habe; erwidern Sie nun dieses Zeichen des Vertrauens und dienen Sie damit der Sache der Freiheit und in zweiter Linie den Absichten der französischen Republik, welche nichts als das Glück des Volkes will. Bald wird das Volk die Verwaltung und die Gerichtsbarkeit ausüben, bald eine starke Armee den siegreichen Truppen der Republik folgen, und der Gott des Krieges, der sehr mächtige, wird vor uns marschieren, um den Feinden der Freiheit des Volkes Schrecknisse und den Tod zu senden"*[57].

Den althergebrachten Vertretern der Stadt dürfte es allerdings einen Stich ins Herz versetzt haben, als auch das auf dem Markt stehende Standbild Karls d.Gr. eine Jakobinermütze erhielt[58])! Immerhin, der Not gehorchend, stimmten sie mit den Franzosen in den Ruf "Vive la Liberté" ein. Das Volk aber, das diesmal den Marktplatz erfüllte, schwieg, was die Franzosen zu der Äußerung bewegte, hier seien sogar die Steine aristokratisch. Was nun die Aachener Verfassung anging, so hielt es Bürgermeister Kreitz für seine im Amtseid begründete Pflicht, auch General Dampierre von deren demokratischem Geist soweit zu überzeugen, daß eine Änderung unnötig wurde[59]). Anfangs zeigte sich auch Dampierre beeindruckt und wollte wie Desforest die Anwendung des Dekrets bis zur Ankunft der schon erwähnten Kommissare in Aachen aussetzen. Als er aber hörte, daß sein Vorgesetzter, General Dumouriez, von den Kommissaren zum sofortigen Vollzug des Dekrets aufgefordert worden war, befahl er Kreitz am 2. Januar die Einberufung der bisherigen Volksrepräsentanten auf den folgenden Tag und kündigte sein eigenes Erscheinen für 10 Uhr an. Am 3. Januar fand daraufhin eine Große Ratssitzung statt. Bürgerbürgermeister Kreitz trug seine bisherigen Bemühungen zur Erhaltung der alten Verfassung vor, und kaum hatte er geendet, erschien Dampierre, hielt eine kurze Rede und lud die Einwohner von Stadt und Reich Aachen unter Hinweis auf Artikel 2 des Dekrets vom 15. Dezember 1792 nunmehr auf den 5. Januar, 8 Uhr, zur Wahl einer provisorischen Zivil- und Justizverwaltung vor[60]). Da half es wenig, daß sich am 4. Januar auch der Aachener Vizevogtmajor Schulz namens des Kurfürsten von der Pfalz gegenüber den einen Tag zuvor in Aachen eingetroffenen Kommissaren des Nationalkonvents auf die von Frankreich ohnehin nicht mehr respektierte Neutralität der Kurpfalz und damit des Herzogtums Jülich, dem die Aachener Vogtei zustand, berief, auf den kurpfälzischen Schutzbrief für Aachen hinwies und sich für die Beibehaltung der alten Aachener Verfassung stark machte[61]).

Danton in Aachen Die am 3. Januar in Aachen eingetroffenen Kommissare des Nationalkonvents ordneten für den 4. Januar, 19 Uhr, eine Sitzung von Bürgerbürgermeister und Rat im Rathaus an[62]). Auf dieser faßte man offenbar den Beschluß, die Primarversammlung auf den 7. Januar zu verschieben. Hauptzweck der Anwesenheit der Kommissare war es, die Durchführung des Dekrets vom 15./17. Dezember 1792 zu überwachen, die Armee besonders bezüglich ihrer Versorgungslage zu inspizieren, die Gründe für die Disziplinlosigkeit aufzudecken, Mißstände abzuschaffen, Emigranten und deren Vermögen aufzuspüren und nicht zuletzt für die Entschädigung der von den französischen Truppen geschädigten Aachener Bürger Sorge zu tragen. Die Kommissare fanden die Armeeinheiten in und bei Aachen materiell, gesundheitlich und moralisch in einem so schlechten Zustand vor, daß an ein weiteres Vorrücken gegen den Feind nicht zu denken war, ja daß – ausreichender Nachschub vorausgesetzt – nur die Beibehaltung der bereits im Dezember bezogenen Winterquartiere übrig blieb. Der Gesundheitszustand und die Disziplin waren selbst bei den Offizieren besorgniserregend. So berichteten am 14. Januar die beiden Kommissare Camus und Gossuin von Lüttich aus an den Konvent in Paris: „En passant à Haaren, lieu de cantonnement du 3. bataillon de Paris, nous avons trouvé, que sur trente-deux officiers, réduits à vingt-quatre par les maladies, six seulement étaient présent et dix-huit absents. Ils étaient à Aix"[63]). Friedrich Jacobi schrieb noch am 21. Januar an Christian v. Dohm und Friedrich Heinrich Jacobi:

> *„Krankheiten fangen schon jetzt gewaltig an, bei der Armee einzureißen. Heute sah ich die Liste von einem Regiment von 1000 Mann, welches 263 Mann Kranke hat, worunter 8 Offiziere waren. Ein anderes Bataillon ist von 540 Mann auf 185, worunter 30 Offiziere, heruntergekommen. Bei Annäherung des Frühjahrs werden die Leute sterben wie die Fliegen"*[64]).

Disziplinlosigkeit war vor allem ein Problem bei den Freiwilligenbataillonen, deren revolutionärem Geist der Drill und Gehorsam der regulären Armee zuwider war. Allerdings war ihr Verhalten auch Ausdruck des Unmuts darüber, daß der Nationalkonvent ihr Recht, zwei Monate vor dem Bezug der

Winterquartiere den Dienst quittieren zu dürfen, suspendiert hatte [65]). In Aachen standen vor allem die belgischen und Lütticher Truppen der Vorhut in Verruf. Friedrich Jacobi berichtet darüber in zwei Briefen. Am 7. Januar schrieb er:

> *„Die Kommissäre des Nationalkonvents wollen den belgischen und Lüttich'schen Truppen, welche sich so horribel überall aufführen, befehlen, die Avantgarde zu verlassen und nach Hause zu gehen"* [66]).

Fünf Tage später schrieb er:

> *„Heute ist nichts Apartes zu melden, als daß das Korps von Brabantern und Lüttichern, welches die Vorposten gegen den Feind ausmachte, circa 1500 Mann, gestern von der französischen Armee verabschiedet und hier durchpassiert sind, um nach Hause zu gehen. Man hat zum Vorwande genommen, daß sie sich neulich haben von den Österreichern überrumpeln lassen. Eigentlich aber werden sie fortgeschickt, weil sie die Armee deshonorieren, indem fast alle Exzesse von diesem Gesindel verübt worden sind und die Franzosen den Klagen ein Ende machen wollten. Ein jeder freut sich, daß man dieser Gäste los ist. Es ist wahr, daß die Leute Mangel an allem gelitten haben und die letzten ihren Sold nicht einmal bekommen, wie dieses bei vielen der Fall ist. Daher denn auch das Decouragement und das Mißvergnügen bei der Armee sehr groß sind und sie gar keinen Mut haben ..."* [67]).

Die abgezogenen Truppen wurden bald ersetzt. Ihr Durchmarsch durch Aachen erfolgte am 12. Januar [68]). Nach dieser "Selbstreinigung" scheint tatsächlich Ruhe eingetreten zu sein. Die Disziplinlosigkeit bei Offizieren und Mannschaften war vor allem eine Folge der mangelhaften Versorgungslage. Am 5. Januar hatten die Kommissare die Richtigkeit der Meldungen über den Mangel an Brot, Futter und Kleidung bestätigen müssen. Der Chef-Einkäufer hatte ihnen glaubhaft versichert, daß sich im Magazin nicht ein Bündel Heu befände. Man lebe von täglichen Requisitionen, die künftig um so unergiebiger ausfallen würden, je länger die versprochene Bezahlung für die vergangenen Requisitionen ausbliebe [69]).
Am 2. Januar hatten die Kommissare in Lüttich das schon erwähnte Dekret des Konvents vom 27. Dezember über die Bewilligung von 60 000 Livres Entschädigungsgeld erhalten [70]), das sie am 6. Januar zur Hebung des Ansehens der Französischen Republik in Aachen zur Anwendung brachten. Jeder Geschädigte sollte sich bei den in Aachen anwesenden Kriegskommissaren Marchand, Feres und Michel melden, die den Fall dann untersuchen und ihr Ergebnis den Kommissaren des Nationalkonvents melden würden. Letztere sollten dann mit der künftigen provisorischen Regierung über den Verteilungsmodus und die Höhe der Entschädigung im einzelnen befinden [71]). Der Nationalkommissar Danton sah wie seine Kollegen sehr klar, daß die Unordnung in der Truppe die Revolution in Mißkredit bringen mußte, daß aber die "neufränkischen Ideen" – wie sie in zeitgenössischen Nachrichten gerne genannt wurden – in Aachen keine Chance haben würden, weil der revolutionäre Nährboden fehlte, konnte bzw. wollte er nicht begreifen. Er und Delacroix beabsichtigten – wie der General Valence später schrieb [72]) – in Aachen, dem Hauptaufenthaltsort und der Grablege Karls d.Gr., eine Revolution zu entfachen. Aachen sollte ein Beispiel für die Lande zwischen Rhein und Maas abgeben und Vorreiter in der Frage des Anschlusses an Frankreich werden. Auch Franz Dautzenberg berichtet darüber 1793 in seinem „Aachner Zuschauer" [73]). Bei einem zufälligen Zusammentreffen kam es zwischen ihm und Danton zu einem Gespräch, bei dem letzterer schließlich schrie: „Il ne faut pas faire ici une révolution de miel ou de lait, mais de sang, ... voyez comment nous avons fait à Paris". Auf Dautzenbergs Einwand „Mais le climat n'est pas le même à Aix", ver-

langte der "farouche citoyen Danton" – wie Dautzenberg schrieb – „Il faut le chauffer", woraufhin seinem Gesprächspartner nur noch ein Achselzucken blieb.

Dampierres Bemühungen um eine provisorische Verwaltung

Wie schon erwähnt, war die Primarversammlung zur Wahl einer provisorischen Verwaltung auf den 7. Januar verschoben worden. Einen Tag zuvor erteilte General Dampierre dazu folgende in französischer und deutscher Sprache gedruckte Instruktion:

> *„Die Versammlung des Volks soll am 7. Januar um 8 Uhr morgens auf folgende Art vor sich gehen: 1) Die neun Quartierhauptleute sollen den Bürgern ihrer Hauptmannschaften den bequemsten Ort für die Versammlungen anzeigen. Sie sollen zu dem Ende ein großes Lokal, als nämlich die Kirchen sind, wählen. Die Gemeinden vom Lande sollen sich jede in ihrer Kirche versammeln. 2) Alle Bürger, welche 21 Jahr alt sind, von welcher Religion oder Profession sie immer sein mögen, sollen berechtigt sein, in den ebenangezeigten Versammlungen zu stimmen. Jedoch müssen sie vorher allen Privilegien, sie seien erblich oder zeitlich, welche sie allenfalls genießen würden, entsagen. 3) Die Personen, welche sich im Stande der Hausgenossenschaft befinden, können ebensowenig als die Bettler in den Primärversammlungen stimmen. 4) Sobald die Versammlungen beisammen sein werden, soll der älteste an Jahren die Präsidentenstelle einnehmen. Hiernach sollen sie die provisorischen Stimmensammler und Sekretarien wählen, sodann soll durch geheimes Stimmen mit relativer Mehrheit der Präsident, der Sekretär und der Stimmensammler gewählt werden. 5) Sobald die Versammlungen ihre Offizianten ernannt haben werden, sollen sämtliche Glieder, aus welchen sie bestehen, den Eid schwören, die Freiheit und Gleichheit aus ihren ganzen Kräften zu handhaben. 6) Die Versammlungen werden durch geheimes Stimmen und mit absoluter Stimmenmehrheit eine provisorische Verwaltung wählen. Gegenwärtige Instruktion soll den Bezirksgemeinden zugesandt werden, welche nach Maßgabe ihrer Volksmenge zu den verwaltenden Versammlungen mitwählen sollen"* [74]).

Der Verzicht auf die Privilegien und die damit verbundene Anerkennung der Gleichheit aller sowie die Ausübung der Wahl durch alle über 21 Jahre alten Bürger von Stadt und Reich Aachen, ohne Rücksicht auf Religion und Beruf bzw. Zunftzugehörigkeit, war in Aachen gewiß etwas "revolutionär" Neues und barg mannigfachen Sprengstoff in sich [75]). So wissen wir z.B., daß diese Instruktion bei den Protestanten heftige Diskussionen auslöste, weil man wegen der Gleichstellung bei der Wahl Probleme mit den bisher allein herrschenden Katholiken gewärtigte, zumal diese ohnehin den Verdacht hegten, die Protestanten wollten sich als Verbündete der neuen Machthaber politische Vorteile verschaffen. Tatsächlich scheint es massive Drohungen gegeben zu haben, man werde sich später, sollten sie die Situation ausnutzen, bitter rächen [76]). Obgleich die Protestanten unter Androhung militärischer Exekution zur Wahl befohlen waren, faßten sie doch den Beschluß, nur zwei Personen aus den eigenen Reihen zur Wahlversammlung des 7. Januar abzuordnen. Vor Beginn der Sitzung kam es zu tumultuarischen Szenen. Dann aber trat zunächst Stille ein, die erst bei der Frage wich, ob man eine neue Verfassung wolle, da schrie die Versammlung "Nein!" und auf die, ob man mit der alten zufrieden sei, „Ja"! Damit betrachteten die Aachener die Tagung für beendet und liefen unverzüglich auseinander. Die Forderung, eine von den Franzosen vorgegebene Verfassung anzunehmen und die reichsstädtische aufzugeben, stieß also nicht nur bei den Spitzen der Alten und Neuen Partei und den Zunftbürgern, sondern auch bei den früher politisch benachteiligten Einwohnern der Stadt Aachen, die ja jetzt, da nicht mehr zunftweise, sondern innerhalb der Grafschaften individuell gewählt wurde, eine etwa abweichende Meinung hätten artikulieren können, auf allgemeine Ablehnung. Die Beharrlichkeit, mit der sich die Aachener widersetzten, erschöpfte die Geduld, welche General Dampierre seit der Übernahme der Stadtkommandantur an den Tag gelegt

hatte [77]). Am 8. Januar schrieb er der Stadt, man solle und müsse die französische Konstitution annehmen, und wenn die bisher Verantwortlichen die Bürgerschaft nicht dazu bewegen könnten, werde er die Vorsteher der neun Grafschaften und die Bürgermeister nach Paris vor den Nationalkonvent schaffen lassen, wo sie mit ihrem Kopf büßen sollten. Um dieser Drohung Nachdruck zu verleihen, stellte er am selben Tage Bürgermeister Kreitz unter Hausarrest und ließ ihn von vier Soldaten, die er bei ihm einquartierte, bewachen.
Anders als der breiten Masse war den führenden Persönlichkeiten im Magistrat klar geworden, daß die Stadt und ihre Bevölkerung um die Annahme der französischen Konstitution nicht herumkommen würden. Kreitz hatte noch am Tage der gescheiterten Wahl für den 8. Januar, 11 Uhr, eine Versammlung der Grafschaftsvorsteher einberufen [78]). Da er am vorgesehenen Termin bereits unter Hausarrest stand, wurde die Versammlung vom Schöffenbürgermeister v. Clotz geleitet. Er setzte die Anwesenden von der Drohung Dampierres in Kenntnis, und man beschloß, nachmittags um 14 Uhr in Gegenwart der städtischen Beamten und je zwei bis vier Vertretern der Grafschaften weiter zu tagen, um eine vernünftige Anwort auf Dampierres Brief zu finden. Den Ernst der Lage ersieht man aus der Tatsache, daß sich die Vertreter der sonst verfeindeten Alten und Neuen Partei zusammenfanden und den gemeinsamen Entschluß faßten, die Öffentlichkeit von der Unabwendbarkeit der Wahl zu überzeugen und die Bürger auf die Wahl solcher Personen zu verpflichten, die dem Wohl der Vaterstadt dienen würden. Zugleich bestellten sie eine Deputation aus den Stadtsyndici Pelzer und Bettendorf, dem Altbaumeister Cromm und den anwesenden Bürgerkapitänen, d.h. den Grafschaftsvorstehern, die bei General Dampierre ein letztes Mal zwecks Verschiebung des Wahltermins vorstellig werden sollte. Man hatte wohl nicht mehr die Hoffnung, die Wahl gänzlich abwenden zu können, doch wollte man mehr Zeit, um bei den Bürgern um Verständnis für den unabwendbaren Schritt zu werben. Trotz längerer Verhandlungen kehrte die Deputation mit einer Ablehnung zurück. Der General beharrte auf der Wahl am 9. Januar 9 Uhr und war lediglich zu einer Modifikation des Wahlablaufs bereit, wonach vormittags der Präsident, die Stimmensammler und die Sekretäre, nachmittags aber die provisorische Verwaltung gewählt werden sollten. Am 9. Januar berichtete Dampierre den Kommissaren des Nationalkonvents nach Lüttich von den Schwierigkeiten, die der alte Magistrat bei der Wahl der neuen provisorischen Verwaltung mache. Er versicherte ihnen, er werde den Magistrat, falls er weiterhin die Französische Revolution verunglimpfe und sich gegen die Gesetze der Republik stelle, verhaften und dem Nationalkonvent überstellen [79]). Dazu und zu Deportationen von Bürgern, wie sie im Raum von Mainz und Worms angeordnet wurden, um die Bevölkerung für die französischen Neuerungen gefügig zu machen, kam es in Aachen jedoch nicht [80]).
In einer sog. "Anrede" an die Aachener Bürger vom selben Tage ließ sich Dampierre in deutscher Sprache näher über die Verunglimpfungen aus, mit denen die alten Repräsentanten der Stadt die revolutionären Werte bei den Aachener Bürgern in Verruf bringen wollten [81]). Da war der Vorwurf, die Franzosen hätten der katholischen Religion abgeschworen und wollten nun auch die Aachener dahin bringen. Zum anderen habe man das Gerücht ausgestreut, die französische Nation wolle mit den Einwohnern aus Stadt und Reich Aachen ihre Armee vergrößern, d.h. man müsse bald entgegen allen Eiden gegen Kaiser und Reich kämpfen. Demgegenüber betonte Dampierre, niemand würde gezwungen, in der französischen Armee zu dienen, und verwahrte sich auch gegen den Vorwurf, die katholische Religion solle den Aachenern genommen werden. Er stellte klar:

> *"... so will die Französische Nation die katholische Religion in seiner [!] ganzen Reinheit schützen, denn wenn sie die Einkünften der Bischofen, Abteyen und reicher müßigen Klöster herunter gesetzt hat, so geschahe dieses nur, um die minder vermögenden Volksklassen zu erleichtern, jene auf ihre erste Stiftungen zurückzuführen, wodurch das Würdige der Religion gewiß bey seiner wahren Reinheit unterhalten wird".*

Er machte der Aachener Bevölkerung nochmals den Zweck der bevorstehenden Wahl deutlich. Es sollten nämlich „die Repräsentanten zum hiesigen National-Konvent ausgewählet werden, welcher Pflichten darinn bestehen sollen, mit der National-Konvention Frankreichs in Berathschlagung zu treten, und derselben zu erkennen zu geben, welche Art von Regierung dem Aachener freyen Volke nach seiner Lage am beßten angemessen seye,...". Abschließend pries Dampierre den guten Willen der Französischen Nation, deren Revolution er den Aachener Bürgern zusätzlich mit einer in Anlehnung an Artikel 5 des Dekrets vom 15. Dezember 1792 in Aussicht gestellten Senkung der Branntweinsteuer schmackhaft zu machen suchte:

> *„Sie [die Französische Nation] bringet allen Völkern Freyheit und Gleichheit; sie wird keine andere Beherrscher mehr haben als das Gesätz, aber dieses Gesätz wird den Reichen wie den Armen binden, also schenket euch das Französische Volk Freyheit, Gleichheit und Bruderliebe, Hochachtung für die Religion, Sicherheit für euere Personen und Eigenthum; und sobald eure Volks-Repräsentanten ausgewählt seyn werden, werden alle Lasten und Abgaben, als auch zum Beyspiel die Brandweins-Acziese, ein Trank, welcher dem arbeitenden Mann nützlich ist, herunter gesetzet werden; wenigstens ist dieses der Wunsch eurer würklich gewählten Verwalter und der Gegenstand meines Vortrages, welcher [!] ich ihnen, sobald sie eingesetzt seyn werden, vortragen solle. Also ist der wahre Wunsch der Französischen Republik, alle Völkerschaften glücklich zu machen, Hochachtung für die Religion, Liebe für alle Völker, und Feuer und Flammen denen Tyrannen zu sichern; so ist meine Denkungsart, so wird mein aufrichtiges Betragen seyn...".*

Der weiteren Vertrauensbildung diente ein im Plakatdruck in deutscher Sprache abgefaßtes Schreiben Dampierres vom 12. Januar [82]):

> *„Aachen, den 12. Jänner 1793, das zweyte Jahr der französischen Republik.*
>
> *Bürger der Stadt Aachen! Der französische General, welcher von seiner Republik hieher gesandt, schäzt sich glücklich, in hiesiger Stadt eine populaire Regierung einzusetzen, derer [!] erste Bemühungen seyn werden, das Glück ihrer Mitbürger durch eine bessere Vertheilung der Auflagen durch eine thätigere Polizey-Verwaltung zu befördern, und nichts zu versäumen, das zu seinem Glücke und Beruhigung der Stadt nöthig ist. Ich werde ihnen das erste Beyspiel darthun, und zeigen, welche Achtung dem Magistrate des Volks zukömmt, da ich alle Ersuchungen, welche mir im Namen des Gesätzes gemacht werden, mit der ganzen Macht, so die französische Republik mir anvertraut hat, handhaben werde.*
> *Und du Gott, Beschützer des Volks! erhöre in diesem Augenblicke meine Wünsche, welche ich zu dir sende, strecke deinen beschützerischen Arm über die Verhängnisse der Stadt Aachen und Frankreich, auf daß ihre Glückseligkeit deine Macht und unendliche Güte gleichet.*
>
> *Bürger-Maréchal-de-Camp*
> *Dampierre".*

Der Aachener sog. Jakobinerklub

Um die Bedenken der Bevölkerung bezüglich angeblicher Religionsfeindlichkeit zu zerstreuen, lud Dampierre auf Anregung des Aachener „Clubs der Freunde der Freiheit, Gleichheit und Bruderliebe" auf den nächsten Sonntag, den 13. Januar, zu einem "musikalischen" Hochamt und zu ambrosianischem Lobgesang ein [83]). Die dann abgehaltene Meßfeier entlarvte indessen den politischen

Zweck, dem sie dienen sollte, nämlich der "Danksagung, daß die französischen Waffen uns [den Aachenern] die aufgetrungene Freiheit verschafft haben"[84]).

Einen im Untergrund arbeitenden Klub zur Verbreitung revolutionärer Ideen hat es in Aachen offenbar schon im September 1792 gegeben[85]). Unmittelbar nach dem Einmarsch der Franzosen scheinen im Saal der Neuen Redoute vorbereitende Gespräche für die Gründung eines öffentlich in Erscheinung tretenden Klubs geführt worden zu sein. Es ging das Gerücht um, er werde am 21. Dezember auf dem Rathaus eröffnet. Tatsächlich trat er erst auf Initiative des Generals Dampierre am 8. Januar 1793 offiziell, und zwar unter dem Namen "Club der Freunde der Freyheit, Gleichheit und Bruderliebe in Aachen" bzw. "Club des Amis de la Liberté, Égalité et Fraternité établi à Aix-la-Chapelle" zusammen. Mit Rücksicht auf die hohen Kosten einer Anmietung des Redoutensaals sollte er künftig im Ratssaal des Rathauses tagen. Dampierre war – wenn wir dem nicht unvoreingenommenen Urteil seines Vorgesetzten General Dumouriez trauen dürfen – in dieser Sache besonders engagiert, weil er sich den Jakobinern in Paris andienen wollte, in der Hoffnung, damit seiner Karriere zu nützen[86]). Jedenfalls war es Dampierre, der bei einem am 30. Dezember 1792 stattfindenden Ball auf die Orchesterbühne stieg und eine Ansprache über die Notwendigkeit zur Gründung einer Freiheitsgesellschaft in Aachen hielt und als erster seinen Namen an die Spitze einer Mitgliederliste setzte, in die sich damals 16 anwesende Personen eintrugen[87]). Präsident des Klubs war aber nicht Dampierre, sondern ein Dr. med. de Vivignis, über den sonst nichts Näheres bekannt ist, außer daß er kränklich war und im Klub gerade nicht die radikalen Ansichten der Jakobiner vertrat bzw. tolerierte. Er entsprach damit nicht den Erwartungen Dampierres oder eines Danton und Delacroix. Gemäß einer späteren Eingabe seines Bruders an den Aachener Rat vom Juni 1793 hatte er "das Interesse der Stadt, des Privatmannes und der Geistlichkeit wider jede Anfechtung standhaft und öffentlich vertheidiget"[88]). Vizepräsident war der schon erwähnte St. Pré, Sekretäre waren ein gewisser Wahlen, ein Freiherr v. Paland und Johann Dautzenberg, der sich als „Steinhauer"[89]) beim Abriß der Kalckberner-Schandsäule einen Namen gemacht hatte. Der Klub zählte etwa 80 Mitglieder, von denen 34 namentlich bekannt sind[90]). Bei ihrem Eintritt hatten sie zu schwören, für Freiheit, Gleichheit und Bruderliebe einzutreten. Bei den namentlich bekannten Mitgliedern fällt auf, daß von allen während der Aachener Mäkelei hervorgetretenen Personen dem Klub nur Johann Dautzenberg und der Prokurator und Notar am Schöffenstuhl, Johann Eickholz, angehörten. Vertreter des Wirtschaftsbürgertums waren gar nicht und Zunftbürger nur sehr wenige vertreten. Hingegen bestand der Klub zu einem Drittel aus Franzosen, darunter vier Damen[91]). Nach späteren Aussagen des Klubmitglieds Gallais war der "Freiheitsklub ... ursprünglich eine Gesellschaft gewesen, worin verschiedene Vorschläge zur Handhabung der Freiheit und Gleichheit geschehen; die Generäle und Offiziere hätten meistens gegen die vorgewesene Tyrannei der Fürsten deklamirt, auch seien öfter Beratschlagungen zur Verbesserung der Polizei- und Regierungsform geschehen"[92]). Zu den täglich um 17 Uhr beginnenden Sitzungen des Klubs war auch die Öffentlichkeit geladen. Um für die Sitzungen genügend Raum zu haben, wurde der bis dahin im Ratssaal stehende Altar weggeräumt. Am 17. Januar wechselte der Klub in die Krämerlaube auf dem Hühnermarkt[93]). Die Reden wurden in deutscher und französischer Sprache gehalten, letztere simultan von Eickholz übersetzt. Die Sekretäre führten die heute verlorenen Sitzungsprotokolle. Die einzige überlieferte Rede stammt von dem eher gemäßigten Klubmitglied Joseph Driessen, Sohn des Ratsdieners Bernhard Driessen. Er gab darin am 10. Februar 1793 zu, daß der größte Teil der Aachener Bürger den Klub öffentlich verachte und den von den Mitgliedern geleisteten Eid als etwas Abscheuliches begreife. Er betonte demgegenüber, daß sich die Klubmitglieder keineswegs als Feinde der Religion verstünden; der Klub sei nicht vom Teufel besessen, sondern eine verbrüderte Versammlung wohlgesinnter Bürger, deren Zweck es sei, das Volk aufzuklären und ihm eine Vorstellung von den Menschenrechten und von seinem ursprünglichen Adel zu vermitteln[94]). Zum Zeitpunkt seiner Rede hatten sich jedoch jene Elemente im Klub bereits weitgehend durchgesetzt, denen Vivignis und Driessen zu gemäßigt erschienen. Angeführt wurden sie von französischen Offizieren sowie auf deutscher Seite von Johann Dautzenberg, Eickholz und Baron Paland. Vivignis wurde abgesetzt, der Eid – in nicht überlieferter Weise – verschärft und die Satzung abgeändert. Für einen schärferen Ton im Klub spricht auch, was ein unbekannter Zeitgenosse in einem Brief vom 8. Februar so formulierte:

> „Heute Morgen ist das Gerücht allgemein, der Herr General hätte dem Magistrat 3 Punkte zum Wälen vorgeschlagen: 1) 2 000 Mann zu stellen, oder 2) 2 Millionen Brand-Schatzung zu zalen, oder 3) die Stadt der Plünderung preis zu geben. Daß es gelogen sei, will ich eben nicht sagen, denn im Jacobiner-Club, der eben so hier wie in Paris regirt, sind die 2 ersten Puncte in Vorschlag gebracht worden ..."[95]).

Der Aachener Klub war für die meisten Zeitgenossen zwar schlechthin ein "Jakobinerklub", doch trotz der sich im Februar abzeichnenden schärferen Gangart und der anläßlich seiner Gründung beschlossenen Kontaktaufnahme mit Paris, dürfte er – soweit die spärlich überlieferten Quellen es erkennen lassen – niemals die von Danton und Delacroix gewünschte Radikalität wie der Pariser Jakobinerklub oder der Mainzer Klub an den Tag gelegt haben[96]). Dafür spricht auch die Nachsichtigkeit, mit der der Aachener Rat nach Abzug der Franzosen die Klubmitglieder verfolgte. Trotzdem blieben die Klubisten für die Spitzen, aber auch für die Masse der Aachener Bevölkerung Müßiggänger, Spieler und Atheisten oder bestenfalls Wirrköpfe[97]).

Den alten Repräsentanten der Stadt war es inzwischen gelungen, die Bevölkerung von der Unabwendbarkeit der Wahl zu überzeugen, obwohl man der französischen Stadtverfassung nach wie vor ablehnend gegenüberstand. Friedrich Jacobi charakterisiert die öffentliche Meinung mit den Worten:

> „Nun räsoniert der Pöbel so: Wenn wir die französische Konstitution annehmen, ist die Religion geschändet, die Zünfte sind offen, und wir werden gezwungen, eine Nationalgarde zu errichten, und müssen gegen den Kaiser zu Felde ziehen. Der Tod ist besser als das. Wir wollen also von keiner Konstitution hören noch sehen! Bei der Frage also, ob man einen provisorischen Rat wählen solle, schreit alles: Nein, nein, nein, und kein Mann von Stand oder Ansehen kann fast zu Worte kommen. Und also ward am Montag nichts gewonnen. Nun sind aber die Angeseheneren, welche wohl sehen, daß es gegen den Tod gefochten wäre, sich zu widersetzen, und wünschen demnach, daß pour le moment alles angenommen werden möchte..."[98]).

Tatsächlich verlief die Wahl in aller Ruhe. Bis zum 10. Januar hatten acht Grafschaften gewählt[99]). Obgleich General Dampierre dem Bürgermeister Kreitz die Mittagszeit des 10. Januar ultimativ als letzten Termin für den Abschluß der Wahlen genannt hatte, andernfalls er und die Grafschaftskapitäne dem Nationalkonvent in Paris vorgeführt würden, widersetzten sich die Einwohner der Marschiertorgrafschaft weiterhin und zeigten sich auch am 15. Januar auf der sechsten von den Franzosen erzwungenen Zusammenkunft widerspenstig[100]). Als aber ihr Versammlungsort, die Kapuzinerkirche, mit Soldaten besetzt wurde und jedem, der nicht abstimmen würde, dreimonatige Exekution, d.h. Einquartierung von Soldaten in seine Wohnung, angedroht wurde, lenkte die Versammlung ein. Ein unbekannter Augenzeuge berichtet über die Sitzung:

> „Dennoch sprang ein Kerl vom Sitze auf; und schrie dem General auf französisch zu: 'Plantés vos canons devant l'église, massacrés nous y, mais jamais vous ne me forcerés de changer notre vraie liberté contre une chimere [so!]'. Und hierauf wälten sie einmütig zu ihrem Repräsentanten einen alten Bettler, der vor der Kirche Almosen sammelte. Da der General sah, daß sie ihn zum Narren hatten, ließ er noch 100 Mann Cavalerie holen, die dann alles, was nicht Ja rufen wollte, herausfürten.

Ungefär 20-30 blieben in der Kirche, die dann endlich auch wälten, nachdem diese Section 7mal vergeblich versammelt gewesen war. Den General hatten sie so in Respect gesetzt, daß er für gut befand, sich die Nacht drauf durch 30-40 Mann bewachen zu lassen; und bei einem Ball sagte er laut, daß alle Umstehende es hören konnten, nie hätte er einen rasendern und wütendern Pöbel angetroffen, als hier" [101]).

Dampierre hatte bereits am 12. Januar die bis dahin gewählten Repräsentanten der provisorischen Verwaltung auf dem Rathaus eingeführt [102]). Der Jakobinerklub räumte daraufhin den Rathaussaal und tagte seit dem 17. Januar in der Krämerlaube auf dem Hühnermarkt [103]). Am 15. Januar, nachdem auch die Dorfschaften des Aachener Reichs und die Marschiertorgrafschaft gewählt hatten [104]), empfing Dampierre sämtliche 48 Repräsentanten der Stadt Aachen und die Vertreter der Dorfschaften in seiner Wohnung, dem "Wilden Mann" in der Kölnstraße (heute: Alexanderstraße 36), von wo aus sie zum Rathaus, dem nunmehr sog. Gemeindehaus, geführt wurden, um ihren Eid abzulegen. Dieser Eid sah ganz anders aus als der, den man am 7. Januar 1793 in Belgien schwor. Dort sprach man die Worte:

"Nous jurons de maintenir la liberté et l'égalité et de nous soumettre à l'exécution de toutes les lois constitutionelles, qui seront proposées par la Convention nationale et adoptées par la majorité des habitants de la Belgique" [105]).

Vereidigung der Aachener Volksrepräsentanten

In Aachen aber mußte General Dampierre trotz aller Druckmittel, die er hatte anwenden müssen, um die Bevölkerung auf die "neufränkischen Freiheiten" zu verpflichten, einen ganz anderen Wortlaut akzeptieren. Hier schwor man, "die Römisch-Katholische Apostolische Religion in ihrer ganzen Reinheit zu handhaben und die Oberherrschaft, die Freiheit und die Wohlfahrt des Aachenschen Volkes und dieses gemeinen Wesens mit allen unseren Kräften zu unterstützen: So wahr uns Gott hilft und seine lieben Heiligen". Diesen Schwur hätte man ohne Zweifel auch dem Kaiser leisten können!

Am 16. Januar wählte die Repräsentantenversammlung Franz Theodor Bettendorf von der Neuen Partei zu ihrem Präsidenten und Dr. Ulrici von der Alten Partei zu ihrem Vizepräsidenten [106]). Einen Tag später berichtete Dampierre dem Nationalkonvent über die vollzogene Etablierung der provisorischen Verwaltung in Aachen, wobei er als Gründe für die Verzögerung die Gegnerschaft der „agens de la Chambre de Wetzlar, ceux de l'Empereur, quelques émigrés et une foule d'habitans du pays, égarés et trompés par ceux, à qui avoient interêt, que le nouvel ordre des choses ne s'établisse par les nouveaux magistrats ..." [107]). Am 18. Januar fand die erste Arbeitssitzung der Repräsentantenversammlung statt, auf der man beschloß, wegen des Zeitmangels von einer Neuordnung des städtischen Abgabewesens abzusehen und zunächst die Abgaben wie früher zu erheben [108]). Um aber das Versprechen Dampierres vom 9. Januar, daß der gemeine Mann steuerlich entlastet werden solle, einzulösen, verfügten sie eine Minderung nun nicht der Branntwein-, sondern der Bierakzise um zwei Drittel ihres bisherigen Satzes. Am 19. Januar fand die zweite Sitzung der Repräsentantenversammlung statt. Auf ihr wurde eine gerechtere Verteilung der Einquartierungslasten zugunsten der weniger bemittelten Mitbürger beschlossen und seit dem 25. Januar umgesetzt [109]).

Einen Eindruck von der Stimmung, die sich bei der besseren Gesellschaft Aachens verbreitet hatte, bietet ein Vorfall, der sich am 20. Januar während einer Vorführung im Aachener Theater ereignete, und den Friedrich Jacobi in einem Brief an Christian v. Dohm und Friedrich Heinrich Jacobi schilderte:

„Gestern war ich in der Komödie. Sie ist immer gepfropft voll Franken, welche nach den Gesetzen der Egalité durcheinander drin sitzen, wie sie bezahlen oder wie sie's treiben, denn bisweilen zieht ein Volontär ein paar Kameraden aus dem Parterre in

die Logen oder andere lassen sich oben von der Galerie hinein. Man gab die Oper Lodowiska. Ludowisk sagte: Il n'y a rien au monde qu'on ne doive faire pour rendre à un peuple un roi vertueux. Kaum waren diese Worte ausgesprochen, als ein rasendes Applaudissement und Bravorufen das Haus erfüllte und wenige Zischende es nicht zu hemmen vermochten. Die Zischer dagegen applaudierten bei den Worten des Tartars, der auf sein Schwert schlägt und sagt: Voilà les titres de ma noblesse! Allein niemand folgte ihnen. Diese Züge schienen mir merkwürdig genug, um sie Ihnen mitzuteilen...

Die Komödianten verlassen uns heute, weil sie noch ein Abonnement in Maastricht haben. Damens lassen sich fast gar nicht, weder in der Komödie noch auf den Bällen, sehen. Letztere fingen sie an zu besuchen, als die Franken die Narrheit begingen, nach dem Ball den Marseiller Hymnus zu singen, wobei sich alles auf die Knie werfen und am Ende embrassieren lassen mußte. Dieser Farce wollen sich die Damens natürlich nicht wieder aussetzen, denen es ohnehin nicht ansteht, daß ein jeder Husar und Volontär, der bezahlt, den Ball besuchen und ihnen Sottisen sagen kann ..." [110]).

Stephan Beissel wird Maire

Auf der Sitzung vom 19. Januar forderte Dampierre die Einberufung der Bürger auf den 22. Januar, 9 Uhr, zur Wahl des Maire und eines provisorischen Gerichtshofs [111]). Sie sollte in der Stadt grafschaftsweise, im Aachener Reich quartierweise, und zwar in geheimer Wahl bei Mehrheitsentscheid vollzogen werden. Einzelheiten regelte eine der Einladung beigefügte Erläuterung. Am Vorabend der Wahl trat die Repräsentantenversammlung zusammen, um – wie Jacobi berichtet – die Grenzen ihrer Gewalt zu bestimmen [112]). Dazu vermerkt er, daß jedes Mitglied bei Strafe von 24 Mann Exekution, d.h. Einquartierung, zum Erscheinen gezwungen wurde. Jacobi vermerkt dazu spöttisch: "Vive la Liberté!" [113]). Am 22. Januar schritt die Repräsentantenversammlung weisungsgemäß zur Wahl des Maire [114]). Sie fand ohne erneute Unruhen statt und fiel einstimmig auf den Nadelfabrikanten Stephan Beissel, der diese Würde aber zunächst nicht annehmen wollte. Erst als ihn General Dampierre schriftlich um seine Zusage bat und wenig später mit 30 Mann Exekution drohte, erklärte er sich bereit [115]). Am 25. Januar fand die Vereidigung des Maire und der von den Grafschaften gewählten provisorischen Richter statt [116]). Wohl bei diesem Anlaß machte Beissel gegenüber Dampierre seinem Unmut über den auf ihn ausgeübten Druck Luft. Unerschrocken äußerte er: „In Deutschland hieße man ein solches Verfaren nicht Liberté, sondern Despotie" [117]). Der General antwortete ihm:

„Ihr seid noch zu weit zurück, als daß Euch der ware Begriff göttlicher Freiheit deutlich einleuchten könnte. Ihr müßt gleich einem Kranken, dem eine schmerzhafte Operation heilsam ist, dazu von wolmeinenden Freunden gezwungen werden. Erst nach ein par Jaren, wenn Ihr aus Erfarung merken werdet, daß die Freiheit über alles geht, werdet Ihr an uns denken".

Der Gewährsmann für diese Worte bemerkt dazu:

„Als wenn die ... [es folgt offenbar ein Schimpfwort] uns mer geben könnten, als wir schon haben. Wir hängen von niemandem ab; unsern Magistrat, den wir selbst wälen, können wir auch absetzen, wenn wir wollen".

Solche Einwände und Vorbehalte blieben jedoch ohne Gehör, und auch der kurpfälzische Protest über die rücksichtslose Verletzung seiner jahrhundertealten Vogteirechte konnte an den neuen Realitäten nichts mehr ändern [118]).

Am 26. Januar meldete Dampierre dem Außenminister den Vollzug der Wahl des Maire und der Richter. Er gab dabei seiner Freude über die Qualitäten des neuen Maire Ausdruck, indem er bemerkte, "que le maire est un des hommes de la ville des plus vertueux"[119].

(Stimmung in Aachen)

Über die Vorgänge in Aachen während der dritten Dekade des Januar 1793 und über die Gefühle vieler Aachener Bürger berichtete Friedrich Jacobi in einem Brief an Goethe:

> *"Pempelfort [Düsseldorf], den 24. Januar 1793 ... Es ist über allen Glauben toll und thörigt, wie die Citoyens mit der armen Aacher Bürgerschaft umgehen, um mit ihr einen Maulesel der Freyheit und Gleichheit zu erzielen. Bis hierhin hat das Volk sich recht gut betragen, und überall gerade so viel und nicht mehr Widerstand gethan, als es die Verhältniße mit sich brachten. Mit Gewalt ist nun endlich ein Präsident des provisorischen Rathes gewählt worden, und mit Gewalt muß er Präsident seyn. So der ganze provisorische Rath. Zum Glück darf er einen Consulenten haben. Dieser ist einer der Scheffen der vorigen Regierung. Auch läßt man die alten Beamten noch im Geschäft. Auf gestern [es war aber der 22. Januar!] war die ganze Bürgerschaft wieder in die Kirchen ihrer Grafschaften beschieden, um einen Maire und Repräsentanten zu einer Aacher Assemblée nationale zu erwählen. Dergleichen Aufgebote geschehen immer bey Strafe von 3, 6, bis 24 Mann Execution, die jedem nicht erscheinenden ins Haus gelegt werden sollen. Da die Wahlmänner gestellt werden sollten, wurden die Bürgerhauptleute bedroht, daß man sie, wenn die Bürgerschaft nicht zusammenkäme, gefangen nach Paris schleppen würde, comme criminels de lèse-nation [Vaterlandsverräter]. Vorher hatte das Volk, das bey'm Freyheitsbaume war zusammenberufen worden, auf die Frage: Ob es mit seiner Verfaßung zufrieden sey? wie aus einem Munde: Ja! geantwortet. Und auf die Frage: ob es keine Änderung begehre: Nein! Wie dieses Nein ausgesprochen war, liefen alle nach Hause, als wenn es hinter ihnen brennte. Die Franken hatten dem Bilde Carls des großen, das auf dem Platze vor dem Rathause steht, eine rothe Kappe aufgesetzt. Die nehmliche Ehre wiederfuhr einigen Crucifixen. Einen Heiligen, der mit Ketten vorgestellt war, befreyten die Franken von dieser Schmach. Aber nicht sobald waren die Ketten entzweyn, als der Heilige in Stücken fiel. Die bedrohten Bürgerhauptleute brachten mit Mühe ihre Gemeinen zusammen, die nun mit lauter Stimme schrieen: Unsre Religion ist geschändet, unsre Zünfte sind offen, wir sollen feind werden mit Kaiser und Reich; beßer, wir sterben auf der Stelle; der Tod ist beßer! der Tod ist uns lieber! – Dennoch wurde durch Zureden und Gewalt zuletzt eine Art von Wahl, oder was den Schein hatte zu Stande gebracht. Und so gehts nun fort. Die Generale sagen, sie dürften keine raison annehmen; sobald die Organisation geschehen sey, könne man sich mit Vorstellungen an die Convention nationale wenden; das Organisieren aber müßten sie stracks thun. Auch treiben sie, wie toll, um es nur gethan zu haben"*[120].

Im Anschluß daran teilt Jacobi noch zwei Anekdoten mit: Die eine spiegelt die Furcht des "einfachen Mannes" vor einem Umsturz der bestehenden Religionsverhältnisse wider, die andere gibt mit beißender Ironie die Antwort auf die Frage, ob der Bruch mit der Geschichte und der Ersatz der alten Ordnung durch revolutionäre Neuerungen überhaupt Bestand haben könne:

> *"Die Aacher Bürgerweiber, die von einem Maire hörten der durchaus gemacht werden sollte, glaubten, [in Verwechslung von Mère mit Maire], man wolle ihnen nun auch gar eine neue Mutter Gottes aufdringen, und einige kamen bitterlich darüber weinend zu den Clermonts nach Vaels. – Man erzählt eine Schnurre die gut genug*

erfunden ist. Da der Freyheitsbaum in Aachen errichtet wurde, schüttelte ein Jude, der mit zusah, unaufhörlich den Kopf. Man fragte ihn endlich, warum er den Kopf so schüttle; ihm sollte das doch gefallen, [denn die französische Revolution hatte den Juden mit den Gesetzen vom 22. Januar 1790 und 27. September 1791 erstmals das Bürgerrecht gebracht]. Aber der Jude schüttelte nur noch stärker den Kopf. 'Was?' sagte er, 'wie sollt es mir gefallen? Es is ä Baum, und er hat kä Wurzel; und, Gott behüt! er hat ä Kapp uf, und hat kä Kopf!'"

Noch am Tage seiner Vereidigung – dem 25. Januar 1793 – erhielt der neue Maire einen unangenehmen Auftrag. Der bei der Belgischen Armee zuständige "préposé des subsistances militaries" forderte ihn auf, die Kirchenbänke aus der Jesuitenkirche entfernen zu lassen, um Lagerfläche zu gewinnen. Er schloß sein Schreiben mit den Worten: "L'activité que vous apporterez à cette évasion prouvera combien vous êtes zélé pour le bien de la chose public" [121]).

Am 26. Januar traf die Nachricht von der fünf Tage zuvor erfolgten Hinrichtung König Ludwigs XVI. in Aachen ein und löste bei der Bevölkerung Bestürzung und Abscheu aus. "Sie machte", wie die Aachener Annalen berichten "auf die Gemüter der hiesigen Bürgern ein heisser Eindruck, denn man sahe auf ihren Gesichtern mit lebhaften Farben den gerechten Schmerzen gegen diesen unglücklichen Fürsten abgemalt; die französische Garnison geriet auch bei ihnen in einen sehr übeln Kredit" [122]). Aber auch bei der Garnison, vor allem bei den Linientruppen, war Bestürzung und Mißbilligung verbreitet [123]). Desertionen, auch von Offizieren, griffen um sich. Franz Dautzenberg, der Herausgeber des Aachner Zuschauers, durfte, obwohl er der Zensur der Besatzer unterlag, seine Mißbilligung des Pariser Konvents unverhohlen zu erkennen geben [124]). Ob der Aachener "Klub der Freiheit, Gleichheit und Bruderliebe" wie der Mainzer Jakobinerklub die Hinrichtung für gut befand oder sie ablehnte, ist leider nicht überliefert.

Am 28. Januar meldete die provisorische verwaltende Versammlung in Aachen dem Präsidenten des Nationalkonvents in Paris ihre Konstituierung und die Wahl eines Maire sowie des provisorischen Tribunals und unterstrich die Beharrlichkeit des Generals Dampierre, ohne den es nicht so weit gekommen wäre [125]). Der Text läßt jede Begeisterung für republikanische Ideen – wohl nicht zuletzt unter dem Eindruck des Königsmordes – vermissen und zeigt damit, daß bei den Wahlen zur provisorischen Verwaltung die konservativen Kräfte in Aachen die Oberhand behalten haben. Dies zeigt sich vor allem auch daran, daß der für die Grußadresse am 26. Januar von einem Aachener Patrioten eingereichte Entwurf nicht übernommen wurde.

Provisorische Gerichte

Gleichfalls am 28. Januar schrieb General Dampierre an den Maire Beissel, jetzt stünde noch die Ernennung der Friedensrichter und die Wahl des Aachener Nationalkonvents aus. Wenn dies geschehen sei, könne er sagen, er habe alles getan, damit sich das Aachener Volk seiner Freiheit erfreuen könne [126]). Für das weitere Procedere fügte er seinem Schreiben eine Instruktion für den Maire und die provisorischen Richter bei. In ihr übertrug er Beissel und der provisorischen Verwaltung gemäß Artikel 5 des Dekrets vom 15. Dezember 1792 das Polizei-Ressort und den provisorischen Richtern die Rechtspflege [127]). Sobald die provisorische durch eine reguläre Gerichtsbarkeit, d.h. ein Aachener Tribunal ersetzt sei, sollten alle althergebrachten Gerichte ihre Tätigkeit einstellen. Die Appellation an das Reichskammergericht in Wetzlar war ab sofort untersagt [128]). Der künftige Gerichtszug sollte vielmehr so aussehen, daß er, Dampierre, als Richter der untersten Ebene die noch zu wählenden Friedensrichter ernenne, gegen deren Urteil dann beim künftigen Tribunal, nicht aber darüber hinaus appelliert werden dürfe. Bis zur Ernennung der Friedensrichter sollten die provisorischen Richter die alten Fälle ruhen lassen und sich nur mit den dringenden Fällen beschäftigen. Das Aachener Tribunal nahm am 4. Februar seine Tätigkeit auf, ohne daß der Aachener Schöffenstuhl gemäß der Forderung Dampierres seine Tätigkeit eingestellt hätte [129]). Infolgedessen mußte Dampierre einen Tag später den Maire darauf hinweisen, daß der zur Verurteilung vorzuführende Dieb nicht vom Schöffenstuhl, sondern vom neuen Gerichtshof abgeurteilt werden müsse [130]). Dampierre war mit Beissels Art der Umsetzung seiner Wünsche offenbar unzufrieden; denn ungeduldig fügte er seinem Schreiben hinzu: „Allez en avant, je vous prie, et mettez de la célérité". Beissel machte aber seinerseits geltend, daß der Schöffenstuhl nicht in die Zuständigkeit der Stadt falle [131]). Die Schöffen selbst versuchten natürlich, ihre Gerichtsbarkeit zu erhalten. Ob sie bis zum Abrücken der Franzosen ihre Tätigkeit tatsächlich einstellen mußten, bleibt unklar.

Am 31. Januar rief Dampierre die Aachener auf, sich am 5. Februar in den jeweiligen Kirchen nach Sektionen (Grafschaften) und (Reichs-)Quartieren zur Wahl von Wahlmännern, je einen für 100 Einwohner, für den Aachener Nationalkonvent einzufinden [132]). Die Wahlmänner sollten am 12. Februar im Gemeindehaus (Rathaus) ca. 20 Mitglieder des Nationalkonvents ernennen, die laut Dampierre die "Repräsentanten oder Vorsteller [!] des Aachenschen Volks darstellen" sollten. Unmittelbar nach der Wahl der Wahlmänner sollten die versammelten Bürger je Wahlbezirk (Grafschaften, Reichsquartiere) einen Friedensrichter und vier Beisitzer wählen.

Wahlen zum Aachener Nationalkonvent

Parallel zu diesen erzwungenen Neuerungen der Stadtverfassung erlebte Aachen seit den ersten Februartagen verstärkt auch wieder die Nähe des Krieges. Die militärischen Aktivitäten der Österreicher an der Rur und die Kriegserklärung Frankreichs an die niederländischen Generalstaaten und an England am 1. Februar führten verstärkt zu Bewegungen französischer Truppenteile, so daß sich die städtischen Repräsentanten wiederholt mit Fourage- und Einquartierungsforderungen auseinandersetzen mußten [133]). Die hastigen Aktivitäten der Franzosen nährten das Gerücht von der bevorstehenden Befreiung der Stadt. Dampierre selbst scheint solchen Hoffnungen Auftrieb gegeben zu haben, denn am 3. Februar erklärte er zufolge dem Bericht einer Kölner Zeitung vor der von ihm einberufenen Repräsentantenversammlung:

> „Alle Landstraßen im Aachener Gebiet sollten ausgebessert werden, damit die Franzosen auf jeden Fall mit ihrem Geschütz geschwind und leicht durchkommen könnten. Dampierre machte dabei die Anmerkung, das Kriegsglück sei rund und heut diesem, morgen einem andern günstig, und er setzte den Fall, die Franzosen würden unvermutet überfallen und gezwungen, sich eiligst zurückzuziehen, so könnte ohne obige Vorsorge das Geschütz leicht in feindliche Hände fallen. Wirklich stehen bei Tag und Nacht die Pferde angespannt, um die Kanonen, ihre einzige Stütze, bei einem Ueberfalle in Sicherheit zu bringen" [134]).

Da Dampierre der Aachener Bürgerschaft inzwischen mißtraute, gab er Befehl zur Entwaffnung der Stadtsoldaten und besichtigte in eigener Person die im Turm in der Kuhgasse (heutige Kreuzherrenstraße) aufgestellten Kanonen der Stadt, die er aber offenbar als ungefährlich einstufte [135]).

Ungeachtet seiner Rückzugsahnungen schritt Dampierre auf dem ihm von Paris vorgeschriebenen Weg der Revolutionierung der Aachener Verfassung fort. Er beschrieb die Aufgaben des Aachener Nationalkonvents wie folgt: „Die von den Wahlmännern ernännten Repräsentanten sollen dem Volk eine für dasselbe beßtschickliche Verfassung darbieten ..." [136]). Der Wahltermin war jedoch gefährdet, da der Maire es versäumt hatte, die Grafschaften und Quartiere entsprechend vorzuladen, weswegen ihn Dampierre am 5. Februar rügte [137]). Zwar hatte der General dieses Versäumnis am 4. Februar nachgeholt, die Wahl kam jedoch nicht zustande, weil die Bürger wieder nicht wählen wollten [138]). Dampierre lud daraufhin auf den 7. Februar, was aber auch jetzt ohne Resonanz blieb [139]).

Die ablehnende Haltung resultierte nicht nur aus dem Mißbehagen über die revolutionären Neuerungen, sondern auch aus dem Entsetzen über die Nachricht von der Hinrichtung Ludwigs XVI. Gerade in Berichten zum 6. Februar wird dies belegt [140]). So tauchten vermehrt kaiserliche Kokarden im Straßenbild auf, und in einer Polizeiverordnung vom 7. Februar mußte die Aachener Bevölkerung bei Strafe aufgefordert werden, sich „von allem, welches nur auf Stöhrung der öffentlichen Ruhe abzielen könnte, es bestehe solches worin es immer wolle" zu enthalten [141]). Die ca. 200 Aachener Stadtsoldaten, die schon seit dem Einmarsch am 16. Dezember 1792 keine Uniform mehr tragen durften, sollten – wie erwähnt – ihre Waffen abliefern. Als dies nicht geschah, wollte man sie ihnen abnehmen, doch die Gewehre waren plötzlich unauffindbar, und der Stadthauptmann war offenbar mit etlichen Waffen untergetaucht [142]). Vermutlich betrachtete General Dampierre die Stadtsoldaten erst jetzt als möglichen Unsicherheitsfaktor. In einem aufsässigen Aachen mußte er sich durchaus um die Sicherheit seiner Leute in der Stadt sorgen, seit diese zwischen zwei Fronten saßen: im Osten standen die Österreicher, im Westen lag die Festung Maastricht, die seit der Kriegserklärung an die niederländischen Generalstaaten am 1. Februar eine Gefahr im Rücken bedeutete. Vielleicht hatten einige Aachener tatsächlich gehofft, die Gewehre der Stadtsoldaten bei einem für die nächsten Tage erwarteten Angriff der Österreicher oder aber bei drohender Plünderung der Stadt, von der französische Soldaten mehr und mehr in der Öffentlichkeit sprachen, einsetzen zu können. Bezeichnend für die angespannte Lage ist die Bemerkung eines unbekannten Aachener Briefschreibers vom 6. Februar, daß die Franzosen bereits beim bloßen Läuten der Brandglocken einen öffentlichen Aufruhr argwöhnten [143]). Auch sollen viele Soldaten befürchtet haben, sie könnten von ihren Quartiersleuten bei der Speisung vergiftet werden. Die feindliche, ja haßerfüllte Stimmung über die Königsmörder kommt auch in einem als Flugblatt verbreiteten Gedicht zum Ausdruck, das zwischen dem 21. Januar und dem 1. März 1793 umlief und den Titel trägt: "Te Deum laudamus auf die neugebackenen französischen Freiheits- und Unsinnsfabrikanten nebst einer freien teutschen Uebersetzung, gesungen im fünften Jahr der französischen Freiheits- und Gleichheitswuth" (siehe Exp. B 17).

Allen Spannungen zum Trotz versuchte Dampierre weiterhin die Wahlen zu erzwingen. Schon auf den 7. Februar schrieb er eine erneute Ladung aus; doch auch dieses Mal kam es nur zu einer Besprechung zwischen ihm und den Vertretern der Grafschaften [144]). Einen Tag später lud er dann unter Androhung militärischer Gewalt auf den 12. Februar, 9 Uhr, ein, und versäumte es nicht, die Bürger nochmals über die Aufgaben des künftigen Aachener Nationalkonvents aufzuklären:

> *„Sobald das Aachensche Volk seine Willensmeinung wird geäußert, und eine Konstitution, die es für sich die dienlichste findet, überhaupt wird zum Gesetze erklärt und bestätigt haben, so soll die also bestätigte Willensmeinung des Volks dem französischen National-Konvent als einem Freundesvolke zugeschicket, immittels aber die schleunige Einführung der vom Volke angenommenen Verfassung von Niemand behindert werden. Bemerke, Aachensches Volk! dasjenige, was ihnen die französische Nation itzt vorschlägt, ist ein Werk, welches die Völker von Zeit zu Zeit vornehmen müßten. Sie hat das Aachensche freye Volk in die Völle seiner Oberherrschafts-Rechte zurückgesetzt, damit selbiges urtheile, ob an seiner Verfassung etwas abzuändern sey oder nicht? Bestätigt nun das Volk seine alte Verfassung, so giebt es dieser eine neue Kraft und erprobet dadurch die Fürtrefflichkeit dieser Verfassung...*
> *Dieser ist der Wunsch der französischen Nation, dessen Werkzeug ich bin, ..."* [145]).

Man darf bezweifeln, daß Dampierres Ausführungen in Paris Billigung gefunden hätten, denn sie eröffneten den Aachenern die Möglichkeit, sich gegebenenfalls zu ihrer alten, im Gaffelbrief niedergelegten Verfassung zu bekennen. Die Dekrete des Pariser Nationalkonvents vom 15. und 17. Dezember 1792 und eine ergänzende Verfügung vom 31. Januar 1793 hatten ja vorgeschrieben, daß die auf örtlicher Ebene zu wählenden Nationalkonvente die „souveraineté et l'indépendance du peuple, la liberté et l'égalité" erklären und "une forme de gouvernement libre et populaire" einrichten, d.h. „an Stelle der provisorischen eine definitive Verwaltung wählen, sich unabhängig erklären, vom Deutschen Reich trennen und den Anschluß an Frankreich beschließen sollten" [146]).

Am 19. Februar fand die Wahl dann endlich statt. Über sie vermerkte der "Aachner Zuschauer" einen Tag später:

> *"Gestern sind die hiesigen Primar-Versammlungen zu der Wahl der Wahlmänner vorgeschritten und nach der von dem Französischen Kommandanten, General Dampierre, öffentlich bekannt gemachten Erklärung, daß das Volk eine Verfassung, die es für sich am dienlichsten finden würde, werde annehmen können, sind die Wahlen in den sämtlichen Sektionen in vollkommener Ruhe und Ordnung vor sich gegangen"* [147]).

Die so gewählten Wahlmänner schritten erst am 22. Februar zur Wahl der "wirklichen Volksrepräsentanten", d.h. der Mitglieder des Aachener Nationalkonvents [148]). Dampierre berichtete am 25. Februar dem Präsidenten des Nationalkonvents in Paris:

> *"Je vous prie de vouloir bien annoncer à la Convention Nationale, que l'Assemblée Électorale d'Aix et des districts de son arrondissement viennent de nommer les membres de la Convention Nationale d'Aix. Je suis parvenu, citoyen président, à mettre la clef de la voûte [d.h.: damit ist mir gelungen, das Wichtigste zu erreichen]. C'est actuellement à l'Assemblée Conventionelle d'Aix à traiter avec la Convention Nationale de France, et ma mission se trouve remplie"* [149]).

Am selben 25. Februar wählte der Aachener Nationalkonvent in Nikolaus Cromm seinen Präsidenten und in Franz Startz einen Vizepräsidenten. Beide waren Vertreter der Neuen Partei. Anschließend faßte die Versammlung einhellig als Empfehlung für die künftigen Beratungen des Aachener Nationalkonvents den Beschluß, daß für den Entwurf der künftigen Verfassung "in Gemäßheit des vom stadtaachenschen Volke allgemein geäusserten Wunsches, die Gaffelbriefe von 1450 u. 1681, wie auch der im jüngstvorigen Jahre von 12 hiesigen Stadtzünften entworfene und gutgeheissene Bürgerverein zum Hauptleitfaden genommen werden sollen" [150]). Diese Auffassung wurde in der Sitzung vom folgenden Tage nochmals bekräftigt [151]). Zu weiteren Sitzungen scheint es nicht mehr gekommen zu sein, weil sich das militärische Glück gegen die Franzosen wandte.

Die letzte Februarwoche verstrich – von den gewohnten Truppenbewegungen und Einquartierungen einmal abgesehen – noch ohne besondere Vorkommnisse. Die Gerüchte vom bevorstehenden Angriff der an der Rur stehenden Österreicher auf die französischen Stellungen wollten indes nicht verstummen. In der Nacht zum 1. März 1793 war es dann soweit. Der am 8. Januar von Kaiser Franz II. ernannte Oberbefehlshaber Prinz Friedrich Josias von Sachsen-Coburg-Saalfeld gab in der Nacht den Befehl, die Rur an vier Stellen zu überschreiten [152]). Die Franzosen wurden überrascht und an allen Fronten bezwungen. Der entscheidende Sieg gelang General Clerfayt bei Aldenhoven. Der französische General Stengel in Aachen erhielt diese Botschaft um 2 oder 3 Uhr nachts. Er brach sofort auf, und wenig später folgte die gesamte französische Generalität mit Dampierre an der Spitze. Am 1. März um 10 bis 11 Uhr war die Nachricht vom Sieg der Österreicher bereits in aller Munde, wenngleich man der Nachricht – nach so vielen früheren Enttäuschungen – nicht so recht glauben wollte. Zunächst gab es auch noch Anlaß zur Skepsis, denn die Franzosen setzten um die Mittagszeit einige Regimenter und Bataillone in Richtung Jülich in Marsch, welche voller Zuversicht ihr Kriegslied „Ça ira" anstimmten. Über die Vorgänge in Aachen am 1. und 2. März sind wir aus verschiedenen Quellen außergewöhnlich gut informiert: Am 1. März, kurz nach Mittag, erwies sich das Gerücht vom Morgen als durchaus glaubwürdig. Die ersten französischen Verwundeten trafen ein. Seit 14 Uhr war die Landstraße bei Haaren durch fliehende Franzosen verstopft, und um 15 Uhr kehrte General Dampierre von der geschlagenen Armee zurück nach Aachen, beorderte zwar noch Reserven nach vorne, traf aber zugleich Vorkehrungen für den Abzug der Garnison. Die

Die Schlacht von Aldenhoven und die Rückgewinnung Aachens

Aachener Bevölkerung hütete unterdessen, dem Befehl des Magistrats gehorchend, ihre Häuser und verhielt sich ruhig und abwartend, so daß die in der Stadt umreitenden Patrouillen nur hier und da kleinere Menschenansammlungen – aus Sicherheitsgründen – aufzulösen brauchte. In Haaren bot sich nach dem Bericht des dortigen Pfarrers am späten Nachmittag folgendes Bild:

> *„Gegen halb funf Uhr sahe ich diese Flüchtlinge theils zu Fuss, theils zu Pferde in gröster Unordnung, einige ohne Schuhe oder Strümpfe, andere ohne Rock oder Kamisol, einige ohne Hudt, viele mit bluetigen Köpfen oder sonsten verwundet, beij der Pastorath vorbeilaufen in solchen Mengen und so zusammengedrungen, dass die Stras selbige schier nicht fassen konte. Sie liefen alle erblasst und sprachlos auf Aachen zu. Dieses währte also ununterbrochen bis halb neun Uhr in der Nacht. Keinem im Dorf wurde von ihnen etwas genommen, noch einiges Leijd zugefügt, aus Forcht und Angst. Sonderlich, wenn die Reuther zwischen denen Füsseren einjagten, burtzelten öfters in Gedränge diese über jene her; einjeder trachtete andern vorzukommen"* [153]).

Um 19 Uhr begann auch in Aachen der Rückzug, während die von der früheren Front zurückströmenden Soldaten zunächst bei den Aachener Bürgern und in den Klöstern einquartiert wurden, um ihnen in ihrer Erschöpfung Schlaf zu ermöglichen. Allein das Franziskanerkloster hatte bis 21 Uhr 700 Franzosen aufzunehmen. Aber bereits in der Nacht hieß es für alle: Rückzug durchs Junkerstor auf Henri-Chapelle! Zu diesem Zweck waren die Aachener aufgefordert, Lichter in die Fenster ihrer Häuser zur Beleuchtung der Straßen zu stellen. Zugleich war ihnen verboten worden, ihre Häuser zu verlassen. Dort verbrachten sie ob der Ungewißheit über Plünderung oder Brandstiftung eine lange, sorgenvolle Nacht.
Am 2. März um 7 Uhr ließ General Dampierre dem Marienstift die seit dem 31. Dezember nachtweise eingezogenen Kirchenschlüssel und die seit dem 26. Februar auf Befehl der wieder in Aachen weilenden Nationalkommissare erneut inventarisierten und schon zum Abtransport bereitstehenden Kirchenschätze zurückgeben [154]). Dampierre erwies sich somit nicht als so raffgierig, wie ihn General Dumouriez in seinen Memoiren hingestellt hat [155]). Der Verzicht auf den Abtransport erfolgte allerdings auf Fürsprache des Maire Beissel [156]), dem Dampierre noch vor seiner Abreise in einem besonderen Schreiben für seine Bemühungen der letzten Wochen dankte, und den er vertrauensvoll bat, er möge sich für das Wohl der zurückgelassenen Verwundeten einsetzen [157]). Wenig später verließ Dampierre zusammen mit den Nationalkommissaren unter einer Bedeckung Husaren die Stadt. Um 8 Uhr war Aachen geräumt [158]).
Unterdessen war der linke Flügel der österreichischen Armee unter dem Kommando des Feldmarschall-Leutnants Prinz von Württemberg auf Aachen vorgerückt [159]). Am 2. März, gegen 9 Uhr, rückten unter der Führung eines Offiziers 7 bis 9 Ulanen und einige wenige Tiroler Scharfschützen vom Regiment Michalowitz durchs Kölntor in die Stadt ein. Die Ulanen machten unter den zurückgebliebenen Franzosen noch einige Gefangene, die sie auf der Hauptwache am Markt internierten. Die Scharfschützen eröffneten unterdessen die Jagd auf die Nationalgardisten, denen sie anders als den Angehörigen der regulären Armee, den sog. Linientruppen, keinen Pardon gaben [160]). Sie wurden sofort erschossen. Auf diese Weise kamen etwa 20 Franzosen, die den Rückzug versäumt hatten, um.
Als die Aachener die Österreicher bemerkten, liefen sie auf die Straßen und gaben ihrer Begeisterung vollen Ausdruck. „Vivat der Kaiser" ertönte es allenthalben. Die Aachener Annalen bemerken dazu: „Ich kan die Freud, das Jauchzen und Frolocken des herbeilaufenden Volks nicht beschreiben, denn es geht über alle Einbildung". Die "Kaiserliche Reichs-Ober-Postamts-Zeitung zu Köln" meldete aus Aachen: "Das Freudengeschrei ist allenthalben so groß, daß man keine Silbe ruhig schreiben kann". Sogleich eilten die Aachener mit den Österreichern auf den Marktplatz, legten den

verhaßten Freiheitsbaum nieder und befreiten die Brunnenfigur Karls d.Gr. von der Jakobinermütze. Die Soldaten trugen daraufhin den abgeschlagenen Freiheitsbaum durch die Stadt und riefen: "Dieses ist der Teuffelsbaum" [161]).

Die überschwengliche Freude fand ihr jähes Ende, als sich die Nachricht verbreitete, die Franzosen kämen zurück. Tatsächlich, zwischen 10 und 11 Uhr sprengten einige über die Jakobstraße in die Stadt und befreiten ihre in der Hauptwache auf dem Markt inhaftierten Kameraden. Wenig später rückten unter dem Befehl von General Miaczynski etwa 2 000 Franzosen von Herzogenrath und Geilenkirchen her flüchtend vors Ponttor. Offenbar wähnten sie die französische Garnison noch in der Stadt. Als sie das Ponttor verschlossen fanden und ihren Irrtum bemerkten, sprengten sie es kurzerhand mit zwei Kanonenschüssen auf, drangen in die Stadt vor, besetzten das Kölntor, postierten auf den angrenzenden Wällen ihre Kanonen und sicherten den Markt und alle militärisch wichtigen Punkte der Stadt ab. Die wenigen in Aachen befindlichen österreichischen Soldaten hatten natürlich vor dieser Übermacht den Rückweg zu ihren Truppen angetreten. Hingegen waren am Adalbertstor, das man ihnen geöffnet hatte, 15 bis 18 Ulanen eingeritten, die sich aber beim Anblick der mit Franzosen überfüllten Straßen und, nachdem sie entdeckt worden und unter Beschuß geraten waren, wieder zurückzogen. Seit 11.30 Uhr kam es am Kölntor zu heftigem Gewehrfeuer. Um 12.15 Uhr hatten die Österreicher den Lous-, Salvator- und Wingertsberg sowie die übrigen Anhöhen außerhalb der Stadt besetzt und dort ihre Kanonen aufgestellt. Sie lieferten den Franzosen eine halbstündige Kanonade. In der Stadt bebten die Gebäude, Fensterscheiben barsten, und einige Häuser erlitten ernstere Schäden. Der militärische Nutzen der Kanonade blieb zwar gering, der psychologische war jedoch um so größer, denn als zwölf österreichische Scharfschützen von außerhalb nach innen auf die Wälle gelangten, einige Österreicher durchs Sandkaultor eindrangen und offenbar auch das Ponttor berannt wurde, räumten die Franzosen ihre Stellungen auf den Wällen. Kaum waren sie abgerückt, öffneten die Aachener das Kölntor. Die einreitenden Scharfschützen und eine durch Köln- und Sandkaultor einrückende Kompanie Deutschmeister-Infanterie setzten den Franzosen nach, und bald befanden sich diese in heilloser Flucht. Auf dem Markt formierten sie sich noch einmal und suchten wieder Fuß zu fassen. Gegen die Pontstraße hatten sie eine mit Kartätschen geladene Kanone in Stellung gebracht, die dann aber unter Bedeckung von 40 Mann Kavallerie zusammen mit drei Munitionswagen in die Jakobstraße gezogen wurde. Während dies geschah, erreichten die Österreicher vom Köln- und Ponttor sowie vom Büchel her den Markt. Nach kurzem Feuerwechsel liefen die Franzosen auseinander und formierten sich erst wieder in der Jakobstraße vor Jakobs- und Mittelpforte. Während dieser Ereignisse hatte sich nach dem Augenzeugenbericht eines unbekannten Briefschreibers eine Tragödie abgespielt:

> *„Auf dem Markte liegt ein junges Mädchen von 17 bis 18 Jahren, das niedlichste Geschöpf, das ich je sah, im bloßen Hemde, mit einer Kugel durch den Rückgrad. Wie ich sie genauer in den Augenschein nam, erkannte ich sie. Bei meinem [der Name ist in der 1793 erschienenen Edition ausgelassen] hat sie mit ihrem Vater, der Major beim 29sten Regiment war, 7 Wochen logirt. Vorgestern ging sie weg; wie sie aber mit den 1 500 Mann zurückgekommen seyn mag, weiß ich nicht. Um 12 Ur, da die ersten Canonen zurückzogen, kam das arme Ding, recht artig angezogen, zu Fuß vorbeigelaufen, und fragte mich noch an der Haus-Tür, ob ich ihren Vater nicht gesehn hätte? Wäre die auf meine verneinende Antwort gleich weggelaufen, lebte sie vielleicht noch: aber so hielt sie sich noch bis ein Viertel nach 1 Ur auf dem Markte auf. Nun kam zwar ihr Vater, aber fliehend, hinter ihm die Oestreicher: ein Scharf-Schütz bläst ihm vor ihren Augen das Lebenslicht aus. In der Angst ihres Herzens ruft sie: ach Gott! mein armer Vater! Im Augenblick schreit ein anderer Oestreicher: wart' geh' du auch zu deinem Vater, und drückt sein Gewer auf sie ab. Sie hat beinahe noch $^{1}/_{4}$ Stunde gelebt, und verlangte zu beichten, niemand aber hörte sie.*

> *Hätte sie nichts gerufen, so hätten die Oestreicher vielleicht geglaubt, es sei ein Mädchen aus der Stadt. – Aber die Tochter eines Mannes, der ihnen so tapfer widerstand, und auf den sie ihr Haupt-Augenmerk richteten, am Leben zu lassen, schien ihnen zu stark. – Die Rache war klein* [162]).

In der Jakobstraße feuerten die Franzosen zwei Kanonen in Richtung Innenstadt gegen die vordringenden Kaiserlichen ab, wobei zahlreiche Fensterscheiben zerbarsten. Als schließlich Kaiserliche vom Freikorps Michalowitz aus der Stromgasse hervorsprengten, griffen auch Anwohner der Jakobstraße mit Säbeln und Beilen ins Kampfgeschehen ein und erbeuteten dabei zwei Kanonen und einige Pferde der Munitionswagen [163]). Der Aachener Archivar Karl Franz Meyer d.J. schrieb dazu später:

> *„Ein sicherer, nunmehr verstorbener Joseph Baumhauer, welcher sechs Jahre lang unter einem königl. preuß. Füsilier-Bataillon gedient hatte, eilte muthvoll und versehen mit einem schweren Stock durch die Stromgasse zur Jakobstraße, schlug unter anhaltendem Geschrei an seine Mitbürger: Allons Jungen frisch, greift an, einen französischen Kanonier zu Boden, worauf die übrigen Kanoniers schleunig die Zugstränge abschnitten, um sich und die Pferde zu retten. Indessen eroberte der bemeldete Baumhauer diese Kanone, wurde aber von den retirirenden Franzosen durch einen Schuß am Fuße verwundet und seine Kleidung von mehreren Kugeln durchlöchert. Die andere Kanone wurde außer Jakobsthor erbeutet, ohne zu wissen von wem. Als diese Kanone zur Stadt gebracht wurde, saß ein sicherer Franz Chorus auf diesem Feldstück, woraus man schließen konnte, daß der gedachte Chorus der Eroberer desselben gewesen"* [164]).

Die französische Infanterie floh durchs Jakobstor in den Aachener Busch, die Kavallerie durchs Junkerstor, verfolgt von den Kaiserlichen. Es war etwa kurz vor 15 Uhr, als Aachen zurückerobert war. Der Verfasser der Aachener Annalen schließt seinen Bericht mit den Worten: „Auf diese Weis sind wir von den Königsmördern befreit worden!" Franz Dautzenberg, Herausgeber des Aachner Zuschauers, der die Revolution anfänglich befürwortete, ihr dann unter dem Eindruck ihrer Radikalisierung und des Königsmordes immer reservierter gegenüberstand, schrieb in seiner Zeitung unter dem 2. März:

> *[Die Franzosen]* "*feuerten im Fliehen ihre Gewehre ab; einige warfen solche samt ihren Tornistern von sich, um hurtiger zu seyn, und die Sieger folgten ihnen dicht drein bis auf der Jakobs-Straße. Hier setzten sich die Franzosen nochmals, beschädigten durch einige Kartätschen-Ladungen die Thürschwellen der Häuser und die Fenster und thaten den Kaiserlichen kein Leid, die ihnen hart zu Leibe setzten. Deutsches Blut wallte in den Bürgern Aachens und sie brannten vor Begierde, an der Befreyung ihrer Vaterstadt ihren Theil zu haben. Wir dürfen es, zum Ruhme unsrer Mitbürger, nicht unerwähnt lassen, daß sie es waren, welche ihren Rettern die Thore öffneten, und daß sie es waren, welche den Feinden Deutschlands die Waffen aus den Händen wanden, als die Unholden ihre ohnmächtige Wuth noch ergiessen wollten beym Ausgange dieser Reichsstadt. Die Bürger Aachens eroberten gegen 3 Uhr Nachmittags auf der Jakobs-Straße über die Franzosen zwei vierpfündige Kanonen, welche der Kaiserliche F(eld)-M(arschall)-Leutnant Prinz von Württemberg nach seinem glorreichen Einzuge der Stadt zum ewigen Andenken geschenkt hat*".

Bei der Rückeroberung Aachens wurden – die Zahlen schwanken ein wenig – vier oder fünf Kanonen und drei Munitionskarren erbeutet. 54 oder 55 Franzosen, unter ihnen ein Oberst und ein Major sowie des letzteren Tochter, starben in Aachens Straßen, mehr als 200 wurden gefangengenommen. Auf österreichischer Seite waren zwei bis fünf Soldaten gefallen. Der Haarener Pfarrer wußte von vier toten Österreichern und vermerkte in seinem Kirchenbuch, daß man sie auf dem Münster-Kirchhof begraben habe, "nicht aber die Franzosen, diese Unchristen". Die Stadt Aachen hatte den Tod einiger Bürger, unter ihnen ein Gerhard Gütten [165], zu beklagen. Fritz Jacobi schrieb diesbezüglich am 5. März an Goethe:

> *„Es sind auch verschiedene Bürger umgekommen, welche der Vorwitz vor die Thüre und an die Fenster lockte. Unter andern nahm auf dem Markte eine Kanonenkugel einem Totengräber den Kopf weg in dem Augenblick da er ihn zum Fenster hinaus streckte"* [166].

Ansonsten war der Anteil der Aachener Bevölkerung an der Vertreibung der Franzosen, auch bedingt durch den Befehl des Magistrats in den Häusern abzuwarten, den emphatischen Worten im Aachner Zuschauer zum Trotz, eher gering. Trotz der Verachtung und vielleicht auch des Hasses, den sie gegenüber den Revolutionären verspürte, hat sie sich in ihrer großen Mehrheit nicht zu "Exzessen" hinreißen lassen [167] Aber auch hier gab es Ausnahmen. So berichtet der Reisende Christoph Girtanner:

> *„In Aachen haben mir mehrere Augenzeugen die Plätze gezeigt, auf welchen die Bürger die maroden oder verwundeten Frankreicher mit Kampirspfählen, die sie den Kavalleristen abnahmen, erschlagen haben"* [168].

Ein unbekannter Aachener schrieb in einem Brief über den 2. März:

> *„Kaum bin ich 20 Schritte weiter gegangen, kommen 2 hiesige Bürger mit einem Franzosen in ihrer Mitte geschleppt, bringen ihn einem Scharf-Schützen. Ganz kaltblütig nimmt der seine Büchse, hält den Lauf derselben dem Franzosen dicht vor den Kopf, und spedirt ihn zu seinen Vätern. Mag entscheiden wer da will, ob unsre Einwoner sich edel bei der Sache betragen haben"* [169].

Die Tumulte im französischen Militärspital (in der Karmeliterkirche), bei denen Kranke aus den Betten und sogar aus den Fenstern geworfen worden sein sollen, scheinen allerdings auf das Konto französischer Deserteure zu gehen. Nicht unerwähnt bleiben sollen aber auch jene Aachener, welche französische Soldaten vor den Österreichern verbargen und ihnen zur Flucht verhalfen [170].

Zieht man Bilanz, so ist festzustellen, daß sich weder die Anhänger der Neuen noch der Alten Partei, weder die Zunftbürger noch die breite Masse der Bevölkerung von den "neufränkischen" Ideen, welche die Besatzer einführen wollten, mitreißen ließen. Die Aachener waren mit ihren Freiheiten als Bürger und Einwohner einer Reichsstadt des Heiligen Römischen Reiches zufrieden und bekannten sich mehrheitlich zu ihrer alten Verfassung, die sie nicht abschaffen, sondern nur den Erfordernissen anpassen wollten. Reform, nicht Revolution war angesagt. Als die Franzosen dennoch die bestehende Ordnung gegen eine auf der Volkssouveränität beruhende, wirklich demokratische vertauschen wollten, stießen sie auf erbitterten Widerstand, vor allem bei den Zunftbürgern, und bewirkten sogar, daß sich Alte und Neue Partei verständigten und eine geschlossene Front gegen die Bestrebungen des Pariser Nationalkonvents und des örtlichen Befehlshabers General Dampierre bildeten. Nicht nur die Bedrohung der überlieferten Verfassung trieb einen Keil zwischen die

Bilanz der ersten Besetzung

Aachener Bevölkerung und die Franzosen. Einquartierungen und andere militärische Lasten wurden selbstverständlich als hart empfunden; schwerer aber noch wogen die – trotz aller Bemühungen der Generäle und der Volksrepräsentanten immer wieder vorkommenden – "Exzesse", welche von Teilen der bewaffneten Macht bzw. in deren Gefolge verübt wurden. Diese Übergriffe und Verbrechen – auch wenn sie zumeist außerhalb Aachens begangen wurden – führten zu emotionalen Vorbehalten gegenüber allen Neuerungen der Okkupanten und verhinderten jede ernsthafte Beschäftigung mit den politischen Idealen und Zielen der Revolution. Die Hinrichtung König Ludwigs XVI. zerstörte letztlich jeden Rest an Sympathie. Die Tötung des gesalbten Königs betrachtete man gewissermaßen als den Gipfel all jener Verletzungen des religiösen Gefühls, welche den Aachenern seit der Besetzung der Stadt zugemutet worden waren. Entweihung von Gotteshäusern, Zweckentfremdung von Kirchen- und Klostergebäuden und die Behinderung von Gottesdienst und Prozessionen waren Handlungen, die bei der in barocker Frömmigkeit lebenden Bevölkerung besonders schwer wogen. Die Verletzung des religiösen Empfindens, die Mißachtung dessen, was man in Aachen unter Freiheit verstand, und die unglücklichen Begleitumstände einer militärischen Besetzung bewirkten, daß die Aachener für die Besetzer ihrer Stadt, die weder über ausreichend Kleidung noch Brot verfügten und die in Massen an Krankheiten starben, sie aber mit Égalité, Fraternité und Liberté beglücken wollten, in Wirklichkeit aber alles, was ihnen lieb war, inklusive den bescheidenen Wohlstand, zugrunde richteten, nur Abscheu empfanden. Der am Straßenkampf des 1. und 2. März beteiligte französische Ingenieuroffizier Tardy sah denn auch in Aachen einen Ort "où l'on nous détestait"[171]). Selbst Franz Dautzenberg, der als Herausgeber der Zeitung "Aachner Zuschauer" ein Verfechter der Grundideen der Französischen Revolution war, ging mit den Besatzern streng zu Gericht, indem er am 11. März 1793 schrieb:

> *„Mit freyer Hand, geneigte Leser! können wir nunmehr wieder dem merkwürdigen Gange der Zeitgeschichte folgen. Während 2 1/2 Monate, wo Französischer Unsinn hier sein Wesen trieb, erfuhren wir den Gehalt der so hoch gepriesenen Neu-Fränkischen Freyheit in vollem Maaße. Es bedurfte unsres ganzen Muthes, um von dem kostbarsten Eigenthume des denkenden Menschen nur so viel zu behaupten, als in entferntester Beziehung unumgänglich nöthig war, um der Geschichte nicht durchaus untreu zu werden ...*
> *Der Neu-Fränkischen Chimäre ist heuer die lezte Stunde geschlagen: dies müssen wir, wo nicht als historische Thatsache, doch als Resultat unserer Beobachtungen, welche wir in dem für unsre Vaterstadt Epoche machenden Zeitraume sorgfältig gesammelt haben, unsren Deutschen Brüdern voraus schicken, ehe wir weiter schreiten. Es ist uns Pflicht, dem vaterländischen Publikum aus Erfahrung zu sagen, (und unser Zeugniß darf niemanden verdächtig scheinen) daß Französische Freyheit ein Unding ist, unfähig zur Menschen-Beglückung, und nicht werth, von Deutschen nachgestrebt zu werden, wenn es auch möglich wäre, daß nach dem Greueltage, dem 21. Jänn(er) lezthin, ein Bürger irgend eines Staats noch ein williges Ohr leihen könnte allem dem, was jene Unmenschen, welche Frankreich zerfleischen, ferner ausbrüten mögen.*
> *Die Bürger Aachens, ungelehrig den Französischen Sophismen seit der ersten Erscheinung der Feinde Deutschlands in ihren Mauern, hatten durch ihre beharrliche Treue für Kaiser und Reich dem Vaterlande zu Tage gelegt, daß sie verdienten, dem Joche entrissen zu werden"*[172]).

Einem anschließenden Bericht über die Ereignisse des 1. und 2. März ließ Franz Dautzenberg die Worte folgen:

„So ward Aachen von dem Neufränkischen Freyheits-Joche glücklich wieder erlöset, und der Kaiserliche Adler breitete seine Fittige aus über unsre vaterländische Erde. Deutschlands befreyten Söhne segneten wonniglich ihrem beßren Vater, FRANZ dem ZWEYTEN, welchen der Himmel für die Wohlfahrt des Deutschen Reiches, und für das Beßte der Menschheit, lange erhalten möge! ..." [173]).

Am deutlichsten aber kommt die Verachtung gegenüber den zerlumpten Neuerern in einer wenige Wochen vor der Schlacht von Aldenhoven entstandenen Parodie auf die Marseillaise zum Ausdruck, jenes Kriegslied, das der Pionieroffizier Joseph Rouget de Lisle in der Nacht vom 25. zum 26. April 1792 in Straßburg als "chant de guerre pour l'armée du Rhin" komponiert hatte und das, gedruckt in Straßburg, am 30. Juli 1792 von einem Marseiller Freiwilligenbataillon beim Einzug in Paris gesungen wurde und sich alsbald einer bekanntermaßen großen Beliebtheit erfreute [174]). In einem Brief an den General Kellermann hatte der Kriegsminister Servan die Marseillaise als "Te Deum" der Republik bezeichnet. Im Jahre 1795 wurde sie dann auch zur Nationalhymne erklärt und war als solche zunächst bis 1804 in Gebrauch. Das schon 1790 entstandene Revolutionslied "Ça ira" trat dem gegenüber zurück. Die Aachener hatten die Marseillaise auf diversen Festen, Bällen und Umzügen der Franzosen bis zum Überdruß gehört bzw. singen müssen, was schließlich einen oder mehrere namentlich unbekannte Aachener Einwohner zu einer Parodie in deftigem Aachener Dialekt veranlaßte, die dann vor allem von den Gassenjungen mit Begeisterung gesungen wurde. Der Text der Aachener Marseillaise lautet im Vergleich zur französischen Vorlage wie folgt [175]):

Die Franzosen sangen:	Die Aachener sangen:	
"Allons, enfants de la patrie,	„Uehr Halonke, schlehte Prije,[a)]	*Aachener*
Le jour de gloire est arrivé!	Kanaljepack en Schelmevieh!	*Marseillaise*
Contre nous de la tyrannie	Vür mössen üch hei lije[b)]	
L'étendard sanglant est levé. [doppelt]	En döschen[c)] ons net reppe[d)] mieh. [doppelt]	
Entendez-vous dans les campagnes	Waht ühr merr, ühr franze Bieste,	
Mugir ces féroces soldats?	Hoss[e)] könnt der ongersche[f)] Zaldat	
Ils viennent jusque dans vos bras	Met Coborg[g)] üch an de Schwaht,	
Egorger vos fils, vos compagnes.	Datt ühr noh heem mot fieste.[h)]	
Aux armes, citoyens!	Uehr ärm Zitojengs,	
Formez vos bataillons!	Uehr Lompebattaljongs!	
Marchons, marchons!	Uehr Hong, ühr Hong!	
Qu'un sang impur abreuve nos sillons!"	Set net mieh weht äls Dreck agen Schong[i)]".	

[a)] Luder, [b)] leiden, [c)] dürfen, [d)] regen, [e)] bald, [f)] ungarische, [g)] Prinz von Coburg, der Oberkommandierende der österreichischen Armee [h)] mit Schimpf und Schande abziehen, [i)] an den Schuhen.

C. Die Wiederherstellung der reichsstädtischen Ordnung 1793/94 und ihr neuerlicher Verlust: Aachen unter französischer Herrschaft 1794-1801

Rückeroberung der österreichischen Niederlande und Dumouriez' Verrat

Die militärischen Erfolge der Österreicher waren nach der Schlacht von Aldenhoven und der Einnahme Aachens zunächst überwältigend. Noch am 2. März hatten sie die Linie Henri-Chapelle – Herzogenrath – Geilenkirchen bezogen[1]). Tags darauf schlugen sie bereits ihr Hauptquartier in Maastricht auf. Am 5. März fiel Lüttich in ihre Hand, so daß der Prinz von Württemberg sein Quartier von Aachen dorthin verlegen konnte. Die Revolutionsheere waren über die Maas zurückgedrängt. Als Ergebnis des militärischen Erfolgs trafen in dieser Zeit zahlreiche französische Gefangene in Aachen ein[2]). Für sie mußten die wohlhabenden Bürger auf Geheiß des Rates Betten, Matratzen und Decken in das zur Einquartierung freigegebene Franziskanerkloster liefern. Viele Bürger leisteten darüber hinaus freiwillige Hilfe, indem sie in einem Akt der Nächstenliebe Nahrungsmittel bereitstellten oder bei der Verwundetenbetreuung aushalfen. Preußische, holländische und englische Truppen drängten die Franzosen aus den Niederlanden zurück, bis schließlich am 18. März der Prinz von Sachsen-Coburg Dumouriez' Armee bei Neerwinden (südöstlich von Tirlemont) schlug und deren Rückzug auf die französischen Grenzfestungen erzwang. Damit war die Rückeroberung der österreichischen Niederlande endgültig abgeschlossen.

Die Nachricht von der Niederlage bei Neerwinden löste in Paris große Bestürzung aus und gab den Kritikern Dumouriez' Auftrieb. Seine öffentliche Mißbilligung der in den Dekreten vom 15. und 17. Dezember 1792 zum Ausdruck kommenden Politik des Konvents war noch in guter Erinnerung[3]). Auf der anderen Seite zog Dumouriez jetzt Konsequenzen. Er wollte nicht länger dieser Republik dienen, sondern auf Paris marschieren, den Konvent stürzen und die konstitutionelle Monarchie mit dem Herzog von Orléans an der Spitze einführen. Am 25. März trat er zu diesem Zwecke mit den Österreichern in Verbindung. Sein Plan wurde aber in Paris vorzeitig bekannt, so daß der Konvent am 30. März den Kriegsminister Beurnonville und vier Konventsdeputierte nach Saint Amand entsandte, um Dumouriez zu verhaften und nach Paris zu bringen. Dumouriez ließ aber seinerseits die Gesandtschaft festnehmen und überstellte sie in Tournai der österreichischen Armee. Die fünf Deputierten wurden über Brüssel, Maastricht und Aachen, wo sie am 23. Mai eintrafen[4]), über den Ehrenbreitstein und weiter nach Böhmen und Mähren eskortiert, wo sie bis zum Dezember 1795 in Haft blieben. Dumouriez mußte allerdings feststellen, daß ihm nur ein Regiment Husaren die Treue hielt und sah sich genötigt, mit diesem am 5. April zu den Österreichern überzutreten. Am 16. April passierte er Aachen auf dem Weg ins Exil[5]). Sein Verrat erschütterte die Republik und das Militär gleichermaßen. An die Stelle Dumouriez' trat nun General Dampierre. Er hatte den Auftrag, die Armee vor dem Zerfall zu bewahren und im Lager von Famars zu reorganisieren. Auf Drängen der bei ihm weilenden Konventskommissare, die nicht mit der Möglichkeit rechnen wollten, daß die Söldlinge der Tyrannen den Kriegern der Freiheit widerstehen könnten[6]), ließ sich Dampierre am 1. Mai 1793 zu einer Gegenoffensive verleiten, die allerdings scheiterte und ihn das Leben kostete: Als er am 8. Mai an der Spitze seiner Truppen zum Entsatz der Stadt Condé ritt, wurde ihm am Rande des Waldes von Vicoigne von einer Kanonenkugel der rechte Schenkel weggerissen. Dieser Verletzung erlag er am folgenden Tage um die Mittagszeit.

Die Verbündeten richteten auch weiterhin ihr ganzes Interesse auf die Eroberung französischer Grenzfestungen und verspielten damit die Gunst der Stunde, auf Paris zu marschieren und der Revolution ein Ende zu bereiten. Der General Thiébault schrieb dazu später in seinen Memoiren:

„Dumouriez' Abfall, der Verlust der Generale, die ihm gefolgt waren, und des ganzen Regiments Bercheny-Husaren, das ebenfalls mit ihm zum Feinde übergegangen war, ließen die Trümmer der französischen Armee in einem Zustande der Erschütterung und Verwirrung zurück, daß der Prinz von Coburg, der damals über mehr als 100 000 Mann verfügte, ohne Schwierigkeit unsre Festungslinie hätte durchbrechen und in Gewaltmärschen auf Paris losgehen können, ohne daß die 40 000 Mann, deren Aushebung zum Schutze dieser Stadt angeordnet war, imstande gewesen wären, ihn daran zu hindern, den Konvent zu sprengen und der Revolution ein Ende zu machen. Allein der Himmel fügte es anders. Die Verbündeten waren durch ihren Erfolg ebenso in Verlegenheit gesetzt, als wir durch unsere Niederlage. In dem Augenblick, wo alle Umstände sie dazu drängten, ihre Bewegungen zu beschleunigen, zögerten sie und kamen in ihrer durch nichts zu rechtfertigenden Unentschlossenheit auf den Gedanken, in Antwerpen einen Kongreß zusammenzurufen, der über die weitere Kriegführung beraten sollte. Dort beschlossen der Prinz von Coburg, der Prinz von Oranien und der Herzog von York, zunächst Mainz, Condé, Valenciennes und Dünkirchen zu belagern und nicht eher weiter vorzugehen, als bis sie Herrn dieser Plätze seien. Sie hätten kaum einen thörichteren Beschluß fassen können. Wenn man durch gleich starke Kräfte bedroht wird, muß man freilich der Notwendigkeit, sich Stützpunkte zu verschaffen, alles andre opfern, aber daß man sich mit 160 000 Mann siegreicher Truppen, denen nichts gegenüberstand, als ein geschlagenes und entmutiges Heer von 50 000 Mann, von ein paar Festungen aufhalten ließ, das übersteigt wirklich alle Begriffe, und in der That sind wir nur dadurch dem gewissen und raschen Verderben entgangen" [7]).

In Aachen waren unterdessen die alten Zustände, wie sie vor dem Einrücken der Franzosen bestanden hatten, wiederhergestellt worden. Unmittelbar nach der Flucht der französischen Truppen hatte Stephan Beissel sein Amt als Maire niedergelegt und Bürgermeister Kreitz seine Amtsstube und die zugehörigen Schlüssel überlassen [8]). Seit dem Abzug der österreichischen Generalität aus Aachen und der Aufhebung des wohl aus Geheimhaltungsgründen verhängten Verbots, die Stadt zu verlassen [9]), begann sich das Leben in Aachen wieder zu normalisieren. Am 4. März trat der alte Rat, wie er seit 1789/90 bestanden hatte, wieder zusammen, „um die ihm zustehende stadtobrigkeitliche Rechten wiederum in ihrem ganzen Umfang zu übernehmen und auszuüben" [10]). Zu diesem Zweck wurde allen Personen, die vor dem Einrücken der Franzosen eine Rolle innerhalb der Stadtverwaltung gespielt hatten, in Erinnerung an ihre Eide und Pflichten geboten, auf ihre Posten zurückzukehren. Vom Präsidenten, Vizepräsidenten und Sekretär des ehemaligen Aachener Nationalkonvents, den Herren Nikolaus Cromm, Franz Startz und Friedrich Hubert Strauch, forderte der Rat die unverzügliche Aushändigung der Protokolle und Beiakten. Die Protokolle wurden dem alten und neuen Stadtsekretär Peltzer noch in der Ratssitzung übergeben. Mit der Übernahme der Beiakten am 5. März wurden die Herren Frents und Herpers als Ratsdeputierte beauftragt. Heute sind sowohl die Protokolle wie auch die Akten verloren. Am 8. März nahm der Rat seine Gerichtsbarkeit wieder auf. Auch der Königliche Schöffenstuhl konnte nun wieder unangefochten seinen althergebrachten Geschäften nachgehen. Die früheren Repräsentanten der französischen Verwaltung blieben, da sie ihre Ämter bekanntermaßen unter Zwang ausgeübt hatten, unbehelligt. So sprach der Schöffenstuhl am 8. März den früheren Maire Beissel von jeder Schuldhaftigkeit frei, bestätigte ihm die Untadeligkeit seiner Handlungen und sprach ihm darüber hinaus seinen Dank aus, dem sich der Dekan des Marienstifts – wohl im Andenken an den verhinderten Abtransport der Kirchenschätze – anschloß [11]). Am 11. März bescheinigte der Jülicher Vizeschultheiß Schulz den Aachenern allgemein und den zur Annahme von Ämtern gezwungenen Personen im besonderen, sie hätten sich stets als treue Glieder des Heiligen Römischen Reiches erwiesen. Diese Bescheinigungen hatten insofern

Rückkehr zu den alten Zuständen in Aachen

eine besondere Bedeutung, als Kaiser Leopold II. bereits am 19. Dezember 1792 allen Reichsuntertanen verboten hatte, in französische Dienste zu treten [12]). Später war anerkannt worden, daß auch die Pflicht der Selbsterhaltung zu den Pflichten gegenüber dem Reich gehöre [13]).

Die Freude über die Befreiung hielt auch in diesen Tagen an. Das große Dankfest aber sollte – so das Ergebnis der Verhandlungen zwischen Rat und Marienstift – am Sonntag, dem 10. März, stattfinden [14]). Zur Vorankündigung wurden zwei Tage zuvor alle Glocken der Stadt geläutet und die Kanonen auf den Wällen abgefeuert. Das Fest selbst beschreiben die Aachener Annalen am besten:

> *„Merz den 10., sontags, war der freudenvolle Tag, an welchem wir dem Allmächtigen dankten, dass er unsre Vaterstadt von den Feinden Deutschlands befreiet hat. Gestern Abend kündigte der Kanonendonner von unsern Stadt Wällen und das Geläute aller Gloken die würdige Vorbereitung zu der grossen Feier an. Heute um 6 Uhr wurde in unser lieben Frauen Münster das Höchste Gut ausgestellt. Um 10 Uhr von dem hochw(ürdigen) Herrn Dechant ein feierliches Hochamt unter wiederholten Artillerie- und dreimaliger Salven einer Kompagnie vom Regiment Deutschmeister, welche auf dem Kirchhof paradierten, gehalten. Nachmittags um 4 Uhr das Te Deum unter Läutung aller Glocken abgesungen, und jeder Einwohner durch Festlichkeiten, die den ganzen Tag über dauerten, zur reinen Freude gestimmt. Abends war die ganze Stadt beleuchtet und unter fortwährendem Kanonendonner, Musik, Jubeln und Freudenbezeugungen aller Art fühlte sich die Bürgerschaft bis in die späte Nacht hingerissen von dem Genusse des Glücks, mit warmer Brust den Ruf in die Lüfte zu schicken: Es lebe Kaiser Franz! Segen den deutschen Waffen"* [15])*!*

Am selben Tag, um 16 Uhr, wurde auch der Gottesdienst in der Jesuitenkirche wieder aufgenommen [16]).

Auch in den nächsten Wochen war man in Aachen auf die Wiederherstellung der alten Ordnung bedacht. Am 22. März beauftragte der Rat seine Deputierten Herpers und Frents, sich zusammen mit Stadtsekretär Jakob Couven und der Baukammer um die Wiederaufrichtung der Kalckberner-Schandsäule zu kümmern, wozu man laut Beschluß vom 5. April Johann Dautzenberg als einen der Täter finanziell heranzuziehen gedachte [17]). Am 1. September war sie wieder aufgerichtet [18]). Auch die seinerzeit abgehängten Hoheitszeichen wurden wieder angebracht, so am 30. April der kupferne Adler am Rathaus [19]).

Das Stillhalteabkommen, das die Alte und Neue Partei am 8. Januar vereinbart hatten, um den Franzosen geschlossen begegnen zu können, verlor seine Geltung und wich dem gewohnten Parteienstreit [20]). Nur in der Ablehnung der „Neufrankomanie" blieb man sich einig; so auch in der Überzeugung, daß die Tätigkeit des am 2. März unter dem Eindruck der österreichischen Waffen aufgelösten sog. Jakobinerklubs untersucht werden müsse [21]). Das österreichische Militär hatte bereits am 3. März einen der Führer, den Herrn v. Paland, auf Grund des am 18. Februar gegen die Jakobiner erlassenen Reichsgutachtens verhaftet. Auf derselben rechtlichen Grundlage begann am 19. April der Aachener Rat mit der Überprüfung der Tätigkeit des Klubs und seiner Mitglieder, wobei die Frage im Vordergrund stand, ob ihr Handeln den Tatbestand des Hochverrats erfüllt hatte. Doch trotz der Bestätigung des erwähnten Reichsgutachtens am 30. April durch Kaiser Franz II., das scharfes Vorgehen vorschrieb [22]), sah der Aachener Rat von einer Verfolgung der Klubisten ab. Er war offenbar zu dem Ergebnis gelangt, daß außer gelegentlichen Reden nichts wirklich Strafrelevantes gegen die bestehende Verfassung und Ordnung unternommen worden sei. Wenngleich er sich noch bis in den Februar 1794 mit dieser Materie beschäftigte, so scheint es doch zu keiner einzigen Verurteilung gekommen zu sein.

Bis Anfang April hatte sich die Lage soweit normalisiert, daß alte Querelen zwischen dem Rat und dem Vogtmajor als Vertreter des Kurfürsten von der Pfalz und Herzogs von Jülich wieder aufflammen konnten. Vogtmajor v. Geyr zu Schweppenburg hatte sich am 7. April bei dem Befehlshaber der wenigen noch in Aachen verbliebenen Soldaten, dem Oberleutnant Franz Vilander zu Landsberg, erkundigt, wann die Österreicher die Stadt gänzlich räumen würden, und hatte gebeten, beim Abzug das Kölner Tor und die Hauptwache am Markt nicht den Aachener Stadtsoldaten, sondern den kurpfälzischen Truppen einzuräumen [23]). Vilander hatte Bürgermeister Kreitz von diesem Ansinnen unterrichtet, so daß der Rat am 8. April beschließen konnte, wegen dieser verfassungs- und finanzpolitisch wichtigen Frage beim österreichischen Oberkommandierenden Prinz von Coburg vorstellig zu werden. Über den Ausgang der Angelegenheit ist nichts bekannt. Das städtische Militär wurde jedenfalls im Mai reorganisiert. Es zählte 200 Grenadiere, die ihre Hauptwache unterm Rathaus hatten und mehrere Wachtposten innerhalb der Stadt bezogen. Ihre Uniform war „leicht blau mit roth" [24]). Die Stadtsoldaten leisteten dem Rat den Eid und hatten sich um die Bewachung und den Weitertransport der nach Aachen überstellten französischen Kriegsgefangenen, die z.T. im Grashaus untergebracht wurden, zu kümmern [25]). Diese Aufgabe war der Stadt vom österreichischen Oberkommandierenden auferlegt worden. Weitergehende Pflichten, wie sie sich aus der am 22. März in einem Reichsgutachten formulierten, am 30. April vom Kaiser ratifizierten Kriegserklärung des Heiligen Römischen Reiches an die Französische Republik ergaben, versuchte die Stadt abzuwenden [26]). Bürgermeister Kreitz und Stadtsyndikus Dr. Peter Fell erklärten auf dem seit Ende April im Kölner Rathaus tagenden Niederrheinisch-Westfälischen Kreistag, Aachen könne wegen der während der Besatzung erlittenen Schäden für das Reichsheer weder Geld noch ein kampferprobtes Kontingent stellen, und baten, man möge die Stadt für dieses Mal ihrer Pflichten entheben. Am 14. August legte der Stadtsyndikus Listen und Quittungen vor, die Aachens finanzielles Unvermögen belegen sollten. Danach beliefen sich die Aufwendungen für

(Die Schadensbilanz)

1) Wegebauten, Kohlenlieferungen und Bauschäden auf   59 833 Reichstaler

2) Zahlungen an den „Inspecteur des vivres de l'armée de Belgique", Projardt, gemäß Quittungen vom 25. Dezember 1792 und 12. Januar 1793, die eigentlich zurückerstattet werden sollten, auf   10 500 Livres
bzw.   4 200 Livres

3) Eine von Sachverständigen am 22. Juli 1793 ausgearbeitete Aufstellung der Schäden, welche durch Einquartierung, Umbau zu Lazaretten u.a. den öffentlichen Gebäuden in Aachen zugefügt worden waren, belief sich
    a) für die Zunfthäuser auf   3 436 Reichstaler
    b) für Stifte und Klöster auf   16 650 Reichstaler
    c) für das Jesuitenkloster nebst Gymnasium und Kirche – ohne die entwendeten Bücher – auf   16 243 Reichstaler

Über Aachens Antrag, für dieses Mal von den Pflichten entbunden zu werden, wurde zunächst nicht entschieden. Der Kreistag vertagte sich nämlich im Dezember auf den Mai 1794. Am 16 Mai machte Syndikus Fell in Ergänzung seiner Ausführungen vom Vorjahr geltend, daß die Reichsversammlung vom 22. Januar 1794 die schon früher geäußerte Ansicht bekräftigt habe, daß Reichsstände, die durch die Ereignisse bereits in Unvermögenheit geraten waren, von weiteren Leistungen befreit sein sollten. Er bat daher, Aachen von der Zahlung zu befreien und die Stadtsoldaten als ein in Aachen eingesetztes Kreiskontingent anzuerkennen. Der Kaiser und das Niederrheinisch-Westfälische Kreisdirektorium mochten sich dieser Ansicht nicht anschließen. Dennoch scheint die

Stadt ihren Beitrag weder in Mannschaft noch in Geld beigesteuert zu haben. Der Aachener Magistrat gedachte die Stadtsoldaten, deren militärischen Wert Syndikus Fell gegenüber dem Kreistag als gering einstufte, zum Schutz von Stadt und Umland einzusetzen. Dies um so mehr, als sich auch sonst die Überzeugung durchgesetzt hatte, daß die regulären Armeen die Grenzen des Reiches nicht überall in gleichem Maße schützen könnten und in Wien der im Süden Deutschlands bereits verwirklichte Gedanke der Volksbewaffnung entwickelt worden war, der immer mehr Anhänger fand und auch im Reichsgutachten vom 5. Mai 1794 befürwortet wurde. Als die Stände der Provinz Limburg ein Freiwilligenkorps zur Bekämpfung französischer „Freibeuter" aufstellten, verpflichtete sich die Stadt Aachen zum Beistand[27]. Unter dem Kommando von Stadthauptmann Adenau zogen am 29. Mai 1794 fünfundfünfzig Aachener Stadtsoldaten nach Lüttich zur Verstärkung des Freiwilligenkorps; fielen dort aber unangenehm auf, denn 17 desertierten, 23 verweigerten den Gehorsam und nur 15 blieben treu. Am 4. Juni war der traurige Rest der Truppe wieder in Aachen angelangt. Der Magistrat ordnete die Bestrafung der Unwilligen und ihre Entfernung aus dem Dienst an.

Der Feldzug 1793/94

Die Fortune schien Österreichern und Preußen seit dem Frühjahr 1793 erhalten zu bleiben[28]. Ersteren gelang die Rückeroberung des größten Teils der linksrheinischen Pfalz, und die Preußen rückten am 23. Juli in das zuvor französisch besetzte Mainz ein. Auf dem nordwestlichen Kriegsschauplatz führte allerdings die Divergenz der englischen und österreichischen Pläne bald zu einer Zersplitterung der Streitkräfte, die nach unglücklichen Gefechten bei Handschoote (6.-8. September) und Wattignies (15./16. Oktober) die Räumung französischen Bodens erzwang. Zugleich machte sich Preußens Unlust am Krieg im Westen um so stärker bemerkbar, als das in der zweiten polnischen Teilung (1793 Juli 22) erworbene Südpreußen gefährdet schien. Außerdem verstärkte sich das Mißtrauen zwischen Österreich und Preußen, zumal man sich in Berlin gegen Wiens Wünsche einer Kriegsentschädigung im Osten sperrte. Daß der preußische Oberkommandierende im Westen, Feldmarschall v. Möllendorf, ein entschiedener Gegner Österreichs war, erschwerte zudem eine Koordination der Kräfte. Zunächst gab es zwar noch Erfolge der Österreicher im Elsaß und der Preußen bei Pirmasens und Kaiserslautern, aber bis Ende Dezember 1793 hatte sich die militärische Lage soweit verschlechtert, daß die linksrheinische Pfalz erneut aufgegeben wurde und man sich über den Rhein zurückziehen mußte. Die Pfalz erlebte daraufhin unter den nachrückenden Franzosen den berüchtigten „Plünderwinter" 1793/94. Aus Kostengründen wollte Preußen künftig nur noch die vertraglichen 20 000 Mann unterhalten und erhob gegenüber England, Österreich und dem Reich Forderungen nach Subsidien. Ein Abrücken preußischer Truppen konnte in letzter Minute durch den Haager Vertrag vom 19. April 1794 verhindert werden, in dem England und Holland die Finanzierung von gut 60 000 Preußen im Westen übernahmen. In Wien war man – nicht zuletzt, um Ersatz für die bei der zweiten Teilung Polens entgangenen Gebiete zu erhalten – zur Fortführung des Krieges fest entschlossen. So unterhielt Österreich in den südlichen Niederlanden 163 000 und in den Rheinlanden von Trier bis Basel weitere 77 000 Mann. Der Kaiser unterstrich seine Entschlossenheit durch eine Reise zu seiner „niederländischen" Armee, die ihn am 8. April 1794 auch durch Aachen führte[29]. Am 12. und 26. April erkämpften die Österreicher gleich bei Eröffnung der Kampagne bei Landrecy bzw. Câteau-Cambrésis zwei glänzende Siege. Am 23. Mai wurde v. Möllendorf mit den von England und Holland finanzierten Truppen entgegen dem Willen der Geldgeber aktiv und entriß den Franzosen Kaiserslautern. Aber weder im Norden noch in der Pfalz wurden die Erfolge genutzt. Die Niederlage der Österreicher am 18. Mai bei Tourcoing in Belgien leitete dann die Zeit der Rückschläge ein. Hansgeorg Molitor schreibt dazu:

> „Das Mißtrauen zwischen den Preußen, den Kaiserlichen und den Partnern des Haager Traktats war aber so weit gediehen, daß keine koordinierte Aktion zustandekam und weder im Norden noch in der Pfalz die Anfangserfolge ausgenützt wurden"[30].

Die beginnenden Erfolge der Franzosen waren aber auch Ergebnis einer seit etwa Februar 1793 vorgenommenen Umstrukturierung des Heerwesens, die in der zweiten Hälfte des Jahres 1793 im Angesicht der Gefahr für die Revolution beschleunigt worden war. Damals hatten die Verbündeten – wie erwähnt – französischen Boden erreicht und die Festungen Condé und Valenciennes genommen. Gleichzeitig tobten in der Vendée, in Marseille und Lyon Aufstände gegen die Republik, während Toulon den Engländern in die Hände gefallen war. Mit den zur Verfügung stehenden Soldaten und der bestehenden Struktur des Heerwesens war die Gefahr nicht zu bannen. Am 15. August unternahm der Konvent einen ersten Schritt zur Neuordnung, indem er das Kündigungsrecht der Freiwilligen aufhob. Seit November wurden die Freiwilligenbataillone überhaupt abgeschafft, d.h. sie wurden den Linientruppen zugeschlagen. Am 23. August 1793 aber hatte der Wohlfahrtsausschuß den entscheidenden Beschluß zur Hebung der Effektivität des republikanischen Heerwesens gefaßt. Gemäß den Plänen des Leiters des Verteidigungsressorts, Lazare Carnot, beschloß er das Gesetz zur „Levée en masse", das für die Dauer des Krieges faktisch alle Franzosen einer allgemeinen Wehrpflicht ohne Ausnahme und Ansehen der Person unterwarf und zunächst alle 18-25jährigen Bürger einzog, die unverheiratet oder kinderlose Witwer waren. Da durch dieses Gesetz die Anzahl der Soldaten um ein Vielfaches anstieg, mußte auch die Versorgung der Armee neu geregelt werden. So bestimmte das erwähnte Gesetz, daß sich bis zu dem Zeitpunkt, da die Feinde vom Gebiet der Republik verjagt sein würden, alle Franzosen für die Versorgung der Armee bereitzuhalten hätten. In Feindesland sollte sich die Armee durch Requisitionen ernähren. Da es Carnot auch gelungen war, die innere Führung der Truppe und die Disziplin zu verbessern und die Desertionen unter Androhung der Todesstrafe einzuschränken, stand den Verbündeten im Jahre 1794 ein ernstzunehmender Gegner gegenüber, der wieder vom Enthusiasmus für die Revolution erfaßt war und zudem von jungen tatkräftigen Generalen wie Jourdan, Hoche und Pichegru geführt wurde, die unter weitgehendem Verzicht auf den Troß eine neue bewegliche Taktik und Strategie entwickelten, „der gegenüber die alten Feldherren der Alliierten mit ihrer Rücksicht auf das kostspielige Söldnermaterial und ihrer Gewöhnung an Lineartaktik und Magazinverpflegung, an Stellungs- und Festungskämpfe in Verwirrung gerieten"[31]). Die Franzosen hatten sich auf dem südlichen Kriegsschauplatz für die Defensive entschieden und konzentrierten sich auf den Norden, wo zwei Armeen auf Brüssel marschieren sollten, um von dort aus die österreichischen Niederlande und Holland (Generalstaaten) zu bezwingen. Die „Armée du Nord" unter Pichegru operierte von Lille aus, die „Armée des Ardennes" unter Jourdan von der Linie Givet-Avesnes her. Die Armee des Prinzen von Coburg, bestehend zu zwei Dritteln aus Österreichern und zu einem Drittel aus Engländern und Holländern, war demgegenüber kordonartig von Ostende bis Namur aufgestellt. Während Jourdan Charleroi belagerte, griff Coburg am 26. Juni die bei Fleurus an der Sambre stehende Schutzstellung der Franzosen an, erlitt aber nicht zuletzt wegen der zahlenmäßigen Überlegenheit des Gegners eine schwere Niederlage, die ihn zum Rückzug bewog. Der Kordon der alliierten Verbände konnte einem entschlossenen Angriff der Feinde an einigen wenigen Punkten nicht standhalten, und so beschloß der unter dem Vorsitz des Prinzen von Coburg tagende Kriegsrat am 5. Juli den Rückzug. Zwei Tage später wurden die Städte Brüssel, Antwerpen, Gent, Löwen usw. geräumt. Jourdan und Pichegru vereinigten daraufhin ihre Armeen in Brüssel. Von hier aus wandte sich Pichegru gegen Holland, während Jourdan mit seinen nun „Armée de Sambre et Meuse" genannten Truppen die Österreicher verfolgen sollte. Wenig später, am 13. und 14. Juli, wurden auch die Preußen von den Franzosen zurückgedrängt, mußten den Pfälzer Wald räumen und sich in die Rheinebenen zurückbegeben. Der preußische Oberbefehlshaber, der der Friedenspartei am Berliner Hof angehörte, unternahm daraufhin mit Rücksicht auf die Diplomatie keine weiteren nennenswerten militärischen Aktionen. Die Niederlage der Preußen im Pfälzer Wald bewirkte den Zusammenbruch der Verteidigungslinie vom Rhein nach Trier; eine Lage, aus der der Prinz von Coburg seine Konsequenzen ziehen mußte. Ende Juli zog er fast seine gesamte Armee von 84 000 Mann hinter die Maas zurück und verteilte sie entlang des Flusses, um Jourdan an dessen Überquerung zu hindern.

(Levée en masse in Frankreich)

Sorgen der Aachener, neuerliche Emigrantenwelle

In Aachen hatte man seit der Befreiung am 2. März 1793 den Kriegsschauplatz in Frankreich und den österreichischen Niederlanden mit regem Interesse beobachtet. Hierzu leisteten die Aachener Zeitungen einen wichtigen Beitrag. Durch die verschiedensten Informationsquellen, aber auch durch Gerüchte, hatte die Bevölkerung die Gefahr der Rückkehr der Revolutionstruppen stets vor Augen. An die Ungewißheit der Zukunft erinnerten sowohl die ununterbrochenen Durchzüge der verbündeten Truppen wie auch die Gefangenentransporte [32]). Typisch für die Sensibilisierung der Bevölkerung ist vielleicht die Nachricht im Tagebuch des Gilles-Leonhard v. Thimus-Goudenrath, der zum 30. Mai 1794 anmerkt: „... bedrohen die Franzosen von Givet her das Lütticher Land, was uns hier in Todesschrecken versetzte. Glücklicherweise wurden sie durch den General Beaulieu zurückgeworfen" und: „Aus diesem Anlaß ließ ich am 31. Mai meine Tochter Lisette aus Lüttich zurückkommen" [33]). Nach der Niederlage bei Fleurus und dem Rückzug der Österreicher auf die Maas erlebte Aachen die Ankunft zahlreicher Flüchtlinge. Unter ihnen befand sich am 22. Juli auch der für Aachen zuständige Bischof von Lüttich [34]), wodurch sich das Gefühl der Unsicherheit bei den Aachener Bürgern verstärkte, und viele flohen ins Rechtsrheinische. Der Aachener Kaufmann Aloys Perger schreibt in seinen Lebenserinnerungen:

> *„Es war damals die große Auswanderung von Franzosen und den angrenzenden Nationen. Wir sahen viele vornehme Herren mit Ordenssterne auf der Brust, ihre Päckchen auf den Rücken tragen, ebenso Mönche, andere Geistliche und Nonnen zu Fuß bei uns vorbeikommen und ihre Straße weiterziehen. Dies bewog mich, meine Frau und Kinder auch auf Düsseldorff zu schicken"* [35]).

Das Ausmaß der Auswanderung ermißt man aus einem in der Zeitung „Stadtkölnischer Reichskurier" veröffentlichten Schreiben aus Aachen vom 8. August 1794. Dort heißt es:

> *„Die hiesige Stadt ist durch die Menge der ausgewanderten Bürger ziemlich öde geworden, und alle Geschäfte sind in Stockung geraten. Doch kommen nach und nach einige wieder zurück, die auf Gott und Koburg ihr Vertrauen setzen. An Kirchenandachten und tätigen Anstrengungen fehlt es bei uns nicht. Der Aufruf des Prinzen von Koburg hat in unserer Gegend, wenn wir schon keine Rheinbewohner sind, bereits Wunder gewirkt. Alles eilt, zur Unterstützung des teutschen Heeres, das bis jetzt eine starke Vormauer für uns war, sein Scherflein beizutragen. Reiche und mittelmäßige Bürger suchen ihre Bedürfnisse soviel möglich einzuschränken, um mit ihren Beiträgen und patriotischen Gaben nicht zurückzubleiben. Nach allen Versicherungen, die wir täglich erhalten, haben wir auch wohl so leicht keinen Ueberfall von den Frankreichern zu befürchten, indem die Verschanzungen der Oesterreicher an der Maas fast unübersteiglich sein sollen und die Truppen ansehnliche Verstärkungen und beträchtliche Zufuhren an Lebensmitteln erhalten"* [36]).

Bei dem erwähnten Aufruf des Prinzen von Coburg handelt es sich um die am 30. Juli aus dem Hauptquartier zu Fouron-le-Comte mit Genehmigung Wiens ergangene Aufforderung an die Bevölkerung rechts der Maas, seine Armee bei deren Verteidigungsanstrengungen gegen Empfang kaiserlicher Schuldbriefe mit Verpflegung und Geld zu versorgen und sich selbst zu bewaffnen, um die Heimat und die Grenzen zu schützen und der Armee den Rücken zu decken [37]). Unter anderem formulierte er:

> *„Ich selbst teutscher Fürst, gleich wohl besorgt für das Heil meines Vaterlandes als für die die Erhaltung meiner Krieger, fordere euch auf: Besorgt uns Lebensmittel, führet uns Vorräte aus euren Scheunen; denkt, daß ihr bei der mühsamen Fahrt eu-*

> *re künftige Ernte einführet; teilt eure Ersparungen mit uns; verwendet die Schätze der Kirchen zu deren Erhaltung, gebt eure silbernen Gefäße dem Kaiser, damit er eure Verteidiger besolde. Ihr erhaltet seine gültigen Schuldbriefe dafür und genießet die Zinsen eurer geleisteten Hülfe. Ersetzet die entzogenen Quellen Belgiens, die nun für unsere Feinde fließen! Pflegt und wartet noch ferner mit liebreicher Sorgfalt unsre Verwundete und Kranke!*
> *Stehet auf, ihr biedern Bewohner der schönen Gegenden am Rheine und der Mosel; bewaffnet euch, ihr streitbaren Männer; besetzet eure Flüsse und Pässe; begleitet eure Transporte; bewachet unsere Magazine! Stehet auf zu tausenden und kämpfet mit uns für euren Altar, für euren Herd, für euren Kaiser, für eure Freiheit. Wir werden euch nie über die Flüsse eures Landes führen; wir wollen eure Provinzen nicht entvölkern, aber ihr sollt unsern Rücken sichern und an euren Grenzen wachen".*

Am Schluß seines Aufrufs drohte er für den Fall ausbleibender Unterstützung mit dem Rückzug hinter den Rhein. Im Zusammenhang mit diesem Aufruf steht übrigens die Aufforderung des Aachener Rates vom 8. August an seine Bürger, das noch vorrätige trinkbare Märzbier gegen billiges Geld an die Truppen abzugeben [38]).

Die Zuversicht der Aachener in die österreichischen Truppen war aber nur eine vorübergehende. Im August setzte wieder eine Fluchtwelle ein, die im September anhielt. Situation und Stimmung der Bevölkerung in diesen Wochen erkennt man am besten aus einem Nachtrag des Haarener Pfarrers in seinem Kirchenbuch:

> *"1794 im August und anfangs September waren die Tag und Nacht hier passirende geist- und weltliche Herrschaften und andere Flüchtlinge unzehlbar, ja so überhäufet, dass gantze Haushaltungen mit Sack, Pack und Hausgereid in Aachen und dahier über Nacht zu logiren keinen Platz fanden und auf der Strass übernachten musten, aus Frankreich, Braband, dem Lüttiger Land und der Gegend waren durchgehens die betrübte, beän[g]stigte Flüchtlinge. Das Laufen, Rennen, Fahren mit Karossen, Kahren und Wagen waren so anhaltend, dass bei deren Hören und Ansehen Herz und Muth sinken musste und man vor Forcht, Angst, Wehmuth und Mitleijden vast ausser sich selbst versetzet wurde. Inzwischen rückten die Franzosen näher und näher, die Kaiserliche reterirten mehr und mehr, da nahmen die Flucht viele, sonderbar die Wohlhabende aus Aachen, Burtscheid und dieser Gegend und zware zu ihrem doppelten Schaden, dan in der Fremde musten sie verzehren, und zu Haus wurde ihnen vieles entnohmen und zu grunde gerichtet"* [39]).

Im August wurde auch der Aachener Domschatz geflüchtet, und zwar nach Paderborn [40]).

Die Fluchtwelle aus Aachen hatte ihren aktuellen Anlaß in der Plünderung und Einäscherung der pfälzischen Stadt Kusel am 26. Juli 1794, über welche die Aachener aus den Zeitungen ausführlich unterrichtet waren; ein Ereignis, das zu dem Gerücht Anlaß bot, Aachen werde es – auch wegen der Mitwirkung einiger Bürger in den Straßenkämpfen des 2. März 1793 – ähnlich ergehen, ja der Nationalkonvent unter dem Vorsitz von Robespierre habe bereits die Vernichtung der Stadt beschlossen [41]).

All dies geschah, obgleich sich die Franzosen den ganzen Monat August über still verhielten. General Jourdan hatte nämlich den Befehl, die Einnahme einiger Festungen in seinem Rücken abzuwarten [42]). Mitte September aber begann er mit einer Offensive. Am 17ten des Monats gelang einer ersten Abteilung bei Chokier (südwestlich Lüttich) der Übergang über die Maas. Einen Tag später

Rückzug der Österreicher

schlugen die Franzosen das österreichische Korps des Generals Latour an der Ourthe und rollten damit den ganzen linken Flügel der österreichischen Maasstellung auf, was General Clerfayt, der am 28. August das Oberkommando aus der Hand des Prinzen von Coburg übernommen hatte, zur Preisgabe Lüttichs und zum Rückzug auf Herve und schließlich weiter nach Osten veranlaßte. Als am 18. September um 17 Uhr die Bagage seiner Armee in Aachen eintraf, war die Bestürzung unter den Bürgern groß [43]); denn über die Bedeutung dessen war man sich voll im klaren. Am 20. September war in Aachen Kanonendonner aus Richtung Henri-Chapelle zu hören, der die Stadt in Angst und Schrecken versetzte. Einen Tag später zogen die kaiserliche Kavallerie und Infanterie durch Aachen in Richtung Osten ab. Am 22. September lieferten sich Österreicher und Franzosen noch eine Kanonade im Aachener Wald, dann stand die Einnahme Aachens bevor. Die Österreicher zogen sich über Jülich und die Rur, die sie diesmal nicht zu halten vermochten, nach Köln, das sie am 6. Oktober erreichten, und dann hinter den Rhein zurück. Das Gros der französischen Armee stand unterdessen bei Klosterrath; Patrouillen ihrer Avantgarde stießen aber bereits bis an die Tore der Stadt vor [44]). In dieser Situation trat am 22. September der Aachener Rat unter dem Vorsitz von Bürgermeister Kreitz zusammen und verfügte zunächst, daß jede der städtischen Grafschaften täglich 30 Mann Besatzung für die Tore und 20 Mann für die Bewachung des Rathauses zu stellen habe, was aber zunächst von der Bürgerschaft nicht beachtet wurde und daher einen Tag später mit Hinweis auf die wieder vermehrt im Gefolge der französischen Truppen auftretenden Marodeure erneut eingeschärft werden mußte [45]). Der wichtigste Tagespunkt war aber die Entsendung einer Deputation ins französische Hauptquartier nach Herve. Sie sollte dort vorstellig werden – wie es in ihrem Beglaubigungsschreiben hieß – „pour concerter et régler la réception des trouppes françaises en cette ville" [46]). Die Deputation setzte sich zusammen aus dem Werkmeister Jardon und den Baumeistern Nikolaus Cromm und Dr. Johann Joseph Vossen senior. Alle drei waren Anhänger der Neuen Partei und wohl deshalb von den Vertretern der Alten Partei im Rat nominiert wurden, weil man annahm, daß sie den Franzosen gesinnungsmäßig am nächsten stünden, was um so eher zu einem positiven Ergebnis ihrer Mission führen könnte [47]).

Am frühen Morgen des 23. September trat der Rat erneut, dieses Mal unter dem Vorsitz des Werkmeisters Jardon, zusammen [48]). Bürgermeister Kreitz hatte die Stadt offenbar im Schutz der österreichischen Truppen in der Nacht vom 22. zum 23. September verlassen und sich ins Rechtsrheinische begeben [49]). Bürgermeister v. Clotz scheint gleichfalls abwesend gewesen zu sein. Vor seiner Abreise hatte Kreitz die „Schlüßelen vom Audientzzimmer, den Schlüßel zum Sack der Stadt-Schlüßelen" [50]) und einen nicht näher bekannten Schlüssel an den Stadtsyndikus Fell aushändigen lassen, der sie nun auf der Sitzung vom 23. September dem Rat und dieser dem präsidierenden Werkmeister Jardon übergab, der den nach Herve Deputierten die Stadtschlüssel aushändigte, von denen Vossen im Jahre 1830 schrieb, es habe sich um die des Jakobstores gehandelt [51]). Nach Empfang der Stadtschlüssel begaben sich die Deputierten – Werkmeister Jardon blieb als gewählter Ratspräsident zurück [52]) – unter dem Schutz eines Teils der mittlerweile in Aachen eingerückten Vorhut der französischen Truppen unverzüglich in das Hauptquartier des Generals der Sambre- und Maas-Armee, Jourdan, nach Herve. Der General war aber nicht ihr Verhandlungspartner, sondern der dort anwesende Vertreter des Pariser Wohlfahrtsausschusses, der Volksrepräsentant René-Pierre Mathurin Gillet. Dieser hatte aufgrund seines Amtes unbeschränkte Machtbefugnis vor Ort, die auch vor dem Armeebefehlshaber nicht Halt machte. Er unterlag nur der Pflicht zur Berichterstattung an den Wohlfahrtsausschuß, der seine Maßnahmen billigen oder wieder aufheben konnte. Diesem wichtigen Mann übergaben die Aachener Deputierten noch im Laufe des Vormittags die Stadtschlüssel als Zeichen der Unterwerfung [53]). Noch am selben Tag, dem 23. September, berichtete Gillet dem Wohlfahrtsausschuß in Paris: „L'armée autrichienne a évacué cette nuit Aix-la-Chapelle; je reçois dans le moment par une députation les clefs de la ville" [54]). Der genaue Inhalt der Gespräche zwischen Gillet und der Aachener Delegation ist nicht bekannt, weil der dem Rat erteilte Bericht verloren gegangen ist [55]). Wir wissen aber, daß die Deputierten den Volksrepräsentanten

Übergabe der Aachener Stadtschlüssel an die Franzosen

unter anderem über die Aufhebung der Belagerung von Warschau durch die preußische Armee, die Infiltration der österreichischen Armee mit revolutionärem Gedankengut und über den Rückzug der englischen Armee auf Nijmegen informierten[56]. Sie machten damit Gillet, der umgehend nach Paris berichtete, geneigt, ihnen entgegenzukommen. Der Aachner Zuschauer schreibt zum 23. September:

> *„Hier [in Herve] überreichten sie dem Französischen Konvents-Kommissair Gillet die Stadt-Schlüssel und erwarben sich um ihre Mitbürger das unschätzbare Verdienst, durch ihre Fürsprache von der Französischen Nation für unsre Vaterstadt Nachsicht und Schutz zu erwürken"*[57].

Auch der Rat war hoch zufrieden und ließ ins Protokoll nehmen:

> *„Besagte Herren Deputierte [hätten] durch die fleißige, vorsichtige und patriotische Vollziehung ihres Deputations-Auftrages unsere Stadt und Bürgerschaft von der wirklich und augenblicklich bevorstehenden Brand- und Todesgefahr landesväterlich gerettet [...], mithin der Rath und Bürgerschaft besagten Herren Deputirten unendlich verbunden blieben, weshalb denenselben auch auf der Stelle ein Belobungskompliment mündlich gemacht worden"*[58].

Der Dank drückte sich aber auch darin aus, daß Vossen zum dritten Stadtsyndikus und Cromm zum Lombardsverwalter ernannt und ihnen die entsprechenden Gehälter zugestanden wurden. Vossens und Cromms Verdienst bestand darin, daß es ihnen gelungen war, die französische Hauptarmee aus der Stadt herauszuhalten und nach Burtscheid umzulenken. Dies bedeutete in Aachen einen verminderten Bedarf an Einquartierungen und an Verpflegung und war somit gleichbedeutend mit finanzieller Schonung der Bürger. Zugleich verminderte sich die Gefahr von Plünderungen und Exzessen anderer Art. Auch werden Vossen und Cromm von ihrer Mission die Überzeugung mit nach Hause gebracht haben, daß Gillet und General Jourdan entschiedene Gegner jeder Art von Ausschreitungen waren und in deren Bekämpfung auch vor der Verhängung von Todesstrafen nicht zurückschreckten[59]. Das bedeutet als weiteres Ergebnis der Deputation: Der psychische Druck, der sich aus den Gerüchten vom bevorstehenden Untergang Aachens nährte, war von den Aachenern genommen. Hatte die Mehrheit der Bevölkerung auch nichts zu befürchten, so waren doch jene bedroht, die sich am 2. März 1793 an den sich zurückziehenden Franzosen vergangen hatten. Gillet bestand auf einer Aufklärung der damaligen Vorgänge. Am 23. September erklärte er:

> *„Die Stadt Aachen hat mir heute Morgens ihre Schlüssel geschickt. Mehrere Einwohner dieser Stadt haben sich im vorigen Jahre des schändlichsten aller Frevel schuldig gemacht, auf unsre Brüder gefeuert. Aber diese Stadt enthält auch schätzbare Bürger, Männer, welche mehrere unsrer Gefangenen aus den Händen des Feindes gerettet, und ihnen reichlich Hülfe geleistet haben. Ueberlasset mir die Sorge, die Strafbaren zu züchtigen. Sie sollen den Lohn für ihre Unthaten erhalten, und ich werde dagegen zugleich die Dienste derjenigen zu erkennen wissen, welche unsern Brüdern beygestanden, und in dieser Hinsicht unsre Freunde gewesen sind. Plünderung, und jede sonstige Ausschweifung würde mithin in dieser Stadt, wie anderwärts, strafbar werden*[60].

Einen Tag später richtete er sich direkt an die Aachener Bürger und klagte:

„In eurer Stadt sind grausame Thätlichkeiten gegen französische Soldaten bey dem Rückzuge der Armee im Monate März 1793 verübt worden. Kranke und verwundete Soldaten sind aus den Fenstern auf die Straße geworfen worden; andere sind durch Bürger, die sich in den Häusern versteckt hielten, niedergeschossen worden. Wir wollen uns nicht der Befugnisse bedienen, die eine gerechte Wiedervergeltung uns geben könnte. Wenn die Feinde Frankreichs sich mit allen Verbrechen überhäuft haben, so wird der Franzose immerhin seine Ehre darin setzen, großmüthig zu seyn. Allein das Blut unsrer grausam gemordeten Brüder fordert Rache. Ohne Zweifel sind jene barbarische Handlungen von der Mehrheit der Bürger misbilligt worden, und sie können nur das Werk einer kleinen Zahl seyn. Wir fordern demnach, daß die Schuldigen innerhalb 24 Stunden ausgeliefert werden sollen. Diese Gerechtigkeit seyd ihr uns, und euch selbst schuldig, unter der Strafe, als Mitschuldige an dem abscheulichsten aller Frevel gehalten zu werden" [61]).

Gillets Aufklärungsbegehren sollte die Aachener Behörden noch lange beschäftigen [62]). Das Ergebnis der Untersuchung fiel allerdings auch hier für Aachen weit günstiger aus als die Gerüchte befürchten ließen. Viele Aachener machten an Eidesstatt geltend, daß sie entgegen den Vorwürfen französischen Soldaten in ihrer Not sogar beigestanden hätten, was durch die Aussagen einiger Franzosen teilweise bestätigt werden konnte [63]). Dennoch sollten die Franzosen die Gerüchte über angebliche Vergehen künftig wiederholt als Druckmittel benutzen.

Zweites Einrücken der Franzosen in Aachen, 23. Sept. 1794

Aachen war in der Nacht vom 22. auf den 23. September 1794 von den Österreichern geräumt worden. Kaum war dies geschehen, da rückte um etwa 6 Uhr eine französische Jägerpatrouille in die Stadt ein und erpreßte Geld [64]). Zu weiteren Ausschreitungen – wie sie beim Übergang über die Maas geschehen waren – scheint es in Aachen nicht gekommen zu sein, weil die Übergriffe sogleich entsprechend den Befehlen Gillets vom selben Tage [65]) mit dem Tod der Delinquenten geahndet wurden. Noch am Morgen zogen die Generäle Latrille, Championet und Devaux mit ihren Truppen ein und wurden auf dem Rathausplatz mit Jubel und Musik empfangen. General Jourdan traf um 12.30 Uhr ein, nahm aber einen Tag später entsprechend den Vereinbarungen im Lager von Herve sein Hauptquartier in Burtscheid [66]). Das Gros der französischen Armee wurde an Aachen vorbei nach Maastricht und Roermond bzw. nach Jülich und Düren geführt.

34 Artikel zur Durchführung in den besetzten Gebieten

Die weiteren Schritte der Franzosen in Aachen waren bereits vorgezeichnet, denn bereits am 14. August hatten sich die Volksrepräsentanten bei der Nord- und der Sambre- und Maas-Armee, gestützt auf einen Beschluß des Wohlfahrtsausschusses vom 18. Juli, auf 34 Artikel verständigt, nach denen in den zu erobernden Gebieten vorgegangen werden sollte. Nur die wichtigsten Punkte seien hier kurz wiedergegeben [67]):

1) Die bewaffnete Gewalt ruht allein in den Händen der Armee. Die Polizei untersteht dem Militärkommandanten.
2) Die Einwohner der eroberten Gebiete haben sämtliche Waffen innerhalb von 24 Stunden nach Aufforderung beim Militärkommandanten abzugeben, andernfalls sie der Todesstrafe verfallen.
3) Die Militärkommandanten sollen Ruhe und Ordnung mit strengsten Mitteln aufrecht erhalten und somit die Sicherheit der Einwohner und ihres Eigentums garantieren. Vor allem sollen sie dafür Sorge tragen, daß die Freiheit der Religionsausübung unangetastet bleibt.
4) Die Soldaten der Republik sollen bei Strafe strenge Zucht üben, um die französische Sache nicht in Mißkredit zu bringen und dem Gegner Zulauf zu verschaffen.

5) Sämtliche Einwohner der eroberten Gebiete stehen unter dem Schutz der Republik, sofern sie nicht die Feinde begünstigen. Letztere werden den Revolutionstribunalen überstellt werden.

6–9) Diese Artikel beschäftigen sich mit der Behandlung der Emigranten.

10) Gesetze und Gewohnheiten in den eroberten Ländern sollen bis zum ausdrücklichen Widerruf der Volksrepräsentanten weitergelten. Abgaben aller Art werden zugunsten der Republik weiter erhoben.

11) *„Die bürgerlichen und peinlichen Tribunäle, die Magisträte der Städte und Gemeinden, und überhaupt alle bürgerliche Beamte, wie sie immer Namen haben, sollen einstweilen in ihren Stellen gehandhabt werden, und unter dem Schutze der Französischen Republik die ihnen obliegenden Amts-Verrichtungen, jeder in seiner Gerichtsbarkeit, seinem Bezirke und Gebiete nach tragender Befugniß erfüllen. Sie sollen die Civil- oder Munizipal-Verwaltung, und die bürgerliche Justiz unter ihrer Verantwortlichkeit zu vertreten fortfahren. Die Volks-Repräsentanten sollen diejenige, die sie ihres Vertrauens unwürdig halten, und die gegen das Interesse der Republik widrige Gesinnungen geäussert haben würden, absetzen, und statt ihrer andere ernennen.*

12) *In peinlichen Sachen soll in den eroberten Ländern kein Endurtheil gefällt und irgend eine Vertretung vorgenommen werden als durch die bewaffnete Macht und auf Befehl der Volks-Repräsentanten oder der Generäle oder Kommandanten der Plätze. Die Magisträte sollen sich an die Volks-Repräsentanten, Generäle oder Kommandanten wenden, im Falle wider irgend einen Einwohner eine Arrest-Verfügung nothwendig werden sollte".*

Weitere Artikel verordneten die Einführung des Papiergeldes, der Assignaten, und des Maximalpreises für Gegenstände des täglichen Bedarfs, andere regelten die Erhebung von Kontributionen. Im Artikel 18 heißt es dazu:

„Das Recht, Geld-Kontributionen aufzulegen, gehört ausschließlich den Volks-Repräsentanten und Generälen, welche solches von dem Heils-Ausschusse empfangen haben werden. Niemand darf sonsten, ohne eine ausdrückliche Autorisation von ihrentwegen, jenes Recht ausüben. Die den Städten und Kastellaneyen des eroberten Landes aufgelegten Geld-Kontributionen sollen nur auf die Geistlichkeit, den Adel, die Privilegirten, die großen Eigenthümer und die Reichen vertheilt werden können. Die geringen Land- und Ackersleute, die Handwerksleute und alle andere wenig bemittelte Einwohner sind davon förmlich ausgenommen. Die Volks-Repräsentanten werden die Etats der Vertheilung untersuchen, und den Bedrückungen steuern, welche wider diejenigen Einwohner, die den Kontributionen dieser Art nicht unterworfen sind, begangen worden wären oder begangen werden könnten und im erstern Falle die Rückerstattung der auf solche ungerechte Weise eingetriebenen Summen verordnen".

Artikel 29 schließlich verfügte:

„Die ordinirenden Ober-Kommissarien, die verschiedenen Agentschaften und sämtliche andere Agenten und Vorgesetzten der Republik sollen in allen ihren Operationen die größte Sorge dafür tragen, daß die religiösen Vorurtheile der Einwohner der eroberten Länder geachtet bleiben. Sie sollen ebenmäßig und ganz besonders darauf sehen, daß die geringen Landbebauer, die Taglöhner, Handwerksleute, und

überhaupt alle diejenige, welche von ihrer Hand-Arbeit leben, auf keinerley Weise bedrückt werden. Auch sollen sie dafür sorgen, daß die bey den Partikulieren weggenommenen Gegenstände, so wie der Werth derselben, mit Genauigkeit aufgezeichnet und niemand von ihnen gekränkt werde."

Die Berücksichtigung sozialer Aspekte bei der Verwaltung der eroberten Gebiete wurde schließlich in den Artikeln 31 und 32 noch unterstrichen.

Gemäß diesen Artikeln wurde die öffentliche Sicherheit in Aachen von den Stadtkommandanten, den Offizieren Schelhammer, Winter, Georgeon und schließlich Sinnich gewährleistet [68]). Die Polizei wurde Ende September dem Aachener Bürger Gerhard Dautzenberg, Bruder des schon mehrfach zitierten Zeitungsverlegers Franz Dautzenberg, anvertraut [69]). Um seine Arbeit wirkungsvoll erfüllen zu können, erhielt er am 18. Oktober einen Adjunkten und später noch zwei Sergeanten zugewiesen [70]). Entsprechend den Bestimmungen des 2. Artikels mußten die Aachener am 24. September bei Todesstrafe alle ihre Waffen abliefern [71]). Die in Aachen vorgefundenen 20 bronzenen Kanonen, darunter „der Blütsch", wurden beschlagnahmt und am 18. November nach Paris geschafft [72]). Diese Maßnahme diente natürlich vor allem der größeren Sicherheit der neuen Machthaber vor Anschlägen aus der Bevölkerung. Zu demselben Zweck wurde am 26. November ein sog.

Der Obhutsausschuß und das Revolutionstribunal

Obhutsausschuß (Comité de surveillance) eingesetzt, der nicht nur den ungestörten Umlauf der Assignaten, sondern auch die öffentliche Ruhe und Sicherheit und die Einhaltung der Gesetze überwachen sollte [73]). Über konterrevolutionäre Umtriebe, sog. Komplotte, sollte ein in Aachen eingerichtetes Revolutionstribunal urteilen. Die Mitglieder des Obhutsausschusses waren Arnold Kraus, Präsident, Jakob Denys, Servatius van Houtem, Bernhard Driessen, Wilhelm Graf, H.G. Longrée, Rudolph Esser, Ludwig Othegraven und Albert Schrauff, Sekretär [74]).

Zweckentfremdung von Kirchen und Klöstern

Im Artikel 3 des Beschlusses der Volksrepräsentanten vom 14. August war der Bevölkerung in den eroberten Gebieten die freie Religionsausübung zugestanden worden. Wie man aber aus den Erfahrungen bei der ersten Besetzung Aachens lernen konnte, bezog sich diese Garantie nicht auf den materiellen Besitzstand der geistlichen Institute und Orden. So wurden die meisten Klostergebäude erneut beschlagnahmt und für Lazarette der französischen Armee, für Pferdeställe und Magazine verwandt [75]). Nur das Alexianerkloster scheint als „gesellschaftlich nützliche" Einrichtung weitgehend verschont geblieben zu sein, denn am 11. Oktober 1794 urteilte das Aachener Direktorium (zu diesem siehe S. 79), „daß diese Verbrüderung, deren Dienste in Beerdigung der Todten und Aufwartung der Kranken" besteht, „der ganzen Gemeinde durchaus unentbehrlich" sei [76]). Die Verwendung von Kirchen und Klöstern zur Vorratshaltung und zur Unterbringung der Pferde ist aber nicht allein den Franzosen anzulasten. Die Akten ergeben, daß der Rat selbst diese Vorgehensweise vorgeschlagen hatte, offenbar in der Absicht, die Einwohner der Stadt – und hier besonders die Wohlhabenden – vor Einquartierungen zu bewahren [77]). Die Schäden, welche Stifte und Klöster durch Zweckentfremdung erlitten, waren beträchtlich. So verlor das Kloster Burtscheid seinen neuen prächtigen Altar [78]).

Abtransport von Kunstschätzen

Ein erheblicher Teil der vorgefundenen Kunstschätze aus Kirchenbesitz wurde nach Paris abtransportiert, gemäß der Überzeugung, daß dem Volk, das zuerst seine Freiheit erkämpft hatte, nicht nur politisch, sondern auch in Kunst und Wissenschaft die Führung in Europa zustehe [79]). In Aachen spürte Pierre Jacques Tinet aufgrund eines Dekrets des Wohlfahrtsausschusses vom 13. Mai 1794 alle Gegenstände auf, die für Handel, Kunst und Wissenschaft interessant waren und ordnete deren Verbringung nach Paris an. Zu den auserwählten Stücken zählten nach einer im Nationalarchiv in Paris aufbewahrten Liste Tinets vom 2. Oktober 1794 der Proserpinasarkophag und drei bedeutende Gemälde [80]). Die Kapuziner büßten das vor 1625 von Rubens und seiner Schule geschaffene Altargemälde mit der Anbetung der Hirten, die Franziskaner zwei Gemälde des bedeutenden holländischen Malers Abraham van Diepenbeeck (1596-1675) mit den Darstellungen der Abnahme Christi vom Kreuz und eine Pietà ein. Der Haarener Pfarrer notierte dazu:

> *„Aus dem Hohen Altar deren Patres Kapuzinern haben die Franzosen gleich anfangs die Schilderey, welche Tausenden werth ware, hinweggenommen, und so eine Schilderey aus der Kirche der Patres Franziskaneren. Diese beide kostbahrste Stücke haben sie zusammengerollet und auf Paris geschicket"*[81]).

Das Aachener Marienstift war von den Aktionen der Franzosen in besonderer Weise betroffen. Bereits am 27. September hatte man auf Befehl des Generals Jourdan damit begonnen, das bleierne Dach der Münsterkirche abzudecken[82]). Offenbar sollte das Blei für die Produktion von Artilleriegeschossen verwandt werden. Die beim Abbau anfallenden Kosten hatten Stift und Stadt zu tragen[83]). Bis zum 24. Oktober wurde das Innere der Kirche ausgeschlachtet. Wohl 41 Granit-, Porphyr- und Marmorsäulen sowie Messingstücke und -türen, der schon erwähnte Proserpinasarkophag, der bronzene Wolf und der Pinienzapfen, von den Franzosen „Artischoke" genannt, wurden als Beute nach Paris verbracht[84]). Der Transport der Säulen erwies sich als sehr schwierig; erst am 4. August 1795 konnten die letzten abgefertigt werden. Auf dem Weg über Lüttich, Tournai, Douai und Péronne nach Paris blieben sie sechs Monate in Lüttich liegen[85]). Zuguterletzt ließ der Volksrepräsentant Frécine Ende Oktober „Caroli Magni Grab 30 Schuh tief ausgraben ... der Meinung, verborgene Schätze allda zu finden"[86]). Der Haarener Pfarrer schreibt dazu: „Unter der Kron im Münster", also unter dem Barbarossaleuchter im Oktogon, „wurde das Grab eröffnet, nichts aber darin erhaschet"[87]). Die damals und im Verlauf des Jahres 1795 nach Paris geschafften Kunstobjekte kamen erst 1815, und auch da nur teilweise zurück[88]). Auch die Stadt selbst hatte Verluste erlitten: So wurde am 22. Oktober 1794 die bronzene Statue Karls d.Gr. vom Marktbrunnen abgenommen und nach Paris abtransportiert, wo sie bis zum Jahre 1805 verblieb[89]).

Zu den Artikeln 3 bis 9 des Beschlusses der Volksrepräsentanten vom 14. August 1794 nahm Gillet am 24. September Stellung. Er schrieb im besonderen:

> *„Wenn seit dem Uebergange über die Maas einige Unordnungen vorgefallen sind, so misbilligt sie die Armee. Solche sind das Werk von Räubern, die durch unsre Feinde besoldet sind, und sich in das Gefolge der Armee eingeschlichen haben. Die Schuldigen sollen bald gekannt und ohne Verzug gestraft werden. Kein Bewegsgrund kann mithin die Abwesenheit derjenigen rechtfertigen, die ihre Heymath verlassen haben. Wer sich bey der Annäherung der Armee entfernt, ist entweder ein irre geführter Mensch, oder er erklärt sich dadurch allein für unsern Feind. Es wird demnach allen denjenigen, die ihre Heymath verlassen haben, hierdurch aufgegeben, innerhalb 14 Täge zurückzukommen, unter Strafe, als Ausgewanderte angesehen, und ihrer Güter verlustig zu werden.*
> *Der Repräsentant des Französischen Volks verspricht, im Namen der Republik, allen Einwohnern des eroberten Landes Sicherheit und Schutz für ihre Personen, und ihr Eigenthum. Er erklärt, daß nichts zu ihren Gesätzen und Gebräuchen geändert werden, und jedermann die freye Ausübung seiner Religion behalten solle. Wer aber immer sich beygehen lassen sollte, wider die Französische Armee die Waffen zu ergreifen, oder wer wider ihre Sicherheit durch Unterhaltung von Verständnissen mit dem Feinde, oder auf andere Weise freveln würde, soll als Feind der Republik gehalten und mit dem Tode bestraft werden"*[90]).

Zur Frage der Emigranten erschien am 26. September im Aachner Zuschauer die folgende Bekanntmachung:

Zur Frage der Emigranten

> *„Wird hiermit, Kraft der Beschlüsse des Heils-Ausschusses und der Volks-Repräsentanten vom 18. Messidor, 27. Thermidor und 22. Fructidor, laut welcher die*

Agence der Kommerz-Kommission alles, was sich in den Häusern und Magazinen der abwesenden Personen, so wie in jenen, die der feindlichen Regierung zugehören, vorfinden würde, nach Frankreich schaffen sollen, der Munizipalität von Aachen aufgegeben, innerhalb 24 Stunden dem Vorgesetzten gesagter Agence ein genaues Verzeichniß der abwesenden Einsassen dieser Stadt, mit Bezeichnung der lezten Wohnung derselben, einzubringen; ferner, eine Proklamation zu erlassen, wodurch jedermänniglich befohlen werden soll, die etwa bey sich habenden oder verborgen gehaltenen Waaren oder Effekten, welche der feindlichen Regierung oder den Ausgewanderten zugehören, innerhalb 24 Stunden im Bureau des gesagten Vorgesetzten anzugeben, um sogleich an das Central-Bureau der Volks-Repräsentanten zu Brüssel gesandt zu werden.

Wer sich nicht nach gegenwärtiger Verordnung fügen würde, soll selbst als Ausgewanderter angesehen, und seiner Güter verlustig erklärt werden. Demjenigen, der die Uebertreter in den hier oben bemerkten Fällen denunziren würde, soll der 3te Theil der verhehlten Gegenstände, nach der in Gemäßheit der Art. 6 und 7 des obangeführten Beschlusses vorzunehmender Schätzung, zu Theile werden. Weiters sollen alle Handelsleute, Kaufhändler und Kommissionnaire, welche von irgend einer Art Waaren in dem Waghause hiesiger Stadt gehabt und selbige seit oder vor dem Einzuge der Armeen von da zurückgenommen haben würden, sie unverweilt bey dem nämlichen Bureau angeben, und beweisen, daß jene Waaren keineswegs solchen Handelsleuten gehören, mit deren Regierungen die Republik im Kriege begriffen ist" [91]).

Die 34 Punkte der Volksrepräsentanten vom 14. August 1794 wurden erst seit dem 2. Oktober der breiteren Öffentlichkeit im Aachner Zuschauer bekannt gemacht. Da vielen Emigranten die Aufforderung zur risikolosen Rückkehr wegen des schlechten Nachrichtenflusses erst spät bekannt wurde und sie ihre Zufluchtsgebiete nicht ohne Erlaubnis der dortigen Militärkommandanten verlassen durften [92]), hat man nach Ablauf der Frist zunächst offenbar auf Strafmaßnahmen verzichtet. Die Rückwanderung Aachener Bürger setzte etwa am 10. Oktober ein und hielt bis in den Sommer 1795 an [93]). Unabhängig davon begann die Verwaltung seit dem 26. September 1794 mit dem Auflisten der österreichischen, französischen und einheimischen Emigranten und der Registrierung ihrer zurückgelassenen Immobilien und Barschaften [94]). Seit dem 5. November wurden Inventare ihrer Hinterlassenschaften angelegt [95]). Ziel war es, diese Güter gegebenenfalls der Republik zu sichern. So wurden z.B. am 14. November die Effekten der Emigranten beim Aachener Bankier Kohnen beschlagnahmt und sieben Tage später der Weinkeller des Aachener Schöffen v. Lommessen versiegelt [96]). Bis zum 24. November sollten alle Aachener das verborgene Gut der Emigranten denunzieren [97]). Im Dezember wurde eine neue Abwesenheitsliste erstellt [98]). Auch ging man dazu über, beschlagnahmte Mobilien zur Ausstattung der Amtsräume der in Aachen eingerichteten Behörden zu verwenden [99]). Für die Einziehung der Emigrantengüter war seit dem 8. Januar 1795 im Auftrage des im Dezember 1794 in Brüssel eingerichteten Direktoriums der Nationaldomänen der Bürger Lanois zuständig [100]). Am 10. Februar wurde mit der öffentlichen Versteigerung von Mobilien begonnen.

In der Folgezeit wurde den Ausgewanderten die Rückkehr erleichtert. Hatte es Ende November noch in einer Verfügung des Volksrepräsentanten geheißen, daß Rückkehrwillige beweisen müßten, daß sie nur wegen ihrer Geschäfte abwesend gewesen seien, so faßte man im März 1795 den Begriff des todeswürdigen Emigranten so eng, daß der Mehrzahl der Ausgewanderten die Heimkehr innerhalb der nunmehr verordneten 40 Tage möglich war. Am 24. Mai 1795 wurden alle bisherigen Beschlüsse gegen die Abwesenden zurückgenommen und der Verkauf ihrer Mobilien und Effekten gestoppt. Jeder Rückkehrer mußte sich allerdings wie in den vergangenen Monaten wegen seiner

Abwesenheit bei der Munizipalität bzw. der Bezirksverwaltung rechtfertigen, um letztlich von einem der Volksrepräsentanten eine Aufenthaltsgenehmigung und seinen noch vorhandenen Besitz zurückzuerlangen. Regreßansprüche wegen bereits veräußerten Besitzes durfte niemand erheben. Theoretisch waren alle Heimkehrer, wenn sie für schuldig befunden worden waren, Feinde der Revolution zu sein, dem Revolutionstribunal verfallen; in der Praxis ist aber nach Ausweis der Verhörprotokolle in keinem einzigen Fall etwas Belastendes gefunden worden. Selbst ehemalige reichsstädtische Beamte durften mit Genehmigung der Volksrepräsentanten zurückkehren. Viele Bürger erachteten es für ratsam, sich ihre Unverdächtigkeit von der Munizipalität schriftlich bestätigen zu lassen. Voraussetzung für dieses „Certificat du civisme" war seit dem 9. November 1794, daß der Antragsteller zuvor seit längerer Zeit in Aachen wohnhaft war und mit sechs glaubwürdigen Zeugen, die für ihre Aussagen persönlich haftbar waren, nachwies, daß er niemals in Wort und Tat gegen die Interessen der französischen Republik verstoßen, sondern sich vielmehr als ein rechtschaffener Bürger bewährt habe.

Requisitionen

Gemäß Artikel 11 blieben der Rat und die Beamten der Stadt Aachen zunächst im Amt, und die städtischen Gerichte setzten ihre Tätigkeit weiter fort. So fanden bis zum 28. Oktober – wie bisher – Sitzungen des „Großen und Kleinen Rats" statt [101]). Für die Ratsmitglieder brach eine harte Zeit an, da jeder einzelne in bisher nicht gekannter Weise geistig und körperlich gefordert wurde. Vor allem hatten sie sich um die Einquartierung und Fouragierung der Revolutionstruppen sowie um die Ernährung der eigenen Stadt- und Landbevölkerung zu kümmern. Das Militär verlangte ständige Präsenz zweier Ratsmitglieder auf dem Rathaus, und zwar auch zur Nachtzeit [102]). Die Generale verfuhren nämlich gemäß einer Verfügung des Pariser Nationalkonvents vom 18. September 1793, die der neuen Militärstrategie der „Levée en masse" Rechnung trug [103]), welche davon ausging, daß eine Armee der Massen mit herkömmlichen Mitteln nicht mehr zu verpflegen und auszurüsten war und daher den Grundsatz aufstellte, die Armee müsse sich aus den eroberten Gebieten selbst versorgen. Der Konvent befahl den Generalen, zu diesem Zweck Requisitionen zu erheben und die Kirchengüter und -vermögen einzuziehen. Diesen Auftrag im Aachener Raum zu erfüllen, erschien dem Volksrepräsentanten Gillet besonders leicht, denn am 26. September 1794 schrieb er aus seinem Hauptquartier in Burtscheid an den Wohlfahrtsausschuß in Paris die Worte: „Dieser Landstrich bietet ungeheure Hilfsquellen an Futter, Tieren und Stoffen" [104]). Entsprechend reichhaltig fiel die Nachfrage aus. Um die Requisitionen erfüllen zu können, sah sich der Aachener Rat gezwungen, für die nachgefragten Objekte Beschaffungs- und Abwicklungsbüros, sog. Departements, einzurichten, die mit Ratsmitgliedern, Beamten und sonstigen sachverständigen Personen besetzt wurden. Die Namen der Departements, wie sie im Ratsprotokoll überliefert sind, belegen am besten, was die Armee benötigte [105]):

       (1) Departement fürs allgemeine Wohl,
       (2) Tücher-Departement,
       (3) Branntwein-Dep.,
       (4) Schuh- und Leder-Dep.,
       (5) Fourage-Dep.,
       (6) Brot-Dep.,
       (7) Leinentuch-Dep.,
       (8) Dep. des Fuhrwesens,
       (9) Fleisch-Dep.,
       (10) Billetierungs-Dep. (zuständig für Einquartierungen).

Später gab es noch ein Finanz-Departement. Die Leitungsfunktion übernahm das „Justiz- und Directionsdepartement", kurz Direktorium genannt. Es setzte sich aus dem Altbürgermeister Oliva und dem Werkmeister Jardon als Präsidenten, Lizenziat Hungs, Dr. Vietoris, Notar Schwarz als

Sekretär und von Asten (Vanasten) als Assistent und Kopist zusammen [106]). Am 8. Oktober kamen der Lombardsadministrator Nikolaus Cromm und Joseph Turbet, bis zum 26. Oktober die Herren Peuschgens und Startz hinzu. Von Cromm und Turbet heißt es ausdrücklich, daß sie der französischen Sprache mächtig waren. Zwei Tage später beschloß der Rat: „Zur Aufsicht über alle Departements und um Rechnung und Bücher in Ordnung zu halten, auch Misbräuche abzuschaffen, wird der Heilsausschuß kommittirt, welchem der Rath auch anheimstellt, zwei Ihm tauglich scheinende Mitglieder mit wenigster Beschwerung des Aerariums [Stadtkasse] beizuwählen" [107]). Da der frühere Stadtsyndikus Peltzer und die meisten Beamten emigriert waren, begann der Rat bereits am 25. September mit der Ernennung neuer Beamter. So wurde Dr. Vossen Syndikus und der Notar Strauch Nebenratssekretär [108]).

Die Departements hatten also, abgesehen von der üblichen Einquartierung von Soldaten bei der Aachener Bevölkerung, vor allem die alltäglich gewordenen Requisitionen der französischen Armee und ihrer Verwaltungsstellen zu steuern. Das Ausmaß der vorgenommenen Requisitionen ersieht man vor allem aus einem eigens angelegten Verzeichnis der darüber geführten Korrespondenz der Jahre 1794/95 [109]). Stellvertretend für dieses Verzeichnis und andere Quellen mag der Bericht im Aachner Zuschauer vom 29. September 1794 stehen, der über die auferlegten Lasten folgendes meldet [110]):

> „Die Requisitionen, welche für Aachen und Burtscheid durch den Kommissair-Ordonnateur-en-Chef, Voillant, und durch die Kriegs-Kommissarien Lombart, Destez u.a.m. ausgeschrieben worden, sind sehr beträchtlich. Ausser der ungeheuren Menge Rationen Brod und Fleisch, Stroh und Heu, welche für das Korps d'Armee des Generals Hattry (nicht Lurille), und für die hiesige starke Garnison unter dem Brigade-Chef Schelhammer, welcher Stadt-Kommandant ist, bereits mehrere Täge hindurch haben beygeschafft werden müssen, sind noch insbesondere viele tausend Centner Waizen-Mehl und Korn, mehrere tausend Säcke Haver, viele Fässer Wein, Brandtewein, Rüb- und Baumöl, 10 000 Paar Schuhe, 3 000 Pf. Wagenschmeer, 20 000 Ellen blaues Tuch, 10 000 Ellen weißes, 5 000 Ellen scharlach, 5 000 Ellen grünes, 20 000 Ellen graues oder von andern Farben, alles Leinen, 8 000 Pf. Salz, 500 Paar Bettücher, 200 Matratzen, 500 Decken, 200 Paillassen [Strohsäcke], 1 200 Pf. weiße Seife, 300 Pf. Süßholz, 600 Pf. Zucker, 1 000 Pf. Cassonade [Puderzucker], 1 000 Pf. Honig, 1 000 Pf. Lichter, 500 Bett-Laden, 2 000 Kalb-Schaaf-Ochsen- und andere Felle, 10 000 Pf. Stab-Eisen, 10 000 Pf. Hanf, alles Seilwerk, 1 200 Stab Serge, 100 Platten Blech, eine Menge Bindfaden, gesponnener Kattun, Herfelgarn [Bindfadengarn], Papier, eine große Menge Medikamente, Materialisten- und Apotheker-Waaren, alles Pulver, Bley, Pferde u.s.w. in Requisition gesetzt worden. Das Dach der Münster-Kirche hat abgetragen werden müssen, um das Bley davon zu nehmen. ... Die Requisitionen sind überhaupt dem Magistrat, den Kaufleuten etcetera unter der angedrohten Strafe auferlegt worden, mit militairischer Gewalt ins Innere von Frankreich gebracht und nach den revolutionairen Gesätzen gerichtet zu werden. Der Flecken Burtscheid muß, nach einem spätern Beschlusse des Konvents-Kommissairs Gillet, den 3ten Theil der in Aachen ausgeschriebenen Requisitionen tragen. Der hiesige Rath und Magistrat hat, zur bessern Betreibung derselben, für jede Art von Requisition eine eigne Departemental-Direktion niedergesetzt, deren jede ihr besonderes Lokal für ihre Sitzungen und für ihre Depots hat, alle aber bey vorkommenden Fällen zur Central-Versammlung auf dem Rathhause zusammentreffen" [111]).

Ein Gesuch vom 8. Oktober um Minderung der täglichen Requisitionen wurde abschlägig beschieden [112]. Schwierigkeiten bereitete vor allem die Bereitstellung von Getreide und Brot. So buken z.B. die Bäcker, um die geforderte Anzahl von Broten liefern zu können, mit reinem Roggenmehl, was allerdings zur Folge hatte, daß sich die Brote kaum mehr zum Verzehr eigneten [113]. Der Kriegskommissar Destez forderte daher am 30. September eine Brotgetreidemischung aus Weizen und Roggen im Verhältnis 2:1 und drang darauf, daß die Brote besser ausgebacken werden sollten. Schlimme Folgen zeitigte auch die Requisition von Karren und Pferden, was die Stadtverwaltung am 6. November 1794 zu einer Eingabe an höherer Stelle veranlaßte. Sie klagte:

> *„Da nun der in diesen Gegenden erforderliche Dienst der Republik hiedurch nicht allein höchst erschweret, sondern auch der Landmann dadurch ausser Stand gestellt wird, seine Ländereyen bey der schon so weit verflossenen Jahrszeit einzuackern und zu besamen, so ladet die Munizipalität die Central-Versammlung dazu ein, sich bey dem Volksrepräsentanten dahin zu verwenden, daß selbiger einen allgemeinen Befehl dahin erlassen möge, daß alle durch die Munizipalität von Aachen in Requisition gestellte Karren und Pferde, die sich wirklich in den Gegenden von Kölln und Lüttig befinden, freygelassen und nach unserm Districkte zurückgeschickt werden sollen"* [114].

Das Ausmaß der von den Franzosen in der Zeit vom Herbst 1794 bis zum Frühjahr 1796 zwischen Maas und Rhein angerichteten Schäden durch Kriegssteuern, Plünderungen und Beitreibungen des Truppenbedarfs bezifferte Nikolaus Cromm in einer Denkschrift vom 13. März 1796 auf mehr als 257 Millionen Francs [115].

Die wirtschaftliche Situation der Aachener Bevölkerung verschlechterte sich nicht nur durch Einquartierungen und Requisitionen, sondern auch durch die Einführung des republikanischen Geldes, der Assignate [116]. Sie verdankte ihre Entstehung den Bemühungen der französischen Revolutionsregierung um den Abbau der hohen Staatsverschuldung, die das Ancien Régime hinterlassen hatte. Der Schuldenberg hatte sich als Folge der kostspieligen Kriege Ludwigs XIV. und seiner aufwendigen Hofhaltung aufgetürmt und sich durch die Schuldzinsen weiter erhöht. Das Problem der Tilgung hatte die französische Finanzverwaltung seitdem nicht mehr zur Ruhe kommen lassen. Eine Besserung blieb jedoch aus, obgleich die Wirtschaft unter Ludwig XV. vorübergehend einen Aufschwung nahm und sich das Steueraufkommen erhöhte. Ludwig XVI. versuchte mit Hilfe verschiedener Generalkontrolleure der Finanzen, die alle ihre guten oder schlechten Rezepte ausprobierten, der Finanzkrise Herr zu werden. Pläne zur Sanierung des Staates, so vor allem von Turgot, scheiterten, weil das Eintreibungsverfahren der Steuern nicht den Erfordernissen entsprach, die Verschwendung bei Hofe nicht eingestellt wurde und die Kriege, vor allem die Beteiligung am Unabhängigkeitskrieg der Vereinigten Staaten von Amerika, neue Löcher in den Staatshaushalt rissen. Die Einnahmen und die Ausgaben konnten nicht zur Deckung gebracht werden, und so standen im Jahre 1786 den Einnahmen in Höhe von 357 Millionen Livres Ausgaben von 555 Millionen gegenüber, d.h. das Jahresdefizit betrug fast 200 Millionen Livres. Die Reformen scheiterten jedoch vor allem am Widerstand von Geistlichkeit und Adel, denn die notwendige Voraussetzung für eine Wandlung zum Besseren wäre der Verzicht dieser Gesellschaftsschichten auf Steuerfreiheit gewesen. Die Staatskassen waren 1788 leer, der Kredit des Staates ausgeschöpft. S.A. Falkner schrieb hierzu:

> *„Man kann die finanzielle Lage Frankreichs am Vorabend der Revolution in großen Zügen wie folgt umreißen. Die Verschuldung beträgt 4½ Milliarden Livres, während der Wert des gesamten jährlichen Volkseinkommens sich auf 2,88 Milliarden stellt. Die Ausgaben des Staates erreichen 600 Millionen Livres jährlich; davon dient ein Drittel bis die Hälfte der Verzinsung alter Schulden, ein weiteres Drittel*

Assignaten und Maximum-Preise

wird zum Unterhalt des Heeres, der Flotte und des Hofes verwandt. Ein Viertel verwandelt sich in eine neue Schuld"[117]).

So blieb dem König unter dem Druck der Opposition nur noch übrig, die seit 1614 nicht mehr einberufenen Generalstände für den 5. Mai 1789 zur Einleitung von Reformen zu berufen; ein Schritt, der schließlich zum Umsturz der Verhältnisse führen sollte.

Unter den Auswirkungen der Revolution geriet der Handel ins Stocken, was wiederum zu geringeren Steuereinnahmen führte. Das jährliche Defizit von mittlerweile 620 Millionen Livres hätte abgebaut werden können, wenn sich Adel und Geistlichkeit zu Opfern bereitgefunden hätten. Immerhin machte der Klerus, dessen Grundbesitz auf einen Kapitalwert von zwei Milliarden Livres geschätzt wurde, im Juni das Angebot, seine Güter als Pfand für die Staatsschuld zu stellen. Der damalige Generalkontrolleur der Finanzen, Necker, ging allerdings nicht auf dieses Angebot ein. Erst die Nationalversammlung, die sich am 17. August auf Antrag des Abbé Sieyès aus den am 5. Mai zusammengetretenen Generalständen konstituiert hatte, kam auf dieses Angebot zurück, allerdings in einer Weise, wie sich der Klerus seinen Beistand für den König nicht vorgestellt hatte. Am 10. Oktober brachte pikanterweise Talleyrand, der Bischof von Autun, den Antrag ein, die Güter der Kirche für die Staatsbedürfnisse in Anspruch zu nehmen. Graf Mirabeau († 1791 Sept. 13) schlug vor, die Gläubiger an Geldes Statt mit Kassenscheinen zu bezahlen, wobei als Sicherheit für die Kassenscheine die Kirchengüter hypothekarisch herangezogen werden sollten. Sein Antrag vom 12. Oktober, die Nationalversammlung möge erklären, daß die Güter der Kirche Eigentum der Nation werden, wobei der Staat in angemessener Weise für die Ausgaben der Gottesdienste, den Unterhalt der Priester und die Unterstützung der Armen aufkommen sollte, wurde am 2. November angenommen und seit dem 14. März 1790 verwirklicht. Betroffen war damit ein gutes Drittel des französischen Grundbesitzes. In den Dekreten vom 19. und 21. Dezember 1789 ist erstmals im Zusammenhang mit den von Mirabeau vorgeschlagenen Kassenscheinen von „Assignaten" die Rede. Der Name leitet sich vom lateinischen „assignare = anweisen" her und verdeutlicht den Sinn dieser Papiere. Der Staat gedachte seinen Geldbedarf durch den Verkauf der Kirchenländereien zu decken. Da der Verkauf aber nicht von heute auf morgen zu realisieren war, sollten die Gläubiger Anweisungen (Assignaten) auf den Erlös des Kirchengutes erhalten oder aber mit den Assignaten selbst Kirchengut erwerben dürfen. Bis zum Ende des Jahres 1790 wurden die Assignaten verzinst.

Zunächst kamen Assignaten in großen Nominalen zu 10 000 Livres in den Geldverkehr; in den beiden folgenden Jahren auch mit kleineren Nennwerten bis hinunter zu Werten in Sous, welche der Deckung des Kleingeldbedarfs dienen sollten. Unter dem Druck leerer Kassen beschloß die im Oktober 1791 zusammengetretene Gesetzgebende Nationalversammlung die Herausgabe weiterer Assignaten, von denen schließlich auch der Krieg gegen Österreich und das Reich finanziert wurde. Damit der Gegenwert der Assignaten, der in Grund und Boden bestehen sollte, auch nach den Verkäufen von Kirchengut fortbestand, wurden bis zum Ende des Jahres 1794 die Ländereien des Königs und der Emigranten, die Forste, alle Besitzungen der Religionsgemeinden, der Kongregationen und Bruderschaften, alle Grund- und Feudalrechte, der Grundbesitz des Malteserordens, der Ausländer sowie die Ländereien der von Revolutionstribunalen Verurteilten eingezogen und zur Deckung verwandt. Bei geringer Effektivität des schon im Ancien Régime mangelhaft funktionierenden Steuersystems und bei Verzicht auf altbewährte Steuern, so der Salzsteuer, durch deren Abschaffung man sich beim Volk beliebt machen wollte, war der Staat in seiner finanziellen Not immer mehr auf die weitere Emission von Assignaten angewiesen, wodurch der Zusammenhang mit der Deckung durch Land allmählich verloren ging. Die Assignate wandelte sich also von einer Staatsobligation zu gewöhnlichem Papiergeld. Sie trat neben das in ausreichender Menge zur Verfügung stehende Münzgeld und vergrößerte ohne Not die umlaufende Geldmenge. Da das Münzgeld aber wegen seines (Edel-)Metallgehalts einen inneren Wert besaß, die Assignate aber lediglich aus Papier bestand, mußte dies zu ihrer Abwertung führen, was wiederum zur Folge hatte, daß das Münz-

geld gegenüber dem Papiergeld im Alltag mit einem Aufpreis (Agio) gehandelt wurde. Zwischen August 1790 und März 1791 betrug der Verlust bei den Assignaten, gemessen an ihrem Nominalwert, nur 10 Prozent, kletterte aber in der zweiten Hälfte des Jahres 1791 und der ersten Hälfte des Jahres 1792 auf 43 Prozent. In der zweiten Hälfte des Jahres 1792 stieg der Wert als Ergebnis der militärischen Erfolge Frankreichs wieder auf 72 bis 73 Prozent des Nominalwertes an. Von Januar bis August 1793 sank er, beeinflußt durch den Verrat Dumouriez', den Rückzug der französischen Truppen vom Rhein und royalistische Aufstände im Innern Frankreichs, wieder rapide ab. Da der Staat wegen des zunehmenden Wertverlusts nicht zu den von ihm erhofften Einnahmen kam, verordnete er in den Gesetzen vom 8. und 11. April 1793 die Gleichwertigkeit von Assignaten und Metallgeld und stellte die Nichtbeachtung unter Strafe bis zu sechs Jahren Kerker, was de facto dazu führte, daß das Münzgeld von der Bevölkerung aus dem Verkehr gezogen und gehortet wurde. Die Verminderung des Geldumlaufs führte seit September 1793 zunächst zu einem Anstieg des Kurswertes der Assignaten, der dann aber seit der Mitte des Jahres 1794 bis auf 45 Prozent herabsank. Die Folge war, daß niemand gerne Lebensmittel und andere Waren gegen Assignaten herausgeben wollte. Mit diesem unsicheren und unbeliebten Zahlungsmittel machten nun auch die Aachener Bekanntschaft.
Die Volksrepräsentanten hatten nämlich am 14. August 1794 im Artikel 14 ihrer Grundsätze zur Behandlung der eroberten Gebiete festgelegt: „Die Assignate sollen in allen öffentlichen Kassen und im Handels-Verkehr angenommen werden" [118]). Konsequenterweise führte der Volksrepräsentant Gillet am 26. September 1794 auch in Aachen die Assignatenwirtschaft ein:

> *„Freyheit, Gleichheit, Bruderliebe.*
> *Im Hauptquartier zu Burtscheid, den 5. Vendemiaire im 3ten Jahr der Französischen einigen und unzertheilbaren Republick. Gillet, Volks-Repräsentant, bey der Armee der Sambre und der Maaß.*
> *Befiehlt, daß die Assignaten den Geldkours zu Aachen so, wie im ganzen Bezirke des eroberten Landes haben, und daß selbige in den Handelsgeschäften in gleichem Werth mit dem baaren Gelde angenommen werden sollen.*
> *Unverzüglich wird zu Aachen ein Bewahrheitungs-Komptoir niedergesetzt werden"* [119]).

Da mittlerweile der Wert der Assignate gegenüber dem in immer geringerem Maße in Umlauf befindlichen Münzgeld auf 45 Prozent ihres Nennwertes gesunken war, kletterten in den Aachener Geschäften die Preise kräftig nach oben. Ganz besonders betroffen waren solche Lebensmittel und Waren, die sich seitens der französischen Armee in Requisition befanden, wie z.B. das Brot. Um den Preisanstieg aufzuhalten, wurde gemäß Artikel 16 und 17 des Beschlusses der Volksrepräsentanten vom 14. August 1794 das Maximum, d.h. Höchstpreise, eingeführt, was allerdings eine zusätzliche Verknappung des Warenangebots bzw. eine Verschlechterung der angebotenen Waren, etwa die Ungenießbarkeit des Brotes durch Verwendung reinen Roggenmehls zur Folge hatte. Infolgedessen sah sich der Rat am 10. Oktober gezwungen, den folgenden Befehl zu erlassen:

> *„Jedem Einwohner ist das Gesätz bekannt, welches für Aachen, so wie für den ganzen Bezirk der von der französischen Republick eroberten Landen den Lauf der Assignaten in gleichem Werth mit dem baaren Gelde für alle Handelsgeschäfte vestgestellet hat. Dem ungeachtet vernimmt die Munizipalität mißfälligst, daß viele sich beigehen lassen, die Preise der ersten Lebensbedürfnisse willkürlich zu übertreiben, und sich dergestalt nicht allein der strengsten Bestrafung bloszustellen, sondern auch ihrem nothleidenden Mitbürger aus verdammlichen Eigennutze die nöthigen Lebensquellen zu verschließen.*

Mitbürger! ihr habet keine heiligere Pflicht, als darbende Nebenmenschen zu unterstützen, und wenn die Verwalter diese Unterstützung von Euch erwarten, so vergeßet doch auch nicht, daß der durch die Kriegs-Schicksale erhöhete Preis und der leidige Abgang der Früchte und des Viehes eine angemessene Erhöhung des Preises der nothwendigen Lebensmitteln erheißen.

Die Munizipalität stellet diesemnach für die unentbehrlichsten Lebens-Bedürfnisse einsweilen und bis auf erfolgende allgemeine Verordnung folgende Preise – welche, in Assignaten zu verstehen, anzunehmen und zu zahlen sind – vest, nämlich Ein Faß Waizen zu 11 Livres 10 Sols. Ein Faß Roggen zu 11 L. 6 S. Ein Faß Gersten zu 6 L. Ein Faß Bohnen zu 11 L. Ein Pfund Brod zu 5 S. Ein Pf. Ochsenfleisch zu 16 S. Ein Pf. Kuhfleisch zu 12 S. Ein Pf. Kalbfleisch zu 16 S. Ein Pf. Hammelfleisch zu 16 S. Ein Pf. geräuchertes Speck oder Schweinefleisch zu 24 S. Ein schweres Pf. Butter zu 2 L. Ein kleines oder Krämer Pf. Butter zu 25 S.

So wie nun die Munizipalität sich möglichst bestreben wird, den Bäckermeistern, Metzgern etcetera die Nothdurft im angemessenen Preise in Assignaten zu verschaffen, eben so stellet dieselbe auch zu größern und unentbehrlichen Bequemlichkeit im Handel das Gewicht des Brodes zu drei Pfund das kleine und zu 6 Pfund das große Brod, welches wohl ausgebacken seyn soll. Und da der Rath zugleich vernommen hat, daß die Bäcker gegen den ausdrücklichen Inhalt der Marktordnung außer der Stadt ihre Früchte aufkaufen und solche von dort geraden Wegs in die Mühlen schicken, wodurch das Aerarium um die Acciese und die Armen um die sogenannten Pfannen gebracht werden, als werden dergleichen Unterschleife hiermit unter schärfester Ahndung untersagt.

Weil aber diese durch die Noth erzwungenen Preise für den armen Mann dennoch sehr drückend sind, so wird der niedrigste Taglohn eines Arbeiters auf 30 Sols oder Stüber in Assignaten hiermit gesätzlich bestimmt, und den Verkäufern der ersten Lebens-Bedürfnissen zugleich befohlen, solche den Armen vor allem zu verkaufen, und unter dem Vorwand, daß selbige für andere Bürger bestimmt seyen, keine Lebensmittel zu versagen.

Sollten sich nun Einwohner zwischen uns befinden, welche die erste Pflicht der Menschheit so weit vergessen könnten, daß sie diesem Gesätze entgegen zu handeln, die Abgabe des Brodes, oder sonstiger Lebensmittel gegen die bestimmten Preisen zu verweigern oder gar Waaren zu verheimlichen sich unterfangen würden, so werden diese unwürdige Einwohner hiermit ernstlich gewarnet, daß gegen sie bei dem ersten Ertappungs-Falle nach der ganzen Strenge des Gesätzes verfahren und sie ohne alle Nachsicht dem franz. Kriminalgerichte überliefert werden sollen. Approbirt im versammelten Rath am 10. Oktob[er] 1794. In fidem J.H. Strauch, Secret(arius)" [120]).

Die Abneigung der Bevölkerung gegen die Assignaten hatte einen weiteren Grund darin, daß sie sich in Massen gefälscht im Umlauf befanden [121]). Diese Fälschungen entstanden zum einen sicherlich aus Eigennutz, zum anderen aber – von Engländern, Österreichern und französischen Emigranten hergestellt – mit politischer Zielsetzung, nämlich um den Ruin der republikanischen Wirtschaft und des Finanzwesens herbeizuführen. So hatte es sogar in Aachen im zurückliegenden Februar 1794 eine solche Fälscherwerkstatt gegeben, über deren Produkte der Volksrepräsentant an den Wohlfahrtsausschuß in Paris berichtete, sie seien ähnlich gut wie die in Brüssel umlaufenden [122]).

Zwar sollte das im Dekret Gillets vom 26. September angekündigte „Bewahrheitungs-Komptoir" alle in der Stadt Aachen umlaufenden Assignaten auf ihre Echtheit hin untersuchen, doch viele Bürger verweigerten die Vorlage aus Furcht, daß ihnen als gefälscht erkannte Assignaten ersatzlos abgenommen würden.

Die Ablehnung der Bevölkerung konnte durch keinerlei Proklamation geändert werden [123]). Die Einschätzung des Papiergeldes beim Volk schildert der Pfarrer von Haaren in seinem Kirchenbuch: Requisitionen geschahen gegen Bezahlung „in perpaucis assignatis, id est moneta papyracea, quae est nullius valoris, est causa principalis penuriae, caritatis, inopiae, famis, paupertatis et communis ruinae" [124]). Was des einen Verlust, war des anderen Gewinn. So notierte der Zeitgenosse Johann Balthasar Forst aus Kornelimünster zum Jahre 1795 in seinem Tagebuch:

> *„Aus Gelegenheit des papierenen Geldes bedienen sich viele großer Ungerechtigkeiten. Die Schuldner bezahlen damit ihre Obligationen, der Gläubiger verliert aber dabei ⅚ seiner Forderung"* [125]).

Der Wert der Assignaten war bis zum Juli 1795 auf 2½ Prozent des Nennwertes gesunken und sollte im Verlauf des Jahres 1796 sogar bis auf ¼ Prozent fallen. Gegen die „Hyänen der Geldentwertung" machte Franz Dautzenberg in seiner Zeitung „Der Aachner Zuschauer" Front [126]). Insbesondere prangerte er den Mißbrauch des in Aachen bestehenden „Beschüddungsrechts" an, demzufolge jeder das Recht hatte, auch nach geschehenem Verkauf von diesem noch zurückzutreten. So gab es Leute, die den Kaufpreis in Hartgeld in Empfang nahmen, dann den Verkauf rückgängig machten und dem Käufer sein Geld in Assignaten zurückzahlten. Der Dürener Arzt Johann Peter Mögling (1749-1819) reimte darauf:

> *„Aus Lumpen ward ich einst gemacht,*
> *Von Lumpen an den Rhein gebracht,*
> *Aus Lumpen machten Lumpen mich*
> *Und Mancher ward ein Lump durch mich"* [127]).

Daß der Kurs der Assignaten bis zum Jahre 1796 bis auf 1/4 Prozent des Nominalwertes sinken konnte, lag nicht nur an ihrem massenhaften Umlauf, sondern war auch im veränderten wirtschaftspolitischen Konzept des sich nach dem Sturz von Robespierre konstituierenden Nationalkonvents begründet [128]). Einwirkungen des Staates in das Wirtschaftsleben des Landes lehnte man nun ab. Am 25. April 1795 fiel die Vorschrift über die obligatorische Gleichwertigkeit der Assignaten mit dem Münzgeld gleichen Nominalwertes, und so begann letzteres sehr bald aus den Truhen in Handel und Wirtschaft zu fließen und wurde natürlich mit einem Vielfachen des Nominalwertes der Assignaten bewertet. Am 15. August 1795 wurde ein Gesetz beschlossen, das die Prägung republikanischer Münzen in Gold, Silber und Kupfer vorsah und die Geldeinheit „Franc" einführte. Mit dem weiteren Verfall des Ansehens der Assignaten und dem Zufluß von Münzgeld in die Französische Republik als Folge der siegreichen Feldzüge schritt die Liquidation der Assignaten auf dem Gesetzgebungsweg voran. Nachdem auch die Einführung einer weiteren Papiergeldwährung, der sog. Territorialmandate (1796 März – 1797 Januar), deren Gegenwert – wie anfangs bei den Assignaten – in den noch nicht verkauften Nationalgütern bestehen sollte, an ihrem gleichfalls raschen Wertverfall gescheitert war, nahm die Republik im Frühjahr 1797 endgültig Abschied vom Papiergeld. Der Versuch, im Spätherbst 1797 die Schulden durch die Ausgabe von Gutscheinen (Bons) an die Gläubiger zum Erwerb von Staatsgrundbesitz zu tilgen, scheiterte kläglich. Auch sie verloren bis zu 97 Prozent ihres Nennwertes.

Es wundert insofern nicht, daß eine zeitgenössische Flugschrift spottet: „Assignats, mandats und bons sind französische Dukaten, bei denen man nur 95 an 100 verliert" [129]).

Kehren wir noch einmal in den Herbst 1794 zurück. Für die Aachener brach mit der französischen Besetzung eine harte Zeit an, in der es nur wenig erfreuliche Abwechslung gab. Eine solche – wenn auch bescheidener Art – bot sich am 2. Oktober, als der Beobachtungs-Ballon der Sambre- und Maas-Armee, welcher an dem für die Franzosen entscheidenden Sieg von Fleurus (26. Juni 1794) erheblichen Anteil gehabt haben soll, von Lüttich herkommend in einer Wiese bei Burtscheid niederging und dort bewundert werden konnte [130]). Die Bewohner Aachens und der Umgegend nutzten die Gelegenheit. Mancher unter ihnen mag sich an das Jahr 1786 zurückerinnert haben, als der Franzose François Blanchard, der bereits durch seine Überquerung des Ärmelkanals mit einem Ballon Berühmtheit erlangt hatte, am 9. Oktober beim Aachener Jesuitenkloster zu seiner 21. „Luftschiffahrt" aufgestiegen und auf der Pannesheide wieder wohlbehalten gelandet war.

Freiheitsfeier mit Freiheitsbaum

Ein weiteres Spektakel bot der 15. Oktober, an dem auf Wunsch des Generals Dubois und des Aachener Stadtkommandanten Winter nach dem Vorbild des am 6. Oktober in französische Hände gefallenen Köln auch in Aachen wieder ein Freiheitsbaum errichtet wurde [131]). Das Ereignis fand statt unter Musikbegleitung und „unter fortdauerndem Jauchzen und Frolocken des Volkes, welches aufm ganzen Marktplatz Kopf an Kopf zusammenstand. Nach völlig vollbrachter Aufrichtung des Freiheitsbaumes wurde ein einstimmiges Jubelgeschrei angestimmt: Es lebe die Freiheit, es lebe die Republik". Im Anschluß daran hielt General Dubois eine Rede, in der er darauf hinwies, daß nun auch Aachen vom Tyrannen befreit sei, und in der er anmerkte, viele Einwohner verdienten nicht, „die süßen Früchte der Freiheit zu genießen, allein man wolle auf das Vergangene keine Rücksicht nehmen, und alle unsere Mitbürger seyen jetzt Freunde und Brüder der Republik". Anschließend tanzte man im Kreis um den Freiheitsbaum. Später, im Rathaus, kündigte Dubois eine neue Verfassung an und kam dabei auf die Aachener Verfassung und die Mäkelei zu sprechen. Den Inhalt seiner Rede gibt das Aachener Ratsprotokoll folgendermaßen wieder:

> *„Wir hätten zwar eine uralte Verfassung gehabt, welche der französischen nahe beistimmte, allein, da diese sehr ausgeartet wäre, so würden wir ehestens eine Con-Organisation von ihrer Republik erhalten. Nach dieser Organisation würden alle hiesigen Mitbürger erst anfangen, recht glücklich zu leben. Er hoffe, daß alsdann mittels Hindansetzung alles Zwietrachts alle Mitbürger einen vereinigten, vom republikanischen Geiste beseelten Körper ausmachen werde, und versprach, daß es der gutwilligen Bürgerschaft nie an ihrem Schutz und Hilfe fehlen werde".*

Die Festgesellschaft verließ nach einer fast gleichlautenden Rede des Stadtkommandanten das Rathaus. Dubois und Winter gingen voraus. Ihnen folgte Werkmeister Jardon „mit der dreifarbigsten Fahne", dann die Beamten, Sekretäre, der Große und Kleine Rat und die Departements-Mitglieder. Ihr Ziel war das Münsterstift, wo am Marienaltar eine feierliche Messe stattfand, und zwar in Anwesenheit und unter Teilnahme von Dubois und Winter. Das Ratsprotokoll vermerkt dazu: „Daselbst ward eine musikalische Messe am Muttergottesaltar von Herrn Sänger Damas und den Herren Canonicis Labarbe und Brantten gehalten, welche die Franzosen bei der h(eiligen) Consecration und h(eiligen) Communion mit einem besonderen Trommelschlag beehrten". Nachmittags und abends wurden in der alten und Neuen Redoute die Feierlichkeiten unter Beteiligung der übrigen Bürgerschaft fortgesetzt. Der französische Offizier Renault, der die Feierlichkeiten zusammen mit einem Kameraden vorzubereiten hatte, bescheinigte den Aachenern in einer Zuschrift an den „Aachner Zuschauer", daß „der Enthusiasm, womit sie alle diese Feyer beygewohnet haben, als ein hinlänglicher Beweis von der gänzlichen Ergebenheit ihrer Herzen für den reinsten Patriotism gelten kann" [132]). Man wird sich allerdings fragen, ob die Aachener nun wirklich in so kurzer Zeit überzeugte Republikaner geworden waren, oder ob sie nicht nur die Gelegenheit zur Fröhlichkeit wahrnahmen und dabei die seltsamen Gebräuche der Revolution in Kauf nahmen.

Der Alltag holte sie jedenfalls bald wieder ein. Am 17. Oktober sah sich der Rat gezwungen, das ineffektive Brot-Departement aufzulösen und „das ganze Fach der Anschaffung, Besorgung und Vertheilung der Victualien für das einzige Bedürfniß der Stadt und Bürgerschaft"[133]) dem Bürger Nikolaus Cromm als „Administrateur général" anzuvertrauen. Dieser sollte allerdings täglich dem Direktorium über seine Tätigkeit Bericht erstatten. Zu beneiden war er nicht; denn die Ernährungslage hatte sich noch dadurch verschlechtert, daß immer mehr Fremde in die Stadt strömten, weil sie sich dort bessere Lebensumstände erhofften. Zu Cromms Unterstützung befahl das Direktorium am 19. bzw. 28. Oktober allen Bürger-Offizieren die Begehung aller Haushalte zwecks Aufnahme der für die Planungen nötigen Daten[134]). Die Auskunftspflicht der Bevölkerung erstreckte sich unter Androhung hoher Geld- bzw. Gefängnisstrafen auf die Zahl der Einwohner eines Hauses, die sich dort befindenden Fremden, deren Geburtsort und die Zeit, seit welcher sie sich in der Stadt aufhielten, die Namen der Eigentümer oder Pächter des jeweiligen Hauses, die Zahl des zugehörigen Viehs und den Vorrat an Früchten aller Art.

Nahrungsmittelknappheit

Unterdessen führte der Volksrepräsentant Frécine am 28. Oktober die von Dubois auf der Festivität vom 15. Oktober angekündigte neue Verwaltung ein[135]). Danach wurde in Aachen eine Zentralverwaltung für die eroberten Gebiete zwischen Maas und Rur eingerichtet. Sie setzte sich aus zwölf einheimischen Mitgliedern zusammen, die von Frécine ernannt wurden. Sechs dieser General-Administratoren bildeten das Verwaltungsdirektorium, das in der Stadt Aachen residierte. Die übrigen sechs standen als Verwaltungschefs vor Ort den der Zentralverwaltung untergeordneten sechs Kantonen vor. Diese umfaßten:

Einrichtung der Aachener Zentralverwaltung, 28. Okt. 1794

1) Aachen und dessen Gebiete sowie Burtscheid.
2) Vaals, Heyden, Wittem, Wylre.
3) Linnich, Geilenkirchen.
4) Jülich, Düren.
5) Stolberg, Eschweiler, Weisweiler.
6) Monschau, Kornelimünster.

Unterhalb der Kantone standen die Unter- bzw. Sekundärverwaltungen, die je nach Bevölkerungszahl ihrer Gemeinde aus einem Maire bzw. einem Maire und mehreren Beigeordneten bestanden. Für Gemeinden mit mehr als 12 000 Einwohnern, wie Aachen, waren ein Maire und neun Beigeordnete vorgesehen.
Die Mitglieder der Zentralverwaltung waren der Republik verantwortlich. Zu ihren Aufgaben zählte es, Gesetze und Beschlüsse, die ihnen von höherer Stelle zugingen, in französischer und deutscher Sprache veröffentlichen zu lassen, ihre Ausführung zu überwachen, die Lebensmittelversorgung zu steuern, reguläre und außerordentliche Erträge – z.B. aus der Waldnutzung, dem Betrieb der Kohlewerke, aus Requisitionen und Kontributionen sowie aus dem Verkauf von Emigrantengut – einzutreiben, ferner die Ausbesserung von Straßen und Gebäuden der Republik, aber auch eine so wichtige Aufgabe wie die Armenfürsorge. Die Sekundärverwaltungen unterstanden der unmittelbaren Aufsicht der Zentralverwaltung und unter besonderer Aufsicht derjenigen Mitglieder der Zentralverwaltung, die den Kantonen vorstanden. Zu diesem Zweck traten allmonatlich sämtliche Mitglieder der Zentralverwaltung zu einer gemeinschaftlichen Sitzung zusammen. Die Sekundärverwaltungen waren für die Verkündung und Erfüllung dessen verantwortlich, was ihnen von den Kantonen zugeleitet wurde. Ihnen unterstand nun auch die örtliche Polizei.
Frécines Verwaltungsordnung sah überdies in jeder Kantons-Hauptstadt und in allen Gemeinden mit mehr als 6 000 Einwohnern ein Zivil- und ein Kriminalgericht vor, die nach den Gesetzen und Gebräuchen des Landes entscheiden sollten. In Aachen als Sitz der Zentralverwaltung wurde ein Ober-Tribunal aus sechs Richtern eingeführt, das in Zivilsachen über alle Händel mit einem Streitwert

über 300 Livres und bei Appellation letztinstanzlich zu urteilen hatte. Bei Kriminaldelikten urteilte es letztinstanzlich in allen Fällen, die eine Körperstrafe zur Folge hatten.

Sowohl die Zentral- als auch die Sekundärverwaltungen, aber auch die Ober- und Unter-Tribunale unterstanden der unmittelbaren Aufsicht der „bewaffneten Macht". Außerdem wurden sie von sog. Nationalagenten der Republik beaufsichtigt, die alle zehn Tage an den zuständigen Volksrepräsentanten Bericht erstatten mußten. Ihr besonderes Augenmerk richteten sie auf die Gefahr von Meutereien, auf Verstöße gegen die Assignatenwirtschaft und die Verordnung der Höchstpreise (des Maximums). Zum Nationalagenten der Aachener Zentralverwaltung ernannte Frécine Joseph Driessen [136]).

Einsetzung der Aachener Munizipalität, 4. Nov. 1794

Die Benennung des für die neue Verwaltung der Munizipalität in Frage kommenden Personals überließ Frécine weitgehend dem noch bestehenden Aachener Rat. Dieser schlug auf seiner Sitzung vom 28. Oktober zehn Personen vor [137]). Für die Vertretung des Kantons Aachen und zu Mitgliedern der Zentralverwaltung nominierte der Rat Syndicus Vossen und Altbaumeister Cromm, beide Anhänger der Neuen Partei, denen der alte Rat wohl die besseren Beziehungen zu den Revolutionären zuschrieb. Frécine bestätigte beide und ernannte Cromm sogar zum Präsidenten der Zentralverwaltung [138]), die unter seinem Vorsitz und in Anwesenheit des Nationalagenten Driessen am 3. November dem Generaladministrator Vossen als Chef des Kantons Aachen auftrug, für die schleunige Durchführung der neuen Verwaltungsordnung auf der Ebene der Munizipalität Aachen Sorge zu tragen. Bereits am Tag darauf versammelten sich auf Vossens Ladung hin die zehn Aachener Beigeordneten: Franz Theodor Bettendorf, Arnold Scholl, Franz Pelzer, Jakob Friedrich Kolb, Stephan Vietoris, Wilhelm Houben, Paul Peuschgens, Franz Heinrich Startz und Franz Heinrich v. Hoselt sowie der Polizeioffizier Gerhard Dautzenberg. Damit setzte sich die Aachener Munizipalität fast ausschließlich aus Angehörigen der Neuen Partei zusammen. Vossen entließ daraufhin im Namen des Volksrepräsentanten und der Zentralverwaltung den alten Rat der Stadt Aachen (Nov. 4) und installierte mit den versammelten Herren die neue Munizipalität. Zur Wahl eines Maires kam es aus unbekannten Gründen noch nicht. Stattdessen wählten die zehn Munizipalen einen Präsidenten aus ihrer Mitte, der jeweils nach Ablauf von zehn Tagen (Dekade) neu gewählt wurde. Bis zum 21. Dezember hieß der Präsident Franz Theodor Bettendorf. Munizipalitätssekretär wurde Franz Xaver Schwarz; seine Adjunkten waren Johann Leonhard Graff und Joseph Brauers [139]).

Frécines Verwaltungsordnung wurde allerdings bereits wenige Tage später umgestaltet [140]). Die Eroberung von Bonn (Okt. 4) und Köln (Okt. 6) ließ es den am 14. November in Köln versammelten Volksrepräsentanten Haußmann und Joubert, aber auch Frécine selbst, ratsam erscheinen, eine allen eroberten Gebieten nördlich der Mosel gemeinsame Verwaltungsordnung zu erlassen. Warum Frécine dies nicht bereits am 28. Oktober ins Auge gefaßt hatte, ist unbekannt.

Die neue Verwaltungsordnung gliederte sich in drei Teile, von denen der erste in 26 Artikeln allgemeine Richtlinien enthielt, wie sie im wesentlichen schon in den Vorstellungen der Volksrepräsentanten vom 14. August 1794 und Frécines Verwaltungsordnung vom 28. Oktober 1794 geäußert worden waren. Hervorzuheben ist Artikel 7, in dem bestimmt wurde, daß die Gesetze und Gebräuche der eroberten Länder einstweilen beibehalten werden sollten, sofern sie den Beschlüssen der Volksrepräsentanten nicht entgegen stünden. Weitere Artikel schärften die Beobachtung der Assignatenwirtschaft und der Maximalpreise ein, und zwar bei Strafe der Aburteilung vor den Revolutionsgerichten. Das Recht zur Ausschreibung von Kontributionen und Requisitionen wurde allein den Volksrepräsentanten bzw. deren Bevollmächtigten zugestanden. Der zweite Teil beschäftigte sich mit der neuen Verwaltungsorganisation im engeren Sinne. Er bestimmte – wohl aus geographischen Überlegungen heraus – Aachen zum Mittelpunkt der Zentralverwaltung, der nunmehr aber statt sechs sieben Bezirke (Distrikte oder Arrondissements) unterstellt waren. Ihre Hauptorte waren:

1)	Maastricht	für die Verwaltung von Maastricht, die Lande Valkenburg, Vaals, Wittem, Wylre, Dahlem, Maaseyk, Heerlen und der Lütticher Campine;
2)	Geldern	für die Verwaltung von preußisch und österreichisch Geldern, des Fürstentums Moers und des Herzogtums Kleve;
3)	Aachen	für die Verwaltung des Herzogtums Jülich, des Heydener Ländchens, Kornelimünsters und des Gebiets von Aachen und Burtscheid;
4)	Bonn	für die Verwaltung von Kurköln und der Stadt Köln;
5)	Blankenheim	für die Verwaltung der Eifelgrafschaften;
6)	Limburg	für die Verwaltung des Herzogtums Limburg;
7)	Spa	für die Verwaltung der Lande Loon, Stablo, Malmedy und des Lütticher Landes zwischen Maas und Ourthe.

Später, am 19. April 1795, wurde auch der Trierer Raum als ein eigener Bezirk der Aachener Zentralverwaltung unterstellt, am 27. Mai aber wieder – mit Ausnahme der beiden Städte Trier und Koblenz – ausgegliedert [141]). Jede Bezirksverwaltung bestand aus 14 Mitgliedern, von denen sieben am Hauptort residieren und das Direktorium der Bezirksverwaltung bilden sollten. Die restlichen sieben Administratoren hatten sich zu den Unterbezirken (Kantonen) zu begeben, um dort für eine geordnete Verwaltung Sorge zu tragen. Die Unterbezirke (Kantone) bestanden aus den unteren Verwaltungseinheiten (Ämter, Vogteien, etc.) der aufgelösten Herrschaften des Ancien Régime, die auch künftig mit ihrer Gerichtsbarkeit fortbestehen sollten. Der Aachener Kanton hatte genau den Umfang des ehemaligen reichsstädtischen Gebietes und umfaßte mithin außer dem eigentlichen Stadtgebiet die Quartiere Berg, Soers, Vaals, Haaren, Würselen, Weiden, Orsbach, Aachener Heide und Glockenklang [142]). Zusammensetzung und Befugnisse der von Frécine in Aachen eingerichteten Munizipalität wurden durch die Neuordnung vom 14. November 1794 nicht berührt. Alle 14 Administratoren eines Arrondissements hatten sich mindestens einmal im Monat am Sitz des Hauptortes ihrer Verwaltung einzufinden, um Rechenschaft abzulegen und sich zu beraten. Bei jeder der sieben Verwaltungen wurde ein sog. Agent der Republik zur Überwachung ihrer Aktivitäten angestellt, mit dem Recht, örtliche Verwalter und Richter gegebenenfalls vor das Revolutionstribunal zu ziehen, und der Pflicht zur Berichterstattung im Abstand von zehn Tagen (Dekade) an die Zentralverwaltung. Die Aufgaben der sieben Arrondissements richteten sich – wie schon Frécines Verwaltungsordnung erkennen ließ – im wesentlichen auf die Befriedigung der wirtschaftlichen und militärischen Bedürfnisse der französischen Armee. Installiert wurde die Aachener Zentralverwaltung am 12. Dezember 1794 durch die Volksrepräsentanten Portiez-de-l'Oise und Joubert. Sie fand ihren Sitz im Saal der Neuen Redoute [143]). Die Mitglieder der Zentralverwaltung wurden erst nach und nach bestimmt und wechselten in der Folgezeit wiederholt. Eine Liste ist daher schwer zu erstellen. Bereits am 11. Dezember hatten die Volksrepräsentanten Joubert und Portiez die ersten sechs Mitglieder ernannt, von denen aber nur Dorsch, Simeon, Cromm und Vossen sowie der der Zentralverwaltung beigegebene Nationalagent Lamotze in Aachen anwesend waren [144]). Um den 10. Januar 1795 setzte sie sich wie folgt zusammen [145]): Präsident war Anton Dorsch, weitere Mitglieder Cromm und Vossen, die am 28. Dezember nach kurzer Dienstzeit von der Bezirksverwaltung Aachen-Burtscheid in die Zentralverwaltung übergewechselt waren, Simeon, Huberty, Petitbois, Goldbeck, Jacobi, Lipkens, Clermont und Schmidt. J. Nellessen fungierte als Sekretär. Die Zentralverwaltung bestand somit überwiegend aus Einheimischen, was insofern vernünftig war, weil sie der breiten Masse ihrer Mitbürger die revolutionären Ziele glaubwürdig vermitteln sollte.

Eine der ersten Amtshandlungen der Zentralverwaltung und ihres Präsidenten Dorsch war die Veröffentlichung einer Verordnung der Volksrepräsentanten vom 19. November, mit welcher das Direktorium der Nationaldomänen in Brüssel eingerichtet wurde. Es war zuständig für die zu beschlagnahmenden Güter der bisherigen Regierungen, des geistlichen und weltlichen Adels und der

Neuordnung des Gerichtswesens

Emigranten [146]). Für die Domänen in den besetzten Gebieten zwischen Maas und Rhein wurde Menessier-Duplessis mit Amtssitz in Aachen verantwortlich. Zum Inspektor für die Domänen innerhalb der Munizipalität Aachen wurde ein sonst nicht näher bekannter Vigoureux ernannt.

Der dritte Teil der Verwaltungsordnung vom 14. November 1794 ordnete das künftige Gerichtswesen und entschied, daß „die Ortsobrigkeiten und Richter" als Untertribunale alle Zivilgerichtsverfahren bis zu einem Streitwert von 300 Livres letztinstanzlich entscheiden sollten. Gegen Urteile in Prozessen mit höherem Streitwert war Appellation an die in den sieben Arrondissements-Hauptorten einzurichtenden, mit je sieben Richtern zu besetzenden Obertribunale möglich. Für Strafsachen waren zuerst die Untertribunale zuständig, doch „über jene Verbrechen, die zufolge der Landes-Gesätze und Gebräuche Leib- und Lebensstrafe nach sich ziehen würden" sollten allein die Obertribunale richten. Eine Besonderheit der neuen Gerichtsordnung war die Unentgeltlichkeit der Rechtsprechung.

(Revolutionstribunal und Obhutsausschuß)

Neben den Unter- und Obertribunalen bestand in Aachen seit dem 4. November das Revolutionstribunal fort, das „über alle Kontre-Revolutions-Verbrechen erkennen und ohne Berufung entscheiden" sollte [147]). Unter Konterrevolution wurden auch alle Akte verstanden, die den aus politischen Gründen emigrierten Personen nützten, die sich gegen die Assignatenwirtschaft und das Gebot der Maximum-Preise und damit gegen den freien Warenaustausch richteten und somit die Versorgung der Bevölkerung mit Lebensmitteln und anderen Waren gefährdeten. Desgleichen untersuchte das Revolutionstribunal die Vorgänge beim Rückzug der Franzosen am 1. und 2. März 1793 [148]). Das nötige Material für die Prozesse am Revolutionstribunal sollte das am 27. November von dem bei der Aachener Zentralverwaltung angestellten Nationalagenten Driessen eingerichtete „Comité de surveillance" oder – wie es in Aachen hieß – der „Obhutsausschuß" liefern [149]). Er setzte sich aus zwölf Einheimischen zusammen, die zunächst im Rathaus, dann im Wohnhaus des ausgewanderten Bürgermeisters Kreitz in der Jakobstraße, seit Anfang Dezember aber im Haus „Zur Landskrone" in der Kölnstraße tagten. Nach anfänglicher Unsicherheit über den Aufgabenbereich und die Kompetenzen entwickelte der Ausschuß bald eine rege Tätigkeit, die ihm das Lob des Nationalagenten eintrug. Curt Eder, der die heute noch erhaltenen Protokollbände ausgewertet hat, charakterisiert die Arbeit des Ausschusses mit folgenden Worten:

> *„Inspektionsreisen wurden aufs flache Land unternommen, eifrig überall nach verstecktem Besitz der Ausgewanderten, nach etwa noch vorhandenen Adelsabzeichen und dergleichen gesucht. Selbst nächtliche Razzias in verdächtigen Häusern der Stadt und Dörfern des Aachener Bezirks zur Ergreifung von ‚Übelgesinnten' und eingeschlichenen ‚Feinden der Republik' wurden veranstaltet. Briefe und Postpakete aller ‚Verdächtigen' – ein sehr dehnbarer Begriff! – wurden durchstöbert, Haussuchungen vorgenommen, Verhöre angestellt, die Bürger in öffentlichen Bekanntmachungen zur Anzeige von ‚Verächtern der republikanischen Münze' [d.h. der Assignaten] aufgefordert, usw."* [150])

Numerierung der Häuser

Dem Auftrag, alle revolutionsfeindlichen Regungen aufzudecken, diente auch die auf Drängen des Obhutsausschusses erlassene Verordnung zum Anbringen von Straßenschildern und zur Durchnumerierung der Häuser [151]), aber auch die Verpflichtung aller Gastwirte zu allabendlicher Mitteilung der Namen ihrer Logiergäste. Man erhoffte sich von diesen Maßregeln einen schnelleren Zugriff auf verdächtige Personen und Häuser. Trotz aller Bemühungen war der Erfolg des Obhutsausschusses eher bescheiden, und infolgedessen hatte auch das Revolutionstribunal keine sensationellen Prozesse zu führen [152]). Die Gesinnungsschnüffelei und Überwachungstätigkeit hatte unter den gegebenen Umständen für die Bevölkerung nicht nur negative, sondern auch positive Seiten. Die Stadt hatte nämlich in diesen schlechten Zeiten nicht nur unter dem Zustrom von Erwerbslosen und sonstigen Bedürftigen zu leiden, sondern war zunehmend das Ziel von Wucherern, Betrügern und anderen Kriminellen geworden, so daß die Tätigkeit des Obhutsausschusses einer Unterstützung der örtlichen Polizei gleichkam. Am 18. Februar 1795 stellte er jedoch seine Arbeit ein, da der Pariser Wohlfahrtsausschuß die Comités de surveillances am 10ten des Monats aufgelöst und ihre Funktionen den örtlichen Munizipalitäten übertragen hatte [153]).

Nachdem der Aachener Rat am 4. November durch die neue Munizipalität ersetzt war, wurde es höchste Zeit, die nach der Räumung der Stadt am 2. März 1793 wieder aufgerichteten Herrschaftszeichen endgültig zu beseitigen, denn nichts sollte – so die Meinung der Republikaner – an vergangene, despotische Zeiten erinnern. Angefangen hatte man bereits Ende September. Den alten Reichsadler, der als Stadtwappen das Stadtsiegel zierte, hatte es zu allererst getroffen. Der damals noch bestehende reichsstädtische Rat hatte am 29. September folgenden Beschluß gefaßt:

Ersatz der alten Herrschaftszeichen

> *„Auf geschehene Anerinnerung, wie die republikanische Befehlshaber den bisherigen mit dem Adler bezeichneten Stadt und Kanzlei [so!] gar nicht anerkennen wollen und dessen weitere Gebrauch durchaus untersagt haben, hat E(i)n E(hrbare)r Rath beschlossen, einen neuen mit der Umschrift ‚Municipalité d'Aix-la-Chapelle' und der Inschrift ‚Liberté, Égalité, Fraternité' verfertigen zu lassen, zu wessen Beförderung das lob(liche) Directorium hiermit ermächtigt wird"* [154]).

Aber erst am 4. Oktober erhielt ein sonst nicht näher bekannter Aachener Bürger namens Maassen den Auftrag, binnen kürzester Zeit zwei Siegelstempel zu schneiden [155]). Zum 9. Oktober kündet ein Eintrag im Munizipalitätsprotokoll von der Verwendung der „Munizipalitäts-Petschaft". Beide Siegelstempel sind heute noch erhalten und zeigen statt des Adlers eine Jakobinermütze. Bis zum 22. Oktober war der am Rathaus angebrachte Adler nach Paris weggeführt [156]). Am 24. und 25. Oktober wurden die Karlsstatue auf dem Marktplatz und die erst jüngst wieder aufgerichtete Kalckberner-Schandsäule demontiert [157]). Am 14. November wurde auf Befehl des Nationalagenten Driessen noch ein „despotisches Denkmal" in der Jakobstraße abgerissen, wahrscheinlich das Tempelchen, das zum Gedenken an den am 16. März 1278 von Aachener Bürgern erschlagenen Grafen Wilhelm IV. von Jülich errichtet worden war [158]). Am 24. Dezember war es dann soweit: Die Munizipalität meldete am 11. Dezember dem für die Aachener Zentralverwaltung zuständigen neuen Nationalagenten Jasmin Lamotze die Beseitigung aller Adler und sonstigen „despotischen Zeichen" und beantragte die endgültige Änderung ihres Wappens, was der Nationalagent noch am selben Tag genehmigte. Er schrieb ihr als Wappen das aller freien Menschen vor, nämlich „une statue de Liberté, armée d'une pique surmontée d'un bonnet rouge". Daß im Jahre 1794 – entgegen der Meldung der Munizipalität – nicht alle Zeichen, die auf das Lehnswesen, das Königtum und die Religion Bezug nahmen, beseitigt wurden, wissen wir aus einigen Schriftstücken des Jahres 1798, denen gemäß das Versäumte auf Anordnung des damaligen Gouvernements-Kommissars der Länder zwischen Rhein, Maas und Mosel, Rudler, nachgeholt wurde [160]).

Volksrepräsentant Frécine und seine Kollegen hatten am 28. Oktober bzw. 14. November ihre beabsichtigte Fürsorge für die Bedürftigen in der Aachener Bevölkerung betont [161]). Daß dieses Ziel in nächster Zeit allerdings nicht erreicht werden würde, ließ die Proklamation erkennen, welche die Aachener Zentralverwaltung am 4. November 1794 verkündete [162]). Die Mitglieder der Zentralverwaltung hoben zunächst die wichtige Rolle der neuen Verwaltungsordnung im Rahmen der revolutionären Ziele Frankreichs hervor und warben im Anschluß daran um Verständnis und Unterstützung für ihre künftigen, im Augenblick der Verordnung unpopulären, aber auf das künftige Glück der Bevölkerung ausgerichteten Verwaltungsmaßnahmen. Theorie und Wirklichkeit klafften hier allerdings weit auseinander. Bereits im Oktober war – wie wir hörten – die Versorgungslage der

Hungerwinter 1794/95

Bevölkerung schlecht, und sie verschärfte sich noch in den nachfolgenden Monaten. Schuld daran hatten die ständigen Einquartierungen, die täglichen Requisitionen, vor allem an Lebensmitteln, die Assignatenwirtschaft, das Gebot des Maximums. Die Umstrukturierung der Verwaltung gerade in dieser Lage verzögerte wirksame Gegenmaßnahmen. Im November war das Getreide derart knapp, daß der Brotpreis ins schier Unermeßliche anstieg und für die Minderbemittelten unbezahlbar wurde. Eine gerechte Brotverteilung beschäftigte von nun an alle Verwaltungsstellen und selbst den Obhutsausschuß, der in dem Mangel an Nahrungsmitteln zu Recht eine Gefahr für das neue politische System erblickte [163]). Verantwortlich für die Beschaffung und Verteilung von Lebensmitteln, insbesondere des Brotes, zeichnete das am 29. November bei der Munizipalität provisorisch eingerichtete „Comité de subsistance" unter seinem Direktor Jakob Friedrich Kolb [164]). Er fand das städtische Kornmagazin fast leer vor und stellte auch Mangel an Salz, Öl, Seife und Kartoffeln fest. Am 3. Dezember erfolgte daher ein Verbot, Lebkuchen zu backen, Puder und Stärkemehl herzustellen sowie Branntwein zu brennen. Ein Haupthindernis für die Deckung des Konsumbedarfs sah Kolb in der Konkurrenz der ländlichen Kornmärkte, etwa in Aubel, Sittard, Gangelt und Heinsberg, wo die Assignatenwirtschaft noch nicht eingeführt war und der Bauer für seine Waren noch in Geld aus Edelmetall bezahlt wurde. Sein Befund ließ für den bevorstehenden Winter eine Hungersnot befürchten. Zwar beschloß die Zentralverwaltung, das Jülicher Land aushilfsweise zur Getreidelieferung an die Aachener Munizipalität zu verpflichten; das Ergebnis aber war mehr als unbefriedigend. Die Ernährungslage war auch deshalb unzureichend, weil sich in Aachen nach einem dem Nationalagenten zugesandten und von diesem der Zentralverwaltung weitergereichten Bericht statt der zulässigen 3 400 Militärpersonen in Wirklichkeit fast 7 000 Personen, teils Offiziere aus auswärtigen Winterquartieren, teils aber auch Wucherer und Betrüger aus dem Innern der Republik aufhielten, die alle mitverpflegt sein wollten [165]). Ob die der Zentralverwaltung am 29. Dezember von Lamotze unterbreiteten Verbesserungsvorschläge – vor allem genaue Listenführung über die zur Anwesenheit berechtigten Personen – innerhalb weniger Tage zum Erfolg geführt haben, darf bezweifelt werden. Grundlage für Kolbs weitere Planungen waren die Listen, in welchen die acht Grafschaftskapitäne der Stadt weisungsgemäß diejenigen einheimischen Personen aufgeführt hatten, die einer Unterstützung mit sog. Armenbrot bedurften [166]). Die Verteilung der Brote geschah gleichfalls durch die Grafschaftskapitäne, und zwar an den jeweiligen Versammlungsplätzen der Stadtbezirke. Es war eine schwierige und undankbare Aufgabe. Klagen über tatsächliche oder vermeintliche Ungerechtigkeiten bei der Führung der Armenliste bzw. bei der Verteilung des Brotes waren unter den gegebenen Umständen an der Tagesordnung [167]). Was die Bedürftigen betrifft, so verfügte Kolb am 5. Januar 1795 über folgendes Zahlenmaterial [168]): 14 000 Personen, arme Handwerker, Fabrikarbeiter und Tagelöhner mit ihren Familien vermochten sich nicht mehr selbst mit Brot zu versorgen, 6 000 Menschen waren dazu nur zum Teil im Stande, und lediglich 8-10 000 Personen konnte die Selbstversorgung zugemutet werden. Kolb beabsichtigte daher, die „arme Volksclasse" mit 1 Pfund [169]) Brot pro Tag und Kopf und die „mittlere Classe" mit ½ Pfund zu unterstützen. Um den Andrang bei der Verteilung zu kanalisieren, wurde der Modus der Verteilung dahingehend abgeändert, daß die erste Gruppe ihr Brot künftig bei den Bäckern ihrer Grafschaft gegen Vorlage einer vom Comité auszugebenden [provisorischen] „Brotkarte", die zweite Gruppe aber ihren Zuschuß in Form von Getreide am Kornmagazin gegen Einreichung von Bons des Comités abholen sollte. Bereits eine Woche später sah sich Kolb gezwungen, die vorgesehenen Rationen zu kürzen [170]). Die 14 000 Mittellosen sollten nunmehr lediglich 18 Loth [171]) Brot pro Kopf und Tag erhalten; eine Menge, die Kolb mit den Worten kommentierte: „und nur die Zeit wird zeigen, ob mit dieser geringen Portion Brodt die arme Volcksclasse bey Leben erhalten werden kann". Die sog. Mittelklasse wurde auf 4 500 statt 6 000 Personen begrenzt, und die Portionen wurden auf 16 Loth Brot [172]) verringert. Mit Beschluß vom 27. Januar 1795 wurde eine besonders gestaltete Brotkarte zur Gewährleistung einer gerechten Zuteilung des Armenbrots ausgegeben [173]).

Die Feier zur Einsetzung der Aachener Zentralverwaltung hatte am 20. Dezember stattgefunden [174]). Zugleich war am Sitz der neuen Verwaltung, im Saal der Neuen Redoute, auf Befehl der in Aachen weilenden Volksrepräsentanten ein „Tempel des Höchsten Wesens" eingerichtet worden. Der neue Kult war von Robespierre am 7. Mai 1794 zur Staatsreligion erhoben worden. Für Robespierre existierte neben dem Staat noch eine Gottheit, das sog. Höchste Wesen, welches das Leben schenkt, die Guten belohnt und die Bösen bestraft. Gut aber war seiner Auffassung zufolge, was dem Staat nützte, schlecht, was ihm schadete. Der neue Kult war also dem Staat bedingungslos untergeordnet. „Das höchste Wesen ist gewissermaßen Hüterin des Gesellschaftsvertrages und der Gesetze. Es steht jedem frei, diese Gottheit nicht anzuerkennen, doch entäußert man sich damit des Rechtes, in der Gesellschaft zu leben. Nicht aus Mangel an Frömmigkeit wird man verbannt, sondern als ‚insociable'" [175]). Robespierre, der den Staat lenkte, war quasi der Papst der neuen Religion. Der „Aachner Zuschauer" schrieb anläßlich der Einweihung des Aachener Tempels:

Kult des „Höchsten Wesens" und der „Tempel der Vernunft"

> *„Um in allen Herzen der guten Bürger den Hang für Bürger-Tugend immer mehr keimen zu machen und den Geschmack für republikanische Grundsätze auch in die Gemüther verblendeter und irregeführter Bürger zu verpflanzen, sollen künftig, auf Veranlassung der hier anwesenden Französischen Volks-Repräsentanten, und der nunmehr förmlich installirten General-Verwaltung für die Lande zwischen der Maas und dem Rheine, in einem dazu eigens einzuweihenden V e r n u n f t s - T e m p e l allemal die Dekaden-Feste gefeyert werden. Diese sämtlichen Feste, welche bey der Französischen Nation an die Stelle der vormaligen religiösen Feste eingeführt worden sind, erinnern mit jeder Dekade insbesondere an irgend eine patriotische Tugend, an Vaterlands-Liebe, Tyrannen-Haß, Gerechtigkeit, Muth u.s.w. und so ergießt sich Wonne und Moral in den Busen jedes Freyheits-Freundes. Am nächsten Decadi soll damit angefangen werden"* [176]).

Der Festredner, Volksrepräsentant Portiez-de-l'Oise, führte dazu aus [177]):

> *„Welch ein glücklicher Umstand ist es, eure Verwalter eben in dem Tempel euch vorzustellen, der der Vernunft eröffnet wird und zur Verehrung des Höchsten Wesens bestimmt ist!... Menschen aller Länder und von allen Farben, durch welche Irrtümer ihr auch bisher getrennt gewesen sein möget, hier dieser Tempel steht euch allen offen. Hier feiern und lobpreisen wir jenes allmächtige Wesen, das das Licht erschuf und die Elemente in Harmonie setzte, das den Lauf der Jahreszeiten ordnete, den Meeren ihre Schranken anwies und die Feste des Himmels mit leuchtenden Welten und mit wohltätigen Gestirnen besäete. Hier besingen wir die Großtaten der Verteidiger der Freiheit und die Tugenden der Menschenfreunde. Hier werden die Gesetze verlesen, welche die gesellschaftliche Ordnung handhaben und die Beschützer der Freiheit, der Gleichheit und des Eigentums sind. Hier treten endlich Brüder zusammen, um Aufklärung zu verbreiten und sich durch einfache und freundschaftliche Belehrung zu der Ausübung aller Tugenden zu ermuntern".*

Im weiteren Verlauf seiner Rede beleuchtete er die Entwicklung der Menschheitskultur, erwies sich dabei als Kenner der Ideen von Montesquieu und Rousseau und kam auch auf die Bedeutung der Religion für den Menschen zu sprechen. Diese Gelegenheit benutzte er für einen Ausfall gegen die christliche Geistlichkeit, freilich ohne diese ausdrücklich zu nennen:

> *„Die Menschen zollten dem Ewigen einen Tribut von Anbetung unter verschiedenen Formen, nach der Beschaffenheit ihres Charakters und dem Einfluß des Himmels-*

> *strichs. Indessen gab es kleinliche und gebrechliche Wesen, von dem nämlichen Stoffe wie andere Menschen, kurz es gab Betrüger und Abenteurer (denn sie haben nie ihre Sendung beurkundet und kündigten doch Mysterien an außer dem Reiche der Natur). Solche Betrüger trieben ihre übermütige Anmaßung so weit, daß sie sich zwischen den Schöpfer der Welt und das Gewissen des Menschen setzten".*

Über die Monarchie, deren erbitterter Gegner Portiez war, urteilte er:

> *„Ist die Masse der Uebel, welche das Menschengeschlecht drückt, vermindert? Nein, denn es gibt noch Könige und Kaiser. Das Volk, das allenthalben allein Souverän ist, ist noch allenthalben Sklave. Eine Handvoll Tölpel unterdrückt das Menschengeschlecht, und eine Bande Räuber gebietet über Millionen Menschen. Beherzigt man das Geschick der Nationen, so weiß man nicht, ob man sich mehr über die schamlose Dreistigkeit der Tyrannen in Unterjochung der Völker oder über die feige und nachgiebige Schwäche der Völker in Ertragung des Jochs der Könige wundern soll".*

Schließlich forderte Portiez die Bevölkerung zwischen Maas und Rhein auf, durch ihre Opferbereitschaft am Triumph der Freiheit mitzuarbeiten. In diesem Sinne wandte er sich speziell an die Aachener Bevölkerung, der er Förderung von Handel und „Industrie" versprach und von der er erwartete:

> *„Ihr werdet das Beispiel leisten, den Assignaten ihren Wert zu geben. Um eures eignen Interesses willen lehrt die Landbewohner, was das Pfand dieser republikanischen Münze sei und auf welcher unermeßlichen Hypothek sie ruhe. Die Not, worüber ihr klagt, hat ihre Quelle nur in der Weigerung, die der Landbewohner den Assignaten zeigt, und infolge dieser Weigerung verbirgt er sein Getreide oder läßt es ungedroschen".*

An diese Rede schloß sich eine Ansprache des Präsidenten der Aachener Zentralverwaltung Anton Joseph Dorsch an, der auf die politischen und verwaltungsgeschäftlichen Ziele der neuen Behörde einging:

> *„Bürger! Wie groß, wie erhaben ist die Bestimmung, zu welcher die Repräsentanten des Französischen Volkes die Verwalter des Landes zwischen der Maas und dem Rheine berufen haben! Die braven Verteidiger der Republik haben die Tyrannen, die den Raub vom Volkseigentum unter sich teilten, vertrieben und jenseits des Rheins geschleudert. Dieser majestätische Strom trennt für immer den Boden der Freiheit von der Erde der Sklaverei. Nun ist's die Sache der Verwalter, die Stille zu benutzen, welche jetzt in diesen Gegenden herrscht, um die Grundfeste zu einer weisen Administration zu legen, die die Wohlfahrt der Einwohner sichern und der Republik neue Triumphe bereiten soll. Bürger Repräsentant! Die Verwalter fühlen sich alle von der Heiligkeit ihrer Pflichten durchdrungen. Sie verbinden sich feierlich, Ihrem Zutrauen dadurch zu entsprechen, daß sie in die Herzen ihrer Mitbürger die heiligen Grundsätze der Freiheit einprägen, und der Gerechtigkeit, Menschlichkeit und Gleichheit als der unveränderlichen Richtschnur in ihrem Verhalten folgen werden. Allein unsere Bemühungen würden vergeblich sein, wenn wir nicht von den Einwohnern dieses Landes gehörig unterstützt werden sollten. Die Kraft einer Verwaltung besteht in der öffentlichen Meinung, wie die Stärke einer Armee in dem Zutrauen der Soldaten auf ihre Chefs. Wir werden uns mithin unablässig bestreben, der öffentlichen Meinung eine gebührende Richtung, und dem allgemeinen Zutrauen neues Leben zu geben. Alsdann nur wird jene scheinbare Not, jener Mißkredit der*

Assignate, jene Zögerung in der Erfüllung der Requisitionen aufhören, wenn die Einwohner dieses Landes von der evidenten Wahrheit überzeugt sein werden, daß ihr Glück, ihr Interesse, ihre Existenz selbst wesentlich mit dem Schicksale der Republik verbunden sind. Dann wird man eine Energie sich entwickeln sehen, deren sie sich selbst itzt nicht fähig glauben; man wird den Ueberfluß wieder entstehen, die Armeen neu proviantirt, die Märkte hinlänglich versehen, und die Dürftigkeit und Bettelei, welche noch Wirkungen der vorigen Unterdrückung sind, für immer verschwinden sehen. ... Und wie sollten die Einwohner dieses Landes blind genug sein, nicht einzusehen, daß ihre Glückseligkeit von ihrer Vereinigung mit der Französischen Republik abhängt? Mögen sie nur einen Blick auf die topographische Lage ihrer sonst in dem Gebiete der Despoten eingeschlossenen Städte werfen; mögen sie bedenken, daß diese denselben zum Raube werden, sobald eine Kriegserklärung erfolgt. Auch ist es das Interesse der Tyrannen, die Fabriken, welche einem großen Teil dieses Landes ihr Auskommen verschaffen, ins Innere ihrer Staaten zu ziehen, oder doch die Industrie der Einwohner zu hemmen und zu vernichten. Wißt ihr nicht gar zu wohl, daß euer Handel allen Regierungen, die euch umgeben, zinsbar war? Empfindet ihr nicht die leidigen Folgen davon? Aachen insbesondere, das vormals die Hauptstadt des Reichs war und dessen Denkmäler noch von seinem alten Glanze zeugen, seit wann kam es zum Abfall? Seitdem es unter der Tyrannei Oesterreichs und der deutschen Botmäßigkeit schmachtete. Wann wird das Ende dieses fortschreitenden Verfalls kommen? Dann nur, wenn dies Land ein integrirender Teil der Französischen Republik sein wird. Alsdann werden die Häfen des Mittelländischen Meeres, die französische Marine dem Handel desselben einen unermeßlichen Absatz nach der Levante eröffnen; alsdann wird die spanische Wolle um so mehr eure Fabriken nähren kommen, und diese zum höchsten Grade von Vollkommenheit gelangen; alsdann wird auch der Ackerbau, befreit von der Knechtschaft der Feodalität, worin er bisher seufzte, den Ueberfluß in diesen Gegenden unterhalten. Aber wäre es nicht eine Beleidigung für die Einwohner dieses Landes, wenn ich mich länger über die Bewegungsgründe zu jener Vereinigung ausbreiten wollte? Die unschätzbaren Wohltaten der Freiheit und Gleichheit sind für aufgeklärte Völker hinreichend, um ihre Sache mit jener der demokratischen Regierungen zu vereinigen. Darum, Bürger, rafft die Fesseln zusammen, welche die Franzosen bei euch gesprengt haben, und schmiedet davon Werkzeuge des Todes gegen eure Feinde, die Tyrannen! Diejenigen, die nicht genug Kraft noch Mut in sich fühlen, um die Satelliten des Despotism anzugreifen, mögen wenigstens lernen, Aufopferungen zu machen"[178]).

Der Mangel an allem Notwendigen war Mitte Dezember 1794 nicht mehr zu leugnen, und so blieb den Revolutionären nur noch übrig, die Not als ein vorübergehendes Erfordernis hinzustellen, als Katharsis, die die Bevölkerung in den besetzten Gebieten aus der Knechtschaft der Tyrannen in die Glückseligkeit einer republikanischen Zukunft führen sollte. Der Weg dorthin – so bedeutete Dorsch – werde um so kürzer sein, je schneller sich die besetzten Gebiete der französischen Republik anschlössen. Er artikulierte damit Gedanken, die erst später zum Tragen kommen sollten. Die breite Masse der Aachener Bevölkerung schöpfte aus diesen Worten wenig Zuversicht, denn der Alltag ließ keinen Hoffnungsschimmer erkennen. Erneute umfangreiche Requisitionen im Januar und Februar 1795 verschlechterten die ohnehin schon miserable Wirtschafts- und Ernährungssituation und brachten Entbehrungen über Entbehrungen[179]). So hatte der Kanton Aachen laut Verfügung der Zentralverwaltung vom 13. Januar täglich 50 Schafe und 50 Kühe mit einem Lebendgewicht von mehr als 200 bis 300 Pfund bereitzustellen, und zwar solange, bis ein Achtel des gesam-

Weitere Requisitionen

ten vorhandenen Viehbestandes in den Kreuzgang des Aachener Münsters, der als Viehstall diente, eingeliefert sei. Trotz aller bei der Ausführung auftretenden Schwierigkeiten waren zwischen dem 20. Januar und dem 20. März immerhin etwa 5 Prozent aller Kühe und 6,7 Prozent aller Schafe ins Militärmagazin geliefert worden. Eine weitere Requisition vom 23. Januar bestimmte, daß der Aachener Bezirk trotz des bestehenden Ledermangels 25 000 Paar Schuhe abzuliefern habe, von denen allein die Stadt Aachen 3 500 Paar pro Monat bereitstellen sollte. Die tatsächlich erzielten „Erfolge" waren nur möglich geworden, weil die Verwaltungsbeamten, welche seit dem Jahreswechsel vermehrt um ihre Entlassung nachgesucht hatten, um nicht länger ihre Hände zur Ausbeutung und Bedrückung ihrer Mitbürger reichen zu müssen, gezwungen wurden, ihre Amtsgeschäfte weiterzuführen. Die Zentralverwaltung erklärte nämlich am 12. Januar „in Gemäßheit der schon verkündigten Beschlüsse der Volks-Repräsentanten" all diejenigen, „welche die Amtsverrichtungen, wozu sie berufen worden sind, zu versehen sich weigern" als „Verdächtige" [180]).

Kontributionen Abgesehen von den immer wiederkehrenden Requisitionen wurden die wohlhabenden Teile der Bevölkerung auch noch durch Kontributionszahlungen bedrückt, denn was der Volksrepräsentant Portiez und der Präsident der Aachener Zentralverwaltung Dorsch am 20. Dezember unter „Opfern" und „Aufopferungen" verstanden, wurde zwei Tage später deutlich, als Portiez für die besetzten Länder zwischen Maas und Rhein eine Kontribution in Höhe von 25 Millionen Livres „in metallenen Geldsorten", also nicht in Assignaten, verkündete [181]). Portiez gab damit offiziell zu verstehen, daß der Republik ihr eigenes Geld nichts wert war, was den Wertverlust der Assignaten noch beschleunigte. Von der Gesamtsumme der Kontribution hatte die Bezirksverwaltung in Aachen 5 Millionen aufzubringen. Mit der Durchführung sollte binnen zehn Tagen nach Kenntnisnahme dieser Verordnung begonnen werden, d.h. die Bezirksverwaltung sollte die Verteilung der von ihr aufzubringenden Summe auf die ihr unterstehenden Ämter, Städte und „Gerichtsbarkeiten" vornehmen. Kontributionspflichtig waren allein Adlige, Geistliche, klösterliche Gemeinschaften und reiche Bürger; Handwerker, Tagelöhner wie überhaupt alle von ihrer Handarbeit lebenden Personen waren ausgenommen. Bei Überschreiten der gesetzten Fristen wurden Aufschläge fällig und konnten Geiseln genommen werden. Am 14. Januar 1795 wurden weitere Bestimmungen zur Erhebung der Kontribution erlassen [182]). Danach hatten die Geistlichen 3 Millionen, die ehemaligen Adligen 1½ Millionen und die reichen Bürger, also alle Personen mit einem Jahreseinkommen von mehr als 1 000 Livres, eine halbe Million Livres aufzubringen. Handwerker, Tagelöhner und Bauern blieben wie früher unbelastet. Auch Handel- und Industrie-Treibende waren begünstigt. Sie hatten nur halb soviel zu bezahlen wie Grundbesitzer und Rentiers. Die Kontribution erhielt dadurch – wie Eder betont [183]) – vorwiegend den Charakter einer Grundsteuer. Auf die Munizipalitäten Aachen und Burtscheid entfielen von den 5 Millionen 108 000 Livres, über deren weitere Verteilung es noch im Januar zu Streitigkeiten kam, weil Aachen von Burtscheid ein Drittel der Summe forderte, Burtscheid seine Leistungskraft aber lediglich auf den 26sten Teil bezifferte [184]). Unabhängig davon bemühte sich die Aachener Munizipalität, die Lasten innerhalb der Gemeinde möglichst gerecht zu verteilen. Da dies viel Zeit in Anspruch nahm, andererseits das erste Drittel der Kontribution bei Androhung schwerer Strafen unverzüglich fällig wurde, die Kassen aber keinerlei Bargeld mehr enthielten, beschritt die Munizipalität den Weg der Anleihe bei den begüterten Bürgern, z.B. bei der reformierten Gemeinde der Stadt, deren Prediger im Ruf stand, „ein beträchtliches Kapital ... an baarem Gelde in Händen zu haben" [185]).

Die Franzosen waren sich natürlich der Unpopularität ihrer Maßnahmen, welche auch ihre politischen Ziele in Mißkredit brachten, bewußt, doch sie gehorchten nur der Not. Die französische Armee war – wie erwähnt – als Massenheer konzipiert und lebte, da sie wegen ihrer Größe aus dem Mutterland nicht mehr ernährt werden konnte, seit dem Juli 1794 ausschließlich von den Produkten der eroberten Länder [186]). So bedingte die Not der Armee die Not der Bevölkerung, bis beide in der Égalité des Elends verbunden waren. Der extrem harte Winter mit anhaltender, nie gekannter Kälte, heftigen Winden und starker Eisbildung verschärfte die Situation noch [187]). Mit Aufrufen an die Opferbereitschaft war nichts mehr auszurichten. Eine gewisse, aber auch nur vorübergehende Entlastung brachten die Siege, welche die Franzosen gegen die niederländischen Generalstaaten und die mit ihnen verbündeten Engländer erfochten. Bis zum 21. Januar hatten sie die Generalstaaten vollständig besetzt und konnten nun alles, was der Truppe fehlte, abführen [188]). Wohl unter dem Eindruck dieses Erfolges wurde auch die Petition der Aachener Zentralverwaltung um Minderung der Kontributionsforderungen positiv beschieden. Am 10. Februar 1795 senkte der Volksrepräsentant Gillet die Gesamtsumme auf 8 Millionen Livres, die nun bis zur Hälfte in Kleidung und Ausrüstung abgegolten werden durfte [189]). Die Zentralverwaltung in Aachen hatte darüber zu entscheiden, in welcher Höhe die Bezirksverwaltungen zu belasten seien. Das Geld sollte binnen 30 Tagen, das Material spätestens bis zum 11. Mai bereitgestellt werden. Das säumige Quantum war nach Ablauf der Fristen in klingender Münze zu entrichten. Desweiteren erklärte Gillet alle noch nicht erfüllten Requisitionen für nichtig.

Am 19. Februar wurde in Aachen bekannt, daß der Nationalkonvent in Paris am 10ten des Monats Bestimmungen zur Förderung der Wohlfahrt in den besetzten Gebieten erlassen hatte [190]). Dazu zählten die Aufhebung der Obhutsausschüsse, der Nachlaß aller wegen verzögerter Kontributionsleistungen verhängten Geldbußen, die Freilassung der als Bürgen der Kontributionszahlungen genommenen Geiseln, das Zugeständnis, die noch nicht abgetragenen Kontributionen je zur Hälfte in Assignaten und klingender Münze bezahlen zu dürfen, die Vorschrift, bei säumiger Zahlung den Gerichtsweg zu beschreiten, sowie die Abschaffung der Maximalpreise, welche für die Verknappung der Lebensmittel mit verantwortlich waren. Als Frist für die Abtragung der Kontribution wurde der 20. April festgesetzt. Wichtig war auch, daß man die Handelsverbindungen zwischen den besetzten Gebieten und der Republik systematisch auszubauen gedachte. Welche Bedeutung die Aachener Zentralverwaltung diesen Bestimmungen beimaß, erhellt aus dem Dankesschreiben, das sie am 20. Februar an den Nationalkonvent in Paris adressierte:

Aufhebung des Obhuts- ausschusses

> *„Der Beschluß eures Heils-Ausschusses vom 22. Pluviose, wodurch die Obhuts-Ausschüsse in den eroberten Ländern, so wie das Maximum, welches bishiehin nur Begünstigung der Wucherer, und der Agenten seiner Gründer gedient hat, abgeschafft werden; dieser wohlthätige Beschluß, der die als Geisel für die Bezahlung der Kontributionen weggeführten Bürger dem Schooße ihrer Familien wiederschenkt und jene Kontributionen halb in republikanischer, halb in klingender Münze zahlbar macht; der endlich die so lange unterbrochenen Handels-Verbindungen zwischen der Republik und diesen Landen von neuem knüpft; dieser Beschluß ist uns durch eure Kollegen bey den Nord- und Sambre- und Maas-Armeen zugekommen. Wir haben die Verkündigung desselben in den sämtlichen Landen zwischen Maas und Rhein mit derjenigen Feyerlichkeit veranstaltet, die der Anordnungen würdig ist, welche ihr zu unserm Besten so huldreich getroffen habt, und welche wir als die Vorboten unsrer künftigen Wohlfahrt ansehen.*
>
> *Wenn der Wiederhall unsres Jubels, Bürger Repräsentanten! bis in eure Mitte hätte dringen können, ihr würdet euch dann durch die tausendmaligen Ausrufe: Es lebe die Republik! Es lebe der Konvent! überzeugt haben, welche Gesinnungen und Wünsche das Volk dieses eroberten Landes hegt. Es blieb freylich lange stumm; aber in der Ungewißheit über sein Schicksal erklärt es sich nur mit Schüchternheit, so wenig es sonst in seinen Grundsätzen wankt.*
>
> *Ihr habt diesem Volke nun einen Beweis gegeben, daß unter den vielfältigen Arbeiten, die euch beschäftigen, ihr nicht die Opfer vergessen habt, welche es bisher gethan, und noch thut, um das zu verdienen, was eure Kollegen ihm durch ihre verschiedene Adressen versprochen haben.*

> *Erkläret euch, Bürger Repräsentanten! Lasset nicht länger die Einwohner der eroberten Länder in Ungewißheit und Furcht schweben. Mögen sie endlich aus dem Munde der Repräsentanten von 24 Millionen Menschen vernehmen, daß auch sie des Französischen Namens würdig sind; daß sie diesen Namen künftig führen, und Kinder der fruchtbarsten Republik der Welt seyn werden.*
>
> *Fahret fort, Gesätzgeber! für unser Glück zu wachen, wie ein Vater für seine Kinder. Ihr habt verhindert, daß das scheußliche System, welches so lange in Frankreich wüthete, dieses Land nicht heimgesucht hat. Schützet uns nun von neuem gegen die Wuth eures Feindes. Seine Schranken sind von der Natur bezeichnet; er achte dieselbe jetzt auch durch eure Gesätze. Mag er endlich wissen, daß die Sitten, die Tugend und Rechtschaffenheit, welche die Einwohner des Landes zwischen Maas und Rhein karakterisiren, unverträglich sind mit den despotischen Gesätzen, unter welchen sie ehehin zusammengeschnürt waren. Nur zu lange ist ihre Leichtgläubigkeit durch Vorurtheile hingerissen worden. Die Vernunft trete nun wieder in ihre Rechte, und es entstehe nie mehr Tyranney in diesen Gegenden, die vormals den Siegern und den Besiegten Preis gegeben waren. Machet also dem schändlichen Unwesen der Despoten ein Ende, und nöthigt sie, durch eure Dekrete ihren Sturz und unsren Triumph anzuerkennen. Es lebe die Republik! Es lebe der National-Konvent [191])!"*

Feier eines „bürgerlichen Festes"

Am 28. Februar 1795 fand auf Beschluß der Aachener Zentralverwaltung in allen Munizipalitäten der eroberten Gebiete zwischen Rhein und Maas ein „bürgerliches Fest" zur Feier der in „Holland" erfochtenen Siege und der Befreiung der „Bataver" statt. Das Aachener Fest war sorgfältig vorbereitet worden und mag von daher als ein Musterbeispiel für ein „politisches Fest" jener Zeit gelten [192]):

> *„Um 10 Uhr Morgens kündigte eine Artillerie-Salve die große Feyerlichkeit an. Die ganze Garnison trat darauf unter Gewehr und begab sich gegen 11 Uhr nach dem Komphausbade, wo sie sich bey dem Orte der Sitzungen der Central-Verwaltung sammelte. Eben daselbst fanden sich die konstituirten Gewalten, sämtliche Mitglieder mit ihren Scherpen und Unterscheidungs-Zeichen unter Vortragung ihrer 3farbigten Fahnen ein. Nachdem so alles vorbereitet war, begann der feyerliche Zug zwischen 2 Reihen Freywilliger über den Kapuziner-Graben und durch Klein-Marschierstraß nach dem Gemeinde-Hause in folgender Ordnung: Den Zug eröfnete ein Jäger-Detaschement, welchem*
>
> 1) *eine Reihe Knaben von 8 bis 12 Jahren, unter Vortragung einer Standarte mit der Inschrift: Hoffnung des Vaterlandes,*
> 2) *eine Reihe Jünglinge unter einer Standarte mit der Inschrift: Stützen der Freyheit,*
> 3) *eine Gruppe Ackersleute unter einer Fahne mit der Inschrift: Nährväter des Staats,*
> 4) *eine lange Reihe Bürger von Burtscheid und Aachen unter einem Panier mit der Inschrift: Alle Menschen sind frey und gleich geboren,*
> 5) *die bürgerliche Musik,*
> 6) *das Handels-Tribunal,*
> 7) *die Friedens-Gerichte von Burtscheid und Aachen,*
> 8) *das Ober-Tribunal,*
> 9) *die Munizipalitäten von Burtscheid und Aachen,*
> 10) *die Bezirks-Verwaltung von Aachen,*

> 11) die Militair-Musik und
> 12) der Stab und die Central-Verwaltung folgten.
>
> Den Zug schloß der Rest der Garnison und ein Jäger-Detaschement. Nachdem derselbe auf den Marktplatz eingetroffen war, stellten sich die konstituirten Gewalten um den zu diesem Feste unter dem Freyheits-Baum eigens errichteten Vaterlands-Altar herum, rechts die militairische Musik und die bürgerliche zur linken Seite. Hiernach eröffnete die Musik das Fest mit dem Liede: La Victoire en chantant nous ouvre la barrière Etc., wobey das Volk den Schlußreim: La République nous appelle; sachons vaincre, ou sachons périr; un Français doit vivre pour elle, pour elle un Français doit mourir, allemal wiederholte. Der Präsident der Central-Verwaltung, B(ürger) Simeon, proklamirte dann von den Stufen des Vaterlands-Altars die glänzenden Siege, welche die Französischen Helden in Holland erfochten, so wie die vielfachen Vortheile, welche daraus für die Länder zwischen Maas und Rhein entspringen."

Simeon, der Dorsch als Präsident der Zentralverwaltung gefolgt war, hob vor allem auf die Erfolge der Republik bei der Vertreibung der Tyrannen ab, konnte darüber hinaus aber auch mit einer das tägliche Leben berührenden Neuigkeit aufwarten. Die Volksrepräsentanten hatten nämlich, nachdem sie schon die Kontributionshöhe herabgesetzt hatten, der Aachener Zentralverwaltung „auf die Kontribution eine Summe von 3 Millionen in klingender Münze angewiesen, um für euch Getreide zu kaufen, welches die bedürftigen Einwohner mit Assignaten bezahlen werden". Nach seiner Rede wurde revolutionärer Gesang angestimmt, und als die Strophe erklang „Périssent les tyrans, périsse leur mémoire" stieg Simeon von den Stufen des Vaterlands-Altars mit einer brennenden Fackel herab und zündete einen „Scheiterhaufen" mit Zeichen des überwundenen Feudalzeitalters, Pergamenten, Adelsurkunden und dergleichen an. Daraufhin bestieg Bürger Vossen, Mitglied der Zentralverwaltung, den Vaterlands-Altar und hielt folgende Rede:

(Verbrennung feudalistischer Symbole)

> „Bürger! Heil dem Tage, an welchem, da wir euch die unglaublichen Siege der unüberwindlichen Republik verkündigen, wir euch zugleich die glücklichsten Vorzeichen des Bundes des glorreichsten Volkes mit uns vor Augen legen können.
> Sie sind überstanden, die Tage der Prüfung! Verschwunden sind die bangen und allzu ängstlichen Ahndungen furchtsamer Halbmenschen, die je den schändlichen Gedanken fassen konnten, daß die Republik uns einer künftigen Noth überlassen würde.
> Mitbürger! höret die heiligen, die unverbrüchlichen Zusicherungen der Repräsentanten des Französischen Volkes; höret, und sehet mit Verachtung auf die Niederträchtigen zurück, die euch nur für einen Augenblick beängstigen durften. Wo sind sie, die Arglistigen, die euch vorlispelten, daß man euch durch Requisitionen eurer Lebensmittel berauben, durch nicht beyzubringende Kontributionen euer Geld nehmen, und euch dann dem Elende Preis geben würde? Hier mögen sie erscheinen, und erstummen bey dem Ausrufe der Wohlthaten, womit ein eben so gerechtes als großes Volk uns überhäuft. Es war den Erstgeborenen der Freyheit nicht genug, die Kontribution der Lande zwischen Maas und Rhein bis auf 8 Millionen heruntergesetzt zu haben; nicht genug, diese Summe durch eine wohlthätige Verwendung der Cirkulation der Lande belassen zu haben. Wir bringen euch heute noch eine neue, doch eine tröstlichere Wohlthat: jene, wodurch die Central-Verwaltung ermächtigt ist, den übrigen Theil dieser Kontribution, und also über 3 Millionen zu eurer Nahrung, zur Ankaufung der nöthigsten Lebensmittel zu verwenden, welche den Dürf-

tigen unter euch in Assignaten verkauft werden sollen. Erhebet also eure Herzen zur wohlthätigen Freyheit; zeiget aufrichtig den wärmsten Herzens-Dank dem größten Volke, welches so zu siegen, und so seine Wohlthaten zu vertheilen weiß.
Erhebet zugleich eure Herzen zum Höchsten Wesen, zu Gott, der, nachdem er den Menschen frey geschaffen, nun auch durch seine mächtige Hand die Sache der Freyheit schützet, und alle Wagstücke vereitelt, womit zusammen verschworene Unterdrücker die Rechte der Menschheit zu untergraben trachteten. Lasset uns also mit warmer Empfindung ausrufen: Es lebe die erste Gabe Gottes, die Freyheit; es lebe die große Republik, welche die Freyheit so zu vertheidigen weiß!"

Im Anschluß an Vossens Rede wurden weitere Lieder unter Beteiligung der Bevölkerung gesungen. Wahrscheinlich hielt hiernach der Nationalagent bei der Aachener Zentralverwaltung, Descamps, eine Rede, welche die Bevölkerung erneut ermutigen sollte, für die notleidende Armee Verständnis und Opferbereitschaft zu zeigen. Das Fest klang mit einem „genüglichen Mahl" aus. Am Abend gab es noch ein „angemessenes Schauspiel", danach wurde der Ball eröffnet.

Die schlechte Versorgungslage

Die bescheidene Freude hielt indessen nicht lange vor, denn eine nachhaltige Entlastung durch Getreide- und sonstige Lebensmittellieferungen aus den soeben eroberten niederländischen Gebieten blieb aus. Der Grund lag in den überaus schwierigen Transportverhältnissen. Der harte Winter hatte die Flüsse und Kanäle gefrieren lassen und die Wege vereist, während die Rheinschiffahrt wegen der andauernden Kriegsoperationen weiterhin brach lag. Um zu überleben, war die Armee sogar gezwungen, neue Requisitionen zu erheben, die aber nur unter immer mehr Druck realisiert werden konnten. Die Munizipalitäten wurden bei Säumigkeit mit Geldstrafen, Einquartierungen und gewaltsamer Wegnahme bedroht. So vermerken die Aachener Annalen zum 21. März 1795: „haben die Franzosen den hiesigen Beckern ihr vorrätiges Mehl aus den Häusern mit Gewalt fortgenommen"[193]). Die Notlage der Bevölkerung verschärfte sich noch durch die sich beschleunigende Teuerung. Der Wegfall der Maximumpreise bei gleichzeitiger Beibehaltung des Zwangskurses der Assignaten hatte nämlich zur Folge, daß die Preise in Livres Papiergeld ins Unermeßliche emporschnellten. Carl Eder hat errechnet, daß im April 1795 ein Pfund Zucker etwa 400 Livres in Assignaten und ein Pfund Seife 230 Livres kostete[194]). Der ohnehin hohe Brotpreis sollte sich von Anfang April bis Anfang August verdoppeln[195]). Was das hieß, kann man erahnen, wenn man aus den Aachener Annalen erfährt:

„Die Lebensmitteln sind im Preis zum höchsten Grad gestiegen. Das Brod kost 20 Märk und dabei so rar, dass den 5. April, am hl. Ostertag viele Menschen für Geld kein Brod haben konnten. Den 4. April haben etliche Bürger ihre Früchten, womit sie sich aus Vorsorge der Theurung proviantiert, aus Ordre der Munizipalität an die Franzosen abliefern müssen, um bei ihnen den grossen Mangel in etwa abzuhelffen".

Unter dem 22. April berichten dieselben Annalen:

„Den 22. April, unerachtet die Franzosen fast alles Hornvieh aufgetrieben haben, ist doch heut an den Strassen angeheftet worden, dass in den Ländern zwischen Maas und Rhein ganz geschwind 6 000 Küh müssten in Kontribution genommen werden, wovon der Aacher Distrikt 259 Stück liefern muss, jedoch soll per (Pfund) 60 Sols bezahlt werden".

Krankheiten

Vossen und Cromm sollten im Jahre 1796 rückblickend schreiben: „Wir sahen mit Schaudern in unserm Vaterlande mehrere hundert Bürger vor Hunger und Elend dahinsterben, während unsere

Ackersleute noch genötigt wurden, ihre Körner den Armeen abzuliefern"[196]. Den Angehörigen der französischen Armee ging es indessen nicht besser. Der Nahrungsmangel und die sonstigen Lebensumstände begünstigten die Ausbreitung von Krankheiten und führten zum Massensterben. Johann Balthasar Forst in Kornelimünster notierte hierzu in seinem Tagebuch:

> „Die Franzosen sterben in großer Anzahl. Es ist unmöglich, wie viele durch Krankheiten weggerafft werden. Allein in Aachen waren seit der Eroberung hiesiger Länder bis ohngefehr um 1. März [1795] gestorben 4 707 Mann, welche auf dem Louisberg begraben worden"[197].

Der Stadtrentmeister de Bey erinnerte sich mit Schaudern:

> „Aber das härteste unseres Postens war, dass wir alle in den Spitäleren, Marienthal, Karmeliter etc. Gestorbene zur Beerdigung am Louisberg besorgen mussten, welches durch die sogenannte Kuhlhasen geschah Namens einer Hungs und Hase. Diese Citoyens wurden alle auf einen Leiterkarren geworfen und am Louisberg wie krepirte Hunde dahingeworfen, welche leider die Meisten venerisch und halb faul waren und stunken wie die Pest. Wie wir zuerst dahin kamen lagen etliche hundert auf einander geschüttet und die Hunde frassen daran und wenn wir keine sicheren Massregeln getroffen hätten, so wäre sicher die Pest in die Stadt gekomen. Daher liessen wir am Fuss des Berges an die Vogelstang ganz tiefe Gruben auswerfen, dann wurden selbe wie Pickelhäringe nebeneinander gelegt und dann ungelöschter Kalk darüber geworfen, dann wieder eine neue Lage darauf sebpelirt [bestattet] bis die Grube voll war. Nach Inhalt unseres Registers sind über 7 000 Mann dahin gelegt worden"[198].

Kontributionen

Dessen ungeachtet beschlossen die Mitte März in Aachen weilenden Volksrepräsentanten Dubois und Roberjot aus schon bekannten Gründen, die mit Billigung der Munizipalität sich hinschleppende Bezahlung der Kontribution durch Androhung schwerer Strafen zu beschleunigen und setzten dafür einen Monat Frist[199]. Trotz alledem bewahrten die Aachener Besonnenheit. Am 15. März nämlich berichteten die genannten Volksrepräsentanten an den Pariser Wohlfahrtsausschuß: „Cependant nous ne craindrons pas de vous dire que l'esprit des habitants en général est bon. Tous ne sont pas patriotes, mais tous sont tranquilles ..."[200].

Schließung des „Tempels des Höchsten Wesens"

Wenn sich die „Nicht-Patrioten" ruhig verhielten, so bedeutet dies keineswegs, daß sie alle Neuerungen willig hinnahmen. Der am 20. Dezember 1794 eingerichtete „Tempel des Höchsten Wesens", an dem noch am 21. Januar 1795 im Gedenken an die Hinrichtung Ludwigs XVI. der Königsmord verherrlicht wurde, war ihrem religiösen Empfinden derart zuwider, daß er nur wenige Feierlichkeiten sah und mangels Beteiligung der Bürger Anfang Februar 1795 wieder aufgegeben wurde[201]. Auch in Frankreich selbst wurde der verordnete Kult niemals wirklich populär.

Ablehnung des Revolutionskalenders

Der innere, meist religiös begründete Vorbehalt und Widerstand gegen die neuen Sitten war groß und zeigte sich auch in der Ablehnung des Revolutionskalenders, der die Abkehr von der in der Schöpfungsgeschichte des Alten Testaments begründeten 7-Tage-Woche und von den kirchlichen Feiertagen zum Ziel hatte. Zwischen 1794 und 1797 wurde er allerdings nur behutsam eingeführt und fand außerhalb der Verwaltung kaum Beachtung. Die Entschlossenheit der Bevölkerung, am herkömmlichen Glauben und den gewohnten Zeremonien festzuhalten, bewirkte die Genehmigung der Fronleichnamsprozession des Jahres 1795. Man wollte die Volksstimmung in Anbetracht der schlechten wirtschaftlichen Situation nicht weiter anheizen. Wenn die Patrioten „fromme Umzüge" schon nicht verhindern konnten, so suchten sie sie doch für ihre Zwecke zu benutzen. Wohl nur so

Reunions-gedanken

ist die Bemerkung der Aachener Annalen zu verstehen: „Heutige Prozession wohnte die Munizipalität mit Fackelen tragend bei"[202]).

Die Nahrungsmittelknappheit blieb auch im Mai 1795 bestehen. Tröstlich war da angesichts der politischen und wirtschaftlichen Situation der Rheinlande die Nachricht, daß in Paris der Aufstand der radikalen Elemente gegen die Herrschaft der am 9. Thermidor des Jahres II (27. Juli 1794) durch den Sturz Robespierres zur Macht gelangten sog. Thermidorianer am 20. Mai 1795 gescheitert war, die Rückkehr der Schreckensherrschaft der Jakobiner mit ihren befürchteten Auswirkungen auf die Gebiete zwischen Maas und Rhein also gebannt war[203]). Erleichtert schrieb Franz Dautzenberg in seinem Aachner Zuschauer: „Die Terroristenfraktion ist nun dergestalt zu Boden geworfen, daß sie schwerlich je wieder zu einem neuen Streich sich aufrichten wird"[204]), und die Volksrepräsentanten Dubois und Meynard meldeten in ihrem Glückwunsch an den Konvent:

> „Nous devons ajouter que les habitants du pays d'entre Meuse et Rhin nous ont donné des preuves signalées de leur intérêt pour le triomphe de la Convention nationale sur le parti des égorgeurs"[205]).

Am 29. Mai läuteten in Aachen zu diesem Anlaß alle Glocken[206]).

Unter diesen politischen Bedingungen mehrten sich angesichts der Not die Stimmen, welche einen Ausweg aus der trostlosen Situation allein in der Vereinigung der Rheinlande mit der französischen Republik sahen. Dorsch, der Präsident der Aachener Zentralverwaltung, hatte bereits in seiner Rede vom 20. Dezember 1794 auf die wirtschaftlichen Vorteile hingewiesen: Erweiterung des Marktes auf ganz Frankreich, Absatz rheinischer Waren über die Mittelmeerhäfen, Zufuhr spanischer Wolle für die heimische Tuch-„Industrie"[207]). Am 29. Januar, also kurz nach der Eroberung der Niederlande, wies Simeon, Mitglied der Aachener Zentralverwaltung, in einer Rede im Aachener „Tempel des Höchsten Wesens" darauf hin, daß dem Handel der Republik nunmehr auch der Weg nach Nordeuropa offen stehe, von dem auch die Lande zwischen Rhein und Maas bei einer Vereinigung profitieren würden[208]). Überlegungen dieser Art führten immerhin dazu, daß die Aachener Zentralverwaltung am 20. Februar 1795 den Pariser Nationalkonvent bat, die Bürger in den eroberten Ländern nicht länger ob einer möglichen Annexion der Rheinlande im unklaren zu lassen[209]). Entsprechend diesem Schreiben versuchten die Mitglieder der Zentralverwaltung, der Bevölkerung den Gedanken an eine Verbindung mit Frankreich näherzubringen, und wurden dabei von den Volksrepräsentanten Dubois und Roberjot unterstützt, die am 15. März von Aachen aus den Konvent um beschleunigten Entscheid baten[210]). Sie betonten:

> „Vous ne pouvez croire, jusqu'à quel point l'inquiétude s'agite à cet égard. Les fonctionnaires publics, les commerçants, les habitants de tous les Etats attendent et, nous pouvons le dire, désirent que la Convention nationale manifeste d'une manière suprême sa volonté à cet égard".

In Paris waren nach dem Sturz Robespierres am 27. Juli 1794 – wie erwähnt – die Thermidorianer an die Macht gelangt, welche einen gemäßigten Kurs vertraten. Außenpolitisch befürworteten sie allerdings mehrheitlich die Rheingrenze, weniger, um als Heilsbringer die revolutionären Ideen zu exportieren, sondern zum Teil aus sicherheitspolitischen Interessen, vor allem aber, um der seit 1789 brachliegenden Wirtschaft Frankreichs durch die Angliederung einer fruchtbaren Agrarlandschaft, die Inbesitznahme von Eisenerz- und Kohlelagerstätten wie einer gewinnversprechenden Tuch- und Seidenindustrie Vorteile, wenn nicht gar Impulse für einen neuerlichen Aufschwung zu verschaffen[211]). Dennoch wollten die Thermidorianer die Grenzfrage einem Vertrag mit Österreich vorbehalten. In Aachen nahm Franz Dautzenberg in seinem „Zuschauer" eine eindeutige Haltung zugunsten der Rheingrenze ein und versuchte in seinen Artikeln die Öffentlichkeit zu beeinflussen²¹²). Allein, der Pariser Konvent beschloß zwar am 1. Oktober 1795 die Reunion der österreichischen Niederlande und des Bistums Lüttich mit der französischen Republik, ließ aber das Schicksal der Lande zwischen Maas und Rhein weiterhin offen ²¹³).

Im Sommer 1795 trieb die Nahrungsmittelknappheit einem neuen Höhepunkt entgegen. Entsprechend nervös war die Stimmung auf der Straße. Immer mehr Bürger bewaffneten sich mit Stöcken von „Dorn-, Herlitzen- und Haselstauden" oder solchen, die an ihrem Ende mit Eisen und Blei beschlagen waren, um sich vor allem gegen die sich mehrenden Attacken hungriger Soldaten wehren zu können²¹⁴). Anfang Juli kam es dabei zu einem Totschlag an einem Franzosen, der zum Markt ziehende Bauern plündern wollte. Selbst in der Verwaltung stieg die Gereiztheit. Als die Aachen-Jülicher Bezirksverwaltung am 30. Mai die Aachener Munizipalität an ihre vier Tage alte Requisition von acht doppelspännigen Karren erinnerte, eine Frist von 24 Stunden setzte und bei Säumigkeit mit Kerker bei Wasser und Brot drohte, erhielt sie am 1. Juni eine giftige Anwort:

Fortbestehende Nahrungsmittelknappheit

> „Da wir den Ausdruck oder vielmehr die Drohung von Einkerkerung auf Wasser und Brot ersahen, glaubten wir uns auf einen Augenblick in den Zeiten des Despotismus zurück, wo zufolg Erzählung unserer Nachbaren im Jülicher Lande der despotische Vogt seine Untertanen nach seinem Gefallen, wenn sie seine Küche nicht sattsam spickten, drohte und drückte; denn wir als freie Bürger kannten und ertrugen solches nicht und wollen es auch jetzt nicht ertragen. Kerker auf Wasser und Brot ist Dieben und frauduleusen Banqueroutieren, nicht aber Munizipalen, die ihre Pflichten erfüllen, geeignet. Uebrigens scheint eure Drohung nicht aus dem schätzbaren Werke Les droits de l'homme noch aus den Gesetzen der Französischen Republik, sondern aus der Geschichte eines türkischen Bassa [Pascha], oder, welches auch der Fall sein dürfte, eines Robespierre en miniature hergeleitet zu sein. Da nun das Regiment Robespierre en grand ein Ende genommen, so leben wir der Hoffnung, auch jenes des Robespierre en miniature erlöschen und nur das Gesetz einer aufgeklärten und Despotism verabscheuenden Nation herrschen zu sehen. Auf dieses Gesetz berufen wir uns, nach diesem wollen wir behandelt und gestraft sein, wenn wir nota bene gefehlt haben und mutwilliger Saumseligkeit oder Nichtbefolgung eurer uns im Namen des Gesetzes aufgetragenen Requisitionen überführt sein werden. Weil wir aber überzeugt sind, inbetreff der zu stellenden fraglichen Karren mehr als unsere Schuldigkeit... getan zu haben,... so werden wir nicht ermangeln, uns über diese niederträchtige Behandlung gehörigen Orts zu beklagen. Wir wollen uns indessen dergleichen Drohungen wohl ausdrücklich verbeten, und glauben, daß sich jede konstituirte Gewalt durch arbitraire und despotische Behandlung selbst entehrt. Ebenso steht selbige unter der Zentralverwaltung. Wir vermuten aber, daß solche sich deswegen nicht von dieser als Sklaven behandeln und bedrohen lassen wird, besonders, wenn sie ihrer Pflicht genügegeleistet zu haben glaubt, und wir als Munizipalität von Aachen sind in Rücksicht der Distriktsverwaltung völlig gleicher Meinung. Heil und Verbrüderung. J.C. Bock, Präsident; J.F. Kolb, Decker, Startz, Pelser, Baumhauer, Birrenkoven, Peuschgens, Vietoris, Houbben, Munizipalen; G. Dautzenberg, Commissaire de police und Munizipal"*²¹⁵).

Im Dezember reichten die Aachener Munizipalen sogar ihren Rücktritt von ihren Ämtern ein, derer sie seit langem überdrüssig waren²¹⁶).
Die allgemeine Not, die Requisitionen, die in der Not und Bedrängnis wachsende Bereitschaft zur Gewalt, die zunehmende Kriminalität und die Gerüchte über militärische Rückschläge der französischen Armee und über die bevorstehende Rückkehr der alten Machthaber ins Rheinland schufen

in Aachen ein hochexplosives Klima, das es den Franzosen ratsam erscheinen ließ, die Aachener Presse und die Bevölkerung aufmerksam zu überwachen [217]. Die Situation verschlimmerte sich noch, als zwischen dem 26. Juli und dem 1. August überhaupt kein Brot mehr zu erhalten war. Die Aachener Annalen berichten dazu:

> *„Viele ansehnliche und reiche Bürger haben einen Kronenthaler für ein Brod anerbotten und keins erhalten können, gemeine Bürger und Arbeitsleute zu tausenden haben in zwei bis drei Tag vor Geld kein Brod haben können, der Preis desselben ist nach Willkühr der Becker 36, 38, 42 bis 44 Merk. Gott, nach dessen Willen sich alles richten muss, wolle bei diesen betrübten Zeiten unser Vater und Helfer sein"* [218].

Ähnliches berichtet der Rechtsgelehrte Johann Balthasar Forst aus Kornelimünster [219]. Es waren aber letztlich nicht die Aachener, welche außer Kontrolle gerieten, sondern vielmehr die französischen Soldaten. Am 25. Juli sandte der in Aachen weilende Volksrepräsentant Meynard dem Wohlfahrtsausschuß in Paris eine Petition der Offiziere der zweiten Halbbrigade der Garnison Aachen, in welcher diese um bessere Versorgung baten [220]. Der Ausschuß sagte am 3. August eine ernsthafte Prüfung zu, doch da war es schon zu spät: Am 29. Juli brach wegen des akuten Nahrungsmangels in der Garnison Aachen eine Meuterei aus [221]. Sie konnte allerdings bereits am darauffolgenden Tag durch ein von Meynard herbeigerufenes Regiment unterdrückt werden. Die Rädelsführer wurden vor dem Kriegsgericht unter Anklage gestellt, wobei Franz Dautzenberg, der Herausgeber des Aachner Zuschauers, auf Bitten der Beklagten die Verteidigung übernahm. Am 15. August wurden sechs Beschuldigte zum Tode durch Erschießen, elf zu einer zweijährigen Gefängnisstrafe verurteilt und die Todesurteile tags darauf vollstreckt.

Neue Kontribution
Mit der neuen Getreideernte verbesserte sich seit dem 8. August die Versorgungslage der Armee und der Aachener Bevölkerung [222]. Für letztere bestand dennoch wenig Grund zur Freude. Ungeachtet der noch bestehenden Not in den Gebieten zwischen Maas und Rhein hatte nämlich der vom Konvent entsandte Volksrepräsentant Emanuel Pérès de Lagesse von Aachen aus in Übereinstimmung mit einem Beschluß des Pariser Wohlfahrtsausschusses vom 4. Juni am 13. Juni eine außerordentliche militärische Kontribution in Höhe von 22 Millionen Livres ausgeschrieben, die zusätzlich zu den – trotz Strafandrohungen – immer noch nicht entrichteten 8 Millionen der ersten Kontribution bezahlt werden sollten [223]. Pérès war – ohne detaillierte Kenntnis der Lage – der Meinung, die Länder zwischen Rhein und Maas seien mit Kontributionen und Requisitionen viel geringer belastet worden als die Gebiete links der Maas. Für die mangelnde Erfüllung der ersten Kontribution machte er vor allem die seiner Meinung nach herrschende Konfusion in der Verwaltung verantwortlich. Seiner Voreingenommenheit und seiner Ignoranz bezüglich der wirklichen Verhältnisse ist es zuzuschreiben, daß die Aachener Zentralverwaltung am 12. Juni unter seinem Druck erklären mußte, auf das nun endlich in Venlo angelangte Getreide aus den Niederlanden habe allein die französische Armee, nicht die Zivilbevölkerung Anspruch, denn letztere habe ihre Kontributionsverpflichtungen noch nicht erfüllt. Am 17. Juni wehrte sich die Zentralverwaltung gegen die von ihm erhobenen Vorwürfe und beantragte die Herabsetzung der Kontributionssumme [224]. Mehrere Bezirksverwaltungen schlossen sich an und entsandten eine Deputation, bestehend aus den beiden Mitgliedern der Zentralverwaltung Vossen und Jacobi, nach Paris. Inzwischen hatte der Wohlfahrtsausschuß die im Rheinland erfahrenen Volksrepräsentanten Gillet und Roberjot um ihre Meinung zu der neuerlichen Kontribution gebeten. Beide erklärten in ihren Gutachten vom 9. Juli die von Pérès geforderte Summe für viel zu hoch, machten auf die bisherigen Opfer der Bevölkerung aufmerksam und warnten vor der Gefahr, die Menschen zu einem Zeitpunkt, da sie sich an die neue Ordnung zu gewöhnen schienen, der Verzweiflung preiszugeben und sie damit der Republik zu entfremden. An eben diesem 9. Juli befanden sich die beiden Abgesandten der Aachener Zentralverwaltung bereits in Paris [225]. Sie schlugen die Umwandlung der Pérèsschen Kontribution in eine Na-

turalienabgabe im Wert von 10 Millionen Livres vor, womit sich der Wohlfahrtsausschuß am 10. Juli einverstanden erklärte[226]). Durch verschiedene Umstände entstand in der Öffentlichkeit der Eindruck, als ob der neue Betrag von 10 Millionen Livres die alte Kontribution von 8 Millionen einschließe, so daß bis Ende August weitere Erläuterungen des Wohlfahrtsausschusses notwendig wurden. Die Aachener Deputierten traten daher erst am 30. August die Heimreise an[227]). Pérès war unterdessen abberufen worden.

Der 24. Juli 1795 war für Aachen ein besonderer Tag, weil die Verwaltungsorganisation der Munizipalität modifiziert wurde. Seit den Verwaltungsreformen vom Oktober und November des Vorjahres hatte die Munizipalität alle zehn Tage ihren Präsidenten neu gewählt; jetzt entschloß sie sich – aus unbekannten Gründen – zur Wahl eines ständigen Repräsentanten, eines Maires, den man in dem Kaufmann Joseph Brantten fand[228]). Desweiteren wurden zwei weitere Mitglieder der Munizipalität gewählt, nämlich Johann Cornelius Bock und Johann Jakob Brewers. Zugleich wurden die seit September 1794 bestehenden Departements aufgehoben und die Kompetenzen mit Wissen des Mitglieds der Zentralverwaltung, Bürger Cromm, unter sog. Comités neuverteilt. Auch hier fehlen genauere Nachrichten. Unter ihnen scheint das „Comité de construction" eine wichtigere Rolle gespielt zu haben. An den Aufgaben der Munizipalität änderte sich indessen nichts. Sie war auch weiterhin zuständig für die Durchführung der Anordnungen der vorgesetzten Behörden, besonders für die Erfüllung der Kontributionen und Requisitionen sowie der Zwangsanleihe, aber natürlich auch für Petitionen und Beschwerden, Streit- und Polizeisachen[229]).

Joseph Brantten wird Aachener Maire, 24. Juli 1795

Im September jährte sich Aachens zweite Besetzung durch die französischen Revolutionstruppen. Die Bilanz des Wirkens der neuen Machthaber war erschütternd. Der Haarener Pfarrer fand dazu ergreifende Worte:

Bilanz nach dem ersten Jahr der Besetzung

> „An das greisliche Elend, so sich ex Septembri 1794 ereignet hat, kan niemand, der mit mir gelebet, und in diesem elend-vollen 1795 fortlebet, ohne Schauderen gedenken. Die Nachwelt muss darüber starren und erstaunen.
> Greuliche Todesängsten, höchste Theurungen, schwäreste Kriegeslasten, äusserste Armuth, schwarzer Hunger sind Zeugen, welche solche Epoche unseren Nachkömlingen in den Jahr-Bücheren zum Beileijd und Mitleijden werden auszeichnen"[230]).

Die Hoffnung, daß sich das Blatt doch noch gegen die neuen Machthaber wenden könne, war bei vielen Aachenern immer noch lebendig. Dies zeigte sich deutlich im Zusammenhang mit den militärischen Ereignissen des Jahres[231]). Im Winter 1794/95 hatten die Franzosen Friedensfühler ausgestreckt, woraufhin der Reichstag Preußen und Österreich gemeinsam zur Einleitung von Verhandlungen beauftragte. Der Kaiser blieb aber tatenlos, weil er auf die Rückeroberung der österreichischen Niederlande nicht verzichten wollte. Daraufhin schlossen Preußen und Frankreich am 5. April 1795 den Frieden von Basel, in dem Preußen die Rheinlande preisgab und aus der Koalition gegen Frankreich ausschied. Am 28. September verbündete sich Österreich in einer Triple-Allianz mit England und Rußland. Der Kaiser hatte sich mit Zarin Katharina über die Aufteilung Restpolens verständigt, dafür aber die Fortführung des Krieges gegen Frankreich zugesagt. Die Franzosen hatten unterdessen am 5./6. September bei Düsseldorf auf das rechte Rheinufer übergesetzt und beim weiteren Vormarsch rasche Erfolge erzielt. Seit Ende September aber wurden sie bei Mainz und Mannheim von den Österreichern zum Rückzug gezwungen. Ein Teil der französischen Truppen zog sich bei Neuwied, Bonn und Köln auf die linke Rheinseite zurück, ein anderer Teil sammelte sich bei Düsseldorf und wartete Verstärkung ab. Zwischen Rhein und Maas kam Unruhe in der Bevölkerung auf.

Der erste Koalitionskrieg, 1795-1797

Am 15. Oktober wurde den Aachenern das Tragen der Kokarde zur Pflicht gemacht, als ob dadurch fehlender „Patriotismus" hätte ersetzt werden können [232]). Drei Tage später hielt es der Volksrepräsentant Meynard für ratsam, sein früheres Gebot zur Ablieferung aller Waffen zu erneuern. Trotz der militärischen Erfolge mochten sich die Österreicher nicht zu weiteren Operationen durchringen. Überraschend schlossen sie um die Jahreswende mit den Franzosen einen Waffenstillstand. Alle Hoffnungen auf Befreiung blieben damit in Aachen und den übrigen linksrheinischen Gebieten vorläufig unerfüllt. Unterdessen waren die Lasten für die Bevölkerung noch drückender geworden. Am 3. November 1795 wurde für militärische Zwecke eine sofortige Kontribution von 1 Million Livres in barem Geld ausgeschrieben [233]). Die Summe sollte notfalls mit Waffengewalt eingetrieben werden. Auf Aachen entfielen dabei 200 000 Livres, welche die Geistlichkeit und die reichsten Bürger der Stadt binnen 24 Stunden zu entrichten hatten. Das Geld kam jedoch nicht zusammen, weshalb mehrere Bürger und Geistliche in Arrest genommen wurden. Die Kontribution blieb dennoch bis zum Ende des Jahres unbezahlt.

Erhebung einer Zwangsanleihe

Unterdessen hatte es in Paris eine neue Verfassung und damit Änderungen im Regierungssystem gegeben [234]). Am 26. Oktober hatte der Nationalkonvent seine am 21. September 1792 aufgenommene Tätigkeit beendet, und zwei Tage später war gemäß der neuen Verfassung vom 23. September 1795 der Gesetzgebende Körper, bestehend aus dem Rat der Fünfhundert und dem Rat der Alten, zusammengetreten. Die Exekutive lag bei einem fünfköpfigen Gremium, dem Directoire exécutif, das am 3. November 1795 seine Tätigkeit aufnahm und bis zum 9. November 1799 an der Spitze des Staates stehen sollte. Noch im November 1795 nahm die Aachener Zentralverwaltung durch ihre dazu nach Paris entsandten Mitglieder Cromm und Vossen Kontakt mit dem Direktorium auf, um eine vernünftigere Verwaltung und Behandlung der besetzten Gebiete zu erreichen [235]). Eine Prüfung ihrer Wünsche wurde zugesagt; doch sollte es zu keiner wirklichen Änderung der Verhältnisse kommen. Das Direktorium war vielmehr von Anfang an darauf bedacht, die Zerrüttung der Staatsfinanzen zu bessern. Deshalb kam in Frankreich ein Gesetz vom 10. Dezember 1795 zur Ausführung, das eine Zwangsanleihe bei den wohlhabenden Bürgern in Höhe von 600 Millionen Livres vorsah [236]). Die aufgenommene Summe sollte in zehn Jahresraten zurückgezahlt werden. Auf diese Weise hoffte man, auf die Assignaten verzichten zu können. Das Gesetz wurde am 18. Dezember 1795 auf das besetzte Gebiet übertragen und durch die Bestimmung verschärft, daß die Anleihe nicht wie in Frankreich auch in Naturalien und in Assignaten zu einem Kurswert von $^1/_{100}$ ihres Nennwertes bezahlt werden durfte, sondern ausschließlich in Metallgeld zu begleichen war. Am 18. Januar 1796 bestellte der mit der Eintreibung der Anleihe beauftragte Kommissar Blanchard je zwei Mitglieder der nunmehr fünf Bezirksverwaltungen der Aachener Zentralregierung und die jeweiligen Nationalagenten nach Bonn in das Hauptquartier der Sambre- und Maasarmee, um dort mit dem Regierungskommissar Joubert über die Verteilung der Anleihe auf die Gemeinden zu beraten. Letzterer erklärte den Bezirksverwaltern, sie hätten sich nicht als Repräsentanten der Bevölkerung zu fühlen, sondern als Angestellte und Agenten der Republik, der sie ihre Ämter verdankten. Ihre Aufgabe sei es, „die reichen Herren, die fetten Priester, die von Wohlhabenheit strotzenden Bürger" zu bezeichnen „und von diesen eine mäßige Summe als Anleihe" zu erheben. Um sofort über Geld verfügen zu können, befahl Joubert am 3. Februar, daß die vier Bezirksverwaltungen Bonn, Aachen, Geldern und Koblenz je 150 000 Livres sofort bezahlen sollten.

Am 25. Januar hatte die Munizipalität Aachen auf Weisung der Bezirksverwaltung den bestbegüterten Bürgern befohlen, ihre Vermögensverhältnisse binnen zwölf Stunden anzuzeigen [237]). Die Angaben wurden aber von den Betroffenen verschleppt, so daß die Listen, auf deren Basis die Anleihe verteilt werden sollte, sowohl in Aachen als auch im übrigen Besatzungsgebiet nicht rechtzeitig erstellt werden konnten. Dadurch verzögerte sich die Zahlung sowohl der Sofortsumme als auch des Hauptbetrags. Im März mußte die Munizipalität Aachen zu Zwangsmaßnahmen greifen und die Etats erneut anmahnen. Die Stimmung in der Bevölkerung war verständlicherweise gedrückt, zumal auch die täglichen Requisitionen in den Monaten Januar bis Mai 1796 ihren Fortgang nahmen, ja sogar nochmals verstärkt wurden:

> *"Der Gülich und Aacher Bezirk muss wiederum in dem französischen Magazin liefern Roggen 18 750 Centner, Waizen 6 250 Centner, Stroh 10 000 Centner, Haber 10 000 Centner, Heu 20 000 Centner, Fleisch 10 000 Centner; deshalben die Munizipalität die erste Woche im Maij den Bürgern ein gedrucktes Billet zugeschickt, worauf ihren Anschlag bemerkt, und in Zeit 24 Stund auf Straf der Exekution einzubringen geboten wird"* [238]).

Requisitionen, Kontributionen und Zwangsanleihe, auch wenn sie zunächst die wohlhabenden Bürger trafen, schlugen vor allem auf die unteren Bevölkerungsschichten durch. So stieg die Zahl der ohnehin in Aachens Straßen schon reichlich vertretenen Bettler um ein Vielfaches an [239]). Die Aachener Munizipalität gab daher in einem an die Distriktsverwaltung gerichteten Schreiben vom 27. März 1796 folgendes zu bedenken:

Anhaltende Notlage der Bevölkerung, 1796

> *"Traurig sind für hiesige Munizipalität die seit vierzehn Tagen erschienene ungeheure Fleischrequisitionen, noch trauriger die Unterrepartitionen [Unterverteilungen] an die 8 Aachen gehörige Quartieren, wo die Kapitains in Geschwindigkeit beim Augenblick der Anfrage, mit militärischer Exekution sogleich belastet, nicht wissen, wie sie Rath schaffen sollen, am aller traurigsten aber für den armen Landmann, der seine Ställe vom Rindvieh ausleeren, die Nahrung entbähren, den Pflug verlassen, das Feld unbebaut, wenigstens schlecht ohne Besserung gehalten, erliegen lassen, gleichwohl seine Pfächte, oder die Intereßen von denen auf seinen Güthern haftenden Kapitalien abtragen muß, und endlich so, mit Weib und Kindern an Bettelstaab ohne Rettung heruntergerissen wird ... Noch Vier Wochen dergleichen andauernde Requisitionen, und alle zu unserer Munizipalität gehörige Ortschaften sind Vieh leer, die Bauren, aufgebracht, mishandlen würcklich ihre Kapitains, und glauben, diese schlügen nicht die nöthige Weege ein, ihr Verderben abzuwenden, und dörften endlich gar ganz mit Vorsaz aufgepeitscht und zur äußersten Verzweifelung hingestürzt, allem Anscheine nach zu schreckbahren Auftritten verleitet werden. Die Victualien kommen dardurch in eine unerschwingliche Theuerung, und ehe ein Jahr vergehet, da der Acker Brache ligt, das Vieh abgegeben worden, wird Wehen, und die ganze Bürgerschaft über wahre Hungernoth weh Klagen und in ganz gleiche Laage und Bestürzung gerathen. Dies Bürger Praesident und Administratoren, befürchten wir mit Grund, wenn nicht anderst schleunige Maasregeln ergrieffen werden, dem Nothstand der Armee auf eine mehr zweckmäßigere Arth ohne allzeit den armen ohnehin bedrängten Landmann zu druken, und selbst auf diese Art zum allgemeinen Verderben die Hände zu biethen, abzuhelfen, worzu wir euch dahier einzuladen uns gemüßiget sehen, wir erklären anbei feierlichst, daß wir in diesen ersten vier Wochen nicht mehr imstande sind, eine dergleichen uns aufgedrungen werden wollende Lieferung auszuschreiben, wenn wir uns nicht der offenbahrsten Mishandlung auszusetzen gemeint sein wollen ..."* [240]).

Die Einwände blieben allerdings ungehört, und neue Requisitionsforderungen wurden gestellt [241]). Mit der Notlage einer ging der Zuwachs der Kriminalität [242]), so daß der in Aachen und seinem Bezirk kommandierende General Morlot am 13. April 1796 ein differenziertes Ausgehverbot für die

Zeit nach 22 Uhr erließ, welches der Platzkommandant Schelhammer dem Aachener Polizeikommissar Gerhard Dautzenberg zur unverzüglichen Ausführung vorlegte.

Welche Stimmung innerhalb der Aachener Munizipalität über das Vorgehen der französischen Besatzer im allgemeinen und unter dem Eindruck der neuerlichen Kontribution und der soeben verordneten Zwangsanleihe im besonderen herrschte und wie man seine Mißbilligung – auf subtile Weise – zu erkennen gab, zeigt ein Streit, den sie im Dezember 1795 mit dem Volksrepräsentanten Meynard über Bau- und Ausstattungsmaßnahmen im Theater ausfocht. Der Schauspieldirektor Clairville hatte sich bei Meynard über Zugluft im Theater beschwert und um Abhilfe gebeten, woraufhin der Volksrepräsentant die Bitte an den Polizeioffizier Dautzenberg weiterleitete, der sie dem Maire Brantten vorlegte. Dieser überwies das Anersuchen dem „Comité de construction", dem Bauausschuß, dessen Vorsitzender Peuschgens voller Abneigung gegenüber dem am Theater aufgeführten republikanischen Schauspiel antwortete:

> *„Der Bauausschuss bemerkt, dass die Oefen und Ofenröhren des Komödiensaales in die Hospitäler gebracht worden sind und darum einer unendlich würdigeren Bestimmung dienen als der des Schauspiels. Er bemerkt ausserdem, dass der Volksrepräsentant nicht davon unterrichtet sein kann, dass die Schauspieler der Stadt für den Saal keine Pacht zahlen. Sonst würde er ohne Zweifel nicht angeordnet haben, dass die Stadt, die früher einen Dukaten für jede Vorstellung erhielt, auch noch selbst Reparaturkosten trage. Wenn die Schauspieler nichts bezahlen, müssen sie auch für Reparaturen und Oefen sorgen"*[243]*)*

Als Meynard auf der Ausführung der Reparaturarbeiten bestand, bot die Munizipalität am 18. Dezember ihren Rücktritt an, den Meynard aber nicht annahm. Einem erneuten Erlaß gab die Munizipalität schließlich nach und ordnete am 20. Dezember die nötigen baulichen Veränderungen an.

Auflösung der Aachener Zentralverwaltung und Verwaltungsneuordnung: Die Aachener Generaldirektion

Zu Beginn des Jahres 1796 wurde die französische Verwaltung in dem Gebiet zwischen Maas und Rhein umgestaltet. Das Pariser Direktorium verfügte am 3. Februar die Auflösung der Aachener Zentralverwaltung und der ihr unterstellten Bezirksverwaltungen[244]). Ausschlaggebend dafür war die Unzufriedenheit mit deren wirtschaftlicher Effektivität, die zum Teil auf zunehmende Reibereien zwischen den meist einheimischen Zivilbeamten und dem französischen Militär, aber auch auf Gegensätze mit den sich schützend vor die Bevölkerung stellenden unteren Verwaltungseinrichtungen zurückzuführen waren[245]). An die Stelle der Zentralverwaltung trat nunmehr eine Kommission aus drei Franzosen (Commission administrative), welche – die Titulatur Volksrepräsentant war abgeschafft – vom Regierungskommissar bei der Sambre- und Maasarmee Joubert vorgeschlagen, letztlich aber vom Direktorium bestimmt wurden. Ihr Amtssitz blieb in Aachen, womit die Hoffnungen Bonns auf diese Ehre enttäuscht wurden. Die Bezirksverwaltungen wurden durch je einen „Agent extraordinaire" ersetzt, die von der Kommission ernannt wurden und ihr verantwortlich waren. Die unteren Verwaltungsinstanzen, also auch die Munizipalität Aachen, durften fortbestehen und hatten den Weisungen der Agenten zu folgen.

Um die Verwaltung zu vereinfachen und zu verbilligen, glaubte man, nur das Personal verringern zu brauchen. So wurde bestimmt, daß die Kommission maximal neun, die jeweiligen Agenten höchstens zwei Beamte anstellen dürften. Der Regierungskommissar Joubert erhielt die Gesamtaufsicht über die Zivilverwaltung zwischen Maas und Rhein. Ihm gegenüber war Rechenschaft abzulegen, denn er war dem Direktorium in Paris verantwortlich. Der Direktorialerlaß über die Umgestaltung der Verwaltung vom 3. Februar wurde am 21. Februar in den besetzten Gebieten bekannt. Sofort erhoben sich gewichtige Stimmen gegen die Auflösung der Zentralverwaltung. In deren Auftrag reisten ihre Mitglieder Bouget, Cromm und Vossen nach Paris und überreichten am 13. März dem Direktorium eine umfangreiche Denkschrift über die Lage in den besetzten Gebieten, in der sie sich gegen die Vorwürfe und Verleumdungen, welche gegen die Verwaltung erhoben worden waren, verwahrten, und der Illusion entgegentraten, gebürtige Franzosen könnten die aufgetretenen Probleme besser meistern als Einheimische [246]. Obgleich sich die drei Deputierten bis Ende April in Paris aufhielten [247], um in ihrem Sinne Überzeugungsarbeit zu leisten, hat das Direktorium ihre Denkschrift nicht zur Grundlage seiner weiteren Entscheidungen gemacht. Am 3. Mai bestellte es die drei Mitglieder der Generalkommission, mit Namen Procureur, Dupuis und Lemoine, die am 10. Juni 1796 ihre Arbeit in Aachen unter dem Vorsitz von Lemoine aufnahmen [248]. Zu diesem Zeitpunkt war die Kommission aber bereits durch einen neuen Beschluß des Pariser Direktoriums vom 17. Mai abgeschafft, was aber erst am 9. Juni in Aachen bekannt wurde [249]. Tags darauf stellte die Verwaltung ihre Tätigkeit ein [250]. Am 15. Juni traf schließlich der Regierungskommissar Poissant aus Paris kommend in Aachen ein [251], um die neue Verwaltungsordnung umzusetzen. Sie sah für das gesamte besetzte Gebiet auf dem linken Rheinufer die Einrichtung von zwei Generaldirektionen vor [252]. Die eine erhielt ihren Sitz in Koblenz und war zuständig für die Gebiete bis zum Rhein rechts der Mosel, die andere hatte Aachen als Hauptort und war zuständig für die Gebiete bis zum Rhein links der Mosel (Division d'entre Rhin et Moselle). Beide Gebiete unterstanden nun nicht mehr einer Kommission, sondern je einem Generaldirektor, der durch das Pariser Direktorium ernannt wurde. Zu seinen Aufgaben gehörte die Aufsicht über die gesamte Zivilverwaltung sowie die Sicherstellung der Versorgung des Heeres, die Erhaltung des Staatseigentums, besonders der Domänen, aber auch die finanzielle Ausnutzung des Landes zugunsten der Republik. Auch die Ausübung der Polizeigewalt und die Überwachung der Ausführung der Gesetze und Regierungsanordnungen oblag dem jeweiligen Generaldirektor. Mit der Verwaltungsneuordnung wurde eine wichtige Errungenschaft der Revolution, nämlich die Trennung von Verwaltung und Richteramt – vorläufig – wieder aufgegeben; allein die Generaldirektoren sollten „provisorisch" oberste Richter sein. Bei ihren fiskalischen Aufgaben wurden sie von Steuereinnehmern und Generaleinnehmern unterstützt. Poissants Vorbereitungen zur Einsetzung der neuen Verwaltung dauerten noch bis in den August hinein. Auf seinen Vorschlag hin ernannte das Pariser Direktorium am 5. Juli 1796 den bisherigen Domänendirektor von Luxemburg, Pruneau, zum Generaldirektor für das Land zwischen Maas und Rhein links der Mosel.

Unterdessen hatte das Direktorium in Paris die Zeit nach dem Waffenstillstand vom 29. Dezember 1795 zur Reorganisation seiner Truppen genutzt [253]. Auf der gegnerischen Seite hatten die militärischen Erfolge vom Herbst 1795 und die finanzielle Notlage Frankreichs, die in der Zwangsanleihe vom Dezember offenbar geworden war, neue Hoffnungen geweckt und das Reich – mit Ausnahme Preußens – näher an die Seite der Österreicher gebracht. Die vereinigte österreichische und Reichsarmee war mit 175 000 Mann den 150 000 Franzosen zahlenmäßig zunächst überlegen. Sie stand in ihrer Masse in dem Dreieck Bingen-Kaiserslautern-Speyer zwischen der Sambre- und Maasarmee im Norden und der französischen Rheinarmee im Süden. Am 21. Mai 1796 ließ Kaiser Franz II. den Waffenstillstand vom 29. Dezember 1795 zum 1. Juni 1796 aufkündigen. Inzwischen waren auch die Franzosen durch die Erfolge ihres Generals Napoleon Bonaparte in Norditalien, welche den Abzug von 25 000 Soldaten vom Rhein zur Folge hatten, zur Führung einer Offensive ermutigt, zumal durch seine Siege große Summen an Kontributionsgeldern in die Staatskasse flossen. Unter maßgeblichem Anteil des Direktoriumspräsidenten Carnot wurde in Paris ein großangelegter Zangenangriff dreier Armeen inszeniert, deren Ziel Wien sein sollte. Ende Mai wurde der Feldzug eröffnet, doch schon am 15. Juni erfocht der österreichische Befehlshaber Erzherzog Karl bei Wetzlar einen Sieg, der die Sambre- und Maasarmee zwang, sich bei Neuwied über den Rhein abzusetzen und auf dem rechten Rheinufer bis an die Wupper zurückzuziehen. Die Nachricht von den Niederlagen der Franzosen verbreitete sich rasch und sorgte bald für Unruhe in der Bevölkerung, so daß sich der General Morlot am 26. Juni veranlaßt sah, die Aachener in einer Proklamation vor Unbedachtsamkeiten zu warnen [254]. Wenige Tage später setzte die Sambre- und Maasarmee bei Neuwied erneut über den

Verlauf des 1. Koalitionskrieges

Rhein, erzielte rasche Geländegewinne und nahm bis zum Ende des Monats sogar Frankfurt und Würzburg ein [255]).

Eintreibung von Geldern für die französische Armee

Während die französischen Armeen im Rechtsrheinischen Erfolg über Erfolg verbuchten, sorgte der Regierungskommissar Poissant in Aachen für die Aufbesserung der Kriegskasse [256]). Hierzu hatte die am 17. Mai 1796 verkündete neue Verwaltungsordnung bisher nicht gekannte Ressourcen erschlossen. Der 4. Artikel dieses Beschlusses bestimmte nämlich, daß „in den eroberten nicht vereinigten Landen die Zehnten, Zinsen und Renten aller Arten und Namen, welche zum Nutzen der Fürsten, Herrschaften, Bischöfe, Kapiteln, Pfarrer, Abteyen, Klöster ... und Ausgewanderten erhoben wurden, als National-Einkünfte anzusetzen seyen" [257]). Um diese für die Republik zu nutzen, erließ Poissant am 21. Juni einen entsprechenden Erlaß, der die Munizipalitäten zur Aufstellung von Übersichten über die bisher gezahlten Zehnten verpflichtete und dafür eine Frist von einer Dekade setzte [258]). Auch die aus Kontributionen und der Zwangsanleihe noch ausstehenden Gelder suchte Poissant einzutreiben, wenngleich er den Klagen der Munizipalität Aachen über die ungleichmäßige Verteilung der Lasten ein offenes Ohr schenkte und am 25. Juni eine Überprüfung der Beschwerden durch eine Kommission, bestehend aus vier Aachener Bürgern und drei Vertretern der Finanzen, gestattete, die binnen fünf Tagen Verbesserungen vornehmen sollten, mit dem Vorbehalt, daß die Gesamtsumme der Zwangsanleihe nicht unter 150 000 Livres sinke [259]). Ihre Zahlung forderte er am 1. und 2. Juli binnen 24 Stunden ein, andernfalls Geiseln genommen würden. Als der neue Generaldirektor Pruneau in Aachen am 26. August sich und sein Amt durch Proklamation der Öffentlichkeit vorstellte [260]), gab er zu erkennen, daß er den von Poissant eingeschlagenen Weg fortsetzen werde. Er betonte seinen Willen, die ausstehenden Gelder aus Requisitionen, Kontributionen und Anleihe rasch und nunmehr endgültig einzutreiben. Zugleich versprach er ein Höchstmaß an Ordnung in Verwaltung, Justiz und Polizei und verurteilte die bisher bei der Erhebung außerordentlicher Lasten vorgekommenen Mißbräuche. Die Bürger forderte er auf: „Ihr müsset eurer Seits um so mehr euch beeifern, die vorhin ausgeschriebenen Quoten abzutragen, da die siegreichen und raschen Fortschritte der Französischen Armeen euch eine würkliche und nahe Linderung versprechen". Wenige Tage später sollte sich jedoch herausstellen, daß an eine baldige Entlastung der Aachener Bürgerschaft nicht zu denken war. Am 3. September wurde die Sambre- und Maasarmee unter General Jourdan bei Würzburg von den Österreichern und der Reichsarmee unter Erzherzog Karl so geschlagen, daß sie sich in heilloser Flucht über den Spessart zurückzog und erst wieder nördlich der Sieg Fuß faßte [261]). Dadurch sah sich auch die zweite französische Armee unter General Moreau, welche bis vor München gelangt war, zu raschem Rückzug genötigt.

Kirchengüter unter staatlicher Verwaltung

Zur Befriedigung des nun erwarteten Finanzbedarfs der zurückflutenden Sambre- und Maasarmee ergriffen die obersten Instanzen der französischen Verwaltung zwischen Maas und Rhein energische Maßnahmen. Am 7. September schritt Generaldirektor Pruneau zur Verwirklichung der Beschlüsse vom 17. Mai [262]). Die Anordnung dazu hatte Regierungskommissar Poissant gegeben: „Der General-Direktor von der Division zwischen Maas und Rhein solle ohne einigen Aufschub alle geistliche Güter, welche die Bischöfe, Aebte, Kanoniche, Pfarrer, Mönche und Nonnen (ausgenommen die Bettel-Orden), die Kommenthurs der Malteser und Deutschen Orden und überhaupt alle und jede Pfründen noch geniessen, unter seine Verwaltung setzen" [263]). Die bisherigen Nutznießer hatten dem Generaldirektor dazu zweckdienliche Listen zur Verfügung zu stellen. Die Güter, welche unter Verwaltung des Generaldirektors genommen wurden, sollten sobald wie möglich an den Meistbietenden verpachtet und die Pacht an die Einnehmer der Nationaldomänen entrichtet werden. Pruneau betonte, diese Maßnahmen stellten keine Beeinträchtigung der Religionsausübung dar; im Gegenteil: die als Seelsorger tätigen Personen hätten eine Pension zu erwarten. Die Inanspruchnahme des geistlichen Besitzes diente – wie gesagt – der Aufbesserung der Finanzen, sollte aber zugleich die Zivilbevölkerung entlasten, um deren Meinung über die Französische Republik positiv zu beeinflussen. Eine Verbesserung ihres Ansehens in den besetzten Gebieten war in der Tat nötig, zumal das Vorgehen gegen Kirchen und Klöster in dem seit Oktober 1795 mit Frankreich vereinigten Belgien, wo im Verlauf des Jahres 1796 die französische Kirchengesetzgebung eingeführt worden war [264]), viel Schaden angerichtet hatte. Wie tief das Ansehen gesunken war, ist schon daran zu ersehen, daß selbst die Verwaltungsbeamten – trotz der dazu bestehenden Pflicht – keine Kokarden mehr an ihren Hüten trugen [265]). Wenn sich die Bevölkerung trotz der Niederlagen der Franzosen weitgehend ruhig verhielt, so hatte dies vor allem drei Gründe: Der erhoffte siegreiche Übergang der Armee Erzherzog Karls über den Rhein blieb auch diesmal aus, die dritte in Carnots Kriegsplan operierende französische Armee unter dem Befehl Napoleon Bonapartes in Italien war weiterhin siegreich, und das Pariser Direktorium zeigte sich nach wie vor fest entschlossen, das Rheinland nicht preiszugeben, ja im Gegenteil die Reunion mit Frankreich zu betreiben [266]).

Zu einer Entlastung der Bevölkerung kam es indessen nicht. Im Gegenteil: Nicht genug damit, daß Generaldirektor Pruneau am 1. November eine Verfügung erließ, der zufolge in seinem Amtsbereich sämtliche Rückstände aus der Zwangsanleihe und den früheren Kontributionen bis zum 30. November gezahlt werden sollten [267]); am 21. November schon verkündete er die vom Pariser Direktorium beschlossene neue Kontribution, welche dem Land weitere 3 Millionen Livres in barem Geld nebst 25 Prozent zur Deckung der Verwaltungskosten des Gebietes zwischen Maas und Rhein auferlegte. Pruneau sah allerdings voraus, daß die Erhebung dieser Gelder zu einem einzigen Termin nicht durchführbar sein würde. Er ordnete daher an, daß 1 Million zuzüglich der 25 Prozent sofort, die beiden fehlenden Millionen hälftig am 20. Dezember 1796 und am 19. Januar 1797 gezahlt werden sollten. Die neue Kontribution traf diesmal nicht den Klerus, denn dessen Güter waren ja sequestriert; vielmehr waren zwei Drittel der Summe auf den Grundbesitz der Laien und ein Drittel – dies ein Novum – auf die „Industrie" gelegt.

Neue Kontribution

Zu Beginn des Jahres 1797 zog man in Paris Bilanz über die Tätigkeit der beiden Generaldirektionen in den besetzten Gebieten und mußte feststellen, daß die Ziele, welche zur Einführung dieser Verfassung geführt hatten, nämlich die Erhöhung der Erträge bei gleichzeitiger Senkung der Verwaltungsausgaben, nicht erreicht worden waren, ja daß die rücksichtslose Verfolgung dieser Ziele durch die dazu an den Schaltstellen eingesetzten französischen Beamten die Distanz zur Bevölkerung nur vergrößert hatte, anstatt sie der Republik näher zu bringen [268]). Man zog daraus in Paris die Konsequenzen und schritt zu einem Umbau der Verwaltung in den okkupierten Gebieten. Angestrebt wurde zwar nach wie vor die größere Ausnutzung der in den besetzten Gebieten vorhandenen Ressourcen, dies aber bei gleichzeitiger Berücksichtigung der Belange der einheimischen Bevölkerung. Den Mann, dem man dies an der Spitze der neuen Verwaltung zu verwirklichen zutraute, glaubte man in dem General Louis-Lazare Hoche gefunden zu haben, der trotz seiner 29 Jahre nicht nur ein Mann mit militärischen Erfolgen war, sondern dem man auch staatsmännischen Weitblick nachsagte. Ihm war nach den Niederlagen des Jahres 1796 am 24. Januar 1797 das Kommando der Sambre- und Maasarmee anvertraut worden. Von ihm erwartete man rasche Erfolge gegen die Österreicher und gemäß den von ihm selbst entwickelten Ideen zugleich eine friedliche Einbindung der Gebiete zwischen Maas und Rhein in die französische Republik. Das Direktorium vertraute daher am 24. Februar 1797 die Aachener Generaldirektion und alle von ihr eingesetzten Behörden dem General Hoche an und beauftragte ihn mit der Neuorganisation der Verwaltung [269]). Später wurde Hoches Zuständigkeit auch auf das Rhein-Moselgebiet erweitert. Am 8. März 1797 suspendierte er die französische Administration und ihre Beamten mit Wirkung zum 21. März und verfügte zehn Tage später eine neue Verwaltungsordnung [270]). Da nach seinen Vorstellungen eine endgültige Lösung erst nach der in einem Friedensvertrag geregelten Abtretung der besetzten Gebiete an Frankreich erfolgen konnte, erhielt die von ihm eingesetzte zwischenzeitliche Verwaltungsform den Namen „Commission intermédiaire" oder „Mittelkommission". Im Unterschied zu den früheren Verwaltungen wurde sie nicht in Aachen, sondern in Bonn installiert. Sie setzte sich aus einem Präsidenten, Henri Shée, und vier Mitgliedern zusammen. Die wichtigste Neuerung war, daß nunmehr die alten Verwaltungsbehörden und Gerichte, wie sie vor der Besetzung durch die

Umbau der Verwaltung 1797: die Intermediärkommission in Bonn

Franzosen im Rheinland bestanden hatten, wieder eingesetzt wurden. Hoche glaubte offenbar angesichts der fortbestehenden Notwendigkeit zur Versorgung seiner Armee aus dem besetzten Lande, „daß das breite Volk der alten ‚gottgesetzten' Obrigkeit diese Opfer eher bringen werde, als einem fremden, ihm unter Druck und Drohung aufgedrängten Regime"[271]). Mit der Wiedereinsetzung der alten Gewalten war, wie Ludwig Käss in seiner Darstellung über die Organisation der allgemeinen Staatsverwaltung auf dem linken Rheinufer durch die Franzosen bemerkte,

> *„die bunte Vielgestaltigkeit des früheren Zustandes auf dem linken Rheinufer wiederhergestellt, doch mit dem Unterschiede, daß die Souveräne verschwunden waren und alle die verschiedenen Regierungsgewalten zusammen e i n e r Stelle zu gehorchen hatten, der Intermediärkommission. Von einer Dezentralisierung kann man jedoch nicht reden, denn die verschiedenen Verwaltungen hatten kein Selbstverwaltungsrecht, wie es in dezentralisierten Verwaltungskörpern zu sein pflegt, sondern hatten aufs strikteste die Ausführung der von der Intermediärkommission erlassenen Verordnungen zu befolgen ..."*[272]).

Die Ausführung der von der Intermediärkommission erlassenen Verordnungen wurde von einem bei jeder Hauptverwaltung angestellten französischen Kommissar überwacht, der im Unterschied zu früher über Deutschkenntnisse verfügen mußte. Die Zentrale in Bonn hatte das Recht, die bei den untergeordneten Verwaltungen vakant gewordenen Stellen neu zu besetzen. Abgesehen von der Oberaufsicht hatte die Intermediärkommission über die Erhebung der wieder eingeführten, aber zur Deckung der Kriegskosten um ein Drittel erhöhten Abgaben, wie sie zu Zeiten des Ancien Régime gefordert worden waren, zu wachen. Ludwig Käss schreibt dazu:

> *„Die Erhöhung der Steuern zeigt, daß Hoche, obwohl er alle Requisitionen abschaffte ... und die Verwaltung der Kirchengüter den Geistlichen wieder übertrug ..., um die Stimmung des religiös gesinnten rheinischen Volkes im günstigen Sinne zu beeinflussen, keineswegs soweit ging, der Sympathie der Bevölkerung die finanziellen Ansprüche der Republik zu opfern"*[273]).

Die Finanzverwaltung war infolgedessen nicht den wieder eingesetzten alten Behörden zurückgegeben worden, sondern war Aufgabe einer eigenen Verwaltungsabteilung, der nach seinem Leiter benannten sog. „Regie Durbach".

Wiedereinsetzung des Aachener Rates, 1797/98

Hoche selbst änderte bald seinen Verwaltungsplan und begrenzte am 5. April 1797 die Vielzahl der wiedererstehenden Verwaltungsbezirke, indem er das besetzte Gebiet in sechs Distrikte einteilte, nämlich die Arrondissements Kreuznach, Zweibrücken, Trier, Köln, Jülich und Geldern[274]). Die Stadt Aachen mit Umgebung zählte dabei zum Arrondissement Jülich, das außerdem das ehemalige Herzogtum Jülich und die besetzten Teile des Herzogtums Berg umfaßte und in Düsseldorf seinen Regierungssitz erhielt. Die ehemals freien Städte Aachen und Köln durften ihren Rat behalten, weil Hoche das Ratssystem der beiden ehemaligen Reichsstädte als „vraiment démocratique" verkannte[275]). Am 2. Juli 1797 wurden daher die beiden Städte aus ihren Bezirken herausgelöst, unterstanden dafür aber der Aufsicht eines sog. Substitutskommissars[276]). Nach Bekanntwerden des von Hoche erlassenen Organisationsbeschlusses hatte die Aachener Munizipalverwaltung am 15. März 1797 die beiden Juristen Vossen und Vietoris nach Köln zu Verhandlungen mit Hoche über die Maßnahmen zur Wiederherstellung des alten Rates entsandt. Sie sollten verhindern, daß der von der Alten Partei beherrschte Rat des Jahres 1794 wieder etabliert würde[277]). Hoche verhandelte nicht persönlich, ließ die Abgesandten aber wissen, daß der alte Rat zunächst zusammentreten, dann aber die Wahlkörperschaften zu einer Neuwahl des Rates einberufen sollte. Entsprechend dem Organisationsbeschluß Hoches berief der Aachener Stadtkommandant Schelhammer am 21. März 1797 den Großen und Kleinen Rat, so wie er vor dem zweiten Einzug der Franzosen im September 1794 bestanden hatte, mit seinen beiden Bürgermeistern v. Clotz und Kreitz wieder ein [278]). Kreitz war am 13. April 1797 aus der Emigration zurückgekehrt und hatte das von ihm 1794 zu den Minoriten nach Münster geflüchtete Stadtarchiv zurückgeführt [279]). Der wiedereingesetzte Rat war zwar paritätisch von Mitgliedern der Alten und der Neuen Partei besetzt, stand aber ganz unter dem Einfluß des Bürgerbürgermeisters Kreitz, welcher der Alten Partei angehörte. Der neue „alte" Rat stellte sich jedoch auf den Standpunkt, solange amtieren zu müssen, bis der Aachener Verfassungsstreit, die sog. Mäkelei, von den höchsten Gerichten des Heiligen Römischen Reichs entschieden sei; erst danach könnten Neuwahlen erfolgen.

Die Probleme, die sich im Zusammenhang mit der Verfassung und Verwaltung des Aachener Gebietes und des Rheinlandes ergaben, dürften die breite Masse der Bevölkerung indes weniger interessiert haben als die Frage, ob die schier unerträglichen Belastungen des einzelnen nun ein Ende haben würden oder nicht. Hoche hatte ja anfangs die Hoffnung erweckt, daß es mindestens Erleichterungen geben könne. Doch schon bald enttäuschte er die in ihn gesetzten Erwartungen, indem er am 14. April 1797 die Mittelkommission anwies, in den besetzten Gebieten eine Kontribution von 3 Millionen Livres in klingender Münze auszuschreiben, von der die erste Hälfte am 1. Mai, die zweite am 19. Mai fällig sein sollte [280]). Auf Aachen entfielen dabei 145 833 Livres. Hinzu kamen erneute Requisitionen, welche die Stadt als geradezu „niederschmetternd" empfand. Damit nicht genug: Am 19. April sprach die Mittelkommission den Städten Köln und Aachen die Verwaltung ihrer indirekten Steuern (Akzisen) ab und wies diese der Regie Durbach zu, obwohl deren betrügerische Machenschaften bereits landkundig waren. Da die Akzisen den Löwenanteil der städtischen Einnahmen ausmachten, bedeutete diese Maßnahme de facto die Kaltstellung des Aachener und des Kölner Rates, wodurch die ihnen in Hoches Verwaltungsordnung zugedachte Rolle als bloß ausführende Organe unterstrichen wurde. Heftige Beschwerden, die seit Ende April bei der Bezirksverwaltung in Düsseldorf und bei der Mittelkommission in Bonn vorgebracht wurden, brachten zunächst wenig Besserung, so daß man im Mai beschloß, sich in Paris schriftlich zu beklagen [281]). Am 13. Mai trat insofern eine neue Lage ein, als Hoche auf die Zahlung aller Rückstände aus den vor dem 9. April 1797 erhobenen Requisitionen und Kontributionen verzichtete, dafür aber die am 14. April ausgeschriebene Kontribution von 3 auf 8 Millionen Livres erhöhte. Nun dachte man in Aachen und anderswo an eine Deputation, welche dem Direktorium in Paris die Beschwerden in persönlichem Gespräch vortragen sollte. Die Reise kam aber nicht zustande, weil Hoche am 4. Juni insofern einlenkte, als er die Regie Durbach aufhob, die Verwaltung der Kirchengüter wieder dem Klerus und die Verwaltung der Domänen den Bezirksverwaltungen sowie den Städten Aachen und Köln übertrug. Zugleich wurde aber die Kontribution von 8 auf 12 Millionen Livres erhöht. Dafür sollte sie die einzige Abgabe bleiben, die das besetzte Gebiet bis zum 21. September 1797 zu zahlen hätte. Um die Verteilung der Kontributionssumme innerhalb des Zuständigkeitsbereichs der Mittelkommission und ihrer Bezirke kam es bald zu heftigen Auseinandersetzungen. Am 29. Juni schließlich verfügte die Mittelkommission, daß die Stadt Aachen einen Anteil von 300 000 Livres zu tragen habe. Mitte August erhob eine Reihe von Aachener Kaufleuten Klage gegen die ungerechte Verteilung der Lasten auf die verschiedenen gesellschaftlichen Gruppen. Der alte, wieder eingesetzte Rat – so monierten sie – belaste einseitig den Handel, um den Klerus und die großen Grundbesitzer, von denen etliche im Rat säßen, zu schonen, was bei den übrigen Zahlungspflichtigen Unmut erzeuge und die gewaltigen Rückstände bei der Begleichung der Kontributionsforderungen erkläre [282]).

Neue Kontribution und Requisitionen

Das politische Schicksal der Rheinlande blieb unterdessen offen. Im Februar noch befürwortete das Pariser Direktorium die Rheingrenze, Anfang April aber waren die Meinungen gespalten [283]). Eine Gruppe unter Führung von Reubell hielt am Rhein als der natürlichen Ostgrenze der französischen Republik fest, die andere, angeführt von Carnot, plädierte für die Einrichtung einer eigenen

Die Franzosen und die Cisrhenanische Republik

Republik. Carnot begründete seine Haltung damit, daß die Bewohner des Linksrheinischen noch nicht reif seien, durch Reunion mit Frankreich republikanische Bürger zu werden, „eher könnten sie eine getrennte Republik bilden nach Art der soeben von Bonaparte in Italien eingerichteten Cisalpinischen. Diese sei kein unabhängiger Staat, sondern, wenn auch nach französischen Grundsätzen verwaltet, doch ohne gesetzgebenden parlamentarischen Körper; sie empfange vielmehr ihre Gesetze unmittelbar vom Obergeneral. Durch eine Einrichtung dieser Art gewöhne sich die Bevölkerung allmählich an ein freiheitliches Regiment"[284]). Darüber hinaus plädierte Carnot auch deswegen für eine „Cisrhenanische Republik", weil er mit dieser Idee Österreich unter Druck setzen wollte, um die Friedensverhandlungen zu beschleunigen[285]). Schließlich setzte er sich am 13. April 1797 durch, so daß das Direktorium General Hoche, der ein Anhänger Carnots war, den Auftrag erteilte, eine cisrhenanische Republik mit Hilfe der Mittelkommission zu etablieren. Hoche erkannte, daß er diesen Auftrag mit den wieder eingesetzten alten Gewalten, wie z.B. dem Aachener Rat, nicht erfüllen konnte. Es kam jetzt darauf an, die Stadtverwaltungen mit Republikanern zu besetzen. Der im März eingesetzte alte Aachener Rat machte ohnehin Schwierigkeiten, indem er – wie erwähnt – die vorgesehenen Neuwahlen verzögerte und zudem den „modern" denkenden Kreisen der Neuen Partei ein Dorn im Auge war[286]). Zudem hatte er sich durch die ungleiche Verteilung der Kontributionsforderungen auf die verschiedenen Schichten der Bevölkerung, wobei vor allem die „Industrie" belastet wurde, den Unmut einer Reihe von Kaufleuten zugezogen. Im August und September 1797 formierte sich die Opposition und konnte den zur Kontrolle des Aachener Rates eingesetzten französischen Substitutskommissar Estienne und die Mittelkommission von ihrer Sicht der Dinge überzeugen. Bereits am 19. September konnte Estienne dem Rat den am 11ten des Monats gefaßten Beschluß der Mittelkommission zur Neuwahl des Aachener Rates vorlegen. Am 20. September 1797 schritten die 14 Zünfte zur Neuwahl, bei der die Führer der Neuen Partei den Sieg davontrugen. Klaus Müller meint dazu:

Neuwahl des Aachener Rates, Sept. 1797

> "Daß die Aachener Zunftbürger mehrheitlich für Männer votierten, die der neuen Zeit aufgeschlossener gegenüberstanden, dürfte wohl auch auf die massive Wahlbeeinflussung durch den Kommissar Estienne zurückzuführen sein. In einem Rundschreiben an die Zünfte hatte er eindeutig für die Positionen der Neuen Partei Stellung bezogen und zur Wahl ‚aufgeklärter Männer' aufgefordert, die ‚Patriotismus und Gerechtigkeitsliebe' mitbrächten. Auf die Möglichkeit, eine Wahl für ungültig zu erklären, hatte er ausdrücklich hingewiesen. Die den Aachenern zugestandene Ratswahl wertete Estienne als eine Chance, endlich in den Genuß der zu lange schon verkannten Freyheiten' zu gelangen, für die die Bürgeropposition der achtziger Jahre gekämpft habe"[287]).

Zwei Tage später, am 22. September, legten die Gewählten in Anwesenheit Estiennes und der bisherigen Bürgermeister v. Clotz und Kreitz ihre Eide ab. Nachdem Estienne und die beiden Bürgermeister die Ratssitzung verlassen hatten, wählte der neue Rat seine eigenen Bürgermeister. Von den Kandidaten erhielt der Buchhändler Wilhelm Houben 66, der Schöffe Philipp Freiherr de Witte de Limminghe 54, der Schöffe Wilhelm Freiherr v. Lommessem 47, Stephan Beissel 36 Stimmen und der Schöffe Peter v. Gartzweiler nur 1 Stimme. Der zum Zeitpunkt der Wahl in Düren weilende Wilhelm Houben war allerdings der Meinung, das Bürgermeisteramt sei über seinem Stand, lehnte daher ab und entzog sich weiteren Bitten durch die Flucht[288]), so daß am 10. Oktober an seiner Statt der Apotheker Andreas Monheim gewählt wurde. Die Wahlen vom 20. und 22. September waren auf Anordnung der Mittelkommission zustande gekommen. Ihre Entscheidung überschnitt sich mit den Bemühungen Vossens in Paris, den Außenminister Talleyrand und letztlich das Direktorium für die Ratsneuwahl zu gewinnen. Auch Vossen hatte mit seinen Gesprächen vollen Erfolg. Am 27. September genehmigte das Direktorium die Ratsneuwahl gemäß dem 1681 revidierten Gaffelbrief[289]).

Nach seiner Rückkehr dankte ihm der neue Rat seine Bemühungen, indem er ihn am 10. Oktober zum Stadtsyndikus bestellte [290]). Auch Estienne wurde geehrt. Ihm wurde am selben Tage das Aachener Bürgerrecht zugestanden [291]).

Während sich die Erneuerung des Aachener Rates vollzog, hatte der cisrhenanische Gedanke einen Erfolg zu verzeichnen. Von deutscher Seite war er publizistisch von Leuten wie Theodor Biergans, Michael Venedey und Christian Sommer in Köln, J.B. Geich in Bonn und Joseph Görres in Koblenz unterstützt worden [292]) und hatte am 14. September 1797 in Köln tatsächlich zur Ausrufung der Cisrhenanischen Republik geführt. Einige Tage später war in Bonn der cisrhenanische Senat zusammengetreten. Die breite Masse der Bevölkerung konnte indessen nicht mobilisiert werden, vielmehr regten sich in den kleineren Städten und in den Gemeinden des Niederrheins die Stimmen derjenigen, die sich zu den Gegebenheiten im Ancien Régime bekannten und eine Cisrhenanische Republik strikt ablehnten [293]).

In Aachen hatten die Anhänger der Neuen Partei und die Kaufleute seit langem von der französischen Republik Klarheit in der Frage der künftigen politischen Zugehörigkeit der Stadt verlangt [294]). Sie befürworteten mehrheitlich die Reunion mit Frankreich, denn von einem einheitlichen Wirtschaftsraum von der spanischen Grenze bis an den Rhein versprachen sie sich den ersehnten wirtschaftlichen Aufschwung. Ihre Bestrebungen wurden vom Aachner Zuschauer" des Franz Dautzenberg unterstützt. Er unterrichtete die Aachener Öffentlichkeit unter dem Deckmantel der Objektivität regelmäßig über die in Paris geführte Diskussion um das Für und Wider von Reunion und Cisrhenanischer Republik, leistete aber in Wirklichkeit dem Reunionsgedanken Vorschub [295]). Hingegen hielt der seit dem 2. März 1797 erscheinende „Aachener Wahrheitsfreund" die Hoffnung auf die Unversehrtheit des Heiligen Römischen Reiches wach. In Aachen und Burtscheid fand der Gedanke an eine eigene rheinische Republik keinen allgemeinen Anklang. Entsprechende Werbungsversuche, die der Kommissar Estienne in Aachen anläßlich der Neuwahl des Rates unternahm, blieben ohne Resonanz [296]). Eine selbständige cisrhenanische Bewegung und ein Distriktsbüro wie in Bonn, Koblenz und Mainz gab es in Aachen nicht [297]); vielmehr behielten die Verfechter der Reunion Oberwasser. Dies war vor allem das Ergebnis der politischen Entwicklung in Frankreich selbst. Am 18. Fructidor (Sept. 4) fielen Carnot und seine Anhänger einem Staatsstreich zum Opfer [298]). Reubell bestimmte nunmehr den Lauf der Politik. Das erneuerte Direktorium entschied sich gegen eine separate Cisrhenanische Republik, die nach seiner Meinung von Österreich gefördert worden sei, um Frankreich von den Ressourcen der Rheinlande abzuschneiden. Am 16. September erging daher die Weisung, die Bewohner der linksrheinischen Gebiete für einen baldigen Anschluß an die Republik zu gewinnen. Das Tragen der grün-blau-roten cisrhenanischen Kokarde wurde verboten. Die Anerkennung der Rheingrenze durch Österreich und das Reich sollte nunmehr auf diplomatischem Parkett durchgesetzt werden. Als Napoleon im März und April 1797 zahlreiche Alpenpässe eroberte und nur noch vier Tagesmärsche vor Wien stand, sah sich Österreich zwar gezwungen, im Vorfrieden von Leoben (Apr. 10) die österreichischen Niederlande aufzugeben, das Schicksal der Rheinlande blieb aber noch ungeklärt. Am 17. Oktober 1797 kam es schließlich zwischen Frankreich und Österreich zum Frieden von Campo Formio, in dem Österreich in Geheimartikeln bei einem Frieden auch mit dem Heiligen Römischen Reich, über den in Rastatt verhandelt werden sollte, in die Abtretung größerer Gebiete einwilligte. Es handelte sich um das linke Rheinufer von Basel bis an die Nette bei Andernach und um die Gebiete unterhalb der Nette und westlich einer gedachten Linie von der Nette-Quelle quer durch die Eifel nach Düren und Jülich und über Rheindahlen nach Venlo, die das Aachener Gebiet also einschließen sollte. Dieser Geheimartikel blieb den Ständen des Heiligen Römischen Reiches lange Zeit verborgen. Noch bei der Aufnahme der in Campo Formio vereinbarten Friedensverhandlungen zwischen der Französischen Republik und dem Reich in Rastatt glaubten die deutschen Stände, daß das Reich in seinem Territorialbestand unverletzt bleiben sollte.

Aachen und die Cisrhenanische Republik

Friede von Campo Formio, 17. Okt. 1797

Rudlers neue Verwaltungsordnung, 1798

Man sollte meinen, daß General Hoche angesichts der verfügten Kontributionen wenig Sympathie bei der Bevölkerung genoß. Doch dem war nicht so. Wegen seiner offenbaren Bemühungen, die Willkür der Militärs und der militärischen Zivilbeamten zu beseitigen, wuchs das Vertrauen in ihn. Sein früher Tod am 19. September 1797 setzte dieser Entwicklung jedoch ein Ende. Aachen ehrte ihn in einem großen Trauerfest [299]. Sein Nachfolger wurde General Augereau [300], der die militärische Seite des Staatsstreichs vom 18. Fructidor (4. Sept. 1797) vorbereitet hatte. Zunächst änderte sich an der Verwaltung der besetzten Gebiete nichts. Die Intermediärkommission, welche sich für die Cisrhenanische Republik engagiert hatte, wurde zwar nominell abgeschafft, arbeitete aber als „Nationalregie der Französischen Republik" unter Augereaus Leitung weiter. Mit dem Namenswechsel wollte man angesichts des bevorstehenden Friedens von Campo Formio zu erkennen geben, daß die Zeit der Zwischenlösungen in der Verwaltung der rheinischen Gebiete vorüber war, und es Zeit für eine Anpassung an die des französischen Mutterlandes sei. Aber eine bloße Änderung der Terminologie wurde den neuen politischen Verhältnissen naturgemäß nicht gerecht. Eine grundlegende Reform der Verwaltung war aber schon allein deswegen nötig, weil seit der Rückberufung der Amtsträger des Ancien Régime in die örtlichen Verwaltungen eine Zusammenarbeit mit den französischen Dienststellen eher erschwert als erleichtert worden war. Gleich nach der Ratifikation des Friedens von Campo Formio ernannte das Direktorium am 4. November 1797 den bisherigen Richter am Kassationshof in Paris, François Joseph Rudler, einen gebürtigen Elsässer, zum „Regierungskommissar" (commissaire du gouvernement) in den eroberten Gebieten zwischen Maas und Rhein und Rhein und Mosel mit der Weisung, die rheinischen Gebiete nach dem in Frankreich selbst gültigen Verwaltungsmuster aufzubauen. Dazu gehörte die Abschaffung der noch aus dem Ancien Régime stammenden Steuern und die Einführung der republikanischen. Außerdem sollte Augereau das Gerichtswesen nach französischem Vorbild ordnen und eine Reihe von Spezialbehörden aufbauen. Ludwig Käss bemerkt dazu:

> *"Daß es sich übrigens bei der neuen Organisation nicht mehr um eine oberflächliche, teils nach dem militärischen, teils nach dem rein finanziellen Gesichtspunkte organisierte Verwaltung handelte, geht schon allein daraus hervor, daß nicht ein General, sondern ein Zivilbeamter wieder an die Spitze der Verwaltung trat, und daß dieser Zivilbeamte nach Artikel 12 der Instruktion nicht dem Finanzministerium oder dem Kriegsministerium, sondern dem Justizministerium unterstand"* [301].

Noch im November 1797 hatte der Aachener Rat Nikolaus Cromm nach Paris entsandt mit dem Auftrag, für die Interessen der Stadt zu wirken und insbesondere dafür einzutreten, daß Aachen beim bevorstehenden Verwaltungsumbau Hauptort eines Departements werde [302]. Der Rat befürchtete nämlich, daß sonst eine Abwanderung wichtiger „Industrien" stattfinden könnte. Cromm war erfolgreich, denn der zuständige Justizminister Lambrechts bestimmte Aachen am 13. Dezember 1797 zum Hauptort einer künftigen Verwaltung. Gegen diese Entscheidung regte sich in Köln eine heftige Opposition: Bei Dorsch, dem von Rudler am 23. Dezember 1797 ernannten Kommissar bei der künftigen Aachener Zentralverwaltung ging eine Denkschrift ein, in der die günstigeren Standortbedingungen Kölns gegenüber Aachen herausgestrichen wurden. Noch am 16. März 1798 fürchtete der Aachener Rat die Verlegung des Departementalsitzes nach Köln, doch am 27sten des Monats war die Entscheidung des Justizministers endgültig zugunsten Aachens ausgefallen.

Der neue Regierungskommissar Rudler ging seine Aufgaben unverzüglich an. Am 23. Januar löste er von seinem Amtssitz Mainz aus die Nationalregie auf und ordnete das Gebiet vom Elsaß bis zu den Niederlanden ohne Rücksicht auf historische Grenzen neu, und zwar nach französischen Verwaltungsgesichtspunkten. Bereits am 11. Dezember hatte Rudler in einem Aufruf an die Bevölkerung die Neuerungen angekündigt, wobei er sich zugleich entschuldigte:

> *"Die Umstände erlauben es nicht, daß ihr izt gleich Eure Verwalter und Richter erwählt, aber seid versichert, daß ich die rechtschaffendsten und geschicktesten Männer unter Euch auslesen werde. Diesen werde ich französische Bürger beiordnen, die als ihre älteren Brüder in der Familie der freien Menschen ihre sicheren und notwendigen Führer sein werden"*[303]).

Der Aufruf wurde am 16. Dezember im Aachner Zuschauer veröffentlicht[304]) und fünf Tage später vom Aachener Kommissar Estienne nochmals feierlich publiziert[305]). Am 24. Dezember wurden die Rathaustürme zum Zeichen der neu gewonnenen Freiheit mit Fahnen in Farben der französischen Trikolore geschmückt. Über die Wirkung der erwähnten Festakte auf die Aachener Bevölkerung schrieb Estienne am 31. Dezember an Rudler:

> *"Consternation dans les coeurs des aristocrates et des moines, qui pendant cette cérémonie se sont enfermés dans leurs maisons et couvents. Joie parmi les noncatholiques, les négocians et fabricans, dont le nombre est assez considérable. Esprit de curiosité et témoignages de satisfaction de la part d'une partie des habitans et indifférence de la part de l'autre"*[306]).

Wie erwähnt, erfolgte die Einführung der neuen Verwaltungsordnung am 23. Januar 1798[307]). Dazu wurden die besetzten Gebiete in vier Departements, nämlich Roer, Rhein-Mosel, Saar und Donnersberg eingeteilt. Das Roerdepartement, das seinen Namen nach dem Fluß Rur (frz.: Roer) erhielt, war das größte. Es erstreckte sich vom linken Rheinufer gegenüber der Siegmündung bis zur niederländischen Grenze und wurde im Westen von den französischen Departements Ourthe und Niedermaas, im Süden von den Departements Saar und Rhein-Mosel begrenzt. Mit seinen ungefähr 6 500 Quadratkilometern, auf denen etwa 600 000 Menschen lebten, umfaßte es das Gebiet von etwa 30 ehemaligen Herrschaften, darunter Stadt und Reich Aachen. Die Zentralverwaltung für das Roerdepartement in Aachen sollte sich aus fünf Personen und einem Kommissar zusammensetzen. Zu letzterem hatte Rudler den früheren Mainzer Klubisten, Philosophieprofessor und ehemaligen Priester Anton Joseph Dorsch berufen, der am 7. Januar 1798 von Paris in seinem Amt bestätigt wurde[308]). Es folgte die Ernennung des fünfköpfigen Verwaltungsgremiums, zu dem auch der schon mehrfach erwähnte Aachener Nikolaus Cromm zählte. An die Zentralverwaltung und ihren Kommissar mußten in einem Gebiet, dessen Einwohner den Franzosen skeptisch bis feindlich gegenüberstanden und dessen politisches Schicksal noch nicht völlig entschieden war, besondere Ansprüche gestellt werden. Rudler hatte daher ganz bewußt Caselli, Cogels, Bouget, Wasserfall, Cromm und Dorsch ausgewählt. Sie alle hatten in der Vergangenheit mit der Französischen Republik sympathisiert, befürworteten die Reunion mit Frankreich und waren entschlossen, diese ihre Haltung öffentlichkeitswirksam zur Geltung zu bringen[309]).

Errichtung des Roerdepartementes, Januar 1798

Zur Unterstützung ihrer Arbeit förderte der Regierungskommissar Rudler die in manchen Orten bereits bestehenden sog. Volksgesellschaften zur Ausbreitung des freiheitlichen Geistes gemäß der Konstitution der Französischen Republik des Jahres 1795 und zur Propagierung der Reunion mit Frankreich[310]). Daher forderte er am 1. Januar 1798 den Kommissar Estienne auf, auch in Aachen eine solche Volksgesellschaft anzuregen. Estienne fand dabei große Unterstützung bei dem Herausgeber des „Aachner Zuschauers" Franz Dautzenberg, der zusammen mit einem elfköpfigen Gründungsausschuß einen Organisationsplan für eine solche Gesellschaft vorlegte. Dieser Ausschuß war es auch, der in geheimer Abstimmung die Mitglieder auswählte. Aufgenommen wurden mit Blick auf die Zielsetzung nur „aufgeklärte Geister", welche sich zu der gemäßigten Verfassung des Jahres III (1795) bekannten und die Vereinigung der Rheinlande mit Frankreich wünschten. Am 14. Januar 1798 präsentierte sich die Aachener Volksgesellschaft unter dem Namen „Cercle de la

Der Aachener Reunionszirkel

Réunion". Dieser Reunionszirkel, dessen Präsident Franz Dautzenberg war, zählte Ende Januar 59 Mitglieder aus Aachen, Burtscheid und Würselen. Er tagte an jedem 5. und 10. Tag. Die Sitzungen waren nicht öffentlich; Vereinssprache war das Französische. Schon daraus erhellt, daß die breite Masse der Bevölkerung vom Zirkel ferngehalten werden sollte. Tatsächlich rekrutierte er sich anders als der Klub von 1793 nicht aus den unteren sozialen Schichten, sondern – dies im Unterschied zu Köln – aus der administrativen und wirtschaftlichen Elite Aachens, welch letztere unter den gegebenen politischen Umständen die Reunion wegen des erhofften finanziellen Vorteils befürwortete. Noch im Januar 1798 traten alle Mitglieder der Aachener Zentralverwaltung dem Reunionszirkel bei. Ihm gehörten auch fast alle Angehörigen der Aachener Munizipalität an. Unter den Mitgliedern des Zirkels befanden sich sowohl Anhänger der Neuen Partei wie der Freimaurerloge, vor allem aber Protestanten, die seit der Verleihung des Bürgerrechts durch den Volksrepräsentanten Frécine am 28. Oktober 1794 [311]) vermehrt am politischen Leben der Stadt partizipierten. Im Zirkel fanden sie sich zusammen, um sich einander in der republikanischen Gesinnung zu stärken und diese mittels ihrer Position, die sie im öffentlichen Leben einnahmen, zu propagieren. Klaus Müller schreibt dazu:

> *"Ebenso wie die Freimaurerloge der reichsstädtischen Zeit verwirklichte der Zirkel somit gesellschaftliche und politische Prinzipien neuer Art, nämlich Überkonfessionalität, politische Gleichheit und die Nichtbeachtung territorialer Loyalitäten. Der wichtigste Unterschied zwischen den Konfliktparteien der reichsstädtischen Zeit und der Patriotenbewegung liegt ohne Zweifel in der fehlenden Massenbasis der Republikaner. Hatten sich im Jahre 1792 bei einer Befragung der Zünfte über einen von der Neuen Partei favorisierten Verfassungsentwurf noch zwei Drittel der registrierten Mitglieder zur Stimmabgabe mobilisieren lassen, so erscheint das Kleinbürgertum nunmehr von der politischen Bühne verbannt"* [312]).

Aus der Sicht konservativer Kreise handelte es sich bei den Mitgliedern des Reunionszirkels um „mehrentheils Burdscheidter Protestanten oder Kezer, Aacher Frey Maurer und Freygeister, allgemein schlechte Christen und leichtfertige Kerls, vom Hochmuth, Haß und Eigennutz beselet" [313]). Umgekehrt urteilten die Franzosen über die konservativen Kräfte in der Aachener Oberschicht, die sich als „die gute Gesellschaft" begriffen, mit den Worten des Polizeigenerals Wirion: „La bonne société, ce qui dans notre idiome signifie le cloaque des intrigans, des tartuffes et des ennemis de la République" [314]). Mit einer breiten Beteiligung dieser Kreise, aber auch der Masse am Programm des Zirkels hatte man ohnehin nicht rechnen können. Gerade die Unterschichten hielten sich anders als noch zur Zeit der Mäkelei vom aktiven politischen Leben fern. Den neuen Machthabern standen sie schon deswegen zurückhaltend gegenüber, weil sie von ihnen in mehrfacher Hinsicht enttäuscht waren, denn sie wurden von den Requisitionen und der Teuerung der Waren am empfindlichsten getroffen, und die bevorstehende Verkündung der Gewerbefreiheit drohte sie in ihrer handwerklichen Existenz zu gefährden. Vor allem aber waren sie durch die Entsakralisierung des Alltags aufs tiefste in ihrem noch barocken Religionsempfinden verletzt. Ihre Meinung über den Reunionszirkel kommt in der Reaktion auf die von diesem feierlich begangene Pflanzung eines Freiheitsbaumes am 19. Februar 1798 zum Ausdruck. Die Zirkelmitglieder suchten zwar „Frohsinn und Beifall des Pöbe[l]s bey dieser Handlung zu erlangen, aber ihnen wurde nichts als kalte Verachtung und Unwillen zutheil" [315]).

Die Zentralverwaltung des Roerdepartements in Aachen

Aber zurück zu der von Rudler neu eingeführten Verwaltung [316]): Die Tätigkeit der Zentralverwaltung beschränkte sich auf rein administrative Aufgaben und hatte keine legislative oder juristische Kompetenz. Sie war in fünf Büros für (1) Öffentliche Abgaben, (2) Rechnungswesen, (3) Nationaldomänen, (4) für Verwaltungspolizei, Handel und Landwirtschaft und (5) für Öffentliche Arbeiten,

Unterricht und Unterstützung gegliedert, von denen Cromm das erste Büro leitete. Der Geschäftsgang vollzog sich nach Sabine Graumann wie folgt:

> "*Die Korrespondenz aus dem gesamten Departement sowie die des Regierungskommissars lief in der Zentralverwaltung ein und wurde dort den einzelnen Fachbereichen zur Bearbeitung zugestellt. Antwortschreiben, Zahlungsanweisungen und Beschlüsse mußten allen Zentralverwaltern sowie dem Kommissar zur Genehmigung vorgelegt werden*"[317]).

Die fünf Verwalter und der Kommissar fanden sich dazu in täglichen, später in zweitägigen Sitzungen zusammen, die von einem aus den eigenen Reihen erwählten Präsidenten geleitet wurden. Die zur Entscheidung vorliegenden Fälle wurden mehrheitlich entschieden. Abgesehen von den fünf Verwaltern und dem Kommissar beschäftigte die Zentralverwaltung noch durchschnittlich 36 Personen, unter denen der Hauptsekretär eine herausragende Rolle spielte. Er war verpflichtet, Bittschriften, Anträge und alle Eingänge in einem Verzeichnis festzuhalten sowie die Verhandlungs- und Beschlußprotokolle zu führen. Auch die Versendung der Gesetze und Beschlüsse an nachgeordnete Stellen sowie die Betreuung des Verwaltungsarchivs zählten zu seinen Aufgaben. Ein wichtiges Recht des Hauptsekretärs war ferner die Ernennung des übrigen Verwaltungspersonals. Vom 19. Februar bis zum 21. März 1798 hatte Estienne diese Stelle inne. Ihm folgte Jacques Laroche und diesem am 1. August 1798 Augustin Lebas. Sie alle hatten sich zuvor schon in der französischen Verwaltung verdient gemacht.

Die feierliche Einführung der Zentralverwaltung für das Roerdepartement erfolgte am 19. Februar 1798 im Aachener Rathaus[318]).

Das Roerdepartement wurde am 23. Januar 1798 in 40, am 24. Dezember 1798 endgültig in 42 Kantone unterteilt[319]). Jeder Kanton umfaßte mindestens eine Munizipalverwaltung als unterste Ebene der Verwaltung. So bestand der Kanton Aachen aus Stadt und ehemaligem Reich Aachen und war für 23 413 Personen zuständig. Die Munizipalitätsverwaltungen waren bloße Exekutivorgane. Ihre Aufgaben beschreibt Sabine Graumann:

Wiedereinrichtung der Aachener Munizipalität

> Sie "*bestand in der Verwaltung der Gemeindegüter und -einkünfte, der Regulierung und Bezahlung der örtlichen, von den Gemeindegeldern zu bestreitenden Ausgaben, der Leitung und Ausführung von der Gemeinde zur Last fallenden öffentlichen Arbeiten, der Verwaltung der von Gemeindegeldern unterhaltenen und zum Gebrauch der Bürger bestimmten Einrichtungen, der Sorge für eine gute Polizei sowie für Erhaltung der Ruhe und Sicherheit, Sauberkeit, guten Zustand der Straßen, öffentlichen Stätten und Gebäude. Daneben waren die Munizipalverwaltungen damit beauftragt, die unmittelbaren Steuern auf die Bürger der Gemeinde zu verteilen und an die Departementskasse abzuliefern, die öffentlichen Arbeiten im Bezirk der Munizipalitäten unmittelbar zu leiten sowie die öffentlichen, dem allgemeinen Nutzen bestimmten Einrichtungen zu verwalten; schließlich sollten die Munizipalitäten auch die Aufsicht über die Erhaltung des öffentlichen Eigentums führen*"[320]).

Gemeinden mit einer Bevölkerung zwischen 5 000 und 100 000 Einwohnern erhielten eine eigene Verwaltung, wobei solche mit 10 000 bis 50 000 Einwohnern, also auch die Munizipalität Aachen, Anspruch auf sieben Beamte hatten. Diese sollten verpflichtet sein, alle fünf Tage Sitzungen abzuhalten und sich über die Ausführung ihrer Aufgaben kollegial zu beraten und mehrheitlich abzustimmen. Die Munizipalen sollten mindestens 25 Jahre alt sein, die französische Amtssprache beherrschen und ihr Amt unentgeltlich versehen. In Frage kamen also nur finanziell unabhängige Personen, die für sich „patriotisme", „moralité" und „lumières" geltend machen konnten. Ihr einziges

Privileg sollte die Freiheit von miltitärischen Einquartierungen sein. Die Munizipalen unterlagen nicht nur der Kontrolle durch die Departementalverwaltung, sondern auch der der Bürger. Diese konnten unentgeltlich und nach Belieben in der Schreibstube der Munizipalität die Rechnungen, Belege und Akten einsehen und sich gegebenenfalls höherenorts beschweren.

Die Munizipalverwaltungen wurden zuerst dort eingerichtet, wo die Städte zugleich einen Kanton bildeten, nämlich zuerst in Aachen, dann in Köln und Krefeld. Dazu präsentierte am 21. Februar 1798 die Aachener Departementalverwaltung dem Regierungskommissar Rudler zehn von ihr ausgewählte Kandidaten. Sechs von ihnen gehörten wie die Zentralverwalter dem Aachener Reunionszirkel an. Am 21. Februar 1798 bestätigte Rudler aus der Liste der Zentralverwaltung die folgenden Personen: August Heusch, Jakob Friedrich Kolb, Andreas Joseph Longrée, Karl Schneider, Arnold Scholl und Johann Jakob Stehelin. Ferner bestellte Rudler den nicht vorgeschlagenen Franz Xaver Herpers. Sie alle waren Kaufleute und erfüllten damit die Voraussetzungen für die Übernahme eines Ehrenamts. Kolb, Schneider und Stehelin waren Protestanten. Kolb, Scholl und Stehelin hatten sich schon früher als Freimaurer betätigt und gehörten jetzt zusammen mit Longrée dem Aachener Reunionszirkel an. Aus der vorrevolutionären Verwaltung wurde niemand berufen. Nur Scholl hatte in reichsstädtischer Zeit der Opposition gegen den alten Rat angehört. Mit Ausnahme von Kolb und Herpers hatte Rudler auch niemanden aus der 1794 in Aachen eingerichteten Verwaltung übernommen, auch nicht Cornelius Bock, Wilhelm Houben und Nikolaus Startz, die von der Departementsverwaltung vorgeschlagen worden waren. Heusch und Schneider waren bislang politisch überhaupt nicht in Erscheinung getreten. Rudler ging es offensichtlich um eine Erneuerung der politischen Führung in Aachen. Die neue Munizipalität wurde am 18. März 1798 feierlich installiert, trat einen Tag später zu ihrer ersten Sitzung zusammen und wählte am 21. März Kolb zu ihrem Präsidenten [321]).

Die Tätigkeit der Munizipalitäten wurde vor Ort von Kommissaren (commissaires du directoire exécutif prés les administrations municipaux) beaufsichtigt, die vor Ort wohnen mußten, den Sitzungen der Munizipalverwaltungen – allerdings ohne beratende Stimme – beiwohnten und dort das Interesse des Kantons zu wahren und den Gang der Geschäfte und die Ausführung der Gesetze zu überwachen hatten [322]). Für die Munizipalität Aachen ernannte Rudler am 15. März 1798 den bisherigen Hauptsekretär bei der Departementalverwaltung, Estienne, zum Kommissar. Die aufwendige Tätigkeit des Kommissars wurde nur unzureichend honoriert, weshalb sich so mancher Nebeneinkünfte zu erschließen versuchte. Estienne wurde diesem hohen Amt nicht gerecht. Am 3. März 1800 wurde er wegen skandalösen Betragens, ungestümen Charakters, Nachlässigkeit und Trunksucht entlassen [323]).

Die schlechte Bezahlung verleitete auch sonst so manchen Beamten zur Untreue und Korruption. Die einreißenden Mißstände machten selbst vor der Aachener Zentralverwaltung keinen Halt [324]). Hier war das bisherige Mitglied Caselli wegen Meinungsverschiedenheiten mit Kommissar Dorsch im April 1798 aus der Zentralverwaltung ausgeschieden und vom Regierungskommissar Rudler durch Ph. E. Derode ersetzt worden, der dann am 19. Juni zum Präsidenten der Aachener Zentralverwaltung gewählt worden war. Noch im gleichen Monat wurden umfangreiche Unterschlagungen und Verschleuderungen öffentlicher Gelder im Bureau de comptabilité aufgedeckt, das der Verantwortlichkeit des Präsidenten Derode unterstand. Rücktrittsforderungen wurden laut, doch wurde er von Rudler bis zum März 1799 im Amt gehalten.

Auch die Zusammenarbeit der Verwaltungen lag im argen. So gab es stetige Spannungen zwischen der Aachener Zentralverwaltung und den Munizipalitätsverwaltungen, die viele Munizipale veranlaßten, ihr Amt, das sie ja unentgeltlich auszuüben hatten, niederzulegen. Hinzu kamen fortwährende Übergriffe der Militärs auf die Zivilverwaltungen, so daß die frei werdenden Stellen in den Munizipalverwaltungen immer schwerer zu besetzen waren. In der Mairie Aachen schied z.B.

der Präsident Kolb im August 1798 aus dem Amt aus. Für seine Stelle konnte allerdings der Tuchfabrikant Johannes Friedrich Jacobi gewonnen werden.

Das Ansehen der Französischen Republik litt im Rheinland jedoch nur zum geringeren Teil unter den Unzulänglichkeiten der Verwaltung; die nach dem Staatsstreich vom 4. September 1797 wieder auflebende Religionsfeindlichkeit riß viel tiefere Gräben auf. Im Juni und Juli 1797 war im Rat der Fünfhundert in Paris die Frage aufgeworfen worden, ob der Eid, den die Priester auf die Verfassung leisten sollten, in der Form beibehalten werden solle, wie er im Gesetz vom 29. September 1795 vorgesehen war [325]). Seit damals hatten die Priester schwören müssen, die Bürger Frankreichs in ihrer Gesamtheit als Souveräne anzuerkennen und sich den Gesetzen der Republik zu unterwerfen. Nach dem Staatsstreich vom 4. September, der sich insbesondere gegen die zwischenzeitlich wieder konservativ-royalistische Mehrheit im Parlament richtete, wurde der Eid bereits am 5. September dahingehend verschärft, daß jeder Priester Haß gegen die soeben Gestürzten und Treue zur Konstitution des Jahres III (1795) schwören mußte. Schon gegen die erste Eidesformel hatten viele Geistliche Bedenken geäußert. Jetzt mehrten sich die Stimmen, welche den geforderten Eid wegen seiner unchristlichen Forderung nach Haß ablehnten. Da die katholische Kirche keine offizielle, unmißverständliche und eindeutige Haltung einnahm, mußten ihre örtlichen Amtsträger Stellung beziehen, was zu unterschiedlichen Bewertungen führte, wodurch die Geistlichkeit in zwei Lager gespalten wurde. Seit dem 15. Mai 1797 wurde der Eid nach der ersten Version auch den Priestern der seit 1795 mit Frankreich vereinigten belgischen Departements (frühere österreichische Niederlande) abverlangt. Im September sollte nun auch der Haß-Eid geschworen werden. Diese Forderung führte zu heftigen Diskussionen, die von einer Flut von Flugschriften begleitet wurden. Die Wellen schlugen um so höher, als die Gesetze aus der Schreckenszeit Robespierres gegen die eidverweigernden Priester wieder in Kraft gesetzt wurden. Die Erregung machte auch vor den linksrheinischen Departements nicht halt, obgleich beide Eidesformeln hier angesichts der noch nicht vollzogenen Vereinigung mit Frankreich zu keinem Zeitpunkt verlangt worden waren. Im November 1797 erschien z.B. in Aachen eine Flugschrift gegen den neuen Eid der Geistlichen in den vereinigten Landen aus der Feder zweier Mönche. Der eine war Paul Dumont, ein Ex-Benediktiner aus der Abtei Malmedy, der andere Dr. Johannes Hungers, ein Aachener Franziskaner und seit 1794 Professor der Theologie an der Kölner Universität. Bereits am 18. November wurden sie auf Anzeige des Polizeioffiziers Gerhard Dautzenberg und auf Anweisung des Aachener Kommissars Estienne gefangengesetzt. Zwei Tage später nötigte Estienne den Aachener Rat, ein Zirkular zu veröffentlichen, in dem die Geistlichen aufgefordert wurden, „sich an keinen anderen dann Berufs- und Evangeliumsgegenständen befassen und mithin durchaus nicht in politischen Sachen sich einmischen, vielweniger gegen die Französische Republik anstößige Grundsätze zu verbreiten sich unterstehen solle(n)" [326]). Die beiden Festgenommenen und ihre Flugschrift beschäftigten verschiedene Verwaltungsinstanzen bis hin zum Pariser Direktorium, das in seiner Sitzung vom 5. Januar 1798 ihre Verbannung ins Rechtsrheinische anordnete und für den Fall der Rückkehr mit der für Spione üblichen Strafe drohte.

Die Frage der Eidleistung auf die Französische Republik beschäftigte nicht nur die geistlichen Kreise, sondern auch die Verwaltung in den Rheinlanden, seitdem der Oberkommandierende der Revolutionsarmee in den besetzten Gebieten, General Augereau, im November 1797 einen – allerdings von ihm nicht näher ausformulierten – Eid aller Angestellten der Verwaltungen auf die durch den Staatsstreich vom 4. September veränderte Republik verlangte, und er die Mittelkommission in Bonn mit der Durchführung beauftragte [327]). Dabei gab es mancherorts Probleme, weil vielfach Unkenntnis über den genauen Wortlaut der Eidesformel und über den Personenkreis bestand, der den Eid leisten sollte. Viele Beamte verweigerten ihn, weil sie ihn als Huldigungseid auffaßten, der vor Abschluß eines Friedens in Rastatt und einer völkerrechtlich anerkannten Abtretung der Rheinlande an Frankreich unzulässig sei. In Aachen, wo der Kommissar Estienne dazu am 28. und 29. November aufgerufen hatte, verlief die Eidesleistung der Verwaltung ohne größere Zwischenfälle; nur

Religionsfeindlichkeit der Französischen Republik, 1797

Eid auf die Verfassung des Jahres 1795

das Sendgericht und die ihm angehörigen Pfarrer verweigerten ihn. Estienne hob daraufhin entsprechend den von Augereau angedrohten Strafen das Sendgericht auf. In Burtscheid ging die Verwaltung einen Schritt weiter als die in Aachen. Hier schwor man sogar den Eid des Hasses gegen alle Souveränität, die nicht vom Volke ausgehe.

Der Aachener Reunionszirkel 1798

Die religionsfeindlichen Maßnahmen wurden indessen von der Regierung fortgesetzt. So wurde z.B. Anfang Januar die Klostergerichtsbarkeit aufgehoben, und es durften seit dem Februar 1798 in den Klöstern keine Novizen mehr aufgenommen und keine Gelübde mehr abgelegt werden [328]). Unter diesen Bedingungen war im Rheinland – wie gesagt – von vornherein mit einem nur mäßigen Erfolg der Reunionszirkel zu rechnen. Am 24. Januar 1798 begrüßte der Aachener Reunionszirkel in einer an den Regierungskommissar Rudler gerichteten Adresse überschwenglich und unter Zurechtbiegung der rheinischen Geschichte die bevorstehende Vereinigung mit Frankreich. 54 namentlich aufgeführte Personen, zumeist Aachener Verwaltungsbeamte und Fabrikanten, unterzeichneten diese Adresse und schworen zugleich „Haß dem Königthume und der Anarchie, Anhänglichkeit und Treue der Republik ..." [329]). Einer der eifrigsten Vertreter der Reunion im Aachener Zirkel war der Herausgeber des „Aachner Zuschauers" Franz Dautzenberg. Von ihm sind einige Reden erhalten, die er in der Zeit vom Januar bis März 1798 im Aachener Zirkel geführt hat. In einer dieser Ansprachen, nämlich vom 19. Januar, befürwortete er die Bitten des Regierungskommissars Rudler und des Aachener Kommissars Estienne nach einer finanziellen Unterstützung seitens der Rheinländer für den scheinbar bevorstehenden Krieg Frankreichs gegen England. Am 8. Februar, dem Tag, da der Aachener Rat und auch das Schöffengericht zum zweiten Male ihre Tätigkeit einstellten, feierte Dautzenberg in einer Rede vor dem Reunionszirkel das Ende des Patriziats und den Beginn der Einführung der freiheitlichen Ordnung Frankreichs in Aachen. Eine längere, heute verlorene Rede, die er selbst am 19. April in Paris anzeigte, erhielt den Vermerk des Justizministers: „J'y ai vu avec plaisir l'expression d'un patriotisme aussi pur qu'énergique" [330]). Trotz all dieser Aktivitäten blieb die Zahl derer, die sich in Aachen und Burtscheid für die Republik erwärmen ließen, sehr begrenzt. In einem Memorandum, das die Verlegung der Zentralverwaltung des Roerdepartements von Aachen nach Köln befürwortete, heißt es denn auch: „Quoiqu'en general il règne à Cologne un meilleur esprit et plus d'attachement à la République qu'à Aix, la herde des prêtres et des moines mérite néanmoins dans le premier endroit la plus sévère surveillance" [331]). Wie wenig die überschwenglichen Reden in den Zirkeln des Rheinlandes das Empfinden der großen Mehrheit der Bevölkerung widerspiegelten, zeigte sich mit aller für die Franzosen unliebsamen Deutlichkeit in der schwachen Resonanz auf die von der Regierung angeregten Reunionsadressen.

Reunionsadressen

Nach längeren Verhandlungen in Rastatt war die Vereinigung der Rheinlande mit Frankreich nicht mehr strittig; es ging nur noch um die Entschädigungshöhe für diejenigen, die auf frühere Herrschaftsrechte verzichten sollten [332]). Dennoch wollte das Pariser Direktorium ein Zeichen setzen und aller Welt den Wunsch der rheinischen Bevölkerung auf Vereinigung mit Frankreich propagandistisch wirksam vor Augen führen. Hierzu wurden am 23. März die vier Kommissare in Aachen, Koblenz, Trier und Mainz angewiesen, mit Unterstützung der Reunionszirkel die Abfassung von sog. Reunionsadressen in den Gemeinden zu veranlassen. In den Reunionsadressen sollten die Einwohner mit ihrer Unterschrift gegenüber der Regierung in Paris ihren Wunsch zur Vereinigung mit Frankreich zu erkennen geben. Das Verfahren konnte allerdings nicht so rasch durchgeführt werden, wie man gehofft hatte, und das Ergebnis ließ sehr zu wünschen übrig. Aus 9 von 42 Kantonen des Roerdepartements gingen keine Reunionsadressen ein. In den übrigen Kantonen gestaltete sich das Ergebnis recht unterschiedlich. In Aachen hatte der Reunionszirkel auf das Ansinnen der Regierung hin seine Mithilfe zugesagt und unverzüglich gehandelt. Bereits am 29. März reichte er eine entsprechende Unterschriftsliste beim Regierungskommissar Rudler ein, zu der Franz Dautzenberg den Text verfaßt hatte. Sie weist die Namen von 318 „Republikanern" aus. Unter ihnen befanden sich 33 Burtscheider, die einen Tag später auch noch die Reunionsadresse aus der Gemeinde Burtscheid unterzeichneten. Das nach Abzug von auswärtigen Bürgern bereinigte Ergebnis lautete für den Kanton Aachen mit seinen 23 413 Einwohnern auf etwa 250 Unterschriften, für den Kanton Burtscheid mit 17 054 Einwohnern auf 95 Unterschriften. Unter denen, die unterschrieben hatten, befanden sich nur wenige Handwerker und Krämer, während vor allem der Anteil an Fabrikanten, Großhändlern, Hoteliers und Gastwirten auffallend hoch war[333]). Die Unterschriften letztgenannter Gruppe erklären sich aus der Hoffnung, die Ausdehnung Frankreichs bis an den Rhein werde ihnen nach Zeiten der Stagnation ein weites Absatzgebiet im Westen erschließen und ihre Geschäfte wieder erblühen lassen. Das ehemalige reichsstädtische Patriziat und die früheren Beamten sowie die Geistlichkeit verweigerten sich fast vollständig. Das Ergebnis der Reunionsadressen stand somit in krassem Gegensatz zu dem von den „Patrioten" in ihren Zirkeln verkündeten angeblich glühenden Wunsch der rheinischen Bevölkerung nach Vereinigung mit Frankreich. In rechter Erkenntnis dessen schrieb Rudler am 9. Mai 1798 an den Justizminister Lambrechts: „Rien ne peut mieux vous faire connaître l'esprit public de ces pays que les envois des actes de réunion, qui se font partout"[334]). Daß unter diesen Umständen von den Reunionsadressen während der Rastatter Friedensverhandlungen kein Gebrauch gemacht wurde, braucht nicht eigens betont zu werden. Da sie ihren Zweck nicht erfüllten, versanken auch die Reunionszirkel nach und nach in Vergessenheit. Der Aachener ist nur noch bis zum Juli 1798 nachweisbar[335]).

Die Reunionsadressen hatten gezeigt, wie wenig die rheinische Bevölkerung die Republik in all den Jahren der Besatzung schätzen gelernt hatte. In der Tat mußten solche Empfindungen angesichts dessen, was bisher berichtet werden konnte, auch schwerfallen, zumal die finanzielle Belastung des einzelnen Bürgers durch Kontributionen nicht geringer geworden war. Das Unvermögen der Verwaltung, die Gelder in voller Höhe einzutreiben, änderte daran nichts[336]). So standen Mitte März 1798 von der im Juni 1797 ausgeschriebenen Kontribution von 12 Millionen Livres, die bis zum 21. September 1797 fällig wurden, immer noch mehr als 1,9 Millionen Livres aus, und von der für den Zeitraum vom 22. September 1797 bis zum 21. März 1798 ausgeschriebenen Kontribution über weitere 8 Millionen Livres war nur wenig eingegangen. Am 17. März 1798 schrieb nun Rudler in Abschlag auf die ausstehenden Reste der früheren Kontributionen eine neue Kontribution für die vier rheinischen Departements in Höhe von 12,5 Millionen Livres aus, von denen das Roerdepartement binnen dreier Monate 4 Millionen zu zahlen hatte. Außerdem sollten noch für jedes Livre zwei Sous extra erhoben werden für die Ausgaben der Departements-Verwaltung, der Kantone und Gemeinden.

Wie sich diese Maßnahmen auf die Stimmung in der Bevölkerung auswirkten und welche Vorstellung sich die französischen Machthaber ihrerseits von den Ursachen des Mißmuts machten, erfahren wir aus einem Bericht des Kommissars Dorsch vom 27. März 1798 an den Justizminister Lambrechts. Darin schrieb er unter anderem[337]):

Stimmung in der Bevölkerung im Frühjahr 1798

> *"In verschiedenen Gemeinden unseres Bezirks hat man die Freiheitsbäume umgehauen, die Beamten mißhandelt und einen ermordet. Die Priester mißbrauchen die Kanzel um das Volk zu fanatisieren, indem sie die Grundsätze der Staatsverfassung verleumden, unter dem Titel 'Conservateurs de la Foi' werden Vereinigungen gegründet und Mönche, diese Sendlinge der Schlechtigkeit, sind, während sie Almosen sammeln, die Verbreiter der Verleumdungen gegen die Sache der Republik. Ich zweifle nicht, daß dieses alles planmässig berechnet ist. Solche Anstrengungen des Haßes fordern eine verdoppelte Aufmerksamkeit und Wachsamkeit heraus, ...".*

Er schlug dann einige ihm geeignet erscheinende Gegenmaßnahmen vor und fuhr fort:

> *"Indessen ich glaube, Bürger Minister, daß diese Schutzmittel wider den Fanatismus nur Scheinmittel sind, während dessen die Quelle bestehen bleiben würde. Seine Bollwerke sind die Klöster, die geheimen Versammlungen und die Klubs. Sie be-*

> *stehen in allen Kantons, sie haben noch zu viel Mittel zur Ausführung ihrer Pläne und als die Verheißer besserer Zeiten haben sie einen uns ungünstigen Einfluss auf die Bevölkerung.*
> *Gewiß, wenn bis jetzt die Explosion, deren Symptome bisweilen bemerkbar sind, nicht losgebrochen ist, ist es nicht ihre Schuld, sondern der Grund liegt einzig und allein in dem friedfertigen Charakter der Einwohner und der Wachsamkeit der eingesetzten Behörden.*
> *Es ist ausser allem Zweifel, daß der Geist der Republik darunter leidet, daß das Licht der Vernunft und der Wahrheit nach und nach erstickt wird, und ich wage es zu sagen, die Thatkraft der in Schrecken gesetzten Beamten wird in einigen Kantons dadurch lahm gelegt, wenn sie nicht beim Ausbruch der Leidenschaften in Schreckensherrschaft ausartet".*

Drangsalierung der Geistlichkeit, 1798/99

Bei dieser Beurteilung kann es nicht verwundern, daß sich die Drangsalierung der Geistlichkeit fortsetzte. Am 27. März 1798 erging eine Verfügung des Regierungskommissars Rudler, der gemäß alle kirchlichen Institute, die ihre Güter selbst verwalteten, von deren Mitgliedern aber seit der Besetzung des Landes durch die Franzosen einer oder mehrere abwesend waren, binnen 15 Tagen eine Aufstellung über die früheren und jetzigen Mitglieder und über Besitz und Renten aufzustellen und einzureichen hatten. Bei Fristversäumnis sollte die Verwaltung des Besitzes und der Renten der Domänenverwaltung übertragen werden. Güter und Renten derjenigen Institute, deren Mitglieder mehr als zur Hälfte emigriert waren, wurden unter Sequester der Kantonsmunizipalitäten und der Domäneneinnehmer gestellt [338]). Diese Verordnung wurde in Aachen unverzüglich umgesetzt [339]). Überdies faßte die Aachener Zentralverwaltung auf Betreiben von Dorsch am 2. April im Hinblick auf das bevorstehende Osterfest einen Beschluß, der die öffentliche Religionsausübung verbot, insbesondere Prozessionen, die allesamt „keines rühmlichen Ursprungs sind, sondern nur in der Absicht haben ersonnen werden können, um die Blindheit des Volks zu verewigen und es für immer zum Scharwenzel der gierigen Priesterambition zu machen" [340]). Desweiteren mußten, abgesehen von den Zeichen, die auf das mit Gesetz vom 26. März 1798 abgeschaffte Lehnswesen oder das Königtum Bezug nahmen, auch alle religiösen Symbole wie Kreuze, Heiligenfiguren etc. aus der Öffentlichkeit entfernt werden [341]). In Aachen wurde damit zehn Tage später begonnen, wobei man sich aber bezeichnenderweise nicht traute, den wahren Beweggrund zu benennen. Die Aachener Annalen vermerken dazu:

> *„April 11. & 12. sind nicht ohne Herzenleid aller guten Katholicken alle Kruzifix-, Mariae und andrer Heiligen Bilder von den Straßen und an den Häusern fortgeschaft worden, unter dem Vorwand, weil diese von schlechten Meistern, also nicht kunstreich und folglich der Gottheit zum Schimpf wären"* [342]).

Am 16. April wurden die Arbeiten allerdings auf Anweisung Rudlers eingestellt, da das zugrundegelegte Gesetz im Rheinland noch nicht eingeführt sei [343]). Die Zurücknahme der Verordnung hatte im Rheinland – auch dies Zeichen von Opposition – eine Zunahme der Prozessionen zur Folge; Dorsch sah darin eine politische Gefahr und drängte Rudler, er möge den Widerruf zurücknehmen. Dorsch, die treibende Kraft bei der Verschärfung des Kampfes gegen die Kirche, überwarf sich dabei mit dem Mitglied der Zentralverwaltung Caselli, der im Interesse der öffentlichen Ruhe zur Mäßigung gemahnt hatte, und darüber sogar aus dem Amt gedrängt wurde, in das er erst wieder im Juli 1799 zurückkehren konnte [344]). Am 20. und 27. Mai gab Rudler schließlich sein Placet zu den begonnenen Maßnahmen der Aachener Zentralverwaltung, doch stießen diese vielfach auf erheblichen Widerstand in der Bevölkerung [345]). Schließlich gelang es ihr, in Aachen die zur Eröffnung der Jakobs-Kirmes und an Fronleichnam üblichen prunkvollen Prozessionen zu unterbinden [346]). Im

Juni und Juli wurden zahlreiche Zeichen, welche an das Lehnswesen, das Königtum und die Religion erinnerten, beseitigt, wenngleich die Aachener Munizipalität nach Meinung der Zentralverwaltung die Arbeiten nicht mit dem gebührenden Eifer vorantrieb [347]). In der Tat: noch am 23. Juli mußte die Zentralverwaltung darauf drängen, daß der im Aachener Rathaus aufgestellte vergoldete Adler beseitigt wurde. An Stelle der an die Zeiten der Unterdrückung erinnernden Zeichen sollte die Bevölkerung die republikanischen Symbole annehmen. So wurde allen Bürgern – ähnlich wie 1794 – die Verehrung der Freiheitsbäume nahegelegt und bei Strafe das Tragen von wollenen dreifarbigen Nationalkokarden anbefohlen, eine Vorschrift, die bei der weiblichen Bevölkerung aus Gründen der Mode auf wenig Gegenliebe stieß und entsprechend oft wiederholt werden mußte [348]). Die Kinder erhielten am 30. März, dem Fest der Jugend, „Nationalfähnlein" in die Hand gedrückt [349]). Kurzum, es wurde so getan, als könne man durch Vorschriften über Äußerlichkeiten Gedanken und Herz der Betroffenen nachhaltig beeinflussen. Das Gegenteil war der Fall.

Die Eingriffe in das religiöse Leben der Bevölkerung, die Verfolgung einzelner mißliebiger Geistlicher [350]), die Gerüchte um die Aufhebung einzelner Klöster, die Einführung der kostentreibenden Stempelsteuer seit Ende Januar 1798 und des Französischen als Amtssprache seit dem 30. März 1798, die Höhe der ausgeschriebenen Kontribution, ihre ungerechte Verteilung auf Departements, Kantone, Munizipalitäten und die einzelnen Bürger sorgten im Juni 1798 für großen Unmut im Rheinland. Diese allgemeine Unzufriedenheit wurde offenbar vom Rechtsrheinischen her noch geschürt und dadurch begünstigt, daß sich die Friedensverhandlungen in Rastatt hinzogen und Gerüchte über einen bevorstehenden zweiten Koalitionskrieg gegen Frankreich laut wurden und durch Druckschriften Verbreitung fanden. So wurde beispielsweise in Burtscheid am 7. Juli 1798 der Pfarrer Zimmermann als angeblicher Autor einer Schrift verhaftet, die die Autorität der Republik untergrub und den Krieg als unvermeidlich bezeichnete [351]). Es war sicher kein Beitrag zur Beruhigung der Gemüter, daß der Regierungskommissar Rudler am 19. Juli 1798 625 bislang nur im französischen Mutterland gültige Gesetze und Verordnungen auch in den rheinischen Departements in Kraft setzte [352]), darunter die Gerichts-, Steuer-, Schul- und Zivilstandsgesetze, die Gesetze über Maße, Gewichte und Münzen und die Alleingültigkeit des republikanischen Kalenders.

Der republikanische Kalender, meist Revolutionskalender genannt, wurde durchaus als eine Waffe im Kampf gegen die Durchdringung des Alltags mit religiös bestimmten Zeitbegriffen verstanden [353]): Seit dem Spätherbst des Jahres 1583 hatte man in Aachen nach dem von Papst Gregor XIII. eingeführten Neuen Stil der Zeitrechnung, dem gregorianischen Kalender, gerechnet. Bei der ersten Besetzung Aachens durch die Franzosen 1792/93 änderte sich daran noch nichts. Damals benutzten die Revolutionäre in Frankreich selbst noch den gregorianischen Kalender, wenngleich die Bezeichnung der Jahre nach Jahren der Republik üblich war, die mit dem 22. September 1792, dem ersten Tag nach Abschaffung des Königtums, begannen. So datierte z.B. General Dumouriez sein Schreiben an den Rat der Stadt Aachen, in dem er seine Ankunft ankündigte, mit „Liège, 15 Décembre 1792, l'an premier de la république" [354]). Der französische Revolutionskalender wurde erst am 5. Oktober 1793 rückwirkend zum 22. September 1792 beschlossen. Das Jahr begann also am ersten Tag der Republik, der zugleich der Tag des Eintritts der Herbst-Tagundnachtgleiche war. Das Jahr war in 12 Monate zu je 3 Dekaden (3 x 10 Tage) unterteilt, denen 5 Ergänzungstage, im Schaltjahr 6 angehängt waren. Die einzelnen Tage hießen Primidi, Duodi, Tridi, Quartidi, Quintidi, Sextidi, Septidi, Octidi, Nonidi und Décadi. Der jeweils zehnte Tag, der Décadi, war als Fest- und Ruhetag bestimmt. Die Monate und die Wochentage wurden zunächst nur durchnumeriert. Erst am 24. November 1793 wurden Monatsnamen eingeführt, wobei man solche Bezeichnungen wählte, die auf den jahreszeitlichen Ablauf in der Natur Bezug nahmen und von denen man erwartete, daß sie von der breiten Masse der Bevölkerung, den Bauern, wegen ihrer inhaltlichen Nähe zum Landwirtschaftsjahr akzeptiert würden. Die Monatsnamen korrespondierten demzufolge mit den vier Jahreszeiten:

Der republikanische Kalender

Automne (Herbst, Sept. 22/24 – Dez. 20/22)
- Vendémiaire (Weinmonat)
- Brumaire   (Nebelmonat)
- Frimaire   (Reifmonat)

Hiver (Winter, Dez. 21/23 – Mz. 20/21)
- Nivôse   (Schneemonat)
- Pluviôse   (Regenmonat)
- Ventôse   (Windmonat)

Printemps (Frühling, Mz. 21/22 – Juni 18/19)
- Germinal   (Keimmonat)
- Floréal   (Blütenmonat)
- Prairial   (Wiesenmonat)

Été (Sommer, Juni 19/20 – Sept. 21/23)
- Messidor   (Erntemonat)
- Thermidor   (Hitzemonat)
- Fructidor   (Fruchtmonat)

Für den neuen Kalender wurden im Laufe der Zeit sog. moralische und politische Feste beschlossen. So ordnete das Gesetz vom 25. Oktober 1795 den Festkalender und schrieb sieben Nationalfeste vor, gab dafür aber die regelmäßigen Dekadenfeiern auf. Moralische Feste waren: Fest der Jugend (10. Germinal), der Ehegatten (10. Floréal), des Alters (10. Fructidor), der Dankbarkeit (10. Prairial), d.h. der Anerkennung für diejenigen, die ihr Leben für die Verteidigung des Vaterlandes eingesetzt haben, sowie das Fest der Landwirtschaft (10. Messidor). Die beiden politischen Feste waren Gedächtnisfeiern zum Tage der Republikgründung (1. Vendémiaire) und der Erlangung der Freiheit (9./10. Thermidor = 14. Juli).

Der Revolutionskalender war aus der Kritik am gregorianischen Kalender entstanden, dem man vorwarf, er sei mit seinem willkürlichen Jahresanfang, dem 1. Januar, den ungleichen Monatslängen, der Wochenzahl, die weder in den Monaten noch im Jahr ohne Rest aufgog, und der Siebentagewoche wider die Natur. Zudem sei dieser Kalender mit seinen Heiligennamen und den geschickt angeordneten Kirchenfesten ein Instrument der Kirche, um das Bewußtsein der Menschen und deren Vorstellungen im eigenen Interesse zu beeinflussen. Für den neuen Kalender hingegen nahm man die Übereinstimmung mit der Natur in Anspruch, wofür vor allem das Datum des Jahresbeginns, der Zeitpunkt der Herbst-Tagundnachtgleiche, angeführt werden konnte [355]). Der historische Zufall, daß das Ende der französischen Monarchie und der Beginn der Republik mit dieser astronomischen Konstellation zusammenfiel, wurde politisch nutzbar gemacht, indem man erklärte, „so wie die Sonne von einer Hemisphäre zur anderen gewandert sei, so sei das französische Volk, über die Unterdrückung der Könige triumphierend, von der monarchischen zur republikanischen Regierungsform übergegangen. Mit dem Tag der wahren Herbst-Tagundnachtgleiche, dem Tag der Gründung der Republik, solle nun auch die 'ère des Français' beginnen" [356]). Der neue Kalender stellte somit zugleich den Bruch mit der Geschichte dar, die zur bloßen Vorgeschichte der Revolution verkam, und wurde zum Manifest des Neuanfangs. Mit seiner Abkehr von den Heiligenfesten und der in der biblischen Schöpfungsgeschichte begründeten 7-Tagewoche mit dem Sonntag als Ruhe- und Festtag war der republikanische Kalender ein weiteres Mittel zur Dechristianisierung der Bevölkerung. Er wurde in Aachen nach der zweiten Besetzung nicht sogleich eingeführt. Dorsch hatte zwar befohlen, die Décadi, beginnend am 30. Dezember 1794, als Feste zu feiern [357]), doch ansonsten ging man recht schonend bei der Einführung der neuen Zeitrechnung vor. Angewandt findet sie sich in den Munizipalitätsakten jener Zeit, und zwar seit dem 1. November 1794, allein nach dem republikanischen Stil oder aber auch in Doppeldatierungen zusammen mit dem gregorianischen Stil. Nach der letztgenannten Art verfuhr auch Dautzenberg in seiner Zeitung „Aachner Zuschauer". An eine allgemeine Durchführung der Kalenderreform in den besetzten linksrheinischen Gebieten war 1794 schon deshalb nicht zu denken, weil der Kalender der breiten Masse der dortigen Bevölkerung selbst in den Grundzügen nicht bekannt war und es in einer Gegend, deren Ressourcen man für militärische Belange zu nutzen gedachte, nicht opportun war, in der Zeitrechnung Verwirrung zu stiften. Später trug man dann – vor allem nachdem sich der antiklerikale Zug der Revolution gemildert hatte – der Religiosität und den Religionsgewohnheiten des Rheinländers Rechnung. Der Décadi war hier letztlich nicht als einziger Ruhetag gegenüber dem Sonntag durchzusetzen, und auch den republikanischen Festen war trotz aller Planung, Feierlichkeit und politischer Reden, mit denen man die Bevölkerung in öffentlichen Aufzügen zusammenbrachte und ihr unter Verkündung neuer Gesetze Bürgersinn und Begeisterung für die Revolution und Anhänglichkeit an Frankreich einzuflößen gedachte, nur mäßiger Erfolg beschieden [358]).

Die duldsame Haltung der Franzosen in der Kalenderfrage änderte sich, nachdem der Friede von Campo Formio im Oktober 1797 in Geheimartikeln Frankreich das linke Rheinufer in Aussicht gestellt hatte. Bereits ein Direktorialbeschluß vom 3. April 1798 zeigte den Willen, das gesamte öffentliche Leben und nicht nur den Bereich der staatlichen Verwaltung auf den Revolutionskalender umzustellen. Ein Gesetz vom 9. September d.J. bestimmte, daß alle öffentlichen und privaten Akten und Urkunden ausschließlich mit republikanischen Daten zu versehen seien und drohte bei Zuwiderhandlung mit hohen Geldstrafen. Der Décadi wurde als einziger Ruhetag festgeschrieben, und es wurde bestimmt, daß selbst an höchsten kirchlichen Feiertagen, wenn es sich nicht um den Décadi handele, gearbeitet werden solle. Mit Unterstützung des Kalenders „sollte der neue Mensch für die ‚neue Gesellschaft' erzogen werden, indem ein neuer Lebens- und Arbeitsrhythmus die ‚neue Zeit' an jedem Tag neu erfahrbar machte und alte Einstellungen allmählich vergessen ließ" [359]). Dem Direktorialbeschluß trugen die Aachener Tageszeitungen unverzüglich Rechnung, indem sie es seit dem 12. April 1798 nicht mehr wagten, nach dem gregorianischen Kalender zu datieren. Um die Durchführung der Bestimmungen zu beschleunigen, versandte die Aachener Zentralverwaltung am 1. Januar 1799 ein Sendschreiben folgenden Inhalts an die Munizipalitätsverwaltungen:

> *„Unbekannt kann es Euch nicht sein, daß die Befolgung dieser Gesetze und Beschlüße am vorzüglichsten im Stande ist, die despotische und geistliche Staatsverfaßung vergeßen zu machen, den Bewohnern der neuen Departemente, welche bloß durch die Nachläßigkeit der Munizipalverwaltungen noch immer die Gewohnheiten alter Vorurteile beibehalten, Anhänglichkeit an die Grundsätze der Freiheit einzuflößen, ihnen den Vorteil dieser neuen Einrichtung fühlbar zu machen und solche Maaßregeln zu ergreifen, daß bloß darnach ihre Arbeiten und ihre Vergnügungen eingerichtet werden. Eure ganze Aufmerksamkeit, Bürger, sei also auf diesen wichtigen Gegenstand und auf die Mittel gerichtet, durch die alles aufhört, wodurch an den Gregorianischen Kalender erinnert werden kann. Befehlt, daß alle Ergötzlichkeiten, Erholungsstunden und öffentlichen Feste nach dem republikanischen Kalender angeordnet werden; verbietet alles, was von der alten Einrichtung herrührt, belehrt Eure Administrierten, daß, indem die Republik sie zu ihren Kindern aufnahm, sie zugleich genaue Befolgung ihrer wohltätig heilsamen Gesetze fordert, und daß ihr künftiges Glück an diese neue Probe ihrer Anhänglichkeit an die Grundsätze der Freiheit und Gleichheit angeknüpft ist. Wir zählen, Bürger, auf Euren Eifer, auf Euren Bürgersinn bei der Erfüllung gegenwärtiger Vorschriften; wir schmeicheln uns mit der angenehmen Vorstellung, daß Eure weisen Ermahnungen allen Widersprüchen ein Ende machen werden, welche die Freunde des Königtums, die Anhänger des Fanatismus aufwerfen könnten"* [360]).

Die Aachener Munizipalität sah sich veranlaßt, diesem Auftrag gerecht zu werden. So trug sie vor allem auch den Lehrern auf, für die Beachtung des Dekadentages in den Schulen Sorge zu tragen. Am Décadi sollten sie ihren Schülern bei Strafe der Schließung ihrer Schulen freigeben. Auch wurde das Markthalten am Décadi Anfang März 1799 entsprechend einer Verfügung Rudlers aus dem Jahre 1796 erneut untersagt. Auch auf Beachtung des Festkalenders wurde 1798 und 1799 größter Wert gelegt [361]), der neuerliche Versuch aber, den Sonntag durch den Dekadentag zu verdrängen, scheiterte in Aachen ein weiteres Mal. Während sich die Kirchen an den Sonntagen und den kirchlichen Feiertagen füllten, ignorierte die Aachener Bevölkerung den Décadi so gut es ging und blieb sogar dem Schauspielhaus fern. Die unteren Bevölkerungsschichten sorgten durch ihr Verhalten dafür, daß der Dekadentag als Festtag ein negatives Image bekam, denn sie nutzten ihn als „blauen Montag", an dem man – wie in Eschweiler überliefert – in Scharen betrunken die Straßen bevölkerte. Unter dem Konsulat trug man mit dem Gesetz vom 24. Dezember 1799 der ablehnenden Haltung der Franzosen, aber auch der Rheinländer gegenüber dem Décadi Rechnung, indem man seine Beachtung als Ruhetag den staatlichen Organen und im amtlichen Vekehr vorschrieb. Eine weitere Einschränkung der Gültigkeit des Revolutionskalenders erfolgte im Jahre 1802 im Gefolge des zwischen Napoleon und dem Hl. Stuhl geschlossenen Konkordats. Der Revolutionskalender wurde zwar beibehalten und sogar für den innerkirchlichen Bereich vorgeschrieben; Tagesnamen sollten allerdings dem alten Kalender entnommen werden. Mit dieser Bestimmung war nominell die christliche Woche wiederhergestellt. Zugleich wurde die Vorschrift für die Staatsdiener, allein den Décadi als Ruhetag zu achten, zugunsten des Sonntags zurückgenommen, und wenig später wurde auch die bisher allein für den Décadi vorgeschriebene Gestellung von Heiratsaufgeboten auf den Sonntag zurückverlegt. Auch wenn der Décadi nicht gesetzlich als Ruhetag abgeschafft wurde, so trat doch de facto der Sonntag wieder an seine Stelle. Der Revolutionskalender hatte seine Rolle als Werkzeug zur Dechristianisierung endgültig verloren. Er diente nur noch zu Datierungszwecken und fand auch dabei nur bei Behörden und der Presse Beachtung. Auch als Napoleon sich am 18. Mai 1804 zum Kaiser proklamierte, bestand der republikanische Kalender weiter, wurde aber von nun an mit Rücksicht auf die veränderte politische Situation „Französischer Kalender" genannt. Endgültig abgeschafft wurde er am 1. Januar 1806; nicht zuletzt deswegen, weil Napoleon im Interesse der Stabilisierung des Empire auf Dauer keinen Kalender dulden konnte, dessen Jahresanfang nach dem Beginn der Republik datierte und an diese ständig erinnerte. Die Wiedereinführung des altgewohnten Gregorianischen Kalenders wurde den Aachenern am 19. Dezember 1805 durch folgendes „Avis" des Präfekten Laumond bekannt gegeben:

> *„Pour régulariser le passage du calendrier actuel à celui grégorien, qui doit être suivi à dater du premier janvier 1806, correspondant au 11 nivôse an 14, les registres, journaux, sommiers, livres de recette et de dépense, au lieu d'être arrêtés le 30 de ce mois, ne le seront qu'au 10 nivôse; de manière que les états du mois de frimaire courant comprendront 40 jours d'exercice. Tous les bordereaux et objets de comptabilité seront établis d'après cette base"* [362]).

Französisch als Amtssprache

Nicht nur der Revolutionskalender, auch die Einführung des Französischen als Amtssprache stieß auf Ablehnung. Nach der zweiten Besetzung Aachens hatten die Franzosen noch auf eine allgemein verbindliche Einführung der französischen Sprache verzichtet und damit der verbreiteten Unkenntnis selbst in Ratskreisen der Stadt Aachen Rechnung getragen [363]). Nur die oberen Behörden, namentlich die Aachener Zentralverwaltung verhandelte in französischer Sprache, erließ aber ihre gedruckten Verfügungen in Französisch und Deutsch [364]). Die vor der Okkupation in deutscher Sprache erschienenen Zeitungen bedienten sich auch weiterhin der deutschen Sprache. Nach dem Frieden von Campo Formio des Jahres 1797 glaubte man nun, die Vereinigung der linksrheinischen Gebiete mit Frankreich dadurch beschleunigen zu können, daß man die französische Sprache per Dekret zur ausschließlichen Amts- und Gerichtssprache erhob. Dies geschah am 30. März 1798[365]). Die damit verbundenen Intentionen verrät ein Schreiben des Justizministers Lambrechts vom 14. Januar 1798 an den Regierungskommissar Rudler. Die französische Sprache sollte die Bewohner aus dem deutschen Sprachraum und dessen historischer Vergangenheit, die Lambrechts als Zeit der Sklaverei galt, herauslösen und den aufklärerischen Ideen Frankreichs und seiner politischen Organisationsform, der Repblik, näherbringen[366]). Schule und Theater sollten dabei mitwirken, patriotische Feste gefeiert und die deutschsprachigen Zeitungen einer staatlichen Zensur unterworfen werden. Die Erfolge bei der Vermittlung der französischen Sprache im Rheinland und in Aachen – dies soll hier vorweggenommen werden – blieben allerdings gering. Eine Verschärfung der Verordnung von 1798 erfolgte am 12. August 1810. Nun wurde die ausschließliche Verwendung des Französischen für öffentliche und private Bekanntmachungen und Anzeigen vorgeschrieben. Die Straßen- und Platznamen sollten in französischer Sprache gehalten sein. Schulen ohne Französischunterricht waren von der Schließung bedroht. In der Praxis zeigte die Verordnung allerdings nicht die volle Wirkung. In der Schule scheiterte die Durchführung schon allein am Mangel geeigneter Lehrer. Hier gab es zudem eine deutliche Abstufung zwischen Stadt und Land[367]). Daß seit dem 1. Januar 1811 im ganzen Roerdepartement nur noch eine Zeitung erscheinen durfte (siehe Kapitel N), die allein in französischer Sprache abgefaßt war, dürfte die Bewohner der vier rheinischen Departements der französischen Kultur und Denkungsart kaum näher gebracht haben, wie dies doch die Absicht des Justizministers Lambrechts gewesen war.

Nicht nur die Einführung des Revolutionskalenders und des Französischen als Amtssprache stieß auf Ablehnung, auch die übrigen am 19. Juli 1798 in Kraft gesetzten Verordnungen erregten Widerstand, denn sie bedeuteten einen tiefen Eingriff in das bürgerliche Leben des Rheinländers. Vor allem die drückenden Steuergesetze und die gleichfalls religionsfeindlichen Zivilstandsgesetze (siehe Kapitel E), aber auch die Polizeigesetze mit ihrer vielfältigen Gängelung des Bürgers, der Überwachung von Fremden, von Clubs und Presse, dem Paßzwang und dem Recht, Hausdurchsuchungen vorzunehmen, um zurückgekehrte Emigranten, Priester, Agenten Englands und andere mehr aufzuspüren, verstärkten die Unzufriedenheit. Da half es wenig, daß die Aachener Zentralverwaltung am 22. Juli gegenüber der Bevölkerung des Roerdepartements beteuerte, sie wolle den wahren Glauben von Katholiken, Protestanten und Juden nicht bekämpfen[368]). Die Ereignisse in Limburg und Luxemburg, wo sich bei der Landbevölkerung die Unzufriedenheit mit den französischen Machthabern und ihrem Konskriptionsgesetz, von dem alle 20 bis 25 Jahre alten Wehrfähigen betroffen waren, Ende September 1798 im sog. „Klöppelkrieg", so benannt nach der Bewaffnungsart der Bauern, entlud, machten das Gegenteil glauben[369]). Der Aufstand, der auch auf die angrenzende Eifel übergriff, wurde mit Waffengewalt niedergeschlagen und 7 000 Geistliche, die man der Konspiration bezichtigte, zur Deportation verurteilt, auch wenn man ihrer nur 500 habhaft werden konnte. Die neuerliche Priesterverfolgung hatte auch in den vier rheinischen Departements eine verheerende Wirkung auf die Stimmung der Bevölkerung, vor allem auf dem Lande. Allenthalben gab es Widerstände und Ungehorsam gegenüber der Verwaltung und den republikanischen Gesetzen. Mit Genugtuung registrierten daher gut katholische Kreise der Aachener Bevölkerung, daß der am 19. Februar 1798 anläßlich der Einsetzung der Aachener Zentralverwaltung in feierlichem Akt gepflanzte Freiheitsbaum ebenso verdorrte wie die am Jahrestag gesetzte Pflanze: „... es scheint, daß unsre Gottes-Erde dies republickanisch Heiligthum nicht tragen will, den[n] beide im schönsten Flor stehende Bäume sind noch in diesem Jahre verdorret"[370]). Um einen Aufstand auch in der Aachener Gegend zu verhindern, setzte die Aachener Zentralverwaltung auf vorbeugende Maßnahmen. So wurde beispielsweise den Aachener Bürgern erneut befohlen, ihre Waffen unverzüglich abzugeben. Von den Beamten und Bediensteten der Behörden verlangten das Direktorium in Paris und die Aachener Zentralverwaltung am 21. Januar 1799 anläßlich der Gedenkfeiern zur Hinrichtung König Ludwigs XVI. nicht nur den Eid auf die französische Verfassung des Jahres III,

Widerspenstigkeit der Bevölkerung

sondern – anders als noch der Regierungskommissar Augereau im Jahre 1797 – auch den Eid des Hasses gegen das Königtum [371]). In Aachen fanden die Feierlichkeiten im Rathaussaal statt, der zu diesem Zweck unter anderem mit Büsten der Aufklärer Rousseau und Voltaire und einem Spruchband geschmückt war, dessen Inschrift lautete: „Pardonnez-nous, grands dieux, si le peuple français a tardé si longtems à punir leurs forfaits". Wie sehr das Direktorium durch die allgemeine Lage verunsichert war, ersieht man aus dem vorgeschriebenen Pomp der Feierlichkeiten, der auch die Jahrfeier der Installation der Aachener Zentralverwaltung am 19. Februar 1799 begleiten sollte, und an dem Druck, der von oben auf die Beamten und Angestellten der französischen Behörden ausgeübt wurde: Kaum einer traute sich bei den Festlichkeiten im Aachener Rathaus, den Haß-Eid zu verweigern.

Der 2. Koalitionskrieg, 1799-1801

An der angespannten Situation im Rheinland sollte sich auch im Verlauf des Jahres 1799 nichts ändern. Dafür sorgte schon die Höhe der von Rudler für 1798/99 festgesetzten direkten Steuern, welche 12,5 Millionen Livres erbringen sollten, eine Summe, die später geringfügig vermindert wurde. Hinzu kamen noch die indirekten Steuern. Durch Zwangsmaßnahmen wie der Einquartierung von Soldaten in Privathäusern wurden schließlich bis Ende März 10 Millionen Livres aus der Bevölkerung herausgepreßt. Die Lage spitzte sich derart zu, daß der neue Regierungskommissar Jean Joseph Marquis die Einrichtung einer Geheimpolizei befürwortete. Dieser Vorschlag wurde aber wegen des Widerstandes des Justizministers nicht verwirklicht [372]). Unter dem Eindruck der gescheiterten Rastatter Friedensgespräche und der Erfolge, welche die österreichischen, russischen, englischen und neapolitanischen Truppen seit Ausbruch des Zweiten Koalitionskrieges namentlich in Italien, der Schweiz, Südwestdeutschland und den Niederlanden erzielten, nahm der zivile Ungehorsam weiter zu: Gesetze und Verfügungen blieben vielfach unbeachtet. Die Zeitung „Der Aachener Wahrheitsfreund" wurde, nachdem er wiederholt über die Erfolge der Koalitionsarmeen berichtet hatte, auf Antrag der Aachener Zentralverwaltung am 17. April 1799 vom Regierungskommissar Marquis vorübergehend verboten [373]). Um von den Fortschritten der Alliierten abzulenken, benutzte die Regierung in Paris den Mord, welchen österreichische Szekler Husaren in eklatantem Bruch des Völkerrechts an dem auf der Heimreise befindlichen französischen Gesandten bei den Rastatter Friedensverhandlungen am 28. April 1799 begangen hatten, um im Rheinland Stimmung gegen Österreich zu machen [374]). So fanden am 8. Juni aufwendige Trauerfeiern in Aachen, Köln und Krefeld statt. Die Aachener Feier war vom Kommissar Estienne für 21 bis 24 Uhr in der Münsterkirche anberaumt worden. Hier wurde von französischer Seite auch Rache geschworen, was die Gläubigen als Entheilung der Kirche empfanden. Dies kann man einer Klarstellung Estiennes im „Anzeiger des Ruhr-Departements" vom 25. Prairial an VII (1799 Juni 13) entnehmen, wo er bekanntgab, daß er noch nicht tot sei, wie Pfaffen und Mönche in der ganzen Gemeinde ausgestreut hätten, die seinen Tod als gerechte Strafe Gottes für die Entheilung der Münsterkirche hinstellten [375]). Aus alledem ersieht man, daß das mit der Leichenfeier anvisierte Ziel verfehlt wurde, ja noch zu einer Verschlechterung der Stimmung beitrug.

Ziviler Ungehorsam nimmt zu

Die anhaltenden Erfolge der Alliierten und die Gerüchte von der bevorstehenden Rückkehr der alten Gewalten, die man zurücksehnte, begünstigten auch in den Monaten Mai bis August 1799 den Ungehorsam gegenüber den Franzosen [376]): Die Bauern auf dem Lande erzwangen die Durchführung der untersagten Prozessionen. Die von Rudler auferlegte Kontribution kam selbst unter Androhung der Zwangseinquartierung von Soldaten in die Häuser der Zahlungsunwilligen (sog. „militärische Exekution") nur schleppend voran, zumal sich selbst Munizipalbeamte weigerten, die Kontribution auf die Bevölkerung ihres Kantons weiterzuverteilen. Brandstiftungen und heimtückische Mordanschläge häuften sich. Die Situation in den Rheinlanden war inzwischen so eskaliert, daß die Franzosen eine Gegenrevolution in diesen Gebieten und ein Aufflackern des Aufstandes in Belgien befürchteten, geschürt von den auswärtigen Mächten und im Innern gefördert von der Geistlichkeit. Wenn die Gerüchte von einem bevorstehenden Aufstand auch übertrieben waren, verschärfte sich die Situation doch weiter. Dies lag vor allem auch daran, daß es am 18. Juni in Paris unter dem Eindruck der militärischen Mißerfolge und der verheerenden Finanzlage des Staates, welche man dem Direktorium anlastete, zu einem Staatsstreich gekommen war, der den Jakobinern erneut Auftrieb gab[377]). Im Rheinland hatte er die Ablösung des bisherigen Regierungskommissars Marquis und die Berufung Lakanals zur Folge, dessen radikale Gesinnung und schroffes und gewalttätiges Wesen zu einer Verschärfung der Lage entscheidend beitrugen. Am 23. August, vier Tage nach Übernahme seiner Amtsgeschäfte in Mainz, bestellte er drei Kommissare, welche mit polizeilichen Mitteln und rigoroser Durchführung militärischer Exekution die Eintreibung der immer noch ausstehenden Kontribution beschleunigen sollten. Die Aachener Annalen berichten in diesem Zusammenhang: „Die Municipalitaet hat Ends Septembris und Anfang Octobris starck mit Execution verfahren gegen jene Bürger, welche Patent und Contribution noch nicht entrichtet haben. Ohnangesehen aller gemachten Vorstellungen konte man keinen Sous Nachlaß der Bezahlung erhalten"[378]). Am 27. August erließ Lakanal eine Verordnung, welche die Korruption in der Verwaltung eindämmen sollte, und richtete dazu ein Denuntiationsbüro ein, bei dem in der Folgezeit neben berechtigten Klagen eine Fülle von Verleumdungen und Verdächtigungen eingingen – so auch gegen Nikolaus Cromm –, welche die Mißstände noch weit schlimmer erscheinen ließen, als sie es waren, und insofern dem Ansehen der Verwaltung mehr schadeten als nützten[379]). Am 24. September d.J. glaubte Lakanal das am 12. Juni 1799 in Frankreich zur Unterdrückung von Unruhen erlassene Geiselgesetz auch auf die vier rheinischen Departements übertragen zu können[380]). Danach sollten die ehemaligen Beamten derjenigen Fürsten, die auf dem linken Rheinufer Besitzungen hatten, alle Lohnempfänger der genannten Fürsten, die Geistlichen und die vormaligen Adligen sowie die Verwandten der Emigranten und der Aufrührer gegen die Republik für jede Mordtat und jede Räuberei, die in den Departements begangen würde, persönlich haftbar gemacht werden und mit Deportation oder Geld bezahlen. Gleich nach der Veröffentlichung des Gesetzes sollten die Zentralverwaltungen die in Frage kommenden Geiseln nehmen und diese auf deren Kosten in einem dazu bestimmten Gebäude festhalten. Die Güter derjenigen Geiseln, die sich durch Flucht entziehen würden, sollten sequestriert, sie selbst bei eventueller Rückkehr erschossen werden. In Aachen wurden am 4. Oktober Teile des Kreuzherrenklosters als Gefängnis für Geiseln aus dem Roerdepartement eingerichtet[381]). Aus Aachen selbst wurden u.a. der Kanoniker Fey vom Marienstift, die beiden Sonntagsprediger der Kapuziner und Franziskaner und stellvertretend für den abwesenden früheren reichsstädtischen Bürgermeister Kreitz dessen jüngster Sohn als Geiseln genommen. Da Lakanal das Gesetz ohne Wissen und Zustimmung des Pariser Direktoriums in Kraft gesetzt hatte, mußte er es am 13. Oktober zurücknehmen, so daß die Geiseln am 16. Oktober nach 12tägiger Haft entlassen wurden. Der Schaden, den Lakanal mit seinen Verfügungen angerichtet hatte, war indes irreparabel.

Es verwundert daher auch nicht, daß die im August bzw. September 1799 vom Direktorium in Paris beschlossene Einrichtung der Nordfrankenlegion (Légion des Francs du Nord), einer besonderen, aus Freiwilligen bestehenden Rheinlandformation innerhalb der französischen Armee, welche den Reunionswillen fördern und dokumentieren sollte, kläglich scheiterte. Zum Kommandanten war Rudolf Heinrich Eickemeyer (1753–1825) bestellt worden, ein Mann von vielfachen Talenten. Er war früher Professor für Philosophie an der Universität Mainz, kurpfälzischer Major, Wasserbaudirektor und Festungsbaumeister gewesen[382]). In letztgenannter Funktion hatte er bei der ersten Bezwingung der Festung Mainz durch die französischen Revolutionstruppen am 22. Oktober 1792 eine zwielichtige Rolle gespielt. Für die Nordfrankenlegion, die er als Brigadegeneral befehligen sollte, war eine Sollstärke von 5 600 Mann geplant, die sich auf 4 Bataillone Infanterie, 4 Eskadrons Jäger zu Pferd und eine Kompanie leichter Artillerie verteilen sollten. Zum Hauptquartier wurde Aachen bestimmt, wo Eickemeyer am 13. März 1800 eintraf, und von wo aus er in Plakatdrucken Propaganda für die Legion entfachte. Das Ergebnis war allerdings niederschmetternd. Bis Mitte April 1800 hatten sich in Aachen etwa 800 Freiwillige eingefunden, davon stammten z.B. aus einer so großen Stadt wie Mainz lediglich 23 Personen. Die Truppe war bunt zusammengesetzt und be-

Das Hauptquartier der Nordfrankenlegion in Aachen

stand aus blutjungen, unerfahrenen Männern, unter die sich zuweilen auch zweifelhafte Elemente mischten. So war auch die Quote der Desertion außergewöhnlich hoch. Als am 22. April 1800 die Hälfte der Truppe nach Düsseldorf verlegt wurde und in Aachen nurmehr der Stab und das Rekrutendepot mit 400 Mann verblieb, desertierten 200 Mann ins Rechtsrheinische. Im Juli 1800 wurde das Rekrutendepot nach Koblenz verlegt, so daß sich nur noch der Stab in Aachen befand. Die von Eickemeyer selbst verschlimmerte Finanzlage seiner „Truppe" vergrößerte die Probleme und hatte zur Folge, daß die Legion im März 1801 nur 2 050 Mann zählte und eine Artillerieeinheit überhaupt nie zustande kam. Die „militärischen" Leistungen der Nordfrankenlegion beschränkten sich auf einfachen Wach- und Polizeidienst oder das Aufspüren von Schmugglern. Im April 1801 wurde sie der „Gallisch-Batavischen Armee" unterstellt und in die Batavische Republik verlegt. Auf dem Marsch zur Insel Walcheren schmolz sie durch Desertion zu einem kümmerlichen Rest zusammen. Folgerichtig wurde sie am 2. Juli 1801 von Napoleon aufgelöst.

Der Staatsstreich Napoleons am 9. Nov. 1799 und die Konsularverfassung

Wohin die Ereignisse im Rheinland und damit in Aachen getrieben wären, wenn sich in Paris nicht im November 1799 ein grundlegender politischer Wandel vollzogen hätte, bleibt ungewiß. Ein gegenrevolutionärer Aufstand wäre aber wohl kaum noch zu befürchten gewesen, denn die militärische Lage hatte sich inzwischen zugunsten Frankreichs gewandelt. Am 25. September hatten die Franzosen bei Zürich die Russen und im Linthal (Elsaß) die Österreicher geschlagen, und auch am Mittelrhein waren sie auf dem Vormarsch. Gleichzeitig mißlang der Angriff der Engländer und Russen auf die Batavische Republik, der am 18. Oktober mit der Kapitulation endete[383]). Vier Tage später schied Rußland aus der Koalition aus. Die akute Gefährdung der Republik war damit abgewendet, und die Rheinlande waren erneut für Frankreich gesichert. Diese Siege wurden daher auf Veranlassung der Aachener Zentralverwaltung durch Glockengeläut der Bevölkerung ebenso angezeigt wie die Rückkehr des Generals Napoleon Bonaparte aus Ägypten, wo er versucht hatte, die englische Vormachtstellung im Orient zu erschüttern[384]).

Die politische Lage in Frankreich erfuhr nach der Rückkehr Napoleons und seinem Staatsstreich vom 9. November 1799 (18. Brumaire) eine grundlegende Wendung, von der auch die besetzten Rheinlande erfaßt wurden. Am 13. Dezember wurde die bislang gültige Verfassung vom 23. September 1795 durch eine neue ersetzt, die den Gedanken der Volkssouveränität aufgab. An die Spitze der Regierung traten drei Konsuln, der frühere Justizminister Cambacérès, der Deputierte Lebrun und als Erster Konsul Napoleon Bonaparte. Der zweite und der dritte Konsul hatten nur beratende Funktion, die Regierungsgeschäfte oblagen allein dem Ersten Konsul. Ludwig Käss charakterisiert diesen Staatsumbau wie folgt:

> *„Der Staatsstreich vom 18. brumaire gab der demokratischen Revolution den Todesstoß. Bereits die Direktorialverfassung war mehr ein Ausdruck des Sieges der besitzenden Klasse, der ruhigen, festwurzelnden Elemente gegenüber dem Radikalismus der Konventszeit. Noch aber war für diese Verfassung der Gedanke der Volkssouveränität oberster Grundsatz. Die Konsularverfassung des Jahres VIII erwähnte nicht nur diesen Grundsatz nicht, sondern beseitigte ihn auch tatsächlich. Bloß die Persönlichkeit des Trägers der Staatsgewalt, Napoleons, erinnerte noch an die Volkssouveränität, war er doch die personifizierte volonté générale, der Ausdruck des von der besitzenden Klasse getragenen Volkswillens, der sich nach Ruhe im Innern sehnte, zufrieden, regiert zu werden, anstatt selbst zu regieren, wenn nur Ordnung und Sicherheit herrschten. Demgemäß spielte in der napoleonischen Verfassung die Volksvertretung nicht die entscheidende Rolle wie in den früheren revolutionären Verfassungen Frankreichs. Durch die Spaltung der Volksvertretung in drei Körper, von denen der eine (der Senat), sich selbst ergänzend, bloß eine Art Kontrolle als „gardien de la constitution" ausübte, der andere (das Tribunat) nur zu*

beraten und der dritte (das corps législatif) bloß zu entscheiden hatte, war die Stellung der Volksvertretung erheblich geschwächt, zumal das Recht, Gesetzesvorlagen zu machen, allein der Regierung zustand. Die Staatsgewalt lag nicht mehr beim Volke, sondern allein bei dem ersten Konsul; er promulgierte die Gesetze, er ernannte die Minister, die Mitglieder des Staatsrates, die Offiziere und Beamten. Deutlich verrät sich in der Konsularverfassung das Bestreben Napoleons, die Macht der Vielen zu brechen und in die Hand des Einen zu legen. Die Teilnahme des Volkes an der Regierung erschöpfte sich hauptsächlich in der Beratung, einer Beratung freilich, die auf die Regierungstätigkeit so gut wie keinen Einfluß ausübte. Diese Tendenz, das Volk als Ersatz für die verlorenen Rechte in beratenden Körpern scheinbar an der Regierung teilnehmen zu lassen, zeigt sich auch in der napoleonischen Verwaltungsorganisation. Auch hier herrscht der Grundsatz, die Beratung mehreren, die Ausführung aber nur e i n e m anzuvertrauen. Im übrigen aber sind die während der französischen Revolution aufgekommenen Prinzipien der Staatsverwaltung, nämlich der straffe Zentralismus und die Gleichförmigkeit in der Organisation der oberen und unteren Behörden, beibehalten. Gerade für Napoleon, der in den kleinsten Dingen die strenge Unterordnung unter die Kontrolle der obersten Staatsgewalt verlangte, war der Zentralismus unerläßlich zum Aufbau eines straffen, jedem Wink von oben gehorchenden Verwaltungssystems" [385]).

Nicht nur die Verwaltung hatte sich der Kontrolle durch den Ersten Konsul zu unterwerfen, sondern auch die Presse. So wurde mit Beschluß vom 17. Januar 1800 die Pressefreiheit auf Dauer des Krieges aufgehoben, die Zahl der Zeitungen beschränkt, ihre Überwachung dem Polizeiminister übertragen. Zwar wurde dieser Beschluß in den vier rheinischen Departements nicht verkündet, auf Weisung des Polizeiministers Fouché aber dennoch umgesetzt [386]).

Wie die Pressezensur, so wurde auch die neue Verwaltungsorganisation auf Drängen des an die Stelle von Lakanal berufenen General-Regierungskommissars Henri Shée am 14. Mai 1800 – trotz anfänglicher Bedenken wegen der noch fehlenden völkerrechtlichen Anerkennung der Rheinlande als Bestandteil Frankreichs – auch in den vier rheinischen Departements eingeführt [387]). Die kollegial geführten Zentralverwaltungen wurden abgeschafft. Stattdessen trat an die Spitze eines jeden Departements je ein Präfekt, der bis zum 23. September 1802 noch einem Generalregierungskommissar in Mainz verantwortlich war, später aber den Ministerien in Paris direkt unterstand. Das hierarchisch streng organisierte neue Verwaltungssystem beseitigte auch unterhalb der Präfekturen alle kollegialen Behörden und setzte an ihre Stelle einzelne Beamte, die zum Teil vom Ersten Konsul selbst, zum Teil vom jeweiligen Präfekten ernannt wurden (siehe ausführlich Kapitel E). Präfekt des Roerdepartements wurde am 22. Juni 1800 Nicolas Sébastien Simon, der am 5. August an seinem Dienstort Aachen eintraf und vier Tage später seine Amtsgeschäfte aufnahm [388]). Obgleich das Gesetz vom 9. März 1801 die vier rheinischen Departements zum integrierten Bestandteil Frankreichs erklärte, behielten diese Gebiete doch bis auf weiteres ihre verwaltungsmäßige Sonderstellung, die darin zum Ausdruck kam, daß Gesetze und Verordnungen der Republik „nur zu den Zeitpunkten angewandt wurden, wo die Regierung es schicklich erachtet, und in Gefolg von Beschlüssen, die sie deßfalls erlassen wird" [389]). Diese wegen der noch ausstehenden völkerrechtlichen Anerkennung der Reunion nur bedingte Einführung der neuen Verwaltungsorganisation in den vier rheinischen Departements geschah auf Fürsprache von Henri Shée, der darin von den Patrioten unterstützt wurde. Auf diese Weise sollten im Hinblick auf einen Frieden mit Österreich und dem Reich vollendete Tatsachen geschaffen werden. Auch der Aachener Kommissar Dorsch befürwortete diesen Schritt in seinen „Observations sur le caractère des habitans du département de la Roër", welche er am 13. Januar 1800 dem Innenminister zuleitete. Er äußerte darin die Meinung, „qu'on peut dire en général des habitans de la Roër, qu'ils sont phlegmatiques, bons et moraux, mais

Einführung einer neuen Verwaltungsordnung im Rheinland

peu éclairés"[390]). Die Bevölkerung sei der französischen Nation durch die Maßnahmen der früheren Militärverwaltung entfremdet worden, und es sei Zeit, Recht, Ordnung und Ruhe im Lande wieder einkehren zu lassen. Dadurch würde auch die vielfach noch zu beobachtende Anhänglichkeit an die alten Gewalten gelockert werden, denn noch erhofften sich die Anhänger – wie Dorsch in einem Schreiben an Shée vom 25. April formulierte – von der Eröffnung des Feldzuges den Sieg der Koalitionsarmeen[391]). Zu dieser Überzeugung war auch Shée gekommen, der bereits am 14. April 1800 nach Paris schrieb: „Man kann sich nicht verhehlen, daß, wenn es in diesen Departements einige Leute gibt, die genügsam Freunde der Franzosen und ihrer Grundsätze sind, um ehrlich den Wunsch zu haben, an ihrem Ruhm teilzunehmen und ihm selbst ihre Existenz zu opfern, doch fast die Gesamtheit der Einwohner weit entfernt ist, dieses Gefühl zu teilen"[392]). Der französische Justizminister Abrial meinte sogar, die meisten Rheinländer verharrten in ihren Ressentiments gegenüber den Franzosen und würden weiterhin den alten Landesherren anhängen[393]), und Henri Shée warnte noch im Oktober 1800, an die „Aufrichtigkeit von Erklärungen der Bevölkerung des linken Rheinufers zu Gunsten Frankreichs dürfe man überhaupt nicht glauben, so lange noch eine Möglichkeit der Wiederherstellung der alten Regierungen bestehe"[394]). Eine allmähliche Wandlung in der Stimmung der Bevölkerung sollte es erst nach dem Frieden von Lunéville geben.

D. Aachen – eine französische Stadt 1801-1814

Die Reunion mit Frankreich eröffnete der am 9. Februar 1801 zwischen Frankreich, Österreich und dem Reich geschlossene Friede von Lunéville. Er war das Ergebnis der beeindruckenden Erfolge, die General Moreau auf dem deutschen und Napoleon auf dem norditalienischen Kriegsschauplatz erzielt hatten. Das gesamte linke Rheinufer gehörte von nun an auch völkerrechtlich zu Frankreich. Der Rhein bildete die Staatsgrenze[1]. Aachen war damit eine französische Stadt. Der Friedensschluß von Lunéville wurde hier am 17. Februar bekannt gemacht. Am 27. Februar 1801 ersuchten die Konsuln die Gesetzgebende Körperschaft, sie möge die Vereinigung der Rheinlande mit der Französischen Republik beschließen. Dies geschah am 9. März, woraufhin Napoleon als Erster Konsul den Beschluß als Gesetz verkündete. Die vier rheinischen Departements wurden darin zu integrierten Bestandteilen Frankreichs erklärt. Die Gesetze und Verordnungen der Republik sollten aber erst dann zur Anwendung kommen, wenn die Regierung den Zeitpunkt für gekommen erachtete, und nur aufgrund von besonderen Entschließungen.

Der Friede von Lunéville (9. Febr. 1801) und seine Folgen

Da die Rheinländer nunmehr Franzosen geworden waren, forderte der Erste Konsul am 19. Juli 1801 die Präfekten der vier Departements auf, die Maires für einen Tag im Thermidor (Juli/August) zusammenzurufen und von ihnen im Namen der Einwohner den Treueid auf die Republik entgegenzunehmen. Dieser Eid lautete in deutscher Übersetzung wie folgt:

> „Wir geloben Treue der fränkischen Republik, dieweil wir durch den Vertrag von Lüneville aller Eide und Pflichten gegen jeglichen ausländischen Lehensherrn, Fürsten oder Souverän entladen sind und uns als entladen erkennen; geloben, mit denselben weder direkt noch indirekt irgend ein Verhältnis von Unterthanschaft zu unterhalten; geloben der Republik, alle diejenigen für unsere Feinde anzusehen, die sie als solche erklärt hat; mit denselben kein Einverständnis zu haben, auch keine Hilfe und Begünstigung weder direkt noch indirekt ihnen angedeihen zu lassen; sondern vielmehr, die Regierung von allen Einverständnissen, Schleichwegen, Intriken und Unternehmungen, die dem Besten der Republik zuwiderlaufen könnten, zu benachrichtigen, mit allen unsern Mitteln zu ihrer Verteidigung mitzuwirken, und gegen sie die Pflichten biederer und getreuer Franken zu erfüllen"[2].

Die endgültige Gleichstellung der vier rheinischen Departements mit Altfrankreich erfolgte mit der Einführung der französischen Verfassung des Jahres VIII [1799] am 23. September 1802. Damit erlosch auch die Institution des Generalkommissars als letztes Zeichen einer Sonderstellung der vier Departements.

Die Frage, ob aus Rheinländern gute Franzosen werden könnten, beurteilte der Aachener Stadtkommandant Jean Vienné in einem Bericht an den Innenminister vom 24. Februar 1801 recht zuversichtlich[3]. Voraussetzung sei, so betont auch er, daß den Einwohnern der vier Departements mit Offenheit, Ehrlichkeit, Freundlichkeit (douceur) und Gerechtigkeit begegnet werde. Der Friede werde dem Land seinen früheren Glanz zurückgeben. Kurzum: "L'espèce des hommes est belle et fortement constituée; nourris et animés de bons principes, ils feront sans peine avec nous une famille de frères". Der Wandel in der Stimmung der Bevölkerung vollzog sich jedoch nicht so rasch wie erhofft. Noch im November 1801 schrieb der Verfasser der Aachener Annalen:

> „Nov. 9. Montags ist hier das Friedens-Feste [gemeint ist der Präliminarfriede zwischen Frankreich und England] mit folgender Feyer begangen worden. Nach Läutung der Glocken ward von dem Praefect-Rath Jacobi auf der Kanzley des Gemeinde-

Hauses eine passende Rede gehalten, bey Endigung derselben nahm er samt der Franz. Stadt-Commendant und der Stadt-Secretair ihre Hüthe und riefen Vive la République, aber kein Bürger rückte den seinigen, wodurch sie schamroth wurden" [4]).

Abschluß des Konkordats (Sept. 1801) und Ende der religiösen Bedrückungen

Der Weg zu einer inneren Annäherung zwischen den Rheinländern und ihrem neuen Staat wurde erst durch den Abschluß des Konkordats zwischen dem Papst und dem Ersten Konsul am 10. September 1801 geebnet. Das Konkordat wurde am 8. April 1802 verkündet und trat in den vier rheinischen Departementen am 4. Mai 1802 in Kraft. Daß der Papst sich herabließ, mit dem Oberhaupt der französischen Republik ein Konkordat zu schließen, war ein revolutionäres Ereignis in der Politik des Heiligen Stuhls, denn er stellte den Ersten Konsul mit den allerchristlichen Königen auf eine Stufe. Dieses Anerkenntnis beeinflußte die Haltung der Rheinländer gegenüber Napoleon positiv. Wichtiger aber war das Konkordat selbst, das der römisch-katholischen Kirche das Recht zur freien Religionsausübung zurückgab, wenn auch mit der Einschränkung, daß Staatsinteressen nicht verletzt werden dürften.

Errichtung des Aachener Bistums

Ein weiterer Schritt, der geeignet war, die Ereignisse der 90er Jahre vergessen zu machen, war die am 10. April 1802 ausgesprochene Erhebung Aachens zu einem selbständigen Bistum und die Bestätigung des von Napoleon ernannten ersten Bischofs Marc Antoine Berdolet durch den Papst am 30. Mai 1802. Berdolet verstand es, sich nach und nach das Vertrauen der Gläubigen zu erwerben und ihre Herzen auch dem Ersten Konsul und späteren Kaiser zu öffnen. Indem er Napoleon als den Wiederhersteller der Religion kritiklos verehrte und die Schattenseiten der neuen Regierung nicht erkannte, wurde er zu einem willfährigen Werkzeug napoleonischer Politik. Er entsprach damit voll den Erwartungen, die Napoleon an die Spitzen des katholischen wie des protestantischen Kultus stellte: Als Verwalter der Religion sollten sie die religiösen Kräfte und Bedürfnisse der Massen in überschaubare Bahnen lenken und die Gläubigen zur Unterwerfung unter die soziale und staatliche Ordnung erziehen. Wie dem auch sei, das Ende der Bedrückungen auf religiösem Gebiet war unverkennbar, und die Bevölkerung, welche ihrem Glauben in – wie die Republikaner glaubten: fanatischem – Eifer anhing, wußte dies zu schätzen. Daß es Napoleon gelang, den preußischen König zur Freigabe des 1794 nach Paderborn geflüchteten Münsterschatzes – mit Ausnahme der sog. drei Reichskleinodien – zu bewegen, der dann am 22. Juni 1804 feierlich nach Aachen eingeholt und bei der im Juli erstmals seit 1790 wieder stattfindenden Heiligtumsfahrt gezeigt werden konnte [5]), stärkte das Vertrauen in das neue politische System und hob das Ansehen des Bischofs.

Eine Blütezeit beginnt

Für eine weitere Verbesserung des Verhältnisses zwischen der Bevölkerung und dem französischen Staat sorgte in den folgenden Jahren die lang ersehnte Wiederherstellung von Recht und Ordnung, welche durch eine straff organisierte Verwaltung und Polizei, ein klares, geschriebenes Recht und ein überschaubar gegliedertes Gerichtswesen gewährleistet wurde. Auch begünstigte die Förderung von Verkehr, Handel und Gewerbe eine positivere Einstellung zum neuen Staat, denn Aachen profitierte von dieser Entwicklung in besonderer Weise. Dies wußte vor allem das Wirtschaftsbürgertum zu schätzen, das seine anfänglich reservierte Haltung mehrheitlich aufgab, zumal das napoleonische Herrschaftssystem mit seiner Bevorzugung der „Notablen" ihr soziales Ansehen im Staate noch erhöhte.

Unter den veränderten Bedingungen ging die Basis für die in reichsstädtischer Zeit üblichen Parteienkämpfe verloren, und auch die republikanisch gesinnten Kreise sollten unter dem Konsulat und im Kaiserreich ihren Einfluß wieder verlieren [6]). Die Bevölkerung ihrerseits unterstrich in den Kantonalratswahlen des Jahres 1803, bei denen jeder Bürger über 21 Jahre wählen durfte, daß sie den alten Parteienstreit abgeschlossen sehen wollte. Aufgabe der Kantonalratsversammlungen war es unter anderem, je zwei Kandidaten für den Munizipalrat zu wählen, jenes 30köpfige Gremium, aus dem dann die Regierung in Paris den Maire und die Adjunkten ernannte. Wählbar waren nur solche Personen, die auf der Liste der 100 Meistbesteuerten der Stadt standen. Die Aachener Wähler entschieden sich nun 1803 für solche Personen, die den Parteikämpfen der letzten Jahrzehnte ferngestanden hatten, und die über ein hohes Ansehen verfügten. Ein konservativer Zug ist dabei unverkennbar, denn gewählt wurden vornehmlich Mitglieder der ehemaligen Sternzunft, Angehörige adliger Familien und reicher Ratsfamilien sowie vermögende Kaufleute.

Neuerungen gab es aber nicht nur in den Führungspositionen der Verwaltung; die Stadt als ganzes wurde von den Veränderungen der Zeit erfaßt. Dafür sorgte schon die Regierung in Paris, die Aachen als Stadt Karls d.Gr., als bevölkerungsreichem Ort an der Straße von Paris über Lüttich an den Rhein, als Verwaltungsmittelpunkt des Roerdepartements, als traditionell bedeutendem Wirtschafts- und Gewerbestandort und als Kur- und Badeort ihre volle Aufmerksamkeit zuwandte.

Napoleon war am 2. August 1802 zum Konsul auf Lebenszeit gewählt worden. Knapp zwei Jahre später, am 18. Mai 1804, wurde die Erblichkeit der Kaiserwürde im Hause Bonaparte proklamiert. Beiden Ereignissen war eine sog. Volksbefragung vorangegangen. 1802 hatte die rheinische Bevölkerung, wenn nicht mit Ablehnung, so doch mit Desinteresse reagiert. In Aachen votierten damals nur 20 Prozent der Stimmberechtigten mit Ja, die große Mehrheit enthielt sich der Stimme. Offenbar wollten die Nichtwähler erst einmal die weitere Entwicklung abwarten und beobachten, ob sich der Trend zu einer dauerhaften Besserung der Verhältnisse fortsetzen würde. Im Jahre 1804 lag die Wahlbeteiligung in Aachen zwar bei 82 Prozent, aber nur deshalb, weil der Präfekt den Maire angewiesen hatte, Polizeibeamte zum Einsammeln der Stimmen auszuschicken.

Proklamation Napoleons zum Kaiser, Mai 1804

Die Wahl Napoleons zum Konsul auf Lebenszeit war in Aachen am 15. August 1802 von Bischof Berdolet mit einem Hochamt zelebriert worden[7]. Die Feierlichkeiten zur Proklamation des erblichen Kaisertums fanden in Aachen während der letzten beiden Mai-Wochen des Jahres 1804 statt[8]. Am 31. Mai legte das in Aachen stationierte Jägerregiment zu Pferd auf dem Seilgrabendriesch den Treueid auf den Kaiser ab, am 6. Juni folgten die Zivilbeamten und Richter, welche ihren Schwur im Dom leisteten.

Zur wundersamen Wandlung der Republik in ein Kaiserreich kursierte damals in Aachen ein Spottgedicht sowohl in französischer wie auch – etwas deutlicher werdend – in deutscher Sprache[9]:

*„Faite sur l'Enterrement de la
très haute et puissante
citoyenne République française
une et indivisible.*

*Partisans de la république
grands raisonneurs en politique,
dont je partage la Douleur
venez assister en famille
au grand Convoi de votre fille
morte en couche d'un empereur
L'indivisible citoyenne
qui ne devoit jamais perire
n'a pu supporter sans mourir
l'opération césarienne.
Au reste .. Vous n'y perdez rien
O vous! que cette alli dant touche
Car si la mère est morte en couche
l'enfant du moins se porte bien".*

Die zeitgenössische deutsche Version
des Spottgedichts lautete:

*„Republikaner, Freiheitsbrüder
Sprecht immer nur von Politik,
Beweint mit mir das grosse Missgeschick,
Und singt für eure Tochter Trauerlieder.
Kommt seht zu und klaget insgesammt,
Dass sie uns untreu ward,
Den Kaiser uns geboren
Ob sie gleich vorhin frei
Und unzertheilbar war.
Wir halten ihr zuletzt
Doch noch ein Leichenamt.
Sie sollte zwar so lang
Als uns're Welt bestehen.
Doch bei dem Kaiserschnitt
Sehn wir sie untergehen.
Es ist zum Glück nicht viel für uns verloren,
Stark bleibt die Republik*

> *Der Kaiser ist geboren.*
> *Wenn bei der Niederkunft*
> *Ihr stiess ein Unfall zu,*
> *So ist ihr Kind doch wohl*
> *Und schwebt in guter Ruh".*

Napoleon und Karl der Große

Die neue Dynastie brauchte zur Stabilisierung ihrer Herrschaft eine historische Dimension ihres Kaisertums. Napoleon griff dabei auf antike Vorbilder und die Idee von der Wiederherstellung des Reiches Karls d. Gr. zurück, als dessen Nachfolger er sich künftig betrachtete. Auch sein Herrschaftsbereich, der 1804 immerhin schon bis an den Rhein und nach Norditalien reichte, sowie seine im Konkordat geknüpften Beziehungen zum Papst ließen durchaus Erinnerungen an das Karolingerreich wach werden. Papst Pius VII. wies auf Parallelen hin; ein gefährlicher Schritt, der es Napoleon nach der Annahme der italienischen Königskrone am 17. März 1805 leicht machte, den Anspruch zu erheben, „der oberste Lehnsherr Roms zu sein, der das Recht habe, die Konstantinische Schenkung jederzeit wieder rückgängig zu machen" [10]). Margot Lührs schrieb dazu mit Blick auf die Krönung Napoleons zum Kaiser der Franzosen am 2. Dezember 1804:

> *„Als dann der Papst Napoleons Krone den christlichen Glorienschein und die allerhöchste Sanktion verlieh, und nachdem die Krönungsfeierlichkeiten mit sakralem Pomp vorübergezogen waren, wurde die Analogie unwiderstehlich. Im Jahre 1805 endlich, als Napoleon sich in Mailand die eiserne Langobardenkrone aufs Haupt setzte, ... in diesem Augenblick wies seine Verwandtschaft mit Karl dem Großen in der von einer überwältigenden Fülle historischer Erinnerungen entflammten Einbildungskraft der beiden lateinischen Völker [Frankreich und Italien] keine Lücke mehr auf"* [11]).

So konnte Napoleon in einem Schreiben an seinen Onkel Kardinal Fesch am 7. Januar 1806 schreiben [in Übersetzung]:

> *„Für den Papst bin ich Karl der Große ... Ich verlange daher, daß man sein Benehmen gegen mich nach diesem Gesichtspunkte richte!"* [12]).

Auch gegenüber Papst Pius VII. behauptete er am 13. Februar 1806, der neue Karl der Große zu sein [13]). Aus diesem Grunde hatte Napoleon – wenn auch vergeblich – im Frühjahr 1804 in Wien die Auslieferung der drei Reichskleinodien (Stephansburse, Johannesevangeliar und sog. Säbel Karls d.Gr.) gefordert, von denen man allgemein glaubte, sie stammten aus dem Grabe Karls d.Gr. [14]). Sie gehörten zu dem 1794 nach Paderborn geflüchteten Schatz des Aachener Marienstifts, waren diesem aber im Jahre 1801 entnommen und nach Wien verbracht worden. Das Journal de Paris vom 21. Mai 1804 meldete dazu:

> *„Es gibt in Europa nur eine Hand, die fähig ist, den Säbel Karls des Großen zu tragen, die Hand Bonapartes des Großen"* [15]).

Napoleonkult in Aachen

Auch im Rheinland und speziell in Aachen fand diese Sicht der Dinge ihre Anhänger. Es war Napoleon selbst, der sie in Aachen besonders förderte, indem er die Stadt zum Mittelpunkt eines eigenen Bistums erhob, die Feier des Karlsfestes, die in republikanischer Zeit verboten blieb, nicht nur erlaubte, sondern anordnete, und der Stadt im September 1804, der Zeit zwischen seiner Proklamation zum Kaiser (1804 Mai 18) und der Krönung (1804 Dez. 2), seine Aufwartung machte, gleichsam als wolle er durch den Besuch der Kirche, des Thrones und des Grabes Karls d.Gr. seine Herrschaft legitimieren. In Aachen gehegte Hoffnungen, die Stadt könnte zum Krönungsort der neuen Dynastie avancieren, wie sie in der Zeitung "Aachner Merkur" vom 21. Mai 1804 artikuliert worden waren, erfüllten sich jedoch nicht. Die Idee vom wiedererstandenen Reich Karls d.Gr. wurde in der Folgezeit nicht nur von Napoleon selbst wacherhalten, sondern auch von den staatlichen Stellen propagiert, so daß sie mehr und mehr ins Bewußtsein der Bevölkerung drang. Die Folge war, daß bei feierlichen Anlässen immer aufs neue Parallelen zwischen Napoleon und Karl d.Gr. aufgezeigt wurden und Schriften und Lobreden sich übertrafen. So entwickelte sich – wie in Altfrankreich – auch im Rheinland ein regelrechter Napoleonkult [16]. Alles, was geeignet war, Parallelen zwischen den beiden Kaisern aufzuzeigen, wurde gesammelt, um es bei Gelegenheit propagandistisch auszuwerten. So sandte etwa der Präfekt Ladoucette am 20. Februar 1810 einen Artikel aus der in Aachen erscheinenden "Gazette universelle/Allgemeine Zeitung" vom 16ten des Monats an den Innenminister mit dem Bemerken: „J'ai pensé que ce rapprochement de Charlemagne et de Napoléon pouvait vous paraître de quelqu' intérêt" [17]. Der Artikel machte auf eine „Prophetie" Herders aufmerksam. Dieser hatte nämlich im vierten Teil seiner „Ideen zur Philosophie der Geschichte der Menschheit" aus dem Jahre 1791 geschrieben:

> *„Ruhe also wohl, großer König, [gemeint ist Karl d.Gr.] zu groß für Deine Nachfolger auf lange Zeiten. Ein Jahrtausend ist verflossen, und noch sind der Rhein und die Donau nicht zusammengegraben, wo Du, rüstiger Mann, zu einem kleinen Zwecke schon Hand ans Werk legtest. Für Erziehung und Wissenschaften stiftetest Du in Deiner barbarischen Zeit Institute; die Folgezeit hat sie gemißbraucht und mißbrauchet sie noch. Göttliche Gesetze sind Deine Capitulare gegen so manche Reichssatzungen späterer Zeiten. Du sammletest die Barden der Vorwelt; Dein Sohn Ludwig verachtete und verkaufte sie; er vernichtete damit ihr Andenken auf ewig. Du liebtest die deutsche Sprache und bildetest sie selbst aus, wie Du es thun konntest, sammletest Gelehrte um Dich aus den fernsten Ländern; ... nichts war Dir mehr als Unwissenheit, satte Barbarei und träger Stolz zuwider. Vielleicht erscheinst Du im Jahr 1800 wieder, und änderst die Maschine, die im Jahr 800 begann!"* [18].

In Aachen nahm man schon deswegen gerne Anteil an der Napoleonverehrung, weil auf diese Weise – nach den Jahren des Verbots – die Erinnerung an Karl d.Gr., dem die Stadt während der vergangenen Jahrhunderte ihr besonderes Ansehen verdankt hatte, wachgerufen werden konnte. Sein Fest fand bei der Bevölkerung im allgemeinen größere Beachtung als das des heiligen Napoleon, welches der Kaiser Napoleon seit dem Jahre 1806 mit Genehmigung des Kardinallegaten Caprara jeweils am 15. August begehen ließ. Der heilige Neopolis, Neopolus, Napoleo war während der letzten Christenverfolgung unter dem römischen Kaiser Diokletian (284-305) in Ägypten den Märtyrertod gestorben. Auf Anordnung Bischof Berdolets war der Festtag des Heiligen erstmals am 15. August 1802 gefeiert worden; endgültig eingeführt wurde er aber erst mit kaiserlichem Dekret vom 19. Februar 1806. Der 15. August empfahl sich deshalb als Fest des Heiligen, weil Napoleon an diesem Tag geboren, das Konkordat mit der katholischen Kirche ratifiziert worden war und der Senat die lebenslange Dauer des Konsulats Napoleons erklärt hatte. Zudem fiel der Tag mit dem Fest Mariä Himmelfahrt zusammen [19].
Von Napoleons Wertschätzung für Aachens große Vergangenheit erhoffte sich die Stadt reale Vorteile. Dem Besuch des Ersten Konsuls, den der Präfekt Méchin Ende April 1803 ankündigte [20], maß man daher besondere Bedeutung bei. Im Mai bereiste in Napoleons Auftrag der General Lagrange die Rheinlande, mit dem offiziellen Auftrag zur Inspektion der Gendarmerie, in Wahrheit aber, um für die Reise Napoleons Daten und Informationen über die Zustände im Rheinland und über führende Persönlichkeiten zu sammeln [21]. Napoleon hatte seine Reise für die Zeit zwischen dem 24. Juli

Die Kaiserin Josephine in Aachen, 27. Juli – 12. Sept. 1804

und dem 13. August geplant, verschob sie allerdings wegen der sommerlichen Hitze und aus terminlichen Gründen auf einen späteren Zeitpunkt.

Noch bevor er seine Absicht in die Tat umsetzte, reiste seine Gemahlin Josephine zu einer Badekur nach Aachen. Sie war die Witwe des während der Revolution hingerichteten Vicomte Alexandre de Beauharnais und hatte Napoleon am 9. März 1796 geheiratet. Die Marquise de Rémusat gab über sie im Jahre 1793 dieses Urteil ab:

> *"Ohne gerade hübsch zu sein, hatte ihre ganze Person doch einen besonderen Reiz. In ihren Zügen war Feinheit und Harmonie, ihr Blick sanft, ihr sehr kleiner Mund wußte schadhafte Zähne geschickt zu verbergen, ihre bräunliche Gesichtsfarbe milderte sich unter der roten und weißen Schminke, die sie mit Talent verwendete, ihr Wuchs war tadellos, all ihre Gliedmaßen edel und zart, die geringste ihrer Bewegungen leicht und elegant. Sie war keine Frau von allzuviel Geist. Sie war Kreolin, sehr kokett, und ihre Bildung recht vernachlässigt. Aber sie wußte, was ihr abging und kompromittierte sich nicht in ihrem Gespräch. Sie besaß einen feinen Takt und verstand es gut, den Leuten angenehme Dinge zu sagen. Leider fehlte es ihr an Ernst der Empfindung und wahrer Seelengröße"* [22]).

Josephine war am 22. Juli von Paris nach Lüttich abgereist, wo sie das Ende der in diesem Jahre erstmals seit 1790 wieder gefeierten Heiligtumsfahrt (10.-24. Juli) abwartete [23]). Am 27. Juli wurde sie um 17 Uhr an der Lütticher Landstraße bei Bildchen, an der Grenze des Roerdepartements, feierlich vom Präfekten Méchin, von Bischof Berdolet und anderen empfangen und nach Aachen geleitet. Dort ereignete sich das Mißgeschick, daß die Kutsche nicht protokollgemäß zum Markt fuhr, wo der Maire Kolb, der Gemeinderat, die Geistlichkeit und die eigens für den Dienst bei der Kaiserin gebildete Ehrengarde zur Begrüßung bereitstanden, sondern den Weg direkt zum Jacobi'schen Haus am heutigen Kapuzinergraben nahm, das Napoleon seiner Gemahlin gekauft hatte. Dieses Haus entsprach allerdings nicht ihren Bedürfnissen, weshalb sie auf Einladung Méchins in dessen Wohnung in der Alexanderstraße Quartier nahm [24]).

Die Ehrengarde war aus den honorigsten Notablen der Stadt gebildet worden und stand unter dem Kommando des Tuchfabrikanten Joseph v. Fürth. Die Garde hatte sogar eine eigene Uniform erhalten: grüner Rock mit schwarzen Aufschlägen, Pantalons, gelbe Weste und Husarenstiefel, auf der Brust ein Band von blauer Seide, das die Namenschiffre Napoleons und der Kaiserin in Gold enthielt [25]).

Der Maire Kolb holte am 29. Juli seine für den Empfang gedachte Begrüßungsrede nach, worin er Josephine als die Gemahlin des Helden feierte, der das Reich des Abendlandes wieder hergestellt habe. Er bat, sie möge der ehemaligen Hauptstadt dieses alten Kaisertums, der Stadt Aachen, ihren Schutz gewähren [26]). Zugleich ersuchte er sie um ihre Fürsprache beim Kaiser, damit der Stadt Aachen, welche durch Konsularbeschluß zum 23. September den Status eines "place de guerre" verlieren sollte, die äußeren Gräben und Befestigungen als Gemeindeeigentum übertragen würden [27]). Außerdem bat er unter Hinweis auf die desolate Finanzlage der Stadt um Unterstützung bei der Verschönerung der Bäder, Thermalquellen und der übrigen öffentlichen Gebäude. Ferner äußerte er den aus der Geschichte begründeten Wunsch nach einem kaiserlichen Palast in Aachen:

> *"Die alte Hauptstadt des Occidents, die in der erhabenen Person des Kaisers Karl des Großen ihren Gründer verehrt, wagt ihr Wiederaufblühen und die Wiederherstellung ihres alten Ruhms unter der Herrschaft des großen Erneuerers des Kaiserreichs zu erhoffen, der, indem er über seine äußeren Feinde triumphierte und die Hydra der Parteien vernichtete, der würdigste Nachfolger des ersten Kaisers von Frankreich geworden ist.*

Der einstmals berühmte Palast Kaiser Karls ist die Beute der Jahrhunderte geworden, und wir können nicht einmal mehr dessen Trümmer verehren.
Aber die Residenz Karls des Großen wagt jetzt, ebenso so stolze Hoffnungen zu schöpfen, sie wagt, vor den Thron Eurer Kaiserlichen Majestät die Wünsche zu bringen, daß in ihren Mauern ein kaiserlicher Palast, der die nötige Ausdehnung für seinen großen Zweck hat, zu legen, indem sie die schönen und ausgedehnten Bauplätze, die das Grundstück umgeben, mit einer Anzahl benachbarter Häuser vereinigt.
Nur im Hinblick auf unseren großen und erhabenen Gründer wagen wir unsere demütige Bitte vor den kaiserlichen Thron zu bringen.
Welche neue Quelle des Glückes wäre es für unsere Stadt, wenn Eure Kaiserliche Majestät geruhen würde, sie gnädig aufzunehmen.
Der Große Napoleon würde den Ruhm der alten Hauptstadt Karls des Großen erneuern, und wenn er geruhen würde, als Ersatz für die Statue unseres Gründers, welche die Hauptstadt schmücken wird, uns gnädigst die kaiserliche Statue zu bewilligen, um oben auf dem schönen Brunnen an die Stelle der unseres erhabenen Gründers zu treten, so würden alle teuersten Wünsche unserer Herzen erhört sein und, indem sie den Erneuerer unseres Glückes segnen, könnten unsere treuen Herzen unsere ewige Dankbarkeit und Ergebenheit empfinden, aber es würde ihnen nicht gelingen, sie in Worte zu kleiden" [28]).

Während die ersten beiden Bitten Gehör fanden, wurde der Vorschlag zum Bau eines kaiserlichen Palastes und zur Aufstellung einer Statue Napoleons auf dem Marktbrunnen nicht aufgegriffen.

Josephine absolvierte neben ihrer Kur, in der sie der Badearzt Dr. Gerhard Reumont betreute, ein umfangreiches Programm. Am 29. Juli empfing sie Bischof Berdolet und eine Deputation des Domkapitels. Einen Tag später unternahm sie mit kleinem Gefolge von der Ketschenburg aus einen Spaziergang zur Frankenburg und nach Burtscheid, wo sie die warmen Weiher und die Thermalquellen wie auch die Nadelfabrik der Gebrüder Pastor besichtigte. Die Burtscheider durften sich ihr ungehindert nähern, und die Begeisterung war groß. Um 15 Uhr kehrte sie nach Aachen zurück. Am 3. August besuchte sie Gut Kalkofen, welches damals der Familie Claus gehörte. Ferner besichtigte sie die Hauptquelle des Aachener Thermalwassers. Am 4. August begab sie sich nach Vaals, wo sie die Clermontsche Tuchfabrik in Augenschein nahm. Einen Tag später besuchte sie "unser deutsches Schauspielhaus, wo, auf Begehren, Figaros Hochzeit und das am verflossenen Sonntage gegebene Kinderballet von der Böhmischen [Theater-]Gesellschaft aufgeführt ward" [29]). Am 6. und 7. August gab sie Audienzen für die Damen der Verwaltungsbeamten, die wichtigeren Kaufleute und die herausragenden Persönlichkeiten der Stadt. Am 9. August begutachtete sie die Tuchfabrik des Ignaz van Houtem in Aachen. Am 10. August empfing sie den Bischof in Privataudienz. Am folgenden Tag stand eine Theateraufführung auf dem Programm, bei dem Komödianten aus Paris ein Couplet sangen, in dem es unter anderem hieß:

> „*Cette ville déjà s'honore*
> *De son séjour, de ses bienfaits,*
> *La langue est peu française encore,*
> *Mais tous les cœurs y sont français*" [30]).

Von hervorragender Bedeutung war der Besuch Josephines am 1. August in der Schatzkammer des früheren Marien-, nunmehrigen Domstifts. Der 1794 nach Paderborn geflüchtete Domschatz war unter Vermittlung Bischof Berdolets und Napoleons selbst – mit Ausnahme der sog. Reichskleinodien (Evangeliar, Stephansburse und sog. Säbel Karls d.Gr.) – am 22. Juni 1804 nach Aachen zurückgekehrt. Aus diesem Schatz überreichte ihr der Bischof unter größter Geheimhaltung mehrere kostbare Gegenstände als Geschenke, darunter das Armreliquiar Karls d.Gr., ein Stück des Lendentuchs und der Windeln Christi, ein Stück eines Gewandes der Jungfrau Maria, ein Stück vom Leichentuch Johannes des Täufers, sowie der sog. Talisman Karls d.Gr., ein Medaillon mit Haaren der Jungfrau Maria, das Karl d.Gr. im Grabe um den Hals getragen haben soll [31]. Von Josephine haben sich diese Objekte auf ihre Kinder aus erster Ehe, ihre Tochter Königin Hortense von Holland und ihren Sohn, den Vizekönig von Italien, und deren Nachkommen, Kaiser Napoleon III. bzw. die Herzöge von Leuchtenberg, vererbt. Das Armreliquiar wird heute im Musée du Louvre in Paris, der Talisman in der Schatzkammer der Kathedrale von Reims verwahrt. Bei ihrem Besuch in der Schatzkammer wurde der Kaiserin auch das 1941 bei einem Bombenangriff verloren gegangene Kästchen "Noli me tangere" (Rühr mich nicht an) vorgeführt [32], das verschiedene kleinere Reliquien enthielt und dessen Eigenart darin bestand, daß es wegen eines verborgenen Schließ- und Öffnungsmechanismus' nicht auf übliche Art zu öffnen war. Nach eher scheinbaren Versuchen, das Kästchen in Gegenwart der Kaiserin zu öffnen, gab Bischof Berdolet es in Josephines Hände. Sogleich sprang es auf, und die Verblüffung war groß. Die Besonderheit des Besuches der Kaiserin war damit aller Welt vor Augen geführt und die Visite im Dom unauslöschlich der Kaiserin ins Gedächtnis geschrieben.

Am 12. August nahm Josephine an der Feier des Karlsfestes teil, das damals erstmals seit zehn Jahren wieder stattfand, und auf das Napoleon aus politischen Gründen großen Wert legte. Das Fest war von Napoleon vom traditionellen 28. Januar auf den 27. Juli, den Tag der „Translatio Karoli imperatoris" verlegt worden. Damit Josephine, die ja erst am späten Nachmittag des 27. Juli in Aachen eintraf, das Karlsfest miterleben konnte, war es für dieses Mal auf den 12. August verschoben worden [33]. Die Festpredigt des Aachener Domkanonikers Gauzargues verglich Napoleon mit Karl d.Gr. und gipfelte in dem Satz, Napoleon sei der gottbegnadete Nachfolger Karls [34]. Am Abend des 15. August, dem Fest Mariä Himmelfahrt, wohnte Josephine im Dom einer Meßfeier anläßlich des Geburtstages ihres Gemahls bei. Zu diesem Anlaß überreichte sie dem Präfekten Méchin, Bischof Berdolet, dem Aachener Stadtkommandanten Oberst Vienné und anderen den von Napoleon am 19. Mai 1802 gestifteten Orden der Ehrenlegion [35]. Am Nachmittag des folgenden Tages hatte Josephine in Begleitung des Bischofs, des Präfekten und des Präsidenten des Aachener Wohltätigkeitsbüros das Elisabethspital am heutigen Münsterplatz, das Marienspital in der Jakobstraße und das sog. Atelier de charité, das Werk- und Arbeitshaus in der Pontstraße, besichtigt. Dabei hatte sie das Atelier de charité in ihren Schutz genommen und in den Namen „Josephinisches Institut" eingewilligt [36]. Am 20. August stellte sie dem Präfekten eine Geldsumme von 16 500 Francs zur Verteilung unter die Hospizien und Ateliers de charité der Städte Köln und Aachen zur Verfügung [37]. Durch solche Gesten und ihr freundliches Wesen gewann Josephine die Herzen der Aachener. Napoleons Ausspruch "Ich gewinne Schlachten, Josephine gewinnt Herzen" [38] bewahrheitete sich auch hier. Der Boden für den Besuch des Kaisers war somit gut vorbereitet.

Napoleon in Aachen, 2.–11. Sept. 1804

Napoleon war durch seine Kundschafter, die er seit dem Frühjahr 1804 erneut in die Rheinlande entsandt hatte, über die örtlichen Gegebenheiten wohl unterrichtet [39]. Am 2. September erreichte er von Boulogne her kommend die Grenze des Roerdepartements. Seit 7 Uhr morgens war er hier vom Präfekten Méchin, Generälen und hohen Beamten erwartet worden [40]. Er verspätete sich jedoch bis 17 Uhr. Mit ihm reisten sein Stiefsohn Eugène Beauharnais und der Außenminister Talleyrand. Der Präfekt hielt seine Begrüßungsrede, in der er die Verbindung zwischen dem Kaisertum Karls d.Gr. und Napoleons zog und auf die besondere Bedeutung Aachens hinwies. Der Aachener Merkur gab sie wie folgt wieder:

„Kommen Sie, Sire, kommen Sie, das Land zu besichtigen, welches so lange der Kriegsschauplatz gewesen ist. Die erste Stadt, welche Ihnen ihre Pforten öffnet, ist die alte Residenz der occidentalischen Kaiser. Sie hat keine Paläste, keine Marmorsteine, keinen Glanz und keine Meisterstücke der Kunst zu ihrer Zierde; allein sie glänzte 10 Jahrhunderte vom Ruhme ihres Stifters, und 10 neue Jahrhunderte des Glanzes werden ihr von dem Tage an erneuert, wo Ihre Kaiserl(iche) Maj(estät) sie mit ihrer Gegenwart beehrt haben... Die Aschen Karls werden wieder aufkeimen und seine große Seele in Napoleon leben"[41]).

Napoleon und sein Gefolge wurden anschließend feierlich bis zum Maastrichter Tor (Ponttor) geleitet, vor dem ein Triumphbogen nach Plänen und Ideen des Kölners Ferdinand Franz Wallraf (1748-1824) errichtet worden war, auf dessen Spitze eine Büste Napoleons ruhte. Darunter spielte eine Inschrift VAINQUEUR ET PACIFICATEUR (Sieger und Friedensstifter) propagandistisch darauf an, daß es Napoleon war, der nach einer Zeit der Wirren dem Land und seinen Bewohnern äußeren und inneren Frieden gebracht hatte. Ein flaches Relief auf dem Triumphbogen stellte den Genius der Stadt Aachen dar, wie er neben den Namen Carolus Magnus den Namen des Kaisers Napoleon schrieb. Vor dem Tor war Napoleon vom Maire Kolb und dessen Adjunkten erwartet worden. Der Maire hielt seine Rede und überreichte Napoleon – wie vom Protokoll vorgesehen [42]) – als Zeichen der Untertänigkeit und des Gehorsams die Stadtschlüssel, die dieser allerdings zurückreichte mit dem Bemerken: "Sie sind in guten Händen, verwahren Sie dieselben immer so, wie Sie sie bewahrt haben". Die Straßen der Stadt waren feierlich geschmückt. In den Hauptpforten der Kirchen, die Napoleon auf dem Weg zur Präfektur passieren mußte, standen protokollgemäß die Pfarrer und Hilfsgeistlichen und erwiesen, in ihre geistlichen Gewänder gekleidet, dem Kaiser Ehre. Vor der Präfektur, dem späteren Gasthof zur Kaiserlichen Krone in der Alexanderstraße, wo Napoleon sein Quartier nahm, hatten sich die Vertreter der weltlichen und geistlichen Behörden eingefunden. Bei der Aachener Bevölkerung hinterließ vor allem der Leibwächter Napoleons, der Mameluk Roustam mit seinem auffallenden Kostüm, zu dem ein Barett aus farbigem Samt mit goldener Agraffe und Federstutz sowie ein in türkischer Art aufgezäumtes Pferd zählte, einen nachhaltigen Eindruck. Am Abend des 2. September erstrahlte das Rathaus im Fackelschein und erhellte die an der Fassade angebrachten Sinnsprüche [in Übersetzung]: „Religion, Sitten, Künste, Handel, Gesetze blühen unter dem Schutze des großmütigen Napoleon" und „Pippins großer Sohn war Gründer dieser Stadt. – Der noch größere Napoleon beschützt, verschönert, liebt sie"[43]).

Napoleon nahm wie Josephine beim Präfekten Quartier, wo er in den folgenden Tagen im sog. Kaiserzimmer, das die Stadt für 2 790 Francs hatte herrichten lassen, mehrfach Audienz gab. Bereits am folgenden Tage empfing er Bischof Berdolet sowie verschiedene Diplomaten, Militär- und Zivilpersonen. Unter ihnen befanden sich die Gesandten von Portugal und Neapel, welche im Namen ihrer Souveräne die Anerkennung der Kaiserwürde Napoleons überbrachten. Graf Cobenzl empfing hier von französischer Seite sein Anerkenntnisschreiben als Gesandter Kaiser Franz' I. von Österreich. Der römisch-deutsche Kaiser Franz II. hatte nämlich angesichts des sich ständig vergrößernden Einflußbereichs Napoleons innerhalb des Heiligen Römischen Reiches, besonders bei den süddeutschen Fürsten, und in Voraussicht der baldigen Auflösung des Reiches am 10. August 1804 den Titel eines Kaisers von Österreich angenommen, um so – nach Auflösung des Reichsverbandes – protokollarisch auf einer Ebene mit dem Kaiser der Franzosen und dem Zaren von Rußland verkehren zu können. Er hatte damit selbst gegen die alte Reichsverfassung verstoßen. Wenn Napoleon Graf Cobenzl ausgerechnet nach Aachen, der ursprünglichen Krönungsstätte der römisch-deutschen Könige, bestellte, war dies ein Schlag ins Gesicht Franz' II.. Napoleon hatte sich in der Frage der gegenseitigen Anerkennung der Kaisertitel am 25. August 1804 gegenüber seinem Außenminister Talleyrand wie folgt geäußert:

> *„Meine Absicht ist es, gegenüber dem deutschen Kaiser nicht im geringsten nachzugeben. Ich werde ihn als Kaiser von Österreich anerkennen, aber es ist klar, daß er mich zuerst anerkennt. Aachen ist der Ort, der am geeignetsten ist, Graf Cobenzl zu empfangen... Es wäre lächerlich, würde Frankreich, das heute der stärkere Teil ist, in seinen Vorrechten geschmälert"* [44]).

Hier in Aachen traf Napoleon auch Anordnungen für die Armee in Italien und für die Organisation der gegen England einzusetzenden Flotte und änderte die Verfassung der Batavischen Republik, indem er Rutger Graf Schimmelpenninck bis zur Königskrönung Louis Bonapartes zum vorläufigen Staatsoberhaupt bestimmte [45]).
Bei der Audienz vom 3. September unterstrich Bischof Berdolet in seiner Anrede gegenüber dem Kaiser die Zustimmung der Bevölkerung zur neuen Ordnung mit den Worten:

> *„Uebrigens werden Eure Maj. hier ein Vergnügen genießen, das Allerhöchst Ihrem Vaterherze das Theurste ist. Hier biethet sich Eurer Maj. ein merklicher Anwuchs zur grossen Familie des französischen Volkes dar, dessen harmonische Uebereinstimmung jener des innern Frankreichs auch nicht im Kleinsten nachsteht. Weit entfernt ist hier jeder Partheygeist, weit jede wieder die gegenwärtige Staatsverfassung sich empörende Grundsätze. Hier herrscht Einigkeit in der Kirche, Einigkeit in der bürgerlichen Gesellschaft. Alles ist Ruhe – Alles ist Friede, und Sire, den Rathschlüssen und Maßregeln Allerhöchst Ihrer Weisheit verdanken wir's, daß wir das sanfte und glorreiche Entzücken genießen, alle diese kostbare Vortheile aufzuzählen"* [46]).

Berdolet begrüßte vor allem den Frieden, der zwischen Staat und Kirche geschlossen war, und in dem er die Voraussetzung für eine gedeihliche Entwicklung der Nation erblickte. Dies kommt auch in einem Schreiben zum Ausdruck, das er und sein Domkapitel dem Kaiser überreichten. Darin hieß es unter anderem:

> *„Es ist Ihnen zu verdanken, daß das Kaiserreich und das Priesteramt zum Besten des Volkes in so schöner Harmonie miteinander auskommen. Das ist Eurer Weisheit zu verdanken... Wir zögern nicht, Ihnen bei Ihren Anstrengungen, das Glück der Nation zu suchen, beizustehen"* [47]).

Am 4. September nahm Napoleon zunächst eine Parade der in Aachen stationierten Truppen und der Ehrengarde ab, bevor er eine Deputation der angesehensten Fabrikanten und Kaufleute aus Aachen, Burtscheid, Monschau und Stolberg empfing, die ihm über Mißstände berichteten und ihre Wünsche zu erkennen gaben. Bei dieser Gelegenheit sagte er die baldige Einrichtung eines Handelsgerichts in Aachen zu. Anschließend empfing er den Maire Kolb mit seinen Adjunkten und hörte sich deren Vorschläge zur Verbesserung der Aachener Wirtschaft an. Über die Audienz des Maires besitzen wir einen Bericht einer ungenannten Palastdame, die Napoleon allerdings nicht sehr wohlgesonnen war. Sie schrieb [in Übersetzung]:

> *„Heute morgen hat Napoleon die Vertreter der Stadt empfangen; die aus der Audienz Heimkehrenden waren ganz 'überwältigt', sie waren aufs äußerste erstaunt.
> 'Welch ein Mann', sagte der Maire zu mir, 'ein Unikum, ein Universalgenie! Dieses Departement, das doch so weit von seiner Hauptstadt entfernt ist, kennt er besser, als wir selber! Über alle Kleinigkeiten weiß er Bescheid, die Erzeugnisse unserer Industrie kennt er ... erstaunlich, unfaßbar!'*

> *Ich mußte lachen und fühlte mich versucht, diesem wackern Manne, der seine Bewunderung offenbar durch die ganze Stadt tragen würde, zu bemerken, daß er doch seine Superlative beiseite lassen möchte: daß diese wunderbare, von Napoleon an den Tag gelegte Einsicht in alles eine Charlatanerie wäre, mit der er den großen Haufen blende und ihn sich fügsam mache. Napoleon läßt sich von Frankreich und den annektierten Departements die allergenauesten statistischen Berichte einreichen. Begibt er sich auf Reisen, so nimmt er diejenigen Hefte der Statistik zur Hand, welche die von ihm zu besuchende Gegend betreffen; eine Stunde vor Beginn der Audienz lernt er das Einschlägige auswendig. Tritt er auf, so sagt er das Erlernte her und es gewinnt den Anschein, als umfaßten seine Gedanken das ganze große Reich, welches er beherrscht – so werden die ihm Zuhörenden von Bewunderung hingerissen! Eine Stunde später weiß er kein Wort mehr von dem, was er gesagt hat"* [48]).

Die letzte Bemerkung dürfte dann wohl doch als eine übertriebene Boshaftigkeit zu werten sein.

Am Nachmittag des 4. September unternahm Napoleon einen Ritt in die Umgebung Aachens, wobei er sich von der Nutzlosigkeit der alten Befestigungsanlagen und der militärischen Bedeutungslosigkeit des Lousberges überzeugen konnte. Am Abend besuchten er und Josephine das Theater, wo die schon erwähnte Pariser Schauspieltruppe zwei Couplets vortrug, in denen erneut die Verbindung zwischen Napoleon und Karl d.Gr. hergestellt wurde [49]):

Couplet I: *„AIR: Tout comme ont fait nos pères,*

> *De Charlemagne ces remparts*
> *Furent le noble asyle;*
> *Et par lui cette ville*
> *Devint la ville des Césars.*
> *Gloire plus belle*
> *Se renouvelle,*
> *Se renouvelle*
> *Aux murs d'Aix-la-Chapelle,*
> *Ce n'est point une illusion,*
> *La ville revoit son patron*
> *Oui, c'est bien lui qui, sous un autre nom,*
> *Nous rend des jours prospères*
> *Comme en ont vu nos pères."*

Couplet II: *„Un habitant d'Aix-La-Chapelle:*

J'entends le peuple rendre ici,	*Des eaux célèbres ont chez nous*
Grâce aux destins propices	*Conduit L'IMPÉRATRICE;*
Qui, sous de tels auspices,	*A notre protectrice*
L'ont à la France réuni.	*Se joint aujourd'hui son ÉPOUX.*
Si les manières	*Quelle espérance*
Franches, légères	*Pour nous commence!*
Sont de nos frères	*Notre espérance*
Les brillans caractères,	*Est celle de la France;*
On imite ceux qu'on chérit.	*La bonté chère à notre coeur,*
Déjà le Français nous instruit	*Et le génie et la valeur,*
A joindre un peu de la gaîté d'esprit	*Voilà pour nous, voilà du vrai bonheur*
Aux coeurs droits et sincères	*Les sources salutaires,*
Qui distinguaient nos pères.	*Que n'avaient point nos pères."*

Für den 5. September sind keine besonderen Aktivitäten des Kaiserpaares bekannt. Am 6ten empfing Napoleon den Präfekten und den Rat des Roerdepartements. Einem Bericht der Klara v. Leerodt zufolge sagte der Präsident des Departementsrats, Graf Loe v. Wissen, Napoleon "derbe Wahrheiten" wegen der Bedürfnisse des Landes [50]).

> *„Als darauf der Kaiser einige Fragen an den Präfekten richtete, erwiderte dieser, noch bestürzt über die wenn auch indirekten Klagen, die die Räte eben noch über seine Verwaltung erhoben hatten, daß er sich nicht genau entsinne, aber in seinem Büro schon etwas finden werde, um seinen (des Kaisers) Wünschen zu entsprechen. Da sagte der Kaiser zu ihm: 'Herr Präfekt, Sie sind lange genug in diesem Lande, um es in Ihrem Kopf zu haben und nicht in Ihrem Bureau'. Und siehe da, schon wird unser armer Präfekt zu einer andern Tätigkeit berufen; er tut mir leid, denn im allgemeinen war man nicht unzufrieden mit ihm. Und ich! ich hatte großes Vergnügen, die Schönheit der Frau Méchin und ihrer Schwester zu betrachten! Tatsächlich habe ich in meinem Leben keine schöneren Frauen gesehen!!*
> *Kurz, alle Welt, die mit dem Kaiser gesprochen hat, ist sich einig darüber, daß er ein großes Genie ist, sehr unterrichtet, und daß er das Land besser kennt als seine Beamten. Auch bekundete er große Unzufriedenheit, unter ihnen nur einen einzigen Deutschen zu finden. Und er schaffte Ordnung! Er machte der Stadt Aachen schöne Versprechungen und verschaffte ihr einige wirkliche Vorteile".*

Méchin war bereits früher wegen Unzulänglichkeiten in der Verwaltung des Departements Landes (an der südlichen Atlantikküste) und wegen Einmischung in militärische Angelegenheiten gerügt worden. Napoleons Waffengefährte, General Lagrange, hatte im Vorfeld des kaiserlichen Besuches in den Rheinlanden nach Paris gemeldet:

> *„Der Bürger Mecchain (!) ist der Präfekt des Roerdepartements. Er ist ein geistreicher Mann, der die Verwaltung versteht, aber er befindet sich im offenen Kriegszustand mit dem Militär und mit einigen Direktoren der Steuer- und Nationalgüterverwaltung. In der Öffentlichkeit hat dieser Streit mit den letztgenannten Beamten eine üble Wirkung hervorgerufen. Scheinbar liegen ihm geldliche Ursachen zu Grunde und auf beiden Seiten macht man sich diesbezügliche Vorwürfe. Es ist schwierig, die Wahrheit über alle diese Verhältnisse in Erfahrung zu bringen. Al-*

lerdings muß erwähnt werden, daß ich mehr Personen angetroffen habe, die über den Präfekten sich zu mir in einer ziemlich vorteilhaften Weise äußerten, während sie umgekehrt seine Widersacher als unmoralische Persönlichkeiten hinstellten, ... Hinsichtlich der Militärpersonen handelt es sich um Zuständigkeitsfragen oder um mangelnde Rücksichtnahme, und Verstöße liegen auf beiden Seiten vor"[51]).

Streitigkeiten zwischen Behördenleitern waren Napoleon verhaßt. Méchin hatte aber auch Verdienste: Bereits kurz nach Amtsantritt hatte er sich bemüht, die Wirtschaft seines Departements in Schwung zu bringen. Entscheidend für seine Abberufung war wohl – entgegen der Meinung von Frau v. Leerodt – seine Unbeliebtheit bei der Bevölkerung, die ihren Grund wohl in dem von ihm eingerichteten Spitzelsystem hatte. Das Faß zum Überlaufen brachte offenbar der Eindruck, den Napoleon während der Audienz des 6. Septembers von Méchin gewonnen hatte. Am 17. September 1804 versetzte ihn der Kaiser als Präfekt ins Departement Aisne nach Laon. Sein Nachfolger wurde Jean Charles Joseph Laumond. Mit ihm wurden drei Präfekturräte des Roerdepartements, die sich gleichfalls bei der Bevölkerung mißliebig gemacht hatten, die gebürtigen Franzosen Rethel, Siméon und Caselli, entlassen und durch gebürtige Deutsche ersetzt. Bereits am 9. September hatte Napoleon seinem Finanzminister befohlen, in den vier rheinischen Departements auch die Ämter der Steuereinnehmer mit Einheimischen zu besetzen[52]).

Am 7. September besuchte Napoleon um 16 Uhr die Aachener Kathedralkirche. Poissenot berichtet dazu: "Sa Majesté l'Empereur ... visita avec intérêt ce monument de la piété de l'homme célèbre dont il est l'auguste continuateur"[53]). Unter einem kostbaren Traghimmel wurde der Kaiser durch ein Truppenspalier zu dem an der rechten Seite des Chores errichteten Ehrenthron geführt. Während ein feierliches Te Deum gesungen wurde, besichtigte er in Begleitung von Bischof Berdolet die für ihn ausgestellten Reliquien. Während des Zeremoniells überreichte ihm der Bischof ein Huldigungsschreiben, in dem Napoleon wiederum mit Karl d.Gr. verglichen wurde. Darin hieß es:

„Wir werden von nun an auf den Mauern dieser Basilika die vereinigten Namen Karls und Napoleons lesen, berühmte Namen, die in alle Herzen Gefühle der Begeisterung und Achtung, der Bewunderung und der Liebe für die beiden Helden einprägen, die denselben Anspruch hierauf in Frankreich sowohl wie in ganz Europa erworben haben"[54]).

Der Domkanoniker Gauzargues lobte Napoleon in seiner Rede mit den Worten:

*„Allerhöchstsie sind es, durch welchen das Reich und das Priesterthum sich in der schönsten und biedersten Uebereinstimmung zum Glücke der Völker ineinander schlingt. – Es ist das Werk Höchstihrer Weisheit. Leben Sie, Sire, um die Religion glorreich zu erheben. – Die Franzosen zu beglücken. – Die Feinde des Vaterlandes zu bekämpfen und zu besiegen, damit Sie der Friedensengel der Welt seyen, nachdem Sie der Held derselben waren.
Das ist der Wunsch des Kapitels, dessen Organ ich zu seyn die Ehre habe. Glücklich, Ew. kaiserl. Maj. unsere vollkommenste und ehrfurchtvollste Ergebenheit zu bezeugen, werden wir nicht aufhören die eifrigste Nebenhelfer Allerhöchstihrer Bemühungen für die National-Glückseligkeit zu seyn. Möge der Himmel unsere Gebethe erhören und Allerhöchstihre für das Wohl des Reiches so kostbare Tage über das gewöhnliche Ziel des Menschenalters ausdehnen"*[55]).

Nach seinem Besuch im Dom besichtigte Napoleon die Tuchfabrik des Ignaz van Houtem, ferner die Stecknadelfabrik von Laurenz Jecker[56]), dessen Erfindergeist er belohnte, indem er ihm für 13 000

Francs die Gebäude der aufgehobenen Abtei Klosterrath in der Eilfschornsteinstraße überließ. Die vereinnahmte Geldsumme stellte er zum Ansporn von Erfinder- und Gewerbefleiß im Roerdepartement zur Verfügung. Alle drei Jahre sollten von diesem Gelde Preise in Form von Medaillen vergeben werden. Als Zeichen persönlicher Wertschätzung schenkte Napoleon Laurenz Jecker eine kostbare Empire-Uhr.

Über den Besuch des Kaisers bei Ignaz van Houtem auf dem Karlsgraben sind wir durch Aufzeichnungen des Johann Aloys van Houtem unterrichtet[57]). Er wurde am 31. Mai 1751 in Aachen getauft und verstarb hier am 10. August 1836. Nach dem Besuch des Aachener Jesuitengymnasiums betätigte er sich als Nadelfabrikant. Am 4. Juli 1777 ehelichte er Therese Agnes Welter aus Moresnet, die ihn im Jahre 1791 wegen eines hessischen Prinzen verließ. Er zog daraufhin für einige Jahre nach Paris, wo er die Abende des Winters 1793/94 regelmäßig mit dem damaligen General Napoleon Bonaparte und den Brüdern Fauvelet de Bourienne beim Spiel (Reversi) verbrachte. Der ältere Bourienne war ihm in enger Freundschaft verbunden und wurde später Napoleons Geheimsekretär und Minister. Johann Aloys kehrte später nach Aachen zurück und lebte bei seinem Neffen Ignaz van Houtem am Karlsgraben. Er beschreibt den Besuch Napoleons wie folgt:

> *„Der Kayser sowohl als die Kayserin erschienen im Hause meines Vettern Ignaz mit einem ausserordentlichen Gefolge, und zwar ersterer begleitet von seinem ganzen Generalstab nebst zwei Escadron Husaren, die durch den ganzen Carlsgraben in schönster Ordnung aufgestellt waren.*
> *Es war Nachmittag zwischen drei und vier Uhr, wo der Kayser mit seinem General-Stab nebst einer Menge Bedienten unter einem gewaltigen Lärm von Vivatrufen aus den Fenstern deren Arbeitern und unter einer im Garten aufgestellten, zahlreichen türkischen Musik aufm Hof ankamen. Mein Vetter mit seiner Gattin in Zirkel ihrer acht Kindern gingen dem Kayser bis zum halben Hof entgegen und wurde von selben mit sämtlichen Generalen zum Saal eingeführt. Es waren gewiss tausend Menschen im Haus, die schon früher um eine Plätzchen anfragten, diesen Einzug zu sehen. Mein Vetter begleitete den Kayser überall bis zu den Benden, wo alle Ramen mit Tüchern der schönsten Farben besetzt waren. Der darüber stehende Thorn [Turm] mit einer Menge Menschen bekleidet, was für den Kayser und seine Gefolge eine angenehme Ueberraschung war. Die Böller, aufgestellt hinter den Stadtmauern, wurden abgefeuert so bald der Kayser im untersten Garten sichtbar ward. Der Kayser immer zur Seite meines Vetters, besuchte bis zum Speicher mit seinem ganzen General-Stab alle Werkstätte, die von der untersten Treppe bis zum Speicher alle mit den schönsten Blumen tapeziert waren. Der Kayser erkundigte sich nach allem sehr genau. Der Besuch dauerte zwei ganze Stunden. Mehrere Generale als auch der Fürst Talleran [Talleyrand], so im Hause logierte, blieben zurück, die sich im Saal bei der Frau vom Hause aufhielten und denen man durch mehrere Aufwärter alle möglichen Erfrischungen presentieren liess.*
> *Beim Fortgehen nahm der Kayser von meinem Vetter und seiner Gattin mit vielen Dank den leutseligsten Abschied. Das ganze Haus war mit ein Menge Menschen und die ganze Luft ertöhnte von den Vivatrufen. Den folgendenn Tag liesse er sämtliche Arbeiter ohne Ausnahme mit einer ansehnlichen Summe Geldes beschenken, und Bucholz als ältester Meister-Knecht erhielte eine Pension von 500 Franken lebenslänglich. Vorzüglich vor jeden anderen wurde meinem Vetter das ganze Celestiner-Closter für 40 000 fr. zum Ankauf angeboten, so er auch annahm und gleich baar bezahlte."*

Am 8. September besuchte der Kaiser die vom Präfekten Méchin initiierte Industrieausstellung im Garten der Neuen Redoute. Die dort ausgestellten Produkte sollten die Leistungsfähigkeit der Industrie des Roerdepartements unter Beweis stellen. An den Besuch Napoleons erinnerte sich der Aachener Dichter und Schriftsteller Wilhelm Smets (1796-1848):

„Ich war damals ein achtjähriger Knabe und seit zwei Jahren in dieser Stadt, wohin mein Vater nach einer sechszehnjährigen Trennung vom elterlichen Hause mich aus Deutschland mitgebracht hatte. Bereits war ich während dieser Zeit trefflich beflissen gewesen, meine schlesische Mundart mit 'Oecher Dütsch' zu zersetzen und brachte es darin sogar zuletzt bis zur Meisterschaft des Volksliedes. In der alten reichsstädtischen Familie, welcher ich angehörte, herrschte der tiefste Widerwillen gegen die französische Occupation, und einer meiner Oheime, dessen Laufbahn dadurch rückgängig geworden war, konnte seinen Ingrimm dagegen nicht verbergen. Die Nachricht von der Ausrufung Bonaparte's zum Kaiser der Franzosen war am späten Abende in Aachen angelangt, als ich bereits seit ein paar Stunden in meinem Knabenbettchen lag. Das Läuten der Glocken und das Abfeuern der Böller hatte mich aufgeweckt, und ich war eben im Begriffe, mein Lager zu verlassen, um zu sehen, was das Alles zu bedeuten habe, als mein Oheim, gefolgt von seinen beiden ihn beschwichtigenden Schwestern, in der einen Hand ein Licht, in der andern ein noch halb mit Wein gefülltes Glas, an mein Bett trat und mit vor Zorn hochgeröthetem Gesichte und hohnlachender Miene mich aufforderte, auf die Gesundheit des 'neuen Cäsars' zu trinken. Mir war wie im Traume, ich trank das Glas aus und fiel nun wieder in einen nur noch tieferen Schlaf als zuvor. Da durch diesen Schritt Bonaparte's augenscheinlich die Hoffnung auf die Vertreibung der Franzosen geschwächt werden mußte, die republikanisch Gesinnten aber sich getäuscht sahen, so wurden die Aeußerungen des Hasses eben so gegen die Franzosen wie gegen Bonaparte zum täglichen Tischgespräche, wobei jedoch eine meiner Tanten stets bemüht war, mir Räthsel aufzugeben und sich sonst mit mir scherzhaft zu unterhalten, damit hinsichtlich jener Gespräche das bekannte Sprüchwort: 'kleine Kessel haben große Ohren', nicht zur Wahrheit werden möge, da in jener Zeit ein unbedachtsam ausgesprochenes Knabenwort die schlimmsten Folgen für die ganze Familie hätte haben können. Die Wohnung des Consistorial-Präsidenten Jacobi auf dem Kapuzinergraben war zur Aufnahme des Kaisers hergerichtet worden; auf diesem Platze bewegte sich ab und zu die glänzende und durch das Corps der Mamelucken abenteuerliche Begleitung des Siegers bei den Pyramiden. Daß die letzteren Begleiter vor allen Andern und unter diesen der Mameluck Rustan, der Lebensretter des Helden, mehr als dieser selbst die Aufmerksamkeit der Knabenwelt in Anspruch nahmen, ist leicht begreiflich, und so wurde denn auch kein Augenblick versäumt, wo es nur möglich war, mir diesen prachtvollen Anblick zu verschaffen, der der Einbildungskraft des Knaben einen so reichlichen Nahrungsstoff darbot. Was jemals durch Bild und Wort der Geist vernommen hatte von den Kreuzzügen, den Sarazenen, von der arabischen Wüste, den Phyramiden, den Dromedaren und Karavanen, ja, bis zu Moses und Abraham hinauf, das Alles bekam Leben und Farbe beim Anblicke dieser von der Wüstensonne gebräunten Männer mit dem weißen Turban. Da der neue Kaiser der Stadt Karls des Großen, als dessen Erbe er sich ansah, ganz unzweideutig seine ganz besondere Vorliebe an Tag gelegt hatte, so war diese ihrerseits bemüht, Alles aufzubieten, was das Interesse Bonaparte's an ihr zu steigern im Stande war, und so wurde denn auch durch die Municipalität beschlossen, auf dem sogenannten 'Bend,' hinter dem Redoutengebäude, eine Industrie-Ausstellung

für Aachen und Umgegend zu veranstalten. Dahin sollte Napoleon mit seinem Gefolge kommen; Tag und Stunde waren anberaumt. Noch kurze Zeit vorher befand ich mich in einem benachbarten Garten mit einem Knaben von gleichem Alter und dessen jüngerem Schwesterchen beim Soldatenspiele, das damals gang und gäbe war. Diese beiden Kinder hatten die Sonntagskleider angelegt, und ihre Mutter wartete mit hochaufklopfendem Herzen auf den Augenblick, wo sie benachrichtigt werden sollte, sich mit ihnen nach dem 'Bend' zu begeben, um vor dem Kaiser einen Fußfall zu thun und ihm eine Bittschrift zu überreichen. Sie war die Wittwe eines französischen Hauptmannes und wollte den, unter dessen Fahnen ihr Mann für die Freiheit geblutet hatte, und der nun als Genius des Friedens gepriesen wurde, um Unterstützung zur standesmäßigen Erziehung ihrer Kinder bitten. Nach einem Ritt zum Lousberge hatte der Kaiser früher als man vermuthete seinen Weg nach der Industrie-Ausstellung eingeschlagen. Die ängstlich harrende Frau wurde beschickt, sich in aller Eile dorthin zu begeben. Sie ruft in den Garten hinab: Mes enfants, mes enfants, arrivez, dépechez-vous! Hastig nahm sie dann an jede Hand eines der Kinder, ich hatte die Hand des Töchterchens gefaßt, und so ging es durch die von allen Seiten zuströmende Volksmenge über den Markt und die Kölnstraße hinab. Mehre Male trennte das Gedränge uns von einander, bis wir endlich an der Vorhalle der großen Redoute anlangten. Der Kaiser hatte am Fuße des Berges noch einmal Halt gemacht und vor den Wallmauern einen strategischen Blick nach Rechts und Links geworfen. Nun kam er von der Sandkaulstraße herangesprengt: Vive l'Empereur! Vive l'Impératrice! hallte es aus tausend Kehlen der ehemaligen Freibürger der alten deutschen Reichsstadt wieder, und die Aachener Gassenbuben, oder mit ihrem weltberühmten Ehrennamen, die 'Domgrafen', ließen es sich nicht nehmen, ihre Genialität an Tag zu legen, und schrieen aus vollem Halse: Vive Lampenöl! Vive Lampetreis! Von Polizeiwegen war der Ruf: Vive Bonaparte! untersagt worden. Schon hatte der Kaiser die Schwelle der Halle überschritten. Die bekümmerte Mutter sieht sich nach ihren Kindern um, die ihr durch das Menschengewühl wieder entrissen, und nun in den Anblick all des Glanzes, der den Mächtigen umgab, mit mir versunken waren. Ihr Angstruf: Mes enfants! schreckt uns aus unserer Sorglosigkeit auf, und wir drängen uns hinzu. Zwei mitleidige Grenadiere treten zurück und lassen die Kinder zu ihrer Mutter. Da wir uns bei den Händen hielten, so trat ich, wie mechanisch nachfolgend, mit in den Kreis ein. Die Hauptmännin stürzte vor dem Kaiser nieder und hielt ihm die Bittschrift hin, die er entgegen nahm und einem neben ihm stehenden General reichte, während er der Dame mit einer leichten Bewegung der Hand andeutete, aufzustehen, und dann ein paar beschwichtigende Worte an sie richtete. Die Kinder hatten früher die Weisung erhalten, dem Kaiser den Rockschoß zu küssen; ein Blick der Mutter erinnerte sie daran; sie traten hinzu und thaten, wie es ihnen einstudirt worden war, und da ich mich nun einmal mit in der Reihe befand, so that ich desgleichen, und erinnere ich mich noch ganz lebhaft der in den Saum des blauen Kleides mit Gold eingestickten Eichenblätter. Einige Monate nachher wurden die Wünsche der Mutter meiner Jugendgespielen erfüllt. Der Kaiser schritt nun durch die Halle und widmete den verschiedenen Erzeugnissen der Industrie die speciellste Aufmerksamkeit. Ganz besonders zog ihn die Ausstellung eines Waffenschmiedes an; er besah sich Alles genau, gab seine besondere Zufriedenheit zu erkennen, fand aber die Preise, nach welchen er sich erkundigte, im Durchschnitte zu hoch. Der Schwertfeger war der französischen Sprache nicht mächtig, und obwohl er den Tadel des Kaisers verstand, so konnte er sich ihm doch nicht darüber verständlich machen, daß seine Waffen keine Fabrikwaaren seien, sondern, daß er mit wenigen Gesellen in eigener Werkstätte arbeite. Der sehr beängstigte Mann erblickte endlich hinter dem Gefolge des Kaisers einen seiner Bekannten, welchen er zu sich winkte und ihn bat, dem Kaiser das wahre Verhältniß seiner Lage auseinander zu setzen, was denn auch geschah. Unterdessen hatte ein mit Stahl eingelegtes Etui aus Mahagoniholz die Aufmerksamkeit Napoleons auf sich gezogen, und er fragte, was sich darin befinde. Der Waffenschmied nahm es in die Hand, drückte auf ein stählernes Knöpfchen, worauf plötzlich ein gegliederter Dolch aus dem Kästchen hervorsprang, wohl einmal so lang als dieses. Eine sogleich wieder verschwindende Blässe überfuhr wie ein Blitz das hagere, gelblich gebräunte Gesicht des Kaisers, die Augenbrauen zuckten unwillkürlich zusammen, und während ein eigenthümliches Lächeln seine schmalen, gepreßten Lippen umspielte, legte er die kleine Höllenmaschine, die er in die Hand genommen hatte, ruhig hin und sagte, indem er weiter ging: C'est bien drôle, cela ..." [58]).

Im Anschluß an die Industrieausstellung hinter der Neuen Redoute ritt Napoleon ins benachbarte Burtscheid, wo er die Nähnadelfabrik der Brüder Pastor auf dem Eckenberg besichtigte [59]).
Am 10. September erließ der Kaiser mehrere Dekrete, die der Stadt Aachen „wirkliche Vorteile" – so Klara v. Leerodt in ihrem oben zitierten Bericht – verschafften [60]). So nahm er der Stadt den Charakter einer "ville de guerre" und überließ der Mairie die Verwaltung und den Nutzen der alten Befestigungsanlagen. Damit wurde auch der Weg frei für die Verschönerung des Stadtbildes und des Lousberges, wofür Napoleon aus Staatsmitteln eine Summe von zunächst 150 000 Francs zur Verfügung stellte. Bis 1811 stieg diese Summe, die auch der Verschönerung der Bäder und der Thermalwasseranlagen zugute kommen sollte, auf 358 000 Francs [61]). Für Wohltätigkeitsaufgaben in der Stadt stiftete Napoleon weitere 20 000 Francs. Ferner überließ er dem Aachener Wohltätigkeitsbüro das säkularisierte Karmeliterinnenkloster St. Theresia in der Pontstraße, welches bisher nur mietweise zur Unterbringung eines Atelier de charité gedient hatte, und das seit dem Besuch der Kaiserin den Namen "Josephinisches Institut" trug, nunmehr kostenlos. Zugleich wurden ihm die Gebäulichkeiten des früheren Annuntiatenklosters als Zucht- und Korrektionshaus für Geistesgestörte und Prostituierte angegliedert. Die städtischen Armen- und Waisenhäuser sowie das Elisabethspital wurden geräumt und der Domänenverwaltung übergeben [62]). Im Gegenzug wurden die Armen- und Waisenpflege und die Krankenhospize für beide Geschlechter im ehemaligen Dominikanerkloster, der Servatiuskapelle und einem daran anschließenden Haus vereinigt. Desweiteren gestattete Napoleon am 10. September das bis dahin unterbundene Hasardspiel für die Zeit der Badesaison von Anfang Mai bis Ende Oktober und bestimmte, daß die jährlich erzielten Gewinnanteile der Stadt am Glücksspiel sowie die Gewinne aus Theaterveranstaltungen und Bällen im Kampf gegen das Bettelunwesen und zur Besserung der Lage der sog. Hausarmen verwandt werden sollten [63]). Gleichfalls am 10. September stellte Napoleon 13 000 Francs zur Verfügung, von denen künftig – wie schon erwähnt – zum Anreiz der Wirtschaft im Rahmen der geplanten Industrieausstellungen des Roerdepartements Preise für hervorragende Produkte verliehen werden sollten [64]). Der Förderung der Wirtschaft diente noch ein anderes Dekret vom selben Tag. Es ordnete den Bau einer Straße von Aachen über Kornelimünster nach Monschau mit einem Abzweig nach Stolberg an, zu der die Stadt ein Drittel der Kosten beisteuern sollte. Von dieser Straße erhoffte man sich eine Intensivierung des Handelsverkehrs zwischen der Departements-Hauptstadt Aachen und dem Moselraum, dem Saargebiet und Luxemburg bis hin nach Straßburg und Basel [65]).

Kaiserliche Gunstbeweise für Aachen

Napoleon verließ Aachen am 11. September um 5 Uhr morgens, um die Befestigungsanlagen von Jülich zu inspizieren. Von dort aus reiste er über Krefeld nach Geldern und Venlo, wo er die Möglichkeiten für eine Kanalverbindung zwischen Maas und Rhein erkundete, und schließlich nach Köln, wo er am 13. September wieder mit Josephine, die Aachen am 12. September um 11 Uhr verlassen hatte, zusammentraf.

Auch nach der Abreise verlor Napoleon Aachen nicht aus den Augen. So wies er am 15. September Bischof Berdolet 8 000 Francs als Ehrengeschenk zur Entschädigung für die bei seinem Besuch entstandenen Kosten an [66]). Am 1. Oktober 1804 übernahm der Staat mit gut 2,2 Millionen Francs den Löwenanteil der städtischen Schulden [67]). Am selben Tag überließ Napoleon dem Tuchfabrikanten Ernst Konrad Claus zur Förderung seines Unternehmens gegen 7 000 Francs diejenigen Teile des Anna-Klosters, die nicht für den Gottesdienst der Protestanten benötigt wurden [68]). Am 17. November 1804 wurde Aachen endgültig aus der Liste der Festungen gestrichen.

Rückführung der Bronzestatue Karls d. Gr.

Napoleons Besuch in Aachen wirkte auch beschleunigend auf die Rückführung des 1794 nach Paris verbrachten bronzenen Standbildes Karls d.Gr., das seit 1620 den Marktbrunnen geziert hatte [69]). In Paris hatte man noch im April 1803 die Absicht gehabt, die Statue auf der Place de la Concorde oder der Place Vendôme aufzustellen. Die Bitten der Aachener Bürgerschaft und der Präfekten auf die Rückführung waren bis dahin ungehört geblieben. Im Laufe des Sommers 1803 gab der Innenminister Chaptal schließlich seine Zustimmung, so daß der Aachener Adjunkt Bock in Vertretung des Maires Kolb am 26. August d.J. den in Paris weilenden Archivar des Departementalarchivs, Johann Wilhelm Körfgen, auffordern konnte, die Herausgabe beim Konservator der Antikensammlung der Nationalbibliothek zu reklamieren [70]). Er sollte die Statue gut verpacken und nach Aachen schaffen lassen. Bock bekundete seine Absicht, die Statue am 1. Vendémiaire [Sept. 24] wieder vor dem Rathaus aufzustellen. Die Nationalbibliothek forderte eine schriftliche Autorisation des Innenministers zur Herausgabe des Objekts, und Körfgen stellte am 1. September 1803 den erforderlichen Antrag. Die Freigabe verzögerte sich jedoch aus unbekannten Gründen. Der Maire v. Lommessem, Kolbs Nachfolger, sprach Napoleon bei einer im Anschluß an die Kaiserkrönung gewährten Audienz noch einmal auf die Angelegenheit an [71]). Am 1. Mai 1805 kehrte die Statue dann wirklich an ihren ursprünglichen Aufstellungsort zurück, und der Maire v. Lommessem hielt am 23. Mai 1805 eine Rede, in der er eine Brücke von Karl d.Gr. zu Napoleon schlug und die Verdienste des Kaisers für die Stadt Aachen hervorhob:

> *„Und wie viel Dank sind wir nicht unserm neuen Wohlthäter schuldig. Als würdiger Nachfolger Karls des Großen beschäftigt er sich mitten unter den Unruhen des Krieges, der Reisen und der Staatsgeschäfte mit allem, was unserer besondern Wohlfahrt wichtig, und unserer Zuneigung theuer seyn kann.*
> *N a p o l e o n erhört unsere Wünsche; Er sichert dieser Stadt ihren alten ausgezeichneten Rang in dem Departemente und in seinem ausgedehnten Reiche zu.*
> *Er erhebt die Kirche Karls des Großen zum Dohm. Er eröfnet den Kranken und Dürftigen eine angemeßene Zuflucht, und stellt den öffentlichen Unterricht wieder her.*
> *Er ermuntert die betriebsame Thätigkeit unsrer Fabrikanten durch vortheilhafte Vergünstigungen, und schützet sie durch ein in ihrer Mitte errichtetes Handelsgericht.*
> *Ein tiefer Friede herrscht in seinem Reiche. Unter seinem beglückenden Zepter vergißt Frankreich schon alle überstandene Leiden, ja selbst die Feinde, die sein Innerstes durchwühlten.*
> *Die Religion und die Wissenschaften, der Handel und die Künste sind die sanften Bande, die unter dem Schutze des Gesetzbuchs N a p o l e o n 's das Glück seiner zahlreichen Unterthanen befestigen"* [72]).

Aufstellung der Kaiserbilder

Zum Andenken an den Besuch des Kaiserpaares im Jahre 1804 hatte der Maire Kolb um Porträts gebeten; ein Wunsch, dessen Erfüllung von den Majestäten auch sofort zugesagt und veranlaßt wurde [73]). Bereits am 12. Februar 1805 suchte der Generaldirektor des Musée Napoléon in Paris, Dominique Vivant Denon, in Aachen um eine Stadtansicht mit Blick auf die Salvatorkirche nach, damit der mit der Ausführung der Bilder betraute Künstler – es war Robert Lefèvre – seinen Auftrag ausführen könne. Lefèvre stellte das Bild der Kaiserin bereits im Laufe des Jahres 1805 fertig. Die Ausführung des Porträts Napoleons verzögerte sich hingegen aus unbekannten Gründen. Nicht Lefèvre führte es aus, sondern ein weniger bekannter Künstler namens Louis André Gabriel Bouchet, ein Schüler Davids. Im September 1807 waren beide Bilder fertiggestellt, und ihre Künstler erhielten auf Anweisung des Kaisers je 3 000 Francs ausgezahlt. Für die Rahmen wandte man im Oktober 1807 weitere 820 Francs auf. Am 6. Dezember 1807 fand schließlich die feierliche Übergabe in Aachen statt. In Gegenwart des Präfekten Lameth und des Maires v. Lommessem wurden die Gemälde im Königssaal des Rathauses aufgestellt. Die Feier zur Übergabe und Aufstellung der Herrscherporträts wurde am 1. Juni 1809 wiederholt, und zwar mit der vom Maire v. Lommessem in seiner Festansprache gegebenen Begründung, daß es schon bei den Römern üblich gewesen sei, die Aufstellung der Bilder ihrer Herrscher alljährlich von neuem zu feiern [74]). Ob dies auch in den folgenden Jahren geschah, ist nicht bekannt. Jedenfalls war das Gemälde des Kaisers und zeitweise auch das Josephines bei staatlichen Feiern – so vor allem anläßlich der Geburt des Königs von Rom, Napoleons Sohn – in die Zeremonie der Loyalitätsbekundungen eingebunden.

Bereits am 25. Juni 1804 hatte der Maire Kolb im Hinblick auf die am 18. Mai erfolgte Proklamation Napoleons zum Kaiser der Franzosen beim Innenminister unter Hinweis auf die frühere Bedeutung Aachens als Stadt Karls des Großen, als Krönungsort und als vornehmster Ort unter den Städten des Heiligen Römischen Reiches, den Antrag gestellt, die Stadt, zu der auch Napoleon ein besonderes Verhältnis habe, in die Liste derjenigen 36 Städte Frankreichs aufzunehmen, deren Maires der bevorstehenden Kaiserkrönung beiwohnen dürften [75]). Der Präfekt Méchin hatte den Antrag unterstützt. Als beide Schreiben am 3. Juli im Innenministerium eintrafen, war eine Entscheidung über die Zugehörigkeit zu den Städten erster Ordnung bereits gefallen. Napoleon hatte in einem Dekret vom 22. Juni die Namen der 36 Städte bekanntgegeben [76]). Unter ihnen befand sich auch Aachen. Unter ehemals deutschen, jetzt französischen Städten wurde diese Ehre sonst nur noch Mainz zuteil. Aachen zählte von nun an zu den „villes les plus importantes de la France" oder kurz zu den „bonnes villes" [77]). Auf diese Weise erhielt der Aachener Maire – es war Johann Wilhelm Gottfried Franz Maria v. Lommessem, der sein Amt am 15. September des Jahres angetreten hatte – eine Einladung zu den auf den 2. Dezember anberaumten Krönungsfeierlichkeiten. Bis zum 28. November sollte er sich in Paris einfinden [78]). Er reiste in Begleitung eines Teils der Aachener Ehrengarde, die vom Freiherrn Josef v. Fürth befehligt wurde. Auch Bischof Berdolet erschien zusammen mit seinem Sekretär Monpoint. Hier traf er mit Papst Pius VII. zusammen, den Napoleon nach Paris geladen hatte, damit er der Salbung und Krönung des ersten Kaisers der Franzosen den höchsten Grad religiöser Weihe verleihe. Aber nicht der Papst sollte – wie dieser vor Antritt seiner Reise angenommen hatte – den Kaiser krönen; Napoleon selbst setzte sich den goldenen Lorbeerkranz der römischen Imperatoren aufs Haupt und krönte auch seine Gemahlin Josephine. Der Papst war zu weitgehender Passivität verurteilt. Seine Aufgabe bestand darin, der Zeremonie vor aller Welt Legitimität und Ansehen zu verschaffen [79]). „Jeder Anschein von Unterwerfung unter die Kirche, wie sie das traditionelle Zeremoniell erforderte, wurde peinlich vermieden. Vielmehr wurde, wo es nur möglich erschien, die Dominanz des Kaisers über den Papst hervorgehoben". Wie erwähnt, äußerte sich Napoleon dazu zwei Jahre später mit den Worten: "Für den Papst bin ich Karl der Große ... Ich verlange daher, daß man sein Benehmen gegen mich nach diesem Gesichtspunkte richte". Kardinal Consalvi, der Berater des Papstes, urteilte über die Rolle seines Herrn: „Man ließ den Heiligen Vater von Rom nach Paris galoppieren wie einen Kaplan, den sein Herr herbeiruft, damit er die Messe lese". Dennoch begrüßte Bischof Berdolet die Teilnahme des Papstes an den Feierlichkeiten, denn Napoleon war für ihn der Wiederhersteller der Religion. In diesem Sinne berichtete er am 4. Februar 1805 den Geistlichen und Gläubigen seiner Diözese:

Aachen wird „bonne ville"

Der Aachener Maire bei der Kaiserkrönung Napoleons, 2. Dez. 1804

> *"Gott, dessen gütigste Vorsicht über unser Reich wachet, hat unsere und eure Wünsche erhört. Er hat zu diesem Reiche jenen Helden erhoben, den wir uns wünschten, und den er sich selbst auserwählet hatte um die Feinde des Vaterlandes zu zernichten, und den Lauf jener Übel zu hemmen, welche die Auflösung des Staates herbeizuführen schienen. Das sichtbare Oberhaupt der Kirche Jesu Christi und dessen Statthalter auf Erden hat die Stirne NAPOLEONS mit dem heiligen Oele gesalbet, und durch diese Salbung ward ihm der Karackter, der ihn zur höchsten Würde der grösten Fürsten einweihet, eingeprägt; Die göttliche Vorsicht läßt in den verworrenen Zeiten solche Fürsten entstehen, und sie läßt dieselben an ihrer Majestät und an ihrer unumschränkten Macht Antheil nehmen, damit sie die Erretter seines Volkes werden, und es auf dem Pfade des Friedens einherführen. Wir haben diesem erhabenen Gepränge, den Gebethen der Kirche und den allgemeinen Freude-Zurufungen, die ihn begleiteten, selbst beigewohnt ... wie süß ist diese Rückerinnerung! Laßt uns also fortfahren dem höchsten Gott unsere Danksagungen, unsere Wünsche und unsere eifrigen Gebethe zu widmen, um seinen Segen über NAPOLEON den großen Kaiser der Franzosen, herabthauen zu lassen, und lasset uns inständigst bethen, daß er in Ewigkeit lebe, vivat in aeternum"* [80]).

Der Maire v. Lommessem erhielt während seines einmonatigen, aus der Staatskasse bezahlten Aufenthalts in Paris die Gelegenheit, den Kaiser selbst zu sprechen. Bei dieser Gelegenheit äußerte er – allerdings vergeblich – den Wunsch, wenigstens ein Teil der bei der Krönung benutzten Insignien möge in der alten Krönungsstadt Aachen aufbewahrt werden [81]). Erfolgreicher war er mit dem im Innenministerium vorgetragenen Wunsch nach einem Handelsgericht für Aachen.

Während der Maire am 2. Dezember den Krönungsfeierlichkeiten in Notre Dame beiwohnte, wurde das Ereignis in Aachen mitgefeiert [82]).

Der 3. Koalitionskrieg, 1805/06

Den erhofften und gepriesenen Frieden sollte der neue Kaiser allerdings nicht bringen. Bereits im Mai 1803 hatte Frankreich den Frieden von Amiens mit England gebrochen, und im Frühjahr 1805 bereitete Napoleon die Invasion Englands vor. Am 2. August 1805 befand er sich im Lager der Großen Armee in Boulogne-sur-Mer. Aber auch seine Gegner verharrten keineswegs in Untätigkeit. England, Österreich, Rußland, Schweden und Neapel schlossen sich zu einer 3. Koalition zusammen, so daß Napoleon gezwungen war, seine Armee den Festlandsmächten entgegenzuführen.

Der Regierung erschien es in dieser Situation ratsam, auch eventuelle innere Feinde im Auge zu behalten. Hiervon kündet ein Schreiben des Präfekten des Roerdepartements vom 27. September 1805 an den Aachener Maire:

> *"Unter den obwaltenden Umständen, Herr Maire, kommt es ganz wesentlich darauf an, daß eine besondere Ueberwachung durch alle Agenten ausgeführt wird, die damit beauftragt sind, an der Aufrechterhaltung der öffentlichen Ruhe mitzuwirken. Die Absicht Seiner Majestät und die ausdrücklichen Befehle, die ich in seinem Namen erhalten habe, machen mir hauptsächlich zur Pflicht, die Fürsorge, Wachsamkeit und Tätigkeit der Polizei auf alles zu lenken, was die Ordnung, sowie die öffentliche und persönliche Sicherheit anbetrifft. Man darf sich daher, Herr Maire, nicht mit den bestehenden Maßnahmen begnügen, die sicherlich unzureichend wären, um die Absichten der Regierung zu erfüllen, sondern die Polizei von Aachen muß einen anderen Antrieb erhalten ...*
>
> *Zuerst, Herr Maire, müssen die Durchreisenden und Fremden schärfer beobachtet werden. Die Polizeikommissare haben sich bis jetzt darauf beschränkt, einfache, oft negative Meldungen über die Ereignisse zu erstatten; sie müssen solche auch über*

die Personen liefern und, um sich derartige Angaben zu verschaffen, alle Maßregeln treffen, die ihr Scharfsinn, ihre Geschicklichkeit und ihre Klugheit ihnen eingeben. Geheime Agenten müssen sorgfältig alle Vorgänge und Unterhaltungen, die an den öffentlichen Orten stattfinden, sammeln, sofern sie irgend welche Bedeutung haben, sie müssen beobachten, wie sich die Fremden bei der Abreise verhalten, über die Beobachtungen, die sie gemacht haben, berichten, endlich zum Vorteil der Regierung die Funktionen, die sie den Polizeikommissaren zugeteilt haben, so auszunutzen, daß daraus Ergebnisse erzielt werden, die man bisher noch nicht erhalten hat. Empfehlen Sie daher, Herr Maire, Ihrem mit der Leitung der Polizei betrauten Beigeordneten, daß er seine Aufmerksamkeit vorzugsweise auf folgenden Gegenstand lenkt:
An jedem Tage möchte ich morgens einen vertraulichen Bericht erhalten über das, was am Tage vorher beobachtet worden ist; keine Zurückhaltung, keine Rücksichtnahme; ich muß von allem unterrichtet sein, und ich werde die Agenten auszeichnen, die sich durch Eifer bei der Erfüllung ihrer Aufgaben hervortun. Niemand läuft Gefahr, kompromittiert zu werden; ich allein werde von den Nachrichten, die mir zugehen, Gebrauch machen. Auf die Militärpersonen selbst müssen sich Ihre Beobachtungen ausdehnen. Ihr Verhalten im Privatleben, die Auseinandersetzungen, die zwischen ihnen und den öffentlichen Beamten entstehen, die mehr oder weniger lebhafte Art, in der sie stattgefunden oder geendet haben, alles muß aus dem Bericht hervorgehen, endlich darf mir nichts vorenthalten werden, was sich direkt oder indirekt auf die allgemeine Ordnung, sowie auf die öffentliche und private Sicherheit bezieht"[83]).

Die Überwachung der Öffentlichkeit war aber vor allem die Aufgabe der vom Polizeiminister Fouché geführten Geheimpolizei (Police Secrète), die sich auch für die unbedeutendsten Vorgänge interessierte und deren Berichte täglich Napoleon vorgelegt wurden[84]).

Mit dem Sieg Admiral Nelsons bei Trafalgar am 21. Oktober 1805 und der Vernichtung der französischen Flotte rückte eine Invasion Englands in die Ferne. Napoleon wandte sich nunmehr ganz seinen Gegnern auf dem Kontinent zu. Nach Trafalgar mußte Frankreich aber auch seine Ambitionen in Übersee aufgeben und war wirtschaftlich ganz auf den europäischen Kontinent verwiesen. Der dritte Koalitionskrieg, in welchem Bayern, Baden und Württemberg an französischer Seite kämpften, hatte am 8. September 1805 mit dem Übergang der Österreicher über den Inn begonnen. Die Österreicher wurden schon bald bei Elchingen zurückgeworfen und bei Ulm eingeschlossen. Die Franzosen rückten nach und nahmen am 13. November Wien ein. Am 2. Dezember errang Napoleon am Jahrestag seiner Kaiserkrönung in der sog. Dreikaiserschlacht bei Austerlitz einen glänzenden Sieg über die Österreicher und Russen. Die Koalition zerbrach. Der Zar zog sich mit seiner Armee enttäuscht nach Rußland zurück. Österreich erklärte sich zum Frieden bereit und verzichtete am 26. Dezember 1805 in Preßburg zugunsten des Königreichs Italien, eines napoleonischen Vasallenstaates, auf Venetien. Tirol und Vorarlberg fielen an Bayern, Vorderösterreich an Württemberg und Baden. Im Juli 1806 unterzeichneten die Vertreter von 16 deutschen Fürstentümern, darunter das neu gebildete Großherzogtum Berg, die Rheinbund-Akte, in der sie sich vom Reich lossagten und sich unter dem Schutz des französischen Kaisers zu einer Konföderation zusammenschlossen. Die wichtigsten Bestimmungen – aus der Sicht Napoleons – waren die Artikel über eine Offensiv- und Defensivallianz zwischen Frankreich und dem Rheinbund, wodurch die militärischen Kräfte der Mitglieder Napoleon für seine künftigen Kriege zur Verfügung standen und die Wirtschaft dieser Staaten in das System der gegen England gerichteten Kontinentalsperre eingebunden wurde. Der Verband des Heiligen Römischen Reiches deutscher Nation war damit nach

Auflösung des Heiligen Römischen Reichs und Antrag auf Überführung der Reichsinsignien nach Aachen

1 000jähriger Geschichte de facto aufgelöst. Kaiser Franz II. konnte Napoleons Ultimatum auf Niederlegung der Kaiserkrone nur noch Folge leisten. Am 6. August 1806 erklärte er das Reich für erloschen und entband alle Stände von ihren Pflichten. Der Priester und Rechtsgelehrte Johann Balthasar Forst aus Kornelimünster vermerkte dazu in seinem Tagebuch: "Untergegangen im Meere der Schicksale ist das deutsche Reich, aufgelöst die durch ihr Alter ehrwürdige Verfassung ... Domine Deus, tu solus es spes nostra, adiuva nos"[85]).

Mit dem Untergang des römisch-deutschen Reiches sah der Aachener Archivar Karl Franz Meyer der Jüngere die Gelegenheit gekommen, der Stadt Aachen die ihr angeblich von König Richard I. im Jahre 1262 anvertrauten Reichsinsignien zurückzugewinnen. Gestützt auf Argumente, wie sie sein Vater Karl Franz Meyer der Ältere in seinen „Aachenschen Geschichten" aus dem Jahre 1781 geliefert hatte, regte er unter dem 21. Dezember 1806 in einem Schreiben an den Innenminister, aus dem am 3. Februar 1807 eine Vorlage für Napoleon gefertigt wurde, die Rückforderung der inzwischen in Wien aufbewahrten Reichsinsignien nach Aachen an[86]). Sein Wunsch ging bekanntermaßen nicht in Erfüllung.

Der 4. Koalitionskrieg, 1806/07

Der dritten Koalition gegen Napoleon war bereits im Juli 1806 eine vierte, jetzt unter Führung Preußens und Rußlands, gefolgt. Anfang Oktober traten Sachsen, Braunschweig und Sachsen-Weimar bei. Aber schon am 14. Oktober wurden die Verbündeten bei Jena und Auerstedt entscheidend geschlagen. Am 3. und 4. Koalitionskrieg hatte übrigens auch der Aachener Joseph Braun teilgenommen (siehe S. 338ff.). Am 27. Oktober zog Napoleon in Berlin ein, und am 14. Juni 1807 gelang es ihm, auch die russischen Truppen bei Friedland schwer zu schlagen, woraufhin sich der Zar am 7. Juli in Tilsit nicht nur zum Frieden, sondern auch zu einem Bündnis mit Frankreich bereitfand. Der Zar bewirkte zwar, daß Preußen als Staat erhalten blieb, nahm aber dessen Verkleinerung zu einer unbedeutenden Macht hin. Aus früheren preußischen, hannoverschen, braunschweigischen und hessischen Gebieten bildete Napoleon das Königreich Westfalen, das sein Bruder Jérôme regieren sollte. Die von Napoleon eroberten Gebiete sowie Preußen und Rußland wurden zum Beitritt zu der am 21. November von Berlin aus verkündeten Kontinentalsperre verpflichtet, welche den Wirtschaftskrieg gegen England weiter verschärfte. Um diesen erfolgreicher führen und den Schmuggel unterbinden zu können, annektierte Napoleon später, in den Jahren 1810 und 1811, das bis dahin von seinem Bruder Louis regierte Königreich Holland, die norddeutschen Küstengebiete und die drei Hansestädte.

Krieg in Spanien, seit 1808

Auch das Jahr 1808 war kein Friedensjahr. Napoleon hatte, nicht zuletzt, um die Kontinentalsperre gegen England auch auf der Iberischen Halbinsel wirksam zu erhalten, in den Familienstreit innerhalb des spanischen Königshauses eingegriffen und erreicht, daß König Karl IV. seine Thronrechte auf ihn übertrug. Napoleon bestimmte daraufhin am 4. Juni 1808 seinen Bruder Joseph zum König von Spanien. Die anfänglich franzosenfreundliche Stimmung in der Bevölkerung schlug bald in Feindschaft um und entlud sich am 2. Mai 1808 in Madrid in einem Aufstand, der bald weite Teile des Landes erfaßte, und der von den Engländern unterstützt wurde. Napoleon mußte zu dessen Niederschlagung 200 000 Soldaten aufbieten. An den Kämpfen in Spanien nahmen auch der Aachener Joseph Braun und der Burtscheider Johann Joseph Armbruster teil (siehe S. 336ff.). Napoleon eroberte Madrid zwar am 4. Dezember 1808 zurück, doch zogen sich die Kämpfe im Lande mit wechselnden Erfolgen bis zum Jahre 1813 hin, bis in der Schlacht von Vitoria (Juni 21) der englische Heerführer Wellington Spanien den Franzosen für immer entriß.

Österreichs Erhebung und Niederlage, 1809

Anfang April 1809 erhob sich Österreich, sah sich allerdings in seiner Hoffnung auf allgemeine Unterstützung bei den Gegnern Napoleons enttäuscht. Auf sich allein gestellt, hatte es der österreichische Oberkommandierende Erzherzog Karl schwer. Bereits am 13. Mai zog Napoleon in Wien ein, erlitt aber am 21./22. Mai bei Aspern und Essling seine erste Niederlage. Am 5./6. Juli wurden die Österreicher aber bei Wagram geschlagen, so daß sich Erzherzog Karl am 12. Juli zum Waffenstillstand von Znaim bereitfand. Verhandlungen führten am 14. Oktober 1809 zum Frieden von

Schönbrunn, in dem Kaiser Franz I. große territoriale Verluste hinnehmen mußte, die Österreich zu einer Macht zweiten Ranges degradierten. Im übrigen wurde das Land zur Teilnahme an der Kontinentalsperre, dem Wirtschaftskrieg gegen England, verpflichtet.

Bereits nach Bekanntwerden der Kapitulation der Stadt Wien hatte der Aachener Maire Cornelius v. Guaita beim Präfekten Ladoucette und dieser mit Schreiben vom 26. Mai 1809 beim Polizeiminister einen erneuten Vorstoß zur Rückführung der noch immer in Wien liegenden drei Reichskleinodien aus dem Schatz des früheren Aachener Marienstifts unternommen[87]. Der Polizeiminister hatte diesen Wunsch Napoleon unterbreitet, doch war noch im August keine Entscheidung gefallen, denn am 12ten dieses Monats bat Ladoucette als Präfekt des Roerdepartements den Stadtkommandanten von Wien, General Andreossy, auch er möge sich in Paris für die Rückführung aussprechen. Zur Rückführung der Kleinodien ist es aber – wie wir wissen – nicht gekommen.

Rückforderungen für die Aachener Domschatzkammer

Napoleon hatte am 15. Dezember 1809 seine Ehe mit Josephine wegen Kinderlosigkeit scheiden lassen. Am 2. April 1810 heiratete er die 18jährige Erzherzogin Marie-Louise, eine Tochter Kaiser Franz' I. von Österreich. Von diesem Schritt erhoffte er sich den unerläßlichen Thronerben, aber auch mehr Akzeptanz für seine Dynastie in Europa. Georgeon, Chef des 49. Eskadrons der 25. Legion der Gendarmerie Impériale, berichtete am 15. Mai 1810 aus Aachen nach Paris, die Heirat Napoleons mit einer Österreicherin habe für großes Aufsehen gesorgt und ein positives Echo gefunden. Sie werde die Anhänglichkeit derjenigen Einwohner des Departements an Frankreich fördern, die bislang in ihrem Herzen immer noch österreichisch gesinnt waren[88]. Es gäbe aber auch negative Reaktionen, insofern das unsinnige Gerücht ausgestreut würde, die Heirat sei der Anfang einer zweiten Revolution, welche die Verfolgung der Teilnehmer der ersten zur Folge haben würde. Das Gros der Bevölkerung dürfte jedenfalls mit dieser Eheverbindung die letztlich vergebliche Hoffnung auf einen dauerhaften Frieden verbunden haben.

Bedeutung der Hochzeit Napoleons mit Marie-Louise im Jahre 1810

Zur Erinnerung an den zweiten Ehebund übersandte der Innenminister auf Geheiß Napoleons vier Medaillen nach Aachen, von denen je eine für den Präfekten, den Unterpräfekten, den Generalsekretär der Präfektur und den Maire von Aachen bestimmt waren[89]. Zu den Hochzeitsfeierlichkeiten waren auch die Maires der nunmehr 49 "bonnes villes", darunter die der ehemals deutschen Städte Bremen, Köln, Hamburg, Lübeck und Mainz vertreten. Anläßlich einer Audienz beim Kaiser erhielt der Aachener Maire v. Guaita dessen Zusicherung, er werde sich auch weiterhin um die Thermalquellen, baulichen Innovationen, wie überhaupt um das Gemeinwohl der Stadt kümmern[90]. Der Maire v. Guaita erhielt hier in Paris den Orden der Ehrenlegion und empfing aus den Händen des Kaisers das neue Wappen und den zugehörigen Wappenbrief für die Stadt Aachen (vgl. Expp. D 22/23).

Der Verbindung Napoleons mit Marie-Louise entsproß am 20. März 1811 Napoleon II., der noch in der Wiege den ihm schon vorbestimmten Titel eines "Königs von Rom" erhielt. Die Nachricht von der Geburt des Thronerben traf in Aachen zwei Tage später ein, und der Präfekt ordnete (!) eine freiwillige (!) Beleuchtung der Stadt an. Die offizielle Taufe des Königs von Rom wurde am 2. Juni in Paris und danach in den großen Städten des Kaiserreichs gefeiert. Nach Paris eingeladen waren wiederum die Maires der "bonnes villes", so auch der Maire v. Guaita sowie zwei Munizipalräte, Joseph Geuljans und Joseph v. Fürth[91]. Der Maire hielt anläßlich seiner Audienz beim Kaiser eine Rede, in der er auf die historische Bedeutung Aachens als Stadt Karls d.Gr. und als Krönungsort hinwies, die wirtschaftliche Bedeutung hervorhob und auch für die Zukunft um Schutz und Gunst nachsuchte[92]. Zum Andenken an dieses Ereignis brachten sie eine goldene Medaille mit dem Bild Napoleons, Marie-Louises und des Königs von Rom als Geschenk des Kaisers an die Stadt Aachen mit[93]. Am 9. und 16. Juni fanden die Feierlichkeiten in Aachen statt. Diese waren bis in Einzelheiten hinein vom Präfekten des Roerdepartements vorgeschrieben worden, so daß der Sekretär der Mairie Aachen, Stephan Vietoris, resigniert schrieb: „Der Herr Präfekt hat für diese Feyerlichkeit so vieles vorgeschrieben, dass sich fast alle Hoffnung bei mir verliert, etwas sparen zu können; indes-

Der König von Rom

sen werde ich alles so gut als möglich überlegen"⁹⁴). Im Nachhinein war man mit dem Ablauf der Festivitäten, besonders der prachtvollen Beleuchtung des Lousberges am 16. Juni, zufrieden. Ein Ärgernis war allerdings der Umzug, welcher am 9. Juni mit der mannshohen, eigens zu diesem Fest für gutes Geld überarbeiteten Gliederpuppe "Karl der Große" stattfand. Besonders peinlich war, daß die Puppe ein Szepter und ein Schild mit der Aufschrift trug: "Nur Napoleon ist größer als ich". In einem Bericht an den Maire hieß es:

> *„Mit der Umtragung der Statue Kaiser Carl hat es schlecht gegangen; da das Kapitel der Cathedral-Kirche nicht wollte mitgehen, so sind auch keine Fonctionnaires mitgegangen und er ist nur von den Studenten des Kollege, Armen und Waysenkindern und der Nachtswache begleitet worden; man hat ihn aber recht zum Narren gemacht und aus einem Charlemagne ist er ein Charlatant geworden, beynahe an allen Wein- und Branntweins-Häusern blieb er stehen und warf Bonbons zu den Fenstern hinein, selbst an der berüchtigten Branntweinsherberge in der Schmidtstrasse genannt zum Bethlehem ist er stehen geblieben und hat seine Grimassen gemacht. Allein wie konnte dies auch anderst gehen, da er nur der Leitung einfältiger Menschen überlassen war. Nachdem man ihn nun so heruntergesetzt hatte, konnte er unmöglich am vorigen Sonntag mit der grossen Prozession [Fronleichnamsprozession] herumgehen"⁹⁵).*

Familienangehörige Napoleons in Aachen

Der König von Rom blieb den Einwohnern Burtscheids durch das Projekt der "Promenade du Roi de Rome" in Erinnerung (siehe S. 272). Auch sonst war die kaiserliche Familie den Einwohnern Aachens und seiner Umgebung ein Begriff, denn mehrere ihrer Mitglieder lernten die heilsame Wirkung der Thermalquellen schätzen⁹⁶). Durch ihre Besuche stärkten sie das Ansehen der Stadt, die damals dank der Fürsorge Napoleons im Begriff stand, sich zu einem modernen Badeort zu entwickeln. Badegäste waren in den Jahren 1806 bzw. 1807 Napoleons Brüder Louis bzw. Joseph. Laetitia, die Mutter des Kaisers, besuchte Aachen erstmals am 13. Juli 1809⁹⁷) und wiederholte ihren Aufenthalt in den Jahren 1810 und 1811. Sie reiste in Begleitung ihrer Tochter Pauline, der Fürstin Borghese, welche sich mit Vorliebe in einem Sommerhaus im Berger Busch in der Soers aufhielt, dem der Aachener Munizipalrat ihr zur Ehre am 7. August 1811 den Namen "Forêt Pauline", Paulinenwäldchen, gab. Der Maire v. Guaita ließ dort zu ihrem Andenken einen schlichten Obelisken errichten⁹⁸). In den Jahren 1809, 1810 und 1812 weilte auch Hortense, Tochter der ehemaligen Kaiserin Josephine, Gemahlin von Napoleons Bruder Louis, König von Holland, in der Stadt. Im Jahre 1812 brachte sie ihre Kinder, darunter Charles Louis Napoléon, den späteren Kaiser Napoleon III., mit. Während ihres letzten Aufenthaltes erwarb sie sich durch mildtätige Spenden an bedürftige Bittsteller in Aachen einen guten Namen⁹⁹). Zum Andenken an sie erhielt ein Wäldchen bei Kornelimünster, das ihr besonders zusagte, ihren Namen und wurde mit einer kleinen Säule und einem Pavillon geschmückt¹⁰⁰).
Anläßlich ihres Besuches vom 11. bis zum 15. August 1811¹⁰¹) stiftete Laetitia, die Mutter des Kaisers, viermal 1 000 Francs, die mit den Zinsen auf den Unterhalt und die Berufsausbildung von vier kleinen Kindern verwandt werden sollten, die durch unglückliche Umstände oder den Tod von Vater oder Mutter aus geordneten Verhältnissen gerissen worden waren. Am 15. August wohnte sie der Feier zum Geburtstag ihres Sohnes Napoleon bei, ließ sich aber bei der feierlichen Grundsteinlegung zum neuen Sandkaultor, mit dessen Umbenennung in Porte Madame sie sich einverstanden erklärte, von ihrem Kammerherrn vertreten. Der Präfekt Ladoucette berichtete über den 15. August nach Paris, der Geburtstag des Kaisers sei mit Enthusiasmus gefeiert worden, Unordnung habe es nicht gegeben¹⁰²).
Das Beispiel der Napoleoniden machte in den führenden Schichten des Kaiserreichs Schule und führte zu einer deutlichen Belebung des Aachener Kur- und Badebetriebs.

Napoleon selbst nahm nach 1804 nur noch einmal Aufenthalt in Aachen. Es war der 7. November 1811, als er zusammen mit seiner zweiten Gemahlin Marie-Louise von Köln her auf der Weiterreise in Aachen die Pferde wechseln ließ. Trotz der Kürze seines Besuches war ein ausgefülltes Programm zur Begrüßung des Kaiserpaares aufgestellt worden[103]). Am Kölntor und vor der Wohnung des Präfekten wurden Triumphbögen errichtet, das Rathaus geschmückt, eine Bürgergarde aufgeboten und eine Ehrengarde aufgestellt, die eine eigene Fahne mit dem Namen Napoleons und dem neuen Wappen der Stadt erhielt[104]). Artilleriesalven und Glockengeläut sollten die Ankunft des hohen Besuchs verkünden. Der Karlsbrunnen sollte trotz der fortgeschrittenen Jahreszeit Wasser speien und die Stadt am Abend illuminiert werden. Um diese Zeit war auch auf Anregung der unter dem Protektorat der Großherzogin Elisa von Toscana, einer Schwester Napoleons, stehenden Kunstwerkstätten von Carrara und auf Drängen des Präfekten des Roerdepartement eine 2 000 Francs teure Marmorbüste des Kaisers für das Aachener Rathaus bestellt worden[105]). Der Maire v. Guaita begrüßte das Kaiserpaar überschwenglich, überreichte die Schlüssel der Stadt und schloß seine Rede mit dem Bemerken, dieser Tag sei für ihn persönlich der schönste seines Lebens[106]). Solche Empfindungen wollte die einzige Zeitung des Roerdepartements, das vom Präfekten kontrollierte "Journal de la Roer" auch in der Bevölkerung beobachtet haben:

Napoleon und Marie-Louise in Aachen, 7. Nov. 1811

> *„Aachen, 7. November. Wir erwarteten heute mit der lebhaftesten Ungedult die Ankunft (Ihrer Majestäten); Sie wechselten bloß die Pferde in unserer Stadt; allein der außerordentliche Zulauf der Einwohner, welche sich auf Ihrem Wege hinzudrängten; die Wonne, die in aller Augen strahlte, die tausendmal wiederholten Ausrufungen: Es lebe der Kaiser! Es lebe die Kaiserinn! gaben Ihnen neue Beweise unserer Treue, unserer Liebe und unserer Dankbarkeit. II. MM. [Ihre Majestäten] schienen mit dem Enthousiasmus zufrieden, welchen Ihre Gegenwart in der alten Kaiserstadt Karls des Großen rege machte"*[107]).

Napoleon nutzte den Aufenthalt in Aachen, um sich über die Fortschritte bei der Instandsetzung der Badeanlagen zu informieren. Dabei faßte er den Entschluß zum Neubau von Bädern und zur Anlage eines Badepalastes. Da die örtlichen Finanzmittel auch bei staatlichen Zuschüssen dazu nicht ausreichten, entschloß er sich mit Dekret vom 22. November, die Aachener Mineral- und Thermalquellen zusammen mit den Bädern zu verstaatlichen. Er schuf damit die Voraussetzung für eine ausschließlich staatliche Finanzierung des Projekts.

An der vom Journal de la Roer gemeldeten allgemeinen Begeisterung in der Bevölkerung wird man allerdings ernsten Zweifel hegen müssen, denn der nach dem Konkordat bestehende religiöse Friede war seit der Besetzung Roms durch französische Truppen (1808 Febr. 2), der Annexion des Kirchenstaates (1809 Mai 17) und der Gefangennahme Papst Pius VII. in der Nacht vom 5ten auf den 6ten Juli 1809 ernsthaft gefährdet, zumal der von Napoleon am 22. Oktober 1810 zum Nachfolger des am 8. August 1809 verstorbenen Aachener Bischofs Berdolet ernannte Jean Denis François Camus die erforderliche päpstliche Approbation nicht erhalten hatte, was dazu führte, daß die Gläubigen seinen Amtshandlungen mit Vorbehalt begegneten. Auch der seit 1803 im Rheinland spürbare wirtschaftliche Aufschwung, der in den Jahren 1807 bis 1809 seinen Höchststand erreichte, geriet ins Stocken[108]). In Altfrankreich gab es eine von 1810 bis 1812 während Wirtschaftskrise. Sie war eine Handels- und Bankenkrise, die sich unter dem Einfluß von Spekulationen im Bereich des Kolonialwarenhandels entwickelt und zu einer Teuerung des Lebensunterhalts geführt hatte. Im Rheinland war diese Handels- und Bankenkrise zwar kaum spürbar, doch waren hier nach der bescheidenen Ernte des Jahres 1809 die Lebensmittelpreise deutlich gestiegen und sollten sich im Jahre 1811 – weniger bedingt durch schlechte Ernten als durch Spekulationen im Getreidehandel – drastisch erhöhen und bis 1813 hoch bleiben. Mit der Verteuerung des Lebensunterhalts sank die

Die Krise des Kaiserreichs

Nachfrage nach Gewerbe- und Industriegütern. Die industrielle Krise ergriff nach und nach – wenn auch in unterschiedlichem Ausmaß – bis zum Sommer 1811 alle Branchen. Sie hatte sich seit der am 18. August 1810 erlassenen Verordnung zur Abwertung fremder Münzen noch verschärft, denn im Rheinland wurde im Handelsverkehr mit dem Rechtsrheinischen noch immer in Gulden und Kreuzern abgerechnet und das französische Geld nur im Verkehr mit öffentlichen Kassen des französischen Staates gebraucht. Die verordnete Abwertung des ausländischen Geldes um 16 2/3 Prozent zwang die rheinischen Hersteller und Händler, die Preise in ausländischer Münze zu erhöhen, was dazu führte, daß sich die Waren für fremde Käufer verteuerten und die Nachfrage entsprechend zurückging.

Im selben Jahr 1810 kündigte sich eine weitere wirtschaftliche Verschlechterung an: Das in Tilsit (1807) geschlossene französisch-russische Bündnis zerbrach an politischen Gegensätzen in bezug auf Polen und den Orient und der wachsenden Unzufriedenheit in Rußland mit den Folgen der Kontinentalsperre, die den Absatz russischer Waren erheblich behinderte[109]. Die Aufkündigung der Kontinentalsperre durch den Zaren und sein am 31. Dezember 1810 erlassenes Ein- und Durchfuhrverbot für französische Tuchwaren traf die rheinischen Tuchhersteller und mit ihnen die Aachener Betriebe hart. Sowohl auf französischer wie auf russischer Seite begannen nun Kriegsvorbereitungen. Die damit im Zusammenhang stehenden Steuererhöhungen und Aushebungen von Soldaten trugen zur weiteren Verschlechterung der Stimmung im Volke bei. Hinzu kamen die verstärkten Bemühungen Napoleons zur Französierung der rheinischen Bevölkerung. So wurde jedenfalls sein Dekret vom 11. August 1810 verstanden, das für Vorladungen, Anzeigen, Anschlagzettel, Straßennamen und ausgehängte Schilder die Verwendung der französischen Sprache bindend vorschrieb[110]. Auch die katholische Kirche wurde dabei unfreiwilliges Werkzeug des Staates, da nun alle Erlasse und Verkündigungen der kirchlichen Behörden in französischer Sprache abgefaßt sein mußten[111]. Die Verschärfung der Pressezensur und die Beschränkung der Anzahl der im Roerdepartement zugelassenen Zeitungen auf zunächst zwei, dann, zum 1. Januar 1811, auf eine einzige, nämlich das unter Aufsicht des Präfekten erscheinende "Journal de la Roer", spiegelt ebenfalls die innere Krise des Staates wider[112]. Zur äußeren Krise führte das Scheitern des Rußlandfeldzuges, der am 24. Juni 1812 mit dem Überschreiten des Njemen begann, nach erfolgreichen Kämpfen bei Smolensk und Borodino am 14. September zur Einnahme Moskaus führte, dann aber nach dem Brand von Moskau (Sept. 15) und einem verspäteten Abzug aus der Stadt, durch den einbrechenden strengen Winter, durch Hunger, Kälte und russische Attacken zu einem Fiasko geriet, in dem die Große Armee mit ihren 600 000 Soldaten, darunter etwa ein Drittel Deutsche, weitgehend aufgerieben wurde. Nur einem kleinen Teil der Armee gelang am 26. bis 28. November 1812 der Übergang über die Beresina und die Flucht in französisch kontrolliertes Gebiet. Die meisten Kriegsteilnehmer starben oder gerieten – wie der Aachener Joseph Braun – in russische Gefangenschaft (siehe S. 338ff.). Beim Rückzug aus dem Baltikum war das preußische Hilfskorps von der französischen Armee abgeschnitten worden. Sein Kommandeur, Hans David v. Yorck, ein leidenschaftlicher Verfechter der Unabhängigkeit Preußens und Gegner Napoleons, vereinbarte am 30. Dezember 1812 in einer Mühle bei Tauroggen mit den Russen – ohne dazu von seinem König authorisiert zu sein – die vorläufige Neutralisierung seiner Truppen und gab damit die Initialzündung für den Übertritt Preußens auf die Seite Rußlands und schließlich für den sog. Befreiungskrieg der Jahre 1813 bis 1815. Von der Niederlage Napoleons in Rußland und der Konvention von Tauroggen erfuhr die Bevölkerung im Rheinland nur allmählich, denn seit dem 1. Januar 1811 gab es im Roerdepartement nur noch eine Zeitung, das "Journal de la Roer", das unter der direkten Aufsicht des Präfekten stand und daher nur solche Informationen verbreitete, die der Regierung genehm waren. Die ersten Nachrichten über die Ereignisse in Rußland trafen aus diesem Grunde erst um Neujahr 1813 ein[113]. Der Aachener Munizipalrat gab sich entrüstet über das Vorgehen v. Yorcks und betonte am 20. Januar 1813 in einem Schreiben an den Kaiser seine Ergebenheit[114]. Die Berichterstattung des "Journal de la Roer" blieb auch während des Jahres 1813 unverändert: Siege der Franzosen wurden umgehend,

Niederlagen – wenn überhaupt – verspätet gemeldet [115]). Auch bei öffentlichen Anlässen kam die veränderte militärische Lage nicht zur Sprache. Offiziell zeigten sich die Behörden nicht beunruhigt. Als die Kaiserin Marie-Louise am 5. und 6. August 1813 noch einmal in Aachen weilte – sie befand sich auf dem Weg nach Paris und kam aus Mainz, wo Napoleon Vorbereitungen für die bevorstehenden Schlachten traf – empfing sie der Maire v. Guaita herzlich und versicherte sie der Anhänglichkeit und Treue der Aachener Bürgerschaft zu Frankreich und seinem Herrscherhaus [116]). Auch der Präfekt zeigte sich von den Ereignissen unbeirrt und ließ noch am 15. August 1813 den Grundstein zu einem neuen Präfekturgebäude legen, und der Präfekturrat DuMont verfaßte zu diesem Anlaß ein Lobgedicht auf Napoleon, das im „Journal de la Roer" veröffentlicht wurde [117]).

So spärlich die offiziellen Nachrichten auch flossen, und so sehr sich die Behörden auch unbeirrt zeigten bzw. sogar Propaganda betrieben, die breite Öffentlichkeit dürfte sich kaum mehr über die Krise des Kaiserreichs getäuscht haben. Mit dem Niedergang der Wirtschaft hatte man bereits seit 1810 leben müssen, und Folgen im Sozialgefüge der Stadt waren auch nicht zu übersehen (siehe Kapitel H). Die außerordentlichen Konskriptionen schließlich, die im Januar 1813 angeordnet worden waren [118]) und das Gesetz vom 20. März 1813 zur – wenn auch nicht ersatzlosen – Verstaatlichung der Gemeindegüter [119]) rückte auch die militärische und finanzielle Notlage des Staates in das Bewußtsein der Menschen. Obgleich die Stimmung in der Bevölkerung sank, so blieb der Aufstand im Großherzogtum Berg vom Januar und Februar 1813 ein Einzelfall [120]). Den größten Unwillen erregte in Aachen wie überhaupt im Rheinland der nicht enden wollende Krieg und die mit ihm einhergehenden Konskriptionen. Wie wenig der Aachener von militärischen bzw. paramilitärischen Lebensformen hielt, hatte schon das Verhalten der Stadtsoldaten im Jahre 1792 gezeigt (siehe S. 68) und wird durch den Text eines am 1. Februar 1806 in der „Stadt Aachner Zeitung" erschienenen Aufrufs zum Eintritt in die Nationalgarde, d.h. Bürgermiliz, bestätigt (siehe S. 334f.). Die Überlebensaussichten waren für die Rekruten von 1812 und 1813, gemessen an den Vorjahren, wesentlich geringer, weshalb Alfred Karll ganz richtig schrieb:

> *„Wer 1812 und später zur Armee abmarschierte, konnte mit ziemlicher Bestimmtheit darauf rechnen, als Kanonenfutter zu dienen, eine Aussicht, die den Wenigsten rosig erschien. Man sah ja die Opfer der Kriege in der eigenen Stadt: 1812/13 starben fern vom Kriegsschauplatz im Militärhospital in Aachen in 11 Monaten nicht weniger als 272 Soldaten, und wie viele mögen als Krüppel entlassen sein"* [121])!

Über die tatsächlichen Verluste unter den aus Aachen stammenden Soldaten während der napoleonischen Kriege liegen keine Untersuchungen vor. Im Februar 1813 rückten die im Aachener Bezirk frisch ausgehobenen Soldaten ins Feld [122]). Viele von ihnen entzogen sich ihrem Dienst durch Fahnenflucht, und bald nahm diese derart zu, daß die Behörden keinen anderen Rat mehr wußten, als die Eltern für die Desertion ihrer Söhne zur Rechenschaft zu ziehen. Auf die Flüchtigen wurden Kopfprämien ausgesetzt, und auch die Todesstrafe zählte bald zu den Mitteln der Abschreckung. Bis zum Mai des Jahres 1813 griff allein der Maire von Geilenkirchen 31 Deserteure in seiner Gemeinde auf [123]). Der Trend, dem Dienst im Felde zu entfliehen, setzte sich fort. So hatten die Behörden des Roerdepartements bei der Aufstellung der im April 1813 für ganz Frankreich zur Verstärkung des Heeres angeordneten Garde d'honneur (Ehrengarde) von 10 000 Mann mit erheblichen Schwierigkeiten zu kämpfen [124]). Die Garde sollte sich aus 19 bis 30 Jahre alten Söhnen der Angehörigen etwa des Reichsadels, der Wahlkollegien der Departements und Arrondissements, der Munizipalräte der "bonnes villes", der 550 Höchstbesteuerten des jeweiligen Departements, der 100 Höchstbesteuerten in den Städten und der Verwaltungsbeamten rekrutieren. Von den Ehrengardisten wurde erwartet, daß sie sich selbst ausrüsteten und ein Pferd bereithielten. Die Gestellung geschah nur schleppend, weil sich die Wohlhabenden und Notablen den teuren und zu jenem Zeitpunkt gefährlichen Dienst ersparen wollten. Sie, die von Napoleons Herrschaft am meisten profitiert hatten, erteilten dem Regime eine Abfuhr.

Wie prekär die Lage war, zeigt ein wagemutiger Brief, den Johann Friedrich Jacobi am 1. Juli 1813 an den in Dresden weilenden Kaiser richtete und in dem er Napoleon aufforderte, das Wohl seiner Untertanen zu bedenken und ihnen den ersehnten Frieden zurückzugeben [125]). Unter anderem schrieb er:

> *„Der Polizeiminister konnte nicht ignorieren, daß unter den Bosheiten, die die Pariser im letzten Winter verbreiteten, auch die folgende war: daß nämlich Eure Majestät das Werk der Erlösung, wonach einer für alle starb, dahingehend umkehre, daß nun alle für einen sterben müssen. Dieser vorgebliche Scherz muß den Gedanken entstehen lassen, daß das Glück aller vom Tod eines einzelnen abhänge und diese Vorstellung hat etwas Erschreckendes für diejenigen, denen Euer Leben, Sire, lieb und teuer ist."*

Er, Jacobi, wolle nicht verheimlichen,

> *„daß in den Herzen eurer Völker und eurer Feinde die Verzweiflung regiert, daß man vom Tajo bis zur Newa nichts als Stöhnen und Klagen vernimmt, dessen Echo in Amerika widerhallt, und daß eure Völker mehr als eure Feinde leiden, weil sie seit langem nicht diejenigen bekämpfen, die ihre eigenen Häuser angreifen, sondern weil man sie zwingt, die Häuser der anderen zu zerstören, ohne daß sie die Notwendigkeit dieses Tuns verstehen, noch das Glück erkennen, das ihnen daraus erwachsen könnte. Dies alles läßt in ihnen die Furcht vor dem Kommen der Nemesis entstehen."*

Als Jacobi am 5. Dezember 1813 in Paris mit Napoleon zusammentraf, soll dieser zurückhaltend freundlich reagiert haben [126]).

Militärischer Niedergang des Kaiserreichs

An eine Umkehr war indessen nicht mehr zu denken. Nach der Konvention von Tauroggen hatte es noch mehrere Monate gedauert, bis sich der preußische König am 27./28. Februar 1813 in Breslau und Kalisch zu einem Bündnis mit dem Zaren durchrang. Dann aber überschlugen sich die Ereignisse. Am 11. August 1813 erfolgte die österreichische Kriegserklärung an Frankreich. Am 6. Oktober verließ Bayern den Rheinbund. Nach wechselnden Erfolgen unterlag Napoleon in der Völkerschlacht bei Leipzig (1813 Okt. 16-19) den alliierten Russen, Österreichern, Preußen und Schweden. Gegen Ende des Monats löste sich der Rheinbund auf.

Ergebenheitsadressen

In Anbetracht der Ereignisse war die Regierung in Paris bestrebt, von den linksrheinischen Gemeinden Ergebenheitsadressen zu erhalten, die der Kaiserin Marie-Louise als Regentin des Kaiserreichs nach Paris überbracht werden sollten [127]). Während man andernorts in Anbetracht der alliierten Erfolge dazu nicht mehr bereit war, unterzeichneten der Maire v. Guaita und der Aachener Munizipalrat am 23. Oktober eine von ihnen formulierte Adresse, doch mußte sich der Präfekt selbst in den Munizipalrat begeben, um eine Delegation zur Überbringung derselben nach Paris zu gewinnen. Die mit dieser Mission betrauten Personen verzögerten die Reise aber offenbar so lange, bis die militärischen Erfolge der Alliierten sie ihres Auftrags enthoben. So liegt die Ausfertigung der Ergebenheitsadresse noch heute bei den städtischen Akten [128]). Ihr Inhalt entsprach auch wohl kaum den wahren Gefühlen der Bevölkerung, wenn es heißt:

> *„Puisse notre bien aimé Souverain être témoin du bon esprit, dont tous les Aixois sont animés, et de l'enthousiasme, avec lequel ils sont attachés à la cause de leur Prince, à celle de la Patrie, et à celle de tous les Français".*

Daß man im Raum Aachen anders dachte, lassen nächtliche Unruhen und Straßenaufläufe, Lieder zu Ehren des Kaisers von Österreich, die Gerüchteküche und Wirtshausdebatten erkennen, welche die Aufmerksamkeit der Geheimpolizei und des Präfekten auf sich zogen [129]. Auch der leidenschaftliche Aufruf des Konsistorialpräsidenten der Reformierten in Stolberg, Heinrich Simon van Alpen, dessen Zweck es ganz offensichtlich war, die sinkende Volksstimmung im französischen Sinne zu heben, läßt den Grad der Gärung in der Bevölkerung erkennen:

> *„Ein beispielloser Verrat [vermutlich die Konvention von Tauroggen zwischen den Generalen Yorck und Diebitsch] hat unsere unbesiegbare Armee vom Felde des Sieges verjagt. Die Feinde nähern sich dem Rhein in der wahnsinnigen Absicht, ihn zu überschreiten und Frankreich zu teilen. Napoleon der Große, ruhig im Ungewitter, vertraut auf den Sieg und auf den Frieden. Schon bewegen sich die Adler, die Soldaten schwören den Bürgern, daß sie nur den Schauplatz des Sieges ändern, und die Bürger versprechen den Soldaten jene wahrhaft französische Einheit des Willens und des Strebens nach dem einen Ziel, der Ehre der Nation, dem Wohle des Vaterlandes und der unerschütterlichen Treue zum Herrscher, den die Vorsehung beschützt hat"* [130].

Spätestens die eilige Durchreise König Jerômes von Westfalen am 6. November und die Nachricht von dem am 2./3. Dezember gescheiterten Versuch der Preußen, Wesel einzunehmen, eine Aktion, die in Aachen am 13. Dezember bekannt wurde, enttarnte die wirkliche militärische Lage [131]. Diese verschlechterte sich in den folgenden Wochen rapide [132]. Ende 1813 war, bis auf einige Festungen und das von Marschall Davout verteidigte Hamburg, das rechtsrheinische Deutschland befreit. Für einige Zeit sah es so aus, als sollten die linksrheinischen Gebiete Frankreich verbleiben. Max Braubach schrieb dazu:

> *„Dem zum 'Premierminister der Koalition' gewordenen Metternich lag nichts an einem Sturz Napoleons und der völligen Niederwerfung Frankreichs, dessen machtvolle Stellung er als Gegengewicht gegen Rußland erhalten wollte. Von Frankfurt, wo die verbündeten Monarchen ihr Hauptquartier aufschlugen, bot er dem Gegner einen Frieden auf der Grundlage der 'natürlichen Grenzen' Frankreichs an. Nicht die Empörung der deutschen 'Jakobiner', von denen Arndt in einer Flugschrift die These 'Der Rhein, Deutschlands Strom, aber nicht Deutschlands Grenze' verfochten hatte, sondern die Ablehnung Napoleons ließ es zur Fortführung des Krieges kommen"* [133].

Die Weigerung Napoleons, in Friedensverhandlungen einzutreten, zwang die Verbündeten, den Rhein, den sie noch in der Konvention von Kalisch am 27. Februar 1813 als die im Frieden von Lunéville festgeschriebene legitime Ostgrenze Frankreichs akzeptiert hatten, zu überschreiten [134]. Am 1. Januar 1814 setzte Blücher bei Kaub über den Rhein. Am 13. Januar ging der russische General v. Wintzingerode bei Düsseldorf über den Rhein. Tags darauf evakuierten die Franzosen Köln. Der Vormarsch der Verbündeten geschah nun so schnell, daß der General Sebastiani, Kommandeur des 5. französischen Armeekorps, dem Präfekten des Roerdepartements, der den Befehl hatte, seinen Amtssitz als letzter in Richtung Westen zu verlassen, und der gerade im Begriff stand, sich mit seinen Beamten in den Schutz der Festung Jülich zu begeben, zum Rückzug auf Lüttich riet. Dem Präfekten gelang es noch, für einen geordneten Abzug von Teilen der Verwaltung zu sorgen. Auch der militärische Rückzug verlief geregelt und ohne Zwischenfälle [135]. Während Camus, der zum Bischof von Aachen nominierte Nachfolger Marc Antoine Berdolets, die Stadt bereits am 16. Januar verlassen hatte, reiste Ladoucette am 17ten um 10 Uhr morgens ab. Zuvor wurde er vom Maire v.

Der Abzug der Franzosen aus Aachen, 17. Jan. 1814

Guaita verabschiedet, und er selbst bedankte sich bei den Anwesenden. In seiner 1818 in Paris erschienenen Schrift "Voyage dans le pays entre Meuse et Rhin" scheute er sich nicht, die Legende zu verbreiten, die Anhänglichkeit in Aachen sei so groß gewesen, daß zehntausend Arbeiter auf beiden Seiten der Straße auf die Knie gefallen seien oder ihre Arme erhoben hätten, um den Himmel um seine Gunst für Frankreich zu bitten [136]. In seinem Rechenschaftsbericht über den Abzug und über den damaligen Zustand seines Departements fuhr Ladoucette mit seinen Übertreibungen fort. Er behauptete, die Steuern seien bis zuletzt planmäßig eingegangen, die Beitreibungen von Futter- und Lebensmitteln, von Wagen und Pferden seien ohne Probleme verlaufen, die Gesinnung der Bevölkerung sei gut gewesen und es habe keine 50 Aufwiegler im Departement gegeben. Am Ende seiner Darstellung verpflichtete er sich, wenn der Sieg oder der Friede das Roerdepartement an Frankreich zurückgäbe, es innerhalb von drei Wochen neu zu gestalten. Am 24. März 1815, zwei Tage, nachdem Napoleon von Elba nach Paris zurückgekehrt war, verstieg sich Ladoucette in seiner Schönfärberei und Fehleinschätzung der tatsächlichen Lage sogar zu der Behauptung, in seinem früheren Departement gäbe es ein Potential für einen Aufstand gegen die das Rheinland mittlerweile verwaltenden Preußen. Er schrieb damals an den Kaiser:

> *„Ich meine diese Gelegenheit benutzen zu müssen, um Eurer Majestät zu bemerken, daß Sie auf den im Roerdepartement herrschenden Geist rechnen können und daß eine Deputation mir einen dortigen Aufstand gegen die Preußen vorgeschlagen hat, die dieses Land durch Steuern und schlechte Behandlung bedrücken und die mir mein Mobilar beschlagnahmt haben, um uns alle wegen unserer Bewunderung für Ihre geheiligte Person zu bestrafen. Wenn Ihre Armeen sich Aachen nähern, so bewerbe ich mich um die Ehre, die Herzen und die Arme von 700 000 guten Einwohnern zu entflammen"* [137].

Dem Kaiser gefiel dieser Gedanke so sehr, daß auch er darüber die Wirklichkeit verkannte. Auf St. Helena schrieb er später:

> *„Belgien und die vier Rheindepartements waren ob ihrer Trennung von Frankreich höchst unzufrieden: alle ihre Wünsche waren für den Kaiser und das gemeinsame Vaterland. Mit allen diesen Ländern waren Vereinbarungen getroffen: der erste Sieg des Kaisers hätte ihren Aufstand zur Folge gehabt"* [138].

Ladoucette und Napoleon schätzten die Haltung der überwiegenden Mehrheit der rheinischen Bevölkerung mit Sicherheit falsch ein. Alfred v. Reumont schrieb in seinen Jugenderinnerungen: „Die Zahl der Aachener, welche die Franzosen mit Leidwesen scheiden sahen, war nicht groß" [139], und der Priester und Rechtsgelehrte Johann Balthasar Forst aus Kornelimünster meinte gar anläßlich der Räumung Aachens:

> *„Der allmächtige Beherrscher der Welt hat geholfen. Was man so lange gehofft und auf die göttliche Vorsehung hinblickend vorhergesagt hat, ist endlich eingetroffen: Die Franzosen sind geschlagen von Moskau bis Paris. Das ganze Revolutionswerk, woran über 20 Jahre gearbeitet worden, ist gestürzt, die Eroberungen des Usurpators Napoleon zurückgegeben, die Bourbonen nach Frankreich berufen und Napoleon nach der Insel Elba verbannt. Gott segne Österreich und belohne es den russischen und preußischen Monarchen, daß sie die Welt befreit haben. Gott erhalte Papst Pius VII. .. Die Welt ist gerettet!"* [140].

Die Stadt-Aachener Zeitung, welche nunmehr an Stelle des „Journal de la Roer" erschien, beschrieb die Ereignisse vom 17. Januar mit den Worten:

> „Aachen, den 18. Jänner. – Nachdem die Alliirten Heere mehrere Wochen am Rhein gestanden und auf verschiedenen Punkten diesen Fluß passirt hatten, so daß wir ihre Ankunft jeden Tag erwarteten, kam endlich der entscheidende Augenblick. Sonnabends, den 15., erfuhren wir bestimmt, daß sie Tags zuvor in Köln eingezogen wären. Hier in Aachen wurden sogleich von Seiten der französischen Behörden und den Verwaltungen alle Anstalten zur Abreise getroffen. Die Bewegungen, die diese Maßregeln zur Folge hatten, das allmählige Aufhören der Triebräder in den verschiedenen Regierungsfächern, die bevorstehende Veränderung unserer politischen Verhältnisse, die in der individuellen Lage vieler Personen auch Veränderungen hervorbringen mußten; endlich der Gedanke, daß der Schauplatz, auf welchem die großen Angelegenheiten Europas geschlichtet werden, sich nun unsern Gegenden nähere, alles dieß mußte die Herzen mit banger Ahnung erfüllen.
> Ungeachtet dieses bevorstehenden Wechsels herrschte in unserer Stadt die größte Ruhe und Ordnung. Bürger besetzten die verschiedenen Posten und machten häufige Patrouillen. Der Hr. Präfekt verließ die Stadt, Montags den 17., um ungefähr zehn Uhr des Morgens. Der Hr. Maire und die HH. Adjunkten begleiteten ihn bis ans Thor. Kurz nach ihm zogen die letzten französischen Truppen durch. Nicht die geringste Unordnung wurde durch diese verübt. Von ein bis drei Uhr Nachmittags waren wir, in einiger Rücksicht, uns selbst überlassen. Die französischen Behörden hatten aufgehört und die Alliirten, denen die Vorsehung unsere Schicksale nun anvertraute, waren noch nicht erschienen. Doch verläugnete sich der biedere und rechtliche Charakter unserer Einwohner nicht; jeder Bürger verhielt sich ruhig. Der H. Maire, die HH. Adjunkten, der Munizipalrath und die übrigen in der Stadt gebliebenen Beamten befanden sich auf ihren Posten.
> Gegen 3 Uhr des Nachmittags kündigte eine allgemeine Bewegung in der Stadt die Annäherung der alliirten Truppen an. Alles eilte dem Kölner Thore zu. Eine Deputation der Stadt, bestehend aus mehrern Mitgliedern des Munizipalrathes, fuhr dem anrückenden Heere entgegen. Kurz darauf sahen wir einen Major Sr. Majestät des Kaisers aller Reussen mit einer Suite von ungefähr zehen Kosaken, in Begleitung der Deputation, in die Stadt einziehen, und sich auf das Rathhaus begeben. Haufen Volks strömten von allen Seiten herbei, und empfingen den Zug mit allgemeinem H u r r a h r u f e n. Nachdem sich dieser H. Major ungefähr eine Viertelstunde auf dem Rathhause aufgehalten und sich mit dem Hn. Meier unterhalten hatte, kehrte er in Begleitung der nämlichen Deputation wieder zurück. Des Abends gegen sieben Uhr zogen die hundert Kosaken in die Stadt ein und stationnirten mit ihren Pferden längs den Häusern vom Kölner Thore bis an das ehmalige Hotel des Hn. Präfekten. Die Bürger erleuchteten aus freiem Antriebe ihre Häuser. Die Ruhe wurde keinen Augenblick unterbrochen, und wir hatten das Glück, diesen wichtigen Augenblick der Entscheidung, welcher so mancher Stadt ein Augenblick des Schreckens war, ohne alle Gefahr zu überstehen. Der Bürger schlief die Nacht über eben so ruhig, als ob wir im tiefsten Frieden lebten. Dieser unerwartete glückliche Zustand der Dinge erfüllt uns mit froher Hoffnung, und flößt uns das unbegrenzteste Vertrauen in die Verfügungen der Verbündeten Mächte ein, deren weise und menschenfreundliche Absichten bei Fortsetzung des Kampfes, nach Höchstdero eigenen Versicherung, keinen andern Preiß, als den des Friedens, erringen wollen".

III. VERÄNDERUNGEN IN DEN EINZELNEN LEBENSBEREICHEN

E. Staatliche und kommunale Verwaltung

Steuern und Finanzverwaltung

Die finanzielle Situation der Reichsstadt Aachen war zu Beginn der 90er Jahre des 18. Jahrhunderts alles andere als rosig. Sie verschlechterte sich nach der Besetzung durch die Franzosen, bedingt durch Kontributionen, Requisitionen und die Unmöglichkeit, die städtischen Steuern regulär einzuziehen, noch weiter. Die Assignatenwirtschaft tat das übrige, so daß Aachen im Jahre 1796 quasi bankrott war. Die weitere Entwicklung der städtischen Finanzen ist noch unerforscht. Eine gewisse Konsolidierung ist jedenfalls nach dem Frieden von Campo Formio vom 17. Oktober 1797 und der Einführung der französischen Steuergesetzgebung im Rheinland zu beobachten. Die Einnahmen waren nun zwar gesichert, doch ging die frühere Steuerhoheit endgültig verloren.

Der reichsstädtische Haushalt war zum überwiegenden Teil aus Verbrauchssteuern (Akzisen) finanziert worden. Die einzige direkte Steuer war das sog. Servisgeld, eine Vermögenssteuer auf Haus- und Grundbesitz. Die französische Steuergesetzgebung kannte hingegen neben indirekten eine Vielzahl direkter Steuern:

1) Die allgemeine Grundsteuer, eine Grundwertsteuer, bei deren Abschätzung die Eigentümer – angesichts des Fehlens zuverlässiger Kataster – durch entsprechende Erklärungen mitzuwirken hatten. Wer sein Grundvermögen um mehr als ein Viertel zu gering angab, sollte sein Eigentum an die Republik verlieren. Das von der Gemeinde vorbereitete Material wurde unter der Leitung des Maires durch eine besondere Einschätzungskommission geprüft. Die Erhebung der Grundsteuer trug also provisorischen Charakter und führte zu Ungenauigkeiten und Ungerechtigkeiten, über die die Steuerzahler zu Recht verbittert waren. Die Klagen führten schließlich in der Konsularzeit Napoleons zu dem Entschluß, durch Einführung von Katastern Steuergerechtigkeit herzustellen. Die dazu durch Dekret der Konsuln vom 3. November 1802 und durch spätere Verordnungen getroffenen Bestimmungen führten allerdings ebenfalls zu einem unbefriedigenden Ergebnis, weil man aus Kostengründen auf eine Gesamtvermessung aller Parzellen in Frankreich verzichtete und sich mit nicht näher zu erörternden sog. „Kulturmassenplänen" begnügte. Erst am 27. Januar 1808 entschied Napoleon, daß alle Parzellen in ganz Frankreich aufzunehmen, abzuschätzen und zu katastrieren seien. Für Aachen konnte das Projekt in französischer Zeit nicht mehr abgeschlossen werden.
2) Die Personal- und Mobiliarsteuer war eine Art Einkommen- und Vermögenssteuer. "Die Personalsteuer ist allen Einwohnern gemein, die Armen allein ausgenommen; sie muß nach dem Verhältnisse des ganzen Vermögens eines jeden Steuerpflichtigen, der seine Rechte genießt, entrichtet werden ... Die Mobiliar-Steuer ist nur auf die öffentlichen und Privatbesoldungen ... und überhaupt auf alle die der Grundsteuer nicht unterworfenen Einkünfte gelegt"[1]. Zu diesen beiden Teilsteuern trat bis 1812 eine Aufwandsteuer, bei der die Anzahl der Bediensteten, der Luxuswagen und der Luxuspferde berücksichtigt werden mußte[2].
3) Die Patentsteuer betraf den Ertrag des Gewerbes, wurde aber "nicht nach dem Einkommen jedes einzelnen, sondern nach der Leistungsfähigkeit seines Gewerbes berechnet, wobei die Bevölkerungszahl des Ortes, an dem das Gewerbe ansässig war, als weiteres Kriterium herangezo-

gen wurde. So war die Steuerleistung selbst innerhalb einer Berufsschicht verschieden"[3]). Nicht der Patentsteuer unterworfen waren "öffentliche Beamte, Ackerleute und Bauern, Tagelöhner, alle besoldeten Personen, die für andere in Häusern, Werkstätten und Kaufläden arbeiteten, Künstler, Angestellte in Spitälern, Hebammen, Pferdepostmeister, Fischer, Woll- und Baumwollkämmer und -spinner, Verkäufer von kleinen Eßwaren auf den Märkten der Gemeinde"[4]). Da die Patentsteuer das Großgewerbe höher besteuerte als das Kleingewerbe, besaß sie eine deutlich soziale Komponente.

4) Die Tür- und Fenstersteuer. Für jede Tür und jedes Fenster mußten in den Gemeinden – nach deren Einwohnerzahl abgestuft – Steuern entrichtet werden. Für Aachen bedeutete das im Jahre 1798: 40 Centimes pro Tür bzw. Fenster, vom 3. Stockwerk ab 25 Centimes. Türen und Tore der Magazine der Großkaufleute, der Kommissionäre und der Makler wurden mit dem doppelten Betrag eingeschätzt. Scheunen, Ställe und öffentliche Gebäude waren frei. Mit Gesetz vom 8. März 1799 wurde die Steuer kräftig erhöht.

5) Zusatzsteuern erhob der Staat als Aufschlag zu den bestehenden direkten Steuern, und zwar zur Finanzierung verschiedener Staats-, Departemental- und Kommunalzwecke. So wurde seit 1804 zusätzlich zur Grund-, Personal- und Mobiliarsteuer eine Straßensteuer zur Finanzierung des von Napoleon angeordneten Baus der Straße Aachen-Kornelimünster-Roetgen-Monschau erhoben[5]).

6) Seit 1805 hatte das Roerdepartement pro Trimester im voraus unter gleichmäßiger Verteilung auf die einzelnen Gemeinden eine Kriegssteuer in Höhe von 42 810 Francs aus seinen Einkünften für die Aufstellung und den Unterhalt einer Reservekompanie zu entrichten. Die Kriegssteuer erhöhte sich bis zum Ende der französischen Zeit stetig[6]).

Außer den direkten erhob der Staat auch eine Reihe indirekter Steuern (droits réunis). Die wichtigsten waren seit 1798 die Tabaksteuer, seit 1805 die Bier-, Branntwein-, Wein- und Obstweinsteuer und seit 1806 die Salzsteuer. Zu den indirekten Steuern zählten noch Verkehrs-, Stempel- und Einregistrierungsgebühren[7]). So war die Eintragung (Enregistrement) von Verträgen, Hypotheken u.a. zur Gewährleistung des öffentlichen Glaubens und der gerichtlichen Beweiskraft unmittelbar nach dem jeweiligen Rechtsgeschäft gegen Gebühr zwingend vorgeschrieben. Für eine große Zahl von Rechtsgeschäften mußte gestempeltes Papier verwandt werden, das nach einem besonderen Tarif käuflich zu erwerben war. Ferner hatte jeder, der Handel, Gewerbe, Handwerk oder einen anderen Beruf ausüben wollte, einen Gewerbeschein, ein Patent, zu erwerben und dafür eine nach Tarif abgestufte Abgabe zu leisten.

Der Behördenapparat zur Einziehung der verschiedenen Steuern war recht kompliziert und unterlag mannigfachen Veränderungen. Das abzuführende Steuervolumen wurde zentral in Paris festgelegt und auf die Departements verteilt, die ihrerseits den Steuerbetrag auf die Arrondissements, diese auf die Gemeinden und die Gemeinden auf die einzelnen Steuerpflichtigen verteilten. Der wichtigste Finanzbeamte des Departements war der Generaleinnehmer der direkten Steuern, der die Steuergelder an das Nationalschatzamt in Paris weiterleitete und daher als einziger den Überblick über die Steuereinnahmen des Departements besaß. Der Generaleinnehmer wurde vom Direktorium bzw. später durch Konsularbeschluß bestellt. Von 1798 bis 1803 versah diese Aufgaben Jean Marie Harent, von 1803 bis 1813 Jean Sigismond Gay und zuletzt ein gewisser Dalton.

Alle direkten und der überwiegende Teil der indirekten Steuern flossen dem Staat zu, während die Gemeinden nur 10 Prozent der Patentsteuer erhielten. Wohl aber erhob der Staat – gewissermaßen als Dotation des Gemeindehaushalts – Zuschläge von einigen Centimes zur Grund-, Personal- und Mobiliarsteuer. Da diese Zuwendungen aber bei weitem nicht ausreichten, war den Gemeinden die Erhebung eines sog. Octroi zugestanden, einer indirekten Steuer auf bestimmte Gegenstände des täglichen Lebens. So wurden in Aachen beispielsweise bestimmte Getränke wie Wein, Kornschnaps, Branntwein, Bier und Apfelwein, aber auch Fleisch, bestimmte Fischsorten, Muscheln und Olivenöl, ferner Brennmaterial, Viehfutter, Fett und Seifen besteuert[8]). Die wichtigsten Lebensmittel des kleinen Mannes wie Roggen, Weizen, Kartoffeln, Hülsenfrüchte, Gemüse, Butter, Eier und Milch blieben hingegen unversteuert. Der Octroi berücksichtigte also die sozialen Belange der Bürger, indem er bei aufwendigerem Lebensstil progressiv wirkte; ein deutlicher Gegensatz zu den reichsstädtischen Akzisen, die arm und reich gleichermaßen trafen[9]). Abgesehen von den staatlichen Dotationen aus der Patentsteuer und vom Octroi, bezogen die Gemeinden noch Einnahmen aus der Lustbarkeitssteuer des Wohltätigkeitsbüros, aus dem Marktverkehr, den Meß- und Eichgebühren und aus der Führung der Zivilstandsregister. Seit dem 16. September 1807 besaßen die Gemeinden aufgrund des „Wertzuwachssteuergesetzes" (loi relative au desséchements des marais) das Recht, "von den Eigentümern, deren Besitzungen durch den Aufschluß neuer Straßen und Plätze, durch den Bau von Schiffahrtsanlagen oder durch sonstige öffentliche Arbeiten einen Mehrwert erlangt hatten, eine Abgabe zu erheben, die bis zu 50 % des Mehrwertes gehen durfte"[10]). In Aachen wurde der Octroi seit 1801 erhoben[11]). Das Mißverhältnis zwischen den aus der Mairie Aachen dem Staat anheimfallenden und dem der Gemeinde verbleibenden Steueraufkommen erhellt aus einem „Mémoire" des Jahres 1804, demzufolge Aachen jährlich 374 000 Francs Steuern aufbrachte, von denen der Stadt aber nach Abzug des für die Republik bestimmten Anteils lediglich 21 000 Francs übrig blieben[12]).

Auf der Ausgabenseite der Gemeinden standen zum einen die üblichen Verwaltungskosten, die mit Gesetz vom 7. April 1803 auf maximal 50 Centimes pro Kopf der Bevölkerung begrenzt worden waren[13]), zum anderen die Ausgaben für die Belange der Polizei und zur Unterstützung der Staats- und Departementalverwaltung. Seit 1807 waren 10 Prozent der Erträge der Gemeindegüter für Zwecke des Kultus auszugeben. Hinzu kamen Militärlasten, Ausgaben für das Bauwesen, vor allem für den Bau und Unterhalt des Wegenetzes, die Beleuchtung der Straßen und das Armenwesen.

Der Etat der Munizipalität wurde vom Maire aufgestellt und nach Beratung durch den Munizipalrat dem Präfekten zugestellt. Die von ihm bewilligten Titel durften um keinen Preis überschritten werden. Die Kassenverwaltung erfolgte durch den Stadtempfänger, der nach Ablauf des Rechnungsjahres die Rechnung legte und sie gleichfalls dem Präfekten unterbreitete. Die im Vergleich zur reichsstädtischen Zeit effektivierte und auf den Boden der Verläßlichkeit gestellte Buchführung führte im Verein mit der staatlichen Kontrolle zu einer Ausgewogenheit des Stadthaushalts.

Anders sah es hingegen mit der Bewirtschaftung und Tilgung der in reichsstädtischer Zeit und in den Jahren bis 1798 angefallenen Schulden aus. Der französische Staat hatte im Frieden von Lunéville (1801 Febr. 9) als Rechtsnachfolger der früheren Souveräne auch deren Staatsschulden übernommen, und am 1. Oktober 1804 waren durch kaiserliches Dekret Maßnahmen zur Bewältigung dieser Schulden eingeleitet worden[14]). Ihnen lagen folgende Schuldverhältnisse zugrunde: Aachen war am 1. Januar 1803 ohne Agio mit 2 633 010 Francs 62 Centimes, die Stadt Köln mit 4 715 025 Francs, das Erzbistum Köln mit 4 194 147 Francs 67 Centimes, das Herzogtum Jülich mit 1 271 294 Francs 24 Centimes, die Abtei Burtscheid mit 61 249 Francs 56 Centimes und die Abtei Kornelimünster mit 2 687 180 Francs 44 Centimes belastet[15]). Am 1. Oktober 1804 übernahm der Staat den Löwenanteil der sich jetzt auf gut 2,7 Millionen Francs belaufenden städtischen Schulden, nämlich gut 2,2 Millionen Francs[16]). Durch ein Dekret vom 21. August 1810 wurden alle städtischen Schulden in immerwährende Renten verwandelt[17]). Die Gläubiger konnten jetzt nur die Zinsen beanspruchen, nicht mehr die Rückzahlung des Darlehens. Eine andere Verordnung vom 20. März 1813 befahl den Verkauf der Gemeindegüter zugunsten der staatlichen Amortisationskasse[18]).

Stadthaushalt und Schuldentilgung

Zivile Oberbehörden im Rheinland bis 1800

Die Organisationsformen der Zivilverwaltung in den Rheinlanden hatten sich seit dem Einrücken der französischen Revolutionstruppen bis zur napoleonischen Verwaltungsreform des Jahres 1800 mehrfach gewandelt. Da sie bereits im chronologischen Teil ausführlich dargestellt wurden, mag an dieser Stelle eine überblicksartige Zusammenstellung mit besonderer Berücksichtigung Aachens genügen [19]):

1794 Nov. 14 – 1796 Febr. 3 (1796 Juni 9)   ADMINISTRATION CENTRALE DU PAYS D'ENTRE MEUSE ET RHIN.

Für das von der Sambre- und Maasarmee besetzte Gebiet zwischen Maas und Rhein wurde eine Zentralverwaltung mit Sitz in Aachen eingerichtet, die aus 18 Administratoren bestand, deren Tätigkeit von einem Nationalagenten überwacht wurde. Der Verwaltungsbereich war ursprünglich in 7 Arrondissements oder Bezirksverwaltungen untergliedert, die ihre Sitze in Maastricht, Geldern, Aachen, Bonn, Blankenheim, Limburg und Spa hatten und deren Zuständigkeitsbereiche in Kantone unterteilt waren, in deren Rahmen die aus dem Ancien Régime überkommenen Behörden weiterarbeiteten. Auch die Bezirksverwaltungen unterlagen der Kontrolle der ihnen beigeordneten Nationalagenten. Am 8. November 1795 wurden die Bezirke Limburg, Spa und Maastricht der Zuständigkeit der Zentralverwaltung entzogen und den Behörden der am 1. Oktober 1795 mit Frankreich vereinigten belgischen Gebiete unterstellt.

1796 Febr. 3 (Juni 10) – 1796 Aug. 20/25   COMMISSION ADMINISTRATIVE.

Die Zentralverwaltung der Länder zwischen Maas und Rhein wurde am 3. Februar 1796 vom Direktorium in Paris aufgehoben. An ihre Stelle sollte eine Kommission aus drei gebürtigen Franzosen treten, die dem Regierungskommissar Joubert unterstellt wurde. Noch bevor diese Verwaltungskommission ihre Tätigkeit in Aachen aufnahm (Juni 10), war sie mit Beschluß des Direktoriums vom 17. Mai wieder aufgehoben worden, setzte aber ihre Arbeit noch bis zum Tätigkeitsbeginn der sie ablösenden Verwaltungskörper fort. Die Neuorganisation oblag dem Regierungskommissar Poissant.

1796 Aug. 25 – 1797 Mz. 21   DIRECTION GÉNÉRALE DES PAYS D'ENTRE MEUSE ET RHIN.

An die Stelle der Verwaltungskommission traten zwei Generaldirektionen, eine für die Lande zwischen Rhein und Mosel (im wesentlichen für die Lande rechts der Mosel), die andere für die Lande zwischen Rhein und Maas auf der linken Seite der Mosel. Die Generaldirektionen nahmen ihren Sitz in Koblenz bzw. in Aachen. Sie unterstanden direkt den Zentralbehörden in Paris. Generaldirektor für die Lande zwischen Rhein und Maas wurde Pruneau. Seine Direktion wurde am 24. Februar 1797 aufgehoben und beendete ihre Tätigkeit am 21. März 1797. Mit Einführung der Generaldirektion wurde die kollegiale Verfassung der obersten Behörde, wie sie bei der früheren Zentralverwaltung noch bestanden hatte, wieder aufgegeben.

1797 Mz. 21 – 1797 Okt. 5   COMMISSION INTERMÉDIAIRE.

Die Intermediär- oder Mittelkommission stand unter der Leitung des am 24. Januar 1797 zum kommandierenden General der Sambre- und Maasarmee ernannten Lazare Hoche, der den Auftrag zur Organisation einer effektiveren Verwaltung erhalten hatte. Er setzte dazu unter Aufsicht der Mittelkommission die unter dem Ancien Régime bestehenden Verwaltungs- und Gerichtsorgane wieder ein. Sie sollten jedoch nicht selbsttätig agieren, sondern die von der Mittelkommission erteilten Aufträge ausführen. Die Mittelkommission bestand aus einem fünfköpfigen Gremium, zu dem

Henri Shée als Präsident zählte. Die Zuständigkeit der Mittelkommission erstreckte sich nicht nur auf die Lande zwischen Maas und Rhein, sondern auf alle von den Franzosen besetzten Gebiete links und rechts des Rheins, weshalb sie ihren Amtssitz in Bonn statt in Aachen nahm. Aachen verlor auch insofern an Bedeutung, als das Land in 6 Arrondissements geteilt wurde, von denen keines seinen Sitz in Aachen erhielt. Für Aachen wurde vielmehr der Bezirk Jülich mit dem Verwaltungssitz Jülich zuständig. Nach dem Tode von Hoche trat an dessen Stelle General Augereau, der gleichfalls die Zivil- und Militärgewalt in seiner Hand vereinigte. Das Exekutionsdirektorium in Paris verfügte am 5. Oktober 1797 die Auflösung der Mittelkommission.

1797 (Okt. 5) Nov. 23 – 1798 Febr. 19   RÉGIE NATIONALE
                                          DE LA RÉPUBLIQUE FRANÇAISE.

Mit Aufhebung der Mittelkommission wurde die provisorische Verwaltung der besetzten Gebiete General Augereau übertragen, der seiner Aufgabe seit dem 23. November in Bonn nachkam. Mit Rücksicht auf seine Pflichten als Militärbefehlshaber beauftragte er seinerseits die bisherigen Mitglieder der Mittelkommission mit der provisorischen Verwaltung der Länder.

Seit 1798 Febr. 19   ADMINISTRATION CENTRALE
                       DU DÉPARTEMENT DE LA ROER.

Einen Tag nach der Ratifizierung des Friedens von Campo Formio, der Frankreich große Teile des linken Rheinufers, darunter Aachen, in Aussicht stellte, wurde am 4. November 1797 Franz Josef Rudler zum Regierungskommissar in den eroberten Gebieten zwischen Maas und Rhein sowie zwischen Rhein und Mosel mit Sitz in Mainz ernannt. Er erhielt den Auftrag zur Neuorganisation der Verwaltung nach französischem Vorbild, wozu er alle geeigneten französischen Gesetze auch im Rheinland in Kraft setzen sollte. Bereits am 23. Januar 1798 stellte Rudler die neue Verwaltungsorganisation vor und hob zum 19. Februar 1798 alle bestehenden Verwaltungen auf. Das Gebiet wurde nunmehr in 4 Departements, darunter das Roerdepartement mit Verwaltungssitz in Aachen, eingeteilt. In jedem Departement wurde eine Zentralverwaltung installiert, bestehend aus einem fünfköpfigen Gremium, das alljährlich aus seiner Mitte einen Präsidenten wählte. Die Kontrolle der Departementsverwaltung oblag einem Kommissar, im Roerdepartement war es Anton Joseph Dorsch. Die Gesamtaufsicht über die vier Departements oblag dem Regierungskommissar in Mainz. Auf den Regierungskommissar Rudler folgten am 7. März 1799 Jean Joseph Marquis und am 3. August 1799 Joseph Lakanal.

Nicht nur die Oberbehörden, auch die Organisation der Stadtaachener Verwaltung war seit dem Einmarsch der Franzosen mehrfach verändert worden:

Kommunalverwaltung in Aachen bis 1800

1792 Dez. 15 – 1793 Jan. 12

Bei der ersten Besetzung Aachens im Jahre 1792 amtierten der Schöffenbürgermeister Kaspar Joseph v. CLOTZ und der Bürgerbürgermeister Johann Michael KREITZ.

1793 Jan. 12 – 1793 Mz. 2

In Ausführung des Dekrets der Pariser Nationalversammlung vom 15. und 17. Dezember 1792 wurden an die Stelle des reichsstädtischen Rates unter militärischem Druck der Franzosen 48 Volksrepräsentanten aus Stadt und Reich Aachen gewählt, die ihrerseits am 22. Januar 1793 den Nadelfabrikanten Stephan Wilhelm Joseph BEISSEL (1751-1819) zum Maire bestellten.

1793 Mz. 2 – 1794 Nov. 4

Nach dem Abzug der Franzosen nahmen der reichsstädtische Rat und seine Bürgermeister v. CLOTZ und KREITZ ihre Amtsgeschäfte wieder auf. Auch wenn sie mit dem zweiten Einrücken der Franzosen am 23. September 1794 zunächst im Amt blieben, ging die Selbständigkeit der Stadt mit diesem Datum de facto endgültig verloren. Der reichsstädtische Magistrat war gezwungen, sein Personal zu bloßen Beschaffungsdepartements aufzuteilen, um die Ansprüche des französischen Militärs auf Quartier und Verpflegung erfüllen zu können.

1794 Nov. 4 – 1797 Mz. 20

De iure endete die reichsstädtische Zeit für Aachen am 4. November 1794 mit der Einführung der Munizipalität, einer aus 10 Beigeordneten bestehenden Körperschaft von Gemeindebeamten, die aus ihrer Mitte alle 10 Tage einen Präsidenten wählten.
Am 24. Juli 1795 wählte die Munizipalität den Kaufmann Josef BRANTTEN zum Maire [20]). Ein Jahr später, am 26. Juli 1796, wurde der Protestant Jakob Friedrich KOLB zu seinem Nachfolger als Maire gewählt [21]). Er gab sein Amt zwischen dem 1. und dem 29. September 1796 auf [22]). Am letztgenannten Tag wählte die Munizipalität an Stelle des abgetretenen Maire Kolb erneut einen „bloßen" Präsidenten, nämlich Johann Cornelius BOCK (siehe S. 182), der allerdings bereits am 22. Dezember 1796 wegen Differenzen mit dem Generaldirektor der Lande zwischen Maas und Rhein zurücktrat [23]). Sein Nachfolger wurde für die Zeit vom 3. Januar 1797 bis zum 20. März 1797 [Matthias] HOFFSTADT.

1797 Mz. 21 – 1798 Mz. 18

Mit der Wiedereinsetzung der im Ancien Régime tätigen Gewalten durch General Hoche übernahmen auch in Aachen wieder die Organe der reichsstädtischen Zeit die Verwaltung:

1797 Mz. 21 – 1797 Sept. 22

Zunächst wurden der Alte Rat und seine Bürgermeister v. CLOTZ und KREITZ wieder installiert. Sie waren lediglich als ausführende Organe der Mittelkommission gedacht, verstanden sich selbst aber als souveräne Repräsentanten der Aachener Bürgerschaft. Die Vorherrschaft der Alten Partei in diesem Rat rief den Widerspruch der Anhänger der Neuen Partei hervor, die eine Neuwahl des Rates und in deren Gefolge eine Neubesetzung der Bürgermeisterstellen bewirkten.

1797 Sept. 22 – 1798 Mz. 18

Der neue Rat wählte am 20. September 1797 den langjährigen Schöffen am Aachener Schöffenstuhl, erfahrenes Mitglied des Großen wie des Kleinen Rates der ehemaligen Reichsstadt Aachen, Vinzenz Philipp Maria de WITTE, Freiherr de Limminghe, Herrn zu Broeck (* 1743), sowie den Buchhändler Wilhelm Houben zu Bürgermeistern. Houben lehnte dieses Amt ab und machte damit den Weg zu der am 10. Oktober 1797 erfolgten Wahl des Apothekers Andreas MONHEIM (1750-1804) frei.

1798 Mz. 18 – 1800 Nov.
    Am 18. März 1798 ernannte der Generalkommissar Rudler erneut eine Munizipalität, bestehend aus 7 Beamten. Sie wählte am 21. März Jakob Friedrich KOLB zu ihrem Präsidenten, der aber am 16. August 1798 von seinem Amt zurücktrat [24]). An seine Stelle trat am 23. August 1798 der Tuchfabrikant Johann Friedrich JACOBI [25]). Er demissionierte am 11. August 1800, weil er inzwischen zum Präfekturrat ernannt worden war. Ihm folgte der Protestant Karl SCHNEIDERS nach.

Zivile Oberbehörden im Rheinland nach 1800

Nach dem Staatsstreich Napoleons vom 9. November 1799 und der Einführung der Konsularverfassung am 13. Dezember d.J., welche die republikanische vom 23. September 1795 ersetzte, bereitete Napoleon seit seinem Regierungsantritt als Erster Konsul am 25. Dezember 1799 die Neuorganisation der allgemeinen Staatsverwaltung vor. Sie wurde bereits durch Gesetz vom 17. Februar 1800 in Altfrankreich und – nach einigem Zögern – am 14. Mai 1800, also noch vor Abschluß des Friedens von Lunéville, in den vier rheinischen Departements eingeführt und am 26. Mai öffentlich bekannt gemacht. Der unter dem Direktorium an Stelle der Minister mit der Aufsicht über die rheinischen Departementalverwaltungen beauftragte Regierungskommissar wurde unter dem Titel Generalregierungskommissar auch jetzt noch als rheinische Sonderbehörde beibehalten. Er blieb zunächst noch dem Justizminister unterstellt, wurde aber am 9. September 1800 angewiesen, künftig je nach Geschäftsbelangen mit den jeweiligen Ministern zu "korrespondieren". Die Generalregierungskommissare hatten wie die Regierungskommissare ihren Amtssitz in Mainz. Es amtierten von

1799 Dez. – 1800 Sept.	Henri SHÉE, bisheriger Regierungskommissar und ehemaliger Präsident der Intermediärkommission
1800 Sept. – 1802 Febr.	Jean Baptiste Moise JOLLIVET
1802 Febr. – 1802 Sept. 23	André JEANBON-SAINT-ANDRÉ.

Die Präfekten

Unter ihrer Aufsicht arbeiteten die mit dem Gesetz vom 26. Mai 1800 eingeführten vier Präfekten der Departements. Am 30. Juni 1802 wurde im Anschluß an den Frieden von Lunéville vom 9. Februar 1801, der die Zugehörigkeit der Rheinlande zu Frankreich völkerrechtlich bestätigte, und den Konsularbeschluß vom 19. März 1801, worin die Rheinlande zu einem integrierten Bestandteil Frankreichs erklärt wurden, durch Konsularbeschluß, publiziert am 24. Mai 1801, die völlige Gleichstellung der vier rheinischen Departements unter Inkraftsetzung der französischen Verfassung zum 23. September 1802 verkündet. Zugleich wurde das letzte Relikt der rheinischen Sonderstellung, das Amt des Generalregierungskommissars, abgeschafft. Die obersten Verwaltungseinheiten unter den Ministerien waren nun wie im übrigen Frankreich die Departements mit den an ihrer Spitze stehenden Präfekten. Letztere übernahmen die Funktionen der bisherigen Departementsadministrationen und der Kommissare. Sitz der Präfektur des Roerdepartements blieb die Stadt Aachen. Die Leitung der Verwaltung eines Departements oblag nunmehr einem einzigen Mann, dem vom Ersten Konsul ernannten Präfekten. Er wurde zwar von der Regierung aufs Genaueste beaufsichtigt und durfte ohne vorherige Genehmigung seinen Amtsbezirk nicht verlassen, verfügte aber gegenüber den untergeordneten Instanzen über eine große Machtvollkommenheit. Unterstützt wurde er bei seiner Arbeit vom Präfekturrat und dem allgemeinen Departementsrat.
Der Aufgabenbereich des Präfekten war weit gespannt. Er war von der höchsten Staatsgewalt beauftragt, den Willen der Zentrale im Departement zu verkünden. Gegenüber der Staatsregierung trat er als Vertreter des Departements auf. Innerhalb des Departements übte er die gesamte Zivilverwaltung aus. Auch unterstanden ihm die Polizei, das Handels- und Gesundheitswesen und bis zur Gründung der kaiserlichen Universität im Jahre 1806 bzw. 1809 auch das Schulwesen. Eine Einmischung in Justizangelegenheiten war ihm indessen in Wahrung des republikanischen Grundsatzes der Gewaltenteilung strengstens untersagt. Ferner waren eine Reihe von Sonderverwaltungen

wie Finanzen, Forstwesen, Brücken- und Wegebau, Berg- und Hammerwerke und die Post seinem Aufgabenkreis entzogen. Mit Ausnahme des Generalpräfektursekretärs durfte der Präfekt alle Hilfsbeamten selbst ernennen. Desgleichen stand ihm das Recht zu, die Mitglieder der Munizipalräte sowie die Maires und Adjunkten der Städte unter 5 000 Einwohnern zu ernennen und zu entlassen.

Die Präfekturverwaltung war zur Erledigung ihrer Aufgaben in verschiedene Abteilungen untergliedert. Zunächst blieb der Geschäftsverteilungsplan der aufgelösten Aachener Zentralverwaltung in Kraft, wurde dann am 31. Januar 1804 durch einen neuen Plan ersetzt, der seinerseits in den Jahren 1806 und 1807 modifiziert wurde. Seitdem war die Präfekturverwaltung in vier Abteilungen (divisions) untergliedert, von denen die erste für Nationaldomänen, Kontributionen, Kataster und das Hauptrechnungswesen, die zweite für Verwaltung und Rückstände der Gemeinden, die dritte für Konskriptionen und Militärwesen, öffentliche Arbeiten, Landwirtschaft und Handel, die vierte für besondere Angelegenheiten, so etwa in den Jahren 1810 bis 1812 unter Leitung von Sylvain de Golbéry für die Erarbeitung einer Statistik des Roerdepartements, zuständig war. Die von den einzelnen Büros erarbeiteten Vorlagen wurden über den von Napoleon ernannten Generalsekretär dem Präfekten zur Genehmigung überstellt. Dem Präfekten unterstand auch das Präfektur- bzw. Departementalarchiv (siehe S. 310).

Das Roerdepartement wurde im Laufe der Jahre von sechs Präfekten verwaltet. Es waren im einzelnen:

1800 Juni 22 – 1802 Mz. 4
    SIMON, Nicolas Sébastien (1750-1802), aus Colmar. Er empfahl sich für dieses Amt wegen seiner juristischen und politischen Erfahrung sowie seiner Deutschkenntnisse. Seinen Dienst in Aachen nahm er am 9. August 1800 auf. Er galt als sehr pflichtbewußt und arbeitsam, doch geriet er bald durch sein Bestreben, alles selbst erledigen zu wollen, sowie durch seine Kleinlichkeit, seinen Geiz und sein Mißtrauen mit seinen Mitarbeitern in Konflikt, insbesondere mit dem Generalsekretär Jourdan. Noch bevor über seine Versetzung entschieden wurde, verstarb Simon am 4. März 1802 an Lungenschwindsucht. Der letzte Präfekt des Roerdepartements, Ladoucette, ließ ihm auf dem Ostfriedhof zum Andenken ein Grabmonument setzen, das sich aber nicht erhalten hat [26]).

1801 Aug. – 1802 Sept.
    Interimistisch für den erkrankten und dann verstorbenen Präfekten Simon führte der Präfekturrat Johann Friedrich Jacobi die Amtsgeschäfte. Der zwischenzeitlich zum Präfekten ernannte Hauptsekretär des Generalpolizeikommissariats in Piemont und Regimentskamerad Napoleons, Chryseuil Omer François Rulhière, war vor Amtsantritt verstorben.

1802 Juli 9 – 1804 Sept. 17
    MÉCHIN, Alexandre Edmonde (1772-1849), aus Paris. Er war als ehemaliger Jurastudent seit 1790 sowohl für die gesetzgebende Nationalversammlung wie auch als Kommissar bei der Nordarmee, in Südfrankreich und in Malta tätig gewesen und hatte zwischenzeitlich 1796 als Privatsekretär des französischen Innenministers gearbeitet. Bevor er ins Roerdepartement berufen wurde, war er Präfekt des Departements Les Landes an der südlichen Atlantikküste. Im Roerdepartement geriet er bald in einen heftigen Streit mit leitenden Beamten der Steuer- und Nationalgüterverwaltung und machte sich auch bei der Bevölkerung – wohl nicht zuletzt wegen des von ihm aufgebauten

Spitzelsystems – unbeliebt. Auch in Paris verdunkelte sich das anfänglich positive Bild, das man von ihm besaß. In einem Leistungszeugnis des Innenministers findet sich das Urteil: "Man wirft ihm vor, er sei etwas leichtsinnig veranlagt und in gewisser Beziehung anmaßend. Die Unordnung in seinen Vermögensverhältnissen schadet seiner Ruhe und seinem Ansehen"[27]. Auch Napoleon gewann während seines Aufenthaltes in Aachen im September 1804 einen ungünstigen Eindruck und versetzte ihn auf die Präfekturstelle des Departements Aisne nach Laon. Nach 1814 ging es mit seiner Karriere wieder bergauf.

1804 Sept. 15 – 1806 Mai 3
LAUMOND, Jean Charles Joseph (1753-1825), aus Arras. Er war zuvor Präfekt des Departements Bas-Rhin mit Sitz in Straßburg und Staatsrat gewesen. Sein Aachener Amt trat er am 30. Januar 1805 an. Auch er wurde aus unbekannten Gründen versetzt, und wechselte als Präfekt in das Departement Seine-et-Oise.

1806 Mai 3 – 1809 Febr. 19
LAMETH, Alexandre Théodore Victor de (1760-1829), aus Paris. Er blickte auf eine beachtliche militärische Karriere zurück. So hatte er unter Lafayette am nordamerikanischen Krieg teilgenommen und war nach seiner Rückkehr zum Obersten befördert worden[28]. Während der Revolution trat er in der Assemblée constituante als Abgeordneter, der für Freiheit und Volksrechte kämpfte, besonders hervor. Andererseits unterhielt er bis heute unaufgeklärte Beziehungen zum französischen Königspaar, nach dessen Gefangennahme (1792 Aug. 14) er zusammen mit Lafayette und anderen nach Nordamerika emigrieren wollte. In Namur geriet er jedoch in österreichische Gefangenschaft, wurde an Preußen ausgeliefert und mehr als drei Jahre in Magdeburg in schwerer Kriegsgefangenschaft gehalten. Danach lebte er vorübergehend in London und Hamburg, bis ihn der Erste Konsul nacheinander an die Spitze mehrerer Departements berief. So verfügte er bereits über eingehende Kenntnisse auf den Gebieten von Militär und Verwaltung, als er am 3. Mai 1806 von Napoleon zum Präfekten des Roerdepartements berufen wurde. Er trat sein Amt am 20. Juli 1806 an. Lameth war Junggeselle und widmete seine ganze Zeit und Energie der Verwaltung seines Departements. Seine gewinnende Persönlichkeit und seine erfolgreiche Verwaltungstätigkeit machten ihn nicht nur in Paris, sondern auch bei der Bevölkerung seines Departements und seiner Departemental-Hauptstadt Aachen beliebt. Napoleon beförderte ihn schließlich am 19. Februar 1809 zum Präfekten des Po-Departements mit Sitz in Turin. Sein am gleichen Tage ernannter Nachfolger, der bisherige vortragende Rat im Staatsrat, Jean François Honoré Merlet (1761-1839) wurde noch vor seinem Amtsantritt abberufen und am 17. März 1809 mit einer anderen Funktion betraut.

1809 Mz. 31 – 1814 Jan. 17
LADOUCETTE, Jean Charles François de (1772-1848), aus Nancy. Als ausgebildeter Jurist war er auf verschiedenen Verwaltungsposten bei der Rhein- und Moselarmee sowie in Mainz tätig gewesen, arbeitete drei Jahre als Handelsagent in der Schweiz, bis er sich im Jahre 1801 beim Ersten Konsul wieder für einen Verwaltungsposten bewarb[29]. Nicht zuletzt auch durch Fürsprache mehrerer Generäle und Staatsmänner erhielt der noch nicht Dreißigjährige am 13. April 1802 das Departement Hautes-Alpes, welches er vorbildlich verwaltete. Dem Innenminister galt er als tatkräftig, zielstrebig und intelligent. Außerdem besaß er die Vorteile, verheiratet und reich sowie des Deutschen kundig zu sein. Ladoucette trat sein neues Amt im Roerdepartement am 20. Mai

1809 an und gab es beim Heranrücken der Alliierten am 17. Januar 1814 auf. Am 15. August 1809 ernannte ihn Napoleon zum Baron. Nach der Rückkehr des Kaisers von Elba wurde Ladoucette Präfekt des Moseldepartements mit Sitz in Metz. Nach den 100 Tagen Napoleons zog er sich aus dem öffentlichen Leben zurück und schrieb sein im Juli 1818 in Paris erschienenes Buch "Voyage fait en 1813 et 1814 dans le pays entre Meuse et Rhin".

Präfekturbeamte

Der wichtigste Beamte der Präfektur nach dem Präfekten selbst war der Generalsekretär der Präfektur (secrétaire général de préfecture). Er stand der allgemeinen Geschäftsführung vor, hatte die Briefein- und -ausgänge zu registrieren und zu verteilen sowie die Ausfertigungen des Präfekten gegenzuzeichnen. Ihm zur Seite standen einige wenige Hilfsbeamte, darunter der „Archivar" und ein Registrator, der zugleich als Übersetzer arbeitete. Der Generalpräfektursekretär wurde vom Ersten Konsul selbst ernannt. Auf diese Weise war zugleich eine gewisse Kontrolle des Präfekten seitens der Regierung vor Ort möglich. Vom August des Jahres 1800 bis zum 27. August 1801 hatte der ehemalige Schriftleiter der Pariser Zeitung „Moniteur", Aimé Jourdan, dieses Amt inne [30]. Er wurde jedoch bald überführt, bei einem Kaufgeschäft über 753 Pferde fürs Militär von Anton Reumont, dem Sohn des ehemaligen Pächters der Aachener Spielbank, Richard Reumont, Bestechungsgelder angenommen zu haben, damit er beim Präfekten Simon den Zuschlag für Anton Reumont erwirke. Ein weiterer Skandal hatte schließlich seine Amtsenthebung zur Folge. Richard Reumont hatte am 17. Januar 1801 beim Polizeiminister Fouché einen Antrag auf Genehmigung von Spielbanken in Aachen und Köln gestellt und sich über seinen Sohn Anton des Generalsekretärs und dessen Verbindung zum Polizeiministerium bedient und mit Bestechungsgeldern nachzuhelfen versucht. Von strafrechtlichen Folgen blieb Jourdan zwar verschont, sein Fall zeigt jedoch, daß man die Bestechlichkeit der Beamten, welche schon Caselli, ein Mitglied der Aachener Zentralverwaltung, am 13. Juli 1799 in einem Bericht an das Pariser Direktorium als ein Hauptübel der Verwaltung in den rheinischen Departements kritisiert hatte, auch in der ersten Zeit des Konsulats durchaus noch nicht in den Griff bekommen hatte.

Jourdans Nachfolger wurde am 27. August 1801 der aus Dieppe gebürtige Pierre Pomponne Amédée Pocholle (1764-1832). Er hatte zunächst bei den Oratorianern studiert und war in deren Kongregation eingetreten, hatte sein geistliches Gewand aber während der Revolution abgelegt. Er wurde Maire von Dieppe, Mitglied der gesetzgebenden Versammlung und schließlich auch des Nationalkonvents, wo er für den Tod des Königs gestimmt hatte. In der Folgezeit hatte er sich als Kommissar an verschiedenen Orten bewährt, so 1797 bei der italienischen Armee Napoleons, dann in Korfu, wo er bis Ende 1799 als Verwalter der früher zu Venedig gehörenden Ionischen Inseln tätig war. Als radikaler Revolutionär mußte er zu Beginn des Konsulats zunächst einen Karriereknick hinnehmen, bis er dann von Napoleon zum Generalsekretär des Roerdepartements ernannt wurde. Am 25. Oktober 1804 wurde er zum Unterpräfekten von Neuchâtel befördert. Pocholle war auch insofern eine Bereicherung für Aachen, als er auf dem Gebiet der Literatur, Wissenschaft und Kunst besonders hervortrat (siehe S. 314). Ihm folgte der ehemalige Rechtsgelehrte und bisherige "Archivar" der Präfektur, der gebürtige Koblenzer Johann Wilhelm Koerfgen bis 1814 im Amt nach.

Präfekturrat

Neben dem Präfekten gab es am Sitz der Präfektur ein permanent tagendes Gremium, den Präfekturrat (conseil de préfecture), der trotz seines Namens keine beratende Aufgabe hatte, sondern als Verwaltungsgericht tätig war und vor allem Streitfälle entschied, bei denen der weite Bereich der Staatsfinanzen berührt wurde, etwa bei Gesuchen der Bürger um Minderung oder Herabsetzung der Steuerleistung. Am 22. Juni 1800 ernannte der Erste Konsul für das Roerdepartement fünf Personen zu Präfekturräten, darunter drei gebürtige Franzosen. Eines der Mitglieder war Johann Friedrich Jacobi (siehe S. 307 u. Exp. L 25), der sich als einziger seinem Amt gewachsen zeigen sollte. Den Vorsitz im Präfekturrat, der bei Anwesenheit von drei Mitgliedern beschlußfähig war, führte der Präfekt selbst, der bei Stimmengleichheit den Ausschlag gab und somit als oberster Verwaltungsbeamter des Departements auch entscheidenden Anteil am Zustandekommen von Verwaltungsgerichtsurteilen hatte. Wie man sieht, befand sich die Verwaltungsjustiz noch in den Anfängen ihrer Entwicklung: von einer Unabhängigkeit von der Verwaltung konnte noch keine Rede sein. Entgegen dem an regulären Gerichten üblichen Verfahren wurde vor dem Präfekturrat nicht mündlich verhandelt, sondern die schriftliche Form bevorzugt. Seine Entscheidungen konnte er jederzeit selbst widerrufen; ansonsten war Revision vor dem Staatsrat in Paris möglich. Am 15. September 1804 besetzte Napoleon den Präfekturrat des Roerdepartements neu. Unter den Ernannten befand sich auch der bisherige Aachener Maire Jakob Friedrich Kolb. Die dritte und letzte Neubesetzung des Präfekturrates fand am 2. Mai 1811 statt. Betrachtet man – wie Sabine Graumann es genauer getan hat – das bei allen drei Besetzungen berufene Personal, so ist die Tendenz einer Abkehr von revolutionären Elementen hin zu einem elitären einheimischen Beamtenstab und schließlich zur Bevorzugung von Aachener Kaufleuten erkennbar[31]).

Neben dem Präfekturrat gab es noch einen Generalrat des Departements (conseil général de département), bestehend aus 24 Mitgliedern, die vom Ersten Konsul bzw. später dem Kaiser aus dem Kreis der vom Departementswahlkollegium vorgeschlagenen Personen auf drei, später auf fünf Jahre ernannt wurden. Sie wählten aus ihren Reihen einen Präsidenten und einen Sekretär. Der Generalrat versammelte sich einmal im Jahr an einem von der Regierung vorherbestimmten Termin und durfte nicht länger als 15 Tage beraten. Zu seinen Aufgaben zählte die Verteilung der direkten Steuern auf die Gemeindebezirke des Departements, die Entscheidung über die von den untergeordneten Verwaltungen eingereichten Steuerreklamationen, die Festsetzung der für die Departementsausgaben notwendigen Zuschlag-Centimes und die Entgegennahme der jährlichen Rechnungslegung des Präfekten über die Verwendung dieser Zuschlag-Centimes sowie die Berichterstattung an den Generalregierungskommissar bzw. später – nach Aufhebung dieses Amtes – an den Minister des Inneren, mit denen er direkt – ohne Umweg über den Präfekten – korrespondieren durfte. Ferner berichtete er über den Zustand und die Bedürfnisse des Departements, und zwar mit dem Ziel, alle Schwierigkeiten, die eine reibungslose, bürgerfreundliche Verwaltung behindern könnten, aus dem Wege zu räumen. Insofern repräsentierte der General- oder Departementsrat im Gefüge der zentralistisch von der Regierung geführten und kontrollierten Verwaltung den letzten Rest der von der Revolution gewollten Volksvertretung. Durch die Einführung des Generalrats "suchte Napoleon ... die Anteilnahme des Volkes an der Regierung auf eine unschädliche, d.h. dem Willen der Führung nicht gefährliche Tätigkeit zu beschränken"[32]). Das Volk war allerdings nur durch seine Notabeln vertreten. Eine von Sabine Graumann vorgenommene Analyse des Generalrats über die Dauer seines Bestehens hinweg ergibt, daß er sich zu etwa 55 % aus amtierenden Beamten, zu 26 % aus Grundbesitzern und Privatiers sowie zu 13 % aus Kaufleuten zusammensetzte, die allesamt über ein beachtliches Vermögen verfügten[33]). „Im Departementsrat des Roerdepartements", so schreibt sie, „hatte somit die alte einheimische Elite Zugang gefunden. Sie freilich war auch zur neuen Elite des französischen Verwaltungsbezirks geworden, denn 32 Räte finden sich entweder in der Liste der bedeutendsten Einwohner des Departements oder in dem Verzeichnis der 30 Höchstbesteuerten oder aber in der Liste der vornehmsten Einwohner ..."[34]). Ehemalige Jakobiner waren in diesem vornehmen Kreis die Ausnahme. Der Generalrat des Roerdepartements wurde durch Konsularbeschluß vom 25. November 1800 einberufen, trat aber erst am 4. Juni 1801 zusammen. Unter seinen Mitgliedern befanden sich der Fabrikant Matthias Hoffstadt und der Rechtsgelehrte Matthias Peltzer aus Aachen.

Generalrat de Departements

Unterhalb der Departementsebene sah die neue Verwaltungsordnung vier Arrondissements oder Gemeindebezirke (arrondissements communaux) in Aachen, Köln, Krefeld und Kleve vor. Sie besaßen keinerlei Selbständigkeit, waren vielmehr in allem von der Präfektur abhängig. Sie sollten lediglich einen strafferen und übersichtlicheren Verwaltungsablauf ermöglichen. Den letztgenannten drei Arrondissements stand jeweils ein Unterpräfekt vor, der vom Ersten Konsul ernannt wurde und in jeder Hinsicht dem Präfekten untergeordnet war. Als Delegierter des Staates in seinem

Unterpräfekten

Bezirk hatte er die Vollziehung der Gesetze und der Anordnungen des Präfekten sowie die Aufsicht über die Munizipalverwaltungen auszuüben. Zu seinen Aufgaben zählten vor allem Fragen im Zusammenhang mit militärischen Rekrutierungen und Steuerreklamationen, der Abnahme von Gemeinderechnungen und der Erstellung von Bürgerregistern. An die Unterpräfekten ergingen die Berichte der Maires und die Gesuche der Bevölkerung. In der Departements-Hauptstadt Aachen wurde zunächst keine Unterpräfektur eingerichtet. Deren Aufgabenbereich oblag zunächst dem Präfekten. Erst mit kaiserlichem Dekret vom 26. Dezember 1809 wurde allen Präfekten Frankreichs ein sog. Auditor des Staatsrats als Unterpräfekt des Gemeindebezirks des Departementshauptortes beigeordnet. Die Stelle des Auditors in Aachen wurde allerdings erst am 14. Januar 1811 mit dem aus Aachen gebürtigen Auditor beim Staatsrat, Gerhard v. Lommessem, besetzt, der sein Amt bis zu seiner Versetzung am 8. April 1813 innehatte und dem nach einer kurzen Interimszeit Edmonde Lacoste als Aachener Unterpräfekt nachfolgte. Letzterer traf allerdings erst im September 1813 in Aachen ein und sollte nur noch wenige Monate Dienst tun.

Tätigkeit und Wirksamkeit der Unterpräfekturen litten zufolge eines Berichts des Präfekten Laumond vom Jahre 1805 an den Innenminister unter anderem an den zu geringen Gehältern der Beamten, an Personalmangel, Arbeitsüberlastung und zugleich geringem Arbeitseifer der unteren Beamten, an Unkenntnis der französischen Sprache und dem Widerstand der Bevölkerung gegen die Fülle der publizierten Gesetze.

Bezirksrat

Im Arrondissement gab es analog zum Departement einen Bezirksrat (conseil d'arrondissement) aus elf Mitgliedern, die gleichfalls vom Ersten Konsul bzw. dem Kaiser auf drei, später fünf Jahre aus dem Kreis der Einwohner mit gesicherten Vermögensverhältnissen ernannt wurden. Der Bezirksrat trat einmal im Jahr für höchstens 14 Tage zusammen und beriet unter einem selbstgewählten Präsidenten über die Verteilung der direkten Steuern unter die Gemeinden, erstellte Gutachten über Gesuche der Gemeinden auf Steuerminderung, nahm die jährliche Rechnung des Unterpräfekten hinsichtlich der Verwendung der für die Ausgaben des Arrondissements bestimmten Zusatz-Centimes entgegen und teilte dem Präfekten seine Ansichten über die Lage und die Bedürfnisse des Arrondissements mit.

Kommunalverwaltung nach 1800. Maire und Adjunkten

Die kleinste Verwaltungseinheit zur Zeit des Direktoriums war der Kanton, der im Einzelfall – wie bei Aachen – mit einer Stadt identisch sein konnte. Die Verwaltungsneuordnung des Jahres 1800 löste diese Kantonsmunizipalitäten auf und verteilte deren Kompetenzen auf die Arrondissements und die wieder eingeführten Gemeindeverwaltungen. Wie auf den oberen Verwaltungsebenen oblag nun auch in der Gemeinde die Leitung der Verwaltung nicht einem Gremium, sondern einer einzigen Person, dem Maire. Ihm zur Seite standen je nach Größe der Mairie unterschiedlich viele Hilfsbeamte, die Adjunkten und Polizeikommissare, ferner der Sekretär der Mairie und der Einnehmer der Kommunaleinkünfte. In Aachen standen dem Maire drei Adjunkten und zwei Polizeikommissare bei, die er selbst ernennen und ggf. suspendieren durfte. Ihnen konnte er nach eigenem Ermessen Teile der Verwaltung übertragen und sich von ihnen im Amt vertreten lassen. Der Maire wurde in Gemeinden mit einer Bevölkerung unter 5 000 Einwohnern vom Präfekten ernannt, bei Orten mit einer höheren Bevölkerungszahl aber vom Ersten Konsul bestellt. Die Aufgaben des Maire erstreckten sich auf die Verwaltung der Gemeindegüter, die Festlegung der Taxen für Brot- und Fleischverkauf, die Sorge um den pünktlichen Eingang der Gefälle, die Leitung der der Gemeinde übertragenen Arbeiten, die Erinnerung der Bevölkerung an die bestehenden Verordnungen, die Gewährleistung der öffentlichen Ordnung und damit verbunden die Aufsicht über die Polizei, die Bearbeitung der Zivilstandsregister sowie die Verwahrung der Steuerrollen und der Konskriptionslisten. Ferner führte der Maire den Vorsitz im Munizipalrat und bei den Tagungen des der Armenverwaltung dienenden Wohltätigkeitsbüros und der Hospitienkommission (siehe S. 239). Die Ämter des Maire und der Adjunkten waren trotz aller ihnen abverlangten Mühen unbesoldete Ehrenämter. Vor allem das des Maire besaß wegen der damit verbundenen Machtfülle auf dem Gebiet der Verwaltung, der Verwaltungsgerichtsbarkeit und der Polizei große Attraktivität. Um Mißgriffe zu vermeiden, ging der Staat bei der Einführung der neuen Gemeindeverwaltungen behutsam vor. Aus Mangel an Persönlichkeiten, welche den Ansprüchen an Bürgersinn (civisme), Moral und französische Sprachkenntnisse genügten – letzteres stellte vor allem auf dem Lande ein Problem dar – erhielten zunächst nur die Städte Aachen, Köln und Krefeld eine eigene Gemeindeverwaltung. Im Jahre 1808 erhielten die Mairie Wesel, zwischen 1808 und 1813 auch die übrigen Gemeinden eine entsprechende Organisation. Ein Senatskonsult vom 4. August 1802 legte fest, daß die Maires künftig alle fünf Jahre neu ernannt werden sollten, und zwar aus dem Kreis der Munizipalräte. Entsprechende Neubesetzungen der Ämter erfolgten daher in den Jahren 1808 und 1813.

Bei der Erstbesetzung der Mairien Aachen, Köln und Krefeld läßt sich mit Sabine Graumann beobachten, daß nur wenige Mitglieder der von der republikanischen Aachener Zentralverwaltung eingesetzten Munizipalverwalter übernommen wurden [35]). Es scheint Absicht der Regierung gewesen zu sein, das republikanische Element in der Gemeindeverwaltung zurückzudrängen. Auf der Ebene der Maires traten an seine Stelle vor allem städtische Repräsentanten aus der Zeit des Ancien Régime. So verlor in Aachen der Republikaner Kolb sein Amt als Maire an Johann Wilhelm v. Lommessem bzw. an Cornelius v. Guaita. In Köln und Krefeld ist diese Entwicklung noch deutlicher zu verfolgen. An ihrem Ende steht die Etablierung eines elitären Notabelnkreises. Ihren offensten Ausdruck findet sie in der Ernennung der Aachener Maires v. Lommessem und v. Guaita sowie des Kölner Maires v. Wittgenstein zu Mitgliedern der Ehrenlegion, sowie in der Erhebung v. Wittgensteins zum "Chevalier de l'Empire" und seines Krefelder Amtskollegen v.d. Leyen zum Baron des Kaiserreiches. Die Stellen der Adjunkten wurden allerdings zumeist mit Beamten besetzt, die erst in französischer Zeit in die Gemeindeverwaltung eingetreten waren und sich dort bewährt hatten.

Maires, Adjunkten und Polizeioffiziere waren übrigens verpflichtet, während ihres Dienstes eine Uniform zu tragen. Dabei wurde zwischen den vom Präfekten und den vom Ersten Konsul bzw. Kaiser ernannten Amtsträgern unterschieden [36]). Die Aachener Maires, die von Napoleon eingesetzt wurden, trugen ein blaues Amtskleid mit silbernen Knöpfen, dessen Kragen, Taschen und Umschläge mit einer dreifachen, glatten, in Silber gestickten Schnur eingefaßt waren; dazu einen "französischen Hut", d.h. einen Dreispitz, mit Silberschleife und Knopf, einen Säbel sowie eine rote Bauchbinde mit Fransen in den Nationalfarben Blau, Weiß, Rot. Die Adjunkten waren in Aachen ebenso gekleidet, unterschieden sich aber vom Maire dadurch, daß ihre Kragen, Taschen und Umschläge nur von zwei Reihen gestickter Schnüre eingefaßt waren und ihre rote Bauchbinde nur weiße Fransen aufwies. Der Gemeindesekretär durfte nur eine Schnurreihe tragen. Die Polizeikommissare, die überall vom Maire eingesetzt wurden, trugen in allen Gemeinden die gleiche Amtstracht: ein schwarzes Kleid und eine dreifarbige, mit schwarzen Fransen versehene Bauchbinde.

Wie dem Departement und dem Arrondissement war auch der Mairie ein sog. Rat, der Munizipalrat (Conseil municipal) beigegeben. Die Anzahl seiner Mitglieder war abhängig von der Größe der Gemeinde. In Aachen umfaßte er 30 Mitglieder. Die Munizipalräte wurden vom Präfekten auf drei Jahre ernannt, konnten von ihm aber auch suspendiert werden. Sie waren also keine Repräsentanten kommunaler Freiheit. Sie durften nur einmal im Jahr auf 14 Tage oder auf besondere Anordnung des Präfekten zu Beratungen zusammentreten. Den Vorsitz führte der Maire. Die Aufgaben des Munizipalrates bestanden nach Sabine Graumann darin, "die Rechnungen der Munizipaleinnahmen und -ausgaben zu prüfen, die Verteilung des gemeinschaftlichen Brennholzes, der Weide, Ernte und der Früchte zu ordnen und die den Einwohnern aufgetragenen Unterhaltungs- und Ausbesserungsarbeiten an öffentlichem Eigentum zu verteilen. Schließlich sollte der Rat auch über die besonderen lokalen Bedürfnisse der Munizipalität sowie über die dafür notwendigen Anleihen, Octrois oder Zusatz-Centimes beratschlagen; des weiteren mußte er über mögliche, bei Ausübung oder Erhaltung gemeinsamer Rechte anfallende Prozesse befinden" [37]).

Munizipalrat

Der Aachener Munizipalrat wurde erstmals am 23. Dezember 1800 ernannt. Betrachtet man mit Sabine Graumann die soziale Zusammensetzung der Munizipalräte des Roerdepartements, so fällt auf, daß bei der Erstorganisation etwa 44 Prozent ihrer Mitglieder Bauern, Handwerker, Pächter, Tagelöhner und Arbeiter waren, also den sozial niedrigen Schichten angehörten. Neben ihnen waren aber auch die Kaufleute stark vertreten. In den Handelsstädten Aachen, Köln und Krefeld hatten sie einen Anteil von über 44 Prozent, während die sozial Schwächeren nur gut 36 Prozent stellten. Beamte waren demgegenüber mit knapp 5 Prozent in der Minorität. Mit Senatskonsult vom 4. August 1802 wurde allerdings verfügt, daß die Räte in Städten mit mehr als 5 000 Einwohnern nicht mehr vom Präfekten, sondern von den Kantonalversammlungen aus der Liste der 100 Höchstbesteuerten des jeweiligen Kantons gewählt werden sollten, und zwar so, daß sie sich alle zehn Jahre zur Hälfte erneuerten. Die Folge war, daß sich die Munizipalräte gleichfalls zu elitären Gremien entwickelten. Das Wahlrecht der Kantonalversammlungen wurde im Jahre 1806 dahingehend eingeschränkt, daß Ernennungen seitens des Kaisers – auch zwischen den Wahlperioden – vorgingen.

Wahlgremien im Departement

Die Kantone aus der Zeit des Direktoriums hatten mit Einführung der Verwaltung des Jahres 1800 ihre Bedeutung als Verwaltungsbezirke eingebüßt. Sie blieben aber als "Raumordnungsgröße bestehen und bildeten den Bereich für verwaltungspolitische Vorgänge"[38]. So fand die zwecks Vereinfachung der Verwaltung und zur Einsparung von Personal durchgeführte Zusammenfassung mehrerer Einzelgemeinden zu Gesamtgemeinden nur innerhalb der Kantonsgrenzen statt. Außerdem behielten die Kantone eine gewisse Bedeutung für die Rechtspflege, etwa als Amtsbezirke der Friedensgerichte und bei der kirchlichen Verwaltung. Vor allem aber stellte der Kanton einen Wahlbezirk dar. Die in diesem Bezirk wohnhaften Bürger traten unter dem Vorsitz eines vom Ersten Konsul bzw. dem Kaiser ernannten Präsidenten zu einem von der Regierung vorgeschriebenen Termin befristet zur sog. Kantonalversammlung (assemblée de canton) zusammen. Diese fand im August 1803 und im September 1809 statt. Ihre Aufgabe bestand in der Erstellung von Vorschlagslisten für die Wahl bestimmter Ämter. So benannten ihre Mitglieder zwei Kandidaten für das Amt der Friedensrichter, von denen der Erste Konsul bzw. der Kaiser einen ernannte. Ferner schlugen sie zwei Bürger aus dem Kreis der 100 Höchstbesteuerten des Kantons für jede freie Stelle im Munizipalrat vor. Je nach Größe der Gemeinde wurde einer der Kandidaten vom Ersten Konsul, später vom Kaiser bzw. dem Präfekten ernannt. Ferner oblag der Kantonalversammlung die Nominierung von Mitgliedern des Bezirkswahlkollegiums und des Departementswahlkollegiums (Collège électoral d'arrondissement bzw. du département). Die Bezirkswahlkollegien waren Wahlgremien des Arrondissements, in denen für je 500 Einwohner ein Sitz vorgesehen war, insgesamt allerdings nicht weniger als 120 und nicht mehr als 200 Sitze. Der Erste Konsul bzw. der Kaiser konnte noch zehn weitere Mitglieder ernennen. Die Berufung in das Bezirkswahlkollegium erfolgte auf Lebenszeit. Den Vorsitz führte auch hier ein vom Ersten Konsul bzw. Kaiser ernannter Präsident. Die Sitzungen durften nur von der Regierung einberufen werden. Sie fanden im Sommer 1803 und im November 1809 statt. Die einzige Aufgabe der Bezirkswahlversammlung bestand in der Erstellung einer Vorschlagsliste für die Besetzung des Arrondissement-Rates, wobei für jeden Sitz zwei Kandidaten präsentiert wurden, von denen der Erste Konsul bzw. der Kaiser einen auswählte. Auch hatte sie jeweils zwei Bürger auf die Kandidatenliste für die Besetzung des Pariser Tribunats und die Gesetzgebende Versammlung zu setzen. Das Departementswahlkollegium setzte sich aus 200 bis 300 Personen unter Vorsitz eines Präsidenten zusammen, die vom Ersten Konsul bzw. dem Kaiser aus der Vorschlagsliste der Kantonalversammlungen auf Lebenszeit ernannt wurden. Die Kantonalversammlungen durften nur solche Kandidaten vorschlagen, die auf der vom Präfekten zu erstellenden Liste der 550 Meistbesteuerten des Departements standen. Die Mitgliedschaft in der Departementswahlversammlung war also fest an Besitz geknüpft. Der Erste Konsul bzw. Kaiser konnte über die genannte Zahl der Mitglieder hinaus weitere zehn aus dem Kreis der 30 Höchstbesteuerten des Departements auswählen. Die Aufgabe der Departementswahlversammlung bestand in der Benennung von Kandidaten für den Departementsrat und für die Gesetzgebende Versammlung und den Senat in Paris.

Das soeben geschilderte Verwaltungssystem des Jahres 1800 zeichnete sich durch eine klare Gliederung und eine zweifelsfreie Abgrenzung der Zuständigkeiten aus, wie sie die reichsstädtische Zeit nie gekannt hat, aber auch die Verwaltung der Revolutionszeit mit der ständig gegebenen Eingriffsmöglichkeit der Kommissare und anderer Dienststellen im letzten nicht verwirklichen konnte. Das neue System gewährleistete Transparenz, Leistungsfähigkeit und Schnelligkeit und fand daher im Laufe der Zeit bei der Bevölkerung Akzeptanz und sogar Achtung, auch wenn diese Errungenschaften mit einem Verlust an Demokratie verbunden waren. Als Relikt lebte das demokratische Element, wie es die Revolutionszeit in der Verwaltung betont hatte, noch am ehesten in der Kantonalversammlung fort, die sich aus den zur Wahl berechtigten Bürgern eines Kantons zusammensetzte. Doch schon die Arrondissements- und die Departementswahlversammlungen ebneten nur noch den Notabeln den Weg zu Amt und politischem Ansehen. Aber auch die Notabeln vermochten – bedingt durch den vom Staat vorgegebenen Aufgabenkreis der Wahlversammlungen und der verschiedenen Räte – wenig Einfluß zu nehmen. Die beste Möglichkeit dazu war noch im Departementswahlkollegium gegeben, das ein Vorschlagsrecht zur Besetzung des Generalrats des Departements besaß. Bestimmenden Einfluß behielt der Staat durch die Auswahl der ihm genehmen Personen und durch eine allgegenwärtige Aufsicht. Nicht die aus der Revolutionszeit bekannten kollegialen Behörden, sondern das hierarchische Prinzip bestimmte die napoleonische Verwaltung, von den Ministerien über den einzelnen Präfekten bis hinunter zur Mairie, die ihrerseits nicht mehr durch ein Kollegium von Munizipalen verwaltet, sondern allein vom Maire gelenkt wurde, wobei den ihm beigegebenen Adjunkten, dem Sekretär und den Polizeikommissaren wiederum nur helfende Funktion zukam.

Vorteile der neuen Verwaltung

Die Aufgaben, welche dem Maire und seinen Adjunkten nach der napoleonischen Verwaltungsordnung oblagen, wurden schon beschrieben. Es bleibt nun noch übrig, die Aachener Maires und die anderen Beamten namhaft zu machen.

Aachener Maires

Das Amt des Aachener MAIRE bekleideten von
– 1800 Nov. 25 bis 1804 Sept. 15 Jakob Friedrich KOLB
– 1804 Sept. 15 bis 1808 Mz. 18 Johann Wilhelm Gottfried Franz Maria Freiherr v. LOMMESSEM
– 1808 Mz. 18 bis 1814 Juni 17 Cornelius Maria Paulus v. GUAITA.

Die Biographien der beiden letzten Aachener Maires finden sich bei den Exponaten. Von Kolb sind weder Bilder noch Totenzettel bekannt, weshalb er im Katalogteil keine Berücksichtigung finden konnte. Sein Lebenslauf folgt daher an dieser Stelle:
Jakob Friedrich Kolb wurde am 25. Januar 1748 in Göppingen geboren [39]. In Aachen erlernte er bei der Firma Hoffstatt den Tuchhandel. Da er evangelisch war, konnte er nicht das Aachener Bürgerrecht erwerben, wohl aber am 7. August 1778 das sog. Beiwohnungsrecht, das seinem Inhaber die Rechte eines Vollbürgers, aber kein politisches Mitspracherecht zugestand. Kolb betätigte sich als Tuchfabrikant und Tuchhändler. Er gehörte der Aachener Freimaurerloge an. Im September 1794 wurde er Mitglied der Aachener Munizipalität, ein Amt, das er bis zur Aufhebung der französischen Behörden durch Hoche im März 1797 bekleidete. Nach Wiedereinrichtung einer Munizipalität bekleidete er vom 21. März bis zum 16. August 1798 die Stelle des Präsidenten. Im Jahre 1798 gehörte er dem Reunionszirkel an, der die Vereinigung der Rheinlande mit Frankreich befürwortete. Obgleich Republikaner, ernannte ihn der Erste Konsul am 25. November 1800 zum Maire von Aachen. Ausschlaggebend dafür waren wohl seine Verdienste, die er sich in den Jahren 1794 bis 1796 bei der Versorgung der notleidenden Aachener Bevölkerung mit Lebensmitteln erworben hatte (vgl. S. 92). In einem Geheimbericht über Zustände und Beamte im Roerdepartement aus dem Frühjahr 1804 wird er als Ehrenmann bezeichnet. Als Maire war er auch der erste Präsident der am 21. Juni 1804 eingerichteten Aachener Gewerbekammer (sog. Handelskammer). Am 15. September 1804 ernann-

te ihn Napoleon zum Präfekturrat. Er trat das Amt am 21. Dezember an. Im Jahre 1807 erwarb er die Gebäude des ehemaligen Klosters Kornelimünster und richtete darin eine Tuchfabrik ein, die im Jahre 1811 florierte. Im Jahre 1809 schätzte man sein Vermögen auf 300 000 Francs. Er starb am 16. Mai 1813 in Kornelimünster, wurde aber in Aachen begraben. Sein Nachfolger als Maire, Johann Wilhelm v. Lommessem, stellte ihm bei Amtsantritt folgendes schöne Zeugnis aus:

> *„Noch eine wichtige Obliegenheit bleibt mir jetzt gegen meinen würdigen Vorfahren, Herrn Kolb, den Ihre kaiserl. Maj. zum Präfectur-Rath erhoben hat, zu erfüllen übrig; diesem Manne, der sich wahrhaft um unsere Gemeinde verdient gemacht, und der sich mehrere Jahre für das Wohl der Stadt aufgeopfert hat. – So manches Schöne hat er ausgeführt, was wir vor Augen sehen, und noch mehr hätte er gethan, wenn die städtischen Finanzen es erlaubt hätten. Er ist es, der die Stadt durch Spaziergänge verschönert, die Ausrottung des öffentlichen Sitten-Verderbniß und der Straßen-Betteley bewirkt, und von Ihro Majestät dem Kaiser besondere Gnadenbezeugungen erhalten hat.*
> *Da die ganze Stadt ihm das Zeugniß geben muß, daß sein Herz und seyn guter Wille ganz dem Besten der Gemeinde ergeben war, so geschieht es sowohl im Namen aller Einwohner als für mich insbesondere, daß ich demselben hiemit den verbindlichsten Dank abstatte, und ihm Glück wünsche zu der neuen Ehrenstelle, zu welcher Er erhoben worden ist. Ich bitte denselben, fernerhin das Wohl der Gemeinde zu vertreten, und mir zu erlauben, von seinem gütigen Anerbieten Gebrauch zu machen."*

Aachener Adjunkte

Zu den Amtsnachfolgern Kolbs siehe die Exponate E 14 u. 15.

Als Adjunkte sind folgende Personen belegt [40]):

1. ADJUNKT (nach Daten der Ernennung bzw. Bestätigung)

1800 Nov. 25:	Johann Cornelius BOCK (getauft 1758 Aug. 30 Burtscheid, † 1822 Mai 29 Aachen), Doktor beider Rechte, Schöffe zu Burtscheid, zeitweiliges Mitglied und Präsident der Aachener Munizipalverwaltung.
1808 Mz. 18:	Peter Georg v. FISENNE (* 1771 Mz. 7 Aachen, † 1855 Mz. 20 Aachen), Kaufmann, war 1813 Mitglied des Aachener Munizipalrates.
1808 Aug. 28:	Gerhard Franz Gottfried Anton Maria Freiherr v. LOMMESSEM (* 1780 Okt. 14, † 1824 Sept. 30 Düren), Sohn des Maire v. Lommessem, war am 21. Januar 1811 Unterpräfekt des 1. Arrondissements des Roerdepartements, am 17. April 1813 Unterpräfekt von Goes (Departement der Scheldemündung), später königlich preußischer Landrat [41]).
1812 Febr. 27:	Joseph von der BRÜGGHEN [42]) (* 1767 Aug. 23 Düsseldorf, † 1834 Juli 31 Aachen), leistete bis 1798 und wieder 1799 bis 1800 kurpfälzischen Militärdienst, heiratete in Aachen und führte in der Hartmannstraße das Leben eines Rentiers, bis er am gen. Tag zum 1. Adjunkten der Mairie Aachen bestellt wurde. Bereits am 12. März 1813 wurde er Präfekturrat.
1813 Mz. 25:	Johann Konrad Matthias BREDA (getauft: 1763 Nov. 27 Aachen, † 1844 Juli 28 Aachen), Wollhändler.
1813 Dez. 9:	Christian Friedrich DEUSNER (siehe Exp. G 15).

2. ADJUNKT
1800 Nov. 25:	Philipp CONTZEN, 1812 städtischer Kassierer.
1805 Jan. 9:	Arnold ROBENS (* 1759, † 1820 Mai 26). Geheimschreiber der Jülichschen Ritterschaft, kurpfälzisch-baierischer Legationssekretär, 1812 Rentier.
1808 Mz. 18:	Johann Abraham KNOPS (getauft: 1745 Mai 17 Aachen), Tuchfabrikant.
1808 Aug. 28 u. 1813 Mz. 25:	Edmund Joseph KELLETER (getauft: 1741 Juli 26 Aachen, † 1821 Nov. 16 Aachen), Tuchfabrikant.

3. ADJUNKT
1800 Nov. 25:   Dr. Matthias SOLDERS

POLIZEIKOMMISSARE [43])

1. Sektion:	OTHEGRAVEN	1801-1814 Jan.
2. Sektion:	Jakob DENYS	1801-1807
	Franz BARDENHEUER	1807 Okt. 17 – 1814 Jan.

Polizeikommissare

Die Büroräume der Mairie befanden sich im Rathaus auf der linken Seite, während die rechte dem Tribunal 1. Instanz und der Saal im ersten Geschoß den Sitzungen des Kriminal- und Spezialgerichts diente [44]). Die Verwaltungsaufgaben innerhalb der Mairie Aachen waren in den Jahren 1809 bis 1813 so verteilt, daß die öffentlichen Arbeiten (travaux publics) in den Jahren 1809 bis 1811 von dem Adjunkten Gerhard v. Lommessem und 1813 von Joseph v.d. Brügghen verwaltet wurden [45]). Zuständig für die Verwaltung war zur gleichen Zeit der Adjunkt Dr. Matthias Solders. Für das Standesamtswesen, den Etat civil, zeichneten - von Vertretungen abgesehen – die folgenden Personen verantwortlich: Andreas Joseph Longrée (1798 Sept. 22 – 1800 Mz.), Franz Roderburg (1800 Mz. – Okt.), Karl Schneider (1800 Okt. – Dez.), Johann Cornelius Bock (1800 Dez. – 1805 Mz.), Arnold Robens (1805 Mz. – 1808 Mai) und Edmund Joseph Kelleter (1808 Sept. – 1813 Okt.). Zeitweise nahm der Maire v. Guaita selbst diese Aufgaben wahr, so etwa von Mai bis September 1808 und seit November 1813.

Standesamtswesen

Das Standesamtswesen und die Führung von Zivilstandsregistern durch die weltlichen Behörden ist ein Ergebnis der Französischen Revolution und ihrer Gesetzgebung. Die bis dahin von den Religionsgemeinschaften geführten Tauf-, Heirats- und Sterberegister verloren damit ihren öffentlichen Glauben. Die Führung der genannten kirchlichen Register ging im katholischen Bereich auf das Konzil von Trient (1545-1563) zurück, das die Eheschließung reformiert und ihr die Form der Konsensabgabe vor Pfarrern und Zeugen gegeben und zugleich den Pfarrern verbindlich die Führung von Tauf- und Traubüchern vorgeschrieben hatte. Das „Rituale Romanum" aus dem Jahre 1614 hatte ferner die Anlage von Sterberegistern angeordnet. Diese Vorschriften setzten sich allerdings nur allmählich durch. Für Burtscheid und Aachen sind Tauf-, Heirats- und Sterberegister seit dem Ende des 16. bzw. dem Beginn des 17. Jahrhunderts überliefert. Zur selben Zeit führte auch die evangelisch-lutherische Gemeinde zu Aachen, Burtscheid und Vaals ihre Register. In Frankreich, wo man vor der Revolution ähnlich verfahren war, gab die Konstitution vom 14. September 1791 der Heirat die Qualität eines Sozialvertrages (contrat social), der vor dem Staat und nicht vor geistlichen Privatpersonen geschlossen werden mußte. Folgerichtig führte das Gesetz vom 20. September 1792 in Frankreich die obligatorische Zivilehe sowie Zivilstandsregister ein und tat damit einen weiteren Schritt zur Trennung von Kirche und Staat. Ein Gesetz vom 23. August 1794 bestimmte, daß kein Bürger künftig einen anderen Namen und Vornamen tragen dürfe, als den in seiner Geburtsurkunde vermerkten.

In den besetzten linksrheinischen Gebieten fand die französische Zivilstandsgesetzgebung erst nach dem Abschluß des Friedens von Campo Formio Eingang. Daher reichen die Aachener Kirchenbücher i.d.R. bis zum Jahre 1798. Aus der Bevölkerung war aber schon früher verschiedentlich der Wunsch geäußert worden, vor dem Staat die Ehe schließen zu dürfen. Dem hatte der Volksrepräsentant Frécine am 14. Januar 1795 Rechnung getragen. Er bestätigte die Gültigkeit der kirchlichen Registerführung, ermöglichte es aber allen, die es wünschten, Geburten, Heiraten und Sterbefälle vor dem Magistrat beglaubigen und registrieren zu lassen [46]). Erst am 1. Mai 1798 erhielten die bis dahin allein für Frankreich gültigen Zivilstandsgesetze auch in den linksrheinischen deutschen Gebieten Gültigkeit [47]). So nahmen die Aachener Zivilstandsregister wenig später, nämlich am 23. September 1798 in Aachen und einen Tag später in Burtscheid, ihren Anfang. Ihre Führung oblag einem Standesbeamten, der anfangs ein aus der Gemeinde gewählter Bürger war. Da diese Bürger des öfteren ihren Aufgaben nicht gewachsen waren und Mißstände einrissen, erging am 17. Februar 1800 ein Gesetz, das die Führung der Personenstandsregister den jeweiligen Maires und deren Adjunkten auftrug. Die Organischen Artikel 54 und 55 zu dem zwischen der französischen Republik und dem Hl. Stuhl im Jahre 1801 abgeschlossenen Konkordat bestimmten, daß die Priester die Ehesakramente erst spenden durften, wenn die Zivilehe vor dem Standesbeamten geschlossen worden war. Die von den Geistlichen geführten Register galten nur noch in bezug auf die Verwaltung der Sakramente und sollten in keinem Falle diejenigen Register ersetzen können, welche vom Staat vorgeschrieben waren [48]). Die Zivilstandsgesetze fanden auch Eingang in Napoleons großes Gesetzeswerk, den 1804 in Kraft gesetzten „Code civil", der auch noch in preußischer Zeit seine Gültigkeit für die Rheinprovinz und damit auch für Aachen behalten sollte, während sich die behördliche Personenstandsbuchführung im übrigen Deutschland erst in den 70er Jahren des 19. Jahrhunderts durchsetzte. Allerdings wurden die neuen Vorschriften nicht immer zur Zufriedenheit des Staates beachtet. Noch im Jahre 1806 mußte Bischof Berdolet auf Klagen des Kultusministers über seine Pfarrer die Eltern auffordern, ihre Neugeborenen nicht nur taufen, sondern auch in die staatlichen Geburtenregister eintragen zu lassen, da ein Versäumnis für die Kinder später böse rechtliche Konsequenzen haben könnte [49]), womit er wohl vor allem aufs Erbrecht anspielte. Auch kirchliche Eheschließungen ohne vorherige standesamtliche Trauung kamen immer wieder vor [50]).

Eine wichtige Neuerung der französischen Gesetzgebung war, daß es nun auch möglich wurde, eine Ehe scheiden zu lassen. Bisher war dies in Aachen den Anschauungen der katholischen Kirche entsprechend nicht möglich gewesen. Unter bestimmten Voraussetzungen war lediglich eine befristete, seltener eine dauernde Trennung von Tisch und Bett vorgesehen. Nach Auffassung der französischen Revolutionäre war die Ehe jedoch kein Sakrament, sondern lediglich ein Vertrag zwischen Bürgern unterschiedlichen Geschlechts, der wie jeder andere gelöst werden konnte. Daher ermöglichte das für Frankreich erlassene Gesetz vom 20./25. September 1792 die Ehescheidung, wobei im einfachsten Falle die Scheidungswilligen ihre beiderseitigen Verwandten bzw. Freunde zusammenriefen, vor ihnen ihre Absicht kundtaten, den Schlichtungsversuch der Anwesenden zur Kenntnis nahmen und vor dem anwesenden Munizipalbeamten ein über die Versammlung und den Schlichtungsversuch abgefaßtes Protokoll unterzeichneten. Danach konnten die Scheidungswilligen frühestens nach einem Monat, spätestens vor Ablauf von sechs Monaten vor den Standesbeamten erscheinen und ihre Scheidung verlangen. Diese wurde vom Standesbeamten schriftlich erklärt, ohne daß auf die Scheidungsgründe eingegangen oder diese gar überprüft wurden [51]). War die sechsmonatige Frist verstrichen, mußte ein erneuter Schlichtungsversuch stattfinden. Das Scheidungsgesetz vom September 1792 wurde im Rheinland erst am 1. Mai 1798 in Kraft gesetzt [52]). Der sechs Jahre später (1804) in Kraft gesetzte Code civil fiel allerdings wieder hinter das freie Ehescheidungsrecht der Revolution zurück, indem er die Scheidungsgründe einschränkte und das Verfahren erschwerte. Vor allem die Ehescheidung im gegenseitigen Einvernehmen wurde erschwert, und zwar mit der Begründung, "daß [sonst] die Ungebundenheit der Sitten an die Stelle des vorigen

Zwangs in der Ehe trete, und daß durch übertriebene Leichtigkeit der Ehescheidung eine, sozusagen regelmäßige Zügellosigkeit, die Frucht einer gebilligten Unbeständigkeit, die Ehe selbst verdränge" [53]).
In Ergänzung der Zivilstandsregisterführung erließ Napoleon am 20. Juli 1808 in dem Bemühen um die Eingliederung der Juden in die gesellschaftliche und staatliche Ordnung ein Gesetz, demzufolge alle Juden im Kaiserreich verpflichtet wurden, binnen drei Monaten nach Verkündung statt der bisher vielfach üblichen Kombination von Rufnamen (X, Sohn des Y) feste Vornamen und Familiennamen anzunehmen und diese vor dem Standesbeamten der Munizipalität seines Wohnortes verbindlich zu erklären [54]). Namen aus dem alten Testament und Städtenamen durften nicht geführt werden. Auch diejenigen Juden, die bereits feste Vor- und Familiennamen besaßen, mußten über diese eine Erklärung abgeben. Dies geschah in zwei Listen, wobei die jeweilige Erklärung vom Maire und dem Deklaranten unterschrieben wurde. Die Listen wurden im Archiv der Präfektur bzw. im Gemeindehaus aufbewahrt.

Die administrative Polizei, die der Aufsicht des Maire bzw. eines seiner Adjunkten unterstand, verdient an dieser Stelle wegen ihrer Bedeutung für die Aufrechterhaltung von Ordnung und Sicherheit im Alltag eine besondere Darstellung, und zwar unter Einbeziehung der Verhältnisse seit 1794. Kurze Zeit nach dem zweiten Einrücken der Franzosen in Aachen bestellte der Volksrepräsentant Frécine am 28. Oktober 1794 den Aachener Bürger Gerhard Dautzenberg zum Polizeioffizier der neu eingerichteten Aachener Munizipalität. Gemäß dem Beschluß der Volksrepräsentanten bei den Nord- sowie Sambre- und Maasarmeen vom 14. August unterstand er der Befehlsgewalt der "bewaffneten Macht", d.h. dem für den Aachener Bezirk zuständigen Militärkommandanten [55]).
Gerhard Josef Anton Dautzenberg wurde als Sohn des Aachener Goldschmieds Gerhard Wilhelm Dautzenberg geboren und am 1. Juni 1762 in St. Foillan getauft [56]). Sein Elternhaus war das am Markt gelegene Haus "Zum Wolf". Offenbar war er zunächst als Kaufmann tätig [57]). Im Jahre 1791 war er Mitglied der Aachener Freimaurerloge "Zur Beständigkeit" und stand wie sein Vater und seine Brüder Johann und Franz den Ideen der Aufklärung und der Französischen Revolution nahe, und zwar in einem Maße, das den Volksrepräsentanten Frécine veranlaßte, ihn mit dem genannten Amt zu betrauen. Gleichzeitig wurde Gerhard Dautzenberg Mitglied der am 4. November 1794 eingesetzten Munizipalität. In seiner Eigenschaft als Polizeioffizier war er an der Wende des Jahres 1794/95 Mitglied des sog. Obhutsausschusses, des "Comité de surveillance", dessen Aufgabe es war, die "Konterrevolutionäre" zu verfolgen, die man vor allem in all jenen erblickte, die die verhaßten Assignaten nicht annehmen wollten. Am 30. August 1795 wurde er auch zum Substituten des Syndicus der Aachener Munizipalität bestellt. Obgleich er sich in seinem Amt vehement gegen Übergriffe französischer Militärs in der Öffentlichkeit wandte und dabei in einem Falle sogar körperlichen Schaden erlitt, war er bei seinen Mitbürgern und den anderen Munizipalen wenig beliebt. Dazu trug natürlich sein Amt bei, das ihn zu Nachforschungen aller Art verpflichtete. Einem Schreiben der Aachener Munizipalität vom Dezember 1795 zufolge galt er als eifriger Denunziant. Wohl nicht von ungefähr gab er am 14. Februar 1796 seine Stellung als Munizipal auf. Gleichwohl setzte er sich im selben Jahr für das Wohl seiner Vaterstadt ein, indem er sein Ansehen bei den Franzosen dazu nutzte, um Erleichterungen hinsichtlich der damals geforderten Kontributionen zu erreichen. Sein Bemühen blieb allerdings erfolglos. Im Jahre 1797 zerstritt er sich mit dem Aachener Kommissar Estienne, der ihn bei der Mittelkommission als einen Opportunisten bezeichnete, der den Eindruck erwecken wolle, er sei ein Republikaner, der in Wirklichkeit aber nur auf den Erhalt seiner einträglichen Stelle bedacht sei. Er sei „comme un thermomètre, tantôt haut, tantôt bas, suivant la température et les intérêts des personnes aux quelles il parle" [58]). Eine wahre Schande aber sei es, daß er der Spielleidenschaft fröhne und das im Juni wieder eröffnete Spielcasino mit der republikanischen Schärpe und Polizeimedaille auf der Brust besuche. Estienne ersuchte die Mittelkommission um Dautzenbergs Absetzung, doch fand er weder bei ihr noch bei Dautzenbergs Vorge-

Administrative Polizei

setztem, dem Platzkommandanten Brigadegeneral Daurier, Gehör. Bis zum März 1797 führte Gerhard Dautzenberg den Titel eines „Commissaire de police du canton d'Aix-la-Chapelle". Nach Aufhebung der bisherigen französischen Verwaltung durch Hoche und der Wiedereinsetzung des alten Rates in Aachen wurde er – wohl wegen seiner guten Beziehungen zu General Daurier – als städtischer Polizeikommissar angenommen und führte fortan den Titel eines "Commissaire de police de la commune d'Aix-la-Chapelle". Mit Einrichtung der neuen Munizipalitätsverwaltung im März 1798 erhielt er dann die Stelle des Polizeikommissars im Stadtbezirk „Section Liberté". Als unter Napoleon die Verwaltung neu geordnet wurde, bat er am 25. Juli 1800 um weitere Berücksichtigung bei der Besetzung der Polizeistellen. Er verwies dabei auf seine erwiesene Anhänglichkeit an und seine Verdienste für die Republik, seine guten Beziehungen zu den Spitzen der französischen Verwaltung und des Militärs und seine reichen Erfahrungen mit dem Justizminister sowie auf seine im Dienst angeschlagene Gesundheit und bat, auch unter Hinweis auf seine Familie, um Sicherung seines Lebensunterhaltes. Die Regierung entschied sich jedoch gegen ihn.

Am 21. März 1798 setzte der Regierungskommissar Rudler die meisten Artikel des am 25. Oktober 1795 für das französische Mutterland erlassenen "Code des délits et des peines" auch für die besetzten linksrheinischen Gebiete in Kraft[59]). Danach galt das Hauptaugenmerk der Polizei der Aufrechterhaltung der öffentlichen Ordnung und der Gewährleistung von Freiheit, Eigentum und persönlicher Sicherheit. Dabei wurde zwischen der administrativen und der gerichtlichen Polizei unterschieden. Erstere sollte vor allem präventiv tätig sein, während der letzteren nach dennoch geschehener Straftat die Ermittlungen und die Sammlung der Beweismittel oblag (siehe S. 192). An jedem Ort mit mehr als 10 000 Einwohnern, also auch in Aachen, sollte in jeder Sektion der Stadt ein Polizeikommissar angestellt werden, der nunmehr nicht mehr dem Militär, sondern der Munizipalverwaltung unterstand.

Aachen wurde am 28. März 1798 in drei Sektionen eingeteilt: In der Sektion Égalité arbeitete Jakob Denys, in der Sektion Réunion Othegraven und in der Sektion Liberté der besagte Gerhard Dautzenberg als Polizeikommissare. Am 18. März 1801 wurde die Dreiteilung zugunsten von zwei Sektionen aufgegeben, denen Othegraven und Denys vorstanden. Die Sektionen waren nunmehr durch Großbuchstaben A und B gekennzeichnet[60]). Die Grenzen zwischen der östlichen (A) und der westlichen Sektion (B) bildete die Linie Pontstraße – Marktplatz – Hühnermarkt – Krämerstraße – Hartmannstraße – Wirichbongardstraße. Innerhalb der beiden Sektionen waren die Häuser durchnumeriert. Eine erste Durchnumerierung der Häuser (Nr. 1-2637) war bereits seit dem 18. November 1794 auf Initiative des Obhutsausschusses und mit Zustimmung der Munizipalität durchgeführt worden. An den Straßenecken wurde damals – soweit wir wissen erstmals – der Name jeder Straße auf Brettern in deutscher und französischer Sprache vermerkt. Da aber die Genauigkeit der Zählung zu wünschen übrig ließ, wurde sie am 18. März 1801 anläßlich der erwähnten Einteilung der Stadt in zwei Sektionen wiederholt. Sie behielt bis 1857 ihre Gültigkeit.

Die Aufgaben der administrativen Polizei wurden in einem Erlaß vom 27. Oktober 1800 näher beschrieben[61]). Der Munizipalitätspolizei oblag die Gewährleistung der öffentlichen Ordnung und Sicherheit in der Stadt, die Sicherheit auf den Wegen (Feld- und Wegepolizei), die Fremdenpolizei, die Aufsicht über das Bettelunwesen, die Sauberkeit der Stadt und die Gesundheitspolizei sowie die Handels- und Gewerbepolizei mit der Aufgabe der Überprüfung von Maßen und Gewichten und der Gewerbepatente der Marktleute. Zur Ausübung ihrer Pflichten stand den Polizeikommissaren die seit dem Sommer 1798 in den vier rheinischen Departements eingeführte National-Gendarmerie zur Verfügung[62]). Notfalls konnte auch Militär in Anspruch genommen werden. Die National-Gendarmerie hatte vor allem die Sicherheit der Landgegenden und der großen Straßen zu gewährleisten. Sie war in den vier rheinischen Departements 527 Mann stark und gliederte sich in zwei Eskadrons, wobei die eine, die 49. Eskadron der Französischen Republik, für die Departements Roer und Rhein-Mosel zuständig war. Ihr Kommandant saß in Köln. Seine Eskadron gliederte sich in zwei Kompanien, je eine für jedes Departement. Sitz des Chefs der Gendarmerie-Kompanie des Roerdepartements war Aachen. Kapitän war von 1809 bis 1813 ein gewisser Dault[63]). Die Kompanie ihrerseits war in 32 Brigaden zu je 5 Gendarmen und einen Unteroffizier als Führungsperson untergliedert. Sie versahen ihren Dienst teils zu Fuß, meist aber zu Pferde. Sie lebten kaserniert, und zwar in Gebäuden der National-Domäne, wobei der Gesichtspunkt der Nähe zu den Hauptverkehrswegen und zum Gefängnis ausschlaggebend für die Auswahl wurde. So lagen die Aachener Gendarmerie-Kasernen im Marienbongard und in der Pontstraße.

In napoleonischer Zeit führte das Einschreiten gegen die Kriminalität, besonders das Bandenunwesen sowie gegen das Betteln und die Prostitution, verbunden mit der konsequenten Durchsetzung der Polizeiverfügungen, der Beaufsichtigung der Bevölkerung im Alltag, einer strengen Kontrolle der Polizei selbst seitens der Regierung zu jenem Maß an Sicherheit, das die Rheinländer nach den Erfahrungen der 90er Jahre herbeigesehnt hatten. Das im Vergleich zur reichsstädtischen Zeit wirksamere Vorgehen in den Bereichen Feuer- und Baupolizei, Beleuchtung und Sauberkeit der Straßen wirkte sich zum Wohl der Bürger aus, wenngleich nicht jeder diese Art von Fürsorge schätzte[64]).

Das Gefängniswesen befand sich allerdings in üblem Zustand. Selbst in Aachen, dem Hauptort des Roerdepartements, mußten noch im Jahre 1809 mehrere Häftlinge an Infektionen sterben, bis der Innenminister die nötigen Mittel zum Bau von Latrinen bereitstellte[65]). Die Franzosen waren zwar bemüht, das Gefängniswesen dem Gedankengut der Aufklärung und der Reform des Justizwesens entsprechend zu organisieren, allein, es fehlte das nötige Geld, das der Staat wegen der hohen Kriegskosten nicht in erforderlicher Höhe bereitzustellen vermochte. Die Lösung des Problems fehlender Gefängnisbauten wurde noch dadurch erschwert, daß nach Einführung des Code pénal im Jahre 1810 die Zahl der mit längeren Haftstrafen belegten Delikte und damit die Zahl der Untersuchungs- und Strafgefangenen beträchtlich angestiegen war. Auch von der in den Gefängnissen des Ancien Régime üblichen unterschiedslosen Unterbringung von Untersuchungs- und Strafgefangenen sowie von Bettlern und Landstreichern konnte unter den obwaltenden Umständen nur langsam Abschied genommen werden. Immerhin gelang es, in den größeren Städten die Trennung von Untersuchungs- und Justizgefängnissen (maisons d'arrêt / maisons de justice) durchzuführen. Aber noch 1812 saß jeder zweite arrestierte Vagabund in einem Untersuchungsgefängnis ein. Trotz aller Bemühungen um Besserung des Justizvollzugs blieb die Unterversorgung selbst der Departements-Hauptstadt Aachen bis zum Ende der französischen Herrschaft erhalten: Im Justizgefängnis, das auf 70 Insassen berechnet war, saßen noch im 4. Quartal des Jahres 1812 111 Personen ein, im Untersuchungsgefängnis waren es statt der vorgesehenen 100 Gefangenen sogar 237! Immerhin zeigten die Franzosen auch auf dem Sektor des Gefängniswesens den Weg in die Zukunft. Ihre Ideen wurden später von den Preußen aufgegriffen und flossen in die Planung des 1834 in Köln vollendeten Gefängnisses „Klingelpütz" ein.

Gefängnisse

F. Recht und Gerichtswesen

Reichsstädtische Zeit

Das Gerichtswesen der Reichsstadt Aachen entsprach den Zuständen, wie sie auch sonst im Heiligen Römischen Reich üblich waren. Es war gekennzeichnet durch die Verflochtenheit von Politik bzw. Verwaltung und Justiz sowie von Kirche und Justiz und durch die Zersplitterung der gerichtlichen Zuständigkeiten je nach geographischer Herkunft von Klägern und Beklagten, nach Stand, Berufs- und Gesellschaftsgruppen, der Art des Vergehens und dem zu erwartenden Strafmaß. Die Rechtssprechung gründete sich teils auf Reichsrecht, teils auf verschiedene städtische Rechtsverordnungen aus Mittelalter und früher Neuzeit, auf Gewohnheitsrecht oder oblag gar dem Gutdünken und Einfühlungsvermögen der Urteilsfinder. So verfügten z.B. einige Zünfte wie die Wollenambacht mit ihrem Werkmeistergericht, aber auch die Marktmeister, die Köhler und die Offiziere der Stadttruppen über eine eigene, wenn auch beschränkte Gerichtsbarkeit. Über Streitigkeiten in Lehensfragen urteilte das Lehnsgericht. Geistliche Personen unterlagen der Gerichtsbarkeit ihrer Oberen, weltliche hatten bei Un- und Irrglauben sowie bei Vergehen gegen die kirchlichen Gebote, vor allem bei Ehebruch und Unzucht, mit dem unter Vorsitz des Aachener Erzpriesters tagenden Sendgericht zu rechnen, das in den meisten Fällen Ehren- und Geldstrafen verhängte oder Wallfahrten anordnete.

Für die Bürger und Einwohner von Stadt und Reich Aachen waren in Zivil- und Kriminalsachen mehrere Gerichte zuständig, die bezüglich ihrer Zuständigkeit fortwährend miteinander konkurrierten. So urteilte das städtische Baumgericht, dessen Name von ursprünglich unter einem Baum stattgefundenen Gerichtssitzungen oder von einem Gericht und Zuschauer trennenden liegenden Baum herrühren mag, ausschließlich in Zivilsachen, und zwar bei Schuldforderungen und bei Schädigung von Gut und Vermögen. Das städtische Kurgericht, dessen Name wohl von „Kur" im Sinne von vereinbartem Recht herrührt, d.h. das nach Statuten urteilte, richtete ohne Berufungsmöglichkeit über alle Tötungsdelikte, Verwundungen und Schmähworte sowohl zwischen Aachener Bürgern und Untertanen wie auch zwischen diesen und auswärtigen Personen. In seinen Strafen durfte es lediglich auf zeitliche oder ewige Verbannung erkennen, Wallfahrten anordnen oder Geldstrafen verhängen. Wegen seiner veralteten Gerichts- und Prozeßordnung und seinem unzeitgemäßen Strafenkatalog hatte es bis zum Ende des 18. Jahrhunderts zahlreiche Zuständigkeiten de facto an das Bürgermeistergericht verloren. In letzterem führten – wie der Name schon sagt – die beiden regierenden Bürgermeister den Vorsitz. Es besaß keine geschriebene Satzung, und insofern waren auch seine Zuständigkeiten nicht genau umrissen, was ungewollt und gewollt zu Kompetenzüberschreitungen führte. Im Wesentlichen übte es die Polizei- und niedere Gerichtsbarkeit aus und galt für Urteile der Zunftgerichte und des Marktmeistergerichts als Berufungsinstanz. Darüber hinaus konkurrierte es vor allem mit dem Königlichen Schöffenstuhl, den Zunftgerichten und dem Sendgericht, indem es Streitigkeiten von Frauen untereinander und zwischen Eheleuten, Beleidigungen, Unterschlagung, Schmuggel und Diebstahl wie auch Streitigkeiten über Lohn und Gehalt an sich zog. Wegen der fehlenden Vorschriften oblag das Strafmaß – meist Freiheits- und Züchtigungsstrafen – fast gänzlich dem Ermessen der vorsitzenden Bürgermeister, die daher allerdings auch um so freier Gnade vor Recht ergehen lassen konnten. Das Ratsgericht schließlich wurde je nach Bedeutung der Fälle vom Großen oder Kleinen Rat bzw. einer von diesen beauftragten Kommission wahrgenommen. Es richtete über alle Bürger und Einwohner von Stadt und Reich Aachen, selbst wenn diese Adelige waren, aber auch über Fremde, sofern diese als offenkundige Feinde der Stadt galten. Es urteilte über Verletzungen der vom Rat erlassenen Edikte, bei Friedensstörungen und Aufruhr sowie bei leichtem und schwerem Diebstahl. In Zivilsachen wurde es tätig, wenn Unmündige und Minderjährige betroffen waren. Gelegentlich zog es auch Fälle an sich, die eigentlich dem geistlichen Sendgericht zustanden, wie Gotteslästerung, Unzucht und Ehebruch. Darüber hinaus fungierte das Ratsgericht als Berufungsinstanz für das Bürgermeister-, Baum-, Werkmeister- und Kohl[en]gericht. Gegen seine Entscheidungen konnte beim Reichskammergericht Appellation eingelegt werden. Das Ratsgericht durfte nur über solche Straftaten urteilen, für die nach der Halsgerichtsordnung Kaiser Karls V. aus dem Jahre 1532 höchstens die Hinrichtung mit dem Schwert vorgesehen war. Meist wurden jedoch nur Haft- und Verbannungsstrafen verhängt. Die Prozeßführung erfolgte an den städtischen Gerichten teilweise mündlich, teilweise schriftlich oder mündlich und schriftlich. Gemeinsam war der Masse der Gerichtsverfahren die lange Dauer der Prozesse, die sich z.T. aus der bei einzelnen Gerichten zu beobachtenden geringen Zahl der Gerichtstermine, der Schriftlichkeit der Prozeßführung und der aus verschiedenen Motiven geübten Verschleppung der Verfahren, vor allem durch die Sachwalter der Parteien erklärt. Aus der Beschreibung des Rats- und Bürgermeistergerichts ergibt sich, wie sehr Politik, Verwaltung und Justiz miteinander verwoben waren. Dies wird besonders deutlich am Beispiel der beiden regierenden Bürgermeister, die als Repräsentanten der Stadt, als Vorsitzende des Großen und des Kleinen Rates, des Beamtenkollegiums und der städtischen Gerichte in allen Bereichen des Gemeinwesens eine entscheidende Rolle spielten.

Die städtischen Gerichte machten sich nicht nur untereinander Zuständigkeiten streitig, sie wetteiferten darin auch mit dem schon erwähnten Aachener Schöffenstuhl, dessen Gerichtsherr nominell der König war, dem aber der Herzog von Jülich als Vogt von Aachen und in dessen Vertretung der Vogtmajor als Richter vorstand. Es setzte sich aus insgesamt 14 Schöffen zusammen, die auf Lebenszeit amtierten und die sich beim Tod eines Mitschöffen durch Kooptation ergänzten. Die Schöffen fungierten im Gericht als Urteilsfinder, brauchten aber im Verfahren nicht allesamt anwesend zu sein. In Zivilsachen und in der freiwilligen Gerichtsbarkeit waren sie im Prinzip unbeschränkt zuständig, hatten sich aber stets der Übergriffe der städtischen Gerichte zu erwehren. In Kriminalsachen richteten sie über alle Fremden, sofern diese nicht offenkundige Feinde der Stadt waren und daher vor das Ratsgericht gehörten, sowie über alle Personen, auch die Einheimischen, sofern die Strafe gemäß der kaiserlichen Halsgerichtsordnung höher als der Tod durch das Schwert ausfiel, d.h. etwa Tod durch Vierteilen, Verbrennen, Pfählen, Ertränken und Aufhängen. In der Rechtswirklichkeit wurden diese Strafen nur selten bzw. gar nicht verhängt. Wie die Protokollbücher des Schöffenstuhls im Stadtarchiv Aachen zeigen, wurde die Todesstrafe nur durch das Schwert oder den Strick vollzogen. Für die Zeit zwischen 1657 und 1776 sind vom Schöffenstuhl lediglich 30 Todesurteile ausgesprochen worden, so daß es vom reichsstädtischen Aachen hieß: „Wer will stehlen und nicht hangen, der kommt nach Aachen und läßt sich fangen"[1]. Darüber hinaus war der Schöffenstuhl Appellationsgericht für auswärtige Gerichte und übte für diese eine Oberhof-Funktion aus. In Zivilsachen konnte bei einem Streitwert über 300 Gulden Appellation am Reichskammergericht eingelegt, bei einem niedrigeren Streitwert durfte beim Schöffenstuhl Revision beantragt oder aber eine Juristenfakultät angerufen werden.

Die Zuständigkeit sowohl des Königlichen Schöffenstuhls wie auch der städtischen Gerichte endete – wenn nicht besondere Umstände vorlagen – an den Grenzen der Immunitätsbezirke der Aachener Stifte und Klöster.

In bestimmten Fällen – wie z.B. im Zusammenhang mit der Aachener Mäkelei (siehe S. 16ff.) oder wie in dem soeben genannten Beispiel – konnten die höchsten Gerichte im Reich, der Reichshofrat und das Reichskammergericht, angerufen werden[2]. Obgleich das Reich selbst dahinsiechte, waren diese bis zuletzt voll funktionsfähig. Sie galten „als ein Refugium für alle, die sich von ihrer Obrigkeit bedrängt fühlten", trugen ganz erheblich zur friedlichen Konfliktlösung bei und förderten damit die Verrechtlichung des Reiches.

In Frankreich hatte es während der Königsherrschaft ähnlich verworrene Zustände gegeben, die jedoch trotz jahrzehntelanger Diskussionen erst durch die Revolution zum Besseren gewendet wurden. So ebnete man in Frankreich mit der Verkündigung der Gleichheit aller Menschen, der Ab-

1792/93 und seit 1794

schaffung des Feudalsystems, der Umgestaltung der kirchlichen Verhältnisse und der Gerichtsorganisation den Weg zu der schon früher von bedeutenden Juristen geforderten Rechtseinheit. Bereits am 5. Oktober 1790 hatte die gesetzgebende Versammlung beschlossen, ein für das ganze Land gültiges Gesetzbuch (code) erarbeiten zu lassen, und so stellte die französische Konstitution von 1791 ein überall im Königreich gültiges Zivilgesetzbuch in Aussicht, zu dem der Vorsitzende der damit beauftragten Kommission, Jean Jacques Régis de Cambacérès, bereits am 9. August 1793 einen Entwurf vorlegte, der aber vom Konvent als zu wenig revolutionär empfunden wurde und daher überarbeitet werden mußte. Am 9. November 1794 legte er einen zweiten Entwurf vor, der aber nur teilweise diskutiert wurde. Ein dritter vom 14. Juni 1796 und ein vierter vom 21. Dezember 1797 wurden nicht weiter behandelt. Erst unter Napoleon sollte das Gesetzeswerk Fortschritte machen. Die Revolutionsgesetzgebung seit 1789 behalf sich daher mit der Verkündigung von Einzelgesetzen. Wenn sich auch die Kodifizierung des Rechts hinauszögerte und in den von Frankreich besetzten Gebieten weiterhin nach Landesrecht geurteilt werden sollte – die kurzzeitig arbeitenden Revolutionsgerichte, welche alle gegen die Revolution gerichteten Verbrechen aburteilen sollten, bildeten da eine Ausnahme – so wurden doch gemäß dem Dekret des Nationalkonvents vom 15. und 17. Dezember 1792 die Grundgedanken der Revolution über das Gerichtswesen sogleich auch in die besetzten Gebiete übertragen: Bereits während der ersten Besetzung Aachens hatte General Dampierre im Januar und Februar 1793 die Auflösung des Aachener Schöffenstuhls angeordnet, die Appellation an das Reichskammergericht in Wetzlar untersagt und ein provisorisches Gericht – wohl auf der Grundlage des in Frankreich am 16. August 1790 erlassenen Dekrets „sur l'organisation judicaire" – eingeführt, das entsprechend den neuen Vorstellungen unabhängig von der Verwaltung tätig werden sollte. Das „droit intermédiaire" diente als Mittel, „die Rechtsordnung der besetzten Gebiete zu revolutionieren und somit bereits im Krieg vollendete Tatsachen für spätere Friedensschlüsse zu schaffen"[3]). Bei der zweiten Besetzung Aachens ordnete der Volksrepräsentant Frécine am 28. Oktober 1794 die Umgestaltung von Verwaltung und Gerichtswesen an. Zwar sollte auch weiterhin nach den Landesgesetzen und -gewohnheiten und nicht nach französischem Recht, das ja immer noch kein einheitliches war, geurteilt werden; die Neuerungen, welche die französische Revolution im Gerichtswesen brachte, traten aber immer deutlicher zutage. So wurden Justiz und Verwaltung, die nach der ersten Besetzung Aachens wieder in der Hand des Aachener Rates vereint waren, erneut getrennt, ferner der Grundsatz der Unentgeltlichkeit des Prozesses aufgestellt und jeder Partei das Recht eingeräumt, vor Gericht selbst oder vertreten durch einen Bevollmächtigten ohne Hilfe eines Rechtsgelehrten zu agieren. Im Zivilprozeß sollte zunächst der Vergleich gesucht werden und ein Urteil erst bei Unversöhnlichkeit der Parteien ergehen. Prozeß und Urteilsfindung sollten transparent werden, weshalb der Richter bei Strafe verpflichtet wurde, seine Urteile zu begründen und die Gesetze und Gewohnheiten des Landes anzuführen, auf die er sich stützte.

(Friedensgerichte) Nach Frécines Plan sollte an jedem Hauptort eines Kantons und in Gemeinden mit mehr als 6 000 Einwohnern „Tribunaux civiles et judicaires" eingerichtet werden, sog. Untergerichte, die nach den im August 1790 in Frankreich eingerichteten „Tribunaux de paix" auch „Friedensgerichte" hießen. Sie urteilten ausschließlich in Zivilsachen, und zwar endgültig und ohne Berufung in allen Fällen, in denen der Streitwert 100 Livres nicht überstieg. Bei einem höheren Streitwert unterlagen ihre Urteile dem Vorbehalt, daß Berufung eingelegt werden konnte. Die Friedensgerichte waren außerdem zuständig bei Verpfändungen und Zwangsvollstreckungen. Gemäß den Vorstellungen von Frécine wurde auch in Aachen ein Friedensgericht für Stadt und ehemaliges Reich eingerichtet, und zwar am 5. November 1794 bei gleichzeitiger Auflösung des nach dem 1. März wieder eingesetzten Aachener Schöffenstuhls. Bereits zwei Tage zuvor waren Peter (v.) Gartzweiler zum Friedensrichter sowie Martin Joseph de Loneux und Joseph Schwarz zu Beisitzern gewählt worden. Erstere waren zuvor Schöffen am Aachener Schöffenstuhl gewesen, während letzterer als Advokat tätig gewesen war. Auf das in der Stadt vorgefundene juristische Personal konnten also auch die neuen

Machthaber nicht verzichten. Am 6. November 1794 erhielt Gartzweiler das Recht zur Führung eines eigenen Gerichtsstempels mit der Umschrift "Juge de paix d'Aix-la-Chapelle" und dem Bild der Freiheitsstatue [4]). Das Aachener Friedensgericht entfaltete sogleich eine rege Geschäftstätigkeit. Aus seinen Protokollen ersieht man, daß es vom 6. November bis zum 24. Dezember 1794 allein 200 und vom 26. Dezember 1794 bis zum 11. Februar 1795 weitere 183 Fälle verhandelt hat [5]).

In Aachen, dem Hauptort der Zentralverwaltung, wurde auch ein aus 7 Richtern bestehendes „Tribunal supérieur", ein sog. Obergericht, installiert. Es entschied alle Berufungen, die gegen Urteile der Friedensgerichte eingelegt wurden, in letzter Instanz. In Zivilsachen war dieses Obergericht also ausschließlich ein Berufungsgericht. Hingegen war es in Strafsachen allein und letztinstanzlich zuständig für alle Verbrechen, die gemäß den Landesgesetzen und -gebräuchen mit Gefängnis bis zu 10 Jahren oder Leibes- und Lebensstrafen geahndet wurden. Die Richter am Aachener Obergericht wurden am 5. November 1794 ernannt, unter ihnen die Aachener Martin v. Oliva und Joseph Geuljans. Am 8. August berief der Regierungskommissar Poissant Johann Joseph Vossen in das Richterkollegium [6]). Frécines Regelungen wurden am 14. November 1794 von dem Kollegium der in den besetzten Gebieten tätigen Nationalagenten bestätigt und hatten bis zum 21. März 1797 Bestand. *(Obergericht)*

Frécine hatte am 29. Oktober 1794 auch ein Handelsgericht (tribunal de commerce) in Aachen installiert und dazu 12 Kaufleute berufen, die in allen Handelsstreitigkeiten des Distriktes Aachen mit einem Streitwert über 300 Livres unentgeltlich, ohne Beteiligung ziviler Gerichte und ohne Berufungsmöglichkeit Endurteile fällen sollten. Streitigkeiten mit einem geringeren Wert durften mit Rücksicht auf die in entlegenen Gegenden des Distrikts wohnenden Parteien die örtlichen Friedensrichter fällen. Auf eigene Vorstellungen erhielt das Tribunal schließlich die Genehmigung, auch die Fälle unter 300 Francs abzuurteilen. Für Streitfälle über 1 000 Francs bestand die Möglichkeit der Appellation an das Tribunal supérieur. *(Handelsgericht)*

Nachdem General Hoche am 18. März 1797 die alten Verwaltungs- und Gerichtsbehörden wieder zugelassen hatte, nahmen die alten reichsstädtischen Gerichte ihre Tätigkeit in Aachen wieder auf. Der Friede von Campo Formio im Oktober 1797 weckte die Hoffnung auf eine baldige staats- und völkerrechtliche Anerkennung der Rheinlande als Bestandteil Frankreichs, so daß das Pariser Direktorium noch vor dem Rastatter Frieden daran ging, die Verwaltung in den linksrheinischen Gebieten nach französischem Vorbild neu zu organisieren. Es ernannte dazu den dem Justizminister unterstellten Regierungskommissar Franz Joseph Rudler zum Chef einer neuen provisorischen Zivilverwaltung und betraute ihn mit der Aufgabe, sowohl die Verwaltung als auch die Justiz neu zu gestalten. Am 23. Januar 1798 hob Rudler die von Hoche wieder zugelassenen alten Gerichte auf und erließ eine neue Gerichtsorganisation, das 668 Artikel umfassende „Règlement du Commissaire du Gouvernement sur l'Ordre judicaire", in dem das zivile Prozeßrecht und die Gerichtsverfassung bis hinab zu den Kosten und der Amtskleidung der Richter geregelt wurde. Am 19. Februar 1798 wurde das Friedensgericht in Aachen wieder eingerichtet. Nachdem die Stadt am 28. März 1798 in drei Sektionen (Égalité, Réunion, Liberté) unterteilt worden war, kam es zu einer Neubesetzung, bei der der bisherige Advokat Edmund Joseph Senden, Johann Joseph Contrain und Ferdinand Korff zu Friedensrichtern bestellt wurden. Auch gab es bei den Kompetenzen des Friedensrichters gewisse Modifikationen. Er erhielt eine Fülle von Aufgaben auf dem Gebiet der freiwilligen Gerichtsbarkeit zugewiesen. Darüber hinaus wurde seine Funktion als F r i e d e n s richter in besonderer Weise betont. Nach Möglichkeit sollte er im Vorfeld des Prozesses, und zwar in dem sog. Bureau de paix, zusammen mit zwei Beisitzern versuchen, die Parteien miteinander zu versöhnen, nicht zuletzt unter dem Gesichtspunkt der Entlastung des Gerichts. Eine andere Bestimmung diente der Kosten- und Zeitersparnis bei der Rechtsfindung. So durften Berufungen nur vor dem nächsthöheren Gericht erfolgen, in dessen Bezirk das Friedensgericht lag, welches das angefochtene Urteil gefällt hatte. Für Aachen war es das fürs Roerdepartement zuständige sog. Zivilgericht *seit 1798*

(Friedensgerichte)

(Zivilgericht)

in Köln, welches am 5. März 1798 seine Tätigkeit aufgenommen hatte. Es war in letzter Instanz zuständig für alle Appellationen gegen Urteile der Friedensrichter und der Handelsgerichte. Außerdem befand es in letzter Instanz über alle Zivilgerichtsverfahren mit einem Streitwert bis zu 1 000 Francs. Das Gericht war in zwei Sektionen geteilt und setzte sich im wesentlichen aus 20 Richtern und einem Kommissar des vollziehenden Direktoriums zusammen. Die höchstbesoldete und somit aus der Sicht der Regierung auch wichtigste Funktion nahm der Kommissar wahr. Auf die gen. Stellen berief Rudler fachlich qualifizierte und im französischen Dienst bewährte Beamte. Zum Kommissar des Kölner Zivilgerichts ernannte er am 7. Januar 1798 Joseph Vossen d.Ä., einen ausgewiesenen Republikaner, der in den vergangenen Jahren den Franzosen in verschiedenen Funktionen bereits ein zuverlässiger Mitarbeiter gewesen war. Präsident einer der beiden Sektionen wurde Joseph Schwarz, früherer Beisitzer am Aachener Friedensgericht.

(Gerichtliche Polizei) Rudlers Neuordnung des Gerichtswesens erstreckte sich nicht nur auf die Zivil- sondern auch auf die Kriminaljustiz. Am 21. März 1798 wurde das in Frankreich seit 1795 gültige Gesetzbuch der Verbrechen und Strafen, der „Code des délits et des peines" in den vier rheinischen Departementen eingeführt[7]. Damit wurde auch die sog. gerichtliche Polizei (police judicaire) im Roerdepartement installiert. Als Beamte der gerichtlichen Polizei amtierten die Polizeikommissare, Feldschützer, Waldförster, Friedensrichter u.a. Personen. Ihre Aufgabe bestand darin, Verbrechen aufzuspüren, die die verwaltende Polizei (police administrative) nicht ermitteln konnte, und die Indizien zusammenzustellen bzw. die Täter den Gerichten auszuliefern, etwa dem Polizeigericht (tribunal de police). Die Polizeigerichte waren von ihrer personellen Zusammensetzung her praktisch mit den jeweiligen Friedensgerichten identisch. Das Polizeigericht urteilte in letzter Instanz über Verbrechen, deren Bestrafung den Wert von drei Arbeitstagen bzw. das Strafmaß von drei Tagen Gefängnis nicht überstieg. So ahndete das Polizeigericht beispielsweise die Vernachlässigung der Beleuchtung und Säuberung der Gassen, das Anbieten von schädlichen bzw. verdorbenen Eßwaren, den Verkauf von Brot und Fleisch über dem gesetzmäßigen Preis sowie Beschimpfungen und kleinere Handgreiflichkeiten[8]. Schwerwiegendere Kriminalfälle hatte es zu erforschen und den Untersuchungsbericht den zuständigen höheren Gerichten auszuliefern. Die nächsthöhere Instanz war das sog. Zuchtpolizeigericht oder „Tribunal correctionel", das aus einem Präsidenten, zwei Friedensrichtern oder am Gerichtsort wohnenden Beisitzern der Friedensrichter, einem Kommissar des Direktoriums und einem Gerichtsschreiber bestand. Seine Aufgabe war es, Vergehen, die über dem Streitwert von drei Arbeitstagen bzw. Gefängnistagen lagen, zu ahnden, und zwar bis zu einer Obergrenze von zwei Jahren Kerker. Zuchtpolizeigerichte wurden innerhalb des Roerdepartementes in Aachen, Köln, Krefeld und Kleve eingerichtet. Zum Kommissar am Zuchtpolizeigericht Aachen bestellte Rudler am 25. Januar 1798 den Aachener Wilhelm Vossen d.J.. Da die Rechtssprechung noch nach einheimischem Recht erfolgte, wurden die Gerichte damals fast ausschließlich mit Deutschen besetzt. Dabei bevorzugte Rudler fachlich geschultes, gegenüber der Republik loyales Personal, was allerdings nicht hinderte, daß mehreren Gerichtsbeamten der Ruf der Korrumpierbarkeit vorauseilte. Unangenehm fiel auch der Aachener Friedensrichter der Sektion Égalité auf, der ungeniert statt 50 Centimes einen Franc und 50 Centimes Gebühren für jede Ausfertigung eines Schriftstückes kassierte und dabei von seinem Schreiber tatkräftig unterstützt wurde[9]. Gegen die Entscheidungen der Zuchtpolizeigerichte konnte beim sog. Peinlichen Gerichtshof in Köln appelliert werden. Dieses Gericht urteilte außerdem in allen Kriminalsachen, welche mit Ehrenstrafen wie dem Entzug der bürgerlichen Rechte bzw. dem Pranger geahndet oder aber mit Tod, Verbannung, Zuchthaus und Einzelhaft bestraft wurden. Neben dem Peinlichen Gericht gab es in Köln noch ein Spezialgericht.

Trotz aller Neuerungen und Bemühungen krankte das Rechtswesen im Rheinland der Jahrhundertwende nach Meinung des damaligen Regierungskommissars Henri Shée immer noch an mangelhaften menschlichen und beruflichen Qualifikationen eines Teils des Verwaltungs- und Justizpersonals. Derselben Ansicht war der Aachener Notar Johann Nepomuk Quirini, der in seinem Begleitschreiben zu dem Fragebogen, den Shée im Departement versandt hatte, um Aufschlüsse über die persönlichen und bildungsmäßigen Voraussetzungen seiner Beamten zu erhalten, seine Kritik auf amüsante Art formulierte. Er schrieb am 14. April des Jahres 1800:

> *„Es ist für die diesseitigen Rheinbewohner sehr zu bedauern, daß das administrative so wohl als das Justiz-Fach in Kopf und Glieder zum Theil schlecht organisiret ist: Ich höre fast überall darüber klagen: in beiden Fächern finde ich bey und um uns Leute, die von allen Seiten genommen, dem Amte nicht gewachsen sind und die sich besser für Sack- als für Amts-Träger schickten.*
> *Dieß ist bey neuen Landes-Organisationen gemeinlich der Fall. Der Eroberer wird bey dem besten Willen, dem Lande Gutes zu thun, durch verkappte Amtsdürftige und unwissende Marktschreyer getäuscht; Er muß so zu sagen, eine Belagerung ausstehen: durch ihre anhaltende Unverschämtheit dringen Sie sich in Ämter ein, deren Sie in jeder Rücksicht unwürdig sind, und entfernen durch ihre Kabalen wackere Männer, die nun vergessen sind, die jedoch nun noch, wie ehmals das ganze Zutrauen des Volks genießen.*
> *Dieß Letztere ist durchgängig ein richtiger Probierstein des Verdienstes, und ich würde bey neuen Wahlen [gemeint ist: Auswahl] immer drauf sehen, ob Jemand das Zutrauen des Volkes genossen, um dadurch den klugen wackern und rechtschaffenen Mann von dem Dummkopf und Taugenicht unterscheiden zu können"*[10]).

Ein fragwürdiges Licht wirft der Bericht eines Zeitgenossen auf das damalige Zuchtpolizeigericht in Aachen. Dort heißt es:

> *„Ein Beamter, der treulos gewirthschaftet hatte, – durch 54 Zeugen überwiesen, und vom Tribunal correctionel zweimal kondemniert war, appellierte nach Kölln, ward dort durch Kassation des Urtheils nach Aachen renvoyiert, und hier, trotz der wiederholten ihn anklagenden Aussage der 54 Zeugen, freigesprochen. Er war dabei seiner Sache so gewiss, daß er am Tage des Urtheilsspruches bereits ein Souper für den Abend bei seinem Gastwirthe (der einer der pêle-mêle zusammengerafften 8 Jury's war) bestellt hatte! Die Kassation erfolgte, wegen eines Mangels an Formalitäten in den Zitationen..."*[11]).

Auch mehrere Beamte des Kölner Zivilgerichts standen im Ruf der Bestechlichkeit. So war der dortige Kommissar Joseph Vossen d.Ä. nach Meinung eines anonymen Zeitgenossen käuflich und zudem „falsch wie eine Schlange" und „der abscheulichste Lügner und Großsprecher"[12]).

Rudlers Gerichtsverfassung hatte nicht lange Bestand. Am 9. November 1799 stürzte Napoleon das vollziehende Direktorium und erließ am 13. Dezember eine neue Verfassung, in der auch eine Reform des französischen Gerichtswesens angekündigt wurde. Der Friedensvertrag von Lunéville vom 9. Februar 1801, in dem die linksrheinischen Gebiete endgültig, nämlich staats- und völkerrechtlich Frankreich zugesprochen wurden, schuf die Voraussetzung zur Gleichstellung dieser Gebiete mit dem französischen Mutterland. Diese erfolgte abschließend zum 23. September 1802. Seitdem galten die französische Verfassung und die französische Gesetzgebung auch für das gesamte linksrheinische Gebiet. Desgleichen erhielt hier die von Napoleon am 18. März 1800 durchgeführte Gerichtsorganisation ihre Gültigkeit. Die Friedensgerichte blieben bestehen. Ihre Zahl wurde aber in Aachen am 15. März 1804 entsprechend der 1801 vorgenommenen Einteilung der Stadt in zwei statt bisher drei Sektionen, auf zwei verringert (vgl. S. 186, 191): eine Maßnahme, die bis zur preußischen Neuordnung von 1821 Bestand haben sollte. Die Grenze der beiden Sektionen verlief "mitten

seit 1800

(Friedensgerichte)

über die Pontstraße, den Marktplatz, den Hühnermarkt, die Krämerstraße, Hartmannstraße und Wirichsbongardstraße. Die Sektion östlich der Linie Ponttor-Markt-Wirichsbongardtor bis einschließlich Haaren trug die Bezeichnung Aachen A, die andere westlich dieser Linie bis ausschließlich Burtscheid die Bezeichnung Aachen B"[13]). Das Personal an den beiden Aachener Friedensgerichten wurde mit Konsularbeschluß vom 11. Februar 1804 nominiert. Zu Friedensrichtern wurden Johann Joseph Contrain und Nikolaus Schiffers ernannt.

(Tribunal 1. Instanz) An die Stelle des bisherigen Zivilgerichts in Köln traten sog. Tribunale erster Instanz (tribunaux de première instance) in Kleve, Krefeld, Köln und Aachen. Ihre Aufgabe bestand darin, Zivilsachen in erster und letzter Instanz zu fällen und über Berufungen gegen Urteile der Friedensrichter zu erkennen. Da ihnen auch die Zuchtpolizeigerichte als „Korrektionalkammern" angegliedert wurden, waren sie auch in Strafsachen zuständig. Im Januar 1803 ernannte der Erste Konsul das Richterkollegium am Aachener Instanzgericht. Zu dem an diesem Gericht tätigen Kommissar – oder wie er seit dem 18. Mai 1804 hieß: kaiserlichen Prokurator – ernannte Napoleon Wilhelm Vossen d.J. Das Aachener Tribunal nahm seine Tätigkeit am 7. März 1803 auf. Es tagte unten rechts im Rathaus[14]). In den Jahren 1810 und 1811 ergingen neue Bestimmungen für die Instanzgerichte. So sollte sich das Aachener künftig aus 9 Richtern und 4 Supplanten zusammensetzen. Auch wurde es Berufungsgericht für alle Appellationen gegen Urteile, die in korrektionellen Sachen an den Instanzgerichten Köln, Krefeld, Kleve und sogar Münster in Westfalen ergangen waren. Urteile des Aachener Tribunals erster Instanz konnten am kaiserlichen Gerichtshof in Lüttich angefochten werden.

(Kriminalgericht) Auch die Organisation der Kriminaljustiz wurde geändert. So wurde das in Köln bestehende Peinliche Gericht am 1. September 1802 aufgehoben und gleichzeitig in Aachen ein Kriminalgericht (tribunal criminel) eingerichtet, das am 16. Mai 1804 die Bezeichnung „Kriminaljustizgerichtshof" (cour de justice criminelle) erhielt. Es befand wie die Vorgängerinstitution über alle Kriminalfälle, für die die Instanzgerichte die Anklage für zulässig erklärt hatten, sowie über Berufungen gegen vom Tribunal erster Instanz in Zuchtsachen verkündete Urteile. Es tagte 1808 provisorisch im sog. Krönungssaal des Rathauses[15]). Die von ihm über Einwohner des Roerdepartements verhängten Todesstrafen wurden mit der vor dem Königstor stehenden Guillotine vollstreckt (siehe Exp. F 16).

(Assisengericht) Mit dem Gesetz vom 20. April 1810 wurden in ganz Frankreich die Kriminalgerichtshöfe, welche sich ausschließlich aus Richtern zusammensetzten, aufgehoben und durch sog. Assisenhöfe (cour d'assises; assise = Sitzungsperiode) ersetzt, an denen Berufsrichter und aus den gehobenen bürgerlichen Kreisen erwählte Geschworene das Urteil fällten. Diese Gerichte tagten alle drei Monate – im Bedarfsfall auch öfter – wobei die Geschworenen die Schuldfrage entschieden, die Richter das Strafmaß festsetzten.

(Spezialgericht) In Köln war ein Spezialgericht (tribunal spécial) eingerichtet worden, das seine Tätigkeit am 7. Oktober 1801 aufnahm. Es setzte sich aus einem Präsidenten, zwei Berufsrichtern, drei Laienrichtern und drei Offizieren im Rang mindestens eines „capitaine" zusammen. Ihre Aufgabe war es,

> *„über mit Schandstrafe verbundene Verbrechen und Vergehen von Landstreichern, Gesindel und entwichenen Sträflingen, des weitern über Diebstahl auf Feldern, in Landhäusern und Wohnungen, über Mord, Falschmünzerei, Tätlichkeiten gegen Ankäufer von Nationalgütern, Bestechungen von Kriegs-, Requisitions- und Konskriptionsleuten sowie über aufrührerische Zusammenrottungen zu erkennen"*[16]).

(Bekämpfung der Bandenkriminalität) Eine wichtige Aufgabe kam diesem Gericht bei der Verfolgung der während der Koalitionskriege wieder überhand genommenen Bandenkriminalität zu. Auf diesem Gebiet arbeiteten Justiz, Verwaltung und Polizei eng zusammen. Gemeinsam erzielten sie im Laufe der Jahre beachtliche Erfolge. Diese wurden dadurch begünstigt, daß das Rheinland nicht mehr wie im Ancien Régime in Territorien, Herrschaften und Städte zersplittert, sondern in größere Verwaltungseinheiten (Departements) gegliedert war. Die Zentralisierung der Verwaltung, die Vereinheitlichung des Rechts und

die Durchstrukturierung und klare Kompetenzverteilung der Justiz trugen zu diesen Erfolgen entscheidend bei. Aber auch einzelne Personen hatten an der Tatsache, daß die Rechtssicherheit, besonders in den Jahren nach 1806, zunahm, ein besonderes Verdienst. Zu ihnen zählt der am erwähnten Spezialgericht als Chefankläger tätige Antoine Keil. Er war früher Kommissar für die Sammlung von Kunstgegenständen in den rheinischen Gebieten gewesen, bevor er im Jahre 1798 vom Regierungskommissar Rudler zum öffentlichen Ankläger am Peinlichen Gericht zu Köln und dann 1802 an das dortige Spezialgericht berufen worden war. Ihm gelangen spektakuläre Fahndungserfolge. So hatte er z.B. entscheidenden Anteil an der Festnahme und Verurteilung des am 19. Februar 1803 hingerichteten Matthias Weber gen. „Fetzer", der neben Schinderhannes einer der berüchtigsten Räuberhauptleute seiner Zeit war [17]. Ähnliche Erfolge waren ihm im Kampf gegen die vor allem im Raum Krefeld und Neuss, aber auch bei Aachen und Zülpich operierenden Banden des Augustin Overtüsch gen. der Holländer und Carl Heckmann gen. Kerl beschieden, die Verbindungen zu der gut organisierten Großen Niederländischen Bande unterhielten. So gelang es bis zum Jahre 1813, die Großbanden in den rheinischen Departements wirkungsvoll zu bekämpfen, d.h. zu zerschlagen oder aber doch wenigstens aus dem Linksrheinischen in solche Gebiete zu verdrängen, in denen es einen wirksamen Fahndungs- und Ahndungsapparat nicht gab. Gegen die am Spezialgericht gefällten Todesstrafen – sie waren für Straßenraub wie für gemeinschaftlichen oder nächtlichen Raub obligatorisch – war anfangs keine Revision möglich. Später konnte sie beim obersten Revisionsgericht für die vier rheinischen Departements in Trier eingelegt werden. Die Todesurteile wurden unverzüglich nach der Urteilsverkündigung bzw. Verwerfung des Revisionsgesuchs mit der Guillotine vollstreckt. Daß die Todesstrafe bereits gegen Räuber verhängt wurde, hängt mit dem Mangel an Gefängnissen in den Rheinlanden zusammen. „Die Trennung der Räuber von der Gesellschaft" war so „nur durch die finale Lösung am Galgen möglich" [18]. Das Spezialgericht in Köln wurde im Jahre 1804 nach Aachen verlegt, wo es seine Tätigkeit am 6. Juli unter der Bezeichnung Spezialkriminalgerichtshof (cour de justice criminelle spéciale) aufnahm. Im Jahre 1810 wurde es neu organisiert und erhielt die Bezeichnung „Gewöhnlicher Spezialgerichtshof" (cour spéciale ordinaire). Er war zuständig für Staatsdelikte wie Rebellion, Schleichhandel in aufrührerischer Gesinnung und Landstreicherei, für Personaldelikte wie Mord, Totschlag, Kindesmord, Gewalttätigkeiten und Schwerverletzungen, Bigamie, Meineid, gewalttätigen Diebstahl sowie für Eigentumsdelikte wie Brandstiftung, Diebstahl mit erschwerenden Umständen, Hausdiebstahl, Urkundenfälschung und betrügerischen Bankrott.

Das Appellationstribunal in Trier verlor wegen der großen Entfernung und schlechten Verkehrsanbindung seine Aufgaben im Jahre 1805 an den Appellationsgerichtshof, später kaiserlichen Gerichtshof in Lüttich, wohin der Aachener Wilhelm Vossen d.J. am 15. März 1805 als Richter berufen wurde.

Die Zentralisierung des Gerichtswesens in der Departementshauptstadt Aachen ist zur Zeit des Konsulats und des Kaisertums Napoleons unverkennbar. Neben den beiden Friedensgerichten, dem Tribunal erster Instanz und dem Spezialgerichtshof wurde in Aachen am 27. Februar 1805 erneut ein Handelsgericht installiert. In Köln hatte es ein solches bereits seit dem 1. April 1798 gegeben. Krefeld folgte im Jahre 1810. Die Gerichtssprengel waren mit denen der an diesen Orten existierenden Tribunale erster Instanz identisch. Aufgabe der Handels- bzw. Kommerzgerichte (tribunaux de commerce) war es, über alle im Handel auftretenden Rechtsprobleme bis zu einem Streitwert von 1 000 Francs in letzter Instanz zu urteilen. Appellation war vor dem Appellationsgerichtshof in Lüttich einzulegen. Dem Zweck entsprechend wurden die Handelsgerichte mit Kaufleuten besetzt, die von der Kaufmannschaft gewählt wurden und deren Namen der Präfekt des Roerdepartements dem Innenminister mitteilte. Die Ernennungen der ehrenamtlich tätigen Richter und Suppleanten wurden dann persönlich von Napoleon vorgenommen. Im Jahre 1805 ernannte er für Aachen die Tuchfabrikanten Ignaz van Houtem als Präsident, Cornelius v. Guaita, Ernst Konrad Claus, Carl Strauch und Karl Nellessen als Richter sowie Leonard Startz, Andreas Ludwigs,

(Handelsgericht)

Matthias Hoffstadt und Johann Jakob Stehelin als Suppleanten. Die Handelsgerichte in Frankreich wurden nach der Einführung des Code de commerce (siehe unten, S. 197) neu organisiert. Im Roerdepartement griffen die neuen Bestimmungen allerdings erst seit Anfang Oktober 1809. Unter anderem wurde bestimmt, daß jeder Richter mindestens 30 Jahre alt sein und seit mindestens 5 Jahren Handel treiben müsse. Nach höchstens zwei Jahren waren sie durch neue Richter auszutauschen. Ein Jahr nach Ablauf ihrer Amtszeit waren sie erneut wählbar. Am 18. August 1810 erneuerte Napoleon das Personal am Aachener Handelsgericht. Präsident wurde Karl Nellessen [19]). Eine weitere Neubesetzung erfolgte am 10. Juli 1813.

(Rat der Gewerbeverständigen)

Eng zusammen mit der Handelsgerichtsbarkeit hängt die Einrichtung der Räte der Gewerbeverständigen oder Werkverständigen (conseil de prud'hommes) in Aachen, Köln, Krefeld, Gladbach, Kaldenkirchen, Monschau, Düren und Stolberg in den Jahren 1808 bis 1813. Sie setzten sich unter Beachtung des Prinzips der Trennung von Verwaltung und Gericht und unter Ausschluß von Amtspersonen aus 5 bis 13 gewählten Fabrikanten und Werkstattoberen zusammen und hatten die Aufgabe, Streitigkeiten zwischen Fabrikanten und Arbeitern sowie zwischen Werkstattoberen, Gesellen und Lehrlingen auf dem Wege der Schlichtung beizulegen. Gelang dies nicht, durften sie in Fällen mit einem Streitwert bis zu 60, später 100 Francs ein Urteil fällen. Höherwertige Streitfälle gehörten vor das Handelsgericht. Im Jahre 1810 erhielten sie das Recht, Disziplinlosigkeiten der Lehrlinge gegenüber ihren Meistern mit bis zu dreitägiger Gefängnisstrafe zu belegen. Zum Betätigungsfeld der Gewerbeverständigen gehörte es ferner, Diebstähle in den Fabriken und Betrügereien den Kriminalgerichten zur Weiterverfolgung anzuzeigen. Der erste Gewerbeverständigenrat war in Aachen per Dekret am 1. April 1808 genehmigt worden. Er setzte sich aus 4 Tuch- und Nadelfabrikanten, einem Webermeister, einem Tuchscherermeister und einem Meister der Nadelfabrikation zusammen. Jährlich wurde ein Drittel der Werkverständigen erneuert. Wiederwahl war möglich. Die Erstwahl fand in Aachen am 13. Juli 1808 statt. Nominiert wurden der Tuchfabrikant Christian Friedrich Deusner als Vorsitzender, der Nadelfabrikant Nikolaus Startz als stellvertretender Vorsitzender, v. Hoselt und R.A. Imhaus, der Webermeister F. Nellessen, der Scherermeister L. Kayser und der Nadelmeister M. Burgerhausen. Das Gericht wurde am 24. Juli 1808 vom Maire eingeführt. Durch Dekret vom 15. Oktober 1809 wurde der Amtsbezirk auch auf Burtscheid ausgedehnt. Der Schwerpunkt der ganzen Institution lag im Vergleichsbüro, bestehend aus 2 Mitgliedern, darunter ein Fabrikant, das täglich zwischen 11 und 13 Uhr, seit dem 11. Juni 1809 alle zwei Tage, den gütlichen Ausgleich zwischen den Streitparteien suchen sollte. Gelang kein Kompromiß, wurde der Fall vor dem Spruchbüro verhandelt, das wöchentlich einmal tagte und in dem mindestens zwei Drittel der Gewerbeverständigen versammelt sein mußten. Die Urteile ergingen gemäß Mehrheitsvotum. Die Erfolge des Aachener Gewerbeverständigenrates sind beachtlich. So verhandelte er zwischen dem 16. August 1808 und dem 28. Dezember 1811 – abgesehen von Straffällen – allein 720 Streitfälle, von denen er 716 auf dem Wege der Schlichtung beizulegen vermochte [20]). Neben der Rechtsprechung in Zivilsachen standen den Gewerbeverständigen strafrichterliche Befugnisse zu, so etwa bei Unruhestiftung im Betrieb. Bei Streik, Sabotage, Diebstählen, Verrat von Betriebsgeheimnissen und Betrug hatten sie die Voruntersuchung für die für den Straftatbestand zuständigen Gerichte zu führen. Des weiteren erledigte der Rat der Gewerbeverständigen auch gewerbepolizeiliche Aufgaben, indem er ein bis zweimal jährlich die Fabriken besichtigte und diese vor allem im Hinblick auf ihre Hygiene inspizierte [21]). Mit der Einführung der Räte der Werkverständigen war im Rheinland der Beginn der modernen Arbeitsgerichtsbarkeit gelegt, die zwischen 1815 und 1844 bzw. 1846 zu den preußischen „Königlichen Gewerbegerichten" weiterentwickelt wurde.
In französischer Zeit wurden auch die Grundlagen zur Verwaltungsjustiz gelegt (siehe Kapitel Verwaltung, S. 176f.).

(Vereinheitlichung des Rechts)

Das Recht, nach dem die Zivil-, Kriminal- und Handelsgerichte in napoleonischer Zeit urteilten, war seit 1804 in 5 Gesetzesbüchern, sog. Codes, festgeschrieben, die für ganz Frankreich Geltung besaßen. Als erstes trat am 21. März 1804 der „Code civil des Français" in Kraft, an dessen Beratungen Napoleon persönlich teilgenommen und mitgewirkt hatte, und der im Jahre 1807 die Bezeichnung „Code Napoléon" erhielt. Der Code civil umfaßte ursprünglich 2 281 Artikel, welche das Personen-, Sachen-, Erb-, Schuld-, Ehegüter-, Pfand- und Hypothekenrecht neu ordneten. Am 1. Januar 1807 erhielten der Code de procédure civil, am 1. Januar 1808 der Code de commerce, das Handelsrecht, und in den Jahren 1808 und 1811 die Strafgesetzbücher des Code d'instruction criminelle und des Code pénal Gesetzeskraft. Die Vereinheitlichung des Rechts in diesen 5 Gesetzesbüchern, den sog. „Cinq codes", führte im Rheinland zu einer bisher nicht gekannten klaren, allgemein verständlichen und für jedermann verbindlichen Rechtsordnung. Die neue Gesetzgebung orientierte sich an den in der Revolution zur Geltung gebrachten Grundgedanken, nämlich der Gleichheit vor dem Gesetz, der Freiheit des Individuums und des Eigentums, der Vertrags- und wirtschaftlichen Betätigungsfreiheit sowie der Trennung von Staat und Kirche. Das neue Recht war daher gekennzeichnet durch

– die Unabhängigkeit von der Politik mit Ausnahme der Fälle von „Staatsverbrechen"
– die Unabhängigkeit von der Kirche, wie sie vor allem in der Festschreibung der obligatorischen Zivilehe zum Ausdruck kam (siehe S. 183f.)
– die Trennung von Justiz und Verwaltung mit Ausnahme des Sektors der Verwaltungsgerichtsbarkeit (siehe S. 176f.)
– die Einrichtung einer vom Gericht gesonderten, aber in die Justizorganisation eingeordneten Anklagebehörde, des „Öffentlichen Ministeriums", vergleichbar der heutigen Staatsanwaltschaft (siehe unten, S. 198)
– die Gleichheit aller Menschen vor dem Gesetz. Jeder Beschuldigte und jede Prozeßpartei hatte Anspruch auf rechtliches Gehör. Niemand durfte seinem gesetzlichen Richter entzogen werden. Wer wegen eines Verbrechens oder Vergehens angeklagt war, erhielt einen Pflichtverteidiger, falls er nicht selbst einen Verteidiger wählte. Das Gerichtsverfahren war unentgeltlich.
– die Transparenz der Gerichtsorganisation und des Rechts für den einzelnen Bürger, wozu die klare Sprache etwa des Code civil mit beitrug. Die Einheitlichkeit des Rechts, die klare Gliederung der Zuständigkeiten der Gerichte und die damit gewonnene Fähigkeit zu rascher Urteilsfindung, die Öffentlichkeit der Gerichtssitzung, Mündlichkeit statt Schriftlichkeit im Gerichtsverfahren, die Beteiligung des „Volkes" in der Strafrechtspflege in Form der Geschworenengremien und die Pflicht der Richter, ihre Urteile zu begründen und die Gesetzesartikel zu benennen, auf die sie sich stützten, trugen viel dazu bei, daß in der rheinischen Bevölkerung das Vertrauen in das französische Recht erstarkte.

Dies geschah um so mehr, als Napoleon bei der Reorganisation der Justiz zum 23. September 1802 die unfähigsten und bestechlichsten Richter nicht mehr berief und sich die Richterkollegien fast ausschließlich aus Deutschen rekrutierten [22]). Zum Nachteil gereichte es allerdings, daß seit 1798 das Französische als Amts- und damit als Gerichtssprache galt (vgl. S. 128f.), was bei der Berufung der Richter, der Geschworenen und der Rechtsvertreter der Parteien zu berücksichtigen war und trotz des Einsatzes von Dolmetschern zwangsläufig zu Verständigungsschwierigkeiten vor Gericht führte.

Die Cinq Codes orientierten sich am Gedankengut der Revolution, brachten aber gegenüber der revolutionären Gesetzgebung auch erhebliche Änderungen und sogar Verschlechterungen, und zwar überall dort, wo der Freiheitsgedanke den Redaktoren der Gesetze und Napoleon selbst zu radikal durchgeführt erschien. Sie befürchteten, daß die von den Revolutionären angestrebte individualistische Gesellschaft der Herrschaft eines Kaisers gefährlich werden könnte. Daher förderten sie die Familie als eine soziale Gemeinschaft mit Stabilitätsfunktion für Gesellschaft und Staat. Dabei begriff man den Vater als Oberhaupt der Familie, der diese – nicht anders als im Ancien Régime – nach monarchischem Prinzip beherrschte. Um seine Stellung zu stärken, wurden aus der Gesetzgebung der Revolution die Bestimmungen über die Emanzipation der Frau von der elterlichen Gewalt mit 21 Jahren, die Gleichstellung der Frau in der Ehe, die Zeugnisfähigkeit der Frau bei allen zivilen und gerichtlichen Akten sowie die beabsichtigte Gleichstellung der unehelichen mit den ehelichen Kindern nicht übernommen und die Ehescheidung erschwert. Dazu schreibt Elisabeth Fehrenbach: "Die Familie zählte zu jenen sozialen Körperschaften, die ein Gegengewicht zur unbeschränkten individualistischen Freiheit bildeten, die der cäsarischen Herrschaft gefährlich werden konnte. Deshalb wurde die Autorität des pater familias verstärkt: er konnte seine Kinder für eine Dauer von sechs Monaten ohne Kontrolle der Justizbehörden einsperren lassen; er hatte die Vermögensgewalt über den Besitz, auch über den seiner Frau in der gesetzlichen Gütergemeinschaft. Die Frau stand unter der Vormundschaft ihres Mannes im Hinblick auf alle Verhältnisse des bürgerlichen Lebens. Alle diese Verfügungen des Code unterschieden sich nur insofern von der patriarchalischen Auffassung des Ancien Régime, als sie Folge von gesetzlichen Verbindlichkeiten waren und die Rechtspersönlichkeit von Frau und Kindern nicht vernichteten"[23]). Werner Schubert bemerkt in diesem Zusammenhang: „Die entsprechenden Änderungen im Personenrecht der Revolution dienten der Festigung des Bürgertums, in dem Napoleon seinen politischen Rückhalt hatte und das er zugleich durch gesetzliche Maßnahmen zu konsolidieren trachtete... Man strebte also ein egalitäres, bürgerlich-individualistisches Personenrecht mit konservativen Zügen an. Die teilweise Zurücknahme der Reformen des Personenrechts steht im Widerspruch mit der weitgehenden Liberalisierung des Schuld- und Sachenrechts. Dem jetzt fest in der Familie gegründeten Individuum wollte man im Geschäfts- und Erwerbsverkehr, freilich mit entsprechenden Sicherungen, die Freiheit gewähren, seine Kräfte voll zu entfalten"[24]). Auch wenn das neue Rechtswesen allen männlichen Bewohnern der rheinischen Departements zugute kam, den vollen Nutzen aus ihm vermochten nur das vermögendere Bürgertum und die höhere Beamtenschaft zu ziehen. Sie blieben auch in preußischer Zeit die gesellschaftlich und politisch maßgebenden Schichten und nahmen als solche erfolgreich den Kampf gegen die Bestrebungen zur Abschaffung ihres „Rheinischen Rechts", d.h. französischen Rechts, und die Einführung des rückständigeren preußischen auf, in dem die richterliche Unabhängigkeit gegen Eingriffe seitens der Ministerien noch mangelhaft gesichert war, das einen besonderen Gerichtsstand für Adelige und Beamte und die Patrimonialgerichtsbarkeit auf dem Lande sowie die ungleiche Behandlung der höheren und niederen Stände im Strafrecht und teilweise auch im Zivilrecht kannte und das dem geheimen und schriftlichen Gerichtsverfahren den Vorzug gab. Der Widerstand im Rheinland förderte die Auseinandersetzung mit dem Rheinischen Recht und sicherte diesem nach und nach in ganz Deutschland Anerkennung, bis es schließlich nach der Gründung des Deutschen Reiches in die neu geschaffenen Gesetzeswerke einfloß. Insofern sollte Napoleon Recht behalten, wenn er tatsächlich sagte, was man ihm als Äußerung im Exil zuschrieb: „Mein Ruhm liegt nicht in meinen Siegen. Waterloo wird das Andenken an die gewonnenen Schlachten auslöschen. Aber nichts kann meinen Code Civil zerstören; dieser wird ewig leben"[25]).

(Staatsanwaltschaft) Die französische Justiz kannte noch drei Einrichtungen, die es an dieser Stelle zu erwähnen gilt: die Staatsanwaltschaft, die Rechtsanwaltschaft und das Notariat. Eine Staatsanwaltschaft war zu reichsstädtischer Zeit in Aachen unbekannt gewesen. In napoleonischer Zeit war sie an allen Gerichten mit Ausnahme der Friedensgerichte eingeführt. Sie führte den Titel „Öffentliches Ministerium" (ministère public). Ihre Aufgabe war die Strafverfolgung und die Anklagevertretung; sie besaß Aufsichts- und Weisungsbefugnisse gegenüber der gerichtlichen Polizei, wirkte also insofern bei der Aufklärung strafbarer Handlungen mit. Auch bei den Zivilverhandlungen war das „Öffentliche Ministerium" durch seine Beamten vertreten, „die das öffentliche Interesse zur Geltung bringen und sich derer annehmen sollten, denen eine gesetzwidrige Benachteiligung drohte"[26]). Außerdem oblag dem Öffentlichen Ministerium die Hauptlast der Justizverwaltungsaufgaben. Die leitenden Be-

amten an den Tribunalen erster Instanz – so auch in Aachen – führten den Titel „Prokurator". Bei den Friedensgerichten versah der örtliche Polizeikommissar oder der Bürgermeister bzw. dessen Beauftragter das Amt des öffentlichen Anklägers.

Was die Rechtsanwaltschaft angeht, so hatte die Einführung der französischen Gerichtsverfassung in den Rheinlanden im Jahre 1798 entsprechend den in Frankreich bereits geltenden Gesetzen zur Abschaffung der hier bislang bestehenden Stände der Advokaten und Prokuratoren geführt. Die Parteien sollten sich – so war dabei der grundlegende Gedanke – vor Gericht durch einfache unbeamtete Kräfte vertreten lassen, doch schon das Gerichtsorganisationsgesetz des Jahres 1800 führte den Stand der Anwälte (avoués) zur zügigeren Abhandlung der Gerichtsverfahren ein. Sie sollten bei den Kassations- und Appellationshöfen, den Kriminalgerichten und den sonstigen Gerichten erster Instanz, nicht aber bei den Friedens- und Handelsgerichten tätig werden. Ihre Zahl war begrenzt. Ihre Ernennung erfolgte auf Vorschlag des Gerichts, an dem sie ihr Amt ausüben sollten, durch den Ersten Konsul. Sie vertraten die Parteien vor Gericht in allen prozessualen Handlungen. Seit Einführung des Code de procédure civil im Jahre 1807 herrschte Anwaltszwang, wodurch die Avoués größeres Ansehen bei der Bevölkerung gewannen. Das Amt war ihnen zwar vom Staat verliehen, sie übten es aber freiberuflich aus. Durch Gesetz vom 13. März 1804 wurde neben den Avoués der Advokatenstand neu eingerichtet. Der Advokat hatte die Aufgabe, den Prozeßstoff in der mündlichen Verhandlung vorzutragen, war aber nicht wie der Anwalt Vertreter einer Partei und hatte sich daher jeder Interpretation zu enthalten. Später, bei gleichzeitiger Angleichung der Ausbildungsanforderungen – der Avoué benötigte bis 1804 lediglich eine praktische Ausbildung, der Advokat jedoch mußte das juristische Lizenziat oder den Doktorgrad vorweisen – verwischten sich die Unterschiede zwischen Advokat und Anwalt, bis in preußischer Zeit der „Advokatanwalt" beide Befähigungen vor Gericht erhielt.

(Rechtsanwaltschaft)

Das Notariatswesen in Deutschland und damit auch in Aachen hatte seine Wurzeln im Mittelalter, das dem Notar als Aufgabenbereich die Beurkundung von Rechtsgeschäften, z.B. von Kaufverträgen, Vollmachten, Testamenten, Schuldverschreibungen, Bürgschaften, Eheverträgen, Transsumpten, Appellationen, Ladungen und Zeugenvernehmungen, zuwies. Die Notare hatten keinen festen Amtssitz oder Amtsbereich, sondern konnten nach Belieben an jedem Ort Deutschlands tätig werden. Die von ihnen ausgefertigten Notariatsinstrumente, versehen mit ihrer Unterschrift und ihrem persönlichen Zeichen, dem Signet, besaßen allerorts öffentlichen Glauben. Das Ernennungsrecht stand dem deutschen König bzw. Kaiser, aber auch dem Papst zu. Während letzterer aber die Kontrolle über die von ihm bestellten Notare nie verlor, delegierten die Könige ihr Recht unter Verzicht auf weitere Aufsicht an die von ihnen eingesetzten Hofpfalzgrafen, die davon ohne Rücksicht auf örtliche Verhältnisse und unter finanziellen Gesichtspunkten Gebrauch machten. Wenn auch zahlreiche Notare ernannt wurden, die eine Lehre bei einem praktizierenden Notar oder gar eine juristische Ausbildung vorweisen konnten, so rissen doch hinsichtlich der Zahl und Vorbildung der von den Hofpfalzgrafen eingesetzten Notare offensichtliche Mißstände ein, die aber weder durch die Reichsnotariatsordnung Kaiser Maximilians I. aus dem Jahre 1512 noch durch Eigeninitiativen einzelner Reichsfürsten und Städte behoben werden konnten. So übten diese sog. „altdeutschen" Notare ihre Tätigkeit auch noch zu der Zeit aus, als die Revolutionsarmeen die Stadt Aachen einnahmen. Damals gab es hier 27 Notare, die zwar vor ihrer Zulassung eine Prüfung – bestehend aus 35 feststehenden Fragen – hatten beantworten müssen, die aber keine juristisch-akademische Vorbildung zu besitzen brauchten. Obgleich die Revolution mit ähnlichen Mißständen, wie sie in Deutschland herrschten, in Frankreich bereits aufgeräumt hatte, ließen die Franzosen das altdeutsche Notariatswesens in den eroberten Gebieten links des Rheins zunächst bestehen. Eine Änderung trat hier erst nach dem Frieden von Campo Formio vom 17. Oktober 1797 ein, der die Abtretung größerer Teile der Rheinlande an Frankreich in Aussicht stellte. Die Angleichung der rheinischen Verhältnisse an die des französischen Mutterlandes schien nunmehr geboten. So wurde den Notaren am 30. Januar 1798 gesetzlich die Einregistrierung ihrer Akten vorgeschrieben, damit die-

(Notariatswesen)

se samt ihrem Datum gesichert seien. Zugleich wurde den Notaren die ausschließliche Benutzung von Stempelpapier befohlen, das von der Verwaltung zu beziehen war. Seit Ende März 1798 hatten sie in ihren Schriftstücken die französische Sprache zu verwenden. Am 24. Juli 1798 erging schließlich das Gesetz über die Organisation des Notariats in den eroberten Gebieten, das das altdeutsche Notariat ohne Rücksicht auf die finanziellen Folgen für die bisherigen Amtsinhaber abschaffte. Die zugleich eingeführten Notare französischen Rechts, die sog. „öffentlichen Notare (notaires publics)" galten als Beamte mit der Aufgabe zur Aufnahme von Vereinbarungen „mit dem Charakter der Rechtsgültigkeit und Glaubwürdigkeit, sowie die Vertretung von Abwesenden bei Aufnahme von Inventaren, Verkäufen, Abrechnungen, Teilungen und anderen Geschäften"[27]. Die neuen Notare des Roerdepartements – 56 an der Zahl – wurden von der Aachener Zentralverwaltung designiert und am 6. September 1798 vom Regierungskommissar Rudler provisorisch ernannt. Unter ihnen befanden sich für Aachen der Rechtsgelehrte Johann Heinrich Dautzenberg und der altdeutsche Notar Xaver Schwarz, deren besondere Fähigkeiten außer Frage standen. Für Burtscheid wurde Edmund Zimmermann und ein gewisser Bachelard bestellt. Seit dem 17. März 1800 war in Aachen zusätzlich der Notar Johann Nepomuk Quirini tätig, während in Burtscheid an Stelle Bachelards am 22. Mai 1800 der Notar Franz Winkens sein Amt übernahm. In den folgenden Jahren beschäftigten sich die französischen Behörden vor allem mit der Verbesserung der Ausbildung der Notare. Am 16. März 1803 erfolgte schließlich eine Neuordnung der Notariate. Ihre Aufgabe war es, „Rechtsgeschäfte zu bekunden, die einer notariellen Form bedurften oder denen die Parteien ein festes Datum verschaffen wollten. Die von ihnen aufgenommenen Urkunden genossen öffentlichen Glauben, solange sie nicht wegen Fälschung mit Erfolg angefochten wurden. Die Originalurkunde blieb grundsätzlich beim Notar, der von ihr einfache Abschriften und Abschriften mit einer Vollstreckungsklausel erteilen konnte"[28]. Desweiteren erhielten die Notare das Recht, öffentliche Versteigerungen durchzuführen und Erklärungen scheidungswilliger Ehegatten zu protokollieren. Die Notare hafteten für ihre Tätigkeiten. Richter, Staatsanwälte und alle anderen Staatsbeamten durften nicht berufen werden. Voraussetzung für die Berufung war eine sechsjährige Tätigkeit bei einem Notar. Die Ernennung erfolgte auf Vorschlag durch den Ersten Konsul, und zwar auf Lebenszeit. Die neuen Notare mußten ihren Wohnsitz an dem von der Regierung ihnen zugewiesenen Ort nehmen. Wohnten sie am Ort des Tribunals erster Instanz, war dessen Gerichtsbezirk zugleich der Bezirk, in dem sie tätig werden durften; war es ein anderer Ort, so war ihr Amtsbezirk mit dem des Friedensgerichtes, in dem der Ort lag, identisch. In jedem Friedensgerichtsbezirk sollten zwei bis fünf Notare tätig sein. Unter den Notaren gab es gewisse Rangunterschiede. So bestellte der Kaiser am 20. November 1806 auf Vorschlag des Präfekten des Roerdepartements aus dem Kreis der besonders vertrauenswürdigen Notare sog. zertifizierende Notare, die die Aufgabe hatten, die für die Auszahlung von Staatspensionen vorzulegenden Lebensbescheinigungen (certificats de vie) auszustellen. Für das Arrondissement Aachen waren dies Franz Winkens und Johann Steinberger. Für die Rechtsbelange der Wohltätigkeitseinrichtungen wurden im Arrondissement Aachen am 12. August 1807 besondere Notare ernannt, unter ihnen für die Mairie Aachen Johann Steinberger und Gerhard Schümmer, für Burtscheid Jakob Forget. Die folgenden Jahre brachten noch verschiedene Neuerungen, die hier nicht alle einzeln aufgeführt werden können. Wichtig ist jedoch, daß am 13. Februar 1804 an dem Instanzgericht Aachen unter der Präsidentschaft von Xaver Schwarz und dem Sekretariat von Johann Heinrich Dautzenberg eine Notariatskammer eingerichtet wurde. Ihre Aufgabe bestand in der Ausbildung der künftigen Notare einschließlich der Bestätigung ihrer Fähigkeiten, der Erstellung von Gebührengutachten, der disziplinarischen Aufsicht über die Notare und der Wahrung der Standesinteressen.

So war in französischer Zeit ein straff organisiertes Beamtennotariat mit festem Amtssitz, begrenzter Stellenzahl, einheitlichen Gebührensätzen, geregelter Ausbildung und Amtsführung entstanden, geführt und kontrolliert von einer eigenen Standesvertretung. Auf dieser Basis brachte es das rheinische Notariat zu einem beachtlichen Ansehen, so daß nach dem Abzug der Franzosen selbst die preußische Immediat-Justizkommission mit ihrer kritischen Einstellung gegenüber der französischen Rechtsprechung dem rheinischen Notariat ihr Lob aussprach und seine Beibehaltung befürwortete. So blieb das französische Notariat auch in preußischer Zeit dem Rheinland erhalten. Da nach französischem Recht, das im Rheinland fortlebte, das Amt des Notars mit dem eines anderen Staatsbeamten nicht zugleich ausgeübt werden durfte, gab es im preußischen Rheinland künftig den Nur-Notar, der nicht als Anwalt tätig werden durfte, während man im übrigen Preußen den Notaranwalt kannte, der – abgesehen von den Fällen, die den Gerichten als Behördennotariat zugewiesen waren – beide Tätigkeitsbereiche miteinander verband. Eine Änderung im rheinischen Notariat trat allerdings insofern ein, als der Nur-Notar in preußischer Zeit sein ihm vom Staat verliehenes Amt nicht als Beamter, sondern freiberuflich ausübte. Bis heute hat sich der Nur-Notar im Rheinland erhalten.

G. Verkehr, Handel und Gewerbe

Die Zunftverfassung blieb in Aachen auch nach der ersten und zweiten Besetzung durch die Franzosen zunächst noch in Kraft. Der Einfluß der Zünfte auf die Politik wurde jedoch beschnitten und schließlich ganz beseitigt. Der Zugang zu ihnen wurde offenbar erleichtert, denn die Zunftbürger klagten im Zusammenhang mit den ihnen aufgezwungenen Wahlen vom Januar 1793: „Unsere Religion ist geschändet, unsere Zünfte sind offen, wir sollen Feind werden mit Kaiser und Reich; besser wir sterben auf der Stelle; der Tod ist besser! der Tod ist uns lieber!"[1].

Handeslgericht, 1794

Auf anderem Gebiete griffen die Franzosen tiefer ein. Bereits wenige Wochen nach der zweiten Besetzung sorgten sie für die Entflechtung von Verwaltung und Rechtsprechung und die Einführung von überschaubaren Gerichtswegen. In diesem Zusammenhang errichteten sie am 29. Oktober 1794 in Aachen ein Handelsgericht, das neben der Rechtsprechung auch die Vertretung der allgemeinen Interessen der Kaufleute und Fabrikanten wahrnehmen sollte[2]. Über seine Tätigkeit ist nicht viel bekannt, und es dürfte auch kaum eine größere Rolle gespielt haben, weil Handel und Wirtschaft im Aachener Raum in den folgenden Monaten und Jahren praktisch zum Erliegen kamen. Verantwortlich dafür waren der Verlust der Absatzmärkte im rechtsrheinischen Deutschland und im Südosten Europas, die bedenkenlose Ausnutzung der scheinbar unerschöpflichen Reichtümer der besetzten Gebiete durch die nicht endenden Requisitionen für die Armee, die hohen Kontributionen, welche teilweise auch auf die „Industrie" abgewälzt wurden, die Zwangsanleihen sowie die Einführung der Assignaten und das Gebot der Maximum-Preise, aber auch die Emigration vieler Kaufleute. Im Frühjahr 1796 mußte deshalb der in Aachen wohnende Franz Theodor Biergans in seiner in Köln erscheinenden Wochenschrift „Brutus der Freie" beklagen, daß die Fabriken in Aachen und Burtscheid seit nunmehr zwei Jahren still lägen. Er schrieb ferner:

> *„Aachen hat keine Millionäre, keine reichen Klöster – der Aachener Klerus ist, das Münsterkapitel ausgenommen, weniger als reich – oder sonstige Güterbesitzer, es nährt sich von seinen Fabriken; die Fabrikanten haben ihr vorrätiges Geld ihren Arbeitsleuten, um nicht Hungers zu sterben, vorgeschossen. Aachen hat in der Tücherrequisition mehr als der ganze Bezirk beigetragen, und es ist kein einziger Handelsmann, welcher nicht eine schwere Summe Assignaten, die er dem baren Gelde gleich genommen, als ein totes Kapital liegen hat"*[3].

An dieser Situation änderte sich auch im nächsten Jahr nichts Wesentliches. Am 20. Juli 1797 wiesen die Aachener Bürgermeister v. Clotz und Kreitz gegenüber der Mittelkommission in Bonn unter Bezugnahme auf das französische Zollgesetz vom 31. Oktober 1796, welches alle aus dem Ausland nach Frankreich eingeführten Fertigwaren, gleich welcher Herkunft, als englische Produkte ansah, auf folgenden Sachverhalt hin:

> *„Wie allgemein bekannt, hat unsere Stadt außer den Fabriken und den Fremdenherbergen keine weiteren Einnahmequellen. Die ersteren leiden seit drei Jahren und die neuen Exportgesetze, welche die mit Frankreich vereinigten Länder betreffen, vollenden ihren Ruin, indem sie unseren Fabrikanten, die nur aus der Weiterverarbeitung Gewinn erzielen können, die Möglichkeit des Wettbewerbs mit ihren konkurrierenden Nachbarn nehmen. Die Arbeiter und Handwerker, deren große Zahl zuvor die Basis der städtischen Gesellschaft bildete, sind ihr zu einer kostspieligen Last geworden. Desweiteren fehlt seit der gleichen Zeit das Geld, das die einstmals in großer Zahl zu den Aachener Wassern strömenden Fremden in Umlauf*

brachten, und die Bäder und Hotels blieben zu Lasten ihrer Besitzer verlassen zurück. Diese beherbergen jetzt nur Soldaten. Endlich befindet sich der öffentliche Haushalt in gleicher Unordnung wie die Vermögensverhältnisse der Privatleute. Das Unglück der Zeit und die Folgen des gegenwärtigen Krieges haben einen so erschreckenden Abgrund öffentlicher Schulden aufgerissen, daß die Zahlung der Zinsen und eine ordnungsgemäße Tilgung der Kredite auf unüberwindliche Hindernisse stößt und völlig ausgeschlossen ist. Unter Berücksichtigung dieser Aspekte verdient unsere unglückliche Stadt – ihrer Einnahmen beraubt, beladen mit unermeßlichen öffentlichen Schulden, isoliert und auf sich selbst gestellt – Eure gerechte und wohlwollende Aufmerksamkeit, auch in Zukunft"[4]).

Zollgesetze

Das Zollgesetz vom 31. Oktober 1796 stellte eine Verschärfung der von März bis Oktober 1793 erlassenen Gesetze dar. Damals hatte die französische Republik als Antwort auf den am 1. Februar 1793 ausgebrochenen Krieg mit England und den Versuch der Briten, Frankreich vom Seehandel abzuschneiden und auf diese Weise wirtschaftlich zu schädigen, mit einer Einfuhrsperre für alle in England produzierten Waren geantwortet. Im Jahre 1796 waren diese Einfuhrbestimmungen dahingehend verschärft worden, daß nicht nur die in England hergestellten, sondern alle aus dem englischen Handel stammenden Produkte proskribiert wurden. Darüber hinaus erstellten die Franzosen eine Liste von Waren, die – unabhängig von ihrem tatsächlichen Ursprung – für „englisch" erklärt und entsprechend behandelt wurden. Betroffen war unter anderem die Einfuhr von Wolltuchen, Nadeln, Häuten und Lederwaren, so daß auch die Aachener Wirtschaft, welche diese Produkte bisher nach Frankreich exportiert hatte, schwer getroffen wurde, zumal der Absatz nach Deutschland – kriegsbedingt – darniederlag. Es kann daher nicht verwundern, wenn gerade die Aachener Fabrikanten im Frühjahr 1797 den Reunionszirkel bei dessen Forderung nach einer baldigen Vereinigung der Rheinlande mit Frankreich unterstützten. Sie hatten sich damit die Sicht des Präsidenten der Aachener Zentralverwaltung, Anton Joseph Dorsch, zu eigen gemacht, der bereits in seiner Rede vom 20. Dezember 1794 anläßlich der Feier zur Einsetzung der Zentralverwaltung und der Eröffnung des Tempels der Vernunft den Einwohnern der besetzten Gebiete zugerufen hatte:

„Dann nur, wenn dies Land ein integrirender Teil der Französischen Republik sein wird, alsdann werden die Häfen des Mittelländischen Meeres, die französische Marine dem Handel desselben einen unermeßlichen Absatz nach der Levante eröffnen; alsdann wird die spanische Wolle um so mehr eure Fabriken nähren können, und diese zum höchsten Grade von Vollkommenheit gelangen..."[5]).

Die französische Zollgrenze lag seit der Vereinigung der belgischen Provinzen mit Frankreich im Oktober 1795 an der Maas. Ihre Verlegung an den Rhein erfolgte aufgrund eines Beschlusses des Pariser Direktoriums zum 3. Juli 1798[6]). Den Aachener Waren stand nun der ganze französische Wirtschaftsraum vom Mittelmeer bis zum Ärmelkanal und von den Pyrenäen bis zu den Alpen als Absatzgebiet offen, während die hohen Zölle am Rhein vor unliebsamer Konkurrenz aus dem Rechtsrheinischen schützten.

Postwesen

Parallel zu den Bemühungen, die darniederliegende Wirtschaft in den Rheinlanden anzukurbeln, ein Unterfangen, das in den 90er Jahren allerdings durch den Vorrang des Militärs in allen Lebensbereichen behindert wurde, bemühten sich die Franzosen auch um die Wiederherstellung des durch die Ereignisse unterbrochenen Post- und zivilen Nachrichtenwesens. Das Postwesen, das den Fürsten von Thurn und Taxis vom Reich als Monopol überlassen war, wies am Ende des 18. Jahrhunderts zahlreiche Mißstände auf, die sich auch in Aachen auswirkten. Hinzu kamen in Aachen Streitigkeiten mit der Taxisschen Post, weil die Stadt das Monopol nicht voll anerkennen wollte und auf der Beschäftigung eigener Boten, wie sie sie seit dem Mittelalter unterhalten hatte, bestand. Nach den militärischen Ereignissen des Jahres 1794 wurde die Reorganisation des Postdienstes in den von den Franzosen besetzten linksrheinischen Gebieten als immer dringlicher empfunden, wobei zunächst der Schaffung der Verbindung nach Paris besondere Aufmerksamkeit zukam. Schon im Oktober 1794 wurde eine Postkommission in Köln ins Leben gerufen, welche die Wiederaufnahme der unterbrochenen Postverbindungen besorgen sollte. Bereits am 31. Januar 1795 war unter Mitwirkung eines vom Nationalkonvent in Paris entsandten Nationalagenten der republikanischen Post die Postverbindung Lüttich-Aachen-Köln wiederhergestellt. Am 29. Juli 1795 beschloß die Aachener Zentralverwaltung einen Strukturplan für das gesamte Verkehrswesen zwischen Rhein und Maas. Die Post wurde dem für Handel und öffentliche Arbeiten zuständigen Büro bei der Zentralverwaltung in Aachen unterstellt. Ein provisorischer Kommissar des Postwesens zwischen Rhein und Maas sollte die eigentliche Neuorganisation bewerkstelligen. Auf diese Stelle wurde am 19. September 1795 Franz Dautzenberg, der Herausgeber der Zeitung „Aachner Zuschauer", berufen. Ihm wurde das Recht gewährt, die nötigen Mitarbeiter selbst auszuwählen. Sein Bruder Johann war zu diesem Zeitpunkt bereits als Postsekretär tätig. Die Kölner Postkommission wurde aufgelöst und das Postamt in Köln der Aachener Haupt-Postdirektion unterstellt. Franz Dautzenberg übernahm den Kern der Beamtenschaft aus der alten Reichspost und beließ es im übrigen trotz seines Auftrags bei der gewohnten Organisationsform. Kurzum, er begnügte sich damit, „der alten deutschen Reichspost ein französisch-republikanisches Mäntelchen umzuhängen"[7]. In dieser Funktion, die offenbar sehr einträglich war, arbeitete er etliche Monate völlig selbständig, bis sich die General-Postdirektion in Paris im Spätherbst 1796 erinnerte, daß es am Rhein eine sich selbst überlassene Filiale gab. Sie entsandte daraufhin den Kommissar Faveret nach Aachen, der am 3. Februar 1797 Franz Dautzenberg, dessen Amt ja nur provisorisch war, seiner Funktion enthob und die Geschäfte im Auftrage der General-Postdirektion weiterführte. Dautzenberg hielt seine Absetzung für rechtswidrig, amtierte infolgedessen weiter und agitierte gegen Faveret. Dieser wiederum warf Dautzenberg ineffektive und gewinnminimierende Arbeit vor. Der Streit fand erst ein Ende, als Hoche am 5. September 1797 die Absetzung bestätigte. Faveret wurde seinerseits im Juni 1797 nach Paris zurückbeordert und durch Bernhard Loiff, den früheren Bezirks-Postinspektor von Aachen, als General-Postkommissar zwischen Maas und Rhein ersetzt. Unter Rudler, der das Rheinland in Departements organisierte und vom Direktorium auch mit der Neustrukturierung der Briefpost betraut war, wurde Loiff am 10. März 1798 zum General-Postinspektor der vier rheinischen Departements mit Sitz in Aachen ernannt. Im Juni 1798 wurde sein Amtsbereich aus Gründen der besseren Verwaltung geteilt. Die beiden südlichen Departements Donnersberg und Saar wurden einem Postinspektor in Mainz unterstellt. Loiff bekleidete das Amt eines General-Postinspektors der Departements Roer und Rhein-Mosel fast bis zum Ende der französischen Herrschaft im Rheinland. Bereits am 1. Januar 1798 hatte er ein umfassendes Reformprogramm vorgelegt, „das sowohl Aussonderung im Beamtenstand, Einführung der französischen Betriebsweise für den inneren Dienst der Landespostanstalten und Annahme des französischen Posttarifs vorsah"[8]. Wie in Frankreich wurde zunächst die Brief- von der Fahrpost getrennt, ein einheitlicher Tarif eingeführt, das Personal weitgehend entlassen und die freigewordenen Stellen vorwiegend mit Franzosen besetzt. Die Personen- und Güterbeförderung, das Fahrpostwesen also, war gegen Entgelt seit 1798 Privatleuten überlassen. Seit diesem Jahr war die Post soweit reformiert, daß sie – wie im Innern Frankreichs – auch die bislang separat besorgte Militärpost transportieren konnte. Im Roerdepartement unterstanden Loiff 13 Postämter, darunter auch das in Aachen. Als Aachener Postdirektoren sind die Franzosen Joseph Vautier (1797 Mz. – 1806) und Latapy (1808-1813) namentlich bekannt. Im Jahre 1799 hatte das Direktorium in Paris beschlossen, die gesonderte Verwaltung des rheinischen Postwesens zu beenden. Verantwortlich war nun – wie überall in Frankreich – die General-Postdirektion in Paris, die bis 1814 für eine weitgehende Angleichung der Postverhältnisse im Rheinland an die des französischen Mutterlandes sorgte.

Gewerbefreiheit

Von ähnlich entscheidender Bedeutung für die Aachener Wirtschaft wie die Verlegung der Zollgrenze an den Rhein im Jahre 1798 war das Gesetz zur Abschaffung der Zünfte. Es war in Frankreich bereits im Januar 1791 erlassen worden. Am 26. März 1798 setzte der Regierungskommissar Rudler es im Rahmen des „Règlement concernant la suppression des droits féodaux" auch in den vier rheinischen Departements in Kraft. Es führte – dem Gedankengut der Revolution gemäß – die individuelle Freiheit auch in das Wirtschaftsleben ein, indem nunmehr jedem anheimgestellt war, für sich das Gewerbe zu wählen, das ihm behagte. „Jedem Selbständigen stand es nunmehr frei, Produktionsart und -menge sowie die Anzahl der dazu erforderlichen Geräte und Arbeitskräfte eigenverantwortlich zu regeln"[9]. Für den Verbraucher hatte die neue Situation den Vorteil, daß nicht mehr er es war, der sich in seinen Wünschen nach den Produkten der Zunftgenossen zu richten hatte, sondern daß die Wirtschaft sich auf seine ganz persönlichen Erwartungen einstellen mußte. Nach dem Gesetz vom 22. Oktober 1798 mußte sich jeder Gewerbetreibende bei der für ihn zuständigen Munizipalität gegen Gebühren einen Gewerbeschein ausstellen lassen. Ausgenommen waren die öffentlichen Beamten, Landwirte, Straßenhändler, Personen, die nicht in der Mobiliarsteuerliste für die Taxe von drei Arbeitstagen aufgeführt waren, sowie Lehrjungen, Gesellen und Arbeiter, die in Werkstätten arbeiteten, deren Inhaber Patente besaßen. Hingegen bedurften gewerbetreibende Juden seit dem kaiserlichen Dekret vom 17. März 1808 eines zweiten Gewerbescheins[10]. Dieser war bei der zuständigen Munizipalität und beim Konsistorium des Synagogenbezirks zu beantragen. Erstere mußte versichern, daß der Antragsteller weder Wucher noch unerlaubten Handel getrieben hatte, während das Konsistorium seine gute Führung und seine Redlichkeit bescheinigen sollte. Das endgültige Patent, das jährlich erneuert werden mußte, erteilte der Präfekt des Departements. Handelsgeschäfte eines nicht patentierten Juden waren rechtsunwirksam. Das erwähnte Dekret definierte ferner den Begriff Wucher und verstand darunter einen Zinssatz von mehr als 10 Prozent. Verträge mit wucherischem Zinssatz wurden annulliert. Bei einer Verzinsung zwischen 5 und 10 Prozent konnten die Gerichte regulierend in den Vertrag eingreifen. Napoleon strebte mit diesen Bestimmungen einen verstärkten Schuldnerschutz an. Da das Dekret jedoch ausschließlich für Juden galt, war es äußerst diskriminierend, zumal es auch die Freizügigkeit der Juden einschränkte. Kein Jude durfte von nun an von einem Departement ins andere überwechseln, es sei denn, er betrieb Ackerbau und hielt sich vom Handel und vom Geldgeschäft fern. Der jüdische Bürger, der nach der Revolution mit Dekret vom 27. September 1791 allen anderen gleichgestellt worden war, wurde von neuem – wenn er sich in Handel und Gewerbe betätigte – ein Bürger zweiter Klasse. Das Dekret vom 17. März 1808 ging daher auch als „schändliches Dekret" in die Geschichte ein. Diese Bezeichnung hinderte indessen nicht, daß es auch in preußischer Zeit in vollem Umfang gültig blieb.

Das Gesetz zur Aufhebung der Zünfte bot den meisten Bürgern die Möglichkeit zur ungehinderten wirtschaftlichen Tätigkeit. Allerdings waren nicht alle gleichermaßen begeistert. Gerade die kleinen Gewerbetreibenden sehnten sich nach dem Schutz der Zünfte zurück, die jedem – frei von Konkurrenz – ein Auskommen garantiert hatten. Die Anhänger der neuen Ordnung fanden sich in Aachen vor allem im Großgewerbe, bei den Herstellern und Händlern von Tuchen und Nadeln. Bald schon erkannte der Staat, daß man nicht ohne staatliche Kontrolle im Wirtschaftsleben auskommen könne. Zu diesem Zweck erging am 12. April 1803 das Gesetz über die Einrichtung der Gewerbe- und Handelskammern, der Gewerbegerichte und des Handelsgesetzbuches (siehe S. 212ff.).

Wirtschaftskrieg gegen England

Für die rheinische Wirtschaft sollte die Verlegung der Zollgrenze an den Rhein, die Aufhebung der Zünfte und die Erteilung der Gewerbefreiheit große Bedeutung erlangen. Zum wirtschaftlichen Aufschwung trug aber vor allem auch der seit 1793 bestehende politische Gegensatz zwischen Frankreich und England bei. Die kriegspolitischen Maßnahmen gegen England gingen seitdem mit protektionistischen Anschauungen in der französischen Wirtschaftspolitik einher: Durch das Fernhalten englischer Waren und die Erhebung hoher Schutzzölle sollte sich die einheimische Wirtschaft –

von fremder Konkurrenz entlastet – zu neuer Blüte entfalten können. Napoleon nahm nach seiner Machtergreifung diese kriegs- und wirtschaftspolitischen Ziele der Revolutionszeit auf und vervollkommnete die Mittel zu ihrer Durchsetzung. Da der Kriegszustand zwischen Frankreich und England seit 1793 – mit Ausnahme einer kurzen Friedensperiode vom 27. März 1802 bis zum Mai 1803 nach dem Frieden von Amiens – anhielt, blieben die englischen Handelswaren auch weiterhin aus Frankreich verbannt. Napoleon plante im Frühjahr 1805 die Invasion Englands, befand sich am 2. August des Jahres im Heerlager der Großen Armee in Boulogne-sur-Mer, mußte seine Pläne aber verschieben und sich gegen die Mächte der dritten gegen ihn unter Führung von Rußland und Österreich angetretenen Koalition wenden. Unterdessen wurde die französische Flotte am 21. Oktober 1805 bei Trafalgar von Admiral Nelson vernichtend geschlagen. Ein offener Angriff auf England wurde damit auf unabsehbare Zeit unmöglich. Der Krieg verlagerte sich von nun an immer mehr auf das Wirtschaftsleben. England verhängte am 16. März 1806 über ganz Frankreich und alle von der französischen Armee besetzten Länder eine Blockade. Frankreich antwortete am 30. April 1806 mit dem Gesetz über das Zollwesen, das auf Kolonialwaren außerordentlich hohe Zölle legte. Nach der Niederwerfung Preußens verhängte Napoleon aus seinem Feldlager in Berlin am 21. November 1806 die sog. Kontinentalsperre gegen England, das vom Handel mit dem europäischen Festland abgeschnitten werden sollte. Alle Waren aus englischen Fabriken oder Kolonien sollten konfisziert, aller Verkehr, selbst der Briefwechsel, mit den britischen Inseln sollte unterbunden werden. Jeder Engländer im französischen Herrschafts- bzw. Einflußbereich war als Kriegsgefangener zu behandeln. Schiffe, die zuvor englische Häfen angelaufen hatten, durften in französischen Häfen oder denen der Alliierten nicht löschen oder Fracht aufnehmen. Bei arglistiger Täuschung wurden die Schiffe zur Prise erklärt. Das Gesetz untersagte ferner die Einfuhr aller ungefärbten und gefärbten Baumwollzeuge, Mousselins sowie aus Leinen und Baumwolle gemischter Gewebe und erhob erstmals Zoll auf Rohbaumwolle. Die Kontinentalsperre wurde mit der Schaffung des Rheinbundes am 12. Juli 1806 auch für dessen Geltungsbereich übernommen. Ferner schlossen sich ihr Spanien, Etrurien und Neapel, seit 1807 auch Rußland, das neu gebildete Herzogtum Warschau, ferner Sachsen, Dänemark (mit Norwegen) und Portugal, seit 1809 definitiv Schweden und Österreich, seit 1810 Holland und seit Januar 1811 auch der Rest der deutschen Nordseeküste an. Von Ende 1810 an standen nur Portugal, das gegen die napoleonische Herrschaft aufständische Spanien und das aus dem Kontinentalsystem ausgescherte Rußland englischen Waren wieder offen. Durch das Land sollte – wie Napoleon es in einem Brief an seinen Bruder Louis Bonaparte, König von Holland, formulierte – das Meer, auf dem Britannien herrsche, erobert werden [11]. Im Jahre 1809 wurde die Sperre für englische Waren allerdings insofern gelockert, als der Mangel an Kolonialwaren und an bestimmten Rohstoffen, z.B. der Baumwolle, zur Vergabe von Einfuhrlizenzen führte. Für englische Halb- und Fertigwaren wurden jedoch keine Lizenzen vergeben. Als Napoleon zur Aufbesserung der Staatskasse am 8. August 1810 im Edikt von Trianon die Zölle auf Kolonialwaren – wie etwa Tabak, Zucker, Kaffee, Pfeffer und Kakao – auf durchschnittlich 50 Prozent erhöhte, gab dies dem Schmuggel außerordentlichen Auftrieb. Die Zollgrenze lag auch damals nach wie vor am Rhein, d.h. Kolonialwaren und Rohstoffe, die auf Lizenz eingeführt werden durften, waren im Rechtsrheinischen wesentlich billiger zu haben als im Linksrheinischen nach Aufschlag des jeweiligen Zolltarifs. So kostete z.B. das Kilo Rohbaumwolle aus Louisiana im Jahre 1812 auf dem linken Rheinufer nach der Verzollung 14 Francs, während man auf dem rechten Ufer nur 6 Francs zu zahlen hatte [12]. Der Schmuggel wurde im Haupt- und Nebenberuf von einzelnen Personen oder auch länderübergreifenden Organisationen, z.T. früheren Räuberbanden, betrieben. Der hohe Profit übte einen großen Anreiz auf die Bevölkerung aus und ließ die Bemühungen der französischen Zollverwaltung und die drastischen Strafen der Zollstrafgerichte, den Schmuggel einzudämmen, von vornherein scheitern [13]. Eingeschmuggelte englische Industrieprodukte wurden bei ihrer Aufgreifung sogleich mit Beschlag belegt. Die von Napoleon am 19. November 1810 in Fontainebleau erlassene Verordnung zur öffentlichen Verbrennung dieser Waren wurde in einem an den Kaiser gerichteten Schreiben

der Aachener und Krefelder Gewerbekammern vom 14. Dezember 1810 ausdrücklich begrüßt. Sie gäbe, so heißt es, ihrem Kunstfleiß, ihren Fabriken und allen ihren Handelsverbindungen neues Leben: „Le résultat de ces bienfaisantes dispositions donne une nouvelle vie à notre industrie, à nos fabriques et à toutes nos rélations commerciales"[14]. Tatsächlich kam es in Köln, Stolberg und Aachen zu größeren Verbrennungsaktionen[15].
Napoleon unterwarf das wirtschaftliche Potential der verbündeten und unterworfenen Staaten rücksichtslos seinem Ziel, der französischen Wirtschaft eine Monopolstellung zu verschaffen. Den übrigen Volkswirtschaften war dabei nur Zulieferfunktion zugedacht. Die Wirtschaftspolitik verfolgte den Zweck, die Hegemonie Frankreichs über Europa wirtschaftlich und finanziell abzusichern[16]. In diesen Zusammenhang gehört auch das 1808 erwirkte Monopol Frankreichs im Italienhandel, d.h. der gesamte Warenverkehr zwischen Deutschland und Italien durfte nicht mehr direkt, sondern mußte über Frankreich abgewickelt werden.
Trotz aller Bemühungen ist es nicht gelungen, England wirtschaftlich in die Knie zu zwingen. Die Kontinentalsperre funktionierte nur vom Juli 1807 bis zum Juli 1808, d.h. vom Tilsiter Frieden bis zum spanischen Aufstand, und vom Frühjahr 1810 bis zum Rußlandfeldzug. Sie zeitigte für England zwar ernste Folgen, war aber nicht ruinös. Kontinentalsperre und englische Seeblockade veränderten aber die europäische Wirtschaftslandschaft, und zwar insofern, als die einst blühenden Häfen verödeten und sich die industriellen Zentren von dort weg in den Norden und Osten Frankreichs, nach Belgien und in die linksrheinischen Gebiete Deutschlands und ins Elsaß verlagerten. Daneben entstand ein weiteres Wirtschaftszentrum in Sachsen, Böhmen und Zentralösterreich[17].

Nach dieser kurzen Skizze der französischen Zoll- und Wirtschaftspolitik seit 1793 gilt es, die Entwicklung der Aachener Wirtschaft näher zu beleuchten.
Mit der Aussperrung englischer Waren war die systematische Förderung der daniederliegenden französischen Wirtschaft einhergegangen. In den Rheinlanden wurde eine effektive Wirtschaftsförderung allerdings erst nach dem Frieden von Lunéville (1801 Febr. 9) möglich, der die Zugehörigkeit zu Frankreich völkerrechtlich absicherte. Einen ersten Schritt zur Ankurbelung der Wirtschaft unternahmen der Präfekturrat Johann Friedrich Jacobi, der Generalsekretär der Präfektur des Roerdepartements Pierre Pomponne Amédée Pocholle und der Steuerdirektor des Roerdepartements Pierre-René Lerebours. Sie riefen mit Erlaß Jacobis, der damals den erkrankten Präfekten Simon vertrat, am 8. November 1801 eine Gesellschaft zur Förderung von Landwirtschaft, Handel und Künsten (Société d'émulation pour l'agriculture, le commerce et les arts) ins Leben, die vom französischen Innenminister Chaptal bestätigt wurde. Sie war in zwei Sektionen unterteilt, die miteinander in Korrespondenz treten sollten. Die eine in Aachen sollte 20, die andere in Köln 30 Mitglieder zählen. Zu diesem Zweck ernannten der Präfekt in Aachen und der Unterpräfekt in Köln je fünf Mitglieder, die ihrerseits die Sektionen durch weitere Ernennungen vervollständigten. Am 24. März 1802 wurden dem Innenministerium die Namen der Mitglieder der Gesellschaft übermittelt. Für die Aachener Sektion waren es 19 Personen, bei denen der hohe Anteil an Angehörigen der Verwaltung auffällt. Hierzu zählen der Präfekt Simon, der Generalsekretär der Präfektur Pocholle, der auch das Sekretariat der Gesellschaft übernahm, der Chef des 2. Büros der Präfektur Franz Dautzenberg, der Präfekturrat Johann Friedrich Jacobi, der das Präsidentenamt der Gesellschaft erhielt, und der Präfekturrat Pierre-Louis Caselli, desweiteren der schon erwähnte Pierre-René Lerebours, der das Amt des Schatzmeisters übernahm, und der Direktor der Nationaldomänen Jean-Baptiste Robillard, ferner der Maire der Stadt Aachen Friedrich Kolb und die Adjunkten Cornelius Bock und Dr. Matthias Solders. Weitere Mitglieder der Aachener Sektion waren der Stadtkommandant Jean Vienné, die Rechtsgelehrten Matthias Pelser und Arnold Robens, die Mediziner Dr. Jean Lesoinne und Dr. Clément-Joseph Tissot, der Ingenieur Arnold Scholl, der Maschinenbauer Jean-Jacques-Henri Pernaux sowie die Tuchfabrikanten Nikolaus Ludwigs und Johann Adam Wildenstein. Die Aachener Sektion sollte ihre Sitzungen einmal je Dekade im Präfekturgebäude abhalten. Über die

Förderung der Aachener Wirtschaft bis 1804

Tätigkeit der Gesellschaft ist wenig bekannt. Die in sie gesetzten Erwartungen scheint sie nicht erfüllt zu haben, denn unter dem Präfekten Méchin kam es zu einer „Regeneration"[18]. Trotz der auch weiterhin als dringend empfundenen Beschäftigung mit der Landwirtschaft, dem Handel, der Mechanik (arts mécaniques), wie überhaupt den Geistes- und Naturwissenschaften, der Literatur und den schönen Künsten bestand die Gesellschaft im Jahre 1808 nicht mehr[19].

Auch die Regierung in Paris war zur Wiederbelebung der daniederliegenden Wirtschaft in den Rheinlanden entschlossen, zumal diese Gegenden in dem Ruf standen, ehemals reich gewesen zu sein, und nun, nach der Vereinigung mit Frankreich der Nutzen einer intensiven Wirtschaftsförderung in den vier neuen Departements dem französischen Mutterland zugute kommen mußte.

(Handelsrat) Zur Planung und Durchführung ihrer Wirtschaftspolitik setzte die französische Regierung auf die Fähigkeiten und den Rat der Kaufleute. Den ersten Schritt in diese Richtung tat der Minister des Innern, der „Großindustrielle" und Chemiker Jean Antoine Chaptal, indem er am 3. Juni 1801 die Einsetzung von Handelsräten (conseils de commerce) in den wirtschaftlich führenden Städten Frankreichs anregte. Diese Conseils sollten aus Kaufleuten und Fabrikanten bestehen, die – gemäß dem napoleonischen Verständnis vom Wesen des Staates – vom Präfekten ausgewählt und vom Innenminister ernannt wurden. Sie sollten sich mit allem beschäftigen, was die Lage des Handels, der Fabriken und Manufakturen verbessern konnte. Später wurden den Conseils sog. Ackersachverständige beigesellt, so daß die Handelsräte nunmehr die gesamte Breite der wirtschaftlichen Interessen ihres Bezirks vertraten. Den Conseils war es erlaubt, mit dem Innenminister ohne Einschaltung von Zwischeninstanzen direkt zu korrespondieren. Der Präfekt des jeweiligen Departements war an den Beratungen aber schon deshalb immer beteiligt, weil er von Amts wegen den Vorsitz im Conseil führte und bei Stimmengleichheit die entscheidende Stimme besaß. Die Conseils hatten – wie gesagt – lediglich beratende, aber keine gesetzgebende Funktion und waren auch kein politisches Entscheidungsgremium. Ihnen übergeordnet war der „Conseil général d'agriculture, des arts et du commerce" in Paris.

Der Minister Chaptal richtete am 3. Juni 1801 ein Schreiben an den Präfekten des Roerdepartements, in dem er seine Absicht zur Einrichtung eines Handelsrates auch in Aachen zu erkennen gab, und diesen bat, bei den vornehmsten Kaufleuten anzufragen, welche Personen ihrer Meinung nach für die Besetzung dieses Beratungsgremiums in Frage kämen. Er bemerkte dabei: „Die Regierung, welche die Bedeutung des Handels der Stadt Aachen genau kennt, wünscht zu seinem Blühen mit allen Mitteln beizutragen, die in ihrer Macht stehen"[20]. Es wurde Oktober, bis der Aachener „Conseil de commerce" zusammentrat. Ihm gehörten mit Genehmigung Chaptals acht Personen an, nämlich die Tuchfabrikanten Johann Friedrich Jacobi, Johann Adam Wildenstein und Johann Abraham Knops sowie die Nadelfabrikanten Andreas Ludwigs und Cornelius von Guaita, desweiteren die Landwirte Klinkenberg, Schervier und Vandenbusch. Die Tätigkeit des Aachener Handelsrates sollte das gesamte Arrondissement Aachen, seit dem 18. Januar 1802 auch das Arrondissement Kleve, erfassen. Eine seiner ersten Aufgaben war die Prüfung eines Gesetzentwurfes zum Handelsrecht, den ihnen der Minister Chaptal mit Schreiben vom 15. September 1801 zugeschickt hatte. Wie Albert Huyskens schreibt, sollte der Gesetzentwurf „der auf industriellem Gebiet eingerissenen Unordnung steuern: dem Mangel an Lehrlingen, der Verletzung der Arbeitsverträge durch die Arbeiter, welche den Fabrikanten den Mut zu großen Unternehmungen nehme, dem Betrug der Konsumenten, denen Waren unter betrügerischen Bezeichnungen verkauft würden, dem Mißbrauch mit den Namen ehrenwerter Fabrikanten"[21]. Desweiteren richtete der Minister einen umfangreichen Fragenkatalog an die Handelsräte, um deren Vorschläge zur Verbesserung der wirtschaftlichen Rahmenbedingungen zu erfahren. Überliefert sind heute lediglich die Vorschläge des Mitglieds Knops, dessen Ideen Albert Huyskens zusammengefaßt hat:

„Knops versprach sich von einem Arbeitshause eine günstige Wirkung auf die Unbändigkeit der Spinner auf dem Lande, die namentlich im Sommer übermäßige

Löhne und Vorschüsse forderten, überhaupt ihren Meistern schlecht dienten. Er klagte auch darüber, daß die sich mehrenden Fabrikgründungen die Arbeiter von der einen Fabrik zur anderen zögen. Der Diebstahl der Wolle habe seit zehn Jahren Riesenfortschritte gemacht, und der ehrliche Fabrikant werde durch die Konkurrenz der daraus hergestellten billigen Tücher ruiniert. Der an sich schon mäßige Verbrauch habe noch durch die Absperrung von den Absatzmärkten infolge des Krieges in Italien, der Schweiz und in Deutschland gelitten. Indessen hätten die aus der Levante eingehenden Aufträge einen kleinen Ersatz geboten. Auch die Schwierigkeiten, spanische Wolle zu erhalten, seien zu beachten. Die Rohstoffe der Aachener Tuchindustrie kamen nach Knops damals aus Spanien, Portugal, Sachsen und Böhmen. Die Absatzgebiete seien die Levante, Rußland, Polen, Italien, die Schweiz, Deutschland und die französische Republik. Knops beantwortete auch die hinsichtlich des Handels gestellten Fragen. Der Handel stocke seit 1789 wegen der hohen Eingangszölle und des Einfuhrverbots für gewisse Artikel. Die Waren würden infolgedessen geschmuggelt, und daher häuften sich die Waren auf dem rechten Rheinufer an. Bei den häufigen Beschlagnahmen durch die Zollbeamten ließen sich die Versicherer ihr Risiko mit Gold bezahlen. Die Überschreitung der Zollgrenzen verzögere die Ankunft der Waren, die oft bei der Ankunft schon unmodern seien, so daß der Kaufmann sich daran ruiniere. Als Mittel empfiehlt Knops eine Ermässigung des Zolltarifs und eine freiere Handhabung der Einfuhrverbote. Die Republik brauche dann kein Heer von Angestellten zu bezahlen und erhielte mehr bares Geld in ihre Kassen. Günstig für den Absatz der Tuche würde auch ein Handelsvertrag sein mit Österreich, Schweden, Dänemark, Preußen und Portugal und Einfuhrverbote oder Schutzzölle in den von der französischen Regierung gegründeten Republiken. Anscheinend von anderer Hand ist dann noch hinzugefügt, daß in Österreich und Preußen Tuchfabriken gegründet worden seien und die Bestellungen von dort daher abgenommen hätten. Dieselbe Hand empfiehlt die Anzucht von Wollschafen, wofür Luxemburg geeignet sei"[22]).

Den Handelsräten war indessen nur eine kurze Zeit für ihre Tätigkeit beschieden. Sie waren nur eine Vorstufe, gewissermaßen ein Experiment auf dem Wege zur Einführung von Handels- und Industriekammern, von denen weiter unten die Rede sein wird.

Nicht nur der französischen Zentralregierung und einheimischen Fabrikanten und Kaufleuten war die Ankurbelung der Wirtschaft im Rheinland ein wichtiges Anliegen; auch Präfekt Méchin bekannte sich zwei Tage nach seinem Amtsantritt, am 25. November 1802, in einem Zirkularschreiben an die Maires seines Departements zu diesen Zielen, die mit denen des Ersten Konsuls identisch seien. Er wollte

„der Republik die Herzen der Bewohner dieser reichen Gegend, welche die Friedensschlüsse ihrem Gebiethe einverleibt haben, erobern; anstatt der Verordnungen, welche so wie die Umstände, die sie veranlaßten, veränderlich waren, das Reich beständiger Gesetze einführen; dem Ackerbaue die Ermunterungen, deren er bedarf, und der Industrie die Erleichterungen, welche ihr Wachsthum nöthig hat, verschaffen; dem Handel eine neue Schwungkraft geben..."[23]). Er fuhr fort:

„Sagen Sie endlich [ihren Mitbürgern], daß sie Franzosen sind, und einen unauflöslichen Theil von jener Nation ausmachen, welche die mächtigste von Europa, von der Natur am meisten begünstigt, und die reichste an unschätzbaren Vorzügen ist.

> *Sagen Sie ihnen, daß nichts gemeinschaftlich zwischen einem einsweiligen, mitten in den Unordnungen des Krieges geschaffenen Regiment, und einer schlieslich bestellten Regierung ist, welche Menschen und Dinge wieder auf ihre Plätze setzt, die Willkür entwaffnet und das Reich der Gesetze gründet... Neue Bestimmungen fangen für euch an unter der Leitung des größten Mannes der heutigen Zeiten, und ihr dürfet alles erwarten, alles hoffen".*

(Einführung des Dezimalsystems) Méchin war es auch, der im Roerdepartement auf Beschluß der Konsuln das auf lange Sicht das Wirtschaftsleben vereinfachende Dezimalsystem bei Maßen und Gewichten einführte. Bis zum Ende des 18. Jahrhunderts kam sowohl in Frankreich als auch in Deutschland eine kaum noch zu überschauende Fülle von Gewichts-, Hohl- und Längenmaßen zur Anwendung [24]. Den Anstoß zu einer Vereinheitlichung gab das revolutionäre Frankreich. Zwar hatte es schon z.Z. der Monarchie entsprechende Anregungen gegeben, doch kam der Prozeß der Einführung eines allgemeinen Meßsystems erst in Gang, als im Jahre 1790 Talleyrand, damals Bischof von Autun, als Präsident der konstituierenden französischen Nationalversammlung einen entsprechenden Antrag einbrachte. Nach eingehender Diskussion wurde schließlich am 30. März 1791 der 40millionste Teil des Erdumfangs als maßgebend für die Längeneinheit, den Meter, bestimmt. Da die neue Maßeinheit internationale Anerkennung finden sollte, hatte man – ganz im Sinne der Aufklärung – ein Naturmaß gewählt und ausgehend davon, "daß alle heutigen Kulturvölker eine gleiche Pietät für die Sprache jener Völker hegen, die unsere Bildung begründet haben" [25], das neue Maß mit griechischen und lateinischen Bezeichnungen (z.B.: Meter = gr. metron: Maß, Kilometer von gr. chilioi und Zentimeter von lat. centum) belegt. Das neue, nach dem Dezimalsystem gegliederte Maß, wurde in Frankreich durch die Gesetze vom 7. April 1795 und 10. Dezember 1799 eingeführt. Dem Gebrauch der neuen Maße standen allerdings die Gewohnheiten der Menschen entgegen, so daß Napoleon noch im Jahre 1812 Zugeständnisse für den Alltagsgebrauch machen mußte. Nach dem Friedensschluß von Campo Formio am 17. Oktober 1797 betrieben die Franzosen auch in den linksrheinischen Gebieten die Einführung der neuen Maße. Zunächst bemühte man sich um einen Überblick über die bisher gebräuchlichen Rechen-, Vermessungs- und Zählsysteme, um diese in die rechte Relation zu den neuen setzen zu können [26]. Seit 1798 wurde das Rechnen nach Dezimalsystem Pflichtfach in den Aachener Schulen [27]. Am 4. Februar 1801 wurde schließlich auch in den rheinischen Departements das französische Gesetz aus dem Jahre 1795 und ein darauf aufbauender Erlaß des Ersten Konsuls vom 4. November 1800 betreffend die endgültige Einführung des Dezimalsystems zum 23. September 1801 in Kraft gesetzt [28], dann aber wegen unzureichender Möglichkeiten zur Umsetzung zurückgestellt. Aber schon im Jahre 1802 erschien in Aachen ein handlicher Überblick über die Wertrelationen zwischen den alten und neuen Maßen (siehe Exp. K 1). Autor war der Aachener Primärschullehrer Franz Joseph Winands. Die Vorbereitungen zur definitiven Einführung der neuen Maße und Gewichte währten hier allerdings noch bis zum Jahre 1803, so daß der Präfekt Méchin das neue Maß- und Gewichtssystem erst mit Wirkung zum 21. Mai 1803 einführen konnte [29]. An dieser Stelle sei im chronologischen Vorgriff das weitere Schicksal des neuen Maß- und Gewichtssystems referiert: In den größeren Städten wie Aachen, Köln und Krefeld wurden Eichbüros eingerichtet, die seit dem 29. Mai 1807 für die jährliche Kontrolle der in Gebrauch befindlichen Maße verantwortlich waren [30]. Der französische Innenminister empfahl am 23. November 1802, die alten Maße in Depots zu sammeln oder aber sie zu zerstückeln und als Altmetall zugunsten der Gemeindekassen und der Finanzierung der neuen Maße zu veräußern [31]. Mit Rücksicht auf die hohen Kosten für die Kaufleute und Gewerbetreibenden wurde dann allerdings erlaubt, die alten 100 und 50 Livres schweren Gewichte durch bestimmte Maßnahmen in 50- und 25-Kilogramm-Gewichte umzuwidmen [32]. Obgleich dem neuen Maßsystem anders als beim Revolutionskalender keine religiösen Hindernisse entgegenstanden, wurde es ähnlich wie in Frankreich auch in Aachen unterhalb der Verwaltungsebene und der von den Behörden beeinflußbaren Bereiche des alltäglichen Lebens nur langsam

rezipiert. Trotz wiederkehrender Inspektionen wurden noch im Jahre 1811 immer wieder alte Gewichtsmaße in den Kaufläden der Stadt aufgefunden [33]). Auch nach dem Rückzug der Franzosen vermochte sich das neue metrische System zunächst nicht durchzusetzen, denn die Rheinlande wurden auf dem Wiener Kongreß Preußen zugeschlagen, das am 16. Mai 1816 in den Rheinlanden die preußischen Maße für verbindlich erklärte [34]). Selbst in Frankreich wurde das metrische System erst 1837 verbindlich eingeführt. In Preußen und dem übrigen Deutschland wurde dieser Schritt erst in den 50er bis 70er Jahren des 19. Jahrhunderts vollzogen.

Mit Méchins Namen ist nicht nur die Einführung des neuen Maß- und Gewichtssystems, sondern auch die erste Gewerbeausstellung des Roerdepartements verknüpft. Im Frühjahr und Sommer 1803 setzte er sich anläßlich des geplanten Besuchs des Ersten Konsuls in Aachen für die Ausrichtung einer Ausstellung der in seinem Departement hergestellten Produkte ein. Da Napoleon seine Visite verschob, konnte die Ausstellung jedoch erst im September 1804 stattfinden. Sie erregte damals großes Interesse [35]).

(Geplante Gewerbe-ausstellung 1803)

Wie ernst die Regierung in Paris ihre wirtschaftspolitischen Ziele nahm, zeigt auch die Entsendung des Staatsrats d'Auchy, der sich im Januar 1803 in Aachen über die Probleme der rheinischen Wirtschaft informierte. Zum Jahreswechsel 1802/03 tat die Regierung einen weiteren wichtigen Schritt zur Reaktivierung des wirtschaftlichen Lebens in Frankreich. Der Initiator war wieder einmal Innenminister Chaptal. In einem Bericht an die Konsuln verwies er auf die wertvolle Arbeit, welche die Handelsräte bisher geleistet hatten, betonte aber zugleich, es sei notwendig, die Interessenvertretung von Handel und Wirtschaft durch die Einführung von Handelskammern, d.h. bezirklichen Zusammenschlüssen von Kaufleuten und Fabrikanten zur Wahrnehmung und Förderung ihrer wirtschaftlichen Interessen, weiter zu stärken. Im französischen Mutterland hatte es bereits seit dem 17. Jahrhundert Handelskammern gegeben. Sie waren allerdings 1791 bei Einführung der Gewerbefreiheit abgeschafft worden, weil man glaubte, daß sie als Korporationen mit der Freiheit und Gleichheit der Bürger unvereinbar seien. Jetzt war man aber ganz anderer Meinung. Für wie wichtig die Konsuln Handelskammern als Mittel der Wirtschaftsförderung erachteten, belegt die Tatsache, daß sie noch am selben Tage, da ihnen der Bericht des Ministers vorgelegt wurde, am Weihnachtsabend 1802, der Einrichtung von Handelskammern in 22 Städten zustimmten. In Orten unter 50 000 Einwohnern sollten sie aus neun Personen bestehen. Der Präfekt war geborenes Mitglied und zugleich Präsident der Kammer. In Orten, die nicht Sitz einer Präfektur waren, wurde der Präfekt durch den Maire vertreten. Aufgabe der Handelskammern war es, „Vorschläge zu machen zur Förderung des Handlungswesens, Berichte zu geben über die Hindernisse, welche den Fortschritt hemmen, und Mittel anzugeben, wie sie beseitigt werden könnten, und endlich die Aufsicht zu haben über alle erforderlichen Arbeiten, welche sich auf den Handel beziehen" [36]). Dazu durften sie – wie seinerzeit die Handelsräte – direkt mit dem Innen- bzw. seit 1812 dem Handelsminister korrespondieren. Zur Konstituierung der Handelskammern sollten der Präfekt bzw. der Maire 40 bis 60 der vornehmsten Wirtschaftsleute zusammenrufen und diese zur Auswahl geeigneter Personen auffordern. Künftig sollten sich die Handelskammern jährlich zu einem Drittel selbst erneuern. Den 22 Handelskammern übergeordnet war der Allgemeine Handelsrat (Conseil général de commerce) in Paris, der sich aus 15 vom Ersten Konsul aus der Zahl der von den Handelskammern vorgeschlagenen Personen zusammensetzte. Unter den 22 Orten mit einer Handelskammer befand sich keine Stadt aus dem Roerdepartement. Erst nachdem die Zahl auf 31 erhöht worden war, erhielt Köln als einziger Handelsplatz des Departements am 27. April 1803 eine eigene Kammer.

(Aachener Handelskammer)

Bisher hatten nur die Haupthandelsplätze, welche für den Export eine besondere Rolle spielten, an der See oder an einem schiffbaren Fluß lagen, eine Interessenvertretung der Wirtschaft erhalten. In einem weiteren Schritt erhielten mit dem Gesetz vom 12. April 1803 nun auch die im Binnenland gelegenen Wirtschaftszentren eigene Wirtschaftsvertretungen, die sog. Rats- bzw. Gewerbekammern für Manufakturen, Fabriken, Künste und Handwerke (chambres consultatives de manufactures, fabriques, arts et métiers), deren Aufgabe es war, Bedürfnisse anzumelden und Verbesserungen vorzuschlagen. Ein Gesetz vom 29. Juli d.J. bestimmte, daß die Chambres consultatives aus sechs Mitgliedern bestehen und vom Maire geleitet werden sollten. Abgesehen vom Maire waren nur Mitglieder mit mindestens fünfjähriger Berufserfahrung als Manufakturist, Fabrikant oder Fabrikdirektor zugelassen. Diese gewerblichen Ratskammern korrespondierten – anders als die Handelskammern – lediglich mittelbar über die Unterpräfekten und Präfekten mit dem Innenministerium. Zur Ersteinrichtung der Kammern waren die Präfekten bzw. Maires angewiesen, unter ihrem Vorsitz 20 bis 30 der bedeutendsten Manufakturisten und Fabrikanten zu versammeln, die dann in geheimer Wahl mit Stimmenmehrheit die Mitglieder der Kammer wählen sollten. In Zukunft sollten sich die gewerblichen Kammern wie die Handelskammern jährlich zu einem Drittel erneuern. Während sich Gewerbe- und Handelskammern in der inneren Organisation unterschieden, so war in der Praxis die Grenze zwischen ihren Aufgaben fließend. Insofern nahmen an Orten, wo bereits Handelskammern bestanden, diese auch die Aufgaben wahr, die andernorts von Gewerbekammern besorgt wurden. Von daher erklärt sich in bezug auf Aachen der undifferenzierte Gebrauch des Begriffs Handelskammer für die Gewerbekammer. Mit Rundschreiben vom 22. September 1803 wurden die Maires des Roerdepartements vom Präfekten aufgefordert, ihm mitzuteilen, ob ihre Städte die Einrichtung einer gewerblichen Ratskammer wünschten. Positiv reagierten in den Arrondissements Aachen, Krefeld und Kleve die Städte Krefeld, Gladbach, Aachen, Stolberg, Düren und Monschau. Die Genehmigung erhielten am 2. April 1804 indessen nur Krefeld, Aachen-Burtscheid und Stolberg. Daraufhin schritt man am 24. Mai 1804 in Aachen und einen Tag später in Burtscheid zur Wahl. Der Präfekt mußte jedoch darauf hinweisen, daß für Aachen und Burtscheid nicht zwei Kammern vorgesehen waren, sondern nur eine gemeinsame Kammer bewilligt war. Daraufhin fand am 21. Juni 1804 unter Beteiligung von – statt 20 bis 30 – nur 14 Fabrikanten aus Aachen und Burtscheid eine Neuwahl statt, in der Matthias Hoffstadt, Karl Nellessen, Josef v. Fürth, Johann Abraham Knops, Gottlob Karl Springsfeld aus Aachen und Johann Heinrich Schmalhausen aus Burtscheid obsiegten. Nellessen, Knops und Springsfeld gehörten der Ratskammer ununterbrochen bis zum Ende der französischen Herrschaft an. Gesetzmäßige Präsidenten waren die jeweiligen Maires der Stadt Aachen: bis zu seiner Ernennung zum Präfekturrat am 15. September 1804 Friedrich Kolb, danach bis 1808 Johann Wilhelm v. Lommessem, von 1808 bis 1820 Cornelius v. Guaita. In den Zuständigkeitsbereich der Ratskammer Aachen-Burtscheid fielen die Kantone Aachen, Burtscheid, Linnich, Heinsberg, Sittard und Geilenkirchen mit einer Einwohnerzahl von mehr als 115 000 Personen.

(Handels-, Gewerbe- und Arbeitsrecht) Die Aufhebung der Zunftverfassung hatte eine Neuordnung des Handels- und Gewerberechts notwendig gemacht. Dazu war den Aachener Handelsräten bereits im September 1801 ein Gesetzentwurf zugeleitet worden, der inzwischen ausgereift und am 12. April 1803 als Gesetz verkündet worden war[37]). In Artikel II regelte es den Schutz der Arbeiter, indem es jede Absprache von Arbeitgebern zur Herabsetzung des Arbeitslohnes mit Geldstrafen oder sogar kurzfristigen Gefängnisstrafen belegte. Streik und Sabotage seitens der Arbeitnehmer wurden mit Gefängnisstrafen bis zu drei Monaten geahndet. Waren Gewalt und „Zusammenrottungen" im Spiel, griff das Strafgesetzbuch. Artikel III regelte die Verbindlichkeiten zwischen Arbeitgebern und Arbeitnehmern, insbesondere den Lehrlingen. Artikel IV gewährleistete den Warenschutz, während Artikel V das Schlichtungsverfahren bei kleineren Streitigkeiten zwischen Arbeitern und Fabrikanten sowie zwischen Lehrlingen und Handwerkern zum Inhalt hatte. Artikel IX legte den Grund für den Schutz des Lehrvertrages. Das Gesetz sah ferner die Einführung eines Arbeitsbuches für jeden Arbeiter vor. Obgleich der Präfekt am 26. Januar 1804 das Arbeitsbuch auch für das Roerdepartement vorsah, verzögerte sich seine Einführung in Aachen aus unbekannten Gründen bis zum 16. August 1808. Im Arbeitsbuch sollten alle Daten, die das Verhältnis zwischen Arbeitgeber und Arbeitnehmer betrafen, eingetragen werden. Es sollte beiden Seiten Schutz vor Übervorteilung bieten. Der Arbeiter konnte mit ihm seine Arbeitswilligkeit und Redlichkeit (Zeugnisse) und seine Beschäftigungs- und Lohnan-

sprüche nachweisen, während der Arbeitgeber durch die Eintragungen Sicherheit bezüglich der Fähigkeiten seiner Arbeiter und deren Verfügbarkeit innerhalb eines vereinbarten Produktionszeitraumes und vor Abwerbungsversuchen durch Konkurrenten erhielt. Zugleich diente das Arbeitsbuch als Mittel staatlicher Kontrolle, denn jeder Arbeiter, der ohne Buch angetroffen wurde, sollte wie ein Landstreicher behandelt werden. Überdies wurde auch der Militärdienst eingetragen, was den Nachweis der verbreiteten Fahnenflucht erleichterte. Dem Arbeitgeber war allerdings ausdrücklich untersagt, Eintragungen vorzunehmen, welche die Ehre des Arbeitnehmers in Zweifel zogen. So durfte er hier einen etwa bestehenden Verdacht auf Untreue nicht formulieren, sondern war in solchen Fällen allein auf den Gerichtsweg verwiesen.

Die Bemühungen um die Verbesserung des Arbeitsrechts führten seit dem Jahre 1808 zur Einrichtung der Räte der Gewerbeverständigen, den Conseils de prud'hommes in Aachen, Köln, Krefeld, Gladbach, Kaldenkirchen, Monschau, Düren und Stolberg, die auch gewerbepolizeiliche Aufgaben wahrnahmen (siehe S. 196).

Die französische Wirtschaftspolitik bediente sich bei ihren Planungen in verstärktem Maße der schon im 17. Jahrhundert viel beachteten Statistik[38]). Bereits 1796 war in Frankreich ein statistisches Amt eingerichtet worden. Während der Zeit des Konsulats und des Kaiserreichs erfreute sich die Statistik gemäß Napoleons Ausspruch „la statistique est le budget des choses et sans budget point de salut public"[39]) großen Ansehens. Bei der Erhebung der notwendigen Daten griff die Regierung nicht nur auf die ihr untergebenen Behörden, wie z.B. die von de Golbéry geleitete statistische Abteilung innerhalb des 4. Büros der Präfektur des Roerdepartements oder das Topographische Büro Tranchots (vgl. S. 341ff.), zurück, sondern erwartete geeignetes Datenmaterial gerade auch von den Industrie- und Handelskammern, denen diese Aufgabe jedoch wegen der damit verbundenen Mühen und Schwierigkeiten, aber auch wegen der geforderten Offenlegung kaufmännischer Daten eine lästige Pflicht wurde, die man oft auch zum Schutz der eigenen Interessen mit verfälschten Angaben erfüllte. Längst nicht alle statistischen Daten wurden auch veröffentlicht. Die meisten blieben geheim. Die für das Roerdepartement und Aachen vielleicht wichtigsten Statistiken sind die Industriestatistik des Jahres 1811 und die Volkszählung des Jahres 1812.

(Einsatz von Statistiken)

Der Besuch Napoleons im September 1804 in Aachen und im übrigen Rheinland gab der Wirtschaft und dem Straßenbau (vgl. Kapitel J) weitere wichtige Impulse. Die vom Präfekten Méchin organisierte Produktionsschau erregte das volle Interesse des Kaisers, dessen Absicht es ja war, sich durch persönlichen Augenschein von den wirtschaftlichen Möglichkeiten und Notwendigkeiten der vier östlichsten Departements Frankreichs zu überzeugen. Eingehend ließ er sich in verschiedenen Tuch- und Nadelfabriken in Aachen, Burtscheid und Vaals die Produktionsmethoden, den Stand der Technik und die Probleme der einzelnen Betriebe erklären. Bei dieser Gelegenheit erkannte er die Notwendigkeit eines Aachener Handelsgerichts an, dessen baldige Einrichtung er den darum nachsuchenden Fabrikanten zusagte. In Aachen war zwar schon am 29. Oktober 1794 ein Handelsgericht installiert worden, doch hatte es die Wirren der folgenden Jahre nicht überstanden. Ein Handelsgericht bestand seit dem 1. April 1798 im Rheinland nur in Köln. Aachen sollte erst jetzt, im Jahre 1804, gleichziehen. Die Initiative kam – wie gesagt – von den Aachener Kaufleuten, deren Wünschen der Maire v. Lommessem bei seinem Aufenthalt in Paris anläßlich der Krönung Napoleons zum Kaiser der Franzosen am 2. Dezember 1804 nochmals Nachdruck verschaffte, indem er gegenüber dem Innenminister zu bedenken gab:

Förderung der Aachener Wirtschaft nach 1804

Handelsgericht

> *„Monseigneur! Eine der größten Wohltaten und eine der dringendsten Notwendigkeiten für die Fabriken und den Handel ist allgemein ohne Zweifel die Errichtung von Handelsgerichten, eine Einrichtung, deren sich unter mehreren anderen Städten des französischen Kaiserreiches auch Köln erfreut, eine der Hauptstädte des*

Roerdepartements. Aachen, eine der interessantesten und berühmtesten Städte Frankreichs in bezug auf die zahlreichen Fabriken in der Stadt und ihrer Umgebung, hätte sich auch der gleichen Vorteile seit Gründung dieser Einrichtung erfreuen müssen. Aachen, das seit Urzeiten hinsichtlich seiner Manufakturen am stärksten mit denen Englands gewetteifert hat, umschließt in seinen Mauern die schönsten Tuch- und Kaschmirfabriken, die nicht allein billiger verkaufen, sondern auch noch in der Qualität die englischen Tuche und Kasimire übertreffen. Diese Stadt besitzt außerdem noch die interessanten Nadel- und Metallfabriken, die einzigen in Europa, welche an Qualität und Preis mit den englischen verglichen werden können. Sie ist im Begriff, auch noch eine Stecknadelfabrik zu erhalten, die durch ihr mechanisches Verfahren und durch ihre Lage in nächster Nähe der Werke, welche den Messing herstellen, nicht nur einen neuen Zweig der Industrie in Frankeich darstellt, sondern in jeder Beziehung noch das Vollkommenste übertrifft, was unsere Rivalen in dieser Ware liefern können. Die Gemeinden Burtscheid und Montjoie, die eine einen Büchsenschuß, die andere fünf Meilen von Aachen entfernt, haben Tuch-, Kaschmir- und Nadelfabriken, die Gemeinden Stolberg und Cornelimünster Eisen- und Kupferhütten und Fabriken in diesen Metallen, die Gemeinde Düren Papierfabriken, welche mit den berühmten holländischen Papierfabriken in Wettbewerb stehen. Mehrere andere Gemeinden endlich, alle im Arrondissement Aachen gelegen, fördern Steinkohle, Galmei und besonders Blei, das einzige, das die Kristallfabriken in Frankreich an Stelle des englischen benutzen. Alle diese verschiedenen Erzeugnisse der Industrie des Arrondissements Aachen werden nach den vier Weltteilen ausgeführt und tragen wesentlich zu dem glücklichen Gleichgewicht des innerfranzösischen Handels bei. Alle diese Fabriken haben in ganz besonderer Weise die Aufmerksamkeit S.M. des Kaisers während seines Aufenthalts in Aachen erregt, und in einer Audienz, die S. Majestät gnädigst den Fabrikanten unserer Stadt gewährte, hat er höchstselbst die Notwendigkeit anerkannt, ein Handelsgericht für alle Fabriken des Arrondissements Aachen zu errichten. Denn es ist klar, daß das verwickelte Verfahren und die Lage in den verschiedenen Fabriken, die Beziehungen zwischen den Fabrikanten, den Meistern und den Arbeitern, die Vereinbarungen hinsichtlich der Zahlungen eine Unzahl von Streitfällen mit sich bringen, die nur durch ein Gericht entschieden werden können, dessen Mitglieder eine vollkommene Kenntnis der Örtlichkeiten und der sonstigen Einzelheiten der Fabriken besitzen. Ich glaubte mich daher einer Pflichtverletzung schuldig zu machen, wenn ich nicht meine Bitte erneuerte, die Absichten S. Majestät durch die Errichtung eines Handelsgerichts in der Stadt Aachen für das Arrondissement zu verwirklichen"[40]).

Tatsächlich kam es am 27. Februar 1805 zur erneuten Installierung eines Handelsgerichts in Aachen. Zum Präsidenten wurde der Tuchfabrikant Ignaz van Houtem ernannt. Die vier Richterstellen erhielten der Nadelfabrikant Cornelius v. Guaita sowie die Tuchfabrikanten Ernst Konrad Claus, Karl Strauch und Karl Nellessen. Deren Stellvertreter waren der Nadelfabrikant Leonard Startz, der Wollhändler Andreas Ludwigs und die Tuchfabrikanten Matthias Hoffstadt und Johann Jakob Stehelin. Seit dem 1. Januar 1808 urteilte dieses Gericht nach dem neu gefaßten Handelsrecht, dem „Code de commerce"[41]).

Verkauf von Kirchengut an Unternehmer

Noch auf andere Weise wirkte sich der Besuch Napoleons in Aachen fördernd auf die Wirtschaft aus. Um den Fabrikanten mehr Raum für ihre Produktion zu verschaffen, genehmigte er den Verkauf von säkularisiertem Kirchengut an interessierte Unternehmer. So wurden durch Erlaß vom 16. September 1804 dem Nadelfabrikanten Laurenz Jecker für 13 000 Francs Gebäude der Abtei Klosterrath in der Eilfschornsteinstraße zur Einrichtung einer Nadelfabrik verkauft. Am selben Tage erhielt Ignaz van Houtem für 40 000 Francs zur Vereinfachung und Vervollkommnung der Tuchfabrikation das Weißfrauen(Coelestinerinnen)-Kloster. Er richtete hier allerdings keine Fabrik ein, sondern Wohnungen; nur die angrenzende Kirche wurde als Wollmagazin genutzt [42]. Am 1. Oktober 1804 erhielt der Tuchfabrikant Ernst Conrad Claus diejenigen Teile des Anna-Klosters, die nicht für den Gottesdienst der Protestanten vorgesehen waren (vgl. S. 308 u. Exp. L 26), für 7 000 Francs. Auch später noch wurde säkularisiertes Kirchengut für Zwecke der Industrie zur Verfügung gestellt. So erhielt der Präfekt am 8. September 1808 den Auftrag, dem Tuchfabrikanten Friedrich Kolb die Gebäude der Abtei Kornelimünster mit sämtlichen Gärten und Wiesen, mit Ausnahme der zur Pfarrkirche bestimmten Klosterkirche, für 45 000 Francs zu verkaufen. Kolb wurde verpflichtet, in den ihm überlassenen Gebäuden eine Tuchfabrik zu errichten und auf dem Gelände eine Schäferei mit Merinoschafen zu unterhalten [43].

In die Reihe der Fördermaßnahmen für die rheinische Wirtschaft gehört auch die Schuldenablösung bei den Gemeinden. So wurden noch während der Reise Napoleons durch die rheinischen Departements, nämlich zum 1. Oktober 1804, die Städte Aachen und Köln durch den Staat von einem erheblichen Teil ihrer Schuldenlast befreit. Auf diese Weise erhielten die Gemeinden mehr Möglichkeiten, strukturverbessernd in die bestehenden Verhältnisse einzugreifen [44].

Der künftige wirtschaftliche Aufschwung Aachens und der Rheinlande wurde nicht zuletzt durch den Ausbau des Verkehrswesens begünstigt (siehe S. 265ff.).

Wie der Präfekt Méchin, so war auch Napoleon von der Zweckmäßigkeit von Gewerbeausstellungen überzeugt. Er erhoffte sich davon mehr Wettbewerb und somit eine Verbesserung der Produkte. Daher setzte er am 16. September 1804 bei seinem Besuch im Roerdepartement, während dessen er sich eingehend über die Lage der rheinischen Wirtschaft informierte, zum weiteren Ansporn der Produzenten einen Preis aus, der alle drei Jahre als krönender Abschluß einer in Aachen abzuhaltenden Ausstellung der im Roerdepartement gefertigten Produkte vergeben werden sollte. Eine Jury aus dem Präfekten, dem Maire von Aachen, dem Vorsitzenden der Aachener Gewerbekammer und sechs Fabrikanten aus Aachen, Köln, Krefeld, Monschau, Stolberg und Düren sollte die Preisträger auswählen und diese am 27. Juli, dem Fest Karls d.Gr., auszeichnen. Die Preise sollten aus dem Zinserlös der 13 000 Francs finanziert werden, welche der Aachener Stecknadelfabrikant Jecker für die ihm in der Eilfschornsteinstraße überlassenen Gebäude bezahlt hatte, und die Napoleon dem Fonds „d'Encouragement des fabriques et manufactures du département de la Roer" angewiesen hatte. Die erste Preisverleihung fand allerdings erst im Jahre 1807 statt. Zwischenzeitlich aber hatte die rheinische Wirtschaft Gelegenheit erhalten, ihre Produkte im Jahre 1806 im Rahmen einer nationalen Gewerbeausstellung in Paris auszustellen und sich mit der Konkurrenz innerhalb Frankreichs zu messen. Unter den 1 422 Ausstellern aus 104 Departements waren aus Aachen und Burtscheid 19 Tuch- und 6 Nähnadelfabrikanten sowie ein Stecknadelfabrikant vertreten. Von den 54 goldenen, 97 silbernen und 80 bronzenen Medaillen, die verliehen wurden, entfiel auf das Roerdepartement eine goldene, und zwar als Auszeichnung aller aus Aachen und Burtscheid vertretenen Nähnadelfabrikanten. Der Stecknadelfabrikant Laurenz Jecker aus Aachen wurde mit einer silbernen Medaille geehrt, weil er in Aachen eine Fabrik zur massenhaften Herstellung von Stecknadeln errichtet hatte: „pour avoir formé, à Aix-la-Chapelle, un établissement ou les épingles sont fabriquées en grand par des procédés nouveaux et avantageux". Die Jury befand die Nadeln „d'une très-bonne qualité et d'un prix beaucoup inférieur à celui des épingles fabriquées par les procédés ordinaires" [45].

Die erste Ausstellung und Preisverteilung im Roerdepartement fand im Sommer des Jahres 1807 statt [46]. Damals wurde Wilhelm Kuetgens aus Aachen mit einer Goldmedaille bedacht, weil er es unter anderem verstand, englische Waren in guter Qualität zu imitieren, darunter die sog. „woolcoats", für die auch Matthias Delhougne eine Medaille erhielt, wenn auch nur in Silber. Die Firmen Heuten und Hoselt und Christian Friedrich Deusner aus Aachen erhielten Silbermedaillen für die Herstel-

Gewerbeausstellungen

lung qualitätvoller Kasimire, leichter Tuche aus besonders feiner Wolle. Bei der Ausstellung des Jahres 1810 fanden wiederum die „woolcoats", Kasimire, Steck- und Nähnadeln, aber auch die überaus feinen Serail-Tücher aus Aachen viel Beachtung bei der Jury. Mit besonderem Interesse registrierte sie die Tatsache, daß es der Aachener Lederwarenfirma Nacken gelungen war, für die Häute, welche wegen der englischen Seeblockade nicht mehr wie früher aus Buenos Aires eingeführt werden konnten, Ersatz zu finden. Die letzte Preisverteilung fand im Jahre 1813 statt. Die Jury hob damals besonders den Aufschwung der Baumwolltuch-Fabrikation im Roerdepartement hervor. Eine der Goldmedaillen erhielt damals der Mechaniker Xaver Kuetgens, Sohn von Josef Kuetgens, für eine von ihm erfundene Maschine zum Aufrauhen von Kasimiren, die bereits ein Fünfzehnjähriger mit einer Hand bedienen konnte [47]).

Als weiteres Instrument der Wirtschaftsförderung veranstaltete der französische Staat als Schirmherr der 1801 gegründeten "Société d'encouragement pour l'industrie nationale" Preisausschreiben für wichtige Erfindungen und für die Verbesserung der Produktionsverfahren, und zwar mit dem erklärten Ziel, der französischen Wirtschaft ein Übergewicht gegenüber der ausländischen Konkurrenz zu verschaffen. Napoleon selbst war an die Spitze dieser Gesellschaft getreten, die alljährlich Preise im Wert von 288 000 Francs auszuschütten vermochte. Im Dezember 1812 gehörten dieser Gesellschaft auch der Aachener Tuchfabrikant Ignaz van Houtem und der Aachener Nadelfabrikant Servatius van Houtem an. Unabhängig von den Aktivitäten der Société d'encouragement regte auch Napoleon selbst durch die Vergabe von Preisen Erfindungen an, für die er unter volkswirtschaftlichen Gesichtspunkten Vorgaben formulieren ließ.

Preisausschreiben für Erfinder

Die vielfältigen Anregungen des französischen Staates zur Verbesserung von Handel, Wirtschaft und Verkehr blieben auch im Rheinland nicht ohne Wirkung. So betätigten sich z.B. zahlreiche Kaufleute, Manufakturisten und Mechaniker aus dem Aachener Raum als Erfinder. Einige von ihnen sind uns namentlich bekannt: Einer von ihnen war Cyrille-Ambroise Dubusc [48]). Er wurde am 19. Mai 1773 in Louviers (Normandie) geboren, ging am 3. Januar 1794 als Soldat zur französischen Revolutionsarmee und kam als solcher in den Aachener Raum, wo er 1796/97 zunächst in Bardenberg und seit 1797 in Aachen selbst nachweisbar ist. In Aachen lernte er Maria Gertrud Wirtz (1771-1843) kennen, die er am 15. November 1797 in St. Foillan ehelichte. Nach seiner Entlassung aus der Armee am 20. Juli 1802 betätigte er sich als Mechaniker. Unter Verwendung seiner in Louviers gesammelten Erfahrungen mit englischen und französischen Maschinen zur Tuchherstellung errichtete er in Aachen die erste Fabrik für die mechanische Herstellung von Kratzen zum Rauhen der Tuche. Er starb am 9. Januar 1819 in Aachen.

Erfinderpersönlichkeiten

Eine weitere wichtige Erfinder-Persönlichkeit in Aachen war Laurenz Jecker. Am 28. Dezember 1769 in Hirtzfelden bei Ensisheim im Oberelsaß als einer von vier Brüdern geboren, wanderte er im 14. Lebensjahr nach England aus, wo er in Walderness in einer Stecknadelfabrik als Mechaniker lernte und arbeitete [49]). Dort konstruierte er verschiedene Maschinen und Instrumente und wurde Gesellschafter der Firma. Im Jahre 1803 kehrte er nach Frankreich zurück und ließ sich – wegen der Nähe zur Stolberger Messingindustrie – in Aachen in der Eilfschornsteinstraße (Litera B 664) nieder. Hier gründete er im Jahre 1804 in Zusammenarbeit mit den Brüdern Migeon, reichen Besitzern einer am Oberrhein gelegenen Eisenschmiede, unter Anwendung seiner in England erworbenen Kenntnisse über das im Jahre 1797 von Harris erfundene Verfahren zum Angießen von Bleiköpfen an Messingnadeln die erste Stecknadelfabrik auf französischem Boden, die auch im Jahre 1810 noch die einzige Frankreichs war. Als Rohstoffe dienten Messingdraht aus Stolberg und Blei aus der Eifel. Noch im Gründungsjahr 1804 besuchte Napoleon diesen neuen Betrieb, der wegen der Vereinigung aller Arbeitsgänge unter einem Dach und der Kombination von menschlicher Arbeitskraft und Maschinenarbeit als Manufaktur bezeichnet werden darf. Jecker vervollkommnete das englische Herstellungsverfahren. So konstruierte er eine Maschine, mittels der die Köpfe der Stecknadeln nicht mehr einzeln angegossen werden mußten, sondern in Massen appliziert werden konnten.

Desweiteren erfand er eine Maschine, welche ein schnelleres Aufstecken der Nadeln auf Papier erlaubte, so daß ein geschickter Arbeiter in der Stunde etwa 30 000 Nadeln einbriefen konnte. Das Abschneiden des Drahtes vereinfachte Jecker durch eine von ihm erfundene Schere, die mit dem Fuß in Betrieb gesetzt wurde. Jecker arbeitete damals mit 250 Arbeitern, von denen 225 Kinder im Alter zwischen vier und zwölf Jahren waren, deren zierliche Finger für die viel Feingefühl erfordernde Arbeit besonders geeignet waren. Ihre Entlohnung war sehr gering. Die Lohnkostenersparnis durch die Beschäftigung von Kindern und die neuen Maschinen, welche eine massenhafte Herstellung erlaubten – es ist die Rede von 1 Million Nadeln pro Tag im Jahre 1804[50]) und 1,25 bis 1,5 Millionen im Jahre 1809[51]) sowie von 2,3 Millionen Nadeln pro Tag in den Jahren 1813/14[52]) – gestatteten es, 15 bis 20 Prozent billiger zu produzieren. Napoleon, der den neuen Betrieb am 7. September 1804 besuchte, war von der Anlage sehr angetan und überließ Jecker für 13 000 Francs die in der Eilfschornsteinstraße gelegenen Gebäude der säkularisierten Abtei Klosterrath zur Errichtung einer weiteren Nadelfabrik, deren Pläne sich erhalten haben[53]). Napoleon überreichte ihm damals als Ausdruck seiner persönlichen Anerkennung eine goldene Standuhr. Im Jahre 1806 wurde Jecker auf der Pariser Gewerbeausstellung mit einer Silbermedaille ausgezeichnet. Im Jahre 1809 oder in der ersten Hälfte des Jahres 1810 zog Jecker mit seinem Bruder Servatius nach Paris, um dort weitere Erfindungen zu realisieren. Dort besaßen ihre Brüder Franz-Anton und Protasius in der „Rue Bondi No. 32" eine sehr schöne und große Manufaktur für mathematische und optische Instrumente. Eigentümer der Jeckerschen Stecknadelfabrik wurden seine bisherigen Kompagnons, die Brüder Migeon, die sich mit Heinrich Schervier zusammentaten. Ihre Manufaktur arbeitete im Jahre 1812 mit nurmehr 160 Arbeitern, fast ausnahmslos Kindern, und machte etwa 300 000 Francs Umsatz[54]). Sie produzierte für Frankreich, Deutschland, Italien und Spanien. Laurenz Jecker kehrte unterdessen nach Aachen zurück. Im Jahre 1813 beteiligte er sich mit den von ihm nach Pariser Art produzierten Nägeln und Spitzen an der Gewerbeausstellung des Roerdepartements. Die Jury war voller Hochachtung vor seinem Fleiß und seiner Intelligenz und lobte ihn, „pour avoir introduit dans le département des clous et les pointes de Paris, qu'il fabrique et qui sont d'un besoin général"[55]). Jecker starb am 5. Juni 1834 in Aachen.

Ein weiterer Innovator der Aachener Wirtschaft war Johann Rethel, geboren am 27. Oktober 1769 in Straßburg. Er kam in den 90er Jahren als französischer Beamter aus Straßburg ins Rheinland, wo er 1797 und 1798 als Kommissar bei der Kölner Munizipalverwaltung arbeitete[56]). Am 22. Juni 1800 wurde er zum Präfekturrat ernannt, ein Amt, das er im Jahre 1802 noch bekleidete. Über ihn heißt es in einem Geheimbericht über Zustände und Beamte im Roerdepartement aus dem Frühjahr 1804: „Ein Protestant aus Straßburg, der zwar Patriot und liebenswürdig ist, aber einigemale die Freundschaft seinem Ehrgeiz zum Opfer gebracht hat; man muß nähere Beziehungen zu ihm vermeiden"[57]). Nach seiner Heirat mit der Aachener Fabrikantentochter Johanna Schneider am 22. März 1801, die ihm am 15. Mai 1816 den späteren Maler Alfred Rethel gebären sollte[58]), quittierte er auf Zuraten seines Schwiegervaters den Staatsdienst und baute sich eine neue Existenz auf, indem er auf seinem Gut Diepenbend am Nordabhang des Aachener Waldes im Jahre 1804 eine chemische Fabrik errichtete. Hier stellte er lange Zeit Berlinerblau und Salmiak für den Export nach Holland her. Im Jahre 1810 wurden die Produkte seiner Firma auf der Gewerbeausstellung des Departements mit einer Goldmedaille ausgezeichnet. Man urteilte, der Salmiak sei ausgezeichnet, das Preußischblau „vollkommen" und könne mit den besten Blaufarben konkurrieren[59]). Zu dem Betrieb von Rethel u. Co. heißt es in der Industriestatistik des Arrondissements Aachen vom Jahre 1811, daß er der einzige im Roerdepartement sei, der „sel ammoniac à bleu de Prusse" herstelle[60]). Es wurden sieben Arbeiter beschäftigt, die einen Tageslohn von 1,80 Francs erhielten. Der Betrieb hatte einen Umsatz von 30 000 Francs jährlich. Möglicherweise stand in Rethels Färberei bereits im Jahre 1807 eine Dampfmaschine (vgl. S. 219). Rethel und andere Färber trugen dazu bei, daß die Aachener Tuche auch optisch konkurrenzfähig blieben. Einen wichtigen Beitrag dazu hatte bereits der Aachener Färber Joseph Gerhard Jakob Schweling geleistet, der im Jahre 1766 das Geheimnis der Engländer, Tuche beidseitig zu färben, gelüftet hatte. Das neue Verfahren erforderte allerdings besonders reine Farben, an deren Gewinnung die Aachener Färber in den folgenden Jahrzehnten arbeiteten[61]). Bis zum Jahre 1811 konnten auf diesem Gebiet offenbar wesentliche Fortschritte erzielt werden. So hatte der Aachener Fabrikant Rock auf der Gewerbeausstellung des Jahres 1810 eine Goldmedaille erhalten für die feinste Rotfärbung von Baumwollgarn[62]). Im Jahre 1810 begegnet Johann Rethel als Ersatzrichter am Aachener Handelsgericht[63]). Seine Fabrik wurde am 5. August 1813 durch einen schweren Sturm völlig verwüstet, jedoch mit finanzieller Unterstützung des französischen Innenministers wieder aufgebaut. Anfang der 20er Jahre des 19. Jahrhunderts wechselte die Fabrik ihren Besitzer, da die Familie Rethel nach Wetter an der Ruhr übersiedelte, wo Johann Rethel in den Harkort'schen Eisenwerken eine Anstellung gefunden hatte.

Erfinderpatente

Für Erfindungen konnten gemäß dem Gesetz vom 7. Januar 1791 und dem Erlaß der Konsuln vom 27. September 1800 Patentbriefe, sog. „Brevets d'invention" auf 5, 10 oder 15 Jahre erworben werden. Die Beachtung dieser Brevets durch die Wirtschaft überwachten seit 1809 die Räte der Gewerbeverständigen (conseils de prud' hommes), bei Übertretungen urteilten die Handelsgerichte[64]). Von den zwischen 1800 und 1809 für Einwohner des Roerdepartements ausgestellten Patenten waren immerhin drei auf Aachener Bürger angemeldet. So erwarb der Tuchfabrikant Johann Matthias Delhougne am 8. August 1806 für zehn Jahre ein Brevet „pour une manière de fabriquer des étoffes de laine des divers genres, dont il est l'auteur"[65]), Wilhelm Kuetgens am 24. Juli 1807 für 15 Jahre ein Patent auf die Herstellung verschiedener Wollgewebe[66]). Am 5. Dezember 1807 erhielt die Aachener Firma Heuten u. Hoselt ein Brevet zur Fabrikation eines speziellen Kasimir-Tuchs[67]). Aus der Zeit zwischen 1810 und 1813 sind noch drei weitere Patentbriefe bekannt[68]). Am 21. November 1810 ließ sich Johann Matthias Delhougne zwei weitere Patente für jeweils fünf Jahre erteilen. Das eine betraf eine Maschine zum Aufrauhen und Glätten von Wollstoffen, das andere eine neue Armatur für den Webstuhl, durch die man zu neuen Webmustern bei Kasimiren gelangte. Diese Erfindung war offenbar eine Erweiterung der 1801 von Joseph-Marie Jacquard gemachten Erfindung. Diese "diente zur Anfertigung gemusterter Stoffe und bestand in der mechanischen Übertragung des Musters durch ein Kartenwerk auf den Webstuhl, während dazu bisher Menschenhand erforderlich war"[69]). Am 7. September 1813 ließ sich der „mécanicien patenté" Xaver Kuetgens aus der Schmiedstraße 5 seine Maschine zum Aufrauhen von Kasimiren, welche bereits bei der Gewerbeausstellung des Roerdepartements vom 1. August 1813 mit einer Goldmedaille prämiert worden war, auf fünf Jahre patentieren. Die kurze Laufzeit des Patents erklärt sich wohl aus den relativ hohen Gebühren, die für die Ausfertigung gezahlt werden mußten. Für fünf Jahre waren 300, für zehn 800, für fünfzehn 1 500 Francs zu entrichten. Hinzu kamen noch verschiedene Nebenkosten[70]).

Einsatz von Maschinen

Durch die staatliche Wirtschaftsförderung und die Erfindungen begann im ersten Jahrzehnt des 19. Jahrhunderts ein grundlegender Wandel auf dem Gebiet der Produktionsweisen, welcher seit 1807 mit der Einführung bisher auf dem Kontinent unbekannter, in England längst im Einsatz befindlicher Maschinen beschleunigt wurde[71]). Mit dieser Entwicklung eng verbunden ist der Name von William Cockerill senior und seinen Söhnen. Er wurde im Jahre 1757 in Haslington, Grafschaft Lancashire, geboren. Nach vielseitiger Betätigung in der aufstrebenden englischen Industrie verließ er das Land im Jahre 1794, arbeitete zunächst in Rußland und Schweden und wurde in Hamburg von einem Einkäufer der Firma Iwan Simonis und François Biolley aus Verviers angeworben, in deren Diensten er seit 1798 aufgrund seiner aus England mitgebrachten Kenntnisse Textilmaschinen, insbesonders Spinnmaschinen, entwickelte und baute. Bald arbeitete er auch selbständig und begann in Verviers, später in Lüttich, mit der Produktion von Dampf- und Spinnmaschinen. Seine Söhne Charles James (1787 Mz. 31-1837 Mai 8) und John (1790 Aug. 3-1840 Juni 19) errichteten 1807 in Lüttich und später in Seraing große Maschinenwerke, die Ausgangspunkte der westeuropäischen Maschinenproduktion wurden. Noch im Jahre 1807 führte James Cockerill die Spinnmaschine auch in Aachen ein, wo sie in den Spinnereien von Fisenne und van Houtem arbeiteten[72]). Im Jahre 1812 gab es bereits acht solcher Maschinen. Beim Tuchfabrikanten Kelleter stand eine Spinnmaschine, die täglich die Arbeit von 60 bis 100 Arbeitern erledigte. Da zur Bedienung zehn Personen ausreichten, machte sie 50 bis 90 Leute arbeitslos [73]. Seit der Einführung der ersten Spinnmaschine gab es rege Geschäftsbeziehungen zwischen Aachener Fabrikanten und der Firma Cockerill, so daß 1809 der erste Maschinenschertisch und 1812 auch die erste Webmaschine in Aachen eingesetzt werden konnten. Vielleicht erfolgte die Einführung des „fliegenden Schiffchens" und des Maschinenschertisches in Aachen auch schon früher, denn der Präfekt des Roerdepartements schrieb in seinem nach Paris eingesandten „Rapport sur l'état des différentes branches d'administration en 1807" unter der Rubrik „Industrie et commerce", in seinem D e p a r t e m e n t seien die englischen Spinnmaschinen – namentlich in Aachen bei Fisenne und van Houtem – die Dampfmaschinen in den Färbereien, das „fliegende Schiffchen" und die Maschinenschertische eingeführt [74]. Durch die Geschäftsbeziehungen Cockerills nach Aachen wurden auch gesellschaftliche Beziehungen geknüpft, die am 4. September 1813 in der Doppelhochzeit zwischen den Brüdern Charles James und John Cockerill mit den Schwestern Karoline Elisabeth und Johanna Friederika Pastor gipfelten. Es ist daher sicher kein Zufall, daß der Schwiegervater, der Burtscheider Tuch- und Nadelfabrikant Philipp Heinrich Pastor (1752-1821), bereits im Jahre 1816 eine Dampfmaschine in seiner Burtscheider Spinnerei besaß [75]. Nach bisheriger Ansicht wurden in unserem Raum Dampfmaschinen in französischer Zeit nur im Bergbaugebiet von Eschweiler, nicht aber in Aachen selbst eingesetzt [76]. Die erste Dampfmaschine in Aachen soll erst 1817 in der Firma des Tuchfabrikanten Kelleter aufgestellt worden sein. Diese Auffassung wird aber durch den genannten Bericht des Präfekten, daß die Dampfmaschine in seinem Departement bei verschiedenen Färbereien Verwendung finde, zumindest in Frage gestellt.

Trotz dieser Fortschritte wurden die modernen Maschinen nur allmählich eingeführt. Dafür gab es verschiedene Gründe. Bereits der Präfekt Lameth machte in seinem Bericht von 1807 auf einige Hindernisse aufmerksam: die hohen Anschaffungskosten, der Mangel an geeigneten Räumlichkeiten und die angeblich noch billigere Handarbeit [77]. Noch 1811 schrieb de Golbéry über die Vor- und Nachteile der Mechanisierung:

> *„Die englischen Spinn-, Wollkämm- und Schermaschinen haben Gefallen gefunden und die schnellen Erfolge der neuen Fabriken, die sie übernommen haben, zeigen die Vorteile, die nun gut bekannt sind. Die Einführung dieser Maschinen wird nun von den Fabrikanten gewünscht... Diese Maschinen wären noch zahlreicher, wenn ihre Aufstellung nicht große Investitionskosten bedürften, und vor allem, wenn die Mechaniker zahlreicher wären"* [78].

An anderer Stelle heißt es:

> *„Zahlreiche Fabrikanten haben sich seit einigen Jahren Maschinen für die Tuchherstellung angeschafft, welche diese vereinfachen und verbilligen, ohne daß die Schönheit und Haltbarkeit der Tuche beeinträchtigt werden. Aber diese Maschinen finden noch nicht das Gefallen all derjenigen, die sie beschaffen möchten und ihre Vorteile kennen; nicht nur, weil die Maschinen zunächst Kosten für Gebäude und beträchtliche Vorleistungen erfordern, sondern auch, weil diejenigen (les artistes!), die in der Lage sind, sie gut aufzubauen (exécuter), in diesem Departement nicht sehr zahlreich sind".*

De Golbéry hebt hervor, es sei der sehnlichste Wunsch der Fabrikanten, die neuen Maschinen einzuführen und schlägt zur Behebung der Schwierigkeiten die Einrichtung einer Maschinenbau-Schule vor. Angesichts des Mangels an Mechanikern behalf man sich in Aachen mit angeworbenen Fachkräften aus Belgien, die später nicht selten Gründer bedeutender Aachener Firmen wurden [79]). Die Ausbildung neuer, einheimischer Fachkräfte dürfte sich auch wegen der Einberufung so vieler junger Leute zur napoleonischen Armee verzögert haben. So schrieb schon Philipp Andreas Nemnich in seinem 1809 veröffentlichten Tagebuch:

> *„Mehrere Aachener Tuchfabrikanten halten sich Spinnmaschinen, nach der englischen Art. Rauh- und Scheermaschinen sind nur noch sparsam eingeführt. Man findet auch große Webstühle, worauf ein Mann allein, mittelst des Schnellschützen, arbeitet. – Die durch die Conscriptionen verminderte Anzahl der Arbeiter wird eine allgemeinere Einführung der englischen Maschinerie sehr nothwendig machen"* [80]).

Die vollständige Mechanisierung der Produktion vollzog sich in Aachen erst in preußischer Zeit.

Blüte der Aachener Wirtschaft

Die staatlichen Förderungen und die Eigeninitiative wirkten sich positiv auf die rheinische Wirtschaft aus. Die Zollgesetzgebung und der Protektionismus der französischen Wirtschaftspolitik waren dabei von entscheidender Bedeutung, denn durch sie wurden alle englischen Waren vom Kontinent ferngehalten, die englische Konkurrenz also ausgeschaltet und deren bisherige Märkte französischen Produkten geöffnet. Die Zollgrenze am Rhein blieb bestehen, auch nachdem das rechtsrheinische Deutschland unter französischen Einfluß geraten war. Die linksrheinische Wirtschaft war also durch hohe Einfuhrzölle auch vor der rechtsrheinischen Konkurrenz geschützt, während ihr Export ungehindert nach Osten abgewickelt werden konnte. Von dieser Wirtschaftspolitik profitierten auch die Aachener Tuch- und Nadelfabrikanten. Die Innovationsfreudigkeit der Fabrikanten kam belebend hinzu. So wies Clemens Bruckner auf eine Erweiterung des Fabrikationsprogramms der Aachener Tuchproduktion hin: "Neben die etwa um 1793 aufgenommene Produktion von Casimir – eines leichten Tuches aus feinen Wollen – traten Karmesintücher aus spanischen Wollen und 1798 auch Kalmuk und Coating. Wollcoats wurden aber 1802 besonders für Paris gefertigt" [81]). Vor allem bisher von England gelieferte Produkte wurden nunmehr in Aachen für den französischen und von der Kontinentalsperre betroffenen Markt gefertigt. Im Jahre 1804 konnte nach dem Urteil von Dorsch die soeben aufgenommene Baumwollverarbeitung es noch nicht mit englischen oder innerfranzösischen Produkten aufnehmen [82]), wohl nicht zuletzt, weil die modernen englischen Baumwollspinnmaschinen noch nicht eingeführt waren. Die Baumwollprodukte wurden aber bis zum Ende der französischen Zeit qualitativ immer besser [83]). Der Absatzmarkt für die Aachener Produkte erweiterte sich noch, als Napoleon mit Dekret vom 10. Juni 1806 die Grenzen des Königreichs Italien für französische Fabrikate öffnete [84]). Der Aufschwung spiegelt sich in den überlieferten Umsatzzahlen wider. Für 1786 wurde der Wert der Aachener Tuchproduktion auf 5,5 Millionen Livres geschätzt [85]). In den Jahren 1794 bis 1797 lagen die Tuchfabriken mit wenigen Ausnahmen still [86]). Für die Jahre 1806/07 wird der Produktionswert mit 8 bis 9 Millionen Francs angegeben [87]). So konnte Poissenot im Jahre 1808 bemerken: „Le commerce d'Aix-la-Chapelle a augmenté depuis la réunion à l'empire français... et l'on peut dire que la prohibition des étoffes anglaises a favorisé le commerce intérieur, et lui a permis de porter la fabrication des casimirs à un degré de perfection, qui le met à même de rivaliser avec les fabriques d'Angleterre" [88]). Bis 1810 erreichte der Produktionswert mehr als 11 Millionen Francs [89]).

Fabrikanten des Tuch- und Nadelgewerbes

Zwei Quellen aus dem Nationalarchiv in Paris, deren Zahlenmaterial Marie Luise Schultheis-Friebe und Claudia Erdmann in Tabellenform gebracht haben, nennen die bedeutendsten Aachener Tuchfabrikanten des Jahres 1810/11, die Zahl ihrer Arbeiter, den Produktionswert, das Kapital ihrer Betriebe und die Höhe des erwirtschafteten Gewinns [90]):

Name	Ware	Arbeiter insges. 1810	Arbeiter im Haus 1811	Arbeiter außerhalb 1811	jährl. Umsatz 1810/11 in 1 000 frs.	Kapital 1810/11 in 1 000 frs.	Verdienst 1810/11 in 1 000 frs.
Braff, G.	Tuch	240	100	140	600	400	36
Claus, C.	Tuch	258	91	160	1 200	1 000	60
Deusner, F.	Tuch	110	20	90	600	400	36
Heye, G.A.	Tuch	20	—	20	500	400	36
Kelleter, E.	Tuch	290	150	140	600	500	38
Nellessen, C.	Tuch	133	33	100	600	500	38
Pastor, C.	Tuch	139	59	80	600	400	36
Springsfeld, C.	Nadel	—	20	80	600 [1]	400 [1]	36 [1]
van Houtem, I.	Tuch	292	132	160	1 000	900	60
de Fisenne, P.	Tuch	181	41	140	550	600	40
Strauch, Ch.	—	44	—	—	550 [2]	600 [2]	40 [2]

[1] 1811   [2] 1810

Nach 1810 sank die Tuchproduktion deutlich, vor allem wegen der durch Teuerung des Lebensunterhalts verminderten Nachfrage bei den inländischen Verbrauchern, aber auch wegen des Ausscherens Rußlands aus dem System der Kontinentalsperre und des Verbots der Einfuhr und Durchfuhr französischer Tuche nach bzw. durch Rußland, wodurch ein riesiger Markt verloren ging[91]. Bereits im Jahre 1811 betrug der Wert der Aachener Tuchproduktion nur noch 7 Millionen Francs[92].

Der Produktionswert der Aachener Nadelindustrie soll im Jahre 1784 noch bei 1,2 Millionen Livres gelegen haben; für 1805/07 wird er aber mit nurmehr 0,6 Millionen Francs (1 Franc = 1 Livre) beziffert[93]. Dieser Rückgang setzte bereits in den 90er Jahren des 18. Jahrhunderts ein und war im Wesentlichen die Folge verstärkter Konkurrenz aus England und aus dem westfälischen Altena[94]. Dort hatte man den Vorteil, daß der erforderliche Stahldraht vor Ort produziert wurde, während die Aachener Hersteller ihn erst aus Altena oder gar aus Nürnberg beziehen mußten, was zu einer entsprechenden Verteuerung der Waren führen mußte. In Burtscheid produzierten 1807 zwei Nähnadelfabriken für 0,3 Millionen Francs[95]. Von 1807 bis 1810 nahm dann die Aachen-Burtscheider Nadelindustrie einen beachtlichen Aufschwung, der sich in einer Steigerung des Produktionswertes von 0,9 auf 1,5 Millionen Francs ausdrückt, wovon 1 Million auf Aachener Produktionsstätten entfiel[96]. 1810/11 erlitt die Produktion vor allem infolge der Konjunkturkrise (vgl. S. 159f.), aber auch der zunehmenden Konkurrenz ausländischer Fabriken, wie in Altena, Nürnberg und Schwabach, die zu einer Begrenzung des Absatzes führte, einen Einbruch. In einem Dokument vom 27. Juni 1811 heißt es denn auch, die Aachener Nadelfabriken befänden sich in einer Krise[97]. Diese läßt sich durch die Industriestatistik des Jahres 1811 sicher belegen. In Aachen wurde nur noch für 690 000, in Burtscheid nur noch für 190 000 Francs produziert[98].

Die Zahl der tuch- und nadelproduzierenden Betriebe unterlag während der raschen politischen Veränderungen seit dem Ende der reichsstädtischen Zeit starken Schwankungen. Im Jahre 1786 hatte es 40 Tuch-„Fabriken" gegeben[99], bis zum Jahre 1800 waren es nur noch 9, von denen 7 eine mittlere und 2 eine geringere Größe besaßen[100]. Im Jahre 1804 waren es schon wieder 16 und 1807 bereits 41. Der Aufschwung der bestehenden Fabriken führte offenbar zur Gründung immer neuer Betriebe. De Golbéry schreibt, daß seit 1806 mehrere Manufakturen entstanden seien[101]. Zu den Neugründungen zählte auch die „Fabrik" des Tuchfabrikanten Edmund Joseph Kelleter, welche er

im Jahre 1808 in der Bendelstraße 24 errichtete [102]). Im Jahre 1811 zählte man bereits 90 und 1812 93 Produktionsstätten [103]), die sich allerdings in den seit 1810 rückläufigen Absatz teilen mußten. Die Zahl der Beschäftigten belief sich damals auf 5 400. In Burtscheid gab es 1811 29 Tuchfabriken, die 2 200 Arbeiter beschäftigten [104]).
Der Nadelherstellung widmeten sich um 1780 in Aachen 19 Betriebe [105]), im Jahre 1800 waren es nurmehr 10 [106]), 1804 waren es 7 für Nähnadeln und 2 für Stecknadeln [107]). Bis 1807 stieg die Gesamtzahl der Aachener Betriebe auf 11 an [108]), in denen zwischen 4 000 und 5 000 Arbeiter Beschäftigung fanden [109]). In Burtscheid gab es 1807 zwei Fabriken mit 2 500 Arbeitern [110]). Die Beschäftigtenzahlen sanken in Aachen und Burtscheid bis zum Jahre 1813 auf 3 600 bzw. 700 Personen [111]); eine Folge des Produktionseinbruches infolge der Absatzkrise und zunehmender ausländischer Konkurrenz. Nur den Stecknadelfabriken dürfte es wegen der auch jetzt noch fehlenden Konkurrenz besser ergangen sein.
Die Aachener Tuchfabrikanten bezogen ihre Rohstoffe aus Spanien, Sachsen und Böhmen. Die spanische Wolle war die feinste und die daraus gefertigten Tuche die qualitätvollsten und teuersten [112]). Zur zweiten Gütestufe zählten Tuche aus einem Gemisch von spanischer, portugiesischer, italienischer, schlesischer oder sächsischer Wolle mit einheimischer Wolle. Zur dritten Qualitätsstufe gehörten grobe Tuche aus einheimischer Wolle. Die Tuche der ersten Güteklasse bezeichnete Dorsch bereits im Jahre 1804 als perfekt und den englischen ebenbürtig, ja sie würden diese in der Brillanz der Farben, insbesondere beim Rot und Blau noch übertreffen [113]). Seit 1808 und vor allem seit dem Ausbruch des Krieges in Spanien im Dezember des Jahres nahm man die Bemühungen, die Wollherstellung durch Eigenproduktion vom Ausland unabhängig zu machen, mit Nachdruck auf. Mit hohen staatlichen Subventionen wurde daher im Rheinland die Aufzucht von spanischen Merinoschafen gefördert [114]), mit der man vereinzelt schon im Raum Vaals und in Walhorn Erfahrungen gesammelt hatte. Auf Schloß Paland bei Weisweiler wurde eine Schule zur Ausbildung von Schafzüchtern eingerichtet, und Napoleon ließ 300 spanische Merinoschafe nach Aachen senden. Bis zum Herbst 1812 gab es nach einem Bericht des Präfekten Ladoucette bereits eine große Anzahl von Merino-Schafherden. Ein Jahr später wurden im Roerdepartement weitere Zuchtstellen eingerichtet. Die hier aufgezogenen Tiere vermochten allerdings zu keinem Zeitpunkt den Wollbedarf im Rheinland zu decken, zumal viele Tiere in dem wechselhaften Klima ihre Wolle verloren.

Die Aachener Tuche fanden Absatz in Frankreich, Holland, Italien, Spanien, Deutschland, Polen, Rußland, der Levante (östliches Mittelmeer), ja selbst in der Türkei, in Persien und sogar in China [115]). In Innerfrankreich bevorzugte man kräftige Tuche und Kasimire. Die leichten Tuche waren vor allem in der Levante und in Konstantinopel gefragt, wo sie als „draps de sérail" geschätzt waren. Der Transport der Aachener Tuche geschah im allgemeinen über Frankfurt nach Wien, wo sie von griechischen Kaufleuten, die sich als Käufer oder Expediteure betätigten, übernommen und in die Häfen von Triest und Odessa verbracht wurden. Hier fanden sie entweder Käufer oder wurden weiter verschifft bzw. transportiert. Es gab aber auch Aachener Kaufleute, die ihre Ware unter Umgehung deutscher Zollstätten über Illyrien in den nahen Osten brachten. Der Handel mit Rußland war für die Aachener Tuchhändler besonders wichtig. Es wird berichtet, daß jährlich 50 000 Tücher dorthin expediert wurden. Allein 5 000 Arbeiter sollen aus dieser Produktion ihr Brot bezogen haben. Die Aachener Kaufleute lieferten ihre Ware bis Leipzig, wo sie entweder verkauft oder durch Expediteure ins Innere Rußlands transportiert wurde. Der Erfolg der Aachener Tuche erklärt sich aus ihrer Feinheit, sorgfältigen Ausführung, der Schönheit und Perfektion der Farben und ihrem günstigen Preis. Zum Blaufärben verwandte man Indigo, der aber wegen der englischen Seeblockade schwer zu beschaffen war, weshalb Napoleon seit 1811 im Rheinland den Anbau der Waidpflanze anordnete und förderte [116]).
Weniger die allgemeine Wirtschaftskrise in Frankreich 1810/12, als vielmehr die durch Teuerung des Lebensunterhalts verminderte Nachfrage nach Industrieprodukten traf die rheinischen Tuch-

hersteller hart. Hinzu kam der mit Rücksicht auf den eigenen Handel getroffene Entschluß des Zaren vom 31. Dezember 1810, die Kontinentalsperre gegen England nicht mehr mitzutragen und den Verkauf französischer Tuchwaren in ganz Rußland zu untersagen [117]). In einer von Aachener und Burtscheider Tuchhändlern vom 29. Juni 1811 formulierten Eingabe, die der Präfekt als gerechtfertigt anerkannte und deshalb nach Paris weiterleitete [118]), klagten sie über die Folgen dieses Ukas. Es sei unverständlich, daß er überhaupt erlassen wurde, denn man wisse, daß das ganze Zarenreich nur zwei Tuchfabriken besitze, nämlich in Odessa und in Jaroslaw. Wie dem auch sei, jetzt bleibe ihnen nur noch der Handel mit der Levante. Da aber der Weg dorthin über Transsylvanien und die Walachei wegen des russisch-türkischen Krieges versperrt sei, böte sich der Weg über den russischen Hafen Odessa an. Weil die Russen aber auch die Durchfuhr nicht gestatten wollten, bleibe nur der kostenträchtigere Weg über Frankfurt, Nürnberg, Salzburg, Triest, Spoleto und Illyrien. Von Napoleon erhofften sie sich ein klärendes Wort beim Zaren. Der Präfekt machte denn auch in der nach Paris eingesandten Industriestatistik von 1811 unverblümt darauf aufmerksam, daß der See- und der Landkrieg den Handel vor große Transportschwierigkeiten gestellt habe [119]). Die französisch-russischen Beziehungen kühlten sich jedoch weiter ab, so daß spätestens seit dem Beginn des Rußlandfeldzuges am 24. Juni 1812 und dem anschließenden Befreiungskrieg der Jahre 1813/14 keine Lösung des Problems mehr zustande kommen konnte.

Die Aachener Nadelherstellung erfreute sich in reichsstädtischer Zeit eines hohen Ansehens und verfehlte auch bei den französischen Revolutionären nicht ihre Wirkung. So beschloß der Pariser Wohlfahrtsausschuß bereits am 28. November 1794 die Entsendung eines besonderen Agenten nach Aachen, der dort Nadelarbeiter anwerben sollte, mit deren Hilfe man in Paris eine Produktionsstätte für Stecknadeln zu errichten gedachte, da Vergleichbares in Frankreich fehlte und ansonsten nur beim Kriegsfeind England anzutreffen war. Tatsächlich kehrte der Agent mit fünf Angeworbenen und einer gewissen Menge Rohmaterial zurück. Das weitere Schicksal der Pariser Nadelfabrik ist leider nicht bekannt [120]). Zehn Jahre später berichtet Dorsch, halb Europa werde mit Nadeln aus dem Roerdepartement versorgt [121]). Ein Achtel der Produktion gehe nach Frankreich, der Rest nach Holland, Italien, Spanien, Portugal, in die Türkei und nach Rußland. Die Aachener Nadeln waren bekannt für ihre Feinheit und Glätte, überhaupt den hohen Grad ihrer Perfektion. In ihrer Güte waren sie nach Meinung von Dorsch den englischen vergleichbar, aber im Preis günstiger [122]). Die Bedeutung der Aachener Nadelindustrie nahm noch weiter zu, als Laurenz Jecker im Jahre 1804 eine moderne Fabrik für die Herstellung von Nähnadeln errichtete. De Golbéry berichtet, daß die Produktionsbreite 1810/11 29 Nadelarten umfaßte, von denen neun für verschiedene chirurgische Operationen Verwendung fanden [123]). In der Nadelindustrie machte die von der Regierung angestrebte Emanzipation von der Einfuhr fremden Rohmaterials bis zum Ende der französischen Zeit erhebliche Fortschritte. So bezogen die Nadelfabriken das Papier zum Verpacken und Einbriefen der Nadeln, das früher aus England eingeführt werden mußte, von einer Heinsberger Firma, der die Herstellung einer geeigneten Papiersorte gelungen war [124]). Die Stecknadelfabrik von Migeon und Schervier bezog ihren Messingdraht aus dem nahegelegenen Stolberg, während die Nähnadelfabriken noch gezwungen waren, ihren Stahldraht teils aus Altena, teils aus Nürnberg zu beziehen. Jedoch ruhte und rastete man nicht, um auch diesen Industriezweig von der Notwendigkeit der Einfuhr zu befreien. Der letzte Präfekt des Roerdepartements, Ladoucette (1809-1814), wandte alles daran, den bereits im Jahre 1806 bestehenden Plan zur Errichtung einer eigenen Drahtzieherei in Aachen zu verwirklichen. Jedoch kam dieser Plan wegen des baldigen Endes der französischen Zeit nicht zur Ausführung. Durch die weiterhin notwendige Einfuhr des Stahldrahtes aus Deutschland wurden zwei Drittel des Produktionswertes absorbiert [125]).

Von den 93 Tuch-„Fabriken", die es im Jahre 1812 in Aachen gegeben hat, rechnet Joachim Kermann knapp ein Drittel zu den Manufakturen, den Rest zu den im Verlagssystem arbeitenden Betrieben.

(Manufakturen)

Im Gegensatz zum Verlagssystem, das einen dezentralisierten Großbetrieb darstellt, „bei dem die Produktion in zahlreichen getrennten Werkstätten, d.h. im kleinhandwerklichen Heim- und Hausgewerbe, erfolgt" [126]), versteht er unter Manufaktur „einen zentralisierten gewerblichen Großbetrieb mit vorherrschender Handarbeit, in dem eine mehr oder weniger vorangetriebene Arbeitsteilung besteht" [127]), wobei im Manufakturgebäude mindestens zehn Personen arbeiten und im Gegensatz zum später aufkommenden eigentlichen Fabriksystem nur wenige Maschinen zum Einsatz kommen, so daß der Produktionsablauf noch nicht von der Maschine diktiert war [128]). P.A. Nemnich schrieb im Jahre 1809: „Es gibt nur wenige Tuchfabriken in Aachen, wo das ganze Geschäft von Anfang bis zu Ende betrieben wird" [129]). Zu diesen, den Manufakturen, zählten mit Sicherheit die auf Seite 221 aufgeführten Firmen. In der Nadelherstellung dürften die Betriebe von Heinrich Nütten, Gottlob Carl Springsfeld, Cornelius Chorus, Cornelius v. Guaita, Leonhard und Nikolaus Startz, Stephan Beissel u. Söhne sowie von Aloys van Houtem u. Co. zu den Manufakturen gezählt haben [130]).

Andere Gewerbe und Dienstleistungen

Außerhalb der Tuch- und Nadelproduktion gab es in Aachen nur wenige Manufakturen. Zu erwähnen sind hier die Wachsleinwand-Manufaktur eines gewissen Herrn Jordan [131]) und mehrere lederverarbeitende Manufakturen [132]), die sich auch der Sattel- und Wagenfabrikation widmeten. Dazu heißt es im Jahre 1811:

> „Die Sattel- und Wagenfabrizierung ist in unserer Stadt auf den höchsten Punkt der Vollkommenheit gebracht und wir können hierin mit Paris und Brüssel wetteifern. Mehrere Umstände bringen diese glücklichen Resultate hervor. Die zur Verfertigung der Wagen gebrauchten Materialien sind von besonderer Güte. Aus den prächtigen Wäldern, womit unsere Gegenden bedeckt sind, ziehen wir Holz von der besten Qualität; die Bäume können zu ihrem völligen Wachsthum gelangen, weil die Steinkohlen für die Feuerung und die Werkstätten das Holz reichlich ersetzen. Aus unseren Fabriken beziehen wir das Leder; Eisen und Stahl aus den im Département angelegten Eisenhämmern; daher kommt es, dass die hier verfertigten Stahlfedern zugleich leicht und dauerhaft sind; die Malerei und Silberplakirung wird hier ebensogut als in Paris betrieben. Mehrere von den hiesigen Sattlermeistern, die ihren wahren Vorteil einsahen, schickten ihre Söhne in die Hauptstadt. Diese sammelten daselbst neue Kenntnisse, vervollkommneten ihren Geschmack, und führen so diesen neuen Handlungszweig bei uns ein. Verschiedene fremde Standespersonen, denen diese Vorteile auffielen, bestellten während ihrem hiesigen Aufenthalt Wägen, mit denen sie äusserst zufrieden sind. Hier, wie auf allen Produkten des Reiches, äussert sich der Einfluss des Genies Napoleons auf die Künste, und bereitet seinen Völkern jene erhabenen Schicksale, die ihrer warten, vor" [133]).

Auf dem Gebiet der Metallverarbeitung ist die schon erwähnte Kratzenmanufaktur von Dubusc in Erinnerung zu rufen, die 1806 24 Arbeitern Brot gab [134]). Auch gab es 1811 in Aachen eine Nagelschmiede mit 20 Arbeitern und einem jährlichen Produktionsvolumen von 30 000 Francs [135]) und eine Manufaktur zur Herstellung von Berliner Blau und Salmiak im Besitz von Johann Rethel [136]).

Ferner gab es in Aachen Manufakturen des Nahrungs- und Genußmittelgewerbes. So betrieb hier Jakob Maus seit etwa 1804 die einzige Salzsiederei des Rheinlandes [137]). Es dürfte sich um die als einzige in der Industriestatistik des Arrondissements Aachen aus dem Jahre 1811 erwähnte „raffinerie de sel" handeln, die mit fünf Arbeitern einen Jahresumsatz von 200 000 Francs erwirtschaftete [138]). Seit 1805 betrieb Jakob Maus auch eine Seifensiederei, die im Jahre 1811 immer noch florierte. Sie erbrachte mit gleichfalls fünf Arbeitern 88 000 Francs [139]). Als er durch hohe Zölle von seinem aus den Niederlanden bezogenen Rohstoff abgeschnitten wurde, gab er im Jahre 1816 den Betrieb auf.

Da durch die französische Zollpolitik, die Kontinentalsperre und die von England erwiderte Seeblockade die Zufuhr von Rohrzucker immer schwieriger wurde, förderte Napoleon im Rheinland den Anbau von Zuckerrüben und die Inbetriebnahme von Zuckerraffinerien. In Aachen tat sich besonders der Kaufmann Matthias Bernhard Schlösser hervor, der am 18. Februar 1812 eine Lizenz für die Fabrikation von Rübenzucker erhielt [140]). Ein Großbetrieb der Tabakfabrikation befand sich im Besitz der Familie Beissel, die ihn durch die Heirat des Nadelfabrikanten und späteren Maires von Aachen, Stephan Beissel, mit Henriette Foveaux ererbt hatte. Wegen der hohen steuerlichen Belastung des Tabaks mußte die Fabrik ihre Produktion allerdings zeitweise einstellen [141]).

Neben diesen auf Export bedachten Großbetrieben gab es vor allem im Stadtkern zahlreiche Gewerbe, welche die Aachener Einwohner, ihre Kur- und Badegäste, die Angehörigen der zahlreichen Verwaltungen und die nähere Umgebung mit Gütern des Alltags versorgten. De Golbéry berichtet im Jahre 1811 von 120 verschiedenen Berufen, die zusammen einen Umsatz von 15 Millionen Francs gemacht haben sollen [142]). Diese Zahlen beziehen sich offenbar auf das Jahr 1810. Im einzelnen erwähnt er folgende Sparten (Reihenfolge nach de Golbéry, S. 411f., in Übersetzung):

  75 Hoteliers, Speise- u. Schankwirte
  50 Metzger
100 Bäcker
  10 Müller
  32 Weinhändler
  34 Branntweinhersteller
  13 Bierbrauer   (von 97 im Roerdepartement, mit zusammen 40 000 Francs Jahresumsatz [143]))
  65 Krämer
   2 Drogisten en gros
   8 Apotheker
  11 Hebammen
  80 Schuh- und Stiefelmacher
  70 Schneider
   8 Seidenhändler
  15 Eisen- und Kurzwarenhändler
  10 Kerzenzieher
   7 Hutmacher.   (Die Industriestatistik des Jahres 1811 kennt 8 Hutmacher mit 16 Angestellten und einem Jahresumsatz von 12 000 Francs [144])).
   7 Lederhändler
  18 Zimmerleute
  10 Stellmacher
  40 Bier- und Spirituosenverkäufer
  12 Dachdecker
   1 Destillateur von Scheidewasser
   8 Maurermeister
  12 Hufschmiede
  30 Tischler
   6 Sattler
   3 Wagenfabrikanten
  15 Vermieter von Karrossen und Pferden
  10 Goldschmiede
   5 Uhrmacher

10 Buchbinder
5 Buchhandlungen
5 Drucker
1 Graveur
1 Architekt
80 Wiederverkäufer verschiedener Objekte
4 Händler in Schmuck und wertvollen Möbeln.

Desweiteren erwähnt de Golbéry, daß es mehrere Händler in Modeartikeln gäbe, deren Zahl alle Jahre zunähme [145]. Im Unterschied zu de Golbéry gibt die Industriestatistik der Arrondissements Aachen aus dem Jahre 1811 für Aachen 120 Destillerien mit 240 Beschäftigten und 300 000 Francs Jahresumsatz an [146]. In Burtscheid gab es vier weitere Ein-Mann-Betriebe mit 10 000 Francs Umsatz. Im ganzen Roerdepartement gab es der Statistik zufolge 173 Destillerien mit 294 Beschäftigten und 526 000 Francs Umsatz. Die Statistik betont, bei dem Produkt handele es sich um „liqueurs fortes", die nicht exportiert würden und bemerkt: „c'est aussi une des boissons ordinaires".

Auch die oben genannten Gewerbe dürften angesichts der steigenden Bevölkerungszahl (siehe S. 228f.) im ersten Jahrzehnt des 19. Jahrhunderts einen kräftigen Aufschwung genommen haben [147]. Seit 1806 – so erwähnt de Golbéry [148] – wurden mehrere neue Betriebe in Aachen errichtet. Zwischen 1808 und 1810 stiegen die Patentsteuereinnahmen in Aachen von 52 396 Francs auf 56 049 Francs, also um sieben Prozent [149].

Vor allem florierten jene Betriebe, die von dem in napoleonischer Zeit auflebenden Kur- und Badebetrieb des Komphausbadviertels profitierten, insbesonders das Hotel- und Gaststättengewerbe, namentlich in der Klein- und Großkölnstraße und der Peterstraße, sowie die zahlreichen privaten Vermieter. Die Anzahl der Kurgäste hatte im Jahre 1791 mit 1 585 und 1792 mit 1 694 Gästen einen vorläufigen Höchststand erreicht. Unmittelbar nach dem ersten und zweiten Einmarsch der Franzosen dürfte es zunächst einen kräftigen Einbruch bei den Besucherzahlen und bei den in diesem Wirtschaftszweig erzielten Umsätzen und Gewinnen gegeben haben [150]. Zahlenmaterial liegt darüber allerdings nicht vor. Bis zum Ende der 90er Jahre scheint sich das Gaststättengewerbe wieder ein wenig erholt zu haben. Bemerkenswert ist jedenfalls – dies signalisiert die Bedeutung, welche der Kur- und Badebetrieb im Aachener Wirtschaftsgefüge generell einnahm – daß noch im Jahre 1799/1800 das Patentsteueraufkommen aller Hotels und Gasthöfe Aachens, einschließlich der kleinen Schenken, mehr als doppelt so groß war wie das des Nadelgewerbes [151]. Die Zahl der Kur- und Badegäste stieg in den Jahren 1803 bis 1806 auf durchschnittlich 490 Personen, wobei das Jahr des Kaiserbesuchs 1804 mit 715 Fremden eine Ausnahme darstellt [152]. Im Jahre 1807 kletterte die Zahl auf 686 und hielt sich bis 1812 bei durchschnittlich 680 Personen. Dieser Anstieg dürfte zu einem erheblichen Teil auf die seit 1804 einsetzende Modernisierung der Aachener Bäder und der Infrastruktur des Kur- und Badeviertels zurückgehen. Aachen galt offiziell als Militärbad, wodurch sich gegenüber der reichsstädtischen Zeit die soziale Herkunft der Gäste veränderte. Es war nicht mehr der europäische Adel, der hier Heilung suchte, sondern vor allem der französische. Zum größten Teil waren die Besucher hohe Militär- und Zivilbeamte sowie Rentiers. Zudem rekrutierte sich der Besucherkreis – von Paris als Herkunftsort abgesehen – vornehmlich aus der weiteren Umgebung Aachens (einschließlich Lüttichs und Brüssels) und aus dem Königreich Holland.

Faßt man zusammen, so ist festzuhalten, daß die Aachener Wirtschaft seit der Zeit des Konsulats Napoleons bis zum Jahre 1810 unter dem Schutz der Zollgesetze und der Kontinentalsperre einen beachtlichen Aufschwung genommen hatte [153]. Ihre Lage verschlechterte sich in den Jahren 1811 bzw. 1814 aus den schon erwähnten Gründen. Im Jahre 1813 stockte der Handel infolge des Krieges

völlig, so daß der Präfekt Ladoucette, der für den bevorstehenden Winter über die saisonale Rückläufigkeit mit einer hohen Arbeitslosigkeit bei der Arbeiterschaft des Departements rechnete und daher Unruhen befürchtete, am 20. November 1813 die Fabrikanten aufrief, ihre Arbeiter nach Möglichkeit in Diensten zu halten, was in Aachen gegen Ende des Jahres aber schon nicht mehr möglich war. Doch hatte man hier insofern einen modus vivendi gefunden, als die Fabrikanten in Zusammenarbeit mit dem Wohltätigkeitsbüro (zu diesem siehe S. 240ff.) den nicht voll beschäftigten Arbeitern und ihren Familien unentgeltlich Lebensmittel zuteilten [154]).
Auch wenn die letzten Jahre der französischen Herrschaft keine wirtschaftlichen Glanzzeiten waren, so hielt sich doch bei der Bevölkerung und den Wirtschaftstreibenden die Erinnerung an den Wohlstand der ersten Dekade des 19. Jahrhunderts, „die gute alte französische Zeit", wie sie in einem Bericht des Handelsvorstandes von Monschau, Stolberg und Eupen an den preußischen Minister v. Hardenberg genannt wurde [155]). Ein diesbezügliches Stimmungsbild aus Aachen vermittelt uns die in Nürnberg erschienene Allgemeine Handlungszeitung vom 29. August 1815, wo es heißt:

> „Aus Aachen schreibt man, daß dort die wenigsten Fabrikanten mit dem jetzigen Zustand zufrieden sind, da die Kontinentalsperre die Fabriken begünstigt hatte. Während Deutschland, Preußen und Rußland (heißt es darin) der Seehandelssperre fast erlagen, kamen die Fabriken unserer Gegend in Aufnahme, denn sie lieferten nun nach allen Richtungen des Kontinents jene Erzeugnisse der Industrie, mit welchen England sonst ausschließlich Europa versorgte. Was also den Verfall aller Gewerbe in den anderen Staaten veranlaßte, brachte den Wohlstand unserer Fabriken hervor, und viele sahen daher das für ein Unglück an, was andere Länder als das höchste Glück betrachteten; einzelne Egoisten wünschen deshalb den ehemaligen Zustand zurück; mit dem Norden Deutschlands stehen sie nicht in Verbindung, und sie anzuknüpfen scheint ihnen lästig und unvorteilhaft, weil sie die feineren Produkte des Landes nirgends so gut als in Frankreich unterbringen können. Es versteht sich übrigens von selbst, daß das nicht als allgemein gilt. Namentlich würden im Bergischen die Fabrikanten lieber Mangel leiden, als in den alten Zustand zurücktreten wollen. Uebrigens ist es unleugbar, daß während der obigen Seehandelssperre unsere Manufakturen und Fabriken erstaunliche Fortschritte gemacht haben. Unsere Nadeln, unsere Tücher können sehr wohl mit den englischen konkurrieren; in Kasimiren und Katunen sind wir den Engländern voraus, die in der Zeichnung und Appretur seit 5 bis 6 Jahren aus Mangel an Absatz weit zurückgeblieben sind. In dieser Hinsicht hat Preußen an unserer Provinz eine unschätzbare Aquisition gemacht" [156]).

H. Demographische und soziale Aspekte

Bevölkerungs-entwicklung

Für Aachen im Jahre 1781 hat man eine Bevölkerung von ca. 21 000 Einwohnern errechnet[1]). Die Zahl scheint durch Zuzug aus dem benachbarten Umland – dies Zeichen einer hohen wirtschaftlichen Attraktivität – rasch zugenommen zu haben, denn nach Ausweis der ersten französischen Volkszählung aus der Zeit 1798/99 lebten in Aachen 2 758 Zuwanderer, von denen sich die Hälfte vor 1790 in der Stadt niedergelassen hatte[2]). Im Winter 1794/95 richtete man sich seitens der Stadt Aachen auf die Versorgung von 28 bis 30 000 Menschen ein[3]). Diese hohe Zahl erklärt sich wohl eher aus der Addition der Einwohner von Stadt und Reich Aachen, als aus der Berücksichtigung des in der Stadt liegenden französischen Militärs. Jedenfalls lebten im März 1795 nur 23 413 Personen in der Stadt Aachen und 8 091 im Aachener Reich[4]). Die Volkszählung von 1798/99 führt – wie erwähnt – 2 758 Personen auf, die im Laufe ihres Lebens zugewandert waren: die eine Hälfte vor, die andere nach 1790. Bedenkt man nun, daß es nach dem zweiten Einrücken der Franzosen im Jahre 1794 eine Stagnation von Wirtschaft und Handel gab, so möchte man annehmen, daß die zweite Hälfte der Zuwanderer noch in wirtschaftlich günstigeren Zeiten, also zwischen 1790 und 1794, in die Stadt kam. Es wäre aber auch denkbar, daß es sich bei dieser Gruppe um jene Personen handelt, die während des Hungerwinters 1794/95 nach Aachen einwanderten (vgl. S. 92). In der Folgezeit stagnierte die Bevölkerung. Im März 1795 zählte man 23 413, 1798/99 23 699 und 1800/01 23 733 Personen[5]). Nicht nur die allgemeine Stagnation in den 90er Jahren und noch zu Beginn des neuen Jahrhunderts, auch der danach einsetzende wirtschaftliche Aufschwung scheint an den Bevölkerungszahlen ablesbar zu sein. Der Aachener Stadtkommandant Oberst Vienné hatte in einem Bericht an den Innenminister vom Februar 1801 die Bevölkerung der Stadt mit ungefähr 25 000 noch zu hoch geschätzt[6]); Aachen zählte damals nur zwischen 23 303 und 23 733 Personen[7]). Bis zum Jahre 1802/03 wuchs die Bevölkerung aber auf 26 257 Menschen an[8]). Dorsch gibt im Jahre 1804 für das Gebiet der ehemaligen Reichsstadt Aachen – also einschließlich des Aachener Reiches – eine Bevölkerungszahl von 33 000 und für die bestehende Mairie Aachen von 27 000 Einwohnern an[9]). Im Januar 1806 zählte Aachen 27 294 Personen (Köln zum Vergleich: 42 791)[10]). Poissenot nennt in seinem 1808 erschienenen, meist auf Daten des Jahres 1807 basierenden Werk eine Bevölkerungszahl von 27 168 Personen[11]). Die Volkszählung des Jahres 1812 registrierte 30 179 Einwohner[12]), von denen 29 586 Personen innerhalb der Stadtmauern lebten. Das „Annuaire du Département de la Roer" vom Jahre 1813 beziffert die Aachener Bevölkerung auf 30 137, die Kölner auf 42 706[13]).

Überblickt man die Bevölkerungsentwicklung, so fallen Phasen des Wachstums und der Stagnation auf. Zu den ersteren zählt die ausgehende reichsstädtische Zeit, in der zwischen 1781 und 1795 die Bevölkerung von 21 000 auf 23 413 Personen, also um 11,5% anstieg, wobei die Hälfte des Zuwachses auf die Jahre 1790 bis 1795 entfallen dürfte. Dagegen stagnierte die Bevölkerung in den Jahren 1795 bis 1802, während sie in der späteren Konsularzeit Napoleons (1802-1804) wieder kräftig zulegte, nämlich um ca. 13 Prozent. In der frühen Kaiserzeit (1804-1807) war offenbar ein gewisser Sättigungsgrad erreicht. Zu Beginn der wirtschaftlichen Blüte setzte ein erneutes Wachstum ein, das – wie in den anderen Fällen – allein durch die Zunahme der Geburtenrate nicht erklärt werden kann, vielmehr auf Zuwanderung zurückgeführt werden muß. Das Wachstum betrug in den Jahren 1807 bis 1812 – trotz der wirtschaftlichen Depression in den Jahren 1810 bis 1812 – stolze 11 Prozent. Die hohe Zuwanderung ist ein Beweis für die Attraktivität, welche Aachen als Wirtschaftsstandort, vor allem des Tuch- und Nadelgewerbes, und als regionaler bzw. überregionaler Verwaltungsmittelpunkt für Auswärtige gehabt hat. Claudia Erdmann konnte nachweisen, daß die Zuwanderung im wesentlichen aus einem Gebiet im Umkreis von etwa 30 Kilometern erfolgte, und zwar vornehmlich aus dem agrargewerblich strukturierten Umland der Herzogtümer Limburg und

Jülich [14]). Von dort kam also das Personal, welches im Aachener Tuch- und Nadelgewerbe, im Lebensmittelgewerbe und als Dienstpersonal offenbar dringend benötigt und nachgefragt wurde.

Sozialstruktur

Der glückliche Umstand, daß der Präfekt des Roerdepartements im Jahre 1812 zu Verwaltungszwecken, aber auch aus fiskalischen und militärischen Gründen die Erstellung einer Bevölkerungsstatistik anordnete, die sich mit ihren im Unterschied zu den früheren Volkszählungen vielfältigen Informationen bis auf den heutigen Tag erhalten hat, erlaubt einen tieferen Einblick in die soziale und sozialräumliche Struktur Aachens kurz vor dem Ende der napoleonischen Ära. Die mühevolle Arbeit der Auswertung der Bevölkerungsstatistik des Jahres 1812 hat Claudia Erdmann geleistet [15]), von deren Ergebnissen an dieser Stelle allerdings nur die wichtigsten Erwähnung finden können.

Der überwiegende Teil der Bevölkerung bekannte sich zum katholischen Glauben. Nur zwei Prozent gehörten einer anderen Glaubensgemeinschaft an. Auch diese Minderheit nahm gegen Ende der reichsstädtischen Zeit zu. Im Jahre 1788 lebten in Aachen 18 lutherische, 30 reformierte und 2 mennonitische Familien; 1812 waren es bereits 72 lutherische, 46 reformierte und 16 jüdische Familien bzw. in Kopf-Zahlen ausgedrückt: 302 Lutheraner, 208 Reformierte und 89 Juden [16]). Auch die Zahl der in der Stadt lebenden Juden hatte zugenommen: 1796 gab es in Aachen nur 2 jüdische Haushalte, 1808 waren es immerhin 11 mit insgesamt 55 Personen [17]).

Von den innerhalb der Stadtmauern lebenden 29 586 Personen waren 46,6% männlichen und 53,4% weiblichen Geschlechts. Fast die Hälfte übte einen Beruf aus. Die Männer über 20 Jahre machten einen Anteil von fast 60% der Erwerbstätigen aus. Auffallend ist die große Zahl der berufstätigen Kinder und Frauen. Die Statistik zeigt vor allem, daß das Textilgewerbe auch in napoleonischer Zeit wichtigstes Standbein der Aachener Wirtschaft war. Dort arbeiteten allein knapp 7 000 Personen, zumeist in Tätigkeiten, die keiner besonderen Ausbildung bedurften und daher auch schlecht bezahlt wurden. Hierher gehören die Arbeiten der Wollsortierer, Spinner und Spuler. Die Wollsortierer waren zu 99 Prozent weiblichen Geschlechts. Unter ihnen dominierten Kinder ab dem 9. Lebensjahr und Jugendliche bis zum 25. Lebensjahr. 80 Prozent der Spinner waren gleichfalls weiblich und meistens jünger als 17 Jahre. Die Spuler hingegen rekrutierten sich zu 95 Prozent aus 12- bis 15jährigen Jungen. Dagegen war Kinderarbeit bei den handwerkliche Kenntnisse voraussetzenden Tätigkeiten der Tuchmacher und Tuchveredler nicht üblich. Bei allen Differenzierungen und Durchmischungen ist eine deutliche Wohnkonzentration von Arbeitern mit einfachen Tätigkeitsmerkmalen – wie bei den gen. Wollsortierern, Spinnern und Spulern – außerhalb der Ringstraßen, in der Jakob-, König-, Berg- und Sandkaulstraße auffällig. Die Tuchveredler wie Scherer, Presser und Färber lebten indessen vornehmlich in der Wirichsbongard- und oberen Franzstraße. Es fällt demnach – trotz vorhandener Mischwohnlagen – eine zunehmende Separierung (Segretation) der unterschiedlichen Sozialgruppen innerhalb des Textilgewerbes auf. Betrachtet man das Nadelgewerbe, so ist bei den Nadelarbeitern eine erhöhte Wohndichte in der oberen Pont- und Bergstraße, in der Ros- und teilweise in der Jakobstraße sowie in den stadtnahen Abschnitten der Peter- und Adalbertstraße festzustellen. Von den im Jahre 1812 nachweisbaren 514 Beschäftigten im Nadelgewerbe, gerechnet ohne Tagelöhner, waren 80 Prozent männlichen Geschlechts, wobei vor allem der hohe Anteil der Kinder ab sieben Jahren auffällt. Der Anteil der vier- bis zwölfjährigen Kinder an der Gesamtzahl der Berufstätigen betrug damals immerhin 7,3 Prozent. Beim räumlichen Vergleich zeigt sich eine höhere Wohndichte in den äußeren Torstraßen, vor allem im Bereich von Pont- und Bergstraße, wo sich allein drei Nadelfabriken nachweisen lassen, ein Ergebnis, das mit der im Kapitel G bereits gemachten Beobachtung übereinstimmt, derzufolge Kinderarbeit wegen der erforderlichen Fingerfertigkeit gerade im Nadelgewerbe üblich war.

Lagen die Schwerpunkte der Textilherstellung und -verarbeitung sowie der Nadelherstellung in den äußeren Torstraßenabschnitten, die durch eine hohe Wohndichte von Angehörigen niedriger Berufe und einen hohen Prozentsatz von Frauen- und Kinderarbeit gekennzeichnet sind, so lagen im Bereich der Grabenstraßen und im Zentrum der Stadt neben dem auch hier vorhandenen Tuchgewerbe die Wohnungen und Werkstätten der Tuchmacher und Tuchfabrikanten wie auch der Schneider und Weber. Lediglich in der Juden-, Kockerell- und Königstraße dominierten Spinner und Spuler.

Berufe des Dienstleistungssektors konzentrierten sich im traditionellen Kur- und Badeviertel der Komphausbadstraße. Die Berufszweige des Nahrungs- und Genußmittelgewerbes hatten ihre Schwerpunkte in der oberen Alexanderstraße, der Peterstraße, der oberen Sandkaul- und Kölnstraße, am Markt und am Büchel sowie teilweise in der Kockerellstraße, welche damals nach dem vorherrschenden Gewerbe „rue des bouchers" (Metzgerstraße) hieß. Händler und Krämer wohnten vorzugsweise in der Krämer- und Kleinmarschierstraße, der unteren Jakobstraße und der Großkölnstraße, die Trödler in der heutigen Antoniusstraße.
Während die Verwaltungsbeamten der Präfektur vor allem im Stadtzentrum wohnten, lebten die Mitglieder der Stadtverwaltung verstreut über das Stadtgebiet oder bevorzugten gar die Peripherie. Für die gesamte Gruppe der Verwaltungsbeamten ist eine größere Wohndichte in der unteren Pontstraße und am Seilgraben zu beobachten. Angehörige der Gerichte wohnten schwerpunktmäßig am Seilgraben, am Markt und in der Komphausbadstraße.
Was die Wohndichte betrifft, so ist zu beobachten, daß die Bevölkerung im Jahre 1812 vom Zentrum zum Stadtrand hin zunahm.
Claudia Erdmann hat ergänzend zur wirtschafts- und sozialräumlichen Untersuchung auch die soziologische Schichtung der Bevölkerung Aachens im Jahre 1812 analysiert. Dabei dienten ihr die genannten Bevölkerungslisten und die Personalsteuerlisten, welche alle Berufstätigen und Rentiers erfaßten, als Grundlage. Sie kam zu folgenden Ergebnissen: Die Oberschicht, zu der vor allem zahlreiche Tuch- und Nadelfabrikanten sowie die höheren Beamten der verschiedenen Verwaltungen zählten, machte zusammen mit ihren Angehörigen etwa zwei Prozent der Aachener Bevölkerung aus. Zu dieser Gruppe zählten die 100 Meistbesteuerten Aachens und unter ihnen vor allem die auf der Seite 221 aufgeführten Kaufleute, an ihrer Spitze Ernst Konrad Claus und Ignaz van Houtem. Ein Vergleich der Listen der 550 Meistbesteuerten des Roerdepartements von 1803 und 1809 zeigt, daß sich die Gruppe der Reichen in Aachen von 49 auf 65 erweiterte, während sie in Köln mit 87 konstant blieb. Der Zuwachs von mehr als 30 Prozent läßt sich zum Teil auf den Erfolg einiger Fabrikanten in einer wirtschaftlich günstigen Zeit zurückführen, erklärt sich zum anderen aber aus dem etwa 20prozentigen Zuwachs von höheren Verwaltungsbeamten und Militärs [18]). Die Angehörigen dieser Oberschicht wohnten vornehmlich im Stadtzentrum; die reichsten unter ihnen dicht bei den noch spärlich bebauten Grabenstraßen wie Templer-, Karls-, Alexianergraben, heutigem Friedrich-Wilhelmsplatz und Seilgraben. Ansonsten lebten sie in der mittleren Adalbertstraße und der unteren Jakobstraße.
Zur Mittelschicht rechneten 19,1 Prozent der Aachener Bevölkerung, davon 13,4% zur unteren, der Rest zur oberen Mittelschicht. Zur letzteren muß man Angehörige in Berufen des Gesundheitswesens (z.B. Apotheker), Hoteliers und Kaufleute sowie einen Teil der Lebensmittelhändler, Krämer, Gast-, Schank- und Speisewirte rechnen. Die untere Mittelschicht wurde vor allem von Vertretern des metallverarbeitenden Gewerbes, von Krämern, Einzel- und Lebensmittelhändlern und Beschäftigten des Kirchen- und Bildungswesens repräsentiert.
Zur Unterschicht zählten die in die beiden untersten Steuerklassen eingruppierten Steuerzahler, also 8,9 Prozent der Aachener Bevölkerung; ferner die 70 Prozent, die aufgrund ihrer Einkommensverhältnisse überhaupt keine Personalsteuer zu entrichten hatten. Unter ihnen war der Anteil an Gesellen, Tagelöhnern, Dienstpersonal, Spinnern, Spulern und berufstätigen Kindern besonders hoch. Zur Unterschicht zählten auch die meisten Aachener Juden. So waren von 31 berufstätigen Juden 11 Hausierer und 5 Dienstleute [19]). Aus dieser Schicht gingen die Sorgenkinder der Armenverwaltung hervor. Die Wohnungen der betreuten Armen befanden sich vornehmlich an den äußeren Torstraßen, vor allem in der oberen Jakob- und Rosstraße, eben dort, wo die Arbeiter mit nied-

rigen Textilberufen wohnten. Dies war schon im Dezember 1794 nicht anders gewesen [20]). Schon damals machte der Anteil der mit Brotgaben zu unterstützenden Personen in der Ponttor- und Bergtor-Grafschaft, der Jakobstor-Grafschaft und der Rostor-Grafschaft, also dort, wo im Jahre 1812 die Mehrheit der Nadler und Arbeiter in niederen Textilberufen wohnten, die Hälfte der 14 000 Unterstützungsbedürftigen aus. Der Anteil der Bedürftigen dieser drei Grafschaften – im Durchschnitt 2 470 Personen – lag 40 Prozent höher als in der Marschiertor-Grafschaft, 86 Prozent höher als in der Adalbertstor-Grafschaft und doppelt bis anderthalb mal so hoch wie in der Peterstor-, Költor- und Königstorgrafschaft.

In den Quartieren der Unterschicht traten die negativen gesundheitlichen Folgen eines harten Berufsalltags, eines kargen Einkommens und schlechter Wohn- und Hygieneverhältnisse besonders deutlich hervor. Die Kindersterblichkeit z.B. dürfte hier – auch wenn ein schichtenspezifisches Zahlenmaterial fehlt – erheblich höher gelegen haben als bei den übrigen Bevölkerungsgruppen. Für Aachen insgesamt lag die Kindersterblichkeit jedenfalls sehr hoch [21]). Von den Kindern, die lebend zur Welt kamen und den ersten Tag überlebten, starben in den Jahren 1804 bis 1809 knapp 9% vor Ablauf des 1. Monats, weitere 13,5% vor Ablauf des 1. Lebensjahres und nochmals knapp 13% vor Vollendung des 5. Lebensjahres, d.h. 35 Prozent der Geborenen starben vor dem 6. Lebensjahr. Für das Jahr 1810 stellen sich die Daten ein wenig günstiger dar. Die Gesamtgeburtenzahl betrug damals 1 064; davon waren 56 Totgeburten zu verzeichnen und 15 Kinder, welche den ersten Tag nicht überlebten. Diese Gruppe machte etwa 6,7 % aller Geburten aus. 50 Kinder verstarben während des 1. Monats, 107 während des 1. Jahres und weitere 84 während des 2. bis 5. Lebensjahres; insgesamt also nochmals 23 Prozent, so daß im Jahre 1810 knapp 30 Prozent aller Geborenen das 6. Lebensjahr nicht erreichten. Diese Zahlen beziehen sich – wie gesagt – auf die Gesamtbevölkerung. Die Kindersterblichkeit muß aber bei der Masse der sozial Schwachen bedeutend höher veranschlagt werden, denn hier spielen ein geringes Familieneinkommen und daraus resultierende ungünstige Ernährungsgewohnheiten und hygienische Bedingungen wie auch die durch Arbeit und mangelnden Mutterschutz geschwächte Gesundheit der Wöchnerinnen eine entscheidende Rolle [22]).

Kindersterblichkeit

Die überlebenden Kinder mußten – wie die Bevölkerungsliste des Jahres 1812 schon erkennen ließ – zum Teil schon sehr früh, manchmal ab dem vierten, häufig seit dem 8. Lebensjahr, Arbeit verrichten, um die erwachsenen Familienmitglieder zu entlasten bzw. das Familieneinkommen aufzubessern [23]). Kinderarbeit war aber keine Neuerung, die erst in französischer Zeit in Aachen eingeführt worden wäre. Es gab sie bereits im Mittelalter. Sie wurde seitdem als etwas Selbstverständliches betrachtet und erhielt in der Reformation sogar noch eine moralische Qualität unter der Begründung „Arbeit hält vom Laster ab". Auch in Aachen war Kinderarbeit immer üblich gewesen und wurde dort eingesetzt, wo Arbeiten ohne größere Vorkenntnisse und körperliche Anstrengung verrichtet werden konnten. Im Tuchgewerbe wurden Kinder z.B. zum Spulen, zum Sortieren und Plüsen der Wolle, zum Tuchnoppen und zum Heften von Biesen herangezogen; im Nadelgewerbe waren ihnen meist diejenigen Tätigkeiten übertragen, welche wegen des erforderlichen Fingerspitzengefühls und der nötigen Fingerfertigkeit von Erwachsenen nur mangelhaft erledigt werden konnten. Aus französischer Zeit ist bekannt, daß im Jahre 1805 in der Jecker'schen Stecknadelfabrik 250 Arbeiter beschäftigt waren, davon allein 225 Kinder im Alter von 4 bis 12 Jahren [24]). In der Pastor'schen Nadelfabrik in Burtscheid wurden 6- bis 7jährige Kinder zum Formen und Polieren der Nadeln eingesetzt, während 12- bis 14jährige das Lochen der Nadeln besorgten [25]).

Kinderarbeit

Die Schädlichkeit der Kinder- und Jugendarbeit für den heranwachsenden Organismus war in französischer Zeit als Problem erkannt. Bei den seit 1799 durchgeführten Musterungen der für die Armee Konskribierten war nämlich der hohe Anteil von Jugendlichen aufgefallen, der wegen Mißgestaltung, mangelhaftem oder schwächlichem Körperbau und unheilbarer Krankheiten zurückgestellt werden mußte [26]). Auch Sylvain de Golbéry bemerkt in seiner 1811 erschienenen Beschreibung des Roerdepartements, daß es neben Aachen wenige Städte gäbe, in denen die Zahl der Zwerge, der Buckeligen, der Hinkenden und sonstiger Mißgestalteten und der physisch erschöpften

Menschen beiderlei Geschlechts so bedeutend sei[27]). Ähnliche Beobachtungen sind vom Direktor des öffentlichen Unterrichts im Generalgouvernement Niederrhein überliefert[28]). Vergleichbare Beobachtungen konnte man allerdings – wie von de Golbéry angedeutet – auch andernorts machen, so z.B. in Wuppertal. Arno Herzig schreibt dazu in seiner Abhandlung über Kinderarbeit in Deutschland zwischen 1750 und 1850:

> *„Noch ehe also die eigentliche Frühindustrialisierung begonnen hatte und noch bevor die preußischen Militärs auf dieses Phänomen stießen, waren in den Manufakturdistrikten die Degenerationserscheinungen auf Grund der Kinderarbeit eindeutig"*[29]).

Zur Situation in Aachen bemerkte 1816 ein Besucher:

> *„Die jungen Kinder, vom 5ten Jahre an, finden schon einigen Verdienst in den häufigen Werkstätten der Fabriken. Dadurch wird aber der nöthige Schulunterricht bey diesen jungen Geschöpfen versäumt. Ob auch körperliche Schwäche, häufige Häßlichkeit und eine kleine Statur von diesen frühen körperlichen Anstrengungen der jungen kinder, ob in einer verdorbenen Luft die unglückliche Folge seyn mögen? Fast glaube ich es, da ich an keinem Orte eine so große Anzahl von Krüppeln und Zwergen gefunden zu haben mich erinnere, als hier in Aachen"*[30]).

Auch wenn die negativen Folgen der Kinderarbeit offensichtlich waren, Abhilfe wurde damals nicht getroffen; vielmehr nahm sie in preußischer Zeit mit dem vermehrten Einsatz von Maschinen in der Produktion weiter zu. In den nun entstehenden Fabriken gaben die Maschinen den Arbeitsrhythmus der Beschäftigten vor. Die Kinder wurden nunmehr bloße Rädchen im Getriebe der Fabrik, die funktionieren mußten, damit die Erwachsenen ihr Arbeitssoll erfüllen und damit ihren kargen Lebensunterhalt verdienen konnten. Wurden die Kinder den Erwartungen der erwachsenen Arbeiter nicht gerecht, so hatten sie mit mancherlei Drangsalierungen, bis hin zu Prügeln zu rechnen. Mit der Arbeit in der von Maschinen bestimmten Fabrik trat zur körperlichen die seelische Verkrüppelung der Kinder. Hinzu kam die Hoffnungslosigkeit, jemals ein besseres Schicksal haben zu können als die erwachsenen Arbeiter, denn eine solide Schulausbildung wurde von der Mehrheit der Eltern wie der Fabrikbesitzer abgelehnt. Für beide Seiten bedeutete auch ein nur stundenweiser Ausfall der Handlangerdienste leistenden Kinder eine Störung des Produktionsprozesses und damit finanziellen Verlust[31]).
Wenn in französischer Zeit aus den negativen Folgen der Kinderarbeit keine Konsequenzen gezogen wurden, so war dies um so weniger im Hinblick auf die Arbeit der erwachsenen Männer und Frauen zu erwarten. Im Produktionsprozeß des Tuch- und Nadelgewerbes mußten zahlreiche schwere und ungesunde Arbeiten verrichtet werden, die mittel- und langfristig zu Gesundheitsstörungen, vorzeitigen Verschleißerscheinungen und regelrechten Berufskrankheiten führten, wie sie recht eindrucksvoll für die Zeit um 1800 von dem Hamburger Reisenden Dr. Jonas Ludwig v. Hess für Aachen und von Dr. Friedrich Ernst Hesse für Burtscheid beschrieben wurden (siehe S. 257ff.). Am Ende standen Berufs- oder Erwerbsunfähigkeit und in deren Folge Verarmung und Verelendung. Einzigen Trost boten dann die Aktivitäten der Armenverwaltung (siehe unten, S. 235f.).

Löhne und Kaufkraft

Die Angehörigen der Unterschicht lebten in ständiger Sorge vor konjunkturellen Schwankungen in der Wirtschaft, denn diese führten – zusätzlich zu den saisonal bedingten Ausfällen – zu geringerer Beschäftigung und damit zu Lohneinbußen oder gar zu Massenentlassungen und Mittellosigkeit. In der Zeit der Blüte der napoleonischen Wirtschaft, also etwa in den Jahren 1805 bis 1810, dürfte – auch wenn wir keine näheren Angaben besitzen – diese Sorge geringer gewesen sein als zuvor. Bis zum Jahre 1810 war die Gefahr der Entlassung verhältnismäßig gering, denn die Einberufungen zur Armee hatten einen akuten Arbeitskräftemangel zur Folge, der auch durch die fortschreitende Einführung von Maschinen nicht beseitigt wurde [32]. Der Präfekt Ladoucette hob anläßlich der 2. Gewerbeausstellung seines Departements im Jahre 1810 hervor, daß der Wiener Friede und die österreichische Heirat Napoleons den Weg für die Produkte des Roerdepartements nach ganz Deutschland geöffnet habe. Die Nachfrage sei schon so groß, daß man an verschiedenen Orten nicht nur die Zahl der Arbeiter vermehren, sondern auch die Arbeitszeit verlängern mußte. Er bezeichnete diese Entwicklung als die beste Antwort an diejenigen, welche von der fortschreitenden Mechanisierung Entlassungen befürchteten [33]. Den Mangel an Arbeitern in den „besten Mannesjahren" verrät auch eine im Stadtarchiv Aachen erhaltene Arbeiterliste des Jahres 1810, welche mit ihren Eintragungen als Grundlage für die Ausstellung von Arbeitsbüchern (vgl. S. 212 u. Expp. G 27, 28) dienen sollte [34]. Von den dort genannten 700 Arbeitern waren 550 bis 600 weiblichen Geschlechts; die meisten waren Jugendliche oder Personen in fortgeschrittenem Alter. Die allgemeine Beschäftigungslage dürfte sich im Verlauf des Jahres 1811 verschlechtert haben, denn die seit 1809 zu beobachtende Lebensmittelteuerung bewirkte einen Rückgang bei der Nachfrage nach Gewerbe- und Industrieprodukten. Der gescheiterte Rußlandfeldzug und der beginnende Zusammenbruch des Empire wirkten verschärfend. Der Präfekt Ladoucette wollte im November 1813 Unruhen unter den Arbeitern vermeiden und forderte daher die Unternehmer auf, ihre Beschäftigten nicht zu entlassen, sondern sich mit ihnen über einen verträglicheren Tageslohn zu verständigen [35]. Er wies in diesem Zusammenhang auf die Gefahr hin, daß die Arbeiter ansonsten versuchen könnten, einer Arbeitsplatzgefährdung durch die Zerstörung von Maschinen vorzubeugen. Zumindest vorübergehend sahen sich die Fabrikanten in der Lage, die verbliebene Arbeit unter ihre Beschäftigten aufzuteilen. Als dies nicht mehr möglich war, einigten sie sich darauf, den Arbeitern unentgeltlich Lebensmittel zur Verfügung zu stellen und zur Linderung der Not mit dem Wohltätigkeitsbüro zusammenzuarbeiten.

Über die Höhe der in napoleonischer Zeit gezahlten Löhne gibt es nur vereinzelt Hinweise. Sie war natürlich abhängig vom ausgeübten Gewerbe, den Kenntnissen und dem Alter der Arbeiter [36]. Im Jahre 1804 waren im Tuchgewerbe Tageslöhne von 1,50 Francs und mehr üblich. Im Nadelgewerbe wurde Stücklohn gezahlt. Im Jahre 1808 schrieb Poissenot, daß die Tagesverdienste eines Aachener Arbeiters im Vorjahr zwischen 20 Centimes und 2,50 Francs schwankten [37]. Der niedrige Betrag dürfte sich auf Kinderarbeit, der hohe auf Facharbeit beziehen. Die für die Bauarbeiter an den Aachener Bädern für 1810 und 1811 überlieferten Lohnlisten lassen für Hilfsarbeiter Lohnschwankungen zwischen 72 Centimes und 1,50 Francs erkennen [38]. Der durchschnittliche Lohn für Maurer und Zimmerleute betrug 1,50 Francs und für Schreiner 1,80 Francs. Er reichte für die Meister in diesen Berufssparten bis 3,00 Francs. Die Lohnlisten lassen erkennen, daß im Jahre 1811 gegenüber dem Vorjahr höhere Löhne gezahlt wurden. Man war den Arbeitern angesichts der seit 1809 angestiegenen Lebensmittelpreise und des bestehenden Arbeitskräftemangels entgegengekommen und hatte sich zu höheren Lohnzahlungen bereit gefunden [39]. Die Industriestatistik des Arrondissements Aachen aus dem Jahre 1811 zeigt denn auch gegenüber den Vorjahren ein deutlich höheres Lohnniveau [40]: In den Wollgarnspinnereien zahlte man Tageslöhne von 2,25 Francs, während der Lohn bei den Tuchmachern und im Nadelgewerbe zwischen 20 Centimes und 4,00 Francs schwankte. Arbeiter in der Salzraffinerie verdienten 3,50 Francs, Brauer 2,50 Francs, Nagelschmiede 1,75 Francs, Hutmacher 1,50 Francs, Färber 1,20 Francs.

Gehen wir im Jahre 1804 – wie gezeigt – von einem Tagesdurchschnittsverdienst von 1,50 Francs aus, dann bedeutet das bei 52 Sonntagen und vier gesetzlichen Feiertagen und unter Annahme kontinuierlicher Beschäftigung eine Jahresarbeitszeit von 309 Tagen und einen Jahresverdienst von 463,50 Francs. Zum Vergleich: Für Pfarrer 1. und 2. Klasse waren im Jahre 1802 Jahreslöhne von 1 500 bzw. 1 000 Francs vorgesehen, für Friedensrichter im Jahre 1804 800 und für Richter an Gerichten 1. Instanz 1 000 Francs [41]. Dazu heißt es in den Quellen, daß die Friedensrichter so schlecht besoldet seien, daß sie als ehrliche Männer unmöglich bestehen könnten. Selbst bei einem Gehalt von 1 000 Francs im Jahr hatte man mit Brotsorgen zu kämpfen. Gemessen an diesen Nachrichten muß man die errechneten 463,50 Francs wohl als Hungerlohn werten. Es ist allerdings zu bedenken, daß es im Textilgewerbe üblich war, den Arbeitern die Rest- und Abfallwolle zur eigenen Verwertung zu überlassen, woraus jene dann für den Verkauf Tuche – wenn auch schlechter Qualität – produzierten und damit ihr Budget aufbesserten [42]. Die Lohnerhöhungen in den Jahren nach 1809 brachten keine Besserung; sie dürften von höheren Aufwendungen für den Lebensunterhalt aufgezehrt worden sein.

Entscheidend beim Lohn war aber die Kaufkraft. Diese zuverlässig zu beurteilen, ist wegen fehlender Voruntersuchungen nicht möglich. So müssen einige Streiflichter genügen. Wir wissen, daß die Nahrung der Unterschicht zu einem guten Teil aus Brot, Butter und Bier bestand [43]. Vor allem der Brotpreis unterlag starken Schwankungen, denn er war abhängig vom zeitlichen Abstand zur nächsten Ernte und von den Ernteerträgen. Schon die 1786 eingereichte Beschwerdeschrift der Neuen Partei über die von der Alten Partei zu verantwortenden Mißstände, wie auch die 1788 entstandenen „Freymüthigen Betrachtungen" sahen in dem hohen Brotpreis, der in keinem vernünftigen Verhältnis zu den wegen Arbeitskräfteüberangebots niedrigen Tagelöhnen des Arbeiters stünde, eine Hauptursache für die Verelendung, die Bettelei und die Kriminalität [44]. Ein Weberknecht z.B. verdiente 1789 bei ganzwöchiger Beschäftigung ungefähr $1^{1}/_{2}$ Reichstaler oder 81 Aachener Mark, eine Summe, die – vor allem zum Unterhalt einer Familie – als viel zu gering erachtet wurde [45]. Im Mai 1789 kostete nämlich das Brot 13, von September bis November 1789 sogar 15 Aachener Mark [46]. Leider wissen wir nicht, wie schwer das damals in den Handel gebrachte Brot war. Es entsprach nun ganz den Anregungen, welche am Ende der reichsstädtischen Zeit von fortschrittlichen, „aufgeklärten" Kreisen in Aachen gemacht worden waren, wenn die Volksrepräsentanten bei der Nord-, Sambre- und Maas-Armee, gestützt auf einen Beschluß des Pariser Wohlfahrtsausschusses, am 14. August 1794 ein Dekret erließen, wonach in den eroberten Gebieten laut Artikel 29 „die geringe Landbebauer, die Taglöhner, Handwerksleute und überhaupt alle diejenige, welche von ihrer Hand-Arbeit leben, auf keinerley Weise bedrückt werden" durften; vielmehr sollte der Arbeitslohn – so ergänzte man im Oktober und November – immer im Verhältnis zu den Lebensmittelpreisen und den Waren stehen, damit die Handwerksleute und Tagelöhner ihr Auskommen hätten [47]. Es wurden daher Höchstpreise verordnet und bestimmt, daß der Mindesttageslohn 30 Sols oder 27 Aachener Mark betragen und 1 Pfund Brot 5 Sols kosten solle. Mit anderen Worten: Vom Mindesttagelohn sollte man 6 Pfund Brot kaufen können.

Unter Zugrundelegung des Aachener Pfundes von 468,03 g [48] waren das gut 2 800 g Brot. Die Wirklichkeit sah damals allerdings anders aus. Die tägliche Brotration, mit der die armen Bevölkerungsschichten auskommen mußten, betrug im Hungerwinter 1794/95 gut 18 Loth Brot, d.h. etwa 260 g pro Kopf und Tag [49]. Nach Aufgabe der Maximalpreise im April 1795 schnellte der Brotpreis im Mai auf 20, im Juli auf 36 bis 44 Aachener Mark empor und fiel erst nach der neuen Ernte im August auf 18 Mark [50]. Die Fabrikanten streckten damals ihrer Arbeiterschaft Geld vor, damit diese die schlechten Zeiten überstehen konnten [51].

Was man für den Lebensunterhalt im Jahre 1803 als nötig erachtete, ergibt sich aus der im Atelier de charité (dem späteren Josephinischen Institut) an die Armen verabreichten Tagesration. Diese sollte aus $1^{1}/_{2}$ Pfund Brot, 1 Unze (50 g) Butter und 1 Liter Bier bestehen. Hinzu kam ein Mittagessen, bestehend aus einer Hausmannssuppe, d.h. einer Gemüsesuppe, von $1^{1}/_{2}$ Pfund Gewicht [52].

Im Februar 1812 kostete 1 Kilogramm Schwarzbrot 25 Centimes [53]. Bei einem niedrigen täglichen Lohn von 1 Franc bedeutete dies, daß sich der Arbeiter trotz der damaligen Teuerung der Lebensmittelpreise mit noch 4 kg Brot pro Tag zu versorgen vermochte. Man könnte versucht sein, daraus zu schließen, daß die napoleonische Ära alles in allem auch der Arbeiterschaft ein besseres Auskommen verschafft habe, als dies in der ausgehenden reichsstädtischen Zeit und in den 90er Jahren der Fall war. Vielleicht dürfen wir doch den Worten einer kaiserlichen Hofdame, nämlich der Gräfin Rémusat, Glauben schenken, die über ihren Besuch vom Juli 1807 in der Tuchfabrik des Ignaz van Houtem schrieb, die Arbeiter hätten zufriedene Mienen, welche von einem gefestigten und zarten Glück zeugten[54]). Auch der Ausruf „Es lebe Napoleon", mit dem die wegen ihrer wirtschaftlichen Lage unzufriedenen Arbeiter im Jahre 1830, also 16 Jahre nach Zusammenbruch des Empire, das Cockerillsche Wohnhaus stürmten, zeugt von einer relativen Zufriedenheit der Aachener Unterschichten mit ihren Lebensverhältnissen zur Zeit des französischen Kaiserreichs[55]). Für ein abschließendes Urteil wären nähere Untersuchungen allerdings unbedingt noch erforderlich.

Die von Arbeitslosigkeit, Berufs- oder Erwerbsunfähigkeit betroffenen Angehörigen der Unterschicht waren auf die Armenfürsorge angewiesen. Diese hatte sich seit der reichsstädtischen Zeit strukturell verändert.

Bettelei und Armenfürsorge

In reichsstädtischer Zeit war die Fürsorge für die Armen und Pflegebedürftigen ein Akt der Caritas, zu welchem sich alle Gesellschaftsschichten aufgrund ihrer religiösen Überzeugung verpflichtet fühlten. Sie erfolgte sowohl innerhalb der Familien, in den Pfarrgemeinden, den Zunftverbänden, den Bruderschaften und den Hospitälern, welche Alten-, Siechen- oder Armenhaus oder eine Kombination von allem waren, sowie in Klöstern und Stiften, oder sie wurde durch fromme Stiftungen einzelner Privatleute ermöglicht. Zu letzteren zählten im Aachen des 18. Jahrhunderts der Beusdalsche Armenkonvent in der Bendelstraße, eine Stiftung der Familie Colyn zu Beusdal, die acht alten Frauen Wohnung bot, das Marianische Spital in der Jakobstraße, eine testamentarische Stiftung der Anna Maria v. Wespien († 1768 Okt. 19) zur Aufnahme von kranken männlichen Armen aus der Stadt Aachen sowie das Herwartzsche Institut der Maria Anna Herwartz aus dem Jahre 1768 zur Aufnahme und Verpflegung von Hausarmen beiderlei Geschlechts. Auch das 1639 eingerichtete Waisenhaus in der Wirichsbongardstraße ging auf eine Stiftung zurück, nämlich auf die des Kanonikers an St. Gudule in Brüssel, Lic. theol. Johann v. Asseldonck, und dessen Schwester Anna. Das Aachener Armenhaus an der Ecke Seilgraben/Bergdriesch verdankte seine Entstehung städtischer Initiative und wurde aus deren Lotterieeinnahmen des Jahres 1716 finanziert; Spender waren also letztlich die Glücksritter. Alles in allem kann man daher sagen, daß die Sozialfürsorge in Aachen im wesentlichen aus Stiftungen, Spenden und Opfergeldern bzw. den aus eigenem Besitz erwirtschafteten Einkünften und dem Kirchenzehnten finanziert wurde. Der reichsstädtische Magistrat war nur ein Glied unter anderen in dieser Kette der Caritas übenden Kreise. Er deckte nur den nach Abzug der kirchlichen und privaten Wohltätigkeit verbleibenden Rest ab. Dies geschah nur zum Teil aus dem laufenden Etat der Stadt, zum größeren Teil durch Sonderabgaben, deren Einziehung der Rat veranlaßte und übernahm. So blieb der Anteil, der den städtischen Steuereinnahmen, vor allem den indirekten Steuern (Akzisen) entnommen wurde, mit etwa vier Prozent gering[56]). Wichtiger war schon die Erhebung des sog. „Gotteshellers", einer seit 1619 geforderten Umsatzsteuer von einem Prozent, die bei jedem Immobilienverkauf vom Kaufpreis fällig wurde. Es ist allerdings nicht sicher, ob diese Abgabe auch noch am Ende des 18. Jahrhunderts einbehalten wurde. Mit Sicherheit ist dies aber für die gleichfalls im 17. Jahrhundert eingeführte „Pfannenabgabe" der Fall. Letztere wurde an den Stadttoren vom Getreide, von Hülsenfrüchten und Hanf erhoben, und zwar je Mudt bzw. je acht Faß ein Schoplein oder Pfanne, deren 20 auf ein Faß gingen. Die Tätigkeit des Rates im sozialen Bereich erschöpfte sich jedoch nicht im Fiskalischen. Er griff auch ordnungspolizeilich ein, indem er die Hospitäler, das Armen- und das Waisenhaus und die anderen großen Stiftungen einer Kontrolle unterzog und Maßnahmen gegen das Bettelunwesen traf.

Um die seßhaften Armen in Aachen, die sog. „Hausarmen", gegenüber der Schar der vagabundierenden fremden Armen bei der Verteilung der Almosen nicht zu benachteiligen, hatte der Aachener Rat seit dem 17. Jahrhundert wiederholt die Aufstellung von Armenlisten in den Grafschaften der Stadt befohlen und 1637 eine ausführliche Bettelordnung erlassen, welche alle fremden Bettler aus der Stadt wies. Die Maßnahmen griffen offenbar nur unzureichend; an Stelle der ausgewiesenen Bettler kamen neue in die Stadt. Eine weitere Bettelordnung ist aus dem Jahre 1761 überliefert. Sie setzte eine Kommission zur Feststellung der Bedürftigen ein, sah die Kennzeichnung der von der Obrigkeit zum Betteln zugelassenen Personen vor und drohte wiederum allen anderen mit der Ausweisung aus der Stadt. Aber auch dieser Versuch, das Bettelunwesen auf ein erträgliches Maß zu reduzieren, mißlang. Die Ursachen für die Bettelei sah man um 1790, was die Mehrheit der Armen betraf, nicht in wirklicher Bedürftigkeit, sondern im Hang zum Müßiggang. So schrieb Johann Friedrich Jacobi in seinem 1791 publizierten Gutachten zur Einrichtung eines Arbeitshauses:

> *"Es wird viele, besonders Auswärtige befremden, dass eine Stadt, in welcher eine Menge Fabriquen verschiedener Gattung existiren, eine so grosse Anzahl Armer habe; da an vielen andern Orten die Manufacturen mehr müssige Hände beschäftigen können, als sich deren dazu finden. Hier lehrt wirklich die Erfahrung das Gegentheil. Eine Hauptursache davon mag wohl diese seyn, dass die hiesigen Fabriquen oft stark, oft schwach gehen, welches zur Folge hat, dass die Arbeiter bey guten Zeiten einen starken Aufwand machen, den sie bey schlechten fortsetzen wollen, darüber zurückkommen, und endlich auf den falschen Wahn kommen, das Betteln dem Arbeiten vorzuziehen. Der Mangel an wirksamen Polizeianstalten, zu Verhütung der Bettelei, und die verschiedenen angränzenden Gebiete locken auch viel loses Gesindel herbey. Der Gründe sind noch mehrere; welche sie aber auch seyn mögen, genug, niemand der unsre Stadt kennt, wird in Abrede seyn, dass dieselbe mit Bettlern übersetzt ... ist."* [57]).

Für die wirklich Bedürftigen standen in reichsstädtischer Zeit zwar beträchtliche Mittel zur Verfügung; sie wurden jedoch oft wenig effektiv eingesetzt, weil es an einer zentralen Bewirtschaftung fehlte. Hinzu kam in den Jahren vor dem Einmarsch der Franzosen eine gewisse Nachlässigkeit in der städtischen Oberaufsicht, wodurch die Mittel nicht ihre volle Wirkung erzielten. Der Mangel in der Armenpflege Aachens lag also vor allem in ihrer Systemlosigkeit begründet.

Mit dem Einmarsch der Revolutionstruppen im Jahre 1792 und dann wieder im Jahre 1794 brach das façettenreiche Sozialsystem der Stadt Aachen als Folge der Einziehung zahlreicher Klostergebäude und Hospitäler zugunsten des Militärs und wegen des Sequesters geistlichen Besitzes, der Emigration von Geistlichen sowie als Folge des wirtschaftlichen Verfalls, der mit der Assignatenwirtschaft, dem Maximum-Tarif, den ständigen Requisitionen und Kontributionen einherging, zusammen. Privatpersonen und geistliche Institute konnten ihre traditionellen sozialen Aufgaben nicht mehr erfüllen, und selbst die Stadt, welche 1794 noch die Grundversorgung der damals massenhaft notleidenden Bevölkerung sichergestellt hatte, fiel aus, da sie im Jahre 1796 praktisch bankrott war. Mit diesem Ergebnis mochten die neuen Machthaber – wenigstens was die theoretische Seite anging – zufrieden sein; hatte doch die Nationalversammlung bereits im Spätherbst 1789, von aufklärerischem Geist beseelt, demzufolge die Armenfürsorge Pflicht des Staates sei, die Weichen zu einer revolutionären Armengesetzgebung gestellt. Am 4. November d.J. hatte sie nämlich alle geistlichen Güter zu Nationaleigentum erklärt und sich zum Unterhalt des Kultus und zur Armenpflege bekannt. Aber wie damals in Frankreich, so ließ sich auch im besetzten Rheinland dieses Ziel aus finanziellen Gründen nicht verwirklichen. In der Praxis sah sich die französische Verwaltung auch in Aachen genötigt, wenigstens den Klöstern der Alexianer, Christenserinnen und Elisabethinnen sowie dem mit der Beusdalschen Armenstiftung verbundenen Stephanshof der Beginen die Fortsetzung ihrer Sozialarbeit zu gestatten. Erst dem Direktorium gelang es, Frankreich eine Armengesetzgebung im Geiste der Aufklärung zu geben; zu spät, um für sich eine Vorreiterrolle in Europa in Anspruch nehmen zu können. Preußen war ihm in seinem Allgemeinen Landrecht, das König Friedrich Wilhelm III. mit Wirkung vom 1. Juni 1794 für sein gesamtes Staatsgebiet, also auch für das linksrheinische Kleve in Kraft gesetzt hatte, zuvorgekommen. Erst am 7. Oktober bzw. am

27. November 1796 wurde die Armenverwaltung auch in Frankreich neu und zukunftsweisend geregelt. Im Rheinland wurden diese Gesetze erst nach dem Abschluß des Friedens von Campo Formio, nämlich am 19. Juli 1798 in Kraft gesetzt.
Die Zeit zwischen dem Zusammenbruch des reichsstädtischen Sozialsystems und der Einrichtung der französischen Armenverwaltung bedeutete für die Armen in Aachen eine harte Prüfung. Ihre Not kann nur erahnen, wer sich vergegenwärtigt, daß ein Zwanzigstel der Aachener Einwohner zu den Bettlern gerechnet wurde [58], und daß im Winter 1794/95 – wenn auch unter besonderen Umständen – 14 000 Personen arme Handwerker, Fabrikarbeiter und Tagelöhner nicht mehr für den eigenen Lebensunterhalt, ja nicht einmal fürs Brot, aufzukommen vermochten [59]. Auch die Jahre nach 1795 dürften den am oder unter dem Existenzminimum lebenden Personen in Aachen keine Besserung ihrer Lebensumstände gebracht haben, da sich die Wirtschaft – von Ausnahmen abgesehen – unter den besonderen politischen Gegebenheiten und den ständigen Requisitionen und Kontributionen in einer Phase der Rezession befand. Immer wieder wurde betont, die in reichsstädtischer Zeit gegebene „opulence" der Aachener Wirtschaft sei dahin [60]. Die Rezession führte zu Massenentlassungen und überließ den Arbeitslosen und seine Familie sich selbst, denn das „soziale Netz" der reichsstädtischen Zeit war längst zerrissen und nach der Verkündung der Gewerbefreiheit im Jahre 1798 und der damit verbundenen Aufhebung der Zünfte, die bis zuletzt einen Rest an Fürsorgeaufgaben übernahmen, blieb bestenfalls das Mitleid und die Mildtätigkeit der Mitbürger als Trost. So kam es, daß sich die Zahl der Bedürftigen und Armen bis zum Beginn der napoleonischen Zeit verdoppelte [61].
Geradezu ergreifend schilderte Jonas Ludwig v. Hess (1756-1823) die sozialen Zustände im Aachen des Jahres 1798. Er war Literat, Philosoph und Naturwissenschaftler, hatte im Jahre 1787 eine dreibändige Geschichte seiner Heimatstadt Hamburg verfaßt und sollte im Jahre 1801 auch noch zum Doktor der Medizin promoviert werden [62]. In den Jahren nach 1787 hatte er sich auf Reisen begeben und seine Erlebnisse und Beobachtungen in mehreren Bänden unter dem Titel „Durchflüge durch Deutschland, die Niederlande und Frankreich" publiziert. Über die sozialen Verhältnisse in Aachen äußerte er sich im Jahre 1798 [63]:

> *„Unter den Einwohnern giebt es wenig Reiche, nicht viel Wohlhabende, und um so viel mehr Arme. Diese Unglücklichen durchwandern haufenweise die Gassen der Stadt. Alle Thore, Landstraßen, Spaziergänge, jeder Pfad ist von ihnen besetzt. Für sie gesorgt wird durchaus nicht. Die, welche durch die Arbeit dieser Elenden reich geworden sind, werfen ihnen kaum die Brosamen zu, die von ihren Tischen fallen. Dergleichen schreiende Mißverhältnisse unter den Menschen, die alle aus einer Hand hervorgingen, von einer gemeinschaftlichen Mutter gebohren sind, ätzten meine wenige Theilnahme am Leben völlig weg. Sie demüthigen meinen schon schüchternen Verstand, schlagen mein armes Herz völlig danieder. Ich finde so viel Härte eines unerbittlichen Fatums, und solche unwiderlegbaren Zeugnisse gegen die Gerechtigkeit Gottes darin, daß dadurch der Vorhang vor meinem bereits umflorten Blicke immer dichter zugezogen wird, und ich mit David ausrufen möchte: 'meine Seele ist betrübt bis in den Tod.'*
> *So viel ich aus dem Verkehr mit dieser weitläufigen Familie des Elends erfahren habe, lassen sich die Mitglieder in drei Klassen bringen. Die erste enthält erkrankte und veralterte Fabrik-Arbeiter. Ein Scheerer, Karder und Kratzer, wird, ehe er zwanzig Jahr durch gearbeitet hat, steif, wie ein alter Hühnerhund, mit dem Unterschiede, daß dieser von seinem Herrn immer noch gepflegt und versorgt wird; da um jenen sich der Fabrikherr, sobald er untauglich zur Arbeit ist, nicht mehr bekümmert. Das Ausrecken bei dem Karden und Bürsten der in Rahmen gespannten Tücher; das Tragen und Verschleppen großer Ballen nasser Tücher, ziehen ihm*

dieses Uebel unausweichbar zu. Einem Weber brechen die Beine vom steten Niederhängen gewöhnlich schon vor seinem vierzigsten Lebensjahre auf; mit funfzig ist er ein völliger Krüppel. Die Nadelschleifer werden alle schwindsüchtig. Der feine Eisenstaub zerfrißt die Lungen; selten bringt einer es bis funfzig, ohne schon hörbar dem Grabe entgegen zu keuchen. Allen diesen Menschen, die, während ihrer gesunden Tage, bei dem vollsten Fleiße, nichts als einen dürftigen Unterhalt für sich und die Ihrigen gewinnen können, bleibt, wenn Krankheit oder Alter sie zu fernern Arbeiten unfähig gemacht, nichts als der Hungertod oder der Bettelstab mit Weib und Kindern übrig. Für sie findet sich kein Spital, keine Armen-Aufnahme; eine schreiende Nothwendigkeit, an die man hier, wie es scheint, noch nie gedacht hat. Der Fabrikant, den die jetzt ermatteten Hände und der Schweiß der Armen bereicherte, dessen Reichthum die Gesundheit dieser Elenden eingezehrt hat, geht ungerührt vor ihnen vorüber, und der Invalide, mit dem harten Sinne seines alten Dienstherrn bekannt, bettelt ihn nicht einmal an.

Die *z w e i t e* Klasse sind die Weiber und Kinder jener verarmten und erkrankten Fabrikleute; oder Weiber und Kinder, welche sich selbst von ihrer Hände Arbeit bei den Fabriken genährt hatten, und, wenn diese feiern, ohne Unterhalt darben müssen. Die Tuchfabriken brauchen viele Weiber zu ihren Arbeiten. Diese müssen die Wolle plüsen, das Tuch noppen und basten. Plüsen ist die erste Arbeit, welche mit der Wolle vorgenommen wird; es heißt sie reinigen, entwirren, und locker machen. Noppen heißt, das gemalte, aber noch ungefärbte Tuch ebenen, und die Käntchen herausziehen. Unter Basten wird das Beisenheften an den völlig fertigen Tüchern verstanden. Die Kinder werden vorzüglich bei den Nadelfabriken gebraucht; sie schlagen in die Nadeln die Oehre mit einer Geschwindigkeit ein, die in Erstaunen setzt. Auch arbeiten die Kinder an den Kratzen, an welchen sie die feinen Drahthäckchen mit ungemein vieler Fertigkeit bevestigen. Wenn so eine Fabrik nun müßig wird, so haben Mutter und Kind kein Brodt; sie sind gezwungen, sich etwas zu erbetteln, denn keine andere Hülfe ist für sie da.

Die *d r i t t e* Klasse sind Bettler und Bettlerinnen von Profession, die diesen Stand aus Faulheit ergriffen haben, oder zuerst von der Noth dazu gebracht wurden, und weiterhin aus Neigung dabei blieben. Diese raffiniren auf alle Art, um das Mitleid und die Leichtgläubigkeit der Vorübergehenden zu brandschatzen. Ich habe Weiber gesehen, die in Lumpen gehüllt, oder vielmehr damit überhangen waren, so künstlich zerrissen und zersetzt, daß das Auge überall durch Löcher sah. Ein alter Kriegsknecht stieß uns täglich auf, in einem Schaafpelz gewickelt, der über und über mit Fetzen von allerlei Rauchwerk und Fellen überflickt und besetzt war. Andere suchen durch den Weg der Andacht und der Religion den gläubigen Seelen etwas abzugewinnen; und ich habe bemerkt, daß diese sich in ihren Hoffnungen nicht verrechnet haben, und sich wohl mit am besten standen. So sitzt einer an einer ziemlich besuchten Gasse, in einer transportablen Hütte, mit verschlossenen Augen, den Rosenkranz in den Händen, und dabei ein unaufhörliches Ave-Maria lispelnd. Er bekam fast von allen vorübergehenden Weibern Almosen, und an Sonn- und Feiertagen wurden ihm von mehreren Seiten recht gute Gerichte zugebracht. Vor der Urseliner Kirche kniet eine Frau, in schwarze Lumpen gehüllt, mit einem hölzernen Napf in den Händen, mitten in der vorüberfließenden Gosse. Auf dem Wege nach Burscheid liegt ein Mensch in dem trifsten Koth, und schreit ein unaufhörliches Vater-Unser. Auf meine Frage: 'warum er sich nicht auf den nahen Grasfleck lege', antwortete er: 'Das Mitleid unter den Menschen ist so wenig; ich denke, daß es noch bei diesem und jenem rege wird, wenn ich so im Kothe liege, und dadurch des Gebers

Sünden mit abbüße.' Auf meine Frage: wie viel er wohl an einem recht einträglichen Tage erhielte? erwiederte er: 'Zu zwei Pfund Brod und einem Maaß Bier.' Ich both doppelte Portion für heute, wenn er sich aus dem Schmutz auf das Trockne legen wollte. Er schlug es ab. 'Denn möchte ich für die Zukunft die wenigen Kunden verliehren, die nun einmal durch mein Elend erweicht sind.' Zu Hause wollte er sogleich gehen, wenn ich ihm auch nur zu einem Maaß Bier geben wollte; 'dann', fügte er hinzu, 'wird man glauben, ich sei erkrankt.' Zu meinem Unruhme muß ich gestehen, ich schloß diesen leichten Handel nicht. Die Verkehrtheit der Geber verdroß mich. Ich mochte so einer widersinnigen Art, die Dinge anzusehen, durch meinen Beitritt keinen Vorschub leisten.

Nichts ist indessen kläglicher, als das Jammergeschrei der Kinder, die sich paarweise durch die Gassen schleppen. Sie bethen nicht, sie betteln nicht, sie wimmern und wehklagen vor Frost und Hunger, daß man selbst darüber vergehen möchte. Ich bin mehrmalen ihrer drei mit einander begegnet, die zusammen keine zwölf Jahre hatten. Das Aelteste, etwa sechs Jahr alt, schleppte das Jüngste auf dem Rücken; das Dritte kroch beiher. Des Abends liegen diese armen Würmer auf den Thürschwellen, und weinen so bitterlich, als wollten sie ihr Lager aufweichen. Hier ist wahre, höchste Noth; das Elend haust hier wüthend, gleich dem fünften Engel in der Offenbarung. Ich hatte mehrmalen Lust, dem Chor, welcher die in Bäume und Pflanzen verwandelten Gefährten des Ulysses in der Oper Circe, von Alexandrini componirt, singen, folgenden Text aus dem Hiob unterzulegen:

'Warum bin ich nicht gestorben vom Mutterleibe an? warum bin ich nicht umkommen, da ich zur Welt kam?'

'Warum hat man mich auf den Schooß gesetzt? warum bin ich mit Brüsten gesäugt?'

'So läge ich doch nun und wäre stille, schliefe und hätte Ruhe.'

Diesen Text nach jener Musik müßten wir ein Dutzend armer Kinder singen lernen; mit diesem Gesange vor die Thüren der Fabrikanten gehen. Freilich würden nicht alle gerührt werden, – denn Aachner Fabrikanten-Nerven sind keine Menschen-Nerven mehr – einige aber würden mit Gewalt an ihre Menschlichkeit erinnert werden."

Ein Ersatz für die untergegangene Armenfürsorge der reichsstädtischen Zeit war also dringend erforderlich geworden. Die juristische Grundlage dafür schuf das erwähnte Gesetz vom 19. Juli 1798. Aber erst nach dem Frieden von Lunéville (1801 Febr. 9), welcher die Vereinigung der vier rheinischen Departements mit Frankreich sanktionierte, war die französische Armenverwaltung in den Rheinlanden auf sichere Füße gestellt. Eine der Hauptaufgaben der Aachener Hospizienkommission war die Weiterführung derjenigen in der Armen- und Krankenpflege tätigen geistlichen Institute, die am 9. Juni 1802 der Aufhebung der geistlichen Korporationen nicht zum Opfer gefallen waren. Das Vermögen dieser Institute hatte man dem Zugriff der katholischen Kirche – anders als das Armenvermögen der Protestanten, das als Privatbesitz der Kirchengemeinden galt – entzogen und die in ihnen tätigen Ordenspersonen praktisch zu Angestellten der Armenpflege gemacht.

Analog zu den Verhältnissen in Altfrankreich oblag die Aufsicht über die Zivilhospize, d.h. alle der Armen-, Kranken-, Irren- und Waisenpflege dienenden Anstalten, künftig der jeweiligen Munizipalität. Zur Durchführung dieser Aufgabe sollte jede Munizipalität eine Verwaltungskommission, eine sog. „Commission des hospices" oder Hospizienkommission, bestehend aus fünf Bürgern, einrichten, von denen jedes Jahr einer durch Los ausscheiden und ersetzt werden sollte, wobei anfangs die Munizipalität, seit 1805 der Innenminister auf Vorschlag des Präfekten den Ersatzmann bestimmte. Mit Beschluß der Präfekten vom 12. Dezember 1803 galt der Bischof als geborenes Mitglied sowohl

Hospizienkommission

der Hospizienkommission als auch des weiter unten noch zu erwähnenden Wohltätigkeitsbüros der Stadt Aachen [64]). Jede Hospizienkommission wählte aus ihrer Mitte einen Präsidenten. Seit 1801 hatte dieses Amt der Maire der jeweiligen Gemeinde inne. Dennoch war die Hospizienkommission keine kommunale Behörde. Die Aufsicht stand der Munizipalität bzw. dem Maire nur in ihrer Funktion als verlängerter Arm der übergeordneten Staatsbehörden zu. Ein Gesetz vom 4. Juli 1799 umschrieb die Aufgaben der Hospizienkommissionen näher und wies ihnen die Vermögensverwaltung, die Beschaffung von Lebensmitteln und Gebrauchsgegenständen, Einstellung des Personals, die Entscheidung über Aufnahme und Entlassung der Hospizinsassen sowie ggf. über die von diesen innerhalb der Hospize zu leistenden Arbeiten zu. Bestehende Stiftungen blieben den Hospizen erhalten, künftige konnten sie mit staatlicher Genehmigung ebenso wie Spenden entgegennehmen. Defizite waren vom jeweiligen Kanton bzw. der Munizipalität auszugleichen bzw. entsprechende Vorkehrungen bereits im Haushalt zu treffen. Die gesamte Spitalverwaltung unterlag strenger staatlicher Aufsicht. So bedurften Beschlüsse der Hospizienkommission der Bestätigung durch die Munizipalverwaltung bzw. den Maire, denen zudem alle drei Monate ein Rechenschaftsbericht vorzulegen war. Die Munizipalverwaltung bzw. der Maire hatten ihrerseits dem Präfekten über Art und Umfang ihrer Tätigkeit zu berichten. In Aachen unterstanden der Hospizienkommission in napoleonischer Zeit das Marien- und Elisabethspital, das Armen- und Waisenhaus, die Klöster der Alexianer und der Christenserinnen, der Stephanshof und das Herwartzsche Institut sowie bis zum 9. Dezember 1805 das Ursulinenkloster. Das Marienspital versorgte im Jahre 1811 26 Arme männlichen Geschlechts, das Elisabethspital und die ihm beigegebene ehemalige Kapelle St. Servatius 26 arme Frauen [65]). Gleichfalls dem Elisabethspital angegliedert war das Hospiz St. Blasius zur Versorgung armer Passanten. Das Waisenhaus, jetzt am Seilgraben gelegen, beherbergte und ernährte 126 Kinder. Die Jungen lernten dort einen Beruf, die Mädchen den Umgang mit Stoffen und überhaupt die Kenntnisse „à travailler tout ce qui peut servir à l'habillement des femmes de classe moyenne" [66]). Beide Geschlechter wurden im Lesen und im französischen und deutschen Schreiben unterrichtet. Der Stephanshof bot 24 einheimischen Greisen Unterkunft. Die noch verbliebenen 13 Alexianerbrüder betreuten 24 Geistesgestörte, und die Christenserinnen am Kapuzinergraben sorgten für neun kranke Frauen.

Wohltätigkeitsbüro

Während sich die Hospizienkommission mit der Verwaltung der sog. geschlossenen Armenpflege, also den in den Hospizen untergekommenen Armen beschäftigte, oblag die Verwaltung der offenen Armenpflege, welche die Betreuung der in einem Privathaus lebenden Armen zur Aufgabe hatte, den „Bureaux de bienfaisance" oder Wohltätigkeitsbüros. Ihre Arbeit sollte nach dem Gesetz vom 27. November 1796 zunächst zeitlich begrenzt sein, wurde aber immer wieder verlängert, bis ein kaiserliches Dekret vom 9. Dezember 1809 die Tätigkeit der Wohltätigkeitsbüros auf unbestimmte Zeit sicherte. Jede Gemeinde sollte nach dem Gesetz von 1796 mindestens ein Bureau de bienfaisance, bestehend aus fünf achtbaren, ehrenamtlichen Mitgliedern einrichten, dessen Aufgaben in der Verwaltung aller Armengüter kirchlicher oder sonstiger Herkunft bestand. Zur finanziellen Absicherung wurden den Wohltätigkeitsbüros zusätzlich zu den aus dem Armengut fließenden Einkünften die Erträge aus einer eigens dazu eingeführten Vergnügungssteuer zugewiesen. Sie betrug 10 Prozent aller Eintrittspreise für Theater- und Konzertveranstaltungen, Bälle, Feuerwerke, Pferderennen und -dressuren. Seit dem 18. März 1801 wurde neben der 10prozentigen Besteuerung der Theaterkarten sogar eine 25prozentige Abgabe von den bei sonstigen vergnüglichen Veranstaltungen erzielten Bruttoeinnahmen gefordert. Diese Vergnügungssteuer kam indessen nicht allein den Wohltätigkeitsbüros zugute. Die Einnahmen sollten vielmehr vom jeweiligen Munizipalbüro zwischen dem örtlichen Wohltätigkeitsbüro und der Hospizienkommission nach Gutdünken aufgeteilt werden. Am 25. August 1800 wurde diese Freiheit den Gemeinden entzogen und dem Präfekten des Departements übertragen. Außer Teilen der Vergnügungssteuer standen den Wohltätigkeitsbüros noch Einnahmen aus Armenkollekten zu. Die Bücher des Wohltätigkeitsbüros führte ein von den Mitgliedern des Büros ernannter Rendant (receveur), der monatlich Rechnung legen mußte. Auf-

sichtsorgan über das Wohltätigkeitsbüro war zunächst die Munizipalität, seit dem 15. Januar 1801 der Präfekt. Die Mitglieder des Büros durften von nun an mit dem Präfekten direkt korrespondieren. Vorschläge für Neubesetzungen freigewordener Stellen nahm der Präfekt vom Büro selbst entgegen, das dazu rechtschaffene und wohlhabende Leute benennen sollte.
Alle Aktivitäten auf dem Gebiet der offenen Armenfürsorge und die Entscheidung über Einsatz und Verteilung ihrer Mittel oblagen dem Wohltätigkeitsbüro, so daß die Effektivität der Armenfürsorge in einer Gemeinde ganz entscheidend vom Engagement der Mitglieder des Büros abhing.
Auf der Grundlage des Gesetzes vom 27. November 1796, das im Juli 1798 auch in den rheinischen Departements in Kraft gesetzt und am 5. September d.J. erneuert worden war, fand am 29. Dezember 1798 in der Munizipalität Aachen die Erstwahl zum „Bureau de bienfaisance d'Aix-la-Chapelle" statt. Gewählt wurden der Pfarrer Peter Joseph Schmitz, Anton Reumont, Gerhard Schervier, Jakob Friedrich Kolb und Matthias Baumhauer. Die erste Sitzung fand am 2. Januar 1799 im Rathaus statt. Die Mitglieder des Büros wählten Kolb zu ihrem Präsidenten, der diesen Posten bis zum Ende des Jahres 1800 bekleidete. Eine Neubesetzung des Büros erfolgte am 20. Januar 1801, und zwar nicht mehr aufgrund einer innerhalb der Munizipalität vorgenommenen Wahl, sondern kraft Ernennung durch den Präfekten. Mitglieder des Aachener Wohltätigkeitsbüros wurden auf diese Weise Nikolaus Cromm, der Kolb als Präsident ablöste, ferner erneut der Pfarrer Peter Joseph Schmitz, Gerhard Schervier und Matthias Baumhauer. Bereits am 1. Februar sah sich das Büro in der Lage, erstmals – auf Vorschlag der Pfarrer – Unterstützungen an die Hausarmen zu zahlen. Es wurde allerdings schon bald deutlich, daß die Vergnügungssteuer nicht zur Linderung der Not ausreichen werde, zumal sich die Bürger ihr vielfach durch Raffinesse zu entziehen wußten. Bei Theateraufführungen war das Einziehen der Abgaben noch am ehesten gewährleistet, weil ein Beamter neben der Theaterkasse stand. Bei öffentlichen Lustbarkeiten war dies schon schwieriger. Die höheren Gesellschaftsschichten entzogen sich der Abgabepflicht dadurch, daß sie ihre Feste als geschlossene Veranstaltungen deklarierten, die unteren sorgten dafür, daß die Grenzen zwischen Veranstaltung und allgemeiner Fröhlichkeit in den Straßen nicht mehr gezogen werden konnten. Auch wurde die Abgabe vom Eintrittsgeld dadurch vermieden, daß der Eintritt frei gewährt wurde und nur der einzelne Tanz bezahlt werden mußte, was den Steuereinnehmer natürlich vor eine unlösbare Aufgabe stellte. Auch eine scharfe Verordnung des Maires vom 30. November 1801 vermochte keine grundsätzliche Besserung der Mißstände herbeizuführen. Die Schwierigkeiten des Wohltätigkeitsbüros mag die Tatsache verdeutlichen, daß im Jahr XII (1803/04) in 54 Lokalen getanzt worden war und 581 Tanzveranstaltungen bei freiem Eintritt stattgefunden hatten[67]. Um die Einnahmen aus der Lustbarkeitssteuer dennoch zu vermehren, verfiel das Büro auf die Idee, selbst als Veranstalter aufzutreten und pachtete zu diesem Zweck am 28. Dezember 1801 das städtische Komödienhaus. Die Erwartungen wurden allerdings enttäuscht. Der Wunsch des Büros, Gewinn für die Armenkasse zu erwirtschaften, verleitete zu dem Versuch, das Theater über das im Gesetz vorgesehene Maß hinaus auszubeuten. Dies hätte, wäre der Maire nicht vorstellig geworden, zum völligen Erliegen der Schauspielkunst in Aachen geführt. Überhaupt muß betont werden, daß das Gesetz zur Besteuerung der Lustbarkeiten die Theaterleute und Musiker in ihrer beruflichen und künstlerischen Existenz ernsthaft bedrohte. Das Wohltätigkeitsbüro betätigte sich nicht nur als Theaterunternehmer, sondern auch als Veranstalter von Maskenbällen. Seit dem Winter des Jahres 1801/02 arbeitete es daher mit Richard Reumont, dem Pächter der Neuen Redoute, zusammen. Es war sich aber des darin liegenden moralischen Dilemmas durchaus bewußt, denn es schrieb am 4. November 1802:

> *„Schliesslich würde man der Einwohnerschaft der Stadt und der Aufrechthaltung der Sittlichkeit im allgemeinen am besten gerecht werden, wenn alle diese Lustbarkeiten, die sich täglich häufen, entweder auf eine bestimmte Zahl beschränkt oder überhaupt verboten würden. Das Wohltätigkeitsbureau würde nicht nur gerne auf*

> *die Einkünfte verzichten, die es daraus zieht, sondern sogar noch Nutzen haben, da es oft gezwungen ist, die Väter und Mütter der Kinder zu unterstützen, die in solchen Nachtlokalen den letzten Groschen und selbst ihre Ehre opfern"* [68]).

Die Maskenbälle des Wohltätigkeitsbüros fanden allerdings im Jahre 1808 ein Ende, nachdem Napoleon allein den vom Staat privilegierten Theaterunternehmern das Recht zur Durchführung solcher Veranstaltungen zugesprochen hatte. Die Armen genossen fortan nur das gesetzliche Viertel der bei öffentlichen Bällen erzielten Einnahmen. Einen beachtlichen finanziellen Zuwachs erzielten die Aachener Armenkassen durch die Zuweisung von Spielbankabgaben, welche der Pächter der Aachener Spielbank abführen mußte. Sie beliefen sich seit dem 27. November 1802 auf mehr als 355 Francs monatlich. Am 10. September 1804 bestimmte Napoleon, daß die Gewinnanteile aus dem Glücksspiel, welche der Stadt während der Badesaison zufließen würden, für den Kampf gegen das Bettelunwesen und zur Besserung der Lage der Hausarmen verwandt werden sollten [69]).

Unter der Präsidentschaft von Nikolaus Cromm wurde die Tätigkeit des Bureau de bienfaisance erheblich verstärkt. Seine Mitglieder ließen sich in ihrem Bemühen um Besserung der sozialen Verhältnisse auch durch Defizite in den Kassen nicht bremsen; vielmehr beanspruchten sie immer höhere Anteile aus dem städtischen Haushalt. Konnte das Büro im Rechnungsjahr 1800/01 noch einen Überschuß ausweisen, so benötigte es im folgenden Jahr bereits städtische Zuschüsse, und 1804/05 und 1807/08 mußten schon Defizite von 10 219 bzw. 13 538 Francs hingenommen werden. Über die Schwierigkeiten und Leistungen des Wohltätigkeitsbüros gibt der erste Rechenschaftsbericht vom 17. Dezember 1801 Auskunft [70]). Darin heißt es, daß sich in reichsstädtischer Zeit die über alle Fonds hinweg verteilten jährlichen Mittel der Armenpflege auf etwa 14 273 Francs beliefen, eine Summe, die damals ausgereicht habe, um die bedürftigen Hausarmen mit wöchentlichen Zuwendungen zu unterstützen und die Verpflegung der durch Alter arbeitsunfähig gewordenen Personen sicherzustellen. Durch die Kriege, die Stockung des Handels und die damit verbundene Arbeitslosigkeit sowie – das wird ausdrücklich geltend gemacht – die zunehmende Verderbnis der Sitten und den zu beobachtenden Hang zum Müßiggang habe sich die Zahl der Bettler und Hausarmen verdoppelt. Eine Prüfung auf Bedürftigkeit habe ergeben, daß 325 Personen wegen altersbedingter Arbeitsunfähigkeit die Erlaubnis zum Betteln erhielten, während sie einer ebenso großen Zahl, die aufgrund ihres Alters durchaus einer Tätigkeit nachgehen könnte, versagt blieb. Die Zahl derer, die vom Wohltätigkeitsbüro mit wöchentlichen Zuwendungen unterstützt wurden, wird mit 400 angegeben; weitere 200 konnten wegen noch fehlender Mittel nicht bedacht werden. Der Bericht resümiert:

> *„so dass mithin mit einem jährlichen Fond von 14 273 Franks, falls man die Betteley, so wie es in denen meisten Städten des innern Frankreichs und überhaupt in allen polizirten Staaten wirklich eingeführt ist, ausrotten will, 925 Familien unterhalten oder unterstützt werden müssen. Der Wohlthätigkeits-Ausschuss hat die Unmöglichkeit eines solchen Unternehmens auf die Dauer eingesehen, besonders wenn man dabey erwägt, dass derselbe ausser der Ablieferung der Arzneyen für die nothdürftigen Kranken und der Särge für die Verstorbenen noch die Besoldung zweyer Hebammen zu besorgen hat, und die Erfahrniss belehrte ihn, dass die unter den vorigen Regierungen so schlecht bestellte Polizei und der Mangel an Aufmunterung zur Arbeit den Verfall ganzer Familien nach sich gezogen hatten, ein Umstand, der dadurch gnugsam erprobet wird, dass in dem Augenblick, wo hier in der Gemeinde hunderte Armen dem Müssiggang fröhnten und sich mit Betteln ernährten, die Fabrikanten ihre Arbeit fremden Menschen und Völkern anvertrauen musten.*

In dieser Hinsicht hat der Ausschuss seit seiner Entstehung sein Hauptaugenmerk auf ein anzulegendes Arbeitshaus gerichtet und sich deswegen schon vor mehreren Monaten und zu unterschiedenen Malen schriftlich bey der Präfektur gewandt."

Das Wohltätigkeitsbüro knüpfte an ein solches Arbeitshaus die Hoffnung, daß es auch in Aachen gelingen möge, die Bettelei auszurotten. Um sicherzustellen, daß nur die Bedürftigen in den Genuß einer Unterstützung gelangen konnten, hatte das Wohltätigkeitsbüro den Weg der Antragstellung genau vorgeschrieben. Zunächst führte der Gang zum Büro selbst, wo die Personalien des Antragstellers, Name, Wohnung, Stand, Alter, Geburtsort, Anzahl der Kinder nebst deren Alter, Gesundheitszustand, Gewerbe und Höhe des etwaigen Tagelohns, aufgenommen wurden. Danach wurde der Antragsteller an den Armenpfleger (collecteur) der Sektion der Stadt, in welcher der Bittsteller wohnte, verwiesen. Die Stadt war zu diesem Zwecke in 46 Sektionen unterteilt. Die Collecteure hatten die Aufgabe, in ihren Sektionen Spenden zu erbitten und die Bedürftigkeit derjenigen zu überprüfen und zu bescheinigen, die als Hausarme anerkannt werden wollten. Konnte der Collecteur die Angaben des Antragstellers bestätigen, bemaß das Wohltätigkeitsbüro den Umfang der Unterstützung, die dann wöchentlich auf dem Rathaus verausgabt wurde.

Ein zweiter Rechenschaftsbericht vom 12. Dezember 1803 schildert die Praxis der reichsstädtischen Armenpflege und die immensen Aufgaben des Wohltätigkeitsbüros recht anschaulich:

„Die Güter und Renten der Armen waren zersplittert, und verwaltet theils durch den früheren Magistrat, theils durch die Vorsteher oder Provisoren der vier (damaligen) Pfarren der Stadt und der drei Bruderschaften. Es bestand nicht die mindeste Uebereinstimmung in dieser Verwaltung und ebensowenig in der Vertheilung der Almosen. Im Gegentheil waren oft Willkür und selbst Sorglosigkeit oft vorherrschend. Die Verwaltung der Armengüter war seit einer Reihe von Jahren vernachlässigt bis zu dem Grade, daß ein sehr großer Theil der Renten seit 5, 10 und gar seit 20 Jahren im Rückstande waren und daß der Rest ohne Aussicht auf Wiedererlangung verloren ging. Die Zahl der Bettler betrug nahe ein Zwanzigstel der ganzen Bevölkerung. Ohne Sitten, ohne Erziehung zogen sie hordenweise von Thür zu Thür, von Dorf zu Dorf und wußten oft gar durch Drohungen von den Einwohnern und von mitleidsvollen Menschen Almosen zu erpressen. Ein solch armer, schamloser, frecher Intrigant verstand die Kunst, sich von allen Seiten Hülfsmittel zu verschaffen, während der schüchterne und verschämte Arme wenig Stütze fand und oft mit einer zahlreichen Familie in großem Elend schmachtete.
Das ist in wenigen Worten eine kurze Darlegung und ein wahres Bild der Art und Weise, wie es mit der Vertheilung der Almosen vor Errichtung des Wohlthätigkeits-Bureau bestellt war in unserer Stadt. Dasselbe hatte bei Antritt seiner Functionen alles erst neu einzurichten, alles zu organisiren, und mußte so zu sagen mit Gewalt einzelnen der alten Administratoren und Vorsteher die Titel, Register und Dokumente, deren Depositäre sie waren, aus der Hand reißen und konnten noch von Glück sagen, wenn diese Dokumente etc. nur noch existirten. Man mußte sich von Hütte zu Hütte begeben, um sich von den Verhältnissen all Derjenigen Kenntniß zu verschaffen, die bis dahin als Hausarme in ihren Wohnungen unterstützt worden waren, wie ebenfalls von Denjenigen, die bis jetzt vernachlässigt worden, gleichwohl aber nicht selten zu den Unglücklichsten zählten...
Nachdem also in die Verwaltung der Güter und habhaften Renten zur Milderung des Looses der Hausarmen Ordnung gebracht, blieb eine viel schwierigere Aufgabe noch zu lösen, nämlich die Ausrottung der Bettelei, die Besorgung von Nahrung und Kleidung für die Armen, die Unterbringung und Ernährung einer großen Anzahl Grei-

se und wirklich Unglücklicher, die Besorgung von Arbeit für eine große Anzahl Faulenzer, die Verbesserung der schlechten Sitten derselben und die Ermöglichung einer bessern Erziehung ihrer Kinder. Um Alles das zusammenfassen und ausführen zu können, bedurfte es vor Allem eines geräumigen, gesunden und in gutem Zustande befindlichen Lokals. Für eine so weit aussehende Wirksamkeit fand sich nun kein geeigneteres, als das Kloster der Ex-Karmeliter, welches wir heute inne und nach langem und schwierigem Sollicitiren vom Gouvernement im Monat Pluviose Jahres XI. [Januar 1803] erhalten haben"[71]).

Arbeitshaus, Atélier de charité, Josephinisches Institut

Bei der in diesem Bericht als für die künftige Arbeit des Wohltätigkeitsbüros so wichtig erachteten Anstalt handelt es sich um das später sog. Josephinische Institut. Der Gedanke, ein Arbeitshaus in Aachen einzurichten, wurde bereits in reichsstädtischer Zeit gefaßt und lag damals ganz im Trend der Zeit. Besonders befürwortet wurde es im Jahre 1789 von Christian Wilhelm v. Dohm, der damals als Mitglied der die Aachener Verfassungsfrage und die Wirren der sog. Mäkelei untersuchenden Kommission des Niederrheinisch-Westfälischen Kreises in Aachen weilte[72]). Er schlug ein Werk- und Arbeitshaus vor, das zur Beseitigung des Bettelunwesens beitragen sollte und somit der Allgemeinheit und der Industrie von Nutzen sein würde. Eine Kommission von Tuch- und Nadelfabrikanten sollte die Modalitäten zur Verwirklichung dieses Zieles erkunden. Während das Arbeitshaus als eine „wohltätige Zuflucht der Arbeitsbedürftigen" gedacht war, sollte das Werkhaus eine „bessernde Bestrafungs-Anstalt der die Arbeit fliehenden Faulen, Liderlichen, Landstreicher und Vagabunden" sein. Unterstützt wurde dieser Gedanke von Johann Friedrich Jacobi, der – wie erwähnt – im Jahre 1791 eine Schrift „Versuch eines Plans zur Errichtung eines Arbeitshauses in der freyen Reichsstadt Aachen" abfaßte, der er den Ausspruch Voltaires als Motto voranstellte: „Le travail éloigne de nous trois grands maux, l'ennui, le vice et le besoin". Das Projekt wurde aber infolge der politischen Ereignisse und Wirren erst im Jahre 1801 wieder aufgegriffen. Damals richteten die Fabrikanten von Aachen und Burtscheid eine Eingabe an den Präfekten, in der sie zur Einrichtung eines Arbeitshauses um die Zustimmung des Innenministers nachsuchten. Dieser erklärte sich denn auch bereit, das Projekt zu unterstützen, woraufhin die Fabrikanten eine Kommission bildeten, welche unter den zur Verfügung stehenden Aachener Klöstern ein geeignetes Gebäude auswählen sollte. Am 29. Mai 1801 entschied man sich für das Kloster Marienthal. Der Maire von Aachen sollte bei der Regierung die Zustimmung einholen. Die nötigen Kosten gedachte man durch eine öffentliche Sammlung aufzubringen. Es dauerte dann aber noch weitere 1½ Jahre bis Napoleon als Erster Konsul durch Dekret vom 28. Januar 1803 dem Aachener Bureau de bienfaisance das 1802 säkularisierte Karmeliterinnenkloster St. Theresia in der Pontstraße mietweise zur Einrichtung einer Wohltätigkeitsanstalt (Atelier de charité) überließ, nach dessen Willen dort „ein Werkhaus der christlichen Liebe ... eine Erziehungsanstalt für die unbeholfene Jugend, ein Arbeitshaus für die Armen beiderlei Geschlechts, welche noch im Stande sind, Subsistenzmittel zu verdienen und eine wahre stille Zufluchtsstätte für ein unglückliches Alter"[73]) eingerichtet wurde. Ausbau und Instandsetzung des Gebäudes wie auch die Erstausstattung wurden weitestgehend aus Kollekten finanziert. Als Napoleon im September 1804 Aachen besuchte, überließ er das ehemalige Klostergebäude, das sog. Theresianum, kostenlos dem Wohltätigkeitsbüro. Es hatte nach dem Besuch der Kaiserin am 16. August 1804 mit deren Einverständnis ihren Namen erhalten und ging als „Josephinisches Institut" in die Geschichte der Aachener Armenverwaltung ein. Noch im Jahre 1803 hatte ein besonderes Comité unter der Präsidentschaft des Präfekturrates Johann Friedrich Jacobi einen Organisationsplan für die neue Wohlfahrtsanstalt erarbeitet und dem Präfekten Méchin vorgelegt, der diesen unterm 12. Dezember d.J. genehmigte.

Der Zielsetzung entsprechend wurde an dem Institut eine Schule eingerichtet, welche nicht nur von den im Hause gespeisten Kindern, sondern auch von Externen besucht werden konnte. Hier erhielten sie vom 6. Lebensjahr an Unterricht im Lesen, Schreiben, im Französischen und Deutschen und im Grundrechnen, donnerstags und sonntags auch im Fach Religion [74]. Im Jahre 1804 wurden auf diese Weise immerhin 165 Kinder unterrichtet. Die Anstalt erfüllte jedoch noch andere Aufgaben. So wurden im Jahre 1803 200 Greise beiderlei Geschlechts ambulant versorgt. Zugleich war die Aufstellung von zehn Betten zur Aufnahme von bewegungsunfähigen Armen geplant. Darüber hinaus wurde sie allmorgendlich von 100 Arbeitern aufgesucht, die nicht im Stande waren, andernorts ihr Brot zu verdienen. Sie sollten hier ihren Kräften angemessene Arbeit verrichten und durch Wollspinnerei und den Verkauf von Wollstoffen und Leinen zur Finanzierung des Hauses beitragen. Im Jahre 1804 stieg die Zahl der vom Josephinischen Institut betreuten Personen auf 360.

Der Tagesablauf war streng reglementiert. Alle Armen mußten sich im Sommer um 6, im Winter um 7 Uhr im Institut einfinden. Eine halbe Stunde später fand ein Appell statt, bei der die täglichen Brotrationen von 1½ Pfund, einer Unze Butter und einem Liter Bier zur Verteilung kam. Im Sommer um 7, im Winter um 8 Uhr begann für alle Katholiken verbindlich die Heilige Messe. Danach verrichtete jeder die ihm gemäße Arbeit. Mittags versammelten sich die Armen in den nach Geschlechtern getrennten Speisesälen. Das Mittagessen bestand aus einer Hausmannssuppe von 1½ Pfund Gewicht. Es folgte eine Mittagspause, welche bis 13.30 Uhr dauerte. Danach wurde die Arbeit im Winter bis 20 Uhr, im Sommer bis 21 Uhr fortgesetzt. Löhne und Abzüge für Nahrung waren ebenfalls geregelt.

Das Josephinische Institut diente auch der Aufnahme von Prostituierten und geistig behinderten Personen, deren Zahl mit 35 angegeben wird [75]. Sie waren in dem am 10. September 1804 dem Josephinischen Institut als Zucht- und Korrektionshaus angegliederten ehemaligen Annuntiatenkloster an der Ecke Kármánstraße/Annuntiatenbach untergebracht [76]. Die Prostitution hatte bereits in reichsstädtischer Zeit mit der Verarmung der unteren Bevölkerungsschichten der Stadt und im Gefolge des Kur- und Badewesens stetig zugenommen. Als sie überhand nahm und sich zu einem öffentlichen Ärgernis entwickelte und moralische und hygienische Bedenken immer lauter wurden, hatte der Aachener Rat am 6. Juli 1787 ein Ratsedikt zur Verhinderung der Straßenprostitution erlassen und offenbar auch mit der Durchführung begonnen [77]. Durchschlagenden Erfolg wird er jedoch kaum erzielt haben. In den 90er Jahren dürfte die Prostitution wegen der sich verschlechternden wirtschaftlichen und sozialen Lage, vor allem aber wegen des in Aachen und Umgebung stationierten Militärs weiter angewachsen sein. Immerhin gab es – wie Alfred Karll aus den städtischen Akten ermittelt hat – im Jahre 1799 allein 24 öffentliche Häuser [78]. Die Zustände waren derart, daß der französische Kommissar bei der Aachener Munizipalität, Estienne, in einer Razzia die Prostituierten festnehmen ließ und mit dem Spinnen von Wolle beschäftigte. Aber noch am 24. September 1804 mußte der Aachener Maire v. Lommessem zugeben, „daß es kaum eine Stadt in Frankreich, vielleicht in ganz Europa gibt, wo im Verhältnis zur Bevölkerung Liderlichkeit und Prostitution sich in so beängstigender Weise eingeschlichen und soviel Unheil gestiftet haben" [79]. Für die Prostituierten wurde nun im Josephinischen Institut ein strenges Organisations-Reglement erlassen, das Salm in seiner Darstellung des Armenwesens der Stadt Aachen beschreibt:

(Prostitution)

> „*Demgemäß sollten alle durch die öffentliche Meinung, die Klagen der Nachbarn und durch polizeiliche Erkundigungen als liederliche Dirnen erkannte Weibspersonen, besonders aber die auf den Straßen und in bekannten Winkelbordells sich aufhaltenden Dirnen festgenommen und in die Annunziatenanstalt eingesperrt werden.*
> *Die nämliche Maßregel sollte auch gegen Diejenigen Anwendung finden, welche notorisch Winkelbordelle halten. Jede so Eingesperrte mußte auf einige Zeit zu ihrer moralischen Besserung dort verbleiben und auf jeden Fall die zu ihrer Ernährung, Bekleidung und event. Heilung in jenem Institute entstandenen Kosten durch den Ertrag der in der Anstalt ihr obliegenden H a n d a r b e i t abverdienen und sollte nicht eher entlassen werden*" [80].

Das Josephinische Institut verknüpfte zusammen mit dem ihm angegliederten Annuntiatenhaus so verschiedene Ziele wie Schulunterricht, traditionelle Armenfürsorge und die Besserung von Menschen mit sanitätspolizeilichen Aufgaben. Sieht man vom Schulunterricht ab, so spielte die Erziehung zur Arbeit eine besondere Rolle im Leben des Hauses. Von ihr erhoffte man sich – ganz im Sinne der Zeit [81]) – eine heilsame Wirkung auf die Menschen und zugleich einen Beitrag zum Unterhalt des Instituts und der Arbeitenden. Immerhin war es im Jahre 1807 für 831 Personen zuständig [82]).

Die Bemühungen zur Linderung der Folgen von Armut beschäftigte das Aachener Wohltätigkeitsbüro auch in den folgenden Jahren. In seinem Bericht vom Jahre 1807 nennt es auch Ursachen für die nie endende Arbeit und den hohen Ausgabenbedarf:

> *„Die Ursache liegt darin, dass Aachen eine Stadt voller Fabriken und Industrie ist mit sehr vielen und unterstützungsbedürftigen Armen.*
> *Der Fabrikant lässt von auswärts geeignete Arbeitskräfte kommen, schickt sie zurück wann es ihm beliebt und wenn er sie wegen ihres Alters nicht mehr brauchen kann. Das ist der Grund, dass das Büro die unglücklichsten Leute antrifft, Witwen und Waisen in der grössten Not. Ein grosser Teil davon ist nicht in der Stadt geboren, sondern zugezogen"* [83]).

Um die Wirksamkeit der Armenfürsorge in Aachen noch weiter zu steigern, rief das Wohltätigkeitsbüro im Mai 1806 mit Genehmigung des Präfekten eine sog. Dispensaire-Anstalt ins Leben, bei der die Wohlhabenden Gutscheine für Medikamente im Wert von 30 Francs das Stück erwerben konnten, um sie anschließend an arme Kranke weiterzugeben, damit diese ihre von den Armenärzten ausgestellten Rezepte bei den Apotheken einzulösen vermochten [84]). Desweiteren planten der Präfekt und die Munizipalität im Jahre 1811 die räumliche Zusammenlegung der Hospitäler, der Hospize und des Waisenhauses in einem einzigen Gebäude; ein Vorhaben, das allerdings aus Mangel an Gebäuden und Geld nicht verwirklicht werden konnte. Immerhin scheint das Büro bei der Bekämpfung der nicht bedürftigen „faulen" Bettler Erfolg gehabt zu haben, denn der Aachener Maire v. Guaita betont in seiner Rede zur Begrüßung der Kaiser-Mutter am 15. August 1809, daß die Bettelei ausgerottet sei und alle Hände nützliche Arbeit verrichten würden: „La mendicité est extirpée et tous les bras sont utilement employés" [85]). Philipp Andreas Nemnich berichtet im Jahre 1809:

(Bettelei)

> *„Die große Bettelei in Aachen ist seit drei Jahren durch das von der Kaiserin Josephine patronisirte Institut eines Arbeitshauses, unter Direction des sehr verdienten Herrn Cromm, fast ganz verschwunden. Es wird in diesem Institut, nach den Kräften der hineingezwungenen Personen, gesponnen, gewebt, und sonst gearbeitet.*
> *Seit jener Zeit ist es ebenfalls durch die Bemühungen des gedachten Cromm dahin gekommen, daß Aachen sonst wegen seiner vielen Freudenmädchen, und der öffentlichen Duldung derselben renommirt, von diesem Laster gesäubert ist. Man treibt jene Geschöpfe, wo man sie findet, in ein altes Kloster, und hält sie da zum Arbeiten an"* [86]).

Es hat aber den Anschein, daß nur ein Verdrängungsprozeß stattgefunden hat: Die in Aachen konsequent verfolgten Bettler wichen aufs Land aus [87]). Aber auch dort stellte man ihnen nach. Ein kaiserliches Dekret vom 5. Juli 1808 sah für jedes Departement die Einrichtung eines sog. „Dépôt de mendicité" vor, in dem die auf dem Lande aufgegriffenen Bettler konzentriert werden sollten. Für das Roerdepartement wurde mit Dekret vom 16. November 1809 das ehemalige Kloster Brauweiler als Standort ausgewählt. Im Jahre 1810 legte der Präfekt Ladoucette den Grundstein, und bereits am 1. Januar 1811 wurde die Anstalt eröffnet [88]).

Bei der Verpflegung der zahlreichen bedürftigen Armen war das Aachener Wohltätigkeitsbüro sehr flexibel und erfinderisch. Nikolaus Cromm hatte noch im Jahre 1801, als er das Amt des Präsidenten des Aachener Wohltätigkeitsbüros antrat, analog zum Pariser Vorbild die Austeilung von sog. „Soupes économiques", ebenso nahrhaften wie preisgünstigen Gemüsesuppen, an die arme Bevölkerung in die Wege geleitet [89]). In diesem Zusammenhang ist wohl auch eine Erfindung des Aachener Arztes Dr. Gerhard Reumont zu sehen, der im Jahre 1802 ein Verfahren des Franzosen Cadet-de-Vaux verbesserte, nach dem man aus Tierknochen eine preisgünstige, kräftige und nahrhafte Gallerte herzustellen vermochte, die bestens geeignet war, die vom Wohltätigkeitsbüro an die Armen verabreichten, auf rein pflanzlicher Basis hergestellten Armensuppen mit tierischen Eiweißen anzureichern. Der Präfekt Méchin hatte das Verfahren am 28. Dezember 1802 in den „Präfekturakten" veröffentlichen lassen und dabei die Maires verpflichtet, Reumonts Methode bei der Zubereitung der Armenspeisen anzuwenden [90]). Die ökonomische Herstellung von Armensuppen war seitdem ein Thema, mit dem sich die Wohlfahrtsbüros wiederholt beschäftigten. Dazu erschien z.B. im Jahre 1812 in der kaiserlichen Druckerei zu Paris eine Schrift mit dem Titel „Instruction sur les soupes économiques", welche kostengünstige Vorschläge zur Herstellung von Armensuppen machte und zu diesem Zwecke bestimmte Zutaten wie auch geeignete Ofen- und Kesselanlagen empfahl [91]).

Wie in reichsstädtischer Zeit, so war auch unter den Franzosen die Armenfürsorge zu einem erheblichen Teil auf Einnahmen aus Kollekten und Stiftungen angewiesen, von denen einige besonders hervorgehoben werden sollen. So fand zwischen dem 28. März und dem 12. April 1803 eine Kollekte zugunsten des neu einzurichtenden Arbeitshauses (Theresianum bzw. später Josephinisches Institut) statt, an dem sich Personen vom Tagelöhner bis zum Fabrikanten und Rentier beteiligten und die beträchtliche Summe von 8 534 Francs 80 Centimes erzielten [92]). Eine weitere Kollekte erbrachte nochmals 2 000 Francs. Am 20. August 1804 stiftete Kaiserin Josephine dem Präfekten des Roerdepartements 16 500 Francs zur Verteilung unter die Hospizien und Ateliers de charité der Städte Aachen und Köln [93]).

Spendenwesen

Am 8. Mai 1805 trat das am 29. Januar d.J. abgefaßte Testament der Maria Isabella Gräfin von Harscamp (* 1724 Sept. 3, † 1805 Mai 8) in Kraft, das die Armen in Aachen mit erheblichen Geldsummen bedachte [94]). Die Gräfin entstammte einer in der Königstraße 47 wohnhaften Aachener Bürgerfamilie namens Brunelle. Für sie hatte sich der Traum vom Märchenprinzen verwirklicht, als Graf Pontian v. Harscamp zur Kur in Aachen weilte, sie kennen- und liebenlernte und am 3. September 1748 heiratete. Die Harscamp verfügten in Belgien, hier vor allem im Raum Namur, aber auch in Bayern, ja selbst in Ungarn und Polen über reichen Besitz und waren durch Eisenerzbergbau und Waffenschmieden reich geworden, so daß Maria Isabella – ihre Kinder waren schon früher verstorben – nach dem Tod ihres Gemahls am 1. Mai 1794 über ein großes Vermögen verfügte, das sie im hohen Alter zu einem beachtlichen Teil zugunsten ihres Geburtsortes Aachen einsetzte. So stellte sie zu Beginn des Jahres 1804 4 000 Francs für das Theresianum, das spätere Josephinische Institut, zur Verfügung [95]), und in ihrem Testament legte sie unter anderem fünf Legate fest, die Aachen betrafen:

– 1 710 Francs sollten an ihren Jahresseelgedächtnissen und an den Sonntagen unter die Armen Aachens verteilt werden,
– 2 600 frs. waren bestimmt für Arme, die durch Krankheit oder Alter mittellos geworden waren,
– 7 200 frs. für Bedürftige von tadellosem Leumund, deren Eltern einst im Wohlstand lebten und die sie durch ein Unglück verloren hatten,
– 3 600 frs. zur Unterstützung von 12 weiblichen Zölibatären aus dem Stand mittelloser Armer,
– 6 000 frs. für die Unterrichtung von 12 Knaben und Mädchen im Alter von 12 bis 21 Jahren aus armem Hause.

Nicht unerwähnt bleiben soll auch eine sonst nicht näher bekannte Therese von Kurzrock aus Preußen, die in Aachen verstorben ist und dem Josephinischen Institut die beträchtliche Summe von 12 155 Francs hinterlassen hat [96]).

Auch Bischof Berdolet bedachte die Aachener Wohltätigkeitsinstitute. In seinem Testament gab er eine größere Zahl bischöflicher und priesterlicher Paramente und verschiedene Schmuckstücke zum Verkauf frei und bestimmte den Erlös für die Armen [97]).

Napoleons Mutter stiftete während ihres Aachener Aufenthaltes im Jahre 1811 4 000 Francs für den Unterhalt und die Berufsausbildung von vier kleinen Kindern, die durch unglückliche Umstände oder durch den Tod von Vater oder Mutter aus geordneten Verhältnissen herausgerissen worden waren [98]).

In seinem schon mehrfach erwähnten Werk „Considérations sur le département de la Roer" aus dem Jahre 1811 preist de Golbéry die Caritas der Aachener Bevölkerung und lobt den in den vergangenen Jahren in der Armenfürsorge erreichten Standard:

> *„Man muß den mildtätigen Charakter der Aachener Einwohner durch Lobreden belohnen, denn solche verdienen die Einrichtungen, die diese Stadt den Armen, Schwachen, Alten und Kranken zur Verfügung stellt.*
> *Auch wenn diese Einrichtungen noch nicht den Grad von Wirtschaftlichkeit und Perfektion erreicht haben, die man an den Hospitälern und anderen frommen Institutionen des alten Frankreich bewunderte und heute noch bewundert, so werden sie doch bald nichts mehr zu wünschen übrig lassen und in dieser gewerbereichen Stadt, wo das Elend und die Gebrechlichkeit unaufhörlich aus sozusagen unerschöpflichen Quellen entstehen, voll ihren Zweck erfüllen"* [99]).

Insgesamt betrachtet, hatte die französische Armengesetzgebung und -praxis zu einer erfreulichen Einheitlichkeit in der Armenfürsorge geführt, die sich der preußische Staat nach 1814 zunutze machte und weiterentwickelte. Die Erfolge in der Armenfürsorge und bei der Bekämpfung der Prostitution und der Bettelei gingen allerdings im Befreiungskrieg 1813/15 und bei der Auflösung des Empire, vor allem wegen des Zusammenbruchs des französischen Wirtschaftssystems zunächst weitgehend verloren. So zählte man 1814 in den Aachener Pfarreien wieder fast 1 000 Hausarme [100]). In einem Brief eines unbekannten Beobachters heißt es 1816 über die Prostitution in Aachen:

> *„Auch soll es hier furchtbar liederlich hergehen, und Abends wimmeln die Straßen von den unglücklichen Dienerinnen der Venus cloacina, die schon mit 10 bis 12 Jahren zu diesem unseligen Berufe durch Eltern und Verwandte eingeweihet werden sollen, um das Fehlende, welches der Fabrik-Verdienst bey Tage dem Bedürfniß läßt, himmelschreyend bey Nacht zu ergänzen. – Was kann nun eine vernünftige, wohlwollende Regierung thun, solchen Uebeln zu steuern? – Verzeihung, daß ich Sie mit einem widrigen Gemählde so lange aufhielt, dessen täglicher Anblick mir meinen Aufenthalt in der Haupt- und Krönungsstadt Deutschlands nicht selten verbittert. – Die berühmten Quellen, die so vielen Kranken ihre verlorne Gesundheit wieder verschaffen, sind leider eben so wenig, als der simple Teich zu Bethesda, im Stande, solche Uebel, welche Leib und Seele von Grund aus verderben, wegzuwaschen"* [101]).

Der Kampf gegen das Bettelunwesen auf dem Lande war nach Ausweis des Amtsblatts der Aachener Regierung aus dem Jahre 1817 gleichfalls verloren. Dort hieß es:

„Nach mehreren Berichten der landräthlichen Behörden geht die Verwegenheit gefährlicher Bettler und Vagabunden auf dem Lande, selbst in Gegenden, wo die Noth noch nicht so groß ist, so weit, daß sie Brandbriefe legen, und mit vermummten oder geschwärzten Gesichtern nächtlicher Weise in Haufen vereinigt, in den Dörfern umher ziehen, und unter schweren Drohungen Geld und Lebensmittel von den Einwohnern fordern" [102]).

Die preußische Verwaltung war also um ihre künftigen Aufgaben auf sozialem Gebiet nicht zu beneiden.

I. Gesundheitswesen

Die Gesundheitsfürsorge und -pflege verteilte sich in reichsstädtischer Zeit auf mehrere Schultern. Der Rat der Stadt Aachen traf Vorsorge, indem er in seinen Edikten Vorschriften z.B. für den Marktverkehr, den Viehhandel oder die Straßenreinigung erließ und deren Ausführung durch Polizeikräfte mehr oder weniger gründlich überwachte. Die tätige Gesundheitspflege wurde zum geringsten Teil von der Stadt wahrgenommen, sondern oblag dem Privatmann selbst sowie den vom Magistrat beaufsichtigten Hospitälern und verschiedenen religiösen Gemeinschaften. „Medizinische Praxis", so schreibt Dieter Lenzen in seinem Beitrag zu Aachens Medizinalgeschichte, „lebte bis weit ins 19. Jahrhundert hinein hauptsächlich in der Volksmedizin. Verwurzelt in Überlieferung und Traditionen verwirklichte sie sich in Eigen- und Nachbarschaftshilfe, der Arbeit der Hebammen und Barbierchirurgen und dem weitverbreiteten Quacksalbertum. Abgesehen davon, daß die Universitätsausbildung der Ärzte eine ganz andere Verteilung der Lehrinhalte kannte als heute, wobei man Schwerpunkte auf Kosten einer praktischen Ausbildung vor allem im Studium der Philosophie setzte, konnten sich nur wohlhabende Patienten eine Behandlung durch diese akademischen Ärzte leisten. Zudem war die Arztdichte, zumal auf dem Lande, so gering, daß hier eine andere Form der Versorgung als eine volksmedizinische auch gar nicht denkbar gewesen wäre.
So standen im Mittelalter Ärzte, die an Universitäten ausgebildet waren, zunächst nur im Dienste des weltlichen und geistlichen Adels. Erst mit dem Erstarken des Bürgertums im 14. Jahrhundert fanden sie allmählich ihren festen Platz in den größeren Städten. Diese 'Stadtärzte', vom Magistrat angestellt und besoldet, besaßen ihren festumrissenen Aufgabenbereich. Neben der Versorgung der Siechen in den öffentlichen Spitälern hatten sie Beratungsfunktionen bei den seit dem 14. Jahrhundert gehäuft auftretenden Seuchen. Daneben übten sie auch die freie Praxis aus"[1].
Immerhin beschäftigte die Reichsstadt Aachen zu Beginn der 90er Jahre des 18. Jahrhunderts zwei Stadtärzte, Joseph Bardenheuer und Johann Theodor Kaentzeler[2], deren Aufgaben sich nunmehr über die Spitalpflege und die Behandlung Seuchenkranker hinaus auch auf die Prüfung der Chirurgen und Hebammen sowie die Aufsicht über die Apotheken erstreckte, was um so wichtiger war, als eine verbindliche Medizinalordnung noch nicht existierte. Neben den Stadtärzten praktizierten im Aachen des ausgehenden 18. Jahrhunderts noch etwa 13 weitere Ärzte, die auf eine akademische Ausbildung verweisen konnten. Daneben gab es eine unbestimmte Zahl von sog. Wundärzten, die als Handwerker in einer Zunft organisiert, vor allem die Chirurgie besorgten. Für die Geburtshilfe waren damals in der Stadt Aachen etwa 7 Hebammen tätig, die vom kirchlichen Sendgericht beaufsichtigt wurden. Wie schwierig es in dieser Zeit war, das Interesse für ein effektiveres Gesundheitswesen und für Gesundheitsfürsorge und -aufklärung bei den Verantwortlichen und in der Öffentlichkeit zu wecken, zeigt das Schicksal einer in Aachen gedruckten Schrift aus dem Jahre 1791, in welcher der Jülicher Arzt Bernhard Joseph Reyland den Nutzen der Pockenschutzimpfung propagierte. Dabei kritisierte er – wie Walter Vennen in seiner Abhandlung eigens hervorhebt – daß in Aachen „die Eltern alles, was ihre Voreltern ihnen nicht hinterlassen haben, und sie daher Neuerung nennen, ohne alle Prüfung verwerfen"[3]. Dazu schreibt Vennen weiter: „Es ist bezeichnend für die Situation in Aachen, daß der Druck mit all seinen deutlichen aufklärerischen Anklängen nicht beim Stadtbuchdrucker, sondern bei dem erst seit 1786 in der Stadt arbeitenden Drucker Schäfer hergestellt wurde... Ironie des Schicksals ist es, daß das vorliegende [einzig bekannte] Exemplar dieses Druckes fast 200 Jahre lang wohl nicht im Sinne des Autors breitenwirksam werden konnte, da es im März 1990 immer noch unaufgeschnitten war".

Militärspitäler Erst die Franzosen sorgten für einen allmählichen Wandel, der – aus der Sicht der Aufklärung – mangelhaften Zustände im Medizinalwesen. Dem neuen Geist der Humanität verpflichtet, ergriff der Staat regulierend und überwachend die Initiative. Ein erstes Ergebnis der neuen Denkart prä-

sentierte sich dem Aachener bereits während der ersten Besetzung der Stadt: gemeint ist die Einrichtung von Militärspitälern. Der humanitäre Gedanke, aber nicht zuletzt auch die politische Vernunft gebot es, dem für die Ideale der Revolution auf dem Schlachtfeld kämpfenden und verwundeten Mitbürger eine adäquate medizinische Fürsorge zu verschaffen. Die Zeiten des Ancien Régime, da man sich um den als Söldner angeworbenen verletzten Fremden erst nach der Schlacht zu kümmern pflegte, sollten der Vergangenheit angehören. Symptomatisch für diese neue Art des humanitären Denkens ist der Brief, den General Dampierre als letzte Amtshandlung unmittelbar vor dem Abzug seiner Truppen am Morgen des 2. März 1793 an den Aachener Maire Beissel schrieb und in dem er ihm die Fürsorge der nicht transportfähigen französischen Lazarettinsassen anempfahl[4]. Das Ziel einer optimalen medizinischen Versorgung war aber zunächst nicht erreichbar. Die mangelnde Versorgung der Revolutionstruppen mit Nahrung und Kleidung leistete Krankheiten Vorschub, die medizinische Ausrüstung war unzureichend, und es fehlte allenthalben an Ärzten, Chirurgen und Pflegepersonal; ein Mangel, den die Stadt Aachen – erst recht angesichts der eigenen unzureichenden Gesundheitsfürsorge – nicht ausgleichen konnte. Bei der ersten Besetzung war ein Teil der französischen Verwundeten und Kranken in das Hospital auf dem Radermarkt (Münsterplatz) und wohl in das Marianische Hospital auf der Jakobstraße gelegt worden. Bei der zweiten Besetzung wurden Klostergebäude und -kirchen unter anderem auch zur Einrichtung von Militärspitälern beschlagnahmt. Im Jahre 1794 gab es sieben solcher Spitäler in Aachen und Burtscheid: Karmeliterkloster, Kloster Marienthal, St. Leonhard, Abtei Burtscheid, Kloster der Regulierherren und der Franziskaner und die dem Elisabethspital gehörende Schervielsburg bei St. Adalbert. Aber auch diese Gebäude reichten kaum aus, um die große Zahl der Kranken, die an Sumpffieber, Ruhr, Typhus, Krätze, venerischen Krankheiten sowie an Stich- und Schußverletzungen litten, adäquat unterzubringen oder zu versorgen. Eine Zahl mag das Elend verdeutlichen: Von 100 000 Mann der Rheinarmee waren im Jahre 1794 etwa 12 000 erkrankt. Bis zum Jahre 1797 sollen allein in Aachen 7 000 Franzosen Opfer ihrer Krankheiten geworden sein und ein Massengrab am Fuße des Lousberges gefunden haben[5]. Welch schreckliche Zustände damals in den Spitälern herrschten, belegen Inspektionsberichte vom 4. Februar 1793 und 8. Januar 1795[6]. Das Militärspital im Karmeliterkloster war 1793 mit 309 Fieberkranken und 62 Verwundeten belegt. Küche, Essen, Magazine, Wäsche, Verbandszeug und Apotheke wurden für gut befunden, die Krankensäle hingegen waren unsauber bzw. feucht. Im Jahre 1795 fand man die fiebernden Krätzekranken im Regulierherrenkloster dicht beieinanderliegend vor. Die Apotheke war quasi leer. Die mangels Latrinen in Kübeln vor dem Krankensaal gesammelten Fäkalien verpesteten die Luft und gefährdeten die Genesung der Lazarettinsassen. Im Karmeliterkloster herrschten ähnliche Zustände. Hier war es zudem so kalt, daß die warmen Getränke und Speisen die Kranken gefroren erreichten. Während man das „Hôpital de la Victoire" im Leonhardskloster dank der Sorgfalt des Direktors – so wird hervorgehoben – in gutem Zustand vorfand, beurteilten die Inspektoren das „Hôpital de Borcette" als eine faulige Kloake (cloaque de putridité). Man war fest entschlossen, hier Abhilfe zu schaffen.
Nachdem der Friede von Campo Formio im Jahre 1797 Frankreich Teile des Rheinlandes in Aussicht gestellt hatte, verlagerte sich das Kriegsgeschehen in andere Gegenden, so daß sich die Zahl der zu versorgenden Kranken in Aachen verringerte, wodurch zum einen die Anzahl der Hospitäler auf drei, nämlich das „Hôpital de la Réunion" im Karmeliterkloster und angrenzenden Kloster Marienthal, das „Hôpital de la Victoire" im Leonhardskloster und das „Hôpital de Borcette" in der Abtei Burtscheid verringert werden konnte, zum anderen auch die Möglichkeit zur Verbesserung der Zustände in den einzelnen Hospitälern gegeben war. So entwickelte sich das Hospital im Karmeliterkloster bis zum Jahre 1808 zu einer Anstalt mit Vorbildcharakter, in der 600 Kranke versorgt werden konnten[7].
Die Aachener Lazarette wurden vorwiegend mit von „Krätze" befallenen Soldaten belegt, denn bei ihnen schlugen die schwefelhaltigen Wasser besonders wirksam an. Daher erklärt sich auch der neben „Hôpital de Borcette" übliche Name „Hôpital des geleux" für das Militärspital in der Abtei

Burtscheid. Die außergewöhnliche Heilwirkung der Thermalquellen führte im Jahre 1795 zur Einrichtung eines Militärspitals im Kaiserbad, das bis zum 9. Jahr der Republik (1800/1801) Bestand hatte.

Ein Übergreifen der in den Militärspitälern behandelten Krankheiten auf die Zivilbevölkerung konnte offenbar vermieden werden. Dies war insofern ein Erfolg, als sich die Krankenpflege – nachdem die Hospitäler der Reichsstadt Aachen 1792/93 und seit 1794 für militärische Belange beschlagnahmt worden waren – mehr noch als in vergangenen Tagen im privaten Bereich vollziehen mußte. Die Begräbnisbücher der Alexianer lassen jedenfalls nur einen mäßigen Anstieg der Sterbefälle in dem von Hunger und Kälte gekennzeichneten Katastrophenjahr 1795 erkennen [8].

Die Jury médical

Wirklich bedeutende Fortschritte machten das Gesundheitswesen und seine Verwaltung erst z.Z. des Konsulats und des Kaiserreichs Napoleons. Die Ausgangsbasis war aber durchaus noch schwierig. Das ersieht man daraus, daß die von mehreren Ärzten geplante Herausgabe einer „Gemeinnützigen medizinischen Wochenschrift" zur Gesundheitsfürsorge und -aufklärung noch im Jahre 1803 am Mangel an Abonnenten scheiterte [9]. Von dieser passiven Grundstimmung weiter Kreise ließen sich aber die Franzosen und einige aufgeklärte Aachener Bürger nicht schrecken. So wurde bereits im Jahre 1802 die sog. Hospizienkommission errichtet, deren fünf der Gemeindeverwaltung angehörenden Mitglieder die Verwaltung der Zivilspitäler der Stadt Aachen zu besorgen hatten. Wenig später entstand in Aachen eine „Jury médical", eine für das ganze Roerdepartement zuständige oberste Medizinalbehörde, deren Kompetenzen die der früheren Stadtärzte bei weitem überstieg. So war die Jury medizinische Prüfungs- und Aufsichtsbehörde zugleich. Sie überwachte ferner sowohl die Apotheker und Kräuterhändler als auch die Hebammen, welche sich in reichsstädtischer Zeit noch vor dem kirchlichen Sendgericht zu verantworten hatten, wie auch die sog. „Officiers de santé", jene Ärzte, die nicht an einer medizinischen Fakultät studiert, sondern in Spitalschulen oder bei einem niedergelassenen Arzt gelernt hatten und mit einem im Vergleich zur Universität kürzeren Studium ein weniger anspruchsvolles Examen absolvierten. Mit der Einrichtung des Berufsstandes „Officier de santé", in dem auch die früheren Wundärzte aufgingen, wollte man dem akuten Ärztemangel abhelfen und möglichst schnell ein flächendeckendes Gesundheitswesen aufbauen. Der neue Berufsweg war zugleich ein Beitrag zur Vereinheitlichung der Ärzteausbildung. Zur Prüfung der Medizinalpersonen trat die Jury einmal jährlich in Aachen zusammen. Den Vorsitz führte zumeist ein Professor der Universität Straßburg, Beisitzer waren die Ärzte Dr. Gerhard Reumont aus Aachen und Dr. Best aus Köln sowie vier Apotheker.

Aus den Angaben der im Jahre 1806 für das Arrondissement Aachen erstellten Medizinalstatistik ergibt sich – allerdings nur für Stadt und Land Aachen sowie die Stadt Jülich – eine ausreichende medizinische Versorgung der Bevölkerung [10]. In Aachen kam damals im Durchschnitt ein promovierter Arzt auf etwa 9 000 Einwohner, ein Wundarzt oder „Officier de santé" auf etwa 2 800 Einwohner, also ein „Arzt" auf etwa 2 100 Einwohner, ein Apotheker auf etwa 6 500 Einwohner und eine Hebamme auf etwa 3 500 Einwohner. Im Jahr 1808 gab es bereits für 27 168 Einwohner 10 promovierte Ärzte und 9 Officiers de santé [11].

Der Aufwärtstrend im Medizinalwesen wird auch darin deutlich, daß sich das im ehemaligen Karmeliterinnenkloster untergebrachte „Hôpital de la Réunion" von einem im Jahre 1793 beklagenswerten Quartier zur Unterbringung von Kranken bis 1808 zu einem Musterspital für 600 Personen entwickelt hatte [12].

Gerhard Reumont und die Pockenschutzimpfungen

Die Jury médical beschäftigte sich auch mit der Bekämpfung der Geschlechtskrankheiten, die vor allem dort erschreckend zunahmen, wo – wie in Aachen – Militär stationiert war. Desgleichen widmet sich die Jury der Bekämpfung der seit dem 17. Jahrhundert in Aachen und vor allem in Burtscheid wiederholt und heftig ausbrechenden Malaria. Zur Unterstützung ihrer Arbeit stiftete Napoleon im Jahre 1808 150 Kilogramm Chinarinde, die damals als einziges Gegenmittel galt [13].

Ihr besonderes Augenmerk richtete die Jury unter dem Einfluß von Dr. Gerhard Reumont auf die Pockenschutzimpfung. Gerhard Reumont wurde am 21. Mai 1765 in Aachen als zweiter Sohn des

Lambert Reumont, Inhaber einer Farbkesselgießerei und Mitglied des Aachener Rates, geboren. Sein Onkel war Richard Reumont, langjähriger Pächter der Aachener Spielbank [14]). Gerhard arbeitete in Recklinghausen und Köln als Apothekerlehrling, bevor er 1787 in Bonn das Medizinstudium aufnahm. Sein Lehrer Prof. Joseph Claudius Rougemont, ein Gelehrter von Rang, vermittelte ihm persönlich ein Studium in Paris bei dem berühmten Chirurgen Desault, der ihn im Frühjahr 1791 in den Kreis seiner Assistenten und Hilfsassistenten aufnahm und ihm eine hervorragende Ausbildung in Anatomie und Chirurgie vermittelte. Ein zweites Empfehlungsschreiben besaß er aus der Hand des Bonner Universitätsprofessors Eulogius Schneider, eines fanatischen Anhängers revolutionärer Ideen, der später zur Zeit der Schreckensherrschaft Robespierres sog. Öffentlicher Ankläger und Revolutionskommissar im Elsaß wurde, und schließlich beim Sturz Robespierres im Jahre 1794 unter der Guillotine endete. Durch Schneiders Empfehlungsschreiben an Robespierre, der damals allerdings noch keine maßgebliche Rolle spielte, erhielt Gerhard Reumont eine Einladung zu einer Sitzung des Pariser Jakobinerklubs. Auf Desaults Warnung hin verzichtete er jedoch auf eine politische Betätigung und wandte sich ganz der wissenschaftlichen Arbeit zu. In Paris wurde er auch mit den führenden Chemikern Lavoisier und Fourcroy bekannt. Als sich die politische Situation im April 1792 mit der Kriegserklärung Frankreichs an Österreich zuspitzte, riet Desault seinem Schüler, Frankreich zu verlassen. Gerhard Reumont setzte daraufhin seine Studien an der Universität von Edinburgh fort und hörte sowohl Chirurgie und Chemie und die übrigen Naturwissenschaften als auch Philosophie und Geschichte. Bereits vor Abschluß des Studiums wurde er zum Mitglied der Medizinischen und Naturwissenschaftlichen Gesellschaft von Edinburgh gewählt, für die er eine Abhandlung über die Sensibilität der Pflanzen schrieb. Im September 1793 gelangte er zur Promotion und kehrte anschließend nach Aachen zurück, wo er am Silvesterabend 1793 eintraf. Er ließ sich als Arzt nieder und wurde zum Leiter des Marianischen Spitals in der Jakobstraße gewählt. Später tauschte er diese Stelle gegen die des Spitalarztes von St. Elisabeth am Radermarkt. Seine Verbindungen nach England rissen unterdessen nicht ab. Seit 1795 gehörte er sogar der angesehenen Londoner Medizinischen Gesellschaft an.

Der Name Gerhard Reumont ist eng mit der Einführung der neuen Pockenschutzimpfung in Aachen verbunden, welche der englische Landarzt Edward Jenner (1749-1823) im Jahre 1796 entwickelt hatte. Sie beruhte auf der in bäuerlichen Kreisen gemachten Erfahrung, daß der Kontakt mit den vergleichsweise harmlosen Kuhpocken zu einer natürlichen Immunisierung gegen die Menschenblattern führte, jener schweren Viruserkrankung, die bei hoher Infektionskraft und der Übertragung durch Tröpfchen und Staub sowie durch Fliegen alle gesellschaftlichen Gruppen traf und durch Eiterblasen zu schweren Hautentstellungen, zu Taubheit oder Erblindung und in etwa 30 Prozent der Fälle zum Tode des Erkrankten führte. Bereits vor Jenners Entdeckung hatte man durch Übertragung von Pockeneiter frisch erkrankter Personen in die Haut gesunder Menschen (sog. Variolation, von lat. „variola" = Pocken) deren Abwehr gegen den Virus gestärkt, so daß bei entsprechender Infektion die Krankheit meist leichter verlief und seltener zum Tode führte. Bekannt war diese Methode in Europa im Prinzip seit dem 13. Jahrhundert, wurde aber erst seit Anfang des 18. Jahrhunderts in England vermehrt angewandt. Versuche des Jülicher Arztes Reyland im Jahre 1791, dieser Methode in Aachen den Weg zu ebnen, scheiterten offenbar (siehe oben, S. 250). Weil die Variolation gefährlicher war, wurde sie – sofern sie überhaupt angewandt wurde – nach und nach durch die von Jenner entwickelte Schutzimpfung mit Kuhpocken, der sog. Vakzination (von lat. „vacca" = Kuh) verdrängt. Als Gerhard Reumont im Jahre 1800 aus privaten Gründen nach London reisen mußte, nahm er die Gelegenheit wahr, mit Jenner in Kontakt zu treten. Er hospitierte bei ihm zwei Monate lang und ließ sich mit der neuen Impfmethode vertraut machen. Auf seiner Rückreise erhielt er in Paris Gelegenheit, vor dem französischen Nationalinstitut einen Vortrag über Jenners Blatternschutzimpfung zu halten. Der zufällig anwesende Erste Konsul Napoleon Bonaparte wurde dabei auf ihn aufmerksam, denn er erkannte sogleich die Bedeutung, welche diese Impfung für das

gesamte Staatswesen und die Heeresorganisation hatte. Napoleon gestattete ihm daher, auf der Heimreise durch zahlreiche nordfranzösische Städte die Jennersche Methode einzuführen.
Am 17. April 1801 nahm Gerhard Reumont die erste Impfung in Aachen vor, und zwar an einem Verwandten. Aufgrund seiner Qualitäten als Wissenschaftler und Impfarzt wurde er im Jahre 1802 in die schon erwähnte Jury médical berufen, der die Leitung des Gesundheitswesens im gesamten Roerdepartement oblag. In dieser Position vermochte er aktiv für die Verbreitung der neuartigen Pockenschutzimpfung zu werben, deren erste Erfolge sich bereits im Jahre 1804 zeigen sollten, als in Aachen und Burtscheid eine Pockenepidemie ausbrach, der in Burtscheid dank der Impfmaßnahmen nur 9 Personen, darunter 6 unterernährte Kinder, zum Opfer fielen [15]. In den deutschen Territorien hatte man zuerst in Wien (1801), dann in Preußen (1803) und schließlich in Bayern und Hessen mit der Vakzination begonnen.
Gerhard Reumont wurde bei der Einführung der neuen Impfmethode im Roerdepartement vom französischen Innenministerium und dem Präfekten des Roerdepartements unterstützt, die im Hinblick auf das Wohl der Menschen und den Zuwachs der Bevölkerung dem Pariser Vorbild entsprechend in Aachen die Einrichtung einer Hauptimpfungs-Gesellschaft (Société Centrale de vaccine) anordneten. Der Präfekt führte aus, „es sei ein Verbrechen gegen die Menschheit ..., den Fortgang derselben [der Impfung] nicht zu begünstigen" [16]. Den Vorsitz der Gesellschaft, welche sich am 18. September 1804 konstituierte, führte fortan der Präfekt, dem insgesamt 30 Mitglieder, darunter die Ärzte Reumont, Lesoinne, Solders, Bardenheuer und Schmitz, angehörten. Zur Verbreitung der Impfbereitschaft wurden Ärzte, das medizinische Personal, Arbeitgeber, Geistliche und alle „guten" Bürger aufgefordert, ihren Einfluß diesbezüglich bei der breiten Bevölkerung geltend zu machen. Auch Bischof Berdolet unterstützte die Aktion [17]. Die Société ordnete die unverzügliche Impfung der von Hebammen betreuten bzw. in Spitälern aufwachsenden Kinder an. In die Sekundärschulen sollten künftig nur noch Kinder aufgenommen werden, welche die „Kinderblattern" nachweislich überstanden hatten oder geimpft waren. So machte die Impfaktion gute Fortschritte. Im Jahre 1809 wurden in den Spitälern Säle zur Verfügung gestellt, wo an Sonn- und Markttagen unentgeltlich geimpft wurde. De Golbéry berichtet in seinen Betrachtungen über das Roerdepartement, daß in diesem Jahr 812 Kinder in Aachen und 88 in Burtscheid geimpft worden seien; im ganzen Roerdepartement 10 773, d.h. knapp die Hälfte der Geburten [18]. Die Krankheit war jedoch so verbreitet, daß der Innenminister am 17. Oktober 1810 den Generalvikaren des Bistums Aachen mitteilte, „die Behörden seien wegen der großen Ansteckungsgefahr angewiesen, den Kindern, die noch mit Blatternkrusten behaftet seien, den Eintritt in die Kirchen zu untersagen" [19]. Immer wieder wurde auch im folgenden Jahr auf die Gefährlichkeit der Krankheit und auf die Notwendigkeit von Impfungen hingewiesen. In der Departementszeitung „Journal de la Roer" ergingen diesbezüglich mehrere Aufrufe [20]. Im Jahre 1812 zog Gerhard Reumont in seinem Bericht an den Kaiser Bilanz und betonte, daß seit Einführung der Schutzimpfung im Roerdepartement die Geburtenziffer die Sterbeziffer zum ersten Male um 4 000 bis 5 000 überflügelt habe. Die noch immer auftretenden Epidemien hätten ausschließlich nur die getroffen, welche sich nicht hatten impfen lassen [21]. Die Zahl der Geimpften im Roerdepartement habe nunmehr 10 000 jährlich erreicht. Die Bereitschaft der Aachener Bevölkerung, sich gegen Pocken impfen zu lassen, war jedoch unterschiedlich stark ausgeprägt [22]. Sie war im Jahre 1812 bei den Unterschichten geringer als bei den sozial bessergestellten Gruppen. Nicht geimpfte Kinder gab es fast ausschließlich bei den römisch-katholischen Bewohnern; für religiöse Minderheiten – selbst für die sozial schwächste, die Juden – war eine ablehnende Haltung gegenüber Impfungen atypisch.
Im Jahre 1804 war Gerhard Reumont behandelnder Arzt der in Aachen weilenden kaiserlichen Familie. 1805 wurde er zum Epidemiearzt des Arrondissements Aachen mit der Aufgabe, Seuchen aufzuspüren und zu bekämpfen, ernannt und zum Inspekteur der Aachener Thermalbäder bestellt, eine Aufgabe, die er bis zu seinem Tode ausübte. Für seine Verdienste um die Pockenschutzimpfung ehrte ihn der Kaiser mit einer besonderen Medaille. Auch in preußischer Zeit war er hoch-

geschätzt und erhielt im Jahre 1816 den Titel eines Medizinalrates. Trotz seiner bedeutenden Rolle im Medizinwesen seiner Zeit hatte er es nicht verstanden, mehr als bescheidenen Wohlstand anzusammeln. Er hatte es wohl auch nicht gewollt. Bis zu seinem Tode am 27. August 1828 wurde das Impfprojekt weiter verfolgt, dann aber wieder vernachlässigt[23]). Die daraufhin immer wieder ausbrechenden Pocken-Epidemien wurden erst seit 1874 mit Erlaß des Schutzimpfungsgesetzes nachhaltig bekämpft.

Gerhard Reumont hatte mehrere Kollegen für die neue Impfmethode gewinnen können, namentlich Daniel Alertz, Johann Wilhelm Bardenheuer (-hewer), Kaspar Ludwig Dorschel, Johann Eisenhuth, Jean-Pierre Lefils, Georg Sartorius d.J., Matthias Solders und Johann Peter Schmitz. Dr. Bardenheuer impfte im Jahre 1812 allein in Aachen 876 Personen. Von April bis Juni 1813 wurden im Christenserinnen-Kloster über 700 Kinder gegen die Pocken geimpft, wofür der Aachener Bürgermeister v. Guaita durch öffentlichen Anschlag den Ärzten Dr. Gerhard Reumont und Kaspar Ludwig Dorschel dankte und damit den Aufruf an die Eltern verband, ihre Kinder gleichfalls impfen zu lassen (Exp. I 7).

Hygienemaßnahmen

Abgesehen von den Pocken schenkte die französische Regierung allen sich epidemisch ausbreitenden Krankheiten ihre besondere Aufmerksamkeit. In jedem Arrondissement wurde ein Epidemiearzt bestellt, mit der Auflage, Seuchen zu verhindern und gegebenenfalls zu bekämpfen. Im Arrondissement Aachen hatte – wie erwähnt – Gerhard Reumont diese Aufgabe übernommen. Zur Vorbeugung von Epidemien und sonstigen Krankheiten propagierten die französischen Behörden eine verbesserte Hygiene. Wie sehr man sie als Voraussetzung für die Gesundheit auch der Zivilbevölkerung erkannt hatte, zeigt schon ein Edikt der Aachener Zentralverwaltung vom 18. März 1795, das für die Zukunft die Leichenbestattung innerhalb der Stadtmauern, nämlich auf den Kirchhöfen der städtischen Pfarrkirchen, insbesondere in Grabgewölben, untersagte und die Einrichtung eines Friedhofes vor dem Kölntor befahl[24]). Am 5. Mai 1795 wurde dieser Friedhof hinter dem an der heutigen Monheimsallee gelegenen Friedhof der reformierten Gemeinde eingeweiht. Am 28. August 1803 wurde er allerdings – ohne daß die Gründe bekannt wären – vor das Adalbertstor (heutiger Ostfriedhof) verlegt[25]). Die hygienischen Bestimmungen von 1795 wurden in Dekreten Napoleons vom 12. Juni 1804 sowie vom 12. Juni und 23. Juli 1805 bekräftigt und teilweise ergänzt[26]).

Emissionsschutz

Zu den hygienischen Maßnahmen, die in französischer Zeit getroffen wurden, zählt auch das Zuschütten der sumpfigen Stadtgräben innerhalb der Ringmauern, welche durch ihre Ausdünstungen die Gesundheit der Einwohner bedrohten[27]). Der Reinheit der Luft wandte sich ein Dekret Napoleons vom 15. Oktober 1810 zu, das die Fabriken nach der Belästigung, die von ihnen für die Bevölkerung ausging, in drei Gruppen einteilte[28]). Die erste bedurfte nach Begutachtung durch die örtlichen Behörden und nach Befürwortung durch den Präfekten und das Innenministerium der Genehmigung des Stadtrats. Zu dieser ersten Kategorie rechnete das Dekret 32 Gewerbezweige, darunter Anlagen zur Verarbeitung tierischer Produkte, chemische Fabriken, Hersteller von Feuerwerk, Kohlenschweler, Gips-, Kalk- und Torfbrenner, Hanfröstereien, Wachstuch-, Papp- und Lackfabriken und Lederlackierer, aber auch Lumpenverwerter und sogar Schweineställe und zoologische Gärten. Für die Betriebe der zweiten Gruppe, die – anders als die der ersten – in den Wohngebieten liegen durften, sofern nachgewiesen werden konnte, daß ihre Produktion keine Belästigung für die Bevölkerung darstellte, genügte die Genehmigung des Präfekten. Die Betriebe der dritten Kategorie unterlagen nur der Genehmigung der Unterpräfekten, die diese gestützt auf Gutachten des Maires erteilten. Das Dekret des Jahres 1810 bezog sich nur auf künftige Projekte, galt nicht rückwirkend, gestand aber den Nachbarn bestehender schädlicher Anlagen Entschädigungen zu. Die französische Gesetzgebung erwies sich auch hier als enorm fortschrittlich. Das schon viel weiter industrialisierte England brachte erst um die Mitte des 19. Jahrhunderts ein Immissionsschutzgesetz auf den Weg. Ähnlich sah es in Österreich, Italien und Belgien aus. Kritisch muß jedoch angemerkt werden, „daß der eigentliche Arbeiterschutz bei den geistigen Ahnherren des Dekrets

Wasserschutz

keine Rolle spielte und die gesundheitliche Gefährdung der in diesen Betrieben Beschäftigten nolens volens als quantité négligeable angesehen und in Kauf genommen wurde"[29].

Wie der Luft, so schenkten die Franzosen auch dem Wasser ihre Aufmerksamkeit, und hier insbesondere den Mineral- und Thermalquellen, die man als Medikamente verstand und deren Reinhaltung, Anwendung und Verkauf es zu überwachen galt. Dies betonte schon am 18. Mai 1799 ein umfangreicher Beschluß des Direktoriums in Paris, demzufolge zur Kontrolle der Mineralquellen besondere Aufsichtsbeamte eingesetzt werden sollten[30]. Am 23. April 1800 wurde die Verpachtung und Verwaltung der Quellen und Bäder geregelt, und am 13. November 1805 legte Napoleon die Überwachung der Aachener Quellen und Bäder in die Hände sog. Medizinalinspektoren. Für Aachen ernannte er Gerhard Reumont, für Burtscheid Johann Peter Schmitz.

Überwachung des Gesundheitspersonals

Abgesehen von der Seuchenbekämpfung, der Propagierung der Hygiene und der Überwachung von Luft und Wasser beschäftigte sich die französische Verwaltung – wie weiter oben schon anklang – mit der Ausbildung und der Überwachung des im Gesundheitsbereich tätigen Personals. So wurden z.B. die Apotheker nunmehr einer eingehenden Kontrolle unterworfen. Im 18. Jahrhundert hatte sich die Anzahl der Apotheken unkontrolliert vergrößert, weil jedes Mitglied der Krämerzunft – mangels anderer Richtlinien – eine Apotheke eröffnen durfte. Der 1797 wieder eingesetzte alte Aachener Rat versuchte, dieser Entwicklung entgegenzusteuern, indem er Eignungsprüfungen für die Betreiber vorschrieb und die Aufsicht verstärkte. Seit 1802 wurden die französischen Behörden auf diesem Gebiete verstärkt tätig. Seitdem mußten sich alle Apotheker-Kandidaten der Jury médical zum Examen stellen, und noch im selben Jahr wurde mit den Visitationen der bestehenden Apotheken im Roerdepartement begonnen. Schon im Jahre 1803 gab es in Aachen nurmehr sieben, im Jahre 1812 acht Apotheken.

Durch die schlechten Erfahrungen der Vergangenheit belehrt, sah man sich nun auch veranlaßt, den Verkauf von Drogen und Arzneien allein den vom Staat approbierten Apothekern vorzubehalten. Ihnen war der Verkauf von „verdorbenen Arzneien" verboten, der von „Geheimmitteln" und „Spezialzubereitungen" wurde strengen Auflagen unterworfen. Der Verkauf von Giften wurde reglementiert und durch die Einführung der von den Maires oder Polizeikommissaren zu überprüfenden Giftverkaufsbücher überwacht.

Auch die Ausbildung der Hebammen sollte normiert und kontrolliert werden. Seit 1802 wurden in Köln auf Befehl des Präfekten des Roerdepartements unentgeltliche Kurse zur Geburtshilfe durchgeführt, und am 27. August 1808 öffnete auf Beschluß des damaligen Präfekten Lameth in Köln eine Hebammenschule. Mit Dekret Napoleons vom 5. Mai 1810 wurde in Paris unter der Schirmherrschaft der Kaiserin die Société maternelle begründet, welche aus 1 000 Damen der Gesellschaft bestehen und in den „bonnes villes" Frankreichs sog. „Verwaltungsräte" bilden sollte[31]. Ziel der Gesellschaft war die Unterstützung bedürftiger Wöchnerinnen.

Behandlung von Geisteskranken

Im Bereich der Gesundheitsfürsorge ist besonders auch die Sorge der Franzosen um die geistig verwirrten Mitbürger hervorzuheben. Die sog. Irrenfürsorge oblag in Aachen seit dem Mittelalter – zunächst in häuslichem Besuch, seit dem Anfang des 17. Jahrhunderts in stationärer Behandlung – den hier ansässigen Alexianerbrüdern, deren verständnisvoller Pflege es zu danken ist, daß den geistig verwirrten Menschen das Schicksal der Tollhäuser anderer deutscher Städte, die nicht selten an Sonn- und Feiertagen den „normalen" Menschen gegen Eintrittsgeld zur Belustigung offenstanden, und in denen Personal von zweifelhaftem Ruf mit dem Ochsenziemer therapierte, in Aachen weitgehend erspart blieb[32]. Nach dem Frieden von Campo Formio (1797) gingen die Franzosen daran, die Verhältnisse im Mutterland auf das Rheinland zu übertragen. Auf dem Sektor der Irrenpflege waren sie geprägt von den französischen Ärzten Philippe Pinel (1745-1826) und Jean Etienne Dominique Esquirol (1772-1840), mit deren Namen „nicht nur der Beginn ärztlich-psychiatrischen Interesses, sondern auch eine neue Auffassung über Unterbringung und Wartung dieser Kranken"[33] verbunden ist. Was die Raumfrage und Pflege betraf, war in Aachen der Boden für eine moderne Irrenpflege bereits gelegt. Dennoch hatten die Alexianer zu verschiedenen Malen mit der französischen Verwaltung zu kämpfen, die sich an dem religiös-kirchlichen Charakter ihres Instituts stieß. Über die Arbeit der Brüder schrieb de Golbéry im Jahre 1811, hier übersetzt nach Schmitz-Cliever: „Diese Klosterbrüder verstehen so gut, die unglücklichen Irren zu lenken, daß sie in kurzer Zeit dazu gelangen, auch die wildesten zu beruhigen und zu leiten, ohne harte Mittel anzuwenden"[34]). Im Jahre 1804 wurde das zwei Jahre zuvor säkularisierte Annuntiatenkloster als Irrenhaus für weibliche Personen eingerichtet. Es diente allerdings nicht nur diesem Zweck, sondern auch als „Korrektionshaus", d.h. der Unterbringung schwer „erziehbarer" Frauen[35]), was die Anwendung der neuen psychiatrischen Wissenschaft zugunsten der wirklich Kranken doch sehr erschwerte. Der 1802 entwickelte Plan, auch das Christenserinnen-Kloster mit dem benachbarten Kapuzinerkloster zu vereinigen und gleichfalls als Irrenhaus zu verwenden, kam indessen nicht zur Ausführung. Auch wenn die von den Franzosen in Aachen geförderten Irrenhäuser psychiatrischen Ansprüchen noch nicht genügten, so war doch – gemessen an den Zuständen in reichsstädtischer Zeit – eine Besserung eingetreten. Die Irrenfürsorge war nicht mehr nur Akt der Caritas der Alexianer, sondern wurde nun als staatliche Aufgabe ins Bewußtsein der Öffentlichkeit gerückt. Die verwaltungsmäßige Erfassung des Problems durch die Hospizienkommission wurde vorbildlich, so daß die preußische Verwaltung später darauf aufbauen konnte, und auch qualitativ war ein Wandel eingetreten: Nunmehr hatten alle Bürger einen Anspruch auf Versorgung, und die geistig Verwirrten galten als Kranke, die unter Umständen geheilt werden konnten. Bei der Behandlung der Unheilbaren bewahrten sich die Verantwortlichen die Erinnerung an die in der Revolution verfochtene Idee von der persönlichen Freiheit des Individuums und waren sich infolgedessen der Problematik der Zwangsasylierung stets bewußt.

Fortschritte auf dem Gebiet der Medizin gab es auch in der Tierheilkunde. Sie hatte bis dahin fast ausschließlich in den Händen der Tierbesitzer gelegen, die nach eigenen oder fremden Erfahrungen oder tradierten Rezepten kurierten[36]). Hatten sich schon die Humanmediziner, die Apotheker und das sonst im humanmedizinischen Bereich tätige Personal auf Befehl des Präfekten des Roerdepartements zur Erteilung der Berufserlaubnis in Register eintragen lassen müssen, so wurden auch die sog. Veterinärmediziner im Jahre 1804 zur Einregistrierung aufgefordert. Dabei stellte sich heraus, daß viele ohne legalen Titel waren. Ihnen wurde daher eine weitere Berufsausübung untersagt, es sei denn, sie fanden sich zum Besuch der Veterinärmedizinschule in Alfort (Dep. Seine) bereit. Ein kaiserliches Dekret vom 15. Januar 1813 schließlich regelte den Berufsgang neu und sah die Errichtung weiterer Schulen vor. So wurde Aachen im Verlauf des Jahres 1813 als Standort einer solchen Veterinärmedizinschule ausersehen, und es kam sogar schon zur Ernennung eines vorläufigen Leiters[37]. Das Projekt konnte jedoch wegen des Zusammenbruchs des Kaiserreichs nicht verwirklicht werden, und so sollte es noch fast ein Jahrhundert dauern, bis die Tiermedizin akademischen Anforderungen genügte. Eine staatliche Überwachung des Gesundheitszustandes des Tierbestandes im Roerdepartement war übrigens seit dem Jahre 1811 ins Auge gefaßt worden.

Tierheilkunde

Auch wenn an dieser Stelle nur einzelne Teilaspekte des Gesundheitswesens angesprochen werden konnten, so stehen die Verdienste der Franzosen in diesem Bereich doch außer Zweifel, so daß man mit Egon Schmitz-Cliever äußern darf: „Auf den Gebieten der Gesundheitspolizei, der Sozialfürsorge, des Impfwesens, der Berufsaufsicht über Ärzte, Chirurgen, Apotheker und Hebammen, des Spital- und Lazarettwesens, der Bekämpfung des Pfuschertums, der Nahrungsmittelaufsicht und der allgemeinen Hygiene wurden jene Ideen in die Tat umgesetzt, die die Aufklärung des 18. Jahrhunderts als erstrebenswerte Ziele verkündet hatte"[38]).

Für die Umsetzung arbeitsmedizinischer Erkenntnisse war die Zeit allerdings noch nicht reif, obgleich die Mißstände bekannt waren und für den Bereich Burtscheid von dem dort praktizierenden Arzt Dr. Friedrich Ernst Hesse (1775 Okt. – 1806 Mai 31) in seiner 1804 bei Witwe Offermanns in Aachen gedruckten Schrift „Einige medizinische Nachrichten und Bemerkungen über Burtscheid bei Aachen" (Exp. I 1) einer breiteren Öffentlichkeit bekannt gemacht worden waren[39]). Sein Buch

Gesundheitliche Zustände in Burtscheid

bezieht sich zwar auf Burtscheid, dürfte aber im wesentlichen auch für Aachen Gültigkeit gehabt haben, weshalb hier ein längerer Auszug wiedergegeben wird [40]):

> „Der Flecken Burtscheidt zählt ohngefähr 200 Häuser und 3650 Einwohner; ein Verhältniß, welches außerordentlich zu Gunsten der hiesigen menschlichen Fruchtbarkeit spricht.
>
> Wie in allen denen Orten, Städten oder Flecken, welche fast nur aus Fabricken bestehen, sieht man auch hier Reichthum und Armuth, Wohlhabenheit und menschliches Elend unmittelbar nebeneinander.
>
> Die Wohnungen der ersten und vornehmsten Classe der Einwohner sind größtentheils der Gesundheit gemäß, luftig und durchgehends von Stein gebaut. Es ist nur schade, daß man in diesen Häusern mit der Reinlichkeit fast zu weit geht und diese vorzüglich in dem vielen Waschen und Schauern der Fußböden mit heissem Wasser sucht. So lobenswerth diese Vorliebe zur Reinlichkeit einerseits ist, so verdient sie anderseits den Vorwurf, daß durch das so viele Waschen und Schauern mit heissem Wasser unangenehme und ungesunde Dünste erzeugt werden, die selbst nachdem der Fußboden wieder trockner geworden ist, sich noch lange verweilen; nicht zu gedenken, daß dadurch auch dem Hause selbst ein allmäliger Schaden zugefügt wird.
>
> Die Wohnungen des Mittelstandes sind meistens weniger der Gesundheit gemäß gebauet. Man findet in ihnen mehr steinerne Fußböden statt von Holz, und statt der luftreinigenden Kaminen öfterer Stubenofen. Auch sind die Stuben nicht selten niedrig und mehr oder weniger enge.
>
> Ungesund aber sind fast durchgehends die Wohnungen des dritten Standes, der gemeinen Arbeitsleute; diese sind gewöhnlich niedrig, dumpfig und feucht. Hier befindet sich gewöhnlich die ganze oft zahlreiche Familie beyeinander, und arbeitet, ißt und trinkt, und betet und bettet sich beysammen.
>
> Was diese Wohnungen besonders ungesund macht, sind die in einem niedrigen und mit einem Deckel versehenen Ofen glimmenden Steinkohlen, deren scharfe saure Dünste, verbunden mit den Ausdünstungen der in der Wohnung selbst verschiedener Weise zubearbeitenden Wolle, dem Lambenschwaden, u.d.gl. einen äußerst wiedrigen Geruch erzeugen und leicht mancherley Brustbeschwerden, Nervenaffecte, Bleichsucht, Wassersucht u.s.w. verursachen.
>
> Widrig ist der Eintritt in die Wohnungen der vierten Klasse, der Armen. Diese wohnen meistens in noch engeren und feuchten und dabey äußerst schmutzigen und mit allerley bösen Ausdünstungen angefüllten Kammern. Gewöhnlich sind die Fußboden derselben, wenn nicht mit Ziegel- oder blauen Steinen, mit festgestampfter Leimerde [Lehm-] belegt. Diese schlechte Beschaffenheit der Kammern, abgerechnet die übrigen der Gesundheit nachtheiligen Umstände der Bewohner, als: Mangel an genugsamer und schicklicher Nahrung und Pflege, Kummer und Nahrungssorgen, ist allein für sich schon hinreichend den Körper siech und elend zu machen, und besonders die festen Theile des Körpers zu schwächen. Der Mangel an gnugsamer Handarbeit und die da herrührende Unthätigkeit des Körpers dieser Armen trägt natürlicher Weise auch vieles zu den Krankheiten dieser Menschenklasse bey.
>
> Ein äußerst unangenehmes Gefühl erweckt nun endlich der Eintritt in die Wohnungen der letzten Klasse der Einwohner, der Klasse der ganz Armen. Hier findet man das Gemälde des menschlichen Elends vollkommen getroffen: Hunger, Kummer und Krankheit beysammen; kaum Stroh genug, zwischen zwey oder drey alten Brettern oder gar auf der feuchten Erde, zum nothdürftigsten Lager gestreuet, kaum

Matten oder Lumpen genug zur Bedeckung des halbnackenden Leibes, kaum Brod genug zur Stillung des Hungers und zum Mittheilen desselben an die halbnackenden Kinder! Wer dieses Bild des menschlichen Elends zu übertrieben finden sollte; den kann ich leider täglich aus Erfahrung überzeugen, daß es mit den Farben der Wahrheit gemahlt ist.

Was nun die Lebens- und Nahrungsart der hiesigen Einwohner betrifft, so sind diese eben so verschieden, wie der Stand derselben.

Der Vornehmere und Reichere hält im Durchschnitt eine regelmäßige Lebensart und genießt im allgemeinen eine gesunde und fleischreiche Nahrung. Zwar ist der Genuß zu fett zubereiteter Speisen und die gewöhnliche Verspätung seiner Abendmahlzeit ein Diaetfehler der mehresten dieses Standes, jedoch scheint der mäßige und beliebte Genuß eines guten Weins diesen Diaetfehler wieder etwas gut zu machen. Man findet übrigens bey diesem Stande keine besonderst eigenthümliche Krankheiten.

Fast dasselbige, nur mit einiger Einschränkung kann man auch von der Lebens- und Nahrungsart des zweyten Standes, der wenigen bemittelten Einwohner sagen. Auch ihre Kost ist fett und ziemlich fleischreich jedoch consistenter. Zum Hauptgetränk steht das Bier vor dem Wein, welches auch den Trinckenden gewöhnlich gut bekömmt, aber auch allezeit ihnen gut bekommen würde, wenn es mit seiner guten und schlechten Beschaffenheit nicht so häufig abwechselte, wie es doch fast der tägliche Fall ist; auch von diesem Stande kann man nicht sagen, daß besondere Krankheiten ihm ganz eigen wären.

Die Lebensart und die Nahrung des dritten Standes, der gemeinen Arbeitsleute, ist, wie ihre Arbeit, tagesordnungsmäßig, einförmig und nicht ganz zum Besten ihrer Gesundheit eingerichtet. Ihre gewöhnliche Kost sind Kartoffeln, Mohren, Hülsenfrüchte, Gerstengraupen-Suppen und schwere kleistrige Buchwaitzenkuchen; übrigens wenig Fleisch, dagegen öfterer Speck, auch manchmal harter Stockfisch; dabey ein nicht gut verdauliches schwarzes Rokkenbrod, welches aus von der Kleye noch nicht gereinigtem Mehl gebacken ist. Ihr Getränk ist ein sehr dünn gebrühetes Kaffe- und Cichorienwasser, schaaler Thee und dünnes schlechtes Bier. Zur Erquickung trinken sie den überhaupt hier sehr beliebten Wachholderbrandtwein, der zwar meistens in reichlicher Quantität, dagegen aber von desto geringerer Qualität und Stärke getrunken wird. Diese Diät, verbunden mit ihrer meistens ungesunden Arbeit, ist hinreichend, allerley Krankheiten zu erzeugen, besonders Verstopfungen der Eingeweide des Unterleibs und deren Folgen. Die Kinder dieser Leute sehen gewöhnlich ungesund aus, haben dicke Bäuche und Würmer.

Die Lebensart und Nahrung der Armen, besonders die der ganz Armen zu beschreiben, scheint mir überflüßig zu seyn. Auch richtet sich letztere sehr nach Verschiedenheit der öftern milden Gaben vermögender Nachbaren an Speise und Trank, dem einzigen Mittel, welches sie manchmal in ihrem Elende erquickt und ihnen Trost giebt.

Daß von der schlechten Beschaffenheit dieser letztern Nahrungsarten allerley Krankheiten entstehen, läßt sich wohl leicht begreifen.

Nun ein Wort von den Krankheiten, welche von den verschiedenen Arbeiten der hiesigen Fabriken entstehen.

Die Bearbeitung der Schaafwolle, das sogenannte Brauen in heißem Wasser, wozu man sich hier gewöhnlich des heisen Mineralwassers bedient, ist die erste Arbeit, und giebt auch den ersten Beweiß von den mannichfaltigen für den Körper mehr oder weniger schädlichen Einwirkungen der Wolle- und Tuchbearbeitung. Die

Dünste der in dem heißem Wasser rohen von allen ihrem Unrath zu reinigenden Wolle, mit dem Zusatz des meistens faulen stinkenden Urins, verursachen dem mit dieser Arbeit beschäftigten Arbeiter oftmals Ekel, selbst Erbrechen, Husten u.d.gl.

Die Arbeit des Wollwaschens, welcher sich meistens Weiber unterziehen, ist wegen der dabey unvermeidlichen Aussetzung des Körpers der abwechselnden Kälte, Nässe, und Wärme in freier Luft und der dabey erforderlichen Anstrengung des Oberleibs und der Arme, offenbar für die Gesundheit nachtheilig. Verkältung, Katharr, Gicht, geschwollene Füße, Brüche und andre Leibesschaden des weiblichen Geschlechts, sind nicht seltene Folgen dieser Arbeit.

Die für den Körper gewiß nachtheiligste Arbeit ist nun aber das Tragen der Wolle in den Körben, besonders der gewaschenen und noch nassen Wolle. Leider sind es gewöhnlich Frauenzimmer, die diese Arbeit verrichten und selbst hochschwangere sieht man öfters die Strassen mit dieser Last durchwandern. Welche Anstrengung, welche Erschütterung muß nicht eine solche Last, die gewöhnlich 120 bis 150 Pfund beträgt, den tragenden Personen verursachen, vorzüglich beym Herabgange der so senkrechten Straße hierselbst. Ich kenne eine Frau, die unmittelbar während diesem Lasttragen eine zu frühzeitige Geburt und großen Blutverlust erlitt. Daß eine solche Arbeit den Frauen, besonders den Schwangern bewilligt wird, wiederspricht gänzlich der Vorsorge einer vernünftigen medizinischen Polizey.

Das Wolleaufklopfen ist eine leichte und gesunde Arbeit, nur das darauf folgende sogenannte Wolleaufrecken ist vornemlich dann der Gesundheit nicht vortheilhaft, wenn diese Arbeit, wie meistens, von Weibern geschieht, welche, besonders wenn sie gerade schwanger sind, sich leicht durch diese Arbeit schaden können.

Was die Arbeit des so genannten Plüsens und des Kratzens der Wolle betrifft, scheint mir dieses nicht eine ungesunde Arbeit zu seyn; es seye denn, daß das dabey gewöhnliche anhaltende Sitzen, besonders in feuchten Gemächern, nachtheilige Wirkungen auf den Körper haben könnte.

Ungesunder ist aber augenscheinlich das Spinnen der Wolle, welches fast durchgehends von Frauenspersonen verrichtet wird. Das Strecken des einen Arms, um die Fäden in die Länge zu ziehen und die dabey erforderliche jedesmalige Beugung des Oberleibs zur Seite, kann leicht böse Folgen, besonders für Schwangere oder noch nicht ausgewachsne Mädchen verursachen.

Die Bereitung der so genannten Ketten ist eine Arbeit, welche in medizinischer Rücksicht keine weitere Bemerkung erfordert, nur das Leimen derselben könnte wohl wegen der Hitze des Leimwassers den nackenden Füßen schädlich seyn, besonders dann wenn sich daran offene Stellen und Geschwüre befinden, welche bei diesen Arbeitern nicht selten bemerkt werden.

Die Arbeit des Webers ist wegen der dabei erforderlichen Stellung des Körpers, wobey Bauch und Brust gegen den Weberbaum gedrückt ist und die Füße hängend sind, wodurch also die Brust verengert, das Zwergfell in die Höhe getrieben, die Verdauung gestöhrt und die Ursache von geschwollenen Beinen gegeben wird, allerdings sehr ungesund. Daher trift man so häufig Engbrüstigkeit, Husten, Unverdaulichkeit, aufgedunsenen Leib, Wassersucht, offene Beine bey ihnen an. Von dem anhaltenden Sitzen des Webers auf dem harten Brett am Webestuhl entstehen auch sehr häufig Hämmorhoidalbeschwerden.

Die Arbeit des Noppens der Tücher ist zwar vielleicht die leichteste, jedoch wegen des dabey gewöhnlichen anhaltenden Stehens, in medizinischer Rücksicht nicht ganz von Anklage frey. Es sind gemeiniglich Frauenspersonen welche diese Arbeit verrichten, und diese haben nicht selten allerley Beschwerden davon, als Folgen des anhaltenden Stehens, nemlich Vorfall der Gebärmutter, der Mutterscheide, Schwäche überhaupt des Unterleibs, weißen Fluß, geschwollene Füße, u.s.w.

Was diese Uebel noch mehr befördert und unterhält, ist das Tragen der schweren Tücher, welchem sich die Nopperinnen unterwerfen, um das zu noppende Tuch zu hohlen oder das genopte wieder an seine Behörde zu tragen. Es wäre in der That zu wünschen, daß dieses Lasttragen den Frauenspersonen nicht gestattet würde.

Von dem Walken der Tücher, welches aber nicht [in] Burtscheidt, sondern in denen mehr oder weniger benachbarten Walkmühlen geschieht, läßt sich in medizinischer Rücksicht so viel bestimmen, daß es ein Geschäft ist, wobey der der Nässe ausgesetzte Arbeiter leicht Catharre und Rheumatismen bekommt.

Noch mehr aber leidet der Rauher. Dieser steht anhaltend in der Nässe und dabey verrichtet er seine Arbeit mit beständig in die Höhe reichenden Armen. Von der Nässe erleidet er sehr leicht die Folgen der Erkältung, und die Anstrengung seines Oberleibes und seiner Arme setzt ihn immer der Gefahr aus, einen Bruch zu bekommen.

Das anhaltende Stehen beym Scheeren der Tücher verursacht nicht selten geschwollene Füße, und der durch diese Arbeit erregte feine Wollstaub sehr leicht Husten und Engbrüstigkeit.

Die Tuchfärber leiden von den Ausflüssen und Ausdünstungen der Farbmaterialien, als der Vitriolsäure, des Scheidewassers, der Pottasche, des gemahlten und kochenden Indigo, der Auflösung desselben mit Vitrioloel und der Salpetersäure, um der Kochenille das gehörige Corpus zu geben, u.s.w. allerley Brustbeschwerden. Besonders schädlich und Lungenangreifend ist das Schwefeln der Tücher. Die meisten dieser Arbeiter haben ein blasses hektisches Aussehen, kurzen Athem, Engbrüstigkeit, trockenen Husten u.d.gl. Am Farbkessel empfinden sie die Wirkungen der heisen Dämpfe, welche mit verflüchtigen Färbestoffen angefüllt sind, und sie müssen in ihnen beharren, bis zur Zeit, wo sie die gefärbten Tücher in kaltem Wasser ausspühlen. Welcher Wechsel der Athmospähre, der Wärme und der Kälte! Daher so oft Erkältung, kalte Geschwulste, kalte Fieber, u.s.w.

Das Ausklopfen der Kreide-weiß gefärbten Tücher erzeugt durch den davon entstehenden Staub, den der Arbeiter unvermeidlich einschluckt und der sich in den Zweigen der Lungenröhre festsetzt, oftmals den anhaltendensten Husten, Engbrüstigkeit und Lungensucht.

Die Arbeit des sogenannten Plüstern der Tücher ist im allgemeinen eben keine ungesunde Arbeit, jedoch in dem Fall, wenn das zu plüßtrende Tuch eine grelle oder wie man zu sagen pflegt eine schreyende Farbe hat, z.B. die scharlach rothe, ist sie für das Auge empfindlich.

Nicht allein sehr beschwerlich sondern auch nicht ganz gefahrlos für die Gesundheit ist das Tuchanschlagen an die Rahmen, besonders wenn diese etwas zu hoch für die Arbeiter sind. Der Leib des Arbeiters wird, während daß dieser das Tuch in die Höhe zieht um es oben an die Rahmen zu befestigen, nach oben sehr ausgespannt, in diesem Augenblick öfnet sich der Bauchring, bey welcher Gelegenheit sich der Arbeiter sehr leicht einen Bruch zuzieht. Ich habe Gelegenheit gehabt, einen solchen Fall sogleich nach seinen Entstehen zu bemerken.

Die letzte Arbeit in der Tuchfabrik, das Pressen der Tücher, erfordert zwar eine große Anstrengung des Leibes, jedoch ist diese Arbeit gerade dieserwegen nicht zu den ungesunden, wohl eher zu unvermuthet gefährlichen Arbeiten zu rechnen.

Außer den hier angezeigten Nachtheilen und Krankheiten, welche von den verschiedenen Wolle- und Tuchbearbeitungen herrühren, giebt es in Burtscheidt noch eine allgemeine Krankheit, welcher im Durchschnitt alle Wolle- und Tucharbeiter unterworfen sind, nemlich – die Krätze.

Auch die verschiedenen Arbeiten in den Nadelfabriken verursachen mancherley Krankheiten.
Das Durchschneiden des Drathes, wenn solches durch eine Wassermühle geschieht, ist für den Arbeiter zwar eben nicht beschwerlich, aber ungesund und beschwerlicher ist eben diese Arbeit, wenn die Blätter der den Drath durchschneidenden Scheere nicht durch eine Wassermaschine angedrückt werden, sondern wo der Arbeiter genöthigt ist, die Scheere jedesmahl vermittelst eines Druckes mit seinem Unterleibe zum Durchschneiden des Drathes zu zwingen. Solche so öfters zu wiederhohlende Anstrengungen könnten wohl nicht wenig zu Brüchen disponiren, ja bey dem anhaltenden Stehen dabey, auch wohl Brüche selbst erzeugen.
Den Drath oder die sogenannten Schachten, oder eigentlich die vermittelst der Scheere durchschnittenen und darauf vermittelst zweyer Ringe zusammengehaltenen, Drathbündel zu glühen und darauf durch Waltzen auf dem Erdboden oder einer auf der Erde liegenden eisernen Platte zu richten, ist eine Arbeit, die wegen der dabey nothwendigen Lage des vorübergebeugten Körpers auf der Erde und der bey den Waltzen emporsteigenden Dünsten glühenden Drathes für den Körper, besonders aber für die Brust sehr angreifend ist und leicht Engbrüstigkeit und Lungensucht erzeugt. Einige, wiewohl nur wenige dieser Arbeiter sichern sich gegen diese schädlichen Einwirkungen auf ihren Körper dadurch, daß sie ein fett geschmirtes Butterbrod kauen und während der Arbeit im Munde behalten. Wie nützlich dieses Mittel und zugleich wie gefährlich die Einhauchungen gedachter Metalldünste sind, bemerkt man deutlich aus der rothen Farbe des gekaueten Butterbrods, wenn solches während der Arbeit eine Zeitlang im Munde behalten und darauf wieder herausgenommen worden ist.
Die Arbeiter, welche das Geschäft haben die Nadeln zu spitzen, leiden öfters an Verkältung des Unterleibes, die ihnen wahrscheinlich der äußerst schnelle Gang des Schleifsteins, auf welchen sie die Nadeln spitzen, zuzieht. Manchmal springt beym Schleifen ein Spitzchen von der Nadel ab und ins Auge. Der Arbeiter hilft sich zwar in einem solchen gefährlichen Falle auf der Stelle damit, daß er sich von einem Kameraden vermittelst eines dünn geschabten und in der Mitte umgebogenen Strohhalmstreifchens ein solches Spitzen wieder auswischen oder vielmehr ausschlagen lässet (so nennen die Arbeiter diese Operation) allein diese von groben Händen verrichtete, Operation gelingt nicht allein nicht jedes mahl sondern entzündet das Auge manchmal so sehr, daß der Arbeiter die größten Schmerzen davon trägt und keine weitere Hoffnung zur Heilung seiner Augenentzündung hat, als bis das Spitzchen sich durch Eyterung aus dem Auge verliert. Einige sind, um dieser Gefahr zu entgehen, mit einer Glasscheibe vor den Augen versehen; andre hingegen scheinen diese Vorsicht nicht zu achten, und unterlassen solche.
Das Durchschneiden der an beyden Enden nunmehro zugespitzten Drathschachten in ihrer Mitte oder auf die bestimmte Länge einer Nadel, welches vermittelst einer Scheere, wie bey der ersten Arbeit, geschieht, ist, wie es scheint, nicht so angreifend und für den Körper so nachtheilig als das erstere Durchschneiden der Drathschachten, weil der durch das vorhergangene Glühen weicher gewordene Drath nicht einen so starken Druck des Unterleibes auf die Scheere erfordert, als in seinem noch ganz rohen Zustande.

Die Arbeit, die Nadeln auf einen Amboß mit einem Hammer an ihrem obern Ende etwas platt zu schlagen, ist dem Körper eben nicht schädlich, nur, wenn die Nadeln sehr klein und dünn sind, mögte diese Arbeit das Auge ermüden und mit der langen Dauer, schwächen.
Das Glühen und wieder kalt werden lassen der an ihren obern Enden geplätteten Nadeln scheint den Arbeitern durch die Dünste des Feuers und der erhitzten Nadeln sehr leicht Engbrüstigkeit zuzuziehen.
Das Löcherschlagen in die Nadeln ist zwar keine harte Arbeit, allein für die Augen, dem Hauptbedürfniß bey dieser Arbeit, scheint es sehr ermüdend und schwächend zu seyn, besonders wenn die Löcher sehr klein ausfallen müßen.
Die Arbeit die Fugen auf beiden Seiten des Lochs zu machen und des so genannten Kopfabnehmens ist weder angreifend noch sehr ermüdend, sondern allenfals nur durch das dabey erforderliche anhaltende Sitzen für den Körper schädlich. Ungesund aber ist die Arbeit des Härtens der Nadeln, welches auf Holzkohlen geschieht. Die lange Dauer dieser Arbeit, die Kohlendünste und das gewöhnliche feuchte Local erzeugt allmählich dem Arbeiter gefährliche Brustbeschwerden. Solche Arbeiter habe ich manchmal darüber klagen gehört.
Nicht weniger ungesund ist die Arbeit des sogenannten Ablassens, wodurch die Nadeln auf einer eisernen Platte durch ein mäßiges Feuer heiß gemacht werden, um ihnen ihre gehörige Elastizität zu geben. Das anhaltende Sitzen vor dem Feuer und die Dünste der Kohlen und des Eisenrostes greift besonders Auge und Brust an und erzeugt sehr leicht Blödigkeit der Augen, Erhitzung des Körpers, kurzen Athem, Husten u.d.gl.
Die Arbeit des Geradeschlagens und die des Schauerns der Nadeln scheint mir in Rücksicht auf die Gesundheit der Arbeiter nicht besonders in medizinische Anklage kommen zu können.
Beym Oefnen der Tücher, in welchen die darin gewickelten Nadeln geschauert worden sind, steigt ein eigener widriger Geruch heraus, der, weil er dabey sehr scharf ist, die Augen äußerst angreift. Von der Arbeit des Polierens der Nadeln kann ich nicht wohl bestimmen, ob oder in wie weit sie ungesund ist. Die da zu dienende Seife und das Oel machen diese Arbeit, die ohnedies nicht sehr mühsam ist, gewiß nicht ungesund obgleich mir dieses jemand einst versichern wollte; wohl aber eher der Staub oder die Dünste giftiger Mineral-Materialien, welche vielleicht zum Polieren gebraucht werden mögten.
Das Geschäft die polirten Nadeln auszusuchen und das sogenannte Stuppen ausstechen, ermüdet das Auge außerordentlich und zwar um so mehr, da diejenigen, welche dieses Geschäft verrichten dieses unausgesetzt zu verrichten und mit keiner andern Arbeit abzuwechseln pflegen.
Die letzte Arbeit, des sogenannten Bläuens der Nadeln, welche auf einem sogenannten blauen Stein (eigentlich einer Art Kalkstein oder schlechtem Marmor, welchen man in unserer Gegend im Forst, bey Cornelimünster und Eupen findet) vor sich geht, scheint die Arbeiter sehr leicht engbrüstig und lungensüchtig zu machen. Es ist wahrscheinlich, daß der feine Staub von dem blauen Stein, daran schuld ist.
Es giebt aber nur noch in Burtscheidt eine allgemeine Krankheit, deren Grund aber nicht in den Fabrikarbeiten, sondern in der Constitution und in der Lage des Orts, der Diaet und Lebensart der Einwohner selbst zu suchen ist, und welche keinen Stand, keine Geschlecht, ja fast kein Alter mehr oder weniger verschont, nemlich – der Scorbut. Diese Krankheit spielt hier unter allen andern Krankheiten allezeit die

Hauptrolle, und vermischt sich gerne, wiewohl oft sehr verlarvt, mit anderen besonders langwierigen Krankheiten."

Wohnungshygiene, medizinische Verhältnisse am Arbeitsplatz und Berufskrankheiten waren übrigens nicht die einzigen Themen, mit denen sich Dr. Hesse in seinem kurzen Leben beschäftigte. Er erwarb sich auch besondere Verdienste auf dem Gebiet der Geburtshilfe [41]. So schrieb er auch „Gedanken beim Hinblick auf das gebärende Weib. Ein Lehrbuch für Frauenzimmer. Cöln 1801" und war Mitglied der „Göttingschen Gesellschaft von Freunden der Entbindungswissenschaft". Diese Mitgliedschaft ist insofern von Bedeutung, als in Göttingen im Jahre 1751 die erste geburtshilfliche Klinik im Hochschuldienst eröffnet worden war.

J. Bauwesen

Zustand und Ausbau des Verkehrsnetzes

Der wirtschaftliche Aufschwung Aachens und der Rheinlande während der französischen Zeit wurde nicht zuletzt durch den Ausbau des Verkehrswesens begünstigt. Aachen war seit eh und je Mittelpunkt bedeutender Straßenzüge gewesen, welche einerseits die Verbindung zwischen Rhein und Maas und andererseits zwischen Niederrhein und Mosel herstellten und damit – großräumig gesehen – dem Verkehr zwischen Frankreich und Deutschland sowie zwischen den Niederlanden und Süddeutschland dienten. In westöstlicher Richtung verliefen die Straßen Aachen-Düren-Köln, Aachen-Jülich-Köln sowie Aachen-Bildchen-Henri-Chapelle-Battice-Lüttich mit Abzweig bei Bildchen nach Limburg und Spa, ferner die Straße Aachen-Maastricht über Jakobstor, Vaals, Lemiers, Nijswiller, Gulpen, welche aber wegen ihres schlechten Untergrundes viel an Bedeutung verloren hatte und der die um 1780 neu ausgebaute Straße Aachen-Laurensberg-Vetschau - westlich vorbei an Horbach-Heerlen-Valkenburg-Maastricht vorgezogen wurde. In nordsüdlicher Richtung verliefen die Straßen Roermond-Aachen und Nijmegen-Neuss-Jülich bzw. Krefeld-Erkelenz-Aachen sowie Aachen-Kornelimünster-Raeren-Roetgen-Kalterherberg-Büllingen-Prüm-Bitburg-Trier. Diese Straßen waren nur ausnahmsweise gepflastert und bedurften daher bei starker Frequentierung, nach den Wintermonaten oder bei längerer ungünstiger Witterung ständiger Reparaturen, die allerdings wegen fehlender Zuständigkeiten oder aus Geldmangel vielfach nur unzureichend ausgeführt wurden. Im Aachener Stadtgebiet und in Stadtnähe gab es gepflasterte Plätze und Straßenpartien. Hingegen befanden sich die durch den Aachener Wald führenden Straßenabschnitte in besonders schlimmem Zustand. Für die Reparaturen waren in reichsstädtischer Zeit zwar sog. Wegegelder an den Toren der Stadt bzw. an bestimmten Punkten im Aachener Reich erhoben worden, doch wurden sie wegen der hohen Verschuldung und Geldknappheit oftmals dazu verwandt, Löcher im städtischen Haushalt zu stopfen [1].
Als die Franzosen Anfang Dezember 1792 auf Aachen vorrückten, gehörten die schlechten Straßen in der Umgebung der Stadt zu ihren ersten Eindrücken [2]. Sie, die seit den Tagen König Ludwigs XIV. an ein unter dem Einfluß der Merkantilisten gewachsenes und intaktes Straßennetz gewöhnt waren, zeigten sich über den Zustand der Aachener Wege und den Grad ihrer Verwahrlosung entsetzt, und um so mehr waren sie von der Notwendigkeit, Abhilfe zu schaffen, überzeugt. Bereits im Februar 1793 veranlaßten sie aus militärischen Überlegungen heraus die Ausbesserung der Landstraßen und der Wege in Aachen und Umgebung. Man wollte damit den nachrückenden Truppenteilen, vor allem den Artillerieeinheiten, den Weg ins Rheinland erleichtern und zugleich für den Notfall rasche Rückzugsverbindungen schaffen. Aber auch der reichsstädtische Magistrat hatte die Notwendigkeit zum Ausbau und zur Verbesserung des Straßennetzes nicht ganz aus den Augen verloren. Im Februar 1794 einigte man sich mit der Stadt Maastricht über die neue Trasse des über Heerlen und Valkenburg führenden Weges, und im April/Mai 1794 fiel auch die Entscheidung über den Verlauf der neuen Chaussee nach Lüttich, die innerhalb des Aachener Reiches am Philosophen- und Preusberg vorbei nach Bildchen führen sollte [3]. Kaum waren die Franzosen im Herbst 1794 nach Aachen zurückgekehrt, wurden die Anstrengungen zur Ausbesserung der Straßen und Wege verstärkt [4]. Im Verlauf des Jahres 1795 rückten neben militärischen Belangen zunehmend auch zivile Interessen in den Vordergrund. So war man sichtlich bemüht, den in den ersten Wirren der Besetzung unterbrochenen Postverkehr wieder aufzunehmen. Der am 29. Juli 1795 für die eroberten Gebiete zwischen Rhein, Maas und Mosel erlassene Organisationsplan für das Postwesen zwischen Maas und Rhein legte acht Haupt- und Briefpoststraßen für den Postverkehr fest, darunter die Straßen [5] Aachen-Lüttich über Herve zur Verbindung mit dem Lütticher Land, Brabant und Frankreich, Aachen-Maastricht, Aachen-Geilenkirchen-Wassenberg-Roermond-Venlo-Nijmegen, Aachen-Jülich-Fürth-Neuss-Krefeld-Wesel und Aachen-Jülich-Bergheim-Köln-Bonn-Koblenz. Am

20. Juli 1795 beschloß die Aachener Zentralverwaltung dann noch den Bau einer neuen Straße Aachen-Verviers-Spa-Malmedy-Schönberg-Schönecken-Bitburg-Trier, die über die unwirtlichen Höhen der Eifel führen sollte und unter anderem den Zweck hatte, den Briefverkehr aus Holland nach der Schweiz und Italien und in umgekehrter Richtung vom Rhein als dem natürlichen Verkehrsweg nach Aachen, dem Mittelpunkt der französischen Herrschaft im Rheinland, umzuleiten[6]. Trotz aller Bemühungen, die man auf den Ausbau der Poststraßen wie überhaupt aller Straßen und Wege verwandte, erzielte man selten dauerhafte Ergebnisse. So mußte der Kommissar Estienne am 20. November 1797 die sofortige Ausbesserung der Lütticher Straße anordnen[7]. Die Straße von Aachen nach Köln befand sich im Jahre 1799 wieder in einem so schlechten Zustand, daß ein auf vier Personen eingerichteter Wagen vierspännig fahren mußte[8].
Im September 1798 wurde der Straßenbau einer eigenständigen Behörde, der Brücken- und Wegebauverwaltung (Administration des ponts et chaussées) übertragen[9], deren Hauptaufgabe darin bestand, zu den von der Pariser Regierung oder dem Präfekten angeordneten Arbeiten die notwendigen Pläne, Kostenvoranschläge und Gutachten anzufertigen. Die Ausführung der Arbeiten übertrug man Privatunternehmen; die benötigten Gelder wurden als Taxen an den Straßen des Departements, und zwar an 77 Landzollstätten erhoben. Die für das Roer- und Rhein-Mosel-Departement zuständige Brücken- und Wegebauverwaltung hatte ihren Sitz in Koblenz. Am 25. August 1804 ordnete Napoleon diesen Verwaltungszweig neu. Der Brücken- und Wegebau in ganz Frankreich wurde einem Generaldirektor unterstellt, dem 15 Divisionsinspektoren unterstanden. Die vierte Division umfaßte die Departements Haut-Rhin, Bas-Rhin, Donnersberg, Rhein-Mosel und auch das Roerdepartement. Sitz des für diese Sektion zuständigen Divisionsinspektors war Mainz. In jedem Departement gab es mit Sitz am Hauptort einen Chefingenieur, dem eine unterschiedliche Zahl von Ingenieuren zur Verfügung stand. Die Stelle des Chefingenieurs des Roerdepartements mit Sitz in Aachen bekleidete von 1804 bis 1814 der frühere Ingenieur von Montereau (Dep. Seine-et-Marne) Jean Félix Bélu aus Troyes. Einer seiner Mitarbeiter war der „géomètre et conducteur au Corps Impérial des Ponts et Chaussées" Nicolas Joseph Branchart.
Wie die Revolutionäre, so schenkte also auch Napoleon dem Unterhalt, dem Ausbau und der Begradigung des Verkehrsnetzes unter militärischen und wirtschaftlichen Aspekten seine besondere Aufmerksamkeit. Das „Annuaire du département de la Roer" vom Jahre 1809 gibt als Termin für den Beginn dieser Arbeiten das Jahr 1800 an[10]. Den miserablen Zustand des Wegenetzes führte das Annuaire auf Nachlässigkeit, schlechte bzw. fehlende Fundamente und die kriegsbedingten Verschiebungen von Artillerie-Einheiten zurück. Die von Napoleon initiierten Anstrengungen zeitigten bis zum Jahre 1804 erste Erfolge[11]. So schrieb Dorsch damals in seiner „Statistik" des Roerdepartements, die Gemeinden hätten nun die Vorteile guter Straßen erkannt und würden zunehmend danach handeln. Die „Grandes routes" von Köln nach Neuss und von Köln nach Aachen befänden sich in gutem Zustand, letztere sei im Raum Aachen sogar gepflastert[12]. Er muß allerdings zugeben, daß die Straße von Aachen über Neuss nach Düsseldorf nur für leichte Kutschen geeignet sei[13]. Wie schlecht es mit einzelnen Straßen bestellt war, läßt auch ein Bericht erahnen, den der Präfekt des Roerdepartements Alexandre Méchin an das französische Innenministerium sandte. Er schreibt darin über die Ankunft der Kaiserin Josephine in Aachen am 27. Juli 1804 und bezeichnet die Straße Lüttich-Aachen als schlecht und gefahrenträchtig: „Si des promptes mesures ne sont ordonnées pour le (!) réparer, je ne crains pas d'assurer, que les communications entre Aix-la-Chapelle et Liège cesseront tout à fait"[14]. Welches Gewicht diese Aussage hat, ersieht man daraus, daß die Straße Lüttich-Aachen Teilstück der Verbindung Paris-Köln über Soissons, Namur, Lüttich, Aachen, Jülich und Bergheim war und im Jahre 1809 als die einzige Straße 1. Klasse des Roerdepartements galt[15]. Sie besaß für das Militär, aber auch für den Handel große Bedeutung. So diente sie vor allem dem Transport der Eschweiler Kohle, des Stolberger Messings, von Eisen und Tuchen und von Dürener Papier. Auch das „Annuaire" des Jahres 1809 muß zugeben, daß die Sanierung des Wegenetzes in Zukunft viel Geld verschlingen werde. Tatsächlich wurden allein im Roerdeparte-

ment in den Jahren 1809 bis 1812 2,5 Millionen Francs in den Straßenbau investiert[16]). Infolgedessen konnte Sylvain de Golbéry in seinen Betrachtungen über das Roerdepartement aus dem Jahre 1811 das Engagement Napoleons für den Straßenbau zu Recht hervorheben[17]). Zum weiteren Beweis führte er die vom Kaiser initiierte Anlage neuer Straßen an[18]). Am 10. September 1804 nämlich hatte Napoleon während seines Aachen-Aufenthaltes auf dringenden Wunsch der Stadtverwaltung zur Förderung der Wirtschaft den Bau einer Straße von Aachen nach Monschau mit einem Abzweig nach Stolberg befohlen. Sie sollte im Herbst 1805 in Angriff genommen und innerhalb von sechs Jahren fertiggestellt werden. Ihre Trasse sollte über Kornelimünster, Roetgen, Konzen und Imgenbroich führen. Im Jahre 1811 waren allerdings nur die beiden Teilstücke von Aachen nach Kornelimünster und von Monschau ins Venn fertiggestellt. Noch zu Beginn der preußischen Herrschaft gab es hier unausgebaute Streckenabschnitte. In Kornelimünster mußten für dieses Projekt mehrere Häuser abgerissen werden. Zum Gedenken an den von Napoleon veranlaßten Neubau der Straße wurde auf der vor Kornelimünster gelegenen Anhöhe, dem heutigen Napoleonsberg, ein Denkmal errichtet, das heute nicht mehr existiert. Es trug die Inschrift[19]):

„NEAPOLIO MAGNUS
EXSICCATIS MALEFIDIS PALUDIBUS
AB AQUIS GRANI AD MONTEM JOVIS
STABILEM REGIAMQUE VIAM
APERIRI ET SAXIS STERNI
JUSSIT."

„Napoleon der Große ließ aus trockengelegten, trügerischen Sümpfen eine feste königliche Landstraße von Aachen nach Monschau hervorgehen und mit großen Steinen pflastern."

Im Jahre 1809 ordnete Napoleon den Bau von zwei weiteren Straßen an: eine von Aachen über Krefeld nach Duisburg und eine weitere von Venlo über Geldern nach Wesel als Teil einer geplanten Heerstraße Paris-Hamburg, ein Projekt, das nur teilweise verwirklicht wurde[20]). Aber auch bescheidenere Straßenbauprojekte verdanken ihre Entstehung der napoleonischen Zeit. So wurden die sog. Napoleonstraße Laurensberg-Orsbach-Nijswiller als Teilstück einer Verbindung Aachen-Maastricht[21]) und im Jahre 1810 ein Kieselweg zwischen Aachen und Burtscheid, vom Adalbertstor zum Burtscheider Untertor, die heutige Wilhelm- und Kurbrunnenstraße, angelegt[22]).
Die Reparatur der kleineren Nachbarwege war zunächst ohne feste Regelung den Gemeinden überlassen worden. Im Jahre 1810 sah sich aber der Präfekt genötigt, den Gemeinden die jährliche Reparatur und den Unterhalt dieser Wege vorzuschreiben und die Maires zur Überwachung der Arbeiten zu verpflichten. Seitdem besserte sich auch der Zustand der Nachbarwege. Die Baukosten verschlangen indessen hohe Summen, so daß der Generalrat des Departements die Regierung um Verdoppelung der bisher bewilligten Kredite bitten mußte[23]).
Im Jahre 1811 ließ Napoleon alle Straßen mit Ausnahme der Gemeindewege nach ihrer militärischen und wirtschaftlichen Bedeutung klassifizieren. Von der Einstufung hing die Übernahme der Unterhaltskosten durch den Staat oder das Departement ab[24]). Letzteres war befugt, die nötigen Gelder im Departementsrat nach unten auf die Gemeinden zu verteilen, ohne daß diese dadurch Rechte an den von ihnen finanzierten Straßen gewannen.
Parallel zum Ausbau des Straßennetzes wurden auch die Wasserwege verbessert, welche dazu beitragen sollten, die unter napoleonische Herrschaft gelangten Länder näher an Frankreich anzubinden. Bereits als Konsul hatte Napoleon den Plan einer Verbindung von Maas und Schelde mit dem Rhein wieder aufgegriffen[25]); ein Projekt, mit dessen Umsetzung bereits zwischen 1626 und 1628 zur Zeit der spanischen Herrschaft über die südlichen Niederlande unter der Regentin Isabella

Clara Eugenia, Tochter König Philipps II. von Spanien, begonnen worden war. Geplant war ein von Venlo über Geldern nach Rheinberg führender schiffbarer Kanal. Das Projekt blieb unvollendet. Überreste einiger Teilstrecken sind jedoch noch heute als „Fossa Eugeniana" in der niederrheinischen Landschaft erkennbar. Der Plan wurde in den 60er Jahren des 18. Jahrhunderts von Preußen – wenn auch unter veränderter Führung des Kanalbetts – wieder aufgenommen, aber gleichfalls nicht zu Ende geführt. Napoleon trug sich zunächst mit der Absicht, die Fossa Eugeniana zu benutzen. Aus diesem Grunde begab er sich nach seinem Aachen-Aufenthalt im Jahre 1804 nach Venlo, Geldern und Rheinberg und verschaffte sich ein Bild von der Durchführbarkeit des Projekts. Das Ergebnis fiel negativ aus und wurde zugunsten der Trasse Venlo-Nierstal-Grimlinghausen (bei Neuss) aufgegeben. Der geplante Kanal sollte an den Kanal Antwerpen-Venlo anschließen und die gesamte Wasserstraße den Namen „Grand Canal du Nord" tragen. Die Arbeiten am Maas-Rhein-Kanal wurden im Jahre 1808 aufgenommen, im Jahre 1810 aber aus politischen und wirtschaftlichen Gründen eingestellt und 1813 endgültig aufgegeben.

In den Jahren 1809 bis 1811 verfolgte die Präfektur des Roerdepartements zur Förderung des Handels die Idee einer Schiffahrtsverbindung zwischen Aachen und dem erwähnten Nordkanal[26]). Zunächst dachte man an eine Verbindung zur Maas über Maastricht, bevorzugte dann aber eine Linienführung über Jülich und Neersen zur Niers. Erste Pläne sahen eine Kanaltiefe von zwei und eine Sohlenbreite von drei Metern vor. Der Kanal war also sehr bescheiden für die sog. „kleine Schiffahrt" geplant; seine Gesamtkosten wurden aber immerhin auf 10,5 Millionen Francs veranschlagt. Der Präfekt des Roerdepartements begründete den Nutzen des geplanten Kanals in einem Schreiben vom 12. Juli 1811 an den Innenminister damit, daß er den Transport der Fabrikwaren von Aachen und Burtscheid und den Transport der Kohlen aus dem Arrondissement Aachen in die Arrondissements Köln, Krefeld und Kleve, die augenblicklich noch aus dem Rechtsrheinischen beliefert würden, erleichtern werde[27]). Auch dieses Projekt kam über das Planungsstadium nicht hinaus.

Städtebauliche Veränderungen in Aachen

Nach dem großen Stadtbrand des Jahres 1656 war Aachen unter Ausnutzung der Heilwirkung seiner zahlreichen Thermalquellen zu einem Bade- und Kurort von europäischem Rang ausgebaut worden. Ein Mittelpunkt des Kur- und Badebetriebs war der Bereich der oberen Quellgruppe an Hof und Büchel mit Kaiser-, Klein-, Quirinus- und Dreikönigsbad. Das eigentliche Zentrum aber lag – zumindest während der Badesaison von Anfang Mai bis Ende Oktober – im Bereich der unteren Quellgruppe an der Komphausbadstraße und umfaßte Karls-, Kornelius-, Rosen- und Komphausbad. Hier standen die besseren Hotels, an ihrer Spitze der „Goldene Drache" und Dubigks „Grand Hotel". Ein Café littéraire, ein Trinkbrunnen, die Alte und vor allem die von Jakob Couven in den Jahren 1782 bis 1785 erbaute Neue Redoute mit Festsaal und Spielcasino sowie angrenzendem Lustgarten, dem sog. Spaziergang, waren Mittelpunkt des gesellschaftlichen Lebens. Anders als Aachen nahm Burtscheid mit seinen Quellen an dem Aufschwung des Kur- und Badebetriebs des 18. Jahrhunderts nicht teil. Gründe dafür waren die unzureichende verkehrsmäßige Anbindung des Ortes, die Enge und Einfachheit der Badehäuser und die Tatsache, daß hier vornehmlich Hautkrankheiten behandelt wurden, vor denen sich der in dieser Hinsicht gesunde Badegast ekelte[28]).

Im Zeitalter des Barock und Rokoko begnügte man sich im Aachener Kurviertel nach dem Vorbild der höfischen Kultur mit dem „urbanen" Leben und hatte wenig Verlangen nach Grünflächen, deren Anlage zudem durch die Mauern und Gräben der Stadtmauer erschwert worden wäre. So wies Aachen noch am Ende des 18. Jahrhunderts im Stadtkern nur wenige Grünanlagen auf. Abgesehen vom schon erwähnten „Spaziergang" zählten hierzu der öffentlich nicht zugängliche Garten des Kapuzinerklosters sowie der sog. Pontdriesch am Ponttor. Außerhalb der zweiten Umwallung gab es zur Erinnerung an den Frieden von 1748 eine vom Ponttor bis zum Adalbertstor führende Ulmen-Allee, welche dem Stadtgraben folgte. Bis zum Beginn des 19. Jahrhunderts wurde dann nach und nach etwa ein Drittel der äußeren Gräben zu Promenaden ausgebaut[29]). Als man im Zeitalter der Aufklärung wieder „zurück zur Natur" strebte, wurde im letzten Viertel des 18. Jahrhunderts – zumindest bei den wohlhabenderen Bürgern der Stadt – das Bedürfnis zur Einbeziehung der Natur in das persönliche Wohnumfeld geweckt. So entstand nach 1775 auf Initiative des Aachener Privatiers Hermann Isaac von Aussem (1744-1825) bei seinem außerhalb der Stadtmauern gelegenen Gut Drimborn einer der ersten englischen Landschaftsgärten Deutschlands, das sog. Labyrinth, dessen bescheidene Reste sich im Drimborner Wäldchen bis heute erhalten haben. Wie beliebt der englische Gartenstil dann bereits am Ende des 18. Jahrhunderts in der Bevölkerung war, zeigt vielleicht am besten der aus der Zeit um 1800 datierende Hauptkatalog der in der Kleinmarschierstraße und am Alexianergraben ansässigen Gärtnerei des Wolter Asselborn († 1826) mit seinen 347 verschiedenen Stauden und 482 Bäumen und Sträuchern. Bodo v. Koppen schreibt dazu:

„Das Stauden-Angebot läßt den Umbruch vom französischen zum englischen Gartenstil, der sich bei uns um 1800 abspielte, erkennen. Hatte man bisher die Blumen und insbesondere die ausdauernden Stauden nur unmittelbar am Hause oder in abgegrenzten Sonder-Gärten beetweise – im Parterre – gezogen, im klassischen französischen Park aber kaum geduldet, so boten sich nun im Landschaftsgarten als einem Spiegelbild freier Natur unbegrenzte Möglichkeiten für die Verwendung von Stauden"[30]).

In die städtebauliche Planung fand der Gedanke „Zurück zur Natur" zunächst keinen Eingang, denn mit dem Einzug der französischen Revolutionstruppen in den Jahren 1792 bzw. 1794 stagnierte die bauliche Umgestaltung der Stadt Aachen für die restlichen Jahre des Jahrhunderts. Die Unsicherheit der Zeit bewirkte zudem einen starken Rückgang der Kurgäste von 1 300 im Jahre 1789 auf 435 im Jahre 1803[31]), für deren Bedürfnisse in reichsstädtischer Zeit geplant worden war. Die vorhandenen Badeanlagen dienten im letzten Jahrzehnt des 18. Jahrhunderts vor allem dem Militär. Dabei wurde die Infrastruktur und das Erscheinungsbild des Badeviertels offenbar stark in Mitleidenschaft gezogen, denn der Reisende Jonas Ludwig v. Hess behauptete 1798: „Die Promenade, auf welcher die Kur-Gäste den Brunnen zu trinken pflegen, gleicht einem Kloak. Die Neufranken verrichten bei meinem Hierseyn die Bedürfnisse der Natur hier, ohne alle Scheu, zu jeder Tageszeit"[32]). Erst als die Konsularzeit Napoleons eine Stabilisierung der Verhältnisse herbeiführte, wurden auch wieder Initiativen zur Wiederbelebung des Bade- und Kurwesens und zur Verschönerung der Stadt möglich. Die erste faßbare Baumaßnahme datiert vom März 1801. Die Aachener Annalen melden nämlich: „In diesen Monath Merz ist der zugeworffene Foggen-Graben [d.h. der heutige Friedrich-Wilhelm-Platz] mit jungen Bäumen bepflanzt und zu einer angenehmen Promenade gemacht. Imgleichen auch der Münster Kirchhof [der heutige Münsterplatz] und Kapuziner-Graben wie auch die Promenade außer Köll[n]er-Thor mit jungen Bäumen besetzt worden"[33]). Ein weiterer Vorstoß in Richtung Verschönerung kam am 1. November 1802 vom Wohltätigkeitsbüro der Stadt Aachen. Es wollte durch höhere Gästezahlen die Einnahmen aus der Vergnügungssteuer, welche den Armen der Stadt zugute kommen sollten, verbessern und schlug daher die Sanierung des alten Komödienhauses am Katschhof bzw. den Neubau eines Theaters auf dem Kapuzinergraben vor[34]). Eine tiefgreifende bauliche Umgestaltung der Stadt brachte jedoch erst der Besuch des soeben proklamierten Kaisers Napoleon im September 1804. Am 10ten des Monats erließ Napoleon auf Bitten des Maires von Aachen, Jakob Friedrich Kolb, und des Munizipalrates ein Dekret, welches der Stadt Aachen in Anbetracht dessen, daß sie nicht mehr als „ville de guerre" anzusehen sei und die somit uninteressant gewordenen ehemaligen Verteidigungsanlagen auch der Nationaldomänendirektion nur geringe Pachtgelder einbringen würden, die alten Gräben, Mauern und Schanzungen als Gemeindeeigentum zurückgab[35]). An dieses Zugeständnis wurden allerdings gewisse Bedingungen geknüpft: Die innere Stadtmauer sollte abgebrochen und die äußere instandgesetzt werden, weil an den Toren die Wegegelder für den Octroi municipal erhoben werden sollten. Die Gräben des inneren und äußeren Berings sollten zugeschüttet und – wie Maire und Munizipalrat angeregt hatten –

zu Promenaden umgestaltet werden, wobei dem Innenminister die Genehmigung der Baupläne vorbehalten wurde. Die Zuschüttung der mit fauligem Wasser gefüllten Gräben und die Anlage von Promenaden verstand man vor allem auch als einen Beitrag zur Gesundheitsfürsorge und zur Förderung des Kurbetriebs. Ein weiteres Dekret Napoleons vom 17. November 1804 nahm Aachen endgültig den Charakter eines Waffenplatzes ("place de guerre ou poste militaire") [36]. Wenige Wochen zuvor, am 10. September, hatte Napoleon der Stadt Aachen 150 000 Francs aus Staatsmitteln zur Verschönerung der Bäder bewilligt [37]. Mit dieser großzügigen Geste und den genannten Dekreten gab Napoleon zu erkennen, wie sehr ihm die Stadt Karls des Großen am Herzen lag, und daß er Aachen als Hauptort des wirtschaftlich bedeutenden Roerdepartements in besonderer Weise fördern wollte. Wenn er dabei die Bäder in den Vordergrund rückte, so geschah dies in der Absicht, das seit mehr als zehn Jahren darniederliegende Badewesen, das in reichsstädtischer Zeit als einer der Eckpfeiler des städtischen Wohlstandes galt, neu zu beleben. Sein Interesse für das Aachener Badewesen läßt sich aber zum Teil auch aus seinem ganz persönlichen Verhältnis zur Reinlichkeit erklären, denn seine Mutter Laetitia hatte ihre Kinder in einer Zeit, da dies längst nicht üblich war, zu täglichem Baden und Zähneputzen erzogen [38]. Zum anderen hatte Napoleon natürlich erkannt, wie wichtig gerade die Aachener Thermalquellen für die Gesundheit seiner Truppen sein konnten.

Als Folge seiner Dekrete begann man in Aachen mit dem Abriß der Mitteltore und der Türmchen, der bis 1812 vollendet war [39]. Im Jahre 1807 wurden auch die äußeren Torbauten des Sandkaul-, Adalberts-, Köln- und Jakobstores abgerissen und sollten durch eiserne Gittertore oder sonstwie ersetzt werden. Nur Pont-, Marschier- und das erst 1828 niedergelegte Junkerstor sowie ein Rest des Bergtores blieben erhalten. In preußischer Zeit wurden die Abbrucharbeiten fortgesetzt und betrafen jetzt vor allem die Wallmauern. Die Planungen zur Neugestaltung unterlagen einer dem napoleonischen Herrschaftssystem eigenen streng hierarchischen Verwaltungskontrolle. Alle Bauvorhaben mußten über den Präfekten des Departements dem Innenminister in Paris bzw. dem ihm zugeordneten „Conseil des bâtiments civils" zur Genehmigung vorgelegt werden. Die Projekte selbst wurden in der Regel nicht von freischaffenden Architekten oder selbständigen Maurermeistern, sondern von Baubeamten geplant, deren Entwürfe dem Finanzministerium zur Prüfung der finanziellen Durchführbarkeit zugeleitet wurden. Die Baubeamten planten im Stil des Empire, „bei dem sich Gestaltungselemente der römischen Antike resp. der italienischen und französischen Renaissance mit dem rationalistischen Gedankengut der sog. 'Revolutionsarchitektur' aus der zweiten Hälfte des 18. Jahrhunderts überlagerten" [40]. Dauber und Winands schreiben in ihrer Untersuchung der napoleonischen Architektur in Aachen:

> „In Analogie zu den großen Neubauprojekten, die Napoleon I. in Paris nach 1804 in Auftrag gab, zeigen die Entwürfe in Aachen übereinstimmend große, kubisch geschlossene Baukörper mit mittelaxial angelegten Schauseiten, die durch hochrechteckige Tür- und Fensterreihungen gegliedert werden; unter Verwendung römisch-antikisierender bzw. toskanischer Säulenordnungen betonen mehrgeschossige Portikusarchitekturen und Triumphbogenmotive den repräsentativen Charakter der Gebäudeanlagen" [41].

Zur Durchführung der geplanten Verschönerungsarbeiten hatte sich 1804/05 in Aachen eine „Commission d'Embellissement" unter dem Vorsitz des Präfekten gebildet, die über die zahlreichen Vorschläge und Entwürfe beraten sollte. Ihr erster Beratungsgegenstand war die Umgestaltung des Lousberges.

Das Lousbergprojekt

Während seines Besuches in Aachen im September 1804 unternahm Napoleon einen Abstecher auf den damals unbewaldeten, als Schafweide genutzten Lousberg, wahrscheinlich nicht so sehr, um die herrliche Aussicht zu genießen, sondern wohl eher, um den militärischen Wert der Anhöhe abzuschätzen. Wie die Ereignisse in den Jahren 1792 und 1793 bereits gezeigt hatten [42]), kamen dem Lousberg und der Stadt Aachen unter den gewandelten militärtechnischen Gegebenheiten kein Wert mehr als Festung zu. So kam es, daß Napoleon am 10. September 1804 die Wälle, Gräben und sonstigen Verteidigungsanlagen der Stadt überließ. Er knüpfte daran – wie erwähnt – den Auftrag, die freigewordenen Flächen im Rahmen des Ausbaus Aachens zu einem modernen Badeort einer geeigneten Nutzung zuzuführen. Damit war auch der Weg zu einer Gestaltung des Lousberges als Landschaftspark vorgezeichnet. Die Idee zur Verschönerung des Lousberges hatte offenbar der Generalsekretär der Präfektur, Johann Wilhelm Körfgen (1769-1829). Sie erwuchs aus einer Initiative der Aachener Bürgerschaft, derzufolge auf dem Südosthang des Berges ein sog. Belvedere oder „Gesellschaftshaus", d.h. ein Restaurationslokal, errichtet werden und dem Wanderer, insbesondere dem Badegast, als Ort der Erholung dienen sollte. Die Stadt Aachen stellte dafür den Grund und Boden zur Verfügung, während das Kapital durch Spenden und Aktien aufgebracht wurde. Das Belvedere sollte nach dem Vorschlag Körfgens in einen Landschaftspark eingebunden werden, den man aus dem städtischen Anteil an den Spielbankgewinnen zu finanzieren gedachte. Der Plan war im Jahre 1806 so weit gediehen, daß der Präfekt Lameth am 10. Dezember Körfgen offiziell den Auftrag zur Kultivierung und Gestaltung des Lousbergs übertrug. Körfgen übernahm die Oberaufsicht, während die gärtnerischen Arbeiten dem eigens dazu von der Stadt angestellten Heinrich Martin Hoffmann anvertraut wurden. Die künstlerische Betreuung oblag dem ehemaligen Düsseldorfer Hofgärtner Maximilian Friedrich Weyhe, der zu dieser Zeit bereits im Auftrage des Präfekten an der Umgestaltung der ehemaligen Wallanlagen und -gräben zu Promenaden arbeitete.

Das Vorbild für den Lousberg lieferten die Landschaftsgärten, wie sie seit etwa 1720 in England gestaltet worden waren, und wie sie sich im Verlauf der zweiten Hälfte des 18. Jahrhunderts auf dem Kontinent zunehmender Beliebtheit erfreuten. Die Landschaftsgärten spiegelten den Geist der Aufklärung wider, welcher die Natur als Gegensatz zu den künstlichen und gekünstelten Lebensformen der höfischen Gesellschaft und ihrer gezirkelten Gärten verstand.

Um die Aufforstung zu beschleunigen, wählte man vornehmlich genügsame, schnellwüchsige Hölzer, wobei man Eintönigkeit durch die geschickte Auswahl von Nadelhölzern wie auch der verschiedensten Laubgehölze zu vermeiden verstand. Über die ersten Anpflanzungen und Erschließungsarbeiten auf dem Lousberg, die bis zum Frühjahr 1814 stolze 30 000 Francs verschlingen sollten, informiert ein im Jahre 1813 vom Aachener Stadtgärtner Hoffmann konzipierter Plan (Exp. J 4). Als wenig später die französische Ära in Aachen zu Ende ging, ließ die preußische Regierung die Arbeiten nach dem Plan von Hoffmann zunächst weiterführen, gab aber im Sommer 1815 einen neuen, nunmehr endgültigen Plan zur Ausgestaltung des Lousberges in Auftrag. Mit dem Fortschreiten der Arbeiten entstand in Aachen ein Landschaftspark, für den der Anspruch erhoben wird, daß er – noch vor dem seit 1817 in Budapest angelegten – der erste öffentliche S t a d t-park Europas gewesen sei [43]).

In die Parkanlagen mit einbezogen wurde der an anderer Stelle (siehe S. 342) erwähnte, 1804 von Tranchot errichtete Obelisk. Eine weitere Attraktion des Stadtparks auf dem Lousberg wurde das gleichfalls schon genannte Belvedere, das zwischen 1807 und 1810 unter Leitung von Jean Baptist Simar unter Verwendung der Steine des abgebrochenen Sandkaultores am Südosthang des Berges, dort, wo sonst ein Pavillon der Armbogen-Schützengesellschaft und deren hölzerne Vogelstange gestanden hatten, errichtet wurde. Im Jahre 1811 war es Mittelpunkt des glänzenden Festes zur Geburt von Napoleons Sohn, des Königs von Rom. Nach dem Abzug der Franzosen beherbergte das Belvedere ein Spielcasino, mußte mehrfach renoviert werden, bis es schließlich am 29. August 1836 abbrannte. Poissenot beschreibt sein Aussehen im Jahre 1808 als einen weiten Pavillon,

> *„welcher sich zusammensetzt aus einem Saal, einem runden Salon von ausgezeichneter Belichtung und sehr schönen Proportionen, einem großen Keller, einer Zisterne und aus Zimmern, die bequemen, erholsamen Aufenthalt gestatten. Auf*

einer Plattform über dem Salon findet sich eine Terrasse, um dort zu promenieren und sich an der Aussicht auf die Stadt und große Teile ihrer Umgebung zu erfreuen"[44]).

Zur weiteren Ausstattung des Stadtparks auf dem Lousberg sollte ein Rundtempel, ein sog. Monopteros, wie er in zahlreichen englischen Gärten der Zeit zu finden ist, errichtet werden. Dazu legte Baumeister Simar um 1810 einen Entwurf vor, wonach acht Säulen auf quaderförmigen Basen eine Holzkonstruktion zur Aufnahme einer steinernen Kuppel tragen sollten. Der Plan kam jedoch in dieser Form nicht zur Ausführung. Bis zum Frühjahr 1813 waren lediglich die Fundamente aufgeführt worden. Am 20. Mai 1813 fertigte dazu der damalige Departementsbaumeister Martin Leydel ein Gutachten für die Bauverwaltung in Paris, in dem er sich für Änderungen im Bereich der Säulenbasen, der Gebälkkrone und der Kuppel aussprach. Fast wäre der Tempel ein Opfer der im Jahre 1814 veränderten politischen Verhältnisse geworden. Schließlich wurde er im Jahre 1815 dann doch fertiggestellt, allerdings als achteckiges Gebäude. Im Zweiten Weltkrieg wurde der Monopteros zerstört.

Promenaden

Im Vordergrund der Verschönerungsmaßnahmen stand in Aachen gemäß dem Dekret Napoleons die Einebnung der Gräben und deren Umwandlung zu Promenaden. Zuerst wurden offenbar die Gräben im Bereich Adalbertstor, Kölntor- und Sandkaultor zugeschüttet. Mit der Umgestaltung der so gewonnenen Fläche, die in der Breite bis zu 70 Meter maß, beauftragte man den Düsseldorfer Hofgärtner Maximilian Friedrich Weyhe[45]). Dieser plante, die ehemalige Grabenführung für die Anlage eines Alleenringes zu nutzen und die restliche Fläche in eine Parkanlage mit langgestreckten Teichen, verschieden großen Rasenflächen und einem weitläufigen Wegenetz zu verwandeln. Im Frühjahr 1813 war die Bepflanzung des aufgeschütteten Grabens im Bereich des Adalbertstores ausgeführt. Schon im Jahr 1807 war vor dem Kölntor ein „Place circulaire" angelegt worden, der mit zwei Reihen Pappeln und Kastanien, umgeben mit Grasflächen an jeder Seite, umsäumt war. Von diesem runden Platz aus nahm die bis 1808 begradigte (Jülicher-)Straße nach Haaren ihren Ausgang. Die Arbeiten zwischen Köln- und Sandkaultor waren im Frühjahr 1813 noch nicht abgeschlossen. Für die unbepflanzten Flächen dieses Bereichs entwarf im April des genannten Jahres der Aachener Stadtgärtner Martin Hoffmann einen neuen Plan, der die Wasserflächen auf zwei etwa 75 x 10 Meter große Wasserbecken beschränkte und den Landschaftscharakter des Parks zuungunsten streng gerasteter Baumreihen aufgab. Zwischen dem Sandkaultor und dem Ponttor (Porte de Maestricht) bestand bereits in den Jahren 1808/09 eine mit Bäumen bepflanzte und mit Schotter befestigte Promenade mit einem Aufgang zum Lousberg. Vom Adalbertstor aus nahm die Landstraße nach Monschau ihren Ausgang. Sie wurde seit 1805 begradigt bzw. neu angelegt. Völlig neu entstand in den Jahren 1810 bis 1812 eine Straße, die vor dem Adalbertstor begann und als Kieselweg (heutige Wilhelm- und Kurbrunnenstraße) bis nach Burtscheid führte. Von ihr sollten in Höhe der heutigen Zollernstraße mehrere Spazierwege zur idyllisch gelegenen und daher für den Kurgast attraktiven Frankenburg führen, doch kamen diese nicht mehr zur Ausführung. Eine repräsentative Allee in Burtscheid sollte zu Ehren des am 20. März 1811 geborenen Sohnes Napoleons aus dessen Ehe mit Marie-Louise den Namen „Promenade du Roi de Rome" tragen. Die Trassierung hat sich in der heutigen Kapellenstraße erhalten. Zur Gestaltung der Allee selbst mit 20 Metern Breite, vier Baumreihen und einem Platz, von dem eine ebenfalls von vier Baumreihen gesäumte Promenade im Zuge der heutigen Malmedyer Straße abzweigen sollte, kam es indessen nicht mehr[46]).

Torbauten

Napoleons Befehl entsprechend waren bis 1812 die noch vorhandenen Mitteltore der inneren Stadtbefestigung abgerissen worden. Desgleichen wurden bis auf Jakobs-, Marschier- und Ponttor auch die äußeren Tore abgetragen. Sie sollten durch Neubauten ersetzt werden. So entstand an der Stelle des früheren Sandkaultores die nach der Mutter Napoleons, Madame Mère, Laetitia Bonaparte, benannte „Porte de Madame". Einen ersten Plan dazu legte Jean Félix Bélu im Jahre 1806 vor, den auch der Präfekt Lameth guthieß, der aber vom Innenministerium zur Überarbeitung zurückgesandt wurde. Im Mai 1808 stimmten die Aachener Munizipalität und der Präfekt einem zweiten Entwurf Bélus zu. Auch dieser Plan kam – aus unbekannten Gründen – nicht zur Ausführung. Ein dritter, den der Baumeister Jean Baptist Simar im Jahre 1810 entworfen hatte, wurde schließlich angenommen, so daß der Grundstein am 15. August 1811 gelegt werden konnte. Die Arbeiten wurden wahrscheinlich noch im Jahre 1813 abgeschlossen. Der Neubau des Kölntores wurde im selben Jahre begonnen. Bis zum Einrücken der Alliierten konnten allerdings nur die beiden seitlichen Tortürme fertiggestellt werden (siehe Expp. J 12 u. 13). Auch die vor dem Tor geplanten Pavillons wurden nicht mehr verwirklicht. Die Planungen für den Neubau des Adalbertstors begannen im Jahre 1811, wurden am 14. Mai 1812 in Paris genehmigt und im September d.J. von dem Aachener Bauunternehmer Nikolaus Charlier begonnen. Bis zum Januar 1814 war das Tor zur Hälfte fertiggestellt, mußte aber in den Jahren 1819/20 auf Geheiß der preußischen Regierung einer anderen Toranlage weichen.

Innerhalb des äußeren Berings der Stadt Aachen beschäftigte sich die Commission d'Embelissement mit Fragen des Alignements, d.h. der Begradigung der Straßen und der Festlegung der Hausfluchtlinien, sowie der Eindämmung des unauthorisierten ("wilden") Bauens. Außerdem widmete sich die Kommission einer gefälligeren Gestaltung des Straßenbildes. Im Vordergrund stand dabei die Neugestaltung des Kapuzinergrabens und des Foggen- bzw. Mauengrabens, des heutigen Friedrich-Wilhelm-Platzes. Das 1801 begonnene Projekt war im Jahre 1807 abgeschlossen. Es hatte insofern Priorität besessen, als die hygienischen Zustände im Bereich dieses Grabenabschnittes katastrophal waren. Die früheren Zustände dort - wie am Seilgraben - beschreibt Poissenot im Jahre 1808 als „cloaque plein d'une eau croupissante et fétide d'où s'exhalaient le soir des émanations morbifiques"[47]. Auf Initiative des Maires Kolb war hier in den Jahren 1805 bis 1807 ein reizvoller, mit Ulmen und Akazien bepflanzter öffentlicher Platz entstanden, „un rendez-vous de l'étranger et du bon bourgeois dans les soirées d'été"[48].

Darüber hinaus gab die Kommission im Jahre 1807 den Karls- und den Hirschgraben zur Bebauung frei und ließ den ehemaligen Templergraben nach und nach zu einer Allee mit dem Namen „Quai dit des Templiers" ausbauen. Seine endgültige Ausgestaltung erhielt er allerdings erst im Jahre 1813 nach einem Plan des Geometers Branchart.

Begradigung von Straßen- und Hausfluchten

Im Innenstadtbereich standen die Planungen für die Neugestaltung bzw. die Neubauten öffentlicher Gebäude im Vordergrund des Interesses der Commission d'Embellissement: Nach der Aufhebung der Klöster im Jahre 1802 entstand der Plan, die Klostergebäude der Franziskaner-Rekollekten in der Großkölnstraße für die Unterbringung des Tribunals erster Instanz und eines Gefängnisses herzurichten. Letzteres konnte bereits am 1. April 1806 im östlichen Teil der Klostergebäude in Betrieb genommen werden und die bis dahin im Grashaus und im Rathaus untergebrachten Gefangenen aufnehmen. Das Justizgebäude selbst sollte späteren Überlegungen zufolge als repräsentativer Neubau entstehen, für den der 1769 in Marseille geborene, seit 1798 in Aachen tätige Departementsbaumeister François Letellier die Pläne lieferte. Der Justizpalast sollte 52 Meter Länge entlang der Großkölnstraße und in der Breite 14 Meter messen. Um eine eindrucksvolle Fassade gestalten zu können, hatte Letellier vorgeschlagen, die seit 1804 als Pfarrkirche dienende Klosterkirche St. Nikolaus abzureißen. Das Projekt, dessen Pläne im Jahre 1811 dem Innenminister zur Genehmigung vorlagen[49], befand sich im Jahre 1813 immer noch in der Planung und gelangte nicht mehr zur Ausführung. Ebenso erging es dem gleichfalls von Letellier entworfenen Neubau eines Gerichtsarchivs, das als einräumiges schlichtes, 17 x 11 Meter großes und 10 Meter hohes Gebäude auf dem Gelände des Franziskanerklosters konzipiert war.

Das Gebäude des Tribunals 1. Instanz

Die Präfektur des Roerdepartements war in dem angemieteten Haus Kleinkölnstraße 18 untergebracht. Der Präfekt selbst bewohnte das Haus Alexanderstraße 36. So lag es nahe, auch für die Spitze der Departementsverwaltung ein repräsentatives Gebäude zu errichten. Als Grundstück

Das Präfekturgebäude

wählte man das Gelände des säkularisierten Regulierherrenklosters an der Ecke Alexanderstraße/Heinzenstraße aus. Den ersten Plan zur Umgestaltung der vorhandenen Gebäude und für die Neubauten legte der Departementsbaumeister Martin Leydel Anfang des Jahres 1805 vor. Danach sollte die Klosterkirche erhalten bleiben. Das Projekt wurde jedoch zunächst einmal aufgeschoben und erst im Jahre 1808 erneut aufgegriffen. Die grundlegenden Pläne ließ man jetzt aber von Louis Ambroise Dubut (1769-1846), einem preisgekrönten Architekten aus Paris, erstellen, der den Abriß der Klostergebäude und einen repräsentativen Neubau vorschlug. Da sein Entwurf wegen der Baukosten von über 363 000 Francs keine Zustimmung fand, sah er sich genötigt, neue Pläne vorzulegen, die offenbar auch angenommen wurden. Die Ausschreibungen und der Beginn der Arbeiten zogen sich allerdings bis ins Frühjahr 1813 hin, obgleich die Finanzierungsfrage durch ein Dekret Napoleons vom 14. Juli 1812 geklärt war. Die Gelder sollten durch einen Zuschlag von zwei Centimes zur Grund-, Personal- und Mobiliarsteuer aufgebracht werden. Der Grund für die Verzögerung ist in den mehrfach erfolgten Nachbesserungen des Planes zu sehen, die zugleich eine erneute Verteuerung des Projektes darstellten. Am 15. August 1813, dem Geburtstag Napoleons, konnte schließlich der Grundstein gelegt werden, allerdings zu spät, um das ehrgeizige Projekt noch vor der Ankunft der Alliierten fertig zu stellen. Wohl aber hatte die Zeit noch zum Abriß des Regulierherrenklosters ausgereicht. Von den neuen Gebäuden waren lediglich die Fundamente fertig geworden.

Auch die National-Gendarmerie, welche vor allem die Sicherheit auf dem Lande und entlang der großen Straßen zur Aufgabe hatte, sollte neue Unterkünfte erhalten, nach Möglichkeit in der Nähe der Hauptverkehrswege und des Gefängnisses. Nach 1803 bezog sie ihre Quartiere in dem säkularisierten Dominikanerinnenkloster Marienbongard und der Deutschordens-Kommende in der Pontstraße. Wahrscheinlich aus dem Jahre 1812 datiert ein Plan der auf dem Deutschordensgelände untergebrachten Kaserne, welcher über die durchgeführten und geplanten Bauvorhaben Aufschluß gibt.

Für das in den Gebäuden des ehemaligen Karmeliterklosters an der Franzstraße und des ehemaligen Franziskanerinnenklosters Marienthal in der heutigen Matthiashofstraße eingerichtete Militärhospital „de la Réunion" (vgl. S. 251) plante man im Jahre 1808 einen neuen Haupteingang, für den Jean Félix Bélu selbst den Entwurf vorlegte. Das Projekt wurde allerdings aus unbekannten Gründen nicht verwirklicht.

Das Theaterprojekt

Seit dem Jahre 1751 besaß die Stadt Aachen ein eigenes Theater. Es war das vom damaligen Stadtarchitekten Johann Joseph Couven (1701-1763) in nur drei Jahren unter Verwendung der Umfassungsmauern der alten Tuchhalle am Katschhof erbaute sog. Komödienhaus, das mit seinen 560 Plätzen – im Unterschied zu den Hoftheatern der Zeit – als einer der ältesten bürgerlichen Theaterbauten Deutschlands gelten darf. Fünfzig Jahre später befanden sich das Gebäude, seine Räumlichkeiten und das Interieur in schlechtem Zustand. Im Jahre 1801 wurde es dem Aachener Wohltätigkeitsbüro, dem Comité de bienfaisance, verpachtet, das nach den fälligen Reparaturen hoffte, aus den Gewinnen des Theaters die Armenfürsorge der Stadt mitfinanzieren zu können. Das Gebäude war jedoch so heruntergekommen, daß das Wohltätigkeitsbüro schon am 1. November 1802 beim Magistrat den Neubau eines Theaters im Garten des ehemaligen Kapuzinerklosters am Kapuzinergraben anregte. Der Vorschlag wurde allerdings vom Munizipalrat wegen fehlender finanzieller Mittel abgelehnt. Erst Jahre später kam das Projekt wieder zur Sprache. Diesmal war es der Maire selbst, Wilhelm Gottfried Freiherr v. Lommessem, der im Jahre 1806 anläßlich der bevorstehenden öffentlichen Versteigerung des Kapuzinerklosters die Regierung drängte, das Gelände für einen Theaterneubau zur Verfügung zu stellen. Aber auch dieser Vorstoß verlief im Sande, weil das Finanzministerium in Paris seine Zustimmung verweigerte und das Grundstück in Privatbesitz überging. Drei Jahre später verständigte man sich schließlich auf eine grundlegende Überarbeitung des baufälligen Komödienhauses am Katschhof. Die auf 60 000 Francs veranschlagten Finanzmittel hoffte man durch den Verkauf von Aktien beschaffen zu können. Mit den Plänen wurde der Architekt Jean Baptist Simar betraut. Aber schon wenig später wurde das Renovierungsvorhaben zugunsten eines Neubauprojektes auf einem städtischen Grundstück am Alexianergraben bzw. am Mauengraben (heutiger Friedrich-Wilhelm-Platz) aufgegeben. Mit den Planungen wurde nunmehr der Pariser Architekt Thomas-Pierre Baraguay (1748-1820) beauftragt, dessen Vorstellungen am 7. September 1812 in Paris gebilligt wurden. Inzwischen lag aber ein Alternativvorschlag des Architekten Louis Ambroise Dubut vor, den der Präfekt des Roerdepartements in Auftrag gegeben hatte. Er sah einen Neubau für ca. 1 000 Personen in der Komphausbadstraße, also im Kurzentrum selbst, vor. Auch der Maire, Cornelius v. Guaita, hatte einen Entwurf für eine neues Theater in Auftrag gegeben, und zwar bei dem Pariser Architekten Jacques Cellerier, dessen Pläne v. Guaita während seines Paris-Aufenthaltes im Juni 1812 nach Aachen schickte. Cellerier legte bei geschätzten Gesamtkosten von 240 000 Francs Pläne für einen Theaterneubau in den Dimensionen von mehr als 73 Metern Länge und fast 31 Metern Breite mit umlaufenden Arkaden im Erdgeschoß und einem vorgesetzten Portikus aus sechs Säulen vor, in dem 1 350 Personen Platz finden sollten. Ferner unterbreitete er seine Vorstellungen zum Umbau des Komödienhauses, dessen Baukosten er auf 100 000 Francs veranschlagte, und das bei Fertigstellung Raum für etwa 700 Personen geboten hätte. Während die Pläne Celleriers für den Neubau verloren gingen, sind die Entwürfe für die Umgestaltung des Komödienhauses erhalten geblieben. Letztlich wurden weder eines der Neubauprojekte noch die Vorschläge für eine großzügige Renovierung des Komödienhauses verwirklicht. Letzteres diente weiterhin zu Theateraufführungen und wurde für diese Zwecke mit nur mäßigen Mitteln repariert, zuletzt im Jahre 1818 zum Monarchenkongreß. Im Jahre 1828 wurde das Komödienhaus, das mit der Eröffnung des neuen Theaters auf dem heutigen Theaterplatz im Jahre 1825 seiner Funktion endgültig enthoben war, abgerissen.

Die Bäder

In französischer Zeit kannte man in Aachen zunächst sieben Badehäuser mit insgesamt 32 Becken, später acht Badehäuser mit 44 Becken, von denen die meisten für mehrere Personen Platz boten. Das Thermalwasser wurde zu Trink-, Dusch-, Bade- und Dampfbadekuren sowie zu Waschungen verabreicht [50]), und zwar vor allem bei Rheumatismus, Gicht, Hautkrankheiten und Verwundungen [51]). Die Zahl der Badegäste war allerdings – wie erwähnt – bis zum Jahre 1803 auf 435 gesunken. Voraussetzung für eine Zunahme der Kur- und Badegäste war die bauliche Sanierung und Neugestaltung der Quellen und der Bäder wie auch die Verschönerung der Stadt selbst. Die erste faßbare bauliche Veränderung an den Bädern geschah im Vorfeld des Besuches der Kaiserin Josephine und Napoleons im Jahre 1804. Damals wurde das Karlsbad an der Komphausbadstraße instandgesetzt und mit einem prachtvollen kreisrunden und einem zweiten viereckigen Becken aus schwarzem Marmor versehen [52]). Napoleon schuf wenig später die finanziellen Voraussetzungen für die anstehenden Aufgaben, indem er auf Bitten des Maires Kolb am 10. September 1804 die Summe von 150 000 Francs aus Staatsmitteln zur Reparatur und Verschönerung der Aachener Bäder sowie der Einfassung und Kanalisierung der Thermalwässer zur Verfügung stellte [53]). Dazu sollte unverzüglich ein detaillierter Plan über die in Aachen vorhandenen Quellen, Wasserführungen und Bäder erstellt werden. Ein weiterer, vom Innenminister zu genehmigender Plan sollte alsdann die notwendigen Maßnahmen und den Finanzbedarf erfassen. Das erste Drittel des Geldes sollte innerhalb der nächsten drei Jahre verbaut werden [54]). Für die anstehenden Arbeiten wurde Jean Félix Bélu verpflichtet. Mit der ersten Teilsumme nahm er bis 1808 umfangreiche Reparaturen an den meist undichten Wasserzuläufen vor, so daß Poissenot vermerken konnte, das Badewasser sei viel reinlicher und das Trinkwasser viel hygienischer geworden: „de sorte que l'on peut dire aujourd'hui que l'eau où l'on se baigne est plus propre et celle que l'on boit plus pure" [55]). Bélus Hauptaugenmerk galt seit dem November 1805 der Neufassung des Quellreservoirs unter dem in der Komphausbadstraße gelegenen Rosenbad, über dem nach Fertigstellung und nach Abbruch des alten, aus dem Jahre 1682 datierenden Rosenbades und des Komphausbades ein repräsentatives Badegebäude errichtet werden sollte. Bereits am 13. Januar 1808 legte Bélu Pläne für den Neubau vor, die aber bald aus Geldmangel zurückgestellt werden mußten. Die Arbeiten an der Quellfassung mußten ebenfalls verschoben werden, so daß der Grundstein erst am 14. Mai 1808 gelegt werden konnte [56]). Den Plan für ein Quellhaus legte Bélu im August 1809 vor. Die Arbeiten an der Quellfassung wurden am 30. April 1809 wieder aufgenommen und am 6. April 1812 beendet. Bélus Quellfassung des Rosenbades erfüllt noch heute ihre Dienste. Bis zum Jahre 1811 wurden auch die Quellfassungen des Kaiserbades am Büchel, welche sich wie im Falle des Rosenbades wegen der hohen Temperaturen des Wassers und der Gase als besonders schwierig erwiesen, abgeschlossen. Über der Kaiserquelle sollte nach den vom Präfekten Ladoucette genehmigten und dem Innenminister eingereichten Plänen Bélus vom 23. Februar 1811 eine Rotunde entstehen. Sie konnte allerdings nicht mehr verwirklicht werden. Eine Inschrift im Tonnengewölbe der Quell-Hauptkammer erinnert an diese Arbeiten und Pläne:

„THERMAS PALATINAS CAROLI MAGNI NATATIONE
ANTIQUITUS FAMIGERATAS
POST PROPE MILLE ANNOS IMPERATOR NEAPOLIO
IN MEMORIAM TANTI PRINCIPIS RESTITUENDAS JUSSIT.
ANNO 1811" [57]).

„Die vom Schwimmen Karls d.Gr. seit alter Zeit berühmten Thermen seiner Pfalz befahl nach 1000 Jahren der Kaiser Napoleon in Erinnerung an jenen großen Fürsten wiederherzustellen. Im Jahre 1811".

Zur Verschönerung des Badeviertels im Bereich der oberen Quellgruppe sollte eine Fontäne in der „rue Buechel" errichtet werden. Desweiteren fanden Arbeiten am Korneliusbad in der Komphausbadstraße statt [58]). Im Karlsbad verwirklichte Bélu bis zum Jahre 1811 sein am 16. September 1808 in Plänen niedergelegtes Projekt eines sogenannten Badehauses mit einem marmornen Rundbad für die Kaiserin von Frankreich [59]).

Das Hochbau-Projekt Rosenbad konnte hingegen erst wieder im Jahre 1811 aufgenommen werden, nachdem Napoleon im Anschluß an seinen zweiten Aachen-Besuch am 7. November dem Baubetrieb neuen Aufschwung gegeben hatte. Wie sehr sich der Kaiser die Neugestaltung des Badeortes Aachen angelegen sein ließ, ersieht man aus einem Dekret vom 22. November 1811, in dem er seinen Willen zum Neubau von Bädern und zur Anlage eines Badepalastes in Aachen zum Ausdruck brachte. Ihre Verwirklichung glaubte er allerdings nur mit staatlichen Mitteln erreichen zu können, weshalb er die Aachener Mineral- und Thermalquellen sowie die Bäder kurzerhand verstaatlichte: „Les bains et sources minérales d'Aix-la-Chapelle, ainsi que les maisons et terrains qui en dépendent, sont déclarés propriété de l'État" [60]). Zugleich bewilligte er die stattliche Summe von 300 000 Francs, welche für den Neubau des Rosenbades und ein „Édifice thermal" verwandt werden sollten. Die Verträge, welche die Stadt im Jahre 1810 mit den Pächtern der Bäder geschlossen hatte, wurden in dem gen. Dekret bestätigt. Die Pachtgelder sollten der Stadt auf 25 Jahre verbleiben. Desweiteren erhielt sie eine Entschädigung von jährlich 5 000 Francs. Die Verstaatlichung der Aachener Quellen und Bäder wurde am 10. April 1818 durch König Friedrich Wilhelm III. von Preußen rückgängig gemacht [61]).

Das im Dekret vom 22. November 1811 erwähnte „Édifice thermal" sollte auf dem Gelände des zum Abbruch freigegebenen Kapuzinerklosters errichtet werden. Mit dem Entwurf wurde der Architekt Thomas-Pierre Baraguay betraut, dessen Pläne Anfang September 1812 die Genehmigung des Innenministeriums fanden, obgleich die Kosten bereits mit 623 000 Francs beziffert waren. In diese Summe eingeschlossen waren allerdings schon jene Gelder, die für den Ankauf weiterer Grund und Bodens vorgesehen waren, ohne dessen Erwerb das ehrgeizige Projekt nicht zu verwirklichen war. Obgleich die Stadtverwaltung die Badeanlage begrüßte, gelang es ihr vor dem Einmarsch der Alliierten offenbar nicht mehr, die Voraussetzungen für den Erwerb des zusätzlichen Geländes zu schaffen. Das Projekt des „Grand Edifice Thermal" wurde nicht mehr verwirklicht. Als es im Jahre 1817 tatsächlich zum Abriß des Kapuzinerklosters kam, wurde auf dem Gelände stattdessen in den Jahren 1823 bis 1825 das heutige Stadttheater errichtet.

Das bischöfliche Palais

Der erste Bischof von Aachen, Marc Antoine Berdolet, hatte nach seiner Ankunft in Aachen am 23. Juli 1802 die ehemalige Dechanei, ein umfängliches Areal in unmittelbarer Nähe zum Dom, als Residenz bezogen. Da die Gebäude baufällig waren und seinen Anforderungen nicht genügten, hatte der Bischof beim Präfekten und dem Innenministerium in Paris mehrfach um Reparatur nachgesucht, war dabei aber auf taube Ohren gestoßen, wohl weil man zusätzliche Ausgaben für den Kultus scheute. Erst unter seinem Nachfolger Camus kam Bewegung in die Angelegenheit. Im Jahre 1811 erhielt der Architekt Letellier vom Präfekten den Auftrag, ein Konzept zur Restaurierung des bischöflichen Palais vorzulegen. Dieses konnte noch im selben Jahr beim Innenministerium eingereicht werden. Die Änderungswünsche wurden jedoch nicht ausgeführt, weil Camus im Verlauf des Jahres 1812 seine Wohnung in das sog. Drimbornsche Haus an der Ursulinerstraße verlegte, das die Regierung in Paris offenbar für ihn erworben hatte.

„Industriebauten"

De Golbéry schreibt, daß seit 1806 unter den Gesichtspunkten moderner Produktion und der Beachtung gesundheitlicher Notwendigkeiten mehrere auch vom Erscheinungsbild her gefällige Manufakturgebäude entstanden seien[62]). Hierzu zählt mit Sicherheit die vom Tuchfabrikanten Edmund Joseph Kelleter im Jahre 1808 in der Bendelstraße 24 errichtete Produktionsstätte, deren rückwärtiges Dachgesims links und rechts neben einer Uhr die Götter des Handels und des Ackerbaus, Merkur und Ceres, zeigte (Exp. J 27)[63]).

Privater Hausbau

Über den privaten Hausbau in Aachen schreibt de Golbéry, 200 Häuser seien in der „architecture moderne" neu aufgeführt und an 300 Fassaden die alten Steinkreuzfenster zugunsten moderner Fensterrahmungen herausgebrochen worden[64]). Eduard Arnold, der wohl beste Kenner der Aachener Wohnhaus-Architektur, schrieb dazu allerdings: „Offenbar ist die angegebene Zahl der Häuser übertrieben. Auch die Umwandlung der Steinkreuzfenster in 'grandes croisées' war schon in der Couvenzeit üblich. In der französischen Zeit ist wegen der unsicheren Lage kaum viel gebaut worden. Datierte Bauwerke von 1794 bis 1800 sind meines Wissens nicht nachzuweisen"[65]). Seit 1803 hat dann Jakob Couven offenbar einige Privathäuser, etwa in der Alexanderstraße 12 und der Großkölnstraße 19, errichtet. Besser unterrichtet sind wir über die Neuanlage privater Gärten. In dieser Zeit setzte sich auch bei Privatleuten die moderne Gartenarchitektur nach englischem Vorbild durch. Solche Landschaftsgärten sind z.B. für Ignaz van Houtem am Karlsgraben, Arnold Robens an der Jülicher Straße, Johann Wilhelm Körfgen bei Haus Müsch in der Soers und für Dr. Matthias Solders hinter seinem Wohnhaus in der Adalbertstraße 20 (heute vom Kaufhof überbaut) überliefert[66]).

K. Erziehungs- und Schulwesen

Reichsstädtische Zeit

Das Aachener Schulwesen lag am Ende der reichsstädtischen Zeit im argen. Eine allgemeine Schulpflicht bestand noch nicht, eine obrigkeitliche Reglementierung bzw. Kontrolle war in Ansätzen zwar gegeben, aber in der Praxis nur bedingt wirksam. Seit dem Jahre 1777 oblag dem Rat der Stadt die Errichtung und Einrichtung von Schulen und deren finanzielle Unterstützung, während dem Scholaster des Aachener Marienstifts die Aufsicht, vor allem im Hinblick auf die korrekte Vermittlung der katholischen Glaubensgrundsätze zustand. Die Kontrolle der Schulmeister war bei den sog. Stadtschulen am größten, denn hier vermittelten vom Rat approbierte Privatlehrer das Grundwissen im Rechnen, Lesen, Schreiben und der Religion und erhielten dafür jährlich Zuschüsse für ihren Lebensunterhalt und die Schulräume. Solche Stadtschulen befanden sich auf dem Katschhof, im Pont- und Marschiermitteltor sowie in der Pfarrei St. Peter. Einer gewissen städtischen Oberaufsicht unterlag auch die im „Umgang" beim Kapitelsaal des Marienstifts gelegene Stifts-Schule zur Ausbildung der den Dienst im Chor der Stiftskirche versehenden Choralen. Die Lehrer der Stadtschulen waren verpflichtet, Kinder mittelloser Eltern kostenlos zu unterweisen. Der Unterricht erfolgte zumeist nach Geschlechtern getrennt, doch kam – wohl bedingt durch Raummangel – auch Koedukation vor. Gemessen an den Stadtschulen waren die Privatschulen zahlreicher und zugleich schwerer zu kontrollieren. Die Ausbildung ihrer Lehrer, die ihren „Beruf" häufig wegen sonstiger Mittellosigkeit ergriffen hatten, war meist mangelhaft. Ohne von der Stadt bezuschußt zu werden, waren sie auf das Schulgeld der Eltern ihrer Schüler angewiesen, das in der Regel aber nicht ausreichte, weshalb sie sich genötigt sahen, Nebentätigkeiten als Küster, Schreiber, Bote oder Handwerker anzunehmen, was zusätzlich die Qualität des Unterrichts beeinträchtigte. Zudem waren sie aus Kostengründen gezwungen, den Unterricht in räumlicher Enge abzuhalten, was der Gesundheit und dem Wohlbefinden von Lehrern und Schülern abträglich war. Da der Schulbesuch zudem vom Interesse und der finanziellen Leistungsfähigkeit und -bereitschaft der Eltern abhing, unterlag er ihrer Willkür. Häufig genug blieb die sonntägliche Christenlehre der einzige Unterricht. Der Rat trug der verbreiteten Kinderarbeit Rechnung, indem er Sonntagsschulen für Knaben und junge Handwerker einrichtete, in denen Religions- und Deutschunterricht gratis erteilt wurde. In Fabrikantenkreisen hielt man mehr nicht für nötig. Selbst der auf sozialem Gebiet sonst so „aufgeklärte" Tuchfabrikant Johann Adam v. Clermont aus Vaals erachtete den Unterricht im Schreiben und Rechnen für die in der Fabrik arbeitenden Kinder für Verschwendung[1]). Reflexionen über Lehr- und Lerninhalte wurden wohl nur ausnahmsweise angestellt. Von den zur Verwendung gelangten Lehrbüchern sei die Schulfibel des Aachener Stadtschul- und Rechenmeisters Johannes Schmidt aus dem Jahre 1744 erwähnt.

Das höhere Bildungswesen hatte in Aachen seit dem Beginn des 17. Jahrhunderts ausschließlich in den Händen der Jesuiten gelegen, die mit ihrem Lateinunterricht und dem philosophisch-theologischen Lehrangebot überregionale Beachtung gefunden und für ihre Bemühungen städtische Zuschüsse erlangt hatten. Als der Papst am 10. September 1773 den Jesuitenorden aufhob, mußte auch das Aachener Kolleg schließen. Während die Franziskaner fortan die philosophisch-theologischen Vorlesungen besorgten, sah sich die Stadt gezwungen, in den Gebäuden des Jesuitenkollegs auf eigene Kosten eine 5-klassige Lateinschule, das sog. „Mariengymnasium", einzurichten, in der über das Medium der lateinischen Sprache auch umfangreiche Kenntnisse über die Antike, die biblische Geschichte und die Kirchengeschichte vermittelt wurden. Die Lehrer wurden anfangs von der Stadt besoldet. Da Aachen aber hoffnungslos verschuldet war und die Schule schließlich kaum noch unterhalten werden konnte, siechte das Mariengymnasium bis zum Einmarsch der Franzosen dahin. Mit der ersten Besetzung verlor es sein Gebäude an die Militärbäckerei und mußte, nachdem es sich nach dem Abzug der französischen Truppen zunächst wieder etabliert hatte, bei der zweiten Beset-

zung der Stadt das ehemalige Jesuitenkolleg endgültig räumen. Für zwei Monate fand die Schule Unterschlupf bei den Regulierherren, bis auch dieses Kloster als Lazarett zweckentfremdet wurde. Der Unterricht fand seitdem in den Privatwohnungen der fünf Klassenlehrer statt, die seit dem Sommer 1796 wegen des mittlerweile eingetretenen finanziellen Bankrotts der Stadt nicht mehr regelmäßig besoldet wurden und allein auf ihr Schulgeld angewiesen waren. Erst im Jahre 1802 erhielten sie eine Entschädigung. Trotz aller Schwierigkeiten fanden aber weiterhin Prüfungen und feierliche Preisverleihungen an fleißige und hervorragende Schüler statt.
Der Unterricht und die Erziehung der weiblichen Jugend oblag vornehmlich den Nonnen, wie etwa den Schwestern vom hl. Grabe, auch Sepulchrinerinnen genannt, welche im Jahre 1626 in der heutigen Franzstraße das Kloster St. Leonhard gegründet hatten. Bei ihnen lernten die Mädchen das Lesen und Schreiben, die französische Sprache, aber auch das Nähen, Bordieren und Stricken. Nach dem Einmarsch der Franzosen kam der Schulbetrieb zum Erliegen. Der Mädchenbildung widmeten sich auch die 1651 von Dinant nach Aachen übergesiedelten Ursulinen. Sie unterhielten eine Töchterschule, ein Pensionat für die Töchter zahlender Eltern und daneben eine Armenschule für etwa 80 Kinder bis zu zwölf Jahren, denen unentgeltlich Unterricht erteilt wurde. Weitere Mädchenschulen unterhielten die Pönitentinnen und die Dominikanerinnen. Der Unterweisung von Kindern mittelloser Eltern nahmen sich vor allem die Beginen auf dem Stephanshof in der Hartmannstraße an. Daneben gab es offenbar noch private Mädchenschulen, die speziell Handarbeiten lehrten.
Trotz dieser wenig erfreulichen Situation des Aachener Schulwesens am Ende des 18. Jahrhunderts scheinen immerhin etwa 58% der Männer und 41% der Frauen mehr oder weniger schreibkundig gewesen zu sein[2]. Aachen lag mit diesen Prozentsätzen allerdings weit niedriger als die nordfranzösischen Städte. Auch im Erzbistum Trier, wo bereits dank der Bemühungen des aufgeklärten Kurfürsten Clemens Wenzeslaus die Grundlagen zu einer staatlichen Lenkung der Schulen und zur Lehrerausbildung und -prüfung gelegt waren[3], lag die Rate der Schreibkundigen erheblich darüber, in der Stadt Koblenz z.B. bei den Männern um fast 30, bei den Frauen um fast 20% höher als in Aachen[4].

Französische Zeit

Auch nach der zweiten Besetzung durch die Franzosen führte das Schulwesen, obgleich sich die Aachener Munizipalität um Verbesserungen bemühte[5], weiterhin ein kümmerliches Dasein. Verantwortlich dafür waren zum einen die Kriegsereignisse selbst, der akute Geldmangel der Stadt und die Emigration zahlreicher Lehrer. Hinzu kam ein unzureichender Schulbesuch, der seinen Grund in der wirtschaftlichen Notsituation vieler Eltern hatte. Ihnen war es vielfach unmöglich, das erforderliche Schulgeld aufzubringen. Zwar hatte es schon in den 20er Jahren des 18. Jahrhunderts Überlegungen gegeben, eine städtische Freischule mit kostenlosem Unterricht einzuführen, doch scheiterte die Verwirklichung an den leeren Kassen. Vielen Eltern war es nicht nur unmöglich, für den Schulbesuch zu bezahlen, sie waren im Alltag auch auf die Arbeitskraft ihrer Kinder angewiesen (siehe auch S. 231). Diese Aspekte hat Poissonot wohl nicht ausreichend bedacht, als er im Jahre 1808 schrieb, den Aachenern fehle jede Einsicht in die Notwendigkeit von Schulen[6].
Erst nach dem Frieden von Campo Formio im Jahre 1797, der Frankreich den Erwerb größerer Teile des Rheinlandes in Aussicht stellte, nahmen sich die Franzosen auch des rheinischen und damit des Aachener Schulwesens an. Ihre Absicht war, die Schule von – aus republikanischer Sicht gesehen – überholtem scholastischem Lehrstoff zu befreien und mit dem Geist der Aufklärung zu beseelen. Im Vordergrund ihres Denkens stand gemäß der Konstitution von 1789 die Sozialisierung der Schule, ihr Einsatz zur Verbreitung der französischen Sprache als Voraussetzung zum Verständnis der republikanischen Errungenschaften und republikanischer Gesinnung[7]. Zu diesem Zweck setzte der Regierungskommissar Rudler mit Verordnung vom 28. April 1798 das am 25. Oktober 1795 für Frankreich erlassene Schulgesetz auch für die linksrheinischen Gebiete in Kraft, hob alle bestehenden Schultypen sowie die Universitäten in Köln, Bonn, Trier und Mainz auf

und gliederte das künftige Schulwesen nach dem Vorbild Frankreichs in „écoles primaires, écoles centrales und écoles spéciales"[8]). Daraufhin sah sich der Aachener Unterkommissar Estienne veranlaßt, die Aachener Munizipalität um Auskunft über das gesamte bisher bestehende Unterrichtswesen zu bitten. Er bemerkte dabei: „Nous ne devons point dormir sur une partie d'administration qui doit régénerer les moeurs, sapper les erreurs, les préjugés et faire de la jeunesse cis-Rhénane des hommes dignes de la République"[9]). Die bestehenden Privatschulen sollten weiterhin bestehen bleiben, und zwar als erste Stufe der künftigen Primärschulen, die zweiklassig angelegt waren und in denen Knaben und Mädchen gleichermaßen – wenn auch in getrennten Klassen – unterrichtet werden sollten. Das Privatschulwesen blieb also bestehen; es unterlag jedoch hinsichtlich des Unterrichtsstoffs staatlichen Vorschriften und staatlicher Aufsicht. Lehrfächer der ersten Klasse waren Lesen und Schreiben der französischen und deutschen Sprache, die Grundregeln des Rechnens, die Anfangsgründe der Dezimalrechnung und – an Stelle des bisherigen Religionsunterrichts – die Grundregeln der bürgerlichen und republikanischen Sittenlehre. Unterrichtsgegenstand der zweiten Klasse war die Weiterführung des Unterrichts im Französischen, die Vermittlung der Anfangsgründe des Lateinischen, der Geographie und der Geschichte sowie die Handhabung republikanischer Maße und Gewichte. Ein großes Problem war es, für diese Aufgaben geeignete Lehrer zu finden, vor allem solche, die der französischen Sprache mächtig waren. Zu diesem Zweck beauftragte Rudler am 1. November 1798 die Aachener Zentralverwaltung zur Einrichtung von Unterrichtsjurys mit der Aufgabe der Einführung zweckmäßiger Unterrichtsbücher und der Sorge um die Lehrerbildung, -prüfung und -anstellung an Primärschulen. In die Aachener Unterrichtsjury, welche für die Kantone Aachen, Burtscheid, Sittard, Geilenkirchen, Linnich, Eschweiler und Monschau zuständig war, wurde auch Franz Dautzenberg, der frühere Herausgeber der Zeitung „Aachner Zuschauer", berufen. Am 14. Januar 1799 hielt er zu Beginn der ersten Prüfung der Elementarschullehrer eine auch gedruckt erschienene Rede, die ganz den Aufklärer verrät, der seinen Rousseau verinnerlicht hat[10]): Das Kind ist Wachs in der Hand des formenden Lehrers. Es gilt den Ehrgeiz der Kinder zu wecken, nicht, sie durch Furcht vor Strafe zum Lernen zu zwingen. Das Prügeln sollte dem tüchtigen Lehrer kein Erziehungsmittel sein. Nicht auf bloße Wissensanhäufung soll Erziehung zielen. Wer Achtung und Freundschaft der Mitmenschen verachtet, wer die Tugend nicht bewundert, verdient nicht den Namen Mensch. Des weiteren meinte Dautzenberg: „Les principes de la morale républicaine doivent présider à l'éducation; celle-ci doit disposer les jeunes Citoyens et Citoyennes à chérir la Constitution de l'Etat, à être bon fils, bon frère, bon ami, pour être un jour bon père, bonne mère, bon époux, et rester à jamais observateurs francs et réligieux des Loix!". Die Jury überprüfte am 15. März 1799 51 Prüflinge auf ihre Eignung als Primärschullehrer und kam dabei zu erschreckenden Ergebnissen[11]). Sie stellte nicht nur mangelhafte Beherrschung der französischen, sondern auch der deutschen Sprache sowie beschämende Leistungen im Dezimalrechnen fest. Nur 10 Kandidaten wurden letztlich für geeignet befunden. Die Notwendigkeit zur Förderung der Lehrerbildung war unübersehbar. Dazu entwickelte kein geringerer als der Kommissar des vollziehenden Direktoriums bei der Zentralverwaltung, Anton Joseph Dorsch, wertvolle Gedanken. Am 14. Februar 1799 teilte er diese als Denkschrift allen Kantonskommissaren mit. Er befürwortet darin für jeden Kanton die Einrichtung einer Lehrerausbildungsstätte, einer sog. Normalschule, mit zweijährigem Studiengang, wobei französische Sprache, Geschichte und Verfassung, republikanische Gesinnung und die Naturwissenschaften im Vordergrund stehen sollten. Die angehenden Lehrer sollten seiner Meinung nach gemäß den pädagogischen Vorstellungen Rousseaus ausgebildet werden, denen zufolge sie sich nicht nur Wissen anzueignen und es zu vermitteln hätten, sondern sich auch auf den Gesichtskreis der Kinder, ja auf den einzelnen Schüler einstellen müßten. Die Kommission des öffentlichen Unterrichts in Paris schenkte diesen Vorschlägen zwar Gehör, lehnte sie aber schließlich unter Hinweis auf die fehlenden Gelder ab. Die staatliche Aufsicht über das Unterrichtswesen in den vier linksrheinischen Departements sollte ein eigens dafür Anfang November 1799

(Primärschulen)

(Unterrichtsjury und Lehrerausbildung)

eingesetzter Inspektor namens F.V. Mulot ausüben, doch hat seine Tätigkeit wenig Spuren hinterlassen.
Die Bemühungen um die Neuordnung und Besserung des Schulwesens zeigten wenig Wirkung. Die Aachener Zentralverwaltung warf der Munizipalität Interesselosigkeit vor und beschuldigte sie am 27. Oktober 1799, da sie die nun schon mehrfach angeforderten Übersichten über Schulen, Bauten und Lehrer in der gewünschten Ausführlichkeit immer noch nicht vorgelegt habe, die Organisation der Primärschulen verhindern zu wollen. Den Einwand städtischer Stellen, wegen der vielen Privatschulen sei es kaum möglich, einen verläßlichen Überblick zu gewinnen, wollte man nicht gelten lassen.
Eine schließlich doch zustandegekommene Übersicht über das Aachener Schulwesen verzeichnet 17 Knaben- und 4 Mädchenschulen, die alle privaten Charakter trugen und sich vom Schulgeld finanzierten. Nur drei Lehrer erhielten von der Stadt einen Zuschuß, und zwar für die Unterweisung armer Kinder. Im Unterricht herrschten Deutsch und Latein noch immer vor. Demgegenüber trat das Französische zurück, wurde aber an den Mädchenschulen mehr als an den Knabenschulen gelehrt. Das Rechnen gehörte allerorts zum festen Bestandteil des Unterrichts. Das Fach Religion war offenbar gestrichen, ohne daß allerdings an seine Stelle eine vom Revolutionsgeist geprägte Morallehre getreten wäre.
Aus einem Schreiben des Aachener Maires Bock vom 2. Dezember 1801 erfährt man Näheres über die Lage der Klosterschulen; die im Unterrichtswesen tätigen Orden waren der Aufhebung ja entgangen. Danach unterrichteten die Ursulinen 69 Kinder zahlender Eltern und zusätzlich durchschnittlich 50 Armenkinder unentgeltlich. Die Dominikanerinnen unterwiesen 27, die Poenitentinnen 12 Schülerinnen. Der Unterricht der Sepulchrinerinnen lag danieder, weil das St. Leonhardskloster in ein Militärkrankenhaus umgewandelt worden war. Am 9. Februar 1805 kam St. Leonhard unter die Verwaltung des Wohltätigkeitsbüros, das sich nun wirksam sowohl der Wiederherstellung der Gebäude als auch der Errichtung der Schule und des Pensionates annahm[12]). Da sich die Aachener Sepulchrinerinnen an der Wiedereinrichtung der Schule nicht beteiligen wollten, wurde der Lehrbetrieb mit auswärtigen Kräften, nämlich aus dem Orden ausgetretenen Sepulchrinerinnen aus Charleville, Lüttich und Jülich, aufgenommen. Am 7. Juni 1806 wurde die Schule in eine öffentliche städtische Töchterschule umgewandelt, die im Jahre 1807 30 Schülerinnen zählte und auch künftig von der Bevölkerung angenommen wurde.
Die Reform des Primärschulwesens hatte indes wenig Fortschritte gemacht. Der Aachener Maire Kolb drängte schließlich am 4. August 1802 den interimistischen Aachener Präfekten Jacobi, die Regierung möge das Schulwesen zum Segen der gegenwärtigen und der künftigen Generationen alsbald sanieren, und machte auf die derzeitige desolate Lage aufmerksam: „Hormis l'école du citoyen Winands ... et celle des Ursulines pour l'instruction des filles il n'existe aucune autre, qui mérite le nom d'école primaire"[13]).
Eine Besserung erhoffte man sich von Napoleons Unterrichtsgesetz vom 1. Mai 1802, das allerdings im Roerdepartement erst am 30. August 1803 in Vollzug gesetzt wurde[14]). Das Gesetz gliederte das Schulwesen in Primärschulen für die unteren Jahrgangsstufen und in Sekundärschulen, welche dem früheren 5-klassigen Gymnasium entsprachen. Errichtung und Unterhalt beider Schultypen oblag den Gemeinden, während die Lyzeen, welche die höheren Studien ermöglichten, und höhere Spezialschulen – vor allem im naturwissenschaftlich-technischen Bereich – vom Staat getragen werden sollten. Lyzeen und Spezialschulen blieben dem Roerdepartement allerdings in der Praxis vorenthalten. Ein diesbezüglicher Vorstoß des Aachener Maires v. Guaita im Jahre 1811 hatte keinen Erfolg[15]). Seine Absicht war es, den Aachener Familien das Geld zur Unterbringung ihrer Kinder in fremden Orten zu ersparen. Zugleich hoffte er, der Stadt auch im Schulwesen überörtliche Bedeutung verschaffen zu können. Der Plan scheiterte jedoch an den Kosten für die Instandsetzung der dafür geeigneten Gebäude. Das genannte Konsulargesetz bestimmte auch, daß die Primärschullehrer vom Maire und dem Munizipalrat gewählt werden sollten. Geeignet war, wer das

Französische und Deutsche sprechen, lesen und schreiben konnte und das Dezimalsystem beherrschte. Die Gemeinde hatte den Lehrern eine Wohnung zu stellen, und der Munizipalrat setzte das Gehalt fest, welches die Eltern zu bezahlen hatten. Bedürftige Eltern konnten Ermäßigungen erhalten.

Da der Mangel an geeigneten Lehrern nicht behoben werden konnte, weil die nötigen Geldmittel zu deren Aus- und Fortbildung fehlten, und die Lehrerbesoldung unzureichend blieb, machte die Etablierung des Primärschulwesens nur langsam Fortschritte. Das Ziel der französischen Schulpolitik, durch vermehrte Anwendung der französischen Sprache im Unterricht die „Französierung" der linksrheinischen Gebiete zu beschleunigen, konnte nicht so rasch erreicht werden, wie man in Frankreich gehofft hatte. Erfolge sind dennoch erkennbar. Schon 1803 meinte der Präfekt des Roerdepartements, große Fortschritte in den Städten, besonders in Köln und Aachen, zu erkennen; das Land aber hinke hinterher [16]. Im Jahre 1807 gab es im Vergleich zu 1799 statt 21 bereits 25 Primärschulen in Aachen mit insgesamt 625 Schülern. 15 Schulen unterrichteten bereits in Französisch und nur noch 10 in Deutsch. Der Rechenunterricht hatte Fortschritte gemacht. Der Religionsunterricht sollte seit dem Sommer des Jahres 1807 nach dem von Napoleon vorgegebenen, vom päpstlichen Bevollmächtigten approbierten, vom Papst selbst aber nicht gebilligten „Reichskatechismus" erfolgen, der an die Stelle der bisherigen verschiedenen Diözesankatechismen treten sollte. Joseph Leuchter schreibt in diesem Zusammenhang: „Was den Inhalt anbetrifft, so hatte Napoleon Sorge getragen, daß vor allem die Pflichten der Untertanen gegen den Herrscher betont wurden, wie er ja überhaupt die religiöse Erziehung deshalb schätzte, weil mit der Anhänglichkeit an die katholische Lehre zugleich auch Treue zum Herrscherhaus und Staat in die Kinderseelen gepflanzt werden konnte. So wurde dann den Pflichten der Untertanen gegen Napoleon ein umfangreicher Abschnitt gewidmet"[17] (siehe auch Exp. L 16).

Wie sehr Napoleon über das Medium Schule die Bevölkerung für seine Person, seine politischen Ziele und das neue Staatswesen zu vereinnahmen gedachte, zeigen nicht nur der Reichskatechismus, sondern auch seine schulpolitischen Maßnahmen der Jahre 1806 und 1808. Die durch das Gesetz von 1802 geschaffene Gliederung des gesamten Unterrichts wurde der Aufsicht einer zentralistisch organisierten Verwaltung unterstellt, nämlich der dazu gegründeten, unter Napoleons Aufsicht arbeitenden Université Impériale in Paris und ihren in den Provinzen angesiedelten Unterinstanzen, den sog. Académies, wobei die Akademie zu Lüttich für die Aachener Schulverhältnisse verantwortlich zeichnete. So sollte ein Lehr- und Unterrichtssystem aus einem Guß entstehen, das die Erziehung der Jugend zur Treue gegen Kaiser und Monarchie gewährleisten sollte. Die neue Universität nahm ihre Tätigkeit am 1. Januar 1809 auf. Von diesem Tage an sollten nur noch Schulen bestehen, die der Großmeister der Akademie approbiert hatte. Tatsächlich machte das Schulwesen in Aachen im Laufe der nächsten Jahre weitere Fortschritte. Im Jahre 1814 gab es bereits 29 Primärschulen allein für Knaben, und die Zahl der Schüler war deutlich gestiegen, wenngleich immer noch mehr als die Hälfte aller schulfähigen Kinder ohne Unterricht blieb. Die Unterrichtsfächer „Französisch" und „Rechnen" hatten weiter an Bedeutung gewonnen, während das Lateinische weiter in den Hintergrund trat. Nur noch drei Knabenschulen begnügten sich mit Deutsch als einziger Sprache.

Sekundärschule

Anders als das niedere Unterrichtswesen blieb das höhere in Gestalt des städtischen Mariengymnasiums auch nach der zweiten Besetzung Aachens zunächst unangetastet. Dies änderte sich erst im Jahre 1803, als der Aachener Präfekt Méchin das schon erwähnte, von Napoleon als dem Ersten Konsul für das französische Mutterland erlassene Unterrichtsgesetz vom 1. Mai 1802 auch für das Roerdepartement in Vollzug setzte. Am 27. Juli 1803 sprach der Maire Kolb dem Präfekten Méchin gegenüber erstmals den Wunsch nach einer Sekundärschule für Aachen aus und drängte auf eine rasche Durchführung des Unterrichtsgesetzes in Aachen. Seine Forderung nach Rückgabe des Jesuitenvermögens an die Stadt, die davon den Unterhalt der Primär- und Sekundärschulen zu finanzieren gedachte, blieb allerdings vergeblich. Wohl stellte der Staat dem Gesetz entsprechend ein geeignetes Schullokal zur Verfügung. Am 3. August 1804 überwies nämlich Napoleon als Ergebnis der Bemühungen des Aachener Präfekten und des Maires Kolb in einem kaiserlichen Erlaß das in der Pontstraße gelegene säkularisierte Augustinerkloster der Stadt zur Einrichtung der Sekundärschule [18]). Um ein erneutes Übergewicht des Lateinischen im Lehrplan der neuen Schule zu vermeiden und eine Abkehr von der überkommenen scholastischen Lehrweise zu erreichen, wurden die Lehrer des Mariengymnasiums nicht unbesehen übernommen; vielmehr sah man sich nach anderen geeigneten Kräften um. Auf Vorschlag des soeben gebildeten Verwaltungsrates der Schule ernannte der französische Innenminister Franz Gall (1763-1841) zum Leiter der Aachener Sekundärschule [19]). Er stammte aus Sittard, war zuerst „chef du bureau des petitions" in Aachen, bevor er im November 1795 Professor für Ästhetik an der alten Universität Bonn wurde. Wegen Gehaltsstreitigkeiten mit dem Professorenkollegium nahm er im Jahre 1796 die Stelle eines Kantonalverwalters in Brühl an. Im Jahre 1797 wurde er Dolmetscher bei der Mittelkommission in Bonn. Im November 1798 hatte er dann eine Professur für alte Sprachen an der Zentralschule des Roerdepartements in Köln erhalten und war nach deren Auflösung kaiserlicher Prokurator beim Gericht 1. Instanz in Zweibrücken geworden. Seit seiner Tätigkeit in Aachen scheint er besonders das Vertrauen der französischen Behörden genossen zu haben, wie er sich überhaupt klug den politischen Veränderungen angepaßt hatte. Zeitweise Cisrhenane, war er später Verfechter des Anschlusses der Rheinlande an Frankreich. Mit Rücksicht auf die Finanzen der Stadt wurden neben diesem Leiter nur vier weitere Lehrer angestellt, nämlich Karl Hugnier aus Maaseyk, der Priester Christian Quix (1773-1844) aus Hoensbroek, der sich bis 1822 als Lehrer bzw. Oberlehrer, danach als Bibliotheksdirektor und Lokalhistoriker in Aachen einen Namen machte, ferner Johann Joseph Preut als einziger ehemaliger Lehrer am städtischen Mariengymnasium und Johann Wilhelm Simon Herendael aus Aachen.

Der Unterrichtsbeginn verzögerte sich bis zum 1. Dezember 1805, weil das Militär das von ihm genutzte Augustinerkloster noch nicht geräumt hatte. Auch führte die Schule wider Erwarten zunächst ein kümmerliches Dasein und unterschied sich darin nicht von den übrigen Sekundärschulen des Roerdepartements. Das Internatswesen, auf das die französische Regierung zum Zwecke der politischen Infiltration der Schüler so großes Gewicht gelegt hatte, brach bald zusammen. Hinzu kam, daß mehrere Klassen noch nicht eingerichtet waren, weil es an Lehrern mangelte. Die Konkurrenz der in Privatschulen tätigen Lehrer, vor allem ehemalige Geistliche, war hart. Der Hauptgrund für den Mißerfolg der Sekundärschulen im Roerdepartement ist wohl darin zu sehen, daß sie zwar von den Gemeinden unterhalten wurden, aber ansonsten völlig der Kontrolle des Staates unterstanden, dessen Hauptziel die Erziehung der Jugendlichen zu treuen französischen Staatsbürgern war und nicht – wie es die Mehrheit der Eltern erwartete – die Hinführung zum katholischen Glauben. Dies änderte sich auch nach Abschluß des Konkordats nicht wesentlich.

Lehrgegenstände waren im Jahre 1805 Griechisch, Latein, Französisch, Deutsch, Rechnen, die Anfangsgründe der Mathematik und der Naturlehre, Naturgeschichte, Geographie, Geschichte, Mythologie, die schönen Künste und die Moral. In der Praxis wurden die Fächer allerdings in unterschiedlicher Intensität gelehrt. Die Lehrtätigkeit im Griechischen war gering. Das Lateinische hatte immer noch hohe Bedeutung. Das Französische machte Fortschritte, bereitete der Jugend aber offenbar einige Schwierigkeiten. Das Deutsche und die deutsche Geschichte waren aus politischen Gründen immer mehr zurückgedrängt worden. Naturgeschichte wurde entgegen den französischen Intentionen selten gegeben. Hingegen machte das Rechnen nach Dezimalsystem große Fortschritte. Der Religionsunterricht hatte an Bedeutung verloren.

Am Ende eines jeden Schuljahres fand eine feierliche Prüfung der Schüler mit anschliessender Prämierung der besten Leistungen statt. Schülerprämierungen hatten in Aachen eine feste Tradition seit den Zeiten des Jesuitengymnasiums. Die erste bekannte Prämierung eines Schülers in französischer Zeit datiert vom 25. September 1797. Damals erhielt Philipp von Oliva, Schüler des früher am städtischen Mariengymnasiums lehrenden Jakob Cuvelier, ein ganz in Leder eingebundenes Buch mit Namen „Konstitution der Französischen Republik vom 5. Fructidor des Jahres III" (22. Au-

Schülerprämierungen

gust 1795), welches der Aachener Unterkommissar Estienne feierlich überreichte. Prämierungen sind auch aus den Jahren 1806 und 1807 bekannt. An sie erinnerten bis zum Zweiten Weltkrieg zwei Holztafeln im Kaiser-Karls-Gymnasium (siehe Expp. K 4 u. 5).

Im Frühjahr 1809 wurde die Aachener Sekundärschule in die schon erwähnte kaiserliche Akademie aufgenommen und erhielt den Titel „Collège". Sie war – nachdem durch kaiserliches Dekret vom 4. Juni 1809 die örtlichen Schulverwaltungsräte ihr Mitspracherecht verloren hatten – dem unumschränkten Einfluß des Staates unterstellt, ohne daß der Stadt Aachen auch nur ein Teil der Unkosten, die sie für die Sekundärschule aufzuwenden hatte, erstattet worden wäre. Der Unterricht blieb von dieser Neuordnung der Schulverwaltung jedoch unberührt.

Der Zulauf zum Aachener Collège nahm stark zu, nachdem am 7. Februar 1811 Joseph Erckens, bis dahin Lehrer an der Neusser Sekundärschule, die Leitung der Schule übernommen hatte. Bereits im Herbst 1811 zählte sie mit 129 Schülern doppelt so viele als im Jahr vorher. Im Jahre 1812 wurden es gar 180 Schüler. Erst die sich in den beiden folgenden Jahren ankündigenden politischen Umwälzungen führten zum Absinken der Besucherzahlen. Den Grund für die positive Entwicklung sieht die Forschung in der Person ihres neuen Leiters, der als ein Mann von geistlichem Stand nach dem Geschmack der Aachener gewesen sei.

Vergleicht man das Aachener Schulwesen gegen Ende der französischen Herrschaft mit dem der reichsstädtischen Zeit, so ist nur wenig Besserung zu spüren. Das niedere Schulwesen blieb gekennzeichnet durch „Planlosigkeit auf allen Gebieten; Mangel an geldlicher Fundierung und öffentlichen Schulgebäuden; mangelhafte Unterrichtserfolge infolge unzulänglicher Berufsvorbildung der Lehrer, infolgedessen äußerste Buntheit im Unterrichtsverfahren; keine feste Besoldung, daher auch in der Unterrichtstätigkeit Tagelöhnerbetrieb; Willkür hinsichtlich der Einschulung, der Entlassung und des allgemeinen Schulbesuches"[20]. Das höhere Bildungswesen war im Hinblick auf das Schulgebäude und die Fähigkeiten des Lehrkörpers günstiger gestellt. Über die Einflußnahme der Franzosen auf die Gestaltung des Aachener Schulwesens im allgemeinen urteilt Joseph Leuchter: Sie hatten keineswegs die Macht, „der Schule ein charakteristisches Gepräge zu geben, da sich Schulgesetzgebung, -verwaltung und -aufsicht immer in erster Linie auf die äußere Organisation richteten und die innere Unterrichtsgestaltung vollständig vernachlässigten. Von einem wirklich aktiven Eingreifen in den Lehrbetrieb, einem planmäßigen Leiten und Umgestalten der Schule im Sinne gesunder Entwicklung kann nicht die Rede sein ..." An anderer Stelle schreibt er[21]: „Die Sorge der napoleonischen Verwaltung für Unterricht und Erziehung reichte nur so weit, als die Organisation der Schulen den politischen Bestrebungen förderlich sein konnte, woraus sich ohne weiteres eine Vernachlässigung der Unterrichtstätigkeit ergibt ... Napoleon hatte den gesamten Lehrkörper des Kaiserreichs in der Université Impériale zusammengefaßt und so ein streng hierarchisches System geschaffen, das ihm Gewähr für größte Fügsamkeit bot. Unter seiner Herrschaft erwuchs der Schule die weitere Aufgabe, den persönlichen Ruhm des Kaisers verbreiten zu helfen"[22].

Schule im Josephinischen Institut

Es gab aber auch positive Aspekte des Schulwesens in französischer Zeit: Zum einen erweiterte sich der Kreis derjenigen, die eine Fremdsprache, das Französische, erlernten, um ein Vielfaches, zum anderen wurde das Rechnen nach Dezimalsystem eingeübt, das Voraussetzung für den raschen Fortschritt in Technik und Wirtschaft des 19. Jahrhunderts werden sollte. Hervorzuheben ist auch ein Lehrinstitut besonderer Art, das seine Entstehung dem Gedankengut der französischen Revolution, letztlich der Philosophie der Aufklärung mit ihrem Impetus zu sozialer Verantwortung des Staates verdankte. Mit Regierungsverfügung vom 28. Januar 1803 wurde nämlich ein öffentliches Werkhaus (atelier de charité) im ehemaligen Karmeliterinnenkloster St. Theresia in der Pontstraße eingerichtet, und zwar mit dem Ziel, den Armen der Stadt neben handwerklicher Beschäftigung und Unterkunft auch kostenlosen Unterricht zu gewähren, um so das Bettelwesen einzudämmen. Zielgruppe waren 6-18 Jahre alte Kinder beiderlei Geschlechts, die getrennt vor- bzw. nachmittags unterrichtet werden sollten. Ihnen wollte man in täglich 4 Lektionen von jeweils etwa 1½ Stunden französischen und deutschen Lese- und Schreibunterricht erteilen und die Grundlagen des Rechnens vermitteln. Ein regelmäßigerer Schulbesuch wurde dadurch erreicht, daß diejenigen Eltern, die ihre 7 bis 15 Jahre alten Kinder nicht in die Schule schickten, die Unterstützung durch das Wohltätigkeitsbureau verloren. Joseph Leuchter beurteilt das Aachener Werkhaus wie folgt:

> *„Im Gegensatz zu dem privaten Charakter der städtischen Schulen vereinigte die neue Einrichtung in sich alle Vorzüge einer auf einem festen Programm aufgebauten Schule. Sie übertraf nach ihrer äußeren und inneren Organisation die meisten Aachener Schulen und stellte einen für die Stadt bisher unbekannten Schultyp dar. Sie besaß wichtige und notwendige Vorbedingungen zu einer gesunden Fortentwicklung: Unabhängigkeit von den Eltern infolge der Unentgeltlichkeit von Unterricht und Lernmitteln, Mittel, die die Ausübung eines gewissen Besuchszwanges gestatteten, und einen angestellten und ausreichend besoldeten Lehrer. Die Hauptbedeutung für die Stadt lag darin, daß die ganze Einrichtung und besonders die Schule das Werk großzügiger und tiefwirkender sozialer Fürsorge war; die Stadt brauchte nicht einmal Geldzuschüsse zu leisten"*[23]).

Finanziert wurde das Werkhaus nämlich durch Stiftungen, von denen zwei besonders herausragen. Im Januar 1804 stiftete Gräfin Maria Isabella d'Harscamp, eine geborene Aachener Bürgerstochter, 4 000 Francs für das „atelier de charité"[24]). Am 20. August 1804 stellte die Kaiserin Josephine für die Kranken- und Werkhäuser in Aachen und Köln eine Summe von insgesamt 16 500 Francs zur Verfügung, was den Anlaß dazu gab, das Aachener Werkhaus in „Josephinisches Institut" umzubenennen[25]).

Trotz mancher Neuerungen und Verbesserungen befand sich das Schulwesen im Rheinland auch am Ende der französischen Zeit immer noch in einem beklagenswerten Zustand. Im Jahre 1814 mußte man auf preußischer Seite feststellen, daß „$^3/_5$ aller schulfähigen Kinder zwischen sechs und vierzehn Jahren keine öffentlichen Schulen besuchten, $^3/_{10}$ der bestehenden Schulen ohne festen Unterrichtsraum waren und nur $^1/_3$ der Lehrer ein festes Gehalt bezog"[26]).

L. Kirchliches Leben – Die Errichtung des Bistums Aachen – Gründung der Evangelischen Gemeinde – Juden in Aachen

Die Einstellung der Revolution zur Religion und deren Vertretern war im Laufe der Zeit erheblichen Wandlungen unterworfen.
Im französischen Königreich galt der Katholizismus als Staatsreligion. Den vor allem in Südfrankreich lebenden Hugenotten war seit dem Widerruf des Ediktes von Nantes (1598) durch das Edikt von Fontainebleau (1685) die öffentliche wie private Religionsausübung verboten[1]). Trotz aller religiösen und zivilrechtlichen Benachteiligungen lebte aber der Protestantismus in der Einzelgemeinde fort. Im letzten Drittel des 18. Jahrhunderts nahm unter dem Einfluß der Aufklärung die staatliche und gesellschaftliche Duldung gegenüber den Andersgläubigen zu. Diese Entwicklung gipfelte vorläufig im Toleranzedikt Ludwigs XVI. vom 29. November 1787, das den bürgerlichen Status der Protestanten aufbesserte, ohne allerdings ihren Kultus öffentlich anzuerkennen. Zu Beginn der französischen Revolution war von einer feindlichen Haltung gegenüber den Religionen, auch gegenüber dem katholischen Staatskirchentum noch nicht die Rede. Vielmehr ging es in der Anfangszeit um die Beseitigung von offensichtlichen, auch von einer Mehrheit des Klerus erkannten Mißständen, um eine Reform also. So verzichtete der Klerus selbst am 20. Mai 1789 auf sein Privileg der Steuerfreiheit, am 4. August 1789 auf die kirchlichen Zehnten und akzeptierte damit die Forderung nach der Gleichheit aller. Am 23. und 24. August erfolgte die Gleichstellung aller Konfessionen. Vom katholischen Staatskirchentum war infolgedessen in der Erklärung der Menschenrechte am 26. August 1789 schon nicht mehr die Rede, denn diese hatte ja zwangsläufig die Anerkennung der Kultusfreiheit und der Gleichheit der religiösen Bekenntnisse zur Voraussetzung, was konsequenterweise dem Ende der Vorherrschaft e i n e r Religion im Staate gleichkam. Dieser Schritt bedeutete wiederum die Trennung von Staat und Kirche, zunächst aber noch nicht die Feindschaft zwischen beiden. Der pikanterweise von Talleyrand, dem Bischof von Autun, in die Nationalversammlung eingebrachte Vorschlag, die Kirchengüter zu verstaatlichen, der dann von der Versammlung aufgenommen und am 2. November 1789 verkündet wurde, war noch kein feindlicher Akt gegenüber der Kirche, sondern eine radikale Entscheidung zur Eindämmung der verheerenden Staatsschulden. Als Ersatz für den Verlust des Kirchenvermögens stellte der Staat dem Klerus ein Gehalt in Aussicht, von dem allerdings alle Angehörigen der am 13. Februar 1790 für aufgelöst erklärten kontemplativen Orden und die Stiftsgeistlichkeit ausgenommen waren. Die am 12. Juli 1790 verkündete sog. Zivilverfassung des Klerus erkannte lediglich „Ämter für die Betreuung der Gläubigen" an. Der zweite Abschnitt der Zivilverfassung regelte die Besetzung dieser Ämter. So hatten die wahlberechtigten, d.h. Steuern zahlenden Bürger eines jeden Departements, das künftig auch die Grenzen des jeweiligen Bistums bilden sollte, den Bischof, die Wahlmänner der einzelnen Bezirke den örtlichen Geistlichen zu wählen. Damit wurde die hierarchische Struktur der Kirche und die Vorrangstellung des Papstes de facto beseitigt. Der gewählte Bischof sollte seine Wahl dem Papst nur noch mitteilen, ohne aber dessen Bestätigung (Approbation) zu bedürfen. Der Pfarrer sollte seine Bestätigung vom Bischof erhalten. Ludwig XVI., der den Gesetzestext anerkennen sollte, zögerte zunächst, billigte ihn aber am 22. Juli 1790, einen Tag bevor sich Papst Pius VI., dessen Stellungnahme der König lange vergeblich ersehnt hatte, ablehnend äußerte. Um das neue Gesetz, das die Kirche dem Staat unterordnete, rasch umsetzen zu können, forderte die Nationalversammlung von allen Bischöfen, Geistlichen und sonstigen kirchlichen Amtsträgern einen Eid, in dem sie der Nation und dem König Treue schwören und erklären mußten „mit all ihrer Kraft die von der Nationalversammlung beschlossene und vom König gebilligte Verfassung aufrechtzuerhalten"[2]). Bei Weigerung drohte Absetzung bzw. eine Anklage wegen Stiftung öffentlicher Unruhe. Die Geistlichkeit spaltete sich von nun an in diejenigen, welche den Eid leisteten und diejenigen, welche ihn ablehn-

ten. Da sich letztere häufig weigerten, ihre Stelle gemäß dem Gesetz zu räumen, kam es in den Pfarreien zu unwürdigen Szenen. Etwa 30 000-40 000 Priester sollen Frankreich verlassen haben; andere wurden deportiert. Das Beharren der zurückbleibenden Eidverweigerer auf ihrer Ablehnung bewog den Staat, um so energischer gegen sie vorzugehen, und so war durch das Gebot zum Eid auf die Zivilverfassung der Weg zur Religionsfeindlichkeit der Republik vorbereitet, auf dem die „Commune" von Paris nach dem Sturz des Königs (1792 Aug. 10) voranschritt. Unter ihrem Druck wurde ein Sondergerichtshof eingerichtet, der unter anderem die Aufgabe erhielt, Eidverweigerer zu verhaften. Die zunehmend antireligiöse Politik forderte in den Septemberwochen des Jahres 1792 zahlreiche Opfer gerade unter den Eidverweigerern. Zur selben Zeit wurden mehrere religionsfeindliche Gesetze erlassen: die Schließung der letzten Klöster, die Auflösung auch der karitativen religiösen Genossenschaften sowie das Verbot von Prozessionen, religiösen Zeremonien und geistlicher Kleidung in der Öffentlichkeit. Bald wurde auch nicht mehr zwischen konstitutionellen und nichtkonstitutionellen Klerikern unterschieden. Am 20./25. September 1792 folgte das Gesetz über die Einführung der obligatorischen Zivilehe und die Ehescheidung, am 5. Oktober 1793 wurde der Revolutionskalender angenommen, welcher den christlichen ablösen sollte. Seit September 1792 folgten Akte des Vandalismus und der Entweihung von Kirchen. So wurde am 10. November 1793 in Paris in der Kathedrale Nôtre-Dame ein weltliches Fest zu Ehren der Vernunft, welche der Offenbarung gegenübergestellt wurde, gefeiert. Eine Prostituierte trat hier als Göttin der Freiheit auf. Am 23. November beschloß die Commune die Schliessung der Kirchen. Der Kult der Vernunft wich alsbald dem von Robespierre am 8. Juni 1794 verordneten Kult des Höchsten Wesens und der Unsterblichkeit der Seele. Nach dem Ende der Schreckensherrschaft und der Hinrichtung Robespierres (1794 Juli 28) ging die Republik auch allmählich von den staatlich verordneten Ersatzkulten ab. Am 21. Februar 1795 beschloß der Konvent in Paris ein zwölf Artikel umfassendes Dekret, das die Religionsfreiheit wieder herstellte und von neuem die Trennung von Staat und Kirche festschrieb [3]. Künftig bedurfte der Pfarrer keiner staatlichen Anerkennung; er hatte dafür aber auch keinen staatlichen Sold zu erwarten. Öffentliche Kulthandlungen und das öffentliche Auftreten von Geistlichen in kirchlichen Gewändern blieben weiterhin untersagt; andererseits waren Störungen der Religionsausübung bei Strafe verboten.

Kenntnis über die religionsfeindliche Phase der Republik hatten die Aachener zunächst nur aus der von Franz Dautzenberg herausgegebenen Zeitung „Aachner Zuschauer" oder vom Hörensagen [4], bis sie schließlich bei der ersten Besetzung der Stadt durch die Revolutionstruppen für wenige Wochen eigene Erfahrungen sammeln konnten [5]. Bei der zweiten Besetzung waren – abgesehen von militärischen Requisitionen – zunächst nur diejenigen Stifte und Klöster von feindlichen Maßnahmen betroffen, deren Mitglieder ganz oder teilweise emigriert waren. Ihr Besitz wurde mit Erlaß vom 29. Dezember 1794 der Domänendirektion unterstellt. Auch machten die Aachener seit dem Dezember 1794 für kurze Zeit Bekanntschaft mit dem Kult des Höchsten Wesens, der aber kaum Resonanz fand. Seit Februar 1795 galt dann – entsprechend der innerfranzösischen Entwicklung – der Grundsatz der prinzipiellen Religionsfreiheit, allerdings unter Beachtung des Verbots der öffentlichen Religionsausübung. Diese Einschränkung ließ sich aber in den rheinischen Gebieten nicht voll durchsetzen [6]. Zwar mußten in Aachen am 2. und 3. April 1795 die üblichen Prozessionen zum Gründonnerstag und Karfreitag unterbleiben, doch schon die Fronleichnamsprozession vom 4. Juni durfte durchgeführt werden. Dazu läuteten die Kirchenglocken, und selbst die Munizipalität wohnte der Prozession bei. Anders verhielt es sich bei der Haltung des Staates gegenüber dem kirchlichen Besitz- und Vermögenswesen. Seit dem Ende des Jahres 1794 ergingen mehrere Beschlüsse der Volksrepräsentanten, welche die Verwaltung und Nutznießung der geistlichen Vermögenswerte einigen Beschränkungen unterwarfen. So wurde z.B. ein Mitspracherecht bei Veräußerungen, bei der Aufnahme von Hypotheken oder der forstwirtschaftlichen Nutzung der Wälder geltend gemacht. Alle diese Verordnungen regelten aber die Eigentums- und Besitzverhältnisse nur vorläufig und konnten häufig nur regional durchgesetzt werden. Selten durch Gesetz oder Vorschriften geregelt waren hingegen die Requisitionen von geistlichem Besitz, welche die örtlichen Militärbefehlshaber zur Versorgung ihrer Truppen durchführten. Die zahlreichen Kontributionen belasteten den geistlichen Besitz zusätzlich. Trotz all dieser Maßnahmen trat eine grundsätzliche Änderung im Verhältnis des Staates zum geistlichen Eigentum erst in der Mitte des Jahres 1796 ein, als der Regierungskommissar Poissenot am 21. Juni den Direktorialerlaß vom 17. Mai verkündete, der alle Zehnten, Zinse und Renten des Adels und der Geistlichkeit zu Nationalgut erklärte und dem Nutzen der Republik zuführte[7]). Gegenüber der Bevölkerung wurde diese Maßnahme damit begründet, daß dadurch die auf ihr ruhenden Kontributionslasten verringert werden könnten. Poissenot betonte dabei ausdrücklich, daß eine Beeinträchtigung des religiösen Kults nicht beabsichtigt sei. Vielmehr sollten die in der Seelsorge tätigen Geistlichen eine Pension erhalten, was aber de facto nur gelegentlich und nur vorübergehend geschah. Am 1. September 1796 schließlich wurden alle geistlichen Institute im Rheinland – mit Ausnahme der in der Erziehung und in der Wohlfahrt tätigen – aufgehoben und ihre Güter der Nationaldomäne zugeschlagen. Ein Gesetz vom 25. November 1797 traf die gleiche Regelung für die Stifte und Seminare. Die Kirche war damit aller ihrer Güter beraubt, so daß ihr nur noch die Kirchen und Pfarrhäuser verblieben. Dieser Zustand blieb trotz aller Proteste der Geistlichkeit bis zum Amtsantritt des Generals Hoche in Kraft. Da er die Versorgung seiner Armeen aus den besetzten Gebieten verbessern wollte, gab er die Verwaltung des geistlichen Eigentums am 18. März 1797 den früheren Besitzern zurück, verpflichtete sie dafür aber, zwei Drittel der erzielten Einnahmen an die staatliche Verwaltung abzuführen. Aber in den Monaten April und Juni 1797 gab es schon wieder neue Direktiven bezüglich der Verwaltung der Kirchengüter und ihrer Erträge. In diesem und dem folgenden Jahr wurde mit der Auflösung des gesamten Klosterwesens begonnen. Am 31. Dezember 1797 wurden alle Personalveränderungen in den Klöstern untersagt, nur die Übersiedlung ins Rechtsrheinische war erlaubt. Am 9. Februar 1798 erging das Verbot der Aufnahme von Novizen und der Ablegung von Gelübden, am 30. September desselben Jahres wurde die Erneuerung von Gelübden verboten. Am 26. März 1798 verkündete der Regierungskommissar Rudler die in Frankreich schon lange durchgeführte Aufhebung aller feudalen Rechte und damit des Zehnten. Einen Tag später wurden die Besitzanteile abwesender Mitglieder geistlicher Korporationen zugunsten des Staates eingezogen. Dazu mußte eine detaillierte Liste, ein Personen- und Sachverzeichnis vorgelegt werden. Dort, wo mehr als die Hälfte der Mitglieder abwesend war, sollte das gesamte Vermögen des geistlichen Instituts konfisziert werden. Im April 1798 traf man bereits Vorbereitungen für die Versteigerung von Kirchengut[8]). Im Frühjahr und Sommer 1798 wurden die Prozessionen endgültig unterbunden. Sie waren schon den Aufklärern der vorrevolutionären Zeit wegen der mit ihnen angeblich einhergehenden Gefährdung der öffentlichen Sicherheit und Ruhe, des Müßiggangs, des Arbeitsausfalls und der Geldverschwendung ein Dorn im Auge gewesen, und bereits Kaiser Joseph II. hatte am 30. Januar 1776 die Ungarn-Wallfahrt an den Rhein und nach Aachen verboten und dafür vom Kölner Erzbischof Unterstützung erhalten[9]). Die französischen Revolutionäre hatten dieselben Vorbehalte gegenüber den Prozessionen und lehnten darüber hinaus Wunder und Mirakel als Aberglauben ab, der von der Besinnung auf das Wesentliche des Glaubens, die tätige Nächstenliebe und die Besserung des Menschen unnötigerweise ablenke. Im August 1798 wurde jedem Kirchendiener, der durch Schrift und Wort zum Verrat oder zum Aufruhr gegen die Regierung beitrage, mit Gefängnis gedroht[10]). Ein Opfer der verschärften Vorgehensweise wurde der Burtscheider Pfarrer Zimmermann, dem vorgeworfen wurde, im Juni 1798 in seiner Pfarrkirche republikfeindliche Litaneien verlesen zu haben[11]). Er war daraufhin im Juli verhaftet und am 4. Februar 1799 vom Pariser Direktorium zur Deportation nach Oléron, einer Insel vor der westfranzösischen Küste, verurteilt worden, von wo er erst zu Beginn des Jahres 1800 aufgrund einer Amnestie zurückkehren durfte. Am 19. Dezember 1800 belegte Regierungskommissar Jollivet endgültig die Vermögen jener geistlichen Korporationen, deren Mitglieder zu mehr als der Hälfte abwesend oder geflohen waren, mit Sequester. Trotz all dieser Gesetze haben die katholische Kirche und ihre Gläubigen die neuerliche Religionsfeindlichkeit des Staates besser überstanden, als man vermuten könnte. Das lag vor allem an der Haltung der rheinischen Bevölkerung, die sich in ihrer Mehrheit zur angestammten Religion und einer barocken, d.h. die Äußerlichkeiten betonenden Frömmigkeit, bekannte [12]), ihren Geistlichen auch weiterhin die Treue hielt und die Umsetzung so mancher Gesetze in der Praxis unterlief.

Das Konkordat

Mit dem Staatsstreich Napoleons vom 9. November 1799 trat in dem Verhältnis zwischen dem Staat einerseits und der Kirche und dem Glaubensvolk andererseits eine allmähliche Wandlung zum Besseren ein. Sie kommt in dem Mitte Juli 1801 in Paris vereinbarten Konkordat zwischen Napoleon als dem Ersten Konsul der Französischen Republik und Papst Pius VII. zum Ausdruck. Es waren persönliche und politische Gründe, die Napoleon zu diesem Schritt veranlaßten. Napoleon selbst war – wenn auch in schwer definierbarer Weise – religiös [13]). Jedenfalls unterschied er genau zwischen dem Kern des Glaubens und dem, was die Menschen im Laufe der Geschichte hinzugefügt hatten. Von allen Religionen entsprach „das katholische Christentum mit seinen ethischen und sozialen Eigenschaften, besonders aber mit seiner bildhaften Sinnenfreudigkeit seinem Wesen am meisten" [14]). Das heißt nun nicht, daß er bereit gewesen wäre, den katholischen Kultus als Staatsreligion zu akzeptieren; dafür vertrat er zu sehr den Gedanken der Toleranz gegenüber den anderen Konfessionen. Als Staatsmann erkannte er den Wert, den Religion, und hier insbesondere der katholische Kultus, zu dem sich die Mehrheit des Volkes bekannte, für jedes in sich ruhende Staatswesen besaß. Napoleon war nämlich der Überzeugung, daß die sozialen Unterschiede in keinem Staat beseitigt werden könnten, deshalb sei „eine Religion, die diese Gegensätze nicht kenne und einen Ausgleich im Jenseits verspräche, geeignet, den inneren Frieden eines Staates zu befestigen" [15]). Wenn das Volk aber der Religion bedürfe, so folgerte er, dann müsse sich die Regierung mit der Religion verständigen. Dies sah sein sonst so verschiedener Bruder Lucien Bonaparte genauso. In seiner Rede vom 7. April 1802, die er anläßlich der Beratungen des Konkordats vor dem Tribunal in Paris hielt, führte er aus, daß „die Religion und der Kultus dem Menschen nützlich und den Staaten nothwendig" sei und begründete dies unter anderem so [16]):

> „Es gibt Verbrechen, die allen Gesetzen entschlüpfen; die Religion erreicht sie. Trifft uns der eiserne Arm der Ungerechtigkeit, so wird Religion unsere Stütze; sie stellt das Gleichgewicht her zwischen dem Starken und Schwachen, sie hebt den Unterdrückten sogar über den Unterdrücker; denn sie straft jenen durch Gewissensbisse, deren Marter jede menschliche Strafe übertrifft, und sie gewährt diesem jene heiligen unverwelklichen Hoffnungen, die unabhängig sind von allem, was ihn umgiebt. Der Weise selbst, durch diese Hoffnungen belebt, weigert sich, seine Fesseln zu brechen, und spricht mit dem Giftbecher in der Hand zu seinen weinenden Freunden: Tröstet Euch; hier oben ist ein Gott, der straft und belohnt."

Im weiteren Verlauf seiner Rede legte er dar, daß die Regierung den Kultus organisieren müsse und begann mit den Worten:

> „Wenn Kultus dem Staate nützlich und nothwendig sind, so darf die Regierung ihn nicht mit Gleichgültigkeit behandeln. Es ist eine falsche und eine gefährliche Maxime, daß Gleichgültigkeit gegen die Religionen das beste Mittel sey, sie sämmtlich in Schranken zu halten. Man fängt mit Gleichgültigkeit an, aus dieser entspringt Unruhe, und aus der Unruhe Verfolgung."

Ferner führte er aus:

> „In freien Staaten kann die Macht nur durch die National-Meinung, und besonders durch die des Landvolkes bestehen; auf das Landvolk aber hat die Religion den mächtigsten Einfluß, folglich mußte man sich derselben aus Staatsklugheit bemächtigen.
> Diese Politik hat von jeher diejenigen geleitet, deren Weisheit die Geschichte rühmt. Alle die großen Männer, die Eroberer, welche Reiche stifteten oder wiederaufrichteten, jene starken Seelen, die der Stolz des Menschengeschlechtes sind, haben die Macht der Religion erkannt und benutzt."

Schließlich zitierte er Mirabeau:

> „Laßt uns im Angesichte aller Völker und aller Nationen bekennen, daß dem französischen Volke die Gottheit eben so unentbehrlich ist als die Freiheit, und laßt uns das ehrwürdige Wahrzeichen des Christenthums auf die Zinne aller Departemente pflanzen. Laßt uns uns nicht mit dem Vorwurfe beladen, als hätten wir die letzte Hülfsquelle der Staatsordnung verstopfen, die letzte Hoffnung der unglücklichen Tugend vernichten wollen."

Nach weiteren Ausführungen legte Lucien dem Tribunat dar, daß das Konkordat und die Organischen Artikel den Kultus optimal organisieren.

Das Konkordat zwischen Frankreich und dem Heiligen Stuhl war am 8. September 1801 vom Ersten Konsul nach Monaten schwieriger Verhandlungen unterzeichnet worden. Damit es auch die gesetzgebenden Körperschaften passieren konnte, wurden ihm umfangreiche Ausführungsbestimmungen, die sog. Organischen Artikel, beigefügt, welche dem in diesen Körperschaften herrschenden Geist des Gallikanismus (siehe unten) Rechnung trugen. Gegen manche Widerstände konnte das Konkordat mit seinem Anhang am 8. April 1802 veröffentlicht werden [17]. Die Organischen Artikel waren dem Konkordat zwar eigenmächtig beigefügt worden und riefen den Protest des Papstes hervor, vermochten die Vertragspartner aber nicht mehr zu trennen. In den vier rheinischen Departements wurde das Gesetzeswerk am 4. Mai 1802 in Kraft gesetzt.

Das Konkordat sah die freie Religionsausübung für die römisch-katholische Kirche vor, die allerdings in Fällen, in denen ein besonderes Staatsinteresse vorlag, durch Polizeiverordnungen eingeschränkt werden konnte. Die Bistumsgrenzen sollten neu umschrieben und die Bischofsstühle nach vorangegangenem Rücktritt aller bisherigen Bischöfe neu besetzt werden. An die Stelle der Bischofswahl trat das Ernennungsrecht des Ersten Konsuls, dem vor Amtsantritt der Treueid, der von seinem Inhalt her ein bloßer Untertaneneid war, geleistet werden mußte. Artikel 9 sah eine Neuumschreibung der Pfarrgrenzen vor. Die Bischöfe sollten nur solche Pfarrer ernennen dürfen, die der Regierung genehm waren. Auch durften die Bischöfe Domkapitel und Priesterseminare einrichten, erhielten aber für deren Unterhalt vom Staat keinerlei Mittel. Die Bischöfe waren berechtigt, vom Staat die Herausgabe aller zum Gottesdienst erforderlichen, nicht veräußerten Kirchengebäude zu verlangen. Die katholische Kirche verzichtete auf die Rückgabe des ihr in den Revolutionsjahren geraubten Gutes. Als Gegenleistung wollte der Staat den Bischöfen und der Pfarrgeistlichkeit ein auskömmliches Gehalt zahlen und Stiftungen zugunsten der Kirche zulassen. Das Motiv für die Staatsbesoldung lag im Bestreben, die Geistlichkeit vom Staat abhängig zu halten.

Als Richtschnur für die 77 Organischen Artikel galten die von Jacques-Bénigne Bossuet (1627-1704) formulierten gallikanischen Freiheiten von 1682, die am vorläufigen Ende einer bereits im Mittelalter einsetzenden Entwicklung im Verhältnis zwischen Staat und Kirche standen. Die katholische Kirche wurde nun in all ihren Funktionen dem französischen Zivil- und Strafrecht untergeordnet. Sie durfte nichts ohne Autorisierung des Staates unternehmen. So war für die Vollziehung päpstlicher Bullen oder Breven die Genehmigung des Staates erforderlich, und kein Kirchenvertreter durfte ein Amt ausüben, ohne vom Staat anerkannt zu sein. Jeder Bürger, der sich durch Anordnungen der Geistlichkeit in seiner Ehre gekränkt fühlte oder in seinem Gewissen bedrängt glaubte oder die gallikanischen Freiheiten gefährdet sah, konnte an den Staatsrat appellieren. Die Organischen Artikel sahen vor, daß die neue Diözesan- und Pfarrumschreibung in Verbindung und mit Genehmigung der Regierung durchgeführt werden sollte. Die kirchlichen Verwaltungsgrenzen sollten sich an den weltlichen orientieren. Die Bischöfe durften zwar die Pfarrer ernennen, die Ernennung mußte aber vor der kanonischen Einsetzung vom Staat genehmigt werden und der Eid, der jetzt nurmehr ein Treueversprechen gegenüber dem Staat enthielt, in die Hand des Präfekten geleistet sein. In ganz Frankreich war nur eine Liturgie und ein Katechismus zugelassen. In den Städten, wo es Kirchen verschiedener Kulte gab, war die Religionsausübung außerhalb der dem katholischen Gottesdienst geweihten Gebäude verboten. Jede Kirche sollte nur einem Kultus dienen; Simultankirchen wurden verboten. Die Ehesakramente durften nur nach vorangegangener Zivilehe gespendet werden. Die von den Geistlichen geführten Register galten nunmehr als Nachweise in Bezug auf die Verwaltung der Sakramente und hatten nicht den rechtlichen Wert der Standesamtsregister. Hingegen wurde der erste Schritt zur Wiederherstellung des gregorianischen Kalenders getan, indem der Sonntag gegenüber dem Décadi wieder in seine alten Rechte eingesetzt wurde. Auch einige kirchliche Feiertage wie Weihnachten, Christi und Mariä Himmelfahrt sowie Allerheiligen wurden staatlicherseits anerkannt. Der gregorianische Kalender wurde indessen erst am 1. Januar 1806 rehabilitiert. Erwähnenswert ist auch, daß die Pfarrer bei ihren Predigten für das Wohl der Republik und der Konsuln beten lassen sollten und verpflichtet waren, sich direkter oder indirekter Vorwürfe gegenüber dem Staat zu enthalten.

In Ausführung des Konkordats hatten die meisten Bischöfe auf ihr Amt freiwillig verzichtet, darunter auch der Bischof von Haut-Rhin, Marc Antoine Berdolet, der spätere Bischof von Aachen. Andere, die sich weigerten, wurden vom Papst wegen Ungehorsams ihres Amtes enthoben. Pius VII. hatte mit seiner Bulle vom 29. November 1801 die Errichtung der französischen Bistümer vorgenommen, wobei er sich an der administrativen Einteilung des Landes in Departements orientierte. Frankreich wurde in 10 Erzbistümer und 50 Bistümer gegliedert. Die Grenzumschreibung der neuen Bistümer erfolgte am 9. April 1802 in einem Dekret des päpstlichen Kardinallegaten Caprara. Köln, Mainz und Trier verloren ihren jahrhundertealten Rang als Erzbistümer; Köln ging sogar als Bistum unter. Demgegenüber wurde Aachen, das seit eh und je zum Bistum Lüttich gehört hatte, aufgewertet und am 10. April 1802 zu einem selbständigen Bistum mit der Jungfrau Maria als Patronin erhoben. Das Patronatsfest wurde an Mariä Himmelfahrt, dem 15. August begangen. Ausschlaggebend für die Erhebung Aachens zum Bistum war wohl die Tatsache, daß Aachen Hauptstadt des Roerdepartements, eines der reichsten Departements Frankreichs war, und daß hier, bedingt durch Thron, Grab, Königskrönungen und städtische Privilegien (sog. Karlsdiplom), die Erinnerung an Karl d.Gr., dessen Andenken Napoleon in propagandistischer Weise für seine Herrschaft zu nutzen suchte, über Jahrhunderte hinweg wach geblieben war.

(Einrichtung des Bistums Aachen)

Das neue Bistum Aachen umfaßte sowohl das Roer- wie auch das Rhein-Mosel-Departement. Es hatte eine Nord-Süd-Ausdehnung von etwa 270 Kilometern und eine Breite von etwa 75 Kilometern. Es reichte im Norden bis ins Klevische, im Süden bis nach Kreuznach, im Westen bis zur Linie Horst (nordwestlich Venlo)-Sittard-Aachen-Monschau-Gemünd-Pünderich-Kirn und war im Osten – sieht man einmal von Wesel, das im Jahre 1808 hinzukam, ab – durch den Rhein begrenzt. Es umschloß somit Teile der früheren Diözesen Köln, Trier, Mainz, Lüttich, Roermond und Utrecht und zählte mehr als 600 000 Katholiken. Zusammen mit den Bistümern Gent, Lüttich, Mainz, Namur, Tournai und Trier war das Bistum Aachen dem Erzbischof von Mecheln unterstellt. Zum ersten Aachener Bischof wurde der schon erwähnte Marc Antoine Berdolet ernannt.

In Artikel 13 des Konkordats hatte Papst Pius VII. auf die Rückerstattung der während der Revolution erlittenen Vermögensverluste Verzicht geleistet und damit der Säkularisation, d.h. der Aufhe-

(Säkularisation)

bung der landesherrlichen Souveränität der betroffenen geistlichen Institute und der Einziehung ihrer Mobilien und Immobilien zugunsten des Staates, zugestimmt [18]). Das Konkordat und die Organischen Artikel waren im Rheinland – wie erwähnt – am 4. Mai 1802 publiziert worden, aber hier nicht ohne weiteres anwendbar, weil das Kirchengut zwar verschiedentlich unter Sequester gestellt worden, aber noch nicht wie in Frankreich säkularisiert worden war. In Bezug auf die vier rheinischen Departements hatte man die im Frieden von Lunéville vom 9. November 1801 schließlich ausgesprochene völkerrechtliche Anerkennung ihrer Zugehörigkeit zu Frankreich abwarten wollen. Es bedurfte somit eines Übergangsgesetzes, das die rheinischen Kirchenverhältnisse denen Altfrankreichs anpaßte. Diesem Zweck diente der im Rheinland am 2. Juli 1802 veröffentlichte Konsularbeschluß vom 9. Juni d.J., der die Aufhebung aller geistlichen Institutionen – mit Ausnahme der gemäß Gesetz vom 8. April 1802 eingerichteten Bistümer, Pfarreien, Domkapitel und Seminare – und die Einziehung des geistlichen Eigentums zugunsten der Staatsdomäne verfügte [19]). Insgesamt waren im Roerdepartement 223 Institute betroffen. In Aachen gab es damals 2 Stifte (St. Marien, St. Adalbert), 7 Männer- und 13 Frauenklöster. Ausgenommen waren alle geistlichen Anstalten, welche Einrichtungen für den öffentlichen Unterricht oder die Krankenpflege unterhielten. Das waren nach einem ergänzenden Erlaß des Präfekten Méchin vom 30. Oktober 1802 in Aachen die Klöster der Alexianer, der Christenserinnen, Elisabethinnen, Ursulinen und der Beginen auf dem Stephanshof. Auch blieben die Gebäude, die Kultzwecken dienten, Bischofs- und Kanonikerwohnungen sowie die Pfarrhäuser und Seminare von der Regelung ausgenommen. Die zu den säkularisierten Einrichtungen gehörenden Personen mußten innerhalb von zehn Tagen ausziehen, durften aber ihre persönliche Habe behalten. Als Ausgleich sah das Gesetz für die auf dem Boden der französischen Republik Geborenen eine Rente vor, während diese allen Landfremden, die sich ins Rechtsrheinische begeben sollten, vorenthalten blieb. Der Präfekt sollte im übrigen Kommissare ernennen mit dem Auftrag, Verzeichnisse über alle Mobilien und Immobilien sowie die Kloster- und sonstigen Institutsinsassen zu erstellen. Mit dieser Aufgabe begann man in Aachen am 1. August [20]). In der Praxis erwies sich die Verwirklichung des Säkularisierungsdekrets als schwierig, denn zahlreiche Kirchen und Klöster – wie die Abteien Burtscheid, Kornelimünster und die Aachener Augustiner – hatten die für die Erstellung der Listen unabdingbaren Archive ganz oder teilweise in Sicherheit gebracht. Eine Aufstellung von 1812 nennt 48 Archive aus dem Roerdepartement, die man nicht oder nur unvollständig besaß [21]).

Der Verkauf der Kirchengüter verzögerte sich, weil zuvor noch Teile daraus zur Dotation des Senates, der Ehrenlegion und der Veteranen ausgesondert werden sollten. Erst im Mai 1803 begann die Domänendirektion mit den Veräußerungen. Diese geschahen durch öffentliche Ausbietung im Aachener Präfekturbüro für das gesamte Roerdepartement. Die Ankündigungen der Versteigerungen wurden auf den Sekretariaten der verschiedenen Gemeinden ausgehängt. Die Veräußerungen zogen sich bis zum Ende der französischen Zeit hin. Wenngleich die Säkularisation im Rheinland und speziell im Aachener Raum noch längst nicht erschöpfend erforscht ist, lassen sich für das Arrondissement Aachen doch einige interessante Beobachtungen machen [22]). Hier wurden insgesamt 156 Häuser für 1 321 487 Francs und 423 Landgüter und andere Objekte für 2 111 998 Francs verkauft, darunter die Klostergebäude der Klarissen, Jesuiten und Kapuziner. Allein 60 der veräußerten Häuser wurden in der Stadt Aachen angeboten. 57 von ihnen wurden für 299 671 Francs von Aachener Bürgern erworben. Die 79 in Aachen verkauften Grundstücke wurden ausnahmslos von Ortsansässigen ersteigert, und zwar für 355 895 Francs. Betrachtet man die Gesamtzahl der im Arrondissement getätigten Verkäufe, so ist festzustellen, daß Aachener Bürger in 253 Fällen Grundstücke und Häuser für insgesamt 1 612 717 Francs erwarben und somit fast 47 Prozent der bei der gesamten Verkaufsaktion umgesetzten Gelder erlegt hatten. Acht Prozent entfielen auf Burtscheider Bürger. Manche Personen, wie der Rentier Daniel Brammertz aus Aachen, begegnen in den Käuferlisten immer wieder. Sie waren vermutlich für Auftraggeber tätig. In diesem Zusammenhang stellt sich die Frage, inwieweit Spekulationskäufe eine Rolle spielten, doch geben die für Aachen relevanten Quellen darüber keine Auskunft. Feststellen läßt sich aber, daß einige Aachener Fabrikanten die Gelegenheit nutzten, um ihr Firmengelände zu vergrößern. So erwarb z.B. der Tuchfabrikant Ernst Konrad Claus am 25. Juli 1803 zwei Häuser in der Bendelstraße und am 21. Januar 1804 das Jesuitenkloster, und zwar für 25 100 bzw. 23 600 Francs. Der Tuchfabrikant Heinrich Pastor rundete für etwa 23 000 Francs seinen Besitz durch Objekte in der Marschier- und Burtscheiderstraße ab, die früher dem Kloster Marienthal gehört hatten. Aber auch Leute wie Franz Dautzenberg und Nikolaus Cromm traten bei den Versteigerungen mehrfach als potente Käufer auf.

Die Säkularisation der Stifte und Klöster verlief im Rheinland ohne großes Aufsehen. Das lag vor allem daran, daß die Aufhebung nicht unerwartet kam und die Religionsausübung und die kirchliche Organisation durch das Konkordat gesichert erschien. Im übrigen vollzog sich die Durchführung der Aufhebung schrittweise und geschah eher unspektakulär. Hinzu kam, daß gerade die Klöster, soweit sie nicht im sozialen oder pädagogischen Bereich tätig waren, der Öffentlichkeit als unzeitgemäße Einrichtungen galten. Das aufklärerische Gedankengut hatte hier also doch Fuß gefaßt. So manch einer sah in den Klöstern nichts anderes als wirtschaftliche Unternehmen oder gar Stätten des Müßiganges. Das Kloster Kornelimünster z.B. wies bei seiner Aufhebung eine ausgewogene Altersstruktur des Konvents auf, obgleich es nur Söhne aus adligen Familien aufnahm, und besaß eine mehr als ausreichende wirtschaftliche Grundlage. Das geistliche Leben ging seinen unauffällig bewährten Gang. Die Pflege der Wissenschaften war allerdings in den Hintergrund getreten. Kurzum, Kornelimünster teilte sich mit den übrigen fünf Benediktinerklöstern der alten Kölner Erzdiözese den Ruf der Mittelmäßigkeit. Auch die Mönche selbst sahen im Klosterleben nurmehr wenig Sinn. Sie zeigten hier „mehr Freude als Trauer, als sie die Abtei, in der längst kein geordnetes monastisches Leben mehr war, verlassen konnten. Ihre einzige Sorge galt ihrer Pension, um deren Erhöhung sie – wie die Mönche der Abtei Siegburg – einen zähen Kampf führten"[23]). Am 16. August 1802 verließen die Mönche die Abtei Kornelimünster und zogen sich zum größten Teil ins Privatleben zurück. Die Pfarrgemeinde Kornelimünster zog aus der Säkularisation des Klosters gleichfalls Nutzen; künftig konnte sie die geräumige Abteikirche für den Pfarrgottesdienst nutzen und die alte, viel zu enge Kirche auf dem Berge aufgeben. Die übrigen Klostergebäude wurden im Jahre 1809 Friedrich Kolb zur Einrichtung einer Tuchfabrik überlassen[24]).

Bereits ein Jahr nach Erlaß des Säkularisierungsgesetzes sah sich Napoleon zur Durchführung der Pfarrorganisation gezwungen, enteignetes Gut zur Sicherung der Pfarrfinanzen zurückzugeben. Mit diesem komplizierten Sachverhalt beschäftigten sich in den folgenden Jahren noch weitere Dekrete und Beschlüsse. Erst mit Gesetzen der Jahre 1809 bis 1813 wurde eine zufriedenstellende Regelung für den Erhalt des Pfarrvermögens und seine Verwaltung gefunden.

Die Probleme, die aus der Säkularisation und der Umsetzung des Konkordats entstanden, bildeten auch die Hauptaufgabe des Episkopats des neuen Aachener Bischofs Marc Antoine Berdolet, der am 23. Juli 1802 feierlich in die Stadt eingezogen war[25]).

Marc Antoine Berdolet wurde am 13. September 1740 in Rougemont-le-Château (nordöstlich von Belfort, Oberelsaß) als Sohn eines Lehrers geboren. Seine Kindheit und Schulzeit verbrachte er in Delle (südöstlich von Belfort). Während dieser Zeit erhielt er vom Vater auch Unterricht in lateinischer Sprache, deren Studium er später im Jesuitenkolleg von Porrentruy (südöstlich von Delle) fortsetzte. Von 1763 bis 1766 studierte er Theologie in Besançon, wurde Kantor an der Stiftskirche Saint-Anatole in Salins-les-Bains (südlich Besançon) und empfing am 9. April 1767 die Priesterweihe. Er kehrte nach Delle ins Elsaß zurück, wurde Kantor und Vikar an St. Christoph in Belfort und erhielt am 27. Januar 1770 – dies ein Zeichen der Wertschätzung seiner geistigen und menschlichen

Berdolet, erster Bischof von Aachen

Qualitäten – im Alter von 29 Jahren die wohlhabende Pfarrei von Phaffans bei Belfort anvertraut. Am 8. Januar 1787 ernannte ihn der Erzbischof von Besançon zum Landdekan im Oberelsaß und bescheinigte ihm Rechtschaffenheit, Tüchtigkeit, Klugheit und Güte. Schon früh hatte sich Berdolet politisch interessiert gezeigt. So befürwortete er „die grundlegenden Forderungen der Revolution nach Freiheit, Gleichheit und Brüderlichkeit und lehnte jede Bevorzugung klerikaler Kreise ab als ein Unrecht gegenüber den übrigen Bürgern. Diese Bejahung und aktive Förderung der berechtigten Anliegen der Revolution und die Aufgeschlossenheit für das gesamte politische Geschehen ist für Berdolet eigentümlich und spricht für ihn, da er sich hierdurch den konkreten Lebensbedingungen seiner Zeit stellte. Er vertrat die Auffassung, das Evangelium habe es nicht nur mit dem privaten Heil des einzelnen zu tun, sondern fordere zur Veränderung und Umgestaltung der Gesellschaftsstruktur auf, wenn diese verbesserungsbedürftig sei. Die Verantwortung des Christen für die Gestaltung seiner Umwelt, für seine Mitmenschen ist ein wesentlicher Grundgedanke des Christentums, der für Berdolets Handeln Maßstab war"[26]). So kann es nicht verwundern, daß Berdolet als einer der ersten am 6. Februar 1791 den am 26. Dezember des Vorjahres von der Nationalversammlung geforderten Eid aller Geistlichen auf die schon erwähnte sog. Zivilkonstitution ablegte.

In der Folgezeit stellte er sich ganz auf die Seite der konstitutionellen, der gallikanischen Kirche. Als gegen Ende der Schreckensherrschaft die konstitutionellen Geistlichen als Staatsfeinde galten, wurde auch Berdolet am 28. Juli 1794 – es war der Tag von Robespierres Hinrichtung, dieser politische Umschwung war jedoch in der elsässischen Provinz noch nicht bekannt – mit allen Priestern der Departements Ober- und Unterrhein und Montterrible verhaftet und in Belfort, dann Besançon eingekerkert. Der Gefängnisaufenthalt währte ungefähr drei Wochen, eine Zeit, in der Berdolets Gesundheit einen Schaden fürs Leben genommen hatte. Nach seiner Entlassung nahm er seine Arbeit als Pfarrer von Phaffans wieder auf, bis seine kirchliche Karriere am 15. August 1796 in Colmar mit der Weihe zum Bischof des Bistums Haut-Rhin einen vorläufigen Höhepunkt erreichte. Er gab dieses Amt gemäß den Bestimmungen des am 17. Juli 1801 zwischen Frankreich und dem Heiligen Stuhl geschlossenen Konkordats kurz nach diesem Datum auf und wurde am 29. April 1802 von Napoleon zum Bischof von Aachen ernannt. Ob bei der Ernennung seine Bekanntschaft mit Josephine Beauharnais, der Gemahlin Napoleons, oder eine Befürwortung seitens des päpstlichen Kardinallegaten Caprara eine Rolle spielten, ist heute nicht mehr zu klären[27]). Als Zeichen seiner Abhängigkeit und seiner Pflichten gegenüber dem Ersten Konsul erhielt Berdolet von Napoleon – wie alle anderen französischen Bischöfe – einen Ring, einen Bischofsstab, eine Mitra und ein Brustkreuz geschenkt. Am 9. März 1802 hatte Berdolet aus der Hand des Bischofs von Vannes das sog. „Decretum absolutionis et dispensationis" des Papstes empfangen, das alle jetzt neu ernannten, früher konstitutionellen Bischöfe unterschreiben sollten, bevor sie ihr neues Amt erhielten. Berdolet unterzeichnete dieses Dekret und widerrief damit indirekt den 1791 geleisteten Eid auf die Zivilkonstitution. Damit wandte er sich von der früheren konstitutionellen Kirche ab und söhnte sich mit dem Heiligen Stuhl aus. Am 22. Mai 1802 leistete er den von allen neuen Bischöfen verlangten Eid und erhielt daraufhin am 30. Mai seine kanonische Institution für Aachen. An seinem neuen Bischofssitz wurde er – wie erwähnt – am 23. Juli 1802 festlich empfangen und zwei Tage später feierlich eingeführt. Zu diesem Ereignis hatte der Interims-Präfekt Jacobi ein ausführliches Programm drucken lassen[28]). In der Literatur wurde gelegentlich vermutet, „Napoleon habe die brillanten Empfangsfeierlichkeiten für Berdolet aus dem Grunde veranlaßt, um der katholischen Bevölkerung des Rheinlandes eine erhabene Vorstellung des Herrschers zu vermitteln, der ihr einen Bischof schickte, mit anderen Worten, um sich selbst in den Vordergrund zu rücken und sein Ansehen beim Volk zu stärken!"[29]) Jedenfalls fällt auf, daß Berdolets Inthronisation eher an die Einführung eines hohen Staatsbeamten denn an die eines Bischofs erinnert. So wurden ihm die Schlüssel der Kathedrale und des Tabernakels nicht etwa von dem Vertreter des Erzbischofs von Mechelen, sondern vom Interimspräfekten Jacobi übergeben. Berdolet selbst betonte, daß es die Regierung war, die Aachen einen Bischof geschenkt hatte und brachte beim feierlichen Essen Toasts auf die Republik und auf Napoleon aus, nicht aber auf den Papst, obgleich er dessen übergeordnete Autorität anerkannte und dessen Person hoch schätzte. Joseph Monpoint, Berdolets Sekretär, schilderte die Ankunft und Aufnahme des Bischofs in seiner Diözese und speziell in Aachen so:

„Wir sind nach einer Reise von 14 Tagen wohlauf und ohne den mindesten Unfall in Aachen angekommen. Unterwegs haben wir uns aufgehalten zwei Tage in Mainz, je einen halben Tag in Koblenz und Bonn und fünf Tage in Köln in der Abtei Pantaleon, deren Abt Hermann Joseph Braun der Bischof installierte. Auf der ganzen Reise wurden wir mit Ehrenbezeugungen überhäuft, besonders aber geschah dies von Mainz an, wo die Präfekten und Unterpräfekten, die zur Aachener Diözese gehören, es sich nicht nehmen ließen, große Festessen zu veranstalten. Die Militär- und Zivilbehörden erschienen überall, um dem Bischof ihre Aufwartung zu machen. Endlich reisten wir am 23. Juli von Köln ab; drei Wagen der Abtei Pantaleon gaben uns das Geleite. Gegen 4 Uhr nachmittags kamen der Maire von Aachen mit seinen Beamten, angesehene Fremde und Einheimische, eskortiert von 26 Mann der Gendarmerie in großer Uniform und von einer Kompanie der Bürgerwehr, dem Bischof bis Haaren entgegen. Dort beglückwünschte ihn der Maire und drückte seine Freude über seine Ankunft aus. Der Bischof antwortete mit einigen verbindlichen Worten und stieg dann in den Wagen des Maire. Außer diesem befanden sich noch mindestens 30 Equipagen im Gefolge.

Gegen 7 Uhr erfolgte der Einzug in die Stadt unter dem Geläute sämtlicher Glocken, unter Artilleriesalven und den jauchzenden Zurufen einer Volksmenge, die sich auf annähernd 20 000 belief. Der Bischof wurde in die Dechanei geführt, die zum bischöflichen Palais eingerichtet worden ist, eine prächtige und geräumige Wohnung, in deren Hauptsaal ein Abendessen für 40 Teilnehmer serviert wurde.

Am folgenden Tag um 10 Uhr morgens machten die offiziellen Persönlichkeiten ihre Besuche beim Bischof. Abends läuteten sämtliche Glocken der Stadt die am folgenden Tag stattfindende feierliche Installation ein.

Am Sonntag, dem 25. Juli, fanden sich gegen 9 Uhr alle Militär- und Zivilbehörden in der Präfektur ein; alle Truppen der Garnison und der Gendarmerie begaben sich zur selben Stunde zum Marktplatz. Alsdann holte eine Abteilung Soldaten in Begleitung der Militärmusik die hohen Behörden in der Präfektur (Kleinkölnstraße) ab und führte sie zum Marktplatz, wo der Rest der Truppen sich dem Zuge anschloß, der sich zur bischöflichen Wohnung bewegte. Der Präfekt, der Generalsekretär und der Maire traten ein und meldeten dem Bischof, daß alles bereit sei, ihn zur Kathedrale zu begleiten. Der Präfekt und der Generalsekretär gingen, begleitet von einer Kompanie Grenadiere, direkt zur Kirche, wo die Pfarrer und Kapläne den Bischof erwarteten. Die übrige Geistlichkeit, wie die Domherren und andere, ungefähr 80 an der Zahl, hatten sich im bischöflichen Palais eingefunden, um sich dort dem Zuge zur Kirche anzuschließen. An der Kirchtüre präsentierte der Präfekt dem Bischof die auf einem in Gold gefaßten Samtkissen liegenden Schlüssel der Kirche und des Tabernakels und führte ihn dann unter dem Schall der Militärmusik und der Orgel in die Kirche hinein. Beim Eingang zum Gotteshaus hingen vom Gewölbe herab zwei gemalte Engel, die Blumengewinde trugen mit der in goldenen Buchstaben prangenden Inschrift: PII EXSULTATE CIVES. MARCUS ANTONIUS INGREDITUR PONTIFEX (Jauchzt, ihr frommen Bürger. Der Bischof Marc Antoine hält seinen Einzug). Es handelte sich um ein Chronogramm: 1802.

> *Die ganze Feierlichkeit hat bis nachmittags 2 Uhr gedauert; das hohe Chor war prächtig geziert, die Teilnehmermenge war überaus groß. Die angrenzenden Straßen waren von der Gendarmerie gesperrt, während die Linientruppen, die außerhalb der Kirche geblieben waren, nach Beendigung der Feier drei Gewehrsalven abgaben. In derselben Ordnung wie zur Kirche bewegte sich jetzt der Zug zurück zum bischöflichen Palais..."* [30]).

Geistlichkeit und Kirchenvolk begegneten Berdolet anfangs sehr reserviert; immerhin war er ein Fremder, dazu ein ehemaliger Anhänger der konstitutionellen Kirche und zum Zeitpunkt der Amtsübernahme zwar vom päpstlichen Legaten, aber noch nicht vom Papst approbiert. Berdolet verstand es indessen, die anfängliche Skepsis zu zerstreuen und das Vertrauen der Gläubigen zu gewinnen (vgl. auch S. 136). Dies gelang ihm vor allem auf den vielen Reisen, die er durch seine Diözese unternahm, um die Probleme seines Bistums besser kennenzulernen. Seine Zugänglichkeit und Liebenswürdigkeit, die schon der Erzbischof von Besançon zu loben gewußt hatte, kamen ihm dabei sehr zustatten. Der Rest des Mißtrauens verflog aber erst, als Papst Pius VII. ihn am 28. März 1805 in seinem Amt offiziell bestätigte und der Errichtung der Aachener Diözese Kraft verlieh. In dem Maße, wie sich sein persönliches Verhältnis zu Klerus und Volk besserte, wurde ihm die Lösung der anstehenden Schwierigkeiten erleichtert. Zuerst galt es, die organisatorischen Probleme in den Griff zu bekommen, die sein so ausgedehntes, aus Splittern mehrerer Diözesen bestehendes Bistum aufwarf, in dem neben Deutschen auch Flämisch und Französisch sprechende Gläubige lebten. In den ersten Monaten hatte Berdolet neben Joseph Monpoint, seinem langjährigen Sekretär, und Hermann Joseph Braun, dem ehemaligen Abt des Benediktinerklosters St. Pantaleon in Köln, keine anderen Mitarbeiter gehabt. Um so dringlicher wurde die Installierung eines Domkapitels, das ihm gemäß Artikel 11 des Konkordats erlaubt war. Bei der Erstellung der Statuten des künftigen Domkapitels richtete sich Berdolet nach den auch sonst in Frankreich vorbildlichen Statuten des Kapitels von Versailles [31]). Er ernannte am 19. November 1802 acht Kanoniker, nämlich: Konrad Hermann Cardoll, Hermann Joseph Braun, Pierre de Gauzargues, ehemaliger Kanoniker von La Rochelle (Dep. Seine et Oise), Joseph Monpoint, ehemaliger Pfarrer von Grandvillars im Elsaß, Peter Timmermans, Johann Franz Smets, Johann Leonard Konrad Ruland und Franz Hutmacher.

Das Domkapitel

Bei ihrer Auswahl ließ sich Berdolet – wie vom Kultusminister gefordert – von dem Gedanken leiten, die Wunden der Vergangenheit, die durch die Spaltung des Klerus in Konstitutionelle und Nichtkonstitutionelle entstanden waren, zu schließen und die Einheit des Klerus wiederherzustellen. Zur konstitutionellen Kirche hatten die Franzosen Gauzargues und Monpoint gehört. Aus dem Aachener Kapitel der reichsstädtischen Zeit stammten Cardoll als Dekan sowie Timmermans und Smets als Kanoniker. Sie standen mit ihrer Erfahrung – dort, wo es sinnvoll und nützlich war – für eine gewisse Kontinuität. Braun war Abt der Benediktinerabtei St. Pantaleon in Köln gewesen und brachte den Erfahrungshorizont eines Klostergeistlichen in die künftige Arbeit ein. Hingegen kam Hutmacher als ehemaliger Pfarrer von Paffendorf und Landdekan von Bergheim wie Joseph Monpoint aus der praktischen Seelsorge. Die von Berdolet ernannten Domkanoniker wurden am 21. Januar 1803 von Napoleon bestätigt und am 22. Juni 1803 im Aachener Münster feierlich vereidigt. Ihre Aufgabe bestand darin, den Gottesdienst in der Kathedrale zu versehen bzw. dem Bischof dabei zu assistieren und ihn bei seinen sonstigen Aufgaben zu unterstützen. Sie sollten allerdings keinerlei Einfluß auf die Verwaltung des Bistums erhalten. Diese blieb dem Bischof und seinen noch zu ernennenden beiden Generalvikaren vorbehalten, welch letztere gleichfalls dem Domkapitel angehören sollten. Zu seinem ersten Generalvikar bestellte Berdolet am 20. November 1803 Martin Wilhelm Fonck, zu seinem zweiten Generalvikar im November 1807 Michael Klinkenberg. Noch im Jahre 1802 ernannte Berdolet nach französischer Sitte Ehrenkanoniker, die allerdings keinerlei Rechte im Kapitel besaßen, aber eine Vergütung von 200 Francs erhielten [32]). Ihre Zahl war im Prinzip unbegrenzt. Die Versailler Statuten behielten ihre Gültigkeit für das Aachener Domkapitel bis

Die Generalvikare

zum 29. Mai 1812, als Berdolets Nachfolger Camus bestimmte, das Kapitel solle fortan aus 8 Domherren und drei Dignitären, dem Archidiakon der Roer und dem des Rheins und der Mosel, welche zugleich Generalvikare sein sollten, sowie dem Dekan bestehen, dessen Amt dem jeweils ältesten Mitglied des Kapitels vorbehalten blieb. Die Zahl der Ehrenkanoniker wurde damals auf 24 beschränkt.

Die Organisation des Bistums und die Neuordnung der Kirchenverwaltung waren Voraussetzung für eine bessere Seelsorge. Das Kirchenvolk hatte sich in den Wirren der vergangenen Jahre zwar nicht von revolutionärem Gedankengut anstecken lassen, so daß der Nationalagent Caselli dem Innenminister gegenüber „den Katholizismus als den Hauptgegenstand der Volkssympathie" bezeichnen konnte[33]); die Seelsorge aber hatte Schaden genommen. Berdolets Augenmerk galt daher in besonderem Maße dem Klerus, der sich in desperatem Zustand befand. Zunächst mußte die in den Jahren ohne kirchliche Gerichtsbarkeit verlorene Disziplin wieder hergestellt werden. Nur so konnten künftig staatliche und bischöfliche Anordnungen – wie etwa die schon in den Organischen Artikeln und in einem Regierungsbescheid vom 8. Januar 1804 formulierte Vorschrift, daß die Geistlichen künftig die in Frankreich übliche schwarze Kleidung zu tragen hatten – umgesetzt werden. Eine weitere wichtige Aufgabe des neuen Bischofs war es, die durch die Emigration und die Aufhebung von Stiften und Klöstern entwurzelten Geistlichen in die neue Kirchenorganisation einzubinden. Vor allem kam es darauf an, die Priester unter ihnen für die Seelsorge zu gewinnen und somit den Priestermangel – eine Folge der lange Jahre vernachlässigten Priesterausbildung – zu beseitigen[34]). Im Roerdepartement gab es 1 006 Priester, die vor der Aufhebung der Klöster einem Orden angehört hatten und 294, die früher Kanoniker gewesen waren. Mit ihnen und den 1 396 Weltpriestern lebten im neuen Bistum 2 696 Priester, d.h. theoretisch kam bei mehr als 600 000 Gläubigen ein Priester auf nur ca. 230 Gläubige. Jedoch übten nicht alle ihren Dienst als Seelsorger aus. Diejenigen, welche nicht bereit waren, den 1797 geleisteten konstitutionellen Eid entsprechend dem Erlaß des päpstlichen Legaten Caprara vom 2. Dezember 1801 zu widerrufen, wurden grundsätzlich nicht zugelassen. Ihre Zahl war im Rheinland gering, doch gab es zahlreiche Stifts- und Ordensgeistliche, die vom Staat Pension bezogen und sich damit begnügten. Noch im Jahre 1812 klagte Berdolets Amtsnachfolger Camus dem Kultusminister, daß es im Bistum Aachen 360 vakante Priesterstellen gäbe und zugleich 400 Pensionäre, die aus den verschiedensten Gründen kein Priesteramt übernehmen wollten. Nicht nur die Priesterzahl bereitete Berdolet Sorgen, sondern auch das hohe Durchschnittsalter der Geistlichen, das im Jahre 1805 als Folge des langjährigen Stillstandes der Priesterausbildung bei gut 53 Jahren lag. Hier suchte Berdolet Abhilfe zu schaffen. Bereits im Januar 1803 richtete er, nachdem sich der Bauzustand der in Frage kommenden Klöster in Aachen als zu schlecht erwiesen hatte, mit Genehmigung des Präfekten des Roerdepartements ein Priesterseminar in dem in Köln gelegenen Gebäude des ehemaligen Seminars der aufgehobenen Erzdiözese Köln ein und ließ den ersten Ausbildungskurs bereits Ende Februar 1803 beginnen. Im Jahre 1809 wurde hier bereits für 326 Priesteramtskandidaten Unterricht erteilt. Der Staat half übrigens, den Zulauf zum Priesteramt zu vergrößern, indem er seit 1806 Studierwilligen am Seminar – nach Prüfung, ob es ihnen ernst sei – Befreiung vom Militärdienst zusicherte. Die finanzielle Ausstattung und der Unterhalt des Seminars blieben indessen bis zum Jahre 1812 weiterhin unzureichend. In Aachen wurden zusätzlich von Angehörigen des ehemaligen Franziskanerklosters Vorlesungen in Theologie und Philosophie angeboten. Dieses „Franziskanerstudium" hatte nach der Aufhebung des Jesuitenordens im Jahre 1773 sowohl Geistlichen wie auch Laien offen gestanden. Pläne, gestützt auf die früheren Franziskaner, in Aachen doch noch ein (zweites) Priesterseminar einzurichten bzw. das Kölner an den Sitz des Bistums zu verlegen, ließen sich vor allem wegen fehlender Finanzmittel nicht realisieren.

Die Priesterschaft

Berdolets Napoleongläubigkeit

Berdolets Ansichten vom Verhältnis von Kirche und Staat hatten sich seit seiner Zeit als Pfarrer von Phaffans und als gallikanischer Bischof von Colmar nicht wesentlich gewandelt. Er befürwortete nach wie vor ein enges Zusammengehen beider Kräfte, die sich gegenseitig stützen sollten. Von rein kirchlichen Angelegenheiten wollte Berdolet den Staat allerdings ausgeschlossen wissen. Für ihn wie für viele Zeitgenossen war Napoleon derjenige, welcher der politischen und religiösen Anarchie ein Ende bereitet hatte und dem man dafür Dankbarkeit schuldete. Klaus Friedrich schreibt dazu in seiner Biographie Berdolets: „Das Konkordat war in den Augen der meisten Franzosen das Ergebnis ungeheurer Anstrengungen des ersten Konsuls um die Wiederherstellung des Friedens zwischen Staat und Kirche. Napoleon galt als Wiederhersteller der Religion: denn er hatte ihr die Freiheit zurückgegeben, hatte dafür gesorgt, daß der Kult öffentlich wieder aufgenommen werden konnte, daß der Klerus sein Ansehen zurückgewann, überhaupt daß die katholische Kirche in Frankreich wieder Fuß fassen konnte"[35]). Berdolet war auf diese Verdienste Napoleons fixiert und dankte sie ihm in den ersten Jahren seiner Amtszeit mit unkritischer Ergebenheit und bemerkte offenbar nicht, daß er ein willfähriges Werkzeug in dessen Händen war. Schon im Jahre 1803 ließ er in der Mitte des Hofes, vor der Wolfstür seiner Aachener Kathedrale eine weiße Marmorbüste Napoleons aufstellen und betätigte sich als eifriger Förderer des Napoleonkultes. Die Büste trug die Inschrift: „Heroi Bonaparte reipublicae Gallicae Primo Consuli Episcopus Clerusque Aquisgranus posuerunt"[36]). Im Mai 1804 unterstützte er Napoleon dadurch, daß er die Geistlichen seiner Diözese aufforderte, das Kirchenvolk für seine Zustimmung bei der bevorstehenden Abstimmung über die Erblichkeit der Kaiserwürde im Haus Bonaparte zu gewinnen. Am 4. Juni desselben Jahres versicherte er dann allen Geistlichen und Gläubigen seiner Diözese seine Genugtuung darüber, daß die Erblichkeit des Kaisertums Napoleons nunmehr gesichert sei und hob hervor: „Dadurch, liebste Brüder! erhält die von uns allen geliebte Regierung die Festigkeit, welche macht, das keine Faktionen mehr über Obergewalt untereinander hadern, daß weder einheimische Kriege, noch jene von aussen sich ferner unterfangen können, das Vaterland zu zersetzen; unter dem beschützenden Schatten der Kaisermacht sind wir von dem Drucke alles dessen, was unsere Rechte stören könnte, befreiet, die heilige Sittenlehre, welche durch wilde Leidenschaften verbunden ward, stralet nun wieder der Seele des Staatsbürgers ihr wohlthätiges Licht zu; die Religion richtet ihre Altäre wieder auf, welche durch Anarchie und Gottlosigkeit umgestürzt wurden, und weil die Kaisermacht in einer katholischen Familie erblich geworden, ist das Konkordat gesichert, und nimmt selbst Theil an der Festigkeit des Reiches"[37]). Der Dank des künftigen Kaisers blieb nicht aus. Am 15. August 1804 verlieh ihm Napoleon durch seine damals in Aachen weilende Frau Josephine das Kreuz der Ehrenlegion, das der Bischof mit folgender Eidesformel entgegennahm: „Je jure sur mon honneur de me dévouer au service de l'Empire à la conservation de son territoire dans son intégrité, à la défense de l'Empereur, des lois de la république"[38]). Am 2. Dezember 1804 nahm Berdolet an der Krönung Napoleons zum Kaiser der Franzosen teil. Am 4. Februar des folgenden Jahres befahl er auf Weisung Napoleons zur Erinnerung an die Kaiserkrönung seinen Geistlichen, ein feierliches Te Deum singen zu lassen. Er ließ dazu von der Kanzel unter anderem die folgenden Worte verlesen:

> *„Geliebte Brüder! Gott, dessen gütigste Vorsicht über unser Reich wachet, hat unsere und eure Wünsche erhört. Er hat zu diesem Reiche jenen Helden erhoben, den wir uns wünschten, und den er sich selbst auserwählt hatte, um die Feinde des Vaterlandes zu zernichten und den Lauf jener Übel zu hemmen, welche die Auflösung des Staates herbeizuführen schienen. Das sichtbare Oberhaupt der Kirche Jesu Christi und dessen Statthalter auf Erden hat die Stirne Napoleons mit dem heiligen Oele gesalbt, und durch diese Salbung ward ihm der Karackter, der ihn zur höchsten Würde der grösten Fürsten einweihet, eingeprägt. Die göttliche Vorsicht läßt in den verworrenen Zeiten solche Fürsten entstehen, und sie läßt dieselben an ihrer Majestät*

und an ihrer unumschränkter Macht Antheil nehmen, damit sie die Erretter seines Volkes werden und es auf dem Pfade des Friedens einherführen" [39]).

Angesichts dieser Worte kann es nicht verwundern, wenn Berdolet in den folgenden Jahren die militärischen Unternehmungen Napoleons in seinen Hirtenbriefen guthieß, zu den Siegen die Kirchenglocken läutete, 1805 die Bildung einer Nationalgarde zur Verteidigung des Vaterlandes und die „Konskription der zu den Feldzügen in Deutschland berufenen jungen Leute seiner Diözese" im Dezember 1806 unterstützte. Klaus Friedrich schreibt dazu:

„Nie wird auch nur andeutungsweise die Frage nach der Berechtigung der kriegerischen Auseinandersetzungen Napoleons mit andern Staaten gestellt, diese wird kritiklos vorausgesetzt. Darin liegt die Schwäche dieses theologisch untermauerten Gehorsams, 'der Hochachtung und Ergebenheit, welche die Religion gegen die Fürsten gebeut, der sie regieret'. Die staatliche Propaganda hatte ihr Ziel, die Kirche den Absichten des Staates gefügig zu machen, erreicht, indem sie den Krieg als heiligen und gerechten Krieg gegen ungerechte Angreifer hinstellte. Dieser von Napoleon systematisch aufgebauten Ideologie ist Berdolet – bei allem Respekt vor seiner Person und seinen Verdiensten um die Kirche – verfallen. Bis zu seinem Tode behielt er diese Einstellung unverändert bei, wie aus seinen späteren Hirtenbriefen hervorgeht. Der Bischof von Aachen war in dieser Frage ganz Kind seiner Zeit und auf Grund von zunächst gerechtfertigter Dankbarkeit gegenüber Napoleon für Bedenken hinsichtlich seiner Politik blind geworden. Dem heutigen Beobachter, der über die Vorgänge des Nationalsozialismus und des zweiten Weltkrieges unterrichtet ist, muß eine derartige Verquickung staatlicher und kirchlicher Interessen als falsch erscheinen. Vom Standpunkt Berdolets aus betrachtet war sie weniger fragwürdig, da er sich infolge der voraufgegangenen, der Kirche durchaus entgegenkommenden und sie fördernden Politik Napoleons die Vorstellung gebildet hatte, ein möglichst umfassendes Einvernehmen zwischen Staat und Kirche komme letztlich beiden zugute, da in einem Staat, der die Kirche achte und ihre Freiheit garantiere, die beste Gewähr gegeben sei, die Botschaft Christi zu verkünden und zu leben – zum Wohl auch des Staates. Berdolet nahm die ihm gegebene Situation, den ihm vom Staat vorgeschlagenen Weg gegenseitigen Einvernehmens, der nach und nach ein Weg der Unterwerfung der Kirche unter den Staat wurde, an und versuchte, das Beste daraus zu machen als Grundlage einer guten Seelsorge. Daß er dabei nicht alle Aspekte in den Blick bekam, mag zwar objektiv gesehen als falsch zu beurteilen sein, ist von seiner Sicht aus aber verständlich, weil es in seinen Augen zunächst darum gehen mußte, den äußeren und inneren Wiederaufbau des kirchlichen Lebens voranzutreiben. Dazu aber bedurfte es äußerlich der Ruhe" [40]).

Berdolets Napoleon-Gläubigkeit kommt auch in seiner Haltung bei der Einführung des im Artikel 39 des Organischen Reglements vorgesehenen, für ganz Frankreich einzig gültigen Katechismus zum Ausdruck [41]). Nachdem als Folge des napoleonischen Schulgesetzes vom 1. Mai 1802 der in der Revolutionszeit abgeschaffte Religionsunterricht wieder Einzug in die Schulen gehalten hatte, durften zunächst noch die alten Katechismen weiter verwandt werden. Am 4. April 1806 wurde schließlich durch kaiserliches Dekret der vom päpstlichen Kardinallegaten Caprara approbierte Einheitskatechismus, der „Catéchisme Napoléon", eingeführt. In ihn war auf Napoleons Veranlassung ein von Bischof Bernier von Orléans verfaßter Text über die Pflichten der Gläubigen gegenüber dem Kaiser in das Kapitel über das 4. Gebot eingeschoben worden (siehe Exp. L 16). Aus Napoleons Sicht nämlich hatte der neue Katechismus staatstragende, staatserhaltende und staatsfördernde

Der Katechismus

Funktion. Von Jugend an sollte der Gläubige zum Gehorsam und zur Treue gegenüber dem Staat und seinen Gesetzen und gegenüber der neuen Dynastie erzogen werden und die Überzeugung von der göttlichen Sendung Napoleons vermittelt bekommen. Der Papst hatte zunächst mit der Anerkennung des von seinem Legaten approbierten Katechismus gezögert, dann aber doch zugestimmt. Die Bischöfe nahmen ihn offiziell an, praktisch wurde er jedoch kaum gelehrt, und viele Bischöfe hüteten sich, ihn gegenüber ihren Gläubigen für verbindlich zu erklären. Anders verfuhr Bischof Berdolet, der ihn am 1. Januar 1807 in seiner Diözese einführte. Sein Schritt erklärt sich zum einen aus seiner schon dargelegten Haltung gegenüber Napoleon und dessen Staat, zum anderen aus der Hoffnung, daß der neue Katechismus dazu beitragen könnte, die Einheit sowohl des Klerus wie der Gläubigen seines aus Splittern verschiedener Diözesen entstandenen Bistums zu fördern. In der Praxis fand der Katechismus allerdings – obwohl vom Bischof eingeführt – auch in der Aachener Diözese wenig Resonanz.

Die Pfarrumschreibungen

Gemäß Artikel 9 des Konkordats hatten die vom Ersten Konsul noch zu ernennenden Bischöfe die Pflicht, in ihren Diözesen eine Neuorganisation der Pfarreien vorzunehmen. Jeder von ihnen sollte in Zusammenarbeit mit den weltlichen Behörden einen Organisationsplan erstellen und für diesen die Genehmigung des Präfekten und schließlich der Regierung in Paris einholen. Der französische Staat war die Verpflichtung eingegangen, nach Aufhebung der alten Pfarreien die Besoldung der neuen Pfarrer zu übernehmen. Zur Kostensenkung bestimmte Punkt 10 der Organischen Artikel, daß nur noch eine Pfarre je Friedensgerichtsbezirk bzw. je Kanton geschaffen werden sollte. Da diese aber zur Gewährleistung der seelsorgerischen Aufgaben meist nicht ausreichte, sollten jeder Pfarrkirche Hilfspfarreien, sog. Sukkursalkirchen (frz. succursale = Filiale), an die Seite gestellt werden. Die dort tätigen Priester wurden im Unterschied zu denen an Pfarrkirchen, den Curés, Desservanten (frz. desservir = versorgen, ein Pfarramt versehen) genannt. Obgleich die Desservanten eine vom Kantonalpfarrer unabhängige Seelsorgegewalt erhielten und letztere nur ein Aufsichtsrecht über sie zur Abwendung von Mißbräuchen und Unregelmäßigkeiten besaßen, welche dem Bischof zu melden waren, bezogen sie kein Staatsgehalt. Ihr Unterhalt wurde vielmehr der jeweiligen Kirchengemeinde aufgebürdet. Der Unterschied zwischen Kantonal- und Sukkursalpfarre war also vornehmlich ein finanzieller. Darüber hinaus konnte der Desservant im Gegensatz zum Curé vom Bischof beliebig versetzt werden. Auch genoß der Kantonalpfarrer gegenüber dem Sukkursalen einen Ehrenvorrang, der sich später im Titel „Oberpfarrer" niederschlug.

Bei der Neubesetzung der Pfarreien im Bistum Aachen suchte man die Mehrzahl der alten Pfarrkirchen als solche beizubehalten. Daneben rückten viele frühere Filialkirchen und Kapellen zu selbständigen Sukkursalen auf. Bei der Umschreibung der Pfarrgrenzen wurde auf die frühere Dekanatseinteilung keine Rücksicht genommen, wohl aber auf bestehende politische Verwaltungsgrenzen und auf soziale und wirtschaftliche Gründe geachtet. Berdolet rückte desweiteren bei der Auswahl der Sukkursalkirchen den Gesichtspunkt der Bequemlichkeit für den Kirchgänger in den Vordergrund. Er wollte – dies ein Zeichen seines seelsorgerischen Engagements – jedem Gläubigen den Weg zum Gottesdienst zumutbar machen.

Noch bevor am 1. März 1804 in der „Organisation du diocèse d'Aix-la-Chapelle" die von der Regierung genehmigte Umschreibung aller Pfarreien des Roerdepartements sowie die Namen der Kantonalpfarreien des Rhein-Mosel-Departements veröffentlicht wurden, war die Pfarrorganisation in den Städten Köln und Aachen durchgeführt worden. In Aachen hatte es inzwischen sogar noch eine Änderung gegenüber dem ursprünglichen Plan gegeben: Aachen war damals in drei Friedensgerichtsbezirke unterteilt und erhielt aus diesem Grunde drei mit diesen Bezirken identische Pfarren, die zunächst von St. Peter, der Kathedrale und von der Karmeliterkirche aus betreut werden sollten. Schließlich wurde aber die Karmeliterkirche durch St. Nikolaus ersetzt. Die neue Pfarreinteilung unterschied sich mithin ganz wesentlich von der der reichsstädtischen Zeit, als die Pfarrechte von St. Foillan, St. Adalbert, St. Peter und St. Jakob wahrgenommen wurden. Das Taufrecht verblieb allein der Kathedrale. Erst am 1. April 1811 erhielten auch die übrigen Pfarrkirchen der Stadt das Recht zur Taufe ihrer Pfarreingesessenen [42]. Die Curés der drei neuen Pfarrkirchen bezogen ein Staatsgehalt von jährlich 1 500 Francs, das um ein Drittel höher lag als das der Kantonalpfarrer. Dies lag darin begründet, daß alle Pfarrer in Städten, deren Bürgermeister Napoleon persönlich ernannt hatte – und dies traf im Jahre 1804 auf Aachen, Köln und Krefeld zu – als Pfarrer erster Klasse galten.

Die unter großen persönlichen Anstrengungen Berdolets durchgeführte Neuumschreibung der Pfarren im Bistum Aachen behielt ihre Gültigkeit nur für wenige Monate. Bereits am 31. Mai 1804 befahl ein kaiserliches Dekret eine neue Umschreibung der Sukkursalen. Es hatte zwischenzeitlich viele Beschwerden gegeben, die erkennen ließen, daß die Anpassung der Sukkursalen an Verwaltungskreise untunlich sei, weil sie vielfach den berechtigten Interessen der Gläubigen zuwiderlief. Hatte der Bischof bei der Erstorganisation noch aus eigenem Antrieb Rücksicht auf die Belange der Gläubigen genommen, so wurde dieser Aspekt nunmehr auch von der Regierung anerkannt, ja gefordert, was für Berdolet und seine Mitarbeiter ein Höchstmaß an Arbeit bedeutete. Bei der Neuordnung der Sukkursalen sollte zugleich deren Zahl im Bistum herabgesetzt und diese in zwei Gruppen eingeteilt werden, nämlich in die, deren Deservanten künftig ebenfalls ein Staatsgehalt (500 Francs) erhalten sollten und in die, deren Deservanten weiterhin von ihren Gemeinden zu ernähren seien. Diese Bestimmungen wurden aber im Bistum Aachen nicht oder nur unvollkommen umgesetzt. Statt die Zahl der Hilfspfarreien zu verringern, gründete man bei der Neuordnung im Roerdepartement drei weitere. Bei der Entscheidung, welche Sukkursalen von den Gemeinden getragen werden sollten, wurden die ministeriellen Bestimmungen meist nicht beachtet. Statt nach der Leistungsfähigkeit der Gemeinden wurde die Unterscheidung nach dem Ertrag der jeweiligen Kirchenfabrik getroffen. Die Neuorganisation der Sukkursalen wurde von Napoleon am 19. Juli 1805 für das Rhein-Mosel-Departement und am 31. August 1805 für das Roerdepartement bestätigt, doch schon bald erwies sich die Unterscheidung der Sukkursalkirchen in solche, deren Deservanten vom Staat und solche, die von der Gemeinde unterhalten werden sollten, als Quelle des Unfriedens. Daher ordnete am 30. September 1807 ein Regierungserlaß die Übernahme aller bisherigen Gemeindesukkursalen auf die Staatskasse an, und zwar unter gleichzeitiger Verringerung und Neufestlegung der Zahl der im Bistum zugelassenen Sukkursalkirchen. Das Roerdepartement sollte künftig nur noch 503, das Rhein-Mosel-Departement 250 Sukkursalen zählen, d.h. es mußten 41 bzw. 23 Sukkursalen unterdrückt werden. Trotz mancher Verzögerungen konnte schließlich im November bzw. Dezember des Jahres 1808 die dritte Umschreibung veröffentlicht und damit das Projekt der Pfarrumschreibung endgültig abgeschlossen werden. Die damals gezogenen Grenzen blieben auch nach der Auflösung des Bistums Grundlage der kirchlichen Verwaltung des Rheinlandes und haben in ihren Grundzügen bis in die Gegenwart ihre Gültigkeit behalten. Neben den Pfarrkirchen und Sukkursalen durften zahlreiche Kirchen, die nicht zu solcher Würde erhoben worden waren, zu deren Entlastung als sog. Annexkirchen und als Kapellen fortbestehen. So war z.B. St. Foillan Annexkirche der Kathedrale und diente dieser als Hilfskirche zur Abhaltung des Pfarrgottesdienstes. In Städten gab es ferner zahlreiche Oratorien, die an öffentlichen Anstalten, vor allem bei den Wohltätigkeitseinrichtungen, der Seelsorge dienten.

Nach der dritten Umschreibung sah die Pfarrorganisation in der Stadt Aachen und im Kanton Burtscheid wie folgt aus:

Stadt AACHEN

1. Sektion – Pfarrkirche: St. Peter (schon in reichsstädtischer Zeit Pfarrkirche) zuständig für 3 251 Einwohner
– Sukkursale: St. Adalbert (2 998 E).
2. Sektion – Pfarrkirche: Kathedrale (früheres Marienstift) (2 940 E).
– Sukkursale: St. Michael (frühere Jesuitenkirche) (2 933 E).
– Annexkirche: St. Foillan.
3. Sektion – Pfarrkirche: St. Nikolaus (frühere Franziskanerkirche) (2 526 E).
– Sukkursalen: – St. Jakob (frühere Pfarrkirche), (3 965 E).
– St. Paul (frühere Dominikanerkirche), (2 656 E).
– Hl. Kreuz (frühere Kreuzherrenkirche), (3 175 E).

Kanton BURTSCHEID

Pfarre: St. Michael. Sukkursalen: St. Johann-Baptist in Burtscheid (frühere Abteikirche), Kornelimünster (frühere Abteikirche), weitere Sukkursalen in Brand, Breinig, Venwegen, Hahn, Walheim, Eilendorf, Forst, Haaren, Verlautenheide, Weiden, Würselen, Kohlscheid, Richterich, Laurensberg, Orsbach und Horbach.

Die Namen der Pfarrer, deren Ernennung das Konkordat dem jeweiligen Bischof überlassen hatte, waren für die Kathedralkirche Julian Gerhard Moulan, für St. Peter Johann Laurenz Ganser und für St. Nikolaus Johann Kaspar Schmal.

Die Kathedralkirche

Die Erhebung Aachens zum Bistum stellte besondere Anforderungen an die Kathedrale, die bei den Kirchenfesten den großen Zulauf von Gläubigen aus dem gesamten Bistum fassen mußte. Zu Zeiten des früheren Marienstifts hatte sich die räumliche Enge des Münsters nur anläßlich der Heiligtumsfahrten gezeigt. Jetzt bestand ein erhöhter Raumbedarf, den man in folgender Weise löste: Der tägliche Pfarrgottesdienst – die Kathedrale war ja auch eine der Pfarrkirchen der Stadt Aachen – sollte in der Annexkirche St. Foillan abgehalten werden, für deren Erhalt sich Bischof Berdolet, gerade unter dem Gesichtspunkt der Entlastung der Kathedrale beim Präfekten mit Erfolg eingesetzt hatte. Die Bischofskirche befand sich seit der im Jahre 1794 erfolgten Abdeckung des Bleidachs und dem Abbruch der Säulen sowie der Grabung im Oktogon in einem trostlosen Zustand. So waren z.B. die Gemälde und Stukkaturen im Hochmünster vom Regenwasser fast gänzlich verdorben[43]. Da das frühere Stiftsvermögen vom Staat beschlagnahmt und teilweise veräußert war, fehlte es allenthalben an dem für behelfsmäßige Reparaturen, geschweige denn für die Instandsetzung nötigen Geld. Berdolets Verdienst ist es, sofort nach seiner Ankunft im Jahre 1802 die Dachdeckerarbeiten, die nunmehr in Schiefer ausgeführt wurden, in Auftrag gegeben zu haben. Aus der Tatsache, daß diese Arbeiten erst nach 1806 abgeschlossen werden konnten, ersieht man die Schwierigkeiten, vor denen der neue Bischof stand. Seine wiederholten Bemühungen, eine Besserung der finanziellen Situation herbeizuführen, hatten indessen sowohl beim Präfekten wie beim Kultusminister oder bei Napoleon selbst geringen Erfolg. Wie knapp die zur Verfügung stehenden Mittel waren, zeigt auch der Vorschlag Berdolets in der Sitzung des Domkapitels vom 27. Dezember 1805, aus dem Geld, welches aus dem Verkauf alter Paramente erzielt würde, die Reparatur der im Verfall begriffenen Fenster der Kathedrale zu bestreiten[44]. Noch am 9. Januar 1809 mußte der Bischof gegenüber dem Präfekten Ladoucette hervorheben, wie dringlich es sei, die Kathedrale zu tünchen und den Fußboden zu reparieren. Er betonte, die Kathedrale sei auf schändliche Weise entstellt und derart beschädigt, daß man sie aus ihren Ruinen neu aufbauen müsse, wenn die Reparaturen nicht beschleunigt würden. Es war schon traurig, daß sich die Einweihung der Münsterkirche durch Papst Leo – wie man meinte am 17. Juli 804 – zu einer Zeit, da das Gebäude einer Ruine glich, zum tausendsten Mal jährte[45]). Die dazu stattfindenden Feierlichkeiten mochten Mut machen für bessere Zeiten[46]). Tatsächlich gelang es bei aller Geldknappheit im Laufe der Jahre doch, den Innenraum den Erfordernissen einer Kathedrale anzupassen. Dabei ist aber mit so manchem historisch und kunsthistorisch wertvollen Monument leichtfertig verfahren worden. Die erste größere Baumaßnahme datiert aus dem Jahre 1802. Damals ist „der Vorderbau der Kirche unter der Wolfsthür ... in die Kirche eingezogen ... und das Grabmal des Hr. Bürgermeisters Chorus [† 1367 April 20], welches ein großer blauer Grabstein bedeckte, zerstört worden, ohne nachzusehen, ob sich noch etwas vom Grabe vorfand. Die sonst zur Zeit darauf gelegene kupferne Platte ... ist in meinem Leben und Gedenk nicht mehr zu sehen gewesen"[47]). Es handelte sich aber nur noch um die Reste des Denkmals. Mit seiner Zerstörung war schon 1788 begonnen worden[48]). Im April 1803 wurde zur Planung und Durchführung der notwendigen Arbeiten an der Kathedrale ein Vertrag zwischen dem „architecte du département" Martin Leydel (1746-1817), dem Aachener Unternehmer Jakob Klausener und dem Generalsekretär des Präfekten geschlossen. Die erste größere Baumaßnahme dieses Jahres war der Abbruch des gotischen Petrus-Altars in der Chorapsis, an dessen Stelle der bislang im Westen des gotischen Chores stehende, 1789 von dem Marmormeister N. Dumont begonnene Marienaltar rückte. Er wurde am 20. November 1803 von Bischof Berdolet konsekriert. Dieser sog. Berdolet-Altar wurde im Jahre 1875 demontiert. Die wesentlichen Teile des Altars blieben jedoch erhalten. Der 1975 bis 1979 restaurierte und ergänzte Altar steht heute als Dauerleihgabe des Domkapitels in der Pfarrkirche St. Johann in Burtscheid. Um freie Sicht auf den neuen Hochaltar zu schaffen, wurde am 11. Oktober 1803 auf Veranlassung des Bischofs und des Präfekten das in der Mitte des Chores stehende, zum Gedenken an Kaiser Otto III. (983-1002) errichtete Grabdenkmal aus dunkelblauem Marmor abgebrochen. Einige der im Grab befindlichen Gebeine wurden zwischen dem Bischof, dem Präfekten und dem damaligen Kirchmeister de Bey verteilt[49]). Die marmorne Deckplatte versah der Baumeister Simar auf Anweisung des Bischofs mit der Inschrift „Carolo Magno". Man legte sie in die Mitte des Oktogons, wo sie noch heute an das Grab Karls d.Gr. erinnert[50]).

Nicht nur das Innere der Kathedrale war von Umbauten betroffen; auch der Platz vor dem Westwerk war vor Veränderungen nicht sicher. Im Hinblick auf die im Juni 1811 stattfindenden Feierlichkeiten anläßlich der Geburt und der Taufe des Sohnes Napoleons, des Königs von Rom, ließ nämlich der Präfekt Ladoucette in Abwesenheit des Bischofs unter dem Vorwand, es könnten von den Baulichkeiten Gefahren ausgehen, das spätgotische Doppelportal, welches die ehemalige Immunität des Marienstifts zum Fischmarkt hin abgrenzte, den sog. Parvis- (= Paradies-)Bogen, niederreißen. Sein wahrer Beweggrund war, daß er zu diesem Anlaß und anderen Staatsfeierlichkeiten ungehindert vierspännig auf den Domhof fahren wollte[51]). Der Aachener Maler und Mundartdichter Johann Ferdinand Jansen widmete diesen Ereignissen einige Strophen in seinem Gedicht „Et Jespri'ch tösche mich – der Zedlendräger Joseph Vester – än der Wouf aje Mönster öm de Nörjohrsmiss 1816". Dort heißt es:

„Deä Schubbejack, deä Laduzett,
Wenn ich esu' darf kalle,
Deä liet dat Meästerstöck noch jeng,
Weil het för singe Kutsch ze eng
Do'röm erafer riesse.

Deä donnderwehrsche Beddeljahn!
De ku'nt die Möih jo' spare,
Doför, datt he ens dann en wahn
No't Mönster ko'm jefahre;
Häu märr deä Lomp dat no'jedaht
Deä Weij, dem hei' ze Foss jemaht
Doch sess en dressig Keisere"[52]).

Auch die an den Bogen angrenzende Taufkapelle Johannes des Täufers sollte im folgenden Jahr nach Vorstellungen des Präfekten einer geraden Fluchtlinie auf der Südseite des Domhofes geopfert werden. Die Planungsphase zog sich glücklicherweise bis zum Oktober 1813 hin, so daß das Vorhaben wegen der Ankunft der Alliierten im Januar 1814 nicht zur Ausführung kam.

Die Pontifikalien

Die Geldknappheit des Bischofs und seines Kapitels tritt auch bei einer Betrachtung der für die Meßfeierlichkeiten verfügbaren Geräte zutage. So finden sich in der heutigen Domschatzkammer neben den am 22. Juni 1804 von Berdolet aus der im August 1794 erfolgten Evakuierung ins Paderborner Kapuzinerkloster feierlich eingeholten Prunkstücken des ehemaligen Münsterschatzes einige geradezu ärmlich wirkende, z.Z. des ersten Aachener Bistums angeschaffte Meßgeräte aus einfachem Zinn. Kupferne Objekte von künstlerischem Wert, so wissen wir, hatte Berdolet – was er später aufrichtig bedauerte – zu einem geringen Preis an die Schmelzhütte nach Stolberg verkauft [53]. Alle für den Gottesdienst an einer Kathedralkirche notwendigen Pontifikalien, sofern sie nicht – wie das Brustkreuz, der Bischofsstab, die Mitra und der Ring – aus der Hand Napoleons herrührten, beschaffte sich Berdolet aus dem gleichfalls zurückgekehrten Domschatz des aufgelösten Erzbistums Köln, darunter die kostbaren Stücke aus der sog. Capella Clementina, welche einst Kurfürst Clemens August von Köln (1728-1761) eigens für die Krönung seines Bruders Karl zum Kaiser (1742) hatte ankaufen bzw. anfertigen lassen [54]. Bei der Wiedereinrichtung des Erzbistums Köln im Jahre 1825 wurden diese Objekte nach Köln zurückgegeben, während der Thronsessel lange Zeit im Suermondt-Museum aufbewahrt wurde, bis er nach Einrichtung des zweiten Bistums Aachen im Jahre 1929 im Chor des Aachener Domes aufgestellt wurde, wo er noch heute als Bischofsstuhl genutzt wird.

Der Tod Berdolets

Das Übermaß an Arbeit, das sich Berdolet in Verwaltung und Seelsorge aufbürdete, zehrte an seiner schon seit seiner Gefangenschaft im Elsaß angeschlagenen Gesundheit und führte am 8. August 1809 zu seinem Tode. Unter großer Anteilnahme der Bevölkerung, die ihren Oberhirten für sein seelsorgerisches Engagement und seine Gutherzigkeit schätzen gelernt hatte, fand am 25. August ein feierlicher Trauergottesdienst statt, bei dem der Kanoniker Monpoint, der langjährige Vertraute des Verstorbenen, die Trauerrede hielt [55]. Während sein Körper auf dem Ostfriedhof am Adalbertsteinweg beigesetzt wurde, fand sein Herz gemäß seinem letzten Willen im Chor der Kathedrale seine letzte Ruhe. Auf dem Ostfriedhof wurde auf Anregung des Präfekten Ladoucette aus Mitteln einer öffentlichen Sammlung ein Grabmal aus Marmor errichtet, während an der Südwand der Chorhalle der Kathedrale, wo das Herz eingemauert war, eine Gedenkplatte angebracht wurde [56]. Ein im Münster geplantes Grabmonument kam aus Raummangel nicht zur Ausführung. In seinem Testament vom 25. September 1808 hatte Berdolet unter anderem Brustkreuz, Stab, Mitra und Ring, die ihm von Napoleon geschenkt worden waren, seinen Amtsnachfolgern überlassen [57]. Andere bischöfliche bzw. priesterliche Paramente und verschiedene Schmuckstücke bestimmte er zum Verkauf, wobei der Erlös den Aachener Wohltätigkeitsanstalten zufließen sollte, deren Vorsitzender er von Amts wegen war. Seine Bibliothek, seine Bilder und Stiche hatte er Joseph Monpoint vererbt. Sein im großen Saal des bischöflichen Hauses befindliches Porträt erhielt das Bistum.

Camus, Berdolets Nachfolger

Mit dem Tode Berdolets erloschen nach kirchlichem Recht die Befugnisse der beiden Generalvikare, so daß die Verwaltung des Bistums in die Hände des Domkapitels überging, das zu deren Ausübung sog. „Kapitularvikare" bestellen konnte. Das kirchliche Recht aber stand in diesem Punkte dem Artikel 36 der Organischen Artikel entgegen, demzufolge die beiden Generalvikare ihr Amt während der Zeit der Vakanz fortführen sollten. Das Aachener Domkapitel suchte nun beide Vorschriften miteinander in Einklang zu bringen, indem es auf seiner Sitzung vom 15. August 1809 die bisherigen Generalvikare Fonck und Klinkenberg einstimmig zu Kapitularvikaren wählte und ihnen die Leitung der Diözese übertrug. Die Vakanz des Aachener Bischofsstuhls sollte gut 13 Monate dauern. Der Grund waren die inzwischen sehr gestörten Beziehungen Napoleons zu Papst Pius VII. Der Papst wollte sich nicht zu einem beliebig einsetzbaren politischen Werkzeug des Kaisers degradieren lassen. So hatte er sich z.B. geweigert, die Ehe von Napoleons Bruder Jérôme zu scheiden. Vor allem aber war es die Gefährdung der Unabhängigkeit des Kirchenstaates, die von Napoleon und seiner Politik ausging. Sie begann mit der Besetzung einzelner päpstlicher Besitzungen und erreichte ihren vorläufigen Höhepunkt in der Okkupation Roms am 2. Februar 1808 und der Usurpation des Kirchenstaates zugunsten Frankreichs am 17. Mai 1809. Der Papst hatte daraufhin am 11. Juni 1809 – ohne den Namen Napoleons zu erwähnen – die Räuber des Kirchenstaates und ihre Helfer exkommuniziert, woraufhin Napoleon den Papst am 5. auf den 6. Juli des Jahres 1809 hatte gefangen nehmen und nach Savona, im Sommer 1812 dann nach Fontainebleau, führen lassen. Am 7. Februar 1810 war der Kirchenstaat dem Kaiserreich endgültig einverleibt worden. Pius VII. versagte im folgenden jedem von Napoleon ernannten neuen Bischof die nach Artikel 4 des Konkordats erforderliche Bestätigung und Einsetzung. Dennoch entschloß sich Napoleon am 22. Oktober 1810, einen neuen Bischof für Aachen zu ernennen[58]). Es war der bisherige Generalvikar im Bistum Meaux (östl. Paris) Jean Dénis François Camus, der von den Zeitgenossen auch Le Camus genannt wurde. Die Aachener Kapitularvikare und das Domkapitel nahmen am 14. November 1810 offiziell Kenntnis von der Ernennung und teilten dies am folgenden Tage dem Kultusminister mit. Da vom Papst wegen dessen Zerwürfnis mit Napoleon keine Bestätigung zu erwarten war, befand sich das Aachener Domkapitel in der schwierigen Lage, zwischen der Ernennung eines neuen Bischofs durch den Kaiser und dem Kirchenrecht einen Ausgleich finden zu müssen. In einer Sitzung vom 27. November verfiel man auf den Gedanken, ein Generalvikariat aus drei Personen, dem ernannten Bischof Camus und den beiden bisherigen Kapitularvikaren, einzurichten. Camus wurde zugleich als Administrator „sede vacante" und somit als tatsächlicher Leiter der Diözese anerkannt. Er selbst führte zumeist den Titel „évêque nommé d'Aix-la-Chapelle". Am 4. Januar 1811 nahm er schließlich seinen feierlichen Einzug in die Stadt. Er residierte zunächst in der alten Münsterdechanei am Klosterplatz, dann in der Ursulinerstraße 6.

Camus setzte Berdolets Visitationstätigkeit fort und machte sich besonders um das Kölner Priesterseminar, dessen finanzielle Ausstattung und die Erziehung und Ausbildung des theologischen Nachwuchses verdient. Sein Einfluß auf die Diözesanverwaltung ist noch nicht erforscht, doch geht auf ihn die schon erwähnte Reform der Statuten des Domkapitels zurück. Trotz aller Bemühungen hatte Camus einen schweren Stand in seiner Diözese, denn da er immer noch nicht vom Papst bestätigt war, wurde die Rechtmäßigkeit seiner Amtshandlungen als Diözesanverwalter von Teilen der Bevölkerung, aber auch des Klerus bezweifelt. Streitschriften für und gegen ihn sorgten dafür, daß diese Frage in der Öffentlichkeit wach gehalten wurde. Vorübergehend schien es allerdings so, als werde ein neues Konkordat zwischen Napoleon und Papst Pius VII. auch seine Anerkennung durch den Papst bewirken. Napoleon legte nämlich nach dem gescheiterten Rußland-Feldzug des Jahres 1812 Wert auf einen der Öffentlichkeit vorzeigbaren Ausgleich mit dem Papst, der immer noch sein Gefangener war. Durch Überredung und Drohungen brachte er am 25. Januar 1813 den Papst im sog. Konkordat von Fontainebleau dazu, gegen eine jährliche Pension weitgehend auf das ihm noch verbliebene Bestätigungsrecht der von Napoleon ernannten Bischöfe zu verzichten. Es wurde vereinbart, daß, wenn das Bestätigungsrecht vom Papst nicht binnen einer Frist von sechs Monaten wahrgenommen würde, dieses dem zuständigen Metropolitan – in Camus' Fall also dem Erzbischof von Mechelen – zufallen solle. Doch noch bevor das Konkordat rechtsgültig wurde, widerrief der Papst. Dennoch veröffentlichte Napoleon das Vertragswerk, konnte aber seine Umsetzung angesichts seiner damaligen politischen Situation nicht erzwingen. Die Bestätigung Camus' durch den Papst ließ infolgedessen auch weiterhin auf sich warten und sollte auch später nicht erfolgen. Der Zwist zwischen Kaiser und Papst belastete Camus' Stellung auch insofern, als es zwischen ihm und dem Generalvikar Fonck zu Meinungsverschiedenheiten bei der Besetzung von

Kantonalpfarreien mit geeigneten Kandidaten kam, wobei Camus kaiserlich gesinnte Geistliche bevorzugte, während Fonck Wert auf solche Priester legte, die Napoleons jüngste Kirchenpolitik mißbilligten und in dem Streit die päpstliche Seite favorisierten. Camus warf Fonck in einem Schreiben an den Kultusminister vom 8. August 1812 vor, er sei nicht frei von Ultramontanismus, ein Wort, das damals also schon im Gebrauch war [59]. Camus Anfeindungen im Bistum verstärkten sich angesichts der Erfolge der Alliierten im Jahre 1813 und der damit einhergehenden Besetzung von Teilen seiner Diözese. Er sprach diese seine mißliche Situation in einem Schreiben vom 5. November 1813 gegenüber dem Kultusminister an und bat um Aufschluß darüber, ob er bis zuletzt auf seinem Posten in Aachen ausharren oder besser nach Paris reisen solle, um dort günstigere Zeiten abzuwarten [60]. Die Antwort des Ministers kennen wir nicht [61]. Jedenfalls verließ Camus – wohl auf Geheiß Napoleons – seinen Dienstort Aachen erst am 16. Januar 1814, einen Tag vor dem Präfekten. Seine Unzufriedenheit mit dem Erfolg seines Wirkens und der Entwicklung der Dinge mag seinen frühen Tod am 26. April 1814 in Paris begünstigt haben. Sein Grab findet sich in der Kathedrale von Meaux. Ein Nachruf des Aachener Domkapitels hebt die persönlichen Qualitäten des Verstorbenen besonders hervor, und Joseph Görres schrieb in seinen „Politischen Schriften" an einer Stelle, wo er sich ansonsten gegen die „eingedrungenen Bischöfe" äußerte:

> *„Achtbare Stimmen haben uns den persönlichen Charakter dieses Mannes als untadelhaft geschildert; kenntnißreich, bescheiden, und sehr wohlthätig, hat er, wie man uns sagt, in seinem Sprengel allgemeine Liebe und Verehrung sich erworben, und als er von Aachen schied, verloren ihn Alle, die sein Wesen näher kannten, mit schmerzlichem Bedauern. Wir würden uns selbst elender Parteilichkeit zeihen müssen, wollten wir ihm diese Gerechtigkeit und diese öffentliche Anerkenntniß versagen; allein das ändert nichts in seinem kirchlichen Verhältniß; er war wie einer der Andern in seine Würde eingedrungen: hatte er Verdienst und gute Gaben, es war ein Glück für seinen Sprengel, und sein gutes Thun wird ihm zugerechnet werden; aber daß er da war, konnte nur auf unrechtlichem Wege ihm erworben sein"* [62].

Die Auflösung des Bistums Aachen

Obwohl nach dem Tode Camus' kein neuer Bischof ernannt wurde, blieb das Bistum Aachen noch bestehen. Seine Leitung oblag nun wiederum Fonck und Klinkenberg, nach dem Tode des letzteren allein Fonck als „Vicarius apostolicus et sede vacante generalis". Durch päpstliches Breve vom 25. August 1818 wurde das Bistum sogar noch um die im Wiener Kongreß an Preußen gefallenen Gebiete des damaligen Bistums Lüttich vergrößert. Erst die päpstliche Bulle „De salute animarum" vom 16. Juli 1821 zeichnete das Ende des Bistums Aachen vor. Seine formelle Auflösung erfolgte indessen erst mit der Wiedererrichtung des Erzbistums Köln am 24. März 1825. Die Aachener Kathedrale wurde damals in ein Kollegiatstift mit einem Propst, 6 Kanonikern, 8 Vikaren und einigen Ehrenkanonikern umgewandelt.

Die Kirchenorganisation der Lutheraner

Entsprechend seiner Auffassung vom Nutzen der Religion für den Staat regelte Napoleon nicht nur das Verhältnis des Staates zum katholischen, sondern auch zum protestantischen Kultus. So wurden dem Gesetz vom 8. April 1802 (loi relative à l'organisation des cultes) die Organischen Artikel für den protestantischen Kultus angehängt und am 4. Mai 1802 das Gesetzeswerk auch in den vier rheinischen Departements verkündet. Es brachte den dort lebenden Protestanten volle Religionsfreiheit, die allerdings mit der Auflösung der älteren Klein-Landeskirchen und einer allgegenwärtigen Staatsaufsicht erkauft werden mußte. Vor allem die Lutheraner erhielten eine streng hierarchisch gegliederte Kirchenorganisation, die sich wie die der Reformierten und der Katholiken an den Departementsgrenzen orientierte. Auf der untersten Stufe der Organisation wurde für je 6000 Seelen ein Lokalkonsistorium gebildet, das in seiner Umschreibung an die Departementsgrenzen gebunden war. Das Lokalkonsistorium setzte sich aus den in den Einzelgemeinden tätigen Pfarrern des Konsistorialbezirks sowie aus 6 bis 12 Laien, den höchstbesteuerten Gemeindemitgliedern, den Notablen, zusammen, die je zur Hälfte alle 2 Jahre ausgetauscht wurden. Den Vorsitz im Lokalkonsistorium führte der älteste Pfarrer als Präsident. Die Aufgaben des Lokalkonsistoriums, das in der Regel einmal im Jahr tagte, bestanden in der Aufrechterhaltung der Kirchenordnung, dem Pfarrerwahlrecht und der Verwaltung des Kirchenvermögens. Die hier gewählten Pfarrer mußten vom Ersten Konsul bestätigt werden und bei ihrem Amtsantritt den Eid in die Hand des Präfekten leisten. Fünf Lokalkonsistorien sollten eine Inspektion bilden, bestehend aus je einem Pfarrer und einem Ältesten aus jedem Lokalkonsistorium. Sie wählten aus ihrer Mitte einen Geistlichen zum Inspektor sowie zwei Laien, die zusammen als geistliche Aufsichtsbehörde fungierten. Der Inspektor mußte vom Ersten Konsul bestätigt werden. Die Inspektionen durften allerdings nur mit Genehmigung der Regierung und in Gegenwart eines Präfekten oder Unterpräfekten zusammentreten. Jeder Beschluß war der Zustimmung der Regierung unterworfen. Über den Inspektionen sollte ein Generalkonsistorium aus einem nichtgeistlichen Präsidenten, zwei geistlichen Inspektoren und je einem Deputierten jeder Inspektion gebildet werden. Ihre Ernennung lag beim Ersten Konsul, dem der Präsident persönlich in die Hand schwören mußte. Da das Generalkonsistorium nur periodisch und nicht länger als 6 Tage hintereinander tagen durfte, wurde für die Zwischenzeit ein die Verwaltung führendes Direktorium vorgesehen. Es sollte aus dem Präsidenten des Generalkonsistoriums, dem ältesten der beiden Inspektoren und drei Laien bestehen, von denen einer vom Ersten Konsul zu ernennen war. Soweit das Gesetz und die ihm angehängten Artikel. Die Durchführung der Bestimmungen erwies sich in der Praxis als schwierig; zum einen, weil im Jahr 1803 im Roerdepartement nur 4239, aber im Rhein-Mosel-Departement 22832 Lutheraner wohnten, zum anderen, weil den Lutheranern die neue hierarchische Struktur mit der starken Stellung des Staates widerstrebte und sich dagegen Widerstand regte. Dementsprechend zog sich die Umsetzung der Gesetzesvorschriften bis zum 31. Januar 1806 hin. Wie aus den genannten Zahlen zu ersehen ist, konnten – auch nachdem die wenigen Lutheraner der beiden Departements Niedermaas und Ourthe einbezogen waren – lediglich 5 Lokalkonsistorien und eine Inspektion eingerichtet werden: Simmern, Trarbach, Kastellaun und Kreuznach mit 40 Pfarreien im Rhein-Mosel-Departement, Krefeld mit 14 Pfarreien im Roerdepartement. Wegen der großen Ausdehnung des Krefelder Konsistorialbezirks und des Zuwachses durch die Angliederung Wesels mit seinen 2400 Lutheranern wurde der Krefelder Bezirk am 30. Januar 1809 aufgeteilt und in Stolberg eine zweite Konsistorialkirche eingerichtet. Zu ihr gehörten die Pfarreien Aachen, Düren, Gemünd, Jülich, Kirchseiffen, Maastricht, Menzerath, Monschau, Schleiden und Zweifall.

Obgleich die Voraussetzungen für die Bildung eines Generalkonsistoriums, wie es in den Organischen Artikeln für das Roer- und das Rhein-Mosel-Departement mit Sitz in Köln vorgesehen war, fehlten, so ernannte die Regierung in Paris dennoch am 9. Mai 1804 auf Befürwortung des Kultusministers, aber unter Nichtbeachtung der Vorschläge der Präfekten, einen Präsidenten des Kölner Generalkonsistoriums. Es war der Aachener Präfekturrat Johann Friedrich Jacobi, der in seiner Eigenschaft als Präsident des Direktoriums des Generalkonsistoriums seinen Dienst in dem ihm vom Präfekten des Roerdepartements zugewiesenen Kölner Antoniterkloster aufnahm. Seinen privaten Wohnsitz in Aachen behielt er allerdings bei. Die Besetzung der übrigen Posten des Generalkonsistoriums und des Direktoriums ist nicht erfolgt, so daß Jacobi in seiner Amtsführung wenig eingeschränkt war, zumal er sich auch als Inspektor der einzigen Inspektion betrachtete; dies, obgleich der Inspektor ein aus den Mitgliedern der Inspektion gewählter Geistlicher sein mußte. In diesen gesetzmäßigen wie auch angeeigneten Amtsstellungen regelte Jacobi den protestantischen Kultus in den Rheinlanden durch Zirkularverfügungen und -schreiben und faßte sich selbst als „évêque protestant" oder „préfet ecclésiastique" auf. Unwidersprochen blieb sein Anspruch indessen nicht, weder bei den Lokalkonsistorien noch bei den Einzelgemeinden und ihren Pfarrern, welch letztere soviel als möglich von ihrem alten Selbstbestimmungsrecht gegenüber der selbstherrlichen Amtsführung Jacobis zu behaupten suchten, so wie sie auch gegenüber den Lokalkonsistorien ihr früheres Pfarrerwahlrecht nicht aufzugeben bereit waren. Es ging soweit, daß die Einzelgemeinden und Lokalkonsistorien Jacobis Verfügungen ignorierten und unter Umgehung seiner Person in direkten Schriftverkehr mit dem Kultusminister traten, was dadurch erleichtert wurde, daß vor allem der zweite Kultusminister, Bigot de Préameneu, Jacobis Amtsanmaßung mißbilligte.

Während die Pfarrer vom Staat ein Gehalt bezogen, das allerdings niedriger war, als das der katholischen Priester, erhielt die Verwaltung des Generalkonsistoriums und Direktoriums keine staatlichen Gelder, so daß Jacobi während seiner 9jährigen Amtszeit die Unkosten seiner Amtsführung notgedrungen anfangs ganz, später noch teilweise aus eigener Tasche bestreiten mußte. Er bemühte sich daher im Jahre 1808 um Entlassung aus dem Amt, gab es allerdings schließlich doch nicht auf. Dies lag vor allem an seinem Ehrgeiz, der ihn nach einer Vereinigung des Kölner und des Mainzer Generalkonsistoriums in seiner Hand streben ließ. Vorübergehend scheint er auch mit einer Präfektur oder einem hohen Amt am Hamburger Gerichtshof geliebäugelt zu haben. Als im Jahre 1810 Norddeutschland mit Frankreich vereinigt wurde, wollte Jacobi Leiter des gesamten lutherischen Kirchenwesens in Frankreich werden. Da diese Träume sich indes nicht erfüllten, verharrte er auf seinem Kölner Posten. Es gelang ihm aber im Jahre 1813, in Paris die Genehmigung einer Neuorganisation der Lutheraner im Rheinland zu erlangen. Danach sollten unter seiner Leitung die Lutheraner in den vier linksrheinischen Departements in einem Generalkonsistorium in Mainz zusammengefaßt werden. Seine Amtsführung hätte sich demnach auf 206 619 Personen, 4 Inspektionen und 25 Lokalkonsistorien mit 284 Pfarrern erstreckt. Der Plan kam aber wegen des Rückzuges der Franzosen nicht mehr zur Ausführung.

Die Kirchenorganisation der Reformierten

Die künftige Verfassung der reformierten Kirche entsprach auf der unteren Ebene der der Lutheraner. Auch hier sollte für je 6 000 Reformierte eine Konsistorialkirche geschaffen werden. Die geistliche Aufsicht über je 5 Konsistorien erhielt die Synode, die nur mit Genehmigung der Regierung zusammentreten durfte. Eine übergeordnete Generalsynode gab es nicht. Mit Konsularbeschluß vom 5. Juli 1803 wurden für das Roerdepartement Konsistorialkirchen in Stolberg für die Arrondissements Köln und Aachen sowie in Krefeld, Odenkirchen und Moers für die Arrondissements Krefeld und Kleve eingerichtet. Vielfach wurden – wie bei den Lutheranern – die diensthabenden Pfarrer in ihren Ämtern bestätigt. Zum Konsistorial-präsidenten in Stolberg ernannte Napoleon am 5. Juli 1803 Heinrich Simon van Alpen. Mit dem schon erwähnten Gesetz vom 8. April 1802 und den ihm beigefügten Artikeln über den protestantischen Kultus hatte sich die Situation für Reformierte und Lutheraner auch in Aachen und Burtscheid gegenüber früheren Zeiten (vgl. Kapitel A) grundlegend gewandelt. Die Protestanten standen nunmehr als Religionsgemeinschaft gleichberechtigt neben den Katholiken und durften erstmals öffentlichen Gottesdienst abhalten. In Burtscheid machte man von dieser Möglichkeit bereits am 9. Mai 1802 in einem dazu angemieteten Saal Gebrauch. In Aachen erhielten die Protestanten am 29. Juni 1802 vom Interimspräfekten Jacobi ein eigenes Gotteshaus, nämlich das in Ausführung des Konsularbeschlusses vom 9. Juni d.J. aufgehobene Benediktinerinnenkloster St. Anna. Die Burtscheider Reformierten zogen es allerdings vor, eine eigene Kirche in der Burtscheider Hauptstraße zu errichten. Die Grundsteinlegung dazu erfolgte am 6. April 1803. Die Weihe fand am 30. September 1804 statt. Die Anna-Kirche wurde am 17. Juli 1802 in einem feierlichen Festakt ihrer neuen Bestimmung zugeführt und am 4. August 1802 den Predigern Karl Wilhelm Vetter und Peter Heinrich Grünewald als Vertretern der Aachener reformierten Gemeinde bzw. der lutherischen Gemeinde Aachen-Burtscheid-Vaals übergeben. Vetter († 1820) bekleidete sein Aachener Amt schon seit 1767, Grünewald († 1835) seit 1786. Nach aufwendigen Renovierungsarbeiten konnte die Kirche am 17. Juli 1803 eingeweiht werden. Trotz scharfer Auseinandersetzungen in der Vergangenheit einigten sich Lutheraner und Reformierte auf ein Reglement, das beiden Konfessionen die reibungslose Nutzung der Kirche ermöglichte. So wurde beispielsweise vereinbart, daß der Abendmahlritus in sonntäglichem Turnus gewechselt wurde und die jeweils andere Konfession an der Feier teilnahm. Nach der Volkszählung von 1812 gab es in der

Stadt Aachen bei einer Gesamtbevölkerungszahl von 30 179 Personen 302 Lutheraner und 208 Reformierte [63]).

Anders als beim katholischen und protestantischen Kultus wurde das Verhältnis des Staates zur jüdischen Religionsgemeinschaft verhältnismäßig spät auf eine gesetzliche Grundlage gestellt. Erst für den 15. Juli 1806 wurde zwecks Beratung einer solchen Vereinbarung durch kaiserliches Dekret eine Versammlung von 70 jüdischen Notabeln nach Paris geladen, unter ihnen als einziger Vertreter der Juden des Roerdepartements Samuel Oppenheimer junior aus Köln. Die Notabelnversammlung kam den Wünschen Napoleons entgegen und erklärte, bei einem Widerspruch zwischen den Gesetzen des Staates und den religiösen Gesetzen hätten letztere zurückzutreten. Desweiteren willigten sie ein, die jüdische Gemeindeselbstverwaltung zugunsten einer Mitbestimmung des Staates einzuschränken. Am 10. Dezember 1806 verabschiedeten sie einen Entwurf über die Einsetzung von jüdischen Konsistorien, die als Vermittlungsorgane zwischen den einzelnen jüdischen Gemeinden und der Zentralregierung in Paris fungieren sollten. Mit kaiserlichem Dekret vom 17. März 1808 wurde der Entwurf vom 10. Dezember 1806 unter Beifügung von Ausführungsbestimmungen als „Reglement" veröffentlicht. Demnach unterstanden einem Zentralkonsistorium in Paris sowohl die Konsistorien mit ihren Konsistorialsynagogen, zuständig jeweils für mehr als 2 000 Juden, wie auch die örtlichen Synagogengemeinden. Die Konsistorien bestanden aus einem Großrabbiner, einem Rabbiner und drei anderen Juden, die von einer 25köpfigen Notabelnversammlung des Konsistorialbezirks gewählt wurden. Das Zentralkonsistorium hatte die Ausführung des „Reglements" zu überwachen, die Konsistorien übten unter anderem die Aufsicht über die Glaubenslehre und über die Verwaltung und Finanzen der Einzelsynagogen aus. Der Staat sicherte sich seinen Einfluß durch sein Ernennungs- bzw. Bestätigungsrecht bei der Zusammensetzung der Notabelnversammlung, der Konsistorien und des Zentralkonsistoriums.

Im Roerdepartement wurde im März 1809 ein Konsistorium in Krefeld eingerichtet. Unter den 25 Notabeln, die zur Wahl des Großrabbiners schritten, befand sich aus Aachen der Geldwechsler Moses Jakob Levi. Die Notabeln wählten als Groß- oder Oberrabbiner Dr. Loeb Carlsburg, der sein Amt vom 26. Mai 1809 bis zu seinem Tode am 20. Februar 1835 innehatte. Die Aachener Kultusgemeinde stand unter der Leitung des Rabbiners Moses Isaac Levy. Seine Gemeinde zählte im Jahre 1808 55 Personen in 11 Haushalten und vergrößerte sich bis 1812 auf 77 Mitglieder. Sie war zu klein, um eine eigene Synagoge finanzieren zu können, so daß man sich zur Anmietung eines geeigneten Bethauses entschloß, dessen Lage im Stadtgebiet allerdings unbekannt ist.

Die jüdische Religionsgemeinschaft

M. Kunst, Kultur und Wissenschaft – Gesellschaftliches Leben

Archive Sowohl die städtischen Archivalien als auch die der geistlichen Korporationen hatten seit dem Einrücken der Franzosen eine bewegte Geschichte erlebt, ohne daß diese im einzelnen aufgearbeitet wäre[1]).
Das reichsstädtische Archiv war 1794 von den Bürgermeistern Klotz und Kreitz aus den Ratsstuben und dem Granusturm ins Rechtsrheinische geflüchtet worden und kehrte erst im Jahre 1797 zurück, nachdem Hoche den alten Rat wieder eingesetzt hatte[2]). Nach der erneuten Entlassung des alten Rates im März 1798 verblieb das Archiv in Aachen. Die jüngeren Bestände wurden im sog. Krönungssaal des Rathauses aufbewahrt, die älteren wiederum im Granusturm verschlossen. Letztere gerieten fast in Vergessenheit, so daß man sogar die Schlüssel suchen mußte, als der Kommissar bei der Aachener Zentralverwaltung im Januar 1799 Einlaß begehrte, um die Räumlichkeiten nach Kunstgegenständen zu durchsuchen[3]). Ob damals – nach Auffindung der Schlüssel – Archivalien entnommen wurden, ist nicht bekannt. Wahrscheinlich erlitt der im Granusturm untergebrachte Teil des ehemaligen reichsstädtischen Archivs erst im Jahre 1802 einige Verluste. Damals wählte Armand Gaston Camus, der 1792/93 als Konventskommissar bei den Armeen in Belgien und in Aachen tätig gewesen war, und der seit 1797 als Nationalarchivar arbeitete und nun die Archive der neu erworbenen rheinischen Departements auf außergewöhnliche Archivalien hin durchsuchte, eine in Samt gebundene spanische Handschrift mit der Beschreibung der Krönung Maximilians II. im Jahre 1562 aus, die der Maire Kolb am 17. September 1802 an die Nationalbibliothek in Paris abliefern mußte[4]). Im Herbst 1803 wählte der „commissaire pour la recherche des sciences et arts dans les quatre départements du Rhin" Jean Baptiste Maugérard 140 Urkunden aus dem Archiv aus, von denen allerdings nach heftigen Protesten der Aachener Munizipalität nur 87 Kaiserurkunden und Papstbullen zusammen mit 183 Büchern an die Nationalbibliothek nach Paris gesandt wurden[5]). Die wichtigeren Beutestücke – darunter die meisten Urkunden und die erwähnte Krönungshandschrift – kehrten im Jahre 1815 in ihr Heimatarchiv zurück[6]), doch lagern noch heute 31 Papsturkunden, welche Stadt und Stift Aachen betreffen, in der Pariser Nationalbibliothek[7]). Der im Rathaus aufbewahrte Teil des reichsstädtischen Archivs erlitt im Jahre 1798 im Zusammenhang mit der Vernichtung der an die Feudalzeit erinnernden Zeichen einen heute nicht abschätzbaren Verlust an Urkunden[8]).
Die Aachener Munizipalverwaltung hatte ihr Interesse am Archiv offenbar erst im Zusammenhang mit den Forderungen der Franzosen wiederentdeckt. Auf Antrag des Maires Kolb hatte sie jedenfalls im März 1803 die Anstellung eines Archivars beschlossen[9]). Auf diese Stelle wurde mit Genehmigung des Präfekten in Nachfolge seines am 7. April 1795 verstorbenen Vaters, Karl Franz Meyer des Älteren, dessen Sohn, der Privatgelehrte Karl Franz Meyer der Jüngere, berufen, der dieses Amt bis zu seinem Tode am 19. Februar 1821 bekleidete.

Mit der Aufhebung sämtlicher geistlicher Korporationen am 8. Juni 1802 wurden deren Güter Nationaleigentum. Dazu zählten auch die bisherigen Stifts- und Klosterarchive, die nunmehr – soweit man ihrer habhaft werden konnte – nach und nach in das dazu eingerichtete Präfektur- bzw. Departementalarchiv überführt wurden. Im Jahre 1812 gab es allerdings noch 48 Archive, die man nicht oder nur unzureichend besaß[10]). Das Departementalarchiv war offenbar – eindeutige Nachrichten fehlen – im Aachener Präfekturgebäude an der Kölnstraße untergebracht. Sein Zweck war es, alle Archivalien der aufgehobenen Stifte und Klöster aufzunehmen, mit deren Hilfe der Staat Rechte und Einkünfte nachweisen bzw. einziehen konnte. Demnach waren Papiere der laufenden Verwaltung, insbesondere Rechnungen und Heberegister, von besonderem Interesse; ältere Archivalien traten demgegenüber zurück. Desweiteren übernahm das Departementalarchiv alle in der

Verwaltung des Departements entbehrlichen Akten. Der praktische Nutzen des Archivs wurde jedoch dadurch beeinträchtigt, daß ihm eine ausreichende Anzahl archivarischer Kräfte zur Durchführung umsichtiger Ordnungsarbeiten lange Zeit versagt blieb. Als der Präfekt Ladoucette schließlich am 25. Dezember 1813 auf Anregung des Aachener Domänendirektors und mit Genehmigung des Innenministers die Einrichtung einer Archivabteilung bei der Präfektur anordnete, war die Zeit der französischen Herrschaft fast abgelaufen.

An der Spitze des Departementalarchivs stand der Präfekt, der die Aufsicht aber dem Generalsekretär des Departementes, seit 1813 dem Domänendirektor überließ. Die Arbeit im Archiv leisteten Archivbeamte, denen Hilfskräfte zur Seite standen. Es waren im Jahre 1804 die Archivare Johann Wilhelm Körfgen und Johann Gerhard Joseph von Asten, deren Aufgabe vor allem darin bestand, „die Buchung und Einregistrierung gewisser von Tag zu Tag eingehender Schriftstücke im Verwaltungsgebiete ihrer nächsten Vorgesetzten"[11]) vorzunehmen. Sie waren also – trotz ihres Titels „archiviste" – Registratoren. Zwei Hilfsbeamte – Vietoris und Holzmacher – waren im Archiv für die Ermittlung der Besitztitel zuständig. Koerfgen wurde bereits am 15. September 1804 zum Generalsekretär des Präfekten berufen. In den folgenden Jahren gab es noch weitere personelle Veränderungen. So avancierte Holzmacher bis zum Jahre 1810 zum „Archivar".

Während die innere Ordnung des Departementalarchivs bis zum Schluß zu wünschen übrig ließ, verlief seine Flüchtung vor dem Zugriff der heranrückenden Alliierten im Januar 1814 in geordneten Bahnen, wenngleich es zunächst irrtümlich nach Lüttich und erst danach bestimmungsgemäß nach Maastricht verbracht wurde. Teile verblieben allerdings in Aachen, da man mit einer baldigen Rückkehr der französischen Verwaltung rechnete. Nur wenig ging verloren. Nach dem Einrücken der Verbündeten wurde im Mai und Juni 1814 das Departementalarchiv von Maastricht nach Aachen zurückgeführt und im Jahre 1816 der Königlich-Preußischen Regierung in Aachen überantwortet. Im Frühjahr 1819 gelangte das Archiv – mit Ausnahme der für die laufende Verwaltung unentbehrlichen Akten – in das Provinzialarchiv zu Köln und 1832 in das heutige Hauptstaatsarchiv Düsseldorf.

Eine öffentlich zugängliche Stadtbibliothek gab es in Aachen am Ende der reichsstädtischen Zeit nicht. Die Rathausbibliothek mit ihren im 17. und 18. Jahrhundert angeschafften Büchern diente fast ausschließlich Verwaltungszwecken und war insofern Handbibliothek des Rates und der städtischen Beamten[12]). Um die Mitte des 18. Jahrhunderts zählte sie 1 850 Bände vor allem aus den Themenbereichen Staats- und Rechtswissenschaft. Mit dem Zusammenbruch des Rechts- und Verwaltungssystems der reichsstädtischen Zeit büßte sie ihren praktischen Wert ein. Eine Anregung des Aachener Unterpräfekten Poissonot in seinem 1808 erschienenen Buch „Coup d'œil historique et statistique sur la ville d'Aix-la-Chapelle et des environs", die Rathaus- oder Magistratsbibliothek zu einer öffentlichen Bibliothek auszubauen[13]), fand keine Resonanz, so daß de Golbéry in seinen „Considérations" die Situation des Bibliothekswesens im Aachen des Jahres 1811 wie folgt charakterisieren konnte [in Übersetzung]:

Lesekabinette, Bibliotheken, Buchhändler

> „*Die Präfektur, die Munizipalität und die höhere Schule besitzen keine Bibliothek und diejenigen, die ein Bedürfnis nach nützlicher und lehrreicher Lektüre verspüren, können nur auf sogenannte literarische Kabinette zurückgreifen, deren Bestände sich vor allem aus Romanen zusammensetzen, von denen viele mehr dazu geeignet sind, Geist und Herz Schaden zuzufügen, als sie zu bilden. Die Gefahren dieser Arten von Büchern sind hinlänglich bekannt, vor allem für die Jugend, deren moralische Grundsätze sie verderben und die sie nicht selten zu strafwürdigen Ausschweifungen und unheilvollen Irrtümern verführen*"[14]).

Erst Ende März 1813 griff der damalige Präfekt Ladoucette den Plan zur Errichtung einer öffentlichen Bibliothek in Aachen wieder auf. Den Anlaß zu diesem Vorstoß bot die Aufforderung des französischen Innenministers vom 19. November 1812 an Ladoucette, zur Vervollständigung des im Ministerium vorhandenen statistischen Materials ein Verzeichnis der Bücherbestände der Aachener Rathausbibliothek einzureichen. Der Präfekt hatte diesen Auftrag an den Aachener Maire Cornelius v. Guaita und dieser an den städtischen Archivar und Bibliothekar Karl Franz Meyer d.J. weitergeleitet. Am 24. März 1813 überreichte der Maire eine 47 Großfolioseiten umfassende Liste mit – gegenüber der Mitte des 18. Jahrhunderts nurmehr – 1 545 Titeln [15]), bei deren Übersendung nach Paris der Präfekt beim Innenminister anregte, man möge staatlicherseits die Aachener Rathausbibliothek durch Überlassung von Dubletten und durch finanzielle Zuwendungen zu einer öffentlichen Bibliothek ausbauen. Der Minister wollte aber, um Ausgaben zu vermeiden, die Vermehrung des städtischen Bücherbestandes lieber der Mairie allein überlassen, und so ruhte das Projekt bis zum Umsturz der politischen Verhältnisse im Jahre 1814 und ließ sich erst im Jahre 1831 realisieren.

Da es am Ende des 18. und zu Beginn des 19. Jahrhunderts keine Öffentliche Bibliothek in Aachen gab, kam den sog. Lesekabinetten und Buchhandlungen einige Bedeutung zu [16]). Im Sommer 1783 richteten die Buchhändler Saint-Aubin, Vater und Sohn, einem dringenden Bedürfnis der fremden Badegäste Rechnung tragend, in der Komphausbadstraße ein Lesekabinett ein, das die in Spa und Maastricht bestehenden zum Vorbild hatte. In Saint-Aubins Lesekabinett, das täglich von 7 bis 21 Uhr geöffnet war, wurden sowohl deutsche wie auch französische, englische und niederländische Zeitungen ausgelegt. Ein Aachen-Besucher berichtet im Jahre 1787, daß auch aufklärerische Schriften aus Frankreich zum Repertoire gehört hätten, und daß das Lesekabinett neben der Neuen Redoute der Mittelpunkt der „guten Gesellschaft", d.h. der aufgeklärten Bürger, gewesen sei. Wahrscheinlich im Jahre 1797 wurde das Saint-Aubin'sche Lesekabinett von Dieudonné Prosper LaRuelle übernommen. Er legte deutsche und französische Zeitungen, literarische Zeitschriften und gute Bücher aus. Neben dem Lesekabinett führte er noch eine Buchhandlung. Weitere Lesekabinette unterhielten im Jahre 1794 August Adenau „auf dem Eisen" mit 13 verschiedenen deutschen Zeitungen, 1797 A. Dreysse auf dem Büchel mit 15 verschiedenen Zeitungen, 1799 Martin Cudell, Ursulinerstraße, mit deutschen und französischen Zeitungen, Zeitschriften zum französischen Recht und zur deutschen Literatur, im Jahre 1800 Heinrich Giesen, Ursulinerstraße, der „les meilleurs journaux et gazettes françaises et allemandes" führte. Im Jahre 1806 präsentierte die Firma Schwarzenberg u. Co., gleichfalls Ursulinerstraße, ein ähnlich reichhaltiges Angebot wie LaRuelle und unterhielt zugleich auch eine Buchhandlung. Mit dem Buchverleih beschäftigten sich 1784 Josef Kaatzer am Münsterkirchhof, der auch als Buchhändler tätig war, 1794 Karl Stille auf dem Kapuzinergraben, der ausschließlich deutsche Bücher auslieh, und 1808 J.M. Schwarzenberg, Buchhändler in der Kölnstraße.

Ohne daß wir dies näher verfolgen können, scheint sich das Buchangebot in Aachen während der napoleonischen Zeit dem offenbar seichter gewordenen Geschmack der Badegäste angepaßt zu haben. De Golbéry vermerkt dazu im Jahre 1811 – wie oben erwähnt – die Lesekabinette böten neben Zeitungen und Zeitschriften vor allem Romane an, von denen allerdings viele geeignet seien, zu verderben. Dies gelte vor allem für die Jugend. Schon die Gräfin Rémusat hatte während ihres Badeaufenthaltes im Jahre 1807 Mühe, eine Buchhandlung mit gehobenem Anspruch zu finden. Auch das Angebot an Zeitungen und Büchern war schon insofern einer Veränderung zum Negativen unterworfen, als Napoleon 1810 eine Verringerung der Zahl der zugelassenen Zeitungen dekretiert und Buchdruck und Buchhandel einer rigorosen staatlichen Aufsicht unterstellt hatte, von der natürlich auch die Aachener Buchdrucker, Thomas Vliex, Johann Wilhelm Beaufort, Johann Jakob Bovard sowie Johanna Müller, betroffen waren.

Ein Überblick über die Bestände der in französischer Zeit in Kirchen- und Privatbesitz befindlichen Bibliotheken kann hier mangels geeigneter Voruntersuchungen nicht gegeben werden. Nur die Privatbibliothek des schon mehrfach erwähnten Franz Dautzenberg ist in ihrer Struktur für uns heute gut faßbar [17]). Er hatte im Verlauf seines Lebens unter hohen Kosten eine knapp 10 000 Bände umfassende Bibliothek aufgebaut, in der sich mehrere Inkunablen aus ehemaligem Klosterbesitz, vor allem aber eine seinen Interessen entsprechende Sammlung „aufklärerischer" Bücher, wie z.B. die 1790 in Genf erschienene Gesamtausgabe der Werke von Jean Jacques Rousseau befanden [18]). Er selbst hatte seine Bücher in einem heute noch erhaltenen, 641 Großquartseiten umfassenden Katalog verzeichnet [19]). Mit Testament vom 2. Dezember 1825 vermachte er seine Bibliothek der Stadt Aachen, die sie zusammen mit der alten Magistratsbibliothek und einer kleineren, von den städtischen Archivaren bzw. Bibliothekaren Karl Franz Meyer d.Ä. (1728-1795) und dessen Sohn Karl Franz Meyer d.J. (1764-1821) vererbten Privatbibliothek als Grundstock für die 1831 eröffnete „Öffentliche Bibliothek der Stadt Aachen" nutzte.

Kritische Stimmen der ausgehenden reichsstädtischen Zeit und vom Ende des Jahrhunderts beklagten immer wieder den literarischen Tiefstand in Aachen. So kritisierte der Schriftsteller Joachim Heinrich Campo 1789 den „gänzlichen Mangel an patriotischen Anstalten zur Kultur und Veredelung der Menschheit" [20]), und Franz Dautzenberg argumentierte in seiner Eingabe an den Rat vom 1. April 1791, mit der er um Zulassung seiner Zeitung „Politischer Merkur" bat:

Literatur und Dichtung

> *„In unserer Vaterstadt, wo leider! Litteratur, Wissenschaften und bildende Künste so brach liegen, verdient wohl jeder auch noch so geringe Versuch, zur Kultur jener unbebauten Felder etwas beyzutragen, die Aufmerksamkeit der Obrigkeit"* [21]).

Noch 1798 schrieb der Arzt Dr. Jonas Ludwig v. Hess:

> *„Da sich mein Aufenthalt in Aachen mehrere Monate hinausdehnte, so ging ich einen Theil dieser Zeit täglich ins Caffehaus. Ich hatte unter den Häusern dieser Art dasjenige gewählt, welches vorzüglich von Kaufleuten und Fabrikanten besucht ward, und das man für das anständigste und sittlichste hielt. Auf mein Gewissen, während dieser ganzen Zeit, habe ich keine Unterredung, keine Erwähnung, ja nicht ein Wort, weder über Künste, Wissenschaften, Litteratur, oder irgend einen Gegenstand, der für [vor] das eigentliche Forum des denkenden menschlichen Geistes gehört, von der ganzen versammelten Menge vernommen. Die gegenwärtigen Hunde, Pfeifenköpfe, das Spiel, die Freudenmädchen, und die armseligsten Neuigkeiten des Tages, waren die einzigen Themate, die hier den einen Tag, wie den andern, verhandelt wurden...*
> *Die Litteratur in Aachen ist wenigstens um ein halbes Seculum zurück. Ein deutscher Buchhändler besitzt eine gemischte Sammlung gebundener deutscher Bücher. Nach den neuesten Produkten der deutschen Gelehrsamkeit fragt man hier vergebens. Kant, Reinhold, Fichte, Heidenreich, und alle jetzt lebende vaterländische Philosophen sind den Aachnern unbekannte Namen. Die Herren von Kotzebue, Meißner, ein Bogenschreiber in Kölln, Namens Bürgens; das politische Journal, die Neuwieder Zeitung, sind die Lieblings-Gesellschafter der Aachner Lesewelt. Von allem, was in dem nahen Frankreich herauskömmt, sieht man hier nichts. Eine französische Konstitution, die ich beim Buchhändler suchte, mußte von Mastricht verschrieben werden. Hielte die Central-Administration nicht den Moniteur, es käme keiner in die Stadt. Eine elende Chronik von einem Soppius genannt, und eine noch schlechtere Geschichte von einem Doctor Meier, sind alles, was über diesen berühm-*

> ten Königsstuhl und das Reich von Aachen geschrieben ist. Auch würde Deutschlands Parnaß sehr öde seyn, wenn alle Provinzen desselben dem Reiche von Aachen glichen; ich weiß wenigstens von keinem hier gebohrnen nur irgend namhaften Schriftsteller noch Gelehrten, es wäre denn, daß der in Norkjöping wohnende Apotheker von Anken, von dem die neulich gemachte Entdeckung herrührt, das Feuer durch Heeringslake zu löschen, aus Aachen herstammte"[22]).

Um die Jahrhundertwende scheint sich die Situation ein wenig verbessert zu haben. Jedenfalls fühlte sich im Herbst 1804 ein gewisser Karl Stille, Inhaber einer Leihbibliothek auf dem Kapuzinergraben, zur Herausgabe einer literarischen Zeitschrift mit dem Titel „Der Gemeinnützige" ermutigt. Der Versuch scheiterte jedoch schließlich an mangelnder Nachfrage [23]). Eine gewisse Belebung von Literatur und Dichtung erfolgte offenbar in der Kaiserzeit. Diese Wandlung zum Besseren wurde anscheinend vor allem von den französischen Spitzenbeamten, der französischen „guten Gesellschaft" und einigen wenigen Einheimischen getragen. Dies ergibt sich auch schon aus der Tatsache, daß sich am 8. November 1801 in Aachen auf Anregung des Präfekturrates Johann Friedrich Jacobi, des Generalsekretärs der Präfektur des Roerdepartements Pierre Pomponne Amédée Pocholle, der selbst Prosa und Gedichte schrieb [24]), die er aber offenbar nicht veröffentlichte, sowie auf Betreiben des Steuerdirektors des Roerdepartements Pierre-René Lerebours eine Gesellschaft zur Förderung nicht nur von Landwirtschaft und Handel, sondern auch der Künste formierte (Société d'émulation pour l'agriculture, le commerce et les arts), zu deren Aachener Sektion 19 Personen zählten, darunter der ausdrücklich als „homme de lettres" bezeichnete Aachener Tuchfabrikant Johann Adam Wildenstein [25]).

Zu einem der wichtigsten Zentren der Pflege des literarischen Lebens entwickelte sich der Salon von Mme. Sophie Gay. Marie-Françoise-Sophie Richault de Lavalette, Tochter eines den Bourbonen nahestehenden Finanzmannes, wurde am 1. Juli 1776 in Paris geboren [26]). Sie genoß eine ausgezeichnete Erziehung und heiratete im Jahre 1799 nach einer gescheiterten Ehe mit dem Wechselagenten Liottier Jean-Sigismond Gay, dessen Ahnen aus England stammten. Jean Gay war zunächst in einem Bankhaus, dann in der Finanzverwaltung tätig, in der er im Jahre 1803 zum Generaleinnehmer des Roerdepartements mit Sitz in Aachen aufstieg. Dieses Amt bekleidete er bis zum Jahre 1813. In den zehn Jahren ihres Aufenthaltes in Aachen führte Sophie ein aufwendiges Leben [27]). Dazu zählte ein Salon, in dem bis tief in die Nacht ein Kreis „von guten Lachern, geistreichen Unterhaltern, Künstlern und vielen Zuhörern" [28]) verkehrte, darunter im Jahre 1804 auch der Staatssekretär Maret, der spätere Herzog von Bassano. Auch als Sophie 1813 nach Paris zurückkehrte, erlangte ihr dort geführter Salon hohes Ansehen. Sowohl sie als auch ihr Gemahl waren enge Freunde der Literaten Alexandre-Vincent Duval (1767-1842), Louis-Jean-Népomucène Lemercier (1771-1840) und Louis-Benoît Picard (1769-1828). Sophie selbst war eine ausgezeichnete Pianistin und verfaßte erfolgreiche Theaterstücke und Opernlibretti. Einen Namen hat sie sich aber vor allem als Schriftstellerin gemacht. Ihren literarischen Ruf begründete sie im Jahre 1802 durch die Verteidigung der „Delphine" von Madame de Staël im Journal de Paris. Sie schrieb vor allem gefühlsbetonte Romane, die meist anonym erschienen, des öfteren aber eine zweite Auflage erlebten und sogar ins Deutsche übersetzt wurden. Noch im Jahre 1802 erschien in Paris ihr dreibändiger Roman „Laure d'Estelle". Während ihrer Aachener Zeit schrieb sie „angenehme sentimentale Romanzen, die jeder auswendig konnte und denen jeder applaudierte" [29]). Da ihre Hauptschaffensperiode erst in die Zeit nach 1813 fiel, ist die Erinnerung an sie in Aachen rasch verblaßt. Wenn wir Alfred v. Reumont glauben dürfen, blieb nur das Wissen wach, daß „ihr Schlafzimmer auf allen Seiten mit Spiegeln ausstaffirt war!" [30]). In Aachen gebar sie am 26. Januar 1804 eine Tochter, die nach dem Werk der Madame de Staël den Namen Delphine erhielt [31]). Sie hatte das Talent der Mutter geerbt, wurde bereits 1822 von der Akademie in Paris als Dichterin mit einem Preis ausgezeichnet und verfaßte in den Jahren 1824 bis 1826 ihre Essais poétiques, die auch in der 1825 begründeten literarischen Zeitschrift „Rheinische Flora, Blätter für Kunst, Leben, Wissen und Verkehr" in Übersetzung von Wilhelm Smets und Heinrich Freimuth große Beachtung fanden [32]). Sie schrieb der Romantik nahestehende Gedichte, Romane, Dramen und Erinnerungen aus dem zeitgenössischen Paris. Ihr schriftstellerisches Talent setzte sie auch für die Sache des griechischen Freiheitskampfes ein [33]). Verheiratet war sie mit dem Publizisten Émile de Girardin (1806-1881), der 1836 die politische Tageszeitung „La Presse" herausgab und damit als Begründer der modernen Großstadtpresse gilt. Sophie starb am 5. März 1852 in Brüssel, ihre Tochter Delphine am 29. Juni 1855 in Paris.

Der Präfekt Ladoucette, der seit März 1809 in Aachen sein Amt versah, gehörte gleichfalls zu den literarisch interessierten Kreisen. Schon vor seiner Berufung auf die Präfektur des Roerdepartements hatte er Wielands Werk „Agathon" ins Französische übersetzt [34]). In Aachen übersetzte er während seiner Freizeit Juvenals Satiren in glatte französische Verse [35]). Auch zahlreiche Badegäste pflegten literarische Interessen. So vollendete die Gräfin Rémusat während ihres Kuraufenthaltes im Sommer 1807 ihren Roman „L'Ambitieux ou les Lettres espagnoles", der allerdings niemals erschienen ist [36]). Zur gleichen Zeit arbeitete sie an einer Übersetzung von Vergils Aeneis. Sie pflegte Musik und Gesang und spielte Gitarre. Das zunehmende Interesse für Lyrik und Prosa kommt auch darin zum Ausdruck, daß die Lesekabinette von LaRuelle und Cudell im Jahre 1808 literarische Zeitschriften führten [37]). Trotz dieser positiven Ansätze dürfte das literarische Angebot in Aachen zur napoleonischen Zeit größtenteils weiterhin recht anspruchslos geblieben sein.
Die einheimische Bevölkerung brachte auch weiterhin der Literatur und Dichtung nur geringes Interesse entgegen. Als Liebhaber dieser Künste können in Aachen nur der schon erwähnte Fabrikant Wildenstein und der als Maler bekannte Johann Ferdinand Jansen (1758-1834) namhaft gemacht werden. Jansen gab in den Jahren 1815 und 1821 eine „Sammlung verschiedener Gedichte in der Aachener Volkssprache zum Nutzen des hiesigen Armen-Instituts" heraus. Darunter dürften sich Gedichte befinden, die er in französischer Zeit gereimt hat; so etwa „De Zankelotten Opkliehrung", dessen Reimschema dem „Abendlied" von Matthias Claudius folgt (Exp. M 7). Aus dem Jahre 1815 stammt ein Gedicht, in welchem er die Beseitigung des gotischen Bogens am Eingang des Münstervorhofs durch den Präfekten Ladoucette im Jahre 1811 beklagte [38]).

Malerei

Von den zur französischen Zeit in Aachen lebenden Malern hoben sich drei besonders hervor: Jansen, Scheuren und Bastiné.
Johann Ferdinand Jansen wurde am 3. April 1758 in Weisweiler getauft, siedelte mit seinem Vater nach Aachen über, besuchte hier von 1770 bis zur Aufhebung der Schule im Jahre 1773 das Jesuitengymnasium. Danach freundete er sich mit dem Beruf des Vaters, der Malerei, an [39]). Jansen verdanken wir Ansichten des abgebrochenen Köln- und Sandkaultores, des Ponttores, der Ruine Schönforst und einige Ansichten Aachens und Burtscheids. In der Kirche St. Michael sorgte er im Jahre 1809 auftragsgemäß für eine einfache Bemalung der Wände und wurde in preußischer Zeit mit Renovierungsarbeiten an den Deckengemälden des Münsterstiftes betraut, die er im Jahre 1825 abschloß. Eines davon – die Weihe des Münsters durch Papst Leo III. im Jahre 804 im Bogen vor dem Glockenturm des Münsters – hat er nach eigenen Plänen ausgemalt. Dieses allegorische Gemälde, das sein eigenes Bildnis in einer der Ecken zeigte, fiel jedoch späteren Renovierungsarbeiten zum Opfer. Jansen verdiente sich seinen Lebensunterhalt vor allem mit der künstlerischen Gestaltung von Tapeten, die als Ersatz für die teureren Gobelins dienten [40]). Im Jahre 1811 malte er für die Aachener Feier zur Taufe des Königs von Rom einige Transparente, die die Aufmerksamkeit des Präfekten auf sich zogen. Neben seiner Malerei betätigte er sich – wie erwähnt – als Mundartdichter. Er starb am 6. Januar 1834 in Aachen.
Johann Peter Scheuren wurde am 27. März 1774 in Aachen getauft [41]). Er erwarb sich seinen Lebensunterhalt als Zeichenlehrer an der Schule St. Leonhard, mußte aber bald, um seine siebenköpfige Familie ernähren zu können, Nebentätigkeiten annehmen. So verfertigte er in bunter Folge Glück-

wunschadressen, Fahnen, Dekorationen, Reklameschilder, Miniaturen sowie teils aquarellierte, teils lithographisch vervielfältigte Veduten aus Aachen und Umgebung. Er betätigte sich darüber hinaus auch als Porträtmaler. Von ihm ist z.B. ein Gemälde von Bischof Berdolet überliefert. Sein einziger Sohn war der 1810 geborene Johann Caspar Nepomuk, der sich später einen Namen als Landschaftsmaler machte. Er starb am 7. Juni 1844 in Aachen.

Johann Baptist Joseph Bastiné wurde am 19. März 1783 in Löwen geboren [42]). Sein Vater erkannte schon früh, daß der Sohn sein zeichnerisches Talent geerbt hatte, und brachte ihn an die Löwener Akademie der schönen Künste, wo er von 1800 bis 1804 bei Professor Geedts, einem Schüler des berühmten Jacques Louis David, das Zeichnen erlernte. Mit Preisen ausgezeichnet, immatrikulierte er sich am 9. Oktober 1804 in Paris bei David selbst und erhielt dort bis Oktober 1806 und dann wieder im Jahre 1807 eine weitergehende Ausbildung als Maler. Später weilte er wieder in Löwen. Im Jahre 1811 heiratete er und ließ sich in Aachen nieder, wo er eine Zeichenschule im Erdgeschoß des Schauspielhauses am Katschhof einrichtete. Wohl im Jahre 1812 wurde er an der neu begründeten städtischen Zeichenschule und 1816 am Königlichen Gymnasium zu Aachen als Zeichenlehrer angestellt; eine Stelle, die er bis zum Tode am 14. Januar 1844 ausfüllte. Trotz seiner Studienzeit bei David galt sein Interesse als Maler nicht so sehr der historischen Monumental-, sondern der Porträtmalerei. Durch sein Können und sein angenehmes Wesen machte er sich bald einen Namen in der Aachener Gesellschaft, die sich von ihm gerne porträtieren ließ. Zu seinen Kunden zählten vor allem die Mitglieder des Clubs Aachener Casino. In seinen letzten Lebensjahren arbeitete Bastiné auch als Landschaftsmaler. Sein bedeutendster Schüler war Alfred Rethel (1816-1859).

Neben diesen drei Berufsmalern gab es im Aachen jener Zeit auch noch eine unbekannte Anzahl von malenden Privatleuten. So ist z.B. von dem Rentier Johann Jakob Chorus eine Ansicht des Rathauses aus dem Jahre 1797 überliefert [43]). Die Malerei bot aber offenbar vor allem Damen der besseren Gesellschaft ein von der Männerwelt akzeptiertes Betätigungsfeld. Drei dieser Damen können heute noch namhaft gemacht werden: Von Maria Aloysia (genannt: Luise) Francisca Bardenheuer (1775 Okt. 5 – 1801 Sept. 22), geborene Veling, der ersten Gemahlin des Stadtarztes Dr. Johann Wilhelm Josef Bardenheuer (siehe Exp. I 3), stammen einige Gemälde aus den Jahren 1796 bis 1800, welche die Nikolauskapelle und die Michaelskirche in Burtscheid und das Adalbertstift zeigen [44]). Bilder von St. Adalbert und von St. Johann Baptist in Burtscheid verdanken wir Maria Johanna Luise Beissel (* 1778 Apr. 29, † 1842), welche am 15. August 1802 den Aachener Tuchfabrikanten Joseph Fey ehelichte [45]). Auch Catharina Monheim (1788 Mz. 14 – 1863 Febr. 16), die Schwester des Apothekers Johann Peter Joseph Monheim, pflegte das Malen als Liebhaberei. Von ihr stammt ein hübsches Aquarell aus der Umgebung Aachens [46]).

Die von Besuchern immer wieder hervorgehobene idyllische Landschft rund um Aachen und Burtscheid schien es dem Reisenden de Bouge im Jahre 1806 wert, mehr als bisher durch Malerei und Gravur festgehalten und einem breiten Publikum zur Kenntnis gebracht zu werden [47]). Seiner Meinung nach sollte die Stadt Aachen diesen Zweig der Kunst durch Verbesserung des Absatzes von Gravuren und Gemälden fördern. Sie sollte diese öffentlich verkaufen und vom Ertrag die Stadtarmen oder minderbemittelte Jungkünstler alimentieren. Diese Anregung ist – soweit bekannt – nicht aufgegriffen worden.

Musikpflege   Die Musik erfreute sich in Aachen vor dem Einmarsch der Franzosen großer Beliebtheit [48]). Da gab es die sog. Stadtmusikanten, die als Bläserkorps aus der seit 1721 nachweisbaren Militärmusik hervorgegangen waren, und die bei allen militärischen Umzügen der Stadtsoldaten, aber auch bei städtischen Festen und zur Förderung des Kurlebens der Badestadt bei Konzerten, Theatervorstellungen, Bällen und sonstigen öffentlichen Lustbarkeiten aller Art mit ihrem Spiel aufwarteten. Die Kapelle bestand aus sechs Musikern, von denen einer seit 1787 den Titel „Kapellmeister" führte. Sie standen in festem Sold der Stadt und wurden bei Bedarf durch meist nebenberuflich tätige Musiker, oft auch durch private Musikliebhaber ergänzt, die es damals gerade in den gehobenen Schichten

Aachens offenbar reichlich gab. Auch das Marienstift bemühte sich um die Musikpflege. Seit karolingischer Zeit unterhielt es einen Knabenchor, die sog. Choralen, die seit 1708 in einem Gebäude an der Ritter-Chorus-Straße geschult wurden. In der Regel waren es sieben Knaben, die hier sieben Jahre lang bei voller Verköstigung unter Leitung eines Geistlichen musikalischen Unterricht erhielten, darüber hinaus aber auch in Religion, Deutsch und Latein unterwiesen wurden. Seit den 20er Jahren des 17. Jahrhunderts verfügte das Marienstift zusätzlich über einen Männerchor, bestehend aus zwölf Kaplänen, die sich seit der Wende zum 18. Jahrhundert mehr und mehr auch der Instrumentalmusik zuwandten und damit der „Münstermusik" beachtliches Ansehen verschafften. Bei verschiedenen Anlässen arbeiteten Stadt- und Münstermusik auch zusammen. Einen Einbruch für das rege Musikleben der Stadt bedeutete die Besetzung durch die französischen Revolutionstruppen. Requisitionen und Kontributionen erschöpften die städtischen Kassen. Zudem kam der Zustrom der Badegäste und damit der Kurbetrieb mit seinem Bedarf an musikalischer Unterhaltung zum Erliegen. Die Stadt konnte seit 1796 ihre Musikanten nicht mehr entlohnen, so daß sich die Kapelle im Jahre 1798 auflöste. Die Franzosen deckten ihren Bedarf durch Militärmusiker oder fallweise angeheuerte Dilettanten. Die Musikpflege spielte sich fortan fast ausschließlich im Privaten ab.

Der Reisende Jonas Ludwig v. Hess schrieb 1798 über Aachen:

> *„Man thut sich hier auf musikalischen Geschmack, und Liebe zur Tonkunst sehr viel zu Gute. Ich will die erste Anmassung, da ich nicht bekannt genug damit bin, unbestritten lassen; wenn gleich die parteiische Anhänglichkeit an Wranitzki's lärmender, wilder, unzusammenhängender Musik, kein guter Bürge dafür ist. Aber die Liebe zur Tonkunst äussert sich sehr matt. Die Künstler, welche hier Concerte geben wollen, müssen sich eines erniedrigenden Mittels bedienen, und den Damen freien Eintritt verstatten, wenn sie die großen Musikliebhaber bei sich sehen wollen; und auch die großen Musikliebhaberinnen müssen durch jedesmaliges Tanzen, welches nach dem Concerte seinen Anfang nimmt, und so lange dauert, als die Lichter brennen, zur Musikliebhaberei gelockt werden. Eben so wenig spricht das Geräusch, das Schwatzen, das Hin- und Herlaufen, welches ich alles in einem jeden Concerte fand, für ächte Musikliebhaberei. Noch weniger, daß ein paar sehr gute Violinisten, Kreutzner und Engels, hier ein sehr dürftiges Auskommen fanden. Der erste spielt mit seltner Fertigkeit, Vestigkeit und Anstand; der andere mit mehr Feinheit und Geschmack"*[49]).

In seinem Urteil über Wranitzky und damit auch über den musikalischen Geschmack der Aachener ist v. Hess natürlich Partei. Immerhin war Paul Wranitzky (1756-1808) seit 1790 erster Orchester-Direktor der beiden kaiserlich-königlichen Hoftheater, und zwar bis etwa 1796 bei der italienischen, danach bei der deutschen Oper[50]).
Ist er bezüglich des musikalischen Geschmacks der Aachener auch skeptisch, so gesteht er ihnen doch eine überdurchschnittliche Liebe zur Tonkunst zu:

> *„Der gemeine Mann ist leidenschaftlich für Musik und Tanz eingenommen. Der Gassenbube trillert jede in seiner Vaterstadt gegebene Oper-Arie, jedes Nationallied der Neufranken. Singende Bettler ziehen gewöhnlich selb drei des Abends vor den Thüren der Stadt umher, und tragen dreistimmige Terzette mit Geschmack und Richtigkeit vor. Deutschlands phlegmatisches Tyrus könnte seiner kläglichen Oper durch diese Bänkel-Sänger und Sängerinnen einen, seinen Musikliebenden Einwohnern bisher unbekannten, Glanz verschaffen. Keine Aachner Straßen-Sängerin,*

die nicht mehr Metall in der Stimme hätte, als alle unsere gefeierten Operdamen. Auch müßten sich aus diesem Völkchen gute, sehr gute Schauspieler bilden lassen, wenn die Aussprache nicht hiebei im Wege stünde. – Denn der Aachner ist durchgängig stark in Nachäffung anderer.

Der Winkeljunge, wie das Spinnermädchen, müssen wenigstens am Sonntage tanzen. Sie führen ihren Walzer und Contretanz, trotz den ersten Tanz-Partien der Stadt, auf. Den neuen Tanz, der heute in der Redoute gemacht worden, kann man morgen in der Bettler-Herberge, mit Zukehren, Touren, Chainen, Dos à Dos, wieder aufführen sehen.

Die Damen, welche ich auf der Redoute tanzen sah, hüpften und sprangen lebhaft und leidenschaftlich genug umher, aber es war keine Atalante darunter; keine, von der der Dichter hätte sagen können:

'Sie tritt die Luft, und steigt auf ihr empor'" [51]).

Daß die Musik in Aachen zahlreiche Freunde hatte, beweist auch ein Bericht des Präsidenten der Aachener Zentralverwaltung, Dorsch, vom 12. Mai 1798 an den Justizminister, in dem er bemerkt: „Des arts que l'on y cultivait, il n'y a que la musique, qui ait conservé des amateurs point de goût dans les autres agrémens"[52]). Ein weiteres Zeugnis für die Liebe zur Musik ist die Tatsache, daß aus einer Initiative des Arztes Dr. Matthias Solders heraus Haydns „Schöpfung" am 12. April 1803 unter Beteiligung von 42 Musikern aus den Reihen der Bürgerschaft aufgeführt werden konnte. Solders, der sich bereits am 16. Mai 1774 beim Marienstift als Tenor beworben hatte, mangels einer freien Stelle aber abgelehnt wurde und danach das Studium der Medizin eingeschlagen hatte, initiierte regelmäßig Musikvorführungen, die sog. „Montagsconcerte" und galt bei seinem Tode im Jahre 1826 als der „eigentliche Schöpfer der Tonkunstübung" in Aachen. Solders war es auch, der am 16. Dezember 1792, als man die Ankunft des Generals Dumouriez in Aachen jederzeit erwartete, einen gewissen Burgmüller bat, „ihm in der Komposition eines patriotischen Liedes zu helfen, welches bei erwähntem Dejeuner [nämlich dem, das man für Dumouriez vorbereitete] unter Trompeten und Pauken und aller Blasinstrumente Schall abgesungen werden soll"[53]). Der erwähnte Burgmüller war niemand anderes als Johann August Franz Burgmüller (1766-1824), der in seinem bewegten Leben als Kapellmeister verschiedener Theatergruppen in Süd- und Westdeutschland tätig war, sich 1806 in Düsseldorf niederließ, die Niederrheinischen Musikfeste begründete und 1821 zum städtischen Musikdirektor in Düsseldorf ernannt wurde[54]). In Aachen zählte er seit 1790 zu den Mitgliedern der Loge „Zur Beständigkeit", war seit 1791 deren 2. Vorsteher und 1792/93 ihr Zeremonienmeister[55]).

Erst im Jahre 1804 wurde, angeregt vom Maire Kolb anläßlich des Besuchs der Kaiserin Josephine in Aachen die städtische Musikkapelle unter dem Namen „brigade de musiciens d'instruments à vent" neu eingerichtet. Wie der Name sagt, handelte es sich wiederum um ein Bläserkorps. Es bestand nun aus acht von der Mairie besoldeten Musikern unter der Leitung des Kapellmeisters Matthias Karl Engels. Die Kapelle setzte sich aus zwei Oboen, zwei Hörnern, zwei Fagotten, einem Serpent und einer Trompete zusammen. Die nötigen Streichinstrumentalisten wurden fallweise mit Privatleuten und freiberuflichen Musikern ergänzt. Zu den Aufgaben der Kapelle gehörte es, an den von der Mairie angeordneten Feierlichkeiten, bei Kurkonzerten und Militärparaden aufzuspielen.

Die Schicksale des Choraleninstituts und der Münstermusik während der 90er Jahre des 18. Jahrhunderts sind nur schemenhaft bekannt. Von den finanziellen Folgen der Einziehung der vormals reichen Dotationen für die Choralen zugunsten des Staates hat sich das Choraleninstitut nie mehr so recht erholt. Noch 1808, bei Vorlage des Etats der Kathedrale beim Kultusminister, mußte Bischof Berdolet über lähmenden Geldmangel klagen: „die Musikanten und Sänger des Chores würden nicht bestehen können, wenn sie sich nicht alle als ehemalige Benefiziaten des Krönungsstiftes einer Pension erfreuten; die meisten seien arm und schwach, den Anstrengungen ihres Dienstes kaum mehr gewachsen; aber es sei kein Geld vorhanden, um einige jüngere Kräfte anzustellen. Für die Chorknaben habe die Kirchenfabrik zwar ein Haus zur Verfügung gestellt, aber die Eltern müßten die Kinder selbst unterhalten; ebenso mangele es an Mitteln, um das Gehalt für die Lehrer der Choralschule aufzubringen; das Orchesterhaus, unter Karl dem Großen ehedem so glänzend, ist keine Zierde der Stadt mehr"[56]). Trotz der miserablen finanziellen Situation scheint die künstlerische Qualität der Münstermusik aber doch beachtlich gewesen zu sein. Vor allem der Kapellmeister Dautzenberg, dessen Vorname nicht bekannt ist, scheint sich hier besondere Verdienste erworben zu haben, denn Bischof Berdolet dankte ihm am 16. Mai 1808 in einem in deutscher Sprache verfaßten, von ihm unterschriebenen, nur noch fragmentarisch erhaltenen Belobigungsschreiben:

>"*Es würde meiner innigen Zufriedenheit etwas feh[l]en, wenn ich Ihnen nicht zu erkennen gäbe, mit welcher Herzenslust ich wahrnehme, wie sich das unter Ihrer Leitung stehende Orchester in unserer Kathedralkirche allgemach am guten Geschmacke in der Tonkunst näheret [nährt], und mit welchem Fleiße und Thätigkeit Sie die Ihrer Führung anvertrauten Singschüler dieser Kirche zu bilden suchen. Nehmen Sie dafür meinen Dank an und lassen Sie sich diese Zeilen zum Beweise [sein], daß ich Ihre Bemühungen schätze [...] übrig, daß Sie während der eintretenden Jahreszeit [gemeint ist die Badesaison], da mancher erhabene Kurgast unsere Stadt und Cathedralkirche besuchen wird, sich mögen angelegen seyn lassen, allemal eine Musick und Symphonien dergleichen die gestrigen waren, auszuführen, damit Fremde unsere Kirche eben so vergnügt und zufrieden mit ihrer Musick verlassen, wie ich dieselbe gestern verlassen habe. Dieses wird unserem Gottesdienste, unserer Kirche und unserem Kapellmeister besonders zur Ehre gereichen*"[57]).

Sammlungen und Museen

Zu Beginn des 19. Jahrhunderts gab es in Aachen mehrere private Gemäldesammlungen, von denen wir meist nicht mehr als die Familiennamen ihrer Besitzer kennen[58]). Für die Jahre 1806 bis 1809 sind es die Kabinette der Witwe Schweling, von Scheins, Zimmermann, Heusch, Blumhofer, dem späteren Vizepräsidenten des Aachener Tribunals erster Instanz, und von Franz Dautzenberg, dem früheren Herausgeber des „Aachner Zuschauers". In diesem Zusammenhang ist es aufschlußreich zu hören, daß Gneisenau noch im Jahre 1817 schrieb, Aachen besäße „mehr gute Gemälde ... als in Berlin der Hof und die Stadt zusammen"[59]). Dabei ist allerdings zu berücksichtigen, daß die Berliner Gemäldegalerie damals erst im Entstehen begriffen war.

Am bekanntesten war die Bettendorf'sche Sammlung, welche der im „Schwarzen Adler" gegenüber dem Rathaus ansässige Weinhändler Franz Theodor Bettendorf (1743-1809) im Verlauf seines Lebens zusammengetragen hatte. Sie konnte auf Wunsch besichtigt werden und galt als eine der wichtigeren Sehenswürdigkeiten der Stadt. Aus unbekannten Gründen trug sich ihr Besitzer im Jahre 1809 mit Verkaufsabsichten, verstarb aber während der in Brüssel geführten Verhandlungen. Seine Witwe bewahrte die Sammlung in ihrem Haus am Büchel. Im Jahre 1824 umfaßte sie 370 Gemälde der berühmtesten Meister, darunter Rubens, Correggio, Tizian, die Brüder van Eyck, H. Hemeling, Albrecht Dürer, von der Goes und Rogier van der Weyden. Ein großer Saal faßte 120 Gemälde deutscher und flämischer Schulen des 14. bis 16. Jahrhunderts, in zwei anderen waren die jüngeren Bilder untergebracht. Die Erben der Witwe Bettendorf veräußerten gegen Ende der 20er Jahre des 19. Jahrhunderts einige Bilder und teilten die Sammlung schließlich unter sich auf. Zwischen 1840 und 1842 ist die Sammlung aus Aachen mit unbekanntem Ziel und Schicksal verschwunden.

Nicht nur Gemälde fanden bei Aachener Sammlern Beachtung, auch Mineralien erfreuten sich – wie allgemein in jener Zeit – großer Beliebtheit. So erfahren wir aus einer Zeitung des Jahres 1793, daß die Mineraliensammlung des Aachener Arztes Dr. Johannes Le Soinne zur Versteigerung anstand[60]). Das gleiche Schicksal traf im Januar 1809 das „berühmte Naturalien-Kabinett des verst. Dr. Rüssel, bestehend in fremden und hiesigen Naturalien, Petrifikationen, Mineralien und Stufen jeder Art"[61]). Häufig waren solche Mineraliensammlungen Bestandteil eines mehrere Sammelgebiete umfassenden Antiquitätenkabinetts. Dies war z.B. bei dem späteren Aachener Archivar Karl Franz Meyer d.J. der Fall[62]). Seine Sammlung, zu der bereits sein Vater den Grundstein gelegt hatte, umfaßte sowohl Mineralien und Versteinerungen wie auch Münzen, Medaillen, Manuskripte, Bücher, Gemälde und Kupferstiche. Nach dem Tode Meyers d.J. im Jahre 1821 wurde die Sammlung wie die Bettendorffs auseinandergerissen und zerstreut. Nur ein Teil gelangte später in die Öffentliche Bibliothek. Am eindrucksvollsten war wohl die Antiquitätensammlung des Aachener Färbereibesitzers Hermann Isaac von Aussem (1744-1825) in Haus Drimborn, die sich im Jahre 1818 wie folgt präsentierte:

> *„Danach umfaßte das Werk 2 000 Mineralien, 400 Versteinerungen, darunter einen Mammutzahn aus einer Mergelgrube in Würm, 500 ausgesuchte Achate, Marmorarten, Konchylien, Seegewächse, 556 ausgestopfte Vögel, 'aufgetrocknete' Tiere, fremde Holzarten, Marmortafeln aus alten Ruinen, ein Seeschiff mit 36 Kanonen unter Glas. 6 Trinkgefäße aus Kokosnuß, indianische und chinesische Gegenstände. Dazu kamen 50 antike Bronzen, darunter ein Herkules, eine Spanne lang, der 1799 auf dem Breiniger Berg gefunden war, 50 römische Lampen, 3 Büsten aus Herkulanum, 2 000 römische Münzen. Es würde zu weit führen, die Gegenstände aus dem Mittelalter und die alten Urkunden hier aufzuzählen"*[63]).

Das Kabinett wurde nach dem Tode Hermann Isaacs im Jahre 1825 an den Londoner Kunsthändler Isaac Goldsmith verkauft. De Bouge nennt in seinem Reiseführer für Aachen zum Jahre 1806 zusätzlich noch die Kabinette des Rentiers Joseph Buchholz und eines nicht näher bekannten Herrn Triest[64]).
Neben diesen Antiquitätenkabinetten gab es in Aachen auch Spezialsammlungen wie die offenbar verschollene Musikinstrumentensammlung des Musikers Friedrich Kaufmann oder die Stichesammlung des Tuchfabrikanten van Houtem[65]).
Während es also in Aachen zur französischen Zeit mehrere, teils beachtliche private Gemäldesammlungen und Antiquitätenkabinette gab, fehlte es an einem städtischen Museum[66]). Dieser Zustand wurde offenbar vor allem von den Kur- und Badegästen, die im Sommer nach Aachen kamen, als Mangel empfunden, doch erst seit Mai 1811 gab es Pläne für ein Museum. Der Präfekt Ladoucette unterstützte dieses Vorhaben beim Innenminister[67]). Ziel war dabei nicht nur, der Stadt bei den Gästen, deren Zahl seit reichsstädtischer Zeit um ein Drittel zurückgegangen war, wieder größere Attraktivität zu verschaffen; auch der Aspekt, ein Museum könne den geistigen Horizont der Bürger erweitern, kam zum Tragen. Aus Kostengründen war zunächst nicht an ein eigenes Museumsgebäude gedacht, sondern an einen Ausstellungssaal im Rathaus, den kleinen Ratssaal (salle dite du petit sénat). Im Budget des Jahres 1812 hatten die Aachener Lokalbehörden vorsorglich 2 000 Francs für dieses Museum, in dem vor allem künstlerisch wertvolle und wissenschaftlich interessante Objekte mit Bezug zum Roerdepartement ausgestellt werden sollten, vorgesehen, doch der Plan erhielt in Paris keine Zustimmung. Daraufhin engagierte sich der Präfekt Ladoucette für das Museumsprojekt. Ihm gelang es, den Bergwerks-Ingenieur Clère dafür zu gewinnen, daß er eine ansehnliche Sammlung von Versteinerungen zur Verfügung stellte. Im ganzen sollte das künftige Museum zuständig sein „pour réveiller, entretenir et encourager dans l'esprit des habitans le goût pour tout ce qui tend à la propagation de l'industrie, des arts et des sciences"[68]) und Mineralien aus den Bergwerken sowie Versteinerungen, Münzen, Medaillen und andere bemerkenswerte Altertümer, darunter alte Urkunden und Manuskripte, aber auch typische Erzeugnisse aus den Manufak-

turen des Departements aufnehmen. Im März 1813 standen bereits die Schränke zur Präsentation bereit. Der Stadtrat hatte für die erste Anschaffung 2 700 Francs und für das Gehalt des provisorischen Verwalters, des Archivars Meyer, 300 Francs bewilligt. Da aber Ladoucettes Antrag an den Innenminister, dieser möge doch seinerseits alljährlich 2 000 Francs zur Vergrößerung des Museums und die Besoldung des Direktors beisteuern, nicht die sofortige Zustimmung erhielt, der Minister vielmehr vorab eine Liste der Ausstellungsstücke einforderte, verzögerte sich das Museumsprojekt, bis ihm schließlich der Einmarsch der Alliierten im Januar 1814 ein Ende setzte.

Theater

Das Theaterspiel hatte in Aachen am Ende des 18. Jahrhunderts bereits eine lange Tradition[69]). Es war schon seit Beginn des 17. Jahrhunderts in der Schule des Jesuitengymnasiums gepflegt worden, wobei allerdings – dem gegenreformatorischen Jesuitentheater entsprechend – religiös-erbauliche Stücke im Vordergrund standen. Erst nach dem großen Stadtbrand von 1656 und dem von Blondel forcierten Ausbau Aachens zum Badeort, der schließlich europäischen Ruf genoß, wuchs auch das Bedürfnis nach einem „weltlichen" Theater, das – vor allem in der sommerlichen Badesaison – der Unterhaltung der Gäste dienen sollte. Pläne für einen Theaterbau gab es bereits im Jahre 1714, doch wurde das Projekt erst zwischen 1748 und 1751 im Auftrag des damaligen Magistrats durch den Aachener Stadtarchitekten und Ratssekretär Johann Joseph Couven am Katschhof verwirklicht. Damit besaß Aachen noch vor Frankfurt (1782) und Köln (1783) ein eigenes Theater. Auch wenn, wie sein Name „Komödienhaus" verrät, vornehmlich Operetten und Singspiele zur Aufführung gelangten, wurden Tragödien, Opern und Konzerte nicht vernachlässigt. So kündigte beispielsweise der Spielplan des Jahres 1785 Mozarts Oper „Entführung aus dem Serail", Schillers Trauerspiel „Kabale und Liebe" sowie Beaumarchais' Theaterspiel „Figaros Hochzeit" an. Die Aufführungen wurden damals nicht von festbesoldeten Künstlern der Stadt besorgt, sondern von saisonweise umherziehenden Schauspielergesellschaften, die mit dem Magistrat eine Spielkonzession aushandelten, deren wesentlicher Bestandteil die Festlegung einer Gebühr für die Überlassung des Komödienhauses und der Quartiere war. Um die Inhalte der Stücke kümmerte sich der Magistrat nur wenig; wohl aber nahm er als Aufsichtsbehörde ordnungspolizeiliche Aufgaben wahr. Das Geschäftsrisiko des Theaters überließ er ganz und gar der jeweiligen Schauspielertruppe und deren Direktor. In Aachen gefielen in den 80er und 90er Jahren des 18. Jahrhunderts vor allem die deutschen Schauspielergesellschaften, während die französischen wenig Zulauf erhielten, was wohl durch die geringe Verbreitung der französischen Sprache bedingt war. Am beliebtesten war die 45köpfige Truppe des Direktors Johann Heinrich Böhm, die erstmals 1781 in Aachen spielte und von Böhms Witwe nach 1792 – wenn auch verkleinert – weitergeführt wurde. Die Spielpläne zeugten weiterhin von hoher Qualität. So gelangten im Jahre 1791 Schillers „Räuber" und 1792 „Don Juan" zur Aufführung. Zwischen der ersten und der zweiten Besetzung durch die Franzosen erlebte Aachen am 10. Juli 1794 erstmals die Aufführung von Mozarts „Zauberflöte". Die französischen Machthaber bevorzugten die französischen Schauspieltruppen, in deren Repertoire republikanische Stücke vorherrschten. Die Aachener Munizipalverwaltung, welche die Theaterpolizei weiterhin ausüben durfte, sperrte sich gegen diese Ideologisierung des Theaters so gut sie konnte, meist durch passiven Widerstand, wie dies in der bereits erwähnten Auseinandersetzung vom Dezember 1795 mit dem Volksrepräsentanten Meynard und dem Direktor des französischen Schauspiels, Clairville, um Ausstattungsfragen des Theaters geschehen war[70]), doch konnte die Munizipalität die weitere Politisierung des Theaters nicht verhindern. Das Pariser Direktorium faßte nämlich im Jahre 1796 einen Beschluß, demzufolge die Theater zugunsten der Republik und ihrer Ideale auf das Volk einwirken sollten. Dazu gehörte unter anderem, daß die Orchester zu Beginn einer Vorstellung und zwischen zwei Stücken republikanische Lieder wie die Marseillaise oder „Ça ira" zu spielen hatten. Parallel dazu versuchten die französischen Behörden, das deutsche Schauspiel zurückzudrängen. Dies gilt besonders für die Zeit nach dem Frieden von Campo Formio (Oktober 1797), der Frankreich den Besitz größerer Teile des linken Rheinlandes in Aussicht stellte. Das Französische sollte nunmehr die Amtssprache beherrschen und auch im Theater Eingang finden. Doch damit nicht genug, das Theater sollte künftig das republikanisch-französische Wertesystem vermitteln. General Daurier formulierte diese Aufgaben des Theaters in seinem Brief vom 21. April 1798 an den Kommissar Dorsch:

> *„Die Ausbreitung des republikanischen Geistes und seiner Grundsätze muß überall in den neuen Departements, die der Republik durch ihre Waffen und ihre Moral gewonnen sind, die alte Ordnung der Dinge, wie sie die Aristokraten in früherer Zeit geschaffen haben, zu Fall bringen. Pflicht unserer neuen Brüder ist es, sich in unsere Sitten und Grundsätze einzuleben, die unsere, dafür zu sorgen, daß sie auf immerdar ihre Tyrannen vergessen und die französische Republik liebgewinnen. Darum handelt es sich. Nun ist Ihnen, Bürger Kommissar, bekannt, daß sich in Aachen eine Truppe französischer Schauspieler befindet, die gut ist und für die Zukunft noch mehr verspricht. Aber es besteht die Furcht, daß sie sich nicht halten kann, wenn sie gezwungen ist, mit den deutschen Schauspielern, deren Ankunft nahe bevorstehen soll, abwechselnd zu spielen. Wozu dient ein deutsches Schauspiel in dieser Stadt? Darnach ist hier kein größeres Bedürfniss als in Paris. Nur das französische darf hier erlaubt sein, da das Land eingezogen ist. Die deutsche Komödie läßt die Könige, die Fürsten, die blauen Bänder des Heiliggeistordens, die Standesunterschiede wieder aufleben und nährt die Hoffnung mancher Leute, die alte Ordnung der Dinge wiederzusehen. Das französische Schauspiel dagegen dient dazu, unsere Grundsätze zu verbreiten und durch eine Menge von Vorstellungen, die den fruchtbaren Geist der Freiheit athmen, beliebt zu machen. Sie merken, wie ich, Bürger Kommissar, daß es nöthig ist, hier das französische Schauspiel und nicht das deutsche zu hüten. Das ist meine Ansicht und die der Tapferen, die ich befehlige; es ist auch die Ihrige. Ziehen Sie diese Bemerkungen gefälligst in Erwägung"*[71]).

Wie wenig Anklang das republikanische Theater bei der Aachener Bevölkerung fand, ersieht man aus einem Brief des Direktors des französischen Schauspiels, Voizel, an die Munizipalität. Er schrieb am 7. Mai 1798:

> *„Meine Bemühungen waren gerichtet auf die Fortpflanzung des Republikanismus, aber unglücklicherweise stehen Ihre Mitbürger keineswegs auf der Höhe der Revolution, und meine Anstrengungen waren, sozusagen, unfruchtbar. Auf zehn Vorstellungen patriotischer Stücke, die ich gab, ist mir nicht einmal die Hälfte der Kosten eingekommen. Die Ankunft der deutschen Schauspieler steht unmittelbar bevor. Was wird geschehen? Dass ich meine Mittel erschöpfe, um die republikanische Gesinnung hoch zu halten, und dass die deutschen mit ihren farblosen Stücken nicht nur Geschäfte machen, sondern auch den Einfluss auf die Herzen zerstören, den ich am Abend vorher gewonnen habe. Die Absicht der Regierung ist es, die französische Sprache bis zum äussersten Ende in diese Länder zu verpflanzen, das einzige Mittel, das Volk das süsse Gefühl der Freiheit unter einer guten Regierung kosten zu lassen. Und die Theater sind für diesen Zweck bestimmt worden"*[72]).

Am 3. April 1798 hatte das Direktorium in Paris allen Theaterdirektoren befohlen, den republikanischen Kalender zu beachten und künftig nicht mehr am Sonntag und den kirchlichen Feiertagen, sondern ausschließlich am Décadi (10. Tag) und den Nationalfeiertagen zu spielen. Diese Vorschrift wurde der Aachener Bevölkerung vom Kommissar Estienne zur strikten Beachtung eingeschärft. Die Folgen fürs Theater waren durchaus negativ. Die Aachener blieben an den Dekadentagen aus

Opposition zu Hause. Mit ihrem Verhalten entzogen sie den französischen Schauspielergesellschaften die materielle Grundlage und hinderten sie, ihrer Aufgabe zur Verbreitung des revolutionären Gedankenguts wirksam nachzukommen. Ein weiterer Grund für die Ablehnung des republikanischen Theaters war aber auch die schlechte künstlerische Qualität der zu vordergründig politischen Stücke. Nachdem am 27. November 1796 und am 26. Juli 1797 von der französischen Regierung beschlossen worden war, Theaterkarten mit einem zehnprozentigen Aufpreis zur Finanzierung des Armenwesens zu belegen, galt dies seit dem 15. Dezember 1798 auch in Aachen. Damit rückte das Theater zunehmend ins Interesse des Wohltätigkeitsbüros, dem in den Munizipalitäten die Armenfürsorge oblag. Es kann daher nicht verwundern, daß das Wohltätigkeitsbüro den Vorschlag machte, das in miserablem baulichen Zustand befindliche Komödienhaus, für dessen Sanierung der Munizipalität das nötige Geld fehlte, in Pacht zu übernehmen. Von der Pachtsumme sollte die Munizipalität das Theater renovieren, damit seine Attraktivität gesteigert und infolgedessen die Einnahmen für die Armen vermehrt würden. So konnte am 28. Dezember 1801 mit Genehmigung des Maires und des Präfekten ein Pachtvertrag über neun Jahre abgeschlossen werden. Die Folge dieses Vertrages aber waren Streitigkeiten zwischen dem Bureau und den jeweiligen Schauspielergesellschaften, die immer dann auftraten, wenn die Kunst zu sinkenden Einnahmen und damit zu geringeren Abgaben an die Armenkasse führte. Häufig genug mußte dann die Mairie als Aufsichtsbehörde vermitteln.

In den Jahren 1802 und 1803 spielte in Aachen das von den Direktoren Bachoven und Frambach geleitete „Kölner Nationaltheater", das im Jahre 1801 in Köln gegründet worden war, sich dort aber alsbald mit den Spitzen der Stadt überworfen hatte. Seine Aufführungen genossen einen guten Ruf. Im Repertoire der Saison 1802 befanden sich „Kabale und Liebe", „Die Verschwörung des Fiesko zu Genua", „Entführung aus dem Serail", Schillers „Räuber", „King Lear" und mehrere Stücke von Kotzebue. Nach dem Intermezzo einer in ihren Leistungen wenig befriedigenden französischen Theatergruppe gastierte von 1804 bis 1806 erneut die Böhm'sche Gesellschaft in Aachen, die in der Vergangenheit eine positive Resonanz in der Bevölkerung gehabt hatte. Daß das Theater zu dieser Zeit im Niedergang begriffen war, lag auch jetzt nicht an den Fähigkeiten dieser Truppe, sondern an dem auch weiterhin schlechten baulichen Zustand des Komödienhauses, der fortwährenden Interessenkollision zwischen den Künstlern und der Armenverwaltung, aber auch an der sich verstärkenden politischen Zensur. Seit April 1808 war das Theaterwesen ganz unter die Kontrolle nun nicht mehr der jeweiligen Munizipalität, sondern des Präfekten des Departements, ja letztlich des französischen Innenministers gestellt. Jeder Theaterunternehmer – ihre Zahl war in den nunmehr eingerichteten Theaterbezirken begrenzt – hatte den für ihn zuständigen Präfekten um eine Konzession zu bitten, der dann einen Bericht an den Minister verfertigte. Der Präfekt erhielt auf diesem Wege die Möglichkeit, die mißliebigen deutschen Schauspielergesellschaften zurückzudrängen. Die Abhängigkeit der Theatergesellschaften vom Staat wurde auch dadurch sichergestellt, daß Konzessionen nur für höchstens drei Jahre erteilt wurden und der Präfekt die Einhaltung der Bedingungen überwachte, etwa ob Theaterstücke ohne Einwilligung des Polizeiministers gespielt wurden.

Entsprechend den neuen Richtlinien schrieb der Präfekt Ladoucette am 2. September 1809 an den Aachener Maire: „Das französische Schauspiel allein ist berechtigt, das deutsche nur geduldet"[73]). Demzufolge hatten sich die deutschen Gesellschaften in Aachen in den folgenden Jahren mit den Wintermonaten zu begnügen, während das französische Theater im Sommer gastieren durfte. Die Behinderung der deutschen Theatertruppen führte dazu, daß seit 1812 kein deutsches Theater mehr in Aachen stattfand. Andererseits hatten die französischen Gesellschaften trotz der ihnen zugewiesenen günstigeren Saison Mühe, genügend Publikum in ihre Vorstellungen zu locken und mit Gewinn zu arbeiten.

Nach der Darstellung der Schönen Künste sei noch auf einige Bemühungen auf naturwissenschaftlichem Gebiete hingewiesen. Vom Erfindergeist Aachener Färber, Tuch-, Nadel- und Kratzenfabri-

Erfindergeist und Wissenschaftspflege

kanten sowie einiger Mechaniker ist schon an anderer Stelle die Rede gewesen (vgl. S. 216ff.). Ergänzend seien hier nur genannt zwei Erfindungen des Jahres 1813, die anläßlich des dritten Preiswettbewerbs der Industrie des Roerdepartements vorgestellt wurden. Am Wettbewerb nahm der Uhrmacher Andreas Böhmer teil, der ein neuartiges Instrument erfand und herstellte, „wodurch man ohne trigonometrische Kenntnis Zahlen, unmeßbare Linien und Winkel ohne Tangens- und Sekans-Tafeln auf eine ganz einfache Art messen und berechnen kann"[74]. Arnold Scholl – er ist wohl mit dem Arnold Scholl identisch, der von 1798 bis 1800 als Ingenieur des Roerdepartements für den Brücken- und Wegebau tätig war[75] – beschäftigte sich damals mit der Herausgabe eines Werkes namens „Le calculateur universel ou moyen de faciliter les calculs sans se tromper"[76].

Ob sich – wie Böhmer und Scholl – auch Johann Joseph Crümmel damals noch mit mathematischen Fragen, sei es in der Theorie oder für die praktische Nutzanwendung, beschäftigte, ist nicht bekannt, wegen seines hohen Alters aber eher unwahrscheinlich[77]. Crümmel war am 19. Juni 1729 als Sohn eines Schuhmachers in St. Foillan getauft worden. Im Alter von zwanzig Jahren hatte er einen vielbeachteten „Immerwährenden Kalender" herausgegeben, war im Jahre 1752 in die Hamburger Gesellschaft von Rechenmeistern aufgenommen worden und hatte 1756 ein Werk „Zum Nutzen der Algebra in allen Wissenschaften, besonders in der Handlung" veröffentlicht, das über die Landesgrenzen hinaus Beachtung fand und noch im Jahre 1776 ins Niederländische übersetzt wurde. Seinen Lebensunterhalt verdiente Crümmel als Bankier. So konnte er in französischer Zeit das Leben eines Rentiers führen, ohne allerdings in den Jahren 1801/02 zu den 100 Höchstbesteuerten der Aachener Munizipalität gehört zu haben[78]. Er starb am 12. Dezember 1807.

Auf medizinisch-wissenschaftlichem Gebiet waren im Aachen der französischen Zeit mehrere Personen tätig. So verfaßte der schon erwähnte Dr. Gerhard Reumont im Jahre 1810 in Zusammenarbeit mit dem Apotheker J.P.J. Monheim eine Analyse der Aachener Thermalquellen[79]. Neben Reumont waren noch weitere Ärzte aus Aachen und Burtscheid wissenschaftlich tätig[80]. Hier ist z.B. Dr. Friedrich Ernst Hesse aus Burtscheid mit seinem 1801 erschienenen Buch „Gedanken beim Hinblick auf das gebärende Weib. Ein Lehrbuch für Frauenzimmer" zu erwähnen.
Johann Peter Joseph Monheim wurde am 23. Mai 1786 in Aachen geboren, begann im Jahre 1803 das Studium der Philosophie in Köln und trat ein Jahr später auch eine Apothekerlehre an, um eines Tages die elterliche Apotheke in Aachen übernehmen zu können. Von 1806 bis 1808 studierte er in Paris, dem damaligen Zentrum der Naturwissenschaften, vor allem Pharmazie und Chemie bei Vauquelin, dem Entdecker des Chroms und Berylliums, sowie bei Fourcroy und Thenard, die heute zu den Begründern der neuzeitlichen Chemie gerechnet werden. Hier brillierte er vor dem „Institut impérial des sciences, lettres et arts" in einem Wettbewerb über die Phosphoreszenz der Körper. Im Jahre 1809 übernahm Monheim die elterliche Apotheke, ohne daneben seine wissenschaftlichen Studien zu vernachlässigen. Mit der zusammen mit Gerhard Reumont im Jahre 1810 veröffentlichten Schrift der Analyse des Aachener Quellwassers und den darüber teils allein, teils in Zusammenarbeit mit Reumont verfaßten weiteren Schriften machte er sich in der wissenschaftlichen Szenerie bald einen Namen. Obgleich er die elterliche Apotheke bereits übernommen hatte, absolvierte er sein Apothekerexamen erst im Mai 1811 in Paris. Im selben Jahr veröffentlichte er auch eine Analyse der Burtscheider Thermalquellen und 1811/12 mehrere Abhandlungen über das „Schwefelstickgas". Zwischen 1811 und 1814 wurde er in mehrere wissenschaftliche Gesellschaften aufgenommen: die Herzoglich-Mineralogische Gesellschaft zu Jena, die Société de Pharmacie de Paris, die Wetterauische Gesellschaft für die gesamte Naturkunde zu Hanau, die Gesellschaft Naturforschender Freunde zu Berlin, die Société de Médecine, de Chirurgie et de Pharmacie de Bruxelles, die Hallische Naturforschende Gesellschaft, die Société d'Amateurs des Sciences et Arts de Lille, die Akademie gemeinnütziger Wissenschaften zu Erfurt und die Société de Sciences, Agriculture et Arts du Département Bas Rhin à Strasbourg. Egon Schmitz-Cliever urteilte über ihn: „Als Apothe-

ker und Chemiker hat er durch enge Zusammenarbeit mit den Aachener Ärzten die kritisch-wissenschaftliche Methodik in der Toxikologie und der Quellwasseranalyse vorangetrieben"[81]). Seine wissenschaftliche Tätigkeit, deren Schwerpunkt in die preußische Zeit fällt, sein soziales Engagement und seine politischen Verdienste hat sein Nachfahre Felix Monheim ausführlich dargestellt[82]). Johann Peter Joseph Monheim starb am 1. Februar 1855 in Aachen.

Gemessen an den Naturwissenschaften spielten die Geisteswissenschaften – sieht man von den im Abschnitt „Literatur und Dichtung" gegebenen Hinweisen und den eher dürftigen historischen Schriften des Archivars Karl Franz Meyer d.J.[83]) ab – offenbar keine größere Rolle. Jedenfalls fehlen dafür einschlägige Nachrichten und Schriften. Hier galt also wohl das Urteil, das Estienne, der Kommissar bei der Aachener Munizipalität am 4. Januar 1799 gegenüber dem Kommissar bei der Zentralverwaltung des Roerdepartements abgab: „Les habitans, en général, n'y ont aucun goût pour les sciences et les arts et témoignent à cet égard la plus grande insouciance ..."[84]). Diese Gleichgültigkeit führte er auf eine schlechte (Schul-)Ausbildung zurück.

De Golbéry schrieb im Jahre 1811: „Les amusements d'Aix-la-Chapelle. Ils ne sont ni très-nombreux, ni très-variés, ni très-vifs ..."[85]). Das gesellschaftliche Leben der Aachener Oberschicht jener Zeit vollzog sich im Bäderviertel der Komphausbadstraße, beim Spiel in der Neuen Redoute und der Ketschenburg, beim Spaziergang auf den Promenaden, beim Theaterbesuch oder in den Salons führender Persönlichkeiten. In letzteren trafen sich – erinnert sei an den bereits genannten Salon der Sophie Gay[86]) – Gelehrte, Schriftsteller, Künstler und Politiker zum zwanglosen Gespräch, zur kritischen Diskussion, überhaupt zum Austausch dessen, was man unter Kultur im weitesten Sinne verstehen kann. Bei Madame Gay verkehrte im Jahre 1804 auch die Kaiserin Josephine. Beide begegnen uns in dem in den 40er Jahren des vorigen Jahrhunderts entstandenen, 1851 veröffentlichten Werk „Folie des dames" des in Aachen geborenen Novellisten Carl Borromäus Cünzer (1816-1872). An einer Stelle heißt es da[87]):

Gesellschaftliches Leben

> *„Wie geistvoll und pikant flogen die Calembourgs [Kalauer] und der feine, ätherische französische Witz zwischen ihr und Madame Gay, der berühmten Mutter einer berühmteren Tochter, damals noch jung, schön und frisch, ohne jene zweifelhafte Färbung der alternden Grazie, die bei ihrem zweiten Erscheinen in A[achen], im Kongreß des Jahres 18, nur durch das liebliche Kind Delphine, jetzt Madame de Girardin, die wiedererstandene Corinna Frankreichs, an ihrer Seite eine Erklärung fand! Mit welcher himmlischen Geduld endlich hörte sie die langen und breiten, höchst förmlichen Auseinandersetzungen des Barons von Lommessen an, eines etwas schwerfälligen, pedantischen Patriziers von echt Aachener Schrot und Korn, der eben[88]) an die Stelle des ersten für die Stadt ernannten Maires, Herrn Kolb, getreten war – wie gewinnend, wie bezaubernd war sie mit der etwas bürgerlichen und sehr geputzten Frau Mairin, wie ermutigend mit der ersten kaufmännischen Notabilität der Stadt, mit der blutjungen, eben verheirateten, aber blendend schönen Madame Kelleter [Wilhelmine Bettendorf, Gemahlin des Aachener Tuchfabrikanten Johann Tillmann Kelleter], später und noch lange nach dem Kongreß die gefeierteste, sinnlich schönste Frau der dortigen Welt, der gerade im Jahre 18 manches königliche, ja selbst ein kaiserliches Herz [Zar Alexander I.] seine unverhohlene Huldigung nicht versagen konnte! Josephine war Grazie in allem, was sie tat und sprach, und wie sie jetzt den Arm des Präfekten Méchin nahm und einem Hauche gleich über das Moos dahinschwebte, war gewiß kein Herz unter den Tausenden, das ihr nicht zuflog und in das leise, aber tiefempfundene Aufatmen des Entzückens sich löste!"*

Madame Gays Salon war aber nicht der einzige und offenbar auch nicht der bekannteste der Stadt. Weitere wichtige Hinweise zum gesellschaftlichen Leben Aachens verdanken wir der Gräfin Rémusat, einer Hofdame der Kaiserin Josephine, die ihrem Gatten von dem ihr von Napoleons Leibarzt Corvisart empfohlenen Badeaufenthalt in Aachen während der Jahre 1807 und 1808 regelmäßig schrieb. Demnach gab den gesellschaftlichen Ton im Leben Aachens eine gewisse Frau K. an, Gemahlin eines Aachener Tuchfabrikanten, dessen jährliches Einkommen auf 200 000 Francs geschätzt wurde und der in der Stadt das schönste Haus bewohnte [89]). Frau K. war wohl Mutter von 5 Töchtern und stand im Jahre 1807 in Erwartung eines sechsten Kindes. Von ihr heißt es weiter, sie sei einst eine Schönheit gewesen und der Putz, den sie vielleicht etwas zu auffällig zur Schau trug, habe ihr immer noch gut gestanden. Jedenfalls war sie in bezug auf Mode und Umgangsformen das Vorbild, und der Verkehr mit ihr wurde von der übrigen Aachener Gesellschaft gesucht. Frau K. und ihr Gemahl verbrachten nur die Sommermonate in Aachen; den Winter verlebten sie in Paris, wo sie allerdings nicht in der allerfeinsten Gesellschaft verkehrten. Sie hofften aber, in diese durch Vermittlung der Gräfin Rémusat eingeführt zu werden. Diese empfand die Ks. anfangs als nicht ebenbürtig, konnte sich aber angesichts der gesellschaftlichen Position, welche die Familie in Aachen einnahm, deren Einladungen nicht entziehen. Ks. glänzend geführtes Haus, in dem sich die Aachener Gesellschaft jeden Sonntag einzufinden pflegte, bot viele Abwechslungen, vor allem auch in musikalischer Hinsicht, denn Frau K. galt als eine ausgezeichnete Musikkünstlerin und gab – wie die Gräfin schrieb – in Aachen auch hier den Ton an und machte „Regen und Sonnenschein" [90]). Einer so hervortretenden Frau bemächtigte sich natürlich auch der Stadtklatsch. Es hieß, sie, die Mutter von 5 Kindern und in Erwartung von weiterem Nachwuchs, habe dem Präfekten Lameth, einem Junggesellen, dem die Schwester den Haushalt führte, schöne Augen gemacht und sich, nachdem sie von ihm abgewiesen worden war, mit zwei jungen Franzosen aus der Präfekturverwaltung zu trösten versucht. Bei Frau K. handelt es sich mit hoher Wahrscheinlichkeit um die Gemahlin des Aachener Tuchfabrikanten Ernst Konrad Claus [91]).

Sonntags traf sich die Aachener Gesellschaft bei Claus, montags beim Präfekten Lameth [92]). Während der Kurzeit im Sommer gab dieser zusätzlich von Zeit zu Zeit auch größere Feste für ungefähr 150 Personen.

Die Qualität der Salons war sicherlich sehr unterschiedlich und im Wesentlichen abhängig vom „Maître de plaisir" und dem Format der geladenen Gäste. Die Gräfin Rémusat stellte der Aachener Gesellschaft bei ihrem Kuraufenthalt im Jahre 1807 diesbezüglich kein gutes Zeugnis aus, wenn sie schrieb, daß sie und ihre Bekannte nicht gerne ihre kleinen Zimmer ihrer Unterkunft verließen „um die langweilige Gesellschaft Aachens aufzusuchen" [93]). Man muß bei dieser Äußerung allerdings bedenken, daß die Gräfin eine Hofdame war und Aachen mit Paris verglich!
So angenehm oder lehrreich der Besuch der Salons unter Umständen aber auch sein konnte, so drückend konnten die damit verbundenen gesellschaftlichen Verpflichtungen empfunden werden. Dies kommt etwa in einem Brief der Gräfin Rémusat an ihren Gatten vom 30. Juli 1808 zum Ausdruck:

> *„Ich möchte überhaupt keine Präfektur haben; Du wirst mir diesen Widerwillen verzeihen, aber ich sehe, daß sie mich bis zum äußersten langweilen würde. Diese Gesellschaften, das Geschwätz, die Untätigkeit der Damen und die Bedeutungslosigkeit der Herren: alles das ist tödlich; nein, ich will durchaus keine Präfektur ..."* [94]).

Ihr Wunsch blieb unerfüllt. Sie starb als Gattin des Präfekten von Lille.

Offenbar konnten sich auch viele Angehörige der Aachener Oberschicht nicht mit dem geselligen Leben in den Salons anfreunden. Es ist wieder die Gräfin Rémusat, die dazu im Jahre 1807 meinte, die Aachener würden – man bedenke den Vergleich mit Paris – „keinen Luxus kennen und keine Lust zeigen, ihre Zeit zu verlieren, um sich in Gesellschaften zu versammeln"[95]). Andere scheinen die Salons deshalb gemieden zu haben, weil in ihnen die französischen Beamten dominierten und die Pflege der französischen Kultur zu sehr im Vordergrund gestanden haben mag. Jedenfalls stifteten im Dezember 1805 sechzehn Aachener Bürger, zumeist junge Kaufleute, eine gesellige Vereinigung, die sie zunächst „Die Deutsche Gesellschaft" nennen wollten, der sie dann aber – wohl, um nicht den Anschein von Franzosenfeindlichkeit oder politischer Unzuverlässigkeit zu erwecken – den Namen „Club Aachener Casino" gaben[96]). Auffallend ist, daß sich unter den 100 Mitgliedern, die der Club bis zum Jahre 1814 zählte, keine französischen Beamten befanden. Tagungsort war die Alte Redoute in der Komphausbadstraße. Der Club behielt in französischer Zeit seinen kaufmännischen Charakter und erweiterte sich erst in preußischer Zeit um Gelehrte und höhere Beamte. Zahlreiche Mitglieder des Clubs ließen sich von Johann Baptist Joseph Bastiné portraitieren und sind uns daher noch heute in ihrem Aussehen bekannt.

Auch die Freimaurerloge „La Concorde", welche sich seit 1803/04 wegen Differenzen mit dem Stuhlmeister der Loge „La Constance" – so nannte sich seit 1798/99 wieder die Loge „Zur Beständigkeit" (vgl. S. 22f.) – neu gebildet hatte, spielte im gesellschaftlichen Leben der Stadt eine beachtliche Rolle[97]). Während die „Constance" in eher bescheidenem traditionellen Rahmen fortexistierte, wurde der Eintritt in die „Concorde" bald eine gesellschaftliche Mode, vor allem für französische Offiziere und Beamte. Mitglieder waren u.a. nacheinander die Präfekten Laumond und Lameth sowie die Generalsekretäre der Präfektur, Pocholle und Körfgen. Entsprechend waren die Logenreden, dem Zeitgeist gehorchend, von Anhänglichkeit an Napoleon und das Empire bestimmt. Zu Beginn des Jahres 1813 zählte die Loge 103 Brüder. Sie trugen viel dazu bei, das Mißtrauen und die Vorurteile gegenüber der Logentätigkeit der Freimaurer abzubauen, vor allem durch die Gründung einer sog. „Gesellschaft" im Jahre 1804, in die gegen eine bestimmte Gebühr auch Nichtmitglieder der Loge aufgenommen wurden. „Sowohl die Gesellschaftsräume [des Logenheims] in der Peterstraße als auch der Garten waren an allen Tagen, an denen keine Logensitzungen stattfanden, zwischen 17 und 22 Uhr geöffnet. In einem Lesezimmer lagen Zeitungen aus; eine Kegelbahn und ein Billard dienten der Kurzweil der Besucher"[98]).

Im Jahre 1811 formierte sich eine sozial tätige sog. „Armen-Büchsen-Gesellschaft", deren Mitglieder ansonsten offenbar ein frohes geselliges Leben pflegten (siehe Exp. H 13).

In den Salons, Clubs und Gesellschaften, die sicher auch von unterschiedlichem Niveau waren, verkehrte gewiß nur ein kleiner Teil der Bevölkerung. Die breite Masse der Aachener begnügte sich, wenn wir dem sicher überzogenen Urteil des Aufklärers v. Hess aus dem Jahre 1798 Glauben schenken dürfen, mit seichten Gesprächen in den zahlreichen Kaffeehäusern und Kneipen:

> *„Cicero sagt: 'Die Glorie Roms blühete so lange, als man den Jünglingen den Müssiggang nicht gestattete; so lange als das Gesetz gehalten wurde, daß kein Jüngling über zehn Jahren ohne Geschäfte auf den Gassen umhertreiben durfte. Wer das zehnte Jahr zurückgelegt hatte, mußte sich einem Handwerk, den Wissenschaften, oder den Waffen widmen'. – Wollte man dieses auf Aachen anwenden, so fände man die Glorie der Stadt tief im Staube begraben. Ein Aachner über zehn Jahre würde es für ein peinliches Unglück halten, wenn er den größten Theil des Tages nicht in den Caffehäusern und Estammins zubringen dürfte. Es ist gar nichts seltenes, Buben unter zehn Jahren Billard spielen, ihre Pfeife schmauchen, und Aquavit trinken zu sehen.*
> *Der Engländer nimmt seinen Jungen mit ins Parlament; der Aachner den seinen ins Wirthshaus. Der junge Brite, schon bekannt mit den Werken der Alten, horcht,*

zwischen den Beinen seines Vaters sitzend, auf die Demosthene seines Vaterlandes. Hiedurch wird sein zartes Herz mit Liebe für dasselbe gleichsam aufgesäugt; sein Verstand in Anschauungen, seine Vernunft in ruhigen Begriffen geübt. Der Aachner, an der Seite seines Erzeugers, hört in den Caffehäusern und Stamminos, von nichts als Hunden, Bordellen, und Spielen reden. Seine junge Seele saugt diesen Schmutz mit leidenschaftlicher Gierde ein. Sein Herz nährt sich mit grober Unsittlichkeit; sein Verstand, in nichts als Unarten geübt, wird in allen Ränken und Kniffen gewandt, die zu jenen saubern Gegenständen gehören"[99]).

Auch wenn der aus dem weltoffenen Hamburg stammende v. Hess in unzulässiger Weise verallgemeinert und in der Kritik überzieht, so darf man in seiner Äußerung doch wohl eine weitere Bestätigung dafür sehen, daß Aachen um 1800 eben keine Hochburg geistigen Lebens war.

N. Presse

Am Ende der reichsstädtischen Zeit erschienen in Aachen drei Zeitungen. Die älteste war die seit 1729 unter wechselnden Titeln erscheinende „Stadt Aachner Zeitung". Sie mußte bei der zweiten Besetzung Aachens im Herbst 1794 ihr Erscheinen einstellen und wurde erst wieder am 1. April 1797 aufgelegt, nachdem Hoche die alten reichsstädtischen Gewalten wieder eingesetzt hatte. Im Jahre 1809 wurde sie nach mehrfachen Konflikten mit der Zensur erneut für längere Zeit unterdrückt und erschien erst wieder nach der „Befreiung" Aachens, nämlich am 18. Januar 1814. Verlegt und gedruckt wurde die lange Jahre zweimal wöchentlich erscheinende Aachner Zeitung in der städtischen Buchdruckerei der Familie Müller. Gemäß dem Grundsatz „Einheimische Neuigkeiten berichtet keine Stadt von sich selbst, weil die Vorgänge den Einwohnern ohne Wochenblatt also bekannt werden, daß der Drucker keiner Erlaubniß bedarf, sie durch den Horizont hinaus zu pressen"[1]) finden sich in ihren Ausgaben kaum politische Nachrichten aus Aachen selbst. Aber auch die auswärtigen Berichte sind wenig informativ, z.T. als Ergebnis mangelnder Originalkorrespondenzen, z.T. als Folge einer ängstlichen Grundhaltung der Herausgeber. Bezeichnend hierfür ist die Tatsache, daß die Zeitung z.B. kein Wort über den Sturm auf die Bastille und die sich daran anknüpfenden Ereignisse der Französischen Revolution verliert. Interessant ist dieses Blatt allein wegen der darin enthaltenen Anzeigen, welche einen Einblick in die gesellschaftlichen Zustände in Aachen gewähren. Die zweite Zeitung, welche beim Einrücken der Franzosen im Jahre 1792 bereits existierte, war das von Franz Dautzenberg herausgegebene, dreimal wöchentlich erscheinende Blatt „Politischer Zuschauer für die Niedern Reichslande zur Fortsetzung des Politischen Merkurs", dessen Einzelnummern schlicht „Aachner Zuschauer" überschrieben waren. Wie der Titel sagt, war der „Politische Merkur für die Niedern Reichslande" der unmittelbare Vorgänger des „Aachner Zuschauers". Den „Politischen Merkur..." hatte Franz Dautzenberg seit dem 1. April 1790 mit Genehmigung des Aachener Rates dreimal wöchentlich herausgegeben und in ihm die Ideale der Französischen Revolution gepriesen und Frankreich als das Land bezeichnet, das sich nach 900jähriger Knechtung die Freiheit errungen habe und dafür in die Geschichte eingehen werde. Nicht wegen dieser Äußerungen, wohl aber wegen der in seinen Artikeln zutage tretenden Abneigung gegenüber der Art und Weise, wie der katholische Kultus in Aachen praktiziert wurde, kam Franz Dautzenberg bald in Mißkredit, was dazu führte, daß der Aachener Rat sein Blatt am 26. März 1791 wegen Erregung öffentlichen Ärgernisses kurzerhand unterdrückte. Wenig später wurde ihm jedoch aufgrund seiner guten Beziehungen nach Wien erlaubt, den „Politischen Merkur" erstmals am 2. Juni 1791 unter dem Titel „Aachner Zuschauer" fortzusetzen. Satz und Druck erfolgten in der Schäferschen Buchdruckerei. Franz Dautzenberg fungierte sowohl als Herausgeber als auch als Redakteur und beschäftigte keine Mitarbeiter, obgleich er den Ehrgeiz besaß, mit den jeweils frischesten Neuigkeiten aufzuwarten und „historisch richtige Auskunft zu geben". Seine Quellen waren deutsche, französische und niederländische Zeitungen sowie eigene Briefkorrespondenzen. Die Nachrichten wurden meist in Form von Berichten aus den Hauptstädten der Berichtsländer dargeboten und als solche meist von Dautzenberg selbst geschrieben. Der Inhalt der Zeitung war fast ausschließlich politischer Art. Die Zahl privater Anzeigen blieb klein, auch als nach französischer Besetzung Aachens das Anzeigenprivileg der Aachner Zeitung entfallen war. Hingegen galt der „Zuschauer" in französischer Zeit als das für amtliche Bekanntmachungen zuständige Presseorgan. Wie hoch die Auflage dieser Zeitung war, ist nicht bekannt. Man schätzt, daß sie höchstens in die Hunderte ging[2]). Der Kreis der Leser dürfte allerdings ungleich größer gewesen sein, da es damals üblich war, Zeitungen in Lesekabinetten und Wirtschaften auszulegen.

Franz Dautzenberg war in seinem Denken voll und ganz ein Kind der Aufklärung. Dies zeigt sich schon bei einem flüchtigen Blick in den Katalog seiner Bibliothek, die er der Stadt Aachen testamentarisch hinterließ. Zu den frühesten Anschaffungen zählt bereits eine 16bändige Ausgabe von Rousseaus Werken. Desweiteren waren ihm die Schriften von Voltaire und Montesquieu geläufig. Den Kulturpessimismus in Rousseaus Werk, demzufolge Kultur Entartung war, wogegen nur die Rückkehr zu einem erträumten Naturzustand helfe, mochte Franz Dautzenberg indessen nicht teilen. Kant, Wieland und Herder standen ihm viel näher. So wie letzterer sah auch er den „Sinn der Weltgeschichte in der Emporbildung des Geistes der Menschheit durch die an sich vergänglichen Einzelvölker: 'Die Kette der Bildung macht aus den Trümmern ein Ganzes, in welchem zwar die Menschengestalten verschwinden, der Menschengeist aber unsterblich fortwirkend lebt'"[3]). Den größten Fortschritt machte seiner Meinung nach der Menschengeist in Frankreich, wo er im Begriff stand, die Freiheit der Menschen durch Recht und Gesetz abzusichern und damit die schon zitierte 900jährige Knechtschaft zu beseitigen. Diese Entwicklung darzustellen, erschien ihm als die wichtigste Aufgabe für den Zeitgeschichts-Schreiber, den Journalisten. Die Entartung der Freiheit zur Willkür und Zügellosigkeit während der Zeit der Schreckensherrschaft und die Unzulänglichkeiten derjenigen, die bei der ersten Besetzung Aachens die revolutionären Ideen von Freiheit, Gleichheit und Brüderlichkeit hätten verwirklichen sollen, darin aber versagten, waren ihm ein Greuel. Als aber die gemäßigten Kräfte in Paris die Oberhand gewannen und Aachen zum zweiten Mal besetzt wurde, sah er wieder hoffnungsvoll in die Zukunft. Vor allem die Verfassung des Jahres III (1795) erschien ihm als Erfüllung aller seiner politischen, kulturellen und sozialen Hoffnungen. Daher befürwortete er auch die Vereinigung der Rheinlande mit Frankreich und brachte seine Gedanken als Vorsitzender im Reunionszirkel des Jahres 1798 deutlich zum Ausdruck. Mit dieser politischen Einstellung und dem antiklerikalen Tenor seiner Artikel genossen Franz Dautzenberg und sein „Aachner Zuschauer" lange Zeit das Vertrauen der Republikaner. Wenngleich er als Aufklärer ein Gegner des kirchlichen Glaubensdiktats, religiöser Äußerlichkeiten und des Selbstherrschertums des Papstes war, der ihm als solcher wie die Könige als Despot erschien, so war Franz Dautzenberg doch kein Atheist, sondern Deist, der an einen Schöpfergott glaubte, der seinen Plan vor Ewigkeiten festgesetzt hatte und unaufhaltsam ausführte. Scharf schied er zwischen der Lehre Christi und den Dogmen der Theologen. So schrieb er bereits in seinem „Politischen Merkur": „Der Geist des Evangeliums ist dem Geiste der Theologie weit überlegen – in der Französischen Kirche"[4]). Es war für ihn eine herbe Enttäuschung, als Napoleon die von ihm gefeierte Konstitution des Jahres III außer Kraft setzte und die Republik zum Kaisertum verkam. Zu diesem Zeitpunkt aber hatte Dautzenberg seine Zeitung bereits an den Aachener Druckereibesitzer Josef Offermanns verkauft, der mit seiner kurzlebigen Zeitung von 1797 „Zeitgeschichte für Deutschland" gescheitert war und ein neues Betätigungsfeld suchte. Die Gründe, die Dautzenberg zum Verkauf bewogen, sind nicht ganz klar. Wahrscheinlich war die gerade im Jahre 1798 schärfer werdende Pressezensur dafür ausschlaggebend. Sein Nachfolger jedenfalls ließ gelegentlich seine antifranzösische Gesinnung durchblicken und kam mehrmals mit der Zensur in Konflikt. Als Offermanns zwischen 1800 und 1802 verstarb, druckte seine Witwe den „Zuschauer" weiter. Das Niveau des Blattes war jedoch immer weiter gesunken. Im Mai 1805 erging nach neuerlichen Konflikten mit der Zensur seitens des Polizeiministers das endgültige Erscheinungsverbot.

Während Franz Dautzenberg in seinem „Politischen Merkur" und dem „Aachner Zuschauer" eine durchweg franzosenfreundliche Haltung eingenommen hatte, bezog die seit dem 5. Januar 1794 erscheinende, von Thomas Vliex (* 1757 Strücht bei Gulpen, † 1839 Juni 16 Aachen) dreimal wöchentlich herausgegebene Zeitung „Aachener Wahrheitsfreund" Stellung zugunsten Österreichs und unterstützte die Wiederherstellung der reichsstädtischen Zustände. Von daher war es nur konsequent, daß sie ihr Erscheinen beim Heranrücken der Franzosen am 19. September 1794 einstellte und dann zwischen dem 2. Mai und dem 12. November 1797 erneut erschien, als der von Hoche wieder eingesetzte Rat amtierte. Wegen der Unterschiedlichkeit der politischen Auffassungen kam es zwischen Vliex und Dautzenberg zu unwürdigen Auseinandersetzungen, die noch dadurch verschärft wurden, daß letzterer öffentlich Zweifel an den journalistischen und sonstigen Fähigkeiten seines

Kontrahenten äußerte. Der „Aachener Wahrheitsfreund" wurde am 12. November 1797 und nach erneuter Zulassung im November 1798 ein Opfer der Pressezensur, wurde aber immer wieder neu aufgelegt, teils als „Aachner Merkur", teils als „Aachener Wahrheitsfreund", teils als „Neuer Aachener Merkur". Die Zeitung ging im August 1809 endgültig ein, als der Präfekt Ladoucette auf Befehl des Polizeiministers im Roerdepartement nur noch zwei Zeitungen dulden durfte. Kaum waren die Alliierten im Jahre 1814 in Aachen eingerückt, lebte der „Aachener Wahrheitsfreund" am 26. Januar wieder auf. Seit 1826 erhielt er von neuem die Bezeichnung „Aachner Merkur". Die letzte nachweisbare Nummer datiert vom 30. Juni 1827.

Außer den genannten Zeitungen gab es noch zwei Blätter, die nur für kurze Zeit erschienen, aber doch erwähnenswert sind. Das eine mit dem Titel „Brutus der Freye, eine Zehntags-Schrift von Brutus Biergans", erschien nur während des Jahres 1796, und zwar in der Aachener Druckerei des Johann Dreysse. Der Herausgeber, Franz Theodor Matthias Biergans (* 1768 Mai 21 in Aldenhoven, † 1842 Jan. 2 in Köln), war 1786 ins Kreuzherrenkloster Schwarzenbroich bei Düren eingetreten, hatte dieses aber noch im selben Jahre ohne Erlaubnis verlassen und ließ sich von den Kaiserlichen für den Türkenkrieg anheuern. Er verließ seine Einheit noch im Jahre 1789 – offenbar als Deserteur –, trat wieder in das Kloster Schwarzenbroich ein und wurde, wenn auch mit innerem Widerstreben, zum Priester geweiht. Noch vor dem Einrücken der Franzosen verließ er das Kloster und schloß sich mit Begeisterung der Revolution an. Im Mai 1795 gab er in Köln die Zehntagesschrift „Brutus der Tyrannenfeind" heraus, mit der er weniger die Könige und den Adel als vielmehr die Kirche und ihre Diener bekämpfen wollte. Seine rohen Beschimpfungen und Verunglimpfungen hatten allerdings bald dazu geführt, daß er die Stadt verlassen mußte. Seine Angriffe gegen die katholische Kirche setzte er nun in Aachen mit dem erwähnten Blatt „Brutus der Freye" fort. Es fand auch hier geringen Beifall und wenig Absatz, obgleich oder auch weil er von der Aachener Zentralverwaltung und dem Volksrepräsentanten Dubois Rückendeckung erhielt und sogar in Paris Belobigung fand. Nach wenigen Nummern ging seine Zeitschrift ein. Er selbst fand eine Anstellung in französischen Diensten. Seit März 1798 amtierte er als Kommissar bei der Munizipalverwaltung in Brühl. Im Jahre 1800 wurde er Notar in Monschau, 1806 in Aachen, 1837 in Wegberg. Seit 1799 gab er in Köln wieder eine Zeitschrift namens „Iduna" heraus und nach politischer und religiöser Wandlung seit Januar 1815 in Aachen die Zeitung „Aurora".

Eine weitere erwähnenswerte Zeitung war der „Anzeiger des Ruhr-Departements", welcher zweimal wöchentlich vom Mai 1798 bis Ende 1799 erschien. Wenngleich auch in diesem Blatt kirchenfeindliche Aufsätze nicht fehlten, war das Hauptanliegen doch die sachliche Information über Entscheidungen der höheren Verwaltungsbehörden und Gerichte sowie über Handelsangelegenheiten und andere Bereiche des täglichen Lebens. Diese Zeitung bietet zur Geschichte Aachens und seiner Umgebung in den Jahren 1798 und 1799 mehr als alle übrigen Blätter. Dennoch scheint sie wegen mangelnder Leserzahlen nicht existenzfähig gewesen zu sein. Der Kreis derjenigen, die sich ein Zeitungsabonnement leisten konnten und wollten war eben begrenzt, zumal die 1798 eingeführte Stempelsteuer auch auf Zeitungspapier gezahlt werden mußte und den Preis der Blätter entsprechend verteuerte.

Von allen oben genannten Zeitungen erlebte allein der „Aachner Zuschauer" noch die napoleonische Ära. Daneben traten Neugründungen von allerdings nur geringer Lebensdauer wie die „Aachener Staats-, Kriegs- und gelehrten Nachrichten" (1800-1802) und das literarische Blatt „Der Gemeinnützige" von 1804. Eine im Februar 1803 von Ärzten initiierte „Gemeinnützige medizinische Wochenschrift" mit dem Ziel der Gesundheitsvorsorge und -aufklärung kam – offenbar wegen des Mangels an Abonnenten – nicht über die Planungsphase hinaus. Nur der 1802 begründete „Postillon de la Roer" konnte sich bis zum Neujahr 1810 halten. Er wurde von dem Aachener Druckereibesitzer N. Bovard in zweitägiger Folge als politisches Blatt in französischer Sprache herausgegeben. Hingegen war der von Franz Gall, dem Direktor der École secondaire in Aachen, und J.J. Tryst verantworteten „Allgemeinen Zeitung für Politik, Handel und Literatur" nur eine Erscheinungsdauer von gut zwei Jahren bestimmt, nämlich vom März 1808 bis zum Dezember 1810. Sie erschien auch unter dem Titel „Gazette universelle/Allgemeine Zeitung".

Zensur In reichsstädtischer Zeit unterlagen die Zeitungen der Zensur durch den Rat bzw. durch das Sendgericht und den ihm vorsitzenden Erzpriester. Die Zensur des Rates wurde milde gehandhabt und griff nur ein, wenn es ein Zeitungsschreiber zu „toll" trieb, so etwa, als Franz Dautzenberg in seinem „Politischen Merkur" seine antiklerikalen Äußerungen zu deutlich werden ließ und damit zum „öffentlichen Ärgernis" wurde. Die geistliche Zensurbehörde, der noch im Jahre 1772 „Der Menschenfreund" des Freiherrn von der Trenck zum Opfer gefallen war, spielte am Ende des 18. Jahrhunderts infolge des gesunkenen Ansehens des Sendgerichts nur noch eine geringe Rolle. Der Journalist jener Zeit war jedoch gut beraten, wenn er bei der Veröffentlichung seiner Artikel Fingerspitzengefühl walten ließ. Als nämlich Franz Dautzenberg im Spätherbst des Jahres 1792 in seinem „Aachner Zuschauer" Äußerungen tat, die für die heranrückenden Franzosen von militärischer Bedeutung sein konnten, wurden ihm von dem in Aachen kommandierenden österreichischen General v. Lilien Stockschläge zugedacht, denen er nur knapp entging [5]. In Frankreich galt zwar nach der Revolution Pressefreiheit, doch wurde sie bald mit Rücksicht auf die Politik de facto eingeschränkt. Diese Praxis traf auch die 1792 bzw. 1794 von den Franzosen besetzten rheinischen Gebiete. Emil Pauls schreibt dazu mit Blick auf das Jahr 1797: „Wohl erhielt Jedermann das Recht, seine Gedanken durch den Druck bekannt zu machen, ohne gehalten zu sein, seine Schriften einem Censor vorzulegen. Aber es befremdet, daß nicht die Gerichte über Pressevergehen zu entscheiden hatten, sondern die Mittelkommission, und daß den Militär-Befehlshabern eine unbeschränkte diskretionäre Gewalt zur Verhütung eines Mißbrauchs der Presse eingeräumt war" [6]. Die Militärbefehlshaber hatten den Auftrag, die Pressefreiheit zu schützen, aber darauf zu achten, daß niemand durch deren Mißbrauch die öffentliche Ordnung störe. So mußte Franz Dautzenberg am 11. März 1793, in der ersten nach dem Abzug der Franzosen erschienenen Nummer des „Aachner Zuschauers" schreiben: „Mit freyer Hand, geneigte Leser! können wir nunmehr wieder dem merkwürdigen Gange der Zeitgeschichte folgen. Während 2½ Monate, wo Französischer Unsinn hier sein Wesen trieb, erfuhren wir den Gehalt der so hoch gepriesenen Neu-Fränkischen Freyheit in vollem Maaße. Es bedurfte unsres ganzen Muthes, um von dem kostbarsten Eigenthume des denkenden Menschen nur so viel zu behaupten, als in entferntester Beziehung unumgänglich nöthig war, um der Geschichte nicht durchaus untreu zu werden ..." [7]. Zu Beginn der zweiten Besetzung Aachens war Franz Dautzenberg deshalb sogar mit der Guillotine bedroht worden. Trotz der im Jahre 1797 von der Intermediär-Kommission in Bonn versicherten Pressefreiheit konnte auch künftig bereits eine gemäßigte Kritik an Mißgriffen der Behörden, das Aufzeigen von Übelständen oder die Meldung kleinerer militärischer Schlappen zur Versiegelung der Druckstöcke oder zur Verhaftung und – wie im Falle von Thomas Vliex, dem Herausgeber des „Aachener Wahrheitsfreundes" im Jahre 1798 geschehen – zu einer Gefängnisstrafe führen. Zur Kontrolle der Presse wurde am 25. Dezember 1797 jeder Herausgeber einer Zeitung oder Zeitschrift verpflichtet, dem Regierungskommissar Rudler ein kostenfreies Exemplar einzusenden [8]. Im Januar 1798, zu einer Zeit also, da sich die französische Herrschaft im Rheinland in einer tiefen Krise befand und die antiklerikalen Tendenzen Konjunktur hatten, wurde z.B. die Druckerei der Aachener Familie Müller verschlossen, weil sie eine Schrift gegen den in den belgischen Provinzen geforderten Eid der Geistlichkeit gedruckt hatte. Im August desselben Jahres erging eine Verfügung, derzufolge jeder Kirchendiener, der durch Schrift oder Wort zum Verrat oder Aufruhr gegen die Regierung ermuntere, mit lebenslanger Haft oder Deportation zu rechnen habe. Zu einer offenen Beseitigung der prinzipiell bestehenden Pressefreiheit kam es indessen erst zu Beginn des 19. Jahrhunderts, als Napoleon sein neues Regierungssystem nach innen gegen Angriffe zu sichern begann. Mit Beschluß vom 17. Januar 1800 wurde die Pressefreiheit auf Dauer des Krieges aufgehoben, die Zahl der Zeitungen in Paris auf 13 eingeschränkt und die Überwachung des Pressewesens dem Polizeiminister anbefohlen. Napoleon verfuhr hier entsprechend seiner Überzeugung, wie er sie am 12. Dezember 1809 vor dem Senat formulierte: „Ich halte es für sehr wichtig, daß nur solche Leute, zu denen die Regierung Vertrauen hat, etwas drucken lassen können. Wer durch den Druck zum Publikum spricht, gleicht demjenigen, der in einer öffentlichen Versammlung als Redner auftritt, und gewiß wird niemand dem Herrscher das Recht bestreiten, zu verhindern, daß der erstbeste das Volk harranguiere [anrede]"[9]). Im Roerdepartement erteilten die Präfekten des öfteren Verhaltensanweisungen für die Zeitungsschreiber. Am 4. Juni 1803 z.B. wies der Präfekt Méchin im Auftrage des Justizministers den Aachener Maire an, die in seinem Bezirk arbeitenden Journalisten zu verpflichten, Bewegungen in den französischen Häfen und Armeen sowie Auszüge aus englischen Zeitungen nur dann noch zu melden, wenn sie zuvor bereits im Regierungsblatt, dem „Moniteur" gestanden hätten. Ein Verstoß der Aachner Zeitung und des Aachener Merkurs hiergegen wurde im Dezember 1807 mit einem zeitweisen Erscheinungsverbot geahndet. Am 24. August 1809 ordnete der Präfekt Ladoucette auf Befehl des Polizeiministers an, daß vom 1. September 1809 an im Roerdepartement nur noch zwei Zeitungen erscheinen dürften, der „Postillon de la Roer" des N. Bouvard und die „Gazette universelle" des Franz Gall. Im Februar 1810 wurden mit kaiserlichem Dekret besondere Aufseher für die Überwachung auch der Buchdruckereien und Buchhandlungen eingesetzt. Aufgrund des kaiserlichen Dekrets vom 3. August 1810 ordnete der Präfekt Ladoucette am 3. Dezember d.J. an, daß die jetzt noch im Roerdepartement bestehenden Zeitungen zum 1. Januar 1811 ihr Erscheinen einzustellen hätten. Stattdessen wurde als einzige Zeitung im Roerdepartement das „Journal de la Roer" ins Leben gerufen, ein täglich außer sonntags erscheinendes Blatt, das unter unmittelbarer Aufsicht des Präfekten stand. Sein Inhalt ist eher dürftig zu nennen. Es beschränkte sich im wesentlichen auf politische Artikel, die dem Pariser „Moniteur" entnommen waren. Nur wenig erfährt man über Aachen und das Roerdepartement selbst. Mit seinen allwöchentlichen einschmeichelnden Berichten über Napoleon und seine Familie suchte es den Napoleonkult zu fördern und herrschaftsstabilisierend zu wirken. Dazu gehörte es, daß – vor allem in den letzten Monaten seines Erscheinens – die schlechten Nachrichten ausgefiltert und die Niederlagen der französischen Armeen unterschlagen wurden. Neben diesem „Journal de la Roer" durfte ab 1811 ein Anzeigenblatt erscheinen: das „Feuille d'Annonces d'Aix-la-Chapelle", welches zwei Jahre später „Feuille d'Affiches" genannt wurde.

O. Militärwesen – Schicksale Aachener Bürger als Soldaten in den napoleonischen Kriegen – Das topographische Büro in Aachen und die „Kartenaufnahme" der Rheinlande

Stadtsoldaten

Die Ableistung eines allgemeinen Kriegs- oder Wehrdienstes war der reichsstädtischen Jugend erspart geblieben. Die Reichsstadt Aachen unterhielt zwar „Stadtsoldaten", eine Truppe von zuletzt ca. 200 Mann, doch kam dieser keine militärische Bedeutung zu[1]. Sie nahm vornehmlich ordnungspolitische Aufgaben wahr oder diente der Stadtobrigkeit zur Repräsentation. Hierin unterschied sich Aachen in nichts von den meisten Ständen des Heiligen Römischen Reiches[2]. Für einen Krieg verwendbare Armeen unterhielten nur Österreich, Preußen und Hessen-Kassel. Bei einer Bedrohung des Reiches oder seiner Teile konnte eine Reichsarmee aus den Kontingenten der einzelnen Reichsstände zusammengestellt werden. Die Stärke der Kontingente errechnete sich auch am Ende des 18. Jahrhunderts noch nach der Wormser Reichsmatrikel von 1521. Die damals festgeschriebene Mindestzahl, das sog. Simplum, konnte nach dem Grad der Gefahr erhöht werden. So hatte man sich z.B. 1794 zur Aufstellung des fünffachen Matrikularanschlags entschlossen.

Konskriptionsgesetz

Im Gefolge der zweiten Besetzung Aachens durch die Franzosen wurden die Stadtsoldaten abgeschafft[3]. Am 4. Oktober 1799 wurden dann die Gesetze der französischen Republik bezüglich der Konskription, d.h. der regelmäßigen Einziehung der 20- bis 25jährigen Männer zum Militärdienst, auch in den vier rheinischen Departements verkündet und damit in Kraft gesetzt[4]. Vom Wehrdienst befreit waren zunächst nur Verheiratete und körperlich Untaugliche[5]. Am 7. März 1800 wurde dann ein neues Aushebungsgesetz erlassen, das den Wünschen zahlreicher Bürger Rechnung trug, indem es den bisher meist offengelassenen Zeitpunkt des Dienstbeginns regelte und das sog. „Remplacement" ermöglichte, d.h. die Vermögenden konnten sich mit Zustimmung des jeweiligen Unterpräfekten gegen Bezahlung einer bestimmten Geldsumme (anfänglich 2400 Francs) durch einen Ersatzmann vertreten lassen, der dann für sie den Militärdienst ableistete. Die zahlreichen Kriege Napoleons erforderten aber bald die Einziehung auch solcher Altersklassen, die eigentlich noch nicht zur Aushebung anstanden. Zugleich wurden als Konzession für das Besitzbürgertum die Möglichkeiten der Stellvertretung erweitert.

Die Einführung des regulären Militärdienstes stieß bei den Betroffenen und ihren Eltern meist auf wenig Gegenliebe. So kursierte im Rheinland ein Lied mit folgendem Text:

> *„Nun Adieu, herzliebste Mutter,*
> *Nun Adieu, so lebet wohl!*
> *Die ihr mich in Schmerz geboren,*
> *Für Napoleon erzogen,*
> *Nun Adieu, so lebet wohl"*[6]*!*

Nationalgarde

Wie schwer der Aachener für militärische bzw. paramilitärische Lebensformen zu gewinnen war und wie wenig er im allgemeinen bereit war, seine Heimatstadt zu verlassen, zeigt eine am 1. Februar 1806 in der „Stadt Aachner Zeitung" erschienene Werbung für die Aachener Nationalgarde. Die Nationalgarden, die seit dem Gesetz zur Levée en masse (vgl. S. 69) nur noch dem Namen nach bestanden, wurden von Napoleon zur Entlastung des Militärs reorganisiert. Sie sollten als eine Art Polizeitruppe oder zur Bewachung der festen Waffenplätze und zum Küstenschutz eingesetzt werden. Der in holprigem Reim verfaßte Aufruf zum Eintritt in die Nationalgarde trug parodistische Züge, weshalb die Zeitung ihr Erscheinen vorübergehend einstellen mußte[7]. Der Text lautete:

„Auf, auf! Es geht ja nicht ins Feld
Tret' in die Garde ein!
Es sagt euch dies der tapfre Held
Lefevre bey dem Rhein.
Die Sieger kehren schon zurück,
Des Sieges ganz gewöhnt,
O welch ein angenehmer Blick!
Mit Lorbeeren gekrönt.

Ihr braucht nicht eins auf Jülich zu,
Auch nicht nach Venlo hin!
Bedarf es mehr zu euer Ruh',
Ist's nicht nach eurem Sinn?
Den Wurm-Fluß in der Nachbarschaft
Passirt ihr nicht einmal,
Drum, tretet doch mit Muth, und Kraft
Zur Garde Nationale.

Die Weiber fürchten nun nicht mehr
Der Männer Untergang,
Das Liebchen geht nun froh einher,
Und singt ihr Liebgesang;
Die Mutter ringt die Hände nicht
Mehr über ihren Kopf,
Und ruft auch nicht, du armer Wicht!
Du guter Jung! du Tropf.

Man hält sich nun so viel nicht auf
Um dich du schöner Dienst!
Man kennt nun besser deinen Lauf,
So arg du Anfangs schienst.
Die Garde wird erst nur gebraucht
Wenn's Inn're in Gefahr,
Dies sagt des Kaisers Wort ja auch
So treu als Sonnenklar.

Wie war doch sonst die Bürgerschaft
Zu uns'rer Väter Zeit?
Gab sie sich nicht mit Muth und Kraft
Für's Vaterland in Streit?
Wie wuste sie die Freyheit nicht
Zu schützen in der Noth?
Wie oft trat sie nicht auf zur Pflicht?
Galt's Leben oder Tod.

Von Muth und Tapferkeit beseelt
Greift eu're Waffen an,
Ihr seyd vor andren auserwählt,
Ihr dienet einem Mann,
Der jedes Kaisers Krone werth,
Dem Held vom festen Land,
Noch mehr: ihr dient auf euer Erd
Dem lieben Vaterland.

Napoleon, der große Mann,
Der größte seiner Zeit,
Der Fürste, Kön'ge machen kann,
Lohnt jede Tapferkeit.
Macht ihr euch würdig seiner Huld,
So werd ihr auch belohnt!
Denn er bleibt niemand in der Schuld,
So lang er fürstlich thront.

Und wenn dann einst der hehre Fried'
Mit England ist gemacht,
Der uns ein' beß're Zeit anbiet'
Und lieblich uns anlacht:
Dann dankt man euch gleich jedem Held'
Der in Gefahr sich wagt,
Als wenn ihr würklich in dem Feld'
Gleich andern Helden lagt".

Die vielen Kriege verstärkten die Aversion der Rheinländer gegen den Militärdienst. Nach dem gescheiterten Rußlandfeldzug des Jahres 1812 kam es dann auch zu massenhaften Desertionen[8]. Wie hoch der Blutzoll letztendlich war, den die Aachener bei den militärischen Unternehmungen des Kaisers zahlten, ist unbekannt. Über die Schicksale einzelner Kriegsteilnehmer sind wir hingegen näher unterrichtet, denn durch glückliche Umstände sind wir noch heute im Besitz von Berichten, welche Aachener und Burtscheider Bürgersöhne über ihre Erlebnisse im Feld niedergeschrieben haben.

Da ist zunächst Paul Kirsch: Er war am 4. August 1778 in St. Foillan als Sohn des Peter Kirsch und der Sybilla Mürgens, wohnhaft in der Krämerstraße 26 (Lit. B 1002), getauft worden[9]. Im Alter von noch nicht 18 Jahren hatte er am 3. Januar 1796 sein Elternhaus verlassen. Für 15 Monate ließ er sich in Koblenz als Wundarzt nieder. Am 18. März 1797 machte er sich auf den Weg, um beim österreichischen Militär zu dienen. Am 16. April erreichte er nach einigen Abenteuern Ulm, wo er bei den Österreichern als Apotheker und Wundarzt arbeitete. Am 16. Juli 1797 wurde er zum Unterarzt be-

Erlebnisberichte aus dem Krieg

fördert. Als solcher nahm er an den militärischen Operationen des 2. Koalitionskrieges teil. Diese führten ihn zunächst an den Bodensee, wo er bei Schaffhausen am 30. September 1799 die am 25./26. September von den Franzosen bei Zürich geschlagenen Russen vorbeiziehen sah. Seine Einheit bildete zunächst die Vorhut, und zwar südwestlich des Bodensees, lag dann im Fürstenbergischen, bei Rottweil, und schließlich im Raum Ulm. Bei Memmingen wurde er am 11. Mai 1800 im Kampf mit den Franzosen verletzt und geriet am nächsten Tag in Gefangenschaft, wurde aber am 14. Mai bereits ausgetauscht. In der ersten Julihälfte nahm er an Gefechten im Raum Nördlingen teil. Als schließlich im Juli der allgemeine Waffenstillstand griff, kam er nach Salzburg, das er quasi als Tourist genoß: „4ten August fuhr ich mit noch etliche Cameraden nach Saltzbourg, um da die Schöpfung [von Haydn, 1798 uraufgeführt] auffführen zu sehen. Schöneres an Musick und Gesange hab ich noch nie gehöret. Die besonders schöne Wasserkünste [von Hellbrunn] und daß durch einen Felsen gehauenes Thor, welches die Straße nach Tirol macht nebst schönen Bauart der Stadt sind sehr merckwürdig". Anfang September 1800 mußte er zurück ins Lager nach Wasserburg am Inn. Der Waffenstillstand wurde aber verlängert und seine Einheit nach Österreich bis an die Enns zurückgenommen. Im Kloster Kremsmünster besichtigte er am 11. November die Sternwarte. Im November wurde seine Einheit wieder ins Bayerische vorgeschoben, wo sie am 30ten des Monats die Franzosen bei Ampfing schlug, sich aber dennoch in den folgenden Tagen bis nach Steyr zurückziehen mußte. „Die Feinde eroberten hier ein großes Magasin an alle Lebensbedürfnißen sowohl von Menschen als auch Pferden. Wir hatten den ganzen Feldzug an alles Mangel leiden müßen. Bekamen weder Brod, Fleisch noch Fourage. Daher wir gezwungen wurden, da wo wir ins Laager kamen, die Baurenscheure, Haus als auch Ställe auszulehren, um nicht des Hungers zu sterben ...". Von hier wich man vor den Franzosen noch weiter zurück, bis am 9. Februar 1801 der Friede von Lunéville geschlossen wurde, der den zweiten Koalitionskrieg beendete. Bevor sich Kirschs Einheit nach Ungarn begab, erhielt er noch Gelegenheit zur Besichtigung von Wien und Preßburg. Schließlich quittierte er den Militärdienst und begab sich als Tourist über Brünn, Prag, Karlsbad, Eger, Kulmbach, Bamberg und Würzburg nach Aachen zurück, das er am 29. Juni 1801 erreichte. In seinem Äußeren hatte er sich im Laufe der Jahre so sehr verändert, daß der Vater ihn zunächst nicht erkannte. Dann aber war die Freude der Familie groß.
Paul Kirsch ehelichte im Jahre 1805 die am 22. Februar 1782 in Aachen getaufte Katharina Elisabeth Weiß, mit der er 1812 vier Kinder hatte. Offenbar betrieb er ein Kurzwarengeschäft und erwarb sich als Wundarzt besondere Verdienste. Er starb am 3. August 1815.

Kriegsteilnehmer war auch Johann Joseph Armbruster. Er wurde am 1. Juli 1787 als Sohn des Chirurgen Franz Heinrich Armbruster in St. Michael zu Burtscheid getauft [10]). Er verließ seinen Geburtsort am 24. November 1806, um in Napoleons Armee als Chirurg praktische Erfahrungen zu sammeln und sich als Arzt fortzubilden. Von den einzelnen Etappen des Militärdienstes künden seine Briefe an die Eltern, welche zwar nicht mehr im Original, wohl aber in einem heute noch erhaltenen, vom Vater geführten Abschriftenbuch erhalten sind [11]). Die Briefe sind anfangs in deutscher, sonst ausschließlich in französischer Sprache abgefaßt.
Im Frühjahr 1807 befand sich Armbruster im Range eines „Aide-major" bei der Großen Armee von Neapel. Aus dieser Stadt schrieb er den Eltern am 17. März:

> *„Endlich finden sich hier bezaubert schöne Weibsbilder, wo man die erhabene Macht des Schöpfers in Bildung der Natur nicht genuchsam loben kan, allein selbst ihre Schönheiten gereichen ihnen oft zum Nachtheil und verursacht manche traurige Stunde, denn ihre Schönheit reizt die Eifersucht ihrer Männer und fesselt sie sclavisch an ihren Willen. Aber nichts desto weniger haben sie manches Expedient, wodurch sie die wachende Augen des Sclaven Argus wie ein zweiter Jupiter wissen einzuschläfferen, während deßen sie wie eine zweite Venus ihren holden Mars im*

Pallaste ihres Mercurs Vulcane erließ. Allein der Geschmack nach Weiberfleisch hatte ich ganz verlohren, denn ich bediente das Magdalena-Hospital, alwo man bey 1500 Venushelden zählte, alle Sclaven ihrer Leydenschaften, und ich jeden Tage den einmal gefaßten Schluß erneuerte, die Weiber Neapels zu fliehen".

Zum 22. Juni 1807 wurde er in die Hauptstadt des bei Jena und Auerstedt besiegten Königreichs Preußen, nach Berlin, versetzt, tat in der zweiten Jahreshälfte Dienst in verschiedenen Städten Pommerns, war Ende des Jahres wieder in Berlin und wurde im Herbst 1808 auf die Iberische Halbinsel verlegt, wo er – wie offenbar auch sein Mitbürger Leopold Perger [12]) – am Kampf der Franzosen gegen die seit dem 2. Mai aufständischen Spanier teilnahm. Auf der Hinreise schrieb er am 21. September aus Mainz einen tröstenden Brief an die Eltern, der nicht gerade geringe Vorurteile gegenüber den Südländern erkennen läßt: „Zwarn wann ich denke, daß meine zärtliche Mutter durch diese neue Entfernung leyden wird, besonders in ein Land, wo Dolch und Gift durch den dollen Fanatismus algemein geduldet sind. Allein ein oberes Wesen wacht über mich. Von Italiens Banditten bin ich entkommen; ich hoffe auch Spaniens Fanatiquen zu entwischen. Ich bin immer der Alte; daßselbige Feuer glimmt noch in meinen Adern, derselbige Geist belebt mich, dann wo die Gefahr am grösten ist, da bin ich am liebsten dabey ..." Am 1. November 1808 schrieb er den Eltern aus Pamplona, man wolle über Saragossa nach Madrid ziehen. Er gehörte also offenbar zu den französischen Truppen, welche am 4. Dezember 1808 Madrid von den Aufständischen zurückgewannen. Der nächste Brief datiert erst wieder vom 13. März 1809, nun aus der Umgebung von Santiago de Compostela: „Nous travaillons beaucoup un grand nombre des malades et fort peu d'officiers de santé nous sommes à deux pour un service de deux cents malades..." Weitere Briefe vom 1. September 1809 und vom 1. Januar 1810 datieren aus Salamanca und Talavera. Aus letzterem erfuhren die Eltern, daß er an der für die Franzosen trotz Überlegenheit der Spanier siegreichen Schlacht von Ocaña teilgenommen hatte. In einem Brief vom 1. April 1810 kam er begeistert auf Paris und die dortigen Möglichkeiten des Medizinstudiums zu sprechen: „Paris! La capitale du monde, le centre des arts, où la médecine et la chirurgie ont atteint un lustre de plus brillant, exercé par des grands génies, un Pinet, un Corvisart, un Alibert, médecins, un Richerand, un Boyer, un Schwediaux, chirurgiens, joint à celà la supériorité de la médecine française en second lieu nous sommes Français. Mon cher père il faut autant qu'il est possible nous rapprocher d'eux et ce n'est qu'en étudiant leurs langue et leurs coutume qu'on puisse se rendre digne du nom Français. Bien loin de vouloir mépriser la nation allemande, personne n'a étez mieux à même de juger de leurs sçavoir faire et certainement je les estime, mais Vienne n'est pas Paris!"

Armbruster blieb auch im Jahre 1811 in Spanien stationiert. Am 22. Juli 1812 nahm er an der für die Franzosen verlorenen Schlacht von Salamanca teil und blieb bis nach dem endgültigen Sieg der Engländer und Portugiesen unter Wellington bei Vitoria am 21. Juni 1813 auf spanischem Boden. Im August weilte er bereits in Bayonne. Am 15. April 1814 schrieb er seinen Eltern aus Louviers in der Normandie, daß Napoleon ihn wenige Tage vor seiner Abdankung (April 6) zum „chevalier de l'ordre de la Réunion" ernannt habe. Seit Mai weilte er in Paris, wo sein Regiment zur Garnison König Ludwigs XVIII. gehörte. Die Rückkehr Napoleons von Elba verzögerte seine Demission. Erst nach der Schlacht von Waterloo am 18. Juni 1815 kehrte er – wohl im Juli – nach Burtscheid zurück. Während seiner Militärzeit erfreute er sich durchwegs guter Gesundheit und blieb unverletzt. Im Verlauf des Jahres 1816 kehrte er nach Paris zurück, um endlich seine Medizinstudien aufzunehmen. Diese schloß er am 6. Mai 1817 mit der Promotion zum „medicinae doctor" ab. Seine Dissertation handelte über die Hygiene beim Militär. Im darauf folgenden Jahr erhielt er vom preußischen Staat in Berlin die Anerkennung seines Examens und seiner Approbation als Arzt und ließ sich daraufhin in Aachen als Arzt, Wundarzt und Geburtshelfer nieder. Er starb am 7. Oktober 1857. Zu einem unbekannten Zeitpunkt hatte er neben dem Ordre impérial de la Réunion auch den französischen Orden der Ehrenlegion erhalten.

Ein anderer Teilnehmer an Napoleons Kriegen war Joseph Braun, der am 8. Dezember 1782 in Aachen als Sohn des Tagelöhners Heinrich Braun, wohnhaft in der Peterstraße 112 (Litera A 555), und der Anna Maria Jennes getauft worden war und den Beruf eines Sattlergesellen ausübte, bevor er am 30. Juni 1805 zum Militärdienst eingezogen wurde [13]). Die wichtigsten Ereignisse seiner mit Unterbrechungen fast 9jährigen Militärzeit hat er in einem von ihm so bezeichneten „Wanderbuch" festgehalten [14]):
Die Rekrutierung traf ihn schwer, da er niemals die Absicht gehegt hatte, Soldat zu werden. Zunächst wurde er in Ypern eingekleidet und dann nach Ambleteuse (südwestlich von Calais) abkommandiert, wo er zwei Monate lang die Küste gegen die Engländer bewachen mußte. Dann wurde er in den Jahren 1805 und 1806 zur Abwehr der dritten Koalition gegen die Österreicher eingesetzt. Im November hatte Joseph Braun seinen ersten Kampfeinsatz bei Lambach (Oberösterreich). Seine Einheit führte ihn weiter bis hinter Wien und nach Brünn. Am 2. Dezember 1805 nahm er an der sog. Dreikaiserschlacht bei Austerlitz teil. Nach dem Frieden von Preßburg vom 26. Dezember 1805 bezog seine Einheit 7 Monate Standquartier in der Grafschaft Pappenheim im verbündeten Bayern. Am 12. September 1806 marschierten er und seine Kameraden nach Sachsen ab, um die vierte Koalition abzuwehren, speziell die Preußen, welche am 14. Oktober 1806 bei Jena geschlagen wurden. Nach der Schlacht wurde er abkommandiert, um bei seinem Oberleutnant zu bleiben, der schwer verwundet in Naumburg das Krankenlager hütete. Als dieser trotz der Pflege am 18. Mai 1807 verstarb, wurde er von seinem Obersten – unter gleichzeitiger Beförderung zum Korporal – nach Mainz beordert. Schon 8 Tage später erhielt sein Bataillon Befehl, nach Dillenburg ins Nassauische zu marschieren, wo sie zwei Monate lang bei den den französischen Gesetzen unbotmäßigen Bauern zwangseinquartiert wurden. Als dort die Ruhe wieder hergestellt war, wurde er nach Spanien beordert, wo seine Einheit vier Monate lang in Madrid zur Stabilisierung der durch Familienzwist im Königshaus zerrütteten Monarchie Dienst tat. Hier erlebte er am 2. Mai 1808 einen Aufstand, der von den anwesenden französischen Truppen innerhalb kurzer Zeit niedergeschlagen wurde. Napoleon hatte es unterdessen verstanden, die Krise des spanischen Staates auszunutzen, um König Karl IV. zu bewegen, ihm seine Thronrechte abzutreten. Napoleon bestimmte daraufhin seinen Bruder Joseph zum König von Spanien. Erhebungen gegen die Franzosen im ganzen Lande waren die Folge. Joseph Braun war dabei, als ein größerer französischer Verband Valencia belagerte. Er schreibt dazu: „Zwey Stunden vor der Stadt salluirten [begrüßten] uns die Spanier mit ihre Kanonen auf das schrecklichste, wodurch wir vieles verlohren. Dies schreckte doch unsren Mareschal Moncee [Moncey] nicht ab, den 29. Juni 1808 bis in der Vorstadt anzurücken. Da aber blieben so viele Leute, das gegen Abend ein Unterleutnant das Komando übernehmen mußte von unser provisorisch Regiment statt Obristen. Die mehrsten waren todt und verwundet". Wegen der starken Übermacht mußte man sich schließlich von Valencia und dann auch über Madrid nach Bilbao zurückziehen. Bei Bilbao nahm Joseph Braun am 10. August 1808 an einer Schlacht gegen die in Spanien gelandeten Engländer teil. Erst als General Lefebvre Verstärkung brachte, befanden sich die Franzosen wieder auf dem Vormarsch. Madrid wurde am 4. Dezember 1808 zurückgewonnen. Joseph Braun gehörte für die folgenden sieben Monate zur Garnison. Während dieser Zeit wurde Joseph Bonaparte als König von Spanien eingeführt. Von Madrid wurde Joseph Braun nach Lille in Flandern abkommandiert. Er schreibt dazu: „Welche waren nun froher als wir, ein Land, welches ohnehin den Ausländern sehr schädlich ist wegen der großen Sonnenhitze und überhaupt eine schändliche Mördergrube zu verlaßen, welches ganz Spanien für unsre Truppen ware?" Im Jahre 1809 griffen die Engländer Vlissingen auf Seeland an. Joseph Braun lag damals in Breskens und sollte mit seinem Bataillon zum Entsatz über die Westerschelde setzen, was aber von den Engländern

verhindert wurde. Nach der Eroberung Vlissingens durch die Feinde wurde seine Einheit wieder nach Lille zurückgenommen, wo er am 25. Mai 1810 zum Sergeanten bei den Voltigeuren befördert wurde. Seit 1804 war jedem Bataillon eine Kompanie Voltigeure zugeteilt. Wie ihr Name sagt (voltiger = hin und her flattern), waren sie für den schnellen Einsatz gedacht. Es kamen für diese Einheiten nur solche Soldaten in Frage, die zu Gewandtheitsübungen mit galoppierendem Pferd befähigt waren. Für den Rest des Jahres erhielt er Urlaub, den er in Aachen bei seinem Vater verbrachte, den er sieben Jahre lang nicht gesehen hatte. Seine Mutter war zwischenzeitlich verstorben. Auf der Rückreise zu seiner Einheit machte er Station in Brüssel. Er vermerkt dazu in seinem „Wanderbuch": „Dort fande ich eine meiner Jugendfreundinnen. Wie wir uns der Wiedersehung freuten, ist nicht auszudrücken! Aber unsre Freude ware nicht von langem Dauer. Ich dorfte nur zwey Tage da bleiben, um nicht meine Pflicht zu vergessen, den bestimten Tage bey meinem Regiment anzukommen. Freylich erntete ich nichts, als Traurigkeit durch diesen Besuch, Unzufriedenheit über meinem Stande, sahe und fühlte, wie glücklich ich hätte seyn können mit meiner Freyheit". In Lille waren unterdessen 800 Rekruten eingetroffen, die hier das Exerzieren lernten. Wochen später zog sein Regiment nach Boulogne-sur-Mer, um die Küste am Ärmelkanal gegen die Engländer zu schützen. Hier erhielt es 9 Monate später den Marschbefehl nach Rußland. Der Weg führte an Aachen vorbei, wo Braun noch Gelegenheit fand, sich von seinen Lieben zu verabschieden. Über Alt-Stettin ging es weiter nach Tilsit und von dort – ohne daß es zu Kämpfen gekommen wäre – nach Smolensk. Seine Einheit gehörte zu einer Reserve-Armee, die im Raum Smolensk und südlich davon bei Metislawi sowie bei Orša am Dnjepr operierte, also den mittleren Teil des Weges zwischen der polnischen Grenze und Moskau für die Große Armee Napoleons absicherte, die am 14. September 1812 Moskau erreicht hatte. Obgleich die Russen noch am Tage des Einzugs der französischen Truppen Brände legten und die Stadt am 15. September durch die Feuersbrunst zerstört wurde, harrte Napoleon dort aus, weil er immer noch glaubte, sich mit Zar Alexander I. verständigen zu können. Erst am 19. Oktober befahl er den Rückzug. Am 9. November erreichte Napoleon Smolensk. Bis dahin hatte man vor allem gegen Hunger und Kälte anzukämpfen und sich gegen ständige Angriffe der Kosaken zu erwehren, doch jetzt näherten sich zwei russische Armeen, die eine unter v. Wittgenstein von Norden, die andere unter Tschitschagow von Süden, um Napoleon den Weg nach Westen zu verlegen. In dieser Situation wird das Tagebuch des Joseph Braun ausführlicher. Bei Orša traf seine Einheit am 1. November auf das 2. Corps, das offenbar die Vorhut der Grande Armée bildete, und das nach Brauns Aussage „schon ganz zerschlagen war". Am selben Tage lieferte sich seine Einheit ein Scharmützel mit den Russen bei der Stadt Smol'any (nordwestlich von Orša), am 16. November eine regelrechte Schlacht, die den Rückzug der Russen bis nach Smol'any zur Folge hatte. Aber schon am Abend desselben Tages zog sich seine Division in Richtung Borisov (an der Beresina) zurück. Am 25. November wurden sie von Napoleon und der Großen Armee überholt. Braun schreibt dazu: „Just in dem Augenblick als wir atackiren solten, wurde eine Division geschickt, die uns ablöste. Dies sahen wir vor unser größtes Glücke, uns bey der Armée anzurücken. Der Tag wurde schon bestimb[t], welcher wir auf Teutschlands Gräntzen seyn kontten. Aber wie täuschten wir uns in unsre Hoffnung! Wie bestürzt standen wir da, als wir die Zerstreuung der Arrmee ansahen, die mehristen ohne Waffen, alles untereinander liefe, wie Menschen und Pferde, von Kälte und Hunger ausgezehrt, im größten Elende verschmachteten. Canonen und Pulverwagens waren fast keine mehr zu sehen, ja, nie in Menschen Gedenken hat man solche Reterade gesehen wie die von Moskau". Die Grande Armée erreichte noch am 25. November nach einem heftigen Schneesturm die Beresina, die infolge des Tauwetters der vergangenen Tage zu einem reißenden Strom von 300 Metern Breite angeschwollen war. Tschitschagow stand bereits auf dem gegenüberliegenden Ufer und hatte die Brücke über den Fluß verbrennen lassen. Napoleon gelang indessen eine Kriegslist. Er lenkte Tschitschagow ab, so daß seine Pioniere zwei Brücken über das eisige Wasser schlagen konnten, auf denen vom 26. bis 28. November große Teile der französischen Armee über den Fluß setzten. Die Division, in der sich Joseph Braun befand, erreichte die Notbrücken zu spät. Sie erreichte zwar die Beresina, sah aber nur die auf Napoleons Geheiß zerstörten Brücken. Napoleon hatte sich zu diesem Schritt entschlossen, um den von Osten her nachfolgenden Russen unter v. Wittgenstein den Weg über den Fluß abzuschneiden. Auf diese Weise trennte sich Napoleon allerdings von 30 000 seiner kaum 70 000 Mann zählenden Grande Armée. Braun schreibt: „Den 27sten November, ein merckwürdiger Tag, hatte unsre Division die Hinterwache von der ganzen Armée. Als wir bey Borisow ankamen, sahen wir die Kosaken schon vor uns. Beym Durchmarsch in der Stadt schossen die Russen aus die mehristen Häuser. Wir trieben sie heraus nach ihre Schantzen, welche sie vor der Stadt hatten angelegt, marschirten wieder unseren Weeg voran. Die Nacht fiele ein. Es kame uns wieder eine Collonne Russen im Weeg. Wir schlugen uns wie Verzweiflende, öfters unwissend, ob wir Freund oder Feind vor hatten. So kamen wir bis eine Stunde von Borisow an die Beresina, ein breittes Wasser. Dorten ware die Brücke abgebrent und standen wir da wie versteinert, mußten uns wieder zurückziehen auf ein großes Feld. Da stelten wir uns im Carree. Ganz umringt, von unsrer Arrmee abgetheilt, erwarteten wir mit jeder Minute einen Angrief". Als die Russen sie zur Kapitulation aufforderten, willigte der einzige noch verbliebene Brigadegeneral, der nach der bereits am Vorabend erfolgten Gefangennahme des Divisionsgenerals und zweier anderer Brigadegeneräle das Kommando führte, in ausweglöser Situation ein. Braun schreibt: „Dan der Feind ware uns zu starck. Man rechnete ihre Macht auf 50 000 Man. Der Acord wurde geschlossen, das wir unsre Waffen ablegen und als Kriegsgefangene im Land bleiben solten. Die Offezire wurden erlaubt, ihre Degens und Equipage zu behalten und wir unsre Rantzelen. Man rechnete uns Gefangene auf 25 000 Man, wovon 3 Theil ungewafnet waren, zum Theil Kranke und vom Hunger Ermattete. Die mehristen aber waren ihre Füs[s]e befroren. Wir wurden von Kosaken wieder nach Borisow zurücktransportirt und mit der grösten Unmenschlichkeit gemishandelt. Den anderen Tag wurden wir von da weg[g]eführt. Solange als einer nur ein gutes Stück am Leibe hatte, wurde es abgenommen. Halb nackend, vom Hunger ganz elendig abgezehrt, marschirten wir bey der größten Kälte den Tag durch und bey der Nacht wurden wir in alte Scheunen gestoßen, ohne die geringste Nahrung. Mit jedem Morgen fanden wir die Todten hauffenweise unter uns. Den 3ten Tag erhielten wir [unleserlich]. Erst den 6ten Tag erhielten wir 1½ Pfund Brod auf den Man, der 10te ein Stück Fleisch. Dies thate freylich nicht viel in einem ausgezehrten Magen. Ja, wenn wir nicht bisweilen krepirte Pferde hätten auf der Strase gefunden, so wären wir alle Hungers gestorben. In diesem elenden Zustande gingen wir unsre kleine Tagreisen voran. Alle Augenblicke sahe man die Menschen von Hunger und Kälte erstarret darnieder sincken. Hatten sie auch noch etwas Leben in und es kam einer von unsre Führer vorbey, so ware es ihre größte Freude, ihm den letzten Lebensrest zu nehmen, um ein Raub seiner wenigen Efecten zu machen ..." Am 9. Dezember erreichten sie so Vitebsk an der Dvina. „Da kamen wir das erste Mal zu Quartier bey Juden, wo wir freylich nicht viel mehr hat[t]en als vorher in unsre Scheunen ...". Der Aufenthalt in Vitebsk war aber insofern eine Verbesserung, als sich die Gefangenen in der Stadt frei bewegen konnten. Die miserable Verpflegungslage änderte sich nach 15 Tagen, als die Deutschen unter ihnen gefragt wurden, ob sie Arbeit annehmen wollten. Braun vermerkt dazu: „Dies ware als wen[n] man ein Sterbender fragt, ob er die Gesundheit haben wil? Er wird gewies sagen: Ja. So ware es mit uns. Um das größte Menschenelend, die Kälte, Hungersnoth, ja gar den Todt zu entlauffen waren die mehristen gezwungen, Dienst anzunehmen". Braun selbst nahm aber zunächst noch keinen Dienst an. Erst als er in der Stadt bei einem Russen Arbeit als Sattler angeboten bekam, fand er sich dazu bereit. Doch schon am folgenden Morgen wurde er mit den anderen Gefangenen von Kosaken zusammengetrieben, die Deutschen unter ihnen mußten vortreten und sich zur Annahme von Dienst außerhalb der Stadt bereit finden. Die französischen Gefangenen sollten nach Sibirien geschickt werden. Als sie einen Tag später, den 26. Dezember 1812, ihren Dienst bei den Bauern antraten, da machten sich die Folgen der bisherigen Strapazen erst recht bemerkbar. Braun schreibt: „Die mehristen wurden kranck und starben. Auch ich wurde sterbenskranck, hatte mich schon in den Todt ergeben, allein meine bestimte Stunde ware noch nicht da. Nach einer 2monatliche Kranckheit ware ich besser. Bey meinem ersten Ausgang erfroren mich meine großen Zehen an beyden Füßen, so das sie mir halb abfaulten und wieder auf 6 Wochen mein Quartier verwahren mußte". Eines Tages wurde den Gefangenen eine langatmige „Proklamation an die durch Frankreich unterdrückten Deutschen" vorgelesen, in der ihnen dargelegt wurde, daß sie ihr derzeitiges Elend allein Napoleon zu verdanken hätten und daß es Zeit sei, statt sich von Napoleon für dessen Pläne mißbrauchen zu lassen und als Räuber und Mörder Rußland heimzusuchen, sich auf deutsche Werte und Größe zurückzubesinnen. Die Proklamation bewog viele Gefangene – so auch unseren Joseph Braun – in (Arbeits-) Dienste zu treten, woraufhin sie mit entsprechender Kleidung versorgt wurden. Als sie dann aber vor die Alternative gestellt wurden, russischen Militärdienst zu leisten oder Gefangene zu bleiben, wählten sie wegen der schlechten Behandlung durch den bisher für sie zuständigen Obristen die Gefangenschaft. Daraufhin nahm man ihnen die meisten Kleidungsstücke wieder ab. Von Kosaken bewacht, wurden sie – nunmehr spärlich bekleidet – der Witterung ausgesetzt, und sie erhielten drei Tage lang keine Nahrung. Dennoch blieben sie bei ihrem Entschluß. Am vierten Tag traf ein russischer Major aus Dresden mit Nachrichten vom Zaren ein, denen zufolge die Gefangenen unverzüglich nach Sachsen zur Armee verbracht werden sollten. Acht Tage später brachen sie auf in Richtung Grodno a.d. Memel, wo sie Winterquartier bezogen. Hier erschien eines Tages ein General, der verkündete, daß alle nach Hause dürften, mit Ausnahme derjenigen, welche aus dem Linksrheinischen stammten. Letztere wurden als Gefangene in 80 Stunden nach Minsk zurückgeführt, wo sie weitere zwei Monate warten mußten, bis auch sie die Erlaubnis zur Rückkehr erhielten. Diese begann am 22. Juni 1814. Am 10. August erreichten sie die deutsche Grenze. Weiter ging es durch Sachsen, wo Joseph Braun in Langensalza einen alten Freund besuchte, der ihn mit Kleidungsstücken versorgte. Er blieb vier Tage bei ihm und reiste dann weiter nach Aachen, das er Anfang September 1814 erreichte. Hier schrieb er: „Ich hatte noch 15 Tagreisen bis meine Vaterstadt. Die Zukunft lächelte mir süse Hoffnung zu. Ich kame glücklich, doch ganz entkräftet nach einer 3monathlichen Reise zu Hause an. Mein sehnlichster Wunsch ware erfüllt, ich fande mein Vater im besten Wohlsein und durch mich nun gänzlich zufrieden". Joseph Braun starb in Aachen am 7. September 1861.

Die Kartenaufnahme der Rheinlande und das Topographische Büro in Aachen

Abgesehen von dem Leid, das so mancher junge Aachener Bürgerssohn in den napoleonischen Kriegen miterlebte oder das ihm gar am eigenen Leib widerfuhr, gab es auch positive Auswirkungen der militärischen Ambitionen Napoleons, ohne daß diese die negativen ausgleichen konnten. Gemeint ist hier die Tranchot-Karte, das Ergebnis der vom Topographischen Büro zu Aachen und dann zu Trier geleiteten Vermessungsarbeiten in den Rheinlanden [15]).
Mit Rücksicht auf militärische Bedürfnisse und in Anbetracht des Fehlens geeigneter Kartenwerke hatte bereits im Herbst 1793 der General Calon als Direktor des dem Kriegsministerium unterstellten Dépôt de la Guerre den Auftrag zur systematischen Vermessung der soeben eroberten rheinischen Gebiete gegeben, und zwar mit dem Ziel, die von César François Cassini de Thury (*1714, †1784) geschaffene „Carte géométrique de la France" im Maßstab 1:86 400 zum Rhein hin zu erweitern. Bedingt durch die Zeitumstände war diesem Projekt allerdings wenig Erfolg beschieden. Erst nach dem Frieden von Lunéville am 9. Februar 1801, in dem die Rheinlande völkerrechtlich als Bestandteil Frankreichs anerkannt worden waren, lebte der Plan zur Vermessung der nunmehr vier rheinischen Departements wieder auf. Am 12. Juni 1801 ordnete der Erste Konsul, Napoleon Bonaparte, die Errichtung eines „Bureau topographique des quatre départements réunis de la rive gauche du Rhin" an, zu dessen Leiter am 20. Juli 1801 Jean Joseph Tranchot (*1752 Jan. 2, †1815 Apr. 30), ein erfahrener Geodät, berufen wurde. Um sich bei den örtlichen Militärs, Verwaltungsbehörden und den Einwohnern des Landes den nötigen Respekt verschaffen zu können, erhielt er den Rang eines Obersten. Noch im August d.J. richtete er in Aachen, dem Hauptort des Roerdepartements, in welchem die Kartenaufnahme beginnen sollte, das Topographische Büro ein, und zwar zunächst im ehemaligen Weißfrauen(Coelestinerinnen)-Kloster in der

Jakobstraße. Als dieses im Jahre 1806 verkauft wurde, zog das Büro für kurze Zeit in das frühere Kreuzherrenkloster nahe dem Ponttor um. Mit Fortschreiten der Kartenaufnahme nach Süden verlegte Tranchot im Jahre 1807 das Büro nach Trier, wo es bis zum 13. Januar 1814 arbeitete, bevor es mit seinen Unterlagen und Gerätschaften über Metz nach Paris geflüchtet wurde. Im Durchschnitt der Jahre waren im Topographischen Büro etwa 20 sog. Ingenieurgeographen tätig.

Im Topographischen Büro war nach Tranchot Michel Maissiat (* 1770, † 1822) am angesehensten. Seine Karten galten schon damals als die besten überhaupt. Auch trat er als Erfinder vermessungstechnischer Geräte hervor. Nicht von ungefähr war ihm die Ausbildung des Nachwuchses anvertraut worden. Im Frühjahr 1802 fertigte er im Auftrag Tranchots eine Karte des Aachener Stadtgebietes im Maßstab 1:2 000 an [16]. Das vorliegende Blatt 86 der Tranchot-Karte, welches Aachen und Umgebung darstellt (Exp. O 15), geht gleichfalls auf ihn zurück. Maissiat wurde 1819 aufgrund seiner Verdienste zum Lehrer für Topographie an der französischen Generalstabsschule berufen.

Die vom Topographischen Büro zu erstellenden Karten sollten im Maßstab 1:14 000 ausgeführt, dann auf den Maßstab 1:86 400 der Cassini-Karte reduziert werden und – wie 1793 geplant – vor allem militärisch-strategischen Zwecken dienen. Aber noch im Herbst 1801 entwickelte der neue Leiter des Dépôt de la Guerre, der General Andréossy, weitergehende Richtlinien. Er machte geltend, das Dépôt könne sich nicht damit begnügen, Militärarchiv oder Kartenablage zu sein, sondern müsse eine neue wissenschaftlich orientierte Topographie erarbeiten. Dieser Gedanke wurde von den Mitarbeitern des Dépôt begeistert aufgenommen und durch weitere Anregungen ergänzt, so daß z.B. Ende Januar 1802 auch der Beschluß gefaßt werden konnte, die Kartenaufnahme im modernen Meter-Maß auszuführen. Zudem war man erfüllt von der Idee, ein allen Belangen einer möglichst breiten Benutzerschicht gerecht werdendes Kartenwerk, eine „topographie complète" zu schaffen, wozu sich der Maßstab 1:10 000 besonders gut eignete. Der Cassini-Maßstab war damit aufgegeben. Die Ideen Andréossys wurden auch von dessen Nachfolger mitgetragen, so daß im September 1803 „genaue Vorschriften über den Gebrauch der geodätischen Instrumente, die Anwendung von Maßstäben und Projektionen, von Höhenlinien, Schraffen, Schummerung, Schrifttypen, Blattformen, über die Form und Anordnung der Legende bis hin zur Herstellung des richtigen Mischungsverhältnisses der Farben"[17] veröffentlicht werden konnten.

Tranchot hatte inzwischen die Triangulationsarbeiten, d.h. die nötigen Winkelabmessungen zur Bestimmung der Lage von Punkten auf der Erdoberfläche zwecks Anbindung des rheinischen Dreiecksnetzes an das der Cassini-Karte von Frankreich abgeschlossen, so daß man im Frühjahr 1802 mit den Arbeiten im Feld, d.h. der Aufnahme der Geländeformen und -inhalte – seit Herbst 1803 nach den neuen Richtlinien – hatte beginnen können.

(Der Obelisk auf dem Lousberg)

An 12 Tagen zwischen dem 11. Juli und dem 4. August 1803 führte Tranchot zur Überprüfung des für die Kartenaufnahme in den Rheinlanden so wichtigen trigonometrischen Netzes astronomische Beobachtungen auf dem Lousberg aus. Mit Hilfe der Sonne bestimmte er die geographische Breite sowie die astronomischen Azimute, wobei sich allerdings kleinere Fehler einschlichen. Der so berechnete T(rigonometrische) P(unkt) auf dem Lousberg wurde daraufhin – wie üblich – durch ein hölzernes Signal gekennzeichnet, bis es seit dem 22. Juni 1807 durch einen Obelisken zur Erinnerung an die geodätischen und kartographischen Arbeiten in den vier rheinischen Departements ersetzt wurde. Den Entwurf dazu lieferte ein Mitarbeiter Tranchots, der Ingenieurgeograph Kapitän Charles Boucher; die Bauüberwachung hatte Bélu inne. Der Sockel des Obelisken maß 1,5 Meter im Quadrat und war 3,6 Meter hoch. Darüber erhob sich die eigentliche „Pyramide" bis auf 8,7 Meter. Der Obelisk stand 263,8 Meter über dem Meeresspiegel. Die Seitenflächen trugen eine Inschrift, die auf einer am 17. Oktober 1807 in das Fundament eingemauerten Kupferplatte wiederholt wurde. Ferner wurden ein Bleikästchen mit 55 Gold- und Silbermünzen des Jahres 1807 im Wert von 135 Francs sowie 13 Bronzemedaillen mit Szenen aus dem Leben Napoleons in das Fundament eingemauert. Am 1./2. April 1814 stürzten mecklenburgische Soldaten, die an das Geldkästchen gelangen wollten, den Obelisken um. Da man die Täter nicht fassen konnte, wurde später das Gerücht ausgestreut, es seien Kosaken gewesen. Auf Anweisung des Generalmajors v. Müffling, der mit der Fortführung der Tranchot-Karte beauftragt war, wurde der Obelisk, nun allerdings mit abgeschrägten Kanten und seit 1815 mit veränderter Inschrift, wieder aufgebaut. Die Kupferplatte, welche vom Zugriff der mecklenburgischen Soldaten verschont geblieben war, ist seit dem Ende des vorigen Jahrhunderts verschollen; der Text aber ist mehrfach überliefert [18]).

Ungeachtet der anfänglichen finanziellen Schwierigkeiten des Topographischen Büros, der Hindernisse, mit denen sich seine Mitarbeiter im Gelände konfrontiert sahen und des dennoch von ihnen an den Tag gelegten Eifers, zeigte sich Napoleon bei seinem Besuch in Aachen im Jahre 1804 von dem Umfang der geleisteten Arbeiten enttäuscht. Ihm war an der raschen Erstellung eines militärisch nutzbaren Kartenwerks gelegen, während das Dépôt und das ihm in Aachen unterstehende Büro den Fortschritt in der Kartographie im Auge hatten. Das Topographische Büro ließ sich trotz des kaiserlichen Unwillens nicht von seinem Ziel abbringen, auch wenn es dem politischen Druck Rechnung tragen mußte, indem es seit März 1805 den Maßstab der Karten von 1:10 000 auf 1:20 000 vergrößerte. Dennoch war das Roerdepartement erst im Jahre 1809 vermessen, und bei Abbruch der Arbeiten zu Beginn des Jahres 1814 war ein Viertel des für die Vermessung vorgesehenen Areals noch nicht aufgenommen. Die bis dahin aufgewandten Kosten beliefen sich auf stolze 3,3 Millionen Francs. Napoleon war verbittert; die Rheinlande aber waren weitgehend durch modernste topographische Karten in metrischem Maßstab erschlossen. Peter Effertz formuliert das Ergebnis folgendermaßen: „Insgesamt bilden die französischen Kartenaufnahmen, entstanden im Spannungsfeld zwischen wissenschaftlichem Ehrgeiz, individueller Erprobung, materiellen und personellen Engpässen und politischem Druck, kein einheitliches und geschlossenes Werk; dafür aber geben sie uns ein vielseitiges und gewissenhaftes (wenn auch nicht fehlerfreies) Bild der rheinischen Landschaft vor 180 Jahren" [19]).
Aufgrund des 2. Pariser Friedensvertrages von 1815 mußten die Reinzeichnungen der Kartenblätter an Preußen abgeliefert werden, woraufhin der Chef des Generalstabes der alliierten Observationsarmee, der preußische Generalmajor Philipp Friedrich Carl Ferdinand Freiherr von Müffling (*1775, †1851), der sich bereits in Thüringen und Nordwestdeutschland durch trigonometrische und topographische Vermessungen ausgezeichnet hatte, die Weiterführung der Tranchot-Karte für die linksrheinischen Gebiete befürwortete; eine Aufgabe, die zwischen 1816 und 1819 unter seiner Leitung im Topographischen Büro in Koblenz umgesetzt wurde.
Abgesehen von den geodätisch-topographischen Aufgaben erhielten die Ingenieurgeographen des Topographischen Büros in Aachen bzw. Trier auf eine im November 1801 von Tranchot gegebene Anregung hin zusätzlich den Auftrag zur Führung von sog. Cahiers topographiques, in die nach einem vorgegebenen Muster alle Informationen eingetragen werden sollten, die in den Kartenblättern nicht darstellbar waren, aber von militärischem Wert sein konnten. Hinter ihnen steckte die Vorstellung einer statistischen Landesaufnahme mit dem Ziel der Erstellung eines militärisch-topographischen Lexikons, von dem man sich für die Generalstäbe der französischen Armeen wertvolle Angaben über den Zustand und die Hilfsquellen des jeweiligen Gebietes und seiner Bevölkerung versprach. In nur wenigen Fällen war von dem für die Cahiers vorgeschriebenen Muster abgewichen worden; so im Falle Aachen, über das Maissiat eine eigene kleine Abhandlung verfaßte [20]). Die Arbeit an den topographischen Heften verzögerte bald zum Leidwesen der Ingenieurgeographen die eigentliche Geländeaufnahme.

IV. ZUSAMMENFASSUNG

Am 17. Januar 1814 hatten die Franzosen Aachen aufgegeben und sich nach Westen abgesetzt. Die Alliierten rückten nach, und am 31. März hielten der Zar und der König von Preußen in Paris feierlichen Einzug. Napoleon dankte am 4. April ab und stimmte zwei Tage später einer Übersiedlung nach Elba bei voller Souveränität über die Insel zu. Am 20. April erklärte er offiziell seinen Rücktritt und machte damit den Weg zum ersten Pariser Frieden vom 30. Mai 1814 frei. Dieser legte im Artikel 3 die Grenzen Frankreichs auf den Stand vom 1. Januar 1792 fest und gewährte im Artikel 16 allen Personen, die sich in den ehemals von den Franzosen besetzten Gebieten politisch betätigt hatten, volle Amnestie. In einem Separatartikel hieß es: „Die deutschen Länder auf dem linken Rheinufer, welche seit 1792 mit Frankreich vereinigt gewesen sind, werden zur Vergrößerung Hollands und zu Entschädigungen für Preußen und andere deutsche Staaten dienen"[1]. Da dieser Artikel noch längere Zeit geheim gehalten wurde, blieb das Rheinland auch weiterhin in der Ungewißheit über die eigene politische Zukunft. Von daher erklärt sich auch die anfängliche Reserviertheit der Rheinländer gegenüber den Verbündeten, denn man wußte ja nicht, ob die französische Herrschaft nun endgültig zu Ende gegangen war oder nicht. Am 3. Juni einigten sich zwar die Alliierten über eine provisorische Verwaltung in den Rheinlanden, bei der Preußen alles erhielt „was zwischen der Maas und der Mosel am linken Rheinufer bis zur französischen Grenze liegt, ferner das Herzogtum Berg und die dazugehörigen Dependancen"[2], doch über die endgültige territoriale Zugehörigkeit der Lande sollte – so sah es der erste Pariser Friede vor – der Wiener Kongreß entscheiden. Er begann am 1. Oktober 1814 und endete am 9./10. Juni 1815 mit der Unterzeichnung der Schlußakte. Preußen, das bei den Verhandlungen auf die erhoffte Annexion ganz Sachsens hingearbeitet hatte, erhielt nur zwei Fünftel des Landes und ließ sich für den Rest widerwillig mit dem Rheinland abfinden. Unmittelbar nach der Einigung in Wien, aber noch vor der Unterzeichnung der Schlußakte, verkündete König Friedrich Wilhelm III. am 5. April 1815 im sog. Besitzergreifungspatent offiziell den Anschluß des Gebietes an Preußen[3]. Das Patent wurde am 16. April in einer „Ausserordentlichen Beilage" des „Journals des Nieder- und Mittelrhein" verkündet. Am 15. Mai 1815 fand auf dem Aachener Marktplatz vor den Delegierten des preußischen Königs die feierliche Huldigung der Rheinlande statt (siehe Exp. P 3).
Die Neuordnung Europas schien aber noch während des Wiener Kongresses gefährdet, denn Napoleon verließ im März 1815 die Insel Elba, landete in Frankreich und nahm den Kampf wieder auf. Am 18. Juni 1815 konnte er dann allerdings von Wellington und Blücher bei Waterloo entscheidend geschlagen werden. Am 3. Juli kapitulierte Paris, am 20. November wurde der zweite Pariser Frieden geschlossen und Napoleon für immer nach St. Helena verbannt. Der Friede war zurückgekehrt, und für Aachen begann unter preußischer Herrschaft eine neue Zeit. Die zurückliegende Epoche faßte der Aachener Bürger Alfred v. Reumont in Versen zusammen:

„Sie kamen als wüste Haufen her, zu hausen in unsrer Mitte,
Eine Bande der Freiheit Brüderheer, ohne Zügel von Recht und Sitte.
Wir wurden über den Löffel barbirt, gesotten und gebraten,
Wir haben die Stuben tapezirt mit sauberen Assignaten,
Wir sah'n die Bilder nach Paris, die Säulen des Münsters schicken,
Vor ihm, der Karls Nachfolger hiess, sah'n krumm wir tausend Rücken.
Er hat mit seiner Geistesmacht manch weises Gesetz verkündigt,
Gar vieles hat er gut gemacht, was die Ohnehosen gesündigt.
Fremd blieb jedoch, was fremde war, trotz allem Prunk und Schimmer,
Und als zu Ende die zwanzig Jahr, da waren sie Fremde noch immer"[4].

Reumonts Urteil mag das Empfinden der Mehrheit der Aachener Bevölkerung zutreffend wiedergegeben haben, ob es aber den Veränderungen, welche sich in dieser Epoche vollzogen, wirklich gerecht wurde, ist äußerst fraglich. Ein gerechteres Urteil ermöglicht vielleicht ein Überblick über den Ablauf der Ereignisse und den Wandel im Alltag.

Verwaltung, Justiz und Finanzen der Reichsstadt Aachen befanden sich am Ende des 18. Jahrhunderts wie in vielen anderen Reichsstädten jener Zeit in einem wenig erfreulichen Zustand. Auch wurde die von den Aachenern für demokratisch erachtete Stadtverfassung, welche im Jahre 1450 im Gaffelbrief formuliert und im Jahre 1681 geringfügig verändert worden war, in der Praxis dazu mißbraucht, einigen wenigen die Macht in der Stadt zu erhalten. Aus heutiger Sicht positiver zu beurteilen war die Entwicklung auf wirtschaftlichem Gebiet. Das althergebrachte Wirtschaftssystem, in dem die Interessen der Zünfte dominierten, war im Tuch- und Nadelgewerbe vom Verlagswesen ausgehöhlt. Der unternehmerische Gedanke hatte gegenüber der auf Existenzsicherung des einzelnen Meisters bedachten Zunftwirtschaft immer mehr an Boden gewonnen. Die Schattenseiten dieser Entwicklung waren allerdings nicht ausgeblieben und spiegelten sich in der sozialen Struktur der Stadt wider. Im Tuch- und Nadelgewerbe waren viele der ehemals selbständigen Zunftmeister mit ausreichenden Einkommen nicht mehr konkurrenzfähig und sanken daher zu bloßen Facharbeitern mit geringem Lohn ab. Gleichzeitig nahm die Zahl der Reichen zu. Aber nicht so sehr an den sozialen Problemen entzündete sich die Kritik der innerstädtischen Opposition, sondern vielmehr an den Mißständen in der Verwaltung und im Bereich der Finanzen. Sie wurde von „modern" denkenden Kreisen des gehobenen Bürgertums vorgetragen, die ihre Ideen aus der philosophischen und politischen „Aufklärung" bezogen. Ihr Ziel war es, das Aachener Gemeinwesen auf friedlichem Wege zu reformieren. Die Französische Revolution schärfte das Bewußtsein für die Mißstände und stärkte den Willen zur Veränderung, diente aber nicht als Vorbild. Darin stimmten Ober-, Mittel- und Unterschicht Aachens überein. Wenn der sog. Pöbel gelegentlich in der Öffentlichkeit Revolutionssymbole wie Kokarden und Jakobinermützen zeigte, so geschah dies nicht, weil er auf Umsturz der bestehenden Verhältnisse im Sinne der Französischen Revolution bedacht gewesen wäre, sondern weil er die politischen Kreise, die eher konservativen der Alten und die eher progressiven der Neuen Partei, unter Druck setzen wollte, um die eigenen Belange und Interessen besser vertreten zu sehen. Die Klage Dantons vom Januar 1793 über den geringen Revolutionsgeist der Aachener belegt das Desinteresse auch der Unterschichten an einer wirklichen Revolution. Die Aachener wollten Reformen, waren aber ansonsten mit ihren Freiheiten als Bürger und Einwohner einer Reichsstadt des Heiligen Römischen Reiches zufrieden und bekannten sich treu zu ihrem Stadtoberhaupt, dem Kaiser. Die Bedrohung der überlieferten Verfassung, die Entweihung und Zweckentfremdung von Gotteshäusern, die Behinderung von Gottesdienst und Prozessionen, die bei der in barocker Frömmigkeit lebenden Bevölkerung besonders schwer wogen, aber auch die Fülle militärischer Lasten und die trotz aller Bemühungen der Generäle und Volksrepräsentanten vorkommenden „Exzesse", welche seit dem Einrücken der Franzosen in die Stadt am 15. und 16. Dezember 1792 von Teilen der bewaffneten Macht bzw. in deren Gefolge verübt wurden, verhinderten eine ernsthafte gedankliche Auseinandersetzung mit den „neufränkischen Ideen" und führte zu unreflektierter Ablehnung jeder Neuerung. Auch das von Nahrungs- und Kleidermangel wie von Krankheiten bestimmte Erscheinungsbild der in und um Aachen lagernden französischen Truppen erweckte am Wert des Neuen, mit dem die Menschheit beglückt werden sollte, größte Zweifel. Die Einführung der französischen Verwaltungsordnung in Aachen durch General Dampierre im Januar und Februar 1793 vollzog sich denn auch entsprechend schwierig und gelang nur mit Hilfe militärischer Zwangsmaßnahmen. Die Hinrichtung König Ludwigs XVI., eines gesalbten Monarchen, am 21. Januar 1793 bestätigte die Bevölkerung vollends in ihrer Ablehnung der neuen Machthaber. Es verwundert daher nicht, daß man in Aachen nach dem Abzug der 1. französischen Besatzung sofort wieder zum Alltag der reichsstädtischen Zeit zurückkehrte.

Das Ende der Selbständigkeit Aachens kam mit dem zweiten Einzug der Franzosen am 23. September 1794. Nun begann für die Aachener Bevölkerung eine schwierige Zeit, denn die französische Armee war seit dem August 1793 als Massenheer konzipiert, das sich aus Feindesland ernähren sollte. Wiederum wurden Kirchen und Klöster für militärische Belange beschlagnahmt, Einquartierungen und Requisitionen vorgenommen, vor allem aber hohe Geldsummen, sog. Kontributionen, gefordert, welche den bescheidenen Wohlstand zunichte machten. Die Kriegsläufe, in deren Gefolge der Rhein seit 1794 zur Ostgrenze der besetzten Gebiete wurde, schnitten den Aachener Handel mit Tuchen und Nähnadeln von seinen traditionellen Absatzgebieten ab oder behinderten ihn zumindest in erheblichem Maße. Ein Umlenken des Absatzes nach Westen wurde dadurch erschwert, daß die französische Zollgrenze 1795 bis an die Maas vorgeschoben wurde, das Rheinland also noch ausschloß. Aber auch das dritte Standbein der Aachener Wirtschaft, der Kur- und Badebetrieb, kam fast völlig zum Erliegen. Die nicht enden wollende Kette von Requisitionen hatte schon kurz nach der zweiten Besetzung eine bedrohliche Verknappung und Teuerung der Lebensmittel, vor allem des Brotgetreides, zur Folge und führte zum Hungerwinter 1794/95. Ruinöse Zustände kehrten mit der Assignatenwirtschaft und den staatlich verordneten Höchstpreisen ein. Sympathie für die Besatzer und Freude über ein AIX LIBRE konnte unter diesen Umständen nicht aufkommen. Hinzu kam, daß das Vorgehen gegen die Klostergeistlichkeit und die offensichtliche Absicht der Franzosen, die Religion aus der Öffentlichkeit zu verdrängen und nur noch auf die Kulthandlungen in der Kirche und im Privaten zu beschränken, die Aachener Bevölkerung, die im Religiösen eben gerade auf Äußerlichkeiten besonderen Wert legte und Einschränkungsversuche schlechthin als Religionsfeindlichkeit begriff, entrüstete. Solange das politische Schicksal der besetzten Gebiete offen blieb, hofften die Rheinländer und die Aachener mehrheitlich auf einen Sieg von Kaiser und Reich. Es gab in der Zeit zwischen 1794 und 1798 aber auch positive Aspekte der französischen Herrschaft, so z.B. die schon 1792/93 durchgeführte Trennung von Verwaltung und Justiz. Auch brachte die Besetzung der Rheinlande die Aufhebung der zahlreichen territorialen Gewalten und bereitete dem Unterschied zwischen Stadt und Land ein Ende. Damit wurde der Weg frei für größere Verwaltungseinheiten, die eine effektivere Verwaltung und den Ausbau des im Ancien Régime stark vernachlässigten Verkehrswesens ermöglichten. Die Positiva griffen aber zunächst nicht, weil sich die Verwaltungsstrukturen in der Zeit zwischen 1794 und 1798 fünfmal änderten, stets das Moment des Unfertigen und Provisorischen in sich trugen und weniger den Zivilpersonen als vielmehr den Belangen des Militärs dienten. Von nicht geringem Nutzen für Aachen erwies sich, daß die Stadt als erste von den Franzosen besetzte Großstadt zum Hauptort der Verwaltungen in den besetzten Rheinlanden aufstieg und sich – bis auf wenige Monate des Jahres 1797 – in dieser Position behaupten konnte. Einen mehr und mehr zivilen Charakter erhielt die Verwaltung dann seit März 1797 unter General Hoche. Das politische Schicksal Aachens blieb während dieser Zeit noch offen. Der vom Pariser Direktoriumsmitglied Carnot propagierte Gedanke der Einrichtung einer Cisrhenanischen Republik unter Aufsicht eines französischen Regierungskommissars als Vorstufe zur Vereinigung mit der Französischen Republik fand im Rheinland nur wenig, in Aachen keinen Widerhall. Nach dem Sturz Carnots zu Anfang September 1797 setzten sich im Direktorium die Befürworter der Reunion durch. Sie erreichten im Frieden von Campo Formio vom 17. Oktober 1797 in Geheimartikeln die Zusage, daß sich Österreich auf dem in Aussicht genommenen Frieden mit dem Reich in Rastatt für eine völkerrechtliche Abtretung größerer Teile der Rheinlande an Frankreich einsetzen werde. Diese Zusage veranlaßte das Pariser Direktorium am 4. November 1797 zur Ernennung Rudlers zum Regierungskommissar in den eroberten Gebieten mit dem Auftrag, die Verwaltung der des französischen Mutterlandes anzugleichen. So entstanden unter seiner Aufsicht am 19. Februar 1798 vier Departements, darunter das Roerdepartement mit Sitz in Aachen. Zugleich wurden alle geeignet erscheinenden französischen Gesetze auch im Rheinland in Kraft gesetzt. Die neue, auf Beständigkeit angelegte und ausschließlich auf zivile Belange ausgerichtete Verwaltung ließ auf eine Stabilisierung der Verhältnisse in den Rheinlanden hoffen. Wie die von der Regierung bestellten, aber nur spärlich eingegangenen Reunionsadressen zeigen, schlugen die Herzen der Einwohner trotz der propagandistischen Bemühungen des Aachener Konstitutionellen Zirkels auch jetzt nicht für eine Vereinigung mit Frankreich. Eine Ausnahme machten die Kaufleute, die sich von der Reunion einen größeren Absatzmarkt für ihre Produkte erhofften. Ansonsten schufen die Maßnahmen Rudlers und seiner Verwaltungen aufs neue böses Blut. Nicht genug, daß auch die von ihm eingesetzte Zivilverwaltung in ihren eigenen Reihen mit Unzulänglichkeiten zu kämpfen hatte; die Eingriffe in das religiöse Leben der Bevölkerung, die Verfolgung einzelner mißliebiger Geistlicher, die Gerüchte um die Aufhebung einzelner Klöster, die Einführung der kostentreibenden Stempelsteuer seit Ende Januar 1798 und des Französischen als Amtssprache seit dem März 1798, die Höhe der auch jetzt wieder ausgeschriebenen Kontributionen, ihre ungerechte Verteilung auf Departements, Kantone, Munizipalitäten und die einzelnen Bürger sorgten im Juni 1798 für großen Unmut. Dieser vergrößerte sich, als im Juli 625 bislang nur im französischen Mutterland gültige Gesetze und Verordnungen auch in den rheinischen Departements in Kraft gesetzt wurden, darunter die Gerichts-, Steuer-, Schul- und Zivilstandsgesetze, die Gesetze über Maße, Gewichte und Münzen und die Alleingültigkeit des republikanischen Kalenders, mit dem die Republik die Zeitrechnung in den vier Departements an Altfrankreich anglich und zugleich dem gregorianischen Kalender und damit dem Einfluß der Kirche auf das Zeitgefühl des Bürgers den Kampf ansagte. Die Stimmung der Bevölkerung gegen die Republik verstärkte sich weiter, als der Friede von Rastatt scheiterte und die Gerüchte vom bevorstehenden zweiten Koalitionskrieg lauter wurden. Die Erfolge der Gegner Frankreichs und die ungeschickte Amtsführung des Regierungskommissars Lakanal schufen im Verlauf des Jahres 1799 eine geradezu „konterrevolutionäre" Stimmung in der Bevölkerung, die sich allerdings nicht entlud. In dieser Situation schenkte man den – unter dem Gesichtspunkt einer modernen Staatsverwaltung – positiven Ansätzen in den französischen Gesetzen wenig Beachtung. Auch die endgültige Abschaffung der Zünfte am 26. März 1798 und die Einführung der Gewerbefreiheit wurde nicht überall begrüßt. Ungeteilten Beifall hingegen dürfte unter den gegebenen politischen Verhältnissen die am 3. Juli 1798 erfolgte Verlegung der seit Oktober 1795 an der Maas bestehenden französischen Zollgrenze an den Rhein gefunden haben, denn nun erschloß sich den Aachener und den rheinischen Waren ein weiter Wirtschaftsraum im Westen, der vom Mittelmeer bis zum Ärmelkanal und von den Pyrenäen bis zu den Alpen reichte. Zugleich wurden die rheinischen Produkte durch den Zoll am Rhein vor unliebsamer Konkurrenz aus dem Rechtsrheinischen geschützt.

In der mit dem Staatsstreich vom 9. November 1799 einsetzenden napoleonischen Ära verstärkten sich die positiven Ansätze und führten zu einer Besserung der Gesamtlage in den vier rheinischen Departements. Dies gilt insbesondere für die Zeit nach dem Frieden von Lunéville vom 9. Februar 1801, in dem die völkerrechtliche Zugehörigkeit der vier Departements zu Frankreich anerkannt wurde. In der Folgezeit kehrten Ruhe, Ordnung und Sicherheit wieder ein und lösten die teilweise wirren Verhältnisse der 90er Jahre ab. Eine auf Dauer angelegte, straff organisierte, zentralistisch, sachlich-rational und bürokratisch organisierte Zivil-, Finanz- und Justizverwaltung und das Ende der Rivalitäten zwischen Militär und Zivilverwaltung trugen entscheidend zur Stabilisierung der Verhältnisse bei und stärkten das Zutrauen der immer noch skeptischen Bevölkerung. Die Aussöhnung der Französischen Republik mit der Kirche im Konkordat vom September 1801 und die Erhebung Aachens zum Bistum leiteten in der Mentalität der Aachener eine qualitativ neue Phase der Einstellung gegenüber dem französischen Staat ein. Daran änderte auch die Aufhebung der Stifte und Klöster im Jahre 1802 nichts mehr, denn dieser Schritt war ja mit dem Papst im Konkordat vereinbart, zumal der Staat für den Unterhalt der Geistlichen und Kleriker aufkam.

Die Zugehörigkeit Aachens zum französischen Staat seit 1801 hatte für die Stadt unterschiedliche Folgen. Aachen blieb mit zahlreichen Behörden Hauptverwaltungsort des Roerdepartements. Das 1794 verlorene Selbstverwaltungsrecht und die Finanzhoheit erhielt die Stadt allerdings auch jetzt nicht zurück. Auch das Recht zur Wahl der Beamten, das in reichsstädtischer Zeit allerdings auch nur Katholiken, und zwar nur den volljährigen Zunftmitgliedern zugestanden hatte, und das – obgleich es seit der Französischen Revolution jedem Bürger zukommen sollte – den Aachenern in den 90er Jahren mit Rücksicht auf militärische Belange vorenthalten worden war, wurde ihr in napoleonischer Zeit nicht zugestanden. Die Bürger, und von ihnen auch nur die Meistbesteuerten, erhielten lediglich ein mittelbares Mitspracherecht über den Umweg des Munizipalrats und des Generalrats des Departements. Damit ging auch die Basis für die in reichsstädtischer Zeit üblichen Parteienkämpfe verloren. Die Richtlinien der Verwaltung wurden von nun an im Wesentlichen von der Regierung in Paris und dem Präfekten des Roerdepartements bestimmt. Maire und Adjunkten wurden von ihnen ernannt und hatten deren Aufträge auszuführen. Die Gemeinde war aber nicht nur dazu bestimmt, staatliche Lokalaufgaben durchzuführen; sie galt dem Staat auch als Steuerquelle, die für zahlreiche seiner Maßnahmen in Anspruch genommen wurde. Das Ergebnis waren drückende Steuern, die höher lagen als in reichsstädtischer Zeit. Diese Nachteile wurden aber in Kauf genommen, da die neue Verwaltung zur Stabilisierung der Verhältnisse beitrug, und auch sonst die Vorteile des napoleonischen Herrschaftssystems offenbar wurden. So waren die Fortschritte auf dem Gebiet von Recht und Gerichtswesen – gemessen an den Zuständen in reichsstädtischer Zeit – besonders beeindruckend: Es entstand ein einheitliches Rechtsgebiet. Die Justiz war unabhängig von der Politik (Ausnahme: Staatsverbrechen), der Verwaltung und der Kirche. Sie kannte die Gleichheit aller vor dem Gesetz und war in den Gerichtsinstanzen durchschaubar organisiert. Das Recht selbst wurde modernisiert und in fünf Gesetzbüchern kodifiziert, von denen dem Code civil im Alltag besondere Bedeutung zukam. Dieses neue Rechtssystem lernte man in Aachen wie im übrigen Rheinland so sehr schätzen, daß Karl-Georg Faber schreiben konnte: „Nach 1814 war aus den Rheinländern eine politische Landsmannschaft im Sinne einer Erlebnisgemeinschaft geworden – und dieses Erlebnis beruhte vor allen anderen Faktoren auf der integrierenden Wirkung des napoleonischen Rechts"[5]). Positiv für die Akzeptanz des napoleonischen Staates wirkte sich auch der Aufschwung aus, den Aachen und das Rheinland in Verkehr, Handel und Gewerbe erlebten. Der Ausbau des Postwesens und der zügige Ausbau des Verkehrsnetzes schufen die Voraussetzungen für einen reibungslosen Güteraustausch. Die Regierung förderte die Wirtschaft mit Nachdruck und auf vielfältige Weise, wobei sie vor allem technische und organisatorische Innovationen begünstigte. Auch die Einrichtung von Handels- und Gewerbekammern und -gerichten gehörte zu diesen Fördermaßnahmen. Anders als in reichsstädtischer Zeit kam es nun auch in der Aachener Tuch- und Nadelproduktion zum Einsatz von Maschinen, wie sie bei den früheren Konkurrenten in England bereits seit langem eingesetzt wurden. Der Fortbestand der Zollgrenze am Rhein und der Wirtschaftskrieg gegen England, welcher in der sog. Kontinentalsperre gipfelte, führten das Aachener Tuch- und Nadelgewerbe, dem sich, befreit von englischer und rechtsrheinischer Konkurrenz, ein ständig wachsender Markt eröffnete, zur Blüte. Die steigende Nachfrage begünstigte die Mechanisierung, die ihrerseits höhere Produktionszahlen ermöglichte. Dennoch ist es in französischer Zeit nicht mehr zu Fabriken im heutigen Sinne gekommen, in denen die Maschinen den Produktionsablauf bestimmt hätten, wohl aber wurden in jener Zeit die Grundlagen zu einer Umwälzung von Wirtschaft und Gesellschaft im Sinne des Industriekapitalismus gelegt[6]).

Die Bedeutung Aachens in Verwaltung und Wirtschaft schlägt sich in den Bevölkerungszahlen nieder. Sie stagnierten in der zweiten Hälfte der 90er Jahre bei etwa 23 000 Einwohnern und wuchsen zwischen 1800 und 1803 auf 26 000 an. 1806 waren es mehr als 27 000 und 1812 gut 30 000 Einwohner. Diese Entwicklung legt Zeugnis ab von der hohen Attraktivität, welche die Stadt bei den Einwohnern des Umlandes besaß. Tatsächlich scheint denn auch zumindest die Blütezeit der napoleonischen Wirtschaft den Angehörigen der fast 80 Prozent der Bevölkerung umfassenden Unterschicht ausreichende Verdienstmöglichkeiten geboten zu haben. Die Gefahr für Angehörige dieser sozialen Schicht, durch Krankheit, Unfall, konjunkturelle, saisonale oder betriebsbedingte Arbeitslosigkeit brotlos zu werden, war allerdings groß. Die französische Verwaltung trug dem mit einer wirkungsvollen Wohlfahrtspflege Rechnung. Diese setzte an die Stelle der an das Gießkannenprinzip erinnernden städtischen, kirchlichen, genossenschaftlichen und privaten Mildtätigkeit des Ancien Régime eine effektivere staatliche Fürsorge. Vom wirtschaftlichen Aufschwung der ersten Dekade des 19. Jahrhunderts profitierten aber wohl auch die 19 Prozent der Mittelschicht, mit Sicherheit aber die 2 Prozent der Aachener Oberschicht. Zur letzteren zählten vor allem die meist schon in reichsstädtischer Zeit zu Wohlstand gelangten Tuch- und Nadelfabrikanten, die angesichts des Aufschwungs, den ihre Gewerbe als Folge der französischen Wirtschaftspolitik nahmen, nun noch reicher wurden. Sie, die höheren Beamten und die im Revolutionsjahrzent zurückgedrängten Adligen wurden als die größten Steuerzahler mehr und mehr die Stützen des napoleonischen Staates, so daß man sagen kann, daß sich die alten Eliten der reichsstädtischen Zeit mit Ausnahme des Klerus gut behauptet hatten. Karl-Georg Faber meint dazu: „Die bewußte Förderung der vermögenden Bürger und hochstehender Beamter durch Napoleon und seine Organe [hat] dazu beigetragen, daß das städtische Bürgertum in den Jahrzehnten des Vormärz die politisch und gesellschaftlich tonangebende Schicht in den Rheinlanden gewesen ist"[7]).

Während der napoleonischen Zeit wuchs nicht nur Aachens Bedeutung als Verwaltungsmetropole und Wirtschaftsstandort; die Stadt knüpfte auch auf dem im 18. Jahrhundert so bedeutsamen, in den 90er Jahren völlig vernachlässigten Gebiet des Kur- und Badewesens allmählich wieder an frühere Zeiten an. Dies war nicht zuletzt eine Folge der regen Bautätigkeit. So begann man schon im Jahre 1801 – teilweise Vorhaben aus reichsstädtischer Zeit wieder aufnehmend – mit der Verschönerung der Stadt, vor allem im Umfeld des an der Komphausbadstraße gelegenen Kur- und Badeviertels. Mit der Verwirklichung weiterreichender Pläne begann man nach dem Besuch Napoleons im September 1804. Aachen wurde damals aus der Liste der militärisch bedeutenden Plätze gestrichen. Die Stadt sollte nach dem Willen Napoleons die innere Stadtmauer abbrechen, die äußere aber instandsetzen, weil an den neu zu gestaltenden Toren das Wegegeld zugunsten des Gemeindehaushalts erhoben werden sollte. Die Gräben des inneren und äußeren Berings sollten zugeschüttet und zu Promenaden umgestaltet werden. Auf diese Weise fielen bis 1812 die Mitteltore und Türmchen sowie die Außentore bis auf Pont-, Marschier-, Junkers- und (teilweise) Bergtor den Abbrucharbeiten anheim. Die mittelalterliche Enge der Stadt fand damit ein Ende. Durch die Begradigung von Straßen- und Hausfluchtlinien erhielt die Stadt den Eindruck relativer Großzügigkeit. Im Vordergrund der Bautätigkeit bzw. der Planungen standen öffentliche Repräsentationsbauten, vor allem aber Arbeiten zur Sanierung und zur Verschönerung der Badeeinrichtungen, angefangen von den Wasserleitungen und Quellreservoirs bis hin zu ehrgeizigen Neubauprojekten wie dem Rosenbad in der Komphausbadstraße und dem Grand Édifice Thermal am Kapuzinergraben. Ferner existierten Pläne für den Theaterneubau, für Tore, Promenaden und Ein- und Ausfallstraßen. Zugleich wurde mit der Gestaltung des bis dahin kahlen Lousberges zu einem Landschaftspark und zum ersten öffentlichen Stadtpark Europas begonnen. Hätten nicht Geldmangel und die Kürze der der französischen Herrschaft verbliebenen Zeit bewirkt, daß die meisten Pläne unausgeführt blieben, so wäre Aachen als Hauptort des Roerdepartements wohl bald im Stil des Empire neu erblüht. Aus der Sicht des Franzosen Sylvain de Golbéry bot die Stadt im Jahre 1811 folgendes Bild:

> „Aix-la-Chapelle est le centre de toutes les affaires administratives et politiques du département et le point de concours de tous ceux que ces affaires agitent et occupent; que c'est dans ses murs que sont fixées les grandes administrations et les fonctionnaires à grand traitement; que par la bienfaisance du Souverain et le zèle du premier magistrat du département et des officiers municipaux, cette ville s'embellit de jour en jour et deviendra de plus en plus agréable aux étrangers, on se convaincra que son sort n'a jamais été plus heureux et plus brillant, que depuis qu'elle fait partie de l'empire français"[8]).

Erfolgreicher als auf dem Bausektor waren die Franzosen auf dem Gebiet des Gesundheitswesens. So erzielten sie beachtliche Fortschritte bei der Verbesserung der Hygiene im Spital- und Lazarettwesen wie auch in der Öffentlichkeit, im Kampf gegen epidemisch auftretende Krankheiten wie Geschlechtskrankheiten und Pocken, bei der Verwirklichung einer humanen Pflege der Geistesgestörten oder bei der Bekämpfung des Pfuschertums durch Prüfung und Überwachung des im Gesundheitswesen tätigen Personals wie der Ärzte, Chirurgen, Apotheker und Hebammen.
Gemessen am Gesundheitswesen waren die Fortschritte im Erziehungs- und Schulwesen gering, aber auch wiederum nicht so unbedeutend, wie die ältere Forschung oft annahm. An eine allgemeine Schulpflicht konnte damals noch nicht gedacht werden. Der Mangel an geeigneten Lehrern, die niedrigen Gehälter, die fehlenden Räumlichkeiten und die vielen Eltern mangelnde Einsicht in die Notwendigkeit des Schulbesuchs ihrer Kinder bzw. die Unentbehrlichkeit der Kinder bei der Beschaffung des Lebensunterhalts in Familien der Unterschicht ließen keine größeren Erfolge zu, so daß sich das Schulwesen zu Beginn der preußischen Herrschaft immer noch in einem beklagenswerten Zustand befand. Dennoch darf man die Bemühungen um eine bessere Lehrerausbildung und günstigere Rahmenbedingungen, aber auch die offenbar geleistete Aufklärungsarbeit bei den Eltern nicht verkennen. Immerhin nahm in französischer Zeit die Zahl der Schulen und der Schüler zu. Positiv anzumerken ist auch die Förderung der Zweisprachigkeit und das Einüben des Rechnens nach dem Dezimalsystem.
Zu den wichtigsten Veränderungen im Bereich von Religion und Kirche zählten während der napoleonischen Zeit die Aussöhnung zwischen dem französischen Staat und dem Heiligen Stuhl im Konkordat des Jahres 1801, die Errichtung des Aachener Bistums und die Aufhebung der meisten Stifte und Klöster im Jahre 1802, die Besoldung der Pfarrer durch den Staat sowie die Neuumschreibung der Pfarrgrenzen nach pastoral effizienten Gesichtspunkten, die in ihren Grundzügen bis heute Bestand hat, ferner die Freiheit der Religionsausübung und die rechtliche Gleichstellung der evangelischen Kirchen mit der katholischen Kirche im Verhältnis zum Staat und damit einhergehend die Anbahnung einer religiösen Toleranz.
Alles in allem ergibt die abschließende Betrachtung der Ereignisse und des Wandels in französischer Zeit für Aachen eine durchaus positive Bilanz. Es zeigte sich auch, daß die den Franzosen in den 90er Jahren entgegengebrachte Abneigung – wie man schon im 19. Jahrhundert und zu Beginn dieses Jahrhunderts gelegentlich zugestand – nicht aus nationalen Gefühlen herrührte, sondern allein wirtschaftliche und vor allem religiöse Ursachen hatte [9]. Eduard Hegel faßte diese Beobachtung in die Worte: „Die Bevölkerung war weitgehend politisch indifferent; sie wollte Ruhe und Frieden haben und begehrte nur auf, wenn die eigenen Interessen gefährdet waren" [10]. Mit dieser politischen Apathie der Rheinländer sollten auch die Preußen noch Probleme bekommen [11].
Die napoleonische Ära stimmte die Bevölkerung wieder versöhnlich. Die Menschen begrüßten die Wiederherstellung der Ordnung unter dem Ersten Konsul und späteren Kaiser, die relativ positive Einstellung der napoleonischen Behörden gegenüber der Kirche und die bis etwa 1810/11 günstige wirtschaftliche Entwicklung, die auch den Unterschichten zugute kam. Sie akzeptierten das Bestreben Napoleons, „sich durch die Heirat mit der Habsburger Kaisertochter in die europäische dynastische Tradition einzureihen, zumindest als eine Lösung ..., die der alten Zeit näher kam als die radikalen Ideen der eigentlichen Revolutionäre" [12]. Eine nennenswerte öffentliche Opposition gegenüber dem Kaiser und seiner Herrschaft ist in der ersten Dekade seiner Regierung jedenfalls nicht erkennbar. Die Loyalität des von Napoleon geförderten Großbürgertums stand außer Zweifel und „der offiziell gepflegte Napoleonskult des staatlichen und sozialen Establishments traf [sich] mit der relativen Zufriedenheit oder zumindest mit der politischen Indolenz der Bevölkerungsmehrheit" [13]. Das Verhältnis zum Staate trübte sich allerdings seit 1808, weil sich die Beziehungen zwischen dem Kaiser und dem Heiligen Stuhl verschlechterten und infolgedessen z.B. die päpstliche Bestätigung für den von Napoleon als Nachfolger des Aachener Bischofs Berdolet ernannten Jean Dénis Camus ausblieb. Seit 1811 ging es auch mit der wirtschaftlichen Entwicklung bergab.

Der Absatz geriet ins Stocken und Arbeitslosigkeit machte sich breit. Die außerordentliche Konskription des Jahres 1813 und der Blutzoll, den der Krieg in der Endphase forderte, lasteten schwer auf der Bevölkerung. Dennoch sollte die Erinnerung an die guten Jahre der napoleonischen Herrschaft nicht verblassen. Die Bevölkerung entwickelte bei allem politischen Gleichmut oder eventuellen inneren Vorbehalten – wie sie etwa in einem Brief der Gräfin Rémusat aus dem Jahre 1807 aufscheinen, wo es über Aachen heißt: „... denn man ist noch nicht so sehr Franzose, hierzu bedarf es Geschicklichkeit und Zeit" [14]) – doch ein Gefühl für die in französischer Zeit gemachten Errungenschaften. Klaus Müller schreibt dazu:

> *„Die Abschaffung der überkommenen Privilegien, die Durchsetzung der rechtlichen Gleichheit der Bürger und die Einführung eines den Ansprüchen einer Industriegesellschaft genügenden Rechtssystems, das seinen Niederschlag im Code civil und in der fortschrittlichen Justizverfassung mit Geschworenengerichten und öffentlichen mündlichen Verfahren fand, waren auf die Dauer ebenso wichtig wie die Verkündung der Gewerbefreiheit. Diese französischen Neuerungen stellen den Grundbestand dessen dar, was die Rheinländer in preußischer Zeit als die 'Institutionen' bezeichneten, die sie hartnäckig gegen alle Restaurationsversuche [Preußens] verteidigten"* [15]).

Nicht genug damit, auch die französische Kommunalverfassung wurde leidenschaftlich gegen die preußische Städteordnung des Freiherrn vom Stein verteidigt und erst 1845 aufgegeben. Mußte sich der preußische Staat mit der Eigenart seiner neuen Untertanen häufig genug abfinden, so war die Einsicht in die Fortschrittlichkeit vieler von den Franzosen in Angriff genommenen Arbeiten durchaus gegeben. So wurden z.B. die kartographische Landesaufnahme, der Ausbau des Straßennetzes und des Postwesens fortgeführt. In Aachen wurden die Verschönerungsarbeiten einschließlich der Aufforstung des Lousberges vorangetrieben und die Impulse zur Wiederbelebung der Badestadt aufgegriffen. Die sozialen Errungenschaften fanden ins preußische Armenwesen Eingang, die Handelskammern wurden ohne grundlegende Änderung übernommen und die Conseils des Prud'hommes in königliche Gewerbegerichte umgewandelt. In der Gesamtschau wird man also von einer positiven Bilanz der französischen, vor allem der napoleonischen Herrschaft sprechen dürfen, die in weiten Bereichen zukunftsweisend wirkte.

Verzeichnis der Abkürzungen und Siglen sowie der kurzzitierten Quellen

Aachener Annalen (B): Handschriftliche Chronik 1770-1796, hg. v. Wilhelm Brüning, in: AAV 11 (1898), S. 18-70.
Aachener Annalen (H): Die Aachener Annalen aus der Zeit von 1770 bis 1803, hg. v. Albert Huyskens, in: ZAGV 59 (1938), Aachen 1939, S. 1-80.
Die Bezeichnung der o.g. beiden Quellen mit „Chronik" bzw. „Annalen" wird in der Literatur nicht einheitlich gehandhabt. In Anbetracht dessen, daß es sich um eine Quellengruppe handelt, wurde hier ein einheitlicher Name, und zwar der der „Annalen" bevorzugt. Beide Editionen sind nach den Anfangsbuchstaben „B" für Brüning und „H" für Huyskens unterschieden.

Aachener Franziskanerchronik: Annales conventus Aquensis fratrum Minorum Recollectorum ab anno 1758, Archiv der Kölnischen Provinz des Franziskanerordens, Tr, 4c, Bd. III.
Aachener Merkur: [Zeitung]
Aachener Rats- u. Staatskalender v. 1794: Des Königlichen Stuhls und der Kaiserlichen freyen Reichs-Stadt Aachen Raths- und Staats-Kalender oder Schematismus auf das Jahr Christi 1794. Aachen 1794.
Aachen, Öff. Bibl.: Öffentliche Bibliothek der Stadt Aachen
Aachner Zuschauer: [Zeitung]
AAV: Aus Aachens Vorzeit
Abb.: Abbildung
AHVNrh.: Annalen des Historischen Vereins für den Niederrhein
Aktenmäßige Geschichte deren im Jahr 1786 in der Reichsstadt Aachen entstandenen und noch immer fortdauernden Tumultsunruhen, hg. v. Freiherr Hermann Ariovist v. Fürth, in: Ders., Beiträge und Material zur Geschichte der Aachener Patrizier-Familien, Bd. 1, Aachen 1890, S. 390-427 Nr. LXXXIII.
Annuaire du département de la Roer, 5 Bde., Aachen 1809-1813.
AULARD: Recueil des actes du Comité de Salut Public avec la correspondance officielle des représentants en mission et le registre du Conseil Exécutif Provisoire, hg. v. François-A. Aulard, Bd. 10, Paris 1897; Bd. 17, Paris 1906; Bd. 23, Paris 1913.
B: Breite
De BEY: Notizen des früheren Stadt-Rentmeisters De Bey, geschrieben als Zusätze zur Nopp'schen Chronik auf den Zwischenblättern eines mit Papier durchschossenen Exemplares dieser Chronik, welches sich in der Stadt-Bibliothek befindet, hg. v. Freiherr Hermann Ariovist v. Fürth, in: Ders., Beiträge und Material zur Geschichte der Aachener Patrizier-Familien, Bd. 3, Aachen 1890, S. 515-568.
De BOUGE: J.B., Guide des étrangers, ou itinéraire de la ville d'Aix-la-Chapelle et de Borcette avec un plan topographique. Bruxelles 1806.
Bulletin des lois de la République Française, 3. Serie mit 362 Nummern, bzw. Bulletin de l'Empire Français, 4. Serie mit 527 Nummern, Paris an XIff.
Bulletin des réglemens et arrêtés publiés pendant l'an 8 (9, 10) dans les quatre départemens de la rive gauche du Rhin par le commissaire de la République. Bulletin der Verordnungen und Beschlüsse, welche das achte (bzw. neunte, zehnte) Jahr hindurch in den vier Departements des linken Rheinufers durch den Kommissar der Republik verkündet wurden. Nr. 1-100, Mainz an VIII bis X.
Correspondance de Napoléon Ier, hg. v. Henri Plon u. J. Dumaine, Bd. 9, Paris 1862.
DANIELS: Handbuch der für die Königl. Preuß. Rheinprovinzen verkündigten Gesetze, Verordnungen und Regierungsbeschlüsse aus der Zeit der Fremdherrschaft, Bd. 1 u. 2, hg. v. K.Th.F. Bormann u. A.v. Daniels, Bd. 3-8, hg. v. A.v. Daniels, Köln 1833-1845.
DORSCH, Anton Joseph, Statistique du département de la Roer. Köln an XII (1804).
Dr.: Druck
dt.: deutsch
DUMOURIEZ, Charles-François, Mémoires du général, 2 Bde., Hamburg-Leipzig 1794.
Exp(p).: Exponat(e)
FF steht für: Hierzu und zum Folgenden
fol.: Folio
FORST: Cornelimünster zur Zeit der Fremdherrschaft. Nach dem Tagebuch des Bürgers J.B. Forst, hg. v. Heinrich Capellmann, in: Heimatblätter des Landkreises Aachen 1 (1931), S. 11-15. – Zur Geschichte Cornelimünsters und der Umgegend während der Fremdherrschaft. Aus dem Tagebuch J.B. Forsts, hg. v. Emil Pauls, in: ZAGV 31 (1909), S. 149-168.
FORSTER, Georg, Sämtliche Schriften, Tagebücher, Briefe, Bd. 8, hg. v.d. Deutschen Akademie der Wissenschaften. Berlin 1974.

frs.: Francs
frz.: französisch
Gazette universelle/Allgemeine Zeitung [Zeitung]
GOLBÉRY, Sylvestre-Meinard-Xavier de, Considérations sur le département de la Roer suivis de la notice d'Aix-la-Chapelle et de Borcette. Aachen 1811.
H: Höhe
Haarener Kirchenbuch: Heinrich Schnock, Aufzeichnungen eines Haarener Kirchenbuches aus den Kriegsjahren 1792-1795, in: AAV 10 (1897), S. 33-50.
HANSEN: Quellen zur Geschichte des Rheinlandes im Zeitalter der Französischen Revolution 1780-1801, 4 Bde., hg. v. Joseph Hansen. (Publikationen der Gesellschaft für Rheinische Geschichtskunde XLII). Bonn 1931, 1933, 1935 u. 1938.
HStAD: NRW-Hauptstaatsarchiv Düsseldorf
HAStK: Historisches Archiv der Stadt Köln
HESS, Jonas v., Durchflüge durch Deutschland, die Niederlande und Frankreich, Bd. 6, Hamburg 1798.
Inv. Nr.: Inventarnummer
JACOBI: Aachen im französischen Revolutionsfieber. Aus Briefen von Friedrich und Friedrich Heinrich Jacobi an Christian Wilhelm v. Dohm (September 1792 bis März 1793), hg. v. Anton Ernstberger, in: Festschrift Hermann Aubin zum 80. Geburtstag, Bd. 2, Wiesbaden 1965, S. 526-560.
Journal de la Roer: [Zeitung]
KROPP: Das Tagebuch des Eschweiler Hutmachers Michel Dominikus Kropp, hg. v. Richard Pick, Ein Tagebuch aus der Zeit der Fremdherrschaft, in: AHVNrh. 16 (1865), S. 127-158.
L: Länge
LADOUCETTE, Jean Charles François de, Voyage fait en 1813 et 1814 dans le pays entre Meuse et Rhin suivi de notes, avec une carte géographique. Paris u. Aachen 1818.
lat.: lateinisch
v. LEERODT: Sieben Briefe der Klara von Leerodt an den Bonner Hofkammerpräsidenten Franz Wilhelm von Spiegel. Aus dem Französischen übersetzt und eingeleitet von Leopold v. Bessel, in: ZAGV 64/65 (1951/52), S. 100-119.
LOUIS XVI, Lettres: Louis XVI, Marie-Antoinette et Madame Elisabeth, Lettres et documents inédits, hg. v. F. Feuillet de Couches, Bd. 3 u. 4, Paris 1865 u. 1866.
maschr.: maschinenschriftlich
NEMNICH, Philipp Andreas, Tagebuch einer der Kultur und Industrie gewidmeten Reise, Bd. 2, Tübingen 1809.
Nr(r).: Nummer(n)
o. Sign.: ohne Signatur
Paris, A.N.: Archives Nationales
Paris, B.N.: Bibliothèque Nationale
PERGER: Die Lebenserinnerungen des Aachener Kaufmanns Aloys Perger, hg. v. Gottfried Kentenich u. Albert Huyskens, in: ZAGV 56 (1935), Aachen 1936, S. 132-158.
POISSENOT, J.B., Coup-d'œil historique et statistique sur la ville d'Aix-la-Chapelle et ses environs, pouvant servir d'itinéraire. Aachen 1808.
Politischer Merkur [Zeitung]
Präfekturakten: Recueil des actes de la préfecture du département de la Roer. Sammlung der Präfektur-Akten des Roer-Departements, 10 Bde., Aachen an XI bis 1813.
Recueil des réglemans et arrêtés émanés du commissaire du gouvernement dans les quatre nouveaux départemens de la rive gauche du Rhin. Sammlung der Verordnungen und Beschlüsse, erlassen durch den Regierungs-Kommissar in den vier neuen Departements des linken Rhein-Ufers ..., 12 Tle. bzw. 24 Hefte, Straßburg an VII.
RÉMUSAT: Mémoires de Madame de Rémusat 1802-1808, hg. v. Paul de Rémusat, Bd. 1, Paris 1880.
Rheinische Flora, Blätter für Kunst, Wissen und Verkehr, hg. v. Johann Baptist Rousseau, 2 Jahrgänge, Aachen 1825 u. 1826.
RhVjbll.: Rheinische Vierteljahrsblätter
Schilderung der Stadt Aachen 1787: Schilderung der Stadt Aachen zum Unterrichte und zur Erbauung der Reisenden, der Spieler, der Geschichtsschreiber und der Philosophen. Aus dem Französischen übersetzt [von Schauberg], o.J. 1787.
Schlözerbriefe: Briefe aus Aachen, von einem Augen-Zeugen: vom 5. Febr. – 3. März 1793, in: Staats-Anzeigen, Bd. 18, Heft 70, hg. v. August Ludwig Schlözer, Göttingen 1793.
SlBd.: Sammelband
StA Aachen, Hs.: Stadtarchiv Aachen, Handschrift
StA Aachen, RA I/II: Stadtarchiv Aachen, Reichsstädtisches Archiv I bzw. II
StA Aachen, RKG: dto., Reichskammergericht
THIÉBAULT: Memoiren aus der Zeit der französischen Revolution und des Kaiserreichs von General de Thiébault, Bd. 1, bearb. v. F. Mangold. Stuttgart 1902.
v. THIMUS: Das Tagebuch des Gilles-Leonard von Thimus-Goudenrath, 1772-1799, hg. v. Luise Freiin von Coels von der Brügghen, in: ZAGV 60 (1939), S. 133-188.
ZAGV: Zeitschrift des Aachener Geschichtsvereins

Anmerkungen und Literatur zu den einzelnen Artikeln

Anmerkungen zur Einleitung, S. 3.

[1] Für das Folgende siehe etwa: VOSS, Jürgen (Hrsg.), Deutschland und die Französische Revolution. (Beihefte der Francia, Bd. 12). München u. Zürich 1983. – KUHN, Axel, Freiheit, Gleichheit, Brüderlichkeit. Debatten um die Französische Revolution in Deutschland. (Niedersächsische Landeszentrale für politische Bildung). Hannover 1989. – LANGEWIESCHE, Dieter (Hrsg.), Revolution und Krieg. Zur Dynamik historischen Wandels seit dem 18. Jahrhundert. Paderborn 1989. – REICHARDT, Rolf, Literaturbericht: Von der politisch-ideengeschichtlichen zur soziokulturellen Deutung der Französischen Revolution. Deutschsprachiges Schrifttum 1946-1988, in: Geschichte und Gesellschaft. Zeitschrift für Historische Sozialwissenschaft 15 (1989), S. 115-143. – ARETIN, Karl Otmar Freiherr v. und HÄRTER, Karl (Hrsg.), Revolution und konservatives Beharren. Das Alte Reich und die Französische Revolution. (Veröffentlichungen des Instituts für europäische Geschichte Mainz, Abteilung Universalgeschichte, Beiheft 32). Mainz 1990. – SCHMIDT, Hans, Die französische Revolution in der deutschen Geschichtsschreibung, in: Francia 17/2 (1990), S. 181-206. – REINALTER, Helmut, Die Französische Revolution in der neueren Forschung, in: DERS. (Hrsg.), Die Französische Revolution. Forschung-Geschichte-Wirkung. (Schriftenreihe der Internationalen Forschungsstelle „Demokratische Bewegungen in Mitteleuropa 1770-1850", Bd. 2). Frankfurt a.M. 1991, S. 11-21. – SCHMALE, Wolfgang, Das Bicentenaire. Ein Forschungsbericht, 2 Teile, in: Historisches Jahrbuch 113 (1993), S. 447-481 u. 114 (1994), S. 135-174. – TIMMERMANN, Heiner (Hrsg.), Die französische Revolution und Europa 1789-1799. (Forum: Politik, Bd. 7), Saarbrücken 1989.

[2] CALDWELL, Ronald J., The Era of the French Revolution. A Bibliography of the History of Western Civilisation, 1789-1799, 2 Bde., New York u. London 1985. – Siehe auch SCHMALE (wie Anm. 1), S. 448.

[3] Freiheit-Gleichheit-Brüderlichkeit. 200 Jahre Französische Revolution in Deutschland. Germanisches Nationalmuseum Nürnberg 24.6.-1.10.1989. Katalog, bearb. v. Rainer Schoch, hg. v. Gerhard Bott. Nürnberg 1989. – Sklavin oder Bürgerin. Französische Revolution und Neue Weiblichkeit 1760-1830, hg. v. Viktoria Schmidt-Linsenhoff. Katalogbuch zur gleichnamigen Ausstellung vom 4.10. bis 4.12.1989. (Kleine Schriften des Historischen Museums Frankfurt, Bd. 44). Marburg 1989.

Anmerkungen zu Kapitel A (Ende 18. Jahrhundert), S. 5-34.

[1] Siehe etwa HOEFFLER 1901, S. 171ff. – FLACH 1976, S. 1ff. – ENNEN 1981, S. 480ff.
[2] FF, vor allem: CLASSEN 1906, S. 286ff. – v. ASTEN 1956, S. 77ff. – SIEGEL 1978, S. 13ff. – NOPPIUS 1632, 2. Buch, S. 251.
[3] v. ASTEN 1956, S. 120.
[4] Zitiert nach v. ASTEN 1956, S. 122. – „Nahrung" meint hier: Lebensunterhalt.
[5] Vgl. MUMMENHOFF 1956, S. 194.
[6] STEVENS 1938, S. 87.
[7] SCHOLLEN 1911, S. 90f.
[8] HEIZMANN 1923, S. 56.
[9] Zu den Manufakturen siehe auch S. 223f.
[10] Aachen, Öff. Bibl., SlBd. 845, Nr. 124. Der Verfasser ist nicht – wie vielfach angenommen wurde – mit dem Vaalser Tuchfabrikanten Johann Arnold v. Clermont (1726-1795) identisch. Siehe dazu MÜLLER 1992, S. 207 Anm. 13.
[11] FF: Aachen, Öff. Bibl., SlBd. 845, Nr. 124, S. 10-12, 14, 16f. – SCHOLLEN 1911, S. 97f.
[12] SCHOLLEN 1911, S. 92f. – KLEY 1916, S. 223. – LÜTGE 1966, S. 483.
[13] FF: HEIZMANN 1923, S. 77f. – MÜLLER 1982, S. 112f. u. Ders. 1992, S. 216ff.
[14] FF: MÜLLER 1992, S. 206ff.
[15] Siehe MUMMENHOFF 1956, Nrr. 1055, 1134, 1186 u. 1200.
[16] Aachen, Öff. Bibl., SlBd. 845, Nr. 124, S. 28.
[17] FF: STEVENS 1938, S. 87ff.
[18] Aachen, Öff. Bibl., SlBd. 845, Nr. 124, S. 29.
[19] STEVENS 1938, S. 99. – Siehe auch MUELLER 1992, S. 226.
[20] Aachen, Öff. Bibl., SlBd. 845, Nr. 137, S. 58.
[21] Schlözerbriefe, S. 199.
[22] v. HESS, S. 37.
[23] FF (vor allem): BRÜNING 1901, S. 43ff. – NEUß 1928, S. 1ff. – DUBOIS 1939, S. 65ff., bes. S. 81. – CARL 1985, S. 107f., 161f., 179. – HILDEBRANDT 1992, S. 231ff.
[24] Vgl. StA Aachen, RA II Beamtenprotokoll, Nr. 51, fol. 75r u. die Korrespondenz in Paris, Archives du Ministère des Affaires Etrangères, Série Correspondance politique, Allemagne, Petites Principautés, Nr. 1: Aix-la-Chapelle, fol. 284r – 291v sowie HANSEN II, S. 40f.
[25] v. KEMPEN 1912, S. 257ff.

[26]) HILDEBRANDT 1992, S. 240.
[27]) CARL 1985, S. 162f. – MÜLLER 1992, S. 222f.
[28]) Nach dem Druck bei OPPENHOFF 1935, S. 128 Anm. 1.
[29]) Schilderung der Stadt Aachen 1787, S. 99.
[30]) Nach dem Druck bei OPPENHOFF 1935, S. 125f. Anm. 2.
[31]) Aachner Zuschauer 1794, S. 1086f. u. StA Aachen, Hs. 313 Nr. 120 u. Nr. 96. – Siehe auch EDER 1917, S. 109f. u. HERMANNS 1931 (Dautzenberg), S. 65.
[32]) ESTE 1795, S. 169. – Siehe auch KRANZHOFF 1930, S. 55.
[33]) Schilderung der Stadt Aachen 1787, S. 125.
[34]) Nach ZIMMERMANN 1880, S. 134f.
[35]) „Aktenmäßige Geschichte" 1786, S. 390f.
[36]) BECKERS 1935, S. 4ff.
[37]) Nach ZIMMERMANN 1880, S. 135.
[38]) BECK 1988, S. 46ff.
[39]) MÜLLER 1982, S. 111.
[40]) CARL 1985, S. 106.
[41]) MÜLLER 1990, S. 175f.
[42]) CARL 1985, S. 114.
[43]) TEPPE 1972, S. 52.
[44]) MÜLLER 1982, S. 119.
[45]) CARL 1985, S. 142.
[46]) TEPPE 1972, S. 54.
[47]) Zitiert nach CARL 1985, S. 173.
[48]) STRAUCH 1922, S. 29.
[49]) HANSEN II, S. 68 Nr. 31.
[50]) Druck: Aachen, Öff. Bibl. SlBd. 845, Nr. 176.
[51]) CARL 1985, S. 182f.
[52]) MÜLLER 1991, S. 294.
[53]) Zur Brabanter und Lütticher Revolution siehe etwa: STROHTHOTTE 1936. – DHONT 1980. – VETTER 1989. – v. ARETIN 1967, Bd. 1, S. 218ff. – PAUQUET 1990. – MOLEMANS 1991.
[54]) Siehe etwa: VIERHAUS, Aufklärung als Lernprozeß, in: VIERHAUS 1987, S. 84-95. – MÖLLER 1986 u. 1989, S. 318ff.
[55]) ERBE 1985, S. 57f.
[56]) Zu Trencks Tätigkeit in Aachen siehe insbesondere HASHAGEN 1907 und HERMANNS 1931.
[57]) HASHAGEN 1907, S. 66.
[58]) FF: A. Pauls 1928 u. 1949. – DOTZAUER 1977, S. 101ff. – HEGEL 1979, S. 468ff.
[59]) MÜLLER 1991, S. 296f. – Siehe auch A. PAULS 1949, S. 60f. – VIERHAUS 1987, S. 110ff.
[60]) A. PAULS 1928, S. 415.
[61]) MÜLLER 1982, S. 113ff. u. 1991, S. 297.
[62]) MÜLLER 1992, S. 224f.
[63]) FF: MÜLLER 1991, S. 297 u. BRUNERT 1992, S. 277, 278, 279, 281.
[64]) VIERHAUS 1987 (Deutschland), S. 183ff. – BRUNERT 1992, S. 279.
[65]) A. PAULS 1928, S. 495, 497 u. 1949, S. 54.
[66]) Siehe ausführlich: van DÜLMEN 1975, S. 1ff., bes. S. 62.
[67]) FF: HERMANNS 1951, S. 365ff. – FORSTER 1790, S. 139ff. – E. PAULS 1912, S. 121. – LIESE 1939, S. 17ff. – Das „Tableau de l'esprit" ist in der Öffentlichen Bibliothek der Stadt Aachen überliefert: Stahlschrank, Nr. 7507.
[68]) FF: Siehe Kapitel N. Ferner: WITTMÜTZ 1990, S. 5.
[69]) TEPPE 1972, S. 60.
[70]) HERMANNS 1930, S. 47.
[71]) TEPPE 1972, S. 60. – MÜLLER 1982, S. 130.
[72]) OPPENHOFF 1935, S. 87f. – WITTMÜTZ 1990, S. 7.
[73]) FF: Siehe Kapitel M.
[74]) FF: MÜLLER 1992, S. 225f., 228f.
[75]) Vgl. Schlözerbriefe, S. 200. – v. HESS, S. 97ff.
[76]) FF: Schilderung der Stadt Aachen 1787, S. 224; 250 u. 51 Anm.
[77]) FF: MÜLLER 1990, S. 177ff.
[78]) FF: HANSEN I, S. 417, 420 Anm. 2, 436 u. Anm. 1, 436, 440f., 465f., 538, 786ff.
[79]) Siehe etwa REICHHARDT 1988, S. 464f. – Dies im Gegensatz zu JULKU 1965/68, der in den reichsstädtischen Tumulten vorrevolutionäre oder gar revolutionäre Vorgänge sah (vgl. TEPPE 1972, S. 27, 50f. u. MÜLLER 1982, S. 103).
[80]) FF: HANSEN I, S. 401ff. Nr. 153. Der Marquis wird in der Aachener Fremdenliste vom 7. August aufgeführt, obgleich er bereits am 5. August nach Bonn weitergereist war.
[81]) v. Staël 1818, S. 1*.
[82]) Paris, A.N. D XXIX bis Nr. 32.
[83]) König Gustav III. an Baron de Breteuil vom 17. Mai 1791, in: LOUIS XVI, Lettres 1865, Bd. 3, S. 351ff. Nr. 538. – Über die Absicht des Königs zur Aachen-Reise berichtet auch der Politische Merkur 1791, S. 321, 337, 348, 367f.
[84]) GUSTAF III's bref 1883, S. 183. – Übersetzung nach v. REUMONT 1880, S. 39f.
[85]) Nach v. REUMONT 1880, S. 40.
[86]) GUSTAF III's bref 1883, S. 191ff. – v. REUMONT 1880, S. 49.
[87]) LOUIS XVI, Lettres, Bd. 3, S. 391ff. Nr. 552. – Auch den spanischen König versuchte Gustav III. für seine Pläne zu gewinnen: ebd., S. 409ff. Nr. 556. – Siehe auch ODHNER 1895, S. 145ff.
[88]) KLINCKOWSTRÖM 1878, Bd. 1, S. 148ff. Nr. 54.
[89]) LOUIS XVI, Lettres, Bd. 3, S. 379ff. Nr. 548.
[90]) HUBER 1975, Bd. 1, S. 23.
[91]) LOUIS XVI, Lettres, Bd. 4, S. 70ff. Nr. 573 u. 87ff. Nr. 578.
[92]) LOUIS XVI, Lettres, Bd. 4, S. 276ff. Nr. 622.
[93]) LOUIS XVI, Lettres, Bd. 4, S. 271ff. Nr. 621. – Übersetzung nach v. REUMONT 1880, S. 58.
[94]) A. PAULS 1928, S. 491f.
[95]) HANSEN II, S. 52 Nr. 25.
[96]) BOUILLÉ 1823, S. 433.
[97]) MASSENBACH 1809, Bd. 1, S. 28.
[98]) Nach HEMPELMANN 1935, S. 24.
[99]) HANSEN II, S. 297ff. Nr. 147.
[100]) FORSTER, S. 208.
[101]) CHUQUET, Valmy. – DUFRAISSE 1990, S. 95ff.
[102]) v. GOETHE 1792, Bd. 15, S. 113f., 116f., 246ff.
[103]) HANSEN II, S. 582f. Nr. 269.
[104]) Nach HAAGEN 1874, Bd. 2, S. 403 Anm.
[105]) KLINCKOWSTRÖM 1878, Bd. 2, S. 398.

[106]) Vgl. JACOBI, S. 531ff. Nr. 7 u. 9.
[107]) FF: HANSEN II, S. 533f. Nr. 10, 629ff. Nr. 289, bes. S. 631 u. 629 Anm. 2. – Aachener Zuschauer 1792, S. 1160, 1168, 1176. – Aachener Annalen (B), S. 47. – v. THIMUS, S. 172. – JACOBI, S. 532f. Nr. 9, 534f. Nr. 11 u. 12, 536f. Nr. 15, 538 Nr. 16.
[108]) v. THIMUS, S. 173. – Aachener Annalen (B), S. 47.
[109]) Aachener Annalen (B), S. 47.
[110]) Aachener Annalen (B), S. 47. – Aachner Zuschauer 1792, S. 1184.
[111]) HANSEN II, S. 633 Anm. 4.
[112]) JACOBI, S. 535f. Nr. 13 u. 14.
[113]) JACOBI, S. 532f. Nr. 9.
[114]) FF: JACOBI, S. 537 Nr. 15 u. 540, Nr. 19. – HANSEN II, S. 649 Anm. 3.
[115]) Siehe JACOBI, S. 533, 536, 537 u. HANSEN II, S. 630 u. 649 Anm. 2.
[116]) So berichtete der Aachner Zuschauer 1792, S. 1119f.
[117]) So die Brüsseler Regierung in einem nach Wien gesandten Memorandum. Zitiert nach CARL 1985, S. 126.
[118]) Siehe JACOBI, S. 540 Nr. 19.
[119]) Siehe HANSEN II, S. 649 Anm. 2.
[120]) FF: Aachener Annalen (B), S. 48. – JACOBI, S. 541f. Nr. 21 u. 542f. Nr. 22. – HANSEN II, S. 649 Anm. 2, 657f. – Aachner Zuschauer 1792, S. 1192. – v. THIMUS, S. 173.

Literatur zu Kapitel A, (Ende 18. Jahrhundert) S. 5-34.

Aktenmäßige Geschichte deren im Jahr 1786 in der Reichsstadt Aachen entstandenen und noch immerfortdauernden Tumultsunruhen ...", in: Beiträge und Material zur Geschichte der Aachener Patrizier-Familien, hg. v. Freiherr Hermann Ariovist v. Fürth, Bd. 1, Aachen 1890, S. 389ff. • ARETIN, Karl Otmar Freiherr v., Heiliges Römisches Reich 1776-1806. Reichsverfassung und Staatssouveränität. 2 Tle. (Veröffentlichungen des Instituts für Europäische Geschichte Mainz, Bd. 38). Wiesbaden 1967. • DERS., Vom Deutschen Reich zum Deutschen Bund. Göttingen 1980. • ASTEN, Herbert v., Die religiöse Spaltung in der Reichsstadt Aachen und ihr Einfluß auf die industrielle Entwicklung in der Umgebung, in: ZAGV 68 (1956), S. 77-190. • BECK, Sebastian, Verfassungsgeschichte der Reichsstadt Aachen in der Frühen Neuzeit, Aachen 1988, Ms. im StA Aachen. • BECKERS, Philomene, Parteien und Parteienkampf in der Reichsstadt Aachen im letzten Jahrhundert ihres Bestehens, in: ZAGV 55 (1933/34), Aachen 1935, S.1-40 sowie ZAGV 56 (1935), Aachen 1936, S. 105-131. • BOUILLÉ, François Claude, Marquis de, Mémoires du Marquis de Bouillé Bd. 1, Paris ³1823. • BRAUBACH, Max, Frankreichs Rheinlandpolitik im Zeitalter der französischen Revolution, in: Archiv für Politik und Geschichte 8 (1927), S. 172-186. • DERS., Von der Französischen Revolution bis zum Wiener Kongreß, in: Gebhardts Handbuch der deutschen Geschichte, hg. v. Herbert Grundmann, Bd. 3, Stuttgart ⁹1973, S. 2-96. • BRÜNING, Wilhelm, Zur Geschichte Aachens im siebenjährigen Kriege, in: AAV 14 (1901), S. 34-52. • BRUNERT, Maria-Elisabeth, Die Aachener „Neue Partei" im Frühjahr 1787, in: ZAGV 98/99 I (1992/93), S. 251-350. • CARL, Horst, Die Aachener Mäkelei 1786-1792. Konfliktregelungsmechanismen im alten Reich, in: ZAGV 92 (1985), S. 103-187. • CHUQUET, Arthur, Les guerres de la révolution, Bd. 2: Valmy. Paris o.J. • CLASSEN, Mathias, Die konfessionelle und politische Bewegung in der Reichsstadt Aachen zu Anfang des 17. Jahrhunderts, in: ZAGV 28 (1906), S. 286-442. • DAMBACHER, Ilsegret, Christian Wilhelm von Dohm. Ein Beitrag zur Geschichte des preußischen aufgeklärten Beamtentums und seiner Reformbestrebungen am Ausgang des 18. Jahrhunderts. (Europäische Hochschulschriften, Reihe III, Bd. 33). Bern, Frankfurt a.M. 1974. • DHONT, L., Politiek en institutioneel onvermogen 1780-1794 in de Zuidelijke Nederlanden, in: Algemene Geschiedenis der Nederlanden, Bd. 9, Haarlem 1980, S. 139-159. • DOTZAUER, Winfried, Bonner aufgeklärte Gesellschaften und geheime Sozietäten bis zum Jahre 1815 unter besonderer Berücksichtigung des Mitgliederstandes der Freimaurerloge „Frères courageux" in der napoleonischen Zeit, in: Bonner Geschichtsblätter 24 (1971), S. 78-142. • DERS., Freimaurergesellschaften am Rhein. Aufgeklärte Sozietäten auf dem linken Rheinufer vom Ausgang des Ancien Régime bis zum Ende der napoleonischen Herrschaft. (Geschichtliche Landeskunde, Bd. XVI). Wiesbaden 1977. • DUBOIS, Käthe, Die Reichsstadt Aachen als Stand des niederrheinisch-westfälischen Kreises in den Reichskriegen des ausgehenden 17. und des 18. Jahrhunderts (1674-1794), in: ZAGV 60 (1939), S. 1-92. • DÜLMEN, Richard van, Der Geheimbund der Illuminaten. Darstellung, Analyse, Dokumentation. Stuttgart-Bad Cannstatt 1975. • DUFRAISSE, Roger, Valmy: Une victoire, une légende, une énigme, in: Francia 17/2 (1990), S. 95-118. • EDER, Curt, Die Tätigkeit der Aachener Behörden während der ersten Jahre der französischen Fremdherrschaft (1792-96): Unter besonderer Berücksichtigung ihrer Wirtschafts- und Finanzpolitik. Marburg i.H. 1917. • ENNEN, Edith, Aachen im Mittelalter. Sitz des Reiches – Ziel der Wallfahrt – Werk der Bürger, in: ZAGV 86/87 (1979/80), Aachen 1981, S. 457-487. • ERBE, Michael, Deutsche Geschichte 1713-1790. Dualismus und Aufgeklärter Absolutismus. Stuttgart 1985. • ESTE, C., A journey in the year 1793 through Flanders, Brabant and Germany to Switzerland. London 1795. • FEHRENBACH, Elisabeth, Die Ideologisierung des Krieges und die Radikalisierung der Französischen Revolution, in: Dieter Langewiesche (Hrsg.), Revolution und Krieg. Zur Dynamik historischen Wandels seit dem 18. Jahrhundert. Paderborn 1989, S. 57-66. • FLACH, Dietmar, Untersuchungen zur Verfassung und Verwaltung des Aachener Reichsgutes von der Karolingerzeit bis zur Mitte des 14. Jahrhunderts. (Veröffentlichungen des Max-Planck-Instituts für Geschichte 46). Göttingen 1976. • FORSTER, Georg, Ansichten vom Niederrhein, von Brabant, Flandern, Holland, England und Frankreich im April, Mai und Juni 1790, hg. v. Ulrich Schlemmer. Stuttgart u. Wien 1989. • GODECHOT, Jacques, La contrerévolution. Doctrine et action 1789-1804. Paris 1961, bes. S. 161ff. • GOETHE, Johann Wolfgang v., Campagne in Frankreich 1792, in: Ders., Poetische Werke. Berliner Ausgabe, Berlin u. Weimar 1965ff., Bd. 15. • GUSTAF III's bref: Konung Gustaf III's bref till friherre G.M. Armfelt, hg. v. Elof Tegnér, Stockholm 1883. • HAAGEN, Friedrich, Geschichte Achens von seinen Anfängen bis zur neuesten Zeit, Bd. 2: vom Jahre 1400-1865. Achen 1874. • HARBAUER, Monika, Die Aachener Verfassungsschriften am Ende des 18. Jahrhunderts – verschiedene Antworten auf die gesellschaftlichen Widersprüche dieser Stadt, in: Jahrbuch für Regionalgeschichte 6 (1978), S. 183-194. • HASHAGEN, Justus, Der „Menschenfreund" des Freiherrn Friedrich von der Trenck, in: ZAGV 29 (1907), S. 49-67. • HEGEL, Eduard, Das Erzbistum Köln zwischen Barock und Aufklärung. Vom pfälzischen Krieg bis zum Ende der französischen Zeit 1688-1814. (Geschichte des Erzbistums Köln, Bd. 4). Köln 1979. • HEIZMANN, Hans Friedrich, Die rechtliche und wirtschaftliche Lage der Aachener Arbeiterschaft um die Wende des XVIII. Jahrhunderts. Ein Beitrag zur Aachener Wirtschaftsgeschichte. Aachen 1923. Ms. im StA Aachen. • HEMPELMANN, Franz, Die Emigranten und die französische Revolution in den Jahren 1789-1792. Phil. Diss. Hamburg 1935. • HENNINGS, Beth, Gustav III. En biografi. Stockholm 1957, bes. S. 279ff. • HERMANNS, Wilhelm, P.J. Franz Dautzenberg und sein „Aachner Zuschauer" (Politischer Merkur) 1790-1798. Ein Beitrag zur rheinischen Zeitungskunde, Kulturgeschichte und Geisteshaltung des ausgehenden 18. Jahrhunderts, in: ZAGV 52 (1930), Aachen 1931, S. 39-160. • DERS., Journalist von der Trenck. Ein Beitrag zur rheinischen Zeitungsgeschichte des 18. Jahrhunderts, in: Zeitungswissenschaft 1931, Heft 6, S. 400-409. • DERS., Erzstuhl des Reiches. Lebensgeschichte der Kur- und Kronstadt Aachen. Ratingen 1951. • HERZIG, Arno, Kinderarbeit in Deutschland in Manufaktur und Protofabrik (1750-1850), in: Archiv für Sozialgeschichte 23 (1983), S. 311-375. • HEUSCH, Heinrich, Die Aachener Verfassungskämpfe von 1786 bis 1792. Jur. Diss. Köln 1927. Borna-Leipzig 1927. • HILDEBRANDT, Reinhard, Der Haushalt der Reichsstadt Aachen 1682-1784/85, in: ZAGV 98/99 I (1992/93), S. 231-249. • HOEFFLER, Heinrich, Entwicklung der kommunalen Verfassung und Verwaltung der Stadt Aachen bis zum Jahre 1450, in: ZAGV 23 (1901), S. 171-289. • HUBER, Ernst Rudolf, Deutsche Verfassungsgeschichte seit 1789, Bd. 1: Reform und Restauration 1789 bis 1830. Stuttgart, Berlin, Köln, Mainz ²1975. • JULKU, Kyösti, Die revolutionäre Bewegung im Rheinland am Ende des achtzehnten Jahrhunderts, 2 Bde. (Annales Academiae Scientiarum Fennicae, Bde. 136 u. 148). Helsinki 1965 u. 1968. • KÄDING, Emil, Beiträge zur preußischen Finanzpolitik in den Rheinlanden während der Jahre 1815-1840. (Studien zur rheinischen Geschichte, Heft 8). Bonn 1913. • KAEMMERER, Walter, Der Aachener Gaffelbrief von 1450, ein Dokument bürgerlicher Eigenständigkeit, in: Aachener Innungsleben. Fünf Jahrzehnte Innungsausschuß/Kreishandwerkerschaft Aachen 1907-1957, Aachen 1957, S. 101-104. • KEMPEN, Reiner v., Die Streitigkeiten zwischen dem Kurfürsten von der Pfalz als Herzog von Jülich und der Reichsstadt Aachen wegen der Vogtmeierei im 18. Jahrhundert, 2 Tle., in: ZAGV 34 (1912), S. 227-296 u. 35 (1913), S. 1-101. • KLEY, Heribert, Geschichte und Verfassung des Aachener Wollenambachts wie überhaupt der Tuchindustrie der Reichsstadt Aachen. Ein Beitrag zur Entwicklung der deutschen Tuchindustrie und des Zunftwesens. Siegburg 1916. • KLINCKOWSTRÖM, R.M. Baron de (Hrsg.), Le comte de Fersen et la cour de France. Extraits des papiers du Grand Maréchal de Suède, comte Jean Axel de Fersen, 2 Bde., Paris 1878. • Krieg gegen die Französische Revolution 1792-1797, 2 Bde., hg. v.d. Direktion des k. und k. Kriegsarchivs, Wien 1905. • KOLEWA, Herbert, Reichsstadt und Territorium. Studien zum Verhältnis zwischen der Reichsstadt Aachen und dem Herzogtum Jülich 1769-1777. (Europäische Hochschulschriften, Reihe 3, Bd. 583). Frankfurt a.M. 1993. • KRANZHOFF, Maria, Aachen als Mittelpunkt bedeutender Straßenzüge zwischen Rhein, Maas und Mosel in Mittelalter und Neuzeit, in: ZAGV 51 (1929), Aachen 1930, S. 1-63. • LIESE, Josef, Das klassische Aachen. 2 Tle. (Aachener Beiträge zur Heimatkunde XVII u. XX). Aachen 1936 u. 1939. • LÜCKER, Heinrich, Die Finanzen der Stadt Köln seit dem Ausgange des 18. Jahrhunderts 1794-1907, Tl. 1: Das französische Finanzsystem von 1794-1820. Eine finanzwissenschaftliche Studie und ein Beitrag zur Lösung des kommunalen Finanzproblems. Phil. Diss. Erlangen 1908. • LÜTGE, Friedrich, Deutsche Sozial- und Wirtschaftsgeschichte. Ein Überblick. Berlin, Heidelberg, New York ³1966. • MASSENBACH, August Ludwig, Memoiren zur Geschichte des preußischen Staates unter der Regierung Friedrich Wilhelms II. und III., 3 Bde., Amsterdam 1809, 1810. • MEUTHEN, Erich, Der gesellschaftliche Hintergrund der Aachener Verfassungskämpfe an der Wende vom Mittelalter zur Neuzeit, in: ZAGV 74/75 (1962/63), Aachen 1963, S. 299-392. • MÖLLER, Horst, Vernunft und Kritik. Deutsche Aufklärung im 17. und 18. Jahrhundert. (Edition Suhrkamp, N.F., Bd. 269). Frankfurt a.M. 1986. • DERS., Fürstenstaat oder Bürgernation. Deutschland 1763-1815. (Die Deutschen und ihre Nation, Bd. 1). Berlin 1989. • MOLEMANS, J., De Luikse Revolutie, in: Het Oude Land van Loon. Jaarboek van de Federatie der Geschieden Oudheidkundige Kringen van Limburg 46 (1991), S. 3-128. • MOLITOR, Hansgeorg, Vom Untertan zum Administré. Studien zur französischen Herrschaft und zum Verhalten der Bevölkerung im Rhein-Mosel-Raum von den Revolutionskriegen bis zum Ende der napoleonischen Zeit. (Veröffentlichungen des Instituts für Europäische Geschichte Mainz, Bd. 99). Wiesbaden 1980, S. 14ff. • MÜLLER, Klaus, Studien zum Übergang vom Ancien Régime zur Revolution im Rheinland. Bürgerkämpfe und Patriotenbewegung in Aachen und Köln, in: Rheinische Vierteljahrsblätter 46 (1982), S. 102-160. • DERS., Städtische Unruhen im Rheinland des späten 18. Jahrhunderts, in: Rheinische Vierteljahrsblätter 54 (1990), S. 164-187. • DERS., Aachen im Zeitalter der Französischen Revolution und Napoleons. Umbruch und Kontinuität, in: ZAGV 97 (1991), S. 293-333. • DERS., Die Reichsstadt Aachen im 18. Jahrhundert, in: ZAGV 98/99 I (1992/93), Aachen 1992, S. 205-230. • MUMMENHOFF, Wilhelm, Die Bürgerrechtsverleihungen in der Reichsstadt Aachen während der Jahre 1656 bis 1794 (1797), in: ZAGV 68 (1956), S. 191-332. • NATHAN, Karl, Die Kämpfe zwischen Roer und Maas während des ersten Koalitionskrieges, in: ZAGV 21 (1899), S. 88-121. • NETTMANN, Adolph Leo, Die Intraden der Aachener Spielbank. Eine volkswirtschaftliche Untersuchung der Einnahmen und Ausgaben der Spielbankverwaltung und der Verwendung der Reingewinne. Wirtschafts- u. sozwiss. Diss. Köln 1922. • NEUß, Willy, Die Steuerverwaltung der Reichsstadt Aachen. Jur. Diss. Köln 1928, Monschau 1928. • NOPPIUS, Johannes, Aacher Chronick ... Köln 1632. • ODHNER, C.T., Gustaf III och Katarina II efter freden i Wärälä, in: Svenska Akademiens Handlingar ifrån år 1886, Tl. 9, Stockholm 1895, S. 145-208. • OPPENHOFF, Joseph, Die Spielbank in Aachen und Umgebung, in: ZAGV 55 (1933/34), Aachen 1935, S. 120-142. • PAULS, August, Friedrich der Große und die Aachener Mäkelei, in: ZAGV 48/49 (1926/27), Aachen 1928, S. 1-23. • DERS., Geschichte der Aachener Freimaurerei, Bd. 1: Die Aachener Freimaurerei in der reichsstädtischen Zeit (bis Ende September 1794). Clausthal-Zellerfeld 1928. • DERS., Annalen der

Aachener Freimaurerei. Festschrift zum 175. Stiftungsfest der Aachener Johannisloge „Zur Beständigkeit und Eintracht". Frankfurt a.M. 1949. • PAULS, Emil, Berühmte Fremde in Aachen während der Zeit von 1789 bis zum 2. März 1793, in: ZAGV 34 (1912), S. 115-122. • PAUQUET, F., Die Revolutionsjahre 1789-1794 und das Limburger Land, in: Im Göhltal 46 (1990), S. 52. • PRÜSENER, Marlies, Lesegesellschaften im 18. Jahrhundert. Ein Beitrag zur Lesergeschichte, in: Archiv für Geschichte des Buchwesens 13 (1973), Sp. 369-594. • REICHARDT, Rolf, Bastillen in Deutschland? Gesellschaftliche Außenwirkungen der Französischen Revolution am Beispiel des Pariser Bastillensturms, in: Ralph Melville, Claus Scharf, Martin Vogt, Ulrich Wengenroth (Hrsg.), Deutschland und Europa in der Neuzeit. Festschrift für Karl Otmar Freiherr v. Aretin zum 65. Geburtstag. Stuttgart 1988, S. 419-467. • REUMONT, Alfred v., König Gustav III. von Schweden in Aachen, in: ZAGV 2 (1880), S. 1-74. • SCHOLLEN, Matthias, War Johannes Wespien Tuchfabrikant?, in: ZAGV 33 (1911), S. 89-99. • SCHULTHEIS-FRIEBE, Marieluise, Die französische Wirtschaftspolitik im Roer-Departement 1792-1814. Phil. Diss. Bonn 1969, S. 46ff. • SIEGEL, Roland, Die evangelische Gemeinde Aachen in der Vergangenheit, in: Festschrift zur 175-Jahr-Feier der Anna-Kirche 1978. Aachen 1978, S. 13-21. • SÖDERHJELM, Alma, Sverige och den franska revolutionen, Bd. 1: Gustav III's tid. Helsingfors 1920, bes. S. 227ff. • v. Staël: Betrachtungen über die vornehmsten Begebenheiten der Französischen Revolution. Ein nachgelassenes Werk der Frau von Staël, hg. vom Herzog von Broglie und dem Freiherrn von Staël aus dem Französischen, Bd. 2. Heidelberg 1818. • STEVENS, Hermann, Toleranzbestrebungen im Rheinland während der Zeit der Aufklärung. (Kurmainz, Kurköln, Reichsstädte Köln und Aachen). Phil. Diss. Bonn 1938. • STRAUCH, Josef, Die Aachener Tuchindustrie während der französischen Herrschaft (1794-1814). Rechts- u. staatswiss. Diss. Münster i.W. 1922. • STROHTHOTTE, H., Die Exekution gegen Lüttich 1789-1792. Ein Beitrag zur Geschichte des Heiligen Römischen Reichs deutscher Nation. Phil. Diss. Bonn 1936. • TEPPE, Carl, Zur Charakterisierung der lokalen Unruhen in Aachen 1786 bis 1792, in: ZAGV 82 (1972), S. 35-68. • VAISSIERE, Pierre de, A Coblence ou les emigrés français dans les pays Rhénans de 1789 à 1792. (Les cahiers Rhénans 1). Paris 1924, S. 210ff. • VETTER, Klaus, Die Brabanter Revolution 1789 bis 1790, in: Die Französische Revolution und Europa 1789-1799, hg. v. Heiner Timmermann. (Forum Politik, Bd. 7). Saarbrücken-Scheidt 1989, S. 393-404. • VIDALENC, Jean, Les émigrés français dans les pays allemands pendant la Révolution, in: Deutschland und die Französische Revolution, hg. v. Jürgen Voss. (Beihefte der Francia, Bd. 12). München 1983, S. 154-167. • VIERHAUS, Rudolf, Deutschland im 18. Jahrhundert. Politische Verfassung, soziales Gefüge, geistige Bewegungen. Ausgewählte Aufsätze. Göttingen 1987. • DERS., Christian Wilhelm Dohm • Ein politischer Schriftsteller der deutschen Aufklärung, in: Ders., Deutschland im 18. Jahrhundert. Politische Verfassung, soziales Gefüge, geistige Bewegungen, Göttingen 1987, S. 143-156. • WERHAHN, Heinz Martin, Friedrich von der Trenck und die Aachener Publizistik in den Jahren 1773 bis 1775, in: ZAGV 84/85 II (1977/78), Aachen 1978, S. 853-873. • WITTMÜTZ, Volkmar, Die Französische Revolution und ihr Widerhall im Rheinland, in: Monatshefte für Evangelische Kirchengeschichte des Rheinlandes 39 (1990), S. 1-17. • ZIMMERMANN, Carl, Aachener Kalender für das Jahr 1880. Aachen 1880.

Anmerkungen zu Kapitel B (1792/93), S. 35-63

[1]) v. THIMUS, S. 173.
[2]) Haarener Kirchenbuch, S. 36. – Zur Identifizierung des Autors des Haarener Kirchenbuchs mit J.H. Beys siehe SCHNOCK 1897, S. 112.
[3]) FF: v. ZIMMERMANN 1912, S. 136, 142, 145.
[4]) BRÜNING 1898, S. 122. – BERTHA/MEVEN 1974, S. 45.
[5]) JACOBI, S. 542f. Nr. 22.
[6]) JACOBI, S. 544f. Nr. 24.
[7]) Vgl. HANSEN II, S. 673 Anm. 4.
[8]) FF: Paris, A.N., D § 2, 4.
[9]) JACOBI, S. 544f. Nr. 24.
[10]) Aachener Annalen (B), S. 48. – HANSEN II, S. 657 Anm. 3.
[11]) JACOBI, S. 544f. Nr. 24.
[12]) JACOBI, S. 545 Nr. 25.
[13]) Siehe vor allem HANSEN II, S. 658 Anm. 1.
[14]) Aachener Franziskanerchronik, S. 181.
[15]) Nach HANSEN II, S. 657 Anm. 3.
[16]) JACOBI, S. 541f. Nr. 21. – Zu den Pelzkappen siehe HUYSKENS 1929, S. 91.
[17]) FF: NOPPIUS 1632, S. 102f. – MEYER 1781, S. 593. – NIEßNER 1907, S. 32f. – Aachener Annalen (B), S. 48. – Aachener Franziskanerchronik, S. 181. – JACOBI, S. 535, 546 Nr. 26. – Aachner Zuschauer 1792, S. 1192. – HANSEN II, S. 664ff. Nr. 302. – v. HESS, S. 20ff. – HERMANNS 1931, S. 55f.
[18]) FF: NIEßNER 1907, S. 33f. – ANDEREGG 1968, S. 125ff.
[19]) Aachner Zuschauer 1792, S. 1192.
[20]) Aachener Franziskanerchronik, S. 181.
[21]) JACOBI, S. 548. – Vgl. auch HERMANNS 1930, S. 55f.
[22]) Aachener Annalen (B), S. 48f. u. (H), S. 34. – JACOBI, S. 546 Nr. 26.
[23]) ANDEREGG 1968, S. 42ff.
[24]) JACOBI, S. 544f. Nr. 24.
[25]) Aachener Annalen (B), S. 48.
[26]) Siehe dazu CHUQUET 1891, S. 53. – Vgl. auch JACOBI, S. 547.
[27]) DUMOURIEZ 1794, Bd. 1, S. 24, 36.
[28]) JACOBI, S. 546. – Siehe auch Aachener Annalen (B), S. 49.
[29]) Aachner Zuschauer 1792, S. 27 u. HANSEN II, S. 601f. Nr. 276.
[30]) StA Aachen, Beissel-Fey III Nr. 9 u. RA II Allg. Akten 512 Nr. 1-3. – Dr.: BRÜNING 1898 (Chronik), S. 49 Anm. 1.
[31]) Aachen, Öff. Bibl., SlBd. 845 Nr. 190.
[32]) JACOBI, S. 546 Nr. 26.

33) HANSEN II, S. 679 Anm. 2. – Zur Disziplinlosigkeit der Truppen siehe auch die Briefe JACOBI's, S. 543, 544, 546, 548.
34) AULARD I, S. 356f.
35) JACOBI, S. 546 Nr. 26.
36) StA Aachen, Beissel-Fey III Nr. 8.
37) Siehe den Bericht des Regisseur des vivres et fourages de l'Armée des Ardennes, provisoirement à Aix-la-Chapelle vom 4. Januar 1793 an die in Aachen weilenden Deputierten des Nationalkonvents: Paris, A.N., D § 2, carton 1, liasse 9, pièce 3, S. 1ff.
38) Chronik der Jesuiten-Sodalität im Diözesanarchiv Aachen, Hs. 334, fol. 196v. – Aachener Annalen (B), S. 49 u. (H), S. 34. – Truppenbewegungen melden der Aachener Zuschauer 1793, S. 100 und JACOBI, S. 547.
39) Aachner Zuschauer 1792, S. 1195ff. u. 1216. – Aachener Annalen (B), S. 49f. – JACOBI, Nr. 27, S. 547.
40) Frz. Dr.: HANSEN II, S. 645ff. Nr. 295. – Übersetzung nach REMLING 1865, S. 210ff.
41) Die Proklamation erläuterte die Absichten des Nationalkonvents näher. Frz. Dr.: HANSEN II, S. 647 Anm. 1. – Übersetzung bei REMLING 1865, S. 213. – Aachner Zuschauer 1792, S. 1201.
42) Abschrift im StA Aachen, RA II Ratsprotokoll 34, fol. 227r. – StA Aachen, RKG A 27 XIX Anlage Nr. 638 zum Schriftsatz Bostells vom 2. Sept. 1793. – Vgl. JACOBI, S. 547.
43) FF: Beglaubigte Abschrift im StA Aachen RA II Ratsprotokoll 34, fol. 227r,v. – Dr.: MILZ 1870/71, S. 16f. Danach HANSEN II, S. 675f. Nr. 306. – StA Aachen, RKG A 27 XIX, Anlage 639.
44) StA Aachen, RA II Ratsprotokoll 34, fol. 226r.
45) Paris, A.N., D § 2, 4 und AULARD I, S. 369f. – Vgl. HANSEN II, S. 679 Anm. 1.
46) De BEY, S. 532. – JACOBI, S. 547. – Vgl. HANSEN II, S. 678f. Nr. 308 u. S. 704 Anm.
47) HANSEN II, S. 703 Nr. 320 u. Nr. 374, S. 860.
48) JACOBI, S. 549.
49) Vgl. HANSEN II, S. 883 Anm. 2.
50) HANSEN II, S. 703 Anm. 2.
51) Aachener Franziskanerchronik, S. 181. – Vgl. HANSEN II, S. 704 Anm.
52) Aachener Annalen (B), S. 50 u. (H), S. 34.
53) De BEY, S. 533.
54) JACOBI, S. 549 zum 2. Januar 1793. – Vgl. auch de BEY, S. 533 u. HANSEN II, S. 695 Anm. 2. – HÜFFER 1904, S. 37 Anm. 2.
55) Aachener Franziskanerchronik, S. 181.
56) FF: StA Aachen, RA II Ratsprotokoll 34, fol. 226ff. – StA Aachen, RKG A 27 XIX, Anlagen 640, 641. – Aachener Annalen (B), S. 50. – JACOBI, S. 547, 548, 549. – HANSEN II, S. 74*ff.
57) StA Aachen, RA II Ratsprotokoll 34, fol. 228v u. Paris, A.N., D § 2, 4. – Dr.: MILZ 1870/71, S. 20 u. HANSEN II, S. 662f. – Übersetzung nach NIEßNER 1907, S. 42f.
58) FF: JACOBI, S. 548 Nr. 28 u. de BEY, S. 532. – Ebenso erging es dem hl. Cornelius in Kornelimünster: FORST (nach Capellmann), S. 14.
59) FF: StA Aachen, RA II Ratsprotokoll 34, fol. 226r,v. – StA Aachen, RKG A 27 XIX, Anlage 642. – Aachener Annalen (B), S. 50. – Vgl. HANSEN II, S. 682 Anm. 1.
60) StA Aachen, Beissel-Fey III Nr. 9 u. Aachen, Öff. Bibl. SlBd. 845, Nr. 191.
61) StA Aachen, Beissel-Fey III Nr. 10.
62) FF: JACOBI, S. 547, 550f. – Aachener Annalen (H), S. 35. – HANSEN II, S. 690 Anm. 1, S. 691 Anm. 2. – AULARD I, S. 403ff., 470ff. – StA Aachen, RKG A 27 XIX, Anlage 637.
63) AULARD I, S. 472. – Vgl. HANSEN II, S. 691 Anm. 2.
64) JACOBI, S. 555.
65) Vgl. JACOBI, S. 546 Nr. 26 u. S. 548 Nr. 27. – v. ZIMMERMANN 1912, S. 136 u. 145.
66) JACOBI, S. 551 Nr. 30.
67) JACOBI, S. 552f. Nr. 32.
68) Siehe Aachener Annalen (B), S. 50f. u. Aachner Zuschauer 1793, S. 40, 48, 64, 88.
69) Nach dem französischen Text bei HANSEN II, S. 690 Anm. 1. – Wohl noch in Aachen wandten sich die Kommissare in einer Proklamation an die Truppen der Avantgarde, versprachen eine Verbesserung der Versorgungssituation und riefen zur Disziplin auf: StA Aachen, Beissel-Fey III Nr. 2.
70) HANSEN II, S. 690 Anm. 1.
71) StA Aachen, Beissel-Fey III Nr. 12 u. Aachen, Öff. Bibl., SlBd. 845, Nr. 193. – Vgl. HANSEN II, S. 690ff. Nr. 313.
72) Nach HANSEN II, S. 776.
73) Aachner Zuschauer 1793, S. 217 zum 16. März.
74) Plakatdruck: StA Aachen, Beissel-Fey III Nr. 44. – JACOBI, S. 551 Nr. 30. – Aachener Annalen (B), S. 50 u. (H), S. 35. – HANSEN II, S. 683f. Anm. 4, 692f. Nr. 314, S. 710 (mit konfuser Chronologie).
75) FF: Vgl. etwa JACOBI, S. 551 Nr. 30. – v. THIMUS, S. 174. – de BEY, S. 533. – OPPENHOFF 1894, S. 147. – TEPPE 1972, S. 62-64. – CARL 1985, S. 186.
76) FF: StA Aachen, RKG A 27 XIX, Anlagen 649 u. 650. – JACOBI, S. 551 u. HANSEN II, S. 710.
77) FF: Paris, A.N., D § 3, 61-588. – StA Aachen, RKG A 27 XIX, Anlage 655. – Aachener Annalen (B), S. 50. – JACOBI, S. 552. – StA Aachen, Beissel-Fey III Nr. 13. – AULARD I, S. 449.
78) FF: StA Aachen, Beissel-Fey III Nr. 13. – Aachner Zuschauer 1793, S. 32. – JACOBI, S. 552. – de BEY, S. 533.
79) Der Bericht Dampierres an den Nationalkonvent: Paris, A.N., D § 3, 61-588 vom 9. Januar. – Vgl. StA Aachen RKG A 27 XIX, Anlage 655. – HANSEN II, S. 693 Anm. 2.
80) SCHREIBER 1929, S. 42ff., 86ff., 92ff.
81) Nach StA Aachen, Beissel-Fey III Nr. 14 u. Aachen, Öff. Bibl. SlBd. 845, Nr. 195 u. 206.
82) StA Aachen, Beissel-Fey III Nr. 16.
83) Wie Anm. 81.
84) Aachener Annalen (B), S. 50. – Vgl. de BEY, S. 533.
85) FF: StA Aachen, RA II Allg. Prozesse 3-7. – Aachener Annalen (B), S. 50. – Aachener Franziskanerchronik, S. 181. – HANSEN II, S. 361 Nr. 175, S. 694ff. Nr. 315, S. 742ff. Nr. 337. – JACOBI, S. 544, 546, 553. – LÖHRER 1976, S. 30ff., 127f.

[86]) Vgl. HANSEN II, S. 75* Anm. 4.
[87]) StA Aachen, RA II Allg. Prozesse 3-7, fol. 13.
[88]) StA Aachen, RA II Ratssuppliken 1793 II, fol. 287r,v, 288v u. Ratsprotokoll 35, S. 38. – Vgl. HANSEN II, S. 822.
[89]) v. HESS, S. 22.
[90]) JACOBI, S. 553. – LÖHRER 1976, S. 127f. – MÜLLER 1982, S. 132 Anm. 102.
[91]) MÜLLER 1982, S. 132f.
[92]) Zitat: StA Aachen, RA II Allg. Prozesse 3-7, fol. 13. – Siehe auch: LÖHRER 1976, S. 33.
[93]) Aachner Zuschauer 1793, S. 56. – Aachen, Öff. Bibl., SlBd. 845, Nr. 200.
[94]) Aachen, Öff. Bibl., SlBd. 845, Nr. 208ff.
[95]) Schlözerbriefe, S. 208.
[96]) Vgl. LÖHRER 1976, S. 35f. – Zur Schwierigkeit einer Definition des Begriffs „Jakobinerklub" siehe etwa: REINALTER 1988, S. 39ff. u. MAZAURIC 1991, S. 45ff.
[97]) Siehe etwa v. THIMUS, S. 174. – de BEY, S. 533. – HANSEN II, S. 860.
[98]) JACOBI, S. 552.
[99]) Aachner Zuschauer 1793, S. 32.
[100]) FF: StA Aachen, RKG A 27 XIX, Anlage 655. – Aachener Annalen (B), S. 50, 51. – JACOBI, S. 553. – Aachner Zuschauer, S. 56. – de BEY, S. 533.
[101]) Schlözerbriefe, S. 198.
[102]) FF: Aachner Zuschauer 1793, S. 40. – Aachener Annalen (B), S. 51. – JACOBI, S. 553.
[103]) Siehe Exp. B 9.
[104]) Aachen, Öff. Bibl. SlBd. 845, fol. 197 u. 198. – Die Liste der in der Stadt gewählten Volksrepräsentanten findet sich im StA Aachen RKG A 27 XIX, Anlage 645.
[105]) Zitat nach HANSEN II, S. 702 Anm. 2. – FF: Aachen, Öff. Bibl., SlBd. 845, Nr. 199 u. StA Aachen, Beissel-Fey III Nr. 34.
[106]) Aachener Annalen (B), S. 51.
[107]) Paris, A.N., D § 3, 61-588.
[108]) FF: Aachen, Öff. Bibl., SlBd. 845, Nr. 201. – Siehe auch Paris, A.N., F 7, 4402: Bericht der provisorischen Verwaltung in Aachen an den Pariser Nationalkonvent.
[109]) StA Aachen, Beissel-Fey III Nr. 19 u. Aachen, Öff. Bibl., SlBd. 845 Nr. 205.
[110]) JACOBI, S. 554f. – Zur Oper Ludowiska bzw. Ludoiska siehe: The New Grove dictionary of opera, hg. v. Stanley Sadie, Bd. 2, London u. New York 1992, S. 1303ff.
[111]) StA Aachen, Beissel-Fey III Nr. 17 u. Aachen, Öff. Bibl., SlBd. 845 Nr. 202. – JACOBI, S. 555. – Aachener Annalen (B), S. 51.
[112]) JACOBI, S. 555.
[113]) Wie Anm. 112.
[114]) FF: Aachener Annalen (H), S. 35. – Aachner Zuschauer 1793, S. 80. – StA Aachen, Beissel-Fey III Nr. 7. – Dr.: WACKER 1890, S. 56. – v. THIMUS, S. 174.
[115]) Schlözerbriefe, S. 198. – Siehe auch StA Aachen, Beissel-Fey III Nr. 7, 40-43.
[116]) Beglaubigte Abschrift vom 25. Januar 1793 aus dem verlorenen Protokollbuch der Repräsentantenversammlung im StA Aachen, Beissel-Fey III Nr. 20.
[117]) FF: Schlözerbriefe, S. 198f. – Danach REY 1907, S. 212f.
[118]) Abschrift der Protestnote vom 22. Januar 1793 in Aachen, Öff. Bibl., SlBd. 845, Nr. 204.
[119]) Paris, A.N., D 23 Nr. 2, dossier 31, pièce 7.
[120]) HECKER 1941, S. 56ff. – OPPENHOFF 1894, S. 146f. Anm. 5.
[121]) StA Aachen, Beissel-Fey III Nr. 8.
[122]) Aachener Annalen (B), S. 51. – Siehe auch Aachener Annalen (H), S. 35.
[123]) JACOBI, S. 555f. – Schlözerbriefe, S. 205.
[124]) Aachner Zuschauer 1793, S. 82ff. – Vgl. HANSEN II, S. 704ff. Nr. 321.
[125]) FF: StA Aachen, RA II Allg. Akten 248, fol. 1r,v und 2r. – Paris, A.N., F 7, 4402.
[126]) StA Aachen, Beissel-Fey III Nr. 21. – Dr.: WACKER 1890, S. 57.
[127]) StA Aachen, Beissel-Fey III Nr. 22. – Dr.: WACKER 1890, S. 57. – Einzelne Polizeiverordnungen finden sich als Abschriften in den privaten Aufzeichnungen des Maires Beissel (Privatbesitz Hanns Stephan Beissel).
[128]) Dies verkündete auch eine Proklamation des Generals Dampierre vom 4. Februar: StA Aachen, Beissel-Fey III, Nr. 27. – Dr.: WACKER 1890, S. 57f.
[129]) WACKER 1890, S. 57f. – HANSEN II, S. 734f. Nr. 331. – Siehe auch JACOBI, S. 556.
[130]) StA Aachen, Beissel-Fey III Nr. 25. – Dr.: WACKER 1890, S. 58.
[131]) FF: Privatakten des Maires Beissel im Privatbesitz von Hanns Stephan Beissel.
[132]) FF: StA Aachen, Beissel-Fey III Nr. 23, 24. – Aachen, Öff. Bibl., SlBd. 845, Nr. 207. – JACOBI, S. 556.
[133]) Vgl. HANSEN II Nrr. 327, 330. – Aachener Annalen (B), S. 52. – Schlözerbriefe, S. 201f., 207. – StA Aachen, Beissel-Fey III Nr. 30-32, 36, 37. – Aachner Zuschauer 1793, S. 192, 200.
[134]) HANSEN II Nr. 332, S. 735. – Siehe auch Aachener Annalen (B), S. 52 u. Schlözerbriefe, S. 208f.
[135]) Dies ergibt sich aus den Kopien verschiedener Briefe vom 6., 14., 20. u. 21. Februar in den Privatakten des Maires Beissel (heute Privatbesitz von Hanns Stephan Beissel). – Siehe auch Aachener Annalen (B), S. 51.
[136]) StA Aachen, Beissel-Fey III Nr. 29 u. RKG A 27 XIX, Anlage 653.
[137]) StA Aachen, Beissel-Fey III Nr. 26. – Dr.: WACKER 1890, S. 58.
[138]) Aachener Annalen (B), S. 51 u. Schlözerbriefe, S. 201.
[139]) Vgl. Aachener Annalen (B), S. 52.
[140]) Aachener Annalen (B), S. 51. – JACOBI, S. 556. – Schlözerbriefe, S. 202f. – HANSEN II, S. 765 Erläuterung.
[141]) StA Aachen, Beissel-Fey III Nr. 28.
[142]) Schlözerbriefe, S. 203. Die dort genannte Zahl von 300–400 Stadtsoldaten dürfte übertrieben sein. – Aachener Annalen (B), S. 51. – JACOBI, S. 556.
[143]) FF: Schlözerbriefe, S. 202f.
[144]) StA Aachen, Beissel-Fey III Nr. 29. – Aachener Annalen (B), S. 52.
[145]) Plakatdruck in deutscher Sprache: StA Aachen, Beissel-Fey III Nr. 29 und RA II Allg. Akten 250, fol. 2. – Siehe auch Schlözerbriefe, S. 201.

146) Vgl. HANSEN II, S. 76*f. u. 733, 736 Anm. 1.
147) Aachner Zuschauer 1793, S. 152. – Eine Liste der gewählten Wahlmänner zum Nationalkonvent findet sich im StA Aachen, RKG A 27 XIX, Anlage 647.
148) Liste der gewählten Mitglieder zum Aachener Nationalkonvent im StA Aachen, Beissel-Fey III Nr. 33. – Aachener Annalen (B), S. 52. – Aachner Zuschauer 1793, S. 192.
149) Paris, A.N., F 7, 4402.
150) StA Aachen, RKG A 27 XIX, Anlage 652. – StA Aachen, RA II Ratsprotokoll 35, S. 1.
151) StA Aachen, RKG A 27 XIX, Anlage 654. – JACOBI, S. 558 Nr. 41.
152) Aachener Annalen (B), S. 52f. u. (H), S. 35. – Schlözerbriefe, S. 210ff. – PERGER, S. 141ff. – Haarener Kirchenbuch, S. 37f. – Diözesanarchiv Aachen, Hs. 334 (Jesuiten-Sodalität), fol. 197r. – Archiv der Kölnischen Provinz des Franziskanerordens, Annales conventus Aquensis Fratrum Minorum Recollectorum, Bd. 3, S. 182. – Aachner Zuschauer 1793, S. 201ff. zum 11. März. – Des Königlichen Stuhls Kais. freyen Reichs-Stadt Aachen Zeitung zum 6. Mz. 1793. – Kaiserliche Reichs-Ober-Postamts-Zeitung zu Köln zum 5. Mz. 1793. – Kölner Welt- u. Staatsboth zum 7. Mz. 1793. – HANSEN II, S. 773ff. Nr. 351. – KAENTZELER 1868 Nr. 313. – CHUQUET 1891, Bd. 5, S. 56ff. – NATHAN 1899, S. 92ff. – E. PAULS 1899, S. 235ff. – HECKER 1941, S. 64f. Nr. 6. – BERTHA/MEVEN 1975, S. 8ff.
153) Haarener Kirchenbuch, S. 37f.
154) Aachener Annalen (B), S. 52. – Haarener Kirchenbuch, S. 39. – Diözesanarchiv Aachen, Hs. 334, fol. 197r.
155) Dumouriez (1794, Bd. 2, S. 60) schrieb: „Le général Dampierre commandait dans Aix-la-Chapelle, où il s'occupait de plaisirs et de rapines".
156) Aachener Annalen (B), S. 52.
157) StA Aachen, Beissel-Fey III Nr. 39. – Dr.: WACKER 1890, S. 50.
158) Vgl. auch AULARD II, S. 244, 249, 250.
159) KAENTZELER 1868 Nr. 313. – Aachener Zeitung vom 6. März 1793. – CRUYPLANTS 1912, S. 576.
160) Schlözerbriefe, S. 215.
161) Siehe BERTHA/MEVEN 1975, S. 11.
162) Schlözerbriefe, S. 215f. – Eine tote „Dame" erwähnt auch das Haarener Kirchenbuch, S. 39.
163) BERTHA/MEVEN 1975, S. 25.
164) KAENTZELER 1868 Nr. 313.
165) Er wurde von den Alexianerbrüdern beigesetzt: StA Aachen, Alexianer-Begräbnis-Gebührenregister, Bd. 83 I, S. 64 zum 4. März.
166) HECKER 1941, S. 64f. Nr. 6.
167) FF: A. PAULS 1950, S. 42ff., bes. S. 50f., 57ff., 72. – Vgl. HANSEN III, S. 776 u. BERTHA/MEVEN 1975, S. 8ff.
168) GIRTANNER 1793, S. 468.
169) Schlözerbriefe, S. 212.
170) Vgl. HANSEN II, S. 776.
171) CHUQUET 1891, S. 60. – HANSEN II, S. 775.
172) Aachner Zuschauer 1793, S. 201.
173) Aachner Zuschauer 1793, S. 207.
174) FF: PIERRE 1904. – ANDEREGG 1968, S. 47f. – MARTY 1988, S. 9ff. u. 97ff. – HUDDE 1990, S. 143ff.
175) Nach MILZ 1871/72, S. 18. – HANSEN II, S. 776.

Literatur zu Kapitel B (1792/93), S. 35-63.

ANDEREGG, Suzanne, Der Freiheitsbaum. Ein Rechtssymbol im Zeitalter des Rationalismus. Zürich 1968. • BERTHA, Alfred / MEVEN, Walter, Episoden aus der Franzosenherrschaft in Aachen und Umgebung, in: Im Göhltal 15 (1974), S. 24-62. • DIES., Der Rückzug der Franzosen aus Aachen am 2. März 1793, in: Im Göhltal 17 (1975), S. 8-28. • BRAUBACH, Max, Frankreichs Rheinlandpolitik im Zeitalter der französischen Revolution, in: Archiv für Politik und Geschichte 8 (1927), S. 172-186. • BRÜNING, Wilhelm, Die Ankunft des Generals Dumouriez in Aachen, in: AAV 11 (1898), S. 122. • DERS., Handschriftliche Chronik 1770-1796, in: AAV 11 (1898), S. 18-70. • CARL, Horst, Die Aachener Mäkelei 1786-1792. Konfliktregelungsmechanismen im alten Reich, in: ZAGV 92 (1985), S. 103-187. • CHUQUET, Arthur, Les guerres de la révolution, Bd. 5: La trahison de Dumouriez, Paris 1891. • CRUYPLANTS, Eugène, Dumouriez dans les ci-devant Pays-Bas Autrichiens, Bd. III 2, Brüssel, Paris 1912. • DUMOURIEZ, Mémoires du général Dumouriez, 2 Bde., Hamburg u. Leipzig 1794. • GIRTANNER, Christoph (Hrsg.), Politische Annalen, Bd. 3, Berlin 1793. • HECKER, Max, Goethe und Fritz Jacobi. Achtunddreißig Briefe Jacobis an Goethe, in: Goethe. Viermonatsschrift der Goethe-Gesellschaft. Neue Folge des Jahrbuchs 6 (1941), S. 32-69. • HERMANNS, Wilhelm, P.J. Franz Dautzenberg und sein „Aachner Zuschauer" (Politischer Merkur) 1790-1798. Ein Beitrag zur rheinischen Zeitungskunde, Kulturgeschichte und Geisteshaltung des ausgehenden 18. Jahrhunderts, in: ZAGV 52 (1930), Aachen 1931, S. 39-160. • HUDDE, Hinrich, Zur Wirkung der Marseillaise auf Deutsche. Geschichte, Geschichten und Gedichte, in: Francia 17/2 (1990), S. 143-171. • HÜFFER, Hermann, Alfred v. Reumont, in: AHVNrh. 77 (1904), S. 1-241. • HUYSKENS, Albert, Aachener Leben im Zeitalter des Barock und Rokoko. (Rheinische Neujahrsblätter 8). Bonn 1929. • KAENTZELER, Theodor, Der Rückzug der Franzosen im Jahre 1793 durch Aachen, in: Echo der Gegenwart 1868 Nr. 313. • LÖHRER, Rolf, Oppositionelle Strömungen in Aachen 1792-1798. 2 Tle., Aachen 1976, Ms. im StA Aachen. • MARTY, Ginette u. Georges, Dictionnaire des chansons de la Révolution 1787-1799. Paris 1988. • MAZAURIC, Claude, Qu'est-ce que le jacobinisme?, in: Die Französische Revolution. Forschung-Geschichte-Wirkung. (Schriftenreihe der Internationalen Forschungsstelle „Demokratische Bewegungen in Mitteleuropa 1770-1850, hg. v. Helmut Reinalter, Bd. 2). Frankfurt a.M. 1991, S. 45-58. • MEYER, Karl Franz, Aachensche Geschichten ..., Bd. 1, Aachen 1781. • MILZ, Joseph, Die Kaiserstadt Aachen unter französischer Herrschaft, 2 Tle., in: Programm des Königlichen Gymnasiums in Aachen, hg. v. Johann Stauder, Tl. I: Schuljahr 1870/71, S. 12-26 u. Tl. II: Schuljahr 1871/72, S. 3-42. • MOSER, Arnulf, Die französische Emigrantenkolonie in Konstanz während der Revolution (1792-1799). (Konstanzer Geschichts- und Rechtsquellen XXI). Sigmaringen 1975. • MÜLLER, Klaus, Studien zum Übergang vom Ancien Régime zur Revolution im Rheinland. Bürgerkämpfe und Patriotenbewegung in Aachen und Köln, in: RhVjbll. 46 (1982), S. 102-160. • NATHAN, Karl, Die Kämpfe zwischen Roer und Maas während des ersten Koalitionskrieges, in: ZAGV 21 (1899), S. 88-121. • NIEßNER, Alois, Zwanzig Jahre Franzosenherrschaft in Aachen 1794-1814. Aachen 1907. • NOPPIUS, Johannes, Aacher Chronick ..., Köln 1632. • OPPENHOFF, Franz, Die Beziehungen Friedrich Heinrich Jacobis und seiner Familie zu Aachen, in: ZAGV 16 (1894), S. 132-162. • PAULS, August, Beiträge zur Haltung der Aachener Bevölkerung während der Fremdherrschaft 1792-1814, in: ZAGV 63 (1950), S. 41-102. • PAULS, Emil, Zur Geschichte des Straßenkampfes in Aachen am 2. März 1793, in: ZAGV 21 (1899), S. 235-242. • PIERRE, Constant, Les Hymnes et chansons de la Révolution. Aperçu général et catalogue. Paris 1904. • REINALTER, Helmut, Die Französische Revolution und Mitteleuropa. Erscheinungsformen und Wirkungen des Jakobinismus. Seine Gesellschaftstheorien und politischen Vorstellungen. Frankfurt a.M. 1988. • REMLING, Franz Xaver, Die Rheinpfalz in der Revolutionszeit von 1792 bis 1798, Bd. 1, Speyer 1865. • REY, Josef Gerhard, Ein Stück Aachener Chronik aus dem Ende des 18. und Anfang des 19. Jahrhunderts, in: AAV 20 (1907), S. 207-231. • SCHNOCK, Heinrich, Reihenfolge der Pfarrer in der Gemeinde Haaren bei Aachen, in: AAV 10 (1897), S. 111-112. • SCHREIBER, Ernst, Französische Ausweisungspolitik am Rhein und die Nordfrankenlegion. Zwei Beiträge zur Geschichte der französischen Herrschaft am Rhein im Zeitalter der Revolution. (Rheinische Schicksalsfragen, H. 29/30). Berlin 1929. • TEPPE, Karl, Zur Charakterisierung der lokalen Unruhen in Aachen 1786 bis 1792, in: ZAGV 82 (1972), S. 35-68. • WACKER, C., Zur Geschichte der Stadt Aachen im Jahre 1793. (Stephan Beissel und General Dampierre), in: AAV 3 (1890), S. 54-61. • ZIMMERMANN, v., Milizheere. Die französischen Freiwilligen von 1791-1794, in: Vierteljahrshefte für Truppenführung und Heereskunde 9 (1912), S. 133-160.

Anmerkungen zu Kapitel C (1794-1801), S. 64-134.

[1]) FF: HANSEN II, S. 780f. Nr. 353. – Aachener Annalen (B), S. 54. – Aachner Zuschauer 1793, S. 207f. – NATHAN 1899, S. 99ff. – EDER, S. 20.
[2]) FF: Aachener Annalen (B), S. 54. – PERGER, S. 142.
[3]) FF: HANSEN II, S. 682 Anm. 1, 816f. Nr. 363. – CHUQUET 1891, S. 1ff.
[4]) Aachener Annalen (B), S. 56.
[5]) Aachener Annalen (B), S. 55.
[6]) THIÉBAULT, S. 163.
[7]) THIÉBAULT, S. 162.
[8]) StA Aachen, Beissel-Fey III Nr. 38. – Aachener Annalen (B), S. 53.
[9]) Aachener Annalen (B), S. 54f.
[10]) FF: StA Aachen, RA II Ratsprotokoll 35, S. 1ff. – HANSEN II, S. 313ff. Nr. 154.
[11]) StA Aachen, Beissel-Fey III Nr. 40-42. – Dr.: v. FÜRTH 1890, Bd. 1, Anhang 2, S. 41f. Nr. 111f. u. WACKER 1890, S. 60f.
[12]) HANSEN II, Nr. 303, S. 668f.
[13]) HANSEN II, Nr. 328, S. 730, bes. Anm. 1.
[14]) Wie Anm. 10. – Siehe auch v. THIMUS, S. 175.
[15]) Aachener Annalen (B), S. 54. – Vgl. auch HANSEN II, S. 763ff. Nr. 355. – v. THIMUS, S. 175. – Des kgl. Stuhls Kais. freyen Reichs-Stadt Aachen Zeitung vom 13. Mz. 1793.
[16]) Diözesanarchiv Aachen, Hs. 334, fol. 198r.
[17]) StA Aachen, RA II Ratsprotokoll 35, S. 14, 16f. – Vgl. HANSEN II, S. 821 Anm. 3.
[18]) Aachener Annalen (B), S. 56. – de BEY; S. 539.
[19]) Aachener Annalen (B), S. 55.
[20]) Vgl. oben, S. 47.
[21]) FF: Die „Kaiserliche Reichs-Ober-Postamts-Zeitung" zu Köln meldet zum 5. März 1793: „Der Klub ist ganz auseinandergejagt". – Siehe auch HANSEN II, S. 729ff., 821ff., 848ff., 877f. – Aachener Annalen (B), S. 54. – EDER 1917, S. 20f. – LÖHRER 1976, S. 36ff.

[22]) HANSEN II, S. 848ff. Nr. 371.
[23]) FF: StA Aachen, RA II Ratsprotokoll 35, S. 17f., 31, 33, 35, 37 u. ebd., Beamtenprotokoll 13, S. 94.
[24]) De BEY, S. 545f.
[25]) Den Aachener Annalen (B), S. 56 zufolge waren vom 25. Mai bis 19. Juli 400 (!) und seit dem 28. Juli 1 000 (!) französische Kriegsgefangene im (!) Grashaus eingesperrt.
[26]) FF: HANSEN II Nr. 380, bes. S. 883 u. III Nr. 30 u. 32. – DUBOIS 1939, S. 82ff.
[27]) DUBOIS 1939, S. 88f. – Vgl. StA Aachen, RA II Ratsprotokoll 35, S. 136, 139. – Aachener Annalen (B), S. 57 u. (H), S. 36. – Siehe auch PICK 1888, S. 86ff.
[28]) FF: NATHAN 1899, S. 104ff. – v. ZIMMERMANN 1912, S. 133ff. – BRAUBACH 1973, S. 13ff. – FIEDLER 1976, Bd. 2, S. 31ff., 52ff., 134ff. – MOLITOR 1980, S. 12ff.
[29]) Aachener Annalen (B), S. 57. – v. THIMUS, S. 176.
[30]) MOLITOR 1980, S. 23.
[31]) BRAUBACH 1973, S. 14.
[32]) Siehe Aachener Annalen (B), S. 55ff.
[33]) v. THIMUS, S. 17.
[34]) Aachener Annalen (B), S. 58.
[35]) PERGER, S. 143.
[36]) Nach HANSEN III, S. 172f. Nr. 50. – Siehe auch ebd., S. 172 Anm. 2.
[37]) HANSEN III, S. 108ff. Nr. 49.
[38]) StA Aachen, RA II Ratsprotokoll 35, S. 155.
[39]) Haarener Kirchenbuch, S. 43.
[40]) Vgl. HANSEN 1889, S. 160ff.
[41]) Siehe dazu ausführlich: A. PAULS 1950, S. 41ff., bes. auch S. 47 Anm. 9.
[42]) FF: NATHAN 1899, S. 107ff.
[43]) FF: Aachener Annalen (B), S. 58 u. Haarener Kirchenbuch, S. 40. – Siehe auch den Bericht des Volksrepräsentanten Gillet vom 22. September 1794 bei AULARD XVII, S. 30f. und Aachner Zuschauer 1794, S. 913ff.

44) Wie Anm. 43.
45) StA Aachen, RA II Ratsprotokoll 35, S. 168f.
46) Zu dieser Deputation siehe ausführlich A. PAULS 1950, S. 42ff, hier: S. 47.
47) A. PAULS 1950, S. 47f.
48) StA Aachen, RA II Ratsprotokoll 35, S. 168.
49) Dort traf ihn der Aachener Kaufmann Aloys Perger. Siehe PERGER, S. 144.
50) Wie Anm. 48.
51) Vgl. A. PAULS 1950, S. 43.
52) Siehe StA Aachen, RA II Ratsprotokoll 35, S. 169.
53) Siehe Aachner Zuschauer 1794, S. 915, 917f. – A. PAULS 1950, S. 68 Anm. 81.
54) AULARD XVII, S. 41.
55) Vgl. A. PAULS 1950, S. 49f.
56) AULARD XVII, S. 41f.
57) Aachner Zuschauer 1794, S. 915.
58) StA Aachen, RA II Ratsprotokoll 35, S. 174f.
59) Vgl. A. PAULS 1950, S. 50, 65f.
60) Aachner Zuschauer 1794, S. 917f. – MILZ 1871/72, S. 6.
61) Aachner Zuschauer 1794, S. 919f. – MILZ 1871/72, S. 8.
62) Vgl. A. PAULS 1950, S. 54ff.
63) StA Aachen, Hs. 1060 (Untersuchungsakte). – EDER 1917, S. 42. – BERTHA/MEVEN 1975, S. 8ff.
64) FF: Aachner Zuschauer 1794, S. 915ff. – Aachener Annalen (B), S. 59. – v. THIMUS, S. 179. – Haarener Kirchenbuch, S. 40, 43.
65) Über Befürchtungen der Aachener Bevölkerung berichtet etwa v. THIMUS, S. 178. – Vgl. die Proklamationen Gillets im Aachner Zuschauer 1794, S. 916ff. zum 23. September und Jourdans zum 26. September.
66) Am 28. September wurde es nach Haaren, am 3. Oktober nach Aldenhoven verlegt: Haarener Kirchenbuch, S. 41.
67) Dr.: StA Aachen, Hs. 313 Nr. 4 u. Aachner Zuschauer 1794, S. 941ff., 949ff. u. 957ff. u. QUIX 1837, S. 296f., 304f., 308f., 312-314, 316f. – Vgl. HANSEN III, S. 178 Anm. 1 u. 187 Nr. 55 u. Haarener Kirchenbuch, S. 43.
68) Siehe Aachener Annalen (B), S. 59. – QUIX 1837, S. 1. – StA Aachen, RA II Allg. Akten 316, S. 163 Nr. 352. – Aachner Zuschauer 1795, S. 400.
69) StA Aachen, RA II Ratsprotokoll 35, S. 182, 191.
70) StA Aachen, Frz. Zeit, Munizipalitätsprotokoll 1794, S. 122, 276, 279, 287.
71) Druck des Befehls im Aachner Zuschauer 1794, S. 920. – StA Aachen, Frz. Zeit, Munizipalitätsprotokoll 1794, S. 12ff. – Haarener Kirchenbuch, S. 43f. – Aachener Annalen (B), S. 59.
72) Siehe den Bericht des Volksrepräsentanten Gillet vom 4. Oktober 1794 an den Wohlfahrtsausschuß in Paris: AULARD XVII, S. 227f. – Aachener Annalen (B), S. 60.
73) FF: Aachner Zuschauer 1794, S. 976, 1102f. – StA Aachen, Frz. Zeit, Munizipalitätsprotokoll 1794, S. 871. – E. PAULS 1884, S. 235f.
74) Siehe auch den Plakatdruck im StA Aachen, Kraemer IX 10.
75) Haarener Kirchenbuch, S. 46ff.
76) StA Aachen, Frz. Zeit, Munizipalitätsprotokoll 1794, S. 93.
77) KARLL 1921, S. 21.
78) Haarener Kirchenbuch, S. 46.
79) FF: BRAUBACH 1974, S. 94. – Siehe auch TREUE 1957, S. 198ff. – PABST 1989, S. 188f.
80) Paris A.N., F 17, 1277 u. D § 3, 59-569. – REDLICH 1899, S. 254ff.
81) Haarener Kirchenbuch, S. 47. – Vgl. Aachener Annalen (B), S. 60.
82) Aachener Annalen (B), S. 59.
83) TEICHMANN 1906, S. 471ff.
84) Aachener Annalen (B), S. 60. – Haarener Kirchenbuch, S. 44. – de BEY, S. 524 u. WINANDS 1986, S. 340.
85) Paris, A.N., F 17/1277 u. 17, 1240 dossier 4 sowie D § 3, 59-569. – Aachener Annalen (B), S. 64. – Haarener Kirchenbuch, S. 48.
86) Aachener Annalen (B), S. 60. – Siehe auch KROPP, S. 134 u. HANSEN III, S. 744.
87) Haarener Kirchenbuch, S. 44.
88) Siehe SCHNOCK 1899, S. 93ff. – BRAUBACH 1974, S. 109ff.
89) De BEY, S. 550. – Aachener Annalen (B), S. 60.
90) Aachner Zuschauer 1794, S. 932f.
91) Aachner Zuschauer 1794, S. 933f.
92) v. THIMUS (S. 181, 182) hörte z.B. erst am 17. März 1795 davon.
93) Siehe StA Aachen, Frz. Zeit, Munizipalitätsprotokoll 1794/95, S. 85ff. – v. THIMUS (S. 183) z.B. kehrte am 3. Mai 1795 nach Aachen zurück.
94) StA Aachen, Hs. 583. – Vgl. Aachener Annalen (B), S. 59. – Französische Emigranten dürften sich kaum noch in Aachen aufgehalten haben, denn sie waren bereits im Anblick des herannahenden Feindes am 8. August 1794 vom Rat ausgewiesen worden: StA Aachen, RA II Edikt 255.
95) StA Aachen, Hs. 637 sowie ebd. RA II Allg. Akten 526, 527 u. 1071.
96) StA Aachen, Hs. 1283, fol. 1ff. – SCHOLLEN 1900, S. 118ff.
97) Laut Proklamation vom 10. Nov. 1794. – Vgl. Aachner Zuschauer 1794, S. 1079f.
98) Siehe StA Aachen, Hs. 316, S. 88 Nr. 152.
99) StA Aachen, Hs. 316, S. 100f. Nr. 180.
100) HANSEN III, S. 333. – Proklamation vom 28. Nov. 1794 im StA Aachen, Hs. 316, S. 116 Nr. 228. – Munizipalitätsprotokoll 1794/95, S. 193ff.
101) Siehe StA Aachen, RA II Ratsprotokoll 35.
102) StA Aachen, RA II Ratsprotokoll 35, S. 184f.
103) Siehe oben, S. 69 u. GRAB 1968, S. 129.
104) AULARD XVII, S. 90f.: „Ce pays offre d'immenses ressources en fourrages, en bestiaux, en étoffes".
105) StA Aachen, RA II Ratsprotokoll 35, S. 170ff.
106) FF: StA Aachen, RA II Ratsprotokoll 35, S. 184 u. ebd., Frz. Zeit, Munizipalitätsprotokoll 1794, S. 150.
107) StA Aachen, Frz. Zeit, Munizipalitätsprotokoll 1794, S. 186.
108) StA Aachen, Frz. Zeit, Munizipalitätsprotokoll 1794, S. 173, 175, 183.
109) StA Aachen, Hs. 316.
110) Vgl. ansonsten auch MILZ 1871/72, S. 9.
111) Aachner Zuschauer 1794, S. 935f.

¹¹²) StA Aachen, Frz. Zeit, Munizipalitätsprotokoll 1794, S. 62ff. – Vgl. MILZ 1871/72, S. 10.
¹¹³) FF: StA Aachen, Frz. Zeit, Munizipalitätsprotokoll 1794, S. 3. Vgl. ebd., S. 115, 186, 203, 211, 232, 235 und ebd., Allg. Akten 891, S. 113, 115 u. 128.
¹¹⁴) StA Aachen, Hs. 316, S. 13f.
¹¹⁵) Dr.: Aachner Zuschauer 1796, S. 282ff., 290ff.
¹¹⁶) FF: E. PAULS 1889, S. 75ff. – FALKNER 1924. – FRIEDENSBURG 1926, S. 131. – v. SCHRÖTTER 1930, S. 202.
¹¹⁷) FALKNER 1924, S. 15.
¹¹⁸) Siehe oben, Anm. 67.
¹¹⁹) Nach einem Plakatdruck (frz./dt.) im StA Aachen, Kraemer IX 10. – Siehe auch Aachner Zuschauer 1794, S. 934.
¹²⁰) StA Aachen, RA II Ratsprotokoll 35, S. 193ff. – Dr.: QUIX 1837, S. 5f.
¹²¹) Siehe StA Aachen, Frz. Zeit, Munizipalitätsprotokoll 1794, S. 20f.
¹²²) AULARD X, S. 738.
¹²³) Vgl. MILZ 1871/72, S. 10.
¹²⁴) Haarener Kirchenbuch, S. 45.
¹²⁵) FORST (nach Capellmann), S. 12. – Vgl. auch de BEY, S. 549.
¹²⁶) FF: HERMANNS 1931, S. 128.
¹²⁷) FREIMUTH 1882, Bd. 2, S. 484.
¹²⁸) FF: Wie Anm. 116.
¹²⁹) E. PAULS 1889, S. 97.
¹³⁰) Aachener Annalen (B), S. 59. – Vgl. Haarener Kirchenbuch, S. 48. – TERVEEN 1957, S. 450.
¹³¹) Zu diesem Ereignis und den nachfolgenden Zitaten siehe: StA Aachen, RA II Ratsprotokoll 35, S. 202ff. – Siehe auch Aachener Annalen (B), S. 59. – Haarener Kirchenbuch, S. 44. – Aachner Zuschauer 1794, S. 991f. u. 1104.
¹³²) Aachner Zuschauer 1794, S. 1104.
¹³³) StA Aachen, RA II Ratsprotokoll 35, S. 207.
¹³⁴) FF: Vgl. StA Aachen, Frz. Zeit, Munizipalitätsprotokoll 1794, S. 128f., 158.
¹³⁵) FF: StA Aachen Hs. 313 Nr. 25. u. ebd. RA II Ratsprotokoll 35, S. 214. – Aachner Zuschauer 1794, S. 1032, 1039ff., 1043ff. – EDER 1917, S. 24ff.
¹³⁶) Paris, A.N., D § 3, 59-569.
¹³⁷) StA Aachen, RA II Ratsprotokoll 35, S. 214.
¹³⁸) FF: StA Aachen, Frz. Zeit, Munizipalitätsprotokoll 1794, S. 170ff. u. ebd., Protokoll der Bezirksverwaltung Aachen 1794/95, S. 1ff. sowie ebd., Hs. 316. S. 4f. Nr. 5. – LÖHRER 1976, S. 45.
¹³⁹) StA Aachen, Frz. Zeit, Munizipalitätsprotokoll 1794, S. 174.
¹⁴⁰) FF: StA Aachen, Hs. 313 Nr. 25. – Aachner Zuschauer 1794, S. 1131ff., 1139ff. – HANSEN III, S. 310ff. Nr. 96. – EDER 1917, S. 27ff. – KÄSS 1929, S. 92ff.
¹⁴¹) HANSEN III, S. 481ff. Nr. 149, 583 u. 489 Anm. 3.
¹⁴²) EDER 1917, S. 28.
¹⁴³) Aachner Zuschauer 1794, S. 1191. – EDER 1917, S. 29f.
¹⁴⁴) HANSEN III, S. 332f. Nr. 103.
¹⁴⁵) FF: HANSEN III, S. 333 Anm. 4. – EDER 1917, S. 30ff. – EDER 1917 (S. 30, 33) irrt allerdings, wenn er wie KÄSS, S. 104 behauptet, die Zentralverwaltung sei ausschließlich aus Franzosen zusammengesetzt gewesen.
¹⁴⁶) FF: HANSEN III Nr. 103.
¹⁴⁷) Vgl. oben, S. 75, 76 u. EDER 1917, S. 52f.
¹⁴⁸) Vgl. StA Aachen, Frz. Zeit, Akte des Comité des surveillance 1795 Nov. 30 – 1796 Febr. 17, S. 14.
¹⁴⁹) FF: HANSEN III Nr. 97, S. 318f. – EDER 1917, S. 49ff. – Protokollbuch: StA Aachen, RA II Allg. Akten 331. – Vgl. StA Aachen, Kraemer IX 10 und ebd., Comité de surveillance o. Sign. – Das Comité wurde laut Protokoll der Distriktsverwaltung (im StA Aachen) am 7. Frimaire an III installiert.
¹⁵⁰) EDER 1917, S. 51.
¹⁵¹) StA Aachen, Frz. Zeit, Munizipalitätsprotokoll 1794/95, S. 232, 278 sowie Hs. 316, S. 59 Nr. 85.
¹⁵²) EDER 1917, S. 52f.
¹⁵³) HANSEN III, S. 396f. Nr. 123.
¹⁵⁴) StA Aachen, RA II Ratsprotokoll 35, S. 181f.
¹⁵⁵) FF: StA Aachen, Frz. Zeit, Munizipalitätsprotokoll 1794, S. 33, 79 u. StA Aachen, Siegelstempelsammlung, Typare 29 u. 30.
¹⁵⁶) Aachener Annalen (B), S. 60 u. Haarener Kirchenbuch, S. 44.
¹⁵⁷) StA Aachen, RA II Ratsprotokoll 35, S. 213 u. ebd., Hs. 316, S. 42 Nr. 54. – Aachener Annalen (B), S. 60. – de BEY, S. 550.
¹⁵⁸) StA Aachen, Hs. 316, S. 45f. Nr. 58. – E. PAULS 1903, S. 87ff.
¹⁵⁹) StA Aachen, Hs. 316, S. 148 Nr. 304 u. S. 150 Nr. 310. Damit entsprach das Aachener Wappen dem mit Konventsdekret vom 22./25. September 1792 allen staatlichen Behörden und Verwaltungen vorgeschriebenen Siegelbild: Vgl. SCHMIDT-THOMÉ 1963/65, S. 162.
¹⁶⁰) Siehe PICK 1913, S. 340ff.
¹⁶¹) Aachner Zuschauer 1794, S. 1134 Art. 20 u. S. 1140 Art. 4.
¹⁶²) HANSEN III, S. 286ff. Nr. 92.
¹⁶³) FF: StA Aachen, Hs. 316, S. 77f. Nr. 130 u. S. 81f. Nr. 140f. sowie ebd., RA II Allg. Akten 891, fol. 25r.
¹⁶⁴) FF: StA Aachen, RA II Allg. Akten 891, fol. 1ff. – ebd., Drucke (1794 Dez. 3).
¹⁶⁵) Siehe StA Aachen, Frz. Zeit, Akte des Comité de surveillance 1794 Nov. 30 – 1795 Febr. 17, S. 167f.
¹⁶⁶) Brotliste: StA Aachen, RA II Allg. Akten 617.
¹⁶⁷) Siehe etwa StA Aachen, Frz. Zeit, Munizipalitätsprotokoll 1794/95, S. 265f. u. ebd. RA II Allg. Akten 891, fol. 217ff. – EDER 1917, S. 82f.
¹⁶⁸) FF: StA Aachen, RA II Allg. Akten 891, fol. 129ff. – Seinen Bericht reichte er am 6. Januar dem Obhutsausschuß ein: StA Aachen, Frz. Zeit, Akte d. Comité de surveillance 1794 Nov. 30 – 1795 Febr. 17, S. 193ff. – Siehe auch die Eingabe der Munizipalität Aachen bei der Zentralverwaltung vom 7. Germinal III (1795 Mz. 27): Abschrift im StA Aachen, RA II Allg. Akten 891, fol. 260r,v.
¹⁶⁹) Das Aachener Pfund wog ca. 468 g.
¹⁷⁰) StA Aachen, RA II Allg. Akten 891, fol. 154ff.
¹⁷¹) 18 Loth = ca. 263 g.
¹⁷²) 16 Loth = ca. 234 g.

[173]) Vgl. StA Aachen, RA II Allg. Akten 891, fol. 187r – 188r, 189r.
[174]) FF: Aachener Annalen (B), S. 61. – HANSEN III, S. 334ff. Nr. 104 mit Auszügen vor allem aus dem Aachner Zuschauer 1794, S. 1218ff. – E. PAULS 1884, S. 227ff.
[175]) LÜHRS 1939, S. 35.
[176]) Aachner Zuschauer 1794, S. 1208.
[177]) FF: Aachner Zuschauer 1794, S. 1218f. u. HANSEN III, S. 335f.
[178]) Aachner Zuschauer 1794, S. 1228ff. u. HANSEN III, S. 337ff.
[179]) FF: EDER 1917, S. 92f.
[180]) StA Aachen, Hs. 313 Nr. 59.
[181]) FF: Aachner Zuschauer 1795, S. 22ff. – EDER 1917, S. 95ff. – Aachener Annalen (B), S. 65.
[182]) StA Aachen, Kraemer XIV 9.
[183]) EDER 1917, S. 95.
[184]) Vgl. HANSEN III, S. 356f. Anm. 3. – EDER 1917, S. 96, bes. Anm. 3.
[185]) StA Aachen, Frz. Zeit, Munizipalitätsprotokoll 1794/95, S. 323 zum 20. Januar.
[186]) Siehe HANSEN III, S. 476 Anm. 1, S. 364f. Nr. 116 u. S. 517 Anm. 1.
[187]) Siehe Haarener Kirchenbuch, S. 46.
[188]) Vgl. etwa Aachner Zuschauer 1795, S. 95 u. 149ff.
[189]) Aachner Zuschauer 1795, S. 174f.
[190]) Aachner Zuschauer 1795, S. 172f. – Siehe auch Aachener Annalen (B), S. 61.
[191]) Dr.: Aachner Zuschauer 1795, S. 255f.
[192]) Hierzu und zu den folgenden Zitaten siehe Aachner Zuschauer 1795, S. 204ff., 215, 260ff. – StA Aachen, RA II Allg. Akten 1230, fol. 1r – 2r. – HANSEN III, S. 426ff.
[193]) Aachener Annalen (B), S. 62.
[194]) EDER 1917, S. 100 u. bes. Anm. 3. – Vgl. Aachener Annalen (B), S. 62ff.
[195]) FF: Aachener Annalen (B), S. 62ff.
[196]) Denkschrift von Vossen, Cromm und Bouget vom 23. Ventôse an IV (13. Mz. 1796) in: HANSEN III, S. 757ff. Nr. 216.
[197]) FORST (nach Capellmann), S. 13.
[198]) De BEY, S. 548f.
[199]) EDER 1917, S. 101f. – Vgl. auch StA Aachen, Kraemer XIV 9.
[200]) HANSEN III, S. 440f. Nr. 134.
[201]) EDER 1917, S. 61 Anm. 2. – E. PAULS 1884, S. 232ff.
[202]) Aachener Annalen (B), S. 62 u. 63.
[203]) Siehe HANSEN III, S. 524ff. Nr. 159.
[204]) Aachner Zuschauer 1795, S. 519.
[205]) AULARD XXIII, S. 570.
[206]) Aachener Annalen (B), S. 63.
[207]) Siehe S. 95.
[208]) HANSEN III, S. 380ff. Nr. 120.
[209]) HANSEN III, S. 398f, Nr. 125.
[210]) HANSEN III, S. 440f. Nr. 134.
[211]) Vgl. HANSEN III, S. 573ff. Nr. 173 u. S. 585ff. Nr. 175. – EDER 1917, S. 32f. – BRAUBACH 1927, S. 176.
[212]) HANSEN III, S. 594ff. Nr. 179.
[213]) HANSEN III, S. 651ff. Nr. 191.
[214]) FF: Vgl. das Verbot solcher Stöcke vom 2./3. Juli 1795 im StA Aachen, Hs. 313 Nr. 104. – Aachener Annalen (B), S. 63.
[215]) Nach BRÜNING 1896, S. 92f. u. HANSEN III, S. 526f.
[216]) HANSEN III, S. 527 Anm. 1.
[217]) Vgl. HANSEN III, S. 546ff. Nr. 166 u. S. 548f. Anm. 4 sowie HERMANNS 1931, S. 83 und StA Aachen, RA II Allg. Akten 512, Nr. 7.
[218]) Aachener Annalen (B), S. 64.
[219]) FORST (nach Pauls), S. 156.
[220]) Vgl. HANSEN III, S. 565.
[221]) FF: Aachner Zuschauer 1795, S. 738f. – Aachener Annalen (B), S. 63ff. – E. PAULS 1884, S. 235ff. – HANSEN III, S. 564ff.
[222]) Aachener Annalen (B), S. 64.
[223]) FF: HANSEN III, S. 532ff. Nr. 162.
[224]) StA Aachen, Hs. 313 Nr. 98.
[225]) Vgl. HANSEN III, S. 551.
[226]) StA Aachen, Hs. 313 Nr. 106.
[227]) Siehe den Paß des Volksrepräsentanten Maret für Vossen im StA Aachen, Hs. 315 Nr. 21.
[228]) StA Aachen, Frz. Zeit, Munizipalitätsprotokoll 1795/96, S. 131.
[229]) Siehe dazu das Munizipalitätsprotokoll 1795/96 im StA Aachen.
[230]) Haarener Kirchenbuch, S. 46.
[231]) v. ARETIN 1980, S. 76ff.
[232]) FF: HANSEN III, S. 678f. u. StA Aachen, Hs. 313 Nr. 116.
[233]) FF: HANSEN III, S. 693 u. Aachener Annalen (B), S. 65.
[234]) FF: HANSEN III, S. 680ff. Nr. 198.
[235]) HANSEN III, S. 682.
[236]) FF: HANSEN III, S. 729ff.
[237]) FF: HANSEN III, S. 746f. Nr. 215. – Aachener Annalen (B), S. 65f. u. (H), S. 37.
[238]) Aachener Annalen (B), S. 66. – Siehe auch ebd. (H), S. 38 u. HANSEN III, S. 743f.
[239]) Siehe HANSEN III, S. 744.
[240]) Korrigierte Reinschrift im StA Aachen, Frz. Zeit, Munizipalitätsakten Nr. 1341. – Dr.: EDER 1917, S. 129f.
[241]) EDER 1917, S. 131ff.
[242]) FF: Vgl. Aachener Annalen (B), S. 65. – Plakatdruck im StA Aachen, Frz. Zeit, 1796 Apr. 13.
[243]) Zitiert nach FRITZ 1901, S. 57. – FF: siehe HANSEN III, S. 709.
[244]) FF: KÄSS 1929, S. 113ff. – HANSEN III, S. 733ff. Nr. 213. – Aachner Zuschauer 1796, S. 187ff. u. 198. – StA Aachen, Hs. 315, S. 32-35.
[245]) Vgl. GRAB 1968, S. 46.
[246]) HANSEN III, S. 757ff. Nr. 216. – Aachner Zuschauer 1796, S. 282ff., 290ff., 305ff., 357f. – Ein Hansen unbekannt gebliebener Druck der in französischer Sprache abgefaßten Denkschrift findet sich im StA Aachen, Hs. 315, S. 24-39.
[247]) Siehe HANSEN III, S. 765 Anm. 1 u. S. 768 Anm. 1.
[248]) Siehe JOESTER 1987, S. 17.
[249]) Siehe Aachner Zuschauer 1796, S. 545ff.
[250]) HANSEN III, S. 799.
[251]) Aachner Zuschauer 1796, S. 576. – Aachener Annalen (H), S. 39.

²⁵²) HANSEN III, S. 784ff. Nr. 219. – Weiterer Druck in französischer Sprache: StA Aachen, Hs. 313 fol. 123ff. – Siehe auch KÄSS 1929, S. 113ff.
²⁵³) FF: HANSEN III, S. 774ff. Nr. 218 u. 805ff. Nr. 223. – v. ARETIN 1980, S. 80ff.
²⁵⁴) HANSEN III, S. 806.
²⁵⁵) HANSEN III, S. 807ff. Nr. 224.
²⁵⁶) Vgl. HANSEN III, S. 809f.
²⁵⁷) StA Aachen, Frz. Zeit, Plakatdruck v. 21. Juni 1796. – Vgl. Aachener Annalen (H), S. 39.
²⁵⁸) HANSEN III, S. 810.
²⁵⁹) StA Aachen, Frz. Zeit, Plakatdruck v. 25. Juni 1796.
²⁶⁰) StA Aachen, Hs. 313, fol. 130f. – Druck im Aachner Zuschauer 1796, S. 836ff. – Vgl. HANSEN III, S. 816ff., 832.
²⁶¹) Vgl. etwa HANSEN III, S. 819ff. Nr. 227.
²⁶²) StA Aachen, Hs. 313, fol. 131r,v.
²⁶³) StA Aachen, Hs. 313, fol. 132r – 134v. – Ob der Abtransport von mehreren Kisten mit Büchern aus Aachen für die Bibliothèque Nationale in Paris durch Antoine Keil im Verlauf des Jahres 1796 mit der Beschlagnahme des Kirchengutes zusammenhängt, ist nicht bekannt. Fünf Kisten mit ungeeignet erscheinenden Büchern ließ Keil übrigens in Köln versteigern (HANSEN III, S. 858f. – BRAUBACH 1974, S. 99ff.).
²⁶⁴) Vgl. HANSEN III, S. 864.
²⁶⁵) KARLL 1921, S. 29.
²⁶⁶) Vgl. HANSEN III, S. 885ff. Nr. 244.
²⁶⁷) FF: HANSEN III, S. 859ff. Nr. 233 u. Aachener Annalen (H), S. 41.
²⁶⁸) FF: KÄSS 1929, S. 117ff. u. GRAB 1968, S. 135.
²⁶⁹) HANSEN III, S. 808 Nr. 246.
²⁷⁰) HANSEN III, S. 899 Nr. 251 u. S. 901f. Nr. 253. – StA Aachen, Hs. 313, fol. 165. – Aachener Annalen (H), S. 43.
²⁷¹) HERMANNS 1954, S. 472.
²⁷²) KÄSS 1929, S. 119.
²⁷³) KÄSS 1929, S. 119f.
²⁷⁴) FF: KÄSS 1929, S. 120ff. – HANSEN III, S. 908ff. Nr. 257 u. 943ff. Nr. 265.
²⁷⁵) Siehe HANSEN III, S. 214.
²⁷⁶) Vgl. HANSEN III, S. 1032ff. Nr. 284.
²⁷⁷) FF: HANSEN III, S. 918.
²⁷⁸) Siehe auch StA Aachen, RA II Ratsprotokoll 36, S. 1ff. u. Beamtenprotokoll 14, S. 1ff. – v. THIMUS, S. 185f.
²⁷⁹) Aachener Annalen (H), S. 44. – PERGER, S. 149f. – de BEY, S. 518. – PICK 1900, S. 221.
²⁸⁰) FF: HANSEN III, S. 947f. Nr. 267 u. 955ff. Nr. 270 sowie S. 978ff. Nr. 274.
²⁸¹) FF: HANSEN III, S. 984ff. Nr. 275; S. 994ff. Nr. 277; S. 999ff. Nr. 280; S. 1074f. Nr. 299; S. 1115ff. Nr. 314; S. 1034 Nr. 285.
²⁸²) HANSEN III, S. 1115ff. Nr. 314.
²⁸³) FF: Siehe etwa GRAB 1968, S. 135ff. u. 1971, S. 47. – HANSEN 1927, S. 443ff. – HERMANNS 1954, S. 466ff.
²⁸⁴) Nach HANSEN 1927, S. 444.
²⁸⁵) FF: HANSEN 1927, S. 180f. – GRAB 1971, S. 48.
²⁸⁶) FF: StA Aachen, RA II Ratsprotokoll 36, S. 51ff., 56ff., 66ff. u. Beamtenprotokoll 14, S. 29ff. – Aachener Annalen (H), S. 45f. – v. THIMUS, S. 186. – Vgl. HANSEN III, S. 1201ff. Nr. 337 u. IV, S. 51 Nr. 13. – LÖHRER 1976, S. 53ff. – MÜLLER 1982, S. 137.
²⁸⁷) MÜLLER 1982, S. 137.
²⁸⁸) Aachener Annalen (H), S. 46.
²⁸⁹) Das Dekret des Direktoriums wurde zweifach ausgefertigt. Das in Paris erhalten gebliebene findet sich im A.N., AF III Cart. 467/2852 pièce 27. – StA Aachen Hs. 315, fol. 43r.
²⁹⁰) StA Aachen, RA II Ratsprotokoll 36, S. 70.
²⁹¹) StA Aachen, RA II Ratsprotokoll 36, S. 71.
²⁹²) HANSEN III, S. 945ff. Nr. 266, S. 992ff. Nr. 276 u. 999ff. Nr. 280, IV, S. 3ff. Nr. 1. – GRAB 1971, S. 48.
²⁹³) GOECKE 1883, S. 154ff.
²⁹⁴) MÜLLER 1991, S. 303. – Vgl. HANSEN III, S. 991f. u. IV, S. 51ff. Nr. 13. u. S. 189ff. Nr. 38a.
²⁹⁵) HANSEN III, S. 977 u. IV, S. 284, 293f.
²⁹⁶) HANSEN IV, S. 51ff. Nr. 13.
²⁹⁷) HANSEN IV, S. 64f., S. 222 Anm. 2. – LÖHRER 1976, S. 60.
²⁹⁸) FF: HANSEN III, S. 1173ff. Nr. 331. – HANSEN 1927, S. 182. – KÄSS 1929, S. 131. – GRAB 1971, S. 49. – v. ARETIN 1980, S. 82ff. – Zu dem im Frieden von Campo Formio vereinbarten Grenzverlauf siehe im einzelnen: MARTENS 1801, Bd. 7, S. 215ff. u. GHILLANY 1855, Tl. 1, S. 272ff.
²⁹⁹) Vgl. Aachner Zuschauer 1797, S. 1007 u. Aachener Annalen (H), S. 47.
³⁰⁰) Siehe etwa KÄSS 1929, S. 132f.
³⁰¹) KÄSS 1929, S. 135.
³⁰²) FF: StA Aachen, RA II Ratsprotokoll 36, S. 112ff., 183f. u. ebd. Hs. 315, fol. 44r. – HANSEN IV, S. 329, 508f. Anm. 5. – Die anonyme Eingabe aus Köln findet sich in den Handakten von Dorsch im Rijksarchief in Limburg (Maastricht), 16. 1109 Scherpenzeel Heusch, inv. nr. 1164. Siehe VENNER 1989, S. 206 Nr. 1164: Sie schlägt die Verlegung des Sitzes der Zentralverwaltung von Aachen nach Köln vor und begründet dies u.a. mit der höheren Bevölkerungszahl Kölns, einer größeren Auswahl an Gebäuden für die Verwaltung, der besseren Verkehrslage, besonders im Hinblick auf den Rheinhandel und die Zollgrenze, und der weiteren Verbreitung revolutionärer Denkungsart.
³⁰³) HANSEN IV, S. 417f.
³⁰⁴) Aachener Zuschauer 1797, S. 1197ff.
³⁰⁵) FF: Aachner Zuschauer 1797, S. 1215ff. – Vgl. Aachener Annalen (H), S. 49. – HANSEN IV, S. 423 Anm. 1.
³⁰⁶) Nach HANSEN IV, S. 422.
³⁰⁷) Zur Organisation der neuen Verwaltung siehe HANSEN IV, S. 457ff. Nr. 85 u. S. 545ff. Nr. 106. – KÄSS 1929, S. 137ff. – GRAUMANN 1990, S. 18ff.
³⁰⁸) Zu Dorsch siehe MATHY 1967, S. 1ff.
³⁰⁹) Vgl. GRAUMANN 1990, S. 29f.
³¹⁰) FF: HANSEN IV, S. 468ff., bes. S. 483ff., 645, 826, 857. – Aachner Zuschauer 1798, S. 1320f., 1359ff. – Aachener Annalen (H), S. 51. – StA Aachen, Frz. Zeit, Munizipalitätsprotokoll 1798/99, S. 3. – Aachen, Öff. Bibl. SlBd. 1746: „Gedanken Dautzenbergs. 1784/99". – SPOELGEN 1892, S. 32. – GODECHOT 1956, Bd. 1, S. 328ff. – GRAB 1971, S. 47ff. – LÖHRER 1976, S. 57ff.

[311]) – MÜLLER 1982, S. 136ff. u. 1991, S. 303ff. – DUFRAISSE 1992, S. 59ff.
[311]) HANSEN III, S. 230 Anm. 2.
[312]) MÜLLER 1991, S. 304.
[313]) Aachener Annalen (H), S. 51.
[314]) Nach HANSEN IV, S. 1171 Anm. 2.
[315]) Aachener Annalen (H), S. 51.
[316]) FF: GRAUMANN 1990, S. 18ff., 24ff.
[317]) GRAUMANN 1990, S. 28.
[318]) HANSEN IV, S. 564ff. – v. THIMUS, S. 187.
[319]) FF: GRAUMANN 1990, S. 18ff.
[320]) GRAUMANN 1990, S. 33.
[321]) StA Aachen, Frz. Zeit, Munizipalitätsprotokoll 1798/99, S. 1. – HANSEN IV, S. 594ff. Nr. 113. – v. THIMUS, S. 187.
[322]) FF: GRAUMANN 1990, S. 39ff.
[323]) HANSEN IV, S. 1050ff. Nr. 175.
[324]) FF: HANSEN IV, S. 910ff. Nr. 149, S. 977ff. Nr. 164, S. 1050ff. Nr. 175.
[325]) FF: HANSEN IV, S. 368ff. Nr. 67, 494ff. Nr. 93. – Aachener Annalen (H), S. 48, 50. – HEGEL 1979, Bd. 4, S. 488f – MINKE 1992 u. 1994.
[326]) StA Aachen, RA II Ratsprotokoll 36, S. 115f.
[327]) FF: HANSEN IV, S. 329f. Nr. 61, S. 367f. Nr. 66, S. 391ff. Nr. 70. – Aachener Annalen (H), S. 48.
[328]) Aachner Zuschauer 1798, S. 1390ff. – Vgl. Aachener Annalen (H), S. 49f., 52.
[329]) FF: Aachen, Öff. Bibl., SlBd. 1746. – HANSEN IV, S. 527f. – Aachener Annalen (H), S. 51.
[330]) Paris, A.N., F 17, 1093 dossier 13.
[331]) Handakten Dorsch im Rijksarchief in Limburg, 16. 1109 Scherpenzeel Heusch, inv. nr. 1164.
[332]) FF: HANSEN IV, S. 514ff. Nr. 98, S. 559ff. Nr. 107, S. 591, 632ff. Nr. 117, 659ff. Nr. 126, bes. S. 664f., 667f., 812ff. – SPOELGEN 1892, S. 26ff.
[333]) Vgl. MÜLLER 1982, S. 143 u. 1991, S. 303, 305.
[334]) StA Darmstadt L 17, fol. 645.
[335]) HANSEN IV, S. 645, 826, 857.
[336]) FF: HANSEN IV, S. 614ff. Nr. 114.
[337]) FF nach SCHOLLEN 1899, S. 105, 107f.
[338]) DANIELS VI, S. 633ff. Nr. 267.
[339]) Siehe Aachener Annalen (H), S. 53.
[340]) Zitat nach HANSEN IV, S. 651ff. Nr. 124.
[341]) HANSEN IV, S. 635ff. Nr. 118.
[342]) Aachener Annalen (H), S. 53. – Vgl. v. THIMUS, S. 188.
[343]) Vgl. HANSEN IV, S. 655 u. Aachener Annalen (H), S. 53.
[344]) A. PAULS 1951, S. 81ff.
[345]) HANSEN IV, S. 839ff. Nr. 135.
[346]) Aachener Annalen (H), S. 54.
[347]) FF: PICK 1913, S. 340ff.
[348]) Aachener Annalen (H), S. 52, 56 u. StA Aachen, Frz. Zeit, Plakatdruck vom 27. Pluviôse VI.
[349]) Aachener Annalen (H), S. 53.
[350]) FF: Aachener Annalen (H), S. 55. – HANSEN IV, S. 835f. Nr. 133, S. 858ff. Nr. 140, S. 870ff. Nr. 141, S. 892ff. Nr. 145. – DANIELS VI, S. 586ff. Nr. 247, S. 635f. Nr. 268.
[351]) HANSEN IV, S. 873 u. Aachener Annalen (H), S. 55.
[352]) Recueil des règlements, Tl. V, H. 9, S. 2ff.
[353]) FF: GROTEFEND 1891, S. 165f. – E. PAULS 1905, S. 235ff. – WAGNER 1989, S. 276ff. – HERMANNS 1990, S. 49ff. – MEINZER 1992.
[354]) Siehe BRÜNING 1898, S. 122.
[355]) Die Künstlichkeit der Anfügung von fünf bzw. sechs zusätzlichen Tagen versuchte man zu verschleiern.
[356]) MEINZER 1992, S. 21f.
[357]) StA Aachen, RA II Allg. Akten 551, fol. 2r, 3v.
[358]) Vgl. HANSEN III, S. 529f.
[359]) MEINZER 1992, S. 164.
[360]) Nach E. PAULS 1905, S. 253f.
[361]) Vgl. etwa HANSEN IV, S. 851, 877f., 902f., 906, 924f., 929f., 935, 1022f., 1046f., 1084, 1118, 1147f., 1178.
[362]) BRÜNING 1896, S. 95.
[363]) Siehe etwa StA Aachen, RA II Ratsprotokoll 36, S. 128. – HANSEN III, S. 530. – EDER 1917, S. 55. – KARLL 1921, S. 104ff. – MÜLLEJANS 1993, S. 16.
[364]) FF: KRAMER 1990, S. 89ff.
[365]) DANIELS VI, S. 635f. Nr. 268.
[366]) HANSEN IV, S. 503ff. – MÜLLEJANS 1993, S. 13f.
[367]) KARLL 1921, S. 104ff.
[368]) HANSEN IV, S. 894f.
[369]) FF: HANSEN IV, S. 959ff. Nr. 160.
[370]) Aachener Annalen (H), S. 58.
[371]) FF: HANSEN IV, S. 1014ff. Nr. 170 u. S. 1032ff. Nr. 172.
[372]) FF: HANSEN IV, S. 1007ff. Nr. 169 u. S. 1057ff. Nr. 176.
[373]) HANSEN IV, S. 1091.
[374]) FF: HANSEN IV, S. 1074ff. Nr. 177. – StA Aachen, Kraemer I 4a. – Aachener Annalen (H), S. 59f. – v. THIMUS, S. 188. – BRÜNING 1897, S. 21ff.
[375]) Anzeiger des Ruhr-Departements v. 25. Prairial VII, S. 48.
[376]) FF: HANSEN IV, S. 1096ff., 1103f., 1120ff., 1135ff.
[377]) FF: HANSEN IV, S. 1112ff. Nr. 103 u. S. 1150, S. 1164ff. Nr. 193.
[378]) Aachener Annalen (H), S. 63.
[379]) Vgl. HANSEN IV, S. 1123ff. Nr. 186 u. S. 1167f. Nr. 194.
[380]) HANSEN IV, S. 1186ff. Nr. 199.
[381]) FF: Aachener Annalen (H), S. 63f.
[382]) FF: SCHREIBER 1929. – DUFRAISSE 1964, S. 122ff.
[383]) Vgl. HANSEN IV, S. 1193ff. Nr. 200.
[384]) Aachener Annalen (H), S. 63f.
[385]) KÄSS 1929, S. 166f.
[386]) HANSEN IV, S. 1258f. Nr. 216.
[387]) HANSEN IV, S. 1268ff. Nr. 219f.
[388]) Aachener Annalen (H), S. 68.
[389]) Nach KÄSS 1929, S. 181.
[390]) Paris, A.N., Fc III Roer 5, S. 4ff. – Dr.: HANSEN IV, S. 1248ff.
[391]) HANSEN IV, S. 1250.
[392]) Nach HANSEN 1927, S. 452.
[393]) GRAUMANN 1990, S. 234.
[394]) HANSEN 1927, S. 452.

Literatur zu Kapitel C (1794-1801), S. 64-134.

ARETIN, Karl Otmar Freiherr v., Vom Deutschen Reich zum Deutschen Bund. (Deutsche Geschichte, hg. v. Joachim Leuschner, Bd. 7). Göttingen 1980. • BERTHA, Alfred u. MEVEN, Walter, Episoden aus der Franzosenherrschaft in Aachen und Umgebung, in: Im Göhltal 15 (1974), S. 34-62. • DIES., Der Rückzug der Franzosen aus Aachen am 2. März 1793, in: Im Göhltal 17 (1975), S. 8-28. • BORRIES, v., Der Feldzug von 1792, in: Vierteljahrshefte für Truppenführung und Heereskunde 7 (1910), S. 91ff., 233ff., 417ff. • BRAUBACH, Max, Frankreichs Rheinlandpolitik im Zeitalter der französischen Revolution, in: Archiv für Politik und Geschichte 8 (1927), S. 172-186. • DERS., Von der Französischen Revolution bis zum Wiener Kongreß, in: Gebhardt. Handbuch der deutschen Geschichte, Bd. 3, hg. v. Herbert Grundmann. Stuttgart ⁹1973, S. 2-96. • DERS., Verschleppung und Rückführung rheinischer Kunst- und Literaturdenkmale 1794 bis 1815/16, in: AHVNrh. 176 (1974), S. 93-153. • BRÜNING, Wilhelm, Aktenstücke aus dem Aachener Stadtarchiv (1785-1805), in: AAV 9 (1896), S. 92-95. • DERS., Zum Rastatter Gesandtenmord, in: AAV 10 (1897), S. 21-25. • DERS., Die Ankunft des Generals Dumouriez in Aachen, in: AAV 11 (1898), S. 122. • CHUQUET, Arthur, Les guerres de la révolution, Bd. 5: La trahision de Dumouriez. Paris 1891. • DUBOIS, Käthe, Die Reichstadt Aachen als Stand des niederrheinisch-westfälischen Kreises in den Reichskriegen des ausgehenden 17. und des 18. Jahrhunderts 1674-1794, in: ZAGV 60 (1939), S. 1-92. • DUFRAISSE, Roger, Les populations de la rive gauche du Rhin et le service militaire à la fin de l'Ancien Régime et à l'époque révolutionnaire, in: Revue historique Nr. 469 janvier-mars 1964, S. 103-140. • DERS., De la Révolution à la patrie: la rive gauche du Rhin à l'époque française (1792-1814), in: Ders., L'Allemagne à l'époque Napoléonienne. Questions d'histoire politique, économique et sociale. Etudes de Roger Dufraisse réunies à l'occasion de son 70ᵉ anniversaire par l'Institut Historique Allemand de Paris. (Pariser Historische Studien, Bd. 34). Bonn u. Berlin 1992, S. 37-75. • EDER, Curt, Die Tätigkeit der Aachener Behörden während der ersten Jahre der französischen Fremdherrschaft (1792-96). Unter besonderer Berücksichtigung ihrer Wirtschafts- und Finanzpolitik. Phil. Diss. Marburg 1917. • FALKNER, S.A., Das Papiergeld der Französischen Revolution 1789-1797. (Schriften des Vereins für Sozialpolitik, Bd. 165). München u. Leipzig 1924. • FIEDLER, Siegfried, Grundriß der Militair- und Kriegsgeschichte, Bd. 2: Das Zeitalter der Französischen Revolution und Napoleons. München 1976. • FREIMUTH: Aachen's Dichter und Prosaisten, hg. v. Heinrich Freimuth, Bd. 2. Aachen 1882. • FRIEDENSBURG, Ferdinand, Münzkunde und Geldgeschichte der Einzelstaaten des Mittelalters und der neueren Zeit. München u. Berlin 1926. • FRITZ, Alfons, Theater und Musik in Aachen zur Zeit der französischen Herrschaft, in: ZAGV 23 (1901), S. 31-170. • FÜRTH, Hermann Ariovist Freiherr v., Beiträge und Material zur Geschichte der Aachener Patrizier-Familien, Bd. 1, Aachen 1890. • GAETTENS, Richard, Die Assignaten der Französischen Revolution, in: Ders., Inflationen. Das Drama der Geldentwertungen vom Altertum bis zur Gegenwart. München 1955, S. 173-198. • GHILLANY, Diplomatisches Handbuch. Sammlung der wichtigsten europäischen Friedensschlüsse, Congressacten und sonstigen Staatsurkunden vom Westphälischen Frieden bis auf die neueste Zeit, Tl. 1, hg.v. F.W. Ghillany. Nördlingen 1855. • GODECHOT, Jacques, La grande nation. L'expansion révolutionnaire de la France dans le monde 1789-1799, 2 Bde., Paris 1956. • GOECKE, Rudolf, Ein Beitrag zur Stimmung der Bevölkerung am Niederrhein 1797-1798, in: AHVNrh. 39 (1883), S. 154-162. • GRAB, Walter, La réaction de la population de la Rhénanie face à l'occupation par les armées révolutionnaires françaises, in: Occupants, occupés 1792-1815. Colloque de Bruxelles, 29 et 30 janvier 1968, S. 121-139. • DERS., Eroberung oder Befreiung? Deutsche Jakobiner und die Franzosenherrschaft im Rheinland 1792-1799. (Schriften aus dem Karl-Marx-Haus Trier 4). Trier 1971. • GRAUMANN, Sabine, Französische Verwaltung am Niederrhein. Das Roerdepartement 1798-1814. (Düsseldorfer Schriften zur Neueren Landesgeschichte und zur Geschichte Nordrhein-Westfalens, Bd. 27). Essen 1990. • GROTEFEND, Hermann, Zeitrechnung des deutschen Mittelalters und der Neuzeit. Hannover 1891. • HANSEN, Joseph, Der Aachener Domschatz und seine Schicksale während der Fremdherrschaft, in: ZAGV 11 (1889), S. 160-175. • DERS., Das linke Rheinufer und die französische Revolution 1789-1801, in: Mitteilungen der Akademie zur wissenschaftlichen Erforschung und zur Pflege des Deutschtums/Deutsche Akademie 12 (1927), S. 421-459. • HEGEL, Eduard, Das Erzbistum Köln zwischen Barock und Aufklärung. Vom pfälzischen Krieg bis zum Ende der französischen Zeit 1688-1814. (Geschichte des Erzbistums Köln, Bd. 4). Köln 1979. • HERMANNS, Leo, Die Revolution und ihre Feste, in: Geschichtliches Eupen 24 (1990), S. 49-68. • HERMANNS, Wilhelm, P.J. Franz Dautzenberg und sein „Aachner Zuschauer" (Politischer Merkur) 1790-1798. Ein Beitrag zur rheinischen Zeitungskunde. Kulturgeschichte und Geistesbildung des ausgehenden 18. Jahrhunderts, in: ZAGV 52 (1930), Aachen 1931, S. 39-160. • DERS., Josef Görres. Cisrhenanenbriefe, in: RhVjbll. 19 (1954), S. 466-498. • JOESTER: Das Hauptstaatsarchiv Düsseldorf und seine Bestände, Bd. 3: Die Behörden der Zeit 1794-1814, Tl. 1: Die linksrheinischen Gebiete, bearb. v. Ingrid Joester. (Veröffentlichungen der staatlichen Archive des Landes Nordrhein-Westfalen, Reihe A). Siegburg 1987. • KÄSS, Ludwig, Die Organisation der allgemeinen Staatsverwaltung auf dem linken Rheinufer durch die Franzosen während der Besetzung 1792 bis zum Frieden von Lunéville (1801). Jur. Diss. Gießen 1929. • KARLL, Alfred, Französische Regierung und Rheinländer vor 100 Jahren. Ein Beitrag zur Geschichte der amtlichen Mache. (Frankfurter Historische Forschungen, N.F. 4). Leipzig 1921. • KRAMER, Johannes, Zur französischen Sprachpolitik im Rheinland 1794-1814, in: Ders. u. Otto Winkelmann (Hrsgg.), Das Galloromanische in Deutschland. (Pro lingua, Bd. 8). Wilhelmsfeld 1990, S. 89-102. • KUHN, Axel, Jakobiner im Rheinland. Der Kölner konstitutionelle Zirkel von 1798. (Stuttgarter Beiträge zur Geschichte und Politik, Bd. 10). Stuttgart 1976. • LEUCHTER, Joseph, Das Aachener Schulwesen und die französische Herrschaft 1794-1814, mit besonderer Rücksicht auf die Primärschulen, in: ZAGV 54 (1932), Aachen 1934, S. 1-42. • LÖHRER, Rolf, Oppositionelle Strömungen in Aachen 1792-1798, 2 Tle., Aachen 1976, Ms. im StA Aachen. • LÜHRS, Margot, Napoleons Stellung zu Religion und Kirche. (Historische Studien Oskar Rössler, H. 359). Berlin 1939. • MARTENS, Recueil des principaux traités d'alliance, de paix, de trêve, de neutralité, de commerce, de limites, d'échange etc. conclus par les puissances de l'Europe tant entre elles qu'avec les puissances et états dans l'autres parties du monde depuis 1761 jusqu' à présent, Bd. 7, hg.v. de Martens, Göttingen 1801. • MATHY, Helmut, Anton Joseph Dorsch (1758-1819). Leben und Werk eines rheinischen Jakobiners. Zugleich ein Beitrag zur Geschichte der Mainzer philosophischen Fakultät am Ende des 18. Jahrhunderts, in: Mainzer Zeitschrift 62 (1967), S. 1-55. • MEINZER, Michael, Der französische Revolutionskalender (1792-1805). (Ancien Régime, Aufklärung und Revolution, Bd. 20). München 1992. • MILZ, Heinrich, Die Kaiserstadt Aachen unter französischer Herrschaft, Tl. 2, in: Programm des Königlichen Gymnasiums zu Aachen. Schuljahr 1871-72, hg. v. Johann Stauder, S. 3-42. • MINKE, Alfred, Entre Meuse, Rhin et Moselle. Paris 1992. • MOLITOR, Hansgeorg, Vom Untertan zum Administré. Studien zur französischen Herrschaft und zum Verhalten der Bevölkerung im Rhein-Mosel-Raum von den Revolutionskriegen bis zum Ende der napoleonischen Zeit. (Veröffentlichungen des Instituts für europäische Geschichte Mainz, Bd. 99). Wiesbaden 1980. • MÜLLEJANS, Ruth, Französisch in Aachen. Aachen 1993, Ms. im StA Aachen. • NATHAN, Karl, Die Kämpfe zwischen Roer und Maas während des ersten Koalitionskrieges, in: ZAGV 21 (1899), S. 88-121. • ORTLEPP, Rainer, Die französische Verwaltungsorganisation in den besetzten linksrheinischen Gebieten 1797-1814 unter besonderer Berücksichtigung des Departements Donnersberg, in: Vom alten Reich zu neuer Staatlichkeit. Alzeyer Kolloquium 1979. Kontinuität und Wandel im Gefolge der französischen Revolution am Mittelrhein. (Geschichtliche Landeskunde, Bd. 22). Wiesbaden 1982, S. 132-151. • PABST, Klaus, Bildungs- und Kulturpolitik der Franzosen im Rheinland zwischen 1794 und 1814, in: Franzosen und Deutsche am Rhein 1789-1918-1945, hg. v. Peter Hüttenberger und Hansgeorg Molitor. (Düsseldorfer Schriften zur Neueren Landesgeschichte, Bd. 23). Essen 1989, S. 185-201. • PAULS, August, Ein Geheimbericht über die Volksstimmung im Roerdepartement aus dem Juli 1799, in: ZAGV 63 (1950), Aachen 1951, S. 81-85. • PAULS, Emil, Aus der Zeit der Fremdherrschaft, in: ZAGV 6 (1884), S. 227-238. • DERS., Aus der Zeit der Fremdherrschaft, in: ZAGV 11 (1889), S. 75-97. • DERS., Erinnerungen an den zu Aachen am 16. März 1278 erschlagenen Grafen Wilhelm IV. von Jülich, in: ZAGV 25 (1903), S. 87-132. • DERS., Aus der Geschichte der Zeitrechnung in Aachen (1500-1815), in: ZAGV 27 (1905), S. 235-255. • PAUQUET, Firmin, Die Revolutionsjahre 1789-1794 und das Limburger Land, in: Im Göhltal 46 (1990), S. 52-71 u. 48 (1991), S. 9-39. • PICK, Richard, Zur Geschichte der Aachener Stadtsoldaten, in: AAV 1 (1888), S. 86-90. • DERS., Das Stadtarchiv, in: Festschrift zur 72. Versammlung deutscher Naturforscher und Ärzte Aachen 1900. Aachen 1900, S. 214-225. • DERS., Die Vernichtung der an das Lehnswesen, das Königtum und die Religion erinnernden Zeichen in Aachen zur Zeit der Fremdherrschaft, in: ZAGV 35 (1913), S. 340-344. • QUIX, Christian, Neueste Chronik von Aachen, in: Wochenblatt für Aachen und Umgegend, 11. Jgg., Aachen 1837, S. 5f., 296f., 304f., 308f., 312-314, 316f. • REDLICH, Paul, Unterhandlungen über den Verkauf des Rubensschen Gemäldes in der Kapuzinerkirche zu Aachen, in: ZAGV 21 (1899), S. 254-256. • SCHMIDT-THOMÉ, Wilhelm, Rheinische Notarsiegel von 1798-1966 unter besonderer Berücksichtigung von Köln und des Oberlandesgerichtsbezirks Köln, in: Jahrbuch des Kölnischen Geschichtsvereins 38/39 (1963/65), S. 151-200. • SCHNOCK, Heinrich, Die Rückerstattung der zur Zeit der Fremdherrschaft nach Paris verschleppten Aachener Kunstgegenstände und Archivalien, in: AAV 12 (1899), S. 93-104. • SCHOLLEN, Matthias, Aus der Franzosenzeit, in: AAV 12 (1899), S. 104-109. • DERS., Beschlagnahme des Weinkellers eines Emigrierten, in: AAV 13 (1900), S. 118-120. • SCHREIBER, Ernst, Französische Ausweisungspolitik am Rhein und die Nordfrankenlegion. Zwei Beiträge zur Geschichte der französischen Herrschaft am Rhein im Zeitalter der Revolution. (Rheinische Schicksalsfragen, H. 29/30). Berlin 1929. • SCHRÖTTER, Friedrich Freiherr v., Wörterbuch der Münzkunde. Berlin u. Leipzig 1930. • SPOELGEN, J., Stimmung der Aachener Bürgerschaft zur Zeit der Fremdherrschaft, in: AAV 5 (1892), S. 26-32. • TEICHMANN, Eduard, Zur Geschichte der Säulen in der Aachener Liebfrauenkirche, in: ZAGV 28 (1906), S. 471-475. • TERVEEN, Fritz, Die Ballonfahrt in den Heeren des 18. und 19. Jahrhunderts. Ein Beitrag zur Geschichte der Militärluftfahrt und des Nachrichtenwesens, in: Wehrwissenschaftliche Rundschau 1957, S. 447-459. • THOMANN, Xavier J., Deux „Illustrations" de Guebwiller, in: Revue d'Alsace, 95. Jahrgang, Bd. 81, Delle, Thann u. Colmar 1934, S. 290-297. • TREUE, Wilhelm, Kunstraub. Über die Schicksale von Kunstwerken in Krieg, Revolution und Frieden. Düsseldorf 1957. • VENNER, Gerard H.A. (Bearb.), Inventaris van het archief van de familie De Heusch, later Van Scherpenzeel Heusch 1386-1895. (Rijksarchief in Limburg 44). Maastricht 1989. • WACKER, Carl, Zur Geschichte der Stadt Aachen im Jahre 1793. (Stephan Beissel und General Dampierre), in: AAV 3 (1890), S. 54-63. • WAGNER, Elisabeth, Revolution, Religiosität und Kirchen im Rheinland um 1800, in: Franzosen und Deutsche am Rhein 1789-1918-1945, hg. v. Peter Hüttenberger u. Hansgeorg Molitor. (Düsseldorfer Schriften zur Neueren Landesgeschichte und zur Geschichte Nordrhein-Westfalens, Bd. 23). Essen 1989, S. 267-288. • WINANDS, Klaus, Zerstörung, Restaurierung und Neubauplanung am Aachener Münster während der französischen Besatzungszeit 1794 bis 1814, in: Celica Iherusalem. Festschrift für Erich Stephany, hg. v. Clemens Bayer, Theo Jülich u. Manfred Kuhl. Köln, Siegburg 1986, S. 337-359. • ZIMMMERMANN, v., Milizheere. Die französischen Freiwilligen von 1791-1794, in: Vierteljahrshefte für Truppenführung und Heereskunde 9 (1912), S. 133-160.

Anmerkungen zu Kapitel D (1801-1814), S. 135-165.

[1]) FF: DANIELS IV, S. 231ff. Nr. 111, bes. Artikel 6, S. 233. – Aachener Annalen (H), S. 70. – Bulletin des réglemens an X, Nr. 94, S. 63f.

[2]) Bulletin des réglemens an IX, Nr. 58, S. 5 u. 7.

[3]) FF: Paris, A.N., Fc III Roer 6 Nr. 9, fol. 3ff., bes. 6v. – Auszug bei HANSEN IV, S. 1299.

[4]) Aachener Annalen (H), S. 71f.

⁵) Köln, Archiv der Erzdiözese, AA 78. – Aachener Merkur 1804, Nr. 75, S. 3; Nr. 76, S. 3f.; Nr. 78, S. 3f. – de BEY, S. 532, 536f. – TORSY 1940, S. 265ff.
⁶) FF: MÜLLER 1991, S. 309ff. – Vgl. StA Aachen, RA II Allg. Akten 546 u. 654. – KAENTZELER 1868, Nr. 101. – GOECKE 1884, S. 120ff. – HASHAGEN, 1908, S. 290f. – KARLL 1921, S. 150ff.
⁷) Aachener Annalen (H), S. 77.
⁸) FF: de BEY, S. 521, 534, 536. – Aachener Merkur 1804, Nr. 73, S. 4.
⁹) FF: de BEY, S. 534f.
¹⁰) LÜHRS 1939, S. 90.
¹¹) LÜHRS 1939, S. 49.
¹²) KIRCHEISEN 1909, Bd. 2, S. 134ff. – SCHULT 1992, S. 740.
¹³) RAMJOUÉ 1968, S. 91.
¹⁴) FF: RAMJOUÉ 1968, S. 90ff.
¹⁵) Vgl. RAMJOUÉ 1968, S. 91. – GIELEN 1977, S. 69.
¹⁶) Dazu siehe: HASHAGEN 1908, S. 279ff. – DUFRAISSE 1992, S. 379ff.
¹⁷) Paris, A.N., F 7, 8390/1.
¹⁸) Gazette universelle v. 18. Febr. 1810. – Siehe Ideen zur Philosophie der Geschichte der Menschheit von Johann Gottfried Herder, 4. Tl., Riga und Leipzig 1791, in: Herders sämmtliche Werke, hg. v. Bernhard Suphan, Bd. 14, Berlin 1809, S. 371f.
¹⁹) Siehe TORSY 1940, S. 282ff. – FRIEDRICH 1973, S. 134f. – GIELEN 1977, S. 138ff.
²⁰) Präfekturakten an XII, S. 591f.
²¹) A. PAULS 1936, S. 70.
²²) RÉMUSAT, Bd. 1, S. 139. – Übersetzung nach GIELEN 1977, S. 82f.
²³) Zu dem Besuch Josephines und Napoleons in Aachen siehe: Domarchiv Aachen, Protokollbuch des Domkapitels für die Zeit 1803 Juni 22 – 1837 Okt. 4, S. 24ff. – StA Aachen, RA II Allg. Akten 547 u. 548 sowie Hs. 1039 Bd. III, S. 33. – Aachener Merkur 1804, Nr. 91, S. 4; Nr. 92, S. 3; Nr. 95, S. 3; Nr. 96, S. 3; Nr. 97, S. 3; Nr. 101, S. 4; Nr. 106, S. 3; Nr. 107, S. 2f.; Nr. 108, S. 3f.; Nr. 109, S. 3. – POISSENOT, S. 94ff. – MILZ 1871/72, S. 25ff. – KRIBBEN o.J., S. 52ff. – KARLL 1907, S. 1ff., 46ff. – NIEßNER 1907, S. 146ff., 155ff. – HERMANNS 1951, S. 413ff. – GIELEN 1977, S. 82ff., 91ff., 118ff.
²⁴) Paris, A.N., F 1c III Roer 4. – POISSENOT, S. 96.
²⁵) NIEßNER 1907, S. 149.
²⁶) NIEßNER 1907, S. 147 nach Abschrift im StA Aachen, RA II Allg. Akten 549, fol. 6 u. 11.
²⁷) FF: Konzepte im StA Aachen, RA II Allg. Akten 549, fol. 70ff.
²⁸) StA Aachen, RA II Allg. Akten 549, fol. 76v-77r. – Übersetzung nach KARLL 1907, S. 85f.
²⁹) Aachener Merkur vom 14. Thermidor an XII (1804 Aug. 2), Nr. 92, S. 3.
³⁰) POISSENOT, S. 102.
³¹) FF: SCHNOCK 1899, S. 98. – TORSY 1940, S. 293. – LOHMANN 1926, S. 285ff. – Katalog 1965 Nr. 557. – Katalog 1972, Bd. 1, S. 244 G 6.
³²) Siehe dazu: de BEY, S. 525f. – GRIMME 1972, S. 75f.
³³) POISSENOT, S. 103. – FRIEDRICH 1973, S. 138.
³⁴) TORSY 1940, S. 51f. – FRIEDRICH 1973, S. 138.
³⁵) POISSENOT, S. 105f. – TORSY 1940, S. 52.
³⁶) Siehe auch TALBOT 1900, S. 255.
³⁷) Präfekturakten an XII, S. 575. – POISSENOT, S. 107, 124f. – Aachener Merkur 1804, Nr. 106, S. 3f. u. Nr. 110, S. 4.
³⁸) CRONIN 1975, S. 201.
³⁹) Siehe A. PAULS 1936, S. 70ff.
⁴⁰) Zum Besuch Napoleons in Aachen siehe die Quellen und die Literatur unter Anm. 23 und ferner: Aachener Merkur 1804, Nr. 106, S. 3.
⁴¹) Aachener Merkur 1804, Nr. 107, S. 2f. – KARLL 1907, S. 49.
⁴²) Ein Arrêté des Präfekten vom Tag zuvor hatte jeden Schritt genau vorgeschrieben: StA Aachen, RA II Allg. Akten 549, fol. 22.
⁴³) KARLL 1907, S. 52.
⁴⁴) Correspondance de Napoléon Ier, Bd. 9, S. 485f. Nr. 7960. – GIELEN 1977, S. 90f.
⁴⁵) Vgl. wie Anm. 44, S. 496ff.
⁴⁶) Aachener Merkur 1804, Nr. 107, S. 3. – Siehe auch das Protokollbuch des damaligen Domkapitels im Domarchiv (S. 28ff.).
⁴⁷) MILZ 1871/72, S. 29. – Siehe auch FRIEDRICH 1973, S. 347 Nr. 282.
⁴⁸) Nach KARLL 1907, S. 62f.
⁴⁹) POISSENOT, S. 111ff.
⁵⁰) v. LEERODT 1951/52, S. 116f. – Vgl. auch KARLL 1907, S. 64f.
⁵¹) A. PAULS 1941, S. 215.
⁵²) Correspondance de Napoléon Ier, Bd. 9, S. 509f. Nr. 8000.
⁵³) POISSENOT, S. 113.
⁵⁴) MILZ 1871/72, S. 30. – Übersetzung bei KRIBBEN o.J., S. 56.
⁵⁵) Aachener Merkur 1804, Nr. 108, S. 4.
⁵⁶) FF: Siehe Kapitel G.
⁵⁷) FF: StA Aachen, Hs. 1039, Bd. III, S. 14ff., 31ff.
⁵⁸) MÜLLERMEISTER 1877, S. 20ff. – Siehe auch KARLL 1907, S. 69.
⁵⁹) Aachener Merkur 1804, Nr. 109, S. 3.
⁶⁰) FF: POISSENOT, S. 117ff. – GOLBÉRY, S. 508ff. – Aachener Merkur 1804, Nr. 125, S. 3f.
⁶¹) GOLBÉRY, S. 509.
⁶²) FF: Aachener Merkur 1804, Nr. 125, S. 3.
⁶³) Vgl. Correspondance de Napoléon Ier, Bd. 9, S. 539 Nr. 8042 u. Aachener Merkur 1804, Nr. 125, S. 3f. – Zur Aachener Spielbank in jener Zeit siehe OPPENHOFF 1935, S. 131.
⁶⁴) FF: Siehe auch Kapitel G.
⁶⁵) GOLBÉRY, S. 511.
⁶⁶) TORSY 1940, S. 53.
⁶⁷) Siehe S. 169.
⁶⁸) Siehe Kapitel G.
⁶⁹) FF: POISSENOT, S. 85f. – TORSY 1940, S. 283f. – KAENTZELER 1868 Nr. 33 u. 1869 Nr. 113.
⁷⁰) Siehe Exp. D 7.
⁷¹) THISSEN 1911, S. 42f.
⁷²) StA Aachen, Druckschrift vom 23. Mai 1805, S. 7f.

⁷³) FF: Paris, A.N., 0 2, 839 u. F 1c III Roer 4 sowie F 7, 8390/1. – StA Aachen, RA II Allg. Akten 547, fol. 23ff. – Aachen, Domarchiv XVIII 36. – FRITZ 1903, S. 50ff.
⁷⁴) Druck der Ansprache bei KARLL 1921, S. 268ff. – Siehe auch Aachen, Domarchiv XVIII 36.
⁷⁵) FF: Paris, A.N., F 1c III Roer 4.
⁷⁶) Bulletin des lois de l'Empire Français, an XIII Nr. 6, S. 26f. – Der Präfekt des Roerdepartements informierte den Aachener Maire am 28. Juni: Aachener Merkur 1804, Nr. 86, S. 4.
⁷⁷) POISSENOT, S. 52. – GOLBÉRY, S. 507f.
⁷⁸) Vgl. GIELEN 1977, S. 119.
⁷⁹) Zu den folgenden Zitaten siehe SCHULT 1992, S. 740f.
⁸⁰) StA Aachen, St. Foillan, B XI (1805) u. St. Jakob, B IV 2 u. Hs. 928. – Siehe FRIEDRICH 1973, S. 141f.
⁸¹) HUYSKENS 1929, S. 48f.
⁸²) De BEY, S. 520.
⁸³) StA Aachen, Frz. Zeit, Akten der Mairie 1805 Sept. 27. – Übersetzung nach KARLL 1907, S. 111f.
⁸⁴) Siehe HAUTERIVE 1908ff.
⁸⁵) FORST (nach Pauls), S. 166.
⁸⁶) Paris, A.N., F 17, 1032, dossier 32, pièce 3, S. 3. – Die genaue Argumentationskette Meyers d.J. bleibt verborgen, weil nur die Zusammenfassung der Eingabe erhalten ist.
⁸⁷) FF: Paris, A.N., F 7, 6528. – HUYSKENS 1929, S. 58f. – Zum Domschatz vgl. ansonsten auch HANSEN 1889, S. 160ff. u. RAMJOUÉ 1968, S. 90ff.
⁸⁸) Paris, A.N., F 7, 8390-1.
⁸⁹) E. PAULS 1893, S. 179.
⁹⁰) Siehe StA Aachen, RA II Allg. Akten 549, fol. 121r,v.
⁹¹) Siehe etwa: Paris, A.N., F 1c III Roer 4 u. StA Aachen, RA II Allg. Akten 549, fol. 119ff. u. 550, fol. 1ff.
⁹²) StA Aachen, RA II Allg. Akten 549, fol. 169f.
⁹³) E. PAULS 1893, S. 181.
⁹⁴) THISSEN 1911, S. 24.
⁹⁵) Nach THISSEN 1911, S. 73. – Siehe auch TORSY 1940, S. 284f. u. HERMANNS 1951, S. 420f.
⁹⁶) FF: E. PAULS 1893, S. 139. – HERMANNS 1951, S. 423f. – CARNAP 1975, S. 59.
⁹⁷) Paris, A.N., F 7, 8390-1.
⁹⁸) HERMANNS 1951, S. 423f.
⁹⁹) Siehe StA Aachen, RA II Allg. Akten 549, fol. 176ff. u. A. PAULS 1934, S. 158f.
¹⁰⁰) Journal de la Roer vom 4. Sept. 1813.
¹⁰¹) Vgl. Paris, A.N., F 1c III Roer 4.
¹⁰²) Paris, A.N., F 7, 8390-1.
¹⁰³) StA Aachen, RA II Allg. Akten 549, fol. 148.
¹⁰⁴) Wie Anm. 103, fol. 140ff., 172.

¹⁰⁵) Präfekturakten 1810, S. 312, 362. – FRITZ 1903, S. 60 Anm. 2. – KARLL 1921, S. 190ff.
¹⁰⁶) Wie Anm. 103, fol. 168.
¹⁰⁷) Journal de la Roer 1811, Nr. 265.
¹⁰⁸) FF: DUFRAISSE 1978, S. 407ff. u. 1980, S. 467ff., bes. S. 473ff.
¹⁰⁹) FF: Siehe Kapitel G.
¹¹⁰) Vgl. bereits oben, S. 129.
¹¹¹) TORSY 1940, S. 304f.
¹¹²) Siehe Kapitel N.
¹¹³) E. PAULS 1893, S. 182.
¹¹⁴) Konzept im StA Aachen, RA II Allg. Akten 549, fol. 187f.
¹¹⁵) E. PAULS 1893, S. 182f.
¹¹⁶) StA Aachen, RA II Allg. Akten 549, fol. 200f. – Siehe auch Präfekturakten 1813, S. 222ff. u. SCHMITZ 1913, S. 372.
¹¹⁷) Journal de la Roer 1813 Nr. 196. – Siehe auch KARLL 1921, S. 180f.
¹¹⁸) FF: SCHMITZ 1913, S. 371. – BRÜNING 1897 (Stadtarchiv), S. 30. – KARLL 1907, S. 108. – DUFRAISSE 1992, S. 516ff., 542.
¹¹⁹) DANIELS V, S. 853ff. Nr. 383 u. S. 894 Nr. 406.
¹²⁰) Siehe dazu ISKJUL' 1987, S. 57ff.
¹²¹) KARLL 1907, S. 108.
¹²²) KARLL 1907, S. 108ff.
¹²³) FINZSCH 1987, S. 468.
¹²⁴) FF: Präfekturakten 1813, S. 121ff. – KARLL 1921, S. 160ff.
¹²⁵) Aus: PAULUS 1819, S. 18f.
¹²⁶) Wie Anm. 125, S. 21.
¹²⁷) DUFRAISSE 1992, S. 527f.
¹²⁸) StA Aachen, RA II Allg. Akten 549, fol. 210f.
¹²⁹) Vgl. KARLL 1907, S. 117f. u. 1921, S. 205, 228.
¹³⁰) Zitiert nach HERMANNS 1951, S. 425. – Das „Feuille d'affiches", aus dem Hermanns zitiert, zählt offenbar zu den Kriegsverlusten.
¹³¹) Journal de la Roer 1813 Nr. 266 u. 295. – Siehe auch E. PAULS 1893, S. 183.
¹³²) FF: DUFRAISSE 1992, S. 505ff.
¹³³) BRAUBACH 1973, S. 85.
¹³⁴) FF: ZIMMERMANN 1934, S. 25ff.
¹³⁵) FF: A. PAULS 1951, S. 91ff. u. 1955, S. 182ff. u. 1957, S. 83ff. – DUFRAISSE 1992, S. 505ff.
¹³⁶) LADOUCETTE, S. 249.
¹³⁷) Nach A. PAULS 1955, S. 189.
¹³⁸) Wie Anm. 137.
¹³⁹) HÜFFER 1904, S. 49.
¹⁴⁰) FORST (nach Pauls), S. 168.

Literatur zu Kapitel D (1801-1814), S. 135-165

BLANNING, Timothy C.W., The French Revolution in Germany. Occupation and resistance in the Rhineland 1792-1802. Oxford 1983. • BRAUBACH, Max, Von der Französischen Revolution bis zum Wiener Kongreß, in: Gebhardt. Handbuch der deutschen Geschichte, hg. v. Herbert Grundmann, Bd. 3, Stuttgart ⁹1973, S. 1-96. • BRÜNING, Wilhelm, Aachen während der Fremdherrschaft und der Befreiungskriege, in: ZAGV 19 (1897), Tl. II, S. 171-210. • DERS., Aus dem Aachener Stadtarchiv, in: AAV 10 (1897), S. 29f. • CARNAP, Michael, Das Gesundheitswesen des Roerdepartements im Spiegel französischer Gesetze, Verordnungen und Verwaltungsakten (1798-1814). Med. Diss. RWTH Aachen 1975. • CRONIN, Vincent, Napoleon. Eine Biographie. Frankfurt a.M. 1975. • DUFRAISSE, Roger, La crise économique de 1810-1812 en pays annexé: l'exemple de la rive gauche du Rhin, in: Francia 6 (1978), S. 407-437. • DERS., Das napoleonische Deutschland. Stand und Probleme der Forschung unter besonderer Berücksichtigung der linksrheinischen Gebiete, in: Geschichte und Gesellschaft. Zeitschrift für Historische Sozialwissenschaft 6 (1980), S. 467-489. • DERS., Témoignages sur le culte de Napoléon dans les pays de la rive gauche du Rhin (1797-1811), in: Ders., L'Allemagne à l'époque Napoléonienne. Questions d'histoire politique, économique et sociale. Etudes de Roger Dufraisse réunies à l'occasion de son 70e anniversaire par l'Institut Historique Allemand de Paris. (Pariser Historische Studien, Bd. 34). Bonn, Berlin 1992, S. 378-408. • DERS., La fin des départements de la rive gauche du Rhin, in: wie zuvor, S. 505-566. • FABER, Karl-Georg, Die Rheinländer und Napoleon, in: Francia 1 (1973), S. 374-394. • FINZSCH, Norbert, Räuber und Gendarme im Rheinland, in: Francia 15 (1987), S. 435-471. • FRIEDRICH, Klaus, Marc Antoine Berdolet (1740 bis 1809). Bischof von Colmar. Erster Bischof von Aachen. Sein Leben und Wirken unter besonderer Berücksichtigung seiner pastoralen Vorstellungen. (Veröffentlichungen des bischöflichen Diözesanarchivs Aachen, Bd. 32). Mönchengladbach 1973. • FRITZ, Alfons, Geschichtliche Mitteilungen zu den Bildern Napoleons und seiner Gemahlin Josephine im Suermondt-Museum, in: Denkschrift aus Anlaß des fünfundzwanzigjährigen Bestandes des Suermondt-Museums, hg. v. Anton Kisa, Aachen 1903, S. 50-53. • DERS., Zur Vorgeschichte des Museums, in: wie zuvor, S. 58-68. • GIELEN, Viktor, Aachen unter Napoleon. Aachen 1977. • GOECKE, R., Die Napoleonischen Plebiscite von 1802 und 1804 in den Rheinlanden, in: AHVNrh. 42 (1884), S. 120-142. • GRIMME, Ernst Günther, Der Aachener Domschatz. (Aachener Kunstblätter 42, 1972). Aachen 1972. • HANSEN, Joseph, Der Aachener Domschatz und seine Schicksale während der Fremdherrschaft, in: ZAGV 11 (1889), S. 160-175. • DERS., Das linke Rheinufer und die französische Revolution 1789-1801, in: Mitteilungen der Akademie zur wissenschaftlichen Erforschung und zur Pflege des Deutschtums / Deutsche Akademie 12 (1927), S. 421-459. • HASHAGEN, Justus, Das Rheinland und die französische Herrschaft. Beiträge zur Charakteristik ihres Gegensatzes. Bonn 1908. • HAUTERIVE, Ernest de (Hrsg.), La police secrète du premier Empire. Bulletins quotidiens adressés par Fouché à l'Empereur, t. 1 (1804-1805), t. 2 (1805-1806), t. 3 (1806-1807), Paris 1908, 1913, 1922; N.F. Bde. 4-5, Paris 1963 u. 1964. • HERMANNS, Will, Erzstuhl des Reiches. Lebensgeschichte der Kur- und Kronstadt Aachen. Ratingen 1951. • HÜFFER, Hermann, Alfred von Reumont, in: AHVNrh. 77 (1904), S. 5-241. • HUYSKENS, Albert, 125 Jahre Industrie- und Handelskammer zu Aachen. Festschrift zur Feier ihres 125jährigen Bestehens, Bd. 1, Aachen 1929. • ISKJUL', S.N., Der Aufstand im Großherzogtum Berg gegen Napoleon im Jahre 1813, in: Zeitschrift des Bergischen Geschichtsvereins 92 (1986), Neustadt a.d. Aisch 1987, S. 57-68. • KAENTZELER, Peter Stephan, Die Statue Karls des Großen auf dem Aachener Marktbrunnen, in: Echo der Gegenwart 1868, Nr. 33 u. 1869, Nr. 113. • DERS., Die Abstimmung zu Aachen für Napoleon I., in: Echo der Gegenwart 1868, Nr. 101. • KÄSS, Ludwig, Die Organisation der allgemeinen Staatsverwaltung auf dem linken Rheinufer durch die Franzosen während der Besetzung 1792 bis zum Frieden von Lunéville (1801). Jur. Diss. Gießen 1929. • KARLL, Alfred, Napoleonische Studien. Aachen 1907. • DERS., Französische Regierung und Rheinländer vor 100 Jahren. Ein Beitrag zur Geschichte der amtlichen Mache. (Frankfurter Historische Forschungen, N.F. 4). Leipzig 1921. • Katalog 1965: Karl der Große. Werk und Wirkung. [Katalog zur Ausstellung im Rathaus Aachen und im Kreuzgang des Domes vom 26. Juni bis zum 19. September 1965]. Aachen 1965. • Katalog 1972: Rhein und Maas. Kunst und Kultur 800-1400. Eine Ausstellung des Schnütgen-Museums der Stadt Köln und der belgischen Ministerien für französische und niederländische Kultur, hg. v. Anton Legner, Bd. 1, Köln 1972. • KIRCHEISEN, F.M. (Hrsg.), Briefe Napoleons des Ersten in drei Bänden. Stuttgart 1909. • [KRIBBEN], Aachen unter der Herrschaft Napoleons. Aachen o.J. [zw. 1912 u. 1916]. • LOHMANN, Friedrich, Die Lösung über die Verluste des Aachener Domschatzes in französischer Zeit, in: ZAGV 46 (1924), Aachen 1926, S. 285-290. • LÜHRS, Margot, Napoleons Stellung zu Religion und Kirche. (Historische Studien Oskar Rössler, H. 359). Berlin 1939. • MILZ, Heinrich, Die Kaiserstadt Aachen unter französischer Herrschaft, Tl. 2, in: Programm des Königlichen Gymnasiums zu Aachen. Schuljahr 1871-72, hg. v. Johann Stauder, S. 3-42. • MÜLLERMEISTER, Joseph, Wilhelm Smets in Leben und Schriften. Eine Literatur-Studie. Aachen 1877. • NIEßNER, Alois, Zwanzig Jahre Franzosenherrschaft in Aachen 1794-1814. Aachen 1907. • OPPENHOFF, Joseph, Die Spielbank in Aachen und Umgebung, in: ZAGV 55 (1933/34), Aachen 1935, S. 120-142. • PABST, Klaus, Bildungs- und Kulturpolitik der Franzosen im Rheinland zwischen 1794 und 1814, in: Franzosen und Deutsche am Rhein 1789-1918-1945, hg. v. Peter Hüttenberger und Hansgeorg Molitor. (Düsseldorfer Schriften zur Neueren Landesgeschichte, Bd. 23). Essen 1989, S. 185-201. • PAULS, August, Die Gräfin Rémusat als Aachener Kurgast, in: ZAGV 54 (1932), Aachen 1934, S. 142-160. • DERS., Ein Geheimbericht über Zustände und Beamte im Roerdepartement aus dem Ende der Konsularzeit, in: ZAGV 57 (1936), S. 70-79. • DERS., Die Strafversetzung des Präfekten Méchin, in: ZAGV 61 (1940), Aachen 1941, S. 213-217. • DERS., Beiträge zur Haltung der Aachener Bevölkerung während der Fremdherrschaft 1792-1814, in: ZAGV 63 (1950), Aachen 1951, S. 41-102. • DERS., Studien zur Geschichte des Roerdepartements, in: ZAGV 66/67 (1954/55), Aachen 1955, S. 182-192. • DERS., Die Räumung des Roerdepartements, in: Heimatblätter des Landkreises Aachen 12 (1957), S. 83-85. • PAULS, Emil, Beiträge zur Geschichte der Buchdruckereien, des Buchhandels, der Censur und der Zeitungspresse in Aachen bis zum Jahre 1816, in: ZAGV 15 (1893), S. 97-235. • PAULUS: Sophronizon oder unpartheyisch-freymüthige Beyträge zur neueren Geschichte, Gesetzgebung und Statistik der Staaten und Kirchen, hg.v. Heinrich Paulus, Heft 1/2, Frankfurt a.M. 1819. • RAMJOUÉ, Fritz, Die Eigentumsverhältnisse an den drei Aachener Reichskleinodien. Stuttgart 1968. • SCHMITZ, Ludwig, Eine Erinnerung an das Jahr 1813, in: ZAGV 35 (1913), S. 367-372. • SCHNOCK, Heinrich, Die Rückerstattung der zur Zeit der Fremdherrschaft nach Paris verschleppten Aachener Kunstgegenstände und Archivalien, in: ZAGV 12 (1890), S. 94-104. • SCHULT, Richard, „... das Schiff der Revolution in den von ihm bestimmten Hafen zu bringen". Jacques-Louis David und die Krönung Napoleons, in: Geschichte in Wissenschaft und Unterricht 12 (1992), S. 728-742. • TALBOT, G., Entwicklung der Armenpflege in Aachen im 19. Jahrhundert, in: Festschrift zur 72. Versammlung deutscher Naturforscher und Ärzte Aachen 1900. Aachen o.J. [1900], S. 254-262. • THISSEN, Anton, Aus vergangenen Tagen. Die Festlichkeiten bei der Feier der Taufe des Königs von Rom im Juni 1811 in Aachen. Sonderdruck aus „Oecher Platt". Aachen 1911. • TORSY, Jakob, Geschichte des Bistums Aachen während der französischen Zeit (1802-1814). Bonn 1940. • WAGNER, Elisabeth, Revolution, Religiosität und Kirchen im Rheinland um 1800, in: Franzosen und Deutsche am Rhein 1789-1918-1945, hg. v. Peter Hüttenberger u. Hansgeorg Molitor. (Düsseldorfer Schriften zur Neueren Landesgeschichte und zur Geschichte Nordrhein-Westfalens, Bd. 23). Essen 1989, S. 267-288. • ZIEBURA, Gilbert, Frankreich von der Großen Revolution bis zum Sturz Napoleons III. 1789-1870, in: Handbuch der europäischen Geschichte, Bd. 5, hg. v. Walter Bußmann. Stuttgart 1981, S. 187-318. • ZIMMERMANN, Karl, Die Kriegsereignisse zwischen Rhein, Saar und Mosel im Jahre 1814, in: RhVjbll. 4 (1934), S. 25-48.

Anmerkungen zu Kapitel E (Verwaltung), S. 167-187.

[1]) Recueil des réglemens, Bd. 7, H. 14, S. 103.
[2]) ERDMANN 1986, S. 6.
[3]) SCHULTHEIS-FRIEBE 1969, S. 55
[4]) SCHULTHEIS-FRIEBE 1969, S. 57.
[5]) SCHULTHEIS-FRIEBE 1969, S. 62.
[6]) SCHULTHEIS-FRIEBE 1969, S. 66.
[7]) FF: HANSEN IV, S. 520f.
[8]) Vgl. etwa den Octroi des Jahres 1812 im StA Aachen, RA II Allg. Akten 705.
[9]) HILDEBRANDT 1992, S. 245.
[10]) LÜCKER 1908, S. 33. – Siehe DANIELS V, S. 288ff. Nr. 151.
[11]) SCHULTHEIS-FRIEBE 1969, S. 70.
[12]) Siehe das „Mémoire pour les créanciers de l'État, qui habitent le département de la Roër" des Generalsekretärs der Präfektur, Johann Wilhelm Körfgen: Aachen, Öff. Bibl., Q 499.
[13]) DANIELS IV, S. 445f. Nr. 239.
[14]) DANIELS IV, S. 545ff. Nr. 340.
[15]) Siehe das „Mémoire" (wie Anm. 12). Danach DORSCH, S. 101ff.
[16]) DANIELS IV, S. 545ff. Nr. 340.
[17]) FF: NETTMANN 1922, S. 10.
[18]) DANIELS V, S. 853ff. Nr. 383.
[19]) FF: Siehe vor allem KÄSS 1929, GRAUMANN 1990 und JOESTER 1987, S. 17ff. – Anmerkungen werden im Folgenden nur für solche Sachverhalte gemacht, die im chronologischen Teil nicht angesprochen wurden.
[20]) StA Aachen, Frz. Zeit, Munizipalitätsprotokoll 1795/96, S. 131.
[21]) Zu ihm siehe S.181f.
[22]) Vgl. StA Aachen, Hs. 313, S. 113 u. ebd., Frz. Zeit, Munizipalitätsprotokoll 1796/97, S. 2.
[23]) FF: StA Aachen, Frz. Zeit, Munizipalitätsprotokoll 1796/97, S. 46.
[24]) StA Aachen, Frz. Zeit, Munizipalitätsprotokoll 1798/99, S. 349.
[25]) StA Aachen, Frz. Zeit, Munizipalitätsprotokoll 1798/99, S. 352f.
[26]) HÜFFER 1904, S. 42 u. SCHILD/JANSSEN 1991, S. 146.
[27]) A. PAULS 1941, S. 217.
[28]) Vgl. auch A. PAULS 1934, bes. S. 151ff.
[29]) Zu ihm siehe auch A. PAULS 1955, S. 186f.
[30]) Siehe A. PAULS 1951, S. 85ff.
[31]) GRAUMANN 1990, S. 61.
[32]) KÄSS 1929, S. 173.
[33]) GRAUMANN 1990, S. 62ff.
[34]) GRAUMANN 1990, S. 67.
[35]) FF: GRAUMANN 1990, S. 77. – DUFRAISSE 1970, S. 450ff. u. 1978, S. 119ff. sowie 1982, S. 244ff. – GRAUMANN 1993, S. 26ff.
[36]) FF: KEIL/REINHARD 1801/02, S. 711f.
[37]) GRAUMANN 1990, S. 89.
[38]) ORTLEPP 1982, S. 148.
[39]) FF: Aachener Annalen (H), S. 69. – GOLBÉRY, S. 506. – A. PAULS 1928, S. 511 Nr. 19 u. 1936, S. 72. – HUYSKENS 1929, S. 133f. – MUMMENHOFF 1956, S. 297. – DUFRAISSE 1978, S. 138. – Zitat v. Lommessem nach dem „Aachener Merkur" vom 5. November 1804 (Nr. 133, S. 3).
[40]) Nach GRAUMANN 1990, S. 75.
[41]) ARENS/JANSSEN 1964, S. 125 Nr. 130.
[42]) FF: StA Aachen, Hs. 1039 II, S. 44ff. und GRAUMANN 1990, S. 61, 75.
[43]) FF, teils nach GRAUMANN 1990, S. 75, die allerdings Denys und Othegraven irrtümlich zu einer Person „Denys Othegraven" zusammengezogen hat, wie auch nach dem Annuaire 1809, S. 199; 1811, S. 238; 1812, S. 172; 1813, S. 265.
[44]) POISSENOT, S. 83f.
[45]) FF: Annuaire 1809-1813.
[46]) Siehe StA Aachen, Hs. 313 Nr. 62.
[47]) DANIELS VI, S. 674ff. Nr. 286. – HANSEN IV, S. 828f. Nr. 130.
[48]) HERMENS 1833, S. 263f. Artikel 55.
[49]) TORSY 1940, S. 235.
[50]) TORSY 1940, S. 236.
[51]) DANIELS II, S. 281ff. Nr. 94.
[52]) DANIELS VI, S. 674.
[53]) Code Napoléon, nach dem officiellen Texte übersetzt von Daniels, Köln ²1808, S. 88ff.
[54]) DANIELS V, S. 376f. Nr. 193.
[55]) Siehe „Chronologie", S. 74.
[56]) StA Aachen, Taufbuch St. Foillan, Bd. 33, S. 198.
[57]) FF: OPPENHOFF 1894, S. 161f. – FRITZ 1901, S. 60 Anm. 1. – HANSEN III, S. 1202f. Anm. 2 u. IV, S. 600 sowie StA Aachen, Comité de surveillance 1794 Nov. 30. – 1795 Febr. 17, S. 196. – HERMANNS 1931, S. 39ff.
[58]) Zitiert nach HERMANNS 1931, S. 52.
[59]) DANIELS III, S. 232ff.
[60]) FF: StA Aachen, Frz. Zeit, Munizipalitätsprotokoll 1794/95, S. 232, 278 sowie StA Aachen, Hs. 316, S. 59 Nr. 85. – POISSENOT, S. 51f. Anm. 1 mit genauer Beschreibung der zwei 1801 eingerichteten Sektionen.

MUMMENHOFF 1924, S. 296. – NIEßEN 1991, S. 50. – Polizeiverordnung vom 30. Juli 1857, gedruckt im Adreßbuch für Aachen und Burtscheid. Aachen 1858.
[61]) DANIELS IV, S. 183ff.
[62]) Recueil des réglemens, H. 12, S. 1ff.
[63]) Siehe Annuaire 1809, S. 165; 1811, S. 196; 1812, S. 136; 1813, S. 196.
[64]) KARLL 1921, S. 6f., 39f., 42f. und KRIBBEN o.J., S. 19f.
[65]) FF: FINZSCH 1990, S. 188ff.

L i t e r a t u r zu Kapitel E (Verwaltung) , S. 167-187.

ARENS, Eduard u. JANSSEN, Wilhelm L., Geschichte des Club Aachener Casino, 2. Auflage hg. v. Elisabeth Janssen u. Felix Kuetgens. Aachen 1964. • BÄR, Max, Die Behördenverfassung der Rheinprovinz seit 1815. (Publikationen der Gesellschaft für Rheinische Geschichtskunde XXXV). Bonn 1919, S. 40ff. • DUFRAISSE, Roger, Les notables de la rive gauche du Rhin à l'époque napoléonienne, in: Annales historiques de la Révolution française 42(1970), S. 450-472. • DERS., Roër, in: Grands Notables du premier Empire, Bd. 3, hg. v. Louis Bergeron u. Guy Chaussinand-Nogaret, Paris 1978, S. 119-154, 175-179. • DERS., Élites anciennes et élites nouvelles dans le pays de la rive gauche du Rhin à l'époque napoléonienne, in: Annales de la Révolution française 54 (1982), S. 244-283. • ERDMANN, Claudia, Aachen im Jahre 1812. Wirtschafts- und sozialräumliche Differenzierung einer frühindustriellen Stadt. (Erdkundliches Wissen, Heft 78). Stuttgart 1986. • FABER, Karl Georg, Verwaltungs- und Justizbeamte auf dem linken Rheinufer während der französischen Herrschaft. Eine personengeschichtliche Studie, in: Aus Geschichte und Landeskunde. Forschungen und Darstellungen, Franz Steinbach zum 65. Geburtstag gewidmet von seinen Freunden und Schülern. Bonn 1960, S. 350-388. • FINZSCH, Norbert, Zur „Ökonomie des Strafens": Gefängniswesen und Gefängnisreform im Roërdépartement nach 1794, in: RhVjbll. 54 (1990), S. 188-210. • FRITZ, Alfons, Theater und Musik in Aachen zur Zeit der französischen Herrschaft, in: ZAGV 23 (1901), S. 31-170. • FÜCHTNER, Jörg (Bearb.), Der beurkundete Mensch. Personenstandswesen im nördlichen Rheinland vom Spätmittelalter bis zum 20. Jahrhundert. Ausstellung des Nordrhein-Westfälischen Personenstandsarchivs Rheinland, Bonn 1984. • DERS., Die Beurkundung von Taufe und Heirat in den evangelischen, vor allem den reformierten Gemeinden des Niederrheins, 2 Tle., in: Zeitschrift der Savigny-Stiftung für Rechtsgeschichte, Kanonistische Abteilung 108 (1991), S. 351-398 u. 109 (1992), S. 312-400. • GEILEN, Quirin, Entstehung der Tranchot- v. Müfflingschen Kartenaufnahme und des rheinischen Katasters, in: Mit Wasser und Dampf ins Industriezeitalter, hg. v. Gerhard Fehl u.a., Aachen 1991, S. 212f. • GRAUMANN, Sabine, Französische Verwaltung am Niederrhein. Das Roerdepartement 1798-1814. Essen 1990, S. 17ff., bes. S. 46ff. • DIES., Honneur et Patrie – napoleonische Ehrenlegionäre im Rheinland, in: Neue Beiträge zur Jülichschen Geschichte 4 I (1993), S. 26-44. • HAHN, Rolf, Das „schändliche Dekret" vom 17.3.1808 und seine Auswirkung auf die rechtliche Stellung der Kölner Juden. Jur. Diss. Köln 1967, S. 36ff. • HERMANNS, Wilhelm, P.J. Franz Dautzenberg und sein „Aachner Zuschauer" (Politischer Merkur) 1790-1798, in: ZAGV 52 (1930), Aachen 1931, S. 39-160. • HERMENS, F.P. (Hrsg.), Handbuch der gesammten Staats-Gesetzgebung über den christlichen Kultus und über die Verwaltung der Kirchen-Güter und Einkünfte in den Königl. Preuß. Provinzen am linken Rheinufer..., Bd. 1, Aachen u. Leipzig 1833. • HILDEBRANDT, Reinhard, Der Haushalt der Reichsstadt Aachen 1682-1784/85, in: ZAGV 98 (1992), S. 231-249. • HÜFFER, Hermann (Hrsg.), in: AHVNrh. 77 (1904), S. 17-241. • HUYSKENS, Albert, 125 Jahre Industrie- und Handelskammer zu Aachen. Festschrift zur Feier ihres 125jährigen Bestehens, Bd. 1, Aachen 1929. • JOESTER, Ingrid (Bearb.), Die Behörden der Zeit 1794-1815, Tl. 1: Die linksrheinischen Gebiete. (Veröffentlichungen der staatlichen Archive des Landes Nordrhein-Westfalen, Reihe A: Inventare staatlicher Archive. Das Hauptstaatsarchiv Düsseldorf und seine Bestände, Bd. 3). Siegburg 1987. • KÄDING, Emil, Beiträge zur preußischen Finanzpolitik in den Rheinlanden während der Jahre 1815-1840. (Studien zur rheinischen Geschichte, Heft 8). Bonn 1913. • KÄSS, Ludwig, Die Organisation der allgemeinen Staatsverwaltung auf dem linken Rheinufer durch die Franzosen während der Besetzung 1792 bis zum Frieden von Lunéville (1801). Jur. Diss. Giessen 1929, S. 164ff. • KARLL, Alfred, Französische Regierung und Rheinländer vor 100 Jahren. Ein Beitrag zur Geschichte der amtlichen Mache. (Frankfurter Historische Forschungen, N.F. 4). Leipzig 1921. • KEIL/REINHARD: Vollständiges Handbuch für Maire und Adjuncten, für Polizey-Commissaire, Municipal-Räthe, Contributions-Einnehmer und Repartitoren, Forst- und Feldwächter, etc. der vier neuen Departemente des linken Rhein-Ufers, bearb. v. Antoine Keil u. Ph. Chr. Reinhard, Köln im 10. Jahre der Republik [1801/02]. • KEßLER, Albert, Die Behörden-Organisation im Dürener Land während der französischen Zeit 1794 bis 1814, in: Dürener Geschichtsblätter 6 (1956), S. 75-84, 91-100, 108-120, 128-142, 153-163. • [KRIBBEN], Aachen unter der Herrschaft Napoleons. Aachen o.J. [zw. 1912 u. 1916]. • LÜCKER, Heinrich, Die Finanzen der Stadt Köln seit dem Ausgange des 18. Jahrhunderts 1794-1907, Tl. 1: Das französische Finanzsystem von 1794-1820. Eine finanzwissenschaftliche Studie und ein Beitrag zur Lösung des kommunalen Finanzproblems. Phil. Diss. Erlangen 1908. • MUMMENHOFF, Wilhelm, Die Einteilung der Stadt und die Numerierung der Häuser, in: Albert Huyskens, Aachener Heimatgeschichte, Aachen 1924, S. 294-297. • DERS., Die Bürgerrechtsverleihungen in der Reichsstadt Aachen während der Jahre 1656 bis 1794 (1797), in: ZAGV 68 (1956), S. 191-332. • NETTMANN, Adolph Leo, Die Intraden der Aachener Spielbank. Eine volkswirtschaftliche Untersuchung der Einnahmen und Ausgaben der Spielbankverwaltung und der Verwendung der Reingewinne. Wirtschafts- u. soz. wiss. Diss. Köln 1922. • NEUß, Willy, Die Steuerverwaltung der Reichsstadt Aachen. Jur. Diss. Köln 1928, Monschau 1928. • NIEßEN, Michael, Die Aachener Friedensgerichte in französischer und preußischer Zeit. Ein Beitrag zur Rechts- und Sozialgeschichte der Stadt Aachen im Zeitalter der Industrialisierung. (Veröffentlichungen des Stadtarchivs Aachen, Bd. 6). Aachen 1991. • OPPENHOFF, Franz, Die Beziehungen Friedrich Heinrich Jacobis und seiner Familien zu Aachen, in: ZAGV 16 (1894), S. 132-162. •

ORTLEPP, Rainer, Die französische Verwaltungsorganisation in den besetzten linksrheinischen Gebieten 1797-1814 unter besonderer Berücksichtigung des Departements Donnersberg, in: Vom alten Reich zu neuer Staatlichkeit. Alzeyer Kolloquium 1979. Kontinuität und Wandel im Gefolge der französischen Revolution am Mittelrhein. (Geschichtliche Landeskunde, Bd. 22). Wiesbaden 1982, S. 132-151. • OSTHOFF, Friedrich, Die Entstehung des rheinisch-westfälischen Katasters 1808-1839. Ing. Diss. Bonn 1950. • PAULS, August, Geschichte der Aachener Freimaurerei, Bd. 1: Die Aachener Freimaurerei in der reichsstädtischen Zeit (bis Ende September 1794). Clausthal-Zellerfeld 1928. • DERS., Die Gräfin Rémusat als Aachener Kurgast, in: ZAGV 54 (1932), Aachen 1934, S. 142-160. • DERS., Ein Geheimbericht über Zustände und Beamte im Roerdepartement aus dem Ende der Konsularzeit, in: ZAGV 57 (1936), S. 70-79. • DERS., Die Strafversetzung des Präfekten Méchin, in: ZAGV 61 (1940), Aachen 1941, S. 213-217. • DERS., Beiträge zur Haltung der Aachener Bevölkerung während der Fremdherrschaft, 1792-1814, in: ZAGV 63 (1950), Aachen 1951, S. 41-102. • DERS., Studien zur Geschichte des Roerdepartements, in: ZAGV 66/67 (1954/55), Aachen 1955, S. 182-192. • SCHAEFFNER, Wilhelm, Geschichte der Rechtsverfassung Frankreichs, Bd. 4: Von der Revolution bis auf unsere Zeit, Frankfurt a.M. ²1859, S. 238ff. • SCHÜTZ, Wolfgang, 100 Jahre Standesämter in Deutschland. • Kleine Geschichte der bürgerlichen Eheschließung und der Buchführung des Personenstandes. Frankfurt a.M. 1977. • SCHULTEIS, Constantin, Erläuterungen zum geschichtlichen Atlas der Rheinprovinz. (Publikationen der Gesellschaft für Rheinische Geschichtskunde XII). Bonn 1895. • SCHULTHEIS-FRIEBE, Marieluise, Die französische Wirtschaftspolitik im Roer-Departement 1792-1814. Phil. Diss. Bonn 1969, S. 46ff.

Anmerkungen zu Kapitel F (Recht- und Gerichtswesen), S. 168-201.

[1] CROUS 1975 (Sept. 6).
[2] FF: Siehe z.B. die Zusammenfassung bei v. ARETIN 1967, S. 97ff.. Zitat: ebd., S. 99.
[3] SCHUBERT 1977, S. 22.
[4] StA Aachen, Frz. Zeit, Friedensgericht, Verfassung. Protokoll vom 6. Nov. 1794.
[5] NIEßEN 1991, S. 22.
[6] StA Aachen, Hs. 315, fol. 46r.
[7] FF: GRAUMANN 1990, S. 162f.
[8] Siehe ausführlich NIEßEN 1991, S. 43.
[9] GRAUMANN 1990, S. 157.
[10] Nach FABER 1960, S. 387f.
[11] Zitiert nach GRAUMANN 1990, S. 165.
[12] Zitiert nach GRAUMANN 1990, S. 161.
[13] NIEßEN 1991, S. 58.
[14] POISSENOT, S. 83f.
[15] POISSENOT, S. 83f.
[16] GRAUMANN 1990, S. 169.
[17] Zu ihm siehe HUCK 1983, S. 119ff.
[18] FINZSCH 1987, S. 445.
[19] Zu ihm siehe: Annuaire 1811, S. 183; 1812, S. 125; 1813, S. 179.
[20] STRAUCH 1922, S. 53.
[21] STRAUCH 1922, S. 53ff.
[22] Vgl. dazu auch KLEIN 1969, S. 113ff., bes. S. 124.
[23] FEHRENBACH 1974, S. 23.
[24] SCHUBERT 1977, S. 29.
[25] HAFT o.J., S. 100.
[26] KLEIN 1969, S. 123.
[27] WEISWEILER 1916, S. 81.
[28] SCHUBERT 1977, S. 553.

Literatur zu Kapitel F (Recht- und Gerichtswesen), S. 168-201.

ARETIN, Karl Otmar Freiherr v., Heiliges Römisches Reich 1776-1806. Reichsverfassung und Staatssouveränität, Teil 1: Darstellung. (Veröffentlichungen des Instituts für europäische Geschichte Mainz, Bd. 38). Wiesbaden 1967. • CROUS, Helmut A., Im roten Hemd zur Guillotine, in: Aachener Volkszeitung 1975, Sept. 6, Sept. 13, Sept. 20, Sept. 27. • FABER, Karl-Georg, Verwaltungs- und Justizbeamte auf dem linken Rheinufer während der französischen Herrschaft. Eine personengeschichtliche Studie, in: Aus Geschichte und Landeskunde. Forschungen und Darstellungen, Franz Steinbach zum 65. Geburtstag gewidmet von seinen Freunden und Schülern, Bonn 1960, S. 350-388. • FEHRENBACH, Elisabeth, Traditionale Gesellschaft und revolutionäres Recht. (Kritische Studien zur Geschichtswissenschaft, Bd. 13). Göttingen 1974. • FINZSCH, Norbert, Räuber und Gendarme im Rheinland, in: Francia 15 (1987), S. 435-471. • GANSER, Carl, Die Wirkungen der französischen Herrschaft, Gesetzgebung und Verwaltung auf das Aachener Wirtschaftsleben. Maschr. Staatswiss. Diss. Tübingen 1922, S. 101ff. • GERHARD, Ute, Menschenrechte • Frauenrechte 1789, in: Sklavin oder Bürgerin. Französische Revolution und Neue Wirklichkeit 1760-1830, hg.v. Viktoria Schmidt-Linsenhoff. Frankfurt a.M. 1989, S. 55-72. • GRAß, Fritz, Der Aachener Schöffenstuhl. Ein Beitrag zur Verfassungsgeschichte der freien Reichsstadt Aachen, in: ZAGV 41 (1920), S. 123-150 u. 42 (1921), S. 1-89. • GRAUMANN, Sabine, Französische Verwaltung am Niederrhein. Das Roerdepartement 1798-1814. (Düsseldorfer Schöffen zur Neueren Landesgeschichte und zur Geschichte Nordrhein-Westfalens, Bd. 27). Essen 1920, S. 151ff., 178ff. • HAFT, Fritjof, Aus der Waagschale der Justitia. Ein Lesebuch aus 2000 Jahren Rechtsgeschichte. München o. J., S. 95ff. • HOLTZENDORFF, Franz v., (Hrsg.), Encyklopädie der Rechtswissenschaft in systematischer Bearbeitung, Leipzig ⁵1890, S. 323. • HUCK, Jürgen, Der Fetzer und seine Bande in Neuss im Lichte neuer Forschungen, in: Almanach für den Kreis Neuss 1983, S. 119-154. • HUFFMANN, Helga, Geschichte der rheinischen Rechtsanwaltschaft. Köln, Wien 1969. • KASPERS, Heinrich, Vom Sachsenspiegel zum Code Napoléon. Kleine Rechtsgeschichte im Spiegel alter Rechtsbücher. Köln

¹1961, ²1968. • KEMPEN, Reiner v., Die Streitigkeiten zwischen dem Kurfürsten von der Pfalz als Herzog von Jülich und der Reichsstadt Aachen wegen der Vogtmeierei im 18. Jahrhundert, in: ZAGV 34 (1912), S. 227ff., bes. S. 288ff.: Zuständigkeitsstreitigkeiten zwischen dem Schöffenstuhl und den Gerichtshöfen der Stadt. • KLEIN, Adolf, Die rheinische Justiz und der rechtsstaatliche Gedanke in Deutschland, in: Recht und Rechtspflege in den Rheinlanden, hg. u. bearb.v. Josef Wolffram u. Adolf Klein. Köln 1969, S. 113ff. • NIEßEN, Michael, Die Aachener Friedensgerichte in französischer und preußischer Zeit. Ein Beitrag zur Rechts- und Sozialgeschichte der Stadt Aachen im Zeitalter der Industrialisierung. (Veröffentlichungen des Stadtarchivs Aachen, Bd. 6). Aachen 1991. • OPPENHOFF, Joseph, Das Landgericht Aachen. Gerichte und Gerichtspersonen im Regierungsbezirk Aachen im 19. Jahrhundert. [Aachen 1956], Ms. im StA Aachen (Hs. 1067). • Recht und Rechtspflege in den Rheinlanden, hg. u. bearb. v. Josef Wolffram u. Adolf Klein. Köln 1969. • SCHAEFFNER, Wilhelm, Geschichte der Rechtsverfassung Frankreichs, Bd. 4: Von der Revolution bis auf unsere Zeit. Frankfurt a.M. ²1859. • SCHMIDT-THOMÉ, Wilhelm, Rheinische Notarsiegel von 1798-1966 unter besonderer Berücksichtigung von Köln und des Oberlandesgerichtsbezirks Köln, in: Jahrbuch des Kölnischen Geschichtsvereins 38/39 (1963/65), Köln 1967, S. 151-200. • SCHOLLEN, Franz, Die rechtsgeschichtliche Bedeutung des Aachener Kurgerichts, in: AAV 12 (1899), S. 49-64. • SCHUBERT, Werner, Französisches Recht in Deutschland zu Beginn des 19. Jahrhunderts. Zivilrecht, Gerichtsverfassungsrecht und Zivilprozeßrecht. Köln, Wien 1977. • SCHWABE, Walther, Der Aachener Oberhof, in: ZAGV 47 (1925), Aachen 1927, S. 83-159 u. 48/49 (1926/27), Aachen 1928, S. 61-120. • STRAUCH, Josef, Die Aachener Tuchindustrie während der französischen Herrschaft (1794-1814). Jur. Diss. Münster i. Westf. 1922. • WEISWEILER, Wilhelm, Geschichte des rheinpreußischen Notariates, Bd. 1: Die französische Zeit. Essen a.d. Ruhr 1916. • WIRTZ, Hermann, Die städtische Gerichtsbarkeit in der Reichsstadt Aachen, in: ZAGV 43 (1921), Aachen 1922, S. 47-158. • ZEYSS, Richard, Die Entstehung der Handelskammern und die Industrie am Niederrhein während der französischen Herrschaft. Ein Beitrag zur Wirtschaftspolitik Napoleons I. Leipzig 1907, S. 200ff.

Anmerkungen zu Kapitel G (Verkehr, Handel und Gewerbe), S. 202-227.

1) OPPENHOFF 1894, S. 146f. Anm. 5.
2) ZEYSS 1907, S. 202.
3) Nach HANSEN III, S. 747 Anm. 1.
4) HStAD Maas u. Rhein 793, fol. 127. – HANSEN III, S. 1074 Anm. 2.
5) Siehe oben, S. 95.
6) HANSEN IV, S. 847ff. Nr. 136.
7) SAUTTER 1898, S. 43.
8) GRAUMANN 1990, S. 143.
9) ERDMANN 1991, S. 226.
10) FF: GANSER 1922, S. 118f. – HAHN 1967, S. 25ff. – LEPPER 1994, S. 7.
11) Zitat nach ZEYSS 1907, S. 121.
12) DUFRAISSE 1992, S. 253.
13) Zur Zollverwaltung siehe GRAUMANN 1990, S. 126ff.
14) ZEYSS 1907, S. 268ff. Nr. IXf.
15) ZEYSS 1907, S. 250.
16) FEHRENBACH 1986, S. 189.
17) FEHRENBACH 1986, S. 99, 189f.
18) DORSCH, S. 266f.
19) POISSENOT, S. 260f.
20) Zitat nach HUYSKENS 1929, S. 16.
21) HUYSKENS 1929, S. 19.
22) HUYSKENS 1929, S. 22f.
23) FF: Präfekturakten an XI, S. 9ff.
24) FF: v. ALBERTI 1957, S. 87ff., 126f. – MEINZER 1992, S. 13f.
25) v. ALBERTI 1957, S. 89.
26) FF: StA Aachen, RA II Allg. Akten 545.
27) Siehe Kapitel „SCHULWESEN".
28) DANIELS IV, S. 194ff. Nr. 86.
29) Präfekturakten an XI, S. 222ff.
30) Präfekturakten 1807, S. 198f.
31) StA Aachen, RA II Allg. Akten 545, fol. 37v.
32) Siehe Präfekturakten an XI, S. 203f.
33) Wie Anm. 31, fol. 70.
34) Vgl. AHN 1820.
35) Vgl. S. 149ff.
36) HUYSKENS 1929, S. 27.
37) Ausführlich: STRAUCH 1922, S. 36ff.
38) FF: ZEYSS 1907, S. 74ff. – ŽIŽEK 1923. – WINKLER 1947. – SCHULTHEIS-FRIEBE 1969, S. 97ff.
39) Zitiert nach ŽIŽEK 1923, S. 14.
40) Nach HUYSKENS 1929, S. 50f.
41) FF: Annuaire 1810, S. 43f. – GANSER 1922, S. 141f. – ZEYSS 1907, S. 61f.
42) Siehe StA Aachen, Hs. 1039 III, S. 33.
43) Siehe StA Aachen, Urk. AA 64 und Pläne D 18, 19.
44) Siehe DANIELS IV, S. 545ff. Nr. 340 und unten, Kapitel E.
45) Annuaire 1810, S. 42.
46) FF: LADOUCETTE, S. 32, 268ff.
47) LADOUCETTE, S. 294. – AHN 1922, S. 19. – GANSER 1922, S. 45f.
48) FF: LANG o.J., S. 1ff. – BRUCKNER 1967, S. 158, 194. – SCHILD/JANSSEN 1991, S. 401f.
49) FF: GOLBÉRY, S. 396ff. – NEMNICH, S. 326f. – LADOUCETTE, S. 32, 404. – Aachener Merkur 1804, Nr. 95, S. 4 u. Nr. 96, S. 4. – LINGENS 1921, S. 131f. – GANSER 1922, S. 44f. – CORSTEN 1925, S. 144f. – KERMANN 1972, S. 564f. – Katalog Frühindustrialisierung 1991, S. 10. – ERDMANN 1986, S. 85f. – SCHILD/JANSSEN 1991, S. 319f.
50) BRUCKNER 1967, S. 175.
51) NEMNICH, S. 327.
52) LADOUCETTE, S. 32 u. 404.
53) StA Aachen, Pläne W 177-179.
54) Paris, A.N., F 12, 1626.
55) LADOUCETTE, S. 289.
56) Siehe GRAUMANN 1990, S. 35, 38, 40f., 60f., 64, 106.

[57] A. PAULS 1936, S. 72.
[58] FEY 1897, S. 65.
[59] LADOUCETTE, S. 282.
[60] FF: Paris, A.N., F 12, 1626.
[61] Vgl. GOLBÉRY, S. 361f.
[62] STRAUCH 1922, S. 90.
[63] GRAUMANN 1990, S. 190.
[64] ZEYSS 1907, S. 212.
[65] Paris, A.N., F 12, 1008. – Annuaire 1810, S. 49f.
[66] Paris, A.N., F 12, 1011.
[67] Annuaire 1810, S. 50.
[68] Paris, A.N. F 12, 1017 A und 1022 A.
[69] ZEYSS 1907, S. 19.
[70] Vgl. Annuaire 1809, S. 58ff.
[71] FF: AHN 1922, S. 15ff. – GANSER 1922, S. 47ff. – CORSTEN 1925, S. 146f. – BRUCKNER 1949, S. 43ff. u. 1958, S. 23ff. u. 1967, S. 158, 176f. – van EYLL 1991, S. 258f.
[72] Paris, A.N., F 20, 148, S. 44. – SCHULTHEIS-FRIEBE 1969, S. 128.
[73] FF: GANSER 1922, S. 48.
[74] Paris, A.N., F 20, 148, S. 44. – SCHULTHEIS-FRIEBE 1969, S. 128 bezieht diese Nachricht auf Aachen selbst.
[75] GANSER 1922, S. 49f.
[76] MENNICKEN 1941, S. 17f. u. BRUCKNER 1967, S. 152f.
[77] Paris, A.N., F 20, 148, S. 43f.
[78] FF: GOLBÉRY; S. 157, 363, 370.
[79] GANSER 1922, S. 49f. – BERGRATH 1957, S. 9.
[80] NEMNICH, S. 312.
[81] BRUCKNER 1949, S. 43ff. u. 1958, S. 33ff. – Vgl. KLEY 1916, S. 192f. – Siehe auch NEMNICH, S. 304.
[82] DORSCH, S. 395f.
[83] So jedenfalls LADOUCETTE, S. 285.
[84] STRAUCH 1922, S. 66.
[85] POISSENOT, S. 150.
[86] BARJOLLES 1784, S. 121.
[87] GOLBÉRY; S. 368. – POISSENOT, S. 150. – Maissiat, Mémoire déscriptif et historique de la ville d'Aix-la-Chapelle et de ses environs, in: Vincennes, Archives de l'Armée de Terre, M.R. 1124.
[88] POISSENOT, S. 150f.
[89] GOLBÉRY, S. 369.
[90] Paris, A.N., F 12, 937 Nr. 9 u. F 12, 1598. – SCHULTHEIS-FRIEBE 1969, S. 208. – ERDMANN 1986, S. 192 u. Tabelle 39.
[91] Siehe auch S. 159f.
[92] SCHULTHEIS-FRIEBE 1969, S. 209.
[93] Maissiat, Mémoire déscriptif (wie Anm. 87). – Vgl. SCHULTHEIS-FRIEBE 1969, S. 192.
[94] KOCH 1920, S. 119f.
[95] SCHULTHEIS-FRIEBE 1969, S. 192.
[96] Vgl. GOLBÉRY, S. 160, 383f. u. GANSER 1922, S. 167.
[97] Paris, A.N., F 1c III Roer 4.
[98] SCHULTHEIS-FRIEBE 1969, S. 192.
[99] POISSENOT, S. 150.
[100] Bericht der Aachener Munizipalität bei GANSER 1922, S. 18f.
[101] GOLBÉRY, S. 368.
[102] HEUSCH 1909, S. 116.
[103] Paris, A.N., F 12, 1626. – GOLBÉRY, S. 366f. – GANSER 1922, S. 169.
[104] SCHULTHEIS-FRIEBE 1969, S. 211.
[105] Vgl. KERMANN 1972, S. 562.
[106] Bericht der Aachener Munizipalität bei GANSER 1922, S. 18f.
[107] DORSCH, S. 371.
[108] Maissiat, Mémoire déscriptif (wie Anm. 87).
[109] SCHULTHEIS-FRIEBE 1969, S. 192.
[110] SCHULTHEIS-FRIEBE 1969, S. 192.
[111] SCHULTHEIS-FRIEBE 1969, S. 192f.
[112] DORSCH, S. 397f.
[113] DORSCH, S. 397.
[114] FF: GOLBÉRY, S. 156, 165, 371f. – GANSER 1922, S. 132ff. – STRAUCH 1922, S. 12f. – DAHMEN 1925, S. 99f. – SCHULTHEIS-FRIEBE 1969, S. 114ff. – Vgl. die Chronik des Johann Caspar Scheen aus Walhorn, Übersetzung im StA Aachen, Hs. 935, S. 57.
[115] FF: DORSCH, S. 397f. – POISSENOT, S. 149f. – GOLBÉRY, S. 165, 360f., 378f. – LADOUCETTE, S. 31.
[116] GANSER 1922, S. 134f.
[117] FF: Paris, A.N., F 7, 8390-1. – DARMSTÄDTER 1904, S. 599. – STRAUCH 1922, S. 61. – PAULS 1949, S. 149. – SCHULTHEIS-FRIEBE 1969, S. 249f. – DUFRAISSE 1978, S. 407ff. u. 1980, S. 467ff.
[118] Paris, A.N., F 12, 1627.
[119] Paris, A.N., F 12, 1626.
[120] Paris, A.N., F 10, 5 Nr. 28. – Siehe auch DUFRAISSE 1992, S. 21f.
[121] DORSCH, S. 428.
[122] DORSCH, S. 393.
[123] GOLBÉRY, S. 391.
[124] FF: GANSER 1922, S. 170f. – Vgl. GOLBÉRY, S. 383f. sowie SCHULTHEIS-FRIEBE 1969, S. 191.
[125] GOLBÉRY, S. 384.
[126] KERMANN 1972, S. 80.
[127] KERMANN 1972, S. 79.
[128] KERMANN 1972, S. 81. – Zu den Schwierigkeiten, die Betriebsformen Manufaktur und Fabrik inhaltlich und begrifflich gegeneinander abzugrenzen, siehe auch HERZIG 1983, S. 311f.
[129] NEMNICH, S. 311.
[130] Vgl. NEMNICH, S. 317f.
[131] GOLBÉRY, S. 411. – KERMANN 1972, S. 274.
[132] GOLBÉRY, S. 165. – GANSER 1922, S. 170.
[133] Journal de la Roer vom 9. Sept. 1811. – Hier nach der Übersetzung bei GANSER 1922, S. 172f. – Vgl. auch NEMNICH, S. 328.
[134] KERMANN 1972, S. 526f.
[135] KERMANN 1972, S. 573.
[136] KERMANN 1972, S. 448, 454.
[137] Maissiat, Mémoire déscriptif (wie Anm. 87). – KERMANN 1972, S. 490.
[138] Paris, A.N., F 12, 1626.
[139] Wie Anm. 138.
[140] GANSER 1922, S. 135. – SCHULTHEIS-FRIEBE 1969, S. 122f. – KERMANN 1972, S. 472f.
[141] KAMPMANN 1923, S. 30f., 43ff. u. KERMANN 1972, S. 505f.

[142]) GOLBÉRY, S. 413.
[143]) Paris, A.N., F 12, 1626.
[144]) Paris, A.N., F 12, 1626.
[145]) GOLBÉRY, S. 412.
[146]) FF: Paris, A.N., F 12, 1626.
[147]) Zur Bevölkerungsentwicklung siehe Kapitel H.
[148]) GOLBÉRY, S. 368.
[149]) GOLBÉRY, S. 413.
[150]) Auf diese Zeit bezieht sich offenbar v. HESS, S. 77f.
[151]) HStAD, Roerdepartement 1290. – MÜLLER 1992, S. 222.
[152]) FF: ERDMANN 1983, S. 51ff., bes. S. 58.
[153]) Vgl. auch NEMNICH, S. 303 u. GOLBÉRY, S. 158, 370.
[154]) HUYSKENS 1929, S. 59ff.
[155]) Zitiert nach SCHULTHEIS-FRIEBE 1969, S. 288.
[156]) Nach STRAUCH 1922, S. 71f.

Literatur zu Kapitel G (Verkehr, Handel und Gewerbe), S. 202-227

AHN, Carl, Die Entwicklung der Aachener Maschinenindustrie von ihrer Entstehung in der napoleonischen Zeit bis zum Jahre 1871. Maschr. soz.-wiss. Diss. Köln 1922. • AHN, Franz, Vergleichungs-Tafeln der in den Königlich-Preussischen Staaten neu eingeführten Maasse und Gewichte mit den alten bisher üblichen des Regierungsbezirks Aachen und dieser mit jenen. Cöln 1820. • ALBERTI, Hans-Joachim, Maß und Gewicht. Geschichtliche und tabellarische Darstellungen von den Anfängen bis zur Gegenwart. Berlin 1957. • BARJOLLES, Martin Louis Antoine de, Lettres sur la ville et les eaux d'Aix-la-Chapelle. La Haye 1784. • BARKHAUSEN, Max, Der Aufstieg der rheinischen Industrie im 18. Jahrhundert und die Entstehung eines industriellen Großbürgertums, in: RhVjbll. 19 (1954), S. 135-177. DERS., Die sieben bedeutendsten Fabrikanten des Roerdepartements im Jahr 1810, in: RhVjbll. 25 (1960), S. 100-113. • BERGRATH, Hubert, Die Wirtschaftsstruktur Aachens um 1800 und 1900. Ein wirtschaftshistorischer Vergleich, Aachen 1957, maschr. im StA Aachen. • BRUCKNER, Clemens, Aachen und seine Tuchindustrie. Horb a. Neckar 1949. • DERS., Aachen und seine Tuchindustrie, in: Jubiläumsschrift zum 75jährigen Bestehen der Textilingenieurschule Aachen 1958. (Mitteilungen der Schule 10). [Aachen 1958], S. 33-50. • DERS., Zur Wirtschaftsgeschichte des Regierungsbezirks Aachen. (Schriften zur Rheinisch-Westfälischen Wirtschaftsgeschichte, Bd. 16). Köln 1967. • BRUNS, Wigand, Die Poststempel von Aachen von 1755 bis 1955. Aachen 1972. • DERS., Aachener Postgeschichte im Spiegel der Poststempel. Aachen 1980. • BÜTTNER, Richard, Die Säkularisation der Kölner geistlichen Institutionen. Wirtschaftliche und soziale Bedeutung und Auswirkungen. (Schriften zur rheinisch-westfälischen Wirtschaftsgeschichte, Bd. 23). Köln 1971. • CORSTEN, Walter, Die Aachener Wirtschaft im ersten Drittel des 19. Jahrhunderts. Von der französischen zur preußischen Wirtschaft. Maschr. soz.-wiss. Diss. Köln 1925. • CROUZET, François, Kriege, Kontinentalsperre und wirtschaftliche Veränderungen in Europa 1792-1815, in: Napoleon und Europa, hg. v. Heinz-Otto Sieburg, Köln, Berlin 1971, S. 171-200. • DAHMEN, D.J., Das Aachener Tuchgewerbe bis zum Ende des 19. Jahrhunderts. Ein Beitrag zur Wirtschaftsgeschichte der Stadt Aachen. (Festgabe des Arbeitgeberverbandes der Textilindustrie und des Tuchfabrikantenvereins zu Aachen). Aachen 1925. • DARMSTÄDTER, Paul, Studien zur napoleonischen Wirtschaftspolitik, in: Vierteljahrschrift für Sozial- und Wirtschaftsgeschichte 2 (1904), S. 559-615. • DECKER, Gertrud, Die Stadt Aachen unter französischer Herrschaft. Maschr. Aachen 1971. • DIEFENDORF, Jeffry M., Businessmen and politics in the Rhineland, 1789-1834. Princeton 1980. • DOHR, Ferdinand, Das Postwesen am linken Niederrhein 1550-1900. Viersen 1972. • DUFRAISSE, Roger, L'industrialisation de la rive gauche du Rhin, in: Souvenir Napoléonien, janvier 1971, S. 28-33. • DERS., La crise économique de 1810-1812 en pays annexé: l'exemple de la rive gauche du Rhin, in: Francia 6 (1978), S. 407-437. • DERS., Das napoleonische Deutschland. Stand und Probleme der Forschung unter besonderer Berücksichtigung der linksrheinischen Gebiete, in: Geschichte und Gesellschaft. Zeitschrift für Historische Sozialwissenschaft 6 (1980), S. 467-489. • DERS., De quelques conséquences économiques et sociales de la domination française sur les régions du Rhin inférieur 1794-1814, in: Franzosen und Deutsche am Rhein 1789-1918-1945, hg. v. Peter Hüttenberger und Hansgeorg Molitor. (Düsseldorfer Schriften zur Neueren Landesgeschichte und zur Geschichte Nordrhein-Westfalens, Bd. 23). Essen 1989, S. 129-160. • DERS., Les relations économiques entre la France révolutionnaire et l'Allemagne, in: Roger Dufraisse. L'Allemagne à l'époque Napoléonienne. Questions d'histoire politique, économique et sociale. (Pariser Historische Studien 34). Bonn, Berlin 1992, S. 1-35. • DERS., Französische Zollpolitik, Kontinentalsperre und Kontinentalsystem im Deutschland der napoleonischen Zeit, in: Ders., wie zuvor (1992), S. 245-269. • ENGELBRECHT, Jörg, Außenpolitische Bestrebungen rheinischer Unternehmer im Zeitalter der Französischen Revolution, in: Francia 17/2 (1990), S. 119-141. • ERDMANN, Claudia, Das Aachener Kurviertel während der französischen Zeit. Ein Beitrag zur historischen Stadtgeographie, in: Informationen und Materialien zur Geographie Euregio-Maas-Rhein 13 (1983), S. 51-61. • DIES., Aachen im Jahre 1812. Geographische Strukturen einer frühindustriellen Stadt, in: Alma mater Aquensis 20 (1984), S. 126-129. • DIES., Aachen im Jahre 1812. Wirtschafts- und sozialräumliche Differenzierung einer frühindustriellen Stadt. (Erdkundliches Wissen, H. 78). Stuttgart 1986. • DIES., Gewerbefreiheit und Wirtschaftsförderung im Raum Aachen während der französischen Zeit, in: Mit Wasser und Dampf ins Industriezeitalter. Zeitzeugen der frühen Industrialisierung im Belgisch-Deutschen Grenzraum, hg.v. Gerhard Fehl u.a., Aachen 1991, S. 226f. • EYLL, Klara van, William Cockerill und seine Söhne, in: (wie oben), S. 258f. • FEHRENBACH, Elisabeth, Vom Ancien Régime zum Wiener Kongreß. (Oldenbourg. Grundriß der Geschichte, Bd. 12). München ²1986. • FEY, Johannes, Zur Geschichte Aachener Maler des 19. Jahrhunderts, in: AVV 10 (1897), S. 53-92. • FIETHEN, Leo, Zur Postgeschichte des Departements de la Roer (103), in: Postgeschichte und Altbriefkunde, in: Beilage zu den Rundbriefen des Deutschen Altbriefsammler-Vereins e.V. 38 (1975), S. 1-64. • GANSER, Carl, Die Wirkungen der französischen Herrschaft, Gesetzgebung und Verwaltung auf das Aachener Wirtschaftsleben. Maschr. staatswiss. Diss. Tübingen 1922, S. 56-62. • GIERLICHS, Wilhelm, Das Klosterrather

Haus in der Eilfschornsteinstraße zu Aachen, in: ZAGV 55 (1933/34), Aachen 1935, S. 100-119. • GRAUMANN, Sabine, Französische Verwaltung am Niederrhein. Das Roerdepartement 1798-1814. Essen 1990, S. 126-131. • HAHN, Rolf, Das „schändliche Dekret" vom 17.3.1808 und seine Auswirkung auf die rechtliche Stellung der Kölner Juden. Jur. Diss. Köln 1967. • HEIZMANN, Hans Friedrich, Die rechtliche und wirtschaftliche Lage der Aachener Arbeiterschaft um die Wende des XVIII. Jahrhunderts. Ein Beitrag zur Aachener Wirtschaftsgeschichte. Ms. im StA Aachen 1923. • HEUSCH, Albert, Geschichte der Familie Heusch. Aachen 1909. • HOENIGER, Robert, Die Kontinentalsperre und ihre Einwirkungen auf Deutschland. Berlin 1905. • HUYSKENS, Albert, 125 Jahre Industrie- und Handelskammer zu Aachen. Festschrift zur Feier ihres 125jährigen Bestehens, Bd. 1, Aachen 1929. • KAMPMANN, Anton, Die Entstehung der Aachener Tabakindustrie von ihren Anfängen bis zum Ende des 19. Jahrhunderts, insbesondere unter dem Einfluß der zoll- und steuerpolitischen Maßnahmen. Maschr. wirtschafts- und soz.-wiss. Diss. Köln 1923. • KERMANN, Joachim, Die Manufakturen im Rheinland 1750-1833. (Rheinisches Archiv 82). Bonn 1972. • KLEY, Heribert, Geschichte und Verfassung des Aachener Wollenambachts wie überhaupt der Tuchindustrie der Reichsstadt Aachen. Ein Beitrag zur Entwicklung der deutschen Tuchindustrie und des Zunftwesens. Siegburg 1916. • KOCH, Joseph, Geschichte der Aachener Nähnadelzunft und Nähnadelindustrie bis zur Aufhebung der Zünfte in der französischen Zeit (1798), in: ZAGV 41 (1920), S. 16-122. • KORR, A., Die Einführung der Dampfkraft in die Aachener Industrie bis zum Jahre 1831. Maschr. staatswiss. Diss. Tübingen 1921. • LANG, Maurice, Descendance en ligne masculine de Cyrill-Ambroise Dubusc, Ms. im StA Aachen, Ordner „Biographisches". • LAUFENS, Leonie, Der Pauperismus in Aachen in der ersten Hälfte des 19. Jahrhunderts. Ausgewählte Aspekte. Maschr. im StA Aachen 1975. • LEPPER, Herbert, Von der Emanzipation zum Holocaust. Die Israelitische Synagogengemeinde zu Aachen 1801-1942. Geschichtliche Darstellung – Verzeichnisse – Bilder – Dokumente – Tabellen. (Veröffentlichungen des Stadtarchivs Aachen Bd. 7-8). Neustadt a.d. Aisch 1994. • LINGENS, Paul, Die Entwicklung der rheinisch-westfälischen Nadelindustrie von den ältesten Anfängen bis zur Gegenwart. Wirtschafts- u. soz.-wiss. Diss. Köln 1921. • MEINZER, Michael, Der französische Revolutionskalender (1792-1805). (Ancien Régime, Aufklärung und Revolution, Bd. 20). München 1992. • MENNICKEN, Peter, Aachen in der Geschichte der Technik. (Aachener Beiträge zur Heimatkunde XXIV.) Aachen 1941. • MÜLLER, Klaus, Die Reichsstadt Aachen im 18. Jahrhundert, in: ZAGV 98/99 I (1992/93), Aachen 1992, S. 205-230. • OPPENHOFF, Franz, Die Beziehungen Friedrich Heinrich Jacobis und seiner Familie zu Aachen, in: ZAGV 16 (1894), S. 132-162. • PAULS, August, Ein Geheimbericht über Zustände und Beamte im Roerdepartement aus dem Ende der Konsularzeit, in: ZAGV 57 (1936), S. 70-79. • DERS., Eine Auseinandersetzung zwischen Napoleon I. und dem Präfekten Ladoucette über rheinische Wirtschaftsfragen (1811), in: AHVNrh. 148 (1949), S. 148-153. • ROTH, Anton Johann, Die Aachener Farbindustrie von ihren Anfängen bis zur Gegenwart. Ein Beitrag zur Aachener Industriegeschichte. Maschr. wirtschafts- u. soz.-wiss. Diss. Köln 1924. • SAALFELD, Dietrich, Die Kontinentalsperre, in: Die Auswirkungen von Zöllen und anderen Handelshemmnissen auf Wirtschaft und Gesellschaft vom Mittelalter bis zur Gegenwart. Referate der 11. Arbeitstagung der Gesellschaft für Sozial- und Wirtschaftsgeschichte vom 9. bis 13. April 1985 in Hohenheim, hg.v. Hans Pohl. (Vierteljahrschrift für Sozial- u. Wirtschaftsgeschichte, Beiheft 80). Stuttgart 1987, S. 121-139. • SAUTTER, Die französische Post am Niederrhein bis zu ihrer Unterordnung unter die General-Postdirection in Paris 1894-1799, in: AHVNrh. 65 (1898), S. 1-92. • SCHILD, Ingeborg u. JANSSEN, Elisabeth, Der Aachener Ostfriedhof. (Aachener Beiträge für Baugeschichte und Heimatkunst, Bd. 7). Aachen 1991. • SCHOLLEN, Matthias, War Johannes Wespien Tuchfabrikant?, in: ZAGV 33 (1911), S. 89-99. • SCHULTHEIS-FRIEBE, Marieluise, Die französische Wirtschaftspolitik im Roer-Departement 1792-1814. Phil. Diss. Bonn 1969. • SEELING, Hans, Wallonische Industrie-Pioniere in Deutschland. Historische Reflektionen. Lüttich 1983. • SEIDL, Anton, Die Aachener Wollenindustrie im Rahmen der rheinischen bis zur Gewerbefreiheit 1798. Wirtschafts- u. soz.-wiss. Diss. Köln 1923. • STRAUCH, Josef, Die Aachener Tuchindustrie während der französischen Herrschaft (1794-1814). Jur. Diss. Münster i. Westf. 1922. • THUN, Alphons, Industrie am Niederrhein und ihre Arbeiter. Leipzig 1879. • VOGELGESANG, Clemens, Die Aachener Nadelindustrie. Beiträge zur Geschichte ihrer Entwicklung. Phil. Diss. Heidelberg 1913. • WINANDS, Franz Joseph, Vollständige Vergleichungs-Tafeln der neuen republikanischen Münzen und definitiv-rektifizirten Maaße und Gewichte mit den Alten für das Roer-Departement. Aachen 10. Jahr (1802). • WINKLER, Wilhelm, Grundriß der Statistik, Tl. I: Theoretische Statistik. Wien ²1947. • ZEYSS, Richard, Die Entstehung der Handelskammern und die Industrie am Niederrhein während der französischen Herrschaft. Ein Beitrag zur Wirtschaftspolitik Napoleons I., Leipzig 1907. • ŽIŽEK, Franz, Grundriß der Statistik. München u. Leipzig ²1923. – Katalog Frühindustrialisierung: Aachen im 19. Jahrhundert. Die Zeit der Frühindustrialisierung, hg. v. Stadtgeschichtlichen Museum Burg Frankenberg, Aachen 1991.

Anmerkungen zu Kapitel H (Demographische und soziale Aspekte), S. 228-249.

[1]) WACKER 1890, S. 66f.
[2]) ERDMANN 1986, S. 160. – Die Bevölkerungsliste befindet sich im HStAD Roerdepartement Nr. 1658.
[3]) Siehe S. 92.
[4]) BRÜNING 1896, S. 92. Auf der dort angegebenen Quelle basiert auch TESTU 1802/03, S. 735.
[5]) HUYSKENS 1929, S. 174. – HStAD Roerdepartement 1659 I.
[6]) Paris, A.N., F 1c III Roer 6, fol. 4v.
[7]) HStAD Roerdepartement 1659 I u. 1660.
[8]) HStAD Roerdepartement 1661 I. – Präfekturakten an XII, S. 625.
[9]) DORSCH, S. 8, 12.

10) Vincennes, Archives de l'Armée de Terre, M.R. 1124 (ohne Foliierung). – HStAD Roerdepartement 1662.
11) POISSENOT, S. 53.
12) ERDMANN 1986, S. 41, 122.
13) Annuaire 1813, S. 104.
14) ERDMANN 1981, S. 399ff. u. 1986, S. 159ff.
15) StA Aachen, Frz. Zeit, Bevölkerungsliste 1812, Litera A und B. – FF: ERDMANN 1986.
16) ERDMANN 1986, S. 147ff., bes. S. 147 u. 150.
17) LEPPER 1994, S. 8 u. Taf. 19.
18) HStAD, Roerdepartement 2857, fol. 1f. – MÜLLER 1991, S. 325.
19) ERDMANN 1986, S. 152.
20) Vgl. dazu das amtliche Zahlenmaterial im StA Aachen, RA II Allg. Akten 981, fol. 154ff.
21) FF: GOLBÉRY, S. 325ff. – HEIZMANN 1923, S. 151ff. – ERDMANN 1986, S. 142.
22) Siehe Kapitel I.
23) FF: CORSTEN 1925, S. 241ff. – HERZIG 1983, S. 311ff.
24) Siehe auch S. 217.
25) SCHULTHEIS-FRIEBE 1969, S. 191.
26) HEIZMANN 1923, S. 155.
27) GOLBÉRY, S. 345. – HEIZMANN 1923, S. 154.
28) Siehe HERZIG 1983, S. 351.
29) HERZIG 1983, S. 331.
30) KERMANN 1972, S. 618.
31) Siehe auch HERZIG 1983, S. 355, 358.
32) LADOUCETTE, S. 312.
33) Präfekturakten 1810, S. 204. – LADOUCETTE, S. 30f. – GANSER 1922, S. 151.
34) StA Aachen, RA II Allg. Akten 707. – STRAUCH 1922, S. 37.
35) HUYSKENS 1929, S. 60f.
36) FF: DORSCH, S. 391.
37) POISSENOT, S. 150.
38) FF: Paris, A.N., F 8, 133 dossier 5 und StA Aachen, RA II Allg. Akten 879.
39) Vgl. SCHULTHEIS-FRIEBE 1969, S. 129.
40) Paris, A.N., F 12, 1626.
41) FF: Vgl. GRAUMANN 1990, S. 210, 182, 183.
42) POISSENOT, S. 153f.
43) Siehe oben, S. 245 sowie Dr. Hesse S. 257.
44) HEIZMANN 1923, S. 62ff., 82.
45) Aachen, Öff. Bibl., SlBd. 845 Nr. 131, S. 14f. – HEIZMANN 1923, S. 85.
46) Aachener Annalen (B), S. 41f.
47) FF: Siehe Kapitel C – HEIZMANN 1923, S. 104f.
48) WINANDS 1802, S. 65.
49) Siehe Kapitel C, Anm. 171.
50) HEIZMANN 1923, S. 107f.
51) Siehe S. 107.
52) Siehe S. 245.
53) Paris, A.N., F 7, 3637. – DUFRAISSE 1978, S. 424.
54) A. PAULS 1934, S. 155.
55) Vgl. MÜLLER 1991, S. 324.
56) Vgl. die Prozentsätze für die Jahre 1741/42 und 1782/83 bei KRAUS 1991, S. 265 u. HILDEBRANDT 1992, S. 240.
57) Nach BRÜNING 1897, S. 175f.
58) Siehe unten, S. 243.
59) Siehe Kapitel S. 92.
60) Siehe etwa HANSEN IV, S. 1037, 1249.
61) Siehe unten, S. 242.
62) Siehe seinen Lebenslauf in der Allgemeinen Deutschen Biographie, Bd. 12, hg. v.d. Historischen Kommission bei der Königlichen Akademie der Wissenschaften, Leipzig 1880, S. 292-295.
63) FF: v. HESS, S. 37-43.
64) Präfekturakten an XII, S. 127ff.
65) FF: GOLBÉRY; S. 447ff.
66) GOLBÉRY; S. 448.
67) FRITZ 1903, S. 45.
68) FRITZ 1903, S. 46.
69) Siehe S. 151.
70) FRITZ 1903, S. 69ff.
71) Nach SALM 1870, S. 7f.
72) FF: HUYSKENS 1929, S. 7f. u. 14f.
73) SALM 1870, S. 10.
74) Siehe auch: Aachener Merkur 1804 Nr. 112, S. 4 u. Nr. 132, S. 4.
75) FRITZ 1903, S. 65.
76) Vgl. Aachener Merkur 1804, Nr. 125, S. 3. – POISSENOT, S. 125, 131f. u. GOLBÉRY, S. 455. – SALM 1870, S. 93ff.
77) StA Aachen, RA II Gedruckte Ratsedikte, Bd. 2 Nr. 162 1/2 u. Allg. Akten 294 u. 1207.
78) FF: KARLL 1921, S. 6.
79) StA Aachen, Frz. Zeit, Akten der Aachener Munizipalität, 2. Vendémiaire XIII. – Übersetzung nach KARLL 1921, S. 6.
80) SALM 1870, S. 93f.
81) Siehe etwa SACHßE / TENNSTEDT 1980, S. 113ff. u. WEBER 1986, S. 78ff.
82) POISSENOT, S. 132.
83) CORSTEN 1925, S. 237.
84) FF: Vgl. de BOUGE, S. 11 u. POISSENOT, S. 132. – SALM 1870, S. 108. – GOLBÉRY, S. 466.
85) StA Aachen, RA II Allg. Akten 547, fol. 38v.
86) NEMNICH, S. 331f.
87) Vgl. LÜCKER 1908, S. 60 u. GATZ 1971, S. 18.
88) Vgl. etwa: Präfekturakten 1810, S. 36 u. 1811, S. 258, 272 sowie LADOUCETTE, S. 113ff.
89) POISSENOT, S. 130.
90) Präfekturakten an XI, Tl. 2, S. 29ff. – CARNAP 1975, S. 62f. – Druck des „Rapport du citoyen Reumont, docteur en médicine, sur la gélatine des os, précédé d'un arrêté du préfet du département de la Roer du 7. Nivôse an XI" bei J.-G. Beaufort in Aachen, o.J. [1803]: Aachen, Öff. Bibl., Stahlschrank, Nr. 4366.
91) StA Aachen, Acc. 1913/218.
92) Gedruckte Liste im HAStK, Frz. Verw., Nr. 6846.
93) Präfekturakten an XII, S. 575. – POISSENOT, S. 107, 124f.
94) Siehe Exp. H 10. – FF: Präfekturakten 1806, S. 339ff. – POISSENOT, S. 133f. – GOLBÉRY; S. 453f., 464ff. – v. REUMONT 1886, S. 1ff. – SALM 1870, S. 146ff. – DURST 1991, S. 71ff.
95) Präfekturakten an XII, S. 218.
96) POISSENOT, S. 135f.
97) StA Aachen, RA II Allg. Akten 375, fol. 49r – 50r.

[98]) StA Aachen, RA II Allg. Akten 549, fol. 134r, v.
[99]) GOLBÉRY, S. 466.
[100]) Vgl. SALM 1870, S. 118f.
[101]) Gedruckt in: „Westfälischer Anzeiger" 1816, Sp. 296-298. – Hier nach KERMANN 1972, S. 618.
[102]) Amts-Blatt der Regierung zu Aachen 1817. Aachen 1817, S. 133.

Literatur zu Kapitel H (Demographische und soziale Aspekte), S. 228-249.

BIERGANS, Joseph, Die Wohlfahrtspflege der Stadt Aachen in den letzten Jahrhunderten des Mittelalters, in: ZAGV 31 (1909), S. 74-148. • BRECHER, August, Die kirchliche Reform in Stadt und Reich Aachen von der Mitte des 16. bis zum Anfang des 18. Jahrhunderts. (Reformationsgeschichtliche Studien und Texte, H. 80/81). Münster i.W. 1957. • BRÜNING, Wilhelm, Aachen während der Fremdherrschaft und der Befreiungskriege, in: ZAGV 19 II (1897), S. 171-210. • DERS., Die Entwicklung der Bevölkerungszahl in Aachen und Umgegend, in: Aachener Heimatgeschichte, hg. v. Albert Huyskens. Aachen 1924, S. 172-175. • DERS., Aktenstücke aus dem Aachener Stadtarchiv (1795-1805), in: AAV 9 (1896), S. 92-95. • CARNAP, Michael, Das Gesundheitswesen des Roerdepartements im Spiegel französischer Gesetze, Verordnungen und Verwaltungsakten (1798-1814). Med. Diss. RWTH Aachen 1975. • CORSTEN, Walter, Die Aachener Wirtschaft im ersten Drittel des 19. Jahrhunderts. Von der französischen zur preußischen Wirtschaft. Wirtschafts- und soz.-wiss. Diss. Köln 1925. • DORN, Ulrike, Öffentliche Armenpflege in Köln von 1794-1871. Zugleich ein Beitrag zur Geschichte der öffentlichrechtlichen Anstalt. (Rheinisches Archiv 127). Köln, Wien 1990. • DUFRAISSE, Roger, La crise économique de 1810-1812 en pays annexé: l'exemple de la rive gauche du Rhin, in: Francia 6 (1978), S. 407-437. • DURST, Waltraut, Maria Isabella Gräfin Harscamp, geb. Brunelle, Bedeutende Frauen aus dem Dreiländereck, hg. v. Elisabeth Fischer-Holz, Aachen 1991, S. 71-91. • ERDMANN, Claudia, Zuwanderung in die frühindustrielle Stadt Aachen (Ende 18./Anfang 19. Jh.), in: Festschrift für Felix Monheim zum 65. Geburtstag, hg. v. Frank Ahnert u. Reinhart Zschocke, Tl. 2, Aachen 1981, S. 399-437. • DIES., Das Aachener Kurviertel während der französischen Zeit. Ein Beitrag zur historischen Stadtgeographie, in: Informationen und Materialien zur Geographie Euregio Maas-Rhein 13 (1983), S. 51-61. • DIES., Aachen im Jahre 1812. Geographische Strukturen einer frühindustriellen Stadt, in: Alma mater Aquensis 20 (1984), S. 126-129. • DIES., Aachen im Jahre 1812. Wirtschafts- und sozialräumliche Differenzierung einer frühindustriellen Stadt. (Erdkundliches Wissen, H. 78). Stuttgart 1986. • FREIMUTH, Heinrich, Das Wohltätigkeitswesen der Städte Aachen und Burtscheid, in: Adreßbuch für die Städte Aachen und Burtscheid 1883, Anhang S. 57-77. • FRITZ, Alfons, Theater und Musik in Aachen zur Zeit der französischen Herrschaft, in: ZAGV 23 (1901), S. 31-170, bes. S. 98ff. • DERS., Aus den ersten Jahren der Wirksamkeit des Aachener Wohltätigkeitsbureaus, in: ZAGV 25 (1903), S. 28-72. • GANSER, Carl, Die Wirkungen der französischen Herrschaft, Gesetzgebung und Verwaltung auf das Aachener Wirtschaftsleben. Maschr. staatswiss. Diss. 1922. • GATZ, Erwin, Kirche und Krankenpflege im 19. Jahrhundert. Katholische Bewegung und karitativer Aufbruch in den preußischen Provinzen Rheinland und Westfalen. München 1971. • HEIZMANN, Hans Friedrich, Die rechtliche und wirtschaftliche Lage der Aachener Arbeiterschaft um die Wende des XVIII. Jahrhunderts. Ein Beitrag zur Aachener Wirtschaftsgeschichte. Maschr. 1923 im StA Aachen. • HILDEBRANDT, Reinhard, Der Haushalt der Reichsstadt Aachen 1682-1784/85. Ein Zwischenbericht, in: ZAGV 98/99 I (1992), S. 231-249. • HUYSKENS, Albert, 125 Jahre Industrie- und Handelskammer zu Aachen. Festschrift zur Feier ihres 125jährigen Bestehens, Bd. 1, Aachen 1929. • KARLL, Alfred, Französische Regierung und Rheinländer vor 100 Jahren. Ein Beitrag zur Geschichte der amtlichen Mache. (Frankfurter Historische Forschungen, N.F. 4). Leipzig 1921. • KERMANN, Joachim, Die Manufakturen im Rheinland 1750-1833. (Rheinisches Archiv 82). Bonn 1972. • KRAUS, Thomas R., Die Aachener Deputierten auf dem Weg nach Frankfurt zur Krönung Karls VII. (1742 Januar 20 – März 10), in: ZAGV 97 (1991), S. 221-291. • KÜPPERS, Christa, Kinderarbeit im Aachener Raum in der Frühphase der Industriellen Revolution. Ms. Aachen 1969 im StA Aachen. • LEPPER, Herbert, Von der Emanzipation zum Holocaust. Die Israelitische Synagogengemeinde zu Aachen 1801-1942. Geschichtliche Darstellung – Verzeichnisse – Bilder – Dokumente – Tabellen. (Veröffentlichungen des Stadtarchivs Aachen, Bd. 7-8). Neustadt a.d. Aisch 1994. • LÜCKER, Heinrich, Die Finanzen der Stadt Köln seit dem Ausgange des 18. Jahrhunderts 1794-1907. Phil. Diss. Erlangen 1908. • MÜLLER, Klaus, Aachen im Zeitalter der Französischen Revolution und Napoleons. Umbruch und Kontinuität, in: ZAGV 97 (1991), S. 293-333. • PAULS, August, Die Gräfin Rémusat als Aachener Kurgast, in: ZAGV 54 (1932), Aachen 1934, S. 142-160. • POMMERESCHE, Die französische Gesetzgebung über das Armenwesen bis zur Trennung der Rheinprovinz von Frankreich in ihren hauptsächlichsten Bestimmungen zusammengestellt, in: Archiv für Landeskunde der Preußischen Monarchie 6 (1859), S. 209-247. • REUMONT, Alfred v., Die Grafen von Harscamp, in: ZAGV 8 (1886), S. 1-14. • SACHßE, Christoph u. TENNSTEDT, Florian, Geschichte der Armenfürsorge in Deutschland. Vom Spätmittelalter bis zum Ersten Weltkrieg. Stuttgart, Berlin, Köln, Mainz 1980. • SALM, Historische Darstellung des Armen-Wesens der Stadt Aachen und der Wirksamkeit der Armen-Verwaltungs-Commission daselbst. Aachen 1870. • STRAUCH, Josef, Die Aachener Tuchindustrie während der französischen Herrschaft (1794-1814). Rechts- u. staatswiss. Diss. Münster i.W. 1922. • TALBOT, G., Entwicklung der Armenpflege in Aachen im 19. Jahrhundert, in: Festschrift zur 72. Versammlung deutscher Naturforscher und Ärzte. Aachen 1900, S. 254-262. • TESTU, Almanach national de France, an XI de la République. Paris [1802/03]. • WACKER, Carl, Die Bevölkerung Aachens seit dem Ausgange des vorigen Jahrhunderts, in: AAV 3 (1890), S. 65-68. • WEBER, Dieter, Zucht- und Arbeitshäuser am Niederrhein im 18. Jahrhundert, in: Düsseldorfer Jahrbuch 60 (1986), S. 78-96. • WINANDS, Franz Joseph, Vollständige Vergleichungs-Tafeln der neuen republikanischen Münzen und definitiv-rektifizirten Maaße und Gewichte mit den Alten für das Roer-Departement, Aachen an X (1802).

Anmerkungen zu Kapitel I (Gesundheitswesen), S. 250-264

1) LENZEN 1979, S. 6. – Siehe auch GATZ 1971, S. 6f.
2) Siehe „Des Königlichen Stuhls und der Kaiserlichen freyen Reichs-Stadt Aachen Raths- und Staats-Kalender oder Schematismus auf das Jahr Christi 1794, Aachen 1794", S. 37.
3) FF: VENNEN 1992, S. 79ff., Zitate: S. 81.
4) Siehe Exp. B 19.
5) Siehe S. 101.
6) Siehe SCHMITZ-CLIEVER 1958, S. 141, 144 und StA Aachen, Frz. Zeit, Comité de surveillance 1794/95, S. 44ff.
7) POISSENOT, S. 128f.
8) StA Aachen, Alexianer-Begräbnisgebührenregister 83 II.
9) E. PAULS 1893, S. 175.
10) BOVENTER 1976, S. 81.
11) Vgl. POISSENOT, S. 298f.
12) POISSENOT, S. 128f.
13) Allgemeine Zeitung 1808, Nr. 162 vom 15. Januar.
14) Zu ihm siehe vor allem HÜFFER/SCHRÖDER 1904, S. 17ff. – BRÜNING 1922, S. 669ff. u. SCHMITZ-CLIEVER 1966, S. 143ff.
15) HESSE 1804, S. 36f.
16) Präfekturakten an XII, S. 367. – A. PAULS 1949, S. 74f. – FF: POISSENOT, S. 132f. Anm. 1.
17) Siehe Aachner Merkur 1804 Nr. 139, S. 3f. zum 29. Brumaire (Nov. 20). – Vgl. TORSY 1940, S. 305.
18) GOLBÉRY, S. 336.
19) TORSY 1940, S. 305.
20) Vgl. z.B. Journal de la Roer zum 15. Januar 1811.
21) SCHMITZ-CLIEVER 1957, S. 219.
22) FF: ERDMANN 1986, S. 154ff.
23) Siehe z.B. SCHMITZ-CLIEVER 1957, S. 221f. u. ERDMANN 1986, S. 157.
24) FF: SCHILD/JANSSEN 1991, S. 5f. – Vgl. dazu: HANSEN III, S. 527. – StA Aachen, Frz. Zeit, Munizipalitätsprotokoll 1795/96, S. 6 u. 66. – Aachener Annalen (B), S. 63. – v. THIMUS, S. 184.
25) SCHILD/JANSSEN 1991, S. 6, 7. – CARNAP 1975, S. 72.
26) Bulletin des lois an XII, Nr. 5, S. 14ff. u. Präfekturakten 1805, S. 162ff., 535. – Vgl. TORSY 1940, S. 250f.
27) Anzeiger des Ruhr-Departements an VI, Nr. 35 (1798 Sept. 7). – Siehe auch Kapitel J.
28) Siehe vor allem MIECK 1981, S. 331ff.
29) MIECK 1981, S. 345.
30) CARNAP 1975, S. 54ff.
31) Siehe Präfekturakten 1810, S. 174ff. – GOLBÉRY, S. 468ff. – BEAUCAMP 1930, S. 299ff.
32) Vgl. aber VOSSEN 1900, S. 267.
33) SCHMITZ-CLIEVER 1963, S. 70.
34) GOLBÉRY, S. 450. – SCHMITZ-CLIEVER 1963, S. 71.
35) Siehe Kapitel H.
36) BOVENTER 1976, S. 69ff.
37) Siehe auch LADOUCETTE, S. 25.
38) SCHMITZ-CLIEVER 1968, S. 162.
39) Auszüge aus diesem Buch finden sich von Hand des Dr. J.P. Schmitz im StA Aachen, Hs. 103, fol. 105ff.
40) HESSE 1804, S. 4-25.
41) Zu Dr. Hesse siehe auch StA Aachen, Kirchenbuch der evangelisch-lutherischen Gemeinde Aachen-Burtscheid-Vaals, Bd. 102, S. 225 u. SCHMITZ-CLIEVER 1963, S. 153 Nr. 131.

Literatur zu Kapitel I (Gesundheitswesen), S. 250-264.

BEAUCAMP, Eugène, Zum hundertjährigen Jubiläum des Mariannen-Instituts in Aachen, in: ZAGV 51 (1929), Aachen 1930, S. 299-319. • BÖNNINGHOFF, Albert, Die Geschichte des Apothekenwesens der Stadt Aachen bis zum Beginn des 20. Jahrhunderts. Med. Diss. RWTH Aachen 1980. • BOVENTER, Karl, Das Wechselfieber in Alt-Aachen und Burtscheid, in: ZAGV 69 (1957), S. 111-122. • DERS., Zur Medizinalgeschichte im Bereich des Regierungsbezirks Aachen bis zur Mitte des 19. Jahrhunderts, in: ZAGV 83 (1976), S. 59-141. • BRÜNING, Wilhelm, Zur Erinnerung an den Aachener Arzt Gerhard Reumont, in: Die Westmark 2 (1922), S. 669-672. • CARNAP, Michael, Das Gesundheitswesen des Roerdepartements im Spiegel französischer Gesetze, Verordnungen und Verwaltungsakten (1798-1814). Med. Diss. RWTH Aachen 1975. • ERDMANN, Claudia, Aachen im Jahre 1812. Wirtschafts- und sozialräumliche Differenzierung einer frühindustriellen Stadt. (Erdkundliches Wissen, Heft 78). Stuttgart 1986. • GATZ, Erwin, Kirche und Krankenpflege im 19. Jahrhundert. Katholische Bewegung und karitativer Aufbruch in den preußischen Provinzen Rheinland und Westfalen. München 1971. • HESSE, Friedrich Ernst, Einige medizinische Nachrichten und Bemerkungen über Burtscheidt bei Aachen. Aachen 1804. • HÜFFER, Hermann u. SCHRÖDER, F. (Hrsg.), Jugenderinnerungen von Alfred von Reumont, in: AHVNrh. 77 (1904), S. 17-241. • KRAHN, Claudia Maria, Die Geschichte der Aachener Chirurgenzunft und ihrer Vertreter. Med. Diss. RWTH Aachen. [Aachen] 1984. • KUETGENS, Felix, Johann Baptist Joseph Bastiné, in: Festschrift aus Anlass des fünfzigjährigen Bestehens des Museumsvereins und des Suermondt-Museums. Zugleich Heft XIV der Aachener Kunstblätter. Aachen 1928, S. 65-135. • LENZEN, Dieter, Beitrag zur Aachener Medizinalgeschichte des 19. Jahrhunderts. Med. Diss. Aachen 1979. • MIECK, Ilja, Die Anfänge der Umweltschutzgesetzgebung in Frankreich, in: Francia 9 (1981), S. 331-367. • PAULS, Emil, Beiträge zur Geschichte der Buchdruckereien, des Buchhandels, der Censur und der Zeitungspresse in Aachen bis zum Jahre 1816, in: ZAGV 15 (1893), S. 97-235. • DERS., Annalen der Aachener Freimaurerei. Festschrift zum 175. Stiftungsfest der Aachener Johannisloge „Zur Beständigkeit und Eintracht". Frankfurt a.M. 1949. • SCHIFFERS, Heinrich, Geschichte der Aachener Apotheken, in: ZAGV 71 (1959), S. 5-76, bes. S. 43ff. • SCHILD, Ingeborg u. JANSSEN, Elisabeth, Der Aachener Ostfriedhof. (Aachener Beiträge für Baugeschichte und Heimatkunst, Bd. 7). Aachen 1991. • SCHMIDT-WETTER, Rudolf, Zur Geschichte des nordrheinischen Apothekenwesens. Von den Anfängen in den Städten Köln und Aachen sowie den Territorien Preußen, Jülich-Berg und Kurköln – linksrheinisch – unter besonderer Berücksichtigung der Verhältnisse im Département de la Roër [1794-1813] bis 1823 (1835). Frankfurt a.M. 1970. • SCHMITZ-CLIEVER, Egon, Der Arzt Gerhard Reumont und die erste Schutzpocken-Impfung im Rheinland, in: Sudhoffs Archiv für Geschichte der Medizin und der Naturwissenschaften 41 (1957), S. 213-222. • DERS.,Die Militärspitäler Aachens und Jülichs in Französischer Zeit (1792-1815), in: ZAGV 70 (1958), S. 135-165. • DERS., Die Heilkunde in Aachen von römischer Zeit bis zum Anfang des 19. Jahrhunderts, in: ZAGV 74/75 (1962/63), Aachen 1963, S. 5-162. • DERS., Gerhard Reumont (1765-1828), in: Rheinische Lebensbilder 2 (1966), S. 143-158. • DERS.,Repertorium medicohistoricum Aquense. Ein Beitrag zur medizinhistorischen Topographie,in: Aachener Kunstblätter 34 (1967), S. 194-251, bes. S. 249f. • DERS., Über die Bestrebungen der französischen Medizinalverwaltung im rheinischen Roer-Departement (1812),in: Medicinae et artibus. Festschrift für Professor Dr.phil.med. Wilhelm Katner zu seinem 65. Geburtstag. (Düsseldorfer Arbeiten zur Geschichte der Medizin, Beiheft 1). Düsseldorf 1968, S. 161-171. • TEUSCHER, Ursula, Die Irrenpflege in der Rheinprovinz im 19. Jahrhundert am Beispiel Aachens. Med. Diss. RWTH Aachen. [Aachen] 1979. • TORSY, Jakob, Geschichte des Bistums Aachen während der französischen Zeit (1802-1814). Bonn 1940.- VENNEN, Walter, Buchdruck in Aachen 1573-1792. Untersuchungen zur Produktion Aachener Buchdrucker anhand des Bestandes der Öffentlichen Bibliothek Aachen. (Aachener Beiträge zur Germanistik, Bd. 1). Aachen 1992. • VOSSEN, O., Das Irrenwesen in Aachen, in: Festschrift zur 72. Versammlung deutscher Naturforscher und Ärzte. Aachen 1900, S. 266-268.

Anmerkungen zu Kapitel J (Bauwesen), S. 265-277.

1) Zum Wegegeld siehe NEUß 1928, S. 85ff.
2) FF: Siehe oben, S. 13, 55. – Schlözerbriefe, S. 208f. – Aachener Annalen (B), S. 52. – HANSEN II, S. 735 Nr. 332.
3) FF: StA Aachen, RA II Ratsprotokoll 35, S. 108, 126, 127, 129, 131, 132, 142, 146.
4) Siehe StA Aachen, Frz. Zeit, Munizipalitätsprotokoll 1794, S. 107, 225 sowie StA Aachen, Hs. 316 Register: Chemin pour Herve.
5) SAUTTER 1898, S. 36 u. DOHR 1972, S. 51.
6) SAUTTER 1898, S. 39.
7) StA Aachen, RA II Ratsprotokoll 36, S. 116.
8) Anzeiger des Ruhr-Departements vom 9. Ventôse an VII, S. 180.
9) FF: GRAUMANN 1990, S. 138ff.
10) Annuaire 1809, S. 22f.
11) DORSCH, S. 444ff.
12) MÜLLER-MINY 1975, S. 91.
13) DORSCH, S. 449.
14) Paris, A.N., F 1c III Roer 4. – Siehe auch GRAUMANN 1990, S. 140.
15) FF: Annuaire 1809, S. 21ff.
16) ERDMANN 1986, S. 40.
17) GOLBÉRY, S. 228.
18) FF: POISSENOT, S. 119. – Annuaire 1809, S. 22. – GOLBÉRY, S. 228. – ZEYSS 1907, S. 160. – GIELEN 1977, S. 111f. – MÜLLER-MINY 1975, S. 11.
19) Präfekturakten 1811, S. 271. Dort findet sich tatsächlich das Wort NEAPOLIO. – Übersetzung nach GIELEN 1977, S. 112.
20) ZEYSS 1907, S. 160ff.
21) KRANZHOFF 1930, S. 32, 36.
22) ARNOLD 1930, S. 273.
23) SCHULTHEIS-FRIEBE 1969, S. 89f.
24) LADOUCETTE, S. 297ff. – DOHR 1972, S. 12.
25) FF: ZEYSS 1907, S. 162ff.
26) ZEYSS 1907, S. 187f. – GANSER 1922, S. 182ff.
27) HUYSKENS 1935, S. 206.
28) HOFMANN 1953, S. 195.
29) Siehe StA Aachen, RA II Allg. Akten 549, fol. 70ff.
30) v. KOPPEN 1987, S. 82.
31) ERDMANN 1983, S. 58. – HUTTMANN 1983/84, S. 362.
32) v. HESS, S. 17.
33) Aachener Annalen (H), S. 71.
34) HOFMANN 1953, S. 197.
35) Präfekturakten an XIII, S. 45ff.
36) Präfekturakten an XIII, S. 171f.
37) POISSENOT, S. 117. – GOLBÉRY, S. 509.
38) Siehe etwa Monica Stirling, Madame Mère. Letizia. Mutter Napoleons. Tübingen 1961, S. 37.
39) Siehe RHOEN 1894, S. 207ff.
40) DAUBER/WINANDS 1985, S. 178.
41) DAUBER/WINANDS 1985, S. 179.
42) Siehe Kapitel B.
43) TERHART/MOHR 1987, S. 101f.
44) POISSENOT, S. 286. – Übersetzung nach TERHART/MOHR 1987, S. 35f.
45) Hierzu und zu den folgenden Abschnitten siehe vor allem DAUBER/WINANDS 1985.
46) HOFMANN 1953, S. 210. – JÜNGER 1984, S. 1f. – DAUBER/WINANDS 1985, S. 135.
47) POISSENOT, S. 265.
48) POISSENOT, S. 265f.
49) Präfekturakten 1811, S. 261. – Zu Letellier siehe übrigens: StA Aachen OBR 21-3.
50) De BOUGE, S. 15.
51) Paris, A.N., 138 AP 22, reg. 2 Nr. 7913.
52) POISSENOT, S. 171f.
53) POISSENOT, S. 117f.
54) Präfekturakten an XIII, S. 37f.
55) POISSENOT, S. 184.
56) POISSENOT, S. 295f.
57) Präfekturakten 1811, S. 266 u. 269. Dort findet sich tatsächlich das Wort NEAPOLIO.
58) GOLBÉRY, S. 544f.
59) Paris, A.N., F 8, 13 sowie GOLBÉRY, S. 438f.
60) Präfekturakten 1811, S. 360f. – LADOUCETTE, S. 262f.
61) HUTTMANN 1983/84, S. 365.
62) GOLBÉRY; S. 368.

[63]) HEUSCH 1909, S. 116, 120.
[64]) GOLBÉRY, S. 539f.
[65]) ARNOLD 1930, S. 276.
[66]) v. KOPPEN 1987, S. 65ff.

Literatur zu Kapitel J (Bauwesen), S. 265-277.

ARNOLD, Eduard Ph., Das Altaachener Wohnhaus. (Aachener Beiträge für Baugeschichte und Heimatkunst, H. 2). Aachen 1930. • BERNHARD, Andreas, Bad Aachen, in: Rolf Bothe, Kurstädte in Deutschland. Zur Geschichte einer Baugattung. Berlin 1984, S. 121-184. • DAUBER, Reinhard u. WINANDS, Klaus, Napoleonische Architektur und Stadtplanung in Aachen 1804-1814, in: Aachener Kunstblätter 53 (1985), S. 127-188. • DETTMERING, Renate, Geschichte des Baurechts in Aachen. Auswirkungen hoheitlicher Maßnahmen auf Stadtplanung und Architektur, dargestellt am Beispiel Aachens vom Sachsenspiegel bis zur Preußischen Baugesetzgebung. Ing. Diss. Aachen 1986. • DOHR, Ferdinand, Das Postwesen am linken Niederrhein 1550-1900. Viersen 1972. • ERDMANN, Claudia, Das Aachener Kurviertel während der französischen Zeit. Ein Beitrag zur historischen Stadtgeographie, in: Informationen und Materialien zur Geographie Euregio Maas-Rhein 13 (1983), S. 51-61. • DIES., Aachen im Jahre 1812. Wirtschafts- und sozialräumliche Differenzierung einer frühindustriellen Stadt. (Erdkundliches Wissen, H. 78). Stuttgart 1986. • EVERLING, Johannes, Die Architekten Adam Franz Friedrich Leydel und Johann Peter Cremer und ihre Bedeutung für die Aachener Baugeschichte. Maschr. Ing. Diss. RWTH Aachen 1923. • FRITZ, Alfons, Zur Baugeschichte des Aachener Stadttheaters, in: ZAGV 22 (1900), S. 9-120. • GANSER, Carl, Die Wirkungen der französischen Herrschaft, Gesetzgebung und Verwaltung auf das Aachener Wirtschaftsleben. Maschr. staatswiss. Diss. Tübingen 1922, S. 56-62. • GIELEN, Viktor, Aachen unter Napoleon. Aachen 1977. • GRAUMANN, Sabine, Französische Verwaltung am Niederrhein. Das Roerdepartement 1798-1814. Essen 1990. • HEUSCH, Albert, Geschichte der Familie Heusch. Aachen 1909. • HOFMANN, Wilhelm, Die städtebauliche Entwicklung der Badebezirke in Aachen und Burtscheid 1656-1950, in: Das alte Aachen. Seine Zerstörung und sein Wiederaufbau, bearb. v. Albert Huyskens u. Bernhard Poll. (Aachener Beiträge für Baugeschichte und Heimatkunst, Bd. 3). Aachen 1953, S.180-247. • HUTTMANN, Arnold, Aachener Badeleben in der ersten Hälfte des 19. Jahrhunderts, in: Historia Hospitalium. Zeitschrift der deutschen Gesellschaft für Krankenhausgeschichte 15 (1983/84), S. 361-394. • HUYSKENS, Albert, Ein französischer Plan für eine Kanalverbindung von Aachen, Jülich und Eschweiler mit Maas und Rhein, in: ZAGV 55 (1933/34), Aachen 1935, S. 202-207. • JÜNGER, Kurt, Die Kapellenstraße – Vom Feldweg zur Fußgängerzone, in: Mitteilungen der Gesellschaft für Burtscheider Geschichte und Gegenwart e.V. 18 (1984), S. 1f. • KOERFGEN, Johann Wilhelm, Rechnungs-Lage über die Constructions-Kosten des Hauses vom Luis-Berge bei Achen. [Aachen] o.J.[1818]. • KOPPEN, Bodo v., Alt-Aachener Gärten. Ein Streifzug durch die Hausgärten und privaten Parks einer alten Stadt. Aachen 1987. • KRANZHOFF, Maria, Aachen als Mittelpunkt bedeutender Straßenzüge zwischen Rhein, Maas und Mosel in Mittelalter und Neuzeit, in: ZAGV 51 (1929), Aachen 1930, S. 1-63. • MÜLLER-MINY, Heinrich, Die Kartenaufnahme der Rheinlande durch Tranchot und v. Müffling 1801-1828, Bd. 2: Das Gelände. Eine quellenkritische Untersuchung des Kartenwerks. (Publikationen der Gesellschaft für Rheinische Geschichtskunde XII). Köln, Bonn 1975. • NEUß, Willy, Die Steuerverwaltung der Reichsstadt Aachen. Jur. Diss. Köln 1928, Monschau 1928. • PAULS, Emil, Der Lousberg bei Aachen, in: ZAGV 18 (1896), S. 19-64. • RHOEN, Carl, Die Befestigungswerke der freien Reichsstadt Aachen. Aachen 1894. • SAUTTER, Die französische Post am Niederrhein bis zu ihrer Unterordnung unter die General-Postdirektion in Paris 1794-1799, in: AHVNrh. 65 (1898), S. 1-92. • SCHNOCK, Heinrich, Aus der Fremdherrschaft, in: AAV 3 (1890), S. 117f. • SCHULTHEIS-FRIEBE, Marieluise, Die französische Wirtschaftspolitik im Roer-Departement 1792-1814. Phil. Diss. Bonn 1969. • TERHART, Thomas, Der Lousberg-Park in Aachen. (Rheinische Kunststätten 338). Neuss 1988. • TERHART, Thomas und MOHR, Raimund, Der Lousberg. Seine Geschichte, seine Verwandlung in einen Waldpark nach dem Plan von Maximilian Friedrich Weyhe und seine Bedeutung für Aachen heute. Maschr. aus dem Lehrgebiet für Baugeschichte der RWTH Aachen 1987 im StA Aachen. • VAUPEL, Wilhelm, Die Baugeschichte des Aachener Bades vom Ende des 17. Jahrhunderts bis zum Anfang der Preußischen Zeit unter Leydel (gest. 1838). Ein Beitrag zur Aachener Heimatgeschichte. (Aachener Beiträge zur Heimatkunde XIV). Aachen 1933. • ZEYSS, Richard, Die Entstehung der Handelskammern und die Industrie am Niederrhein während der französischen Herrschaft. Ein Beitrag zur Wirtschaftspolitik Napoleons I., Leipzig 1907.

Anmerkungen zu Kapitel K (Erziehungs- und Schulwesen), S. 278-285.

[1]) Siehe HEIZMANN 1923, S. 92f.
[2]) MÜLLER 1992, S. 228f.
[3]) KOLTES 1992, S. 170f.
[4]) MÜLLER 1992, S. 229.
[5]) Vgl. etwa den Aachner Zuschauer 1794, S. 1000, 1112.
[6]) POISSENOT, S. 136ff.
[7]) Vgl. Hansen IV, S. 973ff. Nr. 162 u. S. 1085ff. Nr. 179.
[8]) HANSEN IV, S. 820ff. Nr. 127.
[9]) StA Aachen, Kraemer XI 3, fol. 23 v.
[10]) Aachen, Öff. Bibl., Stahlschrank 1746: Prodrome, lû à l'ouverture du Concours 1799. – Zusammenfassung des Inhalts nach HERMANNS 1931, S. 75.
[11]) HANSEN IV, S. 1004ff. Nr. 168.
[12]) FF: FAYMONVILLE 1922, S. 389.
[13]) StA Aachen, Frz. Zeit, Briefeingänge der Mairie 1802, S. 134f.
[14]) Bulletin des réglemens Nr. 89, S. 13ff.
[15]) FRITZ 1912, S. 334ff.

¹⁶) KOLTES 1992, S. 177.
¹⁷) LEUCHTER 1934, S. 22.
¹⁸) Druck des Erlasses bei WACKER 1891, S. 58f. Anm. 2.
¹⁹) Zu ihm siehe BRAUBACH 1966, S. 223ff.
²⁰) LEUCHTER 1934, S. 40f.
²¹) LEUCHTER 1934, S. 41.
²²) LEUCHTER 1934, S. 31 u. 42.
²³) LEUCHTER 1934, S. 14.
²⁴) Siehe Kapitel H.
²⁵) Siehe Kapitel H.
²⁶) GRAUMANN 1990, S. 56f.

Literatur zu Kapitel K (Erziehungs- und Schulwesen), S. 278-285.

BRAUBACH, Max, Die erste Bonner Hochschule. Maxische Akademie und kurfürstliche Universität 1774/77 bis 1798. (Veröffentlichungen des Archivs der Rheinischen Friedrich-Wilhelms-Universität zu Bonn, Bd. 1). Bonn 1966. • BRECHER, August, Die kirchliche Reform in Stadt und Reich Aachen von der Mitte des 16. bis zum Anfang des 18. Jahrhunderts. (Reformationsgeschichtliche Studien und Texte, Heft 80/81). Münster i.W. 1957, S.158ff. • FAYMONVILLE, Karl, Die Kirchen der Stadt Aachen mit Ausnahme des Münsters.(Die Kunstdenkmäler der Rheinprovinz, Bd. 10 II). Düsseldorf 1922. • FRITZ, Alfons, Geschichte des Kaiser-Karls-Gymnasiums in Aachen, in: ZAGV 28 (1906), S. 1-285 u. 30 (1908), S. 75-154 sowie 34 (1912), S. 1-369. • DERS., Die Auflösung des Aachener Jesuitenkollegs und ihre Folgen, im besonderen der Streit um das Jesuitenvermögen bis zum Jahre 1823, in: ZAGV 29 (1907), S. 211-276. • DERS., Zur Lage und Umgestaltung des öffentlichen Unterrichts im Roer-Departement, in: Westdeutsche Zeitschrift für Geschichte und Kunst 29 (1911), S. 451ff. • GRAUMANN, Sabine, Französische Verwaltung am Niederrhein. Das Roerdepartement 1798-1814. Essen 1990. • HEIZMANN, Hans Friedrich, Die rechtliche und wirtschaftliche Lage der Aachener Arbeiterschaft um die Wende des XVIII. Jahrhunderts. Ein Beitrag zur Aachener Wirtschaftsgeschichte. Maschr. 1923 im StA Aachen. • HERMANNS, Wilhelm, P.J. Franz Dautzenberg und sein „Aachner Zuschauer" (Politischer Merkur) 1790-1798. Ein Beitrag zur rheinischen Zeitungskunde, Kulturgeschichte und Geisteshaltung des ausgehenden 18. Jahrhunderts, in: ZAGV 52 (1930), Aachen 1931, S. 39-160. • KOLTES, Manfred, Das Rheinland zwischen Frankreich und Preußen. Studien zu Kontinuität und Wandel am Beginn der preußischen Herrschaft (1814-1822), Köln, Weimar, Wien 1992, S. 170ff. • KREMER, Peter, Die Geschichte des Aachener Volksschulwesens, in: Albert Huyskens, Aachener Heimatgeschichte. Aachen 1924, S. 229-234. • LEUCHTER, Joseph, Das Aachener Schulwesen und die französische Herrschaft 1794-1814 mit besonderer Rücksicht auf die Primärschulen, in: ZAGV 53 (1931), Aachen 1932, S. 1-50 u. 54 (1932), Aachen 1934, S. 1-42. • MÜLLER, Franz August, Das philosophisch-theologische Studium in Aachen 1774-1827 (1837). Zugleich ein Beitrag zur Vorgeschichte der Kölner Wirren. Maschr. Theol. Diss. Bonn 1945. • PICK,Richard, Die Schule und das Kollegium der Jesuiten in Aachen, in: Ders., Aus Aachens Vergangenheit. Beiträge zur Geschichte der alten Kaiserstadt. Aachen 1895, S. 36-58. • PLUM, Matthias, Geschichte des Volksschulwesens der freien Reichsstadt Aachen und des Aachener Reiches vom Mittelalter bis zur Zeit der französischen Herrschaft. Brand (b. Aachen) 1928. • SCHOOP, Anton, Das Gymnasium 1601-1914, in: 350 Jahre Humanistisches Gymnasium in Aachen 1601-1951. Festschrift des Kaiser-Karls-Gymnasiums. [Aachen 1951], S. 26-42. • WACKER, Carl, Christian Quix. Sein Leben und sein Werk, in: AAV 4 (1891), S. 57-72. – 300 Jahre höhere Mädchenbildung an St. Leonhard Aachen(1626/1926). Aachen 1926.

Anmerkungen zu Kapitel L (Kirchliches Leben), S. 286-309.

¹) FF: Siehe etwa MEYER 1990, S. 186ff.
²) TULARD 1989, S. 75.
³) HANSEN III, S. 399ff. Nr. 126.
⁴) Siehe HANSEN II, S. 926ff. Nr. 399.
⁵) FF: Kapitel B u. C.
⁶) FF: HANSEN III, S. 528f.
⁷) HANSEN III, S. 784ff. Nr. 219 u. S. 800ff. Nr. 222 sowie DANIELS III, S. 400ff. Nr. 220 u. S. 577ff. Nr. 339.
⁸) Vgl. StA Aachen, Hs. 979.
⁹) HEGEL 1978, S. 301ff.
¹⁰) Siehe den „Anzeiger des Ruhr-Departements" vom 29. Fructidor VI, S. 217.
¹¹) Siehe HANSEN IV, S. 873 Anm. 5, S. 966.
¹²) Vgl. etwa: Schlözerbriefe, S. 200. – v. HESS, S. 97ff. – BLANNING 1983, S. 216ff.
¹³) FF: LÜHRS 1939, S. 1ff.
¹⁴) LÜHRS 1939, S. 15.
¹⁵) LÜHRS 1939, S. 30.
¹⁶) FF: nach einer Übersetzung bei HERMENS 1833, Bd. 1, S. 445ff.
¹⁷) Das Konkordat und die Organischen Artikel finden sich bei HERMENS 1833, Bd. 1, S. 464ff.
¹⁸) Zur Verwendung des Begriffs „Säkularisation" in der Forschung siehe SCHIEDER 1991, Tl. 1, S. 17ff.
¹⁹) Vgl.: Das Hauptstaatsarchiv Düsseldorf und seine Bestände, Bd. 4: Stifts- und Klosterarchive. Bestandsübersichten, bearb. v. Friedrich Wilhelm Oediger, Siegburg 1964, S. XV.
²⁰) Aachener Annalen (H), S. 76. – TALBOT 1900, S. 254f.
²¹) Wie Anm. 19.
²²) FF: KAISER 1906. – SCHIEDER 1991, Tl. I u. V 1.
²³) ROSENWICK 1980, S. 365.
²⁴) Siehe S. 215.
²⁵) Aachener Annalen (H), S. 75f.
²⁶) FRIEDRICH 1973, S. 57.
²⁷) FRIEDRICH 1973, S. 64.

²⁸) Siehe das Programm zur Einführung im StA Aachen, RA II Allg. Akten 375, fol. 7r u. GIELEN 1977, S. 55ff.
²⁹) FRIEDRICH 1973, S. 130.
³⁰) Monpoint an seine Eltern am 26. Juli 1802. Dr.: KROENER 1897, S. 898ff. – Übersetzung nach GIELEN 1977, S. 55ff.
³¹) Dr. bei HÜFFER 1863, S. 217f. Nr. I. – Deutscher Text bei TORSY 1940, S. 77f.
³²) Siehe TORSY 1940, S. 77.
³³) Nach TORSY 1940, S. 45.
³⁴) FF: TORSY 1940, S. 183f. u. FRIEDRICH 1973, S. 214.
³⁵) FRIEDRICH 1973, S. 131.
³⁶) Paris, A.N., BB³ Nr. 143 A 3, 1803. – POISSENOT, S. 59. – de BEY, S. 530, 533f. – Siehe auch MILZ 1871/72, S. 31. u. TORSY 1940, S. 50.
³⁷) StA Aachen, Druckschriften IV 5 sub dato. – Aachener Merkur 1804 Nr. 72, S. 3f. – Regest bei FRIEDRICH 1973, S. 341 Nr. 238.
³⁸) MILZ 1871/72, S. 33 u. TORSY 1940, S. 52.
³⁹) StA Aachen, St. Jakob B IV 2 sub dato. – Regest bei FRIEDRICH 1973, S. 351 Nr. 314.
⁴⁰) FRIEDRICH 1973, S. 146f.
⁴¹) FF: TORSY 1940, S. 273ff. u. FRIEDRICH 1973, S. 244ff.
⁴²) SCHMITZ 1953, S. 68ff.
⁴³) De BEY; S. 530.
⁴⁴) FF: FRIEDRICH 1973, S. 211.
⁴⁵) Zum Weihetermin vgl. FALKENSTEIN 1981, S. 94 Anm. 268 u. S. 141 Anm. 457.
⁴⁶) De BEY, S. 531.
⁴⁷) De BEY, S. 528.
⁴⁸) De BEY, S. 525. – FAYMONVILLE 1909, S. 162f.
⁴⁹) De BEY, S. 526f.
⁵⁰) FAYMONVILLE 1909, S. 215.
⁵¹) De BEY, S. 530. – THISSEN 1911, S. 27f., 35.
⁵²) Oecher Platt 2 (1909), Nr. 1, S. 10f.
⁵³) De BEY, S. 526.
⁵⁴) FF: De BEY, S. 530 u. SCHNOCK 1891, S. 87f.
⁵⁵) StA Aachen, RA II Allg. Akten 375, fol. 41r – 44r.
⁵⁶) Siehe Exp. L 19 u. SCHILD/JANSSEN 1991, S. 460.
⁵⁷) FF: FRIEDRICH 1973, S. 426 Nr. 820 u. StA Aachen, RA II Allg. Akten 375, fol. 49r – 50r.
⁵⁸) HÜFFER 1863, S. 231f. Nr. VI.
⁵⁹) A. PAULS 1940, S. 219f.
⁶⁰) Paris, A.N., AF IV 1048, dossier 4, pièce 93.
⁶¹) De BEY, S. 530.
⁶²) Joseph Görres, Politische Schriften, Bd. 1, München 1854, S. 273.
⁶³) Siehe Kapitel H.

Literatur zu Kapitel L (Kirchliches Leben), S. 286-309.

BIRMANNS, Martin, Das Napoleonische Staatsgehalt für katholische Pfarrstellen in den vormals preußischen Landesteilen westlich des Rheins, in: ZAGV 80 (1970), S. 127-180. • BLANNING, Timothy C.W., The French Revolution in Germany. Occupation and resistance in the Rhineland 1792-1802. Oxford 1983. • BRYE, Bernard de, Jean-Denis-François Camus (1752-1814), vicaire général du diocèse de Meaux, évêque nommé d'Aix-la-Chapelle,in: Revue d'Histoire et d'Art de la Brie et du Pays de Meaux 44 (1993), S. 69-81. • BÜTTNER, Richard, Die Säkularisation der Kölner geistlichen Institutionen. Wirtschaftliche und soziale Bedeutung und Auswirkungen. (Schriften zur rheinisch-westfälischen Wirtschaftsgeschichte, Bd. 23). Köln 1971. • DUDA, Brigitte, Die Organisation der evangelischen Kirchen des linken Rheinufers nach den Organischen Artikeln von 1802. (Schriften des Vereins für Rheinische Kirchengeschichte, Nr. 40). Düsseldorf 1971. • EISMANN, Adam,Umschreibung der Pfarreien des Bistums Aachen im Rhein-Mosel-Departement 1802-1808. (Veröffentlichungen des Bistumsarchivs Trier, Bd. 22). Trier 1972. • FALKENSTEIN, Ludwig, Karl der Große und die Entstehung des Aachener Marienstifts. (Quellen und Forschungen aus dem Gebiete der Geschichte N.F. 3). Paderborn, München, Wien u. Zürich 1981. • FAYMONVILLE, Karl, Der Dom zu Aachen und seine liturgische Ausstattung vom 9. bis zum 20. Jahrhundert. München 1909. – Festschrift zur Einweihung der evangelischen Christuskirche in Aachen am 10. November 1896. Aachen o.J. [1896]. – Festschrift zur Jahrhundert-Feier der Bekenntnis-Freiheit und der Weihe des ersten Gotteshauses der Evangelischen Gemeinde zu Aachen am 17. Juli 1903, hg. im Auftrage des Presbyteriums der Evangelischen Gemeinde in Aachen. Aachen 1903. • FRIEDRICH, Klaus, Marc Antoine Berdolet (1740 bis 1809). Bischof von Colmar. Erster Bischof von Aachen. Sein Leben und Wirken unter besonderer Berücksichtigung seiner pastoralen Vorstellungen. (Veröffentlichungen des bischöflichen Diözesanarchivs Aachen, Bd. 32). Mönchengladbach 1973. • GATZ, Erwin, Kirche und Krankenpflege im 19. Jahrhundert. Katholische Bewegung und karitativer Aufbruch in den preußischen Provinzen Rheinland und Westfalen. München,Paderborn, Wien 1971. • DERS., Die französische Pfarregulierung, in: Geschichte des kirchlichen Lebens in den deutschsprachigen Ländern seit dem Ende des 18. Jahrhunderts. Die katholische Kirche, hg. v. Erwin Gatz, Bd. I: Die Bistümer und ihre Pfarreien. Freiburg, Basel, Wien 1991, S. 65-72. • GIELEN, Viktor, Aachen unter Napoleon. Aachen 1977. • GOETERS, J.F. Gerhard, Neubegründung evangelischer Gemeinden in der Rheinprovinz während der Franzosenzeit, in: Monatshefte für Evangelische Kirchengeschichte des Rheinlandes 39 (1990), S. 19-35. • GRAUMANN, Sabine, Französische Verwaltung am Niederrhein. Das Roerdepartement 1798-1814, Essen 1990, S. 205-223. • HAAS, Reimund, Martin Wilhelm Fonck 1752-1830. Kanoniker, Generalvikar, Dompropst, in: Christen zwischen Niederrhein und Eifel – Lebensbilder aus zwei Jahrhunderten, Bd. 1, hg. v. Karl Schein, Aachen 1993, S. 103-128. • HAHN, Rolf, Das „schändliche Dekret" vom 17.3.1808 und seine Auswirkung auf die rechtliche Stellung der Kölner Juden. Jur. Diss. Köln 1967. – Handbuch des Bistums Aachen, hg. v. Bischöflichen Generalvikariat Aachen. Aachen ²1962. • HASENCLEVER (Hrsg.), Drei Briefe des Oberkonsistorialpräsidenten J.F. Jacobi in Aachen aus den Jahren 1811 und 1812 an den Kaufmann Josua Hasenclever in Ehringhausen bei Remscheid, in: Monats-Hefte für rheinische Kirchengeschichte 10 (1916),S. 81-91. • HASHAGEN, Justus, Die rheinische Kirche unter französischer Herrschaft, in:

Studium Lipsiense. Ehrengabe Karl Lamprecht. Berlin 1909, S. 295-321. • DERS., Rheinisches Revolutionschristentum unter französischer Herrschaft, in: Monats-Hefte für rheinische Kirchengeschichte 1 (1907), S. 218-229. • HEGEL, Eduard, Prozessionen und Wallfahrten im alten Erzbistum Köln im Zeitalter des Barock und der Aufklärung, in: ZAGV 84/85 (1977/78), Tl. I, Aachen 1978, S. 301-319. • DERS., Das Erzbistum Köln zwischen Barock und Aufklärung. Vom pfälzischen Krieg bis zum Ende der französischen Zeit 1688-1814. (Geschichte des Erzbistums Köln, Bd. 4). Köln 1979. • HERMENS, F.P. (Hrsg.), Handbuch der gesammten Staats-Gesetzgebung über den christlichen Kultus und über die Verwaltung der Kirchen-Güter und Einkünfte in den Königl. Preuß. Provinzen am linken Rheinufer ..., Bd. 1, Aachen und Leipzig 1833. • HÜFFER, Hermann, Forschungen auf dem Gebiete des französischen und des rheinischen Kirchenrechts nebst geschichtlichen Nachrichten über das Bistum Aachen und das Domkapitel zu Köln. Münster 1863. • JEDIN, Hubert (Hrsg.), Die Kirche im Zeitalter des Absolutismus und der Aufklärung. (Handbuch der Kirchengeschichte, Bd. 5). Freiburg, Basel, Wien 1970. • KAHLENBORN, Edmund, Die Neuumschreibungen der Pfarren im Roerdepartement unter der Herrschaft Napoleons I., in: AHVNrh. 91 (1911), S. 15-62. • DERS., Tabellarische Übersicht über das Resultat der drei französischen Pfarrumschreibungen im Roerdepartement, in: ebd. 92 (1912), S. 1-46. • KAISER, Paul, Der kirchliche Besitz im Arrondissement Aachen gegen Ende des 18. Jahrhunderts und seine Schicksale in der Säkularisation durch die französische Herrschaft. Ein Beitrag zur Kirchen- und Wirtschaftsgeschichte der Rheinlande. Aachen 1906. • KOSS, Helene, Quellen zur Geschichte des alten Bistums Aachen. Originaldruck aus den Jahren 1802-1825. (ZAGV, 1. Beiheft). Aachen 1932. • KROENER, A., Marc Antoine Berdolet. Évêque constitutionnel du Haut-Rhin (1796-1802), in: Revue Catholique d'Alsace 16 (1897), S. 881-908. • LENZ, Hubert, Die Konkurrenz des französischen und preußischen Staatskirchenrechts 1815-1850 in bezug auf die katholische Kirche in den vormals preußischen Landesteilen westlich des Rheins. (Schriften zur Rechtslehre und Politik, Bd. 27). Bonn 1961. • LEPPER, Herbert, Von der Emanzipation zum Holocaust. Die israelitische Synagogengemeinde zu Aachen 1801-1942. Geschichtliche Darstellung – Verzeichnisse – Bilder – Dokumente – Tabellen. (Veröffentlichungen des Stadtarchivs Aachen, Bd. 7-8). Neustadt a.d. Aisch 1994. • LIMBERG, Hans, Johann Friedrich Jakobi und die Organisation der lutherischen Kirche in den Departements Roer und Rhein-Mosel unter Napoleon, in: Monats-Hefte für rheinische Kirchengeschichte 16 (1922), S. 65-81. • LÜHRS, Margot, Napoleons Stellung zu Religion und Kirche. (Historische Studien Oskar Rössler, H. 359). Berlin 1939. • MEYER, Jean, Frankreich im Zeitalter des Absolutismus 1515-1789. (Geschichte Frankreichs, Bd. 3). Stuttgart 1990. • MINKE, Alfred, Die Kirchengesetzgebung während der Französischen Revolution in den Départements Ourthe und Roer (1794-1799), in: Rhein-Maas. Kulturraum in Europa. (Ergebnisse eines Symposiums in Aachen 25.-27. Oktober 1990), hg. v. Detlev Arens, Köln 1991, S. 62-69.- MILZ, Heinrich, Die Kaiserstadt Aachen unter französischer Herrschaft, Tl. 2, in: Programm des Königlichen Gymnasiums zu Aachen, Schuljahr 1871-72, hg. v. Johann Stauder, S. 3-42. • MÜLLER, Franz August, Das philosophisch-theologische Studium in Aachen 1774-1827 (1837). Zugleich ein Beitrag zur Vorgeschichte der Kölner Wirren. Theol. Diss. Köln 1945. • PAULS, August, Bischof Baron Le Camus und sein Gegensatz zum Generalvikar Fonck, in: ZAGV 61 (1940), S. 218-221. • PAULS, Emil, Zur Geschichte des Klosters und der Kirche zur hl. Anna in Aachen, in: ZAGV 30 (1908), S. 62-74. • PETERS, Leo, Heinrich Simon van Alpen (1761-1830), in: Rheinische Lebensbilder, Bd. 13, Köln 1993, S. 73-96. • PICK, Paul, Aachen als Bistum unter Berdolet und Le Camus, 1802-26. Eine lokalhistorische Studie. Aachen 1893. • POLL, Bernhard, Aachener Bischöfe. Beiträge zu ihren Lebensbildern, in: Bestellt zum Zeugnis. Festgabe für Bischof Dr. Johannes Pohlschneider 1974, S. 321-337. • ROSENKRANZ, Albert (Hrsg.), Das evangelische Rheinland. Ein rheinisches Gemeinde- und Pfarrerbuch, 2 Bde., Düsseldorf 1956 u. 1958. • ROSENWICK, Bruno, Die Säkularisation von Benediktinerklöstern in der alten Erzdiözese Köln. Theol. Diss. Bonn 1980. • SCHIEDER, Wolfgang (Hrsg.), Säkularisation und Mediatisierung in den vier rheinischen Departementen 1803-1813. Edition des Datenmaterials der zu veräußernden Nationalgüter, Tl. I-V. (Forschungen zur deutschen Sozialgeschichte, Bd. 5).Boppard 1991. • SCHILD, Ingeborg u. JANSSEN, Elisabeth, Der Aachener Ostfriedhof. (Aachener Beiträge für Baugeschichte und Heimatkunst, Bd. 7). Aachen 1991. • SCHMITZ, Ludwig, Das Pfarrsystem in der Stadt Aachen und seine rechtlichen Verhältnisse seit dem Anfang des 19. Jahrhunderts, dargestellt auf Grund der archivalischen Quellen des Diözesanarchivs Aachen. Jur. Diss. Köln 1953. • SCHNOCK, Heinrich, Der erzbischöfliche Thronsessel im städtischen Suermondt-Museum, in: AAV 4 (1891), S. 87f. • SIEGEL, Roland, Die evangelische Gemeinde Aachen in der Vergangenheit, in: Festschrift zur 175-Jahr-Feier der Anna-Kirche 1978. Aachen 1978, S. 13-21. • STEINMETZ, Heinrich, Das linksseitige Rheinufer unter der Herrschaft der Franzosen 1792-1813. Unter besonderer Berücksichtigung des Donnersberg-Departements. Alfenz 1913. • STORKEBAUM, Hugo, Die französische Fremdherrschaft und die Kirchenverfassung der Protestanten auf dem linken Rheinufer (1789-1814). Ein Beitrag zur Geschichte des Verhältnisses von Staat und Kirche, in: Theologische Arbeiten aus dem wissenschaftlichen Predigerverein der Rheinprovinz, N.F. 20 (1924), S. 57-94. • TALBOT, G., Entwicklung der Armenpflege in Aachen im 19. Jahrhundert, in: Festschrift zur 72. Versammlung deutscher Naturforscher und Ärzte. Aachen 1900, S. 254-262. • THISSEN, Anton, Aus vergangenen Tagen. Die Festlichkeiten bei der Feier der Taufe des Königs von Rom im Juni 1811 in Aachen. Aachen 1911. • TORSY, Jakob, Geschichte des Bistums Aachen während der französischen Zeit (1802-1814). Bonn 1940. • TULARD, Jean, Frankreich im Zeitalter der Revolutionen 1789-1851. Stuttgart 1989. • WAGNER, Elisabeth, Revolution, Religiosität und Kirchen im Rheinland um 1800, in: Franzosen und Deutsche am Rhein 1789-1918-1945, hg. v. Peter Hüttenberger und Hans-Georg Molitor. (Düsseldorfer Schriften zur Neueren Landesgeschichte und zur Geschichte Nordrhein-Westfalens, Bd. 23). Essen 1989, S. 267-288. • WINANDS, Klaus, Zerstörung, Restaurierung und Neubauplanung am Aachener Münster während der französischen Besatzungszeit 1794 bis 1814, in: Celica Iherusalem. Festschrift für Erich Stephany, hg. v. Clemens Bayer, Theo Jülich u. Manfred Kuhl. Köln u.Siegburg 1986, S. 337-359. • DERS., Zur Geschichte und Architektur des Chores und der Kapellenbauten des Aachener Münsters. Recklinghausen 1989. • WYNANDS, Dieter, Zur Geschichte des alten und des neuen Bistums Aachen, in: Köpfe, Gestalten

Bistum Aachen. Schlaglichter, hg. v. Hans-Günther Schmalenberg. (Veröffentlichungen des Bischöflichen Diözesanarchivs Aachen, Bd. 40). Aachen ²1989, S. 95-101. • ZIMMERMANN, Wilhelm, St. Johann in Aachen-Burtscheid. (Rheinische Kunststätten 230). Neuss 1979.

Anmerkungen zu Kapitel M (Kunst, Kultur, Wissenschaft...), S. 310-328.

1) Vgl. BRAUBACH 1974, S. 93ff.
2) FF: de BEY, S. 518. – PERGER, S. 149f. – PICK 1900, S. 221.
3) Siehe: Bericht über die Verwaltung des Archivs der Stadt Aachen im Jahre 1886. Aachen o.J. [1866], S. 3. – Vgl. de BEY, S. 517f.
4) De BEY, S. 518. – PICK 1900, S. 222f.
5) PICK 1900, S. 223 u. BRAUBACH 1974, S. 102ff., 136f.
6) Die Handschrift trägt heute die Signatur: StA Aachen, Hs. 174.
7) Paris, B.N., Ms. Lat. 9317.
8) De BEY, S. 518f. – HANSEN IV, S. 840ff. Nr. 135. – PICK 1900, S. 222.
9) FF: PICK 1900, S. 214ff.
10) OEDIGER 1964, S. XVf.
11) E. PAULS 1897, S. 76.
12) FF: FROMM 1897, S. 21ff. – E. PAULS 1899, S. 242ff.
13) POISSENOT, S. 139f.
14) GOLBÉRY, S. 489.
15) Diese Liste basierte auf einem im Jahre 1811 angefertigten Katalog; StA Aachen, Hs. 845.
16) FF: Schilderung der Stadt Aachen 1787, S. 107ff. – De BOUGE, S. 18. – POISSENOT, S. 258. – GOLBÉRY, S. 489f. – A. PAULS 1934, S. 147. – ZIMMERMANN 1901, S. 83f. – E. PAULS 1893, S. 102ff., 109ff. – v. REUMONT 1880, S. 36f.
17) FF: FROMM 1897, S. 30ff. – LEPPER 1981, S. 5ff. – MENTZEL-REUTERS 1992, S. 9ff., 18ff., 169ff.
18) Collection complète des oeuvres de J.J. Rousseau, 16 Bde., Genf 1799: Aachen, Öff. Bibl., Bibliothek Dautzenberg E 623 – F IV 863-878; Bde. 15 u. 16 fehlen heute.
19) Aachen, Öff. Bibl., Ms. 39.
20) Nach HERMANNS 1951, S. 366.
21) SAVELSBERG 1901, S. 114f.
22) v. HESS, S. 75f., 86f. – Das dort erwähnte politische Journal ist das konservative „Hamburger Politische Journal". Die „Neuwieder Zeitung" schrieb gegen die Revolution. Mit den Aachener Chroniken sind die von Noppius und Meyer d.Ä. gemeint. Vgl. HERMANNS 1931, S. 42.
23) E. PAULS 1893, S. 175f.
24) v. REUMONT 1882, S. 103.
25) Druckschrift betr. die Satzung der „Société d'émulation pour l'agriculture, le commerce, les sciences et les arts établie à Aix-la-Chapelle et à Cologne ... an 10", gedruckt bei Beaufort in Aachen, Paris, A.N., F 17, 1093, dossier 14, hier: S. 33.
26) Zu ihrer Biographie siehe z.B. die Artikel folgender Lexika: Herders Conversations-Lexicon, Bd. 3, Freiburg i.Br. 1855, S. 27. – Brockhaus' Konversations-Lexikon, Bd. 7, Leipzig ¹⁴1908, S. 494. – Nouveau Larousse illustré. Dictionnaire universel encyclopédique, hg. v. Claude Augé, Bd. 4, Paris o.J. [1904], S. 793. – Siehe ferner SAINTE-BEUVE 1852, Bd. 6, S. 62-83.
27) „Et vécut pleinement de cette vie d'un monde alors si riche, si éclatant, si enivré" (nach SAINTE-BEUVE, wie Anm. 26).
28) „C'était un cercle de bons rieurs, de causeurs spirituels, d'artistes, où les aides-de-camp étaient en majorité" (nach SAINTE-BEUVE, wie Anm. 26).
29) „Mais elle composait aussi, en ces années, des romances sentimentales très-agréables, que chacun savait par coeur et qu'on applaudissait" (nach SAINTE-BEUVE, wie Anm. 26).
30) v. REUMONT 1882, S. 104.
31) Zu Delphine siehe z.B. Herders Conversations-Lexicon, Bd. 3, Freiburg i.Br. 1855, S. 27. – Nouveau Larousse illustré. Dictionnaire universel encyclopédique, hg. v. Claude Augé, Bd. 4, Paris i.J. [1904], S. 852.
32) Rheinische Flora 1 (1825), 1. Quartal, Nr. 38, S. 149ff. u. Nr. 39, S. 153f.
33) Siehe den Hinweis in Rheinische Flora 2 (1826), 1. Quartal, Nr. 9, S. 36.
34) A. PAULS 1955, S. 186f.
35) v. REUMONT 1882, S. 103, 109.
36) FF: A. PAULS 1934, S. 147.
37) POISSENOT, S. 258.
38) Oecher Platt 2 (1909) Nr. 1, S. 10f.
39) FF: FEY 1897, S. 54f. – FAYMONVILLE 1922, Bd. 2, S. 136. – Archiv der Museen der Stadt Aachen, Presseberichtsakte „Heimatmuseum" zum 20. Dez. 1937. – THISSEN 1911, S. 25. – HERMANNS 1932, S. 1ff.
40) KUETGENS 1928, S. 72.
41) FF: FEY 1897, S. 56. – KÖHNE 1938, S. 155ff.
42) FF: FEY 1897, S. 56ff. – KUETGENS 1928, S. 65ff. – JANSSEN/KUETGENS 1964, S. 126. – MEVEN 1993, S. 7ff.
43) FAYMONVILLE 1924, Bd. 3, S. 116 Nr. 24. – Er lebte noch 80jährig im Jahre 1812: siehe StA Aachen, Frz. Zeit, Bevölkerungsliste.
44) FAYMONVILLE 1922, Bd. 2, S. 8, 236, 279. – MACCO 1907, Bd. 1, S. 22 u. StA Aachen, Taufregister St. Foillan, Bd. 37, Sp. 289.
45) FAYMONVILLE 1922, Bd. 2, S. 8, 237. – MACCO 1907, Bd. 1, S. 30.
46) Siehe die Abb. 8 bei MONHEIM 1981.
47) „Il est à désirer que quelques curieux, soit par spéculation ou par amour des arts, fassent dessiner et graver ces beaux paysages; ce serait rendre un service aux amateurs des arts, et à ceux qui ignorent les beautés des environs d'Aix et de Borcette; la ville pourrait même en faire les avances, les faire publier, et en faire tourner le bénéfice au profit des pauvres,

[48]) ou à l'encouragement des jeunes artistes peu fortunés de la ville." (de BOUGE, S. 19).
[48]) FF: PICK 1895, S. 447ff. – FRITZ 1901, S. 159ff. u. 1928, S. 121ff. – VENT 1951, S. 125ff. – HAMMACHER 1979, S. 1ff.
[49]) v. HESS, S. 87f.
[50]) Siehe etwa: Die Musik in Geschichte und Gegenwart. Allgemeine Enzyklopädie der Musik, hg. v. Friedrich Blume, Bd. 14. Kassel 1968, Sp. 881ff.
[51]) v. HESS, S. 106f.
[52]) Paris, A.N., F 17, 1093, dossier 13. – Abschrift im Rijksarchief in Limburg 16. 1109 Scherpenzeel Heusch inv. nr. 1165.
[53]) JACOBI, S. 542.
[54]) Siehe: Wie Anm. 50, Bd. 2, Kassel u. Basel 1952, Sp. 478.
[55]) A. PAULS 1903, S. 106 u. 1928, S. 516 Nr. 15.
[56]) TORSY 1940, S. 255f.
[57]) Aachen, Domarchiv, ohne Signatur (zwischen zwei Glasplatten eingelegt. Erhalten ist nur noch die obere Blatthälfte mit der Unterschrift Berdolets auf der Rückseite.
[58]) FF: de BOUGE, S. 13. – FRITZ 1903, S. 58ff. u. 1905, S. 269ff. – KUETGENS 1928, S. 65ff., bes. S. 71. – HUYSKENS 1928, S. 37ff.
[59]) Hans Delbrück, Leben des Feldmarschalls Gneisenau, Bd. 5, 1881, S. 254.
[60]) „Des Königlichen Stuhls Kais. Freyen Reichs Stadt Aachen Zeitung" vom 2. März 1793. – Zu Le Soinne siehe SCHMITZ-CLIEVER 1963, S. 145f.
[61]) Gazette universelle (Allgemeine Zeitung) 1809, Nr. 158.
[62]) GOLBÉRY, S. 553. – FRITZ 1903, S. 62. – SAVELSBERG 1906, S. 18 Nr. 112.
[63]) Nach LIESE 1936, S. 33. – Siehe auch StA Aachen, Hs. 1165.
[64]) De BOUGE, S. 13.
[65]) Vgl. de BOUGE, S. 13. – LIESE 1936, S. 33. – FRITZ 1901, S. 185.
[66]) FF: FRITZ 1903, S. 58ff. – E. PAULS 1899, S. 242ff.
[67]) Paris, A.N., F 17, 1093, dossier 13 vom 19. Juni 1811.
[68]) E. PAULS 1899, S. 253 Nr. 4.
[69]) FF: PICK 1895, S. 447ff. – FRITZ 1901, S. 31ff. – VENT 1951, S. 125ff.
[70]) Siehe S. 108.
[71]) StA Aachen, RA II Allg. Akten 557, fol. 32r,v. – Übersetzung nach FRITZ 1901, S. 65f.
[72]) StA Aachen, RA II Allg. Akten 557, fol. 32r,v. – Übersetzung nach FRITZ 1901, S. 67f.
[73]) Nach FRITZ 1901, S. 144.
[74]) LADOUCETTE, S. 290. – E. PAULS 1893, S. 173. – Böhmer erscheint in der Aachener Bevölkerungsliste des Jahres 1812.
[75]) Vgl. GRAUMANN 1990, S. 139.
[76]) LADOUCETTE, S. 290. – E. PAULS 1893, S. 173.
[77]) FF: BUTZER 1986, S. 156ff.
[78]) Vgl. die Liste im StA Aachen, RA II Allg. Akten 699.
[79]) G. Reumont u. J.P.J. Monheim, Analyse des eaux sulfureuses d'Aix-la-Chapelle, Aix-la-Chapelle 1810.
[80]) FF: Siehe Kapitel I.
[81]) SCHMITZ-CLIEVER 1967, S. 194.
[82]) MONHEIM 1981, S. 1ff.
[83]) Siehe Exp. M 1.
[84]) Rijksarchief in Limburg 16. 1109 Scherpenzeel Heusch inv. nr. 1165.
[85]) GOLBÉRY, S. 558.
[86]) Siehe S. 314.
[87]) CÜNZER (1851), S. 59f.
[88]) Hier irrt Cünzer: v. Lommessem wurde erst am 15. September, drei Tage nach Josephines Abreise Maire von Aachen (siehe oben, S. 181.).
[89]) FF: RÉMUSAT, Lettres, Bd. 2, S. 177ff. (Briefe Nr. 124-127, 249). – A. PAULS 1934, S. 142ff., bes. S. 153f.
[90]) RÉMUSAT, Lettres, Bd. 2, S. 178: „Il y a dans cette ville une madame K***, qui fait, comme on dit, la pluie et le beau temps".
[91]) Nur auf sie – und nicht etwa auf Wilhelmine Kelleter (vgl. S. 325) – treffen die Schilderungen der Gräfin Rémusat zu: Im Jahre 1807 war sie zwar nicht Mutter von 5 Töchtern, wohl aber von 4 Töchtern und einem Sohn. Das Kind, das sie damals erwartete, scheint im Kindbett verstorben zu sein, denn es fehlt ein Eintrag im Geburtenregister des Standesamtes. Ihr sechstes Kind wurde im Sommer 1811 geboren. Im Jahre 1803 zählte ihr Ehemann zu den 100 Meistbesteuerten Aachens. Er gehörte sogar zu den 60 bedeutendsten Personen und im Jahre 1810 zu den 7 wichtigsten Fabrikanten des Roerdepartements. Die Familie Claus bewohnte in Aachen das Haus „Litera A 655", Adalbertstraße 59, von dem im Jahre 1807 für 57 Fenster Steuern gezahlt werden mußten. Siehe: StA Aachen, RA II Allg. Akten 699 u. Frz. Zeit, Fenstersteuerliste 1807 (früher Hs. 532). – DUFRAISSE 1978, S. 177. – BARKHAUSEN 1960, S. 100ff. – HEUSCH 1909, S. 87ff.
[92]) FF: RÉMUSAT, Lettres, Bd. 2, S. 177. – GOLBÉRY, S. 559.
[93]) RÉMUSAT, Lettres, Bd. 2, S. 182. – A. PAULS 1934, S. 148.
[94]) RÉMUSAT, Lettres, Bd. 2, S. 247. – A. PAULS 1934, S. 157.
[95]) RÉMUSAT, Lettres, Bd. 2, S. 173. – A. PAULS 1934, S. 148.
[96]) Zum Club siehe JANSSEN/KUETGENS 1964, S. 1ff.
[97]) FF: A. PAULS 1949, S. 65ff.
[98]) A. PAULS 1949, S. 78.
[99]) v. HESS, S. 74f.

Literatur zu Kapitel M (Kunst, Kultur, Wissenschaft...), S. 310-328.

ARENS, Eduard, Vom literarischen Leben in Aachen, in: Aachener Heimatgeschichte, hg. v. Albert Huyskens, Aachen 1924, S. 241-245. • BARKHAUSEN, Max, Die sieben bedeutendsten Fabrikanten des Roerdepartements im Jahre 1810, in: RhVjbll. 25 (1960), S. 100-113. • BRAUBACH, Max, Verschleppung und Rückführung rheinischer Kunst- und Literaturdenkmale 1794 bis 1815/16, in: AHVNrh. 176 (1974), S. 93-153. • BUTZER, Paul Leo, Auf den Spuren zweier Aachener Mathematiker zur Zeit der Aufklärung: Johann Peter Carlier (ca. 1680-1725) und Johann Joseph Crümmel (1729-1807), in: ZAGV 93 (1986), S. 151-162. • CÜNZER, Karl Borromäus, Folie des dames. 1851, 2. Auflage hg. v. Paul Kuetgens, Aachen 1932. • DOTZAUER, Winfried, Bonner aufgeklärte Gesellschaften und geheime Sozietäten bis zum Jahre 1815 unter besonderer Berücksichtigung des Mitgliederstandes der Freimaurerloge „Frères courageux" in der napoleonischen Zeit, in: Bonner Geschichtsblätter 24 (1971), S. 78-142. • DUFRAISSE, Roger, Roër, in: Grands Notables du premier Empire, Bd. 3, hg. v. Louis Bergeron u. Guy Chaussinand-Nogaret, Paris 1978,S. 119-154, 175-179. • FAYMONVILLE, Karl, u.a., (Bearb.), Die Kunstdenkmäler der Stadt Aachen, Bd. 2: Die Kirchen der Stadt Aachen mit Ausnahme des Münsters. Bd. 3: Die profanen Denkmäler und die Sammlungen der Stadt Aachen. (Die Kunstdenkmäler der Rheinprovinz, Bd. 10). Düsseldorf 1922 u. 1924. • FEY, Johannes, Zur Geschichte Aachener Maler des 19. Jahrhunderts, in: AAV 10 (1897), S. 53-192. • FREIMUTH, Heinrich (Hrsg.), Aachens Dichter und Prosaisten. Eine Anthologie, Bd. 2, Aachen 1882, S. 389-404. • FRITZ, Alfons, Theater und Musik in Aachen zur Zeit der französischen Herrschaft, in: ZAGV 23 (1901), S. 31-170. • DERS., Zur Vorgeschichte des Museums, in: Denkschrift aus Anlaß des fünfundzwanzigjährigen Bestandes des Suermondt-Museums, hg. v. Anton Kisa, Aachen 1903, S. 58-68. • DERS., Die Bettendorfsche Gemäldesammlung in einer Besprechung aus dem Jahre 1818, in: ZAGV 27 (1905), S. 269-280. • DERS., Die Entwicklung der Aachener Stadtmusik vom städtischen Harmoniekorps zum städtischen Orchester (1721-1852) und ihre Beziehungen zur Münstermusik, in: ZAGV 48/49 (1926/27), Aachen 1928, S. 121-189. • FROMM, Emil, Geschichte der Stadtbibliothek, in: ZAGV 19 I (1897), S. 21-48. • GRAUMANN, Sabine, Französische Verwaltung am Niederrhein. Das Roerdepartement 1798-1814. Essen 1990. • HAMMACHER, Klaus, Aachener Musikkultur im ausgehenden 18. Jahrhundert, in: Beiträge zur Musikgeschichte der Stadt Aachen, Bd. 2, hg.v. Hans-Jochen Münstermann. (Beiträge zur rheinischen Musikgeschichte, H. 125). Köln1979. • HERMANNS, Will, Geschichte der Aachener Mundartdichtung. (Aachener Beiträge zur Heimatkunde XI). Aachen 1932. • DERS., Erzstuhl des Reiches. Lebensgeschichte der Kur- und Kronstadt Aachen. Ratingen 1951. • HEUSCH, Albert, Geschichte der Familie Heusch. Aachen 1909. • HUYSKENS, Albert, Die Aachener Gemäldesammlung Bettendorf, in: Festschrift aus Anlaß des fünfzigjährigen Bestehens des Museumsvereins und des Suermondt-Museums (zugleich Heft XIV der Aachener Kunstblätter), hg. v. Felix Kuetgens.Aachen 1928, S. 37-46. • JANSSEN, Elisabeth u. KUETGENS, Felix, Geschichte des Club Aachener Casino, gegründet 9. Dezember 1805. 2. Auflage des von Eduard Arens u. Wilhelm Janssen im Jahre 1937 herausgegebenen Werks. Aachen 1964. • KAEMMERER, Walter, Das Aachener Stadtarchiv in reichsstädtischer Zeit, in: ZAGV 57 (1936), S. 18-31. • KÖHNE, Carl Ernst, Caspar Scheuren, in: ZAGV 59 (1938), Aachen 1939, S. 154-194. • KUETGENS, Felix, Johann Baptist Joseph Bastiné, in: Aachener Kunstblätter 14 (1928), S.65-136. • LEPPER, Herbert, Von der Stadtbibliothek zur Öffentlichen Bibliothek der Stadt Aachen 1831-1977, in: Aachen. Öffentliche Bibliothek. 150 Jahre. Aachen 1981, S. 5-77. • LIESE, Joseph, Das klassische Aachen, Tl. 1: Johann Arnold von Clermont (1728-1795),sein Geschlecht und sein Schaffen im „Vaalser Paradies". (Aachener Beiträge zur Heimatkunde XVII). Aachen 1936. • MACCO, Hermann Friedrich, Aachener Wappen und Genealogien. Ein Beitrag zur Wappenkunde und Genealogie Aachener, Limburgischer und Jülicher Familien, 2 Bde., Aachen 1907 u. 1908. • MENTZEL-REUTERS, Arno, Die Handschriften der Öffentlichen Bibliothek der Stadt Aachen. Die mittelalterlichen Handschriften und die neuzeitlichen Handschriften der Signaturengruppe Manuscripta bis Ms. 109. Frankfurt a.M., Bern, New York, Paris 1992. • MEVEN, Walter, Johann Baptist Joseph Bastiné, in: Im Göhltal 53 (1993), S. 7-26. • MONHEIM, Felix, Johann Peter Joseph Monheim 1786-1855. Apotheker und Chemiker, sozial engagierter Bürger und Politiker zu Aachen. (Veröffentlichungen des Stadtarchivs Aachen, Bd. 2). Aachen 1981. • OEDIGER, Friedrich Wilhelm (Bearb.), Stifts- und Klosterarchive. (Das Hauptstaatsarchiv Düsseldorf und seine Bestände, Bd. 4). Siegburg 1964. • PAULS, August, Geschichte der Aachener Freimaurerei, Bd. 1: Die Aachener Freimaurerei in der reichsstädtischen Zeit (bis Ende September 1794). Clausthal-Zellerfeld 1928. • DERS. (Hrsg.), Festschrift zum 125. Stiftungsfest der Johannisloge"Zur Beständigkeit und Eintracht" im O[rt] Aachen. Aachen 1903. • DERS., Die Gräfin Rémusat als Aachener Kurgast, in: ZAGV 54 (1932), Aachen 1934, S. 142-160. • DERS., Annalen der Aachener Freimaurerei. Festschrift zum 175. Stiftungsfest der Aachener Johannisloge „Zur Beständigkeit und Eintracht". Frankfurt a.M. 1949. • DERS., Studien zur Geschichte des Roerdepartements, in: ZAGV 66/67 (1954/55), Aachen 1955, S. 182-192.- PAULS, Emil, Zur Geschichte des Archivs des Roerdepartements in Aachen, in: ZAGV 19 (1897), Tl. II, S. 72-92. • DERS., Beiträge zur neueren Geschichte Aachens, in: ZAGV 21(1899), S. 216-253. • DERS., Beiträge zur Geschichte der Buchdruckereien, des Buchhandels, der Censur und der Zeitungspresse in Aachen bis zum Jahre 1816, in: ZAGV 15 (1893), S. 97-235. • PICK, Richard, Das Aachener Theater in reichsstädtischer Zeit, in: Ders., Aus Aachens Vergangenheit. Beiträge zur Geschichte der alten Kaiserstadt. Aachen 1895, S. 447-495. • DERS., Das Stadtarchiv, in: Festschrift zur 72. Versammlung deutscher Naturforscher und Ärzte. Aachen 1900, S. 214-225. • RÉMUSAT: Lettres de Madame de Rémusat 1804-1814, 2 Bde., hg. v. Paul de Rémusat, Paris ²1881. • REUMONT,Alfred v., König Gustav III. von Schweden in Aachen, in: ZAGV 2 (1880), S. 1-74. • DERS., P.P.A. Pocholle. Eine Erinnerung an die Napoleonische Aera, in: ZAGV 4 (1882), S.100-111. • SAINTE-BEUVE, Causeries du Lundi, Bd. 6, Paris ³1852. • SAVELSBERG, Heinrich, Gründung der Zeitung „Aachner Zuschauer" im Jahre 1791, in: AAV 14 (1901), S.114-117. • DERS., Aachener Gelehrte in älterer und neuerer Zeit. Aachen 1906. • SCHMITZ-CLIEVER, Egon, Die Heilkunde in Aachen von römischer Zeit bis zum Anfang des 19. Jahrhunderts, in: ZAGV 74/75 (1962/63), Aachen 1963, S. 5-162. • DERS., Repertorium medicohistoricum Aquense. Ein Beitrag zur medizinhistorischen Topographie, in: Aachener Kunstblätter 34 (1967), S. 194-251. • SCHNOCK, Heinrich, Die Rückerstattung der zur Zeit der Fremdherrschaft nach Paris verschleppten Aachener Kunstgegenstände und Archivalien, in: AAV 12 (1899), S. 93-104. • STÜTZEL-PRÜSENER, Marlies, Die deutschen Lesegesellschaften im Zeitalter der Aufklärung, in: Lesegesellschaften und bürgerliche Emanzipation. Ein europäischer Vergleich, hg.v. Otto Dann. München 1981, S. 71-86. • THISSEN, Anton, Aus vergangenen Tagen. Die Festlichkeiten bei der Feier der Taufe des Königs von Rom im Juni 1811 in Aachen. Aachen 1911. • VENT, K., Die Entwicklung des Musik- und Theaterlebens in Aachen von der reichsstädtischen bis zur preußischen Zeit, in: 350 Jahre humanistisches Gymnasium in Aachen 1601-1951. Festschrift des Kaiser-Karls-Gymnasiums [Aachen 1951], S. 125-136. • VOLLMER, Bernhard, Die Entführung niederrheinischen Archiv-, Bibliotheks- und Kunstguts durch den französischen Kommissar Maugérard, in: AHVNrh. 131 (1937), S. 120-132. • ZIMMERMANN, Carl, Aachen im 18. Jahrhundert. Nach den Anzeigen der „Kaiserl. Freien Reichsstadt Aachen Zeitung",in: AAV 14 (1901), S. 67-100.

Anmerkungen zu Kapitel N (Presse), S. 329-333.

[1]) Aachner Zeitung vom 21. Januar 1775.
[2]) HERMANNS 1931, S. 88.
[3]) HERMANNS 1931, S. 97.
[4]) Politischer Merkur vom 21. März 1791, S. 292.
[5]) Vgl. HANSEN II, S. 631 Anm. 1 und JACOBI, S. 535f., 537.
[6]) E. PAULS 1899, S. 222.
[7]) Aachner Zuschauer 1793, S. 201 Nr. 26.
[8]) HANSEN IV, S. 461 Nr. 86.
[9]) SALOMON 1902, S. 85.

Literatur zu Kapitel N (Presse), S. 329-333.

CABANIS, André, La presse sous le Consulat et l'Empire (1799-1814). (Bibliothèque d'Histoire Révolutionnaire, 3e série, No. 16). Paris 1975. • GOEDEKE, Karl, Grundriß zur Geschichte der deutschen Dichtung, Bd. 13: Vom Weltfrieden bis zur französischen Revolution 1830. Dresden ²1938, S. 496ff. (Biergans). • HERMANNS, Wilhelm, P.J. Franz Dautzenberg und sein „Aachner Zuschauer" (Politischer Merkur) 1790-1798. Ein Beitrag zur rheinischen Zeitungskunde, Kulturgeschichte und Geisteshaltung des ausgehenden 18. Jahrhunderts, in: ZAGV 52 (1930), Aachen 1931, S. 39-160. • [KRIBBEN], Aachen unter der Herrschaft Napoleons. Aachen o.J. [zw. 1912 u. 1916]. • MÜLLER, Klaus, Franz Dautzenberg (1769-1828), in: Rheinische Lebensbilder, Bd. 7, Köln 1977, S. 63-81. • PAULS,Emil, Beiträge zur Geschichte der Buchdruckereien, des Buchhandels, der Censur und der Zeitungspresse in Aachen bis zum Jahre 1816, in: ZAGV 15 (1893), S. 97-235. • DERS., Zur Geschichte der Presse und der Censur in Aachen vor 1816, in: ZAGV 21 (1899), S. 216-235. • SALOMON, Ludwig, Geschichte des deutschen Zeitungswesens, Bd. 2, Leipzig 1902. • SAVELSBERG, Heinrich, Gründung der Zeitung „Aachner Zuschauer" im Jahre 1791, in: AAV 14 (1901), S. 114-117.

Anmerkungen zu Kapitel O (Militärwesen), S. 334-343.

[1]) Vgl. auch S. 37f., 67f.
[2]) FF: Siehe etwa v. ARETIN 1967, Tl. I, S. 103f.
[3]) Siehe S. 74ff..
[4]) DANIELS VI, S. 808f. Nr. 421.
[5]) FF: FIEDLER 1976, Bd. 2, S. 49ff. – Zu Befreiungen Aachener Bürger vom Militärdienst siehe StA Aachen, RA II Allg. Akten 390-392.
[6]) ROVERE 1819, S. 116.
[7]) HAUTERIVE 1913, Bd. 2, S. 257 Nr. 789.
[8]) Siehe S. 161f.
[9]) Das Folgende nach den einschlägigen Taufbüchern und der Einwohnerliste von 1812 sowie der Handschrift 1061 im StA Aachen. – Siehe ferner: LENZEN 1979, S. 164.
[10]) Im Taufregister von St. Michael in Burtscheid ist er unter dem 1. Juli eingetragen. Zu Beginn des unten genannten Abschriftenbuches wird sein Geburtstag mit dem 2. Juli angegeben.
[11]) Im Privatbesitz eines Nachfahren.
[12]) PERGER, S. 152.
[13]) StA Aachen, Taufbuch St. Foillan, Bd. 40, S. 139 und Einwohnerliste 1812.
[14]) Original. in unbekannter Privathand; hier zitiert nach einer Kopie in der Öffentlichen Bibliothek der Stadt Aachen; danach auch schon die Drucke in der „Aachener Post" von 1891 Nr. 272 u. 1892 Nr. 2 II u. 7 II sowie in etwas freierer Formulierung bei GIELEN 1977, S. 160ff., 184ff. Zu Napoleons Rußlandfeldzug siehe MARSCHALL 1971, S. 333ff.
[15]) FF: GOLBÉRY, S. 554ff. und „Précis de ce qui s'est passé lorsqu'on a posé la première pierre de la pyramide sur la montagne du Loysberg à Aix-la-Chapelle" (Druck im StA Aachen). – SCHMIDT 1973, Tl. 1, S. 76f., 104, 106f.
[16]) SCHMIDT 1973, Tl. 1, S. 129.
[17]) EFFERTZ 1990, S. 218.
[18]) POISSENOT, S. 283ff. sowie GOLBÉRY, S. 555ff. und StA Aachen, Kraemer VIII 11c.
[19]) EFFERTZ 1990, S. 239.
[20]) Vincennes, Archives de l'Armée de Terre, M.R. 1124. – Siehe auch SCHMIDT 1973, Tl. 1, S. 179.

Literatur zu Kapitel O (Militärwesen), S. 334-343.

ARETIN, Karl Otmar Freiherr v., Heiliges Römisches Reich 1776-1806. Reichsverfassung und Staatssouveränität. 2 Tle. (Veröffentlichungen des Instituts für europäische Geschichte Mainz, Bd. 38). Wiesbaden 1967. • EFFERTZ, Peter, Die Kartenaufnahme der Rheinlande durch Tranchot im Spannungsfeld zwischen wissenschaftlichen und politischen Interessen, in: RhVjbll. 54 (1990), S. 211-239. • FIEDLER, Siegfried, Grundriß der Militär- und Kriegsgeschichte, Bd. 2: Das Zeitalter der Französischen Revolution und Napoleons, München 1976. • GEILEN, Quirin, Entstehung der Tranchot- v. Müfflingschen Kartenaufnahme und des rheinischen Katasters, in: Mit Wasser und Dampf ins Industriezeitalter, hg. v. Gerhard Fehl u.a., Aachen 1991, S. 212f. • GIELEN, Viktor, Aachen unter Napoleon, Aachen 1977. • HAUTERIVE, Ernest (Hrsg.), La police secrète du premier Empire. Bulletins quotidiens adressés par Fouché à l'Empereur, Bd. 2: 1805-1806. Paris 1913. • KAHLE, Paul, Zur geographischen Lage von Aachen, in: ZAGV 14 (1892), S. 263-268. • LENZEN, Dieter, Beitrag zur Aachener Medizinalgeschichte des 19. Jahrhunderts. Med. Diss. Aachen 1979, S. 164.- MARSCHALL, A. Juin, Der Feldzug in Rußland, in: Napoleon und Europa, hg. v. Heinz-Otto Sieburg, Köln u. Berlin 1971, S. 333-343. • ROVERE, Julien, La rive gauche du Rhin de 1792 à 1814, Paris 1819. • SCHMIDT, Rudolf (Bearb.), Die Kartenaufnahme der Rheinlande durch Tranchot und v. Müffling 1801-1828, Tl. 1: Geschichte des Kartenwerkes und vermessungstechnische Arbeiten, nebst Anhang, Köln u. Bonn 1973; Tl. 2: Das Gelände. Eine quellenkritische Untersuchung des Kartenwerks, bearb. v. Heinrich Müller-Miny, Köln u. Bonn 1975 (Publikationen der Gesellschaft für Rheinische Geschichtskunde XII).

Anmerkungen zur Zusammenfassung, S. 345-352.

[1]) MÜLLER 1986, S. 40f.
[2]) KOLTES 1992, S. 68.
[3]) KOLTES 1992, S. 85ff.
[4]) Nach BRÜNING 1897 II, S. 185.
[5]) FABER 1970, S. 10.
[6]) MÜLLER 1991, S. 327.
[7]) FABER 1960, S. 377.
[8]) GOLBÉRY, S. 511f.
[9]) So schon Alfred v. Reumont in seinen Jugenderinnerungen: HÜFFER 1904, S. 37. – KARLL 1907, S. 109f. u. 1921, S. 9.
[10]) HEGEL 1979, S. 492.
[11]) DUFRAISSE 1992, S. 544ff.
[12]) FABER 1957, S. 247.
[13]) FABER 1973, S. 383.
[14]) A. PAULS 1932, S. 148.
[15]) MÜLLER 1991, S. 328. – Zu den „Institutionen" siehe auch FABER 1966, S. 110ff.

Literatur zur Zusammenfassung, S. 345-352.

BRÜNING, Wilhelm, Aachen während der Fremdherrschaft und der Befreiungskriege, in:ZAGV 19 (1897), Tl. II, S. 171-210. • DUFRAISSE, Roger, La fin des départements de la rive gauche du Rhin, in: DERS., L'Allemagne à l'époque napoléonienne. Questions d'histoire politique, économique et sociale. Études de Roger Dufraisse réunies à l'occasion de son 70e anniversaire par l'Institut Historique Allemand de Paris. (Pariser Historische Studien, Bd. 34). Bonn, Berlin 1992, S. 505-566. • FABER, Karl-Georg, Rheinisches Geistesleben zwischen Restauration und Romantik, in: RhVjbll. 21 (1956), Bonn 1957, S. 245-278. • DERS., Verwaltungs- und Justizbeamte auf dem linken Rheinufer während der französischen Herrschaft. Eine personengeschichtliche Studie, in: Aus Geschichte und Landeskunde. Forschungen und Darstellungen Franz Steinbach zum 65. Geburtstag gewidmet von seinen Freunden und Schülern. Bonn 1960, S. 350-388. • DERS., Die Rheinlande zwischen Restauration und Revolution. Probleme der rheinischen Geschichte von 1814 bis 1898 im Spiegel der zeitgenössischen Publizistik. Wiesbaden 1966. • DERS., Recht und Verfassung. Die politische Funktion des rheinischen Rechts im 19. Jahrhundert. Köln 1970. • DERS., Die Rheinländer und Napoleon, in: Francia 1 (1973), S. 374-394. • HEGEL, Eduard, Das Erzbistum Köln zwischen Barock und Aufklärung. Vom Pfälzischen Krieg bis zum Ende der französischen Zeit 1688-1814. (Geschichte des Erzbistums Köln, Bd. 4). Köln 1979. • HÜFFER, Hermann (Hrsg.), Alfred von Reumont, in: AHVNrh. 77 (1904), S. 5-241. • KARLL, Alfred, Napoleonische Studien. Aachen 1907. • DERS., Französische Regierung und Rheinländer vor 100 Jahren. Ein Beitrag zur Geschichte der amtlichen Mache. (Frankfurter Historische Forschungen, N.F. 4). Leipzig 1921. • KOLTES, Manfred, Das Rheinland zwischen Frankreich und Preußen. Studien zu Kontinuität und Wandel am Beginn der preußischen Herrschaft (1814-1822). Köln, Weimar, Wien 1992. • MÜLLER, Klaus (Hrsg.), Quellen zur Geschichte des Wiener Kongresses 1814/15. (Ausgewählte Quellen zur deutschen Geschichte der Neuzeit. Freiherr vom Stein-Gedächtnisausgabe 23). Darmstadt 1986. • DERS., Aachen im Zeitalter der Französischen Revolution und Napoleons. Umbruch und Kontinuität, in: ZAGV 97 (1991), S. 293-333. • PAULS, August, Die Gräfin Rémusat als Aachener Kurgast, in: ZAGV 54 (1932), Aachen 1934, S. 142-160.

Katalog

A. Die Reichsstadt Aachen am Ende des 18. Jahrhunderts

A 1

Der Gaffelbrief vom 24. November 1450

Urkunde mit anhängendem jüngeren Karlssiegel und Schlüssel (L 7 cm) zu der mit mehreren Schlössern versehenen, heute verlorenen Truhe für die städtischen Privilegien und das Leibzuchtsiegel (zur Besiegelung lebenslänglicher Renten). – Maße: H 45 / B 64,5 cm.

Der Gaffelbrief war seit 1513 unbestritten mit nur geringfügigen Modifikationen – so z.B. im Jahre 1681 – bis zum Einrücken französischer Revolutionstruppen die allein gültige Verfassung der Reichsstadt Aachen. 14 Zünfte bzw. Gaffeln entsandten ihre Vertreter in den Großen und Kleinen Rat und nahmen so am Stadtregiment teil. Der Gaffelbrief galt den Aachenern als „demokratisch", weshalb sie ihn noch am Ende der 80er Jahre des 18. Jahrhunderts nicht abschaffen, sondern nur verbessern wollten (vgl. im einzelnen S. 14 ff.).

StA Aachen, RA I, Urk. S I 14a. – Von den ursprünglich wohl 12 Ausfertigungen – die vorliegende für den Rat und die übrigen für die 1450 bestehenden elf Gaffeln existieren nur noch das hier ausgelegte Exemplar und ein weiteres unter der Signatur StA Aachen, RA I, Urk. S I 14b. – Dr.: KAEMMERER 1957 S. 101-104 u. 1980, S. 256-263.

A 2

Die „Kalckberner-Schandsäule" auf dem Aachener Rathausplatz

Kupferstich, Papier auf Pergament aufgeklebt. – Maße: H 24,9 / B 29,4 cm bzw. H 32 / B 39 cm.

Im Jahre 1616 ließ der Aachener katholische Rat auf Anordnung einer kaiserlichen Delegation in Erinnerung an den gescheiterten Umsturzversuch der Protestanten vom Jahre 1611 auf dem Rathausplatz eine Schandsäule errichten, welche die Hinrichtung des Johann Kalckberner zeigte, der aber in Wirklichkeit hatte fliehen können und mittlerweile eines natürlichen Todes gestorben war. Die Kalckberner-Schandsäule diente künftig als Triumphmal des katholischen Rates und als Mahnmal für die – wie man meinte – vom Protestantismus ausgehenden Gefahren. Nach der Niederschlagung des Aufstandes war es das Bestreben des katholischen Rates, eine Rückkehr der Protestanten an die Macht zu verhindern. Dies ist ihm auch bis zum Einrücken der Franzosen im Jahre 1792 bzw. 1794 gelungen. Nur Katholiken konnten Vollbürger werden und in die politischen Gremien und in die Beamtenschaft gelangen. Protestanten hatten keinen Zugang zur Advokatur, zum Notariat, zum Handwerk oder zum Kleinhandel. Nur Großkaufleute wurden geduldet und konnten das sog. Beiwohnungsrecht erwerben, das ihnen erhöhten Schutz gab, aber keinen Zugang zu den Zünften und zur Politik eröffnete. Schulen und Gotteshäuser durften die Protestanten in der Stadt Aachen nicht unterhalten.
Die Säule stand – mit Blick auf das Rathaus – links neben dem Marktbrunnen. Der Stich zeigt links die eine Seite der Schandsäule mit der Justitia, rechts die andere mit der Darstellung eines nackten Mannes mit abgeschlagenem Kopf und eines Scharfrichters, der den Leichnam in vier Teile zerhackt, um diese zur Abschreckung an den Stadttoren auf zuhängen. Darunter stand die Inschrift:

> Sic pereant
> Qui hanc Remp(ublicam)
> Et sedem Regalem
> Spretis Sa(nct)ae Cae(sareae) Ma(jesta)tis
> Edictis
> Euertere moliuntur.
> AD

Damnandum memoriam
Ioannis Kalkberner
In ultimo Tum(ultu) A(nn)o MDCXI
Hic excitato
Inter Perduelles
Antesignani
Columna haec ex Decreto
D.D. [Dominorum] Subdel(igatorum) Sa(nct)ae C(aesare)ae M(ajestatis)
Erigi iussit
III^a Nonas Dec(embris) A(nn)o MDCXVI.

In Übersetzung:
„So mögen die zu grunde gehen, welche diesen Staat und Königssitz, mißachtend Seiner heiligen Kaiserlichen Majestät Erlasse, zu zerstören sich bemühen. Zugleich ist zur Verfluchung des Andenkens Johann Kalckberners, im letzten 1611 hier erregten Aufruhr Anführers von Aufwieglern, diese Säule nach Erlaß der Abgesandten Seiner heiligen Kaiserlichen Majestät zu errichten befohlen worden am 3. Dezember 1616".

Die Schandsäule wurde nach dem ersten Einrücken französischer Revolutionstruppen am 19. Dezember 1792 eingerissen. In die Trümmer pflanzte man einen Freiheitsbaum. Die Säule wurde nach dem Abzug der Franzosen bis zum September 1793 wieder aufgerichtet und nach dem zweiten Einrücken der Franzosen am 24. oder 25. Oktober 1794 erneut und nun für immer abgebrochen.

Aachen, Sammlung Crous (im Besitz des Aachener Karnevalsvereins). – NOPPIUS 1632, S. 102f., 249ff. – v. HESS, S. 20f. – NIEßNER 1907, S. 32f. (danach auch die Übersetzung).

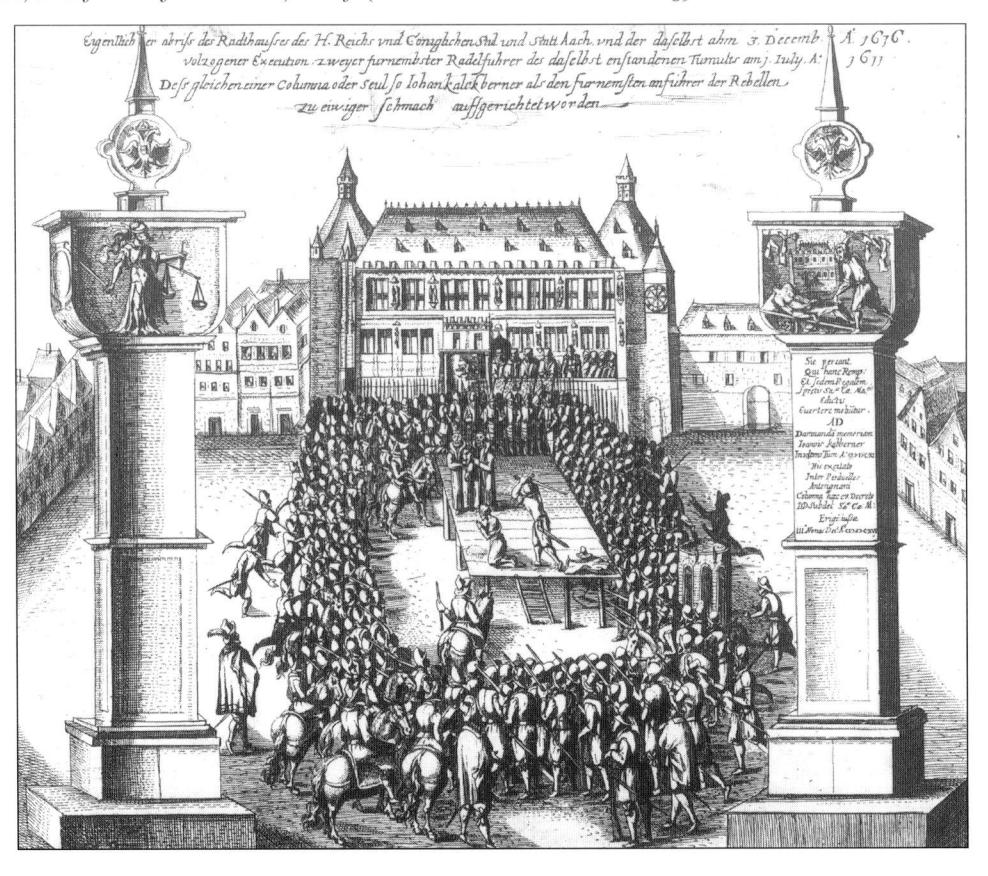

A 3
Aachener Stadtplan aus der Mitte des 18. Jahrhunderts

Tusche-Federzeichnung, Maße: H 33,6 / B 39 cm. – Maßstab: ca. 1 : 6 000. Hier: Nachzeichnung.

Die Karte ist, worauf die Positionen 12 und 41 hindeuten, nicht vollendet worden. Offenbar gab es aber eine heute verlorene Legende. Für Kirchen, Klöster, Stifte und öffentliche Gebäude wurde sie von Frau Angelika Pauels vom Stadtarchiv Aachen neu erstellt. Die Umzeichnungen besorgte das städtische Vermessungs- und Katasteramt. – Foto: Ausschnitt.

StA Aachen, Plan H 36.

1 Rathaus
2 Karlsbrunnen
3 Dom
4 Kreuzgang des Domes
5 St. Foillan
6 Ursulinen-Kloster
7 St. Aldegundis-Kapelle
8 Elisabeth-Spital
9 Stephanshof
10 Christenserinnen-Kloster
11 Kapuziner-Kloster
(12) Klarissen-Kloster
...
16 Alexianer-Kloster
17 Prinzenhof
18 Jesuiten-Kloster
19 St. Anna
20 Weißfrauen-Kloster
21 St. Paul
...
23 Annutiaten-Kloster
24 Augustiner-Kloster
25 St. Theresia
26 St. Aegidius
...
28 St. Nikolaus

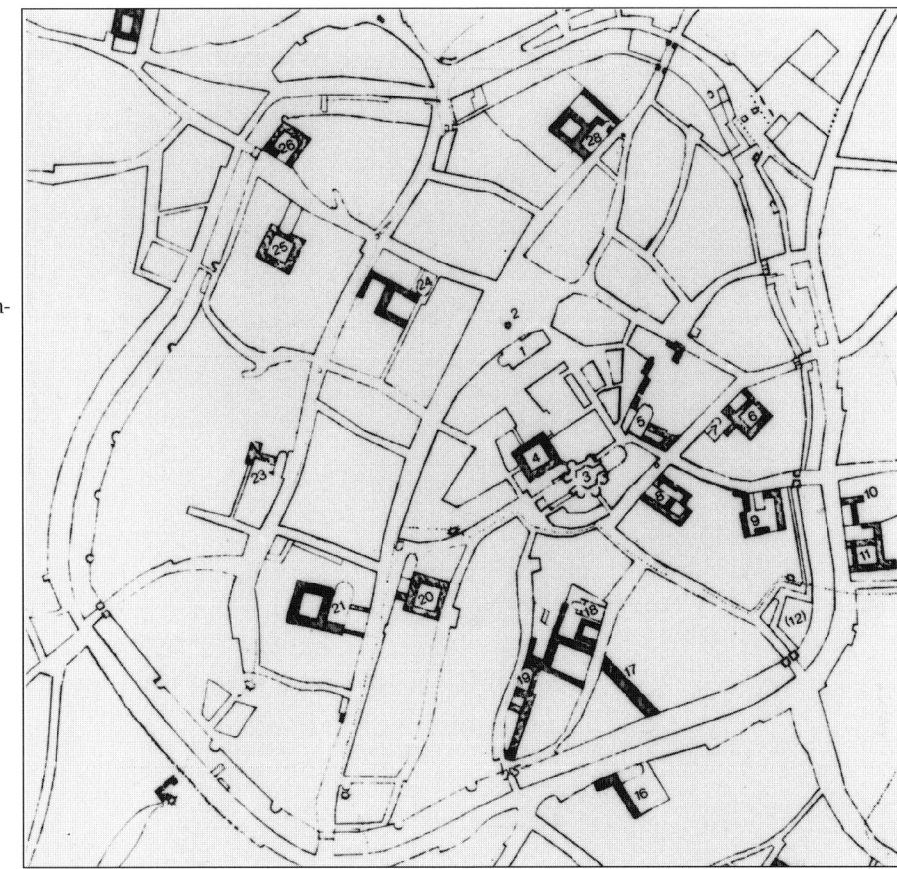

A 4
Blick in den Sitzungsraum einer Freimaurerloge, 2. Hälfte 18. Jahrhundert

Guckkastenbild aus mehreren kolorierten Kupferstichen, Rokoko.

Die Aachener Freimaurer der Loge „Zur Beständigkeit" standen dem Geist der Aufklärung sehr nahe und vertraten Ansichten, die in diametralem Gegensatz zu den Grundsätzen standen, auf denen die traditionale städtische Gesellschaft beruhte. Entsprechend dem Selbstverständnis der Freimaurerei übten sie in ihrem Zirkel religiöse Toleranz, überwanden das Denken in überkommenen territorialen Schranken und verkehrten untereinander – ohne Rücksicht auf die korporative bzw. geburtsständische Herkunft der Mitglieder – unter Gleichen, wobei allerdings zu berücksichtigen ist, daß Kleinbürger keinen Zutritt zur Loge erhielten. Die Aachener Freimaurerloge hatte nach einem Schreiben eines Mitglieds, des Aachener Schöffen Vinzenz Philipp Freiherr de Witte de Limminghe, der 1797/98 zeitweilig das Bürgermeisteramt ausüben sollte, den Zweck, „die Macht des Irrtums zu zerstören und den Menschen besser und thätiger zum Guten zu machen". Die Loge verstand sich nicht als Konspirationszirkel. Sie verfolgte keine politischen Ziele, geschweige denn den Umsturz der bestehenden Ordnung. Sie begnügte sich mit der Verwirklichung ihrer Ideen, die auf eine Veredelung des Menschen hinausliefen, innerhalb der Loge.

Aachen, Couven-Museum. – Zum Aufbau und Inhalt der im Couven-Museum erhaltenen Guckkastenbilder siehe: KUETGENS 1962, S. 7ff. – Zur Freimaurerei siehe etwa: VIERHAUS 1987, S. 110ff.

In der Kartusche steht: *Franc-Maçons / Freymaurer Loge.*

A 5

„Der Menschenfreund" des Freiherrn Friedrich von der Trenck (1726-1794), ein frühes Zeugnis für aufklärerische Versuche in der Reichsstadt Aachen

„Der Menschenfreund, eine Wochenschrift. Geschrieben in der Freyen Reichs Stadt Achen für das Jahr 1772 von Friedrich Freyhern von der Trenck, Kaiserl. Königl. Obristwachtmeister ..."

Trenck beabsichtigte im Jahre 1765, sein bis dahin abenteuerliches Leben für ein ruhigeres aufzugeben. Zu diesem Zweck ließ er sich in Aachen nieder, heiratete die Tochter des gewesenen Bürgerbürgermeisters Franz Augustin von Broe und betätigte sich als Händler in ungarischen Weinen. Nebenher gab er 1772 eine Wochenschrift mit dem Titel „Menschenfreund" heraus, welche als Beilage der Aachener Postamtszeitung vertrieben wurde. In ihr bekämpfte er in teils satirischer, teils unflätiger Weise den Absolutismus und die seiner Ansicht nach mit ihm verbündete Kirche, insbesonders die Klostergeistlichkeit. Er löste damit heftigen Widerspruch bei der Aachener Geistlichkeit aus und fand in dem Lektor der Theologie im Aachener Franziskanerkloster, Albertin Schott, und anderen erbitterte Gegner, die gegen ihn von der Kanzel und in Schriften zu Felde zogen. Während der Aachener Rat nicht einschritt, erlangte Schott schließlich beim Lütticher Generalvikariat das Verbot der Trenck'schen Schrift, welche der Aachener Erzpriester Tewis vor Ort durchsetzte. Der Kampf brach erneut aus, als Trenck im Jahre 1775 den „Menschenfreund" neu auflegte. Trenck resignierte und verließ Aachen im Jahre 1780. Nach einigen Irrfahrten wurde er am 24. Juli 1794 als vermeintlicher preußischer Spion in Vincennes guillotiniert.

StA Aachen, Bibliothek, Sign.: C 5382a. – Zu Trencks Tätigkeit in Aachen siehe insbesondere: HASHAGEN 1907 und HERMANNS 1931 sowie MÜLLER 1945, S. 112ff.

A 6

François Blanchard im Luftballon über Aachen, Gesamtansicht von der Burtscheider Höhe aus

Aquarell von unbekannter Hand mit Gouachefarben, stark fleckig. – Bezeichnet unten rechts: „1786 d(en) 9(te)n Octob(ris) Nachmittags 2. Uhr(en) stieg her Blanchard auf". – Maße: H 29,5 / B 40,1 cm.

Das Bild mit dem Ballon, der das bisher alles dominierende Oktogon des Marienstifts übersteigt, symbolisiert geradezu das aufklärerische Zeitalter: Der Verstand des Menschen erhält den Vorrang vor dem Glauben. Nachdem Joseph Montgolfier im November 1782 seinen ersten Versuchsballon in Avignon hatte aufsteigen lassen, kamen Ballonaufstiege in große Mode [1]. Die ersten Schritte zur „Eroberung der Luft" lockten zahlreiche Schaulustige an. Vom Aufstieg eines Ballons erhofften sich nicht nur die Luftschiffer selbst, sondern auch die Veranstalter einigen Gewinn, der allerdings häufig genug ausblieb, weil sich nicht jeder Zuschauer durch Geldvorauszahlungen einen Platz in der ersten Reihe sicherte, sondern sich mit der Beobachtung des Spektakels aus größerer Entfernung oder von einer Anhöhe aus begnügte. Bereits in den Jahren 1783 und 1784 trugen sich der Aachener Buchhändler St. Aubin in der Komphausbadstraße, der Apotheker Weidenbach in der Kölnstraße und der aus Wien zugereiste Mechaniker Berschitz mit dem Plan, in Aachen bemannte Ballons aufsteigen zu lassen. Über ihren Erfolg oder Mißerfolg ist Näheres nicht bekannt. Im Jahre 1786 gab der französische Luftschiffer de la Touche-Foucroy eine – allerdings wenig beachtete – Vorstellung in Aachen [2]. Größeres Aufsehen – wenn auch keinen Gewinn – verzeichnete in Aachen der von seinen Erfolgen in Frankreich, England, Belgien und Deutschland, insbesondere von der Luftfahrt von Dover nach Calais (1785 Jan. 7) her bekannte französische Luftschiffer François Blanchard, der am 9. Oktober 1786 auf dem Gelände des Jesuitenklosters zu seiner 21. Luftreise aufstieg. Die Gondel war mit dem Aachener Adler geschmückt. Von der Höhe herab grüßte er seine Zuschauer mit einer französischen Fahne. Zum Zeichen der Hochachtung wurde ihm das Aachener Bürgerrecht verliehen. Nach Blanchards Vorführung blieb die Ballonfahrt im Gespräch. So kündigte etwa der pfalz-bayerische Mechaniker Peter Bohland für den 18. November 1792 eine Vorstellung in Aachen an, von der wir aber ansonsten nichts Näheres wissen.

Kaum war das Experiment Montgolfiers gelungen, gab es in Frankreich auch schon die erste Anregung zur militärischen Nutzung der Ballons oder Aerostaten:

„Schon 1783 wies Giroud de Vilette, der an einem Ballonaufstieg der Brüder Montgolfier teilgenommen hatte, auf die militärischen Möglichkeiten des Aérostaten hin. Er regte den Einsatz von Fesselballons (ballon captif) zur Erkundung feindlicher Stellungen und Manöver an und versprach sich auch für das Seewesen große Vorteile für die Aufklärung"[3]).

Verwirklicht wurden diese Pläne aber erst im Frühjahr 1794. Am 2. April d.J. stellte die Französische Republik die erste Luftschifferkompanie in Dienst, welche die „Armée de Sambre et Meuse" des Generals Jourdan begleitete. Der General selbst stieg mehrfach zur Beobachtung der feindlichen Linien auf, so etwa vor Charleroi im Juni 1794. Bei der Schlacht von Fleurus am 26. Juni 1794, in der die Kaiserlichen zur Aufgabe der österreichischen Niederlande gezwungen wurden, leistete die Kompanie mit ihrem Fesselballon wertvolle Dienste, so daß man sich im Januar 1795 zur Aufstellung einer zweiten Luftschifferkompanie entschloß. Im Jahre 1796 geriet die erste Kompanie bei Würzburg in Gefangenschaft, während die zweite mit Erfolg in Süddeutschland operierte. Auch die italienische Armee wurde mit einem Beobachtungsballon ausgerüstet, der z.B. bei der Schlacht von Mantua im Jahre 1796 eingesetzt wurde. Aus verschiedenen Gründen wurden beide Kompanien im Januar 1799 von Napoleon aufgelöst. Damit war die erste Phase der Militärluftschiffahrt beendet. Sie wurde erst wieder im deutsch-französischen Krieg 1870/71 aufgenommen.

Aachen und Umgebung machten zweimal die Bekanntschaft der französischen Aerostaten-Kompanie und ihres Beobachtungsballons. So heißt es in den Aachener Annalen zum 2. Oktober 1794:

„... ist der famose Rekognoszierballon der Sambre- und Maasarmee durch die Aerostatenkompagnie von Luttig durch die Luft hieher bracht worden, und ruhet in einer Wiese bei Burtscheid, wo er gefüllt ist und von jedermann allgemein bewundert wird"[4]).

Ein Jahr später heißt es im Haarener Kirchenbuch zum 24. Juni:

„In festo S. Johannis Baptistae morgens gegen acht Uhr kame hier ein ungeheuer grosser bei Burtscheid verfertigter [d.h. wohl: gefüllter], mit gelber Seide überzogener Luft-Ball, welcher wegen seiner Grösse, Runde, Länge und Breite zwischen der Pastorath und dem gegenüberliegenden Hause nicht konte durchbracht werden, dahero selbiger von sechszehn Personen, deren jeder ihn mit Seileren zogen, in die Höhe gelassen wurde so lang, bis er wiederum spatium fande, in der Niedern fortbracht zu werden bis zum Rhein und zwar an vielen Orten geradezu durchs Feld nicht ohne geringe Beschädigung deren lieben gesegneten Früchten"[5]).

In einem Eschweiler Tagebuch heißt es dazu, allerdings zum 24. und 25. Juli:

„Den 24. July kame von Achen hiedurch ein Lufball. Hiemit giengen die Franzosen durch daß Felt, worde mit 32 Franzosen mit Seiler in der Luf gefürt und die Lufball gienge ungefär 20 Man hoch in der Luf. Selbigen blieben hier über Nacht mit der Lufball. Der Lufball wurde unter vor Eschweyler an die Hecken fastgesetz und bewacht. Den 25. July marschierten die Franzosen fort mit der Lufball nach der Franzosen Arme auf Deuren [d.h.: Düren]"[6]).

Aachen, Museum Burg Frankenberg, Inv. Nr. BK 847.

---

[1]) FF: TERVEEN 1957, S. 447ff. — FIEDLER 1976, S. 68f.
[2]) FF: „Des Königlichen Stuhls, Kais. freyen Reichs Stadt Aachen Zeitung" auf Samstag den 10. November 1792. - E. PAULS 1889, S. 53ff. – SCHOLLEN 1894, S. 96. – ZIMMERMANN 1901, S. 80. – HERMANNS 1951, S. 360ff.
[3]) TERVEEN 1957, S. 448.
[4]) Aachener Annalen (B), S. 59.
[5]) Haarener Kirchenbuch, S. 48.
[6]) PICK 1865, S. 135.

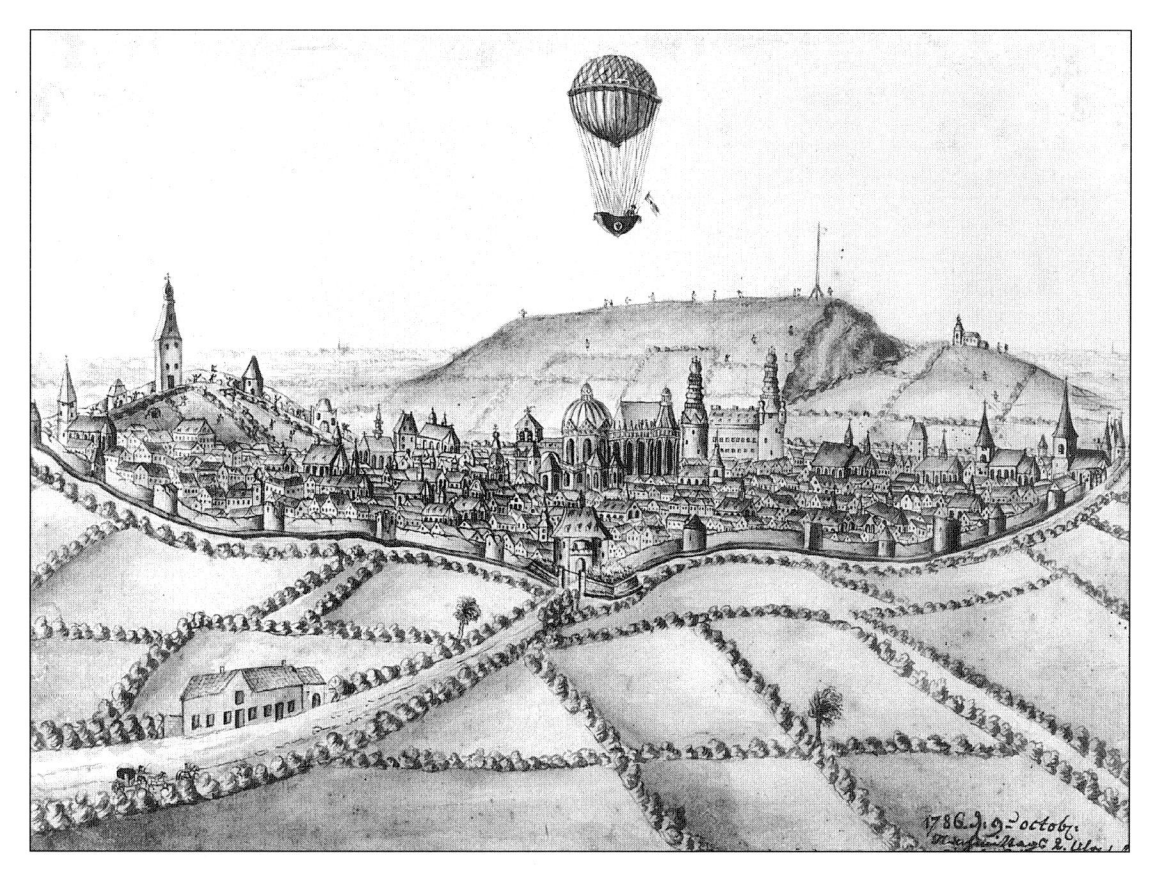

A 7
Vivattuch auf den Aachener Schöffen Martin de Loneux und auf die von ihm in der „Aachener Mäkelei" geführte „Neue Partei", 1787.

Es symbolisiert an dieser Stelle die politische Zerrissenheit der Reichsstadt Aachen am Vorabend des Einrückens französischer Revolutionstruppen.

Maße: H 72 / B 66 cm. – Zeugdruck in gelber und dunkelroter Farbe auf weißem Leinen in Leinwandbindung. Ausgezeichneter Erhaltungszustand; Faltspuren. Die Webkanten an beiden Längsseiten sind erhalten, oben und unten ein genähter Hohlsaum. Den Rand umgibt eine an den Ecken des Tuches quadratisch abgesetzte Bordüre mit Blüten und Beerenzweigen. Das davon umschlossene Geviert zeigt Blütenzweige im Streumuster. In die Ecken sind jeweils zwischen einer Blütenstaude zwei Kreismedaillons gesetzt. Das eine zeigt in einem Blattkreuz zwei gegenständige, einen Lorbeerkranz haltende Tauben und hat auf weißem Grund die Umschrift: „VIVAT DIE NEUE PARTHEY"; das andere hat auf weißem Grund die Umschrift: „VIVAT DE LONEUX" und zeigt ein männliches Brustbild im Profil, den Körper ins Dreiviertel-Profil gewendet. Der hölzerne Druckstock wurde bereits einer Reparatur unterworfen – im unteren Bereich der rechten Randbordüre ist im Druck das eingesetzte Flickstück des Druckstocks zu erkennen – bevor er an allen vier Ecken für den Druck des Vivat-Tuches durch Abarbeitung und Einsatz der Medaillonmodel zubereitet wurde. Die Abarbeitung des Druckstockes an diesen Stellen verrät sich im gedruckten Muster durch diagonal verlaufende, begrenzende „Zickzacklinien".
Das Vivattuch hat wohl sein Vorbild in den Vivatbändern, die zur Zeit König Friedrichs II. von Preußen (1740-1786) bei Siegesfeiern verwandt wurden. Wahrscheinlich wurde es beim triumphalen Einzug de Loneux' in die

Stadt Aachen am 26. März 1787 benutzt. Der Führer der Neuen Partei kehrte damals aus Wetzlar zurück, wo das Reichskammergericht im Zusammenhang mit der Aachener Mäkelei ein Urteil gefällt hatte, das die Neue Partei der Aachener Bevölkerung als einen Sieg über die regierende Alte Partei verkaufen wollte (vgl. S. 19).

StA Aachen, Beissel-Fey III 33. – Katalog 1925, S. 163, Nr. 94. – BECKERS 1935, S. 20. – v. COELS 1928, S. 515. – BRUNERT 1992, S. 255ff., bes. S. 259f. – Die Beschreibung des Tuches verdanke ich Herrn Dr. Georg Minkenberg von der Domschatzkammer Aachen.

A 8
Erstürmung der Bastille am 14. Juli 1789

Stahlstich des Aachener Künstlers Alfred Rethel (1816-1859) aus dem Jahre 1848.

Aus: Album historischer Skizzen. In Originalen von A. Rethel und Fr. Bülau. New York 1848.

A 9

Der „Aachner Zuschauer" des Franz Dautzenberg

Hier: Die letzte Seite der Ausgabe vom 27. Juni 1791 mit dem Bericht über die mißlungene Flucht König Ludwigs XVI. von Frankreich und die erste Seite der folgenden Ausgabe vom 30. Juni mit Meldungen aus der Türkei und aus Polen.

Maße: H 18 / B 11,5 cm.

Peter Johann F r a n z Dautzenberg (1769 Apr. 20 – 1828 Mz. 17) besuchte von 1779 bis 1784 das reichsstädtische Mariengymnasium und fiel dort als fleißiger Schüler auf. Schon früh beschäftigte er sich mit den Werken Rousseaus und anderen „verbotenen" Büchern der Philosophie der Aufklärung. So verrät seine im Oktober 1788 veröffentlichte Schrift „Meine Gedanken über die in unserer Vaterstadt vorzunehmende Verbesserung, vermittelst Abschaffung würklicher Misbräuche insbesondere, und Befestigung unserer demokratischen Verfassung im ganzen Umfang" den im Bann des „Contrat social" stehenden Gesellschaftskritiker, der Rousseaus Ideen zur Grundlage einer neuen Aachener Stadtverfassung machen wollte. Am 1. April 1790 gründete er die Zeitung „Politischer Merkur für die Niedern Rheinlande", geriet aber in Konflikt mit dem Aachener Rat, weshalb er sie im März 1791 wieder einstellen mußte. Dank einflußreicher Stellen am Wiener Hof konnte er aber seine Zeitung als „Aachner Zuschauer" am 2. Juni 1791 wieder aufleben lassen. Sie erschien dreimal wöchentlich und genoß dank der geschickten Nachrichtenbeschaffung und -auswertung ihres Herausgebers weithin Anerkennung, zumal sie ein deutlich erkennbares geistiges und politisches Profil besaß. In der Anfangsphase neigte Franz Dautzenberg der Französischen Revolution zu und vertrat in seiner Zeitung deren Ideen, ohne aber eine Revolution in Deutschland für nötig oder wünschenswert zu erachten, denn hier habe die Vernunft im Gegensatz zu Frankreich bereits auf evolutionärem Wege Fortschritte gemacht, was sich vor allem an den Systemen des aufgeklärten Absolutismus Friedrichs II. von Preußen und Josephs II. von Österreich ablesen lasse. Mit der Hinrichtung König Ludwigs XVI. am 21. Januar 1793 und der Schreckensherrschaft Robespierres wandte sich Franz Dautzenberg von der Französischen Revolution ab und schrieb dementsprechend scharf gegen die Ereignisse in Paris. Erst der Sieg der gemäßigteren Thermidorianer am 27. Juli 1794 ließ seine ursprüngliche Sympathie für die Ideale von 1789 wieder hervortreten.

StA Aachen, Bibliothek, Sign.: MDL 4-Bd. 3. – HERMANNS 1931 (Dautzenberg), S. 58ff. – MÜLLER 1977, S. 63ff.

Aachner Zuschauer.

N° 50.   A°. 1791.

Donnerstag den 30. Junius.

Mit Kaiserlicher Freyheit.

Türkey.

Konstantinopel, den 9. May. Der feyerliche Auszug des Kapitain-Pascha mit der nach dem schwarzen Meere bestimmten Flotte erfolgte am 2ten dies. aus unserm Haven; die Flotte liegt aber bis heute noch im Kanal, zwischen hier und Bujukdere, und nimmt daselbst den noch fehlenden Proviant ein. Der Kommandant des Algierer Hülfsgeschwaders bekleidet die Vice-Admiralsstelle auf der Flotte; der Großherr setzt großes Vertrauen auf seine Geschicklichkeit, die ihm, wenn er Proben davon ablegt, leicht den Weg zur Großadmiralsstelle bahnen dürfte. Der Kaimakan hat alle Festungswerke längs dem Kanal bis an die Mündung des schwarzen Meeres in Augenschein genommen. Am 27. April sind wieder 2 Englische Schiffe mit Pulver und andern Provisionen hier angekommen, und für Rechnung der Regierung gekauft worden.

Der Schwedische Gesandte, Hr. von Heidenstamm, hat seinen Rappel erhalten. Der Polnische Gesandte hat den Karakter eines Ambassadeurs angenommen.

Polen.

Warschau, den 15. Jun. Die hier verbreiteten Gerüchte über Krieg und Frieden sind durchaus schwankend, und nicht zu verbürgen. Was man heute mit Gewißheit behauptet, ist morgen ohne Grund. Von dieser Art war auch das Gerücht, als sey zwischen England und Rußland ein neuer Handels-Vertrag so gut als geschlossen. Ein hier erschienenes voluminöses Pamphlet, unter dem Titel: La Turco-Fédéromanie, enthält ein sehr unterrichtendes Raisonnement über die jezige Lage der politischen Angelegenheiten in Beziehung auf Polen, und ist gegen die Allianz mit den Türken.

---

hig, und ausser daß in der ganzen Hauptstadt alle Vorstellungen und Zeichen des Königs und der Königinn, und alle Lilien weggenommen wurden, sind keine thätliche Ausschweifungen vorgegangen. Bis in die Nacht hinein war man noch über die Flucht des Königs in Ungewißheit; man glaubte indessen, er seye durch einen unterirrdischen Weg, der vom Schlosse bis an die Seine führte, weggekommen, und die Route, glaubte man, wäre auf Metz zu gerichtet gewesen.

Deutschland.

Aachen, den 27. Jun. Während dem in Paris alles in Bewegung war, und man an der Wiederfindung des Königs fast allgemein verzweifelte, ward er mit seiner Familie (wir wir in der Nachschrift zu unserm gestrigen Blatte sagten) bey St. Menehoud entdeckt, und angehalten. Während dem man am Reisewagen die Pferde wechselte, erkannte ihn der dasige Postmeister, der dann gleich der Munizipaktät von St. Menehoud davon Nachricht gab. Die Nationalgarde holte die unglückliche Königs-Familie (*) ein nach St. Menehoud, von wo sie, bis von der Nat. Versine Verfügung eintreffen würde, nach Verdun gebracht wurde. Hier traf dann ein Adjutant des Hn. La Fayette mit dem Befehle ein, die Fliehenden auf Paris zu bringen, und so wurden sie mit der Post unverzüglich dahin abgeführt. General Bouillé hat sich mit 16 Offizieren nach Luxemburg gerettet. Der Bruder des Königs aber, Monsieur mit Madame, sind von Bergen über Luxemburg, wie es heißt, nach Mastricht abgegangen. Der jüngere Bruder des Königs, Hr. von Artois, ist gestern Nachmittag über Köln hier eingetroffen, und gegen Abend weiter, sagt man, nach Brüssel abgereist.

Der König von Schweden ist, von der am 21. Morgens nach Spaa gemachten Excursion, schon am 23. frühe unter dem bekannten Incognito hier wieder zurück eingetroffen.

(*) Der König soll in Kutscherskleidung 6 Stationen zu Pferde gemacht haben, ehe er sich bey seiner Familie in den Wagen setzte. Die Königinn und Madame Elisabeth waren als gemeine Bürgerinnen, und der Dauphin als ein Mädchen verkleidet.

A 10: König Gustav III. von Schweden (1746-1792)

Stich von unbekannter Hand

Gustav III. zählte zu jenen berühmten Badegästen, die im 18. Jahrhundert die Aachener Thermalwasser zu schätzen wußten. Drei Aachen-Aufenthalte – 1780, 1784 und 1791 – sind bekannt. Während seines letzten Besuchs (13. Juni bis 25. Juli 1791) plante er von Aachen aus eine militärische Unternehmung zum Sturz der Französischen Revolution. Dieses Ziel hoffte er mit Hilfe der Zarin Katharina II. von Rußland und Kaiser Leopolds II. zu erreichen. Er beabsichtigte mit 22 bis 24 000 Schweden und Russen in Ostende zu landen und erbat dazu vom Kaiser den freien Durchzug durch die österreichischen Niederlande und einen Teil des Artillerieparks der Festung Luxemburg. Die Verhandlungen mit dem Kaiser schleppten sich allerdings hin. Gustav III. kehrte zwischenzeitlich nach Schweden zurück, wo er am 29. März 1792 das Opfer eines Mordkomplotts wurde.

Paris, B.N., Cabinet des Estampes D 159821.

A 11: Aachens letzter Stadtherr in reichsstädtischer Zeit: Kaiser Franz II. (1792-1806)

Öl auf Leinwand, frühes 19. Jahrhundert, Künstler unbekannt. – Maße: H 142 / B 92,5 cm. – Ein „mysteriöser" Unterarm im roten Ärmel ragt hinter der rechten Seite des Kaisers hervor.

Franz II. (1768-1835) sah seine Reichsstadt Aachen nur für einen Tag, nämlich als er sich am 8. April 1794 auf der Durchreise nach Brüssel, dem Hauptort der österreichischen Niederlande, befand.
Den politischen Gegebenheiten Rechnung tragend, legte er am 6. August 1806 die römisch-deutsche Kaiserkrone nieder und erklärte damit das Heilige Römische Reich für aufgelöst. Am 11. August 1804 hatte er bereits als Franz I. den Titel eines Kaisers von Österreich angenommen. Als solcher sah er während des Aachener Kongresses des Jahres 1818 die inzwischen preußisch gewordene Stadt wieder.

Aachen, Rathaus. – Inventarnummer des Suermondt-Ludwig-Museums: NGK 1419.

B. Die erste Besetzung der Reichsstadt Aachen durch die französischen Revolutionstruppen – 15./16. Dezember 1792 bis 2. März 1793

B 1
Charles-François du Perrier genannt Dumouriez

Nach einem Gemälde von Rouillard im Musée de Versailles.

Er wurde am 25. Januar 1739 in Cambrai geboren. Sein Vater gehörte dem Amtsadel, der sog. „noblesse de robe", an. Im Alter von zehn Jahren wurde er der örtlichen Jesuitenschule anvertraut. Sechs Jahre später kehrte er zum Vater zurück, der ihn nunmehr in die Militärwissenschaften einführte, ihn die Mathematik lehrte, in nicht weniger als vier Fremdsprachen selbst unterrichtete und ihm einen Deutschlehrer hielt. In dieser Zeit kam er auch mit aufklärerischen Ideen in Berührung, die ihn veranlaßten, seinen früheren Entschluß, Missionar zu werden, aufzugeben. Stattdessen begleitete er im Jahre 1756 den Vater, der Kriegskommissar bei der gegen Hannover ziehenden französischen Armee des Marschalls d'Estrées war, in den Siebenjährigen Krieg. Er fiel bald angenehm auf, fand Gönner und begann eine glänzende militärische Karriere. Nach dem Ende des Krieges ging er nach Korsika, wo er auf eigene Faust im Freiheitskampf für die französische Sache diente. Von 1763 bis 1767 war er im Auftrag Frankreichs in geheimer Mission in Spanien und Portugal tätig. Ein Jahr später, bei der französischen Invasion Korsikas, bekleidete er das Amt eines Generalquartiermeisters. In den Jahren von 1770 bis 1773 wurde er mit diplomatischen Aufgaben in Polen und Schweden betraut, was seinem Fortkommen im Militärdienst nicht hinderlich war: 1775 wurde er Oberst in Lille, 1778 Kommandant von Cherbourg, dessen Hafen er für den Krieg gegen England ausbauen sollte, 1781 Brigadier, 1788 Maréchal de Camp. Nach dem Ausbruch der Revolution versuchte er in Cherbourg – sogar unter Annahme der Funktion und des Titels eines Kommandeurs der aufständischen Nationalmiliz – Ruhe und Ordnung aufrecht zu erhalten, was ihm in royalistischen Kreisen den Ruf eines Erzrevolutionärs eintrug. Ehrgeizig wie er war, beschloß er nun, in der Republik eine Rolle zu spielen: Er ließ sich 1790 bei den Jakobinern einführen. Politisch vertrat er die Idee der konstitutionellen Monarchie. Als deren Vertreter 1791 an Einfluß verloren, schloß er sich den Girondisten an, als deren Parteigänger er am 6. Februar 1792 Generalleutnant und am 15. März Minister der Auswärtigen Angelegenheiten wurde. Als solcher betrieb er die Versöhnung des Königtums mit den Prinzipien der bürgerlichen Freiheit und die Wiederherstellung des Vertrauens zwischen dem Monarchen und der Nation. Das dazu notwendige Bindemittel sah er im gemeinsamen Krieg gegen die äußeren Feinde, und so wurde er die Triebfeder der Kriegserklärung vom 20. April 1792 an Österreich. In der Folgezeit überwarf er sich mit der Gironde, die entschlossen auf den Sturz des Königs hinarbeitete. Im Juni 1792 resignierte er als Minister der Auswärtigen Angelegenheiten und als Kriegsminister, welch letzteres Amt er nur wenige Tage bekleidet hatte. Er nahm eine Stelle bei der französischen Nordarmee an, deren Kommandeur er am 17. August wurde. Angesichts der Operationen Österreichs und Preußens ging er wenig später zu den Truppen in die Argonnen, wo sein General Kellermann am 20. September bei Valmy in einer berühmt gewordenen Kanonade Feindberührung erhielt. Nach dem Rückzug der Preußen ging er nach Paris und erlangte beim Nationalkonvent seine Ernennung zum Oberbefehlshaber der französischen Armeen in Belgien, deren Aufgabe die Befreiung der Niederlande von der österreichischen Herrschaft sein sollte. In dieser Stellung errang er am 6. November 1792 bei Jemappes einen entscheidenden Sieg, der die Besetzung der österreichischen Niederlande, der Reichsstadt Aachen und des Gebietes westlich der Rur zur Folge hatte. Anfang Januar 1793 begab er sich nach Paris, um die Annullierung des Dekrets vom 15. Dezember 1792 herbeizuführen, das die Grundlage für die Eroberungspolitik der Republik und für die Ernährung der Armee aus dem Feindesland darstellte und damit der bisherigen Politik, nach der das revolutionäre Frankreich nicht als Unterdrücker, sondern als Befreier komme, ein Ende setzte. Dabei scheiterte er ebenso wie bei der Sondierung der Möglichkeiten für die Befreiung des Königs, der wegen seines Fluchtversuchs in Anklage geraten war. Zur Armee zurückgekehrt, leitete er vom 2. Februar bis zum 10. März den durch die Kriegserklärung Frankreichs notwendig gewordenen Feldzug gegen Holland. Nach seiner Niederlage gegen die Österreicher bei Neerwinden am 18. März 1793 formierten sich seine Gegner in Paris, die er sich bei den Jakobinern wie bei der Gironde geschaffen hatte. Er wurde im Konvent angeklagt und sollte von vier Kommissaren, in deren Begleitung sich auch der Kriegsminister Beurnonville befand, zur Verantwortung vorgeladen, bei Weigerung suspendiert und verhaftet werden. Dumouriez, der seit dem 22. März in Unterhandlungen mit den Österreichern stand, weigerte sich, ließ sie seinerseits am 2. April festnehmen und den Österreichern ausliefern. Mit letzteren verständigte er sich über seine Absicht, durch den Marsch seiner Truppen auf Paris, die Republik zu stürzen und ein konstitutionelles Königtum zu etablieren, im Bedarfsfall mit österreichischer Unterstützung. Eine entsprechende Proklamation brachte bei den Truppen nicht den gewünschten Erfolg; vielmehr stellten sie sich ihm am 4. April – mit wenigen Ausnahmen – entgegen und nötigten ihn einen Tag später zur Flucht auf die Seite der Österreicher. Der Konvent in Paris erklärte ihn für vogelfrei und setzte eine Belohnung von 300 000 Livres für seine Ergreifung aus. Dumouriez lebte fortan unter falschem Namen an verschiedenen Orten Europas, unter anderem im dänischen Altona bei Hamburg, wo er seine Memoiren schrieb. Er lebte zumeist von der Schriftstellerei, bis er in England Pension und Heimat fand. Im übrigen beriet er maßgebliche Persönlichkeiten der Politik. Am 14. März 1823 starb er in Turville-Park bei London.

Paris, B.N., Cabinet des Estampes D 131564. – BOGUSLAWSKI 1879. – CRUYPLANTS 1912. – POUGET de SAINT-ANDRÉ 1914. – CHUQUET 1914 u. DERS., Valmy, S. 8ff. – SIX 1934, Bd. 1, S. 398f.

B 2   **im Hauptquartier zu Lüttich, den 15. Dezember 1792**

„Kundmachung des Generals en Chef der belgischen Armee".

Der Oberbefehlshaber der französischen Revolutionsarmee in Belgien, General Dumouriez, sichert den Einwohnern Aachens und der Umgegend Sicherheit ihrer Person und ihres Eigentums sowie individuelle Freiheit zu. Da er die hohen Ziele der Französischen Revolution nicht durch Gewalttaten in Mißkredit bringen lassen will, verbietet er seinen Soldaten bei Todesstrafe, gegen diese Zusicherungen zu verstoßen und verpflichtet alle, die solche Verbrechen bemerken, einzuschreiten bzw. Meldung zu machen.

Plakatdruck (frz./dt.) mit falscher Schreibweise DUMOURIER: StA Aachen, Frz. Zeit, Drucke sub dato.

B 3   30. Dezember 1792

Der Aachener Bürgerbürgermeister Kreitz betont gegenüber General Desforest, daß die Aachener Verfassung, wie sie bereits im Jahre 1450 im sog. Gaffelbrief niedergelegt worden war, immer schon demokratisch gewesen sei: Die Souveränität habe stets beim Volk gelegen, weshalb sich eine neue Verfassung erübrige.
Am 15./17. Dezember 1792 war der Nationalkonvent in Paris von dem am 29. Dezember 1791 gefaßten Beschluß, demnach Frankreich andere Völker nicht bevormunden wolle, abgerückt, hatte den Rhein zur natürlichen Ostgrenze Frankreichs erklärt und seinen Willen bekundet, in den eroberten Gebieten eine neue Verfassung nach französisch republikanischem Vorbild einzuführen. Das neue Dekret war in Aachen am 22. Dezember verkündet worden.
General Desforest erklärte sich nach den Ausführungen von Kreitz bereit, die Ankunft und die Entscheidung der jeden Moment erwarteten Nationalkommissare abzuwarten.

Abschrift im StA Aachen, RA II Ratsprotokoll Nr. 34, fol. 227r,v.

B 4

Auguste Marie Henri Picot, Marquis de Dampierre

Zeichner: F(rançois) Bonneville, Stecher: [Auguste] Sandos.

Dampierre wurde am 19. August 1756 in Paris als Sproß eines berühmten Adelsgeschlechtes geboren. Von 1772 bis 1780 diente er in der königlichen Garde, zog sich dann ins Privatleben zurück, bis er am 6. Oktober 1784 als Hauptmann in das Regiment des Herzogs von Chartres eintrat. Bis zum Februar 1792 stieg er zum Obersten auf. Am 22. August 1792 ernannte ihn Dumouriez provisorisch zum „maréchal de camp" bei der Ardennenarmee. Er wurde in dieser Stellung am 7. September 1792 von der Regierung bestätigt und erlebte in dieser Funktion am 20. September die berühmte Kanonade von Valmy mit. Als Befehlshaber des rechten Flügels von Dumouriez' Belgischer Armee trug er am 6. November 1792 entscheidend zum Sieg über die Österreicher bei Jemappes bei. Nachdem Aachen am 15. Dezember 1792 eingenommen und General Desforest abgelöst war, wurde er am 30. Dezember zum Stadtkommandanten von Aachen ernannt und blieb in dieser Stellung bis zur Räumung der Stadt am 2. März 1793. Trotz der Zusammenarbeit mit Dampierre hatte sein Vorgesetzter, General Dumouriez, keine gute Meinung von ihm. In seinen Memoiren schrieb er:
> „Le général Dampierre commandait dans Aix-la-Chapelle, où il s'occupait de plaisirs et de rapines. C'était un fou ambitieux, sans talens, audacieux jusqu'à la témérité, et en même tems timide par ignorance; d'ailleurs ennemi de tous ses supérieurs, et machinant avec les Jacobins de Paris pour les calomnies, dans l'espoir d'être fait général en chef".

Dampierres politische Aufgabe in Aachen bestand darin, die Pariser Konventdekrete vom 15. und 17. Dezember 1792 umzusetzen. Dabei stieß er auf erhebliche Schwierigkeiten.
Nach dem Abzug aus Aachen sollte ihn sein Ehrgeiz, von dem Dumouriez gesprochen hatte, zu dem von ihm offenbar gewünschten Ziel führen. Am 8. März 1793 wurde er zum Divisionsgeneral befördert, nahm an der für die Franzosen verheerenden Schlacht von Neerwinden (Mz. 18) teil, fungierte Ende März als Kommandant von Quesnoy und erhielt nach der Flucht Dumouriez' zu den Österreichern am 4./5. April 1793 den Oberbefehl über die französische „Armée du Nord et des Ardennes". Als solcher reorganisierte er die Truppen im Lager von Famars, schlug die Österreicher am 19. April nach Saint-Armand zurück, mußte aber die Belagerung von Condé aufgeben und wurde am 8. Mai in der Nähe von Condé von einer Kanonenkugel am Schenkel getroffen. Einen Tag später erlag er seinen Verletzungen.

Paris, B.N., Cabinet des Estampes D 123061 (mit falschem Geburtsdatum – 20. August – in der Bildunterschrift. – DUMOURIEZ, Bd. 1, S. 60. – CHUQUET, Valenciennes, S. 4ff. – SIX 1934, Bd. 1, S. 284.

AUG. M. H. PICOT DAMPIERRE,

Général en Chef de l'Armée du Nord. Né à Paris le 20. Aoust 1756. Tué par un Boulet de Canon le 9. May. Honneur du Panthéon le 12. l'An 2.ème de la République.

B 5
Jakobinermütze, um 1793

Roter Wollstoff mit bunter Seidenstickerei. Die Mütze ist „auf dem Umschlag in mehreren Farben kunstvoll mit einem republikanischen Emblem bestickt. Dieses enthält neben Blütenzweigen, dem Wort 'Liberté' und dem Liktorenbündel die phrygische Mütze mit kurzem, umgebogenem Zipfel". – Länge: 70 cm.

Als Kopfbedeckung ist die Jakobinermütze in Aachen nicht nachweisbar. Sie wurde aber zum Jahreswechsel 1792/93 als „Bekrönung" des Freiheitsbaumes verwandt und der vor dem Rathaus stehenden Bronzestatue Karls d. Gr. als Symbol der Revolution auf den Kopf gesetzt. Nach der zweiten Besetzung der Stadt erscheint die Jakobinermütze auch auf dem Farbstempel der Aachener Munizipalität (vgl. Exp. C 8).

Köln, Stadtmuseum, Inv. Nr. RM 1929/1221. – Katalog 1989, S. 358f. Nr. 202 (danach auch das Zitat), Abb.: S. 304.

B 6

Tanz um den Freiheitsbaum

Öl auf Holz. – Maße: H 50 / B 40 cm (mit Rahmen). – Unbekannter Künstler. – Hier: Foto.

Die vorliegende, bis 1989 unbekannte Darstellung des Tanzes um den Freiheitsbaum „gehört zu den uneingeschränkt positiven Bildzeugnissen eines Freiheitsfestes aus dem deutschsprachigen Raum. Männer und Frauen halten sich an den Händen und tanzen ausgelassen zu den Klängen einer Militärkapelle einen Reigen um den mit blau-weiß-roten Bändern und der Jakobinermütze geschmückten Baum. Ein Kind hält ein Transparent mit der Aufschrift 'Freiheit und Gleichheit'. Aus dem benachbarten Haus betrachten Bürger interessiert das Geschehen".
Der Ort der Handlung ist auf dem Bild nicht vermerkt. Manches erinnert jedoch – wenn man ein gewisses Maß künstlerischer Freiheit gelten lassen will – an Aachen, speziell an den Blick auf die Jesuitenkirche (vor deren klassizistischer Neugestaltung). Im Hintergrund glaubt man die Laterne des Oktogons des Marienstifts und die beiden Rathaustürme erkennen zu können, auf der linken Seite den Prinzenhof (etwa an der Stelle der heutigen Schule St. Leonhard), auf der rechten den Goltstein'schen Hof. Wenn es sich wirklich um Aachen handeln sollte, so gibt das Bild eine Idealszene wieder, wie sie die Revolutionäre gerne gesehen hätten. In Aachen jedenfalls fanden die Tänze um den Freiheitsbaum bei der Bevölkerung und erst recht bei der Geistlichkeit wenig Anklang.

Koblenz, Bundesarchiv, Außenstelle Rastatt o. Inv. Nr. – Zitat nach Katalog 1989, S. 345 Nr. 174, Abb.: S. 307.

B 7

Georges Jacques Danton (1759 Okt. 28 – 1794 Apr. 5)

Er war zunächst Advokat, bekannte sich 1789 zur Revolution, war seit Dezember 1791 Mitglied der Pariser Commune und trug in dieser Position wesentlich zur Radikalisierung der Revolution und letztlich zum Sturz des Königtums bei. Als Justizminister (August bis Dezember 1792) organisierte er den revolutionären Terror und schürte den Widerstandswillen gegen die auswärtigen Mächte. Dabei propagierte er den Rhein als Ostgrenze Frankreichs. Im Dezember 1792 und Januar 1793 war er mit anderen als Konventskommissar in Belgien und den eroberten Gebieten östlich der Maas unterwegs. Im März 1793 dekretierte er in Paris die Gründung des Revolutionstribunals. Als Mitglied des Wohlfahrtsausschusses schlug er seit April 1793 kompromißbereitere Töne an und geriet dabei in Gegensatz zu Robespierre, der ihn schließlich verhaften, aburteilen und hinrichten ließ.

Am 3. Januar 1793 trafen die Nationalkommissare Camus, Delacroix, Gossuin und Danton in Aachen ein. Der Hauptzweck ihres Besuchs war es, die Durchführung des Dekrets vom 15./17. Dezember 1792 (vgl. Exp. B 3) zu überwachen, die Armee zu inspizieren und Mißstände aufzudecken, Emigranten und deren Vermögen aufzuspüren und schließlich die zu Schaden gekommenen Aachener Bürger zu entschädigen. Letzteres sollte in der Erkenntnis geschehen, daß die Einwohner der eroberten Gebiete sonst der französischen Sache entfremdet würden.

Die Volksrepräsentanten unterstrichen die Gültigkeit des oben genannten Dekrets, woraufhin die Wahlen zur provisorischen Verwaltung und Justiz in Aachen für den 5., später für den 7. Januar anberaumt wurden.

Danton und Delacroix verlangten, daß das Dekret in Aachen mustergültig erfüllt werde. Aachen, die Stadt Karls d. Gr., sollte ein Beispiel für die Lande zwischen Maas und Rhein abgeben und Vorreiter in der Frage des Anschlusses an Frankreich werden. Zugleich erkannte Danton den mangelnden revolutionären Geist der Aachener und geriet darüber so sehr in Wut, daß er eines Tages dem Herausgeber der Zeitung „Aachner Zuschauer", Franz Dautzenberg, ins Gesicht schrie, in Aachen dürfe keine Revolution von Honig oder Milch geschehen, sondern es müsse wie in Paris eine mit Blut gemacht werden. Dautzenberg blieb angesichts dieser Unkenntnis der Aachener Volksseele nur ein Achselzucken.

Paris, B.N., Cabinet des Estampes D 123367.

Georges Jacques Danton

Zu **B 8-10**

Auch der auf Anregung General Dampierres am 8. Januar 1793 eröffnete „Club des Amis de la Liberté, Égalité et Fraternité établi à Aix-la-Chapelle" entsprach in seiner Radikalität nicht den Erwartungen Dantons. Er war eher gemäßigt und in seinen Ideen nicht dem Pariser Jakobinerklub vergleichbar. Trotz dieser Mäßigung fand er unter den Aachener Bürgern wenig Zulauf. Von den etwa 80 Mitgliedern sind 34 namentlich bekannt. Unter diesen ist kein Vertreter des Aachener Wirtschaftsbürgertums nachweisbar. Zunftbürger sind gleichfalls selten, und es fällt auf, daß etwa ein Drittel der Mitglieder Franzosen waren. Die Sitzungen des Klubs waren öffentlich.

B 8   9. Januar 1793

Bekanntmachung über den Beginn der Sitzungen des Clubs bzw. der „Gesellschaft der Freunde der Freiheit, Gleichheit und Bruderliebe in Aachen"

Plakatdruck (frz./dt.), StA Aachen, Beissel-Fey III Nr. 15.

LIBERTE, EGALITÉ, FRATERNITE.

Aujourd'hui neuf Janvier Mil sept cent quatre-vingt treize, l'an deuxieme de la République Française & le deuxieme jour de la fondation du Club des Amis de la Liberté, Egalité & Fraternité, établi à Aix-la-Chapelle.

La Société, tiendra sa séance à la Maison-Commune, dans la Salle du Conseil. On invite tous les Citoyens & Citoyennes d'assister à ses délibérations qui seront toujours publiques, & qui auront lieu tous les jours cinq heures du soir.

Par arrêté de la Société

Signés   VIVENIS Président.
            & DAUTZENBERG Secrétair.

Freyheit, Gleichheit, Bruderliebe.

Heute, den neunten Jänner, tausend sieben hundert neunzig drey, das zweyte Jahr der Französischen Republik, und der zweyte Tag der Errichtung des Clubs der Freunden der Freyheit, Gleichheit und Bruderliebe in Aachen.

Die Gesellschaft wird ihre Sitzungen im Gemeinden Haus halten. Jeder Bürger und Bürgerinn sind eingeladen, ihren Sitzungen beyzuwohnen, welche täglich öffentlich um fünf Uhr des Abends gehalten werden sollen.

Durch Uebereinkunft der Gesellschaft

(gezeichnet)   VIVENIS Präsident.
                und DAUTZENBERG Sekretar

B 9   Aachen, den 17. Januar 1793

Anzeige der „Gesellschaft der Freunde der Freiheit, Gleichheit und Bruderliebe in Aachen" über die Verlegung ihrer Sitzungen vom Rathaus in die Krämerlaube am Hühnermarkt

Plakatdruck (frz./dt.), Aachen, Öff. Bibl., SlBd. 845 Nr. 200.

AVIS.

La Société des Amis de la Liberté, de l'Egalité & Fraternité tiendra ses séances ordinaires, à compter de ce jour dix-sept Janvier mil sept cent quatre-vingt trois, dans la chambre des Marchands au marché des poulets.

Anzeige.

Die Gesellschaft der Freunden der Freyheit, Gleichheit und Bruderliebe wird ihre gewöhnliche Sitzungen, von heutigem Tage den siebenzehnten Jänner ein tausend sieben hundert neunzig drey an zu rechnen, auf der Krämerlaube aufm Hühnermarkt halten.

B 10   Aachen, den 10. Februar 1793

Einzige überlieferte Rede aus dem Aachener Klub der Freunde der Freiheit, Gleichheit und Brüderlichkeit, gehalten von Joseph Driessen, hier: Titelblatt

Driessen mußte zugeben, daß der größte Teil der Aachener Bürger den Klub öffentlich verachte. Den Kritikern hielt er entgegen, daß die Klubmitglieder keine Feinde der Religion seien, sondern eine verbrüderte Versammlung wohlgesinnter Bürger, deren Zweck es sei, das Volk aufzuklären, ihm eine Vorstellung von den Menschenrechten und von seinem ursprünglichen Adel zu vermitteln.
Zum Zeitpunkt seiner Rede hatten im Klub unter Führung französischer Offiziere und einiger deutscher Sympathisanten, unter ihnen Johann Dautzenberg, bereits jene Mitglieder die Oberhand gewonnen, welche schärfere Töne bevorzugten. Aber auch jetzt war der Klub von einem Jakobinerklub offenbar noch weit entfernt. Dafür spricht auch die Nachsichtigkeit, mit der der Aachener Rat nach dem Abzug der Franzosen die Mitglieder des Klubs verfolgte.

Dr.: Aachen, Öff. Bibl., SlBd. 845, Nr. 208. – Danach HANSEN II, S. 744f. Siehe auch ebd., S. 821ff.

DISCOURS

prononcé le 10 Fevrier 1793.
l'an deuxieme de la République Française

PAR

LE CITOYEN
J. DRIESSEN

au Club des Amis de la Liberté, Egalité
& Fraternité séant à Aix-la-Chapelle.

B 11 Aachen, den 3. Januar 1793

General Dampierre lädt unter Hinweis auf die Bestimmungen des Dekrets des Nationalkonvents in Paris vom 15. Dezember 1792 die Einwohner von Stadt und Reich Aachen für den 7. Januar zur Wahl einer provisorischen Verwaltung und einer provisorischen Justiz.

Das Dekret des Nationalskonvents verpflichtete die Generäle, in den eroberten Gebieten unverzüglich die alten Gewalten aufzuheben und stattdessen die Souveränität des Volkes sicherzustellen. Die Einwohner sollten zusammengerufen werden und eine provisorische Verwaltung und Justiz wählen. Die Tätigkeit der provisorischen Verwaltung sollte in dem Augenblick aufhören, da sich die Bevölkerung zum Gedanken der Volkssouveränität bekannte und eine freie „Volks-Regierung" installiert war. Im Artikel 11 erklärte die Französische Republik dasjenige Volk zum Feind, welches die ihm angebotene Freiheit und Gleichheit nicht annehmen wolle. Ursprünglich hatte Dampierre den 3. Januar als Wahltag vorgesehen. Der Termin wurde dann offenbar von den am selben Tage eintreffenden Nationalkommissaren verschoben.

Plakatdruck (frz./dt.), Aachen, Öff. Bibl., SlBd. 845, Nr. 191.

B 12 Aachen, [den 15. Januar 1793]

Liste der 48 sog. Aachener Volksrepräsentanten, welche die provisorische Verwaltung übernehmen sollten.

Die Wahl einer provisorischen Verwaltung und ihrer Mitglieder, der sog. Volksrepräsentanten, war vom General Dampierre auf den 7. Januar 1793 anberaumt worden, kam aber an diesem Tage wegen des Widerstandes der Aachener Bevölkerung nicht zustande. Die Mehrheit lehnte nach wie vor eine andere Verfassung als den revidierten Gaffelbrief von 1450 (vgl. Exp. A 1) ab und wollte auch nicht nach dem von Dampierre in einer besonderen Instruktion festgelegten Modus wählen, nach dem nicht mehr nur den Zunftbürgern, sondern allen Einwohnern über 21 Jahre, und zwar aus Stadt und Reich Aachen, unabhängig von ihrer Konfession das Stimmrecht zustand. Dampierre redete zunächst mit Engelszungen, drohte dann mit Zwangseinquartierungen von Soldaten in die Wohnhäuser der Widerspenstigen, stellte Bürgermeister Kreitz unter Hausarrest, drohte mit dem Nationalkonvent in Paris und der Guillotine, bis es ihm schließlich gelang, die bis zuletzt unwilligen Einwohner der Sektion Marschiertorgrafschaft durch seine Soldaten einzuschüchtern und zur Wahl zu bewegen. Am 15. Januar war es soweit: Die 48 Volksrepräsentanten der Stadt waren bestimmt und konnten vereidigt werden. Auch im Aachener Reich war die Wahl abgeschlossen.

Auszug aus dem verlorenen Protokoll der Volksrepräsentanten, StA Aachen, RKG A 27 XIX Nr. 645.

B 13

Formular des Eides der Aachener Volksrepräsentanten auf die Französische Republik

Am 15. Januar 1793, nachdem die Stadt Aachen und die Dorfschaften im Aachener Reich ihre Volksrepräsentanten gewählt hatten (vgl. Exp. B 12), wurden sie vom General Dampierre vereidigt. Gemäß Artikel 9 des Dekrets des Nationalkonvents in Paris vom 15. Dezember 1792 sollten sie schwören, die Grundsätze von Freiheit und Gleichheit bewahren und die Gesetze der Republik befolgen zu wollen. Dampierre stieß auch hier auf Widerstand und mußte schließlich einen Eid akzeptieren, den man von seinem Inhalt her auch dem Kaiser des Heiligen Römischen Reiches hätte schwören können.

Druck (dt.) aus der Zeit nach 1793 Mz. 2 als Auszug aus den verlorenen Protokollen der Volksrepräsentanten, angefertigt von F(riedrich) H(hubert) Strauch, Sekretär des Aachener Rates: Aachen, Öff. Bibl., SlBd. 845, Nr. 199.

Formular des Eides,

welchen die ehemalige Volks-Repräsentanten-Versammlung, um dem Ihr aufgedrungen werden wollenden französischen Eide auszuweichen, einzig und allein ausgeschworen hat.

Wir schwören, die Römisch-Katholische Apostolische Religion in ihrer gänzen Reinheit zu handhaben, und die Oberherrschaft, die Freiheit und die Wohlfahrt des Aachenschen Volks und dieses gemeinen Wesens mit allen unsern Kräften zu unterstützen: So wahr uns Gott hilft, und seine liebe Heiligen.

Pro fideli Extractu Protocolli testor
F. H. STRAUCH Secret. mppr.

B 14: [Aachen, den 24. Januar 1793]
„le 24ᵉ j(an)v(ie)r l'an 2ᵈ de la republique"

General Dampierre drängt Stephan Beissel, sein Amt als Maire, in das ihn die Aachener Volksrepräsentanten am 22. Januar gewählt haben, zum Wohle des städtischen Gemeinwesens und der Republik anzunehmen.

Eigenhändige Ausfertigung (frz.) im StA Aachen, Beissel-Fey III Nr. 7. – Dr.: WACKER 1890, S. 56.

citoyen, beysiel, je viens d'apprendre que les sections vous ont nommés unanimement, je vous prie donc au nom des dieux, de celui du peuple d'aix et de celui de la republique, de vous rendre au poste que le peuple vous a si glorieusement decerné et si vous les voules, je vous somme par des volontés si respectables a accepter cette glorieuse mission.

le citoyen
Dampierre
M. de S[ch]midt
a aix la chapelle

le 24ᵉ j[anvier]
l'an 2ᵈ de
la republique

B 15

Stephan Wilhelm Joseph Beissel, erster Maire von Aachen

Pastellbild von unbekanntem Künstler, um 1790. – Maße: H 61 / B 51 cm.

Stephan Beissel wurde am 17. Januar 1751 in Aachen getauft. Am 14. Januar 1776 heiratete er Henriette Josephine Johanna Foveaux (1757-1814), Tochter des Kölner Tabakfabrikanten Franz Joseph Foveaux. Stephan Beissel betätigte sich vorwiegend als Nadelfabrikant. In reichsstädtischer Zeit war er Anhänger der Neuen Partei und einer der Unterzeichner der Beschwerdeschrift von 1786, welche die Mißstände in der Regierung des von der Alten Partei beherrschten Rates anprangerte und Reformen forderte. Nach dem Einrücken der französischen Revolutionstruppen am 15. Dezember 1792 und der von General Dampierre betriebenen Umgestaltung der Kommunalverwaltung wurde er am 22. Januar 1793 von den Aachener Volksrepräsentanten zum Maire gewählt. Er nahm das Amt erst an, als ihm Dampierre mit der Einquartierung von 30 Soldaten in sein Privathaus drohte. Am 25. Januar erfolgte seine Vereidigung. Seine Amtszeit endete mit dem Abrücken der Franzosen am 2. März 1793. Durch Erbschaft gelangte die Tabakfabrik Foveaux an die Familie Beissel, so daß Stephan Beissel in den 90er Jahren neben Nähnadeln auch Tabak vertrieb. Gegen Ende des Jahrhunderts mußte er die Tabakproduktion wegen der hohen Tabaksteuern aus Rentabilitätsgründen vorübergehend einstellen. Immerhin zählte er im Jahre 1803 zu den 100 Meistbesteuerten der Stadt. Seine Nähnadeln wurden im Jahre 1806 zusammen mit denen anderer Aachener und Burtscheider Produzenten auf der Pariser Gewerbeausstellung des Jahres 1806 mit einer Goldmedaille ausgezeichnet (vgl. Exp. G 10). Er starb am 23. Mai 1819.

Privatbesitz Hanns Stephan Beissel, Aachen. – StA Aachen, RA II Allg. Akten 699. – v. FÜRTH 1890, Bd. I/2, Anhang, S. 38. – WACKER 1890, S. 56. – KAMPMANN 1923, S. 36, 44f. – Anm. 1 zu den Aachener Annalen (H), S. 35.

426

B 16: 22. Februar 1793

Liste der zum sog. Aachener Nationalkonvent gewählten Personen

Am 31. Januar hatte General Dampierre die Aachener aufgefordert, sich am 5. Februar in den jeweiligen Kirchen der Sektionen (Grafschaften) der Stadt bzw. der ehemaligen Reichsquartiere zur Wahl von Wahlmännern einzufinden. Die Wahlmänner ihrerseits sollten am 12. Februar die Mitglieder des Aachener Nationalkonvents ernennen, deren vornehmste Aufgabe es sein sollte, eine „bestschickliche Verfassung" auszuarbeiten und die provisorische durch eine endgültige Verwaltung zu ersetzen. Auch jetzt kam es, nicht zuletzt unter dem Eindruck der Hinrichtung König Ludwigs XVI. am 21. Januar, einem Ereignis, das das religiöse und rechtliche Empfinden der Aachener tief verletzte und die Feindseligkeit schürte, zu einer erheblichen Verzögerung. Erst am 22. Februar konnte die Wahl der Mitglieder des Aachener Nationalkonvents durchgeführt werden. Der Nationalkonvent bekräftigte in seinen Sitzungen vom 25. und 26. Februar den Volkswillen, am Gaffelbrief von 1450 in seinen Varianten von 1681 und 1792 festhalten zu wollen.

Abschrift im StA Aachen, Beissel-Fey III Nr. 33.

B 17

Haßerfülltes „TE DEUM LAUDAMUS auf die neugebackenen französischen Freiheits- und Unsinnsfabrikanten nebst einer freien teutschen Uebersetzung, gesungen im fünften Jahr der französischen Freiheits und Gleichheitswuth, 1793"

Das Te Deum muß vom Inhalt her nach der Hinrichtung König Ludwigs XVI. und vor der Schlacht von Aldenhoven, also zwischen dem 21. Januar und dem 1. März 1793 entstanden sein. Wenig später dichtete der Küster Schröder von Paffendorf 10 Strophen unter dem Titel „Ludwig König der Franken ist mordweis gestorben …".

Der deutsche Text des Te Deum lautet:

„Wir verdammen dich, abtrünniges Frankreich,
Als eine von aller Welt verfluchte Mutter der Ketzereien!
Alle Teufel, alle verworfene Geister und höllische Mächte,
Alle Länder und Völker ruffen mit unablässiger Stimme:
Sathan, Sathan, Sathan, Rebell gegen den Herrn Gott Zebaoth!
Himmel und Erde sind voll von dem Greuel deiner Konstituzion,
Dich rühmet der ruchlose Schwarm der Gottesläugner,
Dich lobet die verfluchte Jacobiner-Rotte,
Dich preiset das verworfene Heer der Lasterknechte,
Dich, Mutter der zügellosesten Frechheit und der unerhörtesten Gräuel,
So wie den schändlich von dir angefangenen ungerechten Krieg
Und deine gottlose Konstitution,
Verfolgt der Fluch der heiligen Kirche durch alle Winkel der Erde.
Du, o Frankreich, bist die Quelle aller Laster!
Du bist eine würdige Tochter deines Vaters des Teufels!
Um die Gesetze der Natur zu vernichten, hast du dich nicht gescheuet, deine Hände in dem Blute deines Königs und deiner Bürger zu baden.
Alle Natur und Religionsgesetze hast du mit Füssen getretten, und hierdurch deinen Anhängern die Pforten der Hölle geöffnet.
Du wirst zur Rechten Luzifers sitzen, und mit unaufhörlichen Qualen gepeiniget werden.
Wir glauben, dass du bald durch Feuer und Schwerd verheeret und gänzlich wirst zu Grunde gerichtet werden.
Dich, o Gott! der du durch deine Gnade die ausgewanderten Söhne Galliens aus ihren Klauen gerissen hast,
Bitten wir deswegen um Beistand für deine Diener.
Verewige das Andenken des Nazionalkonvents, mit der ganzen schändlichen Brut seiner Anhänger durch unendliche Höllenqualen,
Segne und erhalte, o Herr, die tapfern österreichischen Streiter!
Und sprich deinen Fluch über die Klubs und Versammlungen Frankreichs aus;

Verfolge die Glieder derselben mit deinem gerechten Zorn; zertrette, vernichte sie und rotte ihr Andenken auf ewig aus.

An jedem Tage verfluchen wir diese gottlosen Versammlungen,

Und verwünschen ihren Namen bis in Ewigkeit.

Schütze gütigst, o Herr, zu dieser Zeit Ludwig den siebenzehnten für der Gewalt der Patrioten!

Erbarme dich über ihn, o Herr, und über seine trostlose Familie! erbarme dich über den jungen König! Deine gerechte Rache komme über Frankreich, und seine lasterhaften Bewohner, weil sie ihre Hofnung nicht auf dich gesetzet haben.

Auf dich, o Herr! hat Ludwig der Sechszehnte mit allen guten Unterthanen sein Vertrauen gesetzt; darum wirst du ihn auch nicht zu Grunde gerichtet, sondern in dein ewiges unvergängliches Reich aufgenommen haben."

Druck, (lat./dt.), eingeheftet zwischen den Ausgaben „Der freyen Stadt Aachen Zeitung" vom 2. und vom 6. März 1793: Aachen, Öff. Bibl., Sign.: Zz 31-1793. – WACKER 1895, S. 94ff.

B 18

Die Schlacht von Aldenhoven am 1. März 1793

Kolorierter Umrißkupferstich, um 1830. – Zeichner: Mailinet. – Stecher: Couché. – Maße des Blattes: H 17,8 / B 27 cm, des Bildes: H 10,8 / B 15,5 cm.

Aus Privatbesitz

B 19 [Aachen, den 2. März 1793]
„le 2 mars l'an 2ᵉ de la Republique à aix"

General Dampierre teilt dem Maire von Aachen, Stephan Beissel, mit, daß er im Begriff stehe, die Stadt zu verlassen, dankt ihm für seine Bemühungen, empfiehlt ihm die zurückgelassenen Kranken an und bittet ihn, sie den das Kommando übernehmenden österreichischen Offizieren zu empfehlen.

Eigenhändige Ausfertigung (frz.) im StA Aachen, Beissel-Fey III Nr. 39. – Dr.: WACKER 1890, S. 59.

> le 2 mars l'an 2ᵉ de la Republique
> à aix
>
> je pars, citoyen, avec le deplaisir de
> ne pas vous remercier de tous les soins
> que vous vous êtes donnés, pendant
> le séjour des français ici.
> je recommande a votre humanité
> les malades que nous laissons ici.
> je vous prie aussi de les recommander
> aux officiers généraux autrichiens
> qui commanderont a aix.
> je n'oublierray jamais vos vertus et
> votre franchise.
>   le m. de c̃
>   Dampierre

C. Die Wiederherstellung der reichsstädtischen Ordnung 1793/94 und ihr neuerlicher Verlust – Aachen unter französischer Herrschaft 1794-1801

C 1
Übersichtskarte mit den Stellungen der französischen und der „kombinierten", d.h. österreichischen, englischen und holländischen Truppen während der Kriegsereignisse in den Gebieten links der Rur und in den österreichischen Niederlanden während des Feldzugs 1793/94

„Kriegs-Theater in den Niederlanden in den Jahren 1793 u. 94. – Théâtre de la Guerre dans les Pays-Bas 1793 et 1794".
Schwarz-weiße Landkarte, auf Pappe aufgezogen; blaue Farbe für die französischen, rote für die „kombinierten" gegnerischen Truppen. – Maße: H 29 / B 45 cm. – Maßstab: 1 : 742 000.

Die Karte zeigt unter anderem die Position der feindlichen Armeen bei Aldenhoven (1. März 1793), Neerwinden (16. März 1793) und Fleurus (26. Juni 1794). Einen Tag nach der Schlacht von Aldenhoven mußten die Franzosen Aachen und nach Neerwinden die österreichischen Niederlande räumen. Nach der Schlacht von Fleurus rückten die französischen Truppen wieder unaufhaltsam nach Osten vor und nahmen am 23. September 1794 Aachen erneut ein.

StA Aachen, Karte o. Sign.

C 2
Johann Joseph Andreas Vossen der Ältere

Öl auf Leinwand, frühes 19. Jahrhundert, Künstler unbekannt. – Maße: H 65 / B 54 cm.

Er wurde am 8. April 1758 in Aachen als Sohn des Stadtbaumeisters Wilhelm Vossen getauft. Das Studium der Rechtswissenschaften in Trier schloß er am 14. August 1780 mit der Promotion ab. Im Jahre 1781 kam er als Gewählter der Krämerzunft in den Rat, wo er sich der Neuen Partei anschloß. Als einer ihrer Führer war er maßgeblich an den Ereignissen der sog. Mäkelei während der Jahre nach 1786 beteiligt. Zur Zeit der ersten Besetzung Aachens durch die französischen Revolutionstruppen war er im Januar/Februar 1793 Mitglied des Aachener Klubs der Freunde der Freiheit, Gleichheit und Brüderlichkeit. 1794 begegnet er als Mitglied der Aachener Loge „Zur Beständigkeit". Am 23. September 1794 suchte er als einer der Ratsdelegierten das Hauptquartier der französischen Armee des Generals Jourdan in Herve auf, um dort die Bedingungen und Umstände der Übergabe der Stadt auszuhandeln. Für seine geschickte Verhandlungsführung nahm ihn der Rat am 25. September als dritten Stadtsyndicus an. Am 11. Dezember 1794 wurde er Mitglied der in Aachen eingerichteten Zentralverwaltung für die Lande zwischen Maas und Rhein. In diesem Amt blieb er bis zur Auflösung derselben im Juni 1796. Danach wurde er am 8. August 1796 zum Richter am Aachener Tribunal civil supérieur und am 9. Mai 1797 zum Richter am Appellationsgericht in Bonn ernannt. Im Jahre 1797 war er Mitglied der Bonner patriotischen Gesellschaft und Befürworter der Cisrhenanischen Republik. Nachdem der alte Rat von General Hoche wieder eingerichtet war und die Neue Partei im September in einer Ratsneuwahl obsiegt hatte, wurde Vossen im Oktober 1797 wieder als – nunmehr zweiter – Stadtsyndicus tätig. Diese Stelle mußte er nach erneuter Abschaffung der Ratsverfassung wieder aufgeben. Nach dem Frieden von Campo Formio setzte er sich im Aachener Reunionszirkel für die Vereinigung der Rheinlande mit Frankreich ein und wurde am 7. Januar 1798 vom Regierungskommissar Rudler auf die aus der Sicht der Regierung politisch wichtige Stelle des Kommissars beim Zivilgericht in Köln berufen. Am 11. Mai 1803 ernannte ihn Napoleon zum Sachwalter (avoué) am Tribunal 1. Instanz in Aachen. Auch in preußischer Zeit war er als Anwalt tätig, zunächst am Kreis –, dann beim Landgericht Aachen. Einem Geheimbericht über Zustände und Beamte im Roerdepartement aus dem Frühjahr 1804 zufolge galt Vossen als „verschlagen". Er starb am 5. August 1845 in Aachen.

Aachen, Museum Burg Frankenberg, Inv. Nr. NGK 1057. – StA Aachen, Hs. 315. – SAVELSBERG 1906, S. 20 Nr. 126. – A. PAULS 1928, S. 524 Nr. 171 u. DERS. 1903, S. 56f., 110 u. 1949, S. 59. – E. PAULS 1888, S. 218f.; 57, S. 72; 63, S. 42, 48, 78. – DUFRAISSE 1978, S. 152f. – NIESSEN 1991, S. 8. – GRAUMANN 1990, S. 158f., 161.

431

C 3

Jean-Baptiste Jourdan

Gezeichnet von Louis Dupré, Lithographie von [François Séraphin] Delpech um 1830
Maße: H 50,8 / B 31,5 cm.

Jourdan wurde am 29. April 1762 in Limoges als Sohn eines Chirurgen geboren. Er trat 1778 ins Militär ein und nahm seit 1779 an den Feldzügen in Amerika teil, kehrte 1782 aus Krankheitsgründen zurück, wurde im November 1783 wieder aktiv, am 26. Juli 1784 aber ausgemustert. Bis zur Französischen Revolution lebte er als Händler in Limoges, meldete sich zu den Volontären, nahm an den Schlachten von Jemappes am 6. November 1792 und Neerwinden am 18. März 1793 teil und stieg bis zum Herbst 1793 zum Armee-General auf. Am 2. Juli 1794 wurde ihm die Sambre- und Maasarmee anvertraut. Mit ihr besiegte er die Österreicher bei Fleurus (26. Juni 1794), eroberte die österreichischen Niederlande (Belgien) und überquerte die Ourthe am 18. September. Seine Truppen erreichten am 23. September 1794 die Reichsstadt Aachen und rückten bis zum Oktober an den Rhein vor. Vom 20. Dezember 1794 bis zum 1. März 1795 gab er sein Kommando vorübergehend auf und war seitdem in wechselnden Funktionen und an verschiedenen Orten tätig. Unter Napoleon war er vorübergehend General der Armee in Italien (1804/05), wurde am 19. Mai 1804 Marschall, am 17. März 1806 Gouverneur von Neapel, erhielt schließlich Kommandos in Spanien und war von 1806 bis 1813 Generalstabschef des spanischen Königs Joseph Bonaparte. Auch unter den Bourbonen stand er in hohem Ansehen. Ludwig XVIII. erhob ihn in den Grafenstand und ernannte ihn 1819 zum Pair von Frankreich. Er starb in Paris am 23. November 1833.

Aachen, Museum Burg Frankenberg, Inv. Nr.: BK 1718. – SIX 1934, Bd. 1, S. 608f.

JOURDAN.

C 4   23. September 1794

Übergabe der Aachener Stadtschlüssel im Hauptquartier der französischen Sambre- und Maasarmee des Generals Jourdan in Herve durch die Aachener Deputierten Nikolaus Cromm und Dr. Joseph Vossen den Älteren.

Öl auf Leinen. – Maße des Originals: H 286 / B 356 cm. – Historienmalerei von Arthur Kampf (1864-1950) aus dem Jahre 1904. – Hier: Foto.

An das Ereignis der Schlüsselübergabe knüpfte sich später die heute widerlegte Legende, Cromm und Vossen sei es zu verdanken, daß die Stadt Aachen vor der längst beschlossenen Zerstörung verschont blieb. Die Vernichtung Aachens soll deshalb angeordnet worden sein, weil sich Aachens Bürger beim Rückzug der Franzosen am 2. März 1793 Exzesse hätten zuschulden kommen lassen.
Zur Erinnerung an die vermeintliche Errettung Aachens haben einige angesehene Bürger der Stadt dieses Gemälde in Auftrag gegeben, mit 24 000 Mark bezahlt und ihrer Vaterstadt geschenkt.
In einem Kommentar zu einer „Original-Farben-Reproduktion" der zwischen 1935 und 1937 aufgegebenen Aachener Buchdruckerei „Gebrüder Drießen" heißt es als Erläuterung zum Bilde:
„Herr Arthur Kampf hat das Bild so disponiert, daß er zur Rechten die Gruppe der Aachener darstellte, voran Herrn Dr. Vossen. Wir sehen denselben in Reisemantel und Reiterstiefeln, den Dreispitz in der Linken, in der Rechten den Stadtschlüssel. Den vornehm gesinnten Mann scheint die höchst aufgeregte, würdelose Heftigkeit des Franzosen mehr zu verletzen, als einzuschüchtern. Um so sorgenvoller blickt hinter ihm der wackere Baumeister Cromm. Vom Lichte der halboffenen Tür reizvoll umflutet, erscheint dahinter die ganz von Amtswürde durchtränkte Gestalt des 'alten Herrn Creutzer' mit der weißen Parlamentärsflagge. Die Gruppe der Aachener steht in zart durchleuchtetem Helldunkel. Bescheiden, wenn auch würdig, treten sie in ihrem schlichten Bürgergewande zurück gegenüber den französischen Generalen mit ihren reichen Uniformen. Den größten Teil des Zimmers, zu beiden Seiten des weißgedeckten Tisches, füllt die französische Soldateska. Zunächst in der Mitte zwei Generale, der eine sitzend, der andere stehend, zornig auf die Aachener losfahrend. In diesen beiden blauen, goldgestickten Uniformen, in diesen grellen blau-weiß-roten Schärpen steckt der Effekt des Bildes, das höchste Leben in der figürlichen Aktion wie in der Farbe. – Es folgen zur Linken die Subalternoffiziere, die durch höhnische und spottende Zurufe die Grausamkeit der Situation für die Aachener Gesandten zu verschärfen suchen. Ruhig bleibt der alte General mit den verlebten, schlaffen Zügen vor seinem Weinglase. Prüfend gleitet sein Blick über die Aachener Herren, während die aufgeputzte Dirne neben ihm leidenschaftlich sich vorbeugt, und offenbar in Schimpfworten sich ergeht. Der Verwundete hinter ihr scheint sie durch sein Geflüster noch aufzustacheln. Diese genannten Figuren schließen sich zu einer wohl abgerundeten Gruppe im Bilde zusammen".

Original: Aachen, Museum Burg Frankenberg, Inv. Nr. GK 238. Dort befindet sich auch eine Studie zu diesem Gemälde. Farbdruck und Kommentar im StA Aachen. – SCHNOCK 1903, S. 390f. – Katalog 1932, S. 83 Nr. 238.

435

C 5
Replik der am 23. September 1794 in Herve als Zeichen der Unterwerfung der Stadt Aachen ausgehändigten Stadtschlüssel

Die Originale liegen noch heute in Paris (Archives Nationales, AE VI (m) 3). Es handelt sich um fünf Schlüssel, die mit Sicherheit von einem einzigen Stadttor stammen, denn wer die Schlüssel eines Tores besaß, dem lag auch die ganze Stadt offen. Späteren Äußerungen Dr. Vossens zufolge handelte es sich um die Schlüssel des Jakobstores (vgl. S. 72).

Aachen, Museum Burg Frankenberg.

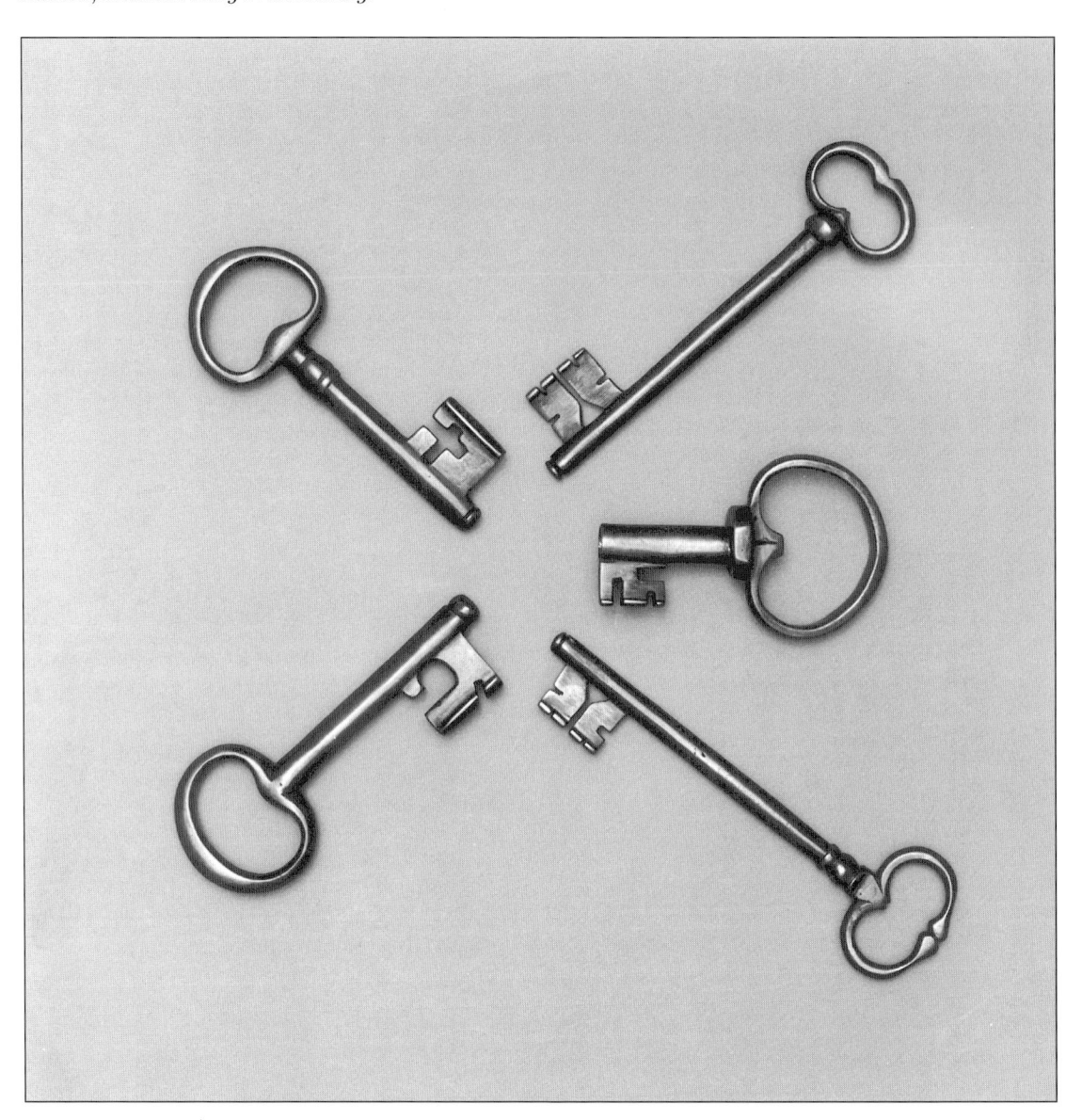

C 6 Aachen, den [29. Oktober 1794]
„den 8ten Brumaire im 3ten Jahre der Republikanischen Zeitrechnung"

Der Volksrepräsentant Frécine ernennt die zehn Mitglieder der Aachener Munizipalität, umreißt deren Aufgaben und setzt ihr monatliches Gehalt auf 200 Livres fest.

Am 4. November 1794 wurde der reichsstädtische Aachener Rat offiziell durch die Munizipalität ersetzt, welche sich alle 10 Tage (Dekade) ihren Präsidenten neu wählte.

Plakatdruck (frz./dt.) im StA Aachen, Hs. 313 Nr. 26.

> **Französische einige und untheilbare Republik.**
>
> **Freiheit   Gleichheit**
> **Verbrüderung   (L. S.)   Tod den Tyrannen.**
>
> Der Repräsentant des französischen Volks bey den Nord- und Samber- und Maaß-Armeen beschließt hiemit, wie folgt:
>
> 1ter Artikel.
> Die Munizipalität von Aachen soll aus zehn Mitgliedern bestehen, nämlich den Bürgern:
>
> Theodor Bettendorf,
> Arnold Scholl,
> Franz Peltzer,
> Jakob Friedrich Kolb,
> Stephan Vietoris,
> Wilhelm Houbben,
> Paul Peuschgens,
> Franz Heinrich Starz,
> Franz Heinrich Vanhoselt,
> Gerard Dauzenberg, Polizey-Offizier.
>
> II. Sie soll unter der unmittelbaren Obhut der General-Verwaltung, und der besondern Aufsicht der Glieder der General-Verwaltung stehen, welche in ihrem Kanton ihren Sitz haben wird. Sie soll die Bekanntmachung, und Anheftung der Gesätze, Beschlüsse, Proklamationen, und Instruktionen, welche ihr durch das Mitglied ihres Bezirkes unmittelbar sollen zugesandt werden, so wie die Vollziehung der Requisitionen zu besorgen haben. Sie soll ferner in ihrem Umkreise die Polizey versehen.
>
> III. Dem Bürger Dauzenberg ist ins besondere aufgetragen, auf alle diejenige Acht zu haben, welche durch ihre Reden, Schriften oder Handlungen Unruhen erregen, und wider die Freiheit der französischen Republick Komplotte machen würden. Er soll dergleichen strafbare Individuen dem Kommandanten der Stadt, und dem öffentlichen Ankläger bey dem peinlichen Revolutions-Tribunal angeben, und selbst befugt seyn, solche Verschwornen auf der Stelle arretiren, und Haus-Suchungen vornehmen zu lassen, mit dem Bedinge, daß er in diesem Falle sogleich dem öffentlichen Ankläger Anzeige thun soll, welcher alsdann seinerseits das Tribunal davon zu benachrichtigen hat.
>
> IV. Der Gehalt der Mitglieder der Munizipalität soll in 200. Liv. monatlich bestehen.
>
> Gegenwärtiger Beschluß soll in beyden Sprachen gedruckt, verkündigt und angeheftet werden.
>
> Aachen den 8ten Brumaire im 3ten Jahre   (unterz.)
> der Republikanischen Zeitrechnung.   (L.S.)   FRECINE.

C 7

Erstes Protokollbuch der Aachener Munizipalität für die Zeit vom 4. November 1794 bis zum 19. Mai 1795

Maße: H 36 / B 22 cm. – 630 beschriebene Seiten.

Der reichsstädtische Aachener Rat blieb nach dem zweiten Einrücken französischer Truppen am 23. September 1794 zunächst noch im Amt. Erst am 4. November 1794 mußte er seine Tätigkeit einstellen und die Amtsgeschäfte an die neu eingerichtete Munizipalität, ein Verwaltungskollegium aus 10 Personen, abgeben.
Die erste Seite des Bandes charakterisiert den Inhalt mit den Worten „Protocollum über die von der Central-Administration bei der Munizipalität eingekommenen Aufträge und deren Vollziehung, ..." und dokumentiert damit, daß die Zeit der Selbstverwaltung vorüber war.

StA Aachen, Frz. Zeit, Munizipalitätsprotokoll 1794/95.

C 8

Farbstempel der Aachener Munizipalität, nach dem 4. November 1794

Messing, oval, Längsdurchmesser: 36 mm, Querdurchmesser: 31 mm.

Am Kopf des Stempels: eine Jakobinermütze, von der die Umschrift ausgeht: MUNICIPALITÉ D'AIX · LA · CHAPELLE. Im Siegelfeld finden sich in vier Zeilen die Worte: LIBERTÉ / EGALITÉ / FRATER- / NITÉ. Darunter: eine Schleife. Der Auftrag zur Herstellung des Stempels erging bereits am 4. Oktober 1794 (vgl. S. 91).

StA Aachen, Siegelstempelsammlung, Nr. 30. – Ein weiteres Exemplar mit kleinerer Schleife ebd., Nr. 29.

Hier: Ins Positive gekehrtes Bild des Farbstempels.

C 9   1794, nach September 8

Tinet, Mitglied der „Agence de commerce et approvisionnement" listet unter Hinweis auf den Beschluß des Pariser Wohltätigkeitsausschusses vom 13. Mai und der Volksrepräsentanten bei den Nord-, Sambre- und Maas-Armeen vom 14. August [1794] die zugunsten der französischen Armee zur Requisition stehenden Waren auf.

Die französische Armee mußte sich gemäß der im Herbst 1793 entwickelten Militärstrategie aus Feindesland ernähren und unterhalten.

Plakatdruck, StA Aachen, Hs. 313, Nr. 23. – Auf der Rückseite der zeitgenössische Vermerk: „Vendém(iaire) an 3".

C 10   im Hauptquartier zu Burtscheid, [den 26. September 1794]
„le 5. Vendémiaire l'an 3me"

Der Volksrepräsentant Gillet ordnet an, daß die Assignaten in Aachen wie in den übrigen eroberten Gebieten denselben Wert wie das Münzgeld haben und daher bei allen Handelsgeschäften als wertgleich angenommen werden müssen. Zur eventuellen Überprüfung ihrer Echtheit soll unverzüglich ein Verifikationsbüro eröffnet werden.

Auf der linken Seite des Plakatdrucks findet sich der Vermerk: „Vu par moi commandant de la place Winter". Am unteren Rande steht der Hinweis: „Auf Befehl der französischen Republik soll diese Verordnung auch in Raren im Limburgischen und im KornelyMunsterschen verkündigt werden. Aachen den 13ten October 1794. In fidem F(riedrich) H(ubert) Strauch, Secretarius".

Plakatdruck (frz./dt.) im StA Aachen, Kraemer IX 10.

C 11

Assignaten

Die Assignaten entwickelten sich seit ihrer Einführung in Frankreich im Jahre 1789 von verzinslichen Wertpapieren, deren Sicherheit in Nationalgütern bestand, zu wertlosem Papiergeld, für das auch in Aachen seit dem 26. September 1794 ein Annahmezwang bestand (siehe im einzelnen S. 81 ff). Im Frühjahr 1797 wurde die Assignatenwirtschaft aufgegeben.
Welche Mengen in Umlauf gesetzt wurden, kann man an der Anzahl und dem Wert der heute noch im Stadtarchiv vorhandenen Assignaten erahnen. Es handelt sich vor allem um Nominale zu 50 Sols, 5, 10 und 25 Livres im Wert von mehreren tausend Livres, und zwar aus der Zeit vor Einführung des Franc, also vor dem 15. August 1795. Noch in preußischer Zeit wurden Assignaten zur Unterfütterung von Tapeten benutzt.

StA Aachen, Frz. Zeit, o. Sign.

ASSIGNAT
de CINQ livres.
Série 2894.
ASSIGNAT
de CINQ livres.
Série 2894.
ASSIGNAT
de CINQ livres.
Série 2894.
ASSIGNAT
de CINQ livres.
Série 2894.
ASSIGNAT
de CINQ livres.
Série 2894.
ASSIGNAT
de CINQ livres.
Série 2894.
ASSIGNAT
de CINQ livres.
Série 2894.
ASSIGNAT
de CINQ livres.
Série 2894.
ASSIGNAT
de CINQ livres.
Série 2894.
ASSIGNAT
de CINQ livres.
Série 2894.

C 12￼Aachen, den [1794 November 22]
„den 2. Frimaire 3"

„Admonition fraternelle des membres du Comité de Surveillance d'Aix-la-Chapelle à leurs concitoyens. – Brüderliche Ermahnung der Glieder des Obhuts-Ausschusses zu Aachen an ihre Mitbürger"

Am 27. November 1794 wurde in Aachen ein „Comité de surveillance" oder „Obhutsausschuß" aus 12 Einheimischen eingesetzt. Er hatte den Auftrag, konterrevolutionäre Umtriebe aufzudecken und das Erkenntnismaterial dem gleichfalls im November installierten Aachener Revolutionstribunal zu übergeben. Der Ausschuß bemühte sich vor allem, Emigrantengut aufzuspüren, Fremde sowie Kritiker und betrügerische Nutznießer der Assignatenwirtschaft und der von der Regierung verordneten Höchstpreise zu überwachen. Trotz des Eifers, den die Mitglieder des Aachener Obhutsausschusses an den Tag legten, waren die Ergebnisse wenig beeindruckend, so daß auch das Revolutionstribunal keine aufsehenerregenden Prozesse führen konnte. Der Wohlfahrtsausschuß in Paris hob die Obhutsausschüsse in Frankreich und den besetzten Gebieten bereits im Februar 1795 wieder auf.

StA Aachen, Kraemer IX 10.

ADMONITION FRATERNELLE
DES MEMBRES DU COMITÉ DE SURVEILLANCE D'AIX-LA-CHAPELLE à leurs Concitoyens.

CITOYENS, FRERES & AMIS!

Tout homme qui calcul son bonheur particulier sur le malheur public, est naturellement l'ennemi de ses semblables, & un excrement de la société humaine: tel est celui qui par des spéculations cupides & criminelles, cherche à discréditer les Assignats, qui font la masse de la fortune publique.

Citoyens! un Comité de Surveillance vient d'être établi en cette Ville pour déjouer de semblables trames; il vous invite à venir lui dénoncer des malveillans qui refuseroient ou décrieroient les Assignats, qui établiroient deux prix pour les mêmes denrées, l'un en Assignats, l'autre en numéraire, & généralement tous ceux qui, par leurs propos ou leurs actions, conspireroient contre la République.

Que d'anciens préjugés, qu'une fausse pitié ne vous arrête point; ne craignez pas de faire démasquer ces hommes coupables, ces ennemis jurés de la Liberté & du genre humain, qui, par la cupidité insatiable d'or & d'argent, préfèrent leur intérêt particulier, en immolant à cet idole la conservation de leurs frères & la félicité publique.

Le Comité tient ses séances dans la maison de l'émigré Kreitz, rüe St. Jacques, tous les jours depuis neuf jusqu'à douze heures du matin & depuis quatre jusqu'à sept heures du soir; ceux qui hors ces heures ordinaires ont quelques dénonciations à faire, les déposeront par écrit au Greffe.

Fait à Aix-la-Chapelle le 2 Frimaire.

Salut & Fraternité!

Les Membres du Comité de Surveillance.
Arnold Kraus, Président. Jacques Denys. Serv. Vanhoutem. Bern. Driessen. Wilh. Graf. H. G. Longrée. Rudolf Esser. Louis Othegraven.

Albert Schrauff, Sécrétaire.

Vû & approuvé.

L'Agent-National
DRIESSEN.

Brüderliche Ermahnung
Der Glieder des Obhuts-Ausschusses zu Aachen An ihre Mitbürger.

Bürger, Brüder und Freunde!

Ein jeder Mensch, der sein besonderes Glück auf dem allgemeinen Verderben gründet, ist natürlicher Weise der Feind seines Nebenmenschen, und ein Auswurf der menschlichen Gesellschaft. Ein solcher ist derjenige, welcher durch begieriges und frevelhaftes Auskläglen über die Assignaten, die die Stütze des gemeinen Wohls sind, Mistrauen zu verbreiten suchet.

Bürger, um derartige Anschläge zu vereiteln, ist ein Obhuts-Ausschuß in dieser Stadt eingesetzt worden; Derselbe ladet euch ein, ihm die Uebelgesinnte anzugeben, welche die Assignaten verweigern, oder verschreyen würden; welche für die nämlichen Waaren zwey Preise – einen in Geld, den andern in Assignaten – anzusetzen sich erfrechen, und alle diejenige, welche durch ihre Reden oder Thaten gegen die Republik freveln würden.

Laßet euch nicht durch alte Vorurtheile, oder ein falsches Mitleiden abhalten; fürchtet nicht, daß durch euch jenen Bösewichten die Larven möchten abgezogen werden, jenen geschwornen Feinden der Freiheit und des menschlichen Geschlechtes, welche durch eine unersättliche Begierde nach Gold und Silber ihren Eigennutz vorziehen, und diesem Götzen die Erhaltung ihrer Brüder, und die öffentliche Wohlfahrt aufopfern.

Der Ausschuß hält seine Sitzungen in dem Hause des ausgewanderten Kreitz in der Jakobsstraße, alle Tage Morgens von neun bis zwölf, und Nachmittags von vier bis sieben Uhr Abends. Wer außer diesen gewöhnlichen Stunden Angaben zu thun hat, mag sie schriftlich an die Kanzley abgeben.

Gegeben zu Aachen den 2. Frimaire.

Heil und Verbrüderung!

Die Glieder des Obhuts-Ausschusses.
Arnold Kraus, Präsident. Jakob Denys. Servais Vanhoutem. Bern. Driessen. Wilh. Graf. H. G. Longrée. Rudolph Esser. Ludwig Othegraven.

Albert Schrauff, Sekretair.

Gesehen und gutgefunden.

Der National-Agent
DRIESSEN.

C 13

Berechnungen Jakob Friedrich Kolbs zur Sicherung der Brotversorgung in Aachen während des Hungerwinters 1794/95

Die Versorgungslage der Aachener Bevölkerung hatte sich seit Oktober 1794 stetig verschlechtert. Verantwortlich dafür waren die ständigen Einquartierungen von Soldaten in Bürgerhäusern, die täglichen Requisitionen des Militärs, das Gebot zur Annahme des wertunbeständigen bzw. wertlosen Papiergeldes (Assignaten) und die Festschreibung von Höchstpreisen, welche das Gleichgewicht von Angebot und Nachfrage störten. Hinzu kam, daß sich doppelt soviele Soldaten in Aachen aufhielten, als die militärische Führung vorsah. Zur Sicherstellung einer Grundversorgung der Zivilbevölkerung mit Lebensmitteln hatte die Aachener Munizipalität unter Vorsitz von Jakob Friedrich Kolb ein „Comité de subsistance" eingerichtet. Bald stellte sich nur noch die Frage, wie das tägliche Brot zu beschaffen und zu verteilen sei.

Am 5. Januar 1795 lag Kolb das hier ausgestellte Zahlenmaterial vor, demzufolge sich 14 000 Personen, arme Handwerker, Fabrikarbeiter und Tagelöhner, nicht mehr selbst mit Brot versorgen konnten. 6 000 weitere Personen waren dazu nur zum Teil imstande. Damit waren etwa zwei Drittel der in Aachen lebenden Zivilpersonen unterstützungsbedürftig. Kolb veranschlagte für die erste Gruppe eine tägliche Pro-Kopf-Ration von 272 g Brot, für die zweite, nachträglich auf 4 500 Personen begrenzte Gruppe 242 g Brot. Er selbst vermerkte dazu: „... und nur die Zeit wird zeigen, ob mit dieser geringen Portion Brodt die arme Volcksclasse bey Leben erhalten werden kann".

StA Aachen, RA II Allg. Akten 891, fol. 154ff.

C 14   1795

Armenlisten für den Brotempfang in der Adalberts-, Köln-, Marschier-, Pont- und Berg- sowie der Königstorgrafschaft

StA Aachen, RA II Allg. Akten 617.

C 15   1795, nach Januar 27

Blanco-Brotkarte für die Armen der Petersgrafschaft

Gerahmt unter Glas. – Maße: H 8,5 / B 15 cm.

Im Hungerwinter 1795 wurden auf Beschluß der Aachener Munizipalität „an die einzelnen Familien nach Maßgabe ihrer Bedürftigkeit eine Anzahl von Karten mit dem Siegel und der Unterschrift der Munizipalität verteilt, bei deren Abgabe die Bäcker das darauf vermerkte Quantum Brot gegen Zahlung in Assignaten verabfolgen mußten. Die Bäcker ihrerseits hatten die erhaltenen Brotkarten der Munizipalität wieder zurückzustellen und damit zu beweisen, daß sie die dem Maße des erhaltenen Korns entsprechende Brotmenge auch wirklich ausgegeben hatten. Nur nach Erfüllung dieser Bedingung stellte ihnen die Munizipalität einen Schein aus, der sie zum Empfang der gleichen Getreidemenge für die nächste Dekade berechtigte".

StA Aachen, Frz. Zeit, o. Sign. – Ebd., RA II Allg. Akten 891, fol. 187ff. – EDER 1917, S. 82f. (danach das Zitat).

> **Peters Grafschaft.**
> No   Köpfe
> Armen Brodt Carte für Bürger
> gegen welche Bürger
> wöchentlich   Brodte zu fünf Pfund jedes gegen gleich
> baare Zahlung zu   Sols das Brodt verabfolgen lassen soll.
> Aachen den   J. F. Kolb.
> im 3ten Jahr der Fr. Rep.   Directeur
>   vom Comité des Subsistences.

C 16

Liste derjenigen Einwohner Aachens, die bei der Ankunft der französischen Revolutionstruppen abwesend waren und zwischen dem 21. April 1795 (2. Floréal an III) und dem 1. März 1796 (11. Ventôse an IV) zurückgekehrt sind

„Tableau des habitans d'Aix la Chapelle absens à l'arrivée des armées victorieuses des Français en cette ville, tiré [des] régistres des Procés Verbeaux dressés par l'Administration Municipale".

Die vom Sekretär der Aachener Munizipalität beglaubigte Liste nennt 192 Personen mit Namen, Vornamen und Beruf, das Rückkehrdatum und die Autorität, der sie die Genehmigung zur Rückkehr verdanken.

StA Aachen, RA II Allg. Akten 1071.

C 17   Aachen, den [1. November 1795]
                                                    „den 10. Brumaire 4ten J.d.f.R."

Die Aachener Munizipalität fordert ihren Bürger Theodor Käntzeler auf, den auf ihn entfallenden Beitrag (5 Reichstaler) zur jüngst ausgeschriebenen Kontribution innerhalb von acht Tagen zu bezahlen. Die Aufforderung bezieht sich auf ein von der Witwe Küpper bewohntes Haus (Nr. 771).

Das Schriftstück trägt den schwarzen Farbstempel der Aachener Munizipalität (vgl. Exp. C 8) und die Unterschrift des Sekretärs der Munizipalität, J(oseph) Brauers. Auf der Rückseite findet sich der Vermerk: „B(ürge)r Theodor Kaenzler oder Wittib Küpper aufm Hof Nr. 771" und „Vom 4.J.d.R.". Die Vorderseite trägt unten links den Quittungshinweis: „Zahlt, [...] Pelser [...]".

StA Aachen, Acc. 1968/10 h.

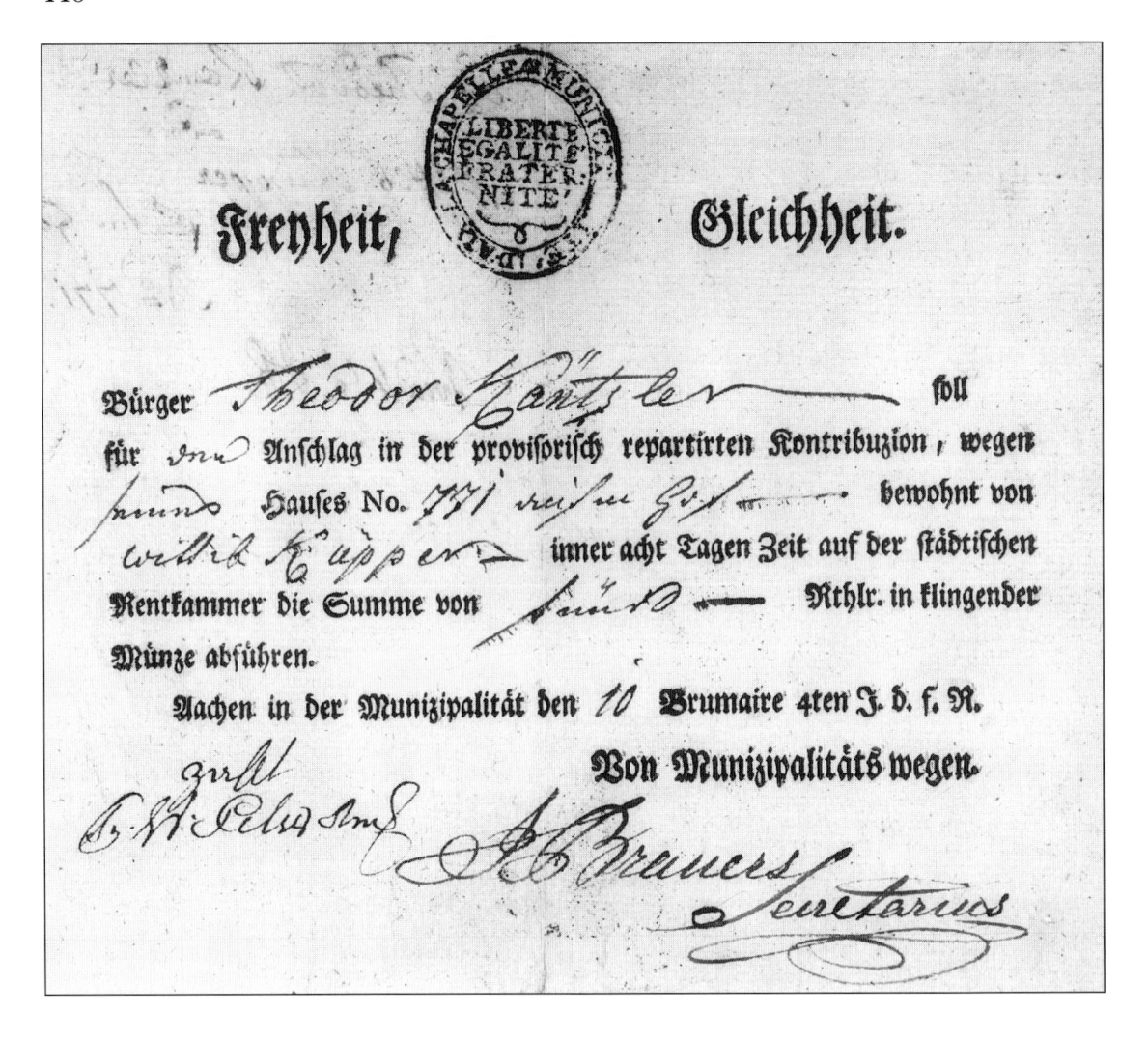

> **Freyheit,** · **Gleichheit.**
>
> Bürger _Theodor Kantzler_ soll für _den_ Anschlag in der provisorisch repartirten Kontribuzion, wegen _seines_ Hauses No. _1771 rechter Hof_ bewohnt von _Wittib Küppen_ inner acht Tagen Zeit auf der städtischen Rentkammer die Summe von _fünf_ Rthlr. in klingender Münze abführen.
>
> Aachen in der Munizipalität den _10_ Brumaire 4ten J. d. f. R.
>
> Von Munizipalitäts wegen.

C 18

Schwarzer Abdruck vom Farbstempel der Aachener Kantonsverwaltung, Ende 1796

Oval. – Längsdurchmesser: 3,1 cm. – Querdurchmesser: 2,8 cm.

Das Bild des Stempelabdrucks zeigt eine Frauengestalt, deren rechte Hand auf einem Liktorenbündel ruht, während die linke eine Lanze mit aufgesteckter Jakobinermütze hält. Unter ihren Füßen finden sich im Rechteck mit zweizeiliger Inschrift die Worte: VIVRE LIBRE / OU MOURIR. Die Umschrift lautet: L' ADMINISTRATION DU CANTON D' AIX LA CHAPELLE & C. Mit „& C" für „et cetera" sind die Orte gemeint, die damals zum Kanton Aachen zählten, nämlich (Laurens-)Berg, Soers, Vaals, Haaren, Würselen, Weiden und Orsbach.

Auffällig ist, daß die Kantonsverwaltung zu einer Zeit, da sich die Franzosen militärisch in einer schwierigen Lage befanden und die Bevölkerung ihnen ablehnend gegenüberstand, gerade diesen Siegelstempel führte bzw. führen mußte.

HStAD Maas-Rhein 2587, fol. 5r (benutzt von J.G. Asten, „sécrétaire du canton d'Aix").

C 19

Louis-Lazare Hoche

Gezeichnet von Dutoilles, Stich von Raolle

Hoche wurde am 24. Juni 1768 in Versailles geboren. Im Jahre 1782 war er als königlicher Hilfs-Stallknecht tätig, 1784 war er Füsilier bei der Garde. Während der Revolution stieg er bis 1792 zum Hauptmann und bis zum Oktober 1793 sogar zum Divisionsgeneral und Kommandanten der französischen Moselarmee auf. Im Jahre 1794 hatte er vorübergehend ein Kommando in Italien, seit dem Hochsommer desselben Jahres bei Cherbourg, Brest und in Westfrankreich. Am 21. Juli 1795 besiegte er bei Quiberon die dort gelandeten Emigranten. Vom 20. Juli 1796 bis zum Anfang des Jahres 1797 war er Kommandeur einer Armee, die in Irland landen und dort die Revolution entfachen sollte. Am 24. Januar 1797 wurde er „Général en chef" der Sambre- und Maasarmee und am 10. September auch der Rhein-Mosel-Armee. Er sollte im Hinblick auf einen künftigen Friedensvertrag gemäß den von ihm selbst entwickelten Plänen eine friedliche Einbindung der Gebiete zwischen Maas und Rhein in die Französische Republik vorbereiten. Hoche suspendierte die bestehenden Verwaltungen zum 21. März 1797 und verfügte wenig später eine neue Verwaltungsordnung, an deren Spitze die Intermediärkommission in Bonn stand. Zugleich setzte er die alten Gewalten, wie sie vor der Besetzung durch die Revolutionstruppen bestanden hatten, wieder ein. Hoche glaubte nämlich, die Bevölkerung werde die zu fordernden Opfer ihren eigenen Verwaltungen eher bringen als einer fremden. Allerdings waren die alten Gewalten als bloße Erfüllungsgehilfen Hoches und der Intermediärkommission gedacht. Die nun entstehende Vielfalt der Verwaltungen ordnete er aber bereits am 5. April 1797 neu. Das Ratssystem in Aachen blieb jedoch bestehen. Seit April 1797 hatte Hoche auch den Auftrag, den im Direktorium unter Carnots Einfluß gefaßten Entschluß zur Einrichtung einer Cisrhenanischen Republik umzusetzen. Nachdem Carnot und dessen Anhänger am 4. September 1797 gestürzt waren, entschied sich das erneuerte Direktorium für den Anschluß der linksrheinischen Gebiete an Frankreich. Mit der veränderten politischen Situation konnte sich Hoche nicht mehr auseinandersetzen. Er starb unerwartet in Wetzlar am 19. September 1797. Bei längerer Lebenszeit hätte er zu einem ernsten Konkurrenten Bonapartes werden können.

Paris, B.N., Cabinet des Estampes D 166426. – SIX 1934, Bd. 1, S. 575f.

(HOCHE,)

Général en Chef de l'Armée de Sambre et Meuse

Né à Versailles le 25 juin 1768.

A Paris chez Basset, Md d'Estampes, rue St Jacques, N° 64.

C 20   21. März 1797 – 16. März 1798

Protokollbuch des am 4. November 1794 aufgehobenen, von General Hoche wieder eingesetzten Rates der Stadt Aachen

Maße: H 37 / B 24 cm. – 207 Seiten.

StA Aachen, RA II Ratsprotokoll 36.

C 21   Paris, den [27. September 1797]
                                                                                „le 6. Vendémiaire an 6"

Das vollziehende Direktorium in Paris, bestehend aus Jean François Reubell, L.M. Revellière-Lépeaux und Paul Barras, ordnet auf Vortrag des Außenministers [Talleyrand] die unverzügliche Neuwahl des Aachener Rates gemäß den Bestimmungen des Gaffelbriefs von 1681 an, der im wesentlichen auf dem Gaffelbrief von 1450 beruhte. Die Wahl soll von einem Kommissar des Kommandanten der Sambre- und Maasarmee [Hoche] überwacht werden.

Dieses Dekret ist den Bemühungen von Dr. Joseph Vossen d.Ä. zuzuschreiben, der in Paris im Auftrag der Aachener Neuen Partei die Amtsenthebung des im März 1797 von General Hoche wieder eingesetzten alten Rates, wie er zur Zeit der zweiten Besetzung der Stadt unter Führung von Bürgerbürgermeister Kreitz bestanden hatte, betrieb. Unterdessen hatten parallellaufende Bemühungen der Neuen Partei bei der Intermediärkommission in Bonn schon am 11. September zum Erfolg geführt, so daß die Wahl bereits am 20. September 1797 vollzogen werden konnte. Der Direktorialbeschluß wurde am 23. September gefaßt und am 27sten in zwei „Minutes d'Arrêté" für den Kriegs- und den Außenminister ausgefertigt. Er war zu diesem Zeitpunkt in Aachen noch nicht bekannt, bestätigte aber letztendlich die Rechtmäßigkeit der Neuwahl.

3 Fotos nach der schriftlichen Ausfertigung für den Außenminister: Paris, A.N., AF III Cart. 467/2852 pièce 27 mit den Unterschriften der Direktoriumsmitglieder.

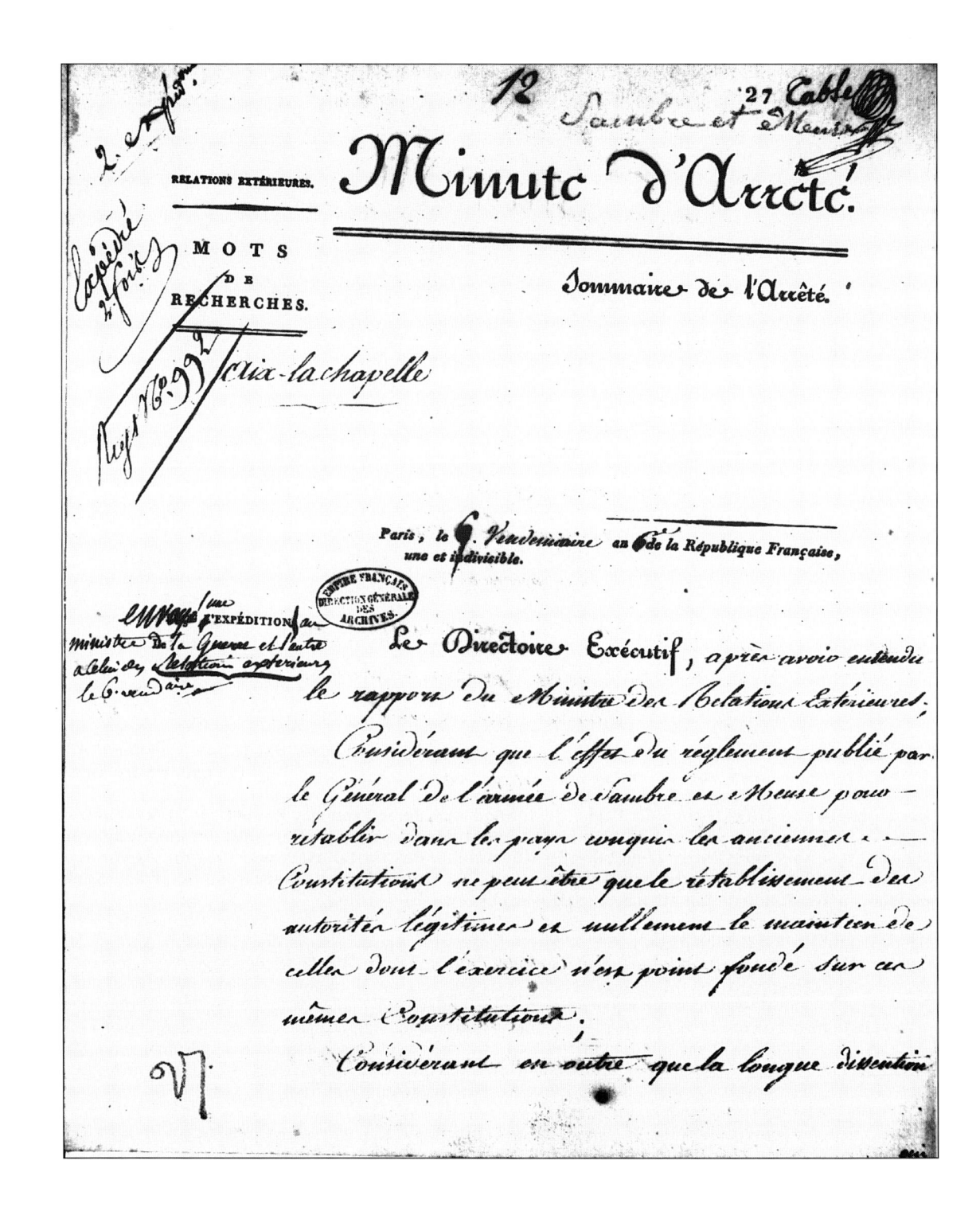

12   27 Table
Sambre et Meuse

RELATIONS EXTÉRIEURES.

Minute d'Arrêté.

MOTS DE RECHERCHES.

Sommaire de l'Arrêté.

Aix-la-chapelle

Paris, le 6 Vendémiaire an 6 de la République Française, une et indivisible.

Envoyé une Expédition au ministre de la Guerre et l'autre à celui des Relations extérieures le 6 vendémiaire.

Le Directoire Exécutif, après avoir entendu le rapport du Ministre des Relations Extérieures;

Considérant que l'effet du règlement publié par le Général de l'armée de Sambre et Meuse pour rétablir dans les pays conquis les anciennes Constitutions ne peut être que le rétablissement des autorités légitimes et nullement le maintien de celles dont l'exercice n'est point fondé sur ces mêmes Constitutions;

Considérant en outre que la longue dissention

qui a subsisté entre les Magistrats de la Ville d'Aix-la-Chapelle et la Bourgeoisie pourrait faire renaître les anciens troubles s'il n'y était pourvu;

Arrête ce qui suit:

Article 1er

Les quatorze Corporations de la Bourgeoisie d'Aix-la-Chapelle procéderont incessamment par voye d'élection et dans les formes usitées au remplacement de tous les Bourguemaîtres, Echevins, Conseillers et officiers publics dont l'exercice aurait été d'une manière ou d'autre prolongé au-delà du terme prescrit par le règlement municipal du 21 Janvier 1681.

Art. 2.

Le Général en chef de l'armée de Sambre et Meuse nommera un Commissaire qui se rendra sur les lieux à l'effet de veiller à la prompte et rigoureuse exécution de l'article ci-dessus.

Art. 3

Ledit Commissaire est autorisé à prendre

toutes les mesures légales pour assurer la reddition des comptes des anciens Magistrats et Administrateurs Municipaux, et le versement des débets des comptables à la Caisse de la Ville.

Le Ministre de la Guerre est chargé de l'exécution du présent arrêté.

Merlin   L. M. Revellière-Lépeaux
                                P. Barras

C 22	Paris, den [27. September 1797]
„le 6. Vendémiaire an 6"

Der Außenminister Talleyrand unterrichtet den Abgesandten der [Neuen Partei] der Stadt Aachen, Dr. Joseph Vossen, von dem Beschluß des Direktoriums vom 23. September, wonach die 14 Aachener Zünfte auf der Grundlage des 1681 revidierten Gaffelbriefs [von 1450] unverzüglich einen neuen Rat wählen sollen.

Plakatdruck (frz./dt.) zur Kenntnisnahme für die Vorsteher der 14 Zünfte, veranlaßt am 6. Oktober (15. Vendémiaire, (dt. Text), nicht 1. Vendémiaire wie im frz. Text) von dem bereits am 20. September gewählten neuen Aachener Rat: StA Aachen, Frz. Zeit, Plakatdruck sub dato.

C 23

Todesanzeige von Andreas Monheim, „ehemaliger Bürgermeister von Aachen, und berühmter Apotheker daselbst"

Mit Todes-Allegorien reich geschmückte Todesanzeige, gerahmt, unter Glas. – Maße: H 36 / B 45 cm.

Andreas Monheim wurde am 30. November 1750 in Köln geboren. In Köln, Würzburg, Arlon, Biggel und Münster lernte er als Apotheker. Im Jahre 1775 siedelte er nach Aachen um, wo er als Provisor in der Coeberg'schen Adlerapotheke am Hühnermarkt arbeitete. Am 15. Oktober 1783 heiratete er in St. Foillan Gertrud Peuschgens. Vermutlich hatte er es seinen vermögenden Schwiegereltern zu verdanken, daß er bereits einen Monat nach der Hochzeit das Haus, in dem sich die Apotheke seines Arbeitgebers befand, erwerben konnte. Die Apotheke betrieb er zunächst gemeinsam mit Coeberg; seit dem 3. September 1788 war Andreas Monheim Alleininhaber. Eine politische Betätigung während der sog. Mäkelei in reichsstädtischer Zeit oder während der französischen Zeit ist bis zum Jahre 1797 nicht bekannt. Wahrscheinlich stand er aber der sog. Neuen Partei nahe. Dies ergibt sich aus folgenden Umständen: Nachdem General Hoche am 21. März 1797 den alten reichsstädtischen Rat mit dem Bürgerbürgermeister Kreitz von der Alten Partei wieder eingesetzt und die Neue Partei im September 1797 eine Neuwahl des Rates auf der Grundlage des 1681 revidierten Gaffelbriefes von 1450 erwirkt hatte, aus der sie siegreich hervorging, wählte der neue Rat am 22. September den Freiherrn de Witte zum Schöffenbürgermeister und den Buchhändler Houben zum Bürgerbürgermeister. Houben wollte das Amt jedoch nicht annehmen, so daß es am 10. Oktober 1797 zur Neuwahl kam, aus der Andreas Monheim mit 80 von 95 Stimmen als Sieger hervorging. Das Bürgerbürgermeisteramt hatte jedoch nichts mehr von seiner Machtfülle in reichsstädtischer Zeit. Bürgermeister und Rat waren nur noch abhängige Erfüllungsgehilfen der französischen Machthaber. Andreas Monheim konnte ohnehin nur wenige Monate im Amt bleiben, denn der Regierungskommissar Rudler strukturierte die Verwaltung der besetzten Gebiete seit dem Januar 1798 um. Dabei wurde die Aachener Bürgermeister- und Ratsverfassung wieder aufgegeben und am 18. März 1798 durch eine Munizipalverwaltung nach französischem Vorbild ersetzt. Nach der Niederlegung des Bürgerbürgermeisteramtes scheint sich Andreas Monheim nicht mehr politisch betätigt zu haben. Er starb am 9. April 1804.

Aachen, Couven-Museum. – MONHEIM 1981, S. 4ff. u. Abb. 2.

C 24   **1797**

„Verzeichniß des großen und kleinen Raths, so wie selbiger am 22. September und respect(ive) October 1797 konstituzionsmäßig erneuert worden"

In einem Taschenkalender, dem sog. „Sackkalender der freyen Stadt Aachen. Auf das Jahr nach der gnadenreichen Geburt unseres Erlösers Jesu Christi 1798". – Maße: H 10,5 / B 5,5 cm. – 82 Seiten.

Am 20. September 1797 war der neue Aachener Rat gewählt worden. Am 22. September erfolgte seine Vereidigung. Am selben Tage wählte er Philipp Freiherrn de Witte de Limminghe zum Schöffenbürgermeister. Da der zum Bürgerbürgermeister gewählte Buchhändler Wilhelm Houben das Amt nicht annehmen wollte, wurde am 10. Oktober an seiner Statt der Apotheker Andreas Monheim gewählt.

Aachen, Öff. Bibl., Stahlschrank.

C 25

Medaille auf den Frieden von Campo Formio zwischen Österreich und Frankreich vom 17. Oktober 1797

Bronze, Durchmesser: 56 mm, Stecher: Duvivier.

V o r d e r s e i t e : rechtsgewandtes Brustbild Napoleons, Umschrift: BONAPARTE GEN^{AL} EN CHEF DE L'ARMÉE FRANC^{SE}. EN ITALIE. Darunter dreizeilig: OFFERT A L'INSTITUT NATION. / PAR B. DUVIVIER / A PARIS.
R ü c k s e i t e : reitender Kriegsgott zwischen allegorischen Figuren, im Abschnitt darunter zweizeilig die Worte: PAIX SIGNÉE / L'AN 6 REP. FR. Umschrift: LES SCIENCES ET LES ARTS RECONNAISSANTS.

Im Frieden von Campo Formio versprach Österreich in einem geheimen Zusatz, sich bei einem Frieden auch mit dem Heiligen Römischen Reich, über den in Rastatt verhandelt werden sollte, dafür einzusetzen, daß das linke Rheinufer von Basel bis an die Nette bei Andernach und links der Nette sowie einer Linie, die von der Nette-Quelle quer durch die Eifel über Düren, Jülich und Rheindahlen nach Venlo führte, also unter Einschluß Aachens, an Frankreich abgetreten würde. Da die vom 9. Dezember 1797 bis zum 23. April 1799 geführten Friedensverhandlungen in Rastatt scheiterten, wurden die genannten Gebiete nicht aufgegeben. Der Friede von Campo Formio hatte aber zur Folge, daß man auf französischer Seite während des Jahres 1798 in Erwartung des Anschlusses des Rheinlandes mit der Angleichung der Verhältnisse an die des Mutterlandes begann.

Medaille aus Privatbesitz, Vorderseite ausgelegt und abgebildet. – JULIUS 1932, S. 36 Nr. 573 bzw. 575. – Der Friedensvertrag findet sich bei MARTENS 1801, S. 215ff. u. GHILLANY 1855, S. 272ff.

C 26

François Joseph Rudler

Er wurde am 9. September 1757 im oberelsässischen Guebwiller geboren. Er führte ein wechselvolles Leben, das hier nur in seinen Grundzügen beschrieben werden kann: Seit 1778 war er Advokat am „Conseil souverain" in Straßburg, schloß sich 1789 der Revolution an und war 1791 und 1792 Mitglied der Assemblée législative, danach Richter in Colmar, später Mitglied des Direktoriums des Departements Haut-Rhin und im August 1794 Richter am Pariser Revolutionstribunal. Von November 1795 bis Februar 1796 war er Vizepräsident des Kriminalgerichts des Departements de la Seine. Vom 10. November 1796 bis zum 7. April 1797 arbeitete er als Regierungskommissar bei der Rhein-Mosel-Armee. Am 6. September 1797 wurde er zum Richter am Kassationshof berufen. Am 4. November 1797 bestellte ihn die Regierung zum Regierungskommissar in den eroberten Gebieten zwischen Maas und Rhein und Rhein und Mosel mit Sitz in Bonn, später in Mainz, und beauftragte ihn mit der Neugestaltung der Justiz- und Zivilverwaltung; eine Aufgabe, die er bis zur Ablösung durch Lakanal am 7. März 1799 erfüllte. In der Folgezeit betätigte er sich als Regierungskommissar bei der „Armée de Mayence" und der „Armée du Danube". Von Oktober 1799 bis April 1800 bekleidete er das Amt des Präsidenten des Kassationshofs. Unter Napoleon wurde er im Januar 1801 Präfekt des Departements du Finistère, im März 1805 des Departements de la Charente. Im Jahre 1809 erhob ihn Napoleon zum Baron de l'Empire. Am 12. Februar 1810 wurde ihm erlaubt, sich in den Ruhestand zu begeben. Er zog sich nach Straßburg zurück, betrat aber im Jahre 1830 als Deputierter des Departements Bas-Rhin bei der Nationalversammlung nochmals die politische Bühne und starb am 13. November 1837.

Foto nach THOMANN 1934, Abb. III. – Siehe ferner: Ebenda, S. 292ff. und SCHUBERT 1977, S. 83ff.

C 27

Karte des Roerdepartements aus der ersten Hälfte des Jahres 1798

Schwarz und rot ausgeführt. – Maße: H 65 / B 52 cm. – Maßstab: 1 : 264 900.

Die Karte muß nach Einführung der Departements, am 23. Januar 1798 und vor dem 15. Juni 1798, als die Zahl der Kantone von 40 auf 42 erhöht wurde, entstanden sein.

StA Aachen, Karte II a 28. – Vgl. GRAUMANN 1990, S. 18f.

C 28

Konkordanz zum republikanischen und gregorianischen Kalender

„Concordance des calendriers républicain et grégorien depuis l'an 2 jusqu'à l'an 14. Tableau très-utile à tous les notaires, gens d'affaires, négocians et greffiers".

Auf Pappe aufgezogen. – Maße: H 44 / B 30,4 cm.

Am 19. Juli 1798 setzte der Regierungskommissar Rudler das bislang nur im französischen Mutterland gültige Gesetz über den Gebrauch des republikanischen Kalenders auch in den vier rheinischen Departements in Kraft. Er sollte den bis dahin üblichen gregorianischen Kalender ablösen.
Der Revolutionskalender war am 5. Oktober 1793 rückwirkend zum 22. September 1792, dem ersten Tag nach der Abschaffung des Königtums in Frankreich, beschlossen worden. Beginnend mit diesem Tag zählten künftig die Jahre der Republik. Das Jahr wurde in 12 Monate zu je 3 x 10 Tagen unterteilt, denen fünf, im Schaltjahr 6 Ergänzungstage angehängt wurden. Die Monate und Tage erhielten besondere Namen. Der jeweils 10. Tag, der Decadi, war zum Fest- und Ruhetag bestimmt.
Die Einführung des neuen Kalenders in den besetzten Gebieten sollte im Hinblick auf die von Österreich im Frieden von Campo Formio in Aussicht gestellte Abtretung weiter Teile des Rheinlandes durch das Reich die Angleichung der Zeitrechnung an die des französischen Mutterlandes vorbereiten. Zugleich hegte man die Hoffnung, der neue Kalender werde mit seiner Abkehr von den Heiligenfesten, der in der biblischen Schöpfungsgeschichte begründeten 7-Tagewoche und dem Sonntag als Ruhe- und Festtag den bedrohlich erscheinenden Einfluß der Geistlichkeit und der Religion auf den Alltag der Bürger zurückdrängen.
Der republikanische Kalender, vor allem der Decadi als Konkurrent des Sonntags, ließ sich in Aachen allerdings nur im Verwaltungsbereich und nur bedingt im öffentlichen Leben durchsetzen. Nach der Kaiserproklamation Napoleons im Mai 1804 blieb der Kalender zwar noch in Kraft, erhielt aber – da die Revolution für beendet erklärt war – den Namen „Französischer Kalender". Am 1. Januar 1806 wurde er abgeschafft.

StA Aachen, Frz. Zeit, o. Sign.

C 29   Mainz, den [15. Februar 1798]
                                                                                                                           „le 27. Pluviôse an 6"

Der Regierungskommissar Rudler befiehlt Frauen wie Männern in den besetzten Gebieten zwischen Maas und Rhein sowie zwischen Rhein und Mosel, innerhalb von drei Tagen an ihrer Kleidung dreifarbige National-Kokarden als Zeichen der Freiheit zu tragen. Nach Ablauf eines Monats dürfen nur noch wollene Kokarden verwandt werden. Nach Ablauf der Fristen droht dem Zuwiderhandelnden

eine Gefängnisstrafe von acht Tagen. Wer Kokarden verächtlich macht oder sie anderen Personen von der Kleidung reißt, soll nach den gültigen Gesetzen abgeurteilt werden.

Dieses Gebot steht im Zusammenhang mit Rudlers Auftrag, den Reunionsgedanken in den vier rheinischen Departements zu fördern. Den mit der Französischen Republik in Rastatt über einen Frieden verhandelnden deutschen Mächten sollte der Eindruck vermittelt werden, die breite Masse der Rheinländer befürworte die Vereinigung mit Frankreich.

Plakatdruck (frz./dt.), StA Aachen, Frz. Zeit, Drucke sub dato.

Zu **C 30/31**

Cercle de la Réunion à Aix-la-Chapelle

Die Konstitutionellen- oder Reunions-Zirkel hatten sich teils selbständig, teils auf Anregung des Regierungskommissars Rudler seit dem Ende des Jahres 1797 an mehreren Orten des Rheinlandes gebildet. Sie verfolgten als einzigen politischen Zweck den Anschluß der Rheinlande an Frankreich, die Reunion, und zwar auf der Basis der gemäßigten französischen Verfassung von 1795. Ferner hatten sie die sog. Reunionsadressen vorzubereiten, Listen, in die sich alle Bürger eintragen sollten, welche eine Vereinigung der vier rheinischen Departements mit Frankreich befürworteten. Diese Adressen gedachte die Pariser Regierung bei den laufenden Rastatter Friedensverhandlungen als Beweis dafür vorzulegen, daß die Mehrheit der rheinischen Bevölkerung für eine Reunion votiere. Der geringe Erfolg, den diese Aktion in den Monaten April bis Juni 1798 zeitigte, ließ die Reunionszirkel bald zur Bedeutungslosigkeit herabsinken.
Der Aachener Zirkel war am 14. Januar auf Betreiben des Aachener Kommissars Estienne zusammengetreten. Den Vorsitz führte Franz Dautzenberg, der als Herausgeber des „Aachner Zuschauers" schon seit dem Jahre 1794 ein Befürworter der Reunion war. Vor dem Zirkel hielt er mehrere Reden, von denen einige im Druck überliefert sind. Die Sitzungen des Aachener Zirkels sollten an jedem Quintidi und jedem Decadi (5. und 10. Tag) unter Ausschluß der Öffentlichkeit stattfinden und in französischer Sprache abgehalten werden. Am Fest der Volkssouveränität, dem 20. März, fand die erste öffentliche Sitzung im großen Rathaussaal statt. Die Mitglieder des Zirkels beabsichtigten bei dieser Gelegenheit, ihre „brüderliche Empfindungen in die Herzen aller Mitbürger zu ergießen und das Resultat seiner patriotischen Arbeiten der Theilnahme aller tugendhaften Menschen darzulegen"[1]). Am 24. Januar übersandten die 54 ersten Mitglieder des Zirkels ihr politisches Glaubensbekenntnis an den Regierungskommissar Rudler. Der Aachener Kommissar Estienne hatte ihm schon vier Tage zuvor geschrieben, es handle sich bei den Mitgliedern um Personen, die aufgrund ihres Patriotismus, ihrer moralischen Einstellung und ihres Ansehens hoch einzuschätzen seien. Aus der Sicht eines gläubigen Aachener Katholiken handelte es sich bei ihnen allerdings nur um „mehrentheils Burdscheidter Protestanten oder Kezer, Aacher Frey Maurer und Freygeister, allgemein schlechte Christen und leichtfertige Kerls, vom Hochmuth, Haß und Eigennutz beselet"[2]). Als sie am 19. Januar einen neuen Freiheitsbaum pflanzten, suchten sie zwar „Frohsinn und Beifall des Pöbe[l]s bey dieser Handlung zu erlangen, aber ihnen wurde nichts als kalte Verachtung und Unwillen zu theil"[3]).
Der Aachener Reunionszirkel ist nach dem Juli 1798 nicht mehr nachweisbar.

HANSEN IV, S. 468ff., bes. S. 483ff., 645, 826, 857. – Aachner Zuschauer 1798, S. 1320f., 1359ff. – Aachener Annalen (H), S. 51. – StA Aachen, Frz. Zeit, Munizipalitätsprotokoll 1798/99, S. 3. – SPOELGEN 1892, S. 32.

---

[1]) Aachner Zuschauer 1798, S. 1362.
[2]) Aachener Annalen (H), S. 51.
[3]) Wie Anm. 2.

C 30　　　　　　　　　　　　　　　　　　　　　　　Aachen, den 24. Januar 1798
„am 5. Pluviose im 6ten Jahre …"

Adresse des 54köpfigen Aachener Reunionszirkels an den Regierungskommissar Rudler

Aachen, Öff. Bibl., Dautzenberg 1784/1799, Nr. 1746. Frz. Text: S. 5f., dt. Text: S. 11f.

Adresse des Reunions-Zirkels zu Aachen, an den Regierungs-Kommissair, Bürger Rudler, votirt auf Vortrag des Bürgers F. Dautzenberg, Moderateurs des Zirkels, am 5. Pluviose 6. J.

Freyheit!　　　　Gleichheit!

Aachen, am 5. Pluviose im 6ten Jahre der Französischen, einigen und untheilbaren Republik.

Die unterzeichneten Republikaner, versammelt im Reunions-Zirkel zu Aachen,

An den Bürger Rudler, Regierungs-Kommissair in den eroberten Landen zwischen Maas und Rhein, und Rhein und Mosel.

Bürger Kommissair!

„Ha! wie sie wiederhallen – die Roer-Ufer – von dem Jubel des Volks, das von neuem vereinigt ist mit der grossen Nation, zurückgeschenkt seiner Ur-Familie!.."

„In den Feldern von Tolbiac war es, wo der Stifter des Fränkischen Reichs unsre Väter über die Alemannen rächte, und den Rhein wiedereroberte, der von je die Gränze Galliens gewesen war. Die Eburonen, Sunker, Gugrenier, Ubier, Trevirer, Karakaten, Vangionen vereinigten ihre Schaaren mit jenen des Siegers von Tolbiac, und ganz Gallien ward befreyt von den Römern und Westgothen, und von den übrigen Räuber-Horden. Durch welches Geschick mußten die Cisrhenanischen Ufer-Bewohner dann wieder zu Theile werden einem Lothar, und Ludwigen dem Deutschen!.."

„Allein Dank dem Genius der Freyheit, der Französischen Revolution, dem Heroism ihrer Vertheidiger, der Weisheit derer, welche die erste Nation der Welt regieren!. Vergolten sind nun die Ungerechtigkeiten und Unbilden von zehn, von zwanzig Jahrhunderten… Ihr habt noch mehr gethan, Helden! Gesetzgeber! Regenten von Frankreich!. Chlodewich befestigte die Herrschaft der Franken in Gallien, und ihn begünstigte in seinen Eroberungen der Fanatism; er verfaßte das Salische Gesetz. . Ihr habt die einige und untheilbare Republik gegründet, die Koalition der Könige in Staub geschmettert, unter der Aegide der Vernunft; ihr habt die Konstitution vom J. III. verfaßt.. Der Sieg bey Tolbiac war unsern Vätern das nicht, was uns der 18. Fructidor geworden ist…"

„ Bürger Kommissair der Französischen Regierung! Empfangen Sie hiermit die Huldigung von den Republikanern der Roer. Seyen Sie das Organ unsrer Gesinnungen bey dem vollziehenden Direktorium, das Sie gesandt hat in unsere Gegenden, um hier die Glückseligkeit zu organisiren.."

„ Schon schwebt der Genius des freyen Frankreichs über die Rhein-Ufer, und verzeichnet in seine Fasta die neuen Verfechter, worauf fortan die Republik wird rechnen können. Die Feinde von aussen, wie die Verschwornen im Innern, werden hier furchtbare Gegner haben, die ein unüberseßbares Bataillon bilden werden, bereit sich hinzuwälzen, wo die Stimme des Vaterlandes es fordern sollte.."

„Wir schwören daß dem Königthume und der Anarchie, Anhänglichkeit und Treue der Republik, und der Konstitution vom J. III.."

(unterschrieben waren)

Cogels.	Contrain.	F. Dautzenberg.
G. Dautzenberg.	J. Dautzenberg.	L. Dautzenberg.
Demacker.	Dorsch.	Eigendorff.
Estienne.	C. J. Fabricius.	J. Fischer.
Gancel.	Hammer.	Heye.
Heyliger.	F. Kolb.	M. Leers.
Lennartz.	Loiff.	A. J. Longrée.
Mathon.	Michels.	Moll.
Muffat.	Müllejans.	Othegraven.
D. Pastor.	F. Pastor.	G. Pastor.
H. Pastor.	Karl Pastor.	Konrad Pastor.
W. Pastor.	Pegourié.	Peccal.
Scheide.	J. J. Schmalhau-	J. Schmalhausen.
A. Scholl.	S. Schwarz. (sen.	P. J. Simons.
Solders.	N. Starz.	Stehelin.
Volz.	Vonderbrücken.	J. J. Vossen.
W. Vossen.	J. S. Wasmuth.	W. E. Wiedenfeld.

C 31 Aachen, den [29. März 1798]
„ce 9. Germinal 6me année ..."

Adresse der aus Aachen und Burtscheid stammenden Befürworter des Reunionsgedankens, gerichtet an den Regierungskommissar Rudler

„Die vorliegende Adresse preist die Wohlthaten der neuen Regierung und stellt sie in vortheilhaften Gegensatz zu den früheren Zeiten des Fanatismus und der oligarchischen Tyrannei. Jeder Schritt, den man thue, sei durch eine Wohlthat bezeichnet. Alles kündige die Abschaffung der Feudalrechte, der Brückengelder, der Thorsteuer, des Zehnten und jeder Art Gerechtsame an; Alles bezeuge das Aufhören jeder Adels- und Priesterkorporation. Die Unterzeichner segnen den Tag, der die Franzosen gebracht hat. Sie bitten den Regierungskommissar, ihnen seine Dienste zu leihen, um ihrem Glücke die Krone aufzusetzen. Sie erwarten Nichts von den Diplomaten von Rastatt, sondern sie richten ihre Augen auf die Gesetzgeber an der Seine. Die Früchte der Verfassung des 3. Jahres seien zu gross, um Frankreich allein zu gehören. Man richtet darauf an den Regierungskommissar die Bitte, ihre Wünsche der französischen Regierung vorzutragen, wie er am 5. Pluviôse (ungefähr 2 Monate früher) ihre Ergebenheitsadresse übermittelt habe. 'Wir brennen', heisst es dann weiter, 'vor dem glühenden Verlangen, uns durch einen Akt der Gesetzgebung mit unsern alten gallischen Brüdern vereinigt zu sehen, mit dem philosophischen Volke, welches neulich die Barke des römischen Fischers umgestürzt hat'. Nachdem dann die Unterzeichner den Regierungskommissar ihres Bürgersinnes und ihrer glühenden Freiheitsliebe versichert und den Rhein als natürliche Grenze Frankreichs bezeichnet haben, schliessen sie mit den inhaltschweren Worten: 'Für immer schwören wir Hass dem Königthum und der Anarchie, Anhänglichkeit und Treue der Republik und der Verfassung vom Jahre 3'".

StA Aachen, Acc. 1928/17 (restauriert). – Druck: SPOELGEN 1892, S. 32 (ohne die Namen der Unterzeichner), Zitat nach ebd., S. 28f.

C 32 21. Januar 1799

Protokoll über die Feierlichkeiten im Aachener Rathaus anläßlich des Gedenkens an die Hinrichtung König Ludwigs des XVI. von Frankreich am 21. Januar 1793, verbunden mit einer vierseitigen Liste der Unterschriften derjenigen Beamten und Bediensteten, die den Eid auf die französische Verfassung des Jahres III [1795] geleistet und Haß dem Königtum und der Anarchie geschworen haben.

„Etat nominatif des fonctionaires [!] publics et employés à la résidence du canton d' Aix la Chapelle, département de la Roer, qui ont signé le serment constitutionel le jour de l' an[n]iversaire de la juste punition du dernier des rois français celebré le 2. Pluviôse an sept de la République française une et indivisible".

In den eroberten linksrheinischen Gebieten war das Jahrgedächtnis an die Hinrichtung Ludwigs XVI. in den Jahren 1795, 1796 und 1798 als der Tag der Befreiung des Volkes von der Tyrannei gefeiert worden. Ende 1798 rief das Direktorium in Paris das bevorstehende Fest in Erinnerung und bestimmte den Ablauf desselben. Die Kommissare bei den Zentralverwaltungen der Departements sollten über das Fest Protokoll führen und dieses innerhalb von 15 Tagen nach Paris senden. Dies ist offenbar im vorliegenden Fall nicht geschehen. Im Rahmen der im Rathaus der Stadt Aachen durchgeführten Feier schworen die Beamten und Bediensteten der französischen Behörden, vom Präsidenten der Zentralverwaltung Derode bis herab zum Amtsdiener Schröder den Eid auf die Verfassung des Jahres III und – was man bisher in Aachen in Anhänglichkeit an den Kaiser, vor allem aber aus religiösen Gründen zu vermeiden gewußt hatte – Haß dem Königtum. Kaum einer, der den Festlichkeiten im Rathaus beiwohnte, wagte den Haß-Eid und seine Unterschrift zu verweigern. Der Druck, den die Regierung ausübte, war groß. Offenbar glaubte sie, durch solche Zeremonien von der wirklichen Lage der Republik zu Beginn des Jahres 1799 ablenken zu können.

HStAD Roerdepartement 1544. – HANSEN IV, S. 1007ff. Nr. 169, bes. S. 1009. – Katalog 1984, S. 39f.

C 33   19. Februar 1799

„Volkslied bey Pflanzung des Freyheitsbaums am Sitzungs-Orte der Central-Verwaltung des Ruhr-Departements zu Aachen, den 1ten Ventose 7ten Jahrs der französischen Republik verfertigt von einem Angestellten bey besagter Verwaltung"

Der Freiheitsbaum wurde vor dem Aachener Rathaus am Jahrestag der Installation der Aachener Zentralverwaltung für das Roerdepartement gepflanzt. Das dabei vorgetragene Volkslied lautet:

    Auf Bürger, eilt dem Zug entgegen,
    der jubelnd durch die Straßen geht;
    Auf faßt den wonnereichen Seegen,
    der unserm Lande aufersteht.
    Da kömmt auf einem Siegeswagen
    der Menschheit erstes – bestes Pfand,
    das diese endlich wiederfand
    erst ruckgeführt zu unsern Tagen.
    „Willkommen Freyheits-Baum – sey unser Schutz und Preis;
    umgieb – umgieb – mit deinem Laub den ganzen Erdenkreis"!

    In Frankreich ist der Baum entsprossen;
    dort stieg hervor der Mutterstamm,
    um welchen Blutes-Ströme flossen;
    doch er verblieb ein Felsen-Damm.
    An ihm zerrieben sich die Mächte,
    vor ihm verschwand des Königs-Thron,
    die Willkür und der Knechtschaft-Hohn;
    der Mensch verdankt ihm seine Rechte.
    „Willkommen etc. ..."

    Bald zeigte sich im hellen Lichte,
    was dauerhafte Stärke galt;
    der Baum trug reichlich seine Früchte
    und ward ein gränzenloser Wald.
    Zu Tausenden sind seine Kinder
    verbreitet wie ein Riesen-Heer;
    Es werden ihrer täglich mehr,
    so wie der Fürstenhöfe minder.
    „Willkommen etc. ..."

    O Eiche, sonst im Alterthume
    dem Gott der Götter eingeweiht,
    und deren Laub noch jetzt zum Ruhme
    der Bürger-Retter Kränze leiht!
    Erfüll die Zeichen deiner Würde,
    bekleide hier auf deutschem Grund,
    begreif uns in der Franken-Bund,
    und wachs empor an Kraft und Zierde!
    „Willkommen etc. ..."

Um dich herum sind Heidenschaaren
in ihrem Waffenglanz vereint,
für welche, um dich zu bewahren,
nichts mühsam noch unmöglich scheint.
Dein Anblick reitzte ihr Beginnen;
Sie brachen gleich das Sklaven-Joch,
und brennen vor Begierde noch,
dir neue Völker zu gewinnen.
„Willkommen etc. ..."

Du prangst auf einer Hoheitsstätte,
die jedermann vor Augen liegt,
und wo sich der Gewalten-Kette
im Mittelpunkt zusammen fügt.
Des Ruhr-Departements-Verwalter
verpflanzten dich an ihren Ort;
hier grüne nun, hier blühe fort
und bring zurück das goldne Alter!
„Willkommen etc. ..."

Das Lied dürfte in Anbetracht der gerade damals besonders ablehnenden Haltung der Aachener Bevölkerung gegenüber der französischen Republik kaum mit Begeisterung gesungen worden sein oder größere Verbreitung gefunden haben.

StA Aachen, Hs. 313, S. 201ff. – Siehe auch Aachener Annalen (H), S. 57f.

D. Aachen – eine französische Stadt 1801-1814

D 1

Medaille auf den Frieden von Lunéville vom 9. Februar 1801

Zinn, Durchmesser: 43 mm.

Vorderseite: rechtsgewandte Büste Napoleons in Uniform.
Umschrift: BUONAPARTE I^R.C.D.L.R.F. PACIFICATEUR UNIVERSEL.

Rückseite: Ein kleiner aufrecht stehender Schutzgott zeigt auf die zweizeilige Inschrift am Altar: GALLIAE / VINDEX.
Im Abschnitt darunter: MDCCCI.
Umschrift: HEROI BELLI PACISQUE. Büste Napoleons über einem Altar. Merkur, der Gott des Handels, krönt ihn.

Nach den Siegen Napoleons bei Marengo (14. Juni 1800) und Moreaus bei Hohenlinden (3. Dezember 1800) sah sich Österreich zum Abschluß des Friedens von Lunéville genötigt, der den 2. Koalitionskrieg abschloß. Der Friede galt auch für das Heilige Römische Reich und sah im Artikel 6 die Abtretung des gesamten linken Rheinufers vom helvetischen bis zum batavischen Gebiet an Frankreich vor. Damit gehörte auch Aachen völkerrechtlich zum französischen Staatsgebiet

Medaille aus Privatbesitz, ausgelegt: Rückseite – BRAMSEN 1904, S. 19 Nr. 116 u. JULIUS 1932, S. 58 Nr. 918. – Der Friedensvertrag findet sich bei MARTENS 1801, S. 138ff. u. GHILLANY 1855, S. 283ff.

D 2
Aachener Stadtplan, wahrscheinlich vom Frühjahr 1802

Maßstab: 1: 2 000. – Hier: Foto.

Die Karte muß nach der Einrichtung des Roerdepartements am 23. Januar 1798 und wegen der Aufzählung der noch vorhandenen Stifte und Klöster vor deren Säkularisierung im August 1802 aufgenommen worden sein. Wahrscheinlich wurde sie von Michel Maissiat gezeichnet, der unter Tranchot in dem im August 1801 in Aachen eingerichteten Topographischen Büro arbeitete, und der – wie wir wissen – im Frühjahr 1802 den Auftrag zu einer Aachen-Karte im Maßstab 1 : 2 000 erhalten hatte.

Paris, A.N., N II Roer 4. – Abb. schon bei DAUBER/WINANDS 1985, S. 129.

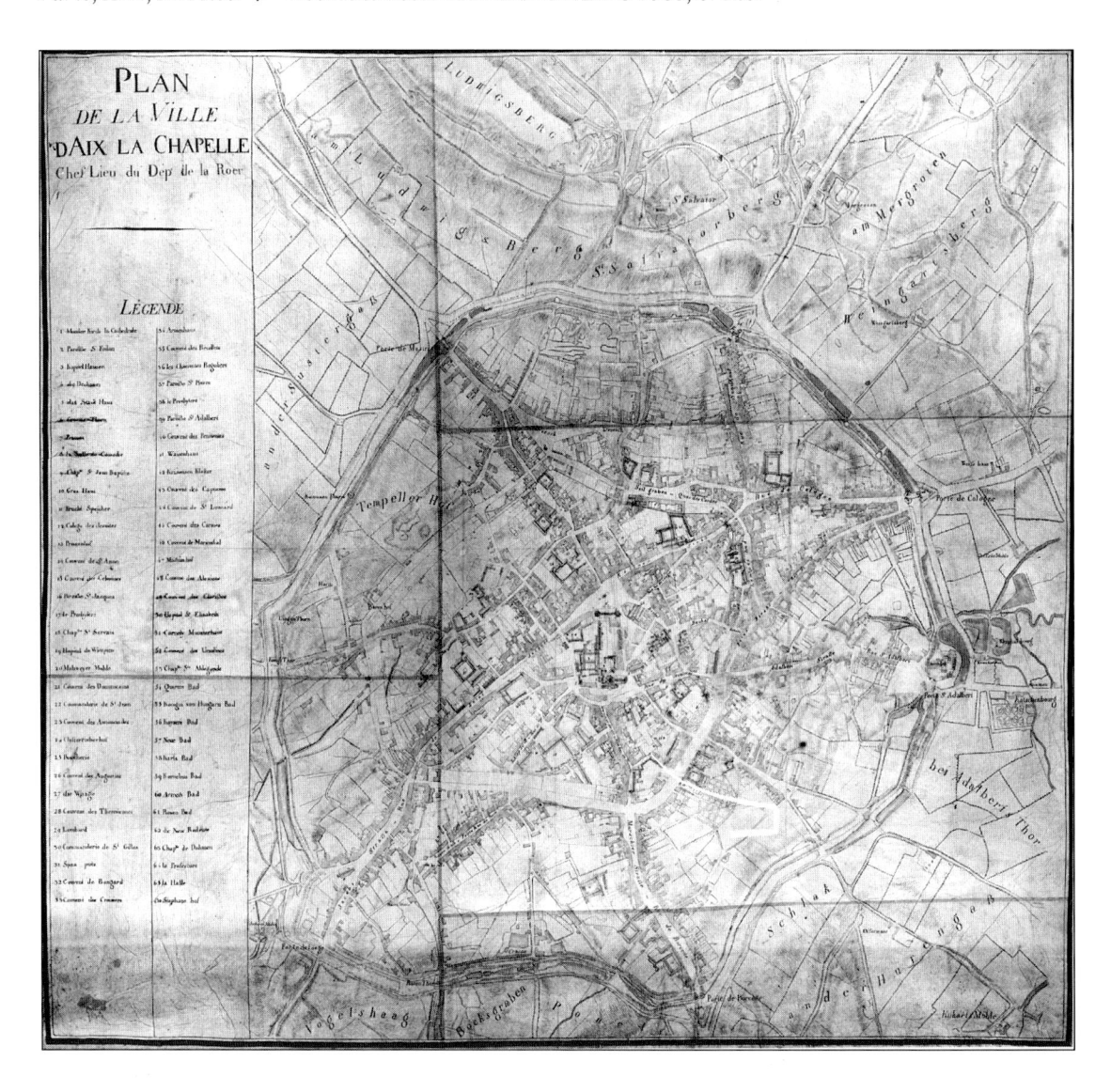

D 3
Plan von Aachen und Burtscheid aus dem Jahre 1806

Aus: De BOUGE, hinter S. 24.

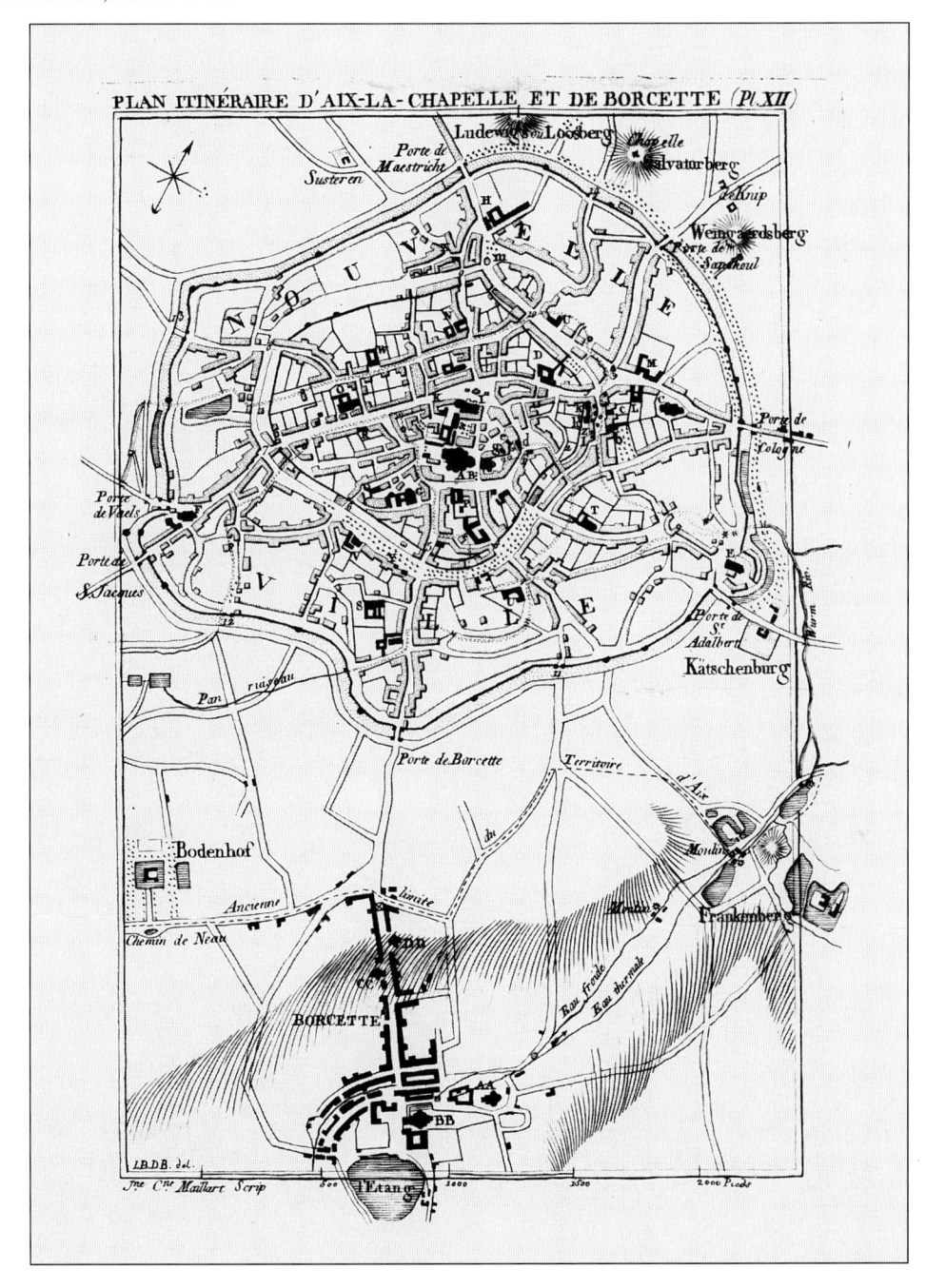

D 4

Karte des Roerdepartements, vor 1804

„Carte du département de la Roer, divisé en arrondissements, cantons et mairies, pour servir de renseignemens à la statistique de ce département par le c(itoy)en Dorsch".

Graveur: P.F. Tardieu, [Paris], Place de l'Estrapade No. 18. – Maße: H 38 / B 26 cm. – Ungenannter Maßstab: ca. 1 : 500 000.

Die Karte befindet sich im Anhang zu dem Werk von Anton Joseph Dorsch, „Statistique du département de la Roer", Köln 1804. Sie dürfte den Zeitgenossen keine große Orientierungshilfe gewesen sein, denn sie ist in der topographischen Zuordnung der Orte unzuverlässig. So liegen z.B. Stolberg und Lammersdorf zwischen Aachen und Jülich, Brand südöstlich von Walheim, Forst südlich Burtscheid und Richterich gar südlich von Kornelimünster. Eine gute Karte des Roerdepartements fehlte nach dem Zeugnis von Golbéry noch im Jahre 1811.

DORSCH, Anhang. – GOLBÉRY, S. 132ff.

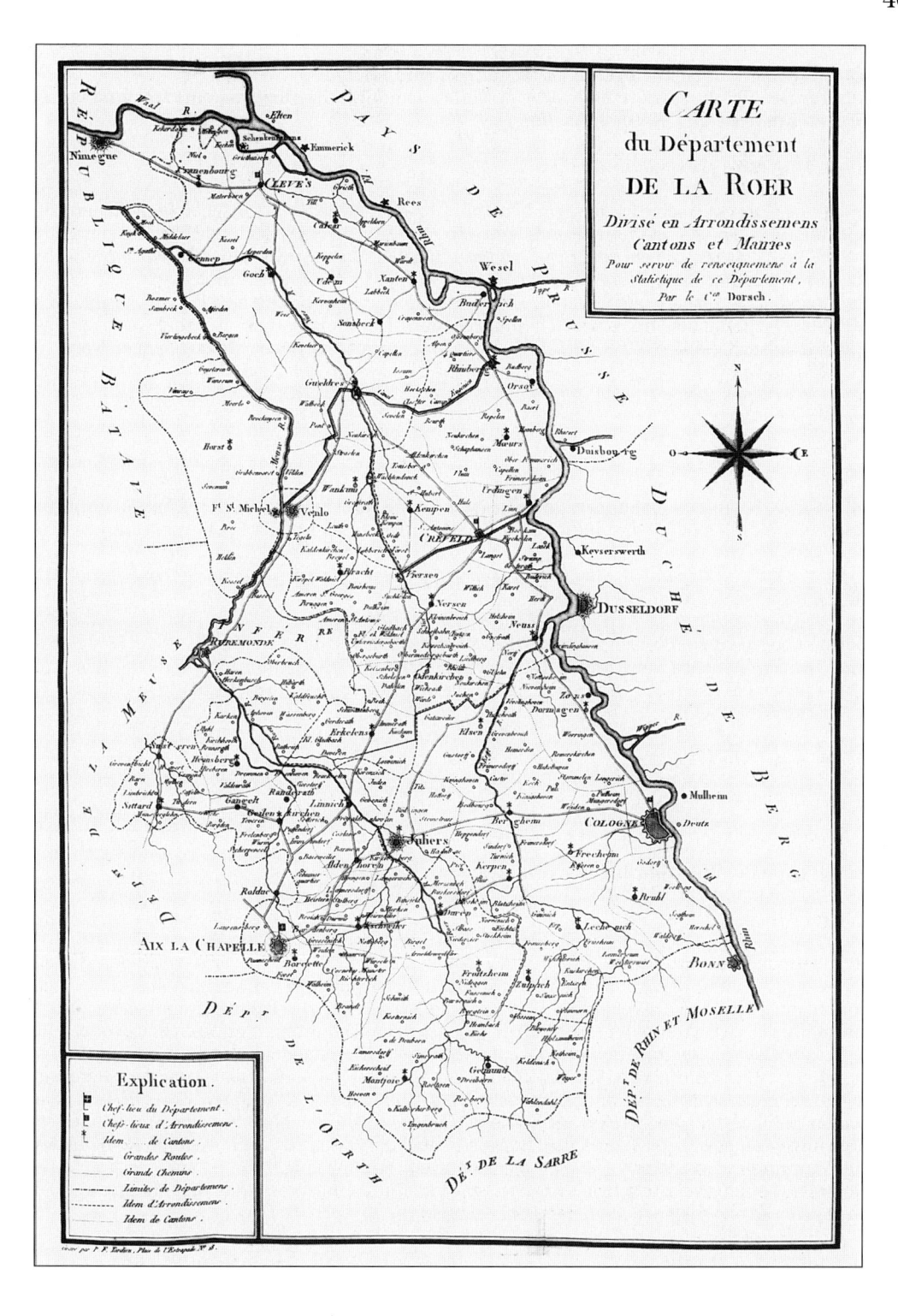

CARTE du Département DE LA ROER Divisé en Arrondissemens Cantons et Maires Pour servir de renseignemens à la Statistique de ce Département, Par le C.en Dorsch.

Explication.
- Chef-lieu du Département.
- Chefs-lieux d'Arrondissemens.
- Idem de Cantons.
- Grandes Routes.
- Grands Chemins.
- Limites de Départemens.
- Idem d'Arrondissemens.
- Idem de Cantons.

D 5
Das Bistum Aachen und seine Pfarreien im Jahre 1808
(mit näherer Bezeichnung jener Teile, die vormals zu anderen Bistümern gehörten, und mit Eintrag der Grenzen des heutigen Bistums Aachen)

Maße: H 92 / B 74 cm. – Maßstab: 1 : 500 000.

Die Einrichtung eines Aachener Bistums war in dem 1801 zwischen der Französischen Republik und dem Heiligen Stuhl abgeschlossenen Konkordat vereinbart worden. Am 9. April 1802 erfolgte die Grenzumschreibung. Die Stadt Aachen, die bislang stets dem Bistum Lüttich zugehört hatte, wurde nun erstmals Sitz eines eigenen Bischofs und Mittelpunkt einer Diözese. Erster Bischof wurde Marc Antoine Berdolet.
Die Aussöhnung der Französischen Republik unter ihrem Ersten Konsul Napoleon Bonaparte mit der katholischen Kirche verschaffte dem französischen Staat, seinen Vertretern, Institutionen und Gesetzen in Aachen und im Rheinland eine größere Akzeptanz als dies den Franzosen in den 90er Jahren gelungen war.

Gezeichnet von Willi Doveren vom Liegenschaftsamt der Diözese Aachen auf der Grundlage von Exp. L 2.

D 6 [Aachen 1803]

Lobgedicht auf „Napoleon Bonaparte, den Ersten Konsul der Französischen Republik, der unter beständigem Jubel des frohlockenden Volkes die Stadt Aachen betritt" [Übersetzung]

Druck. – Maße: H 21 / B 30 cm. – 18 Strophen zu 4 Zeilen aus der Feder des Johann Gerhard Joseph von [van] Asten, Registrator bei der Aachener Präfektur.

Da Napoleon noch als Erster Konsul angesprochen wird, muß das Gedicht anläßlich der für 1803 beabsichtigten, dann aber verschobenen Reise (vgl. S. 139 f) entstanden sein. Das Gedicht gipfelt in dem Wunsch, Napoleon möge Aachen ein guter und würdiger Regent, ein Beschützer, ein Erneuerer und ein Initiator, kurz ein zweiter Karl der Große sein.

StA Aachen, Acc. 1936/17 c

D 7 Aachen, [den 26. August 1803]
„8. Fructidor an XI"
Bemühungen um die Rückführung der Bronzestatue Karls d.Gr.

Brief, Papier.

Der Adjunkt Bock bittet in Abwesenheit des Aachener Maires Kolb den in Paris weilenden Archivar des Departemental-Archivs Körfgen, beim Konservator der Antikensammlung der Nationalbibliothek die dort seit ihrer Fortnahme im Jahre 1794 verwahrte Bronzestatue Karls d.Gr. zu reklamieren und diese nach Aachen transportieren zu lassen, wo sie am 24. September 1803 wieder an ihrem angestammten Platz vor dem Rathaus aufgestellt werden solle. Der Innenminister Chaptal habe sich einverstanden erklärt.
Körfgen vermerkte auf dem Schriftstück, daß man in der Nationalbibliothek grundsätzlich zur Herausgabe bereit sei, man aber eine schriftliche Autorisation seitens des Innenministers benötige. Körfgen stellte daraufhin am 1. September einen entsprechenden Antrag, dessen Konzept sich gleichfalls auf dem Ausstellungsstück befindet. Die Angelegenheit zögerte sich jedoch hinaus, so daß die Statue erst nach weiteren Reklamationen am 1. Mai 1805 zurückkehrte und am 23. Mai feierlich aufgestellt werden konnte.
Der Brief trägt die Adresse: „Au citoyen Körffgen chez le c(itoy)en Droux, Hôtel de la Réunion, rue Dufour St. Eustache, Paris" und zeigt den Aachener Poststempel.

Ausfertigung im Privatbesitz.

D 8
Aachener Fremdenliste zur Kur- und Badesaison des Jahres 1804

Aufgeschlagen Seite 11.

An erster Stelle findet sich der im Schriftbild herausgehobene Eintrag: „Sa Majesté l'Impératrice". Napoleons Gemahlin, Kaiserin Josephine, besuchte Aachen als Badegast vom 27. Juli bis zum 12. September 1804. Dr. Gerhard Reumont (vgl. Exp. I 2) war damals ihr Badearzt. Nebenher erledigte sie während ihres Aufenthalts ein umfangreiches Besichtigungsprogramm (siehe S. 140 ff).

Aachen, Öff. Bibl., o. Sign.

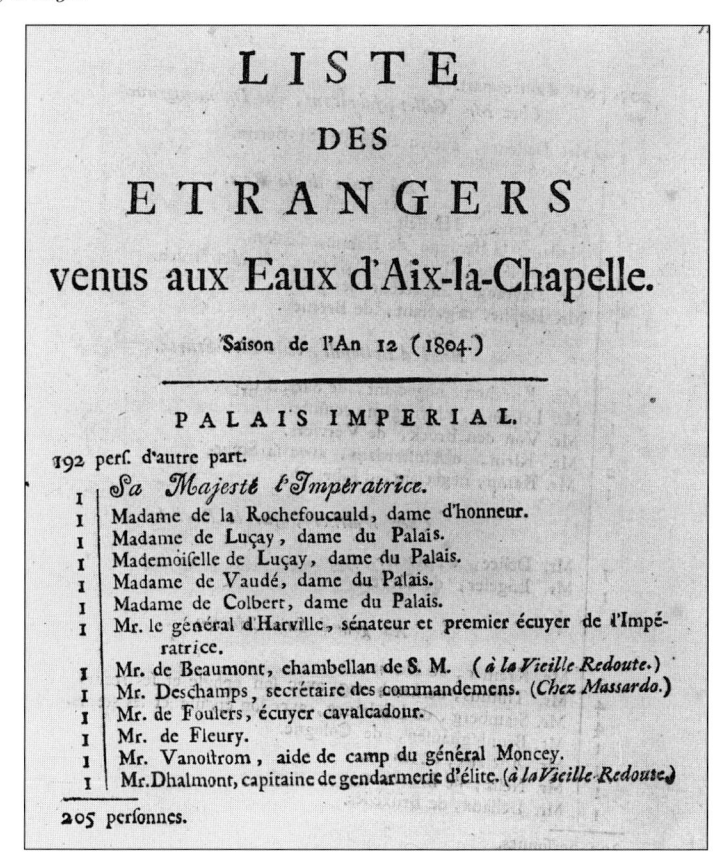

```
LISTE
DES
ETRANGERS
venus aux Eaux d'Aix-la-Chapelle.
Saison de l'An 12 (1804.)

PALAIS IMPERIAL.

192 perf. d'autre part.
 1 | Sa Majesté l'Impératrice.
 1 | Madame de la Rochefoucauld, dame d'honneur.
 1 | Madame de Luçay, dame du Palais.
 1 | Mademoiselle de Luçay, dame du Palais.
 1 | Madame de Vaudé, dame du Palais.
 1 | Madame de Colbert, dame du Palais.
 1 | Mr. le général d'Harville, sénateur et premier écuyer de l'Impératrice.
 1 | Mr. de Beaumont, chambellan de S. M. (à la Vieille Redoute.)
 1 | Mr. Deschamps, secrétaire des commandemens. (Chez Massardo.)
 1 | Mr. de Foulers, écuyer cavalcadour.
 1 | Mr. de Fleury.
 1 | Mr. Vanoitrom, aide de camp du général Moncey.
 1 | Mr. Dhalmont, capitaine de gendarmerie d'élite. (à la Vieille Redoute.)

205 personnes.
```

D 9
Napoleon am Thron Karls d.Gr. im Aachener Dom

Gemälde des französischen Historienmalers Henri Paul Motte (1846-1922) aus dem Jahre 1898. – Maße: H 82 / B 120 cm.

Das Bild zeigt den Thron Karls d.Gr. im Aachener Dom, der vom Licht hell erleuchtet wird. Auf der teilweise beschienenen, teilweise beschatteten Treppe, welche zum Thron führt, steht Napoleon, der proklamierte, aber noch nicht gekrönte Kaiser der Franzosen, den Dreispitz auf dem Kopf, in ehrfurchtsvoller Haltung und mit nachdenklichem Gesicht. Auf dem Thron liegt die römisch-deutsche Kaiserkrone, die sich allerdings zur Zeit des Besuchs im Aachener Dom am 7. September 1804 in Wien befand! Rechts im halbdunklen Vordergrund stehen staunend vier napoleonische Offiziere, der vierte nur halb im Bild, die Hüte in den Händen haltend.

Nach einem Negativ im StA Aachen, Fotosammlung T 721/62. Ein weiteres Negativ befindet sich im Bildarchiv der Domschatzkammer. Das Gemälde stand am 25. März 1981 bei Sotheby's in London und 1982 bei Phillips in London zur Versteigerung an und wurde im März 1982 an Privatleute verkauft. Es ist abgebildet in Sotheby's Versteigerungskatalog vom 25. März 1981, Los-Nr. 26.

D 10
Nachträglich gedrucktes Protokoll über das Zeremoniell der Kaiserkrönung Napoleons und seiner Gemahlin Josephine am 2. Dezember 1804

„Procès-Verbal de la cérémonie du sacre et du couronnement de LL. MM. [Leurs Majestés] l'Empereur Napoléon et l'Impératrice Joséphine".

Hier: aufgeschlagen, S. 83. – Druck: Paris 1805 bei der kaiserlichen Druckerei. – 117 Seiten.

Napoleon hatte mit Dekret vom 22. Juni 1804 die Namen von 36 Städten bekanntgegeben, die er als die wichtigsten seines Reiches einstufte. Sie wurden kurz die „bonnes villes" genannt. Ihre Maires erhielten das Recht, der Kaiserkrönung beizuwohnen. So kam es, daß der Aachener Maire v. Lommessem nach Paris reiste. Aus Aachen war auch der Aachener Bischof Berdolet geladen.

StA Aachen, Bibliothek, Sign.: FMF 100.

D 11: zum 2. Dezember 1804
Aquarell und Lobgedicht zur Kaiserkrönung Napoleons

Druck des Gedichts: „Typis J.-G. Beaufort". – Maße: H 39,4 / B 51 cm.

Das Aquarell zeigt links oben den Aachener Dom, rechts daneben über einer blauen Wolke Karl d.Gr. im Hermelinmantel. In der rechten Hand hälte er eine Krone, in der linken ein Szepter, mit dem er auf den lorbeerumkränzten Schriftzug des Kaisernamens „NAPOLEON" unterhalb der Wolke weist, dessen Träger er freudig bereit ist, die Krone zu überlassen. Rechter Hand steht das französische Staatswappen mit der Krone. Unter dieser Darstellung finden sich in einem lateinischen Chronogramm, das die Jahreszahl 1804 ergibt, die Worte (Übersetzung): „Napoleon, dem Kaiser der Franzosen, welcher an den 5. Iden des November gekrönt wurde, gratuliert die pflichtgetreue und gehorsame Stadt Aachen". Es folgen 18 vierzeilige Verse eines lateinischen Lobgedichtes von Johann Gerhard Joseph von [van] Asten, Registrator bei der Aachener Präfektur. Der letzte Vers endet mit dem Wunsch, der Kaiser möge weiterhin über Aachen, der Stadt Karls d.Gr. seine Wohltaten ausschütten: „Urbs ista, sedes pristina Caroli, / Tuis libenter laudibus accinit; / Tu, Caesar, urbem carolinam / Perge tuis cumulare donis."

Aachen, Museum Burg Frankenberg, Inv. Nr. BK 1287.

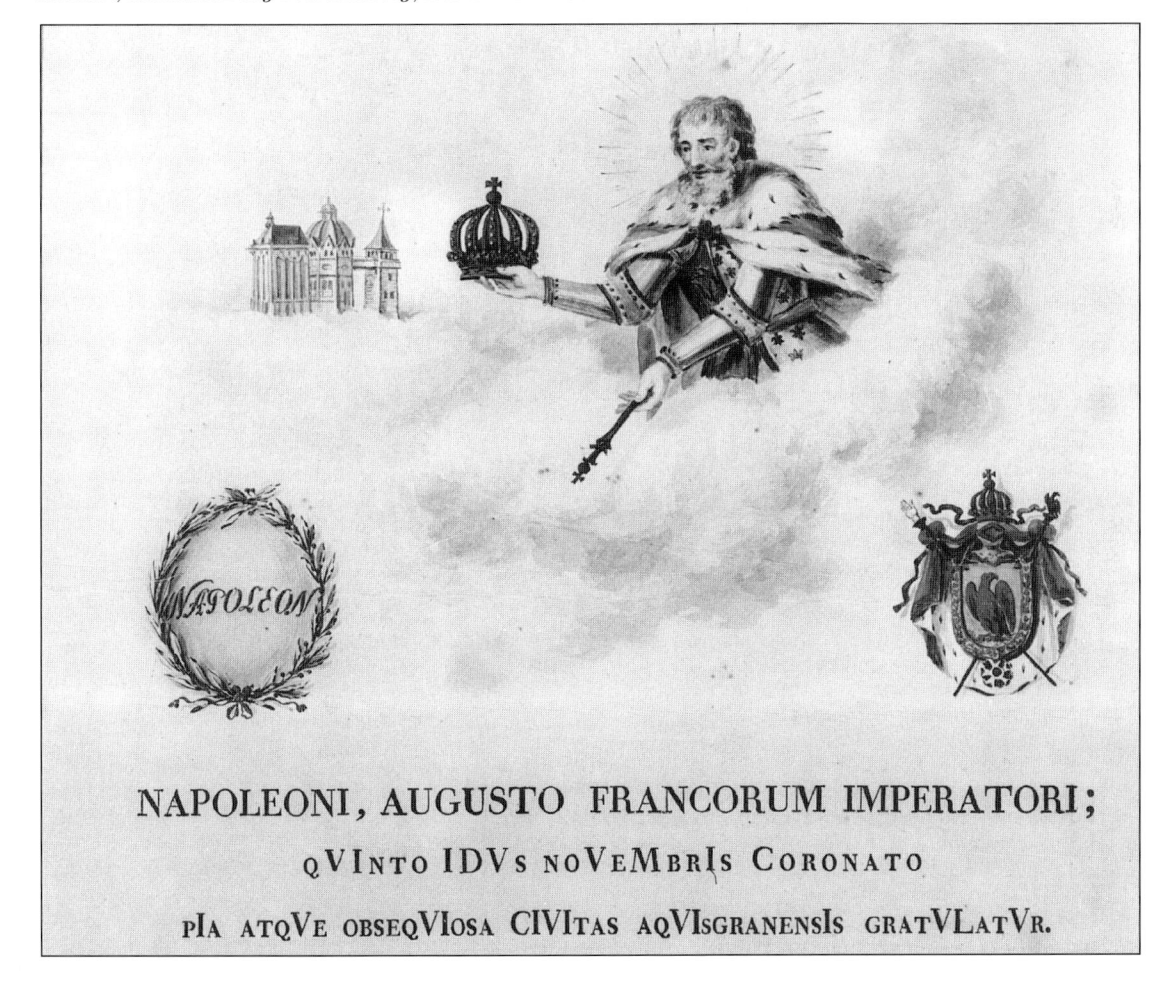

D 12
„Volkslied der neufränkischen Bewohner der Ruhr- und Rheine-Gegenden am Krönungs-Tage Napoleons I."

Auf, auf, es gilt dem Francken-Land!
Schlagt feurig Brüder Hand in Hand,
Der Hochgesang erschalle.
Wem glüht und flammt nicht das Gesicht,
Wem schwillt das Herz im Busen nicht,
Wer jauchzt nicht bey dem Namen?

Chor.

Wir jauchzen, und für's Vaterland
Schlägt jeder heute Hand in Hand.
Sey mir ein Fest, du Tag mit Glück
Kehr wonnevoll und oft zurück
Von Gotteshand getragen:
Du bringst den Stat zum hohen Ziel,
Wir danken dir mit Frohgefühl,
Erfüllt sind unsre Wünsche.

Chor.

Erfüllt, indem Napoleon
Besitz heut nimmt von deinem Thron.
Napoleon der große Held
Im Kabinette und im Feld,
Wer ist ihm zu vergleichen?
Zum Herrscher eingeweiht schon lang,
– Umsonst Kabale mit ihm rang –
Nimmt an von dir den Zepter.

Chor.

Napoleon der große Held
Im Kabinette und im Feld.
Dein Franke grüßet heute Ihn
Als Kaiser, und die Kaiserinn
Ist seine Josephine.
Auch ich, zu Hause zwar beym Rhein
Ein deutscher, auch ich will Franke seyn
Zu grüßen deinen Kaiser.

Chor.

Wir auch zu Hause sind beym Rhein,
Nun wollen gern wir Franken seyn.
Napoleon ist ganz der Mann,
Wie man's für einen Staat seyn kann,
Für den die Lorbern grünen.
Die Faktionen trat in Staub
Der Held, und risse weg den Raub,
Der Zwietracht vor dem Munde.

Chor.

Die liebe Heimath wär nun Raub
Der Willkühr, die er trat in Staub.
Wir Deutsche waren immer treu
Den vorigen Fürsten, jeder sey
Nun eben so gesinnet
Da unter'm Franken Scepter frey
Einjeder nun auch Franke sey
Im Herzen wohl verstanden.

Chor.

Einjeder nun auch Franke sey
Und bleibe alter Sitte treu
Kühn rechne auf uns Napoleon,
Wir schützen dich auf deinen Thron
Den du geliebt, verewigst:
Von dir wird's Menschen recht geehrt,
Gesetz und Ordnung sind dir werth,
Und wir sind deine Kinder.

Chor.

Ein Vater ist Napoleon.
Wir schützen Ihn auf seinen Thron
Religion zu Seite steht
Dem Helden, ihre Fahne weht;
Er folget ihren Winken:
Sie führt Ihn auf den Tugendpfad;
Sie gürten Ihn zur Edelthat
Mit Kraft und Muth und Frieden.

Chor.

Bleib Himmelstochter, bleib ihm hold,
Du lohnst mit mehr, als Kron und Gold.
Wie thätig ist des Mann's Bemühn!
Bis kraftvoll die Gewerbe blühen.
Pflegt nicht sein Geist der Ruhe.
Den Handels-Flor führt er auch heim:
In seinem Muthe liegt der Keim
Zu immer stolzerm Flore.

Chor.

O Wonne, wenn, der für uns lebt,
Napoleon, die Fesseln hebt.
Dem großen Kaiser geh' es wohl!
Er herrsche sanft und Weisheitsvoll
Am Rhein und Appenninen!
Er muß uns lange Vater seyn,
Es soll sein Blick uns lang erfreun.
Er soll den Enkeln leben.

Chor.

Es gehe unserm Kaiser wohl,
Der weise ist und liebevoll.

Aus der Zeitung „Aachener Merkur" vom 10. Dezember 1804 (Nr. 148). – Hier: Aus Privatbesitz.

D 13

„Rede, gehalten von Herrn v. Lommessem, Maire der Stadt Aachen, Mitglied der Ehren-Legion, bei Gelegenheit der Wiederaufstellung der Bildsäule Karls des Großen. Den 3. Prairial XIII (23. May 1805)"

8 Seiten, gedruckt bei J. Müller in Aachen.

Bei der „Bildsäule" handelt es sich um die 1794 abtransportierte Bronzestatue Karls d.Gr. vom Aachener Marktbrunnen (vgl. Exp. D 7)

Der Maire bezeichnet Karl d.Gr. als denjenigen, dem „Aachen all seinen Ruhm, seinen Glanz und sein Wohlergehen schuldig ist". Jetzt, nach der Rückgabe des bronzenen Standbildes, dürfe sein Name „wieder laut unter uns erschallen. Die Heldenthaten, an die er erinnert, vereinen sich mit dem Ruhm seines erhabenen Nachfolgers". „Napoleon der Große gründet das neue abendländische Kaiserthum; als Beherrscher aller Gallien und der Langobarden erscheint er in dieser uralten Hauptstadt des fränkischen Reichs, und vernimmt auf dem Grabe Karls des Großen die Segenswünsche eines neu beglückten Volks". Der Maire zählt die Verdienste Napoleons und seine Gunsterweisungen für Aachen auf:

> „Er sichert dieser Stadt ihren alten ausgezeichneten Rang in dem Departemente und in seinem ausgedehnten Reiche zu.
> Er erhebt die Kirche Karls des Großen zum Dohm. Er eröfnet den Kranken und Dürftigen eine angemeßne Zuflucht, und stellt den öffentlichen Unterricht wieder her.
> Er erneuert die betriebsame Thätigkeit unsrer Fabrikanten durch vortheilhafte Vergünstigungen, und schützet sie durch ein in ihrer Mitte errichtetes Handelsgericht.
> Ein tiefer Friede herrscht in seinem Reiche. Unter seinem beglückendem Zepter vergißt Frankreich schon alle überstandene Leiden, ja selbst die Feinde, die sein Innerstes durchwühlten.
> Die Religion und die Wissenschaften, der Handel und die Künste sind die sanften Bande, die unter dem Schutze des Gesetzbuchs Napoleons das Glück seiner zahlreichen Unterthanen befestigen".

StA Aachen, Frz. Zeit, Drucke sub dato. – Zitate von den Seiten 3 u. 7.

Zu D 14-16

Beim Besuch Napoleons und Josephines in Aachen im August bzw. September 1804 erbat der Maire Kolb Porträts des Herrscherpaares. Während sich die Fertigstellung des Bildnisses Napoleons bis 1807 verzögerte, wurde das der Kaiserin bereits im Jahre 1805 fertiggestellt. Es handelt sich also nicht um sog. „Gegenstücke", d.h. Stellung und Haltung der Personen stehen in keiner Beziehung zueinander, und auch die Körperproportionen sind unterschiedlich gewählt. Die beiden Künstler, Robert Lefèvre und Louis André Gabriel Bouchet, erhielten für ihre Arbeit auf Anweisung Napoleons je 6 000 Francs. Für die Rahmen wurden weitere 820 Francs aufgewandt.
Lefèvres Arbeit (Josephine) gilt als die künstlerisch bedeutendere. Bouchets Napoleon lehnt sich an das bekannte Bildnis seines Lehrers David an.
Am 6. Dezember 1807 wurden die beiden Gemälde feierlich im sog. Krönungssaal des Rathauses aufgestellt und waren von da an während der französischen Herrschaft bei staatlichen Festen Objekte der Loyalitätsbekundungen.
Nach der Einnahme Aachens durch die Alliierten verschwanden die Gemälde zunächst in einem Verschlag des Rathauses, wurden dann 1816 nach Berlin verbracht, von wo aus sie erst 1840 wieder nach Aachen zurückgegeben wurden und wo sie im unteren linken Rathaussaal aufgehängt wurden. Hier befinden sie sich – nach vorübergehender Zwischenlagerung im Suermondt-Museum – auch heute noch.

D 14   6. Dezember 1807

Protokoll der Übergabe der von der Mairie Aachen erbetenen Gemälde des Kaisers und der Kaiserin

Doppelseite, Pergament, nur die erste Seite beschrieben. Roter Farbstempel der Mairie Aachen unten links neben der Unterschrift „de Lommessem"; die Unterschrift „Alex(andre) Lameth" unten rechts.

Die Bilder wurden in Gegenwart unter anderem des Präfekten Lameth und des Maires v. Lommessem feierlich im großen Saal des Rathauses (dans la grande salle de l'hôtel de ville) aufgehängt.

StA Aachen, Urk. AA 22.

D 15

Kaiser Napoleon I. (1769-1821)

Gemälde von Louis André Gabriel Bouchet, 1807: „Bouchet f(ecit) 1807" (links unten). – Öl auf Leinen. – Maße: H 230 / B 180 cm.

Das Bild zeigt den Kaiser vor einem Thronsessel, gekleidet im Ornat eines römischen Imperators. Er trägt eine lange Tunika aus weißer Seide und darüber einen mit Hermelin besetzten Mantel. Den nach halb links gewandten Kopf ziert ein goldener Lorbeerkranz. Um den Hals trägt er das große Band der Ehrenlegion. In der rechten Hand hält er das Adler-Szepter und faßt mit der linken die auf blauem Samtkissen liegende „Gerechtigkeitshand" (manus justitiae). Den linken Fuß setzt er auf ein grünes Samtkissen. Auf dem mit einer blauen Samtdecke bedeckten Tisch liegt auf einem Kissen der Reichsapfel. Im Hintergrund: ein grüner Vorhang.

Sitzungssaal des Aachener Rathauses (aus dem Bestand des Suermondt-Ludwig-Museums, Inv. Nr. BK 53). – Siehe Katalog 1932, S. 18 Nr. 53.

475

D 16

Kaiserin Josephine (1763-1814)

Gemälde von Robert Lefèvre, „Robert le fevre f(ec)it 1805". – Öl auf Leinen. – Maße: H 230 / B 180 cm.

Josephine steht in perlweißem, goldgesticktem Atlaskleid und hermelinverbrämtem Purpurmantel nach links gewandt in einem Saal, den Kopf dem Betrachter zugekehrt. Rechts sieht man durch eine Fensteröffnung auf Aachen. Im Vordergrund blickt man auf die noch bestehende Stadtbefestigung zwischen Marschier– und Adalbertstor, rechts sieht man die Adalbertskirche, in der Mitte Dom und Rathaus und im Hintergrund Lous– und Salvatorberg mit der Salvatorkirche und dem Wingertsberg.

Sitzungssaal des Aachener Rathauses (aus dem Bestand des Suermondt-Ludwig-Museums, Inv. Nr. BK 269). – Siehe Katalog 1932, S. 92 Nr. 269.

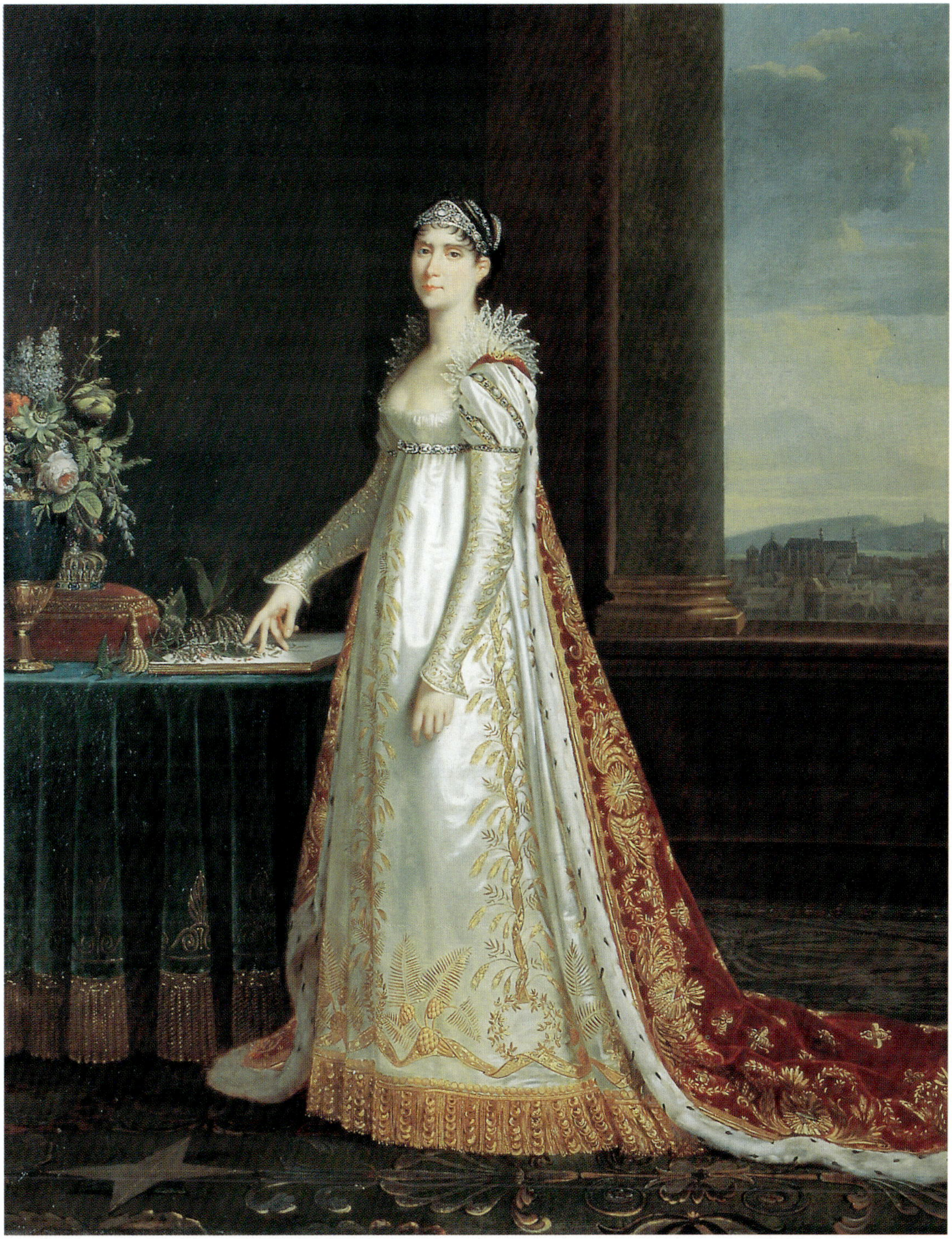

D 17
Madame Mère, Laetitia Bonaparte, die Mutter Napoleons

Gezeichnet und gestochen von Ch(arles) Devritz, gedruckt von A. Beillet. – Hier: Foto.

Laetitia Bonaparte besuchte Aachen in den Jahren 1809 bis 1811 als Badegast und trug damit dazu bei, daß die Stadt bei der feinen Gesellschaft des Kaiserreichs ins Gespräch kam und an Attraktivität gewann. Im Jahre 1811 stiftete Laetitia 4 000 Francs für wohltätige Zwecke (vgl. Exp. H 11) und gab dem an Stelle des reichsstädtischen Sandkaultores im klassizistischen Stil geplanten Neubau ihren Namen, nämlich „Porte de Madame" (vgl. Exp. J 8).

Paris, B.N., Cabinet des Estampes R 33825.

D 18
Die Prinzessin Pauline Borghese (1780-1825)

Lithographie von François Séraphin Delpech mit Erläuterung: „La Princesse Borghèse", darunter die Unterschrift Paulines. – Hier: Foto.
Pauline, Napoleons jüngste Schwester, Gemahlin des Fürsten Camillo Borghese, begleitete ihre Mutter Laetitia Bonaparte zu deren Badeaufenthalten nach Aachen. Sie hielt sich mit Vorliebe in der Soers in einem Sommerhaus im Berger Busch auf, dem der Aachener Munizipalrat ihr zu Ehren am 7. August 1811 den Namen „Forêt Pauline", Paulinenwäldchen, gab. Der Aachener Maire v. Guaita ließ dort zu ihrem Andenken einen schlichten Obelisken errichten.

Paris, B.N., Cabinet des Estampes D 094347.

D 19
Die Königin Hortense von Holland (1783-1837)

Gezeichnet von G. Belliard, gestochen von François Séraphin Delpech. – Hier: Foto.

In den Jahren 1809, 1810 und 1812 weilte auch Hortense, Tochter von Josephine, der ersten Gemahlin Napoleons, Ehefrau von Napoleons Bruder Ludwig, König von Holland, in Aachen. Im Jahre 1812 brachte sie ihre Kinder mit, unter ihnen Charles Louis Napoléon, den späteren Kaiser Napoleon III. (1808-1873). Während dieses Aufenthaltes erwarb sie sich durch mildtätige Spenden an bedürftige Bittsteller aus Aachen einen guten Namen. Zum Andenken an sie erhielt ein Wäldchen bei Kornelimünster, das ihr besonders gefiel, ihren Namen und wurde mit einer kleinen Säule und einem Pavillon geschmückt.

Paris, B.N., Cabinet des Estampes D 168050. – Zeitung „Journal de la Roer" vom 4. September 1813.

D 20

Die Kaiserin Marie-Louise an der Wiege mit ihrem und Napoleons Sohn, dem König von Rom

Gezeichnet von Gérard, gestochen von [Jérôme Martin] Langlois, gedruckt von de Bougeard. – Hier: Foto.

Napoleon hatte sich am 15. Dezember 1809 wegen des Ausbleibens eines Thronerben schweren Herzens von Josephine scheiden lassen. Am 2. April 1810 heiratete er die 18jährige Erzherzogin Marie-Louise, Tochter Kaiser Franz' I. von Österreich. Von diesem Schritt erhoffte er sich den für eine Dynastie unabdingbaren Thronerben, aber auch mehr Akzeptanz seines Kaisertums in Europa. Zu den Hochzeitsfeierlichkeiten war auch der Aachener Maire v. Guaita eingeladen. Marie-Louise gebar Napoleon am 20. März 1811 einen Sohn, Napoleon (II.), für den bereits vor seiner Geburt der Titel eines „Königs von Rom" ausersehen war. Seine Geburt wurde in Aachen gebührend gefeiert. In Burtscheid war ihm zu Ehren im Jahre 1811 eine „Promenade du Roi de Rome" geplant (vgl. Exp. J 7).
Napoleon II. († 1832) wurde nach dem Zusammenbruch des französischen Kaiserreichs seinem Großvater Kaiser Franz I. von Österreich zur Erziehung übergeben. Im Jahre 1818 erhielt er den Titel „Herzog von Reichstadt" und wurde im übrigen von allem ferngehalten, was ihn an seinen Vater oder an Frankreich erinnern konnte. Seine Wiege steht heute in der Wiener Schatzkammer.
Noch in den 30er Jahren dieses Jahrhunderts sangen die Kinder in Aachen beim Seilspringen ein Lied, das mit den Worten begann: „Der König von Rom, Napoleon sein Sohn; / er war noch zu klein, um Kaiser zu sein / Rück ein Stückchen weiter / auf der Himmelsleiter / 1, 2, 3" (freundliche Mitteilung von Frau Elisabeth Janssen, Aachen).

Paris, B.N., Cabinet des Estampes D 223215.

Kaiserin Marie-Louise und ihr Sohn, der König von Rom

D 21
Medaille auf die Taufe des Königs von Rom, Napoleons Sohn

1811

Bronze, Durchmesser: 68 mm. – Stecher: [Bertrand] Andrieu.

Vorderseite: Napoleon steht vor einem Sessel und hält seinen Sohn über das Taufbecken. Die Front des Sessels wird vom Buchstaben „N." geschmückt. Links am Rand neben dem Taufbecken: ANDRIEU FECIT. Im Abschnitt unten: BAPTEME DU ROI DE ROME /M. DCCC. XI.

Rückseite: In der Mitte dreizeilig: A L'EMPEREUR / LES BONNES VILLES / DE L'EMPIRE. Um das Feld herum finden sich zwei Reihen mit 49 Mauerkronen, die die „bonnes villes" des Kaiserreichs symbolisieren und die diesen inschriftlich zugeordnet sind. Am Kopf: Paris. Die zweite Krone rechts daneben in der oberen Reihe: Aachen mit der Inschrift „AIX LA CHAP".

Die offizielle Taufe von Napoleons Sohn, Napoleon II., fand als feierlicher Akt am 2. Juni 1811 in Paris statt. Hierzu waren auch die Maires der nunmehr 49 „bonnes villes" geladen, unter ihnen Cornelius v. Guaita aus Aachen.

Medaille aus Privatbesitz. – BRAMSEN 1907, Nr. 1125 u. JULIUS 1932, Nr. 2462.

Zu D 22/23

Aachen zählte im französischen Kaiserreich seit dem 22. Juni 1804 zu den Städten erster Ordnung, den sog. „bonnes villes". Diese konnten nach Einführung des neuen Wappenrechts im Jahre 1808 gemäß einem Dekret vom 17. Mai 1809 auf Antrag ein neues Wappen erhalten, dessen Schildhaupt einheitlich ein rotes Feld mit drei steigenden goldenen Bienen, dem Wappentier der korsischen Familie Buonaparte, zeigte[1]. Auf dem Schild lag ein goldener Merkurstab. Darüber erhob sich eine hohe goldene Mauer mit siebenzinniger Mauerkrone, aus der der napoleonische Adler wuchs. Der Schild war umgeben von einem aufrechten goldenen Kranz, bestehend rechts aus Oel-, links aus Eichenzweigen, verziert mit roten Bändern mit abfliegenden Enden. Das Feld unter dem Schildhaupt war dem individuellen Wappen der jeweiligen Stadt vorbehalten. Der Aachener Munizipalrat hatte in seiner Sitzung vom 11. Mai 1811 beschlossen, die vom Maire angeführte Delegation, welche zur bevorstehenden Taufe des Königs von Rom nach Paris eingeladen war, solle nach Möglichkeit auf eine Bestätigung des der Stadt –so heißt es– von ihrem Gründer Karl d.Gr. verliehenen Adlerwappens hinarbeiten. Für den Fall, daß dies nicht genehmigt würde, sollte man ein „konvenables" Wappen erbitten[2].

Das neue Wappen, welches Napoleon der Stadt mit Urkunde unterm 6. bzw. 13. Juni 1811 genehmigte, zeigt in goldenem Feld eine blaue Weltkugel mit einem von einem goldenen Tatzenkreuz gekrönten goldenen Reif. Die Weltkugel wird von 4 gestümmelten schwarzen, einwärts gewendeten Adlern begleitet[3]. Warum in Paris gerade dieses Wappen gewählt wurde, ist nicht überliefert. Möglicherweise symbolisiert die Kugel die Weltherrschaft[4], die gestümmelten Adler könnten für die vier Himmelsrichtungen und der die Kugel umfassende Reif mit dem Kreuz für die gottgewollte Herrschaft stehen. Das Wappen würde demnach gleichermaßen auf Karl d.Gr. und seinen Nachfolger Napoleon hinweisen.

Zum selben Zeitpunkt wie Aachen erhielten auch Köln und Mainz neue Wappen verliehen[5].
Passend zum Wappen wurden auch neue Siegelstempel hergestellt[6]. Die Gesamtkosten beliefen sich auf 1 110 Francs[7].

---

[1] FF: GRITZNER 1890, S. 184 u. OSWALD 1985, S. 65, 278f., 348
[2] StA Aachen, Frz. Zeit, Sitzungsprotokolle des Munizipalrats 1810-1813 sub dato und Beschlüsse des Munizipalrats 1811-1814, S. 1 sowie HStAD Roerdepartement Nr. 31. – THISSEN 1911, S. 97.
[3] OIDTMAN 1897, S. 14f.
[4] Vgl. zu Napoleons „Reichsapfel": SCHRAMM 1958, S. 154f.
[5] STEUER 1981, S. 119ff.
[6] StA Aachen, Siegelstempelsammlung, Nr. 25. Vgl. auch Exp. E 14.
[7] THISSEN 1911, S. 97.

D 22 6./13. Juni 1811
Napoleon verleiht der Stadt Aachen ein neues Wappen

Maße: H 45 / B 60 cm.

Napoléon par la Grâce de Dieu Empereur des Français, Roi d'Italie, Protecteur de la Confédération du Rhin, Médiateur de la Confédération Suisse, à tous présents et à venir salut:

Par Notre Décret du dix-sept mai mil huit cent neuf, nous avons déterminé que les villes, communes et corporations qui désiraient obtenir des lettres patentes portant concession d'armoiries, pourraient, après s'être fait préalablement autoriser par les autorités administratives compétentes, s'adresser à notre Cousin le Prince Archichancelier de l'Empire, lequel prendroit nos ordres à cet effet.

En conséquence, le maire de notre bonne ville d'Aix-la-Chapelle duement autorisé s'est retiré pardevant notre Cousin le Prince Archichancelier de l'Empire à l'effet d'obtenir nos lettres patentes portant concession d'armoiries.

Et, sur la présentation qui nous a été faite de l'avis de notre Conseil du Sceau des Titres et des conclusions de notre Procureur-général, nous avons autorisé et autorisons par ces présentes signées de notre main, notre bonne ville d'Aix-la-Chapelle, à porter les armoiries telles qu'elles sont figurées et coloriées aux présentes et qui sont:

D'or au globe d'azur cerclé et croisetté du champ, cantonné de quatre alérions de sable allumés de gueules; au chef consu des bonnes villes, qui est de gueules à trois abeilles en fasce d'or: Pour livrées: jaune, bleu noir, rouge. Voulons que les ornements extérieurs des dites armoiries consistent en une couronne murale à sept créneaux, sommée d'une aigle naissance pour cimier, le tout d'or soutenu d'un caducée du même, posé en fasce au-dessus du chef, auquel sont suspendus deux festons servant de lambrequins, l'une à dextre de chêne, l'autre à senestre d'olivier d'or, noués et rattachés par des bandelettes de gueules.

Übersetzung:
Napoleon von Gottes Gnaden, Kaiser der Franzosen, König von Italien, Protektor des Rheinbundes, Vermittler der Schweizerischen Eidgenossenschaft, allen Gegenwärtigen und Zukünftigen Gruß.

Durch Unser Dekret vom 17. Mai 1809 haben Wir bestimmt, daß die Städte, Gemeinden und Körperschaften, welche Patentbriefe zur Genehmigung der Wappenführung zu erhalten wünschten, sich, nachdem sie sich zuvor die Genehmigung der zuständigen Verwaltungsbehörden verschafft, an Unseren Vetter[1]), den Prinzen Erzkanzler des Reiches wenden könnten, der Unsere diesbezüglichen Weisungen erhalten würde.

Dementsprechend hat sich der Maire Unserer guten Stadt Aachen nach pflichtgemäßer Einholung der Erlaubnis an Unseren Vetter, den Prinzen Erzkanzler des Reiches gewandt und Unseren Wappenbrief erbeten:

Aufgrund der Stellungnahme Unseres Conseil du Sceau des Titres und des Antrags Unseres Generalprokurators haben Wir Unserer guten Stadt Aachen mit diesem eigenhändig unterschriebenen Wappenbrief gestattet, das auf diesem farbig dargestellte Wappen zu führen:

Dasselbe besteht aus einem goldenen Schild, der in der Mitte eine Weltkugel von blauer Farbe führt, versehen mit einem goldenen Reifen, der oben in einem goldenen Kreuze endet. In den vier Ecken befinden sich je ein kleiner, gestümmelter, schwarzer Adler mit rotem Schnabel. Darüber das Schildhaupt der „guten" Städte: Drei goldene Bienen auf rotem Grunde. Für [die Darstellung des Wappens auf] Livréen dürfen [statt der Farben Gold, Blau, Schwarz und Rot] Gelb, Blau, Schwarz und Rot verwandt werden. Wir bestimmen als äußeren Zierrat des Wappens eine Mauerkrone mit sieben Zinnen, aus welcher ein Adler als Helmschmuck hervorwächst; das Ganze in Gold von einem goldenen Merkurstab gehalten, welcher auf dem Schilde liegt, von dem Girlanden herabhängen, die als Helmdecke dienen: von ihnen ist die Girlande zur Rechten aus Eichen-, die zur Linken aus goldenen Ölzweigen gebildet. Beide Girlanden sind durch rote Bänder gebunden und zusammengehalten.

Chargeons notre Cousin le Prince Archichancelier de l'Empire de donner communication des présentes au sénat, et de les faire transcrire sur ses registres; car tel est notre bon plaisir; et afin que ce soit chose ferme et stable à toujours, notre cousin le prince Archichancelier de l'Empire y a fait apposer, par nos ordres, notre grand sceau, en présence du Conseil du Sceau des Titres.	Wir beauftragen Unseren Vetter[1]), den Prinzen Erzkanzler des Reiches, dem Senat von Gegenwärtigem Kenntnis zu geben und dies in seine Register eintragen zu lassen; denn so ist Unser Wille. Und damit dies für alle Zeit festgelegt ist, hat Unser Vetter, der Prinz Erzkanzler des Reiches, auf Unseren Befehl hin Unser großes Siegel in Gegenwart Unseres Conseil du Sceau des Titres aufdrüken lassen.
Donné en notre Palais de Saint Cloud, le sixième jour du mois de Juin de l'an de grâce mil huit cent onze. Napoléon.	Gegeben in Unserem Palast St. Cloud, den 6. Juni 1811. Napoléon.
Scellé le treize juin mil huit cent onze, Le Prince Archi-Chancelier de l'Empire Cambacérès.	Besiegelt den 13. Juni 1811. Der Prinz Erzkanzler des Reiches Cambacérès.

Auf der Rückseite findet sich links oben der Vermerk „Enregistré au Conseil du Sceau des Titres R.8. f(oli)o 28" und oben rechts: „Transcrit sur les registres du Sceau le quatorze juin mil huit cent onze. Le chancelier du Sénat".
Die Urkunde gibt nur einen Teil des Wappens wieder, nämlich den Schild. Das vollständige Wappen wurde der Urkunde separat beigefügt (vgl. Exp. D 23).

Ausfertigung (frz.), Pergament, StA Aachen. Urk. AA 23 mit dem an schwarz-goldener Seidenschnur abhängenden großen Thronsiegel und der vollständigen Unterschrift Napoleons. – Übersetzung in Anlehnung an OIDTMANN 1911, Nr. 18.

---

[1]) „Cousin" meint „Vetter" nicht im verwandtschaftlichen Sinne, sondern bezeichnet die rangmäßige Ferne bzw. Nähe, in der sich der Betreffende zum Kaiser befand.

D 23

Das im Jahre 1811 der Stadt Aachen verliehene Wappen

Pergament. – Maße: H 24 / B 18,5 cm.

Anlage zur Urkunde AA 23 im StA Aachen.

487

D 24   **23. Oktober 1813**

Der Aachener Maire Cornelius v. Guaita und die übrigen Mitglieder des Aachener Munizipalrats versichern der Kaiserin Marie-Louise, die für die Zeit, da Napoleon im Felde stand, die Regentschaft führte, daß alle Aachener mit ganzem Herzen hinter dem von seinen Feinden bedrängten Kaiser, dem französischen Vaterland und den Franzosen stünden.

Nach den Ereignissen des Jahres 1813, insbesondere der Völkerschlacht bei Leipzig (1813 Okt. 16-19) war man in Paris um Treuebekundungen bemüht. Von den linksrheinischen Gemeinden erwartete man Ergebenheitsadressen, die der Kaiserin Marie-Louise nach Paris überbracht werden sollten. Die vom Aachener Munizipalrat formulierte Adresse wollte aber niemand mehr überbringen. Die schließlich auf Druck des Präfekten Ladoucette ernannte Delegation verschleppte die Reise so lange, bis die militärischen Erfolge der Verbündeten sie ihres ungeliebten Auftrags enthoben.

Nicht ausgehändigte Ausfertigung im StA Aachen, RA II Allg. Akten 549, fol. 210r-211r.

E. Staatliche und kommunale Verwaltung

E 1

In französischer Zeit begonnener Katasterplan: Aachen Nr. 1 Flur 0, „beendigt auf dem Felde im März 1820 durch den Conducteur Branchart"

Maße: H 62 / B 97,5 (98) cm. – Maßstab: 1 : 1 250. – Hier: Farbkopie.

Völlig unabhängig von der topographisch-militärischen Kartenaufnahme des Kriegsministeriums hatte das französische Finanzministerium eine Vermessung zur Erstellung von Katastern als Ausgangsbasis für eine möglichst gerechte Verteilung der Grundsteuer angeregt. Die Erfahrung der Vergangenheit hatte nämlich gezeigt, daß ältere Aufzeichnungen und die freiwilligen Erklärungen der Eigentümer diesem Ziel nicht gerecht wurden. Die dazu durch Dekret der Konsuln vom 3. November 1802 und durch spätere Verordnungen getroffenen Bestimmungen führten allerdings ebenfalls zu einem unbefriedigenden Ergebnis, weil sie aus Kostengründen auf eine Gesamtvermessung aller Parzellen in Frankreich verzichteten und diese durch ein kompliziertes Verfahren, an dessen Ende die hier nicht näher zu erörternden „Kulturmassenpläne" standen, zu ersetzen suchten. Erst am 27. Januar 1808 entschied Napoleon, daß alle Parzellen in ganz Frankreich aufzunehmen, abzuschätzen und zu katastrieren seien. Mit dem Projekt wurde man bis 1814 jedoch nicht mehr fertig. Es wurde aber in preußischer Zeit fortgeführt.

Original im Vermessungs- u. Katasteramt der Stadt Aachen. – OSTHOFF 1950, S. 52ff. – SCHMIDT 1973, S. 184ff. – EFFERTZ 1990, S. 130.

E 2   21. Juni 1803

Liste der 100 Höchstbesteuerten der Stadt Aachen

Derartige Listen wurden als Folge der Senatsbeschlüsse vom August bzw. September 1802 in Gemeinden mit mehr als 5 000 Einwohnern erstellt. In Zukunft sollten nämlich die Munizipalräte, welche einmal im Jahr zusammentraten, um u.a. die Rechnungslegung der Gemeinde zu prüfen und die lokalen Bedürfnisse zu beraten, nicht mehr vom Präfekten des Departements, sondern von den Kantonalversammlungen gewählt werden, und zwar aus der Gruppe der 100 höchstbesteuerten Personen des jeweiligen Kantons. Dadurch, daß die Regierung aus den Mitgliedern des Munizipalrates die Maires und Adjunkten zu benennen pflegte, setzte sich die unter Napoleons Herrschaft ohnehin zu beobachtende Tendenz zur Bildung von Eliten, auf die sich der Staat in besonderer Weise stützte, fort.

Einblattdruck mit beiliegender handschriftlicher Liste über die Höhe der von den einzelnen Personen gezahlten Steuern: StA Aachen, RA II Allg. Akten 699, fol. 6. – Siehe auch GRAUMANN 1990, S. 89ff. – MÜLLER 1991, S. 309f.

E 3

Übersicht über den Haushalt der Mairie Aachen für das Jahr IX (1800/01) zur Beratung im Munizipalrat

Aufgeschlagen: fol. 11 mit einer Übersicht über die Höhe der Gehälter der städtischen Bediensteten.

Mit der Besetzung durch die französischen Revolutionstruppen verlor Aachen die uneingeschränkte Kontrolle über seine Haushaltsmittel. Seit der Einführung der französischen Steuergesetzgebung im Jahre 1798 flossen alle direkten und der überwiegende Teil der indirekten Steuern dem Staat zu, während die Gemeinden nur 10 Prozent der Patentsteuer und gewisse Zuwendungen aus den vom Staat auf die verschiedenen Steuerarten erhobenen Zuschlag-Centimen erhielten. Da diese Zuwendungen aber bei weitem nicht ausreichten, wurde den Gemeinden die Erhebung eines sog. Octroi zugestanden, einer indirekten Steuer auf bestimmte Gegenstände des täglichen Lebens. So wurden z.B. bestimmte Getränke wie Wein, Kornschnaps, Branntwein, Bier und Apfelwein, aber auch Fleisch, bestimmte Fischsorten, Muscheln und Olivenöl, ferner Brennmaterial, Viehfutter, Fett und Seifen versteuert. Die wichtigsten Lebensmittel des einfachen Mannes wie Roggen, Weizen, Kartoffeln, Hülsenfrüchte, Gemüse, Butter, Eier und Milch blieben hingegen unversteuert.

Druck (frz.), HStAD Roerdepartement 1941, fol. 10r – 18v.

E 4

Jean Sigismond Gay, Generalsteuereinnehmer des Roerdepartements

Er wurde im Jahre 1772 in Lyon als Abkömmling englischer Einwanderer geboren. Zunächst war er in einem Bankhaus tätig, wechselte dann aber in die französische Finanzverwaltung, in der er durch Ernennung Napoleons vom 23. April 1803 zum Generalsteuereinnehmer des Roerdepartements mit Sitz in Aachen aufstieg. Im Jahre 1799 hatte er Marie-Françoise-Sophie Richault de Lavalette geehelicht, die sich als Literatin einen Namen machte und deren Salon in Aachen in Künstlerkreisen und der Gesellschaft einen guten Namen hatte (vgl. Exp. M 5). Als er wegen Korruption und Betrügereien – wahrscheinlich am 2. Januar 1813 – abgelöst wurde, kehrten er, seine Gemahlin Sophie und ihre Tochter Delphine (vgl. Exp. M 6) nach Paris zurück. Zu einem späteren Zeitpunkt scheint er wieder nach Aachen übergesiedelt zu sein, denn er verstarb hier am 19. Dezember 1822.

Foto aus dem StA Aachen nach einer bei MANEY 1904 gedruckten Zeichnung. – DUFRAISSE 1978, S. 129. – GRAUMANN 1990, S. 114.

491

Zu **E 5-8**

Präfekten des Roerdepartements

Nach seinem Staatsstreich vom 9. November 1799 organisierte Napoleon als Erster Konsul die Staatsverwaltung neu und führte diese im Mai 1800 auch im Rheinland ein. An der Spitze der 4 rheinischen Departements standen sog. Präfekten. Bis nach dem Frieden von Lunéville vom 9. Februar 1801, der die Zugehörigkeit der Rheinlande zu Frankreich völkerrechtlich absicherte, und bis zur Inkraftsetzung der französischen Verfassung am 23. September 1802 blieben sie dem in Mainz residierenden Generalregierungskommissar unterstellt. Danach waren sie wie die Präfekten in Altfrankreich den Ministern in Paris direkt untergeordnet. Der Präfekt hatte nunmehr den Willen der Pariser Zentrale in seinem Departement zu verkünden. Gegenüber der Staatsregierung trat er als Vertreter des Departements auf; innerhalb des Departements übte er als oberstes Organ die gesamte Zivilverwaltung aus.

Aachen wurde Sitz des Präfekten des Roerdepartements, das als das reichste Departement Frankreichs galt. Am Amtssitz des Präfekten wurden zahlreiche weitere Behörden installiert, so daß sich die Stadt zu einem überregionalen Verwaltungszentrum entwickelte.

E 5

Alexandre Edmonde Méchin (1772-1849)

Zeichner: Maurin. – Lithographie: Villain, Paris, rue de Sèvres No. 23. – Hier: Foto.

Méchin war vom 9. Juli 1802 bis zum 17. September 1804 Präfekt des Roerdepartements.

Das Bild zeigt ihn nach seiner Ernennung zum Deputierten des Departements Aisne im Jahre 1827.
Zu seinem Lebenslauf siehe S. 174f

Paris, B.N., Cabinet des Estampes 92 C 16f.806.

LE BARON MÉCHIN

Député de l'Aisne.

Né en 1772, Elu pour la 3.e fois en 1827.

E 6

Alexandre Théodore Victor de Lameth (1760-1829)

Zeichner: Henri Joseph Hesse, 1824. – Lithographie: François Séraphin Delpech. – Maße: H 50,1 / B 31,5 cm.

Lameth war vom 3. Mai 1806 bis zum 19. Februar 1809 Präfekt des Roerdepartements.
Zu seinem Lebenslauf siehe S. 175.

Aachen, Museum Burg Frankenberg, Inv. Nr.: BK 1719.

E 7

Jean Charles François de Ladoucette (1772-1848)

Zeichner: F. Lehnert. – Lithographie: Prodhomme et Cie., Paris, 3 Place du Doyenne. – Hier: Foto.

Ladoucette war vom 31. März 1809 bis zum 17. Januar 1814 Präfekt des Roerdepartements. Zu seinem Lebenslauf siehe S. 175f.

Paris, B.N., Cabinet des Estampes 77 B 74394.

E 8
Johann Joseph Reiner Dubigk

Öl auf Leinwand. – Maße: H 86 / B 67 cm. – Künstler: J. Bastiné.

Dubigk wurde am 27. November 1755 in Aachen geboren. Im Jahre 1794 betätigte er sich als Weinhändler in Aachen und war Besitzer des „Grand Hotel" in der Komphausbadstraße, das damals mit seinen mehr als 40 Betten, moderner Möblierung und guter Küche zu den Spitzenhotels der Stadt zählte und daher immer gut besucht war. Von 1804 bis 1812 fungierte er als Chef des 2. Büros der Präfektur und war als solcher für Steuerrückstände, Zwangsanleihen etc. zuständig. Von 1807 Juli 11 bis 1809 Juli 1 ist er als Mitglied des „Club Aachener Casino" nachweisbar. In einem Geheimbericht über Zustände und Beamte im Roerdepartement aus dem Frühjahr 1804 hieß es über ihn, er sei der ehrenhafteste Mann der Welt, der Ansehen genieße und Aufklärung über alles geben könne. Er starb in Aachen am 19. April 1826.

Nach einem Foto im StA Aachen, Fotosammlung, Negativ 18/50-51. – StA Aachen, St. Foillan, Taufregister, Bd. 31, S. 157. – Raths- u. Staatskalender 1794, S. 47. – GOLBÉRY, S. 545. – Detaillierte Beschreibung des Bildes bei KUETGENS 1928, S. 98f. u. Abb. 60. – OPPENHOFF 1935, S. 132. – A. PAULS 1936, S. 73, 79. – HOFMANN 1953, S. 189.

E 9
**„Recueil des actes de la préfecture du département de la Roer.
Sammlung der Akte der Präfektur des Roer-Departements".**

Hier: Bd. 2.

Dieses Verwaltungsblatt führte der Präfekt Méchin im September 1802 für das Roerdepartement ein. In ihm wurden bis zum Jahresende 1813 regelmäßig die für die Französische Republik gültigen Gesetze, Beschlüsse, Rundschreiben und amtlichen Mitteilungen, die ihren Ausgang von der Präfektur nahmen, im Druck beim Aachener Verlag Beaufort veröffentlicht.

Hier: StA Aachen, Bibliothek, Sign.: ZAA 5-2. – E. PAULS 1893, S. 170ff., 201f.

E 10
„Annuaire du département de la Roer"

Hier: der Band „pour l'année 1809, 5ᵉ année de l'Empire français".

Dieses Jahrbuch mit Kalendern, Statistiken und allerlei Wissenswertem aus Politik und Verwaltung erschien von 1809 bis 1813 bei dem in der Aachener Sandkaulstraße ansässigen Verlag von J.-J. Bouvard.

StA Aachen, Bibliothek, Sign. QIB 161.

E 11
Farbstempel des Aachener Kommissars Antoine Estienne, 1798-1800

Messing, oval, Längsdurchmesser: 38 mm. – Querdurchmesser: 31 mm.

Der Stempel zeigt im Strahlenkranz ein gerahmtes Dreieck, in dessen Mitte sich ein wachsames Auge befindet. Im Rahmen des Dreiecks stehen die Worte: COMMISSAIRE / DU POUVOIR / EXECUTIF. Unter dem Dreieck und dem Strahlenkranz, zweizeilig: CANTON D'AIX-LA / -CHAPELLE.
Die Kommissare der Vollziehungsgewalt beaufsichtigten die Verwaltungen. Der Kommissar für den Kanton Aachen wurde am 15. März 1798 nominiert. Es war Antoine Estienne. Er amtierte bis zum 3. März 1800.

StA Aachen, Siegelstempelsammlung, Nr. 34. – GRAUMANN 1990, S. 39ff.

*Hier: Ins Positive gekehrtes Bild
des Farbstempels.*

E 12

Farbstempel der Mairie Aachen mit französischem Staatswappen

Messing, oval, Längsdurchmesser: 41 mm. – Querdurchmesser: 33 mm.

Die Umschrift lautet: MAIRIE D'AIX LA CHAPELLE und am Fuß des Wappens zwischen zwei Eichenblättern: ROER.
Wegen der Krone im Oberwappen muß es nach der Kaiserkrönung Napoleons vom 2. Dezember 1804, wahrscheinlich aufgrund des Gesetzes vom 6. Pluviôse XIII [26. Januar 1805] und des kaiserlichen Dekrets vom 9. Ventôse XIII [28. Februar 1805], und offenbar vor der Verleihung eines eigenen Wappens an Aachen im Juni 1811 (vgl. Expp. D 22, 23) entstanden sein.

StA Aachen, Siegelstempelsammlung Nr. 42. – Paris, A.N., F 17, 1093, dossier 13.

Hier: Ins Positive gekehrtes Bild des Farbstempels.

E 13

Siegelstempel der Stadt Aachen mit dem im Juni 1811 von Napoleon verliehenen Wappen
(vgl. Exp. D 23)

Messing, oval, Längsdurchmesser: 30 mm. – Querdurchmesser: 26 mm.

Am Kopf die Umschrift: VILLE D'AIX LA CHAPELLE.

StA Aachen, Siegelstempelsammlung Nr. 41. – Ein ähnlicher Stempel findet sich im HStAD Siegel u. Stempel B VIII b 27 mit Abb. bei GRAUMANN 1990, S. 241 Nr. 12.

*Hier: Ins Positive gekehrtes Bild
des Siegelstempels.*

E 14

Johann Wilhelm Gottfried Franz Maria v. Lommessem

Er wurde am 4. Oktober 1743 in St. Foillan zu Aachen getauft. Er studierte in Köln und wurde aufgrund seiner Begabung bereits am 29. Juli 1763 als Schöffe des Aachener Königlichen Schöffenstuhls angenommen. Im Jahre 1766 war er Praktikant beim Reichskammergericht in Wetzlar, 1764/65 und 1767/68 Mitglied des Großen Rates der Stadt Aachen, 1770-1789 Mitglied des Kleinen Rates, 1786 Appellationsrichter der Grafschaft Wittem und der Herrschaft Eys. An der sog. Mäkelei in der Reichsstadt Aachen beteiligte er sich nicht und lehnte das ihm damals angetragene Bürgermeisteramt ab. Am 4. Juni 1792 wurde er vom Kurfürsten Theodor v.d. Pfalz zum Freiherrn erhoben. Beim zweiten Heranrücken der Franzosen im Herbst 1794 verließ er Aachen und kehrte erst am 6. Mai 1796 zurück. Bei der Wiedereinsetzung der alten Verwaltungen durch General Hoche arbeitete er wieder als Schöffe des Königlichen Schöffenstuhls (1797/98). Vom 15. September 1804 bis zum 18. März 1808 bekleidete er das Amt des Aachener Maires. Als solcher war er zugleich der zweite Präsident der Aachener Gewerbe- bzw. Handelskammer. Als Repräsentant der Stadt Aachen nahm er am 2. Dezember 1804 an der Krönung Napoleons und Josephines teil. Bei seinem damaligen Aufenthalt in Paris bemühte er sich mit Erfolg um die Einrichtung eines Handelsgerichts in Aachen und um die Rückführung der Bronzestatue Karls des Großen. Napoleon soll damals beim Anblick des sehr groß gewachsenen v. Lommessem geäußert haben, er sei ein „digne maire de la ville de Charlemagne". Im Jahre 1804 wurde er von Napoleon zum Mitglied der Ehrenlegion ernannt. Sein Vermögen schätzte man im Jahre 1809 auf 400 000 Francs. Er starb am 3. April 1810 in Aachen.

Der Verbleib des Originals ist unbekannt, hier nach einem Foto im StA Aachen, Fotosammlung, Negativ 54/51. – Nachruf in der Gazette universelle Nr. 111 vom 13. April 1810. – StA Aachen, Totenzettel L 107. – StA Aachen, Hs. 1039, Bd. III, S. 71. – HUYSKENS 1929, S. 134. – v. COELS 1929, S. 496ff. – DUFRAISSE 1978, S. 140 u. 176.

501

E 15

Cornelius Maria Paulus v. Guaita

Ölgemälde des Aachener Malers Johann Baptist Bastiné. Signiert: „J. Bastiné 1817 fecit". – Maße: H 196 / B 123,5 cm. – Hier: Foto.

Das Gemälde zeigt Cornelius v. Guaita mit seiner Tochter Maria Katharina Josepha Sophia, der späteren Gemahlin von Jan Lodewijk Christian de Limpens.
Cornelius v. Guaita entstammte einer ursprünglich in Portugal lebenden Familie und wurde am 15. März 1766 in Aachen getauft. Er betätigte sich als Nadelfabrikant, ehelichte am 17. November 1790 Auguste von Heinsberg († 1819 Juli 12), Tochter des Postdirektors der Thurn und Taxisschen Post in Aachen. Am 28. Juni 1805 wurde er zum Richter am Aachener Handelsgericht ernannt und am 28. Mai 1808 als Maire der Stadt Aachen eingeführt. Er bekleidete das Amt des Maires bis zum Einrücken der Verbündeten im Januar 1814. Als Maire war er zugleich Präsident der Aachener Gewerbekammer (Handelskammer). Von 1809 bis 1814 präsidierte er auch im Departementswahlkollegium, dem die Benennung von Kandidaten für den Departementsrat und für die Gesetzgebende Versammlung und den Senat in Paris oblag. Im Jahre 1811 weilte v. Guaita als Vertreter Aachens bei den Feierlichkeiten zur Taufe des Königs von Rom in Paris. Im selben Jahr wurde er Mitglied der Ehrenlegion. Er galt der französischen Regierung als treu und ergeben, doch monierte man, daß er alles selbst erledigen wolle, und rügte seinen Eigensinn. Beide Schwächen würden – so urteilte man – andere vor der Übernahme des Amtes eines Adjunkten zurückschrecken lassen. Man käme allerdings – so gestand man sich ein – in Schwierigkeiten, wenn man ihn ersetzen wollte. Guaita hatte 1811 für sich und seinen einzigen Sohn den Antrag auf Erhebung in den Stand eines „baron de l'Empire" gestellt. Nach dem Abzug der Franzosen im Jahre 1814 blieb er Oberbürgermeister der Stadt. Als ihn die Preußen im Jahre 1818 aus dem Amt entfernen wollten, wurde dies durch eine Bürgerinitiative verhindert. Im Jahre 1820 nahm er aus Gesundheitsgründen seinen Abschied und verstarb am 30. April 1821. Das Gemälde zeigt ihn mit seinen Auszeichnungen: Friedlich vereint hängen im Knopfloch der französische Orden der Ehrenlegion und der preußische Rote-Adler-Orden.

Das Gemälde befindet sich im Besitz der „Weldadige Stichting Jan de Limpens" und hängt im „Kritzraedthuis te Sittard". – Paris, A.N., F 1c III Roer 4. – Annuaire 1811, S. 186; 1812, S. 126; 1813, S. 230. – Detaillierte Beschreibung des Bildes bei KUETGENS 1928, S. 92f. u. Abb. 55 (Ausschnitt). – JANSSEN/ KUETGENS 1964, S. 130 Nr. 167. – DUFRAISSE 1978, S. 130f., 177. – GRAUMANN 1990, S. 79. – SCHILD/JANSSEN 1991, S. 330f.

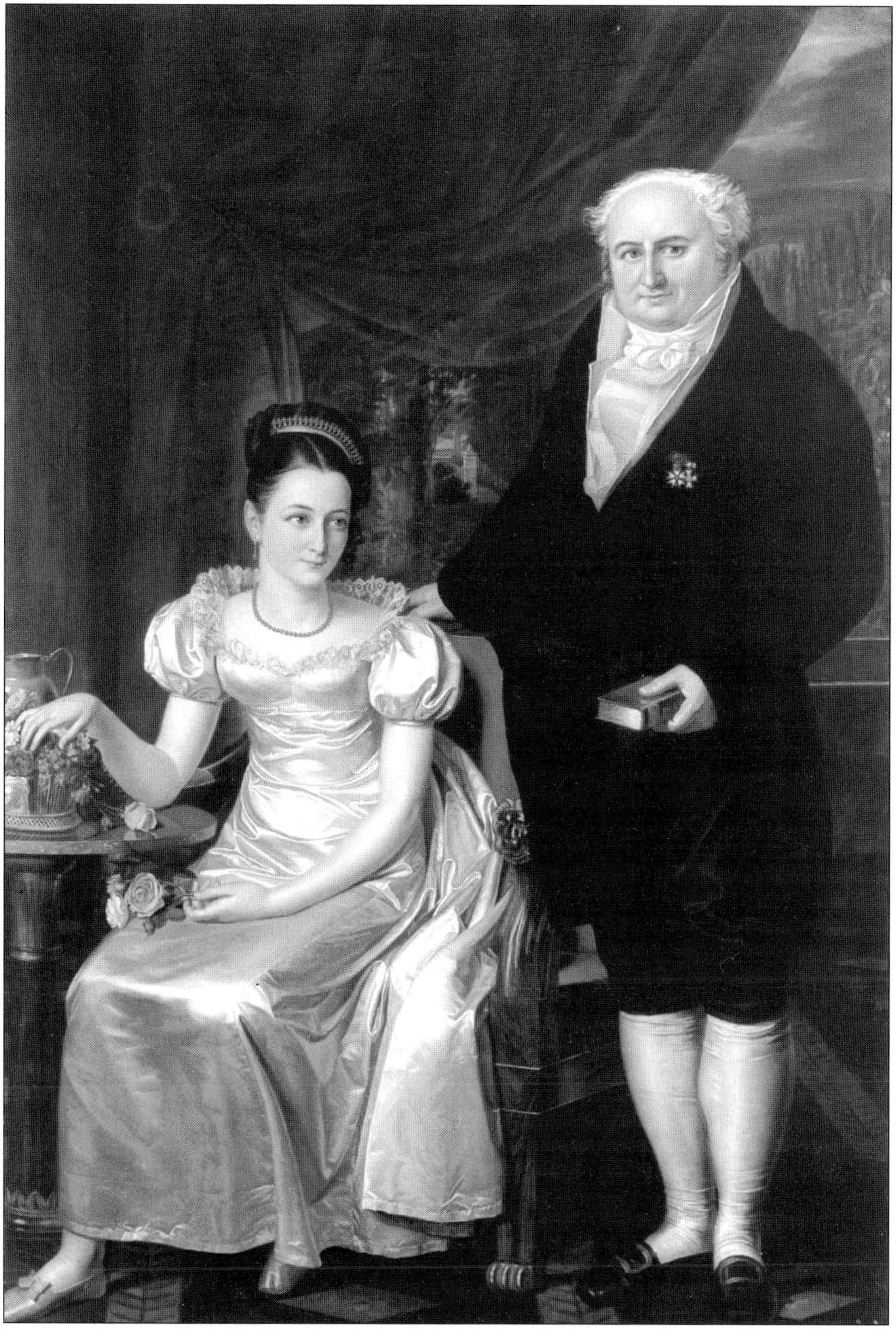

E 16
Arnold Ludwig Robens

Er wurde am 7. November 1758 in Düren getauft. Für längere Zeit war er Geheimschreiber der jülich-bergischen Ritterschaft und Legationssekretär beim kurpfälzischen Vogtmajor in Aachen. Im Jahre 1790 veröffentlichte er aus seinen Privatforschungen ein „Elementar-Werkchen der Wapenkunde aller im Gülisch Ritterbürtigen Collegio aufgeschworenen Ritterbürtigen Familien Wapen". Der Einmarsch der Franzosen entzog ihm den Boden für seine bisherigen beruflichen Tätigkeiten. Am 28. Februar 1794 heiratete er die wohlhabende Therese Fincken, Tochter des Besitzers des vornehmen Aachener Gasthofs „Zum Goldenen Drachen" im Komphausbadviertel. Im Februar 1795 war er Sekretär des Aachener „Comité des subsistances", das sich unter Leitung von Jakob Friedrich Kolb um die Versorgung der hungernden Bevölkerung mit Brot bemühte (vgl. Exp. C 15). Bald zog er sich ins Privatleben zurück und beschäftigte sich nur noch mit der Heraldik und Genealogie des rheinischen Adels. In napoleonischer Zeit übernahm er dann von 1805 bis 1808 die Aufgaben eines 2. Adjunkten der Mairie Aachen, war für das Standesamtswesen zuständig, betrieb nebenher seine Forschungen und widmete sich ferner der Anlage von „Robensgarten" vor dem Kölntor, der ein viel besuchtes Ausflugsziel der Aachener Bürger und Badegäste war (vgl. Exp. J 13). Im Jahre 1815 wurde Robens beigeordneter Bürgermeister der Stadt Aachen. Drei Jahre später erschien sein zweibändiges Werk „Der Ritterbürtige Landständische Adel des Großherzogtums Niederrhein, dargestellt in Wappen und Genealogien". Er verstarb am 26. Mai 1820.

Der Verbleib des Originals ist nicht bekannt, hier nach einem Foto im StA Aachen, Fotosammlung, Negative 72/47, 48, 51. – SCHUMACHER 1938, S. 78ff. (mit einer anderen Abb.).

E 17   Maastricht, den [14. Januar 1795]
„le 25. Nivose an III"

Der Volksrepräsentant bei der Nord-, Sambre- und Maasarmee, Frécine, trägt den von vielen Bürgern der Gebiete zwischen Maas und Rhein geäußerten Bitten Rechnung und gestattet denjenigen, die es wünschen, analog zu den seit 1792 in Frankreich geltenden Standesamtsgesetzen die Heirat vor dem Magistrat. Zugleich bestätigt er die Rechtmäßigkeit der von den Glaubensgemeinschaften geführten Tauf-, Heirats- und Sterberegister.

Plakatdruck der Aachener Zentralverwaltung vom 16. Januar: StA Aachen, Hs. 313 Nr. 62.

E 18

Farbstempel des Aachener Standesbeamten (nach 1798)

Messing, oval, Längsdurchmesser: 36 mm. – Querdurchmesser: 26 mm.

Dreizeilige Inschrift: OFFICIER / DE L'ETAT / CIVIL.
Umschrift: COMMUNE D'AIX LA CHAPELLE

StA Aachen, Siegelstempelsammlung Nr. 40.

*Hier: Ins Positive gekehrtes Bild
des Farbstempels.*

E 19

Register der zwischen 1801 und 1805 in Aachen ausgesprochenen Scheidungen

20 beschriebene Folien.

Aufgeschlagen liegt das Protokoll über die Scheidung der Ehe des „officier de santé" und Aachener Adjunkten Dr. Matthias Solders und der Therese Baldus wegen „Unvereinbarkeit der Gemüter" (incompatibilité d'humeur). Die Scheidung sprach der Adjunkt Cornelius Bock als Standesbeamter (faisant les fonctions d'officier public de l'état civil) am 6. Messidor an IX, also am 25. Juni 1801, aus.

StA Aachen, Hs. 616.

E 20

Geburtenregister der Mairie d'Aix-la-Chapelle aus dem Jahre 1804

Hier: Geburtseintrag betr. Delphine Gabrielle Gay, Tochter des Generalsteuereinnehmers des Roerdepartements, Jean Sigismond Gay, und der Literatin Sophie Gay (vgl. Expp. E 5, M 5 u. 6) vom 5. Pluviôse XII [26. Januar 1804].

Am 1. Mai 1798 wurden die seit 1792 in Frankreich gültigen Zivilstandsgesetze auch für die linksrheinischen Gebiete eingeführt. Der erste Band der seitdem in Aachen angelegten Register beginnt mit dem ersten Tag des Jahres VII der Republik, d.h. mit dem 23. September 1798. Das Burtscheider Register setzt einen Tag später ein. Die Führung der Register oblag einem Standesbeamten, der anfangs ein aus der Gemeinde gewählter Bürger war. Seit dem 17. Februar 1800 zeichnete der jeweilige Maire bzw. einer seiner Adjunkten für das Standesamtswesen verantwortlich.
Die Tauf-, Heirats- und Sterberegister der Glaubensgemeinschaften, wie sie seit dem Ende des 16. bzw. dem Beginn des 17. Jahrhunderts geführt worden waren, galten seit dem Abschluß des Konkordats zwischen dem Hl. Stuhl und der Französischen Republik im Jahre 1801 nur noch als Nachweismittel für die korrekte Verwaltung der Sakramente und konnten die vom Staat vorgeschriebenen Register nicht ersetzen.

Aachen, Standesamt.

ACTE DE NAISSANCE.

N° 305.   **Mairie** d'aix la chapelle.

Arrondissement Communal d'aix la chapelle

Du sixieme jour du mois de Pluviose l'an douze de la République française, à onze heures du matin.

Acte de naissance de Delphine gabrielle gay née le cinq Pluviose à onze heures du matin, fille de jean Sigismond gay, Receveur general du Departement de la roër, Et de Marie françoise Sophie Nichault de la valette gay conjoints, demeurants rue St. adalbert.

Le sexe de l'enfant a été reconnu être femelle

Premier témoin, Marc antoine Camille Raffaneau, Employé à la recette générale, agé de quarante six ans, demeurant rue St. Pierre.

Second témoin, claude harent, Receveur particulier de l'arrondissement d'aix la chapelle agé de quarante six ans, demeurant rue St. adalbert.

Sur la réquisition à nous faite par le citoyen jean Sigismond gay père de l'enfant.

Et ont apres lecture faite signé avec moi.

Constaté suivant la loi, par moi, Corneille Bock adjoint au Maire d'aix la chapelle faisant les fonctions d'Officier public de l'état civil.

E 21 Aachen, den 18. August 1810

Vom Aachener Maire Cornelius v. Guaita beglaubigter Auszug aus dem Sterberegister der Mairie Aachen

Er betrifft den verstorbenen Dr.iur.utr. Stephan Dominicus Dauven, der seit 1776 mehrfach das Amt des Aachener Bürgerbürgermeisters bekleidet hatte und der zu Beginn der Aachener Mäkelei (siehe S. 16ff.) im Mittelpunkt der Kritik seiner politischen Gegner von der Neuen Partei stand. Am 26. Juni 1786 sah er sich gezwungen, sein Bürgermeisteramt niederzulegen. Er starb am 15. November 1797. Der Anlaß für die Anfertigung des Registerauszuges ist nicht bekannt.

StA Aachen, Frz. Zeit, o. Sign. (mit schwarzem Steuerstempel oben links und rotem Farbstempel der Mairie Aachen neben der eigenhändigen Unterschrift des Maires). – v. COELS 1935, S. 76f.

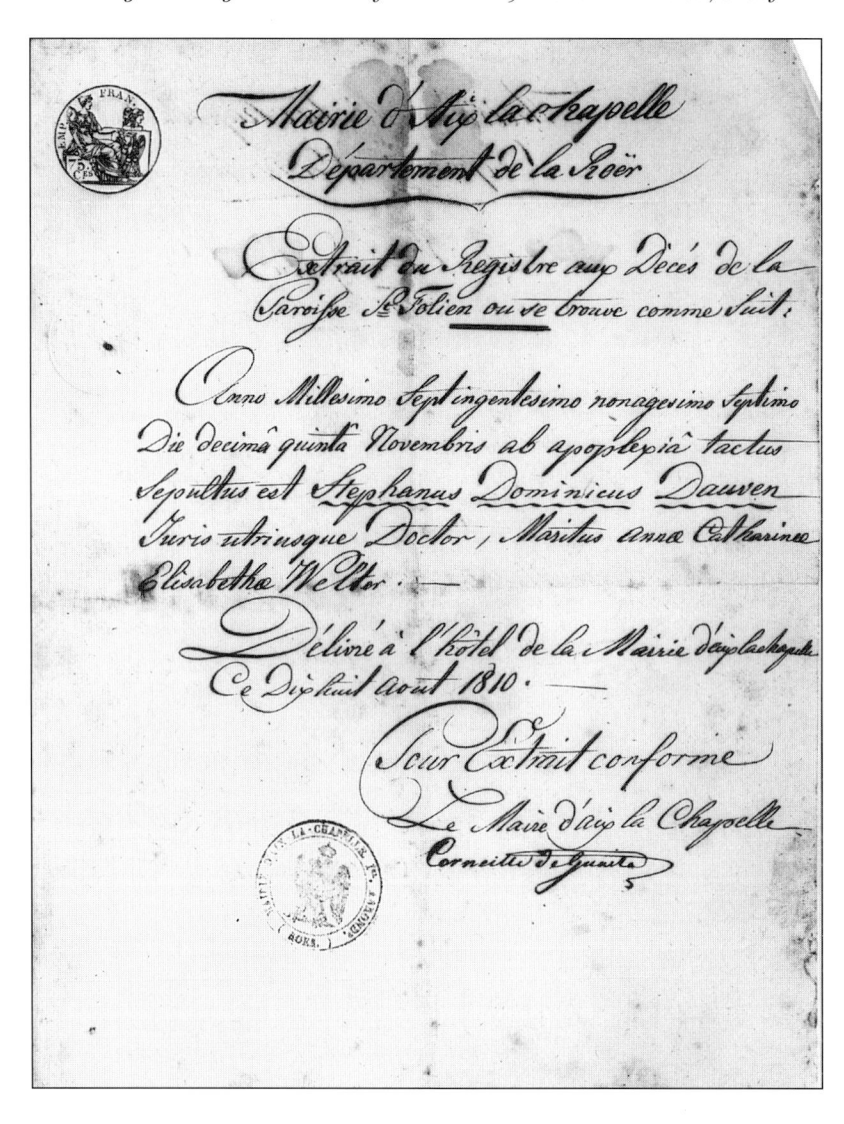

E 22

Amtliche Eintragungen über den gesetzmäßig vollzogenen Namenswechsel bei Juden, 1808

„Déclarations rélatives au changement de noms des juifs en vertu du Décret Impérial du 20. juillet 1808".

12 Folioblätter, davon 8 beschrieben

In Ergänzung der 1798 im Rheinland in Kraft gesetzten Zivilstandsregisterführung erließ Napoleon am 20. Juli 1808 ein Gesetz, demzufolge alle Juden im Kaiserreich verpflichtet wurden, statt der bisher üblichen Kombination von Rufnamen (etwa X, Sohn des Y) bzw. alttestamentlichen oder Städtenamen feste Vor- und Familiennamen anzunehmen und diese vor dem Standesbeamten als verbindlich anzuerkennen. Auch diejenigen Juden, die bereits einen festen Vor- und Familiennamen besaßen, mußten darüber eine Erklärung abgeben. Dies sollte in zwei im Archiv der Präfektur bzw. im Gemeindehaus aufbewahrten Listen geschehen, wobei die jeweilige Erklärung vom Maire bzw. dem von ihm mit den Aufgaben eines Standesbeamten beauftragten Adjunkten (hier: Kelleter) und dem Deklaranten unterschrieben wurde.
Zweck des Gesetzes war es, die Juden auch von ihren Namen her in die gesellschaftliche und staatliche Ordnung stärker als bisher zu integrieren.

StA Aachen, Hs. 618. – DANIELS V, S. 376f. Nr. 193.

E 23

Gerhard Dautzenberg

Öl auf Leinwand. – Unbekannter Künstler, links: „1798 6eme ané de la Républick Francais" [!]. – Maße: H 44 / B 31,5 cm.

Gerhard Dautzenberg wurde am 28. Oktober 1794 vom Volksrepräsentanten Frécine zum Polizeioffizier der neu eingerichteten Aachener Munizipalität ernannt. Er war der Sohn des Aachener Goldschmieds Gerhard Wilhelm D., wohnhaft im Haus „Zum Wolf" am Markt. Wie seine Brüder Johann, der beim Sturz der Kalckberner-Schandsäule am 19. Dezember 1792 Hand angelegt hatte, und Franz, der die Zeitung „Aachner Zuschauer" herausgab, war auch er offen für die Ideen der Aufklärung und der Französischen Revolution. Von 1794 Nov. 4 bis 1796 Febr. 14 war er Mitglied der Aachener Munizipalität. 1794/95 saß er im Obhutsausschuß, der über die pflichtgemäße Annahme der Assignaten und über eventuelle „konterrevolutionäre" Umtriebe zu wachen hatte. Bei seinen Mitbürgern war er als Denunziant verschrien. Bis zum März 1797 führte er den Titel eines „Commissaire de police du canton d'Aix-la-Chapelle". Nach Aufhebung der bisherigen französischen Verwaltung durch den Regierungskommissar Hoche und der Wiedereinsetzung des alten Rates in Aachen wurde er als städtischer Polizeikommissar im Stadtbezirk „Section Liberté" mit dem Titel „Commissaire de police de la commune d'Aix-la-Chapelle" übernommen. Unter Napoleon fand er keine Verwendung mehr. Im Jahre 1798 zählte er zu den Gründungsmitgliedern des Aachener Reunionszirkels.

Das Gemälde zeigt Gerhard Dautzenberg in seiner Amtsstube aufrecht stehend mit blau-weiß-roter Schärpe. In der linken Hand hält er einen Degen, in der rechten einen Haftbefehl. Auf dem Tisch neben ihm liegen weitere Papiere, eines mit der Aufschrift „LA LOI". Im Hintergrund wird ein ärmlich gekleideter, bedrückt dreinschauender Mann von einem französischen Beamten hereingeführt.

Aachen, Museum Burg Frankenberg, Inv. Nr. NGK 848. – Die Beschreibung des Bildes folgt der im Katalog 1989, S. 348f. Nr. 183 (mit Abb.).

Der Aachener Polizeioffizier Gerhard Dautzenberg.

E 24

Siegelstempel des Polizeikommissars des Kantons Aachen aus der Zeit zwischen Oktober 1794 und März 1797

Messing, oval, Längsdurchmesser: 32 mm. – Querdurchmesser: 25 mm.

Das Siegelbild zeigt eine Frauengestalt, die in der rechten Hand ein Liktorenbündel mit einem Beil, in der linken eine Stange mit dem Gottesauge hält.
Darüber stehen die Worte: FORCE A LA LOI.
Darunter finden sich in zwei Zeilen die Worte: REPUBLIQUE / FRANCOISE.
Die Umschrift lautet: COMMISSAIRE DE POLICE DU CANTON D'AIX LA CHAP[LE].

StA Aachen, Siegelstempelsammlung Nr. 37. – Diesen Siegelstempel dürfte Gerhard Dautzenberg benutzt haben.

Hier: Ins Positive gekehrtes Bild des Siegelstempels.

E 25

Siegelstempel des Polizeikommissars des Kantons Aachen aus der Zeit des Roerdepartements und vor Einführung der napoleonischen Verwaltung, welche die Kantone als Verwaltungseinheiten aufgab, also aus der Zeit zwischen 1798 und 1802

Messing, oval, Längsdurchmesser: 35 mm. – Querdurchmesser: 30 mm.

Das Siegelbild zeigt eine Frauengestalt, die in der rechten Hand ein Liktorenbündel mit Beil, in der linken eine Lanze hält. Darüber stehen die Worte: FORCE A LA LOI, darunter in zwei Zeilen: DEPT. DE LA / ROER. Die Umschrift lautet: * COMMISSAIRE DE POLICE DU CANTON D'AIX LA CHAPELLE.

StA Aachen, Siegelstempelsammlung Nr. 38.

Hier: Ins Positive gekehrtes Bild des Siegelstempels.

E 26

Farbstempel des Polizeibüros der Aachener Mairie aus der Zeit 1800 bis 1804

Messing, oval, Längsdurchmesser: 36 mm. – Querdurchmesser: 29 mm.

Der Stempel zeigt eine Frauengestalt, die in der rechten Hand ein Liktorenbündel mit Beil, in der linken eine Stange mit der Jakobinermütze hält. Darunter findet sich, durch einen Strich getrennt, die zweizeilige Inschrift: DEP.DE LA / ROER. Die Umschrift lautet: BUREAU DE POLICE DE LA MAIRIE D'AIX LA CHAPELLE. Die Datierung ergibt sich aus der Einführung des Maires in die Gemeindeverfassung und dem Wegfall republikanischer Symbole seit der Kaiserproklamation Napoleons.

StA Aachen, Siegelstempelsammlung, Nr. 39.

Hier: Ins Positive gekehrtes Bild des Farbstempels.

E 27   Aachen, den [17. Juli 1798]
                                                                                              „29. Messidor an VI"

Die Aachener Munizipalität wiederholt als Reaktion auf die Klagen über abendliche Prügeleien in den Gaststätten und auf den Straßen ihr schon mehrfach verfügtes Schankverbot für die Zeit nach 23 Uhr.

Plakatdruck (frz./dt.) als Auszug aus dem Munizipalitätsprotokoll, StA Aachen, Frz. Zeit, Drucke sub dato.

E 28   Aachen, den [2. Juli 1798]
                                                                                              „14. Messidor an VI"

Die Munizipalität des Kantons Aachen beschließt – vor allem zum Wohl der Aachener Kur- und Badegäste – eine detaillierte Verordnung, „alles das wegzuschaffen, was durch faulartige und gefährliche Ausdünstungen der Gesundheit ihrer Mitbürger schaden könnte", und stellt die Zuwiderhandlung unter Strafe.

Plakatdruck (frz./dt.) als Auszug aus dem Munizipalitätsprotokoll, StA Aachen, Frz. Zeit, Drucke sub dato.

E 29   Aachen, den [30. August 1798]
                                                                                             „13. Fructidor an VI"

Die Munizipalität der Stadt Aachen beschließt unter Hinweis auf das in Kraft gesetzte Gesetzbuch der Verbrechen und Strafen (Code des délits et peines), das nach Titel 2, Artikel 9 eine jährliche Untersuchung der Schornsteine, Backöfen, Brauereien und Werkstätten auf die von ihnen ausgehende Brandgefahr vorschreibt, daß alle Bürger, „welche durch Nachlässigkeit oder Unwillen um die bestimmte Zeit des 1ten Brumaire 7ten Jahres [1798 Okt. 22] ihre Schornsteinen, Backöfen etc. nicht gereiniget oder repariret haben würden, ... durch die darzu ernannten Kommissairen" angezeigt und zur Rechenschaft gezogen werden sollen.

Plakatdruck (frz./dt.) als Auszug aus dem Munizipalitätsprotokoll, StA Aachen, Frz. Zeit, Drucke sub dato.

E 30   Aachen, den [17. Oktober 1801]
                                                                                           „25. Vendémiaire an X"

Der Präfekt des Roerdepartements erläßt bei Strafe zum Schutz der Departementsstraßen, darunter die von Aachen nach Köln, Maastricht und Düren, Bestimmungen bezüglich der Bespannung, Gewichte und Spurbreiten der Fuhrwerke und trägt den Maires, Adjunkten, Polizeibeamten und Feldhütern die Überwachung dieser Vorschriften auf.

Plakatdruck (frz./dt.) als Auszug aus dem Protokoll der Beschlüsse des Präfekten des Roerdepartements, Auflage: 800 Exemplare, gedruckt bei „J.G. Beaufort, imprimeur de la préfecture, Aachen, Grand place No. 775": StA Aachen, Frz. Zeit, Drucke sub dato.

F. Recht und Gerichtswesen

F 1 Aachen, den [19. November 1794]
„den 29ten Brumaire im dritten Jahre"

Bekanntmachung der Aachener Zentralverwaltung über die am 6. November erfolgte Einsetzung eines Handelsgerichts in Aachen

Die Installierung des Aachener Handelsgerichts ging auf einen Beschluß des Volksrepräsentanten Frécine vom 29. Oktober 1794 zurück. Es war für den Distrikt bzw. das Arrondissement Aachen zuständig, welches die Gebiete des ehemaligen Herzogtums Jülich, des Heydener Ländchens, der Reichsabtei Kornelimünster, der Reichsstadt Aachen und der Reichsabtei Burtscheid umfaßte. Es sollte in allen Handelsstreitigkeiten mit einem Streitwert über 300 Livres Endurteile fällen. Bei einem geringeren Streitwert wollte man den Parteien den weiten Weg nach Aachen nicht zumuten, weshalb man sie in diesen Fällen an die Friedensrichter vor Ort verwies. Nur die Einwohner des Kantons Aachen sollten auch bei geringfügigem Streitwert das Aachener Handelsgericht anrufen, das im übrigen kostenlos Recht sprechen sollte.
Über die Tätigkeit dieses frühen Aachener Handelsgerichts ist kaum etwas bekannt. Wahrscheinlich ging es bald wieder unter. Am 27. Februar 1805 wurde erneut ein Handelsgericht in Aachen eingesetzt.

StA Aachen, RA II Allg. Akten 519, fol. 10r.

Freiheit, Gleicheit, Verbrüderung.

Die Central-Administration des ehemahligen Herzogthums Gülich, Aachen, Burtscheid ꝛc. ꝛc.

An

ihre Mitbürger.

Der Repräsentant des Französischen Volkes, FRECINE, hat am 8ten Brümaire einen Beschluß erlassen, wodurch ein Handels-Gericht für alle in dem Distrikte vorfallende Kommerzsachen niedergesetzt ist, welches

1.) Ohne alle Kosten die Gerechtigkeit verwalten, und Recht sprechen muß.

2.) Ausschließliche und endliche Gerichtsbarkeit ohne Berufung über alle Handelssachen hat, von welcher Gerichtsbarkeit

3.) Alle andere Civil-Ober-und Untergerichte ausgeschlossen sind. Weil es aber für die in den entlegenen Bezirken wohnenden Parteyen zu beschwerlich wäre, wenn dieselbe in Handlungssachen von geringerm Belange in Aachen zu Recht stehen müßten; so ist die Verfügung getroffen, daß alle Handlungssachen, in welchen der Prozeß-Gegenstand nicht über 300 Livres beträgt (den einzigen Kanton Aachen ausgenommen) in allen übrigen Bezirken von den Friedens-Richtern endlich abgeurtheilt werden sollen;

Da nun diese Gerichtsstelle nach dem Befehle des Volks-Repräsentanten am 16ten dieses von der Central-Verwaltung wirklich ist niedergesetzt worden; So kündigen Wir euch, Mitbürger! diese glückliche Verfügung an, damit ihr bei allen Handelsvorfällen den Richterstuhl kennet, welcher euch Recht verschaffen muß.

Aachen den 29ten Brümaire, im dritten Jahre der Französischen Republik.

DECRANÉ Präsident.

EX MANDATO
FORGET Secretarius.

F 2 5. November 1794 – 30. Juli 1798

Akte betreffend die Verfassung des Aachener Friedensgerichts

Hier: Erlaubnis vom 5. November 1794 zur Siegelführung.

„Der Friedens-Richter wird authorisirt, ein Siegel für das Friedensgericht mit der Statue der Freiheit und der Umschrift Juge de Paix d'Aix la Chapelle, auch sonsten das zur Secretariat nötige anzuschaffen, und sollen die Rechnungen nach dessen Unterzeichnung von dem Centro [d.h. der Zentralverwaltung] bezahlt werden. Aachen, den 15. Brumaire im 3ten Jahre der Republick, Vossen S(enio)r, Administrator [bei der Aachener Zentralverwaltung]."

StA Aachen, Frz. Zeit, Akten des Friedensgerichts, 1794 Nov. 5 – 1798 Juli 30.

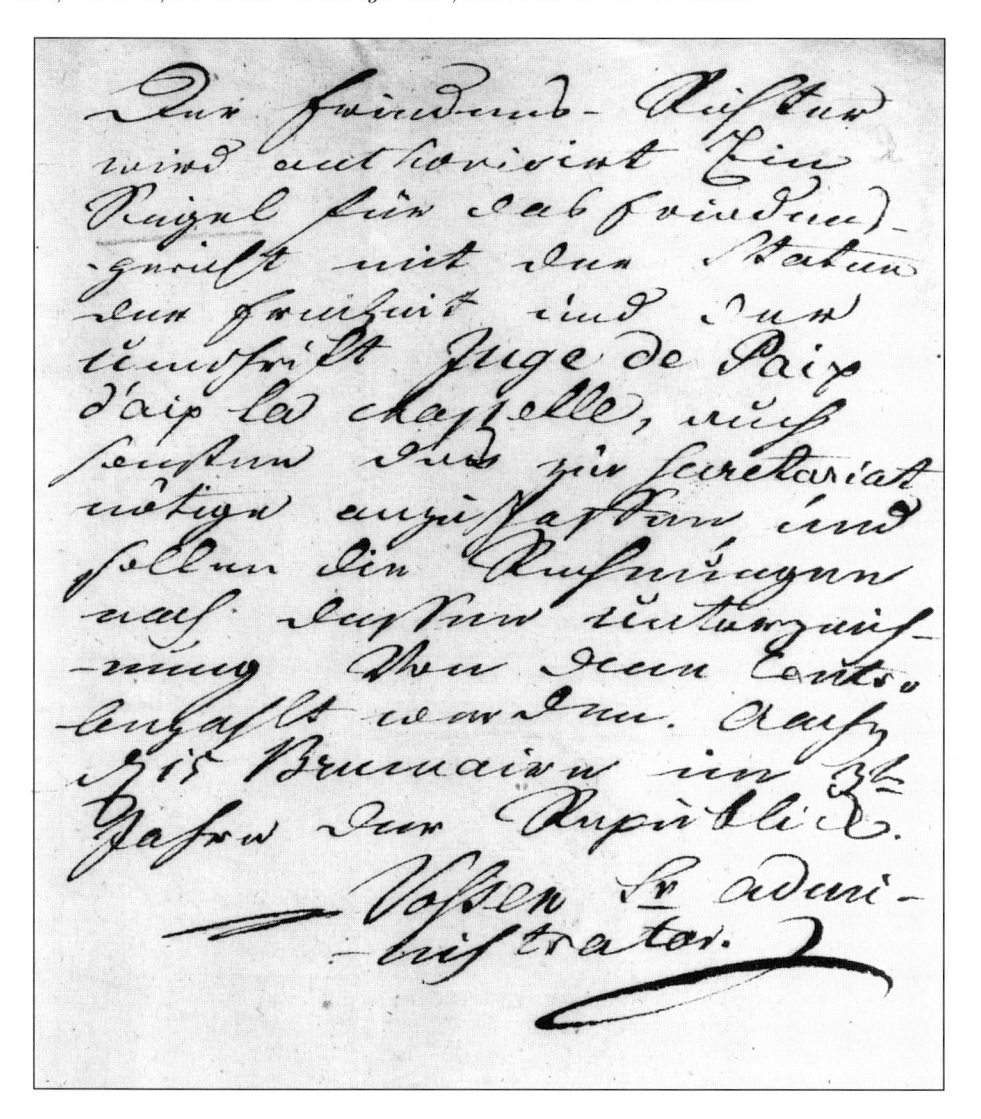

F 3

Siegelstempel des Aachener Obergerichts aus der Zeit zwischen November 1794 und März 1797

Messing, oval, Längsdurchmesser 40 mm. – Querdurchmesser: 33 mm.

Das Siegelbild zeigt eine Frauengestalt, welche in der rechten Hand ein Liktorenbündel mit Beil hält, in der linken eine Lanze mit der Jakobinermütze. Über der Gestalt befindet sich ein Dreieck. Die Umschrift lautet: TRIBUNAL · SUPERIEUR · CENTRAL · À AIX · LA · CHAPELL^E.

StA Aachen, Siegelstempelsammlung Nr. 45.

Hier: Ins Positive gekehrtes Bild des Siegelstempels.

F 4   Aachen, [den 20. Juli 1796]
                                                                    „2. Thermidor an IV"

Das Aachener Obergericht fordert die Bürger des Bezirks Aachen, Jülich, Düren etc. auf, dem Gericht Hinweise zur Aufklärung der jüngsten Messingdiebstähle im Stolberger Raum zu geben (von 18 000 Pfund Messing ist die Rede), damit die Täter ihrer Strafe nicht entgehen. Zugleich verbietet es den Ankauf des Diebesgutes und macht auf die Pflicht zur Anzeige aufgefundenen Diebesgutes bei den Behörden aufmerksam.

Das Obergericht war in Strafsachen allein und letztinstanzlich zuständig für alle Verbrechen, die gemäß den Landesgesetzen und -gebräuchen mit Gefängnis bis zu 10 Jahren oder Leibes- und Lebensstrafen geahndet wurden.
Der vorliegende Aufruf des Obergerichts sollte in der Zeitung veröffentlicht und von den Kanzeln verkündigt werden. Auf dem unteren Blattrand des Exponats findet sich daher der Vermerk: „... Herr Pastor wolle dieses von der Kanzel verkündigen und Zeugnis erteilen. Dürwiss, den 24. Julius 1796. Beumer, Friedensrichter". Auf der Rückseite des Blattes heißt es dazu: „Public Dürwiss 24. Julii, Langendorf Pastor".

StA Aachen, Frz. Zeit, Drucke sub dato.

Freiheit. **Gleichheit.**

Des Bezirkes Aachen, Gülich, Düren ꝛc. Obergerichtliche Verordnung.

Nachdem die Messingsfabrikanten von Stolberg dem Obergerichte angezeigt, daß aus ihren Fabriken und Mühlen in einiger Zeit bei 18000 Pfund Messing vor und nach gestohlen worden, das Obergericht auch wirklich die Untersuchung dieser Diebstäle, bei Gelegenheit einer Ertappung, angefangen hat; als wird jeder Bürger, der von derlei Entwendungen Wissenschaft haben möchte, dringendst eingeladen, die auf Messingsdiebe oder Ankäufer Bezug habenden Anzichten und Beweise unverzüglich bei dem Obergerichte, zu Beförderung der Gerechtigkeit und allgemeinen Sicherheit, anzubringen; und da die Ankäufer des gestohlenen Messings dessen diebische Wegnehmungen am meisten veranlassen und befördern: So wird Jedem unter schärfester Strafe hiemit bedeutet, sich keinen verdächtigen Messingsankauf zu Schulden kommen zu lassen, vielmehr alles feilgebotene Kupfer anzuhalten, und dem Lokalgerichte, mit Anzeige des Feilbieters, zu überliefern; und wäre diese Aufforderung und Warnung zur allgemeinen Nachachtung der hiesigen Stadtzeitung einzurücken, von den Kanzeln zu verkünden, und an den Gemeindehäusern anzuheften.

Also beschlossen und verordnet Aachen in der Vormittags-Sitzung den 2. Thermidor 4. J. d. R.

Schmitz, Präsident.

Zur Beglaubigung
F. H. STRAUCH, Secretarius.

F 5   Aachen, den [23. Oktober 1798]
„2. Brumaire an VII"

Die Zentralverwaltung in Aachen veröffentlicht die Liste der vom Regierungskommissar Rudler am 6. September 1798 im Roerdepartement allein zugelassenen Notare.

Plakatdruck, verordnete Auflagenhöhe: 1 000 Exemplare, StA Aachen, Frz. Zeit, Drucke sub dato.

F 6 Köln, den [13. November 1798]
„23. Brumaire an VII"

Der Kommissar beim Zivilgericht in Köln, Joseph Vossen, befiehlt allen altdeutschen Notaren bei Strafe, ihre Tätigkeit binnen 8 Tagen nach der Bekanntmachung dieser Verordnung einzustellen und ihre Siegel bei der Munizipalverwaltung ihres Kantons abzugeben. Dieser Aufforderung folgt eine namentliche Liste der Betroffenen, darunter 27 Aachener Notare.

Das Gesetz vom 24. Juli 1798 hatte das altdeutsche Notariat in den besetzten Gebieten ohne Rücksicht auf die finanziellen Folgen für die bisherigen Amtsinhaber abgeschafft und zugleich das Notariat französischen Rechts eingeführt.

StA Aachen, Frz. Zeit, Drucke sub dato.

F 7 Köln, den [1. März 1799]
„11. Ventôse an VII"

Das Zivilgericht in Köln veröffentlicht gemäß der erlassenen Verordnung über das Notariatswesen einen für die Notare verbindlichen Tarif.

Plakatdruck, StA Aachen, Frz. Zeit, Drucke sub dato.

F 8

Siegelstempel des Aachener Notars Johann Heinrich Dautzenberg

Messing, oval, Längsdurchmesser: 36 mm. – Querdurchmesser: 32 mm. – Messingsockel: H 2,1 cm – Griff aus Buche. – Gesamthöhe: 8,8 cm.

Der Inhaber dieses Siegelstempels zählte zu den im September 1798 neu zugelassenen Notaren französischen Rechts. Der Stempel stammt daher aus dem Jahr 1798 oder danach.
Das Siegelbild zeigt die sitzende Justitia, in der rechten Hand die Waage haltend, die linke auf eine Tafel mit der Inschrift LEGES ET MORES RF stützend. Darunter findet sich die zweizeilige Inschrift: DAUTZENBERG NO[RE]. À AIX LA CHAPELL[E]. – Die Umschrift lautet: RESSORT DE TRIB[L]. DE I[RE]. INSTANCE (ROËR).

StA Aachen, Siegelstempelsammlung Nr. 47.

Hier: Ins Positive gekehrtes Bild des Siegelstempels.

521

F 9

Bartholomäus Fischenich, Präsident des Aachener Tribunals 1. Instanz (Zivilgericht), 1811-1814

Gemälde eines unbekannten Künstlers.

Er wurde am 2. August 1768 in Bonn als Sohn des Küsters von St. Remigius geboren, erhielt die Möglichkeit zum Besuch des Montanergymnasiums und der Universität zu Köln und seit Dezember 1787 der Universität Bonn, wo er Schüler des berühmten Juristen Gottfried Daniels war. Seit 1790 war er als Schöffe am hohen weltlichen Gericht des Erzbischofs von Köln in Bonn tätig, das zugleich Appellationsgericht für das obere Kölner Erzstift war. Im April 1791 wurde er bereits für den Bonner Lehrstuhl für Natur-, Völker- und Strafrecht ausersehen, sollte zuvor aber noch seine Kenntnisse in Jena und Leipzig vervollkommen. In Jena wurde er zum glühenden Verehrer und Vertreter der Lehren Kants und machte die Bekanntschaft von Herder und Schiller, mit welch letzterem ihn Freundschaft verband. Im Oktober 1792 trat er seine Professur in Bonn an und wurde bereits im November 1793 zum Hofrat ernannt. In Bonn nahm er regen Anteil am literarischen und gesellschaftlichen Leben. Unter den Franzosen war er 1794/95 vorübergehend als Mitglied der Bezirksadministration für das Gebiet zwischen Neuss und Andernach tätig, wurde im Februar 1795 Mitglied des Kölner Obertribunals und von März bis September 1797 Mitglied der Intermediärkommission, aus der man ihn aber als Gegner des cisrhenanischen Gedankens entfernte. Mit der Aufhebung der Bonner Universität am 28. April 1798 entfiel auch die Möglichkeit, sich im Bereich der Lehre zu betätigen. Sein innerer Vorbehalt gegenüber den Franzosen war in den 90er Jahren noch gewachsen. Da sich aber keine andere Beschäftigungsmöglichkeit bot, nahm er doch im Frühjahr 1800, entgegen seinem 1797 gefaßten Entschluß, wieder eine Beschäftigung im Staatsdienst an, und zwar als Lehrer für Recht an der Bonner Zentralschule. Als im Jahre 1802 abzusehen war, daß die Schule geschlossen würde, nahm er eine Stelle als Ankläger am Tribunal 1. Instanz in Bonn an. Am 24. April 1811 schließlich wurde er zum Präsidenten des Aachener Tribunals 1. Instanz berufen. Er liebte Aachen zwar nicht, blieb aber bis zum Abrücken der Franzosen auf seinem Posten. Seine theoretischen Begabungen konnte er in preußischer Zeit wieder entfalten und seine Ideen von Recht und Staat teilweise verwirklichen. So wurde er im Jahre 1816 Mitglied der königlichen Immediat-Justiz-Kommission in Köln, welche in den folgenden Jahren die oberste Instanz für Rechtsprobleme der Rheinprovinz werden sollte. Im Juli 1819 wurde er als Geheimer Oberjustizrat ins Justizministerium nach Berlin berufen und zugleich zum Geheimen Oberrevisionsrat am Rheinischen Revisionshof ernannt. Im November 1825 wurde er Mitglied des preußischen Staatsrats, der höchsten beratenden Institution Preußens, vor allem in Gesetzesfragen, so daß Fischenich hier erfolgreich in rheinischen Rechtsfragen tätig werden konnte, bis er am 4. Juni 1831 verstarb.

Nach einem Foto im StA Bonn. – BRAUBACH 1966, S. 160ff. – TESCHNER 1968.

Bartholomäus Fischenich

F 10

Franz Josef Heinrich Jungbluth, seit 1803 Anwalt am Tribunal 1. Instanz in Aachen (Zivilgericht)

Er wurde am 23. Februar 1775 in Aldenhoven geboren, besuchte das Jülicher Jesuiten- und das Kölner Laurentianer-Gymnasium und studierte zunächst an nicht näher bekannten Universitäten Rechtswissenschaft, seit 1798 in Köln, wo er auch Unterricht in französischer Sprache nahm. Nach bestandenem Examen war er bis 1803 als Lizenziat der Rechte in Aldenhoven in der Kanzlei seines Vaters, des Anwalts Dr. Franz Peter Jungbluth, tätig. Durch Patent des Ersten Konsuls wurde er im Jahre 1803 als Anwalt an das Tribunal erster Instanz nach Aachen berufen, wo er mit Dekret vom 24. April 1811 als Substitut eingestuft wurde. In dieser Zeit gehörte er auch dem „Conseil d'arrondissement d'Aix-la-Chapelle" an. Seit 1814 arbeitete er am neu errichteten Aachener Kreisgericht und seit 1820 als Advokat-Anwalt am Aachener Landgericht. Im Jahre 1831 wurde ihm der Titel eines Königlich-Preußischen Justizrates verliehen. Seit 1820 war er für 25 Jahre als Mitglied des Aachener Stadtverordneten-Kollegiums tätig und erwarb sich besondere Verdienste um den Bau der Eisenbahnlinie Köln-Aachen-Antwerpen. Seit 1821 gehörte er dem „Club Aachener Casino" und später mehreren anderen Aachener Gesellschaften an. So zählte er im Jahre 1845 zu den Gründungsmitgliedern des katholischen Vereins „Donnerstags-Gesellschaft", der noch im selben Jahr den Namen „Constantia-Gesellschaft" annahm. Er starb am 5. Januar 1846 in Aachen.

Nach einem Foto im StA Aachen, Fotosammlung, Negativ 44/46. – StA Aachen, Hs. 1081. – JANSSEN/ KUETGENS 1964, S. 147 Nr. 181. – GRAUMANN 1990, S. 186f.

F 11 [11. Mai 1803]
„21. Floréal an XI"

Der Erste Konsul Napoleon Bonaparte ernennt [Johann Joseph] Vossen zum Advokaten am Tribunal 1. Instanz in Aachen (Zivilgericht).

Kopie, beglaubigt vom Grand-Juge Regnier: StA Aachen, Hs. 315, fol. 50.

F 12

Farbstempel des Präsidenten des Aachener Kriminalgerichts, 1803/04

Messing, oval, Längsdurchmesser: 36 mm. – Querdurchmesser: 29 mm.

Das Siegelbild zeigt eine Frauengestalt, welche in der rechten Hand eine Waage und in der linken eine Lanze mit der Jakobinermütze hält. Im Abschnitt unter der Figur: DEP^T DE LA ROËR. Die Umschrift lautet: PRESIDENT DU TRIBUNAL CRIMINEL.
Das Kriminalgericht des Roerdepartements wurde am 1. September 1802 in Aachen installiert; seine Mitglieder wurden am 30. Dezember 1802 ernannt. Der Siegelstempel datiert demnach aus der Zeit nach dem 30. Dezember 1802 und wird seine Gültigkeit mit dem 18. Mai 1804 verloren haben, als das Gericht in „Cour de justice criminelle" umbenannt wurde. Der Siegelstempel gehörte demnach dem Präsidenten Hermann Joseph Meller.

Kabinett der Aachener Münzfreunde im Museum Burg Frankenberg. – GRAUMANN 1990, S. 192f.

*Hier: Ins Positive gekehrtes Bild
des Farbstempels.*

F 13 Aachen, den [30. Juni 1803]
"11. Messidor an XI"

Der Präsident des in Aachen tagenden Kriminalgerichts des Roerdepartements setzt den Bürger Jean Gilliams aus Haaren davon in Kenntnis, daß das Tribunal gestern seinen Arrest aufgehoben hat, und er daher auf freien Fuß gesetzt werde.

Gezeichnet für den Präsidenten Hermann Joseph Meller: der Gerichtsschreiber Ch(arles) Leroy Andréolle, mit schwarzem Farbstempel „wägende Justitia" und der Umschrift: TRIBUNAL CRIMINEL DU DEPARTEMENT DE LA ROER.

StA Aachen, Acc. 1933/33e.

F 14

Sondernummer des Aachner Zuschauers zum wohl spektakulärsten Fall des Aachener Kriminalgerichts, dem Prozeß gegen den Kölner Sukkursalpfarrer von St. Maria in der Kupfergasse, Peter Joseph Schäfer im Jahre 1803/04.

„Gedruckt in der Expedition des Aachner Zuschauers, No. 914".

Hier: Konterfei des Täters

Schäfer war am 25. Juli 1766 in Ahrweiler geboren worden, wo er auch die Schule besuchte. Von 1779 bis 1783 lernte er bei den Minoriten in Sinzig und studierte schließlich an den Universitäten Köln und Bonn Theologie und Philosophie, in Bonn unter anderem bei Eulogius Schneider. Im Jahre 1791 wurde er zum Priester geweiht. Er wirkte zunächst als Pfarrer in Cernay (nordwestlich Mülhausen), dann in Uffholz (bei Colmar), wo er zunächst offenbar ein untadeliges, seit 1792 aber „ein unmoralisches leidenschaftliches Leben" führte, das den Unwillen seiner Pfarrkinder erregte. Gegen Ende der Schreckensherrschaft Robespierres wurde auch er im Hochsommer 1794 zusammen mit anderen Priestern des Elsaß in Besançon gefangengesetzt. In der Haft lernte er den gleichfalls inhaftierten Marc Antoine Berdolet, den späteren Bischof von Aachen, näher kennen. Wieder entlassen, lebte er mit den Schwestern Barbara und Katharina Ritter in häuslicher Gemeinschaft. Die eine war damals zwischen 20 und 30, die andere etwa 50 Jahre alt. Offenbar lebte Schäfer zu einem guten Teil auf deren Kosten. Der Barbara Ritter soll er sogar die Ehe versprochen haben. Als das Vermögen der beiden Schwestern zur Neige ging und er ihrer überdrüssig wurde, verließ er sie und seine Gemeinde, um in Aachen, wo Berdolet im Frühjahr 1802 sein Bischofsamt angetreten hatte, neue Dienste anzunehmen. Die beiden Schwestern verkauften bzw. verpachteten ihren restlichen Besitz und folgten Schäfer nach Aachen. Er sah sich daraufhin genötigt, die beiden auf seine Kosten in einem Aachener Hotel zu verbergen. Bischof Berdolet vertraute ihm bald – in Unkenntnis der Umstände – die Kölner Sukkursalpfarrei St. Maria in der Kupfergasse an. Die beiden Schwestern folgten ihm nach Köln, „wo er sie in seiner Pfarrwohnung versteckt hielt, und nur ein Bett für alle drey hatte". „Eine rohe Gestalt, ein schielend falsches Ansehen, flößten seinen Pfarrgenoßen gar kein Zutrauen ein. Man hatte Nachrichten von seiner Immoralität und überhaupt seine Ernennung war zu Köln ein Aergerniß". Mehrere Klagen verwarf der Bischof als Verleumdungen. Unterdessen waren die beiden Schwestern zu einer unerträglichen finanziellen Belastung und zur Gefahr für seine Position geworden, denn sie forderten Unterhalt und ein eigenes Appartement, andernfalls sie dem Bischof persönlich die Augen öffnen würden. Schäfer lockte sie schließlich unter einem Vorwand in die Weiden bei Poll, wo er ihnen – wohl am 7. September 1803 – die Kehlen durchschnitt.

Die Sondernummer referiert nicht nur den Lebenslauf des Täters, sie bietet auch sein Konterfei und gibt Nachricht über die weiteren Ereignisse bis hin zur Urteilsvollstreckung. Siehe dazu aber Exp. F 15.

Aachen, Öff. Bibl., Stahlschrank o. Sign. – Vgl. TORSY 1940, S. 170ff.

527

Konterfei des P. J. Schäfer

F 15

Untersuchungsakte der Freiheit Deutz zum Mordfall Peter Joseph Schäfer, 1803/04

Sie enthält unter anderem den „polizeilichen" Untersuchungsbericht, medizinische Gutachten und die Korrespondenzen.

Die Leichen von Barbara und Katharina Ritter wurden am 7. September 1803, offenbar wenige Stunden nach der Tat in den Poller Weiden, also auf Deutzer Gebiet, das damals zur Herrschaft Nassau-Usingen gehörte, gefunden. Der die „polizeiliche" Ermittlung leitende Gerichtsschöffe arbeitete kriminalistisch so erfolgreich, daß der Verdacht bald auf Schäfer fiel. Der Kommissar beim Kölner Zivilgericht, Antoine Keil, beauftragte daraufhin bei Nassau-Usingen die Überlassung der Gerichtsakten für die Dauer der Prozeßführung. Er wies nämlich auf Artikel 11 des Code des délits et des peines vom Jahre 1795 hin, der im Roerdepartement seit 1798 Gültigkeit habe, demnach jeder Franzose, der außerhalb des französischen Territoriums ein Verbrechen begangen habe und in Frankreich arrestiert werde, in Frankreich abzuurteilen sei. Der Fürst von Nassau gab diesem Ansinnen am 21. September 1803 für dieses Mal statt, denn eine Bestrafung sei in allgemeinem Interesse. Zu den nach Köln ausgeliehenen Unterlagen zählten auch zwei blutbespritzte weiße „Sacktücher", das eine mit rotem, das andere mit blauem Streifen, die zur Kleidung der Ermordeten gehörten. Bereits am 17. September konnte Keil dem Amtmann von Deutz mitteilen, er habe Schäfer so weit in die Enge getrieben, daß er sich in zahlreiche Widersprüche verwickelt habe. Es dauerte dann aber mit der Anklageerhebung doch noch bis zum 21. Oktober. Am 27. Oktober wurde Schäfer an das Kriminalgericht nach Aachen überstellt. Der Fall beschäftigte nunmehr die Sensationspresse (vgl. Exp. F 14), obgleich der Präfekt des Roerdepartements jede Berichterstattung vor dem Endurteil des Kriminalgerichts untersagt hatte. Zugleich löste Schäfers Überführung nach Aachen eine Welle des Sensationstourismus aus, von dem die Aachener Landstraße, später das Aachener Gefängnis betroffen waren. Schäfer ließ sich in der Haft porträtieren (vgl. Exp. F 14), schrieb seine – heute verlorenen – Memoiren und verlangte im übrigen bessere Unterbringung und Nahrung. Der Prozeß fand vom 20. bis 22. November 1803 statt und endete mit dem Todesurteil. Schäfers Berufung wurde am 22. Dezember vom Appellationstribunal in Trier verworfen, das Urteil am 1. Januar 1804 um 15 Uhr mit der Guillotine vollstreckt. Der Verurteilte wurde wie üblich im als entehrend empfundenen roten Hemd zum Richtplatz geführt. Der Amtmann von Deutz und der die Untersuchung leitende Gerichtsschöffe erhielten übrigens ein Belobigungsschreiben des französischen Außenministers Talleyrand, in dem er die rasche Aufklärung des Falles und die gute Zusammenarbeit mit den französischen Behörden hervorhob. Talleyrand hatte diesbezüglich einen Bericht des Grand Juge der Republik erhalten.

HAStK Deutz, Freiheit, Nr. 269. – Ferner: HStAD Oberinstanzliche Gerichte 12/28 u. HAStK Franz. Verw. 5124, 5125. – Sondernummer des Aachner Zuschauers Nr. 914 in der Öffentlichen Bibliothek der Stadt Aachen, Stahlschrank o. Sign. – Vgl. TORSY 1940, S. 170ff.

F 16

Darstellung einer Hinrichtung mit der vor dem Königstor stehenden Guillotine des Aachener Kriminalgerichts

Noch am 12. Mai 1910 wurde in Aachen ein in Kornelimünster verübter Mord gemäß einem Urteil des Aachener Schwurgerichts vom 19. Februar 1910 mit dem Fallbeil gesühnt. Dazu heißt es in der berichterstattenden Zeitung „Echo der Gegenwart": „Sie [die Guillotine] ist die einzige im Cölner Oberlandesgerichtsbezirk und wird in Cöln aufbewahrt. In den aus dem Jahre 1792 stammenden Stahl ist die genannte Jahreszahl und eine Jakobinermütze eingraviert". Über den Verbleib dieser Guillotine ist nichts bekannt.

Aus der Sammlung von Sondernummern der Zeitung „Aachner Zuschauer" in der Öffentlichen Bibliothek der Stadt Aachen, Stahlschrank o. Sign. – Zur Hinrichtung des Jahres 1910 siehe: Echo der Gegenwart, 62. Jahrgang, Nr. 110 vom 12. Mai 1910, Abend-Ausgabe, 1. und 3. Blatt.

F 17

Siegelstempel des in Aachen installierten, für das Roerdepartement zuständigen Assisengerichts, 1810-1814

Messing, Durchmesser: 41 mm. – Höhe mit Griff aus Buchsbaum: 140 mm.

Der Stempel zeigt das französische Staatswappen mit Krone. Umschrift: COUR D'ASSISES DEP[T] DE LA ROER À AIX LA CHAPELLE *.
Mit dem Gesetz vom 20. April 1810 wurden in ganz Frankreich die Kriminalgerichtshöfe, die ausschließlich mit Richtern besetzt waren, aufgehoben und durch sog. Assisenhöfe (assise = Sitzungsperiode) ersetzt, an denen Geschworene das Urteil fanden und Berufsrichter das Strafmaß festsetzten. Die Gerichte tagten in der Regel alle drei Monate.

Im Besitz der Aachener Münzfreunde: Aachen, Museum Burg Frankenberg, Münzkabinett.

*Hier: Ins Positive gekehrtes Bild
des Siegelstempels.*

Zu **F 18-23**

Die fünf Gesetzbücher, welche in napoleonischer Zeit das Rechtswesen ordneten, verbesserten – gemessen an den Verhältnissen im Ancien Régime – die Rechtssicherheit und trugen dazu bei, das Zutrauen der Aachener Bevölkerung in den von Napoleon repräsentierten Staat zu stärken (siehe ausführlich, S. 197ff).

F 18

Das Zivilgesetzbuch „Code civil des Français" aus dem Jahre 1804

Erstausgabe (frz.), Paris.

Es ordnete das Personen-, Sachen-, Erb-, Schuld-, Ehegüter-, Pfand- und Hypothekenrecht neu und zukunftsweisend. Es war das erste Gesetzeswerk Napoleons. An ihm hatte er selbst mitgewirkt.

Aachen, Öff. Bibl., Dautzenberg 6481.

F 19

„Code Napoléon"

Der „Code civil des Français" erhielt im Jahre 1807 die Bezeichnung „Code Napoléon". Er verlor seine Geltung für das Rheinland auch in preußischer Zeit nicht und blieb hier bis zur Einführung des Bürgerlichen Gesetzbuches für das Deutsche Reich am 1. Januar 1900 in Kraft.
Ausgelegt ist ein Exemplar in französischer Sprache, herausgegeben von Henri-Jean-Baptiste Dard, Paris 1808.

Aachen, Öff. Bibl., BF 1727.

F 20

Die Zivilprozeßordnung „Code de procédure civil" von 1806

Sie trat am 1. Januar 1807 in Kraft, ordnete den Zivilprozeß neu und führte den Grundsatz der Öffentlichkeit, der Mündlichkeit, der freien Beweisführung und des sog. Parteibetriebs ein.
Ausgelegt ist eine Ausgabe in französischer Sprache, Paris 1806.

Aachen, Öff. Bibl., v. Fürth 167.

F 21

Das Handelsgesetzbuch „Code de commerce", das zum 1. Januar 1808 in Kraft trat

Ausgelegt ist eine Ausgabe in französischer Sprache, Paris 1807.

Aachen, Öff. Bibl., Dautzenberg 6106.

F 22

Die Kriminalprozeßordnung „Code d'instruction criminelle" von 1808

Ausgelegt ist eine Ausgabe in französischer und deutscher Sprache, Köln 1811. Die Übersetzung besorgte der berühmte Rechtsgelehrte und Lehrer Fischenichs (vgl. Exp. F 9), Gottfried Daniels.

Aachen, Öff. Bibl., R 1933, 428.

F 23

Das Strafgesetzbuch „Code pénal" von 1810

Ausgelegt ist eine Ausgabe in französischer Sprache, Paris 1810.

Aachen, Öff. Bibl., v. Fürth 166.

G. Verkehr, Handel und Gewerbe

G 1

Briefkopf des Generalpostkommissariats der Lande zwischen Maas, Rhein und Mosel

Nach der Besetzung der Rheinlande im Jahre 1794 waren die Franzosen bemüht, den weitgehend zum Stillstand gekommenen Postverkehr wieder in Gang zu bringen. Zu diesem Zweck wurde im Jahre 1795 in Köln eine Postkommission ins Leben gerufen. Die eigentliche Neuorganisation der Post zwischen Rhein und Maas wurde am 19. September 1795 Franz Dautzenberg übertragen, der auch die Zeitung „Aachner Zuschauer" herausgab. Die Kölner Postkommission wurde aufgelöst und der Aachener Haupt-Postdirektion unterstellt. Franz Dautzenberg hatte sein Amt bis Anfang September 1797 inne.
Der Kopf der vom Generalpostkommissar verwandten Briefe enthält den Titel der Behörde und zeigt die Göttin der Freiheit an eine Säule gelehnt, während im Hintergrund Postreiter ins Land sprengen.

Briefkopf eines Schreibens Franz Dautzenbergs vom 12. Germinal an IV [1. April 1796]: StA Aachen, Frz. Zeit, Akten der Munizipalität II Nr. 1901.

G 2

Poststempel „AIX LIBRE" (Freies Aachen) auf einem Brief des Carl Springsfeld in Burtscheid vom 2. Juni 1796 an die Herren Förster und Günther in Nürnberg

Maße: H 7,8 / B 9,5 cm.

Diese in Rot, Blau oder Schwarz (hier in Rot) ausgeführten Aufdrucke wurden von März bis September 1796 in propagandistischer Weise verwandt und sollten in den nicht von den französischen Revolutionstruppen befreiten Gegenden, wie hier im Falle Nürnbergs, Wirkung entfalten.
Der Transport des Briefes war vom Absender für die Strecke Aachen-Höchst vorausbezahlt worden: „Fr(anc)o Höchst". Die Portogebühren für den Weg Höchst-Nürnberg hatte der Empfänger zu tragen.

Aus Privatbesitz. – BRUNS 1972, S. 9 u. DERS. 1980, S. 22. – Mündliche Informationen aus Sammlerkreisen.

G 3   Mainz, den [21. April 1798]
                                               „2. Floréal an VI"

Tarif für die Briefbeförderung in den neu errichteten 4 rheinischen Departements

StA Aachen, RA II Allg. Akten 1005, fol. 63r.

G 4   1798

Franchise-Stempel der Munizipalität Aachen

Messing, maximale Größe: B 5,5 / H 2,0 cm.

Behörden waren von der Bezahlung der Postgebühren befreit. Zur Kenntlichmachung ihrer Dienstpost verwandten sie sog. Franchise-Stempel (frz.: franchise – Freiheit von Abgaben), die in Schreibschrift den Namen der Behörde führten. So verwandte die Aachener Munizipalität einen Franchise-Farbstempel mit der Inschrift: „Municipalité d'aix-la-Chapelle". Schwarze Abdrücke dieses Stempels sind für das Jahr 1798 belegt.

StA Aachen, Siegelstempelsammlung Nr. 24. – BRUNS 1972, S. 14ff. u. Abb., S. 15 II sowie 1980, S. 52ff. u. Abb., S. 56.

Hier: Ins Positive gekehrtes Bild des Farbstempels.

G 5   Aachen, den [8. Juli 1801]
„le 19. Messidor an 9"

Gewerbepatent zur Ausübung des Berufs eines Graveurs (graveur sur métaux), ausgestellt von der Aachener Mairie für den Aachener Juden Baruch

Der Jude Baruch hatte eine Gebühr von 8 Francs gezahlt. Das hier ausgelegte Patent ist mit dem Stempel der Mairie Aachen versehen und trägt an Stelle der Unterschrift des Maires die der Adjunkten Contzen und Thyssen.
Mit der Aufhebung der Zünfte und des Zunftzwangs im Jahre 1798 wurde die Gewerbefreiheit verkündet. Von nun an stand jedem Bürger im Prinzip die Wahl seines Gewerbes frei. Voraussetzung für die Ausübung eines Gewerbes war allerdings der Besitz eines Gewerbepatents. Dieses konnte man sich bei der zuständigen Munizipalität bzw. Mairie gegen Gebühren ausstellen lassen.

StA Aachen, Acc. 1906/9 c.

LIBERTÉ.   ÉGALITÉ.

PATENTE DE *Graveur sur Métaux*
POUR L'AN *9*.

Département de *la Roer*   Canton d'*Aix la Chapelle*
Commune d'*Aix* dont la population est *24000* ames.

N.° *22*, Bon pour l'an *9* de la République.

Nous Administrateurs municipaux du Canton d'*Aix la Chapelle* Département de *la Roer* sur la présentation et remise à nous faite par le Citoyen *Baruch* ayant son principal domicile dans la Commune d'*Aix la Chapelle* de la quittance à lui délivrée le *19 Messidor* par le Citoyen *gence* Receveur de l'Enregistrement, bureau de *Aix la Chapelle* sous le N.° *45* de son registre de recette, de laquelle il résulte que ledit Citoyen *Baruch* a été compris au tableau des Citoyens sujets à patente, arrêté par l'Administration centrale le _____ comme exerçant la *susdite profession* et qu'il a payé la somme de *huit francs* savoir celle de *huit francs* pour le droit fixe et celle de _____ pour la dixième de la valeur locative de _____ suivant le Tarif et la Loi du *6 fructidor An 4* pour *l'an neuf* lui avons en conséquence délivré la présente patente, au moyen de laquelle il pourra exercer pendant *l'an 9* le susdit *profession de Graveur sur Métaux* sans trouble ni empêchement, en se conformant aux Lois et Réglemens de police et a ledit Citoyen *Baruch* signé tant au registre sous le N° *22* ci-dessus, que sur la présente.

FAIT et délivré à *Aix la Chapelle* le *19 Messidor* an *9* de la République française, une et indivisible.

pour *Le Maire*
Contzen Pidolf
Thyssen 1er adjoint

Vu par le Commissaire du Directoire exécutif

G 6　　　　　　　　　　　　　　　　　　　　　　　　　　　　　　　　**1799 November 30**

Übersicht über die Relationen und Wertigkeiten der alten Maße und Gewichte im Vergleich zu den neuen Dezimalmaßen und -gewichten der Französischen Republik

StA Aachen, RA II Allg. Akten 545, fol. 24r.

G 7

Eiserne Handwaage mit Messingschalen, Topfgewichten und Holzlade aus dem Jahre 1806

Maße der seitlich abgerundeten Holzlade: größte Länge 18,2 / B 5,5 / H 17 cm. – Schalendurchmesser: 4,45 cm.

5 Topfgewichte mit Sternpunzen für 1 bis 5 Gros und 1, 3, 4 u. 5 Grän (2 Grän fehlt). Zum Vergleich: 1 kg = 10 Unzen, 1 Unze = 10 Gros (Dekagramm), 1 Gros = 10 Denier (Gramm), 1 Denier = 10 Grän (Dezigramm). Unter dem Deckel der Holzlade finden sich Hinweise auf Normmaße umlaufender Münzen.

Aus Privatbesitz.

539

G 8

Zwei 5-Franc-Stücke (Vor- und Rückseite), ein 1-Franc- und ½-Franc-Stück

Hier: aus den Jahren 1810 bis 1812. – Silber. – Durchmesser: 3,6 bzw. 2,2 bzw. 1,7 cm.

Aus Privatbesitz.

G 9 Aachen 1803

Allegorie auf die Gewerbeförderung unter dem Ersten Konsul Napoleon Bonaparte, verbunden mit einem lateinischen Lobgedicht von der Hand des Johann Gerhard Joseph van Asten, Registrator bei der Präfektur

Maße: H 39,5 / B 51 cm. Obere Hälfte: Aquarell, untere Hälfte: 18strophiges Gedicht mit 4 Zeilen je Strophe.

Unter dem Aquarell findet sich eine Widmung für (in Übersetzung) „Napoleon Bonaparte, Erstem Konsul der Französischen Republik, der unter beständigem Jubel des frohlockenden Volkes die Stadt Aachen betritt". Das Aquarell zeigt im Hintergrund den Aachener Dom und das Rathaus. Davor erstreckt sich eine Wiese, auf der rechter Hand ein doppelstämmiger Baum steht, der offenbar den Waldreichtum der Stadt und die Reichhaltigkeit von Holz als Energiequelle für die Aachener Wirtschaft symbolisieren soll. In der Mitte des Bildes ruht halb sitzend, halb liegend, der römische Gott Apollo, der für identisch mit dem keltischen Gott Granus gehalten wird. Daher findet sich vor der Gottheit ein verschlungenes Spruchband mit den Worten „APOLLO" und „GRANUS". Hinter und vor ihr liegen auf der Wiese Produkte Aachener Gewerbefleisses. So lehnt die Gottheit mit der linken Seite auf drei Tuchballen. Links im Hintergrund liegen zwei weitere Tuchballen; davor, zu Füßen des Gottes, Schachteln mit Aachener Nadeln und ein verschnürtes Paket und auf diesem zwei aufgefaltete Papierheftchen, gleichfalls mit Aachener Nadeln. Am rechten Bildrand liegt auf seiner Schmalseite ein (Farb?-)Kessel. Desweiteren finden sich auf der Wiese Objekte, welche auf weitere in Aachen zur Verfügung stehende Energieträger hinweisen. So stützt sich die Gottheit mit dem linken Unterarm auf Kanalröhren verschiedener Größe, aus denen das für das Gewerbe so wichtige Wasser fließt. Das Wasser steht zugleich für die Aachener Thermalquellen, deren Schutzgott Granus ist. Rechts neben dem erwähnten Kessel liegt ein Haufen Steinkohle. Ganz links im Vordergrund liegt ein aufgeschlagenes Buch, die rechte Seite unbeschrieben, auf der linken in fünf Zeilen die Worte: FASTI / AQUIS / GRA / NEN / SES. Gemeint sind die „Jahrbücher Aachens", die jetzt, nach der Etablierung des Konsulats Napoleons, neu begonnen und beschrieben werden sollen.

Aachen, Museum Burg Frankenberg, Inv. Nr.: BK 1288.

G 10

Empire-Uhr. Geschenk Napoleons für den Aachener Stecknadelfabrikanten Laurenz Jecker

Größte Höhe: 48 cm; größte Länge: 36 cm; Breite (Sockel): 12 cm; Breite (Baldachin): 7 cm; Durchmesser des Zifferblatts: 10 cm.

Als Napoleon am 7. September 1804 die Jeckersche Stecknadelfabrik, die einzige ihrer Art in ganz Frankreich besichtigte, war er von deren Leistungsfähigkeit so sehr beeindruckt, daß er Laurenz Jecker eine Empire-Uhr als persönliches Geschenk überreichen ließ.

Im Besitz der Familie Robert Jecker, Aachen. – Siehe BRUCKNER 1967, S. 175.

543

G 11   Paris, den 8. August 1806

Der Innenminister Champagny verleiht dem Aachener Tuchfabrikanten Jean Mathieu Delhougne ein „Brevet d'Innovation" für 10 Jahre auf eine besondere Produktionsweise von Wollstoffen.

Für Erfindungen konnten gemäß dem Gesetz vom 7. Januar 1791 und dem Erlaß der Konsuln vom 27. September 1800 Patentbriefe auf 5, 10 oder 15 Jahre erworben werden. Diese wurden binnen dreier Monate im Gesetzblatt der Republik bzw. des Kaiserreichs, dem „Bulletin des lois", verkündet. Die Regierung stellte die Patentbriefe aber aus „sans examen préalable" und garantierte weder für „priorité, mérite" oder „succes de l'objet qui fait la matière de ce brevet". Die Beachtung der Brevets durch die Wirtschaft überwachten seit 1809 die sog. „Räte der Gewerbeverständigen"; bei Mißachtung urteilten die Handelsgerichte.

Fotos nach der Ausfertigung in Paris, A.N., F 12, 1008.

G 12

Goldmedaille für die Nähnadelhersteller in Aachen und Burtscheid, verliehen auf der Gewerbeausstellung in Paris vom Jahre 1806

Goldblech, Durchmesser: 4,9 cm, Dicke: 0,5 cm, Gewicht: 55,82 g.

Auf der Gewerbeausstellung des Französischen Kaiserreichs im Paris des Jahres 1806 wurden die Nähnadelfabrikanten von Aachen und Burtscheid, namentlich aus Aachen Beissel und Sohn, Christian Springsfeld, die Brüder Vonpier, Heinrich Nütten sowie L. und N. Startz, aus Burtscheid die Firma „Gotthard Pastor, Peters Sohn" mit je einer Goldmedaille ausgezeichnet.
Die Medaille zeigt auf der Vorderseite Napoleons lorbeergekrönten, nach links gewandten Kopf und trägt die Umschrift: NAPOLEON I. EMPÉREUR DES FRANÇAIS ROI D'ITALIE. Unter der Büste findet sich der Name des Künstlers: DUMAREST F[ecit]. Die Rückseite zeigt oben einen Stern. In dem von Eichenlaub umkränzten Feld findet sich, durch einen waagerechten Strich getrennt in 2:4 Zeilen die Umschrift: ENCOURAGEMENT / AUX ARTS UTILES // EXPOSITION DES PRODUITS / DE L'INDUSTRIE / FRANÇAISE / MDCCCVI. Auf dem Rand der Medaille stehen die stark abgeriebenen Worte: FABRIQUES D'AIGUILLES D'AIX-LA-CHAPELLE ET DE BORCETTE.

StA Aachen, Firmenarchiv Beissel 135. – GOLBÉRY, S. 385f. – Ein weiteres Exemplar (Durchmesser: 4,9 cm, Dicke: 0,48 cm, Gewicht: 146 g) befindet sich im Kabinett der Aachener Münzfreunde in der Burg Frankenberg. Die Echtheit eines dort vorhandenen dritten Stücks (Durchmesser: 4,9 cm, Dicke: 0,59 cm, Gewicht: 69,8 g), das aus zwei Hälften zusammengesetzt ist und keine Randaufschrift trägt, ist fraglich.

545

G 13 Aachen, den 6. Juli 1813

Die Aachener „Handelskammer" lädt zur dritten Gewerbeausstellung des Roerdepartements.

Die Rats- bzw. Gewerbekammer für Manufakturen, Fabriken, Künste und Handwerke (chambre consultative des manufactures, fabriques, arts et métiers) in Aachen, auch Handelskammer genannt, lädt die Produzenten des Roerdepartements dazu ein, ihre neuesten Produkte auf der am 1. August beginnenden achttägigen Gewerbeausstellung im großen Saal des Aachener Rathauses zu präsentieren. Die hervorragendsten Produkte würden anschließend prämiert.
Für die „Handelskammer" zeichnen: der Maire von Aachen, Cornelius v. Guaita, als Vorsitzender, die sechs weiteren Mitglieder und der Sekretär.
Die Gewerbe(Handels)-Kammer Aachen-Burtscheid mit Sitz in Aachen verdankte ihr Entstehen am 21. Juni 1804 der gezielten Wirtschaftsförderung durch Napoleon und seine Minister. Die Kammer sollte vor allem wirtschaftliche Bedürfnisse der Region feststellen und diese mit Verbesserungsvorschlägen der Regierung anzeigen. Auch die Gewerbeausstellungen des Departements, deren erste im Jahre 1807 stattfand, sollten der Wirtschaft zugute kommen, und zwar insofern, als man sich von der Präsentation der neuesten Produkte und der Prämierung der besten einen weiteren Ansporn erhoffte.

StA Aachen, Frz. Zeit, Drucke.

CHAMBRE CONSULTATIVE
DES ARTS et MANUFACTURES.

La distribution des prix en faveur du commerce de ce département devant avoir lieu le premier août prochain;

Les président et membres de la Chambre consultative des Arts et Manufactures séant à Aix-la-Chapelle, ont l'honneur d'inviter Messieurs les Manufacturiers et Fabricans de leur ressort, à concourir, autant que possible, à rendre solemnelle et intéressante l'Exposition des nouveaux Produits de l'Industrie départementale, laquelle doit avoir lieu, sous huitaine, à la grande salle de la Maison-commune du chef-lieu; en même-tems ils ont celui de les inviter à vouloir donner à la Chambre, sous le plus bref délai, des notions détaillées sur tout ce qui peut y avoir d'intéressant et de nouveau dans leurs fabriques et ateliers respectifs.

Aix-la-Chapelle, ce 6 juillet 1813.

Corneille de GUAITA.

J. M. STEINBERG.

G.-Charles SPRINGSFELD.

WILDENSTEIN.

J.-A. KNOPS.

Ch. NELLESSEN.

Nicolas STARTZ.

Ch. SCHMITZ, Secrétaire de la Chambre.

G 14

Ernst Konrad Claus

Er wurde am 25. Februar 1774 in Aachen geboren. Sein Vater Christian Friedrich Claus (1735–1799) war der Sohn eines Chirurgen aus Landau in der Pfalz, der am 4. Juni 1771 Jeanette Maria Fabricius, die Tochter des Burtscheider Tuchfabrikanten Johann Friedrich Samuel Fabricius geehelicht hatte und somit in den Kreis der lutherischen Tuchfabrikanten Aachens eingetreten war. Er hatte am 19. November 1773 das Beiwohnungsrecht der Stadt Aachen erworben und betrieb im großen Stil die Tuchfabrikation und den Tuchhandel nach Süddeutschland, Böhmen, Rußland und Skandinavien. Zu großem Reichtum gelangt, kaufte er am 23. August 1792 für 56 000 Reichstaler das Gut Kalkofen, das er seiner Gattin zum Geburtstag schenkte. Seine Stadtwohnung hatte er in der „Kaiserlichen Krone" in der Alexanderstraße. Als er am 28. März 1799 starb, schätzte man sein Vermögen auf mehrere Millionen Francs. Sein Geschäft wurde von seinem Sohn Ernst Konrad fortgeführt. Konrad besuchte von 1788 bis 1791 mit großem Erfolg die Handelsschule in Magdeburg und begab sich vom 20. Mai 1794 bis zum Herbst 1795 auf eine Geschäftsreise, die ihn über Westfalen, Hannover und Nordostdeutschland in die russischen Ostseeprovinzen bis nach Petersburg und von dort nach Moskau führte. Zurück reiste er über Petersburg nach Finnland, Schweden und Dänemark bis nach Kiel, von wo aus er seinen Weg wiederum über Hannover und Westfalen nach Aachen nahm. Er war auf dieser Reise offenbar sehr erfolgreich, denn im Jahre 1796 ließ er mit Genehmigung der französischen Behörden, die sich zwischenzeitlich in Aachen etabliert hatten, große Mengen Tuch über den Rhein nach Osten expedieren. Sein Erfolg dürfte den Beschäftigten Brot und Arbeit erhalten haben, was gerade in der wirtschaftlich katastrophalen Zeit nach der zweiten Besetzung Aachens besonders wichtig war. Im Jahre 1803 erscheint er als der reichste Mann Aachens in der Liste der 100 Meistbesteuerten der Stadt. Am 6. Februar 1804 erwarb er mit Johann Friedrich Samuel Claus in öffentlicher Versteigerung das Jesuitenkloster und den seit dem 14. August 1800 auf 6 Jahre an den Bürger Mohren verpachteten Garten mit dem dahinter liegenden Hof für 23 600 Francs, und zwar in der Absicht, dort eine Tuchmanufaktur und Färberei einzurichten. Am 10. Oktober 1804 erwarb Ernst Konrad Claus für 7 000 Francs auch den Teil des aufgehobenen Annaklosters, welcher nicht der evangelischen Gemeinde überlassen worden war. Im Jahre 1810 wurde Ernst Konrad in einer für das Innenministerium angefertigten Liste des Präfekten des Roerdepartements vom 13. Oktober unter die 7 hervorragendsten Fabrikanten des Departements gerechnet. Er beschäftigte damals 258 Arbeiter. Der Wert der Jahresproduktion seines Betriebes wurde mit 1,2 Millionen Francs, sein Vermögen mit 1 Million Francs angegeben. Eine höhere Jahresproduktion erzielten im Roerdepartement nur die beiden Seidenwarenfabrikanten v.d. Leyen (3 Mio frs.) und Floh (1,5 Mio frs.) in Krefeld. Im geschätzten Vermögen lag er mit dem Tuchfabrikanten Bernhard Scheibler in Monschau und dem Leinenfabrikanten Johann Lenssen in Rheydt gleich. Sie wurden wiederum nur von den gen. Seidenwarenfabrikanten mit je 3 Millionen Francs übertroffen. Nebenher übte er seit 28. Juni 1805 das Amt eines Handelsrichters in Aachen aus und wurde am 10. Juli 1813 zum ersten Präsidenten des Aachener Handelsgerichts ernannt. Auch in preußischer Zeit war er als Präsident des Königlichen Handelsgerichts tätig. Im Jahre 1815 setzte infolge der veränderten gesamtwirtschaftlichen Situation nach dem Anschluß der Rheinlande an Preußen der Niedergang der Firma ein. Ernst Konrad Claus verstarb am 9. Mai 1838 in Aachen.

Abb. nach HEUSCH 1909, S. 88. – Paris, A.N., F 12, 937, fol. 1v-3r. – StA Aachen, RA II Allg. Akten 699. – HEUSCH 1909, S. 87ff. – STUHLMANN 1913, S. 260f., 278f. – BISCHOFF 1921, S. 102ff. – ZAGV 42 (1921), S. 350. – LIESE 1936, S. 27. – MUMMENHOFF 1956, S. 288 Nr. 1055. – BARKHAUSEN 1960, S. 101, 102. – JANSSEN/KUETGENS 1964, S. 131 Nr. 173. – GRAUMANN 1990, S. 189.

549

G 15

Christian Friedrich Deusner

Öl auf Leinwand. – Maße: H 95 / B 73 cm. – „J. Bastiné f(ecit) 1821". – Hier: Foto.

Deusner wurde am 21. Januar 1756 in Dinglingen (Lahr/Baden) als Sohn evangelisch-lutherischer Eltern geboren. Er erwarb am 19. August 1785 in Aachen das sog. Beiwohnungsrecht, betätigte sich als Tuchfabrikant und zählte im Jahre 1803 zu den 100 Meistbesteuerten der Stadt. Sein Vermögen wurde auf 150 000 Francs geschätzt. Im Jahre 1810 beschäftigte sein Betrieb 110 Arbeiter und darf als Manufaktur eingestuft werden. Auf der Gewerbeausstellung des Jahres 1807 erhielt er für die Herstellung qualitätvoller Kasimire eine Silbermedaille. Im Sommer 1808 wurde er Präsident des Aachener Rates der Gewerbeverständigen. Am 9. Dezember 1813 wurde er zum 1. Adjunkten der Mairie Aachen bestellt. Das Bild zeigt ihn mit preußischem Roten-Adler-Orden. Er starb am 8. Januar 1844.

Nach einem Foto im StA Aachen, Fotosammlung, Negativ 16/41. – StA Aachen RA II, Allg. Akten 699. – LADOUCETTE, S. 271. – Detaillierte Beschreibung des Bildes bei KUETGENS 1928, S. 103, 134 u. Abb. 70. – MUMMENHOFF 1956, S. 304 Nr. 1 200. – JANSSEN/KUETGENS 1964, S. 124 Nr. 126. – KERMANN 1972, S. 636f. – GRAUMANN 1990, S. 75, 78.

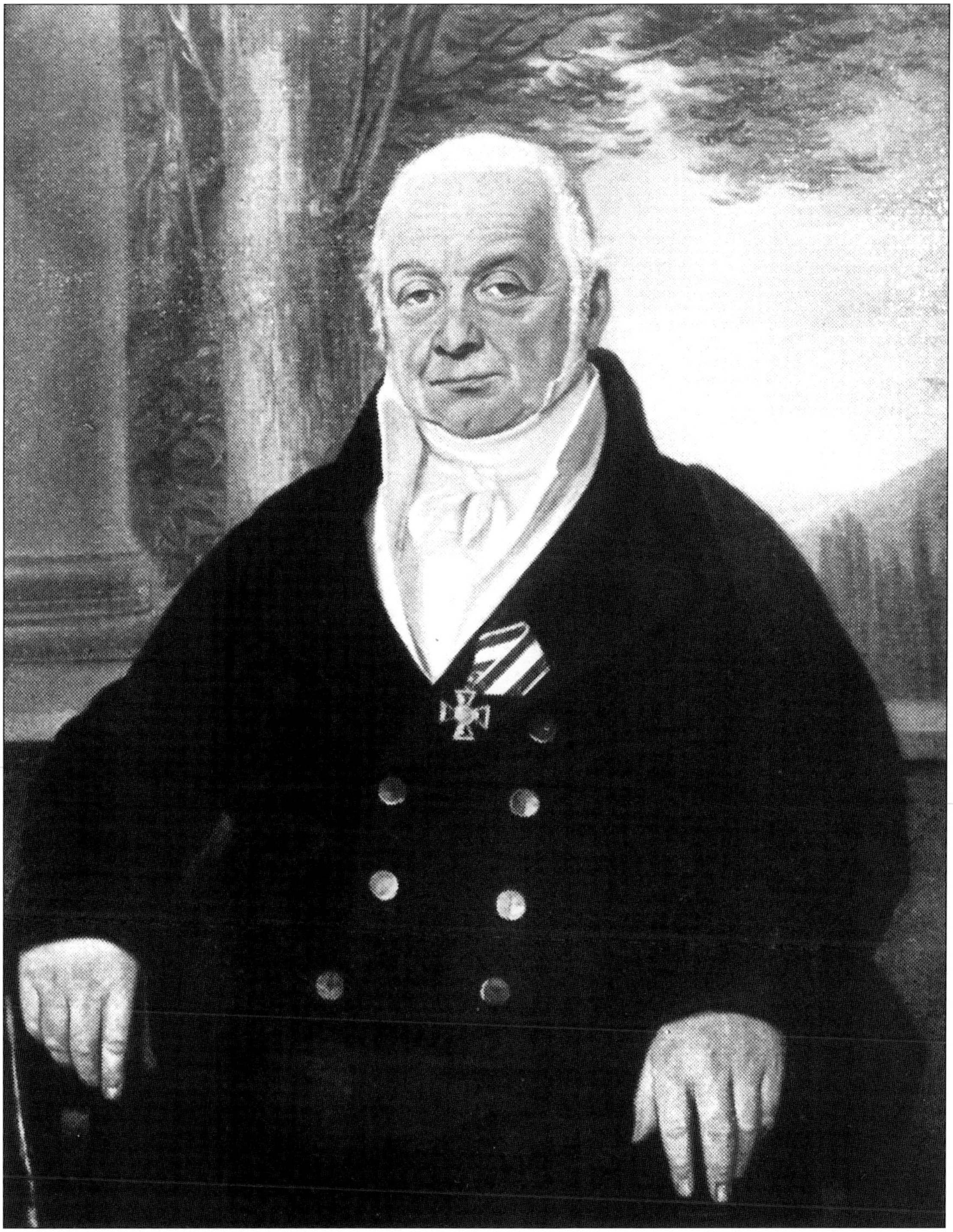

G 16

Cyrill-Ambroise Dubusc

Ölgemälde, wahrscheinlich von J. Bastiné. – Hier: Kopie. Maße: H 77 / B 61 cm (mit Rahmen).

Cyrill-Ambroise Dubusc (1773-1819) stammte aus Louviers in der Normandie, wo er Erfahrungen mit englischen und französischen Maschinen zur Tuchherstellung sammelte. Als Soldat kam er in den 90er Jahren in den Aachener Raum. Im Jahre 1797 ehelichte er in Aachen Maria Gertrud Wirtz. Nach seiner Entlassung aus der Armee im Jahre 1802 ließ er sich in Aachen nieder und errichtete die erste Fabrik zur mechanischen Herstellung von Kratzen, die für das Aufrauhen der Tuche benötigt wurden. Er zählt zu denjenigen Franzosen, die auch nach 1814 in Aachen seßhaft blieben (vgl. Exp. P 4).

Aus Privatbesitz. – Siehe auch S. 216

553

G 17

Joseph Aloys v. Fürth

Miniatur. – Künstler unbekannt. – Maße: H 7,5 / B 6 cm. – Hier: Foto.

Er wurde am 21. Februar 1774 geboren und verstarb am 16. Januar 1844. Er betätigte sich in Aachen als Tuchfabrikant und zählte bereits 1803 zu den 100 Meistbesteuerten der Stadt. Als Freimaurer gehörte er von 1801 bis 1813 der Aachener Loge „La Concorde" an, war von 1806 bis 1808 und von 1813 bis 1815 Meister vom Stuhl der Johannisloge in Aachen und 1806 Ehrenmitglied auf Lebenszeit in der Maastrichter Loge. Am 21. Juni 1804 wurde er Mitglied der Gewerbekammer (Handelskammer) Aachen-Burtscheid. 1810 war er Munizipalrat, wurde im August desselben Jahres stellvertretender Richter (Suppleant) am Aachener Handelsgericht und Mitglied der Ehrenlegion. Am 2. Mai 1811 wurde er Präfekturrat und gehörte im selben Monat der Aachener Delegation an, die in Paris der Feier zur Taufe des Königs von Rom beiwohnte. Damals galt er in Paris als „homme d'esprit et de belle représentation". Im Jahre 1812 wurde er „chevalier de l'Empire", am 30. Juni 1814 Mitglied des Club Aachener Casino. In preußischer Zeit war er Landrat von Geilenkirchen, geheimer Regierungsrat und Königlich Preußischer Oberstleutnant der Landwehr.

Aus Privatbesitz. – Paris, A.N., F 1c III Roer 4. – StA Aachen, RA II Allg. Akten 699. – A. PAULS 1928, S. 112. – JANSSEN/KUETGENS 1964, S. 122 Nr. 115. – DUFRAISSE 1978, S. 124.

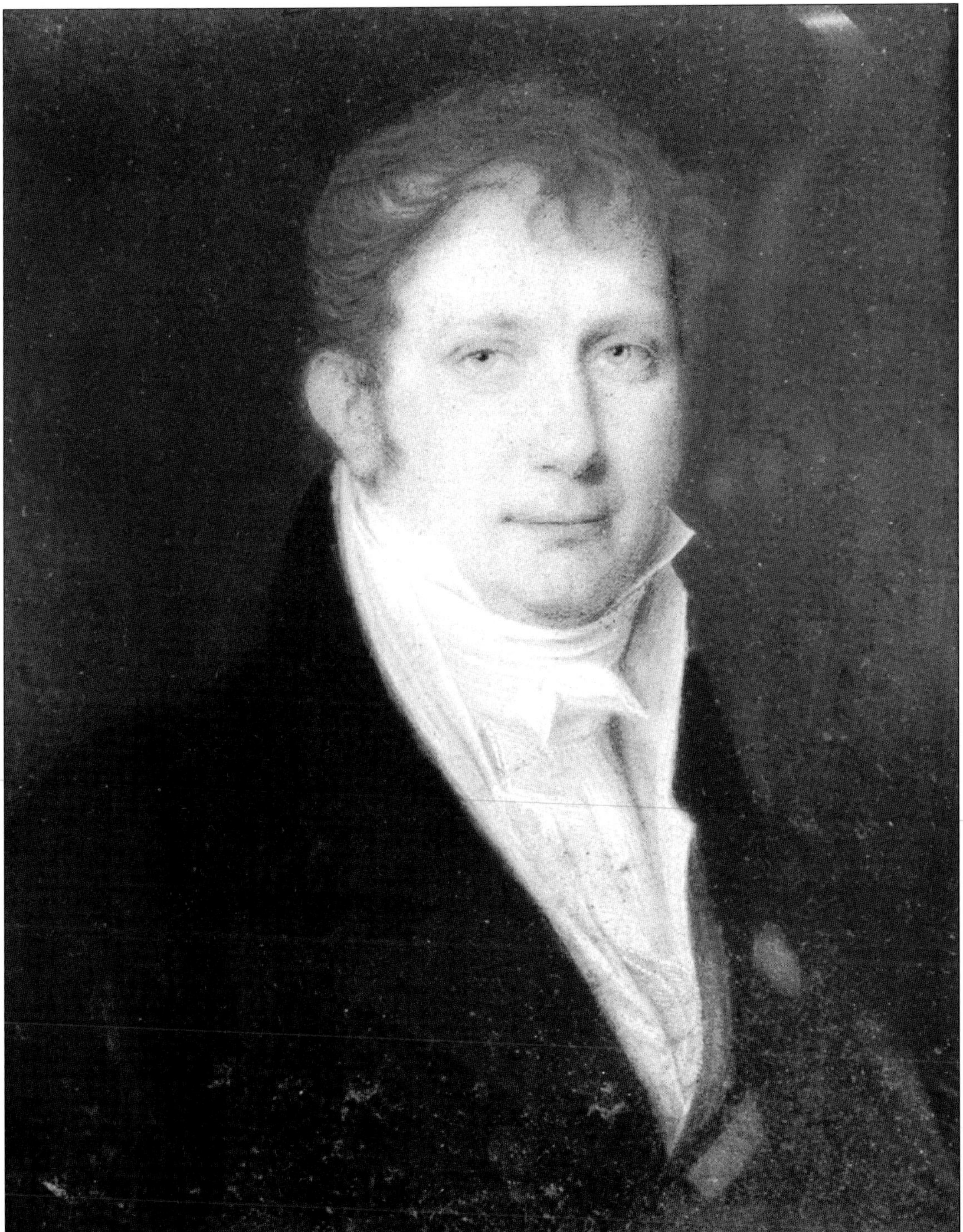

G 18

Gerhard Joseph Johann Xaver Heusch

Er wurde am 12. März 1744 in Aachen getauft. Er besaß eine Färberei in der Annastraße, war mehrfach Mitglied des Rates der Reichsstadt Aachen, erwarb im Jahre 1784 Gut Rahe in Laurensberg, erbaute das dortige Schloß mit Kapelle und umgab es mit einer großzügigen Parkanlage. Er verfügte ferner über umfangreichen Grundbesitz im Raum Laurensberg, über zahlreiche Häuser in Aachen und über ein bedeutendes Areal in Mechelen. In der Zeit der Mäkelei (seit 1786) stand er auf der Seite der Neuen Partei, die bzgl. der Aachener Verfassung und des Wirtschaftslebens Reformen forderte. Im Herbst 1794 floh er vor den Revolutionstruppen nach Dortmund, versäumte die vom Gesetz vorgesehene Rückkehrfrist für Emigranten und konnte daher nur mit einer Sondergenehmigung im Mai 1795 nach Aachen zurückkehren. Während seiner Abwesenheit erlitt er schwere Verluste an seinen Besitzungen. Dennoch zählte er 1803 zu den 100 Meistbesteuerten der Stadt Aachen. Als Färbereibesitzer partizipierte er in napoleonischer Zeit an dem Aufschwung des Tuchgewerbes und des Tuchhandels. Er verstarb in Aachen am 15. Juni 1829.

Foto nach HEUSCH 1909, S. 64. – Siehe auch ebd., S. 64ff. u. StA Aachen, RA II Allg. Akten 699.

557

G 19

Ignaz Anton Maria van Houtem

Öl auf Leinwand. – Maße: H 91 / B 75 cm. – Künstler: „J. Bastiné 1817". – Das Gemälde wurde fünf Jahre nach dem Tod des Dargestellten nach einer Miniatur gemalt.

Ignaz van Houtem wurde im Jahre 1764 geboren. Seit 1788 war er alleiniger Inhaber der am Karlsgraben gelegenen väterlichen Tuchfabrik. 1794 stellte er spanisch-wollene Tuche her. Als Freimaurer war er 1791 Mitglied der Aachener Loge „Zur Beständigkeit". Im Jahre 1798 befürwortete er die Reunion mit Frankreich und war Mitglied des Aachener Konstitutionellen Zirkels. Unter seiner und seiner Gemahlin Leitung florierte die Tuchfabrik. 1803 zählte er zu den 100 Meistbesteuerten der Stadt. Napoleon stattete seiner Firma im Jahre 1804 einen Besuch ab. Der Kaiser verkaufte ihm damals für 40 000 Francs das Weißfrauenkloster in der Jakobstraße zur Erweiterung seines Betriebs. Die Kirche wurde zu diesem Zweck „inwendig demoliert und wird zum Woll-Magazin gebraucht" (de BEY). Überdies kaufte van Houtem Nationalgut in größerem Umfang auf. Allein 34 825 Francs bezahlte er im Jahre 1807 für entsprechendes Areal im Raum Krefeld. Im Jahre 1809 wurde sein jährlicher Umsatz auf 900 000, sein Vermögen auf 600 000 Francs, ein Jahr später auf 1 Million bzw. 900 000 Francs geschätzt. Seine Firma hatte im Jahre 1810 den Charakter einer Manufaktur. Er beschäftigte damals am Karlsgraben 132 und außerhalb 160 Arbeiter.
Am 28. Juni 1805 wurde er Präsident des Aachener Handelsgerichts, 1807 Mitglied des Generalrates des Roerdepartements. Von 1809 bis 1812 war er Departementalrat und seit dem 7. Februar 1812 Präfekturrat. Nach seinem Tode am 11. September 1812 führte seine Frau das Unternehmen erfolgreich weiter. Der Niedergang der Firma begann erst nach ihrem Tod im Jahre 1839.
Die auf dem Gemälde dargestellten Bronzebeschläge des Sessels mit Merkurkopf und Merkurstab weisen den Porträtierten als Kaufmann aus.

Nach einem Foto im StA Aachen, Fotosammlung, Negativ 37/51. – Paris, A.N., F 12, 937, fol. 1v-3r. – LADOUCETTE, S. 274f. – de BEY, S. 549f. – Annuaires 1809 bis 1812. – Nekrolog im Journal de la Roer 1812 Nr. 222. – Detaillierte Beschreibung des Bildes bei KUETGENS 1927, S. 90f., 134 u. Abb. 53. – A. PAULS 1903, S. 110 u. 1928, S. 523 Nr. 168. – BARKHAUSEN 1960, S. 101ff. – KERMANN 1972, S. 636ff. DUFRAISSE 1978. – GRAUMANN 1990, S. 61, 189.

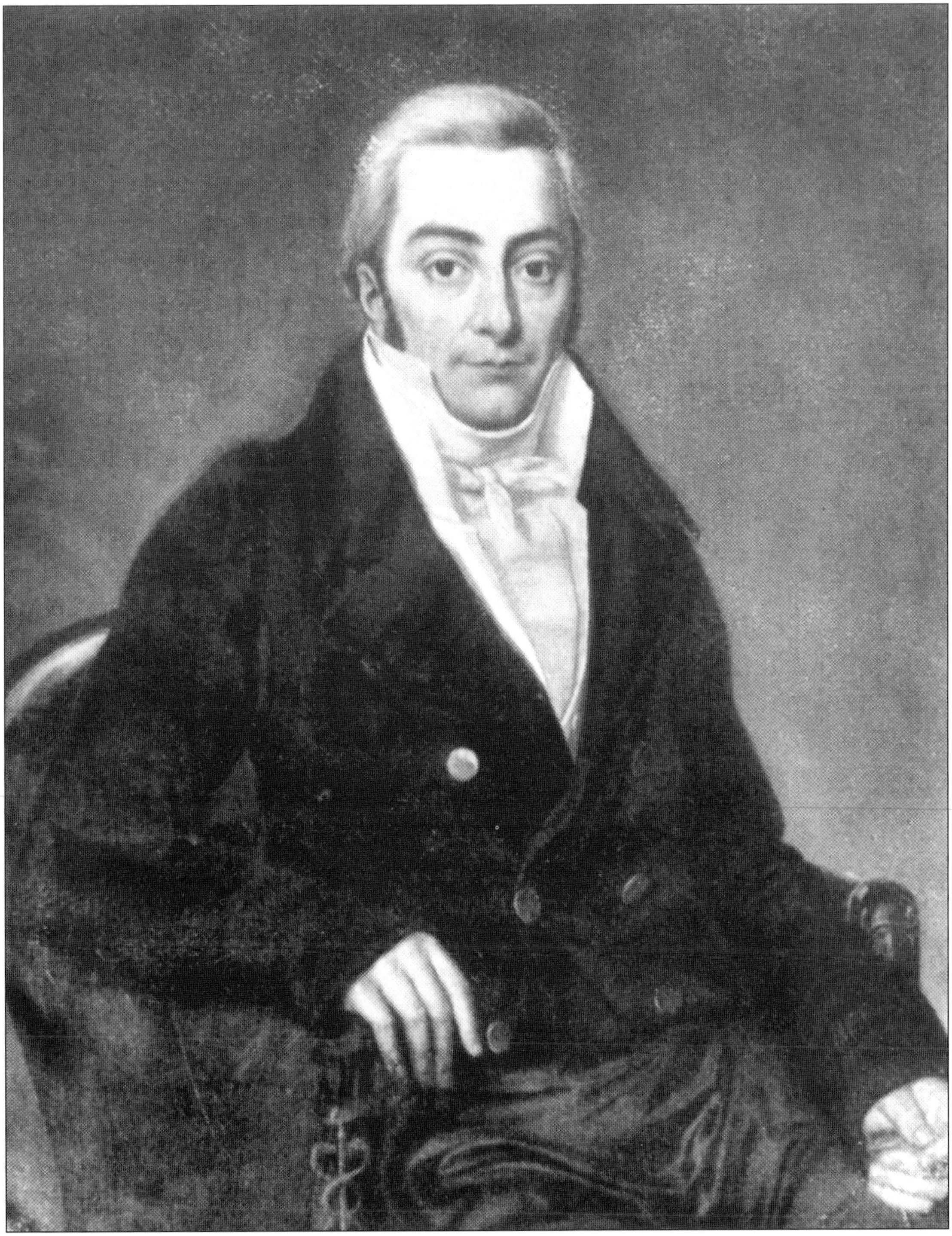

G 20

Johann Franz Xaver Kuetgens

Er wurde am 21. Juli 1784 in Aachen geboren. Er war Teilhaber der Tuchfabrik „Wilhelm Kuetgens u. Söhne". Am 12. September 1807 wurde er Mitglied des Club Aachener Casino. Beim Besuch Napoleons in Aachen im Jahre 1811 war er Mitglied der Aachener Ehrengarde. Offenbar betätigte er sich auch als Erfinder, denn bei der Gewerbeausstellung des Roerdepartements im Jahre 1813 erhielt er als „Mechaniker" eine Goldmedaille für eine von ihm erfundene Maschine zum Aufrauhen von Kasimiren, die so handlich war, daß sie – so wurde eigens betont – ein Fünfzehnjähriger mit einer Hand bedienen konnte. Kuetgens zählte im Jahre 1825 zu den Mitbegründern der Aachener Feuer-Versicherungs-Gesellschaft. Im Jahre 1841 stiftete er zusammen mit seiner Ehefrau Aloysia Johanna Sophia Nellessen unter Aufwendung von 1 Million Reichsmark das Kuetgens-Nellessensche Institut zur Heranbildung von jungen Handwerkern. Er verstarb am 31. Juli 1845.

Nach einem Foto im StA Aachen, Fotosammlung, Negativ 49/51. – LADOUCETTE, S. 294. – JANSSEN/ KUETGENS 1964, S. 116 Nr. 65.

561

G 21

Christian Johann Konrad Oeder

Er wurde um 1774 in Oberampfrach in Mittelfranken geboren und gehörte der lutherischen Glaubensgemeinschaft an. Im Jahre 1799 heiratete er die Tochter des Tuchfabrikanten Friedrich Paul Schlösser aus Monschau und betrieb in Aachen am Bergdriesch ein Geschäft in Wolle und Farbstoffen. Am 13. Dezember 1806 wurde er Mitglied des Club Aachener Casino. Im Jahre 1812 war er Tuchfabrikant. In preußischer Zeit arbeitete er als ehrenamtlicher beigeordneter Bürgermeister, versah von 1826 bis 1831 die Aufgaben eines Standesbeamten und stand von 1826 bis 1830 von Amts wegen der Aachener Handelskammer vor. Von 1835 bis 1836 fungierte er als gewählter Präsident der Handelskammer. Er starb am 31. März 1837 in Aachen.

Nach einem Foto im StA Aachen, Fotosammlung, Negativ 63/41. – StA Aachen, Frz. Zeit, Bevölkerungsliste 1812. – HUYSKENS 1929 (Handelskammer), S. 139ff. – JANSSEN / KUETGENS 1964, S. 125 bzw. S. 115 Nr. 50.

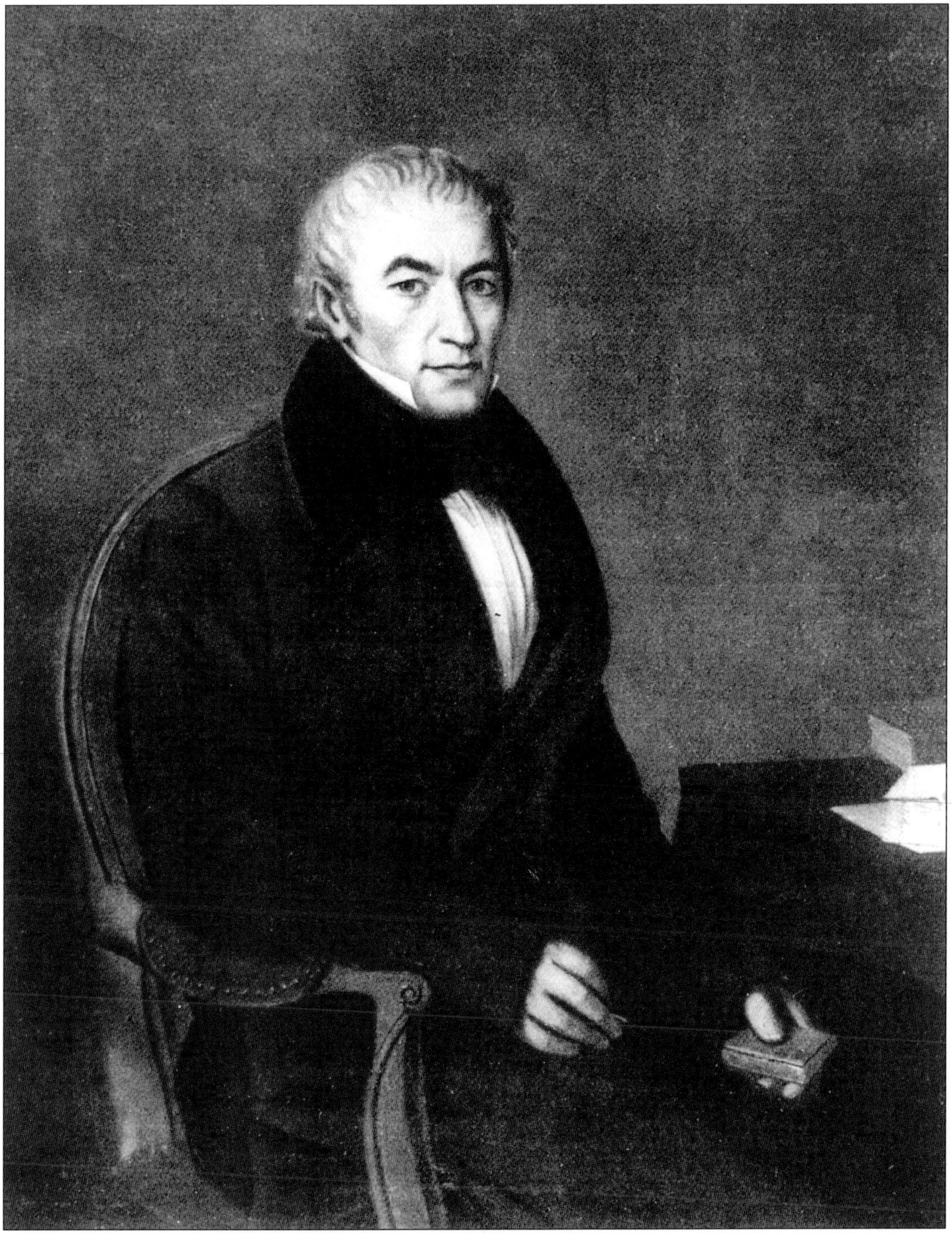

G 22

Philipp Heinrich Pastor

Öl auf Leinwand. – Maße: H 97 / B 75 cm. – Künstler: J. Bastiné.

Heinrich Pastor wurde am 18. September 1752 in Burtscheid geboren, betrieb eine Tuchfabrik in der Franzstraße in Aachen und war außerdem Teilhaber der Nadelfabrik „Gebrüder Pastor" in Burtscheid. Eine nennenswerte politische Betätigung ist nicht nachweisbar. Er war der Schwiegervater von Charles James und John Cockerill. Von diesen wahrscheinlich inspiriert, setzte er als erster im Aachen-Burtscheider Raum eine Dampfmaschine in einer Spinnerei ein. Er verstarb am 13. Juli 1821 in Aachen.

Nach einem Foto im StA Aachen, Fotosammlung, Negativ 63/48. – Beschreibung des Bildes bei KUETGENS 1928, S. 102, 134, Abb. 68. – MACCO 1905, S. 154f. – BRUCKNER 1967, S. 157.

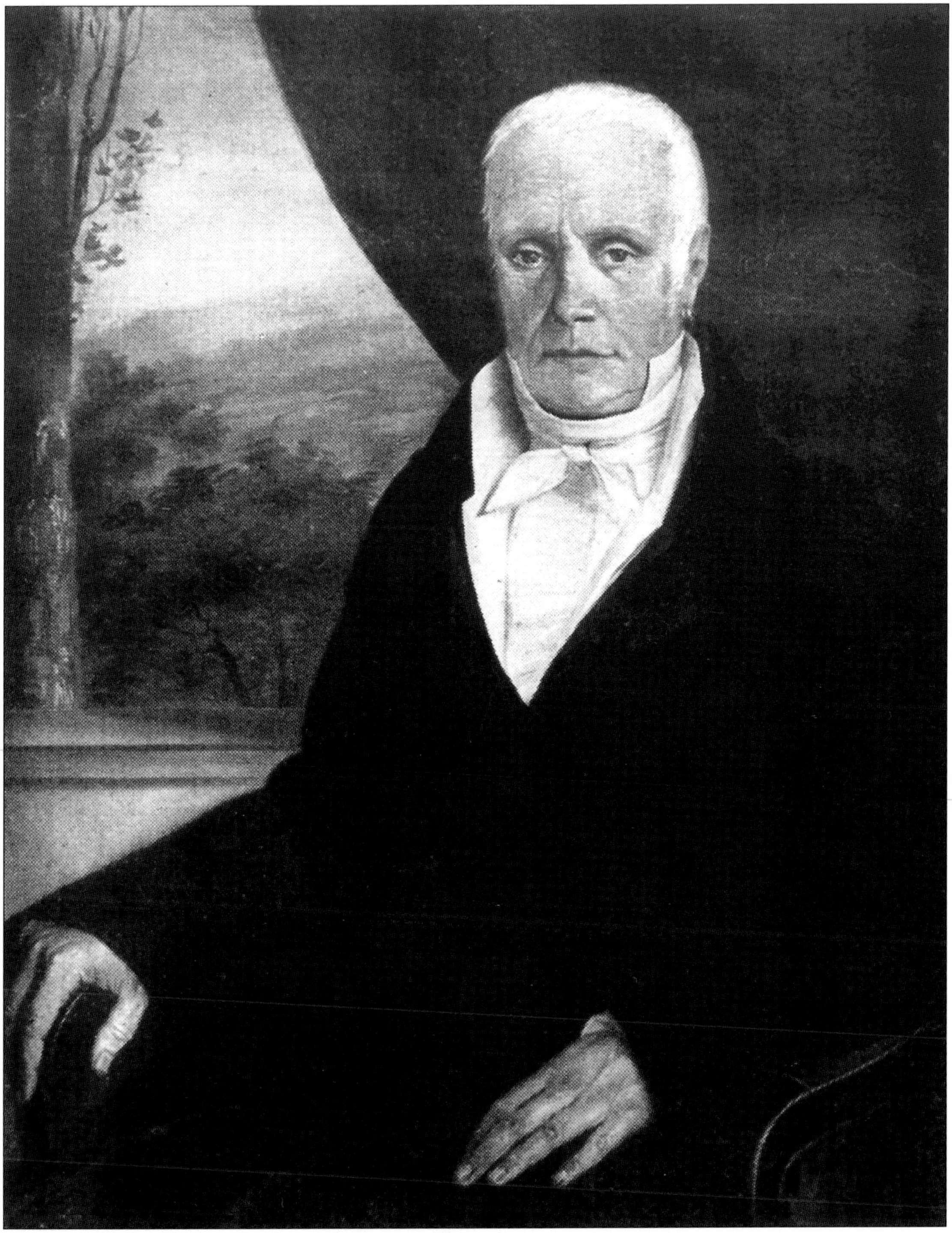

G 23   **2. Mai 1809**
Herkunftszeugnis für Tuche der Aachener Firma Karl Nellessen

Maße: H 23 / B 19,5 (20) cm.

Der Firmeninhaber bestätigt auf vorgedrucktem Firmenzertifikat die Herkunft der näher beschriebenen und markierten Tuche aus seiner Fabrik. Sie werden vom Fuhrmann Kaufmann über Nancy nach Colmar transportiert und sind für Monsieur Demangeot den Älteren bestimmt.
Auf der Rückseite bestätigt unterm 2. Mai 1809 der Aachener Maire v. Lommessem mit seiner Unterschrift und mit rotem Farbstempel der Mairie die Echtheit der Unterschrift Karl Nellessens.

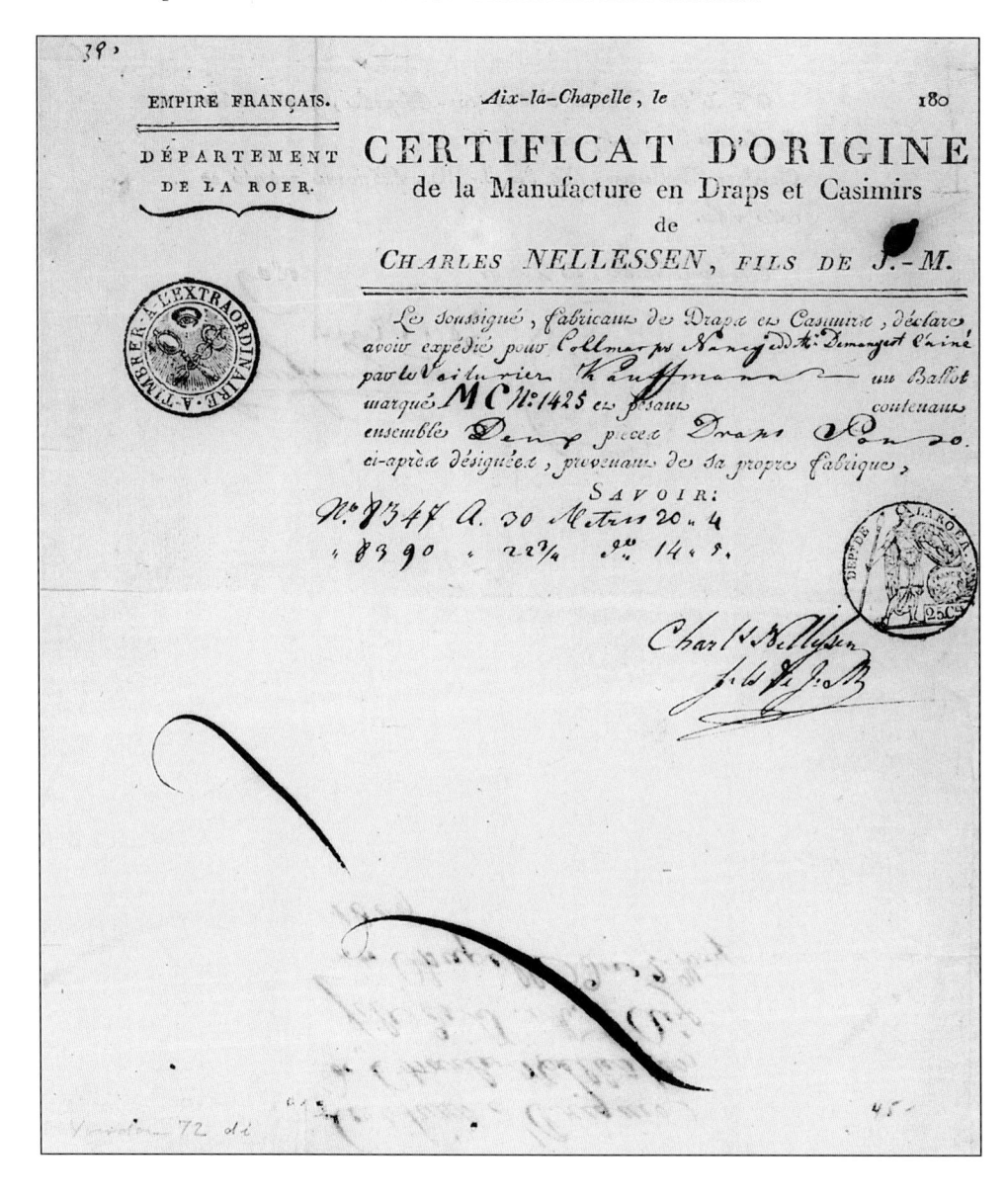

Die Ausstellung eines „Certificat d'origine" ist im Zusammenhang mit der Kontinentalsperre zu sehen, welche den Handel mit englischen Waren auf dem Festland verhindern sollte.
Karl Nellessen wurde am 29. Januar 1752 als Sohn von Johann Matthias Nellessen in Aachen getauft und starb ebenda am 14. Juli 1819. Seit dem 21. Juni 1804 war er Mitglied der Aachener Gewerbe(Handels)-Kammer und bekleidete seit dem 28. Juni 1805 das Amt eines Richters am Aachener Handelsgericht, zu dessen Präsident er am 18. August 1810 berufen wurde. Am 28. Juni 1813 ernannte ihn die Regierung zum Präfekturrat. Noch im Jahre 1809 wurde seine Fabrik von einem Feuer schwer verwüstet. Zu ihrer Instandsetzung scheint er von der Regierung eine Summe von 10 000 Francs erhalten zu haben.
Aus Privatbesitz. – JANSSEN/KUETGENS 1964, S. 123 Nr. 121. – SCHULTHEIS-FRIEBE 1969, S. 146f. – GRAUMANN 1990, S. 61, 189f.

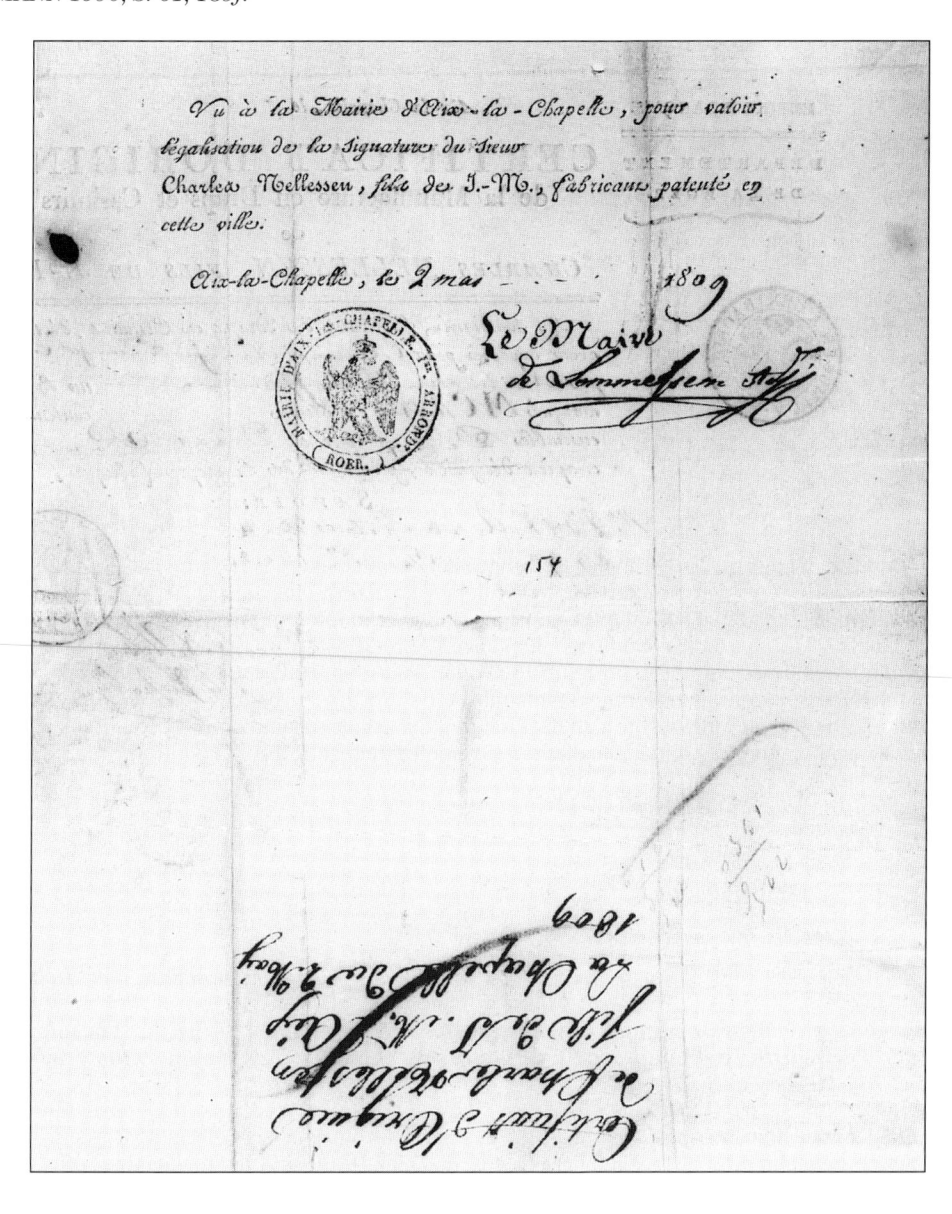

G 24 1807

Plan der an Friedrich Kolb veräußerten Teile des ehemaligen Klosters Kornelimünster, die künftig zur Unterbringung einer Tuchfabrik dienen sollten

Maße: H 35 / B 47,5 cm. – Maßstab: 1 : 500.

Der Präfekt Lameth bestätigte am 18. Dezember 1807 unter Zustimmung des Direktors der Nationaldomänen und der Einregistrierung den Verkauf der Abteigebäude von Kornelimünster samt den angrenzenden Gärten und Wiesen, die bislang zum Nationalgut zählten, an den früheren Maire von Aachen, den Tuchfabrikanten Friedrich Kolb. Ausgenommen war die Abteikirche, welche der Kirchengemeinde überlassen wurde. Der Zweck des Verkaufs war die Einrichtung einer Tuchfabrik und einer Schäferei für Merino-Schafe. Die Kaufsumme betrug 45 000 Francs. Die Kaufobjekte wurden aufgelistet und in separate Pläne eingezeichnet (StA Aachen, Pläne D 18, 19).

StA Aachen, Plan D 18. – Siehe auch ebd., Urk. AA 64.

G 25 [zwischen 1810 und 1813]

Plan zur Erweiterung der Stecknadelfabrik von Migeon und Schervier in der Eilfschornsteinstraße

Die Beschriftung lautet: „Plan de la Fabrique d'Epingle appartenant à Messieurs Migeon et Schervier, frères, avec projet d'agrandissement de cet établissement exprimé par une teinte rouge".

Maße: H 44,5 / B 58,5 cm. – Maßstab: 1: 110.

Im Jahre 1803 ließ sich Laurenz Jecker in der Eilfschornsteinstraße (Litera B 664) nieder, wo er im folgenden Jahr in Zusammenarbeit mit den Brüdern Migeon, reichen Besitzern einer am Oberrhein gelegenen Eisenschmiede, die erste Stecknadelfabrik auf französischem Boden gründete. Napoleon überließ ihnen am 16. September 1804 für 13 000 Francs die Gebäude der ehemaligen Abtei Klosterrath in der Eilfschornsteinstraße zur Errichtung einer weiteren Nadelfabrik. Im Jahre 1809 oder der ersten Hälfte des Jahres 1810 zog Jecker vorübergehend nach Paris. Eigentümer der Stecknadelfabrik in der Eilfschornsteinstraße wurden seine bisherigen Compagnons, die Brüder Migeon, die sich mit Heinrich Schervier zusammentaten. Nach Ausweis der vorliegenden und zweier weiterer Zeichnungen planten sie eine Erweiterung ihrer Produktionsräume.

StA Aachen, Plan W 178. Siehe auch ebd. W 177 u. 179.

G 26 Aachen, den 20. März 1812

Plan des Bereichs zwischen Dom und Frankenburg, Adalberts- und Burtscheider Tor mit Einzeichnung u.a. der Tuchfabrik Braff neben dem Gelände des ehemaligen Kapuzinerklosters, sowie der „mécanique" des Herrn Pastor

Der Originaltitel lautet: „Plan comprenant une partie des environs d'Aix-la-Chapelle et de Borcette, l'emplacement des Capucins et celui de la Source minérale de Mr. de Fisenne, dressé par l'ingénieur verificateur du cadastre, Aix-la-Chapelle, le 20. Mars 1812, Maubach". Der Plan trägt den Vermerk: „Vu par le préfet de la Roer" und die eigenhändige Unterschrift „Ladoucette".

Maße: H 64 / B 94 cm. – Maßstab: 1 : 2 000.

Der Anlaß für die Anfertigung dieses Planes ist nicht ersichtlich.

StA Aachen, Plan F 31a.

G 27

Aachener Arbeiterliste aus dem Jahre 1810/11

Erst im Jahre 1808 wurden in Aachen die Vorschriften des Gesetzes vom 12. April 1803 zur Verbesserung des Gewerberechts hinsichtlich der Einführung von Arbeitsbüchern für die arbeitende Bevölkerung umgesetzt (siehe S. 212f.). Bevor die Arbeiter diese Bücher erhielten, mußten sie sich im Rathaus melden und sich dort in Listen eintragen lassen, nach deren Angaben dann die Bücher ausgestellt wurden.
Die vorliegende Arbeiterliste enthält 1763 Namen mit Angaben über Vornamen, Alter, Wohnung, Beruf sowie Name und Wohnung des Arbeitgebers und eine genaue Personenbeschreibung des Buchinhabers.
Auffallend ist der hohe Anteil an Kindern und Personen im fortgeschrittenen Alter. Die Liste spiegelt somit vor dem Hintergrund der verstärkten Konskriptionen für die napoleonischen Kriege einen akuten Arbeitskräftemangel in den mittleren Altersgruppen wider.

StA Aachen, RA II Allg. Akten 707. – Siehe auch STRAUCH 1922, S. 37 und HEIZMANN 1923, S. 133 sowie KÜPPERS 1969, S. 7ff.

G 28

Arbeitsbuch des Peter Joseph Hick aus Membach bei Eupen

14 Oktavfolien; die ersten drei beschrieben.

Nach der Verkündung der Gewerbefreiheit im Jahre 1798 in den vier rheinischen Departements rissen im Verhältnis zwischen Arbeitgebern und Arbeitnehmern Mißstände ein, die nach einer Verbesserung des Handels- und Gewerberechts verlangten. Das dazu verabschiedete Gesetz vom 12. April 1803 ordnete unter anderem die Einführung von Arbeitsbüchern an, die sowohl ihren Inhabern als auch deren Arbeitgebern die Einhaltung der arbeitsrechtlichen Vorschriften garantieren sollten. Der Arbeiter konnte über die Eintragungen im Arbeitsbuch seine Arbeitswilligkeit und Redlichkeit sowie seine Beschäftigungs- und Lohnansprüche nachweisen, während der Arbeitgeber Sicherheit bezüglich der Fähigkeiten des Arbeiters, über seine Verfügbarkeit innerhalb eines vereinbarten Zeitraumes und vor Abwerbung durch Konkurrenten erhielt. Zugleich diente das Buch als Mittel staatlicher Kontrolle, da jeder Arbeiter, der ohne Buch angetroffen wurde, als Vagabund galt und entsprechend behandelt werden konnte. Ferner wurde der Militärdienst eingetragen, so daß leicht zu überprüfen war, ob es sich bei seinem Inhaber um einen Deserteuer handelte.
Die französischen Arbeitsbücher wurden in preußischer Zeit weitergeführt. Das vorliegende Buch des Peter Hick mit der Überschrift „Exécution de la loi du vingt-deux Germinal, an XI" [1803 Apr. 12] ist sogar erst in preußischer Zeit, nämlich am 21. Oktober 1815, ausgestellt und bis 1817 fortgeführt worden!

StA Aachen, OBR Caps. 13/1 I. – Siehe HEIZMANN 1923, S. 131ff. und STRAUCH 1922, S. 37.

H. Demographische und soziale Aspekte

H 1
Liste des Polizeikommissars Othegraven vom 23. Juli 1806 mit den in der Sektion A der Stadt Aachen lebenden Juden.

Die Liste ist geordnet nach Hausnummern und nennt die Namen, Vornamen, das Alter und den Beruf der Haushaltsvorstände sowie die Namen, die Vornamen, das Alter und den Beruf der Ehefrauen bzw. der Witwen und der Kinder. Es gab damals 14 jüdische Haushaltungen mit insgesamt 60 Personen.
Zur Sektion A zählte der Teil der Stadt östlich der Linie Pontstraße - Marktplatz - Hühnermarkt - Krämerstraße - Hartmannstraße - Wirichsbongardstraße. In der Sektion B (westlich dieser Linie) gab es damals keine Juden.

StA Aachen, Kraemer I 9 b.

H 2
Aachener Bevölkerungsliste von 1812

2 Bände zu 441 bzw. 445 Folien

Im ersten Band findet sich der Titel: „Recensement de la Population de la Mairie d' Aix la Chapelle, dressé en conformité de l'arrêté de Monsieur le Préfet du Département, Chevalier de la Légion d'honneur, Baron de l'Empire, en dâte de 16 Juin l'An mil huit Cent Douze".

Am 16. Juni 1812 ordnete der Präfekt des Roerdepartements im Auftrag des Innenministers zu Verwaltungszwecken und aus fikalischen und militärischen Gründen für die Mairie Aachen in ihren beiden Verwaltungssektionen A und B die Aufstellung einer Bevölkerungsstatistik an. In ihr sollte die Aachener Bevölkerung binnen zweier Monate individuell erfaßt werden. Auszufüllen waren seitens der Verwaltung die Spalten: Nummer des Hauses, in dem sich die Wohnung befand, Name des Familienvorstandes, Familienstand, Namen der Ehefrau und der in der Wohnung lebenden Kinder, Alter, Religion und Beruf. Militärpersonen wurden in der vorletzten Spalte, vor den besonderen Bemerkungen, gesondert aufgeführt. Somit entstand eine für uns heute unschätzbare Quelle, welche als Momentaufnahme einen Blick auf die wirtschaftlichen und sozialen Gegebenheiten im Aachen des Jahres 1812 erlaubt. Insgesamt wurden damals in Aachen 30 179 Einwohner gezählt.

StA Aachen, Frz. Zeit, Bevölkerungsliste 1812, Litera A u. B. – Präfekturakten 1812, S. 145ff. u. ERDMANN 1986, S. 4ff.

H 3
Nikolaus Cromm

Gezeichnet und gestochen von Chretien in Paris, zwischen 1801 und 1808. – Hier: Foto.

Er wurde am 5. Dezember 1746 in Aachen geboren, betätigte sich als Kaufmann und war Hauptinhaber der in Aachen auf dem Komphausbad und in Spa bestehenden Tuch- und Galanteriewarenhandlung „Au grand magasin à la maison verte". Er war einer der Führer der Neuen Partei im Aachener Rat und bekleidete das Amt des Stadtbaumeisters, war seit 1789 interimistischer Lombardverwalter, als welcher er 1790 die „Anmerkungen über das städtische Schuldenwesen" verfaßte. Während der ersten Besetzung der Stadt durch die französischen Revolutionstruppen wurde er am 25. Februar 1793 zum Präsidenten des Aachener Nationalkonvents gewählt. Nach dem Abzug der Franzosen wurde er im Jahre 1794 Lombardverwalter. Am 23. September verhandelte er als Unterhändler des Rates zusammen mit Johann Joseph Vossen im Hauptquartier General Jourdans in Herve über die Modalitäten des neuerlichen Einzugs französischer Truppen in die Stadt Aachen. Am 17. Oktober 1794 wurde er zum Leiter des städtischen Brot-Departements bestimmt, dem die Lebensmittelversorgung der Bürgerschaft oblag. Im Dezember 1794 wurde er bis zum Januar 1796 Mitglied der Aachener Zentralverwaltung für die Lande zwischen Maas und Rhein. Von November 1797 bis März 1798 gehörte er dem wieder eingesetzten Aachener Rat an. Nach dessen Aufhebung gehörte er im Januar 1798 dem Aachener konstitutionellen Zirkel an, der – wie Cromm es bereits 1794 getan hatte – die Reunion mit Frankreich befürwortete. Vom 25. Januar 1798 bis zum 9. August 1800 war er Mitglied der Zentralverwaltung des Roerdepartements und als solcher Leiter des Büros „Öffentliche Abgaben". In dieser Zeit ist er auch als Freimaurer nachweisbar. Am 20. Januar 1801 wurde er vom Präfekten zum Präsidenten des Aachener Wohltätigkeitsbüros bestellt, in welcher Funktion er sich große Verdienste um die Aachener Armenpflege erworben hat. Er starb am 21. Oktober 1808 in Gangelt.

Abb. nach A. PAULS 1903, Taf. IV bzw. 1928, S. 504. – Aachener Annalen (B), S. 39, 40 u. (H), S. 30f. – Allgemeine Zeitung 1808, Nr. 123, 126. – HANSEN III, S. 484 Anm. 1 u. 764 Anm. 1. – E. PAULS 1888, S. 217f. – FRITZ 1903, S. 60. – SAVELSBERG 1906, S. 18 Nr. 116. – A. PAULS 1903, S. 57f. u. 1928, S. 507 sowie 1951, S. 42, 48, 78. – CARL 1985, S. 119, 152, 162f. – GRAUMANN 1990, S. 24ff.

H 4   **28. Dezember 1802**

Veröffentlichung der Studie Gerhard Reumonts zur Verbesserung der von den Wohltätigkeitsbüros verabreichten „Armensuppen"

Aufgeschlagen: S. 32f. der Veröffentlichung in den Präfekturakten.

Seit dem Jahre 1801 gab das Aachener Wohltätigkeitsbüro auf Initiative seines Präsidenten Nikolaus Cromm nach dem Pariser Vorbild sog. Armensuppen aus, kräftige, preisgünstig hergestellte Gemüsesuppen, welche die Ernährungslage der als „arm" anerkannten Personen verbessern sollten. Im Jahre 1802 machte der Aachener Arzt Dr. Gerhard Reumont den Vorschlag, diese auf rein pflanzlicher Basis hergestellten „Soupes économiques" mit tierischen Eiweißen anzureichern. Er legte dem Präfekten des Roerdepartements am 24. Dezember seine eigene Studie vor, in der er ein Verfahren beschrieb, wie man aus Tierknochen für billiges Geld eine kräftige und nahrhafte Gallerte herstellen könne. Es handelt sich dabei um einen Verbesserungsvorschlag zu der Erfindung des Franzosen Cadet-de-Vaux. Der Vorschlag gefiel dem Präfekten Méchin, der ihn bereits vier Tage später im Verordnungsblatt des Roerdepartements, den „Präfekturakten", veröffentlichen ließ. Zugleich verpflichtete er die Maires seines Amtsbereichs, Reumonts Methode bei der Zubereitung der Armensuppen anzuwenden.
Der „Rapport du citoyen Reumont, docteur en médicine, sur la gélatine des os; précédé d'un arrêté du préfet du département de la Roer du 7. Nivôse an XI" erschien auch als selbständige Schrift, und zwar in der „imprimerie de J.-G. Beaufort, imprimeur de la Préfecture, Grand-Place, No. 775".

Präfekturakten an XI, Tl. 2, S. 29ff. – Die Schrift selbst: Aachen, Öff. Bibl., Stahlschrank, Nr. 4366.

H 5   **Aachen, den [15 März 1802]**
                                                                                                     „den 25ten Ventôse 10ten Jahres"

Der Interimspräfekt Jacobi schreibt den Maires des Roerdepartements, es sei dringend erforderlich, die im Lande überhand nehmende Bettelei wirkungsvoll zu bekämpfen. Dazu müsse zwischen wirklich bedürftigen Bettlern einerseits und Müßiggängern und Vagabunden andererseits unterschieden werden.

Zirkular (6 S.), StA Aachen, Frz. Zeit, Drucke sub dato.

H 6   **1803**

Liste derjenigen Personen, die für die Einrichtung und die finanzielle Ausstattung einer Wohltätigkeitsanstalt (Atelier de charité) in Aachen gespendet haben

Hier aufgeschlagen: S. 23.

Das von Teilen der Bürgerschaft bereits in reichsstädtischer Zeit ins Auge gefaßte Projekt wurde vom Präfekten des Roerdepartements unterstützt. Am 28. Januar 1803 stellte der Erste Konsul Napoleon Bonaparte die nötigen Gebäude zur Verfügung, nämlich das im Vorjahr aufgehobene Karmeliterinnenkloster St. Theresia in der Pontstraße.
Die Instandsetzung der Gebäude, den weiteren Ausbau und die Erstausstattung wollte man durch Kollekten finanzieren. Eine Sammlung vom 28. März bis zum 12. April 1803 unter den Aachener Bürgern erbrachte die stolze Summe von 8 534 Francs und 80 Centimes.
Die Spendenliste nennt 973 Spender, die Hausnummern ihrer Wohnungen, ihre Berufe und die Höhe ihres Beitrags. Wie nicht anders zu erwarten war, kamen die höchsten Beiträge aus der Oberschicht, von den Tuch- und Nadelfabrikanten, den Rentiers und den leitenden Beamten. Angehörige niedriger Textil- und Nadelberufe sowie Tagelöhner sucht man in der Liste verständlicherweise vergeblich.

HAStK Frz. Verw. 6846. – ERDMANN 1986, S. 197.

H 7

Straßenfront der Wohlfahrtsanstalt „Josephinisches Institut" im ehemaligen Karmeliterinnenkloster St. Theresia in der Pontstraße, 1804

Farbige Zeichnung. Maße: H 11,2 / B 15,3 cm. – Künstler: Johann Peter Scheuren. – Aufschrift rechts unten: „J.P. Scheuren pinx[it] 1800". Da der Bildinhalt auf das Dekret vom 23. Fructidor an XII Bezug nimmt, dürfte die Datierung „1800" irrtümlich sein. – Hier: Foto.

Das im Exp. H 6 erwähnte „Atelier de charité" oder Theresianum war dem für die offene Armenpflege zuständigen Aachener Wohltätigkeitsbüro anfangs nur mietweise überlassen worden. Als Napoleon im Jahre 1804 Aachen besuchte, überließ er dem Wohltätigkeitsbüro mit Dekret vom 23. Fructidor [Sept. 10] die Gebäude kostenlos. Bereits seit dem Besuch der Kaiserin Josephine am 16. August 1804 trug das „Atelier" den Namen „Josephinisches Institut". Es sollte „ein Werkhaus der christlichen Liebe" sein, „eine Erziehungsanstalt für die unbeholfene Jugend, ein Arbeitshaus für die Armen beiderlei Geschlechts, welche noch im Stande sind, Subsistenzmittel zu verdienen, und eine wahre stille Zufluchtstätte für ein unglückliches Alter".

Original nicht mehr bekannt. Das Foto wurde nach dem erhaltenen Negativ der Abbildung bei FAYMONVILLE 1922, S. 217 Figur 99 angefertigt: Rheinisches Amt für Denkmalpflege, Abtei Brauweiler, Negativ-Nr. 4429. – Siehe auch FAYMONVILLE 1922, S. 216.

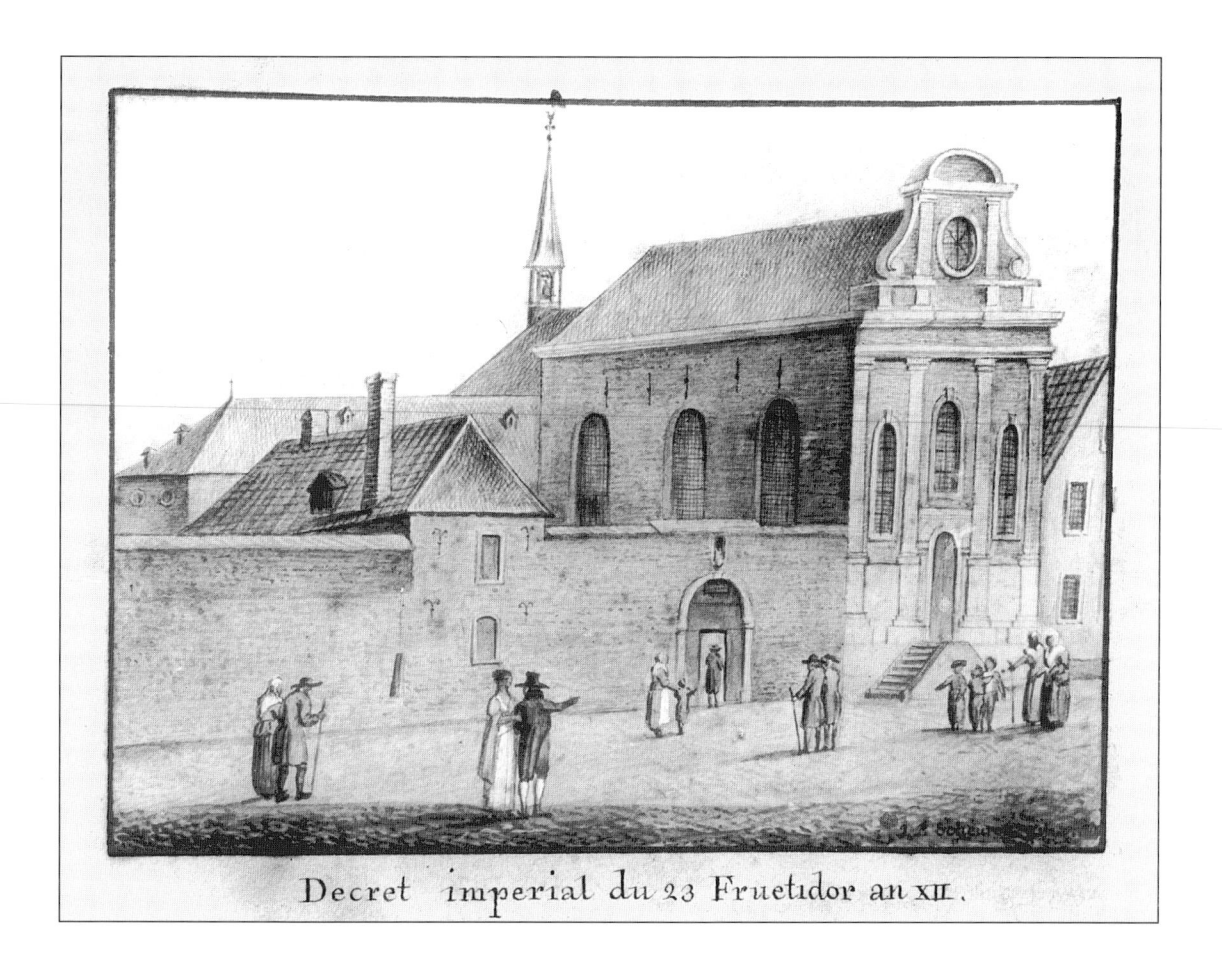

H 8

Längsseite des dem Josephinischen Institut am 10. September 1804 angegliederten ehemaligen Annuntiatenklosters an der Ecke Kármánstraße/Annuntiatenbach, welches als Zucht- und Korrektionshaus für Prostituierte diente

Farbige Zeichnung des Aachener Malers Johann Peter Scheuren. – Maße: H 11,6 / B 15,6 cm. – Hier: Foto.

Die Prostitution war bereits in reichsstädtischer Zeit ein Problem gewesen, das sich in den 90er Jahren des 18. Jahrhunderts – nicht zuletzt durch die Anwesenheit bzw. den Durchzug französischen Militärs – verschärft hatte.
Das Bild zeigt Gendarmen, die unter den Augen neugieriger Passanten und dem Spott der Straßenjugend zwei Dirnen in die Besserungsanstalt führen.

Original nicht mehr bekannt. Das Foto wurde nach dem erhaltenen Negativ der Abbildung bei FAYMONVILLE 1922, S. 301 Figur 157 angefertigt: Rheinisches Amt für Denkmalpflege, Abtei Brauweiler, Negativ-Nr. 4417. – Siehe auch FAYMONVILLE 1922, S. 302.

H 9

Zwei gedruckte Gedichte, welche alle Armen bzw. speziell die Kinder des Josephinischen Instituts als Glückwunsch für Marc Antoine Berdolet, Bischof von Aachen, vortrugen, als dieser vom Präfekten Laumond am 19. März 1805 feierlich als Mitglied des Aachener Wohltätigkeitsbüros eingeführt wurde

StA Aachen, Acc. 1968/10 h.

GLÜCKWUNSCH
sämmtlicher Armen des Josephinischen Instituts zu Achen
An dem frohen Tage, da Seine Hochw. der Herr Bischof von Achen
MARCUS ANTONIUS
durch den Staats-Rath und Kommandanten der Ehren-Legion
Herrn
LAUMOND
Präfekten des Ruhr-Departements als Mitglied des
Wohlthätigkeits-Ausschusses
installirt wurden.
Achen den 28 Ventose XIII. Jahrs.

Sey willkomm, theurer Gottes Engel!
 In Ehrfurcht beugt sich unser Knie;
Wir Armen, voller Leibes Mängel,
 Erflehen deinen Seegen hie;
Und danken Gott, der's so gelenket,
 Der dich erhab'nen würdigen Mann
Zu unsrer Stütze heute schenket. —
 O! nimm dich unser thätig an.
Sieh' uns in diesen stillen Mauren,
 Wo wahre Armuth Hülfe fand;
Wie viele sind nicht zu bedauren,
 Die dieses Wohl bis heut verkannt.
Dir ward die erste Kirchen-Würde
 Durch Gottes Gnade hier verlieh'n,
Hochwürd'ger Bischof bey der Bürde
 Wird Gottes Seegen doppelt blüh'n.
Wenn du als Vater aller Armen
 Auf jedes Mittel eifrig denkst,
Die dir vertrauten zum Erbarmen
 Durch Wort und Beyspiel thätig lenkst,
Denn ströme lauter Gottes Seegen
 Auf dich, Hochwürd'ger, stets herab.
Auch schütze Gott auf allen Wegen
 Den, der dich uns zum Vater gab.
Auch Euch erhab'ne bieder Männer
 Sey heute warmer Dank gesagt,
Die Ihr als edle Menschen Kenner
 Der Armen Wohlfarth nachgedacht.
Durch Euern Eifer und Bestreben
 Ward mancher Thränen Fluth gewährt,
Und Armer Leib- und Seele-Leben
 In bester Eintracht hier genährt.
O! möchten immer edle Seelen,
 Wie Ihr, sich diesem Zwecke weih'n!
Des Himmels Seegen kann nicht fehlen
 Für die, die Armen Hülfe leih'n.

Dem Hochwürdigsten Herrn Bischof von Achen
MARCUS ANTONIUS
bey der nämlichen Einführung
von den Kindern des Instituts.

Hochwürd'ger Bischof! nimm mit Güte
 Dies Blatt von armer Jugend an;
Wir seh'n mit freudigem Gemüthe,
 Was Gottes Vorsicht fügen kann.
Uns hat schon Menschen-Lieb gerettet
 Vom Sitten-Tod dem Müssiggang —
An dem so viele fest gekettet,
 Ein Opfer waren Lebenslang:
Zu unserm Wohl ermahnen Lehrer
 Uns täglich — ihren Pflichten treu —
Dass Tugend-Lohn für die Verehrer,
 Und Straf des Lasters Folge sey.
Auch brauchbar für den Staat zu werden,
 Hat weise Menschen-Lieb bedacht:
Dass nur Erziehung hier auf Erden
 Den Bürger wahrhaft glücklich macht.
Getreue diesen Grund-Gesetzen,
 Zum Fleiss und Arbeit angeführt!
Erlernen wir — wer kann ihn schätzen —
 Den Nutzen, der nun folgen wird.
O! doppelt sind wir itzt geborgen
 Wir armen Kinder alle hier!
Du wach'st für uns mit Vater Sorgen,
 Um deinen Seegen bitten wir.

H 10

Autorisierte Veröffentlichung des Testaments der aus einer Aachener Bürgerfamilie gebürtigen Gräfin Maria Isabella v. Harscamp aus dem Jahre 1805

„Testament de Madame Isabelle Brunelle, veuve d'Harscamps. A Namur de l'imprimerie de Dieudonné Gerard, rue de l'Ouvrage, No. 241, 1805". – Druck, 59 Seiten.

Fünf Legate in Höhe von mehr als 21 000 Francs gingen für wohltätige Zwecke allein nach Aachen.

StA Aachen, Bibliothek, Sign. C 5205.

H 11 Aachen, den 14. August 1811

Urkunde über die von der Kaiser-Mutter Laetitia gemachte Stiftung von 4 000 Francs für 4 arme Halbwaisenkinder

Jedes Kind soll bei Erreichen der Volljährigkeit bzw. bei Heirat 1 000 Francs erhalten. Bis dahin soll die Stiftungssumme zu Zinsen angelegt und der Zinsertrag für eine angemessene Berufsausbildung verwandt werden. Die Kaiser-Mutter hat folgende vier Kinder ausgewählt: Franz Puderbach, Emilie Stillé, Anna Maria Reumont und Elisabeth Zimmermann, von denen die ersten beiden 12 Jahre, das dritte 10 und das vierte 11 Jahre alt sind. Bei vorzeitigem Tod eines oder mehrerer Kinder wird der Präfekt des Roerdepartements auf Vorschlag des Maires von Aachen Ersatzpersonen bestimmen.
Der Maire von Aachen und die beiden Verwalter des „Mont de Piété" [1]) der Stadt Aachen quittieren den Empfang der genannten Geldsumme, geloben diese vom heutigen Tage an zu 6% Zinsen anzulegen, und verpflichten sich, so zu verfahren, wie von der Kaiser-Mutter vorbestimmt ist.
Es werden 3 Ausfertigungen erstellt, und zwar für die Stifterin, den Präfekten, der seine im Departementalarchiv hinterlegt, und den Maire, der sie in seinem Büro verwahren wird.
Unterschriften: „Corneille de Guaita, maire d'Aix la Chapelle, membre de la légion d'honneur; Jacque[s] Schnitzler, Jean Pierre Joseph Hungs, administrateurs du mont de piété; **MADAME** [eigenhändige Unterschrift von Napoleons Mutter]"; ganz unten links: „Ladoucette", Präfekt des Roerdepartements.
Die Urkunde wurde am folgenden Tag anläßlich der Grundsteinlegung zur Porte de Madame (früheres Sandkaultor), bei der die vier gen. Kinder symbolisch Hand anlegten, überreicht (siehe Exp. J 9).

Ausfertigung für den Maire, Doppel-Folio, Perg., frz.: StA Aachen, RA I, Urk. A I 140½ (mit zwei schwarzen Gebührenstempeln am linken und rechten oberen Rand der Vorderseite von Folio 1).

---

[1]) Der „Mont de Piété" oder „Mons pietatis" war ein bereits in reichsstädtischer Zeit existierendes Wohlfahrtsinstitut, das armen und hilfsbedürftigen Personen, um sie vor Wucher zu schützen, gegen Hinterlegung eines Pfandes kostenlos oder gegen geringe Zinsen, Geld oder Naturalien gewährte. Die „Montes pietatis" in Aachen und anderswo waren also gewissermaßen die Vorläufer der modernen Leihhäuser. Siehe dazu: BIERGANS 1909, S. 89f.

H 12							Aachen, den 10. Dezember 1812

Präsident, Vizepräsident und Beisitzer der „wohlthätigen Armen-Büchsen-Gesellschaft" ernennen Th(eodor) von Pranghe zu ihrem „Büchsen Cavalcadour"

Urkunde, Papier. – Maße: H 26 / B 41 cm.

Einzelheiten über die 1811 gegründete, im Hotel des Matthias Joseph Walthery in der Bendelstraße 47 (Litera A 1073) tagende Gesellschaft sind sonst nicht bekannt. Es handelt sich nicht – wie man vielleicht auf den ersten Blick glauben könnte – um eine Schützenbruderschaft, sondern ganz offensichtlich um einen wohltätigen Verein, der sich die Unterstützung der Armen zum Ziel gesetzt hatte, und dessen Mitglieder mit ihren Sammelbüchsen das nötige Geld herbeischafften. Dabei hatte sich der in der Komphausbadstraße 40 (Litera A 446) wohnende Tuchfabrikant Theodor von Pranghe (* um 1776 Düsseldorf, † 1849 Jan. 28 Aachen) besondere Verdienste erworben, denn es heißt in der Urkunde, er sei „in der Büchse wohl erfahren", weshalb man ihm den Titel eines Hofstallmeisters (cavalcadour) verlieh.
Die Urkunde trägt die Unterschriften des Präsidenten der Gesellschaft, [Ignaz ?] van Houtem, des Vizepräsidenten Charles Hildebrand und des Sekretärs Franz Graffweg und ist mit dem schwer deutbaren Lacksiegel der Gesellschaft beglaubigt. Alle in diesem Schriftstück erwähnten Personen waren 1811 Mitglieder des Club Aachener Casino oder sollten es noch werden.
So sehr die Mitglieder die Aufgabe ihrer Gesellschaft ernst genommen haben mögen, das gesellige Leben scheint eher von Humor und Selbstironie geprägt gewesen zu sein.

StA Aachen, Acc. 1893/5 b. – StA Aachen, Frz. Zeit, Bevölkerungsliste 1812. – JANSSEN/KUETGENS 1964, S. 113 Nr. 38, S. 120 Nr. 97, S. 121 Nr. 111.

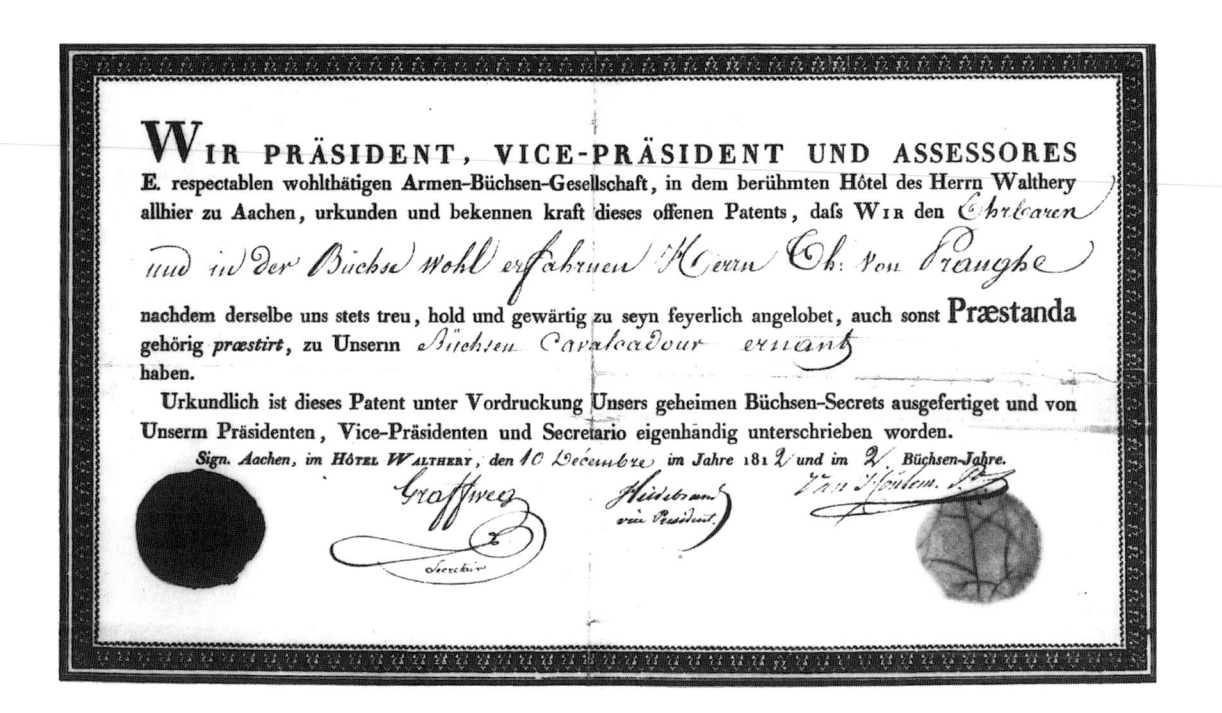

I. Gesundheitswesen

I 1

Schrift des Dr. med. Friedrich Ernst Hesse (1775–1806) mit dem Titel „Einige medizinische Nachrichten und Bemerkungen über Burtscheidt bei Aachen, Aachen 1804"

Gedruckt und verlegt in Aachen bei Witwe Offermann.

Hesse berichtet auf 38 Seiten über die Lebensumstände, die Gesundheitslage und -gefährdungen der in ca. 200 Häusern lebenden 3 650 Einwohner der Gemeinde Burtscheid, und zwar unter besonderer Berücksichtigung der im Tuch- und Nadelgewerbe beschäftigten Arbeiter. Er spricht ein breites Publikum an und versteht seinen Beitrag als Rechenschaftsbericht über seine damals achtjährige ärztliche Tätigkeit in Burtscheid. Die wichtigsten Passagen finden sich oben, S. 258ff.
Ein vergleichbarer Bericht über Aachen hat sich nicht erhalten; Hesses Beobachtungen dürften aber auch für die Aachener Verhältnisse Gültigkeit besitzen.

Aachen, Öff. Bibl., Stahlschrank, Nr. 4366.

I 2

Dr. med. Gerhard Reumont (1765–1828)

Öl auf Leinen. – Künstler: wahrscheinlich J. Bastiné. – Maße: H 75,5 / B 60,5 cm.

Reumont erwarb sich in Aachen besondere Verdienste, indem er im Jahre 1801 die Pockenschutzimpfung mit Kuhpocken (Vakzination) nach der Methode des englischen Arztes Edward Jenner einführte. Als Mitglied der Jury médical, welcher die Leitung des Gesundheitswesens im gesamten Roerdepartement oblag, und als Impfarzt propagierte er die Schutzimpfung und erzielte bei der Bekämpfung dieser gefährlichen Virusinfektion beachtliche Erfolge (siehe S. 253ff.). Im Jahre 1804 war er übrigens auch behandelnder Badearzt der Kaiserin Josephine. Zusammen mit dem Apotheker Johann Peter Joseph Monheim gab er im Jahre 1810 eine Schrift über die Zusammensetzung der Aachener Thermalwässer heraus.
Sein später geadelter Sohn Alfred (1808-1887) schilderte ihn in seinen Jugenderinnerungen wie folgt: „Meines Vaters äussere Erscheinung hatte etwas Stattliches, obgleich er nicht über Mittelgrösse war. Er war wohlgebaut, von dunkler Hautfarbe, Augen und Haar schwarz, bis letzteres ergraute, gerade Haltung, leichte Bewegung. Seit ich ihn in meiner Kindheit durch Ablegung der hohen Stiefel, sogenannte hessische oder mit gelblederen Stulpen, die einzige Veränderung in seiner Toilette hatte vornehmen sehen, trug er immer dieselbe Tracht: schwarzen Frack und gleiche Beinkleider, schwarze oder im Sommer weisse Weste, weisse Halsbinde, Jabot mit Brillantnadel, goldene Brille, – ein Muster von Reinlichkeit und Akkuratesse. In Gesellschaft heiter, im Verkehr angenehm und human, von feinen Formen, die ihn namentlich von der vornehmen Fremdenwelt suchen liessen, war er für seine Kinder in Ernst und Scherz stets freundlich und ihnen eine Freude zu machen bereit".
So stellt ihn auch Bastiné in seinem Gemälde dar. In der Hand hält Gerhard Reumont das 1798 veröffentlichte Buch von Edward Jenner über die Kuhpockenimpfung. Vor ihm auf dem Tisch liegt aufgeklappt das Etui mit der Medaille, die ihm Napoleon in Anerkennung seiner Verdienste verliehen hatte. Das Bücherbord im Hintergrund enthält Lehrbücher in englischer Sprache.

Aachen, Museum Burg Frankenberg, Inv. Nr. NGK 926. – Zitat nach HÜFFER 1904, S. 112f.

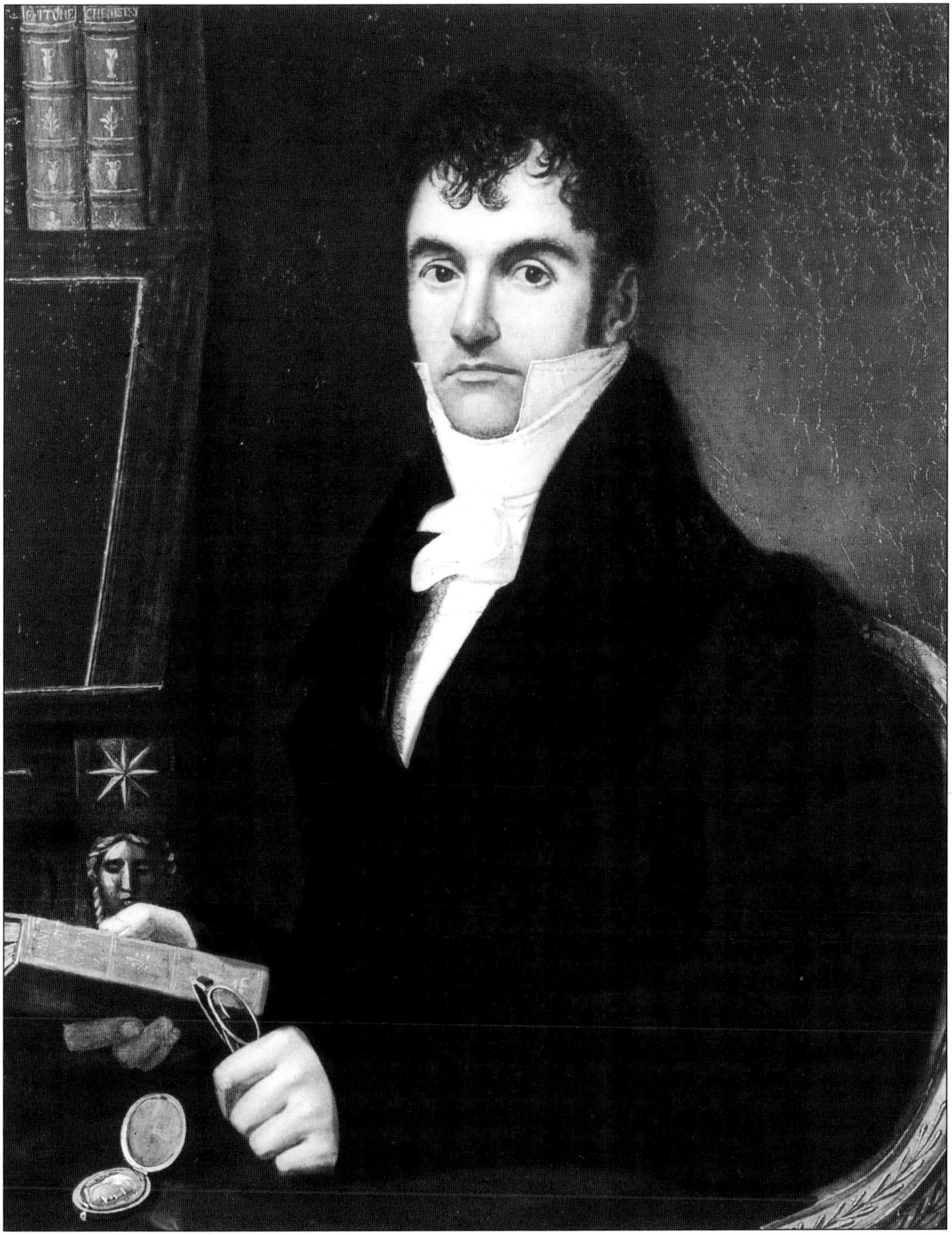

I 3

Dr. med. Johann Wilhelm Joseph Bardenheuer (-hewer) (* 1776 Mz. 16 Aachen, † 1845 Dez. 23)

Öl auf Leinwand. – Maße: H 87 / B 65,5 cm. – Künstler: J. Bastiné.

Er war der Sohn des Aachener Stadtarztes Dr. Christian Josef B.. Seit 1793 studierte Johann zunächst in Löwen, dann in Münster, Jena und Göttingen Medizin. Im Jahre 1802 erhielt er in Göttingen seine Zulassung als Arzt. Seine Promotion datiert vom 9. September 1803 aus Duisburg. In Aachen praktizierte er als niedergelassener Arzt und von 1806 bis 1812 auch in der offenen Armenpflege. Von den Franzosen war er – aus heute nicht ganz ersichtlichen Gründen – nur als „Officier de santé" eingestuft. Jedenfalls war er als Arzt an dem von der Kaiserin Josephine gestifteten Armeninstitut in der Pontstraße und als Impfarzt hoch angesehen. Es wird berichtet, daß er in den Jahren 1807 bis 1810 4 186 arme Kranke in ihren Wohnungen behandelt habe, von denen nur 205 gestorben seien. In derselben Zeit habe er 2 894 Kinder geimpft. In preußischer Zeit setzte er seine Tätigkeit als Impfarzt fort und betreute nebenher ehrenamtlich als Armenarzt die Gemeinde Bardenberg.
Er ließ sich vom Aachener Maler Bastiné porträtieren. Dazu schreibt Kuetgens: „Bastiné weist auf den Beruf durch eine in den Hintergrund gestellte Äskulapbüste hin. Im übrigen hebt sich die sitzende Figur von einem leichten grauen Wandton in starker Räumlichkeit ab. Die geschlossene Silhouette führt auch hier in steilaufsteigenden Konturen zu einer starken Betonung des hellbelichteten Kopfes. Die nicht ganz geöffneten, doch lebhaft blickenden Augen wie auch die etwas in die Höhe gezogenen Mundwinkel und die von der scharfgezeichneten Nase ausgehenden Falten geben dem in volle Frontalität gestellten Gesicht einen zwischen Jovialität und Ironie schwebenden Ausdruck; hinter der hohen Stirn arbeitet ein schneller, freier Geist ... Auf dem Tisch liegt in braunem Leder gebunden die 'Medicina Practica'".

Aachen, Museum Burg Frankenberg, Inv. Nr. GK 26. – Aachener Rats- u. Staatskalender v. 1794, S. 37. – POISSENOT, S. 299. – GOLBÉRY, S. 463. – KUETGENS 1928, S. 121, 134 u. Abb. 94. – Katalog 1932, S. 9 Nr. 26. – SCHMITZ-CLIEVER 1963, S. 148 Nr. 119. – LENZEN 1979, S. 158f. Nr. 5.

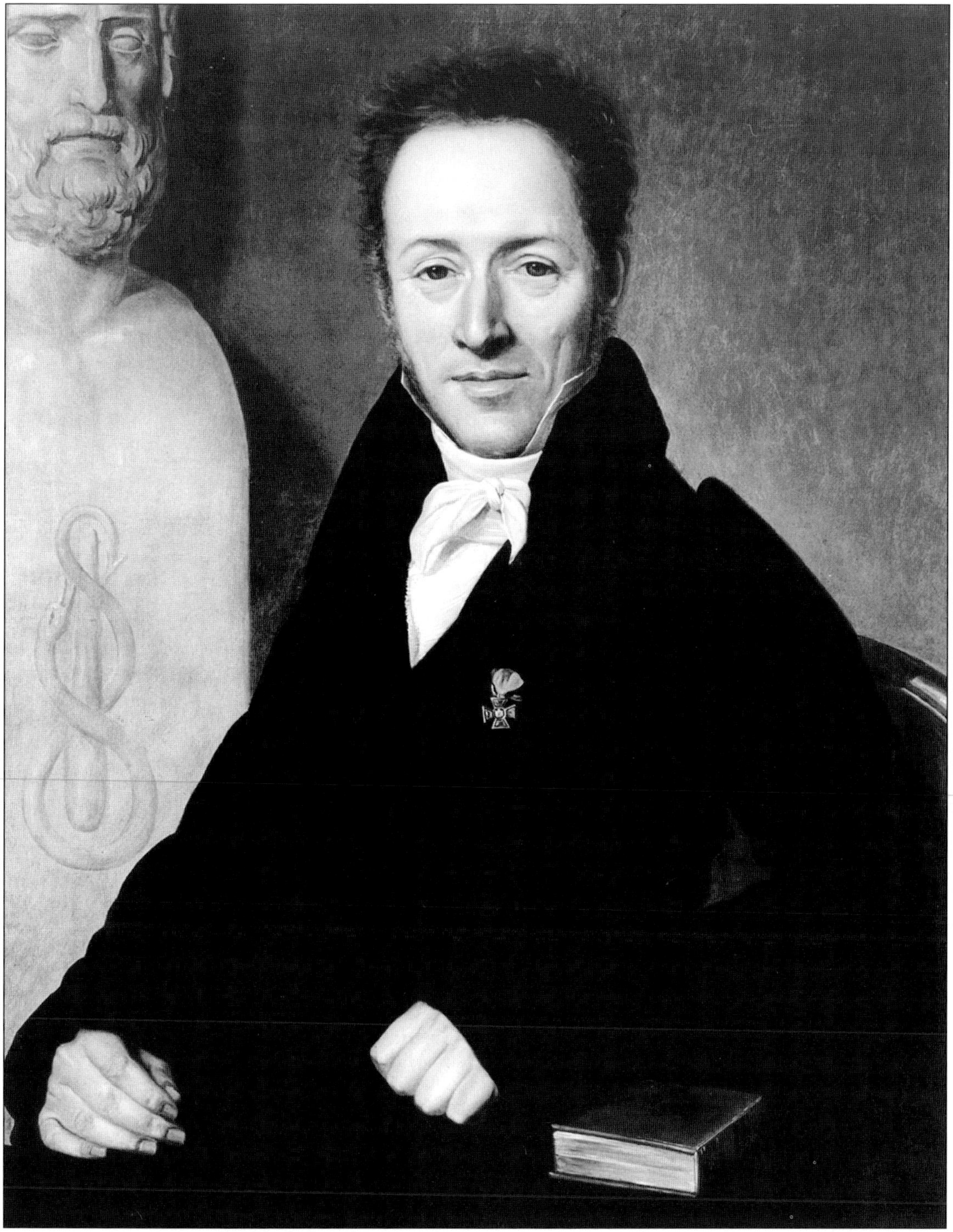

I 4   26. September 1804

Gebot des Maires Kolb von Aachen zur ausschließlichen Inanspruchnahme staatlich geprüfter Hebammen

Zur Beseitigung früherer Mißstände und zur Gewährleistung einer optimalen Geburtshilfe nahm sich die napoleonische Gesundheitsverwaltung in besonderer Weise auch der Ausbildung und Kontrolle der Hebammen an. Gegen die erlassenen Vorschriften wurde allerdings immer wieder verstoßen. So sah sich der Maire von Aachen gezwungen, in der „Stadt Aachner Zeitung" auf „Mittwoch, den 4. Vendémiaire 13. Jahrs der fr(anzösischen) Rep(ublik)" eine Liste derjenigen Hebammen zu veröffentlichen, die vom Staat in Aachen als Geburtshelferinnen zugelassen waren. Allen nicht autorisierten Personen verbot er die Vornahme von Entbindungen, und zwar bei der im Gesetz vom 19. Ventôse des 12ten Jahres [1804 März 10] vorgesehenen Strafe.

Stadt Aachner Zeitung 1804 Nr. 77, S. 1.

Zu **I 5/6**

Am 5. Mai 1810 hatte Napoleon die Einrichtung einer „Société de la Charité maternelle" mit Sitz in Paris und mit Unterabteilungen in den „bonnes villes" seines Kaiserreichs angeordnet. Die Zahl der Mitglieder war auf 1 000 Damen der Gesellschaft beschränkt. Zu der Grundausstattung von jährlich 500 000 Francs aus Staatsmitteln sollten sie einen Mitgliedsbeitrag in Höhe von jährlich 500 Francs beisteuern. Ziel der Société maternelle war es, armen schwangeren Frauen beizustehen, für ihren Unterhalt und schließlich für die Nahrung ihrer Neugeborenen Sorge zu tragen. Den Vorsitz erhielt die Kaiserin Marie-Louise.
Der Präfekt des Roerdepartements hatte am 1. Juli 1810 die Maires aufgefordert, Listen auszulegen, in die sich die Interessentinnen einschreiben sollten. Er verwies dabei auf die besondere Ehre, die diese Mitgliedschaft, nicht zuletzt durch die Nähe zur Kaiserin, mit sich bringen würde.

Präfekturakten 1810, S. 173ff.

I 5   Paris, den 23. September 1810

Kardinal Fesch, Napoleons Onkel, informiert als Grand-Aumônier de l'Empire („Groß-Armenpfleger des Kaiserreichs") Madame de Guaita, Gemahlin des Aachener Maires Cornelius v. Guaita, über den Tatbestand, daß die Kaiserin Marie-Louise am 29. August der ersten Liste der Mitglieder für die Société maternelle zugestimmt habe, und daß auch ihr Name darauf stehe. Das von der Kaiserin unterzeichnete Ernennungs-Brevet werde ihr noch zugesandt.

Die Urkunde trägt die eigenhändige Unterschrift des Kardinals.

StA Aachen, Bestand v. Guaita.

GRANDE-AUMÔNERIE
SECRÉTARIAT.
SOCIÉTÉ MATERNELLE.

Paris, le 23 Septembre 1810.

MADAME,

SA MAJESTÉ L'IMPÉRATRICE et REINE a daigné revêtir de son approbation, le 29 août dernier, la première liste des Dames qui composeront la Société maternelle; j'ai l'honneur de vous prévenir que vous en faites partie.

Le brevet vous sera adressé aussitôt qu'il aura été signé par Sa Majesté.

Agréez, je vous prie, Madame, l'assurance de ma considération distinguée.

Le Cardinal Grand-Aumônier de l'Empire,

J. Card. Fesch

I 6 Paris, den 15. Dezember 1811

Die Kaiserin Marie-Louise ernennt in ihrer Eigenschaft als Protektorin und Vorsitzende der „Société de la Charité maternelle" die ihr bezüglich Frömmigkeit und Mildtätigkeit hinlänglich bekannte Madame de Guaita, geborene v. Heinsberg, zur „Dame de la Société de la Charité maternelle".

Die Urkunde trägt die eigenhändige Unterschrift der Kaiserin und die des Kardinals Fesch als „Groß-Armenpfleger" und als Generalsekretär der Gesellschaft. Warum die Urkunde erst 14 Monate nach der Ankündigung durch Kardinal Fesch ausgestellt wurde, entzieht sich unserer Kenntnis.
Auch für Josephine van Houtem, Gemahlin des Tuchfabrikanten Ignaz van Houtem (Exp. G 19), ist eine solche Ernennungsurkunde vom gleichen Tag überliefert.

StA Aachen, Bestand v. Guaita. – BEAUCAMP 1930, S. 299ff.

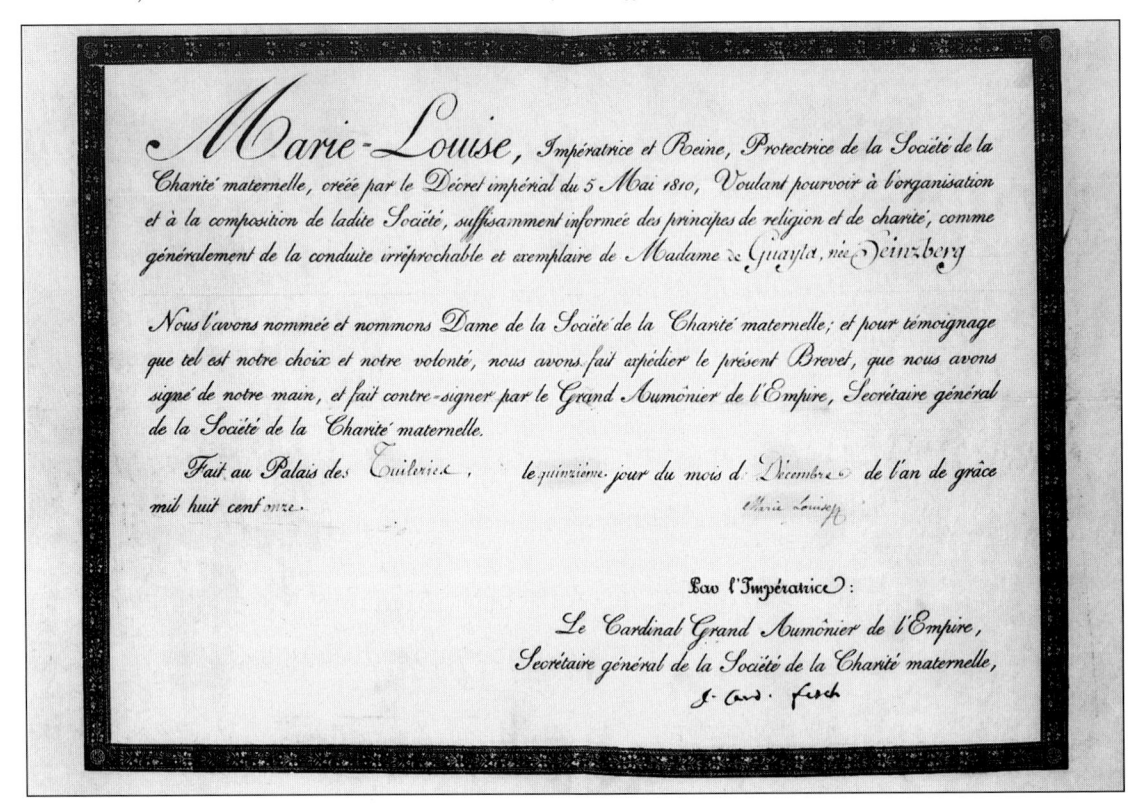

I 7 Aachen, den 26. Juni 1813

Der Aachener Maire Cornelius v. Guaita macht mit Einblattdruck in französischer und deutscher Sprache allen Bürgern (Administrierten) die Verdienste der Impfärzte Gerhard Reumont (hier: Reumond) und Kaspar Ludwig Dorschel bekannt.

Vom 22. April bis zum 22. Juni d.J. hätten sie über 700 Kinder im Christenserinnenkloster nach der Kuhpocken-Impfmethode behandelt. Der Maire ermahnt „hiermit aufs Neue alle Eltern, deren Kinder noch nicht vaccinirt sind, dem Beyspiel ihrer Mitbürger zu folgen, und ihre Kinder diese unschätzbare Wohlthat geniessen zu lassen".

Dorschel (* 1776 Nov. 4 Coburg, † 1826 Mz. 21 Aachen) hatte sich nach anfänglichem Studium der Theologie in Vaals als Hauslehrer der Familie Kopstadt niedergelassen und war als Prediger der dortigen evangelischen Gemeinde mehrfach hervorgetreten. Im Jahre 1800 hatte er sich zum Medizinstudium entschlossen, das ihn nach Jena und Halle führte. In Würzburg vollendete er sein Studium und eröffnete im Jahre 1804 seine Praxis in Aachen. Als Arzt an den Spitälern und in der offenen Armenpflege betreute er die mittellosen Patienten der Stadt und förderte das Projekt der Pockenschutzimpfung.

StA Aachen, Kraemer XIII 4. – SCHMITZ-CLIEVER 1963, S. 154 Nr. 132.

MAIRIE D'AIX-LA-CHAPELLE.

Le Maire de la bonne ville d'Aix-la-Chapelle, membre de la légion d'honneur,

A ses Administrés.

Depuis le 22 avril jusqu'au 22 juin de cette année, plus de sept cents enfans ont été vaccinés dans le couvent des Christenses.

C'est à la louable activité, et à l'infatigable zèle de MM. les Médecins Gérard Reumont, et Gaspard-Louis Dorschel, que nous devons ces heureux résultats.

Nous exhortons de nouveau par la présente tous les parens, qui n'ont pas encore fait vacciner leurs enfans, de suivre l'exemple de leurs concitoyens, et de faire jouir leurs enfans de cet avantage inapréciable.

Aix-la-Chapelle, le 26 juin 1813.

Corneille De GUAITA.

Der Maire der guten Stadt Aachen, Mitglied der Ehren-Legion,

An seine Administrirte.

Es sind vom 22ten April bis den 22ten Juny dieses Jahrs, über sieben hundert Kinder in dem Christensen-Kloster vaccinirt worden.

Diesen glücklichen Erfolg haben wir der lobenswerthen Thætigkeit, und dem unermüdeten Eifer der Herrn Aerzte Gerard Reumond, und Gaspard Ludwig Dorschel zu verdanken.

Wir ermahnen hiemit aufs Neue alle Eltern, deren Kinder noch nicht vaccinirt sind, dem Beyspiel ihrer Mitbürger zu folgen, und ihre Kinder diese unschætzbare Wohlthat geniessen zu lassen.

Aachen, den 26ten Juny 1813.

Cornelius Von GUAITA.

J. Bauwesen

J 1

Nicolas Joseph Branchart

Öl auf Eiche. – Künstler unbekannt. – Maße: H 27 / B 12 cm.

Nicolas Joseph Branchart wurde zwischen Juni 1767 und Februar 1768 in Outreau im Departement Pas de Calais geboren. Er betätigte sich als Maler, Baukonducteur und Geometer. Im Jahre 1803 kam er nach Aachen, wo er unter dem Chefingenieur des Roerdepartements, Jean Félix Bélu, als „géomètre et conducteur des ponts et chaussées" arbeitete. Branchart ehelichte am 9. Februar 1813 in Aachen Anna Katharina Justen aus Eilendorf, mit der er in der Sandkaulstraße (Litera A 190) lebte. Nach dem Abzug der Franzosen leistete er den geforderten Eid, der ihn verpflichtete, alle Kontakte mit Frankreich aufzugeben, und betätigte sich in der Folgezeit als Maler. Er starb zwischen 1838 und 1843 in Eynatten.
Von ihm stammen zahlreiche noch erhaltene Pläne. So etwa zur Begradigung von Straßen, zur Aufnahme der Wurm von Adamsmühle bis Pumpenmühle, der Abtei Kornelimünster, zur Promenade des Königs von Rom in Burtscheid und zur Umgestaltung des Templergrabens.

Aachen, Museum Burg Frankenberg, Inv. Nr. NGK 844. – Zu den Karten und Plänen siehe StA Aachen, Pläne A 13, 18, D 17, G 4, 6 sowie Paris, A.N., N III Roer 12; ferner StA Aachen, RA II Allg. Akten 625 u. 1070 sowie ebd., Kraemer VIII 4. – Zu Branchart siehe StA Aachen, OBR 21/3. – Standesamt Aachen, Heiratsregister. – BRANCHART 1910, S. 4f.

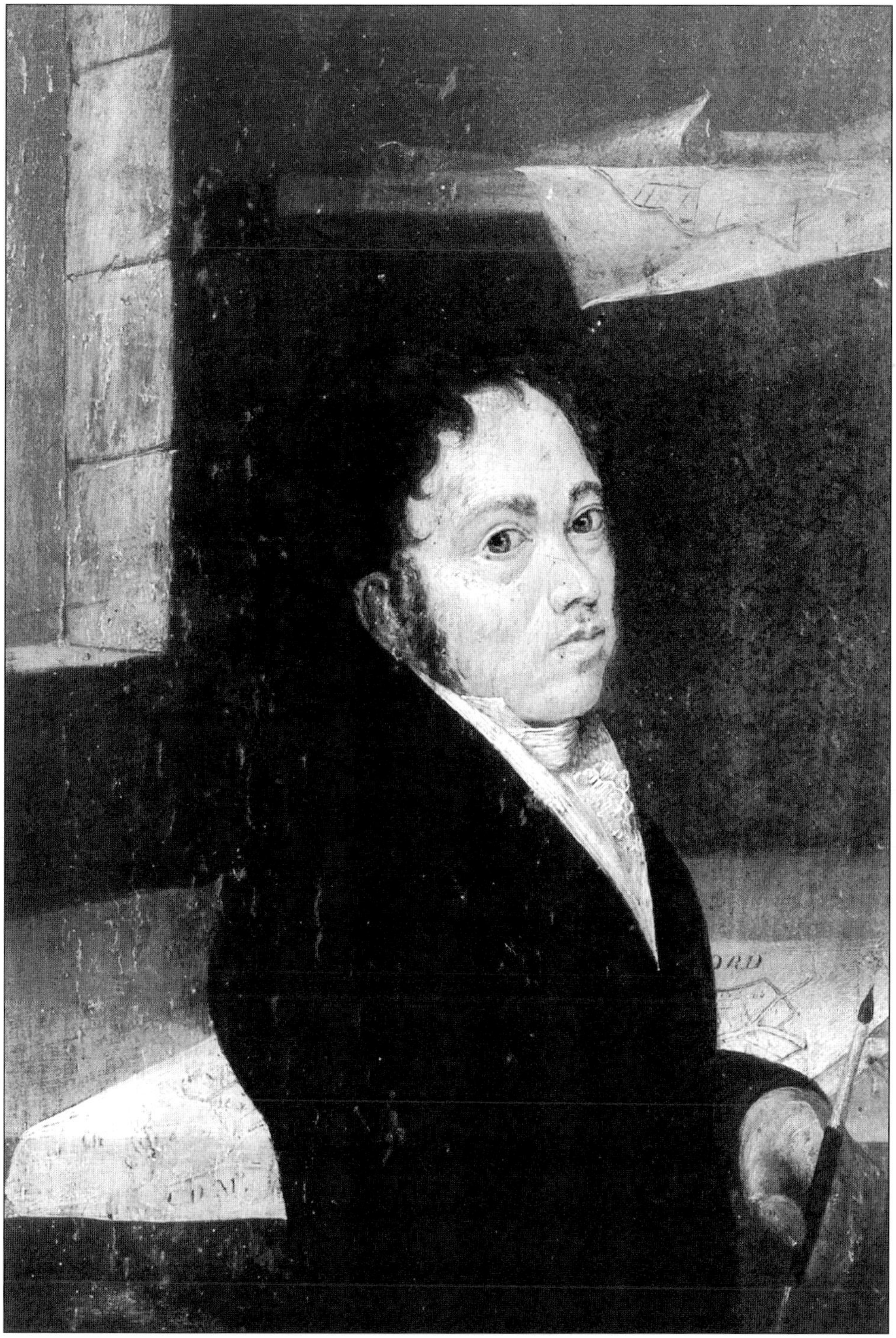

J 2 1796

Gesamtansicht der Stadt Aachen von Süden mit dem Marschiertor und einem Teil der Stadtmauer im Vordergrund und dem unbewaldeten Lous- und Salvatorberg im Hintergrund

Gouachebild von dem Aachener Maler Johann Ferdinand Jansen. – Maße: H 34,5 / B 56,5 cm.

Aachen, Museum Burg Frankenberg, Inv. Nr. BK 849. – HUYSKENS 1929 (Rokoko), Abb. 20 zw. S. 48/49.

J 3

Ansicht des Belvedere auf dem Lousberg

Nachdem sich Napoleon bei seinem Besuch im September 1804 durch Augenschein davon überzeugt hatte, daß der bis dahin kahle, als Schafweide genutzte Lousberg keinen militärischen Wert besaß, konnte eine Bürgerinitiative Pläne zur Verschönerung der Anhöhe entwerfen. Zunächst beabsichtigte man den Bau eines sog. Belvedere oder „Gesellschaftshauses", d.h. eines Restaurations-Lokals, das dem Wanderer zur Erholung dienen sollte.

Ausschnittsvergrößerung aus: Paris, A.N., N III Roer Nr. 13. – Eine genaue Beschreibung aus der Sicht des Architekten liefern DAUBER/WINANDS 1985, S. 141f.

J 4

Plan zur Umgestaltung des Lousberges von Martin Hoffmann, etwa 1813

Hier: Zeitgenössische Kopie, gefertigt vom Katasterzeichner Maubach.

Auf Initiative des Generalsekretärs der Präfektur des Roerdepartements, Johann Wilhelm Körfgen, sollte das Belvedere (Exp. J 3) in einen Landschaftspark integriert werden, dessen Ausführung dem eigens dazu von der Stadt angestellten Gärtner Heinrich Martin Hoffmann oblag, während die künstlerische Betreuung dem damaligen Düsseldorfer Hofgärtner Maximilian Friedrich Weyhe anvertraut war.

Der vorliegende Plan zeigt das Wegesystem, die Pflanzungen, den Standort des von Tranchot errichteten Obelisken (Exp. O 13) sowie das Belvedere.

Paris, A.N., N III Roer Nr. 1/3.

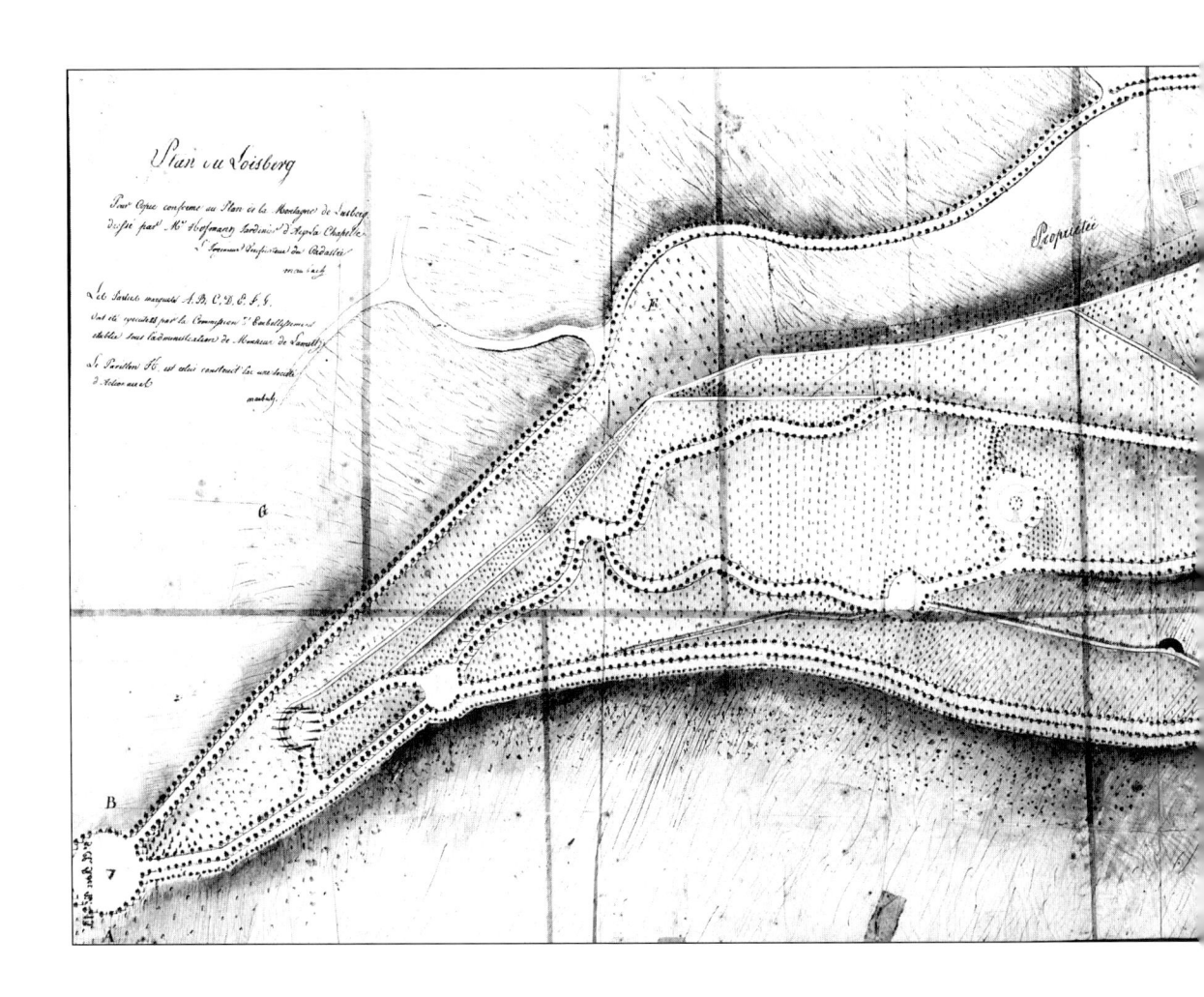

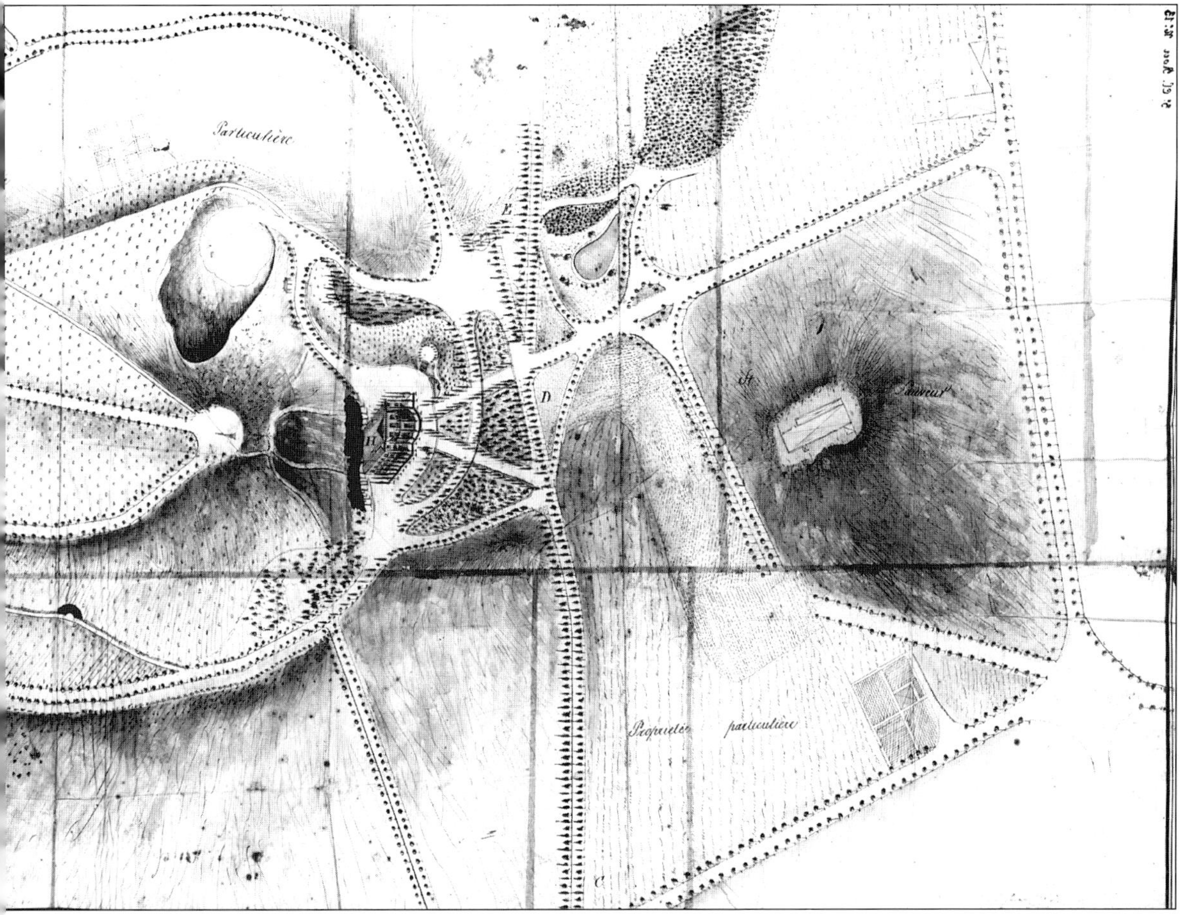
Particulière
E
D
C
particulière

J 5

Maximilian Friedrich Weyhe

Lithographie. – Künstler unbekannt. – Oval, größte Maße: H 36,5 / B 30,5 cm.

Maximilian Friedrich Weyhe wurde am 15. Februar 1775 in Poppelsdorf als Sohn des kurkölnischen Hofgärtners zu Brühl, Joseph Clemens Weyhe, geboren. Nach einer Lehre bei seinem Onkel Peter Joseph Lenné d.Ä. studierte er 18jährig die Gartenanlagen von Schönbrunn. Im Jahre 1801 engagierte ihn die Zentralschule des Roerdepartements in Köln als „botanischen Gärtner". Zwei Jahre später wurde er Gartendirektor in Düsseldorf, wo er von 1804 bis 1813 den Hofgarten umgestaltete. Im Jahre 1807 wurde er auch in Aachen tätig. Hier oblag ihm die gärtnerische Gestaltung des Lousberges und der neu anzulegenden Promenaden. Im Jahre 1817 erhielt er eine Professur für Botanik in Düsseldorf und stieg 1826 zum königlich-preußischen Garteninspektor auf. Er starb am 25. Oktober 1846 in Düsseldorf.
Als Architekt bevorzugte er die klassizistische Bauweise; als Gartenarchitekt propagierte er den englischen Landschaftspark.

Aachen, Museum Burg Frankenberg, Inv. Nr.: BK 1324. – TERHART/MOHR 1987, S. 92ff. – DAUBER/ WINANDS 1985, S. 132. – SCHILDT 1983. – WEYRES/MANN 1968, S. 111f.

J 6

Gärtnerische Bepflanzung der zugeschütteten Gräben zwischen Köln- und Sandkaultor (Porte de Madame) durch Martin Hoffmann im Jahre 1813

„Plan de la nouvelle promenade, projetée entre la porte de Madame et celle de Cologne, rédigé par Martin Hoffmann, Aix-la-Chapelle, le 15. avril 1813".

Maße: H 33 / B 170 cm. – Maßstab: 1 : 400.

Nachdem Napoleon am 10. September 1804 seine Genehmigung zum Abbruch des inneren Mauerberings gegeben hatte, richteten sich die Verschönerungsarbeiten auf die Zuschüttung der Gräben und die Anlage von Promenaden, und hier zuerst auf die Umgestaltung des Bereichs zwischen Adalbertstor, Kölntor und Sandkaultor. Mit der Ausführung war ursprünglich Maximilian Friedrich Weyhe beauftragt. Seine Pläne wurden allerdings nur im unmittelbaren Bereich des Köln- und Adalbertstores verwirklicht. Weyhe hatte die Anlage eines Alleenrings und auf der bis zu 70 Meter breiten Grabenfläche einen Landschaftspark mit weitläufigem Wegenetz, langgestreckten Teichen und unterschiedlich großen Rasenflächen geplant. Hoffmann legte für das Terrain zwischen dem Köln- und Sandkaultor, das nun „Porte de Madame" hieß, einen neuen Plan vor, in dem er die Wasserflächen auf zwei etwa 75 x 10 Meter große Wasserbecken beschränkte und den Landschaftscharakter zugunsten streng gerasterter Baumreihen aufgab. „Die äußere alleenartige Ringstraße endete vor der Porte de Madame in einem mit Bäumen besetzten Rondell, in dessen Mittelpunkt sich die Sandkaulstraße und der Sandkaulsteinweg mit der heutigen Ludwigs- und Monheimsallee kreuzten".

StA Aachen, Plan J 1. – DAUBER/WINANDS 1985, S. 133ff. (danach auch das Zitat).

J 7

Plan der Promenade des Königs von Rom in Burtscheid, angefertigt von Branchart im Jahre 1811

Maße: H 46 / B 59,5 cm.

Zu Ehren des am 20. März 1811 geborenen Sohnes Napoleons aus dessen Ehe mit der Habsburgerin Marie-Louise, für den bereits vor seiner Geburt der Titel eines Königs von Rom vorbestimmt war, sollte in Burtscheid eine repräsentative, 20 Meter breite, von 4 Baumreihen gesäumte Allee, die „Promenade du Roi de Rome" entstehen. Ihre Trassierung hat sich in der heutigen Kapellenstraße erhalten. Die Allee sollte von einem Platz unterbrochen werden, von dem aus eine ebenfalls von vier Baumreihen gesäumte Promenade im Verlauf der heutigen Malmedyer Straße abzweigen sollte. Das Projekt wurde allerdings nicht verwirklicht.

StA Aachen, Plan G 6.

J 8

Das Sandkaultor nach Plänen des französischen Baumeisters Jean Baptist Simar aus dem Jahre 1810

Maße: H 34 / B 50 cm. – Maßstab: 1 : 50.

Entsprechend dem Befehl Napoleons vom 10. September 1804 waren bis zum Jahre 1812 die noch vorhandenen Mitteltore der inneren Stadtbefestigung abgebrochen worden. Desgleichen wurden mit Ausnahme von Jakobs-, Marschier- und Ponttor auch die äußeren Tore abgetragen. Sie sollten durch Neubauten ersetzt werden, weil an den äußeren Toren die Wegegelder zugunsten des städtischen Haushalts (Octroi municipal) erhoben werden sollten.
Pläne für das neue Sandkaultor gab es von Bélu bereits in den Jahren 1806 und 1808. Sie wurden allerdings aus unbekannten Gründen nicht verwirklicht. Erst der Plan des Baumeisters Simar vom Jahre 1810, der mit Kosten in Höhe von 18 200 Francs rechnete, fand die endgültige Zustimmung der Regierung und wurde bis zum Jahre 1813 verwirklicht. Der Grundstein war am 15. August 1811 gelegt worden. Der Bau wurde ohne wesentliche Planabweichungen ausgeführt und nach der Kaiser-Mutter, der „Madame", benannt (Exp. D 17).

StA Aachen, Kraemer VIII 4. – DAUBER/WINANDS 1985, S. 138 u. Abb. 9.

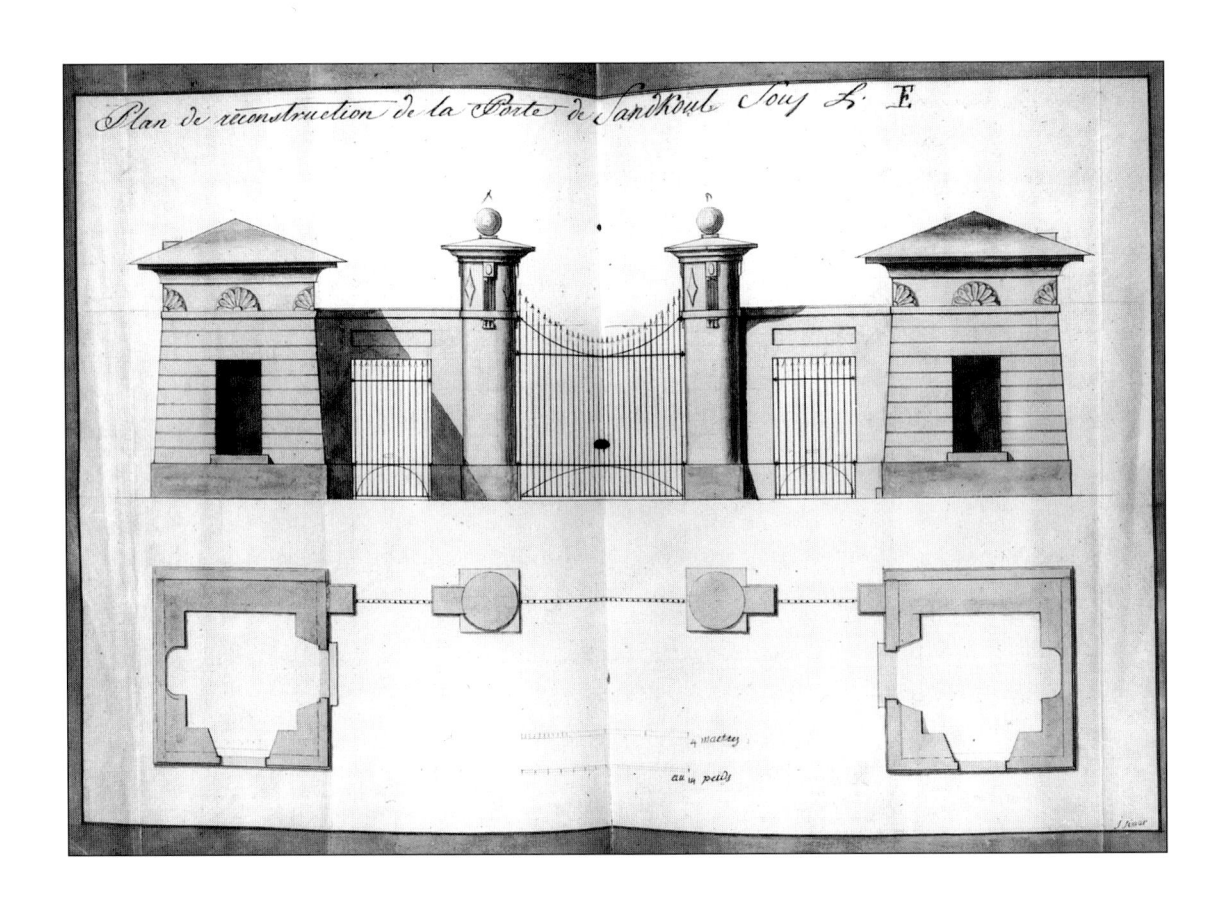

J 9 Aachen, den 15. August 1811
„jour anniversaire de la naissance du heros du monde"

Bericht über die Grundsteinlegung zum neuen Sandkaultor, das nun den Namen „Porte de Madame" erhält

Hier: die Unterschriftenseite.

Die Mutter Napoleons erklärte sich auf Bitten des Präfekten des Roerdepartements, des Maires von Aachen, der bedeutendsten Bürger und des Munizipalrats der Stadt damit einverstanden, daß das neue Tor zur Erinnerung an ihre Besuche während der Badesaison 1809, 1810 und 1811, die sie der „l'ancienne cité de Charlemagne" abstattete, ihren Namen tragen sollte.
Durch die Porte de Madame führte die Straße nach Duisburg und der Weg ins Paulinenwäldchen. Die Kaiser-Mutter hat sich bei den im Bericht beschriebenen Feierlichkeiten durch ihren Kammerherrn, Baron d'Esterno, vertreten lassen. Die Werkzeuge für die Grundsteinlegung wurden von vier [Halb-]Waisen dargereicht, welche von der Kaiser-Mutter mit je 1 000 Francs Aussteuer bedacht wurden (vgl. Exp. H 11). Der ausführende Bauunternehmer Charlier brachte den Grundstein heran, und der Kammerherr legte ihn im Namen von Napoleons Mutter nieder.
Es wurden 6 Ausfertigungen dieses Berichts erstellt, und zwar für die Kaiser-Mutter, für Prinzessin Pauline, den Innenminister, den Präfekten des Roerdepartements und den Maire von Aachen. Das vorliegende Exemplar war zusammen mit einer Anzahl napoleonischer Münzen in einem Bleikästchen in den Grundstein eingelassen worden.
Der Bericht trägt u.a. die Unterschrift der Kaiser-Mutter (Madame), der Prinzessin Pauline, des Herzogs von Castiglione als Marschall des Kaiserreichs, des Generals Jacobé-Trigny, Kommandant des Roerdepartements, des Barons d'Esterno, des Präfekten Ladoucette, des Maires von Aachen Cornelius v. Guaita, des Präfekturrats Joseph v. Fürth, des Gerhard v. Lommessem, Auditor und Unterpräfekt des Arrondissements Aachen, des Karl Nellessen, Präsident des Aachener Handelsgerichts, und des Bartholomäus Ludwig Fischenich, Präsidenten des Tribunals 1. Instanz in Aachen.

Ausfertigung (frz.), Pergament, StA Aachen Urk. AA 20. – Vgl. Journal de la Roer 1811, Nr. 195.

N° 6169, le 19 Août 1811
N° 2812
II. Don Communaux

Chambellan de Sa Majesté l'Empereur, de Madame la Comtesse de Lavallette, épouse du Conseiller d'État, Directeur Général des postes, en Nombre d'Ticongeen de haute distinction des deux Sexes, ainsi que de tous les chefs d'autorité des diverses fluancieres présens, Cette première pièce a été ensuite frappée du Mailles fermée et Scellée par un Campon de fer sipé des deux bouts d'un du lout fondu.

fait à aix la chapelle, le quinze août mil huit cens onze, 8ème année du Règne de Napoléon le Grand, ont Signé.

Montalivet

Le Maréchal d'Empire Duc de Castiglione

la Baronne de Fontanges

dame d'honneur de Madame
Lautournout Baronne d'Athena
dame du Palais de Madame   La Maréchale augereau

Le Capitaine de la   le Baron d'Estevo Chambellan
Gendr̀ie imp̀ale du   de S.A.I. Madame à l'éponte
Dept de la Rocu   Chambellan de M. Impératrice   D. de Lacuaette

                        Le Baron de Sarcevolo Chambellan
Davis   de S.A.I.M. la Princesse Pauline   D. Ladometta
                        Beauharnais Comtesse de La Vallette

                Le Gal Jacobi Trigny, Baron
                des Cour de la Légion d'Honneur   Sr de Tuilh
                Cont de séjour de la Rière   Conseiller de Préfecture Envers

Commissaire de gaorce
de Marchette   Carneille de Gualta   le Commission
                le Maire d'aix la chapelle   auditeur sous-préfet
Du Mont   de l'arrondissement d'aix
conseiller de Préfecture   Recettes ord/au Maire   la chapelle
de la loci   Kraly, schant Auinies de tribunal
Ch. Nellifien   civil à aix la chapelle   Gautier Mmm
de la Fabre de Commerce

J 10 [1794-1812]

Das reichsstädtische Kölntor mit französischem Wachtposten

Öl auf Leinwand, Künstler unbekannt. – Maße: H 48 / B 81 cm.

Aachen, Museum Burg Frankenberg, Inv. Nr. NGK 793.

J 11

Adam Franz Friedrich Leydel

Öl auf Leinwand. – Maße: H 61 / B 49 cm. – Künstler: J. Bastiné.

Leydel wurde am 22. April 1783 in Krefeld geboren. Er war der Sohn des Krefelder Baumeisters Martin Leydel (1747-1817), mit dem zusammen er im Jahre 1803 nach Aachen übersiedelte. Wie sein Vater bekleidete auch er die Stelle eines Departementsbaumeisters. Im Jahre 1817 wurde er Stadtbaumeister in Aachen und verewigte sich hier zusammen mit Johann Peter Cremer als Hauptvertreter der klassizistischen Architektur. In napoleonischer Zeit ist er wie sein Vater wenig gefördert worden und mußte hinter französischen Architekten zurückstehen. Von ihm stammt allerdings der Plan zum neuen Kölntor (Exp. J 12). Johannes Everling schreibt ihm auch den Plan für eine Fontäne in der „rue de Buechel" zu (vgl. Exp. J 18).
Leydel starb am 11. September 1838 in Aachen.

Aachen, Couven-Museum, Inv. Nr. NGK 1201. – EVERLING 1923, S. 36. – Detaillierte Beschreibung des Bildes bei KUETGENS 1928, S. 93f., 134, Abb. 57. – WEYRES/MANN 1968, S. 70f. – Abb. auch bei GRIMME 1980, S. 76 Abb. 50. – DAUBER/WINANDS 1985, S. 132.

Adam Franz Friedrich Leydel

J 12

Plan zum neuen Kölntor von Adam Franz Friedrich Leydel, etwa 1812/13

Federzeichnung, teilweise koloriert. – Maße: H 22,5 / B 35,2 cm. – Maßstab unbekannt.

Bis zum Jahre 1812 war auch das reichsstädtische Kölntor abgerissen. An seiner Stelle sollte ein Neubau entstehen, für den A.F.F. Leydel einen Plan vorlegte, von dem aber nur noch die beiden Ecktürme ausgeführt werden konnten.

StA Aachen, Plan K 37.

J 13

Die Tortürme des neuen Kölntores und der Robensgarten, 1813

Altkoloriertes Umrißkupfer. – Maße: H 12,3 / B 16 cm.

Im Jahre 1813 wurde mit den Bauarbeiten am neuen Kölntor begonnen. Bis zum Ende der französischen Herrschaft wurden allerdings nur die beiden Torbauten fertiggestellt.
Das Bild zeigt die seitlichen Tortürme (am heutigen Hansemannplatz). Rechts im Hintergrund steht das Kaffeehaus der Familie Robens, Treffpunkt der Kurgäste aus der nahen Komphausbadstraße wie überhaupt vieler Spaziergänger. In der Mitte liegt der Eingang zu Robensgarten, der von Arnold Robens, langjährigem Adjunkten der Mairie Aachen (vgl. Exp. E 16), als Landschaftsgarten im englischen Stil angelegt worden war.

Aachen, Sammlung Crous (im Besitz des Aachener Karnevalsvereins). – v. KOPPEN 1987, S. 70.

J 14: 15. August 1813

Urkunde aus dem Grundstein zum unvollendeten Neubau des Präfekturgebäudes

Die Präfekturverwaltung des Roerdepartements war in dem angemieteten Haus Kleinkölnstraße 18 (Haus „Der Schwarze Löwe" bzw. „Londoner Hof"), der Präfekt in der Alexanderstraße 36 untergebracht. Im Laufe der Zeit erschien es wünschenswert, für die Spitze des Departements ein repräsentatives Gebäude zu errichten, in dem auch Platz für die Privatwohnung des Präfekten sein sollte. Als Grundstück wählte man das Gelände des ehemaligen Regulierherrenklosters an der Ecke Alexanderstraße/Heinzenstraße aus. Erste Pläne des Departementsbaumeisters Martin Leydel und des preisgekrönten Pariser Architekten Louis Ambroise Dubut blieben zunächst unverwirklicht. Im Sommer 1812 war die Finanzierungsfrage endgültig durch ein Dekret Napoleons geklärt. Die Ausschreibungen und der Beginn der Arbeiten zogen sich aber noch bis ins Frühjahr 1813 hin. Der Grundstein wurde am 15. August 1813, dem Geburtstag des Kaisers, gelegt. Das Regulierherrenkloster wurde zwar noch abgerissen, das Projekt selbst konnte jedoch nicht mehr verwirklicht werden. Von den neuen Gebäuden waren lediglich die Fundamente fertiggestellt worden.

Der Text der Urkunde aus dem Grundstein des Präfekturgebäudes lautet in Übersetzung:

> Im Jahre 1813, im 10. Jahre der Regierung Napoleons des Großen, des ersten Kaisers der Franzosen, Königs von Italien, des Schirmherrn des Rheinbundes, des Vermittlers der Schweizerischen Eidgenossenschaft,
> Am 15. Tage des Monats August, dem Jahrestage der Geburt Seiner Majestät, während der Kaiser im Herzen Deutschlands an der Spitze seines großen Heeres Europa seinen Willen aufzwingt,
> Neun Tage nach dem Besuche, mit welchem die Kaiserin-Regentin Marie Luise Aachen beehrt, im Rathause die Erzeugnisse des Gewerbefleißes des Departements besichtigt und im Münster, der Stätte, an welcher seit Karl dem Großen 36 Kaiser gesalbt und gekrönt worden sind, die großen und kleinen Reliquien verehrt hat,
> nachdem Seine Majestät der Kaiser und König zu befehlen geruht haben, in seiner guten Stadt Aachen, dem Hauptorte des Roerdepartements, ein Präfekturgebäude zu errichten, sind wir, Jean Charles Baron de Ladoucette, Präfekt des Roerdepartements, Ritter der Ehrenlegion, in Anwesenheit der Vertreter aller Zivil- und Militärbehörden zur feierlichen Grundsteinlegung geschritten.
> In eine Bleibüchse werden eingeschlossen eine Niederschrift der Verhandlung über den gegenwärtigen Vorgang, alle unter der Regierung Seiner Majestät geschlagenen Münzen und eine Kupferplatte mit nachstehender Inschrift:
> Im Jahre 1813, im 10. Jahre der Regierung Napoleons des Großen, des ersten Kaisers der Franzosen, des Königs von Italien, des Schirmherrn des Rheinbundes, des Vermittlers des Schweizerbundes etc. etc., am 15. des Monats August, des Geburtstages Seiner Majestät, ist in Anwesenheit der Vertreter aller öffentlichen Behörden und im Beisein hochgestellter auswärtiger Badegäste der Grundstein zu dem Präfekturgebäude gelegt worden zur Amtszeit Seiner Exzellenz, des Herrn Grafen de Montalivet, Minister des Innern, des Herrn Baron de Ladoucette, Präfekt des Roerdepartements, des Herrn Ritters von Guaita, Bürgermeister der Stadt Aachen.
> Die luftdicht verschlossene Bleibüchse wird in den durch Hammerschlag eingefügten Grundstein gelegt, durch eine Eisenklammer befestigt und an beiden Enden mit flüssigem Blei verlötet.
> Gegenwärtiges haben wir mit allen Beamten unterzeichnet.
> Geschehen zu Aachen Tag, Monat und Jahr wie eingangs angezeigt.

(Es folgen zwei Seiten mit Unterschriften, darunter die des Präfekten Ladoucette, des Bischofs Camus und des Maires von Aachen, Cornelius v. Guaita).
Die im Text erwähnte Kupferplatte ist heute verloren.

StA Aachen, Urk. AA 21. – Annuaire 1810, S. 30. – ARNOLD 1930, S. 236 Anm. 2. – QUADFLIEG 1941, S. 18. – Druck und Übersetzung der Urkunde bei SCHMITZ 1913, S. 367ff.

J 15

Perspektivische Darstellung des von Dubut 1812/13 geplanten Theaterneubaus in der Komphausbadstraße

„Élévation perspective de la salle de spectacle projettée [!] pour la ville d'Aix-la-Chapelle"

Maße: H 29 / B 37 cm.

Neben Plänen zur Sanierung des am Katschhof gelegenen Komödienhauses aus dem Jahre 1751 gab es in französischer Zeit wiederholt Vorschläge für einen Theaterneubau. Im Jahre 1812 konnten schließlich drei Architekten ihre Pläne vorlegen, von denen sich die von Louis Ambroise Dubut (1769-1848) erhalten haben. Dubut sah einen Neubau im klassizistischen Stil für ca. 1 000 Personen in der Komphausbadstraße, also im Kurzentrum selbst, vor. Von der Ostseite der Neuen Redoute (Altes Kurhaus) aus sollten zwei Arkadengänge einen fast 520 m^2 großen Hof begrenzen, an dessen Ende das eigentliche Theatergebäude stehen sollte. An der rechten Hofseite war ein weiterer Zugang von der Peterstraße und durch den Garten der Neuen Redoute, den sog. „Spaziergang", vorgesehen.

StA Aachen, Pläne L 17, Blatt 2. – Detaillierte Beschreibungen bei DAUBER/WINANDS 1985, S. 175ff. u. BERTIG 1976, S. 27, 29.

J 16

Plan eines Badehauses und eines marmornen Rundbades im Karlsbad für die Kaiserin von Frankreich, entworfen von Bélu am 16. September 1808

Dieser Plan wurde bis zum Jahre 1811 verwirklicht.

Paris, A.N, F 8, 132. – GOLBÉRY, S. 438f.

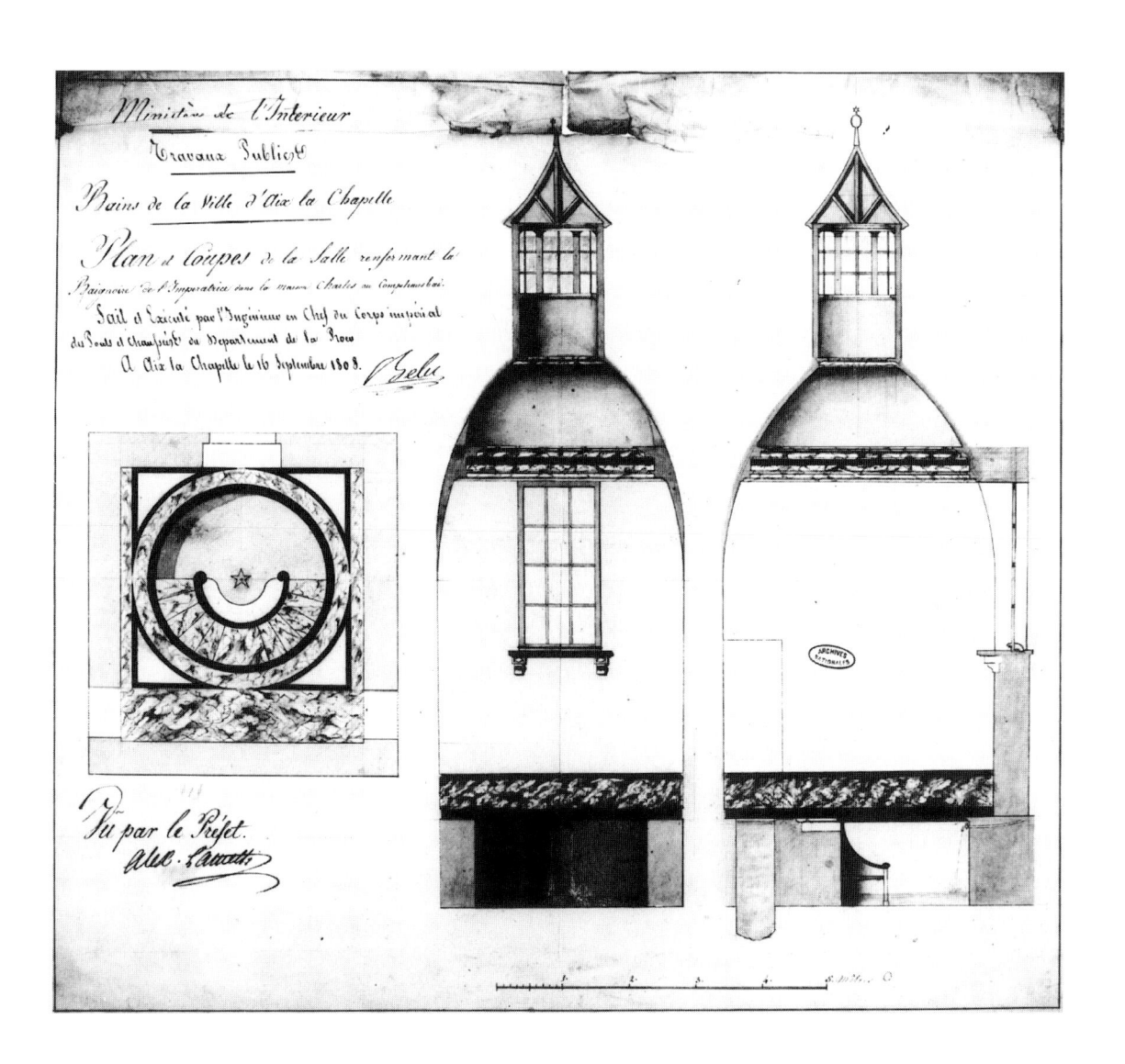

J 17

Plan einer Rotunde über der neu gefaßten Kaiserquelle von Jean Félix Bélu vom 23. Februar 1811

Bis zum Jahre 1811 wurden auch die Quellfassungen des Kaiserbades am Büchel, welche sich wie beim Rosenbad wegen der hohen Temperaturen des Wassers und der Gase als besonders schwierig erwiesen, abgeschlossen. Über der Kaiserquelle sollte nach den vom Präfekten Ladoucette genehmigten und beim Innenminister eingereichten Plänen des Chefingenieurs des Departements, Bélu, eine Rotunde entstehen.

Paris, A.N., F 8, 133.

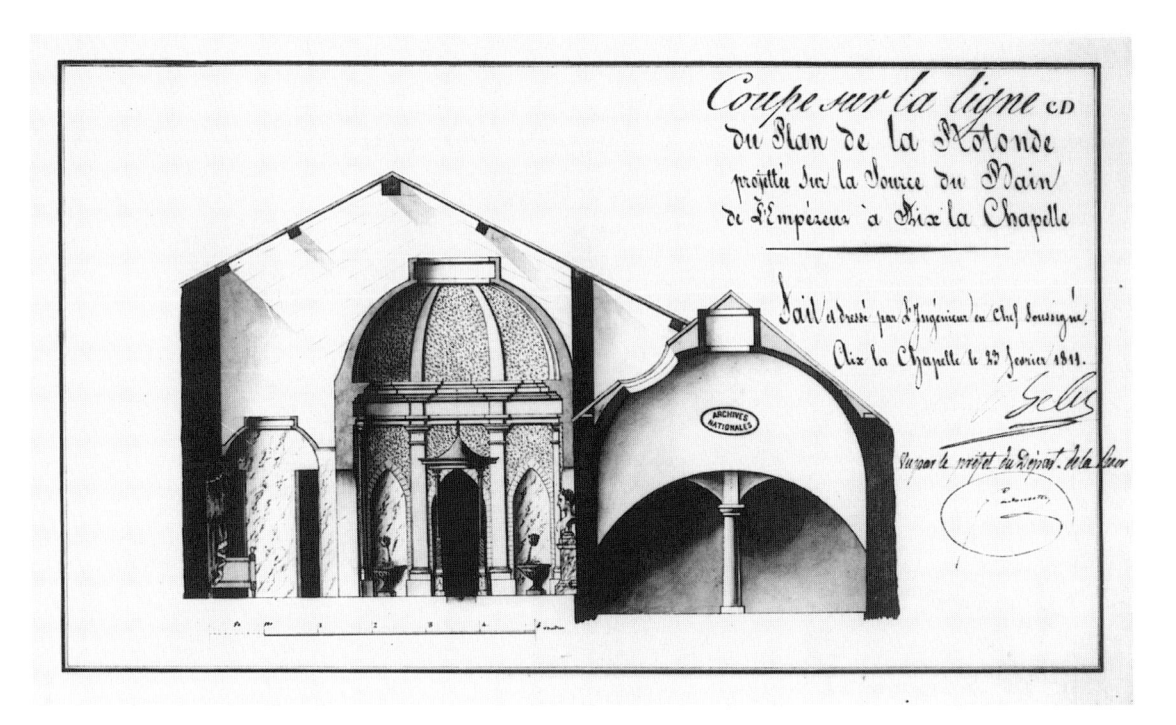

J 18

Plan einer Fontäne in der „rue de Buechel" von Leydel, „architecte du département de la Roer", ca. 1810-1814

Federzeichnung. – Maße: H 44 / B 31 cm. – Maßstab: 1 : 25.

Der Plan, welcher Adam Franz Friedrich Leydel zugeschrieben wird, ist nicht zur Ausführung gelangt. Die scheinbar spiegelbildliche Inschrift des Brunnens ist nicht lesbar.

StA Aachen, Plan K 78. – EVERLING 1923, S. 36. – WEYRES/MANN 1968, S. 70f.

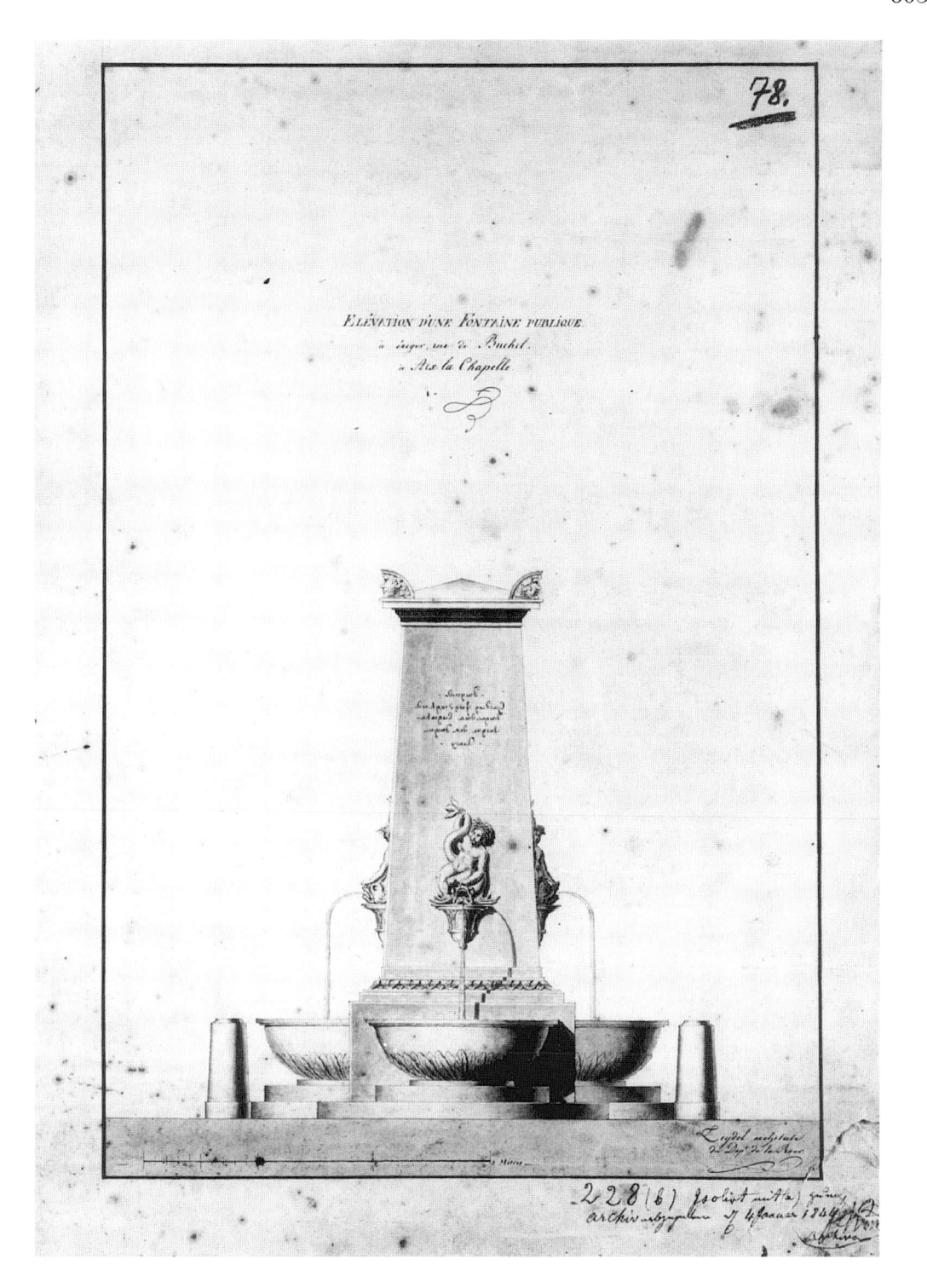

ÉLÉVATION D'UNE FONTAINE PUBLIQUE
à ériger, rue de Buchel
à Aix la Chapelle

J 19

Plan betreffend die Quellen und Brunnen des Rosenbades und deren Einfassungen, gezeichnet von Jean Félix Bélu am 19. Juli 1812

„Plan, coupe et élevation des bassins des sources, puits et reservoirs de la maison dite de la Rose au Comphausbad à Aix la Chapelle construits ensuite du décret Imperial du 23. Fructidor an 12, commencés à l'époque du 2. Frimaire an 14, suspendus, puis repris au 30. avril 1809 et enfin terminés au l'avril 1812".

Maße: H 73 / B 119 cm.

Die Arbeiten waren also am 18. August 1804 von Napoleon befohlen, aber erst am 22. November 1805 in Angriff genommen worden. Sie mußten dann – zu einem unbekannten Zeitpunkt – aus Geldmangel verschoben werden, bis sie am 30. April 1809 wieder aufgenommen werden konnten. Am 6. April 1812 wurden sie abgeschlossen. Bélus Quellfassung erfüllt noch heute ihren Zweck.

StA Aachen, Plan F 60.

Zu **J 20-23**

Das geplante Rosenbad

Mit den Planungen am Gebäudekomplex des Rosenbades war Jean Félix Bélu bereits im Jahre 1808 beschäftigt. Zwischen der Mefferdatisstraße (Mistgasse) und der Komphausbadstraße sollte das neue Projekt unter Begradigung der vorhandenen Straßen und dem Abriß älterer Gebäude verwirklicht werden. Er dachte an repräsentative Bauten, die vermutlich aus Kostengründen nicht verwirklicht wurden. Weitere Pläne aus den Jahren 1811 und 1812 zeigen einfachere Baukörper, die sich symmetrisch um einen Innenhof von ungefähr 30 Metern Länge und 23 Metern Breite gruppierten. Das Hauptgebäude mit den Räumen für die Kurgäste, das Personal und die Verwaltung sollte an der Komphausbadstraße liegen. Rechts und links des Innenhofes erstreckten sich die Badehallen, die durch lange Flure mit dem Hauptgebäude und dem Flügel an der Mistgasse verbunden waren. Der Flügel an der Mistgasse sollte Stallungen, Remisen und Wirtschaftsräume enthalten.

VAUPEL 1933, S. 38f. – BERNHARD 1984, S. 20.

J 20

Hochbauprojekt Rosenbad

Hier: Fassade des Hauptgebäudes an der Komphausbadstraße nach einem Plan von Jean Félix Bélu vom 13. Januar 1808.

Maßstab: 1 : 150.

Paris, A.N., F 8, 132.

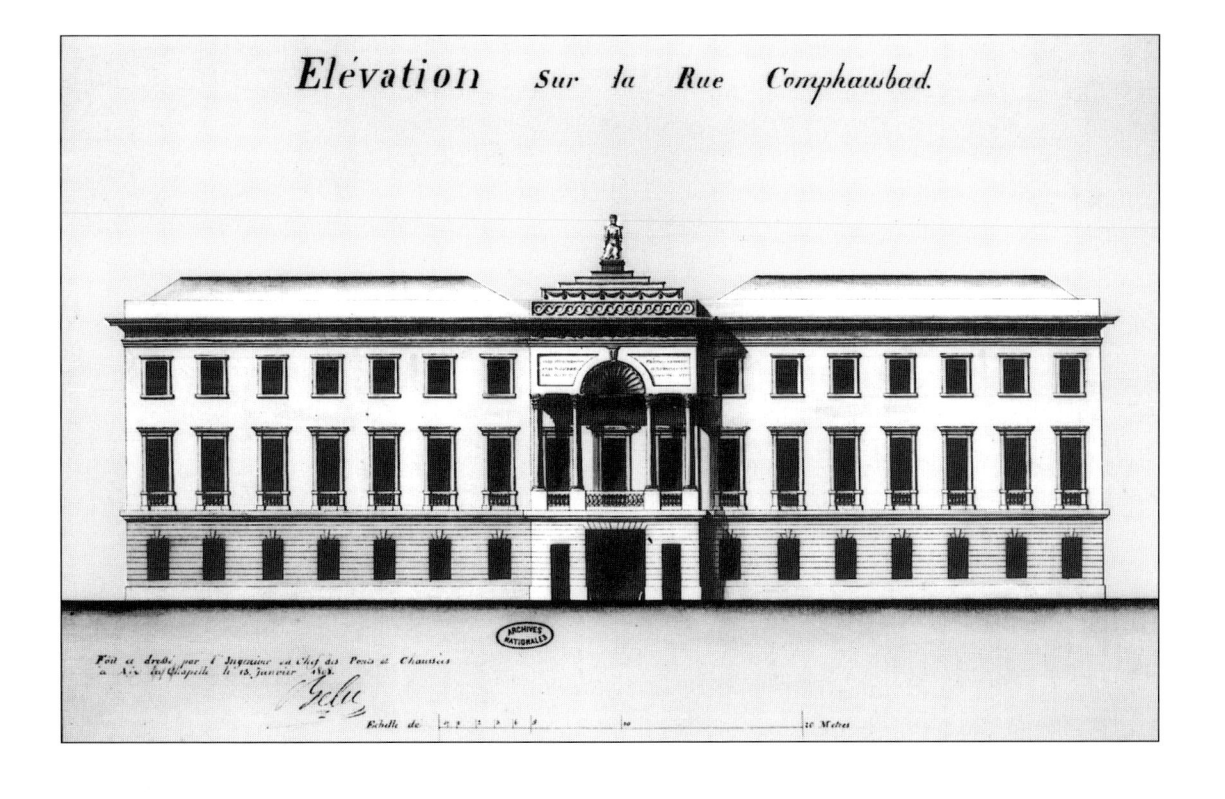

J 21
Hochbauprojekt Rosenbad

Hier: Aufriß der Innenhofseite des an der Mistgasse (Mefferdatisstraße) geplanten Gebäudes nach einer Zeichnung von Jean Félix Bélu vom 13. Januar 1808. – Maßstab: 1 : 150.

Paris, A.N., F 8, 132.

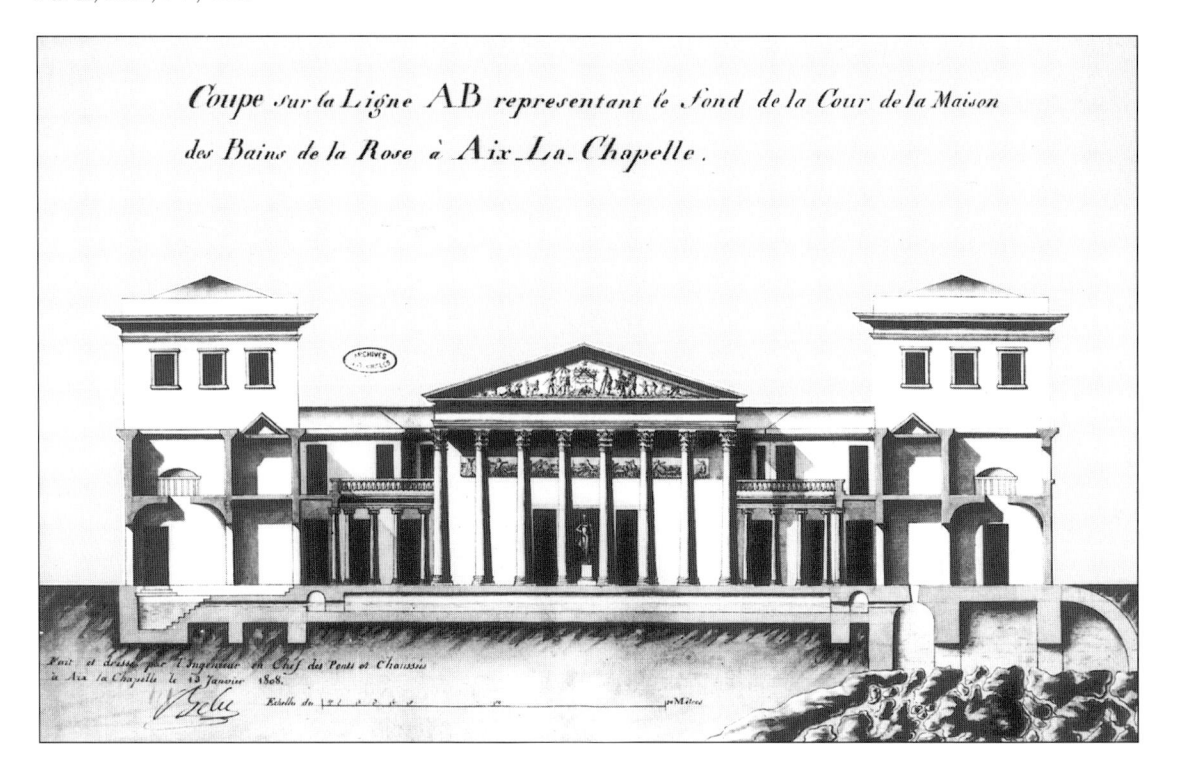

J 22
Vergrößerung des Dachgiebels aus Exponat J 21

Unter der Giebelspitze findet sich ein Stern, darunter ein Altar mit der Inschrift „Auspice Napoleone" [Hoffe bzw. vertraue auf Napoleon]. Vor dem Altar sitzt auf dem Boden der napoleonische Adler. Auf der rechten Seite ziehen Krüppel und Gebrechliche, zumeist Krieger, zum Altar, gefolgt von Hilflosen und Hilfesuchenden. Die Soldaten genesen, legen ihre Krücken auf dem Altar ab und ziehen auf dessen linker Seite mit Waffen ab. Den Hilfesuchenden wurde beigestanden, weshalb sie vor Freude tanzen.

J 23
Hochbauprojekt Rosenbad

Hier: Fassaden zum Dahmengraben und zur Komphausbadstraße von Jean Félix Bélu aus dem Jahre 1811.

Maße: H 35 / B 52 cm. – Ungenannter Maßstab.

Die Pläne mußten gegenüber 1808 aus Kostengründen bescheidener ausfallen. Das zeigt sich besonders beim Vergleich der Frontseite zur Komphausbadstraße (vgl. Exp. J 20).

StA Aachen, Plan K 33 d.

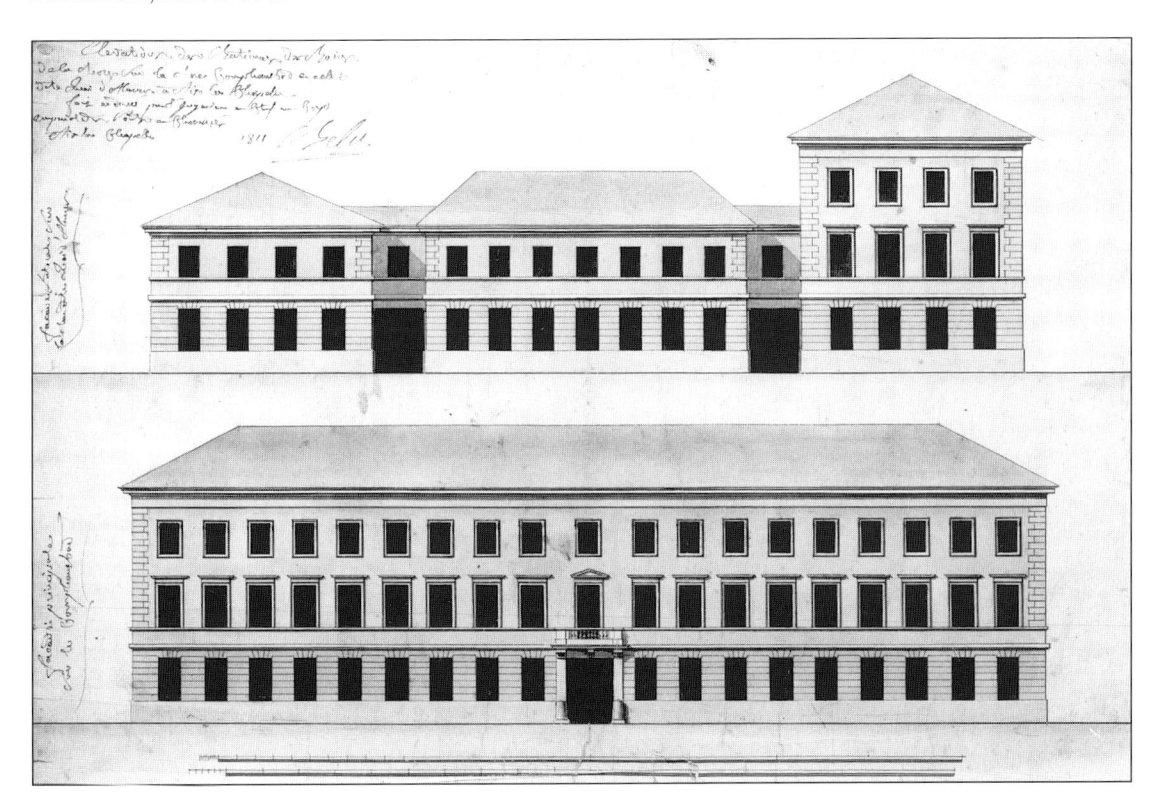

J 24
Lageplan zum Hochbauprojekt Rosenbad 1812

Maße: H 43/ B 105 cm.

Der von Bélu gefertigte Lageplan zeigt in den vier dunkel angelegten Baukörpern, die mit ihren Umrissen auf den Grundrissen der damals bestehenden Gebäude eingezeichnet sind, den geplanten Neubau.

StA Aachen, Plan K 33 b. – DAUBER/WINANDS 1985, S. 163 Abb. 37 u. S. 164f.

J 25

Plan für einen Badepalast am Kapuzinergraben 1813

Auf dem Gelände des zum Abbruch freigegebenen ehemaligen Kapuzinerklosters und auf benachbarten Grundstücken sollte nach dem Willen Napoleons für 623 000 Francs ein Badepalast (Grand Edifice Thermal) entstehen, für den der Architekt Thomas-Pierre Baraguey 1812/13 die Pläne lieferte. Die Stadtverwaltung begrüßte das Projekt; es gelang ihr jedoch nicht, die zusätzlich benötigten Grundstücke rechtzeitig zu beschaffen. Als es im Jahre 1817 tatsächlich zum Abriß des Kapuzinerklosters kam, wurde stattdessen in den Jahren 1823 bis 1825 das heutige Stadttheater errichtet.
Die Abbildung zeigt die dem Kapuzinergraben zugewandte Front des geplanten Badepalastes.

Paris, A.N., N III Roer Nr. 8 (5).

J 26

Plan zur Sanierung des bischöflichen Palais von Hand des Architekten Letellier aus dem Jahre 1811

Maße: H 49 / B 31,5 cm. – Maßstab: 1 : 200.

Der Plan zeigt den Grundriß des bischöflichen Palastes und markiert mit roter Farbe diejenigen Gebäudeteile, die neu errichtet werden sollen, und mit schwarzer Farbe die bestehenden Gebäudeteile.
Bischof Berdolet hatte nach seiner Ankunft in Aachen am 23. Juli 1802 die ehemalige Dechanei des Marienstifts in unmittelbarer Nähe zum Dom als Residenz bezogen. Da die Gebäude baufällig waren, das nötige Geld aber fehlte, wandte er sich an die staatlichen Stellen, die allerdings weitere Ausgaben für den Kultus scheuten. Erst unter seinem Nachfolger Camus kam Bewegung in die Angelegenheit. Pläne des Architekten Letellier zur Restaurierung des bischöflichen Palais aus dem Jahre 1811 kamen indessen nicht zur Ausführung, wahrscheinlich weil Camus im Verlauf des Jahres 1812 seine Wohnung in das sog. Drimbornsche Haus an der Ursulinerstraße verlegte, das die Regierung in Paris offenbar für ihn erworben hatte.

HStAD Roerdepartement Nr. 2423, S. 27 mit Sichtvermerk des Präfekten Ladoucette.

611

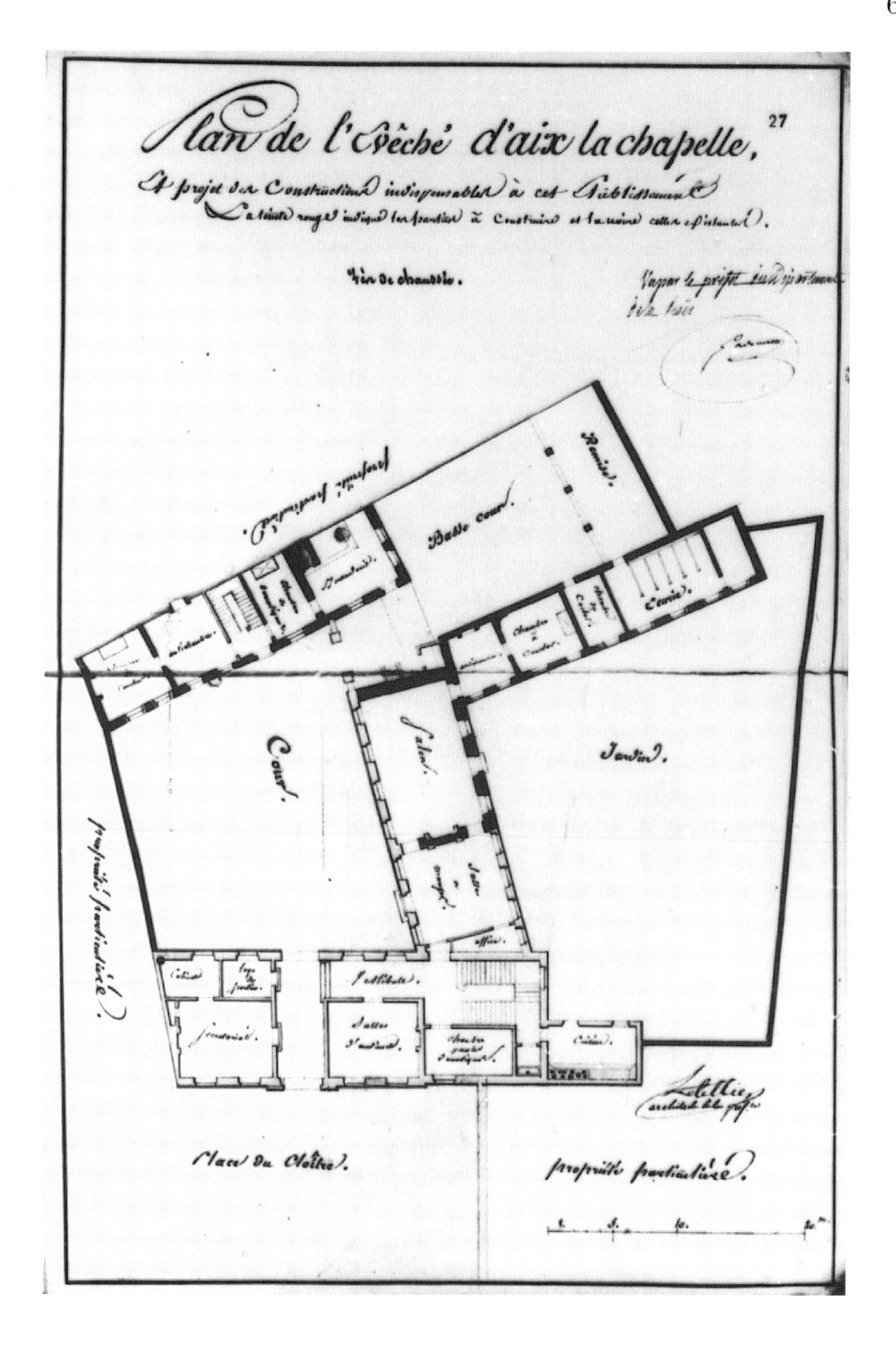

Plan de l'Évêché d'Aix la Chapelle,
et projet de Constructions indispensables à cet Établissement.
La teinte rouge indique les parties à construire et la noire celles existantes.

J 27

Dachgesims an der 1808 von Edmund Joseph Kelleter errichteten Tuchfabrik in der Bendelstraße 24 (dem Garten zugewandte Seite)

Es zeigt eine Uhr, neben der sich rechts Merkur, der Gott des Handels, und links Ceres, die Göttin der Feldfrüchte, erheben.

Nach HEUSCH 1909, S. 120.

J 28

Jakob Couven

Ausschnitt aus dem Gemälde von J.H. Fischer aus dem Jahre 1773. Es zeigt Jakob Couven als Erbauer des Schlosses Wickrath neben dem Bauherrn, dem Reichsgrafen Wilhelm Otto Friedrich v. Quadt.
Ausgestellt: Teilkopie vom Aachener Maler Josef Mataré (1880-1966): Öl auf Hartfaser, Maße: H 65 / B 53 cm.

Er wurde am 13. Oktober 1735 in Aachen als drittes Kind des Aachener Baumeisters Johann Joseph Couven (1701-1763) geboren. Er ging beim Vater in die Lehre und half diesem seit 1750 beim Aufmessen des Terrains für die neue Chaussee vor dem Jakobstor. Im Jahre 1760 trat er zudem als Kopist in die Dienste der Stadt. Trotz des 1771 erhaltenen Titels „Rathsekretär" war Jakob Couven bis 1782 noch als Kopist tätig, rückte dann zum Nebensekretär auf, einem Amt, das er bis zum Einmarsch der Franzosen 1792/93 bzw. 1794 innehatte. Nach der Wiederherstellung des Rates im Jahre 1797/98 wurde er Hauptsekretär. Seit dem 12. September 1782 bekleidete er auch das Amt des Sekretärs beim städtischen Baumgericht. Nebenher arbeitete er als Baumeister, beschäftigte sich aber bis zum Ende der 70er Jahre nur mit Umbauten oder Wohnhausbauten. Erst in den 70er und 80er Jahren erhielt er Gelegenheit, durch Monumentalbauten sein Können unter Beweis zu stellen: So erbaute er von 1782 bis 1785 die Neue Redoute (Altes Kurhaus) in der Komphausbadstraße, dem Zentrum des damaligen Kur- und Badeviertels der Stadt. Danach mehrten sich die Aufträge in Aachen (z.B. Haus Monheim im Jahre 1786, heute Couven-Museum), aber auch in der Umgebung. So errichtete er bei Gülpen Schloß Neuerburg und in Vaals Haus Binterim. Auch in Monschau war er als Baumeister tätig. Jakob Couven zählte während der Zeit der Mäkelei zu den Anhängern der Alten Partei. Am 12. Dezember 1789 wurde er von der die städtischen Unruhen untersuchenden Kommission des Niederrheinisch-Westfälischen Kreises unter dem Vorwurf der Unterschlagung bei der Mehlakzise verhaftet, auf Anordnung des Reichskammergerichts aber am 20. Juli 1790 wieder freigelassen. Im Jahre 1792 betätigte er sich auch als Weinhändler. In französischer Zeit wandelte sich sein Baustil von dem des Rokoko und Louis-seize zum Empire-Stil. Seit 1803 errichtete er Häuser wie Alexanderstraße 12 (Zum Kardinal), Friedrich-Wilhelm-Platz 7 und Großkölnstraße 19, vielleicht auch Jakobstraße 112. Im Jahre 1812 lebte er als Junggeselle zusammen mit seiner Schwester im Haus Litera A 1097 (Ecke Ursulinerstraße/Holzgraben). Er verstarb am 9. Oktober 1812 in Aachen.

Org. im Schloß Isny am Bodensee. – Kopie Matarés im Aachener Museum Burg Frankenberg, Inv. Nr. NGK 876. – Foto im Museum Burg Frankenberg (nach dem Original in Isny). – Aachener Annalen (B), S. 43 u. (H), S. 33. – BUCHKREMER 1895, S. 176ff. – WIRTZ 1922, S. 155f. – ARNOLD 1930, S. 257ff. u. 276. – Katalog 1983, S. 90ff. (mit Abb. des Originals, S. 91). – CARL 1985, S. 153f.

K. Erziehungs- und Schulwesen

K 1

Franz Joseph Winands, Primärschullehrer in Aachen, und sein Werk „Vollständige Vergleichungs-Tafeln der neuen republikanischen Münzen und definitiv-rektifizirten Maaße und Gewichte mit den Alten, für das Roer-Departement, Aachen 1802"

107 Seiten, gedruckt in Aachen bei J.A. Schäfers, Litera B 609 (Schweinemarkt).

Nachdem der Regierungskommissar Rudler am 28. April 1798 das französische Schulgesetz vom 25. Oktober 1795 auch für die linksrheinischen Gebiete in Kraft gesetzt hatte, begann man in Aachen mit der Einführung der sog. Primärschulen, welche den Kindern vor allem die Anfänge im Schreiben und Lesen der französischen und deutschen Sprache, die Anfangsgründe der Dezimalrechnung und die Handhabung der republikanischen Maße und Gewichte beibringen sollten. Der Schulbetrieb war Privatlehrern überlassen, die aber vom Staat geprüft und überwacht wurden. Eine Besserung der Verhältnisse im niederen Schulwesen wurde vor allem dadurch erschwert, daß es nur wenige Personen gab, welche die geforderten Vorkenntnisse besaßen und zugleich bereit waren, für einen kärglichen Lohn Unterricht zu halten.
Zu diesem kleinen Personenkreis zählte Franz Joseph Winands. Er wurde am 9. Februar 1763 in St. Foillan zu Aachen getauft. Im Jahre 1783 war er vom Aachener Rat als Schullehrer für Französisch und Rechnen zugelassen. Von den Franzosen erhielt er im Januar 1799 nach vorangegangener Prüfung durch die französische Unterrichtsjury die Zulassung als Primärschullehrer in Aachen. Seine Verdienste um den Schulunterricht würdigte der Aachener Maire Kolb im Jahre 1802 mit dem Bemerken, daß Winands' Schule und die der Ursulinen die einzigen Schulen in Aachen seien, die den Namen Primärschule verdienten. Winands leistete noch mehr: Er ist der Verfasser dreier Bücher, von denen das hier ausgelegte noch heute gute Dienste leistet. Die anderen Schriften waren das „Gemeinnützige Decimal-Rechenbuch samt angehängten Vergleichungstafeln" aus dem Jahre 1803 und der „Anhang zu den republikanischen Vergleichungs-Tafeln, worinnen die Holländischen, Brabändischen- und Reichsgulden, der Leipziger- und Berliner Thaler mit den Aachener Münzen genau verglichen worden sind", erschienen zwischen 1803 und 1805. Winands starb am 19. Februar 1805 in Aachen.

StA Aachen, Bibliothek, Sign.: BS 1673. – StAA Taufregister St. Foillan, Bd. 33, S. 261. – Rheinische Flora I, S. 509. – FRITZ 1912, S. 3ff. – LEUCHTER 1932, S. 46.

Zu K 2/3

Gemäß dem im Jahre 1803 vom Präfekten Méchin im Roerdepartement in Kraft gesetzten Unterrichtsgesetz vom 1. Mai 1802 begann man auch in Aachen mit Vorbereitungen zur Einrichtung einer den heutigen Gymnasien vergleichbaren sog. Sekundärschule. Das Projekt ließ sich allerdings erst realisieren, nachdem Napoleon mit Dekret vom 3. August 1804 das in der Pontstraße gelegene ehemalige Augustinerkloster als Schulgebäude zur Verfügung stellte. Der Unterricht konnte jedoch wegen der verspäteten Räumung des Gebäudes durch das bis dahin dort untergebrachte Militär erst am 1. Dezember 1805 aufgenommen werden.
In den Lehrkörper wurden unter anderem Christian Quix und Johann Joseph Preut berufen. Quix machte sich später als erster Direktor der 1831 eingerichteten Öffentlichen Bibliothek der Stadt Aachen und als Lokalhistoriker einen Namen.
Die Schule im früheren Augustinerkloster hieß seit 1842 „Königliches Gymnasium zu Aachen", seit März 1886 „Kaiser-Karls-Gymnasium".

K 2

Totenzettel von Johann Joseph Preut (1770-1841), Sekundärschullehrer in Aachen

StA Aachen, Totenzettel P/Q 40.

Jesus! Maria! Joseph! Nikolaus!

✣ ✣ ✣

Im Jahre des Heils 1841, den 8. Januar, gegen 9 Uhr Morgens, starb zu Eupen, mehrmals gestärkt durch andächtige Empfangung der Hl. Sterbesakramente, in den Willen Gottes vollkommen ergeben, an einer Lungenlähmung

Der Hochwürdige, Hochgelehrte Herr

Johann Joseph Preut,

Baccalaureus der Philosophie, Professor und emeritirter Oberlehrer am Gymnasium zu Aachen.

Der theure Entschlafene, um den wir trauern, ward am 22. Januar 1770 in Aachen von christlich frommen Eltern geboren. Zur Gottesfurcht und Menschenliebe im stillen, häuslichen Kreise erzogen, erhielt er seine wissenschaftlich religiöse Bildung bei den Vätern der Gesellschaft Jesu. Durch glückliche Studien ausgezeichnet, dem innern Berufe folgend, empfing er die h. Priesterweihe im Jahre 1794 den 14. Juni und wirkte von nun an, erst als Privatdocent, dann als öffentlicher Lehrer, ämsig und unverdrossen an der Bildung und dem Heile der Menschheit. Wegen seiner anerkannten Tüchtigkeit wurde er bei der Reorganisation des Gymnasiums zu Aachen zuerst als Oberlehrer ernannt, und widmete dieser Anstalt, deren erster und ältester Lehrer er war, seine ganze Thätigkeit. Mit welcher Mühe und Selbstaufopferung, aber auch zugleich mit welchem Nutzen er hier gearbeitet, bezeugen seine zahlreichen und tüchtigen Zöglinge in der Stadt und Umgegend, denen sein Angedenken stets im Segen sein wird. Zur Anerkennung seiner vielen Verdienste ward ihm, da er sich nach Ruhe sehnte, eine ehrenvolle Pension bewilligt. Von nun an lebte er in stiller Zurückgezogenheit einen glücklichen Abend des Lebens und widmete seine Muße der Erziehung seiner Neffen, die dankbar in ihm ihren zweiten Vater erkannten.

Die liebe Seele des Verstorbenen wird dem Hl. Opfer der Priester und dem Gebete der Gläubigen, besonders seiner Zöglinge, bestens empfohlen, damit er, der hier Viele zur Gerechtigkeit erzogen, dort ruhe im Frieden.

K 3
Totenzettel von Christian Quix (1773-1844), Sekundärschullehrer in Aachen

StA Aachen, Totenzettel P/Q 23. – WACKER 1891, S. 41ff., 89ff. – LEPPER 1978, S. 585ff.

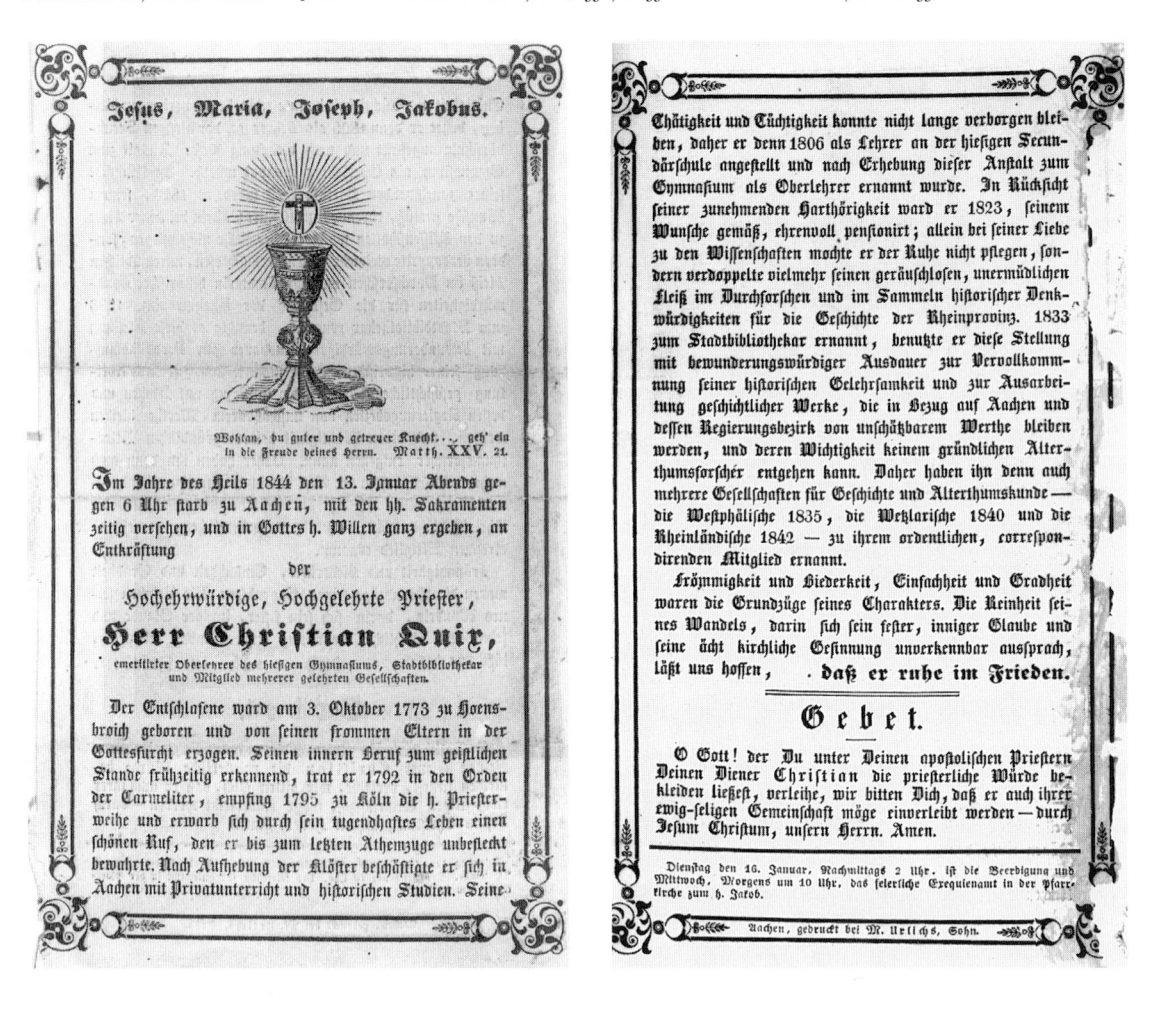

Zu K 4/5
Tafeln zur Erinnerung an die in den Jahren 1806 und 1807 an der Aachener Sekundärschule vorgenommenen Schülerprämierungen.

An der Aachener Sekundärschule fanden am Ende eines Schuljahres Schülerprämierungen statt. Die Anzahl der vergebenen Preise war relativ hoch, denn man wollte nicht nur die fähigen und fleißigen Schüler für ihre Leistungen belohnen, sondern zugleich für die Schule neue Schüler anlocken. In diesem Zusammenhang ist auch der feierliche Festakt zu verstehen, bei dem am 1. September 1806 der Präfekt des Roerdepartements und ein Jahr später der Bischof von Aachen die Preise verteilten.
An die Preisverleihungen der Jahre 1806 und 1807 erinnerten lange Zeit zwei Holztafeln, die ursprünglich im Schulgebäude, dem früheren Augustinerkloster in der Pontstraße, hingen. Zu Beginn dieses Jahrhunderts zier-

ten sie in der Nachfolgeinstitution, dem Kaiser-Karls-Gymnasium, den erhaltenen Rest des früheren Kreuzgangs. Beide Tafeln wurden im Zweiten Weltkrieg vernichtet.

Die Tafel von 1806 war oben mit dem kaiserlichen Adler geschmückt und erinnerte auf schwarzem Grund mit goldener Schrift an den feierlichen Akt. Über der Tafel des Jahres 1807 befand sich eine Mitra zur Erinnerung daran, daß die Preisverleihung dieses Jahres ehrenhalber Bischof Berdolet überlassen worden war.

FRITZ 1912, S. 302ff. mit den einzigen erhaltenen Abbildungen der Schmucktafeln.

K 4
Tafel zur Erinnerung an die Schülerprämierung des Jahres 1806

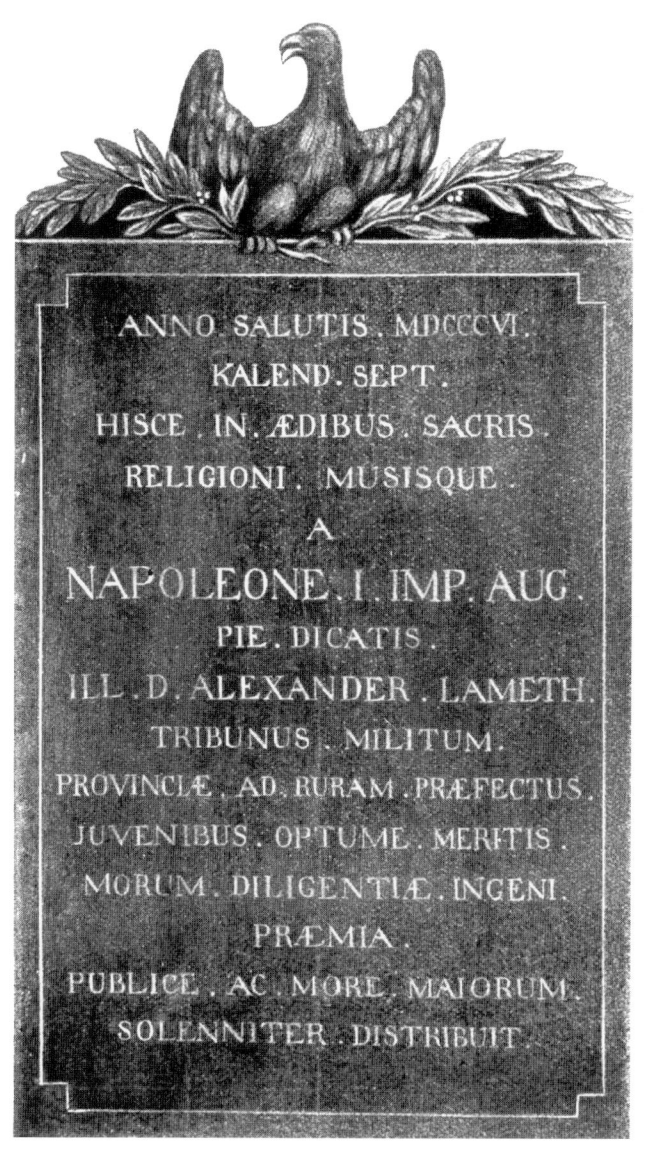

ANNO SALUTIS . MDCCCVI .
KALEND . SEPT .
HISCE . IN . ÆDIBUS . SACRIS .
RELIGIONI . MUSISQUE .
A
NAPOLEONE . I . IMP . AUG .
PIE . DICATIS .
ILL . D . ALEXANDER . LAMETH .
TRIBUNUS . MILITUM .
PROVINCIÆ . AD . RURAM . PRÆFECTUS .
JUVENIBUS . OPTUME . MERITIS .
MORUM . DILIGENTIÆ . INGENI .
PRÆMIA .
PUBLICE . AC . MORE . MAIORUM .
SOLENNITER . DISTRIBUIT .

K 5

Tafel zur Erinnerung an die Schülerprämierung des Jahres 1807

ANNO. MDCCCVII.
KAL. SEPT.
STUDIORUM. CURRICULO. FELICITER.
PERACTO.
REVERENDISSIMUS. DOMINUS.
MARCUS. ANTONIUS. BERDOLET.
DEI. OPTUMI. MAXIMI.
SEDIS. APOSTOLICÆ. GRATIA.
EPISCOPUS. AQUISGRANENSIS.
SINGULOS. VICTORES
SPEM. PATRIÆ. DELICIAS. PARENTUM.
AMPLEXUS.
APOLLINARI. LAUREA.
DONAVIT.

K 6 1808

Straßenfront der in den Gebäuden des ehemaligen Sepulchrinerinnenklosters St. Leonhard untergebrachten öffentlichen städtischen Töchterschule

Dem Foto mit der Straßenfront von Kirche und Kloster St. Leonhard liegt eine farbige Zeichnung (H 11,5 / B 15,5 cm) des Aachener Malers Johann Peter Scheuren aus dem Jahre 1808 zugrunde, die sich in Privatbesitz befand, heute aber verschollen ist.

Dem Unterricht und der Erziehung der weiblichen Jugend in Aachen widmeten sich seit 1626 vor allem auch die Schwestern vom Hl. Grabe, die sog. Sepulchrinerinnen. Nach dem Einrücken der französischen Revolutionstruppen kam der Schulunterricht zum Erliegen, weil die Klostergebäude in ein Militärspital umfunktioniert wurden. Am 13. Mai 1803 (23. Floréal an XI) gab der Finanzminister die Gebäude frei. Am 9. Dezember 1805 (18. Frimaire an XIV) kamen sie unter die Verwaltung des Aachener Wohltätigkeitsbüros, das sich mit Erfolg für die Wiederherstellung der Gebäude und der Schule einsetzte. Am 7. Juni 1806 nahm sie als öffentliche Töchterschule ihren Betrieb auf und erfreute sich seither einer hohen Akzeptanz unter der Aachener Bevölkerung.

Kein Original mehr bekannt. Das Foto wurde nach dem erhaltenen Negativ der Abbildung bei FAYMONVILLE 1922, S. 117 angefertigt: Rheinisches Amt für Denkmalpflege, Abtei Brauweiler, Negativ-Nr. 4419.

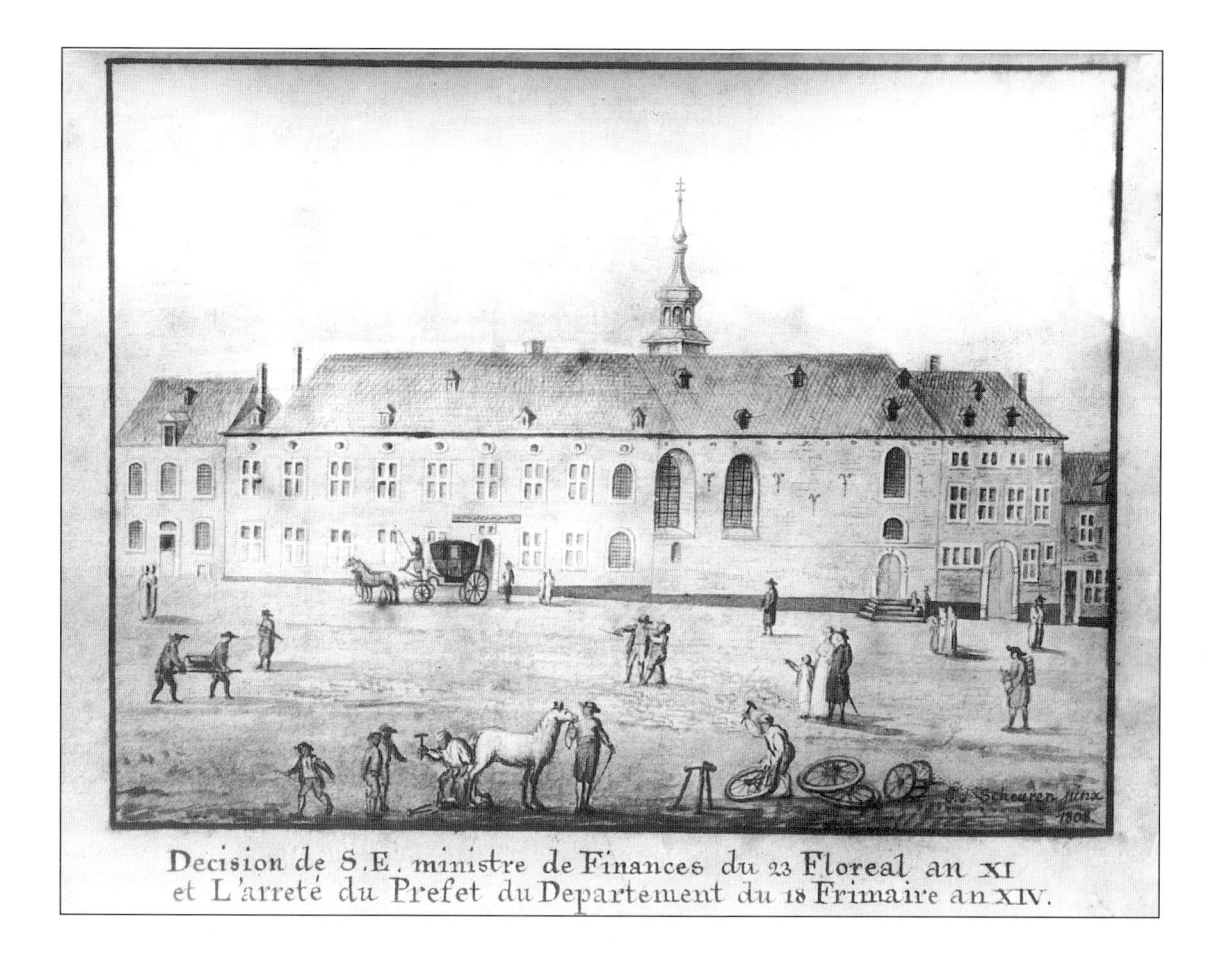

L. Kirchliches Leben

L 1

Papst Pius VII. (1800-1823)

Zeitgenössisches Porträt von unbekanntem Maler. – Öl auf Eichenholz. – Maße: H 34 / B 25,4 cm.

Am 10. September 1801 schlossen Papst Pius VII. und die Französische Republik, vertreten durch den Ersten Konsul Napoleon Bonaparte, ein Konkordat ab, das nach den für die Kirche schwierigen Zeiten der 90er Jahre das Verhältnis von Staat und Kirche erstmals wieder auf eine geordnetere Grundlage stellte. Unter anderem sah es eine Neuumschreibung der Bistumsgrenzen in Frankreich vor. Die Bischofsstühle sollten nach vorangegangenem Rücktritt aller bisherigen Bischöfe neu besetzt werden. An die Stelle der Bischofswahl trat das Ernennungsrecht des Ersten Konsuls. Pius VII. nahm am 29. November 1801 die Neuerrichtung der französischen Bistümer vor, wobei er sich an der administrativen Einteilung des Landes in Departements orientierte. Von nun an gab es 10 Erzbistümer und 50 Bistümer. Die Grenzumschreibung erfolgte am 9. April 1802 in einem Dekret des päpstlichen Kardinallegaten Caprara. Köln, Mainz und Trier verloren ihren Rang als Erzbistümer, Köln ging sogar als Bistum unter. Demgegenüber wurde Aachen, das bisher immer zum Bistum Lüttich gehört hatte, aufgewertet und am 10. April 1802 zu einem selbständigen Bistum erhoben. Erster Bischof wurde Marc Antoine Berdolet, früherer Bischof von Colmar. Am 30. Mai 1802 erhielt er von Papst Pius VII. die Bestätigung für sein künftiges Amt.

Aachen, Domschatzkammer (Porträt noch nicht restauriert).

L 2

Karte des ersten Aachener Bistums und seiner Pfarreien, 1808

Maße: H 89 / B 74 cm. – Maßstab: 1 : 500 000.

Das Aachener Bistum entstand im Gefolge des Konkordats des Jahres 1801. Seit Anfang 1802 wurden drei Grenzumschreibungen der Aachener Pfarreien vorgenommen, von denen die letzte im Jahre 1808 erfolgte. Sie blieb in ihren Grundzügen bis auf den heutigen Tag gültig.

Eine zeitgenössische Karte des Aachener Bistums hat es nicht gegeben. Bei der vorliegenden handelt es sich um eine Rekonstruktion auf der Grundlage der dritten und endgültigen Pfarrumschreibung des Jahres 1808. Sie wurde von Herrn Dipl.-Ing. Günther Gerr vom Diözesanarchiv Aachen gezeichnet.

L 3

Marc Antoine Berdolet, von 1802 bis 1809 erster Bischof des Bistums Aachen

Öl auf Leinwand. – Künstler: Johann Peter Scheuren (1774-1844): signiert unten rechts „Peint par J.P. Scheuren 1807". – Der Bischofsstuhl ist nicht originalgetreu wiedergegeben (vgl. Exp. L 4). – Maße: H 169 / B 125 cm.

Der Bischof sitzt, nach links dem Betrachter zugewandt, die Rechte zum Segnen erhoben, unter einem roten Baldachin mit goldener Bordüre in dem heute noch erhaltenen Thronsessel, der in der Mitte des 18. Jahrhunderts für Erzbischof Clemens August von Köln in Lyon angefertigt wurde und der nach der Auflösung des Erzbistums Köln dem Aachener Bischof überlassen wurde. Unter der schwarzseidenen Mozetta trägt der Bischof das goldene Brustkreuz mit dem Stern der Ehrenlegion. Auf einem Tisch zur Rechten steht eine Mitra. Oben links im Bild findet sich ein Wappenbild mit dem Monogramm Berdolets.

Aachen, Domschatzkammer. – GRIMME 1968, S. 62 Nr. 127 u. S. 254 (Abb.) sowie 1972, S. 147 Nr. 161 u. Taf. 186. – Zur Lebensgeschichte des Bischofs siehe S. 293ff. – Vgl. Exp. L 18.

622

L 4

Bischofsstuhl des Aachener Bischofs Marc Antoine Berdolet

Vergoldetes Holz mit Sitz- und Rückenkissen, die mit goldbesticktem Silberstoff bezogen sind; 1961 und 1986 gereinigt bzw. restauriert. – Maße: H 180 / B 119 / Tiefe 80 / Sitztiefe: 72 cm. – Künstler und Herstellungsort des Holzthrones (vor 1742) sind unbekannt; Stoff: Lyon, um 1700. „Statt des ursprünglichen reichen gold- und silberfarbigen Bildes der Polster ergibt sich heute durch die Oxydation der Metallfäden eher ein silberfarbenes Gesamtbild" (Katalog 1986).
Das Bild zeigt den Thron im Chor der Kathedrale vor dem Hintergrund des 1702 in Brüssel von van der Borght gestalteten Wandteppichs zum Thema „Rückkehr der Kundschafter aus dem gelobten Land".

Gemäß dem Konkordat des Jahres 1801 wurde das Erzbistum Köln aufgelöst und ein Bistum Aachen eingerichtet, dessen erster Bischof, Marc Antoine Berdolet, sich die für den Gottesdienst an einer Kathedralkirche notwendigen Pontifikalien, sofern sie nicht – wie das Brustkreuz, der Bischofsstab, die Mitra und der Ring – aus der Hand Napoleons herrührten, aus dem Domschatz des früheren Erzbistums Köln beschaffte. Berdolets diesbezügliche Bitte vom 6. Dezember 1802 blieb zwar zunächst unbeachtet, doch Mitte Dezember 1803 erhielt er die gewünschten Objekte aufgrund eines Dekrets des Unterpräfekten und des Maires von Köln. Darunter befand sich auch der Bischofsstuhl, der zum Prachtornat der sog. Clementina gehörte, den Erzbischof Clemens August (1728-1761) für die von ihm selbst am 24. Januar 1742 vollzogene Krönung seines Bruders Karl Albrecht zum römischen König bzw. Kaiser Karl VII. angeschafft und später dem Kölner Domschatz überwiesen hatte. Bei der Auflösung des französischen Bistums Aachen und der Wiedereinrichtung des Erzbistums Köln im Jahre 1825 wurden die meisten Objekte, welche Berdolet von Köln nach Aachen geholt hatte, zurückgegeben; der Bischofsthron jedoch blieb aus ungeklärten Gründen in Aachen zurück, wo er lange Zeit im Suermondt-Museum aufbewahrt wurde. Nach der Einrichtung des zweiten Bistums Aachen im Jahre 1930 erhielt er seinen Platz im Chor des Aachener Domes, wo er noch heute als Bischofsstuhl genutzt wird.

Aachen, Dom. – SCHNOCK 1891, S. 87f. – FAYMONVILLE 1916, S. 172 u. S. 262ff. Katalog 1961, S. 215 Nr. 248. – JAQUES 1961, S. 187ff. – Katalog 1986, S. 172.

Der Bischofsstuhl im Aachener Dom

Zu L 5-7

Als Zeichen seiner Abhängigkeit und seiner Pflichten gegenüber dem Ersten Konsul erhielt Berdolet – wie alle anderen französischen Bischöfe – von Napoleon einen Ring, einen Bischofsstab, eine Mitra und ein Brustkreuz geschenkt, die Berdolet in seinem Testament vom 25. September 1808 seinen Amtsnachfolgern überließ.

Beglaubigter Auszug aus seinem Testament: StA Aachen, RA II Allg. Akten 375, fol. 49r-50r. – FRIEDRICH 1973, S. 142 u. Reg. 820.

L 5
Bischofsstab für Marc Antoine Berdolet

Versilbertes Messing, Louis-seize, Höhe der Krümme 41 cm, Breite 15,5 cm.

Über dem plastisch gebildeten, kräftig profilierten, mit Blattformen und zungenförmigen Mustern belegten Nodus entwickelt sich die Krümme. Sie ist durch eine kräftige Profilleiste in zwei Hälften geteilt und mit kleinen Rosetten und vier einfachen Medaillons mit Blütenformen bedeckt. Die schneckenförmige Krümme endet in einem plastischen Blattornament in Louis-seize-Form.

Aachen, Domschatzkammer. – Der Stab findet sich auch auf dem Porträt Bischof Berdolets (Exp. L 3). – Beschreibung nach GRIMME 1972, S. 147 Nr. 160.

L 6
Mitra, um 1800

Maße: H 42 cm, größte Breite 36,5 cm, Länge der Infuln 42 cm.

Dunkelroter Samt mit Blatt- und Fruchtornamenten in blauer, goldener und silberner Metallstickerei mittels Plattstich und Anlegetechnik. Der Saum der Mitra ist mit Goldborte besetzt. Rotes Seidenfutter. Auf dem Infulnfutter mit schwarzer Tinte vermerkt: „Nr. 43"; ein entsprechendes Inventarverzeichnis ist nicht vorhanden. Lediglich die Infuln besitzen noch das ursprüngliche rote Seidenfutter mit Blumenmuster, während das Futter der Mitra im 19. Jahrhundert durch einen roten Seidenstoff mit einem Muster aus stilisiertem Blattwerk in Vierpässen ersetzt wurde. Möglicherweise steht die recht grobe Erneuerung des Futters in Zusammenhang mit der Benutzung der Mitra durch Gottfried Claessen († 1847), Aachener Stiftspropst und Bischof von Gadara.

Aachen, Domschatzkammer. – Die Beschreibung verdanke ich Herrn Dr. Georg Minkenberg von der Domschatzkammer. Siehe auch FAYMONVILLE 1916, S. 182, 265.

L 7
Pontifikalhandschuhe Bischof Berdolets

Maße: Länge 31 cm, Saumbreite 14,5 cm.

Die Handschuhe sind aus roter Seide gestrickt. Die durch ein gestricktes Börtchen abgesetzten Stulpen tragen ein gestricktes kreuzdurchsetztes Rosettenmuster. Auf den Stulpensaum ist eine silberne Metallspitze aufgenäht. Auf dem Handrücken je eine mit Metallspitze eingefaßte Rosette aus hellblauer Seide mit in Plattstich aufgestickten silbernen Kreuz- und Kreisornamenten.

Aachen, Domschatzkammer. – FAYMONVILLE 1916, S. 182.

L 8

Zinngefäße für den Gottesdienst aus der Zeit des ersten Bistums Aachen – 1 Monstranz, 1 Kelch, 2 Ciborien

Sie bezeugen anschaulich den Geldmangel, mit dem das Aachener Bistum während seines Bestehens zu kämpfen hatte. Kupferne Objekte, sogar von künstlerischem Wert, so wissen wir, hatte Bischof Berdolet – was er später selbst aufrichtig bedauerte – zu einem geringen Preis an die Stolberger Schmelzhütte verkauft.

Aachen, Domschatzkammer. – de BEY, S. 526.

L 9

Zwei birnenförmige Meßkännchen. – In Medaillons finden sich ineinander verschlungen die Buchstaben M, A und B für Marc Antoine Berdolet, den ersten Bischof von Aachen (1802-1809).

Silber. – Maße: H 11,3 cm. Durchmesser des Fußes: 5 cm. – Auf dem Fußrand befinden sich drei Marken: (1) französischer Feingehaltsstempel für 800er Silber von 1798-1809, (2) französischer Silberstempel für mittlere Gold- und Silberarbeiten von 1798-1809 mit nicht erkennbarer Kennziffer des Departements, (3) als Meisterzeichen ein nicht mehr lesbares Monogramm im Rhombus.

Aachen, Domschatzkammer. – Abb. auch bei GRIMME 1972, Tafel 183. – Siehe SCHMITZ-CLIEVER-LEPIE 1979, S. 86.

L 10: Todesanzeige des Aachener Generalvikars Martin Wilhelm Fonck

Maße: H 22 / B 34 cm.

Martin Wilhelm Fonck wurde am 28. Oktober 1752 in Goch als Sohn eines wohlhabenden Kaufmanns geboren. Er wählte die geistliche Laufbahn, empfing bereits am 10. Juli 1774 die niederen Weihen und am 1. Juni 1776 die Priesterweihe. Der Totenzettel gibt fälschlicherweise den 4. Juli 1776 als Tag der Priesterweihe an. Wenig später erhielt er durch Vermittlung eines Onkels ein Kanonikat am Stift Kranenburg und war seit Mai 1781 als Vikar in seiner Heimatpfarrei Goch tätig, wo er genügend Muße fand, seine lateinischen, französischen und plattdeutschen Kenntnisse aufzubessern und sich dem Studium der Naturwissenschaften, insbesonders der Physik, zu widmen. Seine Erfahrungen in der praktischen Seelsorge, seine breite Bildung und seine umfangreichen Sprachkenntnisse empfahlen ihn dem Bischof Berdolet als Generalvikar der Diözese Aachen. Als solcher wurde er am 10. September 1803 von der Regierung in Paris bestätigt. Am 22. November wurde er in sein Amt eingeführt und in das Domkapitel aufgenommen. Seitdem war er der eigentliche Stellvertreter des Bischofs und leistete Berdolet bedeutende Dienste bei der kirchlichen Organisation des Bistums. Nach dessen Tod übernahm er seit dem 14. August 1809 zusammen mit dem zweiten Generalvikar Klinkenberg als sog. Kapitularvikar die Verwaltung des Bistums. Seit der Ankunft Camus' verrichtete er wieder die Aufgaben eines Generalvikars. Nach Camus' Flucht am 16. Januar 1814 übernahm er erneut in Zusammenarbeit mit Klinkenberg die Verwaltung der Diözese. Nach Verkündung der päpstlichen Bulle „De salute animarum" vom 16. Juli 1821, in welcher nach vorangegangenen Verhandlungen die Grundlagen der kirchlichen Neuordnung Preußens festgeschrieben wurden, hatten Fonck und Klinkenberg gemeinsam, und nach Klinkenbergs Tod am 12. März 1822 Fonck allein die Aufgabe, das Bistum Aachen aufzulösen. Am 24. März 1825 war es dann soweit: Der neue Erzbischof von Köln ergriff von seiner Diözese Besitz, und einen Tag später trat das Domkapitel des ersten Bistums Aachen ein letztes Mal zusammen. Fonck erhielt am 20. November 1824 die päpstliche Provision für das Amt des Dompropstes in Köln und wurde am 10. Mai 1825 feierlich eingeführt. Er starb am 26. Juni 1830 und wurde auf dem Kölner Friedhof Melaten beigesetzt.

StA Aachen, Totenzettel F 5 (lat.). – TORSY 1940, S. 101f. – Handbuch des Bistums Aachen 1962, S. 37f. – BRECHER 1964, S. 63ff. – FRIEDRICH 1973, S. 170f. – HAAS 1993, S. 103ff.

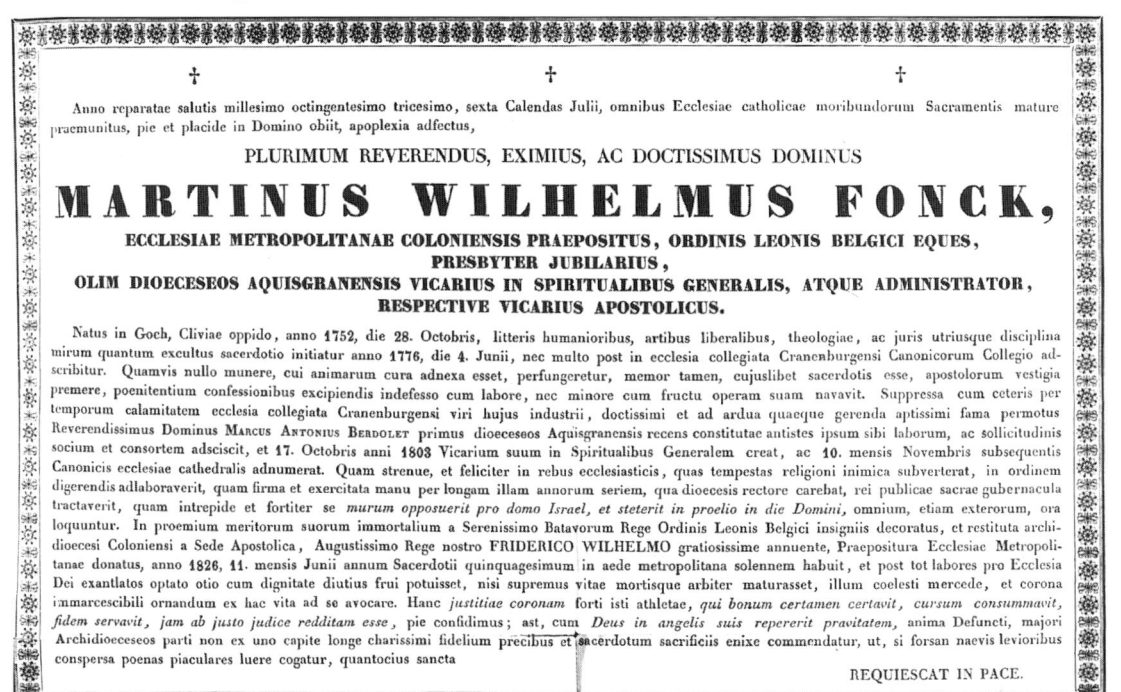

† † †

Anno reparatae salutis millesimo octingentesimo tricesimo, sexta Calendas Julii, omnibus Ecclesiae catholicae moribundorum Sacramentis mature praemunitus, pie et placide in Domino obiit, apoplexia adfectus,

PLURIMUM REVERENDUS, EXIMIUS, AC DOCTISSIMUS DOMINUS

MARTINUS WILHELMUS FONCK,

ECCLESIAE METROPOLITANAE COLONIENSIS PRAEPOSITUS, ORDINIS LEONIS BELGICI EQUES, PRESBYTER JUBILARIUS, OLIM DIOECESEOS AQUISGRANENSIS VICARIUS IN SPIRITUALIBUS GENERALIS, ATQUE ADMINISTRATOR, RESPECTIVE VICARIUS APOSTOLICUS.

Natus in Goch, Cliviae oppido, anno 1752, die 28. Octobris, litteris humanioribus, artibus liberalibus, theologiae, ac juris utriusque disciplina mirum quantum excultus sacerdotio initiatur anno 1776, die 4. Junii, nec multo post in ecclesia collegiata Cranenburgensi Canonicorum Collegio adscribitur. Quamvis nullo munere, cui animarum cura adnexa esset, perfungeretur, memor tamen, cujuslibet sacerdotis esse, apostolorum vestigia premere, poenitentium confessionibus excipiendis indefesso cum labore, nec minore cum fructu operam suam navavit. Suppressa cum ceteris per temporum calamitatem ecclesia collegiata Cranenburgensi viri hujus industrii, doctissimi et ad ardua quaeque gerenda aptissimi fama permotus Reverendissimus Dominus MARCUS ANTONIUS BERDOLET primus dioeceseos Aquisgranensis recens constitutae antistes ipsum sibi laborum, ac sollicitudinis socium et consortem adsciscit, et 17. Octobris anni 1803 Vicarium suum in Spiritualibus Generalem creat, ac 10. mensis Novembris subsequentis Canonicis ecclesiae cathedralis adnumerat. Quam strenue, et feliciter in rebus ecclesiasticis, quas tempestas religioni inimica subverterat, in ordinem digerendis adlaboraverit, quam firma et exercitata manu per longam illam annorum seriem, qua dioecesis rectore carebat, rei publicae sacrae gubernacula tractaverit, quam intrepide et fortiter se *murum opposuerit pro domo Israel, et steterit in proelio in die Domini*, omnium, etiam exterorum, ora loquuntur. In proemium meritorum suorum immortalium a Serenissimo Batavorum Rege Ordinis Leonis Belgici insigniis decoratus, et restituta archidioecesi Coloniensi a Sede Apostolica, Augustissimo Rege nostro FRIDERICO WILHELMO gratiosissime annuente, Praepositura Ecclesiae Metropolitanae donatus, anno 1826, 11. mensis Junii annum Sacerdotii quinquagesimum in aede metropolitana solemnem habuit, et post tot labores pro Ecclesia Dei exantlatos optato otio cum dignitate diutius frui potuisset, nisi supremus vitae mortisque arbiter maturasset, illum coelesti mercede, et corona immarcescibili ornandum ex hac vita ad se avocare. Hanc *justitiae* coronam forti isti athletae, *qui bonum certamen certavit, cursum consummavit, fidem servavit, jam ab justo judice redditam esse*, pie confidimus; ast, cum *Deus in angelis suis repererit pravitates*, anima Defuncti, majori Archidioeceseos parti non ex uno capite longe charissimi fidelium precibus et sacerdotum sacrificiis enixe commendatur, ut, si forsan naevis levioribus conspersa poenas piaculares luere cogatur, quantocius sancta

REQUIESCAT IN PACE.

L 11: Generalvikar Michael Klinkenberg

Klinkenberg wurde am 21. November 1752 in Großhau bei Düren geboren. Schon früh trat er in das Prämonstratenserkloster Steinfeld ein, empfing am 20. März 1779 die Priesterweihe, promovierte in Köln, wirkte als Lehrer der Philosophie und Theologie in Steinfeld und im Norbertinischen Seminar in Köln, wurde erzbischöflicher Examinator. Nach der Aufhebung der Klöster wurde er 1803 Sukkursalpfarrer an St. Maria Himmelfahrt in Köln. Im November 1807 ernannte ihn der Aachener Bischof Berdolet zum zweiten Generalvikar seiner Diözese. Seine Tätigkeit erstreckte sich vor allem auf seelsorgerische Fragen und die Heranbildung des Klerus. Nach dem Tode Bischof Berdolets († 1809 Aug. 8) nahm er für 16 Monate zusammen mit Fonck unter dem Titel eines Kapitularvikars die Verwaltung der Diözese wahr. Während Berdolets Nachfolger Camus wegen des Fehlens der päpstlichen Approbation seit Januar 1811 als Administrator des Bistums Aachen auftrat, arbeitete Klinkenberg neben Fonck als Generalvikar weiter. Nach der Flucht Camus' am 14. Januar 1814 übernahm Klinkenberg zusammen mit Fonck erneut die Aufgaben eines Kapitularvikars. Seit Verkündung der päpstlichen Bulle „De salute animarum" vom 16. Juli 1821 arbeitete er bis zu seinem Tode am 12. März 1822 mit Fonck an der zwischen dem Hl. Stuhl und dem Königreich Preußen vereinbarten Auflösung des Bistums Aachen.

Foto im Diözesanarchiv Aachen nach einem Gemälde mit unbekanntem Verbleib. – TORSY 1940, S. 104f. – FRIEDRICH 1973, S. 171. – Handbuch des Bistums Aachen 1962, S. 38. – Ein Totenzettel befindet sich im StA Aachen, Totenzettelsamlung C/K 132.

L 12

Protokollbuch des am 22. Juni 1803 installierten Aachener Domkapitels

Gemäß Artikel 11 des Konkordats stand den neu ernannten Bischöfen die Einrichtung von Domkapiteln zu. Bei der Erstellung der Statuten des Domkapitels Aachen richtete sich Bischof Berdolet nach den in Frankreich vorbildlichen Statuten des Kapitels von Versailles. Am 19. November 1802 ernannte er 8 Kanoniker, die am 21. Januar 1803 von Napoleon bestätigt und am 22. Juni 1803 feierlich im Aachener Münster vereidigt wurden. Ihre Aufgabe bestand darin, den Gottesdienst in der Kathedrale zu versehen bzw. dem Bischof dabei zu assistieren und ihn bei seinen sonstigen Aufgaben zu unterstützen. Auf die Verwaltung des Bistums hatten sie keinen Einfluß. Diese blieb dem Bischof und seinen zu einem späteren Zeitpunkt ernannten Generalvikaren vorbehalten, die bei ihrer Ernennung gleichfalls ins Domkapitel einzogen. Nach französischer Sitte ernannte Berdolet noch im Jahre 1802 mehrere Ehrenkanoniker, die allerdings keine Rechte im Kapitel besaßen.
In der Ausstellung aufgeschlagen ist die zweite Seite des Protokollbuches mit den Unterschriften der Teilnehmer an der ersten Kapitelssitzung vom 22. Juni 1803, in welcher Bischof Berdolet das Domkapitel installierte und feierlich vereidigte. Unterschrieben haben: Bischof Berdolet, die Kanoniker Konrad Hermann Cardoll, Hermann Joseph Braun, Pierre de Gauzargues, Peter Timmermans, Joseph Monpoint, Johann Franz Smets, Johann Leonard Konrad Ruland sowie Franz Hutmacher, ferner als Zeugen: Julien Gérard Moulan, ernannter Curé der Kathedralkirche, Johann Laurenz Ganser, Curé von St. Peter und die Ehrenkanoniker Joseph Beissel und Johann Baptist Lanckohr.
Die letzte Kapitelssitzung fand am 25. März 1825 statt.

Aachen, Domarchiv.

Protocolle

des actes du Chapitre et de l'Eglise Cathédrale d'aix-la-Chapelle.

N.º 1.
Serment et installation des membres du Chapitre Cathédral, le 3. messidor an XI. 22. Juin 1803. voyez le procès-verbal au chapitre sous N.º 1. qui a été dressé par M. le Préfet de la Roer.

L'an de Notre Seigneur Jesus Christ, mil huit cent trois, le vingt deux du mois de Juin, et de la République française l'an onze, le trois messidor, En consequence des nominations que nous avions faites par notre arrêté du 28. Brumaire dernier des Vénérables prêtres dont suivent les noms pour composer dans son origine le Chapitre de notre Eglise Cathédrale, et en vertu de la Sanction du Premier Consul accordée par son approbation le 1.er plaviose de la presente année aux nominations des dits prêtres, Savois : de Messieurs Conrade herman Cardoll prêtre ancien doyen du cidevant Chapitre de la Basilique d'aix la Chapelle. herman Joseph Braun prêtre cidevant abbé Benedictin de St Pantaleon à Cologne; Pierre Gauzargues prêtre ancien Chanoine de la Rochelle ; Joseph Monpoint prêtre cidevant curé ; Pierre Timmermans prêtre ancien Chanoine de la Basilique d'aix la Chapelle ; Jean francois Smets prêtre ancien Chanoine de la dite Basilique d'aix la chapelle; Jean leonard Conrad Ruland prêtre cidevant prieur regulier des Croisés à aix la Chapelle, & francois hutmacher prêtre ancien curé et doyen rural ; après que les susnommés Chanoines ont eu prêté individuellement ce meme jour le Serment de fidelité au Gouvernement, ainsi qu'il est prescrit par l'article six de la loi du 18. germinal an dix, entre les mains du Citoyen Mechin Préfet du departement de la Roer, en presence des divers fonctionnaires

2.

et Militaires, de M.M. les Curés d'Aix la Chapelle, de Cologne et des autres Cantons du département et d'une multitude d'assistans, Nous Marc Antoine Berdolet Evêque d'Aix la Chapelle avons donné lecture à l'assemblée de la lettre de Collation et institution Canonique accordée par Nous aux nouveaux Chanoines en datte du 29. prairial dernier, avons installé et mis de Suite chacun d'eux personnellement en la possession Corporelle, réelle et actuelle des Canonicats de la Cathédrale d'Aix la Chapelle dans le rang et sous le titre primordial assigné à chacun, ensemble de tous les droits et appartenances quelconques par la libre entrée et Sortie de laditte église Cathédrale, prenant de l'eau bénite, S'agenouillant et faisant prières à Dieu devant les autels, touchant et baisant les dits autels, touchant l'aigle du Chœur, prenant place aux hauts Stalles du côté gauche et du côté droit, Sonnant la Cloche et observant les autres cérémonies en tel cas requises et accoutumées; à laquelle installation et prise de possession personne ne S'est opposé.

Ainsi fait et passé en laditte Eglise Cathédrale les jour, mois et an cidessus. En foi de quoi nous avons dressé le present procès verbal pour leur Servir et valoir ce que de Raison, et l'ont Souscrit avec Nous et les nouveaux Chanoines, M.M. Julien gérard Moulan, nommé Curé de la Paroisse de la Cathédrale, Jean Laurent Ganser curé de St. pierre de cette ville, Joseph Beissel Chanoine honoraire de notre Cathédrale comme presents et temoins avec M. Jean Bapte. Lanckohr également chanoine honoraire.

+ Marc Antoine Evêque   C. M. Cordel

A. Braun chanoine   P. Geusjacques Curé

P. Timmermans   Monpoint chanoine

W. Finels   C. Ruland

J. G. Moulan Curé de la Cathédrale   F. Hutmacher

J. Beissel, Chanoine honoraire de la Cathédrale Temoin.   L. Ganser Curé de la paroisse St. Pierre comme témoin

J. B. Lanckohr

L 13 Aachen, den [6. Juli 1804]
„Aix-la-Chapelle, 17. Messidor XII"

Bischof Berdolet lädt den Maire Kolb von Aachen ein, am 9. Juli der Öffnung der versiegelten Kiste mit den zurückgekehrten Heiligtümern beizuwohnen, welche bei der bevorstehenden Heiligtumsfeier öffentlich gezeigt werden sollten.

Der 1794 nach Paderborn geflüchtete Schatz des ehemaligen Marienstifts war durch Fürsprache Napoleons bei König Friedrich Wilhelm III. von Preußen am 22. Juni 1804 zurückgekehrt, so daß im Juli 1804 erstmals seit 1790 wieder eine Heiligtumsfahrt mit der alle 7 Jahre üblichen Zeigung der Heiligtümer stattfinden konnte.

Ausfertigung im StA Aachen, OBR 81-2 I, fol. 20.

L 14 1804

„Organisation du diocèse d'Aix-la-Chapelle"

Gemäß Artikel 9 des im Jahre 1801 zwischen dem Hl. Stuhl und der Französischen Republik geschlossenen Konkordats waren die Bischöfe verpflichtet, in Zusammenarbeit mit den weltlichen Behörden eine Neuorganisation der Pfarreien und eine Beschreibung ihrer Grenzen vorzunehmen. Der Staat war die Verpflichtung eingegangen, nach Aufhebung der alten Pfarreien die Besoldung der neuen Pfarrer zu übernehmen. Um Kosten zu sparen, drängte er allerdings auf eine möglichst geringe Zahl von Pfarrstellen, d.h. es war für jeden Kanton nur eine Pfarre vorgesehen. Zur Erfüllung der seelsorglichen Aufgaben waren Hilfspfarreien zugelassen. Der Unterschied zwischen Pfarr- und den sog. Sukkursalkirchen (frz. succursale = Filiale) bestand vornehmlich in finanzieller Hinsicht. Die Priester an den Sukkursalkirchen sollten kein Staatsgehalt beziehen, sondern von der jeweiligen Kirchengemeinde unterhalten werden.
Am 10. Ventôse an XII, d.h. am 1. März 1804, veröffentlichte Bischof Berdolet die Neuumschreibung. Die Verordnung trägt zwar den Titel „Organisation der Aachener Diözese", enthält aber lediglich die Umschreibung aller Pfarreien und Sukkursalen des Roerdepartements sowie die Namen der Kantonalpfarreien des Rhein-Mosel-Departements. Die Pfarrorganisation in den Städten Köln und Aachen war schon früher und abweichend von den allgemeinen Richtlinien geordnet worden. Aachen war damals in drei Friedensgerichtsbezirke eingeteilt und erhielt für jeden dieser Bezirke eine Pfarrei. Zu Pfarrkirchen wurden St. Peter, die Kathedralkirche und St. Nikolaus bestimmt. Die neue Pfarreinteilung unterschied sich ganz wesentlich von der der reichsstädtischen Zeit, als die Pfarrechte bei St. Foillan, St. Adalbert, St. Peter und St. Jakob lagen.
Wegen vielfacher Beschwerden wurde die Pfarrumschreibung des Jahres 1804 und die Besoldungsregelung in den Jahren 1805 bzw. 1807/08 abgeändert. Nun erhielten auch alle Sukkursalpfarrer ein Staatsgehalt. Die in der dritten Pfarrumschreibung aus dem Jahre 1808 gezogenen Grenzen blieben auch nach der Auflösung des Bistums Aachen Grundlage der kirchlichen Verwaltung des Rheinlandes und haben im wesentlichen bis in die Gegenwart hinein ihre Gültigkeit behalten.

StA Aachen, Bibliothek, Signatur: THA 15. – FRIEDRICH 1973, S. 197, 200.

L 15

Porträt des Franz Xaver Lahaye, seit 1812 Pfarrer von St. Peter

Öl auf Leinwand. – Maße: H 82 / B 80,5 cm. – Oben rechts: „Fr: X: Lahaye . Pastor ad S: Petr: ab Anno 1812. – Künstler unbekannt.

Das Porträt (Halbfigur nahezu en face) zeigt den Pfarrer in liturgischem Gewand mit Rochett, Monzetta, Kollar und Bäffchen, das Brevier in der rechten Hand haltend. Die roten bzw. violett paspelierten Knöpfe (sog. „Knopflochentzündung") weisen ihn als Ehrenkanoniker aus.

Aachen, Suermondt-Ludwig-Museum, Inv. Nr.: NGK 1302. – FAYMONVILLE 1922, S. 207.

L 16

Der Katechismus des Französischen Kaiserreichs aus dem Jahre 1806

Artikel 39 des Organischen Reglements für den katholischen Kultus sah einen einzigen, für ganz Frankreich gültigen Katechismus vor. Dieser „Catéchisme Napoléon" wurde nach Approbation durch den päpstlichen Kardinallegaten Caprara am 4. April 1806 durch kaiserliches Dekret eingeführt. Aus Napoleons Sicht hatte der neue Katechismus staatstragende, staatserhaltende und staatsfördernde Aufgaben zu erfüllen. Von Jugend an sollte der Gläubige zum Gehorsam und zur Treue gegenüber dem Staat und seinen Gesetzen und gegenüber der neuen Dynastie erzogen werden und die Überzeugung von der göttlichen Sendung Napoleons vermittelt bekommen. Am deutlichsten wird dies in der Formulierung des 4. Gebots (siehe aufgeschlagene Seite des Exponats). Die Bischöfe nahmen den Katechismus zwar offiziell an, ohne aber in der Regel seine Rezeption in den Pfarreien zu erzwingen. In der Aachener Diözese wurde er jedoch zum 1. Januar 1807 verbindlich eingeführt, denn Bischof Berdolet erhoffte sich von ihm eine integrierende Wirkung auf den Klerus und die Gläubigen seines aus Bestandteilen verschiedener Diözesen zusammengesetzten Bistums. Aber auch seine persönliche Verehrung Napoleons, dem er die Wiederherstellung der öffentlichen und religiösen Ordnung hoch anrechnete, hat ihn zu diesem Schritt bewogen. Seine Napoleonverehrung machte ihn blind gegenüber den Absichten, die der Kaiser mit seiner Religionspolitik verfolgte.
Um die Verbreitung des neuen Katechismus zu fördern, wurde am 9. Juli 1807 allen Pfarrern und Sukkursalpfarrern ein deutsches Exemplar übersandt.

StA Aachen, Bibliothek, Sign. TLC 225.

L 17   18. Dezember 1806

„Pastoral-Ermahnung des Herrn Bischofes von Aachen zur Konscription der zu den Feldzügen in Deutschland berufenen jungen Leute seiner Diözese"

Berdolets Napoleonverehrung und sein Glaube an eine segensreiche Zusammenarbeit zwischen Staat und Kirche kommen auch in diesem Hirtenbrief zum Ausdruck.

„Liebste Brüder!
Der Gott unserer Väter, der sich auch Gott der Heerschaaren nennt, hört nicht auf, die Unsrigen und den Helden, der sie anführt, zu segnen. Seit mehrern Jahren hat ein Coalitions-Krieg nur gedient, um die Siege Frankreichs zu vervielfältigen, und unsre fürchterlichen Armeen, denen Siegen zur Gewohnheit geworden ist, und welche durch ihre neueren Großthaten Achtung und Schrecken gebiethen, haben sich einen unsterblichen Ruhm erworben. Um mitten unter großen Europäischen Staaten den Frieden zu beschleunigen, und die Sicherheit seines Reiches so wie die Wohlfahrt seiner Völker zu befestigen, ruft unser durchlauchtigster Monarch die Konscribirten um sich her. Er will, daß sie sich vor Beendigung der Kämpfe erheben, um sie an dem Triumphe Antheil nehmen zu lassen.
Liebste junge Leute, denen ein so rühmliches Loos bestimmt ist, ihr werdet keinen Augenblick zögern, und durchdrungen von jenem tugendhaften Gefühle der Vaterlandsliebe, werdet ihr euch als eifrige Gefährten zeigen, um die Anstrengungen des mächtigsten Kaisers der Welt zu unterstützen; ihr werdet ihm helfen Glück und Ruhe in den Schoos des so lange zerrütteten Europens zurück zu führen.

Diese Pflicht, welche euch die Religion auflegt, werdet ihr getreulich erfüllen. Sie hat in jedem Zeitalter Heldenthaten hervorgebracht; sie wird den Muth der Machabäer darstellen; sie wird in euch alles, was die Beeiferung an Talenten, Tapferkeit und Tugenden entwickeln kann, vervollkommen.

Brecht auf auf die erste Losung. Dies befiehlt euch unser Kaiser, der euch seine Kinder nennt: Auch Gott selbst befiehlt es euch, so wie er durch den Propheten Samuel spricht: euern Regenten verkennen, wäre nicht allein den Menschen, den Gott dafür gesetzt hat, sondern Gott selbst verkennen, damit er nicht über euch herrschte (a). Denn wer der Obrigkeit widerstrebt, widerstrebt der Anordnung Gottes; die aber widerstreben, ziehen sich selbst die Verdammniß zu (b).

Dies ist, Liebste Brüder! was der H. Paulus die Gläubigen lehrte, und woran Wir nöthig glauben euch zu erinnern, um euch anzuzeigen, daß ihr Lehrjünger Jesu Christi, eines Meisters, seyd, der sein Volk liebte, der ein Beyspiel von der Treue für die Regenten gab, und der, bey Vertheidigung der Rechte des Kaisers, sich nicht scheute, den Neid der Pharisäer rege zu machen. Dies glauben Wir euch einschärfen zu müssen, um euch vor den Einflüsterungen von Menschen zu warnen, welche treulos sind, oder nicht begreifen, was jene ewige Schande sey, welche sie durch den Ungehorsam verdienen. Der große Weltapostel stellte für die Unterwürfigkeit der Völker den bündigsten Beweggrund: die Pflichtschuldigkeit und Verbindlichkeit des Gewissens auf (c), und dies Gewissen müsset ihr rein vor Gott bewahren, indem es keine andre wahre Tapferkeit giebt, als die, welche aus der Religion und Gottesfurcht quillt. Wenn du wider deine Feinde zum Streite ausziehest, sagt der Herr, so hüte dich vor allen bösen Dingen (d). Und wiederum: heiliget den Herrn der Heerschaaren, das heißt verherrlichet seine Heiligkeit durch die Heiligkeit eures Wandels und euer Zutrauen auf seinen Schutz, und er wird euch beschützen, und euer Heil und euere Heiligmachung werden (e).

Wir befehlen allen Herren Pastoren der Haupt- und Hülfs-Kirchen, so wie den Vikarien der Annexen Unsrer Diözese, Unsre gegenwärtige Ermahnung und das von Seiner Exzellenz dem Minister der Religions-Angelegenheiten Uns desfalls zugesandte anliegende Schreiben den ersten Sonntag nach dem Empfang unter der Pfarrmesse von der Kanzel abzulesen.

Gegeben aus Unsrer bischöflichen Wohnung zu Aachen den 18ten December 1806.

† Markus Antonius, Bischof".

StA Aachen, Frz. Zeit, Druckschriften sub dato. – Weitere Drucke führt FRIEDRICH 1973, S. 379 Nr. 499 auf.

(a) Non enim te abjecerunt, sed me, ne regnem super eos (1. Reg, 8, V. 7).
(b) Qui resistit potestati, Dei ordinationi resistit; qui autem resistunt, ipsi sibi damnationem acquirunt (Rom. 13, V. 2).
(c) Ideo necessitate subditi estote, non solum propter iram, sed etiam propter conscientiam (Rom. 13, V. 5).
(d) Quando egressus fueris adversus hostes tuos in pugnam, custodies te ab omni re mala (Deuter. 23, V. 9).
(e) Dominum exercituum ipsum sanctificate: et erit vobis in sanctificationem (Isa. 8, V. 13 et 14).

L 18

Todesanzeige Bischof Berdolets

Maße: H 42 / B 54 cm.

StA Aachen, Totenzettel B I 153 (lat.). – Desgleichen im Domarchiv Aachen.

Anno reparatæ salutis millesimo octingentesimo nono die decimâ tertiâ mensis Augusti, circà horam tertiam pomeridianam morientium Sacramentis præmunitus, apoplexiâ lethali tactus circà horam ejusdem Diei septimam Aquisgrani è vivis ereptus est,

Reverendissimus Dominus
MARCUS ANTONIUS BERDOLET,

primus diœceseos aquisgranensis Episcopus, Legionis honoris Membrum.

Annum agens nonum suprà sexagesimum.

Hujus venerabilis viri, cujus deploramus exitum, adolescentia, in præcipuâ morum integritate, vitæque innocentiâ transacta, jam præsagiit, Eum aliquando Ecclesiæ decus ac ornamentum esse futurum; vix enim erat initiatus sacerdotio, cum divina Eum providentia admoveret ad administrandam in Alsaciâ parochiam perfrequentem populis, utpote septem municipia in diœcesi bisontinâ complectentem. In hac vastâ Christianæ charitatis ac virtutum vero animarum Pastore dignarum palæstrâ aliquamdiu exercitatus, eam sibi omnium vineam Domini colentium venerationem conciliavit, ut, cùm de eligendo Decano rurali ageretur communi Pastorum ad parœciam pertinentium Suffragio dignissimus judicaretur, qui Collegio præficeretur. Amplissimum hunc industriæ zelique exercendi Campum nactus, *omnibus omnia factus, ut omnes Christo lucri faceret*, se sui normam gregis, et Pastorum exemplar exhibuit, continuó ob oculos habens illud SS. Concilii Tridentini præscriptum: (animarum pastores) *in omni habitu, gestu, incessu, sermone, aliisque rebus nil nisi grave, moderatum, religione plenum præ se ferant, ut eorum actiones cunctis afferant venerationem.* Cùm hoc munere triginta annorum spatio functus esset, carum sibi gregem reliquit corporis non animi præsentiâ, ad altius vocatus fastigium, ita divinâ disponente providentiâ, ut vultum illum omnes Christiani hominis virtutes præ se ferentem exteri quoque populi ob oculos haberent ac venerarentur; ut suspicerent integritatem vitæ, quæ in vultu relucebat, illam morum suavitatem, illam comitatem affabilitatemque sermonis sibi semper constantem, quâ nobis semper contigit gaudere; illam demissionem animi, quâ insinuare videbatur: *non veni ministrari sed ministrare*; illud perpetuum divina quæque ac decorem Domus Dei promovendi studium, quod publicis nobis mirè probavit argumentis; illam æquanimitatem adversus omnes casus obfirmatam, quâ cunctorum sibi animos conciliavit; illam perspicacem judicii vim, ac in rebus administrandis intelligentiam; illam admirabilem animi divinæ providentiæ placitis sese submittentis Constantiam ac raram fortitudinem in ipsis etiam vinculis mortisque terroribus invictam; illam sinceram minimèque fucatam in Deum Deique Sanctos pietatem; illud eximium orationis, modestiæ, solitudinis, lucubrationisque studium, officiique pastoralis ritè implendi sollicitudinem; ac denique maturam illam in rebus agendis ac Ministerio exercendo experientiam, quæ futura est succedentium in Episcopatu præsulum Norma ac Regula.

Hæ sunt virtutes quas suspeximus lætabundi; hæ sunt virtutes illæ, quæ ad Episcopatum evexerunt Marcum Antonium. His ornatum virtutibus nominari contigit Ecclesiæ aquisgranensis Antistitem, nobisque die vigesimâ quintâ Julii anno millesimo octingentesimo secundo dari primum, qui virtute ac sapientiâ regeret diœcesin aquisgranensem.

His ornatum Virtutibus Præsulem spes est ad promissam benefactis cælestem gloriam jam transiisse; verùm cùm Dei judicia sint abyssus multa, nostrum est piis precibus sanctisque sacrificiis communem prosequi patrem, quem pio affectu luctuque filiis digno prosequimur, ut maculis, quæ forte defuncti animæ è pulvere mundano adhæsére, nostro precum suffragio abstersis, *Requiescat in Pace!*

Aquisgrani apud Thomam Vliex, N.o 1005.

L 19

Gedenkplatte vor der Mauernische im Chor des Aachener Domes, in welcher das Herz des am 13. August 1809 im Alter von 69 Jahren, im 8. Jahr seines Aachener Bischofsamtes verstorbenen Marc Antoine Berdolet beigesetzt ist

Schwarze quadratische Marmorplatte mit weißer Inschrift.   Maß: 63,6 cm.

An der rechten Wand des Chores im Aachener Dom.

D.O.M.
MARCI ANTONII
BERDOLET
PRIMI AQUISGRANENSIS EPISCOPI
COR
HOC MARMOR CONDIT.
OBIIT
Aº MDCCCIX DIE XIII AUGUSTI.
ÆTATIS LXIX.
EPISCOPATUS VIII.
R.I.P.

L 20

Grabmal des Bischofs Berdolet auf dem Aachener Ostfriedhof

Es handelt sich um einen Blocksarkophag von klassizistischer Strenge, der auf Veranlassung des Präfekten Ladoucette nach einem Entwurf des französischen Architekten Letellier ausgeführt wurde. Er trägt eine Inschrift, welche das Institut de France formuliert hatte. Der heutige Standort des Monuments ist nicht der ursprüngliche.

Das Fehlen christlicher Symbole ist zeittypisch, läßt sich aber auch aus der Tatsache erklären, daß Berdolet in einem Grabgewölbe „unmittelbar vor dem großen Friedhofskreuz" beigesetzt wurde.

StA Aachen, Fotosammlung XX, 2 (Foto: Kurt Johnen). – Präfekturakten 1811, S. 272. – SCHILD/JANSSEN 1991, S. 83, 134, 146f., 460ff.

L 21

Zeigung der Aachener Heiligtümer am Westwerk des Aachener Domes während einer Heiligtumsfahrt, möglicherweise der des Jahres 1811

Foto eines im Zweiten Weltkrieg verlorengegangenen Uhrenbildes. Das Original war eine Malerei in Öl auf Zinkblech von unbekanntem Künstler und zierte das Zifferblatt einer Wanduhr. – Maße des verlorenen Originals: H 55,5 / B 37,5 cm.

Die Uhr befand sich im Familienbesitz v. Guaita-Vüllers. Der Familientradition zufolge handelt es sich bei dem weißhaarigen Herrn in der Mitte des unteren Bildrandes um den Aachener Maire bzw. Oberbürgermeister Cornelius v. Guaita. Während der Amtszeit v. Guaitas fanden zwei Heiligtumsfahrten statt, die erste 1811, die zweite 1818.

Foto aus dem Besitz von M.Th. Schmeitz geb. Vüllers (Aachen). – Siehe auch FAYMONVILLE 1916, S. 52 u. S. 47 Fig. 20 (zu 1818).

643

L 22   ... gegeben zu Geldern, auf der Visitationsreise, 2. Oktober 1812

Hirtenbrief des von Napoleon zum Bischof von Aachen ernannten, vom Papst aber nicht bestätigten Jean Denis François Camus

Camus trägt der „Willensmeinung" des Kaisers, die militärischen Erfolge bis hin zur Schlacht an der Moskwa seien Anlaß genug für Dankgebete, Rechnung und ordnet für Sonntag, den 4. Oktober, in der Aachener Kathedralkirche ein festliches Te Deum mit Gebeten für den Kaiser an, das dann am darauffolgenden Sonntag in den anderen Kirchen der Stadt, bzw. in der Diözese an dem Sonntag nach Erhalt dieses Hirtenbriefs wiederholt werden soll.

Frz./dt., StA Aachen, Frz. Zeit, Drucke sub dato. – Gedruckt bei Joh. Müller, Marschierstraße Nr. 1148.

L 23

Todesanzeige von Jean Denis François Camus

Maße: H 30 / B 37 cm.

Camus, der in der älteren Literatur auch Le Camus genannt wird, wurde am 28. Februar 1752 in Chartres geboren. Er studierte in Paris Theologie und wurde im Jahre 1783 Generalvikar in Nancy. Ein Jahr später nahm ihn die Société Royale des Sciences et Lettres zu Nancy als Mitglied auf. Als Generalvikar erwarb er sich besondere Verdienste um die Priesterausbildung. Gegen Ende des Sommers 1791 floh er vor den radikalen Kräften der Französischen Revolution und begab sich auf eine Reise nach Italien, wo er Venedig, Rom, Neapel und Florenz besuchte. Nach Beendigung der Reise im Dezember 1792 war immer noch nicht an eine Rückkehr nach Frankreich zu denken. Camus ließ sich daraufhin in Sursee bei Luzern nieder und nahm die Schweizer Staatsbürgerschaft an. In den folgenden Jahren nahm er indirekt an der Seelsorge des Bistums Nancy teil, insofern als er Priester und Ordensleute der Diözese beherbergte und als Drehpunkt für den Briefverkehr zwischen Nancy, Bayern und Wien fungierte, ja sogar den Bischof in theologischen Fragen beriet. Im Dezember 1797 mußte er vor den französischen Truppen nach Deutschland ausweichen, wo er sich in Konstanz, Augsburg und Nürnberg aufhielt. Das Ende seiner Emigration fällt wohl in das letzte Drittel des Jahres 1802. Im Jahre 1803 wurde er auf Fürsprache des früheren Erzbischofs von Paris Ehrenkanoniker an Notre Dame in Paris. Am 22. August 1805 bestellte ihn der Bischof von Meaux (östl. Paris) zu seinem Generalvikar. Auch hier erwies er sich als ein ebenso gebildeter wie in der Verwaltung kenntnisreicher Mann, dessen Fähigkeiten auch dem Kaiser nicht verborgen blieben, der ihn im Jahre 1810 zum Ritter der Ehrenlegion und am 22. Oktober 1810 zum Bischof von Aachen ernannte, wo er am 4. Januar 1811 Einzug hielt. Wegen des Zerwürfnisses zwischen Kaiser und Papst blieb die päpstliche Bestätigung seiner Ernennung aus, weshalb er sein neues Bistum im Einverständnis mit seinem Domkapitel unter dem Titel eines Generalvikars und Administrators verwaltete. Wie in Nancy und Meaux, so widmete er sich auch in Aachen in besonderer Weise der Priesterausbildung. Trotzdem hatte er wegen der ausbleibenden Approbation durch den Papst einen schweren Stand bei Priestern und Gläubigen, die nicht selten die Rechtmäßigkeit seiner Amtshandlungen in Frage stellten. Beim Heranrücken der Verbündeten verließ er Aachen am 16. Januar 1814 in Richtung Paris, wo er bald darauf, am 26. April, verstarb. Sein Grab befindet sich in der Kathedrale von Meaux.

Todesanzeige im Domarchiv Aachen o. Sign. und im StA Aachen, Totenzettelsammlung C/K 179 (lat.). – TORSY 1940, S. 67ff. – A. PAULS 1940, S. 218ff. – Handbuch des Bistums Aachen 1962, S. 35. – de BRYE 1993, S. 69ff.

JESUS, MARIA, JOSEPH.

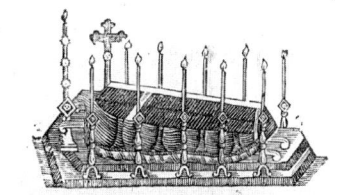

Anno à partu virgineo millesimo octingentesimo decimo quarto, die vigesimâ sextâ mensis Aprilis, annum ætatis agens sexagesimum tertium, omnibus morientium sacramentis præmunitus, Lutetiæ Parisiorum, diem supremum obiit

REVERENDISSIMUS AC ILLUSTRISSIMUS DOMINUS

D. JOANNES DIONYSIUS FRANCISCUS *CAMUS*,

quondam per multos annos Dioecesium Nanceiensis et Meldensis successivè Vicarius Generalis, dein Episcopus ad Sedem Aquisgranensem nominatus; *Vir comis, humilis, modestus, affabilis, beneficus; Amor cleri, Spes populi, Pater pauperum, Forma gregis.* Qui paucis, quibus inter nos vitam traduxit, annis omnium sibi devinxit animos, magnumque moriens reliquit desiderium suî, ob eximias virtutes et singulares animi dotes longiore vitâ et Infulâ Pontificali morte præreptâ dignisimus. Cujus perdilectam animam é terrestri hoc curriculo ad cœlestem gloriam transvolasse merito confiditur, á quâ si ob quosdam humanæ fragilitatis nœvos forte retardaretur, RR. DD. Sacerdotum sacrificiis, fideliumque suffragiis enixe commendatur, ut quantocius

REQUIESCAT IN SANCTA PACE.

Aquisgrani, typis Th. Vlieckx.

L 24

Einblattdruck mit den im Gesetz vom 8. April 1802 erlassenen Organischen Artikeln für den protestantischen Kultus

„Loi du 18 Germinal an 10. Articles Organiques des Cultes Protestans".

Maße: H 51,5 / B 40,5 cm.

Mit Inkrafttreten dieses Gesetzes änderte sich die Situation für Reformierte und Lutheraner in Aachen und Burtscheid gemessen an den religiösen Verhältnissen in reichsstädtischer Zeit grundlegend. Die Protestanten standen nunmehr als Religionsgemeinschaft gleichberechtigt neben den Katholiken und durften erstmals öffentlich Gottesdienst abhalten (siehe Exp. L 26).

Einblattdruck (frz.), gedruckt: „Paris, Imprimerie de Brasseur ainé": StA Aachen Hs. 313.

L 25

Johann Friedrich Jacobi

Gemälde von unbekanntem Künstler. – Maße: H 80 / B 64,5 cm. – Hier: Foto.

Er wurde am 2. Juli 1765 in Düsseldorf als ältester Sohn des Philosophen Friedrich Heinrich Jacobi (1743-1819) und dessen Ehefrau Helene Elisabeth von Clermont (1743-1784) geboren. Er war von Haus aus Lutheraner. Seine Jugendjahre verlebte er im Hause des Dichters Matthias Claudius in Wandsbeck. Seit 1784 wohnte er in Aachen beim Bruder seiner Mutter, dem Tuchfabrikanten Johann Arnold von Clermont (1728-1795). Im Jahre 1786 wurde er Subdirektor der Firma „Esaias Clermont sel. Witwe" in Aachen. Am 2. Juli 1787 ehelichte er seine Cousine Louise v. Clermont (1763-1844), eine Tochter des Johann Arnold. Noch in reichsstädtischer Zeit verfaßt er eine Schrift zu einem damals viel diskutierten Thema: „Versuch eines Plans zur Errichtung eines Arbeitshauses in der freyen Reichsstadt Aachen, Düsseldorf 1791". Nach der zweiten Besetzung Aachens durch die französischen Revolutionstruppen wurde er im Januar 1794 Mitglied der Aachener Zentralverwaltung. Vom 23. August 1798 bis zum 11. August 1800 war er Präsident der Aachener Munizipalverwaltung, die ihm bei seinem Ausscheiden den „Dank für seine der Bürgerschaft geleisteten Dienste unter Anerkennung und Hervorhebung seiner hervorragenden Begabung und seltenen Kenntnisse auf dem Gebiet der Verwaltung, seiner uneigennützigen Ergebenheit gegen die Regierung, seiner beständigen Liebe zu seinen Mitbürgern und seines aufrichtigen Eifers für das Wohl der Gemeinde" aussprach. Seit dem Jahr 1800 war er mehrfach Präsident der Aachener Kantonalversammlung bzw. der Departementalversammlung. Vom 22. Juni 1800 an war er Präfekturrat. Von August 1801 bis September 1802 fungierte er an Stelle des erkrankten und dann verstorbenen Präfekten des Roerdepartements Simon als Interims-Präfekt. Wie sehr seine Fähigkeiten bei der Regierung geschätzt waren, zeigt seine Ernennung durch Napoleon am 8. Juli 1802 zum Präfekten des Aisne-Departements (Hauptort Laon), die er aber am 14. Juli unter Hinweis auf die von ihm geleitete Tuchfabrik, die seine Anwesenheit erfordere, ablehnte. In einem Geheimbericht über Zustände und Beamte im Roerdepartement aus dem Frühjahr 1804 heißt es über den Präfekturrat Jacobi, er sei ein verehrungswürdiger Mann, der im Lande allgemeine Hochachtung genieße. Vom 9. Mai 1804 bis zum 1. Juni 1814 war Jacobi Präsident des in Köln errichteten Generalkonsistoriums, d.h. Leiter aller lutherischen Gemeinden in den Departements Roer und Rhein-Mosel. In dieser Position entwickelte er einen besonderen Ehrgeiz bis hin zu dem unerfüllt gebliebenen Wunsch, die Leitung des protestantischen Kirchenwesens in ganz Frankreich zu übernehmen. Seinen Wohnsitz behielt er während dieser Zeit in Aachen. Im Jahre 1805 wurde er Mitglied der Ehrenlegion. Sein Vermögen wurde im Jahre 1809 auf 150 000 Francs geschätzt. Anläßlich der bevorstehenden Berufung von 4 Vertretern des Roerdepartements in die gesetzgebende Versammlung Frankreichs nach Paris urteilte der Chef des Aachener Gendarmeriekorps Georgeon in einer von ihm erbetenen Beurteilung der Kandidaten am 15. März 1810, Jacobi sei „respectable par son intégrité et recommandable par les services qu'il a rendus à l'administration. Sa nomination au Corps Législatif seroit plaisir à tous les habitants et même à ceux d'une autre communion que celle à la quelle il est attaché et qui rendent justice à ses qualités personnelles". Tatsächlich wurde er am 10. August 1810 in diese Körperschaft berufen. Nach dem Zusammenbruch des Kaiserreichs kehrte er ins Rheinland zurück und diente den Preußen zunächst als Revisor des gesamten Steuer- und Zollwesens in den preußischen Provinzen am Rhein, dann als Präsident der Zentralkommission für die Rheinschiffahrt mit Sitz in Mainz. Nach seiner Pensionierung zog er sich nach Bonn zurück und war dort bis zu seinem Tode am 10. Dezember 1831 literarisch tätig.

Original im Besitz von Jan Wartenberg in Berlin, verwahrt vom Goethe-Museum in Düsseldorf. – Foto: Walter Klein, Düsseldorf. – Georgeons Bericht: Paris, A.N., F 7, 8390-1. – OPPENHOFF 1894, S. 150ff., Zitat, S. 153. – STORKEBAUM 1924, S. 6f., 81f. – A. PAULS 1936, S. 72 u. 1955, S. 182ff. – DIEFENDORF 1980, S. 112. – DUFRAISSE 1978, S. 135f. – Katalog 1985. – GRAUMANN 1990, S. 61, 217f.

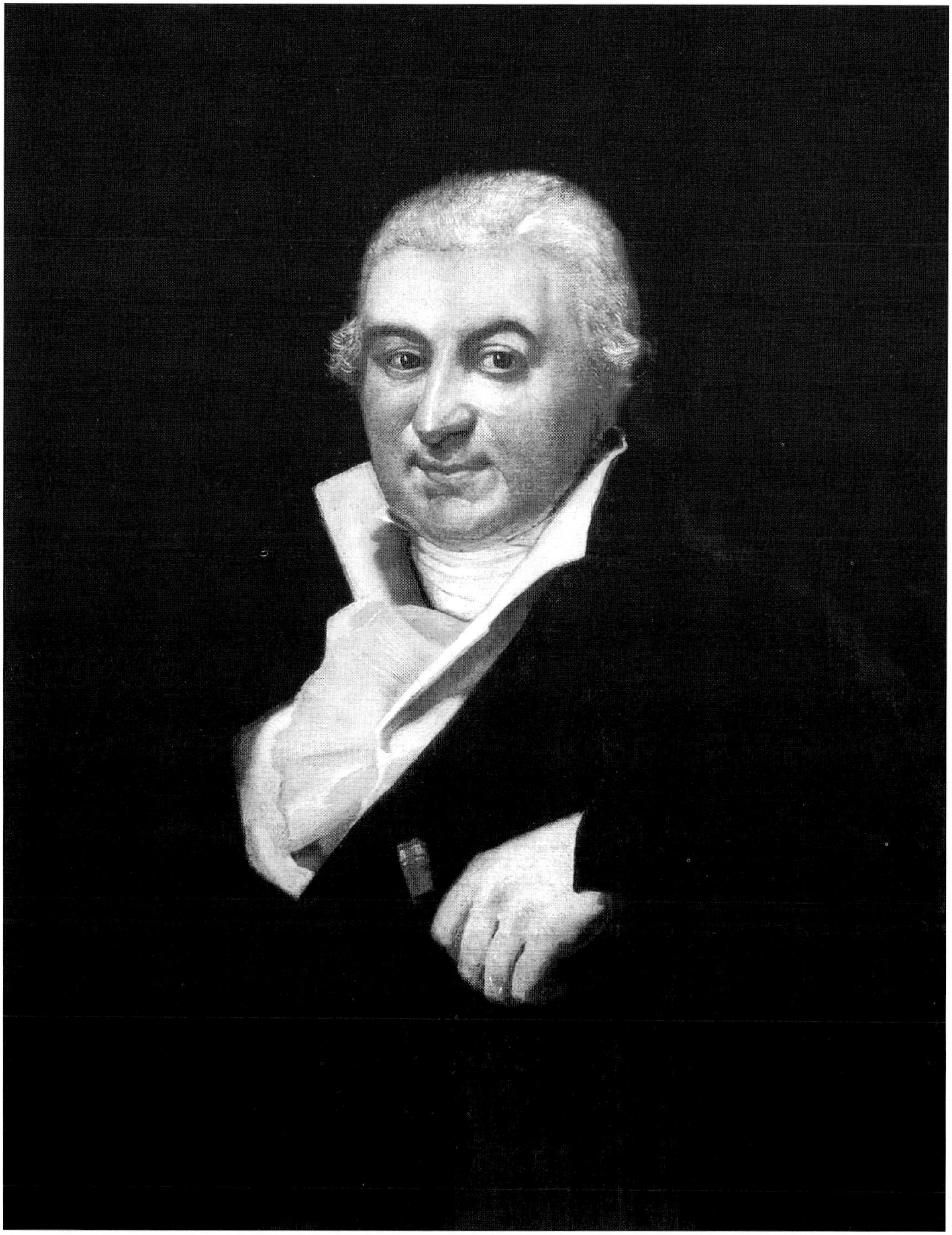

L 26 14. Juli 1803

Programm zur Einweihung der Anna-Kirche für den protestantischen Kultus

„Programme de l'inauguration du Temple destiné à l'exercice du Culte protestant dans la ville d'Aix la chapelle. – Extrait du Régistre des Arrêtés du Maire de la ville d'Aix la chapelle, chef lieu du Département de la Roër".

Verziertes Pergamentblatt, Maße: H 47 / B 34,5 cm.

Das Gesetz vom 8. April 1802, welches die „organisation des cultes" ordnete und dem die Organischen Artikel für den protestantischen Kultus angehängt waren, wurde am 4. Mai 1802 auch in den vier rheinischen Departements verkündet. Die Protestanten in Aachen und Burtscheid standen nunmehr gleichberechtigt neben den Katholiken und durften erstmals öffentlich Gottesdienst abhalten. In Aachen erhielten sie am 29. Juni 1802 das aufgehobene Benediktinerinnenkloster St. Anna als Gotteshaus zugewiesen. Am 17. Juli 1802 wurde das Gebäude in einem Festakt, zu dem der Aachener Maire Kolb auf Geheiß und mit Genehmigung des Präfekten ein Programm erstellte, dem protestantischen Kultus zugeführt. Nach aufwendigen Renovierungsarbeiten konnte die Kirche am 17. Juli 1803 eingeweiht werden. Für diesen Festakt übernahm der Maire Kolb das Programm vom 17. Juli 1802, das auf dem vorliegenden Pergamentblatt aus den Registern der Erlasse des Maires der Stadt Aachen extrahiert wurde. Der Sekretär der Mairie, Joseph Müller, und Kolb selbst bestätigten mit ihrer Unterschrift und unter Verwendung eines Farbstempels der Mairie Aachen die Richtigkeit des Registerauszugs.

StA Aachen, Acc. 1937/38.

Programme

De l'inauguration du Temple destiné à l'exercice du Culte protestant dans la ville d'Aixlachapelle.

Extrait du Registre des Arrêtés du Maire de la ville d'Aix la chapelle chef lieu du Département de la Roër.

Aix la chapelle le 25 Messidor An onze de la République française (le 14 Juillet 1803.)

LE MAIRE DE LA VILLE D'AIXLACHAPELLE.

Vu la lettre du Préfet en date d'hier, par laquelle il le prévient, que l'inauguration du temple destiné dans cette ville à l'exercice du culte protestant doit avoir lieu dimanche prochain, & l'invite à prendre toutes les mesures de police & autres jugées convenables pour que rien ne puisse troubler cette Solemnité, & qu'elle ait tout l'éclat, dont elle est susceptible.

Considérant que la loi du 18 germinal an X. est une loi de Tolérance pour les opinions religieuses & que Son application ne saurait être rendue trop solemnelle, étant chaque fois un nouvel appel à la concorde.

Arrête ce qui Suit:

Le Dimanche 28 Messidor prochain à 10 heures du matin, il sera procédé à l'inauguration du temple destiné au culte protestant en cette ville. Cette cérémonie sera annoncée au public la veille au soir par une décharge de boîtes qui se répétera le lendemain matin, & se continuera par intervalles durant le Service Divin & l'acte inaugural.

Les Autorités civiles & militaires seront invitées à la Diligence du Maire de la ville & se réuniront entre 9 & 10 heures du matin en grand costume à l'hôtel de la ville.

A 10 heures précises, les autorités réunies se formeront en grand cortège pour se rendre en voiture de l'hôtel de la mairie à l'église protestante.

Les deux Commissaires de police avec quatre de leurs Sergens seront à cheval; celui de la Section B, précédé de deux Sergens ouvrira la marche, & celui de la Section A suivi de deux Sergens la fermera. L'inspecteur de police se rendra à 9 heures du matin accompagné de six Sergens de police à l'église protestante, où il fera occuper par les agens sous ses ordres les postes, que la députation chargée du cérémoniel du jour lui indiquera. Les deux Commissaires de police, à leur arrivée, se joindront à lui, & mettront tous leurs soins, à ce que l'ordre & la décence la plus exacte soient observés & maintenus dans l'intérieur de l'église durant le Service Divin & l'acte inaugural.

Le Commandant de la gendarmerie nationale sera requis à faire maintenir l'ordre près l'église, où les fonctionnaires publics civils & militaires se trouveront rassemblés, lesquels la députation chargée du cérémoniel du jour, recevra à la porte, pour assigner à chacun sa place.

Les membres des communautés protestantes seront admis à 9 heures du matin à l'église, le public ne pourra y entrer qu'après que les autorités & fonctionnaires publics formant le cortège seront placés, à l'exception des personnes munies de billets d'entrée signés par la dite députation. Les préposés à la police communale veilleront à ce que cette disposition soit exactement observée & que les Dames soient convenablement placées.

Le présent programme sera soumis à l'approbation du Préfet pour être ensuite imprimé au nombre de 200 exemplaires, affiché de la manière accoutumée & adressé aux fonctionnaires publics civils & militaires pour leur tenir lieu d'invitation. (signé) Kolb, maire.

Vu & approuvé par le Préfet du Département de la Roër. Aix la chapelle le 26 Messidor An onze (signé) Al. Mechin

Pour le Maire
Le Secrétaire en chef,
Jos. Mulas

Pour Extrait conforme.
Le Maire.
Kolb

M. Kunst, Kultur und Wissenschaft – Gesellschaftliches Leben

M 1

Karl Franz Meyer d.J., „Historische Abhandlung über die großen Reliquien in der ehemaligen Kron-Stifts-, nun hohen Dom-Kirche zu Aachen. Aachen, gedruckt mit Müllerschen Schriften im 12. Jahr (a[lter] St[il] 1804) und im Verlag bei Johann Plum, Buchbinder nächst der Domkirche"

49 Seiten.
Die vorliegende Schrift erschien zur Heiligtumsfahrt des Jahres 1804.

Karl Franz Meyer d.J. wurde am 23. September 1763 in Aachen als Sohn des Aachener Notars und langjährigen Archivars der Reichsstadt Aachen sowie Verfassers der 1781 erschienenen „Aachensche[n] Geschichten", Karl Franz Meyer d.Ä. († 1795), geboren. Er war zeitweise Prokurator beim Burtscheider Schöffengericht und wurde im Frühjahr 1803 zum Stadtarchivar (commissaire special pour le tirage des archives de la commune) bestellt. Dieses Amt bekleidete er bis zu seinem Tode am 19. Februar 1821. Nach der Niederlegung der deutschen Kaiserkrone durch Franz II. regte Meyer in Paris vergeblich an, man möge die mittlerweile in Wien liegenden Reichsinsignien für Aachen reklamieren, wohin sie – angeblich – seit alter Zeit gehörten. Von ihm stammen folgende weitere Schriften:
– Historische Abhandlung über die Gesellschaft der Aachener Bogen-Schützen, Aachen an XI (1802/3).
– Meine historischen Gedanken über die Stadt Aachenschen Fabriken in Hinsicht des Alterthums. Aachen 1807.
– Aachen, der Monarchen-Kongreß im Jahre 1818. Aachen 1819.

Meyer d.J. war Besitzer eines teilweise vom Vater ererbten Antiquitätenkabinetts, das einen guten Ruf genoß und z.B. bei den Teilnehmern des Aachener Kongresses des Jahres 1818 große Beachtung fand. Am 28. November 1817 war er vom König von Preußen zum Hofrat ernannt worden.

StA Aachen, Bibliothek, Sign. C 1080. – Rheinische Flora I, S. 509. – PICK 1900, S. 223f. – SAVELSBERG 1906, S. 21 Nr. 133.

M 2 1808

„Historische und statistische Betrachtungen" zur Stadt Aachen und ihrer Umgebung von J.-B. Poissenot

Gedruckt in Aachen beim Buchdrucker der Präfektur des Roerdepartements Jean Guillaume [bzw. Johann Wilhelm] Beaufort, verlegt von dem Aachener Buchhändler Dieudonné Prosper LaRuelle, der auch Inhaber jenes Lesekabinetts war, das Saint-Aubin, Vater und Sohn, als erstes seiner Art im Jahre 1783 in Aachen eingerichtet hatten.

Das Buch erschien in französischer Sprache unter dem Titel „Coup-d'œil historique et statistique sur la ville d'Aix-la-Chapelle et ses environs, pouvant servir d'itinéraire". Die Titelseite trägt als Motto die erste Strophe eines Couplets, welches Pariser Schauspieler am Abend des 4. Septembers 1804 vor Napeleon und Josephine

im Aachener Theater vortrugen: „De Charlemagne ces remparts / Furent le noble asyle; / Et par lui cette ville / Devint la ville des Césars". In freier Übersetzung: „In diesen Mauern befand sich die bevorzugte Heimstatt Karls d.Gr.. Durch ihn wurde diese Stadt die Stadt der Kaiser".
Poissenot schrieb dieses Buch vor allem als Orientierungshilfe für die fremden Kur- und Badegäste. Er gibt einen Überblick über die reichsstädtische Geschichte Aachens und einen auf das Jahr 1807 bezogenen Zustandsbericht für Aachen und seine Umgebung, welcher für uns heute eine wertvolle Quelle darstellt.

StA Aachen, Bibliothek, Sign.: C 1680.

M 3 1811

„Betrachtungen über das Roerdepartement" von Sylvain-Meinard-Xavier de Golbéry aus dem Jahre 1811

Verlegt in Aachen von Beaufort in der Peterstraße, dem Buchdrucker der Präfektur des Roerdepartements.

Das Buch ist in französischer Sprache erschienen und trägt den Titel: „Considérations sur le département de la Roer, suivies de la notice d'Aix-la-Chapelle et de Borcette. Ouvrage composé d'après les recherches de l'Auteur et les documents réunis dans les archives de la préfecture".
Der Ingenieur-Offizier de Golbéry, Autor eines 1802 erschienenen Reiseberichts über Westafrika, war seit 1810 in der vierten Abteilung der Verwaltung des Roerdepartements tätig und arbeitete an einer Statistik des Departements. Von dem von ihm zusammengetragenen, nicht mehr erhaltenen statistischen Material floß ein guter Teil in dieses Buch mit ein, so daß es für uns heute – wie das Werk von Poissenot – eine unschätzbare historische Quelle darstellt.

StA Aachen, Bibliothek, Sign.: PTB 221.

M 4

„Collection complète des œuvres de J.J. Rousseau, citoyen de Genève"

Hier: Bd. 1, Genf und Paris 1790, aufgeschlagen: Porträt Rousseaus und Titelblatt.

Der Herausgeber der Zeitung „Aachner Zuschauer", Franz Dautzenberg (1769-1828), hatte in seinem Leben eine knapp 10 000 Bände umfassende Bibliothek aufgebaut, die später den Grundstock der Öffentlichen Bibliothek der Stadt Aachen bilden sollte. Entsprechend seiner Denkungsart (vgl. S. 24, 329) befanden sich unter diesen Büchern zahlreiche Werke der Aufklärung. Stellvertretend für diese mag der erste Band der 16bändigen Rousseau-Ausgabe von 1790 dienen.

Aachen, Öff. Bibl., Sign.: Lm 3500-1.

M 5

Sophie Gay (1776-1852), Gemahlin des Generalsteuereinnehmers des Roerdepartements, Jean Sigismond Gay

Gezeichnet und gestochen von Lucienne Collière, einer Schülerin von Vivant Denon.
Hier: Foto.

Literatur und Dichtung hatten im Aachen der französischen Zeit einen schweren Stand. Im wesentlichen wurde dieser Zweig des kulturellen Lebens von den französischen Spitzenbeamten des Departements und ihren Familienangehörigen geschätzt und getragen. An allererster Stelle steht Madame Sophie Gay. Sie war mit ihrem zum Generalsteuereinnehmer des Roerdepartements ernannten Gemahl Jean Sigismond Gay im Jahre 1803 nach Aachen gekommen, wo sie einen Salon für die bessere Gesellschaft führte, in dem auch die Künste gepflegt wurden. Sie selbst war eine ausgezeichnete Pianistin, verfaßte erfolgreiche Theaterstücke und Opernlibretti. Ihren literarischen Ruf hatte sie im Jahre 1802 begründet, als sie im „Journal de Paris" Madame Staëls „Delphine" verteidigte. Sie schrieb vor allem gefühlsbetonte Romane, die teilweise auch ins Deutsche übersetzt wurden. In Aachen schrieb sie „angenehme sentimentale Romanzen, die jeder auswendig kannte und denen jeder applaudierte", deren Titel aber im einzelnen nicht überliefert sind. Ihre Hauptschaffenszeit lag nach 1813, nachdem ihr Gemahl wegen Hinterziehungen von seinem Amt abgelöst worden und sie mit ihm nach Paris zurückgekehrt war.

Paris, B.N., Cabinet des Estampes D 150660. – Siehe im einzelnen, S. 314f., 325

Mme Sophie Gay.

M 6

Delphine Gabrielle Gay

Stich von unbekanntem Künstler.

In Aachen gebar Sophie Gay (Exp. M 5) am 26. Januar 1804 eine Tochter, die nach dem Werk der Madame de Staël den Namen Delphine erhielt. Wie die Mutter, so erwarb sich auch die Tochter – seit 1822 – in Paris einen Namen als Verfasserin von Gedichten und Romanen, die auch in Aachen Beachtung fanden und z.T., übersetzt von den damaligen Aachener Dichtern und Schriftstellern Wilhelm Smets und Heinrich Freimuth, in der 1825 begründeten literarischen Zeitschrift „Rheinische Flora" erschienen. Delphine war mit dem Publizisten Émile de Girardin (1806-1881) verheiratet, der 1836 die politische Tageszeitung „La Presse" herausgab und damit als Begründer der modernen Großstadtpresse gilt. Sie starb im Jahre 1855.

Hier nach einem Foto im StA Aachen, Porträtsammlung, Negativ 25/46. – GIRARDIN 1868.

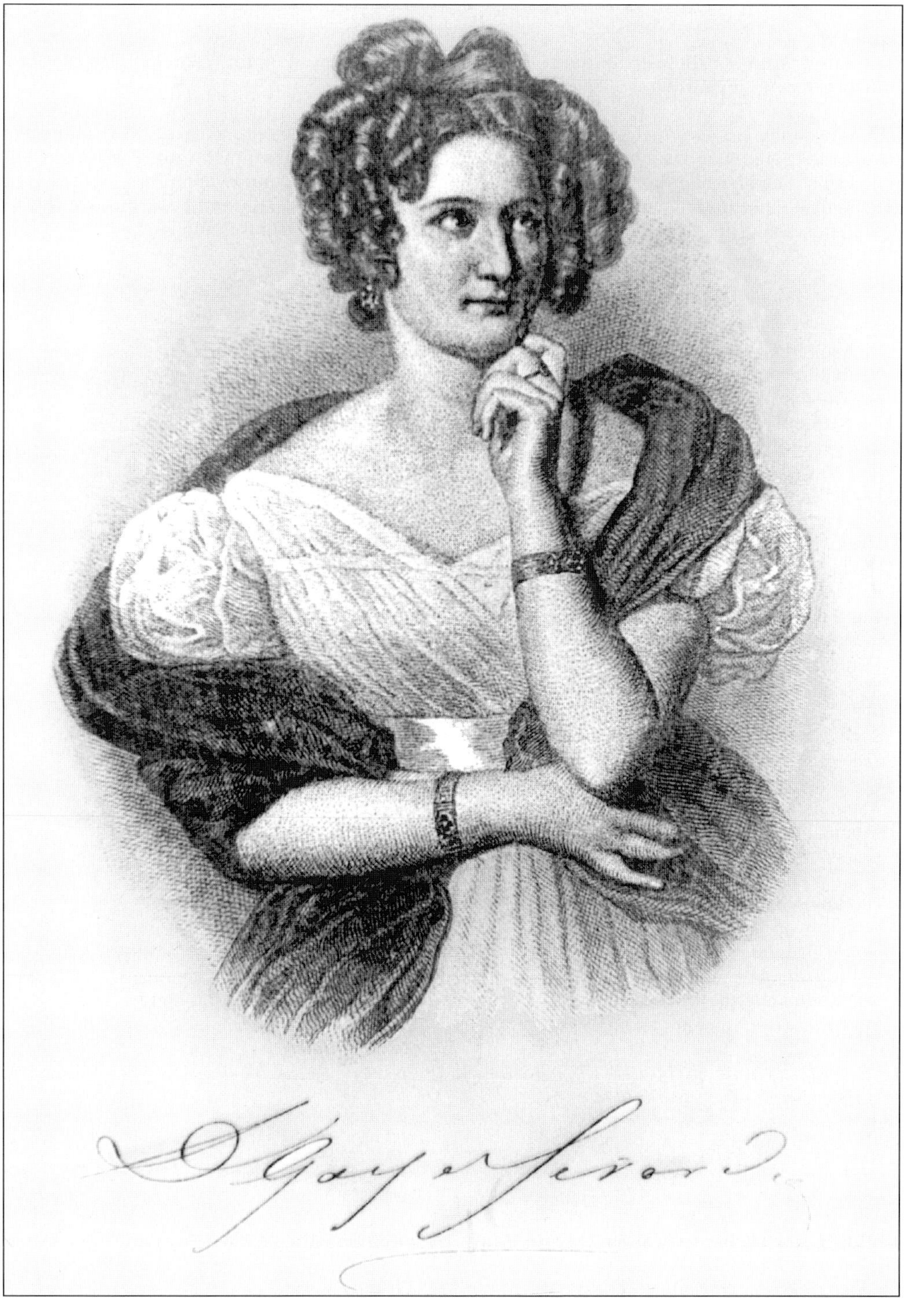

M 7

Der Aachener Mundartdichter Johann Ferdinand Jansen und sein Gedicht „De Zankelotten Opkliehrung. Freiheid, Glichheid, etzietera"

Als Dichter Aachener Mundart tat sich der Aachener Maler Johann Ferdinand Jansen (1758-1834) hervor. Sein Hauptwerk, die „Sammlung verschiedener Gedichte in der Aachner Volkssprache zum Nutzen des hiesigen Armen-Instituts" erschien allerdings erst nach dem Abzug der Franzosen, und zwar im Jahr 1815. Sein Gedicht über die von den Sansculotten nach Aachen gebrachte „Aufklärung" sei an dieser Stelle dennoch erwähnt. Es folgt dem Reimschema des Gedichts „Die Sonn ist aufgegangen" von Matthias Claudius.

De Zankelotten Opkliehrung
Freiheid, Glichheid, etzietera.

En neu Litt is os opgegangen
Noch klöhrder els en Peichflambau;
Die Gecken, die dernoh verlangen
Die schnapt et bänklich mit 'ne Mau;
Et is e ganz besonger Litt,
Wet 't nit kennt, deh gleuft et nit.
Doch hör ich frohgen noh dat Litt
Wat kann et; en wat kann et nit?

Irscht liehrt et üch de Menschen-Rehten
En zwingt üch an kapiere [=papiere] Geld;
Ühr wißt, sönst gohfen't Hehr en Knehten
In Stäh en Dörper op der Welt.
Nun willt dat Litt ging Knehten mieh
Merr luhter Hehrn op Land en Sieh.

Sonst golt noch Ungerschehd ze maachen
En Menschen wohren klog en domm;
Korz en lank, ühr moßt nit laachen
Auch dick en dönn, grad en krom,
Nun macht dat Litt os allzemohl
Bau engs en glich, glat wie 'ne Ohl.

De Freiheid heisch men bei de Auen
Woh Kop en Hohfs ganz sicher wohr;
Dörch Ordnung en Gesetz ze hauen
Kohm nömmens öm e Spitgen Hohr.
Dat Litt hescht frei, wo Jeddermann
Merr rohsen en ramenten kann.

Vernunft, die wohr, weh darsch et liggen?
Van ömmerhin e nözlich Litt;
Men sogh se dröm nit höhger fliggen,
Wat sei nit woßt, dat woßt sei nit.
Nun klahfert sei els wie en Gehß,
En wehß nun auch, wat sei nit wehß.

Religeguhn, van all et beisste
Wohr för de Menschen Hömmelbruhd;
Der irschte so, els wie der leisste
Verihret sei bis in der Duhd.
Wie menchen hat dat Litt verkiehrt
Nun blinkd op duister Weeg geführt!

Auch wosst men wahl van Potentaaten
Dat dehrer doch allzits regiert;
Dat ohn't Gemulls van Afekaahten
Der Zepter sie Respeckt gebührt.
Da Litt maacht Zepter, o wie hell!
Nit beißer els 'ne Schöppestell.

Ich kann hei ohne Schagreniren
Nit mieh gedöldig bliefen stohn;
Mach mit de Zankelotte-Liehren
So gau els möglich nun gedohn,
Dat Pack, wat so op Litt gepuft;
Is, Gott ze Dank! doch lang vermuft.

Aus der im Kommentar erwähnten Gedichtsammlung, erschienen in Aachen 1815 bei C. Aug. Müller, S. 39ff. – Hier: StA Aachen, Bibliothek, Sign.: C 4565.

M 8

Selbstbildnis des Aachener Malers Johann Baptist Joseph Bastiné (1783-1844) aus dem Jahre 1812

Öl auf Leinen, unten links: „J. Bastiné pinxit". – Maße: H 58,5 / B 54,5 cm.

Bastiné war zeitweilig Schüler von David, dem Künstler der berühmten Szene der Kaiserkrönung Napoleons im Jahre 1804. Er ließ sich im Jahre 1811 in Aachen nieder, wo er teils privat, teils besoldet als Zeichenlehrer tätig war. Anders als David galt sein Interesse vor allem der Porträtmalerei. Seinem Talent und dem Geltungsbedürfnis der Aachener Gesellschaft jener Zeit verdanken wir heute eine Reihe ansehnlicher Porträts, vor allem aus dem Kreis der Mitglieder des 1805 begründeten Clubs Aachener Casino.

Aachen, Museum Burg Frankenberg, Inv. Nr. NGK 662. – MEVEN 1993, S. 7ff.

M 9   **16. Mai 1808**

Belobigungsschreiben des Bischofs Berdolet für seinen Kapellmeister Dautzenberg

Der Bischof versicherte ihm, daß er seine Leistungen als Musiker und Kapellmeister und als Lehrer der Choralen zu schätzen wisse. Er solle so fortfahren und vor allem in den Messen während der Aachener Badesaison eine solche Musik spielen, wie er sie gestern gegeben habe. Es werde dem Dom und ihm zur Ehre gereichen. Das Schriftstück zeigt, daß die Dommusik damals trotz der miserablen finanziellen Situation des Bistums und entgegen der bisherigen Meinung durchaus Niveau besaß.

Fragment der Ausfertigung in deutscher Sprache, vom Bischof eigenhändig unterschrieben, im Domarchiv Aachen, o. Sign. (unter Glas). Der Wortlaut findet sich hier, S. 319.

M 10   **1804**

Der einzige aus französischer Zeit erhaltene Aachener Theaterzettel

Er kündigt für den 17. Juni [1804] eine Aufführung von Kotzebues Schauspiel „Die Kreuzfahrer" durch die in Aachen gastierende Böhmsche Theatergruppe an. Das Stück hatte bereits im Sommer 1803 wegen angeblicher Verunglimpfungen der katholischen Religion den Domkapitular Gauzargues zu einer Beschwerde veranlaßt. Der vorliegende Theaterzettel wurde dem bischöflichen Generalvikar Klinkenberg anonym zugesandt, woraufhin Bischof Berdolet umgehend reagierte. Er formulierte auf der Rückseite seinen Antrag auf Absetzung des Stückes und sandte ihn an den Präfekten Méchin mit dem Hinweis [Übersetzung]: „Die Gesetze und Verordnungen verbieten diese Art von Vorstellungen mit Inhalt und Kostümen, die auf die Kirche Bezug haben. Die Stadt ist darüber erregt, und es ist höchst unpassend, mir derartige Programme zu schicken". Der Präfekt war bemüht, ganz im Sinne des zwischen Napoleon und dem Papst abgeschlossenen Konkordats zu handeln, wollte keine Beleidigung der Religion zulassen und bat daher den Aachener Maire Kolb als denjenigen, der die Theateraufsicht führe, auf eine Änderung des Programms zu drängen. Der Adjunkt Dr. Matthias Solders, der unterhalb des Maire als Verwalter der städtischen Polizei das Theaterwesen überwachte, war hingegen nicht der Meinung, daß das Stück gegen Moral und Religion verstoße. Es wurde dennoch abgesetzt.

StA Aachen, Theater- und Konzert-Sammlung Nr. 153. – FRITZ 1901, S. 122f., 127ff.

Mit Erlaubniß des Maire.

Einladungs-Billet.

Die deutsche Schauspieler-Gesellschaft ladet auf heute Sonntag den 28. Prairial (17. Juny), ihre Theaterfreunde ein zur Vorstellung

Der Kreuzfahrer.

Ein großes Schauspiel in 5 Akten, von A von Kotzebue. Die Musik zum türkischen Marsch, Nonnen-Chor und Harmonie entre actes ist von Carl Gollmick.

Personen:

Balduin von Eichenhorst,	⎫	Herr Böhm.
Bohemund von Schwarzeneck,		Hr. Amor d. jüng.
Cuno von Düden,		Herr Gleisner.
Romuald von Gleichen,	⎬ Kreuzritter	Herr Krause.
Bruno von Sensenberg,		Herr Gollmick.
Robert von Witterungen,		Herr Rhode.
Gundibert von der Saale,	⎭	Herr Kravehl.
Adhémar, Bischof von Puy, päbstl. Legat,		Hr. Amor der ält.
Conrad, Balduin's Knappe,		Hr. Herrmanstein.
Ein Emir der Seldschocken,		Herr Bilau.
Fatime, seine Tochter,		Madame Krause.
Cölestina, Aebtissinn des Klosters der Hospitaliterinnen,		Mad. Bilau.
Salomeh, die Pförtnerinn,		Mad. Amor.
Emma von Falkenstein, eine Pilgerinn,		Dem. Bilau.
Walther, ihr Diener,		Herr Leers.
Agathe,	⎫	Mad. Amor.
Kunigunde,		Mad. Rhode.
Dorothea,	⎬ Nonnen aus dem Kloster	M. Herrmanstein.
Barbara,	der Hospitaliterinnen.	Mad. Gleisner.
Anna,		Dem. Amor d. jun.
Agnes,	⎭	Mad. Schittler.
Kreuzritter. Knappen. Türken. Layenbrüder u. s. w.		

2te Vorstellung im zweiten Abonnement.

Les Artistes dramatiques allemands donneront aujourd'hui
LES CROISIERES.
Drame en 5 Actes, de Kotzebue.

Monsieur le Préfet Est prié
Et supplié de vouloir bien faire
supprimer le Spectacle d'aujourd'hui
dont vous voyez ici le sujet.
Les loix et Reglemens deffendent
ces sortes de representations
avec sujets et costumes Ecclésiastiques
La ville en est émue et
il est bien indécent que
l'on m'envoie de pareilles
billets.

† L'Evêque.

Rag. Krämer 12/4.

M 11

Johann Peter Joseph Monheim

Öl auf Hartfaser. – Maße: H 118 / B 98 cm. – Künstler: Carl Schmid.

Er wurde am 23. Mai 1786 in Aachen als Sohn des Apothekers und späteren Bürgermeisters Andreas Monheim (1750-1804) geboren. Er lernte am Aachener Mariengymnasium, absolvierte 1804/05 eine Apothekerlehre in Köln und besuchte gleichzeitig Kurse über Naturlehre an der dortigen Zentralschule sowie philosophische und geschichtliche Vorlesungen bei Friedrich v. Schlegel. Von 1806 bis 1808 studierte er an der Pharmazeutischen Schule in Paris und war Assistent bei Nicolas Louis Vauquelin (1763-1829), der zu den besten Mineralanalytikern seiner Zeit zählte, und der 1797 das Chrom und das Beryllium entdeckt hatte. Im Jahre 1809 übernahm er die väterliche Apotheke von seiner Mutter und seinen Geschwistern, ohne aber seine wissenschaftlichen Studien zu vernachlässigen. Zwischen 1810 und 1814 publizierte er allein 11 Abhandlungen, die sich vor allem mit der Zusammensetzung der Aachener und Burtscheider Thermalwasser beschäftigten. Obwohl er bereits eine Apotheke führte, legte er das Examen erst im Mai 1811 in Paris ab. Am 6. Februar 1815 promovierte er in Göttingen zum Dr. phil.. In preußischer Zeit machte er sich nicht nur als Wissenschaftler, sondern auch als Politiker mit sozialem Engagement einen Namen. Er starb in Aachen am 1. Dezember 1855.

Aachen, Couven-Museum, Inv. Nr. NGK 879. – Eine ausführliche Lebensbeschreibung findet sich bei MONHEIM 1981, S. 1ff.

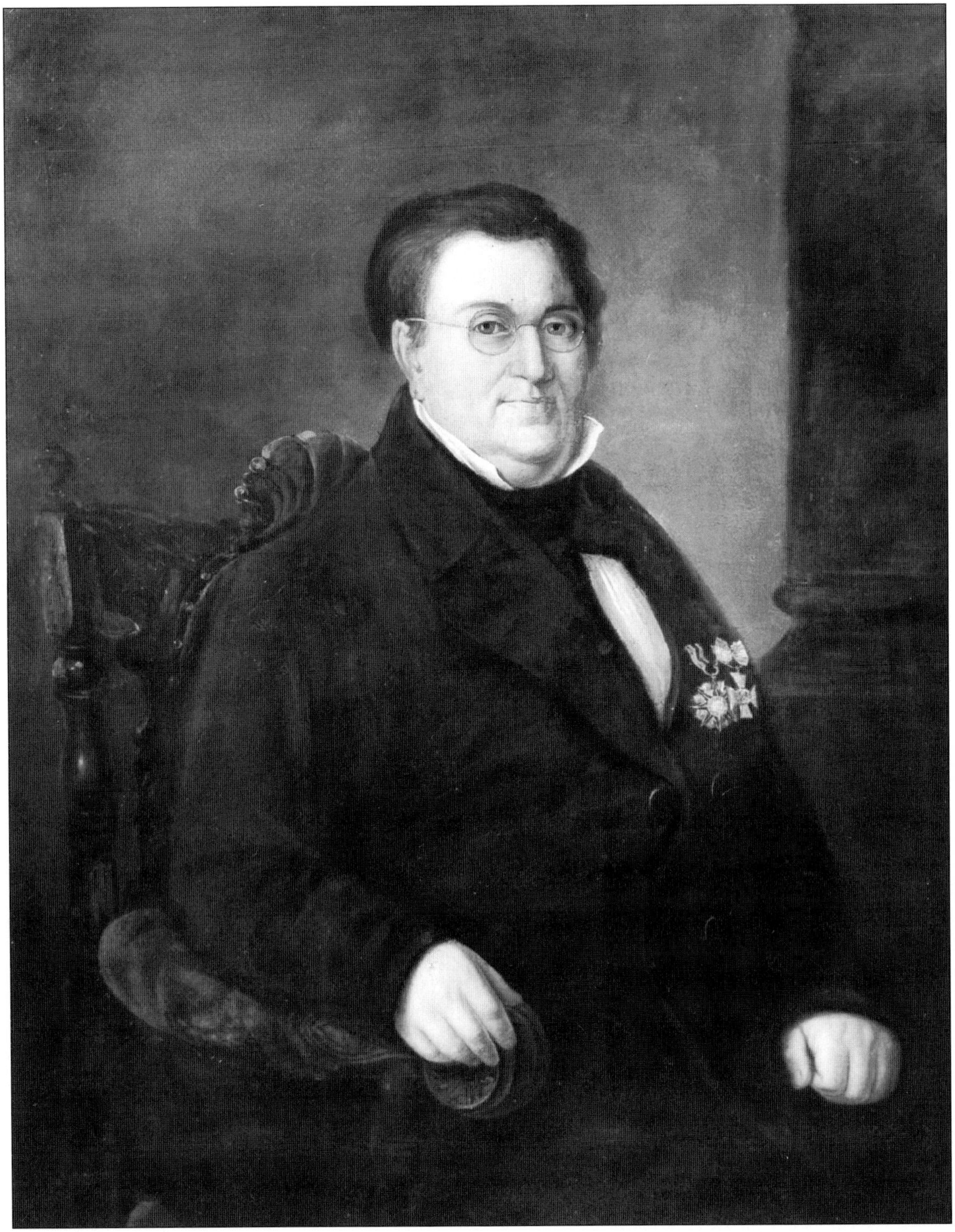

M 12

„Analyse des eaux sulfureuses d'Aix-la-Chapelle. Aix-la-Chapelle 1810"

52 durchschossene Seiten, der Rest leere Seiten für Notizen; erschienen bei J.-G. Beaufort, rue St.-Pierre, No. 596.

Es handelt sich um eine Gemeinschaftsarbeit des Mediziners Gerhard Reumont (Exp. I 2) und des Apothekers Johann Peter Joseph Monheim.

Aachen, Öff. Bibl., Sign. 56/632.

M 13 28. Februar 1806

Schreiben der Aachener Loge „La Concorde" an den Maire v. Lommessem,

in dem sie ihn bittet, die von den Logenbrüdern anläßlich der Weihe des neuen Logen-"Tempels" am 20. Februar gesammelten 30 Francs unter die am meisten bedürftigen Gefangenen des Aachener Untersuchungsgefängnisses aufzuteilen.

Ausfertigung Papier, StA Aachen, Kraemer IV 31, fol. 43r,v. – Vgl. PAULS 1949, S. 79.

A LA GLOIRE DU G∴ A∴ DE L'U∴

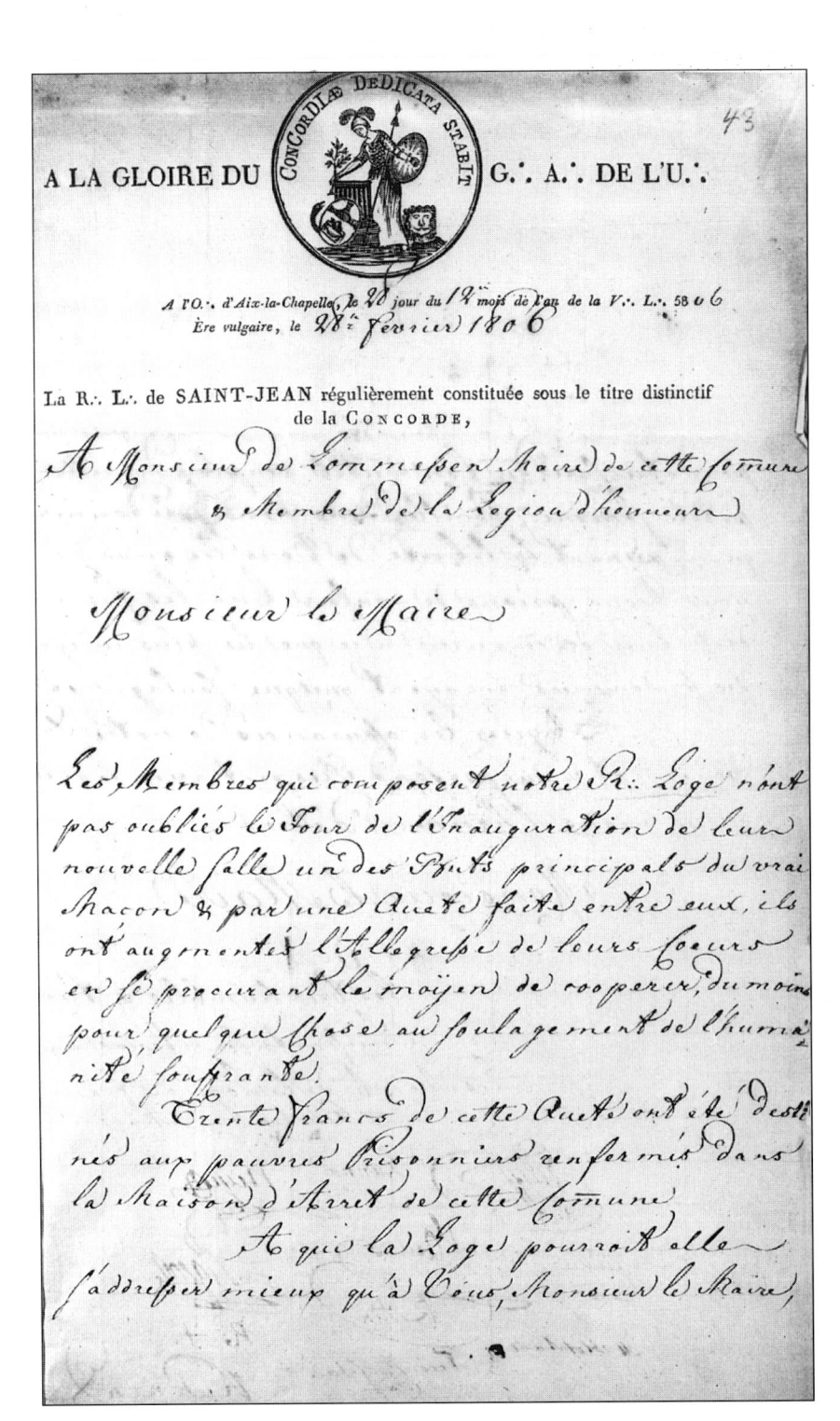

Concordiæ Dedicata Stabit

A l'O∴ d'Aix-la-Chapelle, le 20 jour du 12ᵐᵉ mois de l'an de la V∴ L∴ 5806
Ère vulgaire, le 28ᵉ février 1806

La R∴ L∴ de SAINT-JEAN régulièrement constituée sous le titre distinctif de la CONCORDE,

A Monsieur de Lommessen Maire de cette Commune
& Membre de la Légion d'honneur

Monsieur le Maire,

Les Membres qui composent notre R∴ Loge n'ont pas oubliés le Jour de l'Inauguration de leur nouvelle Salle un des Points principals du vrai Maçon & par une Queste faite entre eux, ils ont augmentés l'Allegresse de leurs coeurs en se procurant le moijen de cooperer, du moins pour quelque chose au soulagement de l'humanité souffrante.

Trente Francs de cette Queste ont été destinés aux pauvres Prisonniers renfermés dans la Maison d'Arret de cette Commune

A qui la Loge pourroit elle s'addresser mieux qu'à Vous, Monsieur le Maire, pour être fait du bon & utile emploi de cette petite somme; Veuillez donc nous pardonner qu'en prenant la liberté de Vous les envoyer, nous Vous prions de vouloir bien les faire distribuer de manière à ce que les plus indigents des prisonniers en ayent quelque soulagement.

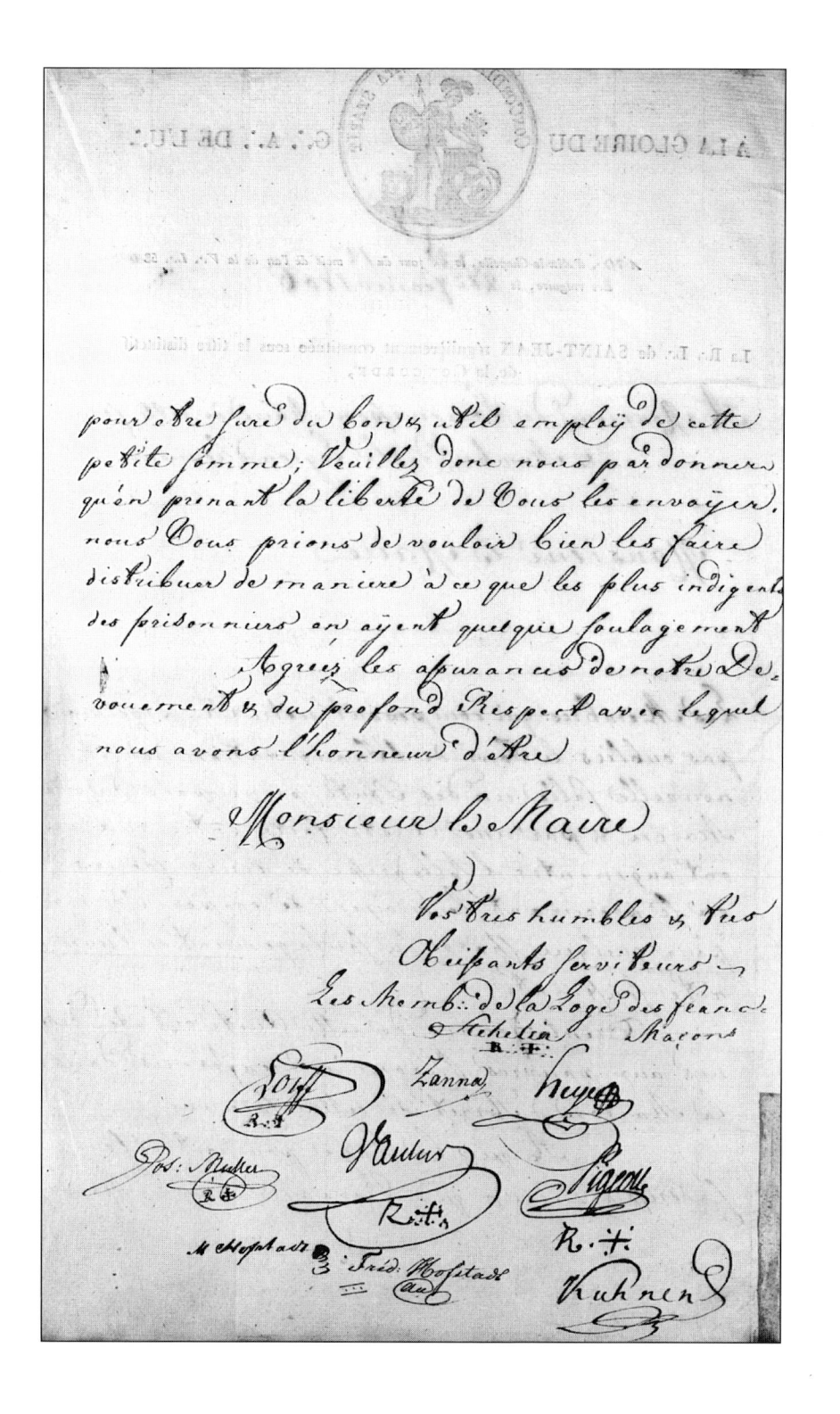

Agreéz les assurances de notre Dévouement & du profond Respect avec lequel nous avons l'honneur d'être

Monsieur le Maire

Vos très humbles & très Obéissants serviteurs Les Memb: de la Loge des francs Achelin Maçons

Zanna

Jos: Nuber

J. Auter

Pigeon

M. Hofstadt   Fréd. Hofstadt

Kuhnen

M 14   20. Juni 1813

Aufnahmeurkunde in die Aachener Freimaurerloge „La Concorde", ausgestellt auf eine unbekannte Person

Die Urkunde wurde allerdings nicht ausgehändigt, denn es fehlt die Unterschrift des Empfängers in dem dafür vorgesehenen Feld (links unten). Nachträglich wurde der Name des ursprünglich Eintrittswilligen abgeschabt. Die Urkunde ist mit Symbolen der Freimaurer verziert und trägt die Unterschriften des Logenvorstandes. Sie ist datiert: „Fait en notre assemblée générale l'an de la Vraie Lumière 5813, le 20ᵉ jour du 4. mois". Die maurerische Zeitrechnung beginnt mit dem symbolischen Jahr der Erschaffung der Welt, d.h. mit 4 000 v. Chr. Erster Monat im Jahr war der März.

Nicht ausgehändigte Ausfertigung, Pergament, StA Aachen Acc. 1926/3a. – Das an weißem Hanf ursprünglich offenbar angehängte Siegel fehlt. – Zur maurerischen Zeitrechnung siehe DOTZAUER 1971, S. 137.

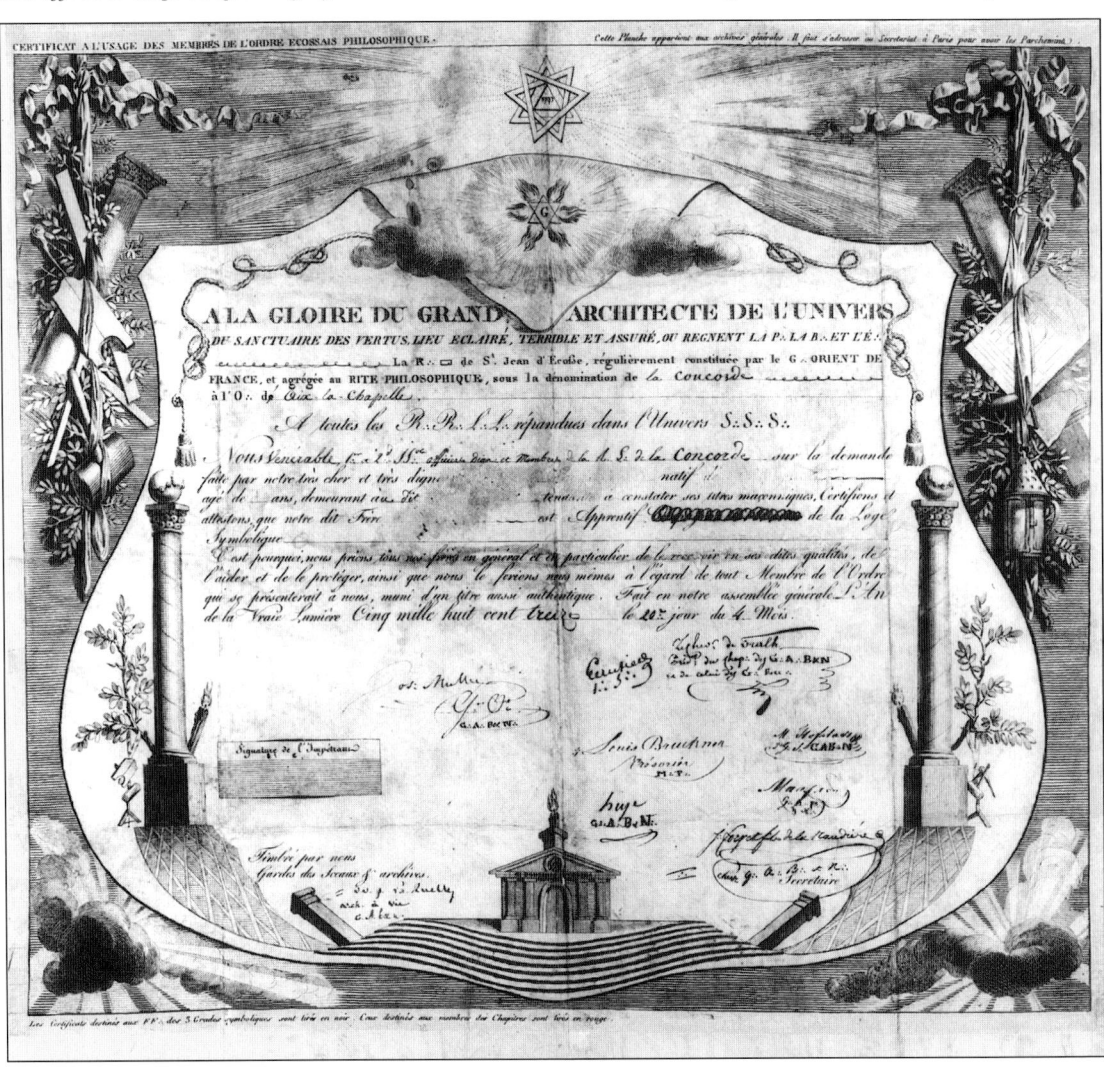

M 15

„ALMANAC DU LUXE ET DES MODES pour l'Année M.DCC.XCVI. JUSQU'A JANVIER 1797. Avec la correspondance du nouveau Style, Aix la Chapelle. Chez Augustin Dreysse, Libraire"

Bestehend aus 3 Teilen zu 70 S. mit 15 Abb., 208 S. und 32 S. Goldschnitt. – Maße: H 10 / B 6 cm.

Der Almanach richtet sich an Damen der Gesellschaft und enthält, abgesehen von dem im Titel angekündigten gregorianischen und republikanischen Kalender für das Jahr 1796/97, kurze Abhandlungen über die Epochen der Mode sowie Beiträge zur Geschichte des Tanzes, die Blumensprache, die Damenmode zur Römerzeit, der Damen in Manila und China, über den Gebrauch von Schminke und Schuhen, verbunden mit einer Warnung vor der Gesundheitsschädlichkeit hoher Absätze, einen Artikel über den Luxus der Alten bei Tisch sowie ein Essay über die Kleidung bei verschiedenen Völkern mit Erläuterungen zu den zugehörigen Gravuren. Am Schluß finden sich Hinweise zur Beachtung beim Glücksspiel, von dem es heißt, es sei eines der ältesten Äußerungen des Luxus. Ein Tages- und Monatskalender für den Vermerk von Gewinnen und Verlusten beim Spiel beschließt das Bändchen. Leider enthält der Almanach keine Beschreibung der zeitgenössischen Mode.

Aachen, Öff. Bibl., Stahlschrank (restauriert). – Erwähnt: E. PAULS 1893, S. 197 Nr. 3.

N. Presse

Zu **N 1-11**

Am Ende der reichsstädtischen Zeit gab es in Aachen drei Zeitungen: die „Stadt Aachner Zeitung", den „Aachner Zuschauer" und den „Aachener Wahrheits-Freund". Die Pressezensur wurde im allgemeinen milde gehandhabt. In politischen Angelegenheiten wurde sie vom Rat der Stadt, in religiösen vom Sendgericht und dem ihm vorstehenden Erzpriester ausgeübt.

Nach der zweiten Besetzung Aachens im September 1794 stellten die „Stadt Aachner Zeitung" und der „Aachener Wahrheits-Freund", welche die Sache des Kaisers unterstützten, ihr Erscheinen ein. Übrig blieb der franzosenfreundliche „Aachner Zuschauer" des Franz Dautzenberg. Daneben erschien im Jahre 1796 vorübergehend eine Zehntagesschrift mit dem Namen „Brutus der Freye". Nach der Wiedereinsetzung des Aachener Rates durch General Hoche erschienen seit dem Mai 1797 die „Stadt Aachner Zeitung" und der „Aachener Wahrheits-Freund" neu, ein Jahr später wurde der „Anzeiger des Ruhr-Departements" ins Leben gerufen. Vorübergehend erschien im Jahre 1797 noch die Zeitung „Zeitgeschichte für Deutschland".

Nach der Revolution galt in Frankreich zwar die Pressefreiheit; in der Praxis wurde sie jedoch bald eingeschränkt. Auch in den von französischen Truppen besetzten Gebieten wurde die Presse einer bis 1799 immer strenger werdenden Zensur unterworfen. Franz Dautzenberg hatte bereits 1797 die Konsequenz gezogen und den „Aachner Zuschauer" an Josef Offermanns verkauft. Die „Zeitgeschichte für Deutschland" wurde wahrscheinlich ebenso unterdrückt wie der „Aachener Wahrheits-Freund". Letzterer lebte allerdings nach 1798 unter wechselnden Titeln, so vor allem unter der Bezeichnung „Aachener Merkur", wieder auf und erschien bis zum Jahre 1809. Die letzte Nummer des „Anzeigers des Ruhr-Departements" erschien gegen Ende des Jahres 1799.

Zur Beseitigung der bis dahin prinzipiell fortbestehenden Pressefreiheit kam es erst unter Napoleon, der sein neues Regierungssystem gegen unliebsame Kritik absichern wollte. So wurde mit Beschluß vom 17. Januar 1800 die Pressefreiheit auf Dauer des Krieges aufgehoben und die Überwachung dem Polizeiminister anbefohlen. Dennoch kam es zu Neubegründungen von Zeitungen, deren Lebensdauer jedoch im allgemeinen gering war. Hierher gehörten die „Aachener Staats-, Kriegs- und gelehrten Nachrichten" (1800-1802), der „Postillon de la Roer" (1802-1810) und die „Allgemeine Zeitung für Politik, Handel und Literatur" (1808-1810), auch „Gazette universelle" genannt.

Die Überwachung der Presse erhielt im Jahre 1809 eine neue Qualität. Am 24. August d.J. ordnete nämlich der Präfekt Ladoucette auf Befehl des Polizeiministers die Begrenzung der Gesamtzahl der künftig für das Roerdepartement zulässigen Zeitungen auf vier an. Unter ihnen befanden sich in Aachen der „Postillon de la Roer" und die „Gazette universelle". Seit dem 1. Januar 1811 durfte sogar nur noch eine einzige Zeitung im gesamten Roerdepartement erscheinen: das unter der Aufsicht des Präfekten stehende „Journal de la Roer". Daneben wurde nur noch ein Anzeigenblatt geduldet.

N 1
Der „Aachner Zuschauer",

bis 1797 herausgegeben von Franz Dautzenberg, fortgeführt von Josef Offermanns. – Hier: Letzter Band mit den Nummern 83 bis 156 vom 13. Juli bis zum 30. Dezember 1797.

StA Aachen, Bibliothek, Sign.: MDL 4 (1-16). – Auch in Aachen, Öff. Bibl., Sign.: Zz 40.

N 2
„Brutus der Freye",

eine Zehntags-Schrift von Brutus Biergans, Frey – Aachen im 4ten Jahr der einigen unzertheilbaren Republik" [1796].

Der Verfasser Franz Theodor Matthias Biergans, ein ehemaliger Kleriker, hatte sich 1793 mit Begeisterung den Ideen der Revolution zugewandt und zunächst in Köln, dann in Aachen eine Zehntagesschrift herausgegeben, in der er mit rohen Beschimpfungen und Verunglimpfungen die Kirche und ihre Diener bekämpfte. In Köln wurde seine Schrift unterdrückt, und in Aachen ging sie nach wenigen Nummern aus Mangel an Käufern ein.

Köln, Universitäts- und Stadtbibliothek, Sign.: Rh Per 104. – E. PAULS 1893, S. 155ff.

N 3
„Stadt Aachner Zeitung",

hier: Ausgabe vom 29ten Floréal 7ten Jahrs der französischen Republik [1799 Mai 18]

Ausgelegte Einzelnummer: Aachen, Internationales Zeitungsmuseum, Sign.: 1/46. – Als Serie in Aachen, Öff. Bibl., Sign.: Zz 31.

N 4
Der „Aachener Wahrheits-Freund",

herausgegeben von Thomas Vliex, sprach sich wiederholt für eine Wiederherstellung der reichsstädtischen Zustände und zugunsten des Kaisers aus, wurde mehrfach eingestellt bzw. unterdrückt und erschien längere Zeit unter dem Titel „Aachener Merkur".

Hier: Ausgabe vom 15. August 1797.

Ausgelegte Einzelnummer: Aachen, Internationales Zeitungsmuseum, Sign.: 3/234. Vollständiger in Aachen, Öff. Bibl., Sign.: Zz 38.

N 5
„Zeitgeschichte für Deutschland",

hier: Band mit den einzigen erschienenen Nummern vom 15. Mai bis zum 31. Dezember 1797

Bevor Josef Offermanns von Franz Dautzenberg den „Aachner Zuschauer" übernahm, hatte er im Jahre 1797 die dreimal wöchentlich erscheinende Zeitung „Zeitgeschichte für Deutschland" herausgegeben. Da die Zeitung eine gegenüber den Franzosen reservierte Haltung einnahm, wurde ihr Verleger mehrfach von der Regierung gemaßregelt. Noch im Erscheinungsjahr wurde das Blatt wieder eingestellt.

Aachen, Öff. Bibl., Sign.: Zz 43-1797.

N 6
„Anzeiger des Ruhr-Departements"

Er erschien von Mai 1798 bis Ende 1799 zweimal wöchentlich. Sein Hauptanliegen war die sachliche Information über Entscheidungen der höheren Verwaltungsbehörden und Gerichte sowie über Handelsangelegenheiten und über das tägliche Leben.

Hier: Band mit den Einzelausgaben vom August 1798 bis zum Juli 1799 (mit Lücken).

Aachen, Öff. Bibl., Sign.: Zz 33-1798/99.

N 7
„Aachener Merkur",

Hier: Ausgabe vom 30. Mai 1809

Ausgelegte Einzelnummer: Aachen, Internationales Zeitungsmuseum, Sign. 1/15. – Vollständiger in Aachen, Öff. Bibl., Sign.: Zz 38.

N 8
„Postillon de la Roer"

Er erschien von 1802 bis 1810 alle zwei Tage als politisches Blatt in französischer Sprache.

Hier: Ausgabe vom 5. Dezember 1804.

Ausgelegte Einzelnummer: Aachen, Internationales Zeitungsmuseum, Sign. 1/4. – Vollständiger in Aachen, Öff. Bibl., Sign.: Dz.

N 9
„Gazette universelle. – Allgemeine Zeitung",

hier: Band mit den Einzelnummern vom 1. Januar bis zum 29. Dezember 1810.

Sie wurde von Franz Gall, dem Direktor der Aachener Sekundärschule, und von J.J. Tryst herausgegeben, und zwar zunächst unter dem später abgeänderten Titel „Allgemeine Zeitung für Politik, Handel und Literatur". Sie erschien vom 1. März 1808 bis zum 31. August 1809 in deutscher, seit dem 2. September 1809 bis zur letzten Nummer vom 29. Dezember 1810 in französischer und deutscher Sprache.

Aachen, Öff. Bibl., Sign.: Zz 35-1810.

N 10
Das „Journal de la Roer",

welches unter direkter Aufsicht des Präfekten stand, war seit dem 1. Januar 1811 die einzige Zeitung im Roerdepartement.
Hier: Ausgabe vom 14. Mai 1813.

Ausgelegte Einzelnummer: Aachen, Internationales Zeitungsmuseum, Sign.: 1/5. – Vollständiger in Aachen, Öff. Bibl., Sign.: Zz 32.

N 11
„Feuille d'annonces d'Aix-la-Chapelle"

Es handelt sich um ein Anzeigenblatt, das neben dem „Journal de la Roer" existieren durfte.

Hier: Ausgabe vom 4. Mai 1811.

Ausgelegte Einzelnummer: Aachen, Internationales Zeitungsmuseum, Sign.: 1/44.

(N.° 36.)

FEUILLE D'ANNONCES
d'Aix-la-Chapelle.

Samedi, le 4 Mai 1811.

Cette Feuille, qui paraît les mercredis et samedis, coûte 4 fr. 50 centimes par semestre, port franc.
Le prix des insertions d'annonces est de 25 centimes par ligne, pour la première fois, 20 centimes pour la seconde et 15 centimes pour la troisième.
On souscrit chez J.-J. Bovard, imprimeur-libraire, rue Sandkoul n.° 272.

BOURSE DE PARIS du 29 avril 1811.
Cours des effets publics.

Cinq p. 100, jouissance du 22 sept. 1811, 76 10.
— Jouiss. du 22 mars 1811, ... 78 50.
Action de la Banque de France, jouiss. du 1 janvier, ... 1237 50

CHARADE.

Mein erstes fängt das Zählen an;
Auch in Grammatica geht's manchem Wort voran.
Doch weh dem, der das zweite thut;
Drum sey dann jeder auf der Huth.
Das ganze kömmt meist unverhofft,
Und wird gelobt mit Recht; — ist auch erbärmlich oft. —

ORGANISATION DE LA COUR IMPÉRIALE DE LIÈGE.

Premier président.
M. Dandrimont, président de la cour de Liège.

Présidens de chambre.
MM. 1.er Schmitz, président actuel; 2. Nicolaï, idem; 3. Beauin, président de la cour de justice criminelle de l'Ourte; 4. Membrede, président de la cour de justice criminelle de la Meuse-Inférieure.

Conseillers.
MM. 1.er Danthine, procureur-général près la cour d'appel de Liège; 2. Defrance, juge actuel à la cour d'appel; 3. Veaugeois, idem; 4. Husri, idem; 5. Franssen, idem; 6. Ghobert, idem; 7. Daret, idem; 8. Piorri, idem; 9. Geraud, idem; 10. St.-Martin, idem; 11. Herman, idem, 12. Kœnen, idem; 13. Fabry, idem; 14. Dupont-Fabry, juge-auditeur; 15. Sybertz, juge à la cour de justice criminelle de la Roër; 16. Pellegrin, id.; 17. de Limpens, juge à la cour de justice criminelle de la Meuse-Inférieure; 18. Lenoir, juge à la cour de justice criminelle de Sambre-et-Meuse; 19. Crombet, idem; 20. Guerrier, ancien conseiller au parlement de Metz, juge au tribunal 1.re instance de Metz; 21. Michelant, ancien juge à la cour de justice criminelle des Forêts; 22. Loop, ancien conseiller à la cour souveraine de Limbourg; 23. Louis-Laurent Troussel, ancien échevin à la cour souveraine de Liège; 24. Frésart, vice-président au tribunal de 1.re instance de Liège; 25. Fraukinet, juge id.

Conseiller auditeur.
M. Joseph Constantin de Stembert, avocat.

Procureur général.
M. Renier de Grand-champs, procureur-général près la cour de justice criminelle de l'Ourte.

Substitus du procureur-général.
Avocats-généraux.
MM. 1.er Leclerc, juge à la cour d'appel; 2. Lantremange, juge-auditeur à la cour d'appel; 3. de Warsée-d'Hermalle, idem.

Substituts pour le service des cours d'assises et spéciales, et pour celui du parquet.
MM. 1.er Hanne, procureur général près la cour de justice criminelle de la Roër; 2. Michels, procureur-général près la cour de justice criminelle de la Meuse-Inférieure; 3. Ballardelle, procureur-général près la cour de justice criminelle de Sambre-et-Meuse; 4. Tainturier, magistrat de sûreté à Liège; 5. Dandrimont fils, juge suppléant au tribunal de première instance de Liège.

Greffier en chef.
M. Feswick, greffier actuel.

O. Militärwesen – Schicksale Aachener Bürger als Soldaten in den napoleonischen Kriegen – Das topographische Büro in Aachen und die „Kartenaufnahme" der Rheinlande

O 1

„Tag-Buch des Paulus Kirsch aus Aachen"

16 beschriebene Folien. – Maße: H 16,5 / B 10 cm.

Paul Kirsch war am 4. August 1778 in St. Foillan getauft worden. Er wohnte in der Krämerstraße 26. Im Alter von knapp 18 Jahren verließ er das Elternhaus, ließ sich für 15 Monate in Koblenz als Wundarzt nieder, trat im März 1797 ins österreichische Militär ein und nahm vornehmlich im süddeutschen Raum und in Österreich am 2. Koalitionskrieg (1799-1801) teil. Seine Erlebnisse schrieb er in dem hier ausgelegten Tagebuch nieder.

StA Aachen, Hs. 1061.

O 2

Infanterie-Säbel, wahrscheinlich eines Offiziers, vor 1800

Größte Länge: 75 cm, davon Griff: 13 cm; größte Breite des Griffs: 13 cm; Klingenbreite: 2,6 cm.

Im oberen Drittel der Klinge: ein gallischer Hahn mit einem Fuß auf einer (Welt ?-)Kugel stehend, welche die Inschrift trägt: Liberté; darüber kriegerische Embleme wie Fahne, Lanze, Trommel; darunter ein Blumenmotiv.

Aus Privatbesitz.

O 3 [3. Februar 1801]
„14. Pluviôse an IX"

Der Kriegsminister, vertreten durch das „Bureau no. XIX. Police et Tribunaux Militaires" setzt den Aachener Maire [Kolb] davon in Kenntnis, daß das Militärgericht am 16. Oktober 1801 den aus Aachen gebürtigen Aloys Schmitz wegen Insubordination zu zwei Jahren Gefängnis in Ketten verurteilt hat und fordert den Maire auf, die Angehörigen dahingehend zu informieren.

Fahnenflucht wurde übrigens mit 5 Jahren Haft in Ketten geahndet.

StA Aachen, RA II Allg. Akten 404, hier: fol. 3r.

O 4

Briefkopierbuch der im Felde geschriebenen, an die Eltern in Burtscheid gerichteten Briefe des Johann Joseph Armbruster

61 beschriebene Seiten. – Maße: H 22 / B 18,5 cm.

Johann Joseph Armbruster schrieb in den Jahren 1806 bis 1815 vor allem aus Feldlagern in Spanien und Frankreich, wo er als Chirurg tätig war, und 1816/17 aus Paris, wo er das Medizinstudium absolvierte und zum Doktor promovierte.

Aus Privatbesitz.

O 5

Johann Joseph Armbruster (1787-1857)

Foto seines Porträts, Eheringe, Orden der Ehrenlegion und Orden „Réunion", eingefaßt unter Glas in schwarzem Bilderrahmen.

Maße: H 25 / B 20.

Armbruster stammte aus Burtscheid und diente seit 1806 als Chirurg in Napoleons Armeen (siehe S. 336ff.). Der Zeitpunkt der Verleihung des Ordens der Ehrenlegion ist nicht bekannt. Den Orden „Réunion", der im Oktober 1811 zur Würdigung von Verdiensten im Gerichtswesen, der Verwaltung und „dans la carrière des armes" diente, erhielt er wenige Tage vor der ersten Abdankung Napoleons (6. April 1814).

Aus Privatbesitz. – Zu den Orden siehe TULARD 1989, S. 1054ff., 1457f.

O 6

Brief des Engelbert Kaiser vom 21. April 1812 aus Boulogne-sur-Mer an seinen Vater Lambert Kaiser, Adjunkt bei der Mairie Barmen, Kanton Linnich, an seine Mutter und an seine Geschwister

Maße: H 25,5 / B 20,4 cm.

Auf der Adresse findet sich der Poststempel DEBOURSÉ D'AIX-LA-CHAPELLÉ und die Ziffer 6, d.h. das Aachener Postamt verzichtete auf die Eintreibung der bei Zustellung in Aachen fälligen Postgebühr von 6 Centimes, da der Brief nach Jülich weitergeleitet wurde, wo die Gebühr 7 Centimes betrug.
Das doppelseitige Briefpapier ist für Grüße von Militärpersonen an Private gewerbsmäßig vorgefertigt und zeigt in der oberen Hälfte des ersten Blattes einen Stich von [Charles ?] Bernard – vor dem Verkauf des Papiers in Rot, Gelb, Grün und Schwarz handkoloriert – einen Soldaten auf der Wiese, den Degen zwischen den linken Arm und den Körper geklemmt, in der rechten Hand eine Blume zum Gruß haltend. Rechts oben thront ein gekrönter kaiserlicher Adler mit Lorbeerzweig im Schnabel in einer Wolke. Darunter findet sich Merkur als Götterbote, ein großes „M" haltend.
Der Brief ist in schlechtem Deutsch geschrieben und auch stellenweise unleserlich, weil er – wie der Schreiber seinen Eltern entschuldigend versichert – auf einem Strohsack geschrieben werden mußte.
Engelbert diente als Füsilier im 123. Regiment, 3. Bataillon, 1. Kompanie, und lag seit drei Tagen – von St. Omer her kommend – in Boulogne an der Kanalküste zur Abwehr der Engländer, die tagtäglich Attacken über See

führten. Über sie schreibt er, sie seien „auf dem Waßer wie der Wind. Wir Franzen seind nichts das gegen". Er befindet sich bei bester Gesundheit, wenngleich er und seine Kameraden in Ställen untergebracht sind, wo die Mäuse das Brot wegfressen und sie selbst wie Vieh im Stroh liegen müssen. Sie bekommen schlecht zu essen und kein Geld. Er vermerkt dazu: „Wan man kein Gelt hat, so kann man gahr nicht lieben [= leben], dan mit das brod kan man zukommen, aber vom Prod lieb man nicht allein". Daher seine wiederholt im Brief geäußerte Bitte: Vergeßt Euren Sohn nicht und schickt Geld! Im übrigen hofft er, die Adressaten seien gleichfalls bei guter Gesundheit. Er erbittet baldige Nachricht, auch über das Schicksal einiger Freunde.

StA Aachen, Autographen II 161. – Zu den postalischen Merkmalen dieses Briefes siehe BRUNS 1972, S. 12 u. FIETHEN 1975, S. 21.

O 7

Napoleon

in Uniform mit Dreispitz und dem Degen an der dem Betrachter zugewandten linken Seite, blickt mit vor der Brust verschränkten Armen von einem mit Buschwerk bewachsenen Hügel aus in die Landschaft. Haltung und Gesichtsausdruck verraten Zufriedenheit mit der Entwicklung der Dinge.

Öl auf Leinwand, von unbekanntem Künstler, vermutlich zweite Hälfte 19. Jahrhundert. – Maße: H 25 / B 18 cm (mit dem goldfarbenen Rahmen 35 x 28 cm).

Aus dem Privatbesitz von Herrn Rechtsdirektor Dietmar Kottmann, Aachen.

O 8   Moskau, den 17. September 1812

20. Bulletin de la Grande Armée

Gedruckt für das Roerdepartement in Aachen bei J.-G. Beaufort, Imprimeur de la Préfecture, rue Saint-Pierre No. 596.

Das Bulletin berichtet über den Brand von Moskau und die Versorgungslage der französischen Armee. „Die Witterung ist noch wie im Herbste. Der Soldat hat eine Menge Pelze und vieles Pelzwerk für den Winter hier gefunden und findet deren noch".
Das Wetter und die Versorgungslage sollten sich jedoch bald verschlechtern und den Untergang der Grande Armée einleiten.

Einblattdruck (frz./dt.) im StA Aachen, RA II Allg. Akten 711, S. 23/24.

O 9

Kampfszene aus den napoleonischen Kriegen

Bleistiftzeichnung auf hellbraunem Papier, zum Teil aquarelliert, unsigniert und undatiert. Künstler: Alfred Rethel (1816-1859). – Maße: H 14,5 / B 21,5 cm.

Der verlustreiche Rückzug der Grande Armée aus Rußland und der Befreiungskrieg beschäftigten die Phantasie des jungen Rethel und veranlaßten ihn mehrfach zur Darstellung von Gefechtsszenen.

Das Exponat zeigt einen Fahnenträger des napoleonischen Heeres (blau, weiß und rot ausgemalt), der von rechts nach links vorstürmt, eine Fahne in der Linken, den Kopf zur Seite gewandt. Ihm folgen ein Trommler und eine Schar bewaffneter Soldaten.

Aachen, Suermondt-Ludwig-Museum, Inv. Nr. BK 288. – Vgl. FELDBUSCH 1959, Nr. 196f., 204ff., hier: Nr. 196.

O 10 Linnich, den 17. Oktober 1812

„Conscription de 1813"

Bekanntgabe der Zahl der von den einzelnen Kantonen des Arrondissements Aachen im Jahre 1813 für den Militärdienst auszuhebenden Personen. Auf den Kanton Aachen entfielen 83 Konskribierte.

Plakatdruck, gedruckt in Aachen bei Thomas Vlieckx, Großkölnstraße No. 1005: StA Aachen, Frz. Zeit, Drucke sub dato.

O 11

Fünf zum Teil chiffrierte Briefe des französischen Marschalls Louis-Nicolas Davou(s)t Herzogs von Auerstedt, Fürsten von Eckmühl, vom November und Dezember 1813 an Napoleon I., verborgen unter dem Einbanddeckel einer in Aachen liegengebliebenen ersten Einzelausgabe von Friedrich Schillers „Jungfrau von Orléans", Berlin 1802

Der Marschall Davout hatte nach der Zerschlagung des französischen Hauptheeres in der Völkerschlacht bei Leipzig (16.-19. Oktober 1813) am 9. November von Napoleon den Befehl erhalten, sich mit seinen bisher im Mecklenburgischen operierenden Truppen auf die Niederlande zurückzuziehen oder, falls dies unmöglich sei, sich nach Hamburg zu begeben. Davout zog nach Hamburg, von wo aus er am 4. Dezember d.J. einen Bericht an Napoleon schrieb, dem er die Duplikate zweier älterer Berichte vom 16. und 19. November d.J. und eines weiteren undatierten Briefes sowie die Abschrift eines Schreibens des französischen Gesandten in Kopenhagen an Davout vom 30. November d.J. beifügte. Da der Marschall von seinem Kaiser abgeschnitten war, mußte sein Bericht mit den Beilagen durch Feindesland geschleust werden. Zu diesem Zweck wurden die Schriftstücke unter dem Einbanddeckel von Schillers „Jungfrau von Orléans" verborgen. Das Buch scheint nur bis Aachen gelangt zu sein. Über das Schicksal seines Überbringers ist nichts bekannt. Die Briefe blieben jedoch unentdeckt, bis ein Wasserschaden, den das Buch durch die Unvorsichtigkeit seines Käufers, des seit 1875 in Aachen lebenden Direktors der Kunstgewerbeschule J. Spennrath, erlitt, den geheimen Inhalt offenbarte. Der Brief vom 4. Dezember trägt die Unterschrift: „Le M^{al} [Maréchal] Duc d'Auerstaedt Prince d'Eckmuhl".

StA Aachen, Autographen II 5. – Druck und Dechiffrierung: WACKER 1895, S. 100-111 u. 1896, S. 64-67. – Zu Davout siehe: TULARD 1989, S. 574ff.

O 12   1801-1814 (1815)

Liste der in den Aachener Militärspitälern verstorbenen Personen

„État des militaires français décédés dans les hôpitaux de la ville d'Aix-la-Chapelle".

62 Blatt

Seit 1810 enthält die Liste vermehrt auch deutsche Namen. Unter den aufgeführten Personen findet sich nur ein einziger Aachener Soldat. Es war der Füsilier Anton Lemmert, der hier am 22. März 1807 verstarb. Die Liste nennt im Zusammenhang mit seinem Geburtsort Aachen das falsche Departement.
Insgesamt spiegelt die Liste den Gang der napoleonischen Kriege wider. Sie wurde zeitweise von den am 17. Januar 1814 in Aachen einrückenden Verbündeten fortgeführt.

StA Aachen, Hs. 736.

O 13

Entwurf zum Tranchot-Obelisken (sog. Pyramide) auf dem Lousberg

Maße: H 81 / B 41 cm.

Nach dem Frieden von Lunéville am 9. März 1801, in dem die Rheinlande völkerrechtlich als Bestandteil Frankreichs anerkannt worden waren, lebten ältere Pläne zur Vermessung der Rheinlande im Hinblick auf den militärischen Nutzen wieder auf. Mit der Durchführung der Arbeiten wurde der Geodät Jean Joseph Tranchot betraut, der sein Topographisches Büro im August 1801 in Aachen eröffnete. Auf dem Lousberg führte er zur Überprüfung des für die Kartenaufnahme so wichtigen trigonometrischen Dreiecksnetzes astronomische Beobachtungen durch und bestimmte die geographische Breite und die astronomischen Azimute. Der so be-

zeichnete Trigonometrische Punkt auf dem Lousberg wurde daraufhin – wie üblich – durch ein hölzernes Signal gekennzeichnet, das mit der Grundsteinlegung am 22. Juni 1807 durch einen Obelisken zur Erinnerung an Tranchots Arbeiten ersetzt wurde. Der Entwurf stammte vom Ingenieurgeographen Kapitän Charles Boucher. Die Bauaufsicht hatte Jean Félix Bélu. Der Sockel ist 3,60 m hoch und hat eine Grundfläche von 1,50 x 1,50 m. Darüber erhebt sich der eigentliche Obelisk bis auf 8,70 m Höhe.
Am 1./2. April 1814 wurde der Obelisk von mecklenburgischen Soldaten umgestürzt, im Verlauf des Jahres 1815 – mit gewissen Veränderungen – wieder aufgerichtet.

StA Aachen, Plan B 5 g.

O 14 [1807-1814]

Inschrift des fertiggestellten Obelisken auf dem Lousberg:

Übersetzung: „Diese Pyramide (ein Denkmal, das dazu bestimmt ist, die Erinnerung an die astronomischen Beobachtungen wachzuhalten,) ist begonnen worden am 22. Juni 1807 um 10.32 Uhr morgens, als die Sonne in das Zeichen des Krebses eintrat, also zur Sommersonnenwende, unter der Herrschaft NAPOLEONS, DES ERSTEN KAISERS DER FRANZOSEN UND KÖNIGS VON ITALIEN, zufolge der Anordnungen Seiner Exzellenz, des Ministers des Innern, Herrn de Champagny, unter der Sorge und Aufsicht des Herrn Generals Alexander Lameth, des damaligen Präfekten des Roer-Departements, und unter der Leitung der Brücken- und Straßenbau-Ingenieure.

Diese Pyramide, in deren Fundament verschiedene Geldstücke aus der Herrschaftszeit Napoleons eingelassen sind, wird auf ihren 4 Seitenflächen die folgenden Inschriften tragen:

1. Seite
nach Osten

Gewidmet Napoleon dem Großen, dem ersten Kaiser der Franzosen und König von Italien.

2. Seite
nach Süden

Diese Pyramide ist einer der Eckpunkte der großen Dreiecke, die als Grundlagen gedient haben für die topographische und militärische Karte der eingegliederten Departements am linken Rheinufer, welche aufgenommen wurde unter der Herrschaft Napoleons des Großen und auf Grund der Aufträge Seiner Durchlauchtigsten Hoheit, des Fürsten Alexander Berthier, des Kriegsministers, durch die Ingenieurgeographen-Offiziere des Hauptkriegsdepots.

3. Seite
nach Westen

Im Monat Juli 1804 sind am Fuß dieser Pyramide astronomische Beobachtungen von Herrn Astronomen J. Jos. Tranchot, dem Direktor und Oberst im Korps der Ingenieurgeographen, ausgeführt worden, woraus sich ergeben hat die Breite zu 50° 47' 8",8 und die Länge, von der Sternwarte Paris aus gezählt, zu 3° 44' 57",5.

4. Seite
nach Norden

Der Abstand dieses Punktes von der Meridianlinie, die durch die Sternwarte Paris verläuft, ist 264 187,7 m. Der Abstand von der Linie, die senkrecht auf diesem Meridian steht und durch die gleiche Sternwarte verläuft, ist 223 526,7 m. Die Entfernung von dem großen Turm zu Sittard ist 28 124,98 m. Die Entfernung von dem großen Turm zu Erkelenz ist 36 596,05 m. Diese letztere Richtung bildet mit dem Meridian dieses Ortes [d.h. des Lousberges] einen sphärischen Winkel von 26° 27' 11"21."

Überlieferung des französischen Textes (siehe Abb.) im StA Aachen, Kraemer VIII 11 c. Übersetzung nach SCHMIDT 1973, Tl. 1, S. 77.

Cette Pyramide, (Monument destiné à Consacrer la Mémoire d'Observations Astronomiques) a été fondée, l'An 1807 le 22 juin à 10 Heures 32' du Matin, le Soleil entrant dans le Signe de l'Ecrevisse au Solstice d'Eté sous le Règne de **NAPOLÉON PREMIER EMPEREUR DES FRANÇOIS ET ROI D'ITALIE**, Ensuite des Ordres de Son Excellence le Ministre de l'Intérieur Mr. de Champagny, par les Soins et Vigilance de Monsieur le Général Alexandre Lameth alors Préfet du Département de la Roer, et Sous la Direction des Ingénieurs des Ponts et Chaussées. Cette Pyramide, dans les Fondations de laquelle ont été déposées différentes pièces de Monnoie du Règne de Napoléon, doit porter Sur Chacune de Ses 4 Faces les Inscriptions Suivantes —

1ère Face, tournée vers l'Est

A NAPOLÉON LE GRAND, PREMIER EMPEREUR DES FRANÇOIS ET ROI D'ITALIE

2me Face tournée vers le Sud

Cette Pyramide est un des Sommets des Grands Triangles, qui ont Servi de Bases à la Carte Topographique et Militaire des Départemens réunis de la Rive gauche du Rhin, levée Sous le Règne de Napoléon le grand, et d'après les Ordres de S.A.S. le Prince Alexandre Berthier Ministre de la Guerre, par les Officiers Ingénieurs Géographes du Dépôt Général de la Guerre.

3me Face tournée vers l'Ouest

Au Mois de Juillet 1804 il a été fait au Pied de Cette Pyramide des Observations Astronomiques par Mr. J. Jos Tranchot Astronome, Directeur et Colonel au Corps des Ingénieurs Géographes qui en a determiné la Latitude de .... 50°, 47′, 8″,8 et la Longitude Comptée de l'observatoire de Paris, de .... 3°, 44′, 57″,5

4me Face tournée vers le Nord

La Distance de ce point à la Ligne Méridienne passant par l'Observatoire de Paris est de .... 264187,″7 la Distance à la Ligne perpendiculaire à Cette Méridienne et passant par le même observatoire est de .... 223526,7 la Distance à la Gde Tour de Sittard est de .... 28124,98 la Distance à la Gde Tour d'Erkelens est de .... 36596,05 Cette Dernière Distance forme avec le Méridien de ce Lieu un Angle Sphér. de .... 26°, 27′, 11″,21

O 15

Tranchot-Karte, Blatt 86: Aachen, aufgenommen im Maßstab 1 : 20 000 vom Ingenieur-Geographen Capitaine Maissiat (1805/07)

Hier: Nachdruck im verkleinerten Maßstab 1 : 25 000. (Publikationen der Gesellschaft für Rheinische Geschichtskunde XII, 2. Abteilung, Neue Folge), hg. v. Landesvermessungsamt Nordrhein-Westfalen 1969.

Das Original befindet sich heute in der Staatsbibliothek Berlin, Stiftung Preußischer Kulturbesitz.

P. Aachen 1814/15

P 1

Kosaken auf dem Rathausplatz

Aquarell, mit Deckweiß gehöht, in der Mitte von oben nach unten ein Fleck. – Maße: H 43,5 / B 66 cm.

Angesichts der militärischen Erfolge der Alliierten verließ der Bischof von Aachen bereits am 16. Januar 1814 seinen Amtssitz. Am Morgen darauf rückte auch der Präfekt ab. Am Nachmittag des 17. Januar sprengten einige Kosaken als Vorhut der Verbündeten in die Stadt und auf den Rathausplatz.

Das Bild zeigt Kosaken, teils in Paradestellung, teils einziehend bzw. vorsprengend.

Aachen, Burg Frankenberg, Inv. Nr. BK 976.

P 2   Aachen, 6. April 1814

Extrablatt mit einem ins Land sprengenden, das Horn blasenden Reiter im Kopfstück

Maße: H 21-22 / B 17-18 cm.

Es berichtet über die Kämpfe um Paris am 30. März, den Einzug des Zaren Alexander I. von Rußland und König Friedrich Wilhelms III. von Preußen in Paris am 31. März, die Absetzung Napoleons durch den Senat am 1. April und den Verbleib der Kaiserin Marie-Louise. Kaiser Franz I. von Österreich befindet sich bei seiner Armee in Lyon, Napoleon bei seinen Truppen in Orléans.

StA Aachen, Drucke o. Sign.

P 3   15. Mai 1815

Die Rheinlande huldigen auf dem Aachener Rathausplatz ihrem künftigen Landesherrn, König Friedrich Wilhelm III. von Preußen

Tempera von Friedrich Schirmer aus Aachen. Unter dem Bild: „Friedrich Schirmer fecit. Huldigung der Königlich Preussischen Rhein Provinzen am 15ten Maj 1815 zu Aachen". – Maße: H 33,3 / B 46,7 cm.

Auf dem Wiener Kongreß, der am 1. Oktober 1814 begann und am 9./10. Juni 1815 mit der Unterzeichnung der Schlußakte zu Ende ging, ließ sich Preußen – wenn auch widerwillig – mit dem Rheinland abfinden. Noch vor Unterzeichnung der Schlußakte verkündete der preußische König im sog. Besitzergreifungspatent offiziell den Anschluß der Rheinlande an Preußen. Daraufhin fand am 15. Mai 1815 auf dem Aachener Marktplatz vor den Delegierten Friedrich Wilhelms III. die feierliche Huldigung der Rheinlande statt. Damit begann auch für Aachen eine neue Zeit.

Aachen, Museum Burg Frankenberg, Inv. Nr. BK 977.

P 4 **5. Juni 1815**

„Namentliches Verzeichniß der in Aachen wohnhaften oder sich aufhaltenden Franzosen, welche den durch die Verordnung der Kreis-Direktion vom 7ten April d.J. vorgeschriebenen Eid geleistet haben"

Zwei Tage nachdem König Friedrich Wilhelm III. von Preußen am 5. April 1815 das sog. Besitzergreifungspatent verkündet hatte, richtete der Aachener Kreisdirektor W.J. Biergans aufgrund einer Verfügung des Generalgouverneurs des Niederrheins, Johann August Sack, ein Rundschreiben an die Bürgermeister seines Kreises, in dem er auf die Notwendigkeit zur Überwachung der nicht abgezogenen Franzosen hinwies. Die Bürgermeister sollten binnen 24 Stunden nach Erhalt des Rundschreibens den in ihren Gemeinden wohnhaften oder sich aufhaltenden gebürtigen Franzosen, d.h. den in Alt-Frankreich (vor Lunéville) gebürtigen Personen, in Gegenwart des dazu versammelten Gemeinderates den Eid abnehmen, „keine Kommunikation irgend einer Art mit Frankreich [zu] unterhalten, alle von dort aus auf welche Art es auch immer sey, ihnen etwa zugehenden Nachrichten oder Anträge, sofort selbst dem Ortsbürgermeister anzeigen, und übrigens in allen Stücken den Anordnungen der hohen verbündeten Mächte unbedingten Gehorsam und Treue leisten zu wollen". Diejenigen, welche den Eid verweigerten, sollten als „präsumtive Stöhrer der öffentlichen Ruhe und Ordnung auf der Stelle verhaftet und unter sicherer Bedeckung" dem Kreisdirektor „zugeführt werden", damit er „die weiteren Maaßregeln ergreifen könne". Diejenigen, welche den Eid leisteten, mußten sich einer ihre Bewegungsfreiheit einschränkenden staatlichen Aufsicht unterstellen.
Die Liste führt 106 Personen auf, darunter Nicolas Joseph Branchart, Johann Rethel, Ambrosius Dubusc, Laurenz Jecker und François Letellier.

StA Aachen, OBR 21-3.

Literatur zum Katalog

ARNOLD, Eduard Ph., Das Altaachener Wohnhaus. (Aachener Beiträge für Baugeschichte und Heimatkunst, H. 2). Aachen 1930. • BARKHAUSEN, Max, Die sieben bedeutendsten Fabrikanten des Roerdepartements im Jahre 1810, in: RhVjbll. 25 (1960), S. 100-113. • BEAUCAMP, Eugène, Zum hundertjährigen Jubiläum des Mariannen-Instituts in Aachen, in: ZAGV 51 (1929), Aachen 1930, S. 299-319. • BECKERS, Philomene, Parteien und Parteienkampf in der Reichsstadt Aachen im letzten Jahrhundert ihres Bestehens, in: ZAGV 55 (1933/34), Aachen 1935, S. 1-40. • BERNHARD, Andreas, Bad Aachen, in: Rolf Bothe, Kurstädte in Deutschland. Zur Geschichte einer Baugattung. Berlin 1984, S. 121-184. • BERTIG, Rudolf, Theaterbauten der Rheinprovinz in der ersten Hälfte des 19. Jahrhunderts. Aachen 1976. • BIERGANS, Joseph, Die Wohlfahrtspflege der Stadt Aachen in den letzten Jahrhunderten des Mittelalters, in: ZAGV 31 (1909), S. 74-148. • BISCHOFF, Adolf, Beiträge zur Geschichte der Familie Bischoff in Aachen nebst einigen Nachrichten über die mit ihr verwandten Familien Jörissen, Claus, Haan, Schmidt, Bleibtreu, Everken, Schevastes und Pfingsten, in: Mitteilungen der Westdeutschen Gesellschaft für Familienkunde 3 (1921), S. 91-123. • BOGUSLAWSKI, A. v., Das Leben des Generals Dumouriez, 2 Bde., Berlin 1879. • BRAMSEN: Médaillier Napoléon le Grand ou description des médailles, clichés, repoussés et médailles-décorations relatives aux affaires de la France pendant le Consulat et l'Empire, hg. v. L. Bramsen, Tl. 1: 1799-1809, Tl. 2: 1810-1815. Paris u. Kopenhagen 1904 u. 1907. • BRANCHART, Franz Heinrich, Albert Branchart, Rede, gehalten am 24. Januar 1910 im Verein „Oecher Platt". Aachen 1910. • BRAUBACH, Max, Die erste Bonner Hochschule. Maxische Akademie und kurfürstliche Universität 1774/77 bis 1798. (Academica Bonnensia. Veröffentlichungen des Archivs der Rheinischen Friedrich-Wilhelms-Universität zu Bonn, Bd. 1). Bonn 1966. • BRECHER, August, Oberpfarrer L.A. Nellessen (1783-1859) und der Aachener Priesterkreis, in: ZAGV 76 (1964), S. 45-205. • BRUCKNER, Clemens, Zur Wirtschaftsgeschichte des Regierungsbezirks Aachen. (Schriften zur rheinisch-westfälischen Wirtschaftsgeschichte, Bd. 16). Köln 1967. • BRUNERT, Maria-Elisabeth, Die Aachener „Neue Partei" im Frühjahr 1787, in: ZAGV 98/99 (1992/93), Aachen 1992, S. 251-349. • BRUNS, Wigand, Die Poststempel von Aachen von 1755 bis 1955. Aachen 1972. • DERS., Aachener Postgeschichte im Spiegel der Poststempel. Aachen 1980. • BRYE, Bernard de, Jean-Denis-François Camus (1752-1814), vicaire général du diocèse de Meaux, évêque nommé d'Aix-la-Chapelle, in: Revue d'Histoire et d'Art de la Brie et du Pays de Meaux 44 (1993), S. 69-81. • BUCHKREMER, Joseph, Die Architekten Johann Joseph Couven und Jakob Couven, in: ZAGV 17 (1895), S. 89-206. • CARL, Horst, Die Aachener Mäkelei 1786-1792. Konfliktregelungsmechanismen im alten Reich, in: ZAGV 92 (1985), S. 103-187. • CHUQUET, Arthur, Dumouriez. Paris 1914. • DERS., Les guerres de la révolution, Bd. 2: Valmy. Paris o.J. u. Bd. 10: Valenciennes (1793), Paris o.J. • COELS, Luise Freiin v. Coels v.d. Brüggen, Die Schöffen des Königlichen Stuhls von Aachen von der frühesten Zeit bis zur endgültigen Aufhebung der reichsstädtischen Verfassung 1798, in: ZAGV 50 (1928), Aachen 1929, S. 1-596. • DIES., Die Aachener Bürgermeister von 1251 bis 1798, in: ZAGV 55 (1933/34), Aachen 1935, S. 41-77. • CRUYPLANTS, Eugène, Dumouriez dans les cidevant Pays-Bas Autrichiens. Paris 1912. • DAUBER, Reinhard u. WINANDS, Klaus, Napoleonische Architektur und Stadtplanung in Aachen 1804-1814, in: Aachener Kunstblätter 53 (1985), S. 128-188. • DIEFENDORF, Jeffry M., Businessmen and Politics in the Rhineland 1798-1834. Phil. Diss. Berkeley 1975. Princeton 1980. • DOTZAUER, Winfried, Bonner aufgeklärte Gesellschaften und geheime Sozietäten bis zum Jahre 1815 unter besonderer Berücksichtigung des Mitgliederstandes der Freimaurerloge „Frères courageux" in der napoleonischen Zeit, in: Bonner Geschichtsblätter 24 (1971), S. 78-142. • DUFRAISSE, Roger, Roer, in: Grands Notables du premier Empire, Bd. 3, hg. v. Louis Bergeron u. Guy Chaussinand-Nogaret, Paris 1978, S. 119-154, 175-179. • EDER, Curt, Die Tätigkeit der Aachener Behörden während der ersten Jahre der französischen Fremdherrschaft (1792-96). Unter besonderer Berücksichtigung ihrer Wirtschafts- und Finanzpolitik. Phil. Diss. Marburg i.H. 1917. • EFFERTZ, Peter, Die Kartenaufnahme der Rheinlande durch Tranchot im Spannungsfeld zwischen wissenschaftlichen und politischen Interessen, in: RhVjbll. 54 (1990), S. 211-239. • ERDMANN, Claudia, Aachen im Jahre 1812. Wirtschafts- und sozialräumliche Differenzierung einer frühindustriellen Stadt. (Erdkundliches Wissen, H. 78). Stuttgart 1986. • EVERLING, Johannes, Die Architekten Adam Franz Friedrich Leydel und Johann Peter Cremer und ihre Bedeutung für die Aachener Baugeschichte. Eine Studie zur Kunstgeschichte des 19. Jahrhunderts. Ms. Aachen 1923. • FAYMONVILLE, Karl, Das Münster zu Aachen. (Die Kunstdenkmäler der Rheinprovinz, Bd. X 1). Düsseldorf 1916. • DERS., Die Kirchen der Stadt Aachen mit Ausnahme des Münsters. (Die Kunstdenkmäler der Rheinprovinz, Bd. X 2). Düsseldorf 1922. • FELDBUSCH, Hans (Bearb.), Alfred Rethel. Eine Ausstellung im Krönungssaal des Aachener Rathauses zur Erinnerung an sein Todesjahr 1859. Neuss 1959. • FIEDLER, Siegfried, Grundriß der Militär- und Kriegsgeschichte, Bd. 2: Das Zeitalter der Französischen Revolution und Napoleons. München 1976. • FIETHEN, Leo, Zur Postgeschichte des Departements de la Roer (103), in: Postgeschichte und Altbriefkunde, Beilage zu den Rundbriefen des Deutschen Altbriefsammler-Vereins e.V. 38 (1975), S. 1-64. • FRIEDRICH, Klaus, Marc Antoine Berdolet (1740 bis 1809).

Bischof von Colmar. Erster Bischof von Aachen. Sein Leben und Wirken unter besonderer Berücksichtigung seiner pastoralen Vorstellungen. (Veröffentlichungen des bischöflichen Diözesanarchivs Aachen, Bd. 32). Mönchengladbach 1973. • FRITZ, Alfons, Theater und Musik in Aachen zur Zeit der französischen Herrschaft, in: ZAGV 23 (1901), S. 31-170. • DERS., Aus den ersten Jahren der Wirksamkeit des Aachener Wohltätigkeitsbureaus, in: ZAGV 25 (1903), S. 28-72. • DERS., Geschichte des Kaiser-Karls-Gymnasiums in Aachen: Die französische Sekundärschule der Stadt, in: ZAGV 34 (1912), S. 1-369. • FÜRTH, Hermann Ariovist Freiherr v., Beiträge und Material zur Geschichte der Aachener Patrizier-Familien, Bd. 1, Aachen 1890. • GHILLANY, F.W. (Hrsg.), Diplomatisches Handbuch. Sammlung der wichtigsten europäischen Friedensschlüsse, Congressacten und sonstigen Staatsurkunden vom westphälischen Frieden bis auf die neueste Zeit. Mit kurzen geschichtlichen Einleitungen. Tl. 1, Nördlingen 1855. • GIRARDIN, Emil, Les lettres parisiennes. Paris 1868. • GRAUMANN, Sabine, Französische Verwaltung am Niederrhein. Das Roerdepartement 1798-1814. (Düsseldorfer Schriften zur Neueren Landesgeschichte und zur Geschichte Nordrhein-Westfalens, Bd. 27). Essen 1990. • GRIMME, Ernst Günther, Große Kunst aus tausend Jahren. Kirchenschätze aus dem Bistum Aachen. (Aachener Kunstblätter 36). Aachen 1968. • DERS., Führer durch das Couven-Museum der Stadt Aachen. Wohnkultur des 18. und frühen 19. Jahrhunderts. Aachen ³1980. • DERS., Der Aachener Domschatz. (Aachener Kunstblätter 42). Aachen 1972. • GRITZNER, Maximilian, Handbuch der heraldischen Terminologie ..., Nürnberg 1890. • HAAS, Reimund, Martin Wilhelm Fonck 1752-1830. Kanoniker, Generalvikar, Dompropst, in: Christen zwischen Niederrhein und Eifel – Lebensbilder aus zwei Jahrhunderten, Bd. 1, hg. v. Karl Schein, Aachen 1993, S. 103-128. • Handbuch des Bistums Aachen: hg. v. Bischöflichen Generalvikariat Aachen. Aachen ²1962. • HASHAGEN, Justus, Der „Menschenfreund" des Freiherrn Friedrich von der Trenck, in: ZAGV 29 (1907), S. 49-67. • HEIZMANN, Hans Friedrich, Die rechtliche und wirtschaftliche Lage der Aachener Arbeiterschaft um die Wende des XVIII. Jahrhunderts. Ein Beitrag zur Aachener Wirtschaftsgeschichte. Aachen 1923, Ms. im StA Aachen. • HERMANNS, Wilhelm, Journalist von der Trenck. Ein Beitrag zur rheinischen Zeitungsgeschichte des 18. Jahrhunderts, in: Zeitungswissenschaft 1931, Heft 6, S. 400-409. • DERS., P.J. Franz Dautzenberg und sein „Aachner Zuschauer" (Politischer Merkur) 1790-1798. Ein Beitrag zur rheinischen Zeitungskunde, Kulturgeschichte und Geisteshaltung des ausgehenden 18. Jahrhunderts, in: ZAGV 52 (1930), Aachen 1931, S. 39-160. • DERS., Erzstuhl des Reiches. Lebensgeschichte der Kur- und Kronstadt Aachen. Ratingen 1951. • HEUSCH, Albert, Geschichte der Familie Heusch. Aachen 1909. • HOFMANN, Wilhelm, Die städtebauliche Entwicklung der Badebezirke in Aachen und Burtscheid 1656-1950, in: Das alte Aachen. Seine Zerstörung und sein Wiederaufbau, bearb. v. Albert Huyskens u. Bernhard Poll. (Aachener Beiträge für Baugeschichte und Heimatkunst, Bd. 3). Aachen 1953, S. 180-247. • HUEFFER, Hermann, Alfred v. Reumont, in: AHVNrh. 77 (1904), S. 5-239. • HUYSKENS, Albert, Aachener Leben im Zeitalter des Barock und Rokoko. (Rheinische Neujahrsblätter, Heft 8). Bonn 1929. • DERS., 125 Jahre Industrie- und Handelskammer zu Aachen. Festschrift zur Feier ihres 125jährigen Bestehens, Bd. 1, Aachen 1929. • JANSSEN, Elisabeth u. KUETGENS, Felix, Geschichte des Club Aachener Casino, gegründet 9. Dezember 1805. [2. Auflage des von Eduard Arens u. Wilhelm Janssen im Jahre 1937 erstmals herausgegebenen Werks.] Aachen 1964. • JAQUES, Renate, Textile Wandbespannungen und die Bespannung des Bischofsthrones aus der Clementina, in: Walter Bader (Hrsg.), Aus Schloß Augustusburg zu Brühl und Falkenlust. Köln 1961. • JULIUS: Sammlung Dr. P. Julius, Heidelberg. Französische Revolution, Napoleon I. und seine Zeit. Medaillen, Orden und Ehrenzeichen, Münzen. Auktionskatalog 66, Otto Helbing Nachfolger, München 1932. • KAEMMERER, Walter, Der Aachener Gaffelbrief von 1450 – ein Dokument bürgerlicher Eigenständigkeit, in: Aachener Innungsleben. Fünf Jahrzehnte Innungsausschuß/Kreishandwerkerschaft Aachen 1907-1957. Aachen 1957, S. 101-104. • DERS. (Hrsg.), Aachener Quellentexte. (Veröffentlichungen des Stadtarchivs Aachen, Bd. 1). Aachen 1980, S. 256-263. • KAMPMANN, Anton, Die Entstehung der Aachener Tabakindustrie von ihren Anfängen bis zum Ende des 19. Jahrhunderts, insbesondere unter dem Einfluß der zoll- und steuerpolitischen Maßnahmen. Maschr. wirtschafts- u. soz-wiss. Diss. Köln 1923. • Katalog 1925: Historische Jahrtausend-Ausstellung in Aachen 1925. Amtlicher Führer, ³1925. • Katalog 1932: Gemälde-Katalog des städtischen Suermondt-Museums, Aachen, hg. v. Felix Kuetgens. Aachen 1932. • Katalog 1961: Kurfürst Clemens August. Landesherr und Mäzen des 18. Jahrhunderts. Ausstellung in Schloß Augustusburg zu Brühl 1961. Köln 1961. • Katalog 1983: Johann Joseph Couven. Ein Architekt des 18. Jahrhunderts zwischen Rhein und Maas. Eine Ausstellung des Suermondt-Ludwig-Museums und des Museumsvereins Aachen vom 16. Oktober bis 27. November 1983, bearb. v. Katharina Köver. (Aachener Kunstblätter, Sonderband IX). Aachen 1983. • Katalog 1984: Die Verfassung des Landes Nordrhein-Westfalen. Vorläufer – Vorbilder – Entstehung. Eine Ausstellung des Nordrhein-Westfälischen Hauptstaatsarchivs. (Veröffentlichungen der staatlichen Archive des Landes Nordrhein-Westfalen, Reihe D, Heft 17). Düsseldorf 1984. • Katalog 1985: Friedrich Heinrich Jacobi (1743-1819). Düsseldorf als Zentrum von Wirtschaftsreform, Literatur und Philosophie im 18. Jahrhundert. Eine Ausstellung des Heinrich-Heine-Instituts, bearb. v. Klaus Hammacher u. Kurt Christ. Düsseldorf 1985. • Katalog 1986: Wahl und Krönung in Frankfurt am Main. Kaiser Karl VII. 1742-1745, hg. v. Rainer Koch u. Patricia Stahl. (Historisches Museum Frankfurt). Frankfurt a.M. 1986. • Katalog 1989: Freiheit, Gleichheit, Brüderlichkeit. 200 Jahre Französische Revolution in Deutschland. Katalog des Germanischen Nationalmuseums Nürnberg, hg. v. Gerhard Bott, Nürnberg 1989. • KERMANN, Joachim, Die Manufakturen im Rheinland 1750-1833. (Rheinisches Archiv 82). Bonn 1972. •

KOPPEN, Bodo v., Alt-Aachener Gärten. Ein Streifzug durch die Hausgärten und privaten Parks einer alten Stadt. Aachen 1987. • KÜPPERS, Christa, Kinderarbeit im Aachener Raum in der Frühphase der Industriellen Revolution, Aachen 1969, Ms. im StA Aachen. • KUETGENS, Felix, Johann Baptist Joseph Bastiné, in: Festschrift aus Anlaß des fünfzigjährigen Bestehens des Museumsvereins und des Suermondt-Museums. Zugleich Heft XIV der Aachener Kunstblätter. Aachen 1928, S. 65-135. • DERS., Guckkasten-Theater des Rokoko. Couven-Museum der Stadt Aachen. Aachen 1962. • LENZEN, Dieter, Beitrag zur Aachener Medizinalgeschichte des 19. Jahrhunderts. Med. Diss. Aachen 1979. • LEPPER, Herbert, Das Stadtarchiv und seine Archivare 1821-1945, in: ZAGV 84/85 II (1977/78), Aachen 1978, S. 579-699. • LEUCHTER, Joseph, Das Aachener Schulwesen und die französische Herrschaft 1794-1814 mit besonderer Rücksicht auf die Primärschulen, in: ZAGV 53 (1931), Aachen 1932, S. 1-50. • LIESE, Josef, Das klassische Aachen, 2 Tle. (Aachener Beiträge zur Heimatkunde XVII u. XX). Aachen 1936 u. 1939. • MACCO, Hermann Friedrich, Beiträge zur Genealogie rheinischer Adels- und Patrizierfamilien, Bd. 4: Geschichte und Genealogie der Familie Pastor. Aachen 1905. • MANEY, Jules, Une famille de Savoie. Aix-les-Bains 1904. • MARTENS, de, Recueil des principaux traités d'alliance, de paix, de trêve, de neutralité, de commerce, de limites, d'échange, etc. conclus par les puissances de l'Europe tant entre elles qu'avec les puissances et états dans d'autres parties du monde depuis 1761 jusqu' à présent, Bd. 3, Göttingen 1801. • MEVEN, Walter, Johann Baptist Joseph Bastiné, in: Im Göhltal 53 (1993), S. 7-26. • MONHEIM, Felix, Johann Peter Joseph Monheim 1786-1855. Apotheker und Chemiker, sozial engagierter Bürger und Politiker zu Aachen. (Veröffentlichungen des Stadtarchivs Aachen, Bd. 2). Aachen 1981. • MÜLLER, Franz August, Das philosophisch-theologische Studium in Aachen 1774-1827 (1837). Zugleich ein Beitrag zur Vorgeschichte der Kölner Wirren. Theol. Diss. Bonn 1945. • MÜLLER, Klaus, Franz Dautzenberg (1769-1828), in: Rheinische Lebensbilder, Bd. 7, hg. v. Bernhard Poll, Köln 1977, S. 63-81. • DERS., Aachen im Zeitalter der Französischen Revolution und Napoleons. Umbruch und Kontinuität, in: ZAGV 97 (1991), S. 293-334. • MUMMENHOFF, Wilhelm, Die Bürgerrechtsverleihungen in der Reichsstadt Aachen während der Jahre 1656 bis 1794 (1797), in: ZAGV 68 (1956), S. 191-332. • NIEßEN, Michael, Die Aachener Friedensgerichte in französischer und preußischer Zeit. Ein Beitrag zur Rechts- und Sozialgeschichte der Stadt Aachen im Zeitalter der Industrialisierung. (Veröffentlichungen des Stadtarchivs Aachen, Bd. 6). Aachen 1991. • NIEßNER, Alois, Zwanzig Jahre Franzosenherrschaft in Aachen 1794-1814. Aachen 1907. • NOPPIUS, Johannes, Aacher Chronick, Köln 1632. • OIDTMAN, Ernst v., Das Wappen der Stadt Aachen, in: ZAGV 19 II (1897), S. 1-17. • DERS., Das der Stadt Aachen von Napoleon verliehene Wappen, in: Oecher Platt 4 (1911), Nr. 18. • OPPENHOFF, Franz, Die Beziehungen Friedrich Heinrich Jacobis und seiner Familie zu Aachen, in: ZAGV 16 (1894), S. 132-162. • DERS., Die Spielbank in Aachen und Umgebung, in: ZAGV 55 (1933/34), Aachen 1935, S. 120-142. • OSTHOFF, Friedrich, Die Entstehung des rheinisch-westfälischen Katasters 1808-1839. Ing. Diss. Bonn 1950. • OSWALD, Gert, Lexikon der Heraldik. Mannheim, Wien, Zürich 1985. • PAULS, August (Hrsg.), Festschrift zum 125. Stiftungsfest der Johannisloge „Zur Beständigkeit und Eintracht" im Ort Aachen. Aachen 1903. • DERS., Geschichte der Aachener Freimaurerei, Bd. 1: Die Aachener Freimaurerei in der reichsstädtischen Zeit (bis Ende September 1794). Clausthal-Zellerfeld 1928. • DERS., Ein Geheimbericht über Zustände und Beamte im Roerdepartement aus dem Ende der Konsularzeit, in: ZAGV 57 (1936), S. 70-79. • DERS., Bischof Baron Le Camus und sein Gegensatz zum Generalvikar Fonck, in: ZAGV 61 (1940), S. 218-221. • DERS., Annalen der Aachener Freimaurerei. Festschrift zum 175. Stiftungsfest der Aachener Johannisloge „Zur Beständigkeit und Eintracht". Frankfurt a.M. 1949. • DERS., Beiträge zur Haltung der Aachener Bevölkerung während der Fremdherrschaft, 1792-1814, in: ZAGV 63 (1950), Aachen 1951, S. 41-102. • DERS., Studien zur Geschichte des Roerdepartements, in: ZAGV 66/67 (1954/55), Aachen 1955, S. 182-192. • PAULS, Emil, Aus der Zeit der Fremdherrschaft, in: ZAGV 10 (1888), S. 198-219. • DERS., Der Luftschiffer Franz Blanchard zu Aachen im Jahre 1786, in: AAV 2 (1889), S. 53-60. • DERS., Beiträge zur Geschichte der Buchdruckereien, des Buchhandels, der Censur und der Zeitungspresse in Aachen bis zum Jahre 1816, in: ZAGV 15 (1893), S. 97-235. • PICK, Richard, Ein Tagebuch aus der Zeit der Fremdherrschaft, in: AHVNrh. 16 (1865), S. 127-167. • DERS., Das Stadtarchiv, in: Festschrift zur 72. Versammlung deutscher Naturforscher und Ärzte. Aachen 1900, S. 214-225. • POLL, Bernhard, Aachener Bischöfe. Beiträge zu ihren Lebensbildern, in: Bestellt zum Zeugnis. Festgabe für Bischof Dr. Johannes Pohlschneider. Aachen 1974, S. 321-337. • POUGET de SAINT-ANDRÉ, Le général Dumouriez (1739-1823) d'après des documents inédits. Paris 1914. • QUADFLIEG, Eberhard, Spaziergänge durch Alt-Aachen. Straßen, Häuser und Familien, Aachen 1941. • SAVELSBERG, Heinrich, Aachener Gelehrte in älterer und neuerer Zeit. Aachen 1906. • SCHILD, Ingeborg u. JANSSEN, Elisabeth, Der Aachener Ostfriedhof. (Aachener Beiträge für Baugeschichte und Heimatkunst, Bd. 7). Aachen 1991. • SCHILDT, Helmut, Maximilian Friedrich Weyhe und seine Parkanlagen. Düsseldorf 1983. • SCHMIDT, Rudolf, Die Kartenaufnahme der Rheinlande durch Tranchot und v. Müffling 1801-1828, Tl. 1: Geschichte des Kartenwerkes und vermessungstechnische Arbeiten, nebst Anhang. (Publikationen der Gesellschaft für Rheinische Geschichtskunde XII). Köln u. Bonn 1973. • SCHMITZ, Ludwig, Eine Erinnerung an das Jahr 1813, in: ZAGV 35 (1913), S. 367-372. • SCHMITZ-CLIEVER, Die Heilkunde in Aachen von römischer Zeit bis zum Anfang des 19. Jahrhunderts, in: ZAGV 74/75 (1962/63), Aachen 1963, S. 5-162. • SCHMITZ-CLIEVER-LEPIE, Herta, Die Domschatzkammer zu Aachen. Aachen 1979. • SCHNOCK, Heinrich, Der erzbischöfliche Thronsessel im städtischen Suermondt-Museum, in: AAV 4 (1891), S. 87f. • DERS., Bericht über die Monatsversammlungen im Winterhalbjahr

1902/03 und die Ausflüge im Sommer 1903, in: ZAGV 25 (1903), S. 390-398. • SCHOLLEN, Matthias, Der Luftschiffer Franz Blanchard zu Aachen im Jahre 1786, in: AAV 7 (1894), S. 96. • SCHRAMM, Percy Ernst, Sphaira-Globus-Reichsapfel. Wanderung und Wandlung eines Herrschaftszeichens von Caesar bis zu Elisabeth II. Ein Beitrag zum „Nachleben" der Antike. Stuttgart 1958. • SCHUBERT, Werner, Französisches Recht in Deutschland zu Beginn des 19. Jahrhunderts. Zivilrecht, Gerichtsverfassungsrecht und Zivilprozeßrecht. Köln, Wien 1977. • SCHULTHEIS-FRIEBE, Marieluise, Die französische Wirtschaftspolitik im Roer-Departement 1792-1814. Phil. Diss. Bonn 1969. • SCHUMACHER, August, Der rheinische Genealoge und Heraldiker Arnold Robens, in: Mitteilungen der Westdeutschen Gesellschaft für Familienkunde 10 (1938), Sp. 78-84. • SIX, Georges (Bearb.), Dictionnaire biographique des generaux et amiraux français de la révolution et de l'Empire (1792-1814), Bd. 1, Paris 1934. • SPOELGEN, J., Stimmung der Aachener Bürgerschaft zur Zeit der Fremdherrschaft, in: AAV 5 (1892), S. 26-32. • STEUER, Heiko, Das Wappen der Stadt Köln. Köln 1981. • STORKEBAUM, Hugo, Die französische Fremdherrschaft und die Kirchenverfassung der Protestanten auf dem linken Rheinufer (1789-1814). Ein Beitrag zur Geschichte des Verhältnisses von Staat und Kirche, in: Theologische Arbeiten aus dem wissenschaftlichen Predigerverein der Rheinprovinz, N.F. 20 (1924), S. 57-94. • STRAUCH, Josef, Die Aachener Tuchindustrie während der französischen Herrschaft (1794-1814). Jur. Diss. Münster i. Westf. 1922. • STUHLMANN, Friedrich u. SCHEINS, Martin, Zwei Geschäftsreisen Aachener Großkaufleute im 18. Jahrhundert, in: ZAGV 35 (1913), S. 247-258. • TERHART, Thomas u. MOHR, Raimund, Der Lousberg. Seine Geschichte, seine Verwandlung in einen Waldpark nach dem Plan von Maximilian Friedrich Weyhe und seine Bedeutung für Aachen heute. Ms. aus dem Lehrgebiet für Baugeschichte der RWTH Aachen 1987 im StA Aachen. • TERVEEN, Fritz, Die Ballonfahrt in den Heeren des 18. und 19. Jahrhunderts. Ein Beitrag zur Geschichte der Militärluftfahrt und des Nachrichtenwesens, in: Wehrwissenschaftliche Rundschau 1957, S. 447-459. • TESCHNER, Ulrike, Bartholomäus Fischenich. Ein rheinischer Philosoph und Jurist der Aufklärungszeit. (Veröffentlichungen des Stadtarchivs Bonn, Bd. 4). Bonn 1968. • THISSEN, Anton, Aus vergangenen Tagen. Die Festlichkeit bei der Feier der Taufe des Königs von Rom im Juni 1811 in Aachen. Sonderdruck aus „Oecher Platt". Aachen 1911. • THOMANN, Xavier J., Deux „Illustrations" de Guebwiller, in: Revue d'Alsace, 95. Jahrgang, Bd. 81, Delle, Thann u. Colmar 1934, S. 290-297. • TORSY, Jakob, Geschichte des Bistums Aachen während der französischen Zeit (1802-1814). Bonn 1940. • TULARD, Jean, Dictionnaire Napoléon. Paris ²1989. • VAUPEL, Wilhelm, Die Baugeschichte des Aachener Bades vom Ende des 17. Jahrhunderts bis zum Anfang der Preußischen Zeit unter Leydel (gest. 1838). Ein Beitrag zur Aachener Heimatgeschichte. (Aachener Beiträge zur Heimatkunde XIV). Aachen 1933. • VIERHAUS, Rudolf, Aufklärung und Freimaurerei in Deutschland, in: Ders., Deutschland im 18. Jahrhundert. Politische Verfassung. Soziales Gefüge. Geistige Bewegungen. Göttingen 1987, S. 110-125. • WACKER, Carl, Zur Geschichte der Stadt Aachen im Jahre 1793. (Stephan Beissel und General Dampierre), in: AAV 3 (1890), S. 54-61. • DERS., Christian Quix. Sein Leben und sein Werk, in: AAV 4 (1891), S. 52-72. • DERS., Spottgedicht auf die Franzosen aus dem Jahre 1793, in: AAV 8 (1895), S. 94-96. • DERS., Neuentdeckte Briefe Davouts an Napoleon I., in: Historisches Jahrbuch der Görres-Gesellschaft 16 (1895), S. 100-111 u. 17 (1896), S. 64-67. • WEYRES, Willy u. MANN, Albrecht, Handbuch der rheinischen Baukunst des 19. Jahrhunderts 1800 bis 1880. Köln 1968. • WIRTZ, Hermann, Die städtische Gerichtsbarkeit in der Reichsstadt Aachen, in: ZAGV 43 (1921), Aachen 1922, S. 47-158. • ZIMMERMANN, Carl, Aachen im 18. Jahrhundert. Nach den Anzeigen der „Kaiserlich Freien Reichsstadt Aachen-Zeitung", in: AAV 14 (1901), S. 67-100.

Fotonachweis

AACHEN,	Diözesanarchiv: L 11.
AACHEN,	Domschatzkammer: Reproduktionen Pit Siebigs (Aachen): L 1 bis 9, 12, 19, 23.
AACHEN,	Stadtarchiv, Reproduktionen Algirdas Milleris (Aachen): A 2 bis 4, 6 bis 9, 11. – B 2, 8 bis 10, 13 bis 15, 18, 19. – C 2 bis 6, 8, 11, 12, 15, 17, 23, 25, 26, 30. – D 1, 3, 4, 8, 9, 11, 15, 16, 21, 23. – E 4, 6, 8, 11 bis 14, 16, 18, 20, 21, 23 bis 26. – F 1 bis 4, 8, 10, 12,14, 16, 17. – G 1,2, 4, 5, 7 bis 10, 12, 13 bis 16, 18 bis 23. – H 3, 7, 8, 9, 12. – I 2, 3, 5 bis 7. – J 1, 2, 5, 8 bis 13, 15, 18, 23, 27. – K 2 bis 6. – L 10, 18, 20, 21, 26. – M 6, 10, 13 bis 15. – N 11. – O 13, 14. – P 1 bis 3.
AACHEN,	Suermondt-Ludwig-Museum, Fotoarchiv: O 9. – M 8. – Reproduktionen Anne Gold (Aachen): J 28. – L 15.
BONN,	Stadtarchiv: F 9.
BRAUWEILER,	Rheinisches Amt für Denkmalpflege: H 7, 8. – K 6.
DÜSSELDORF,	NRW-Hauptstaatsarchiv: C 18. – J 26.
KÖLN,	Rheinisches Bildarchiv: B 5.
MAASTRICHT,	Rijksarchief in Limburg: E 15. – G 17.
PARIS,	Archives Nationales: C 21. – D 2. – J 3, 4, 16, 17, 20, 21, 22, 25, 26.
PARIS,	Bibliothèque Nationale: A 10. – B 1, 4, 7. – C 19. – D 17 bis 20. – E 5, 7. – M 5.
RASTATT,	Bundesarchiv – Außenstelle: B 6.
WARTENBERG,	Jan (Berlin): L 25.